四川大學『211工程』重點建設學科項目

俗文化研究叢書

四川方言詞語續考（上）

蔣宗福 著

四川省哲學社會科學研究『十一五』規劃項目
（SC06B007）

巴蜀書社

《俗文化研究叢書》編委會

目　錄

B

C

D

E

F

G

H

J

K

L

NG

ȵ

O

P

Q

R

S

X

Y

Z

前　言

四川方言，主要是指重慶市直轄以前四川行政區劃內及周邊通行的四川官話，屬北方方言，使用人口一億多，範圍廣，影響大，在西南官話中佔主導地位。

四川方言與普通話在語音、詞彙和語法方面有很大程度的一致性，但作爲地區方言，仍有許多特點：如一般無舌尖前音和舌尖後音的區別；鼻音、邊音往往不分；前鼻韻和後鼻韻不分，並讀前鼻韻；四川話與普通話一樣，有陰平、陽平、上聲、去聲四個聲調，調值爲55、21、53、213，與普通話的調值55、35、214、51相較，衹有陰平完全相同，上聲和去聲與普通話的去聲和上聲非常接近，但順序則相反。

當然，四川方言詞彙與普通話也存在一些差異，這是需要重點考察的內容。1997年，我們申報了四川省“九五”社科規劃青年項目“四川方言詞語考釋”，結項成果於2002年由巴蜀書社出版。由於四川方言詞語非常豐富，還有相當部分詞語沒有涉及，即使已經考釋的詞語，後來又陸續發現有不同的書面形式，或有更早的語料，或有助於説明其語源，或對詞義的準確理解不無裨益，尤其應該充分利用的方志材料，限於當時的條件而未遑措意。因此，我們一直認爲有必要繼續進行這項研究工作。2006年，我們申報了四川省“十一五”社科規劃項目“四川方言詞語續考”，現在奉獻給讀者的就是這個項目的研究成果。

由於四川方言構成相當複雜，部分詞語不排除在其他方言中亦習用。前撰《考釋·前言》説“勾勒出部分詞語的發展演變軌迹，揭示這些詞語在歷史上與全民族文化之間的錯綜複雜的關係”，當時也衹是感覺到四川方言與其他方言聯繫非常緊密，許多詞語或與其他方言有共同來源。通過歷史文獻記載和大量方志材料考察，我們知道四川是個移民省份，很多複雜問題也就容易理解了。晉常璩《華陽國志》卷一《巴志》謂“其地東至魚復，西至僰道，北接漢中，南極黔涪”，漢桓帝永興二年但望上疏云“江州以東，濱江山險，其人半楚”。又卷三《蜀志》：

> 蜀之爲國，肇於人皇，與巴同囿……其地東接於巴，南接於越，北與秦分，西奄峨嶓。地稱天府，原曰華陽。……與秦同分，故多悍勇。在《詩》，文王之化，被乎江漢之域，秦豳同詠，故有夏聲也。……周赧王元年，秦惠王封子通國爲蜀侯，以陳壯爲相。置巴郡。以張若爲蜀國守。戎伯尚强，乃移秦民萬家實之。

《全唐文》卷七百四十四盧求《成都記序》亦謂“惠王遂遣張儀、司馬錯從石牛道滅蜀”，“遷秦人萬家實之，民始能秦言”。這是現在能夠看到的早在秦惠王（公元前356—前311，前337繼位）時就移秦人萬家實蜀的文獻記載。又，《華陽國志》卷五《公孫述劉二牧志》：

（劉）焉旣到州，移治緜竹，撫納離叛，務行小惠。時南陽、三輔民數萬家避地入蜀，焉恣饒之，引爲黨與，號東州士。

《晉書·載記·李勢》：

初，蜀土無獠，至此，始從山而出，北至犍爲、梓潼，布在山谷，十餘萬落，不可禁制，大爲百姓之患。

以上是東漢後期及兩晉外來移民和獠人避地入蜀的情況。元揭傒斯《彭州學記》，述及蜀中慘遭元兵數十年屠戮事：

惟蜀與宋終始，聲教淪洽，民心固結，故國朝用兵積數十年，乃克有定，土著之姓十亡七八，五方之俗更爲賓主。①

虞集《史氏程夫人墓誌銘》亦云：

會國朝以金始亡，將併力於宋，連兵入蜀，蜀人受禍慘甚，死傷殆盡，千百不存一二。②

揭、虞均爲當朝人記當朝事，料亦不會誇大其辭，其真實性殆無可疑。入明以後，仍有大肆殺戮之事。人口的大量喪失，衹有靠外來移民填補。如清宣統間修《廣安州新志》卷十《戶口》：

① 《揭文安公文集》卷十一，《四部叢刊》初編本。

② 《道園學古錄》卷二十，《四部叢刊》續編本。

洪武四年，廖永忠平蜀，大肆殺戮，復徙楚之黃、麻人來實兹土。

明清文獻多有記載士大夫先祖於元季避兵亂入蜀而爲蜀人者。如明劉春《封光祿大夫柱國少保兼太子太保戶部尚書兼文淵閣大學士楊公行狀》，謂“楊氏其先楚人，元季避亂入蜀，占籍新都，今爲新都縣人”[①]。陸簡《龍皐文藁》卷十六《北山朱處士墓誌銘》：

處士諱璉字廷儀，姓朱氏，其先江西新喻人。曾祖天祥元末挈家避兵入蜀，居重慶。祖廷恕遷樂溫之鶴田。樂溫，今長壽也。

焦竑輯《國朝獻徵録》卷八十四許宗魯《浙江按察司副使閆公溥墓志銘》：

閆氏之先爲京兆萬年人，至唐右相立本葬興平馬嵬坡，始家其地，元季避亂入蜀。

清乾隆三十三年《江津縣志》卷十三《藝文》載明王直《雲南左參議贈嘉議大夫戶部右侍郎兼翰林院學士江公神道碑》：

江氏之先黃州黃岡人，公高祖萬九，曾祖文友，祖世禋，皆有隱德而不仕。元季兵亂，世禋避地入蜀，居江津之石橋里。

---

① 明嘉靖三十三年劉起宗刻《東川劉文簡公集》卷十九。

到明中葉，即使四川内部，也曾有士民遷徙的情況。如于慎行《穀山筆塵》卷十二云：

大抵南北多寡如向所陳，就其中間，又各有不同。……南則巴、蜀之民太夥，而滇、僰之間太稀矣。……即願開墾水田者，從其自占，如此則京輔之地可實，水田之利可興，遊食之徒可容，仕進之途可清矣。外此，則三晉之民願徙關中者聽，巴、蜀之民願徙川東以往者聽，江右之民願徙楚者聽。

清雍正間修《四川通志》卷五上《戸口》云：

蜀自漢唐以來，生齒頗繁，烟火相望，及明末兵燹之餘，采菑遷徙，丁戸稀若晨星。

又卷四十七《藝文·楚民寓蜀疏》：

竊照蜀省雖地居天末，素稱沃野，經明季流寇屠戮，於是民無孑遺，荒榛滿目，仰賴我國家休養三十餘年，漸有起色。復遭吴逆煽亂，流毒六載，幸皇上赫然一怒，天戈所指，旋即撲滅。而土廣人稀，招徠爲急，我皇上軫念殘疆數罹兵燹，謀所以撫綏而安全之二十年來，恩至渥也。臣係蜀人，伏念巴蜀界連秦楚，地既遼濶，兩省失業之民，就近入籍墾田，填實地方，漸增賦税，國計民生，豈不兩有攸賴。乃近有楚省寶慶、武岡、沔陽等處人民，或以罪逃，或以欠糧懼比，託名開荒，攜家入蜀者不下數十萬。

方象瑛《使蜀日記》，述康熙二十二年典試蜀中，九月二十四日記：

川北自保寧以下，舊稱陸海。明末張獻忠屠戮最慘，城廨村鎮盡燬，田野荒蕪，人民死徙，處處皆然。

二十七日記：

蜀都周五十里，異時人物繁富，號錦城。張獻忠據蜀，已去之秦，盡燒公私廬舍，屠其人凡數十萬。自浣溪至新津，屍山積，水爲不流。今通衢瓦房百十所，餘皆誅茅編竹爲之。西北隅則頹墉敗礫，蕭然慘人，其民多江楚陝西流寓，土著僅十之二耳。

魏源《湖廣水利論》云：

當明之際，張賊屠蜀，民殆盡；楚次之，而江西少受其害。事定之後，江西人入楚，楚人入蜀，故當時有"江西填湖廣，湖廣填四川"之謠。①

宣統間修《廣安州新志》卷十《戶口志》：

大清初，州境兵燹既久，戶口凋極、逃亡，僅存土著絕鮮。……綜其戶籍，以明初上籍曰舊，以康熙客籍曰新。凡楚人居其大半。

下面擇要迻錄方志著錄相關資料，略以時代先後爲次，以見四川方言形成之一斑。清雍正敕修《四川通志》卷首《序》：

① 《魏源集》（上冊），中華書局，1976年3月第1版，第388頁。

其民則鮮土著，率多湖廣、陝西、江西、廣東等處外居之人，以及四方之商貿，俗尚不同，情性各異。

乾隆四年《雅州府志》卷五《風俗》：

雅地自獻逆蹂躪之后，土著者少，四方僑寓，大率秦楚吳粵滇黔之人居多。

光緒二十年《永川縣志》卷二《輿地·風俗·方言》：

永治五方襍處，語言互異，遭獻賊荼毒之後，土著復業僅十之二三，至今土滿人稠，强半客民寄寓，故郡屬城市均有各省會館，惟兩湖、兩廣、江西、福建爲多，生聚殷繁，佔籍越數十傳而土音不改。

宣統間修《廣安州新志》卷十《風俗志·方言》：

方言之錄，始於揚雄，州不獨言語與他郡縣殊，即六鄉語音亦各異，楚人猶楚語，越人猶越語也。今依通俗言之，凡明世舊民曰老民、曰本地人，國初入籍曰新民、曰客籍人。

民國十八年《新修南充縣志》卷七《掌故志·風俗·方言》：

吾邑經明季亂後，土著存不二三，生斯族斯者，先多來自外籍，故音不一。

民國二十二年《綿陽縣志》卷一《疆域·風俗·俗語》：

緜邑經明末獻賊荼毒之餘，舊戶籍存者無幾，厥後皆由各省遷居，久成土著，各操土音，紛襍莫定。

民國二十四年《敘永縣志》卷四《文化篇》：

敘永向稱藺州，唐宋以後改路置衛，始有漢人來居。清代改土歸流，於是漢人徙居者愈盛。以鄂省人爲最，贛粵人次之，山陝閩皖浙黔人又次之。然皆在百年或二百年以上。

民國二十九年《重修廣元縣志稿》第四編卷十五《禮俗志二·風俗》：

尋常言語，從其籍異，籍雜粵贛秦鄂湘閩，不易究稽，俚語俗言，難悉著於篇云。

民國三十三年《重修彭山縣志》卷二《民俗篇》：

蜀之語多南語，以自古占籍者多南人（楚越人最多，所在皆有），而蜀之音純北音，以蜀爲北土也。……蜀人多南語，而以北音說之，故皆失本音而不知其義。

當然，經過不斷融合，外來移民漸成土著，語言亦漸趨一致，由此而形成四川官話。如民國十年《雙流縣志》卷一《風俗》云：

明季張獻忠之亂，村市爲墟。清初招徠，大抵楚黄之人爲多，次則粵東，次則由閩、由贛、由陝服賈於此，以長子孫，今皆土著矣，風俗亦無差殊焉。

民國十二年《江安縣志》卷二《禮俗》：

江安自明季兵燹後，土著僅十一二，餘皆五方雜處，俗尚各從其鄉，今則漸歸齊一矣。

民國十八年《資中縣續修資州志》卷八《風土·方言》:

資無六百年以上土著，明洪武時由楚來居者十之六七，閩贛粵籍大都清代遷來。明初來者，今謂川省人，餘則各以其籍相稱，土音不盡隨山川而變，要以官話（四川省話）爲主，特唇齒清濁高下不同，或聲以通轉而訛，或音以輕重而差。

民國十八年《重修什邡縣志》卷七《禮俗》:

什地經獻賊屠戮，土著無多。秦楚閩粵之人先後來兹，各省文化四方輸入，二百餘年久已同化。

民國二十二年《安縣志》卷五十六《禮俗·社會風俗》:

前清時，縣屬民皆由各籍客民占籍，聲音多從其本俗。同一意義之俗語，各處發音不同。有所謂廣東腔者，有所謂陝西腔者，有所謂湖廣寶慶腔者、永州腔者，音皆多濁。近數十年交通便利，聲音皆入於清，而各省之人腔調漸歸一致，音皆多清而濁者少矣。

民國二十四年《雲陽縣志》卷十四《禮俗下·方言上》:

雲陽僻處蜀東，流賊之亂，居民流亡以盡。康乾以還，始由湖南北徙居之，故方音往往雜以楚語，不惟上溯《方言》多不相符，近如《俗言》、《蜀語》，亦多違異矣。……兹編皆今方言，雖質之老嫗稚子、樵夫農人，亦罔不通曉。特時世遞嬗，語文隨之，後之視今，倘亦猶今之視昔耶？是又未可知也。吾友廣安蒲君伯英見之，謂蜀中語言，各縣同者八九，異者一二，盍廣爲四川方言，不當局促一縣。然吾聞之：樂操土音，不忘本也。瑣瑣土音，以塞縣志可也。

民國二十七年《達縣志》卷九《禮俗門·風俗·方言》：

> 方言方音之錄，自古有之。縣中經獻賊亂後，土著絕少，其填入籍者以湖廣爲最多。咸、同以前語言尚異，後漸混而爲土音矣。

以上方志記載，幾乎包括了四川境內東西南北中各地情況。其他文獻亦多述及風俗民情或方言俗語，如宋蘇轍《竹枝歌（忠州作）》：

> 舟行千里不至楚，忽聞竹枝皆楚語。楚言啁哳安可分，江中明月多風露。

說明早在北宋時期，今重慶忠縣一帶所聞竹枝皆楚言楚語。陸游《閬中作》詩之二："遨樂無時冠巴蜀，語音漸正帶咸秦。"此又說明當時閬中語音與咸秦相近。但范成大《丙申元日安福寺禮塔》"耳畔逢人無魯語，鬢邊隨我是吳霜"自注云：

> 蜀人鄉音極難解，其爲京洛音輒謂之虜語，或是僭僞時以中國自居，循習至今不改也。既又諱之，改作魯語，尤可笑。

元陳基《草堂》詩："竹枝已聽巴人調，桂樹仍聞楚客歌。"清楊國棟《峨邊竹枝詞》亦云："楚語吳歌相遇處，五方人各異

鄉音。”康熙五十一年（1712）綿竹縣令陸箕永《綿州竹枝詞》:

村墟零落舊遺民，課雨占晴半楚人。幾處青林茅作屋，相離一埧即比鄰。

自注：“川地多楚民，綿邑爲最。地少村市，每一家即傍林盤一座，相隔或半里或里許，謂之一埧。”

嘉慶六對山人《錦城竹枝詞》云：

大姨嫁陝二姨蘇，大嫂江西二嫂湖。戚友相逢問原籍，現無十世老成都。

北京人雇河間婦，南京人傭大腳三。西蜀省招蠻二姐，花纏細辮態多憨。

傍陝西街回子窠，中間水達滿城河。三交界處音尤雜，京話秦腔默德那。

定晉岩樵叟《成都竹枝詞》：

瓷器店皆湖州老，銀錢鋪盡江西人。本城祇織天孫錦，老陝虧他舊改新。

又《再續竹枝五十首》：

南門橋畔喊牙蟲，也與揚州一樣風。持傘知來鳳陽郡，愚人多少受朦朧。

道光王正誼《達縣竹枝詞》：

廣東湖廣與江西，客籍人多來易稽。吾處土音聽不得，一鄉風俗最難齊。

陳謙《三臺縣竹枝詞》：

五方雜處密如羅，開先楚人來更多。閩人栽蔗住平地，粵人種芋住山坡。

胡用賓《旌陽竹枝詞》：

分別鄉音不一般，五方雜處應聲難。楚歌那得多如許？半是湖南寶老官。

原注："寶慶府人，俗呼寶老官。""旌陽"即今德陽市城厢旌陽區。

清末傅崇矩《成都通覽·成都之成都人》（頁52）云：

成都之地，古曰梁州，歷代皆蠻夷雜處，故外省人呼四川人爲川蠻子，也不知現在之成都人，皆非原有之成都人，明末張獻忠入川，插站（佔）地土，故現今之成都人，原籍皆外省也。外省人以湖廣佔其多數，陝西人次之，餘皆從軍入川，及游幕、游宦入川，置田宅而爲土著者。

傅氏更有詳細的統計比例：

湖廣籍	佔二十分之五分。
河南、山東籍	佔二十分之一分。
陝西籍	佔二十分之二分。
雲貴籍	佔二十分之三分。
江西籍	佔二十分之三分。
安徽籍	佔二十分之一分。

江浙籍　　　　　　　　　　佔二十分之二分。

廣東、廣西籍　　　　　　　佔二十分之二分。

福建、山西、甘肅籍　　　　佔二十分之一分。

宣統間修《廣安州新志》卷三十四《風俗志·方言》：

略核其實，明之黃麻籍最早，而武昌通城之籍次之；康熙之永零籍最盛，而衡州、寶慶、沅州、常德、長沙之籍次之。他若廬陵，若晉陽，若吳會，若閩越，若齊魯，遠地之占籍者也；若射洪，若雙流，若新津，若閬中，近地之徙籍者也。獨秦隴滇黔之人占戶籍者絕少。大率黃麻籍四之，永零籍五之，豫章籍二之，浙閩籍一，齊魯晉汴籍一，粵籍一，蜀人遷籍一。

民國十年《金堂縣續志》卷三《食貨志·戶口》：

省籍自獻賊亂蜀，本境遭禍尤慘。兵燹之餘，居民靡有孑遺。即間有以土著稱者，亦不能盡道其先代之軼事，且爲數寥寥。故本境人民多自他省遷來者，細別之似不下十餘省，然以楚籍爲占多數。茲用百分法以說明之：楚省籍約占百分之三十七，粵省籍約占百分之二十八，閩省籍約占百分之一十五，其餘各省籍約共占百分之二十。

周芷穎《新成都》第四章第二節《語言》（頁48）：

中國地理，以四川劃入南方官話區。因明季川中遭流寇之災，慘戮無數。亂平之後，人口大量移動，故方言漸與中原同化。平京滬漢人士來此者，聽本地土話較閩粵易於瞭解。

以上文獻資料，足以說明近現代四川方言的構成及與其他方言互有交錯的複雜情形，無需再說什麼了。

不過，四川方言在形成的同時，也開始對其他方言產生巨大影響。如明末清初四川遂寧學者李實《蜀語》著錄“習聞蜀諺”563條，絕大部分仍存留於現當代四川方言中。清道光二十一年《遵義府志》爲著名學者鄭珍、莫友芝纂輯，卷十七《物產》謂“遵義昔蜀今黔”，卷二十《風俗》云：

> 遵義巴蜀舊壤……地方常言，有其聲不得其文者多矣。明李實留意方言，所撰《蜀語》，事徵本原，十得七八，今悉採載。其有他處之語，遵義獨無者不錄。

集中採錄《蜀語》346條，約佔61.4%；若計風俗名物詞，如卷十七《物產》“菌”、“五倍”、“白蠟”、“五加皮”、“火米”、“咂酒”，卷二十《風俗》“壇神”、“端公”、“石敢當”、“趕場”等均引《蜀語》，所佔比例的確“十得七八”。

如果說遵義屬西南官話區，原本“巴蜀舊壤”，採載《蜀語》“十得七八”不足爲奇，那麽本屬江淮官話區的湖北麻城，民國二十四年《麻城縣志續編》卷一《疆域·方言》按語云：

> 地方常言，有其聲而不得其文者多矣。明李實留意方言，撰有《蜀語》，又江浙各志亦間載方言，今合上下江言語，擇其與麻城相同者錄之。

即採錄《蜀語》百餘條。此又說明，李實著錄“習聞蜀諺”，則確當如民國十八年《資中縣續修資州志》卷八《風土·方言》所謂“明初來者，今謂川省人”，“要以官話（四川省話）爲主”，非由清初湖廣移民帶入“與麻城相同者”。

另外，屬冀魯官話區的民國十八年《威縣志》卷十四《風俗志下·方言》亦採引《蜀語》若干條，如“傷痕曰痛瘡。音逋論”，既證明李實著錄之不誣，又表明“痛瘡”一詞非僅存於西南官話，但迄今不見於大型語文工具書收載。又，屬於吳語區的浙江鎮海，清光緒五年《鎮海縣志》卷三十九《方言》亦多引證《蜀語》，如：“膔頭，《蜀語》：‘家項間肉曰膔頭。音曹。’”

清乾隆朝詩人彭秋潭《長陽竹枝詞》云：

> 十姊妹歌歌太悲，別娘頓足泪沾衣。寧山地近巫山峽，猶似巴娘唱竹枝。

道光田泰斗《竹枝詞》：

> 逐戶燈光燦玉缸，新年氣象俗敦龐。一夜元宵花鼓鬧，楊花柳曲四川腔。

葉調元《漢口竹枝詞》：

> 蘆棚試演梁山調，紗幔輕遮木偶場。聽罷道情看戲法，百錢容易剩空囊。

“梁山”即今重慶市梁平縣（因與山東省梁山縣同名，1952年12月更爲今名），現有梁山燈戲、梁平年畫、梁山竹簾等三項國家級非物質文化遺產，可見其深厚的文化底蘊。

清末楊毓秀《東湖竹枝詞》：

岷江千里折流東，江繞孤城萬壑中。暫駐輶軒問鄉俗，楚風半雜蜀人風。

易順鼎《三峽竹枝詞》：

山遠水長思若何，竹枝聲裏斷魂多。千重巫峽連巴峽，一片渝歌接楚歌。

以上文獻記載也都說明，四川方言與巴蜀文化，對其他區域的語言與文化亦產生了重要影響。正是不同地域文化的傳播與交流互動，促進了文化的繁榮與創新。

關於考釋的相關問題，我們在上一成果的“前言”中已有詳細說明，這裏不再贅述。本書仍然是現代四川方言詞語的歷時考源研究，補充說明幾點情況：

一、收詞仍主要以《四川方言詞典》、《四川方言詞語彙編》、《四川方言詞語匯釋》、《成都方言詞典》、《成都話方言詞典》和《重慶方言詞解》爲依據，過於冷僻或現在已經不用的詞語一般不收；部分有具體使用區域或筆者熟悉而以上幾書均未收錄的詞語，酌加補收，並舉證說明今某地習用，以便同好稽考。因四川習慣簡稱“川”或“蜀”，爲行文方便，亦錯綜用之，四川方言亦時稱“蜀語”或“蜀方言”等。以上幾書原收錄個別見於《現代漢語詞典》第5版的通語詞，如“滗”、“炒麵”、“打尖”、“籴”、“教書匠”、“劙”[1]、“醪糟”、“轉筋”等則不收。個別詞語如讀音差別較大，並有辭書誤釋或未收者，不在此

①《四川方言詞典》(頁267)“□”音ni¹，謂“(篾條等)劃(手)(川東部分地區)”。“□”應即《現漢》“劙”，音lí，“刺破；割破”。

例，但均說明情況。同字異音者，合在一起討論，置於前一音讀下，如“跐”、“凝”等；書面形式不同又難於處理者，各歸其音讀下，如“虹/杠/槓/扛/蜂”與“虹/降/絳/醬/蜂”、“劏/窗/剅/蟥/拱/嗊”與“劏/窗/拱/玒/賨”等。

二、新增部分詞語考釋，盡可能深入細緻地揭示其來龍去脈。有部分詞語前一成果已經涉及，但不完善、書證過少或需補充者，亦酌加研討。爲避免重複，但又便於讀者瞭解該詞語出現的時代，則注明參見原《考釋》頁碼及原首引書證信息，有關辭書收錄與否及考證情況一般不再出現。

三、注音以《四川方言詞典》擬音爲據，並參考《成都方言詞典》的注音，若有必要修正或未見收錄的詞條，筆者自行擬音。需要特別說明的是，四川方言鼻音邊音不分，《四川方言音系》[①]、上兩詞典及袁家驊等《漢語方言概要》（第二版）均統一作“n”[②]。但考慮到語音的實際情況，並且通語鼻音聲母“n”的字，四川方言絕大部分讀“ȵ”，故本書採用邊音聲母“l”以與之相區別。通語中一些零聲母的字，如“矮”、“黯”、“傲”、“雁”、“隱”等，蜀方言則讀舌根濁輔音聲母“ng”。爲便於理解，各詞條均按四川官話讀音加注漢語拼音及國際音標，並標調值。凡有必要，幾種四川方言詞彙著作的注音均據實引錄。

四、由於詞語考源是一項艱苦細緻的研究工作，力求充分佔有材料，盡量追溯每個詞語的最初來源及得名之由。每一詞語的

---

① 《四川大學學報》1960年第3期。

② 語文出版社，2001年1月第2版，第25頁《聲母表（一）》。

考釋盡可能反映出該詞語在各個時代不同文獻中的消長變化，特別注意考察發掘每一詞語的源流嬗變，使理論觀點的闡述與實證考辨有機結合。正如孫伏園《“蜀方言”（工餘偶筆之三）》所云：“研究方言，從特有語詞下手，原是一條很重要的路，把特有語詞條舉出來，注意它們的讀音，解釋它們的意義，條舉到幾乎沒有遺漏，便可以成爲一部用國語注釋的方言詞典。”[①]所考詞語後，舉證《漢語方言大詞典》著錄的在不同方言區的流行情況，管窺蠡測，冀睹全豹矣。

五、書證亦從習慣先引工具書，以時代先後爲序，同一朝代首例書證作者前冠朝代名，如有分析論述相隔較遠，則再舉書證前亦冠朝代名。所舉書證，凡詩詞曲賦、筆記雜著等概舉朝代、作者，經史、小說則衹出書名。需要特別指出的是，有些方志修於某朝某帝時而無具體年份者，亦從簡冠某帝年號，如上文“雍正間修《四川通志》”，有時徑作“雍正《四川通志》”，與書名前人名通常指著作者不同。所引書證書篇名一般用全稱，幾種蜀方言類文獻標注頁碼，裨便讀者省覽稽核。

六、除少數簡化字材料轉繁統一字形外，繁體文獻均據實引錄，字形不作統一，以反映各時代的實際用字情況。凡引書證如有標點整理本，或作者論著有新式標點者，除個別影響文意必須改正外，一律據實引用。如姜亮夫《昭通方言疏證》的標點使用，即與標點符號使用法有所不同，則不作改動。凡引證無標點斷句的文獻語料，筆者統一體例酌加新式標點。

① 《四川教育通訊》1948年第35期，第13頁（以下凡1949年前的舊刊均出頁碼）。

七、原有方言詞典著錄或有文獻用例的詞語但難以確定本字者，則以著錄或文獻用例爲準；無本字或尚未考出本字的條目，用同音字代替。正如章炳麟《新方言·釋親屬》所言："蓋里巷殊言，猶存故訓，文士皮傅，一箸紙筆，音義便差，此類實多，無足深怪。"

八、本書按漢語拼音字母音序排列，首字相同的詞排列在一起，並按雙音節、三音節及以上順序排列，內部再以第二字和第三字的字母序次先後。每一詞條先列詞目，以漢語拼音加注四川方言讀音，並標注國際音標，再詳釋其義，列舉有代表性的書證和必要的分析論述。

本書雖爲"十一五"社科規劃項目成果，實際上從前一項目成果出版後，就一直在做後續研究。由於有些問題比較複雜，語料查考殊非易事，祇有在閱讀大量文獻的過程中慢慢搜討積累，道理非常簡單：即使有可供檢索的電子本，需要查考什麼，電腦也祇能將字符串提取出來，至於是否需要的語料，必須仔細甄別；如果不知道別的書面形式、點畫差異，或過於生僻等，電腦則無能爲力；倘若連研究者自己都不清楚與什麼材料有聯繫，電腦就更是擺設了。

由于四川方言形成的特殊歷史，本研究成果較多地採用了經史子集與明清以來的地方志材料，旨在與現當代方言建立聯繫，雅俗互證，古今貫通。正如羅常培《語言與文化》在論及語言研究時認爲："取材的範圍不可再存'雅''俗'的偏見，自經籍子史、詞書、專集、語錄、筆記、小說、戲曲、傳奇，以至於民間謠諺，大衆文藝都應該廣泛地搜集。研究的方法，一方面要由上而下地從經籍遞推到大衆口語，另一方面還得根據大衆的辭彙逆溯到他們的最初來源：照這樣就可以把古今雅俗的材料一切都聯繫起來了。”①劉師培《中國文學教科書》第一冊第三十二課《周代訓詁學釋例》也說：“同一事物而歷代之稱謂各殊，則生於後世必有不能識古義者，若欲通古言，必須以今語釋古語……同一名義而四方之稱之各殊，則生於此地必有不能識彼地之言者，若欲通方言，必須以雅言證方言。”②

詞語考釋屬歷史詞彙學研究的範疇，最理想的境界當然是形音義都能貫通。但因記載某些語言要素的文獻難徵，有些衹能做到形音溝通，或形義、或音義溝通，如有音無字，或不知本字，加之語言傳承受時間、地域的影響，書面記錄形隨音變，久而久之義隨形變，情況就更爲複雜，欲求形音義的完美貫通，其難度可想而知。明陈士元《俚言解序》云：

> 鄉俗常言多有證據，聽者玩熟而茫無考辨，則古聖察邇言何爲哉？嘗讀《方言》與今時所言頗不類，而《通俗文》并《釋常談》等書又指引不廣。余暇日著《俚言解》六百八十章，庶乎陪佳客之詼諧，共鴻儒而博論，不至面牆云爾。

這就說明，方言詞彙本身非常複雜，古今異代，時移世易，在不同流行地域內意思容或有細微差別，加之見仁見智，考釋未必盡合世人悉聞悉知者，尚祈讀者批評指正。

---

① 語文出版社，1989年9月第1版，第96頁。

② 寧武南氏校印本，第96頁。

B

巴 粑 飽 粄 粑 餅 bɑ^{55} [pa^{55}]

餅狀食品；黏結物或經乾燥後的塊狀物。宋洪邁《夷堅支景》卷四《趙葫蘆》："素寡髮，俗目之爲趙葫蘆，遂爲好事者作小詞詠之曰：'家門希差，養得一枚依樣畫。百事無能，只去籬邊纏倒藤。幾回水上，軛捺不翻真箇彊。無處容他，只好炎天噭作巴。'讀者無不絕倒，蓋亦以謔受報也。"①明顧起元《客座贅語》卷一《辨訛》："日曬肉曰巴，凡物之乾如臘者皆曰巴。"徐宏祖《徐霞客遊記》卷八上《滇游日記八》三月二十四日："既止，風雨交作，寒氣逼人，且無從市米，得麵爲巴而啖之。"李實《蜀語》（頁11）："凡餅塊爲巴，蜀

① 中華書局《古體小說叢刊本》（頁911），何卓校"不"、"噭"，《詞苑叢談》作"百"、"照"。按《改併四聲篇海·日部》引《俗字背篇》："噭，曝也。俗作。"《正字通·日部》："噭，俗曬字。"

之通稱也。”又（頁149）：“乾肉及餅曰巴○牛肉曰牛乾巴，蕎餅曰蕎巴，鹽塊曰鹽巴，土塊曰土巴之類。”黃仁壽等校注：“川語凡黏結斂合之物統稱‘巴’，并不僅限于‘乾’者。比如，乾而黏者，除李氏所舉者外，還有‘鍋巴’；濕而黏者，則有‘泥巴’。”按泥土不分乾濕粗細等均稱“泥巴”，如“花生長在泥巴頭”，謂花生生在土裏；“腳上有泥巴”，或謂腳上有泥土，或謂腳上有稀泥，或稀泥已乾等。清道光二十一年《遵義府志》卷十七《物產》：“《荒年雜詠》：野有草絨絨，白色，頂叢開細黃花，味微甘，嫩時取和米粉少許，作巴食之，呼爲軟曲巴。名曰清明草，清明時生，以後漸老，則不可食。”又卷二十《風俗》、光緒二十一年《敘州府志》卷二十一《風俗》、民國十年《新修合川縣志》卷三十《風俗·方言》、民國二十三年《華陽縣志》卷五《禮俗·方言》：“乾肉及餅曰巴。”又，煮飯時緊貼着鍋的一層謂鍋巴。《西游記》第五十七回：“鍋裏還有些飯與鍋巴，未曾盛了。”[①]清李光庭《鄉言解頤》卷四《物部上·食物十事》：“柴竈之釜，炊秔飯熟，而鍋底之米結成凹，其色黃，其聲脆，謂之鍋焦。鄉言曰格炸。江鄉有以釀酒者，曰鍋巴酒。”吴好山《成都竹枝詞》：“昭覺寺中看野鹿，歸來帕裏裹鍋巴。”同治十二年《新淦縣志》卷一《地理志·物產》：“俗謂乾物曰巴。”唐樞《蜀籟》卷四（頁297）：“除了鍋巴莫得飯。”吴濟生《新都見聞錄》十

① 今蜀語亦謂鍋或壺裏的水垢爲“水鍋巴”。

八《習俗一班·（二）方言》："餅塊形狀的物統叫'巴'，如乾牛肉叫'牛乾巴'，鹽的結成塊者叫'鹽巴'，泥塊叫'泥巴'。"又，塊狀物或非塊狀物亦曰巴，如泥曰"泥巴"。民國十五年《南川縣志》卷六《土音土語》："土曰泥巴。物體寬平皆曰巴，言手可把也。"又："凡小物面積寬長者皆曰巴。巴，把也，言手可把也。"其得名之由，可備一說。

亦作"粑"。明周祈《名義考》卷十《豭豝》："南人謂餈曰巴，北人謂女陰曰巴，南人有音而無字，作粑者俗也。"《醒世恒言》卷十五："大卿看見恁般標致，喜得神魂飄蕩，一個揖作了下去，却像初出鍋的糍粑軟做一塌，頭也伸不起來。"清段汝霖《楚南苗志》卷四《吃牛》："第四日早，設酒肉各五碗，米餅十二枚，苗語所謂杞粑，置火床燒黄蠟爲香，擊竹筒摇銅鈴祀祖，謂之報家先。"光緒八年《黎平府志》卷二下《風俗·方言》："以米麵作餅曰粑。"Adam Grainger《西蜀方言》（頁323）："煳鍋粑。"謂"the crust of rice on the bottom of the pan"。民國十八年《滎縣志·物產》："今俗以巴字無理別作粑字，妄也。"蹇先艾《貴州道上》："趙胖子挺胸正走得起勁，哪知又有意外了，從路旁冷不防走出一個賣泡粑的老太太把他抓住。"唐樞《蜀籟》卷一（頁20）："不想鍋粑吃，莫在鍋邊轉。"民國二十五年《續遵義府志》卷十二《物產·飲食類》："鄭知同《餌塊粑歌並序》：黔中謂餅曰粑。方語，雙聲之變也。""粑"爲"巴"增旁字。姜亮夫《昭通方言疏證》（1625條）："餅，《說文》：'麪餈也，必郢切。’按昭人凡以麥成者曰餅，以米成者曰粑、餈餅不言餅，此古今之變也。昭人凡言平處平狀之物皆曰巴，言餅則寫作粑，粑餅亦雙聲之變，餅相並合也，粑相粑著也，義皆相近而所指實質有異，故義亦小別也。”《成都話方言詞典》（以下簡稱《成都話》，頁2）“粑”①“餅類食物”。

又作“飽”。《警世通言》卷二十一：“赶進一步，舉棒望腦後劈下，打做個肉飽，可憐兩個有名的强人，雙雙死於一日之内。”明張雲龍《廣社·支時》：“餈粢餎，餅餌○糕食、稷飽。”清康熙十四年修民國二十四年鉛印本《石埭縣志》卷二《風土志·物產》：“角黍、青精飯、糍飽、饅頭、饗糖。”

按餅類食品本字或作“粄”、“料”、“飬”。唐玄應《一切經音義》卷十八《解脱道論第二卷》：“麻料，《字苑》作粄，同，布滿反，餈類也。今米料、豆料皆作此也。”《玉篇·米部》：“粄，補滿切，米餅。”又《食部》：“飬，方滿切，屑米餅。”《廣韻·緩韻》：“粄，屑米餅也。博管切，五。料、飬，上同。”《集韻·緩韻》：“粄，補滿切，屑米餅也。或从半，从食。”《正字通·米部》：“粄，舊註補滿切，般上聲，屑米餅，五画料同粄。按《荆楚歲時記》：‘三月三日，取鼠麴草汁蜜和爲粉，謂之龍舌料。’料音板。”又《食部》：“飬，補綰切，音版，餅别名。六朝人呼餅爲飬。《南史》郭原平感文帝，文帝崩，日食麥飬一枚；齊衡陽王鈞生母病，不食五色飬。或麥麫或屑米爲之。舊註専屬米餅，非。”《宋書·郭世道傳附子原平》：“太祖崩，原平號哭致慟，日食麥料一枚。”《南史·

郭世通傳附子原平》[1]作“麥餅”。《太平御覽》卷八百五十二引《夏統別傳》注曰：“蕨初生合米擣作粄。”明李時珍《本草綱目》卷十六《草之五·鼠麴草》：“藏器曰：鼠麴草生平崗熟地，高尺餘，葉有白毛，黄花。《荆楚歲時記》云：三月三日，取鼠麴汁搗和爲丸，謂之龍舌粄，以壓時氣。粄音板，米餅也。”[2]《淵鑒類函》卷三百八十九《食物部二》：“粄，即粄，又餅。案六朝人呼餅爲餅。”鼻音韻尾脱落，即同“巴”，如蜀語“扁”讀［pia⁵³］，揮棄、頓甩義的“拌”讀［pa²¹³］。

《漢語大字典》(以下簡稱《大字典》。如引第二版，以括號注明“二/2/1075”，表示見第二版第2卷，總第1075頁。下同）“巴”②[3]“指乾燥或黏結的東西。如：鍋巴；泥巴”，首引《蜀語》。又（二/6/3351）“粑”①“方言。餅類食物。如：糍粑；糖粑；玉米粑粑”，無書證。又（8/4735）“䊅”謂“方言。餅類食物。後作‘粑’”，引《警世通言》。又（3350）“粄”音bǎn，“糍粑一類米製餅”。又（3353）“粄，同‘粄’”。又（8/4739）“餅”音bǎn，“用米粉或麥粉做成的餅”。

《漢語大詞典》(以下簡稱《大詞典》。以括號注明“4/72”，表示見第4卷，第72頁。下同）“巴”④“粘住”的附項“亦謂乾燥後凝結粘着的東西”，引清錢大昕《恒言錄》；

---

① 中華書局標點本第1830頁校勘記〔二〕：“郭世通 ‘世通’《宋書》前後並作‘世道’。”“通”、“道”形近易混。

② 南朝宗懔《荆楚歲時記》：“是日，取鼠麴汁蜜和粉，謂之龍舌粄，以厭時氣。”

③ 《大字典》、《大詞典》、《川方》等辭書字詞義項序號爲黑底白字或白底黑字，爲版面清爽計，本書引據統一用白底黑字。

又（9/205）“粑”謂“方言。餅類食物。如：糍粑、糖粑”，無書證。又（12/511）“飽”謂“方言。粑。餅類食物”，引《警世通言》。又（199）“粄”謂“碎米餅”，又（210）“�油”謂“屑米餅”，又（12/533）“餅”謂“用麥麵或米粉等做的餅”，以上三字均音bǎn。

《漢語方言大詞典》（以下簡稱《方言大詞典》，頁968）“巴”㉗“指塊狀的乾癟的東西”，西南官話、閩語；又㉝“餅類食物”，西南官話。又（頁5143）“粑”①“米麵或麥粉等做成的餅類食物”，江淮官話、西南官話。

巴巴　粑粑 $ba^{55}ba^{55}$ [$pa^{55}pa^{55}$]

塊狀類食物，或蒸、炸、煎、烙等而成。爲“巴”、“粑”重言構詞。參《四川方言詞語考釋》（以下簡稱《考釋》）第3頁。前撰“巴巴”首引明劉若愚《明宮史》。民國二十四年《雲陽縣志》卷十四《禮俗下·方言下》：“麵食謂之磨磨。《丹鉛新錄》：麵食北人呼爲波波，南人訛爲磨磨。今俗呼爲巴巴。”

亦作“粑粑”。明胡文煥輯《群音類選·諸腔卷四·訪友記》：“許多人馬挑着一擔麥餅粑粑，又有金銀與細茶。”清段汝霖《楚南苗志》卷四《跳鼓臟》：“蒸米餅石餘，即苗人所謂粑粑也。”又卷六《歲時》：“土人年節不相拜賀，每歲於臘月二十四日作米餅（俗謂打粑粑也）。”桂馥《札樸》卷十《滇游續筆·耳塊》："滇人呼餅曰粑粑。"①又《贈查三》詩："竭來滇南減口腹，餌塊粑粑難充飢。"葉調元《漢口竹枝詞·閨閣》："小家婦女學豪門，睡到辰時醒夢魂。且慢梳頭先過早，粑粑油餃一齊吞。"自注："米粉裹餡，油炕半面曰粑粑。"傅崇矩《成都通覽·成都之民情風俗》（頁97）："三月清明節上墳，或蒸清明餑餑，又名清明糕粑粑。"民國二十一年《萬源縣志》卷五《教育門·方言》："蒸餅之屬曰餑餑，曰粑粑。"民國二十六年《馬邊紀實·夷族·夷人之生活·飲食》："以煮熟之包谷磨成細粉，做成粑粑，放入鍋蒸之，或以艾菜和入苞谷麵中，然後做成粑粑。"今蜀語亦然。《四川方言詞典》（以下簡稱《川方》，頁5）"粑粑"謂"餅類食物，或蒸或煎而成"。《四川方言詞語匯釋》（以下簡稱《川方匯釋》，頁6）"粑粑兒"謂"糕餅之類的塊狀食物"。《四川方言詞語彙編》（以下簡稱《川方彙編》，頁192）"粑"謂"餅子"，"粑，亦作'粑粑'"。《成都方言詞典》（以下簡稱《成方》，頁76）"粑粑"謂"糧食做的、成塊狀的食品的統稱，蒸或煎後食用"。《重慶方言詞解》（以下簡稱《重方》，頁3）"粑粑"謂"餅類食物"。

《大詞典》（4/73）"巴巴"③"方言。食物名，即餑餑"，引孫錦標《南通方言疏證》，但蜀語義較寬泛，不限於所謂"餑餑"。又（9/205）"粑粑"謂"方言。餅類食物"，引丁玲《水》。

《方言大詞典》（頁968）"巴巴"②"餅類食物。泛指點

① 姜亮夫《昭通方言疏證》（1618條）引爲《集韻》文字，未是。

心”，冀魯官話、膠遼官話、西南官話、贛語。又（頁5143）“粑粑”①“餅類食品的總稱”，西南官話、湘語。

巴掌　把掌　耙掌　芭掌 bɑ⁵⁵zɑng⁵³ [pa⁵⁵tsaŋ⁵³]

❶手掌。《爾雅·釋言》“般，還也”郝懿行義疏：“今俗呼掌爲巴掌，即般掌之聲轉。”《紅樓夢》第五十八回：“‘一個巴掌拍不響’，老的也太不公些，小的也太可惡些。”《兒女英雄傳》第四回：“那跑堂兒的瞧見，連忙的把烟袋杆望巴掌上一拍，磕去烟灰。”《龍圖耳錄》第四十回：“倘或他要想起以前的仇隙，那可是孫悟空在我佛的巴掌裏翻斤斗，咱家還能夠逃出他的手心兒去麼？”高靜亭《正音撮要》卷二《身體》：“巴掌。”徐珂《清稗類鈔·迷信類·湘中童謠》：“打鐵兩，兩個娃娃拍巴掌。”民國五年《鹽山新志》卷二十四《謠俗篇上·方言》：“巴掌，掌也。諺云：巴掌大蓋不了天。”民國十八年《合江縣志》卷四《禮俗·方言》、民國二十一年《南溪縣志》卷四《禮俗下·諺語》：“一個巴掌拍不響。”民國二十年《遷安縣志》卷十九《方言》：“手掌謂之巴掌。”民國二十年《青縣志》卷十一《故實志·風俗篇·方言》：“巴掌大遮不了天，喻力有不及。”民國二十一年《景縣志》卷六《方言》：“俗謂手掌曰巴掌。”民國二十一年《南皮縣志》卷四《風土志下·方言》：“巴掌，掌也。諺云：巴掌大蓋不了天。”民國三

十一年《西昌縣志》卷五《禮俗志·諺語》:“一個巴掌拍響。”此條俗語前後均爲七字句，“拍”下當脱“不”字，蜀語亦習慣説“一個巴掌拍不響”，如前引《合江縣志》等例，謂當事雙方均有責任。又，清蒲松齡《日用俗字·身體章第一》:“手腕屈軸逐大拇指，耳摑巴掌拳頭伸。”民國二十四年《蕭山縣志稿》卷二十九《瑣聞·方言謠諺》:“以手批面曰搧……今蕭俗讀若萱音，有搧巴掌搧拳頭之語。”上兩例有點特殊，“耳摑巴掌”、“搧巴掌”猶打耳光，但與“拳頭伸”、“搧拳頭”放在一起，“拳頭”不好解作其他什麽意思，“巴掌”指手掌也説得過去。丁惟汾《俚語證古》卷三:“八掌，番掌也。手謂之八掌。八爲番（古音讀板）之雙聲音轉。《説文》:獸足謂之番。八掌即番掌。此移足名爲手名。四川謂足爲足八掌，正與《説文》合。”“八掌”即“巴掌”。亦可以AAB構詞。清傅崇矩《成都通覽·成都之乳娃教育》(頁96):“打巴巴掌。”又《成都之小兒女歌謠》(頁254):“巴巴掌，油旋餅，又賣胭脂又賣粉，賣在瀘州蝕了本。”《川方》(頁3)、《成都話》(頁1)、《成方》(頁75)“巴巴掌”謂“巴掌”。今蜀方言謂鼓掌爲“拍巴巴掌”。《川方匯釋》(頁161)、《重方》(頁250)“拍巴巴掌”謂“鼓掌”。

亦作“把掌”。民國二十年《禹縣志》卷十一《謠俗志》:“一個把掌拍不響。”同上引《紅樓夢》、《南溪縣志》諺語，“把掌”就是“巴掌”。民國二十二年《高邑縣志》卷六《風土·諺語》:“樹葉拍把掌，纔脱棉衣裳。”此爲比喻説法。

又作“䎬掌”。章炳麟《新方言·釋言》:“《說文》:‘拍,拊也。’普百切。音轉爲䎬,䎬,䎬擊也,博下切。今人謂以手搹擊爲拍䎬掌,䎬讀如巴。”[①]民國十八年《榮縣志·禮俗》:“《說文》:‘獸足謂之番。’附袁切。古無輕唇音,番讀如班,今音如板,手掌謂手番,足掌曰足番,雙聲轉䎬。《說文》:‘䎬,搹擊也。’今䎬掌、耳䎬,北人强以刮字當之,非也。”姜亮夫《昭通方言疏證》(731條):“昭人謂以兩手相搹擊爲拍䎬掌。”則“䎬掌”即“巴掌”,“拍䎬掌”、“拍䎬掌”即“拍巴掌”。

或記音作“芭掌”。《全國各界切口大詞典·衙卒類·仵作》(以下簡稱《切口大詞典》):“芭掌,手也。”

又,“巴掌”、“把掌”等基本意思仍爲手掌,但常用在以掌打人、擊打的語境中。元佚名《黃鶴樓》第三折:“這廝睡着也,我着這廝喫一箇巴掌道。”猶打這人一掌。《清平山堂話本·快嘴李翠蓮記》:“歇歇進門沒得說,賞他個漏風的巴掌當邀請。”謂用五指沒有併攏的掌打一下。《醒世恒言》卷一:“尋個茶遲飯晏小小不是的題目,先將廚下丫頭試法,連打幾個巴掌。”猶謂用掌連打幾下。《醒世姻緣傳》第五十七回:“休慣了他,投信打己他兩個巴掌,叫他有懼怕。”《紅樓夢》第六回:“板兒一見了,便吵着要肉吃,刘姥姥一巴掌打了他去。”以掌

---

① 《說文·巴部》:“䎬,搹擊也。从巴帚,闕。”段玉裁注:“搹者反手擊也。……闕者闕其會意形聲之說也。大徐博下切。按此字當是从帚巴聲。”清桂馥《札樸》卷九《鄉里舊聞·雜言》:“掌搹曰打嘴摑,又曰打嘴䎬。”是“䎬”音同“巴”。

打人較以拳打人輕。清Adam Grainger《西蜀方言》(頁159):"打他幾巴掌。"謂"beat him a few slaps. (*N.A.*)"[①],猶謂用掌打他幾下。

又,《宦海升沉錄》第五回:"所以世人說一巴掌就聽得數十萬,就是這個原故。""一巴掌"猶謂一出手。

或作"把掌"。《警世通言》卷三十三:"祇見王青打自己把掌約有百餘,罵不絕口,跳入湖中而死。"《醒世恒言》卷七:"一把掌將小乙打在一邊,氣忿忿地奔出門外,專等錢青來廝鬧。"《白雪遺音》卷二《輕輕掀開》:"輕輕掀開紅羅帳,觀見佳人赤身精光,睡朦朧,好似一個美人樣。摟抱懷,春風透體桃花放,驚醒佳人,打了幾把掌。短命鬼,冒冒失失往那裡放?弄的好,好似一個壯猪樣。"《品花寶鑒》第十三回:"正值張仲雨下來,碰着了,趁手一個把掌,潘其觀又栽了一交。"

❷引申指耳光。以掌批頰,俗謂之打耳光。《西游記》第七十六回:"行者到跟前,一把撾住八戒臉,一個巴掌打了個踉蹌。"既"撾住八戒臉",這個"巴掌"應打在臉上。《新刊京本通俗演義全像百安公案全傳》第七十四回:"□包拯臉上打兩巴掌,左右公差皆失色,包公不以爲嗔。"《續金瓶梅》第四十七回:"被桂姐劈臉又是一個巴掌,連身一推,好一似瘸鱉趴深

---

① 《西蜀方言》著錄方言詞語,所舉例句用英文解釋,涉及該詞語一般用斜體(亦有不用斜體的,如上引頁323"煳鍋粑"條),例如:頁91"逢單日子趕場"謂"the market is held on the *odd* days (i.e. 1st, 3rd, 5th, etc.)",頁499"趕場"謂"to *attend* a market",頁526"趕鄉場"謂"to attentd a *country* market",分別突出"單"、"趕"、"鄉"。拙撰引用則取"趕場",與原書突出的重點可能不同。因此,除個別特殊情況外,不照錄斜體形式。

缸——把頭伸一伸，通上不來。”上兩例“巴掌”明謂打在臉上，故“巴掌”猶謂耳光。

《大詞典》(4/75)“巴掌”謂“手掌”，首引《清平山堂話本·快嘴李翠蓮記》。又(6/424)“把掌”謂“即巴掌”，引《醒世恒言》卷三十六例。未收“䦆”字。《現漢》“巴掌”謂“手掌”，則以爲通語矣。

《方言大詞典》(頁972)“巴掌”①“手套”，②“有蹼的鳥爪”，未及“手掌”的引申義。未及“把掌”詞形。又(頁6351)“䦆掌”謂“用手掌打嘴巴”，西南官話、吳語，後者引陳訓正《甬諺名謂籀記》卷一：“䦆，批擊也。今俗以掌批人頰曰䦆掌，猶言掌擊也。讀若巴。”則“䦆掌”爲打耳光之意。

巴山豆　芭山豆　爬山豆　拔山豆　扒山豆

$bɑ^{55}sɑn^{55}dou^{213}$ [$pa^{55}san^{55}təu^{213}$]

類似赤小豆的一種豆。清官修《授時通考》卷二十九《各土豆産》：“羅田縣物産，菽類有羅裙帶、雁來紅、羊眼豆、蛾眉豆、巴山豆、西山豆。”嘉慶十七年《郫縣志》卷四十《物産》：“巴山豆，郫邑人家或種之籬邊，或以竹木架起，其藤如䓫蘡，其莢如紅豆，其子如腎，其用如與紅豆同。”道光九年《寧陝廳志》卷一《物産》：“小豆、燕麥、綠豆、巴山豆。”光緒四年《彭縣志》卷三《民事門·物産志》：“巴山豆，似赤豆而小，有蔓。”光緒二十年《利川縣志》卷七《户役志·物產》：“豆有青皮豆、羊脹豆、紅飯豆、巴山豆、黑豆、緑豆之别。”民國二年《甕安縣志》卷十四《農業》：“菽，俗謂之豆，有黃豆、黑豆、綠豆（一作菉豆）、飯豆、巴山豆、豇豆。”民國二十五年《新纂康縣縣志》卷十四《物產》：“豆有黃豆、莞豆、小豆、巴山豆、綠豆之别，以黃豆、小豆、巴山豆爲最多。”又，清同治五年《高縣志》卷五十一《物產志》：“菽之屬：黃豆、蠶豆……扁豆、芭山豆。”上兩詞形，外方人士不至於讀音不確矣。

亦作“爬山豆”。明嘉靖《洪雅縣志》卷三《食貨志·物產》：“荳之類，有青皮，有花腰，有地葫蘆，有羊眼……有爬山，有一蝸蜂。”“爬山”即爬山豆。清乾隆十七年《大邑縣志》卷三《物產》：“扁豆、刀豆、爬山豆、龍爪豆。”道光十四年《石泉縣志》卷三《食貨志·物產》：“菽之屬：黃豆、黑豆、青豆、白豆、斑褐豆、爬山豆。”道光二十一年《遵義府志》卷十七《物產》：“米豆有白者、斑者，有一種小而斑者爲貓豆，又名爬山豆，種收同，並以作飯。”同治十二年《緜州志》卷五十二《物產》：“紅小豆，一名飯豆，又蠶豆、爬山豆，並宜人宜畜。”光緒二年增刻同治六年本《大邑縣志》卷七《風土》：“胡豆、豇豆、豌豆、毛豆、蛾眉豆、扁豆、爬山豆、刀豆。”光緒八年《黎平府志》卷三下《物產》：“米豆，俗名飯豆，有紅黃雜色數種，曰爬山豆，即米豆之别者。”光緒九年《珙縣志》卷四《農桑志·物產》：“爬山豆，蔓生似藤。”光緒末抄本《金堂縣鄉土志》卷四《物產》：“爬山豆，似赤豆而長，有青赤二色。”民國四年《滎經縣志》卷二十《物產志·植物》：“豌豆、羊眼豆、爬山豆、茶褐豆。”民國十五年《南川縣志》卷六《植物》：“爬山豆，宜種山坡，故名。蔓生，莖較綠豆細長，葉較綠豆柔滑，莢實亦如綠豆，但莢微長而實色赤，可麵可粥可煮食，吾邑西北一帶多種此以濟青黄不接之食。”民國十七年《大竹縣志》卷十二《物產志》：“赤飯豆、白飯豆、爬山豆（或名羊角鬚）等，以佐蔬食及作米麪食物之餡。”民國二十七年《麻江縣志》卷十二《食貨志・物產》：“小黑豆俗名藥豆，赤而稍大者名宗豆，黑綠而稍大者名爬山豆，《遵義志》謂小而斑者爲稻豆，亦名爬山豆。”民國三十三年《汶川縣志》卷四《物產》：“爬山豆，俗稱爬山子。”“爬”均音［pa^{55}］。

又作“拔山豆”。清張宗法《三農記》卷三《拔山豆》：“拔山豆宜種山坡地，故名拔山，喜引蔓，乃荅屬也。苗葉如飯豆，形畧同而色淡綠，蔓長如豇豆，結莢如菉豆，实比菉豆而畧長，得色點綠，可麪可粥，可煮食，飼畜甚良。……拔山豆味甘氣凉，行血下氣，乍食令人脹滿。”民國十三年《江津縣志》卷十一《風土志・土產》：“拔山豆，性宜高燥，引蔓山坡之上，根莖葉均與豇豆相似，莢似菉豆而長，實有紅白綠三種，邑中兩岸山地多種之。”“拔”蜀語音［pa^{21}］，“拔山豆”當讀陰平。

或作“扒山豆”。明嘉靖《沛縣志》卷三《賦役志・土產》：“又有扒山豆，附物蔓生，細而長。”清官修《授時通考》卷二十九《各土豆產》：“又有赤小豆、白小豆、黎小豆、扒山豆之類。”乾隆二十五年《泰山府志》卷二《方域志・物產》：“又有豇豆、豌豆、藊豆、赤小豆、白小豆、扒山豆之類光九年《東阿縣志》卷二《方域志・物產》：“菽，豆總名……又有豇豆、豌豆、藊豆、赤小豆、白小豆、扒山豆之類。”光緒十年《曹縣志》卷三《物產志》：“又有赤小豆、白小豆、綠小豆，故醫家有三豆之名。又有扒山豆、管豆。”

詳其命名理據，“巴”、“芭”、“拔”、“扒”均爲“爬”音借，“爬”音［pa^{55}］，謂攀援，“巴山豆”非謂巴山所種之豆也。下條“爬山虎”之“爬”，亦攀援義。

以上各詞形《大詞典》均未收錄。《方言大詞典》（頁973）“巴山豆”謂“一種籽粒長形的小豆”，西南官話。又（頁3459）“爬山兒”謂“紅小豆”。未及“芭山豆”、“爬山豆”、“拔山豆”、“扒山豆”詞形。

巴山虎　爬山虎　跁山虎　扒山虎

$ba^{55}san^{55}fu^{53}$［$pa^{55}san^{55}fu^{53}$］

絡石藤；一說“薜荔”。明楊慎《丹鉛總錄》卷四《薜荔》：“《楚辭》：‘披薜荔兮帶女蘿。’注：‘薜荔，無根，緣物而生，不明言爲何物也。’據《本草》，絡石也。在石曰石鯪，在地曰地錦，繞叢木曰常春藤，又曰龍鱗薜荔，又曰扶芳藤，今京師人家假山上種巴山虎是也。又云凡木蔓生，皆曰薜荔。”嘉靖《太原縣志》卷一《土產》：“薜荔，即巴山虎。”唐駱賓王《駱丞集》卷一《夏日遊德州贈高四詩》“野衣裁薜葉，山酒酌藤花”明顏文選注：“《楚詞》：‘若有人兮山之阿，被薜荔兮帶女蘿。'薜荔，香草。《本草》絡石也。……今京師人家假山上種巴山虎是也。"清乾隆三十八年《歷城縣志》卷五《地域考三·物產》:"薜荔，俗名巴山虎，枝柔葉密，附壁而生。"吳其濬《植物名實圖考》卷二十《蔓草·常春藤》:"常春藤，卽土鼓藤，《本草拾遺》始著錄曰:'華子以爲龍鱗薜荔。'《談薈》以爲卽巴山虎，今南北皆有之。"道光《晉江縣志》卷七十三《物產志》:"薜荔，一名巴山虎。"道光七年《桐城續修縣志》卷二十二《物產志》:"薜荔，俗名巴山虎，葉大於絡石，小於木蓮。"梁紹壬《兩般秋雨盦隨筆》卷八《薜荔》:"薜荔，蔓生牆垣，俗名巴山虎。"光緒六年《湘陰縣圖志》卷二十五《物產志》:"薜荔，一名長春藤，一名巴山虎。"光緒八年《孝感縣志》卷五《風土志·土物》:"薜荔，俗名巴山虎，蔓生墻壁。"

亦作"爬山虎"。清乾隆二十九年修民國二十一年鉛字重印本《柳州縣志》卷二《地輿·物產》:"薜荔，傍墻壁而生，又名爬山虎。"乾隆三十年《海寧縣志》卷一《方域志·物產》:"醬板草、牛舌草、爬山虎、霸王鞭、海底松。"乾隆三十年《濟陽縣志》卷一《輿地志·物產》:"草爲吉祥，爲苜蓿，爲芭蕉，爲貼壁，爲爬山虎，爲蘆葦。"乾隆五十三年《華陰縣志》卷二《封域·方產》:"按革荔即薜荔，俗所謂爬山虎者(《本草》)，緣樹木垣牆而生，四時不凋。"光緒二十五年《重修天津府志》卷二十六《考十七·輿地八》:"絡石藤，俗名爬山虎。"民國十一年《文安縣志》卷一《方輿志·物產》:"絡石藤俗名爬山虎。"民國二十一年《南皮縣志》卷三《風土志上·物產》:"地錦，一名絡石藤，俗名爬山虎，多年生蔓性木本，莖有短卷鬚，小端生吸盤，攀緣於牆面上昇。”《現漢》“爬山虎”①“落葉藤本植物，葉子互生，葉柄細長，花淺綠色。結漿果，球形。莖上有卷須。能附着在巖石或墻壁上”，但“爬”注音pá，蜀方言則音［pa^{55}］，“爬山虎”讀同“巴山虎”。

又作“爬山虎”。清光緒二十六年《甯津縣志》卷二《輿地志下·物產》：“絡石藤，俗名爬山虎。”光緒間修民國十五年增續本《邳志補》卷二十四《物產》：“絡石，俗名爬山虎，味苦，温，人家常蒔之墻下，蔓延爲玩。”民國五年《鹽山新志》卷二十二《故實略·物產篇上》：“絡石藤，宜陰濕處，冬夏常青，實黑而圓，俗名爬山虎，種之牆下以飾壁。”民國二十年《青縣志》卷十《故實志·物產篇·植物》：“絡石藤，《本草》一名耐冬，花白子黑，今俗呼爬山虎，多種於照壁下者。”民國二十三年《定縣志》卷二《輿地志·物產篇》：“絡石藤俗名爬山虎。”

或作“扒山虎”。清李斗《揚州畫舫錄》卷十七《工段營造錄》：“紅黃壽帶、藤花、紫荊花、明開夜合花、十姊妹、扒山虎、山葡萄、芭蕉、貼根海棠、硃砂海棠、垂絲海棠。”民國七年《上海縣續志》卷八《物產·花卉之屬》：“薜荔，草本，葉似葡萄，互生枝上，枝能攀緣牆壁、木石，全恃變形之卷鬚，此卷鬚生於各葉之對面，形似守宮之足趾，吸於壁上，巧妙無匹，俗名扒山虎。在石曰石綾，在地曰地錦，在木曰長春籐，紫花。”民國二十二年《順義縣志》卷九《物產志·花類》：“扒山虎，蔓生，栽植牆下即蔓延而上，遇風不落。”民國二十三年

《灞縣新志》卷四《風土·物產》："薜荔，俗名扒山虎。""扒山虎"即"爬山虎"。

《大詞典》（4/73）"巴山虎"①"即爬山虎。植物名。葡萄科。高攀的落葉藤本。也稱地錦、常春藤。參閱清吳其濬《植物名實圖考·蔓草二·常春藤》"。又（6/1103）"爬山虎"②"即常春藤。落葉藤本植物，葉子互生，葉柄細長，花淺綠色。結漿果，球形。莖上有卷鬚，能附着在巖石或牆壁上"，無書證。又（6/338）"扒₃山虎"②"即爬山虎。一種附巖石或墻蔓生的植物"，無書證。未收"䟙山虎"詞形。

《方言大詞典》（頁973）"巴山虎"謂"薜荔"，北京官話，首引光緒十二年《順天府志》。又（頁3457）"爬"、（頁5479）"䟙"、（頁1106）"扒"下未及"爬山虎"、"䟙山虎"、"扒山虎"詞形。

又，明萬表輯《皇明經濟文錄》卷三十一《爲捷音事》："各職會同統軍參將洛忠、將材指揮佘大綸，設法製造鐵猫、爬山虎、麻索、長梯。"羅日褧《咸賓錄》卷八："乃以意製鐵貓、爬山虎、繩梯等具，覘賊不備，舁前攻具附崖，土兵先登，官軍繼之，斬關拔柵入，縱火焚賊。"范景文《昭代武功編》卷六正德《鄒莊簡勦除清平苗》："乃以意製銕猫、爬山虎、繩梯等具，督令宣慰彭九霄、彭明輔等揀精兵，於十月初三日昧爽，附山下緣厓猿攀相引上，拔其外栅，縱火焚賊廬舍三十餘閒，擊斬百餘人。"

明王軾《平蠻錄》："又准總兵官曹愷開報，督令先在盤江東峴劄營，官軍並酉陽保靖等處土兵，自二月二十等日節次搭造浮橋過江，巴山虎、壓二色等器，出奇正之兵，用間諜之謀，克取阿滿、扯鮓、享雜等寨。”民國三十七年《興義縣志》第三章《大事志》第一節所載相同。

明正德元年《姑蘇志》卷五十二《人物十·韓雍》：“時賊於山南立排柵甚固，滾木礧石標鎗藥弩如雨而下，雍選壯士用團牌、扒山虎等器殊死而進，奪其要寨，焚其積聚，煙焰障天。”《明史·廣西土司一》：“官軍用團牌、扒山虎等器魚貫而進。”清乾隆二十六年《元和縣志》卷二十二《人物·韓雍》則作：“賊於山南立排柵甚固，滾木礧石標鎗藥弩如雨，下峽直上百餘丈如劒立，雖階梯不能上，雍身披重鐵，帥敢死士用團牌、扒山虎等器冒險進，三軍大呼，緣木攀藤而登。”

以上“爬山虎”、“巴山虎”及“扒山虎”當爲一種有助於登高履險的兵器。《大詞典》（4/73）“巴山虎”②“舊軍器之一”，引清黄本銓《梟林小史》：“秀英率二百餘人沖門出，咸用巴山虎及小撓鈎諸械，著身無脱者。”“爬山虎”、“扒山虎”均未及，特予表出。

跁 bɑ^{55}［pa^{55}］

義同“爬”。《正字通·足部》：“今俗謂小兒匍匐曰跁。”清乾隆二十一年《獲嘉縣志》卷九《風俗》：“（上元前後）三日內，鄉城男婦俱登高阜，曰跁家，又曰走百病。”又二十四年《象山縣志》卷一《地里志·風俗附方言》：“匍匐曰跁。音琶。”郝懿行《證俗文》卷十七：“小兒匍匐曰跁。《集韻》蒲巴切，音爬。”民國二十年《禹縣志》卷七《物產志》：“近三十年來，則以麥雜豌豆種之，諺名猴跁竿，比之分種，則成穩而穫豐，蓋以相合相助，氣力倍强，即本種所忌者，亦不忌矣。”民國三十三年《重修彭山縣志》卷二《民俗篇·方言》：“小兒匍匐曰跁。音罷，俗說如巴。”今蜀語小兒在地上匍匐亦謂“爬[p‘a55]”，但如向上攀爬則曰“跁[pa55]”。清翟灝《通俗編》卷三十八《識餘·集對》：“馬蟻上鍋埣活跁，癩黿鼓床脚死撐。”今蜀語如謂物體上滿是螞蟻等昆蟲，則說“螞蟻子都跁[pa55]滿了”。清范寅《越諺》卷上《借喻之諺》：“跁山頭。”原注：“攀援。”又：“跁山過嶺。”原注：“吃力萬分。”又《翻譯禽鳥之諺》：“得過且過。蚤鳴。明朝跁起早做窠。暮鳴。”劉省三《躋春臺》卷一《雙金釧》：“遂暗向祠中，跁上龕子，放在神主盒內。”又《失新郎》：“庚兄說得那們便宜，我費了一天人工氣力，跁山越嶺，所爲何事？怎麼說就送你還願哦！”①又卷四《活無常》：“饒氏吃了兩口水，一翻跁起，抱棍罵曰：‘砍腦殼的！當真要把我淹死麼？’”民國二十二年《綿

① 那們：那麼。《西游記》第八十六回：“可憐啊！那們個師父進去，弄做這們個師父出來也！”《金瓶梅詞話》第三十五回：“我那們說，他强着奪去了。”《紅樓夢》第三十一回：“前日有人家來相看，眼見有婆婆家了，還是那們着。” 便宜：本指價錢低，引申爲不值錢。 跁：音[ba55]，即爬。蔡敦勇校本作“爬”，則是以通語改方言詞，其方音已蕩然泯滅矣。 跁山越嶺：猶翻山越嶺，形容非常辛苦。

陽縣志》卷一《疆域·風俗·俗語》:“登山曰跁坡。”以上各例,蜀方言均讀“跁”作“[pa^{55}]”。蜀語謂絡石藤爲“[pa^{55}]山虎”,而不説“爬[$p‘a^{55}$]山虎”(參見該條)。

義同“爬”之“跁”,《大字典》(二/7/3936)與《大詞典》(10/438)未及音“[pa^{55}]”的信息。

《方言大詞典》(頁5479)“跁”音pá、bà,①“用手足在地上爬着走”,中原官話、江淮官話、西南官話、吴語,其中吴語引1915年《象山縣志》:“匍匐曰~,音琶。”又(頁5480)“跁山頭”謂“比喻攀援”,吴語,引“明范寅《越諺·借喻諺》”,范寅爲清末人,誤植朝代。

把連 $ba^{53}lian^{21}$[$pa^{53}lian^{21}$]

全部。究其語源,或“一把連”之省説。明代宫中太監入侍所佩器物以備上用曰“一把連”,或每夜寢殿當值内臣散歸值房後所卸衣服總掛床前架上熏以蘭麝名“一把蓮”,所有應變急需之物均在一處,以便緊急趨赴。明劉若愚《酌中志》卷十九《内臣服佩紀略·一把蓮》:“宫壼中舊制,凡掌印、秉筆、管事牌子,在殿内直宿,其餘者候聖駕已安寢,磕頭安置過,寢殿門已闔,則始散歸各直房,或酒或茶,自己用過,便各安歇,絶無敢私相會飲者。其各家經管衣帽官人,即將官帽一頂,貼裏道袍大襖或衵共上一條領者一付,總綴兩條帶子,將提繫絛牌繐亦掛得停當，名曰一把蓮。……凡猝然夜間御前有事，忽有傳召，或值火災意外之警，便立可衣冠，手持五尺，速赴聖駕防衛。”①秦蘭徵《天啟宮詞》：“半夜驚傳虜寇邊，兩行紅袖御床前。黃金睡鴨香柟架，明日重懸一把蓮。”《熹廟拾遺雜咏》則作“一把連”。清王應奎《柳南續筆》卷一《一把連》：“俗語有所謂‘一把連’者，‘連’當作‘蓮’。按明制，宮中每夜寢，殿門既闔，內臣散歸直房，所卸衣總掛牀前架上，熏以蘭麝，名曰‘一把蓮’。夜間御前有事，以便頃刻裝裹趨赴也。事見秦蘭徵《天啓宮詞》注中。”梁紹壬《兩般秋雨盦隨筆》卷六《一把雪 一把連》：“一把連，明宮中近御太監，凡入侍則抹布小刀，一一佩帶，以備上用，名一把連。見葉某《明宮詞注》。”又，明代軍事有謂“一把連”者。唐順之《武編》前集卷五：“硃砂一兩六

① 《四庫全書》史部十三《明宮史》提要云：“舊本題‘蘆城赤隱呂毖校次’，毖始末未詳。考明末有呂毖，字貞九，吳縣人，嘗撰《事原初略》三十四卷，序題崇禎甲申，姓名時代皆相合，疑即其人。然艸茅之士，何由得詳記禁庭事，殆不可解。毋乃奄人知文義者所私記，毖依附其門，爲之編錄，故不稱撰述，而稱校次歟？……皇上於內殿叢編撿逢是帙，闢其繆而仍存之，聖人之所見者大矣。”每卷下題“明呂毖撰”。《總目》卷八十二《史部三十八·政書類二·明宮史五卷》，“考明末”至“校次歟”云云作“蓋明季宦官也”，未詳所據。北京出版社1963年3月出版明劉若愚《明宮史》（與清高士奇《金鰲退食筆記》合一冊），出版說明云：“《明宮史》五集，是明人呂毖從劉若愚所著《酌中志》裏選出來的。……我們認爲《酌中志》值得重印的是第十六卷到二十卷這五卷書，正好，呂毖從《酌中志》選出而改變書名的《明宮史》，也恰恰是這五卷書。雖然次序先後，略有挪移；篇目題名，小作改動，這都無關於內容。因之，我們就據它重印，也照用他的書名。”北京古籍出版社1994年5月出版明劉若愚《酌中志》，前言謂“明末呂毖選錄了《酌中志》中卷十六至卷二十，改訂爲五集，改書名爲《明宮史》”。既然四庫館臣質疑“艸茅之士，何由得詳記禁庭事”，今人亦謂呂毖僅爲選錄者而非著作者，故本書引文均採《酌中志》。

錢爲末，鉛治過，水銀四兩，石子每箇重三分，火弹子每箇重五分，用火藥打成塊，生鐵菱角，每箇一錢，生鐵子每箇重一錢，一云製過用硫黄煎鐵塊、噴鎗、一把連。”亦引申爲統括之詞。清翁霪霖《南廣雜詠》：“紫茄白菜碧瓜條，一把連都入市挑。瞥見珊瑚紅一掛，擔頭新帶辣花椒。”原注：“川省凡一起之類，皆曰一把連。菜擔則并帶紅椒出賣。”“南廣”治所即今川南宜賓市南溪區。光緒《餘慶縣志·風俗·方言》：“連總曰一把連。”民國二十二年《綿陽縣志》卷一《疆域·風俗·俗語》：“統括之詞曰一把連。”民國二十八年《巴縣志》卷五《禮俗·方言》：“通語渾揞之詞曰不論，今巴語呼不論曰把連，猶粵語呼渾不論曰行八郎，皆音轉字變，不論爲語抵也。”蜀語謂全部曰“把連”，如說“把連請到屋”，即對眾人說全部請到家裏作客。《川方》（頁5）“把連”謂“全部（川東部分地區）”。上引方志證明川中大部分地區習用，今川北亦爲習語。楊灼《昆明方言詞的文化保留價值與傳承作用淺談》謂“把連”是近代產生的方言詞，“指全部、所有的，作形容詞或副詞。見《花燈·花園曬鞋》等。老年人說：‘這些東西我把連都要啦。’”①

《大詞典》未收。《方言大詞典》（頁2588）“把連”謂“全部；總共”，又（頁2590）“把聯”謂“總共”，均爲西南官話。

① 《思想戰綫》2008年第6期。

把穩 $ba^{53}wen^{53}$ [$pa^{53}uən^{53}$]

仔細；謹慎。參《考釋》第5頁。《資治通鑑》卷六十三漢建安四年胡三省注："持牢，猶今南人言把穩也。"明楊慎《俗言》卷一："將牢，猶俗言把穩。"清道光二十一年《遵義府志》卷二十《風俗》、光緒二十一年《敘州府志》卷二十一《風俗》、民國十年《新修合川縣志》卷三十《風俗·方言》、民國三十七年《貴州通志·風土志·方言》："子細謂之把穩。"此本明李實《蜀語》著錄。光緒《餘慶縣志·風俗·方言》："仔細曰把穩。"民國十五年《簡陽縣志》卷二十二《禮俗篇·方言》："作事謹慎曰把穩。"民國十九年《嘉定縣續志》卷五《風土志·方言》："把穩，俗謂謹愼也。《晉書》諸將謂姚萇曰陛下將牢太過，注云：將牢，猶俗言把穩。"光緒八年《黎平府志》卷二下《風俗·方言》、民國二十三年《華陽縣志》卷五《禮俗·方言》、民國二十四年《麻城縣志續編》卷一《疆域·方言》："子細曰把穩。"民國《息烽縣志》卷二十九《風土志·方言》："謂仔細曰把穩。"民國二十三年《樂山縣志》卷三《方輿志·方言》："勉人持牢（見《五代史》）曰把穩。"民國二十四年《雲陽縣志》卷十四《禮俗下·方言上》："子細，把穩也。"《川方》（頁6）"把穩"①"穩當"，②"謹慎"。《川方彙編》（頁100）"把穩"謂"仔細"。《川方匯釋》（頁6）"把穩"謂"仔細，穩當可靠，謹慎踏實”。《成都話》（頁3）“把穩”謂“謹慎；穩當”。《重方》（頁3）“把穩”謂“穩當，可靠”。

又，《野叟曝言》第二十四回：“我因梁公說得把穩，沒討信物，如今怎麽處呢？”《九尾龜》第十一回：“若得他肯來勸解書玉，調處這件事情，真是十分把穩，便連忙叫了當差的來。”又第五十四回：“這不過預先問個信兒，我自己也保不定十分把穩。”《後西游記》第三十八回：“不妨事，我走得極把穩。”《紅樓真夢》第六十回：“還是施藥把穩。”以上各例“把穩”猶言穩妥、穩當。

《大詞典》（6/426）“把穩”謂“把持穩妥；穩當可靠”，首引《資治通鑑》胡注。《方言大詞典》（頁2591）“把穩”：①“穩當；踏實；可靠”，江淮官話、西南官話、吳語；②“小心謹慎；仔細”，江淮官話、西南官話；③“掌握住”，西南官話；④“把握”，西南官話。

垻　壩₁ $bɑ^{213}$ [pa^{213}]

❶平原，平地。参《考釋》第7頁。原引《玉篇》、《廣韻》“垻”作“壩”，未是。“壩”字見於《集韻・禡韻》必駕切：“壩，堰也。或从石。……垻，平川謂之垻。”兩字不混。《正字通・土部》：“垻，俗作壩。”《音韻述微・禡韻》：“垻，蜀謂平川曰垻。亦作壩。”《康熙字典・土部》：“垻，《廣韻》、《集

韻》並必駕切，音霸，蜀人謂平川曰垻。黄庭堅詩：‘君家冰茄白銀色，殊勝垻裏紫彭亨。’”宋董衝《唐書釋音》卷二十四：“垻，必駕切，蜀人謂平川曰垻。”明曹學佺《蜀中廣記》卷五十八《風俗記第四・總錄》：“蜀人呼平川爲垻。字從貝，非從具。”朱光家《字學指南》卷一《辨體辨音》：“垻，平川爲垻。音霸。”清光緒二十六年《墊江縣志》卷一《輿地志・風俗》：“平原曰垻。”民國二十四年《雲陽縣志》卷十四《禮俗下・方言上》：“平原謂之垻。”姜亮夫《昭通方言疏證》（869條）：“《玉篇》：蜀人謂平川曰垻。按蜀言川西垻子，即此字。按昭人謂平地寬闊而有山水事物爲四障者，其中平地，皆可曰垻也。”今蜀方言仍謂平川爲“垻”。《成都話》（頁3）“垻”謂“平地；平原”。《成方》（頁77）“垻”①“平地，平原（與山或丘相比較而言），常爲地名用字”，“較小的平地又稱‘垻垻’”。《重方》（頁4）“垻”①“平地”，②“面積單位，約等於‘片’”。亦多以“垻”作地名，如成都“華西垻”、重慶“沙坪垻”、江油“中垻”。

亦作“壩”。《集韻・禡韻》“壩”與“垻”同一小韻，《正字通》以爲“垻”的俗字，故後亦用同“垻”。清乾隆勅修《清一統志》卷二百九十八：“曲回壩：在昭化縣西北二里……蜀人謂平川爲壩。”萬清涪《南廣竹枝詞》：“朝來拌桶一聲聲，秋後秋前有定程。巖上壩頭爭幾日，翻匙漸看飽香粳。”原注：“巖田較壩田稍遲，縣屬巖田約三分之一。巖上、壩頭皆俗語，亦如《周禮》之言山農、澤農。”道光二十一年《遵義府志》卷二十《風俗》、民國十年《新修合川縣志》卷三十《風俗・方言》、民國十五年《簡陽縣志》卷二十二《禮俗篇·方言》、民國十八年《資中縣續修資州志》卷八《風土·方言》、民國二十四年《蓬溪縣近志》卷七《風土篇·方言》、民國三十二年《沿河縣志》卷十三《風土志·方言》、民國三十七年《貴州通志·風土志·方言》："平原曰壩。"又，宣統間修《廣安州新志》卷三十四《風俗志·方言》、民國二十七年《達縣志》卷九《禮俗門·風俗·方言》："平地曰壩。"民國《息烽縣志》卷二十九《風土志·方言》："謂平原曰壩。"民國十四年《重修紫陽縣志》卷六《藝文志》載邑令陳僅《紫陽書事三十二韻》詩："沙洲掩映芙蓉汊，院壩周遭薜荔牆。"注："山中人呼平地曰壩，故有院壩之稱。"民國十八年《新修南充縣志》卷七《掌故志·風俗·方言》："平川曰壩。"民國二十三年《樂山縣志》卷三《方輿志·方言》："地之寬平者曰壩壩。在人家曰院壩，亦曰地壩，亦曰天壩。""院壩"、"地壩"今亦習用，"天壩"即宅院中房子與房子或房子與圍牆所圍成的露天空地。民國二十一年《南溪縣志》卷四《禮俗下·方言》："壩，謂平原也。有田謂之田壩，近河地謂之河壩。""田壩"、"河壩"今亦爲習語。上無遮擋的寬平之處曰"敞壩"，亦記音作"廠壩"。民國二十一年《南溪縣志》卷四《禮俗下·童歌》："送我家婆廠壩邊，一朵烏雲遮滿天。"又《方言》："廠壩，□壩之謂也。"民國二十七年《長寧縣志》卷十一《禮俗·方言》："場圃今謂之敞壩。""廠壩"亦記音。又民國十七年《涪陵縣續修涪州志》卷七《風土志·方言》："平原爲壩上。"

❷村落。清乾隆五十四年《安縣志》卷二《庶徵·場壩三》：

“有田必有堰，有堰必有壩，有壩必有聚落，盖壩之爲言村也。”李調元《蜀碑記補》卷四：“按垻音霸，《集韻》作壩。蜀人謂村落曰垻。俗作垻，非。垻音具，《字彙》言堤塘也。《正字通》云：垻譌字。按堤塘無垻名。”民國三十三年《重修彭山縣志》卷二《民俗篇・方言》：“村落曰垻。”此則多用爲地名，如張家垻、李家垻之類，一般即指村落。

《大字典》(二/1/476)“垻”①“我國西南地區稱平地或平原爲‘垻’”，首引《玉篇》；又(540)“壩”③“平地。如：壩子；坪壩；矖壩”，首引阮元《西臺》詩。《大詞典》(2/1103)“垻”①“平川”，附項謂“亦以稱平坦的地方”。又(1244)“壩”③“壩子；平地”。兩辭書均未及“村落”義。

《方言大詞典》(頁2394)“垻(壩)”①“平地；平原”，西南官話、江淮官話，亦未及“村落”義。

垻垻　壩壩 $ba^{213}ba^{55}$ [$pa^{213}pa^{55}$]

寬平之處。清Adam Grainger《西蜀方言》(頁114)：“壩壩頭的生意。”即“to keep a stall in a yard or on the street”。民國十五年《南川縣志》卷六《土音土語》：“下地寬平曰壩壩。古代霸王占地寬。”此溯語源求之過深，恐爲臆說。民國二十三年《樂山縣志》卷三《方輿志・方言》：“地之寬平者曰壩壩。”周芷穎《新成都》第九章第五節《雜耍》(頁228)：“壩壩戲，在成都說來，每逢有集會或過舊歷年節，此類人物恒在城外空地用白布竹桿上繫以繩圍繞成一圓形，圓形中開一門，下置長條木凳一個，上掛許多紅布彩，一人站於凳上，看者給他一毛或二毛，即可入場觀戲。……此種壩壩戲，擁有觀眾不少。”李劼人《大波》第一部第二章：“兩膀不客氣地把在前頭緩步而行的人使勁推向兩邊，他常看壩壩戲，擠慣臺口，懂得在人流中找路的妙竅。”原注：“清末，成都縱興起了戲園，但城內很多廟宇、會館、公所，仍常有酬神戲的演出。站在廣場上看戲，便叫作看壩壩戲。”① 今仍謂露天演出爲“壩壩戲”，謂露天電影爲“壩壩電影”。《川方》（頁6）“壩壩”謂“平地”，“壩壩電影”謂“在露天空地上放映的電影”，“壩壩戲”謂“在廣場或露天空地上演出的戲”。《川方彙編》（頁22）“壩壩會”謂“廣場開會”。《成都話》（頁3）“壩壩”謂“露天的平地”。《重方》（頁4）“壩壩”謂“露天平地”。

《大詞典》未收。《方言大詞典》（頁2395）“壩壩”謂“露天平地”，西南官話。

㩉 壩$_2$ bɑ^{213} [pa^{213}]

鋪；鋪墊。參《考釋》第8頁。《改併四聲篇海》“㩉”引《奚韻》音霸。《正字通·手部》：“㩉，俗把字。宋人用欛，亦非。”《康熙字典·手部》：“㩉，《篇海》必駕切，音霸，

① 《李劼人選集》第二卷，四川人民出版社，1980年2月第1版，第33頁。

把也。按《集韻》作‘㯠’，注云：‘俗从手，非。’”與鋪墊義無涉，方俗或借其音也。“鋪墊”義首見明李實《蜀語》（頁94）著錄。清道光二十一年《遵義府志》卷二十《風俗》、民國十年《新修合川縣志》卷三十《風俗·方言》、民國二十四年《蓬溪縣近志》卷七《風土篇·方言》：“鋪墊曰擺。音霸。”Adam Grainger《西蜀方言》（頁164）：“床沒有擺平順。”意謂“the bed is uneven”。又（頁241）：“擺鋪。”即“to make，spread，or arrange a bed”。又：“鵲兒擺窩。”謂“the birds are building a bed”。唐樞《蜀籟》卷四（頁227）：“羊子擺窩豬來睡。”民國《息烽縣志》卷二十九《風土志·方言》：“謂鋪墊曰擺。”民國二十一年《南溪縣志》卷四《禮俗下·方言》：“擺，音霸，鋪墊也。今俗安牀□薦曰擺鋪。”民國二十四年《雲陽縣志》卷十四《禮俗下·方言上》：“擺，鋪也。”民國三十七年《貴州通志·風土志·方言》：“舖墊曰擺。音霸。”《成都話》（頁3）“擺”謂“鋪；墊”。《成方》（頁77）“擺”①“鋪：天冷了，再~一牀棉絮”，②“墊：~兩牀鋪蓋棉被不夠，~點穀草稻草”。其實“鋪”、“墊”同義，不必分立兩個義項。《重方》（頁5）“擺”音ba⁴，謂“鋪”，“擺單”謂“床單”（《成方》亦同）。

亦作“壩”。清光緒二十一年《敘州府志》卷二十一《風俗》：“鋪墊曰壩。音霸。”民國十五年《南川縣志》卷六《土音土語》：“鋪底曰壩。”“鋪底”亦曰“壩底”，如農村有習慣煮乾飯時將南瓜、紅薯、芋艿等鋪底，再將濾過米湯的半生飯覆在上面蒸熟。

或謂本字當作“尃”。《說文·寸部》：“尃，布也。”王

�句讀：“今字作尃，經典皆作敷。”徐德庵《蜀語札記》：“據此知鋪墊之語，本字當爲尃，旁轉音讀如巴。李氏以𢷏字當之，殊誤。”按“尃”爲上古幫母魚部字，古無輕唇音，故可音［ba^{213}］。《蜀語》作“𢷏”，則爲方言用字，不必苛責太甚矣。《川方》（頁6）“垻$_2$”謂“鋪（pū）”，故床單亦稱“垻單”。

《大字典》（二/4/2111）“𢷏”、（1/540）“壩”，《大詞典》（6/995）“𢷏”、又（2/1244）“壩”均未及“鋪；鋪墊”義。

《方言大詞典》（頁2395）“垻（壩）”③“鋪；墊”，又“垻鋪”①“鋪床”。又（頁7521）“𢷏”謂“鋪；墊”，“𢷏床”謂“鋪床”。以上均爲西南官話。今蜀方言音義並存。

𨂿子 $bai^{55}zi^{53}$［$pai^{55}tsɿ^{53}$］

瘸子，跛子。清嘉慶二十四年《安仁縣志》卷四《風土志·方言》：“跛曰𨂿子。𨂿字無考，今人讀擺平聲。”同治八年《安仁縣志》卷四《風土·方言》：“跛曰𨂿子。𨂿字無攷，今人讀擺平聲。”光緒五年《定遠廳志》卷五《地理志六·風俗》、光緒九年《永興縣志》卷十八《風俗·方言》：“跛足曰𨂿子。”楊恩壽《坦園日記》卷五《長沙日記》：“夜間招張𨂿子來談道情。𨂿子，音拜之上聲，《字典》未收，乃俗稱跛者。”民國二十一年《萬源縣志》卷五《教育門·方言》：“足病曰𨂿子。”

唐樞《蜀籟》卷四（頁275）："𨂿子端公坐倒使法。"亦疊言"𨂿𨂿"。民國二十一年《南溪縣志》卷四《禮俗下·方言》："𨂿，拜平聲。俗謂一足短不良於行者曰𨂿𨂿。"又，傅崇矩《成都通覽·成都之呼物混名》（頁273）："老典，擺子也。""擺子"似即"𨂿子"音借。周芷穎《新成都》第四章第二節《語言》（頁63）："老典——簸足。""簸"本字當作"跛"。"𨂿子"、"跛足"與"老典"如何關聯，頗費猜詳，"典"當爲"蹎"音借。《廣韻·銑韻》："蹎，行跡。蹎，行皃。"《龍龕手鏡·足部》："蹎、蹎，他典反，跡也，亦行皃。二同。"《集韻·銑韻》："蹎，行皃。或从亶。"後兩辭書視爲一字。明陳士元《俗用雜字》、焦竑《俗書刊誤》卷十一："足病曰蹎。音典。"《大字典》（二/7/3961）"蹎"③"足病"，引《俗書刊誤》。邵則遂《陳士元〈俗用雜字〉中的應城方言詞》謂"應城人說'他走路有些碘'，碘音ᶜtin。指腳有病，不能快行"①。按陳書本作"蹎"。蜀語"老蹎"，當是足病的委婉說法。《川方彙編》（頁226）"老蹎"謂"跛子。例：莫對𨂿𨂿兒說老蹎"，"𨂿𨂿兒"又說"𨂿子"，也就是"跛子"。又，劉師亮《成都青羊宮花市竹枝詞》："怪道今天腳走擺，臨行錯穿橡皮鞋。二回換個軟梆子，再與郎君逛大街。""擺"爲"𨂿"音借，如李劼人《大波》第三部第四章："一晝夜工夫，跑了一百八十里，腳都跑𨂿了。""梆子"謂鞋幫子。《川方》

① 《語言研究》2008年第4期。

（頁7）“𨂿”謂“跛”，“𨂿子”謂“跛子”。《川方匯釋》（頁7）“𨂿”謂“腳長短不一；或因腳有病致殘而走路不平；或因地不平而安放的家具有些動搖”；“𨂿子”謂“有腳病或先天性的兩腿長短不一的人”。《成都話》（頁4）“𨂿”謂“跛，瘸”，“𨂿子”謂“跛子，瘸子”，“𨂿𨂿兒”謂“同‘𨂿子’”。《成方》（頁163）“𨂿”謂“跛”，“𨂿𨂿兒”謂“=〖𨂿子〗”，“腿或腳有毛病，走起路來身體不平衡的人”。《重方》（頁5）“𨂿”①“跛，瘸”，“𨂿𨂿兒”謂“跛子，走路跛瘸的人”，“𨂿子”謂“同‘𨂿𨂿兒’”。《川方彙編》（頁107）“拜”謂“瘸”，此記音。

《大字典》（二/7/3969）“𨂿”音bāi，謂“跛”，引《成都通覽》及李劼人《大波》。《大詞典》（10/518）“𨂿”音bāi，謂“方言。跛，行走不便貌”，引李劼人《大波》、蹇先艾《水葬》，未收“𨂿子”。

《方言大詞典》（頁7249）“𨂿子”謂“瘸子；跛子”，江淮官話、西南官話、湘語、贛語、客話、土語。又（頁7250）“𨂿𨂿”謂“瘸子”，西南官話。

摯龍門陣　擺龍門陣

bai^{53}long^{21}men^{21}zen^{213}［pai^{53}loŋ^{21}mən^{21}tsən^{213}］

講故事；聊天。參《考釋》第9頁。《正字通·手部》：“摯，俗字，舊註派上聲，訓分開，音義與捭擺二字近。扮从手，復加手作挐，無稽。”清張慎儀《蜀方言·凡例》：“俗語如談天曰挐龍門陣，誘騙曰扮門頭之類，不見記載，概從屏除。”按又云“布列曰挐。焦氏《俗書刊誤》：挐，音擺”。光緒間修《浦江縣志》卷三《輿地志·風俗附方言》：“挐，焦氏《俗書刊誤》音擺，布列曰擰。”民國十三年《崇明縣志》卷四《地理志·方言》：“挐，焦氏《俗書刊誤》音擺，俗謂陳列物也。”孫伏園《“蜀方言”（工餘偶筆之三）》：“‘蜀方言’著者在‘凡例’第四條中說：‘是編每條備注來歷，明非臆造。其俗字如入穴曰闖，水坑曰氹之類，俗語如談天曰挐（又作擺）龍門陣，誘騙曰扮門頭之類，不見記載，概從屏棄。’這一‘屏棄’的結果，許多重要的材料都被著者屏棄掉了。”①《大字典》(二/4/1986）“挐”（二）bāi，謂“擺；布列”，引《字彙·手部》普擺切：“挐，分開也。”清阮葵生《茶餘客話》卷十六：“布列曰挐。”則音義當同“擺”，蜀語音[pai⁵³]。

亦作“擺龍門陣”。清傅崇矩《成都通覽·成都之詐騙》（頁213）：“你若點火抬凳，即問你姓啥，扯攔天網，擺龍門陣，說來說去，得了黃路。”宣統間修《廣安州新志》卷三十四《風俗志·方言》：“聚眾閒談曰打廣子，曰擺龍門陣。”馮家吉《錦城竹枝詞百詠》：“阿婆愛擺龍門陣，不說張家便李家。”原注：“俗謂妄談古今爲‘擺龍門陣’，此在老媪尤甚。”民國十七年《長壽縣志》卷四《人事部·方言》、民國

①《四川教育通訊》1948年第35期，第13頁。

三十一年《西昌縣志》卷五《禮俗志·方言》：“談故事曰擺龍門陣。”民國十七年《大竹縣志》卷十《風俗志·方言》：“謂談曰擺龍門陣。”民國十八年《合江縣志》卷四《禮俗·方言》：“擺龍門陣，謂談故事也。”民國十八年《資中縣續修資州志》卷八《風土·方言》、民國三十二年《沿河縣志》卷十三《風土志·方言》：“聚談曰擺龍門陣。”民國二十一年《南溪縣志》卷四《禮俗下·方言》：“擺龍門陣，談故事也。”民國二十七年《達縣志》卷九《禮俗門·風俗·方言》：“聚眾閒談曰擺龍門陣，曰打礦子。”“礦”當作“廣”，“打礦子”即《廣安州新志》“打廣子”，今川北綿陽等地音義並存[①]。冰鐵《川諺》：“現在先將所聽到的幾句四川話，隨便的寫在後面，就是四川朋友所謂來‘擺’一次‘龍門陣’。”又：“‘擺龍門陣’，閒談。”[②]吳濟生《新都見聞錄》十八《習俗一班·（二）方言》：“談天謂之‘擺龍門陣’。”周芷穎《新成都》第四章第二節《語言》（頁48）：“若‘擺龍門陣’之談話，則不經注釋，斷難明瞭。”下江人《釋四川話（三）》：“談天稱‘擺龍門陣’。”[③]民國三十六年《鎮寧縣志》卷三《民風·語言》：“說故事曰擺龍門陣。”巴金《春》五：“琴孃孃，再擺一個，再擺一個……我給你擺個好聽的‘龍門陣’。……我不要聽你的‘龍門陣’。你衹會擺《孽龍》擺《熊

① 《川方》（頁56）“打廣子（打誑子）”、《重方》（頁57）“打廣子”未及閑談義。

② 《申報每周增刊》1936年第1卷第25期，第599頁。

③ 《旅行雜志》1945年第7期，第35頁。

家婆》，我聽過十八道了。還是琴孃孃擺的好聽。”原注：“‘擺’和‘講’同義。下文的‘龍門陣’即‘故事’，‘擺龍門陣’即‘講故事’。”[①]下文即云：“好，你記住，下回你再找我擺龍門陣，我就撕掉你這張小嘴。”艾蕪《花園中》：“衹是蘦麻揩屁股，我看多半是編來擺龍門陣的。”白虹《四川方言（川行雜記之六》：“擺龍門陣，即談天，或聊天。”[②]孫伏園《“蜀方言”（工餘偶筆之三）》：“今日語文學者研究方言，另有一番精審的科學憑藉，決不會把‘擺龍門陣’一類材料，因‘不見記載’而‘概從屏棄’。”[③]李英儒《野火春風斗古城·序》：“有關高大成的一些生動事蹟，多是他們談完工作之餘擺龍門陣擺出來的。”徐向前《歷史的回顧》第八章：“紅軍的到來和指戰員們的言行，成了群眾‘擺龍門陣’的中心話題。”[④]姜亮夫《昭通方言疏證》（386條）：“講故事曰擺龍門陣。”又（1132條）：“凡言不正經、拉拉扯扯、上下古今、東西南北、無不言之，則應以譂誕爲正字，即昭人之所謂‘擺龍門陣’，蓋奇談怪論之類也，語偶相似耳。”又（1136條）：“昭人謂閒談曰擺，如擺家常、擺龍門陣。”按古代征戰似確有“龍門陣”。明胡文煥輯《群音類選·諸腔卷四·白袍記》：“軍前要擺龍門陣，（豈一人指望封官？）文武官僚宰相欽，（傲殺你。）受爵祿，懸金印，也是我時乖運

① 《巴金全集》第二卷，人民文學出版社，1986年北京第1版，第83頁。

② 《自修》1941年第162期，第24頁。

③ 《四川教育通訊》1948年第35期，第15頁。

④ 解放軍出版社，1984年7月第1版，第254頁。

蹇，陷穽安身。（末上聽介。生云：擺了龍門陣勢，又要定了呵。）”蜀方言或借以喻擺開陣勢講故事。《川方》（頁7）“擺₂”謂“談”，“擺龍門陣”謂“（慣）講故事；談天”。《川方匯釋》（頁7）“擺龍門陣”謂“聊天、講故事”。《川方彙編》（頁105）“擺龍門陣”謂“借小說中薛仁貴布設奇陣以喻說古講故事”，又“龍門陣”謂“傳說中之奇妙陣勢以代故事”。《成都話》（頁4）“擺”謂“講；談”[①]；“擺龍門陣”①“談天，閑聊”，②“講故事”。《重方》（頁5）“擺龍門陣”謂“講故事，談天”。又，《川方》（頁7）“擺母豬陣”謂“（慣）罵人語，指成群婦女撒潑”。按所釋不確，實罵成群婦女在一起講說東家長西家短，“擺”謂“講，談”。

《大詞典》（6/961）“擺龍門陣”謂“方言。談天；講故事”，首引杜鵬程《保衛延安》。

《方言大詞典》（頁6479）“擺龍門陣”謂“談天；講故事”，中原官話、西南官話、吳語、客話。

擺子₁ bɑi⁵³zi⁵³［pai⁵³tsɿ⁵³］

瘧疾。參《考釋》第10頁。明李詡《戒庵老人漫筆》卷五《今古方言大略》：“瘧疾謂之愕子，至諱曰天上頭，北人名發擺子；

① 如成都龍泉驛區洛帶古鎮廣東會館中堂楹聯“叭葉子煙品西蜀土味，擺客家話溫中原古音”。

畏惡特甚鎮江曰發汗病，揚州曰忤鴿子。”徐謂編《四聲猿·女狀元》第二齣：“善戲謔，不爲發擺子。”清尤侗《鈞天樂》上本第十一齣：“我乃吳興地方守將，聞得流賊攻城，嚇得戰戰兢兢，如發擺子一般。”李漁《連城璧》申集：“曹婉淑見了，竟像幾十瓢冷水從頭上澆將下來，激得渾身亂抖，又像發擺子的一般，身上冷一陣熱一陣，思量天地之間，竟有這等刻毒的男子，既然相中了我，又當面訂了婚議，豈有反悔的道理？”道光八年《永州府志》卷五上《風俗志》：“八九月驟雨驟寒，多瘧，謂之秋擺子。”趙學敏編《本草綱目拾遺》卷二《石部·奇石功》：“凡遇發擺子（中華名瘧），身熱或心中脹悶，或胃氣疼，或痰滯及錯食毒物等患，將石或泡酒一碗水一碗，浸一宿，取此酒石用手擠一擠，令此石氣汁下酒水內，空心飲此酒水即愈。”光緒四年《道州志》卷十《風土志·風俗》：“八九月驟雨驟寒，多虐病，謂之秋擺子。”傅崇矩《成都通覽·成都之迷信》（頁249）：“各種迷信名目：……短擺子。”“短擺子”謂瘧疾初發之時加以攔截也。民國十五年《南川縣志》卷六《土音土語》、民國三十三年《長壽縣志》卷四《風土·方言》：“瘧疾曰擺子。”民國二十一年《萬源縣志》卷五《教育門·方言》：“害瘧病曰擺子。”周而復《上海的早晨》第一部1：“害擺子病，忽冷忽熱，一時好一時壞。”瘧疾之所以叫“擺子”，當因發病時顫抖而得名。如清范寅《越諺》卷中《疾病》謂“抖抖病，斗，即‘瘧’”[①]。民國十七年

① 《越諺》多於詞目後注直音，“斗”即“抖”字注音。以下不再說明。

《大竹縣志》卷十《風俗志·諺語》："打起擺子一樣抖。"唐樞《蜀籟》卷二（頁127）："打起擺子來，還不是一樣的抖法。"①《民國黑社會》第四部分《煙·煙土羼假》："貴州普定三棵樹一次曾有18人去百色，回來死了16個，未死的兩個打'悶頭擺子'（惡性瘧疾）久久未愈。"《川方》（頁8）、《川方匯釋》（頁8）、《成方》（頁163）"擺子"謂"瘧疾"。《成都話》（頁4）"擺子"謂"瘧疾。參見'打擺子'"。《重方》（頁6）"擺子"謂"瘧疾"，"稱瘧疾爲'擺子'，蓋因瘧疾病人身體要抖擺而得名"。

《大詞典》（6/958）"擺子"謂"瘧疾"，首引《水滸後傳》。《方言大詞典》（頁6472）"擺子"①"瘧疾"，中原官話、晉語、江淮官話、西南官話、吴語、贛語、粵語。

擺子₂ bɑn⁵³zi⁵³ [pan⁵³tsɿ⁵³]

魚在水中產卵。參《考釋》第14頁。原據林昭德《詩詞曲詞語雜釋》轉引宋梅堯臣《宛陵集》兩例。兹再補兩例。清朱由昆《笛漁小稿》卷三《食鯉魚》詩："老魚擺子恣跳躍，豈

① 明宋應星《天工開物》卷下《舟車·雜舟》："黄河秦船（俗名擺子船），造作多出韓城。巨者載石數萬鈞順流而下，供用淮、徐地面。舟制首尾方闊均等，倉梁平下不甚隆起。急流順下，巨櫓兩傍夾推，來往不馮風力。歸舟挽縴多至二十餘人，甚有棄舟空返者。""擺子船"，《方言大詞典》亦未收錄，得名理據不詳。

知失水眠枯槎。蠻童拾之貫以柳，尚看巨口開呀呀。”姚元之《竹葉亭雜記》卷八：“分魚秧之法。先用洗淨揉軟棕片一塊，擇閘草四、五束，去根，以繩線縛之，繫以石塊，墜草於其水中間，不可散放。後看牝魚跳躍急烈有欲擺子之勢，即取放水淺缸內。入公魚二尾，恐一公魚追趕不力。俟母魚沉底懶於遊泳，便是已擺子之候，即將公魚取出，遲恐爲其吞食魚子。”①蜀方言亦作“⿰⻊反子”。《川方》（頁9）“⿰⻊反子”音ban^{3}zi^{3}，謂“指魚產卵。魚產卵都要用力跳躍才能產下，故叫~”。《川方彙編》（頁58）“⿰⻊反子”音bàn zì，謂“魚類產卵跳躍”。《成都話》（頁5）“⿰⻊反子”謂“魚產卵”。《成方》（頁256）“⿰⻊反子”謂“魚產卵時在水中用力跳躍”。《重方》（頁8）“⿰⻊反子”音ban^{3}zi^{3}，謂“魚產卵。魚產卵要用力跳躍，故叫‘⿰⻊反子’”。《川方匯釋》（頁9）“扳子”謂“魚產子”，此記音。

《大詞典》未收。《方言大詞典》（頁5479）“⿰⻊反子”謂“指魚產卵”，西南官話（四川成都），音[pan^{53}tsɿ^{53}]。又（頁6472）“擺子”②“（魚、蝦、蟲等）排卵”，中原官話、蘭銀官話、西南官話。其中西南官話舉四川，音[pai^{53}tsɿ^{53}]，實際上與“⿰⻊反子”同詞異形，當音[pan^{53}tsɿ^{53}]。

---

① 中華書局，1982年5月第1版（與《簷曝雜記》合一冊），第183頁。“閘草”，《大詞典》（12/99）謂“即苲草。指金魚藻等水生植物”，引老舍《龍鬚溝》；又（9/349）“苲草”，“謂金魚藻等水生植物”，引李英儒《野火春風斗古城》。蜀方言多作“苴草”，謂水中浮草，“苴”音[tsa^{53}]。《詩·大雅·召旻》：“草不潰茂，如彼棲苴。”毛傳：“苴，水中浮草也。”

棒客 bang^{213}ke^{21}［paŋ^{213}k'e^{21}］

土匪，强盜。参《考釋》第19頁。前引清姚瑩《康輶紀行》，未詳始末，茲再引之，以見蜀中棒客之起，亦由英夷鴉片之禍肇其端："近時英夷煙土，由哲孟雄經後藏入雲南，而至甯遠。水路自嘉定沿江而下，旱路則由清溪而至成都。故邛州、大邑及雅安匪民所在邀截，販煙姦民亦聚眾行以禦之，亦蜀中大患也。余小坡云販煙者曰泥客，搶煙者曰棒客。棒客作俑，始於邛州某刺史。當時煙禁初嚴，洋煙不至，建昌一帶所產烟泥盛行，奸販如雲，號爲泥客，官慮兵役之不勝捕也，則大張曉諭，謂泥客本犯法，民能逐捕者聽。於是所在遊民蠭起，截劫泥客以爲利，自稱棒客。蓋其初固以客自居也。泥客不畏官而畏棒客，則□結黨持械以自衛，相遇則死鬥，鬥必有一敗，敗者無食，則擾及居民行旅，而患更不可勝言矣。既而內地煙泥不甚行，泥客稍衰，而棒客反日眾，既無所得泥，則害及行旅，以搜泥爲名，無所不至，於是客之名遂變而爲匪。今新津、邛州一帶，所患固在棒匪，而不在泥客。然其弊實濫觴於邛州某刺史也。"傅崇矩《成都通覽·成都之袍哥話》（頁276）："搶劫人者，南路謂之棒客，北路謂之刀客，東路謂之啯匪，省垣亦謂之棒客。"徐珂《清稗類鈔·盜賊類·棒客》："棒客，盜也。棒客之在蜀，幾如鬍匪之在東三省，刀匪之在陝甘也。

平日專以劫掠爲事，擄人勒贖，乃其慣技。所在州縣，若有中資以上之人家，不有所獻，必難安居。然猶不若翳匪之凶殘也。”張大鉌《巴蜀旅程談》：“蜀多匪，俗曰棒客。”[①]孝順武《川行日記》：“川人謂匪爲棒客。”民國二十一年《南溪縣志》卷四《禮俗下·方言》：“紅錢、棒客、老二，皆謂匪徒也。”民國二十五年《新纂康縣縣志》卷四《疆域》：“近年以來，中央軍及保安隊搜緝山林，扣獲棒客盜匪，槍斃甚夥，地方賴以安謐。”李劼人《大波》下卷第一部份：“鄉壩頭簡直住不得了，到處都是棒客。”原注：“棒客，以搶掠爲生之强盜土匪也。”[②]又《死水微瀾》第三部分：“爹爹今天遭了棒客搶，連雲片糕都遭搶走了，明天再買。”原注：“四川人叫明火執杖的强盜爲棒客。棒即杖字，包括槍刀武器，不一定是木棒。客爲惡客的意思，對事主失主而言。”[③]巴金《家》三十三：“現在水災，兵災，棒客，糧稅樣樣多。”原注：“棒客：即土匪。”[④]又《春》二十三：“城外頭很不清靜，到處都是棒客。”注釋同[⑤]。周芷穎《新成都》第四章第二節《語言》（頁69）：“拍簸箕，又名假棒客，即是吃文明錢。”蘇遼《民國匪禍錄·大棒老二的規矩和行動方法》：“川人稱土匪爲‘大棒老二’或‘棒客’。解釋起來，當是清末民初時的土匪並無槍支子彈，

---

① 《北京高等師範學校校友會雜志》第二輯，1916年，第18頁。

② 中華書局，1938年10月再版，第7、182頁。

③ 《李劼人選集》第一卷，四川人民出版社，1980年2月第1版，第94頁。

④ 《巴金全集》第一卷，人民文學出版社，1986年北京第1版，第359頁。

⑤ 《巴金全集》第二卷，人民文學出版社，1986年北京第1版，第404頁。

甚或連刀矛之類武器也很缺少，僅以一根大棒襲擊或威嚇過往單身旅客，劫取錢財而已。”又，下江人《釋四川話（二）》：“土匪喊成‘綁客’‘綁老二’‘老二兒’。”[①]“綁客”爲“棒客”記音，“綁老二”即“棒老二”（參下條）。《川方》（頁12）、《川方彙編》（頁6）、《川方匯釋》（頁10）“棒客”謂“土匪”。《成都話》（頁8）“棒客”謂“强盗；土匪。又說‘棒老二’”。《重方》（頁10）“棒客”謂“土匪、强盗”。《大詞典》（4/1072）“棒客”謂“幫會組織之一。亦指土匪、强盗”，首引粟戡時《保路運動》。《方言大詞典》（頁5885）“棒客”①“土匪”，中原官話、西南官話。

棒老二 $bang^{213}lao^{53}er^{213}$ [$paŋ^{213}lau^{53}ər^{213}$]

即“棒客”。民國十七年《涪陵縣續修涪州志》卷七《風土志·方言》：“匪呼棒老二。”民國十八年《資中縣續修資州志》卷八《風土·方言》：“匪稱棒老二。”蹇先艾《貴州道上》：“先生，哪個曉得老趙還當過棒老二的！”原注：“棒老二，四川、貴州稱土匪都叫棒老二。”民國二十一年《萬源縣志》卷五《教育門·方言》：“劫人之匪曰棒老二。”陳友琴《川遊漫記·向川北進發中》：“川中小旅邸門前，所常懸紅紙糊成之四角扁平燈，上書：‘未晚先投宿，鷄鳴早看天’字樣，待至北大

① 《旅行雜志》1945年第7期，第18頁。

道上，始更覺其言之親切有味也。蓋若已晚再行投宿，必有遇‘棒老二’之危險。棒老二者，以棒擊人之匪徒耳。此係蜀諺，爲別省人所莫能喻其義者。”又《閬中與南部》：“有一次於破敝之茆屋前見一中年婦人，方砍柴歸，宅中稚子悲啼，問其男人何在，云數日前被烏棒老二捉去，言畢，嗚咽大哭。”當時川北鄉民稱紅軍爲“烏棒老二”，又稱“霉老二”，是因當時紅軍條件差，服裝極爲襤褸且不統一。李劼人《大波》第三部第十章：“象這樣的假同志軍真棒老二，端大人若是派隊伍去把他除銷了，那倒大快人心。”原注：“四川人呼明火搶劫的强盜爲棒客，棒老二即棒客。”[①]艾蕪《豐饒的原野》第一部《春天》：“媽的，棒老二不是人做的？”原注：“棒老二：即土匪。”巴金《秋》四十三：“這幾個月到處都在打仗，‘棒客’沒有人管，又兇起來了。各縣都有。外面還有謠言，說溫江的‘棒老二’說過，本年新租他們收八成，佃客收兩成，主人家就衹有完糧納稅，一個錢都收不到。”“棒客”下原注：“棒客：即‘土匪’；下文的‘棒老二’同。”[②]白虹《四川方言（川行雜記之六）》：“棒老二，土匪也。”[③]民國三十二年《沿河縣志》卷十三《風土志·方言》：“匪曰棒老二。”姜亮夫《昭通方言疏證》（1457條）：“昭人謂大盜曰‘響馬’，言其行時馬被鈴不畏人也，或又曰‘棒老二’，亦指强盜之小者，以棒擊人而奪其財貨也。”徐向前《歷

① 《李劼人選集》第二卷，四川人民出版社，1980年2月第1版，第1416頁。
② 《巴金全集》第三卷，人民文學出版社，1986年北京第1版，第564頁。
③ 《自修》1941年第162期，第24頁。

史的回顧》第八章:"土匪(當地人叫'棒老二')猖獗,嘯聚山林,經常打家劫舍,殺人綁票。"①又:"川北交通閉塞,山高林密,是'棒老二'聚嘯出沒之所。"②《川方》(頁12)"棒老二"謂同"棒客","也叫老二"。《川方匯釋》(頁10)"棒老二"謂"土匪"。《成都話》(頁8)"棒老二"謂"同'棒客'"。《成方》(頁335)"棒老二"謂"=〖棒客〗","搶劫財物的土匪","老年人和農村人多說'棒老二'"。《重方》(頁10)"棒老二"謂"同'棒客'。現在多用以罵土匪、强盜一樣的人"。

又說"老二"或"棒二"。民國十八年《合江縣志》卷四《禮俗·方言》:"嘓嚕子、老二,皆謂匪也。"民國三十六年《鎮寧縣志》卷三《民風·語言》:"土匪曰棒二。"

《大詞典》(4/1072)"棒老二"謂"方言。土匪",首引茅盾《虹》。《方言大詞典》(頁5885)"棒老二"①"土匪;强盜",中原官話、西南官話、客話。

包穀　包谷　苞穀　包裹

bɑo^{55}gu^{21}/go^{53}［pau^{55}ku^{21}/ko^{53}］

即玉米。因其穗有衣包裹,故名。參拙文《近代漢語俚俗詞

① 解放軍出版社,1984年7月第1版,第253頁。

② 同上,第272頁。

語考辨》[①]。清段汝霖《楚南苗志》卷一《雜糧》："包穀，三月種，六月收，即內地所稱玉米者，苗疆山土宜之，在在多有。"錢泳《履園叢話·叢話十四祥異·異事》："西藏及苗匪邪教未起事先，川中所種包穀，根下宛如人首，眉目畢具。"乾隆《湖南巡撫姜晟奏報早稻收成九分有餘詩以志慰》"日起農功熟萬寶，頻來捷信報三軍"原注："又稱現在中晚二稻亦正揚花吐穗，農功日起，倍極茂盛，並豆粟包穀等項雜糧，均可一律有收，農民無不歡悅。"乾隆三十三年《江津縣志》卷六《食貨志·土產》："包穀，一名玉米。"嘉慶十七年《江安縣志》卷一《物產》："玉米，俗名包穀。"嘉慶十七年《宜賓縣志》卷五十一《物產志》："玉燭黍，俗名包穀。""燭"當"蜀"字之譌。吳其濬《植物名實圖考》卷一《穀類·蜀黍》："又如玉蜀黍一種，於古無徵，今遍種矣。《留青日札》謂爲御麥，《平涼縣志》謂爲番麥，一曰西天麥，《雲南志》曰玉麥，陝蜀黔湖皆曰包穀。"魏源《聖武記》卷十一："（金川）地苦寒，所食惟包穀、油麥、青稞、苦蕎、牛羊，人皆悍鷙貪利。"摶沙拙老《閑處光陰》卷下："吾鄉及湖湘人賈於是者多家於是，土人除農外別無所營，性極儉嗇，家累千金者，仍飯包穀，即玉蜀黍。"盧秉鈞《紅杏山房聞見隨筆》卷二十三《草木花果》："另有一種名玉蜀黍，此黍初出西蜀，故又名玉黍。今南北多種之，其黍不擇地而生，崗隴平原俱可種獲，可以炒食、蒸食、作酒、作餳、飼畜等用。余考據諸書，即今俗名包穀是

① 《漢語史研究集刊》第十二輯，巴蜀書社，2009年6月第1版，第212-213頁。

也。”陳恢吾《農學纂要》卷二《玉蜀黍》：“一名玉米，俗呼包穀，西人名印度粟，耐水旱，有黃白二種。”光緒五年《定遠廳志》卷五《地理志六·風土》：“山內以粟穀爲重，粟利不及包穀，近年遍山滿谷皆包穀矣。”徐珂《清稗類鈔·植物類·玉蜀黍》：“其實有黃、白、紅各色，密列成行，以巨苞裹之，其端有紫毛如絲。俗有包穀、玉米、珍珠米、飯粟等名。”民國十三年《江津縣志》卷十一《風土志·土產》：“御麥，田藝衡《留青日札》：‘御麥出於西番，舊名番麥，以曾經進御，故名御麥。’《蒙化府志》謂之紅須麥。《思州府志》：‘玉蜀黍，居人謂之包穀。’邑語猶通呼包穀也。”民國十八年《新修南充縣志》卷十一《物產志·植物·穀類》：“玉蜀黍，俗名包穀。”民國十八年《榮縣志·物產》：“包穀，一曰玉蜀黍，曰玉麥。近人鄭珍據《山海經》、《穆天子傳》，以爲即古之木禾，作《玉蜀黍歌》張之。……按以木禾當包穀，持之有故，不然木禾不應失種，舍包穀又名實無相當者。”[①]民國二十三年《樂山縣志》卷三《方輿志·方言》：“玉黍曰包穀。”民國二十四年《雲陽縣志》卷十四《禮俗下·方言下》：“黍曰包穀。……北人呼包穀爲玉蜀黍，又曰玉米。”陳友琴《川遊漫記·向川北進發中》：“（廣元）全縣山多壩少，農產物多產山土中，壩田產米較少，計全縣每年可產包穀（即玉

① 《大詞典》（4/663）“木禾”謂“傳說中一種高大的穀類植物”，首引《穆天子傳》卷四：“黑水之阿，爰有野麥，爰有答堇，西膜之所謂木禾。”《山海經·海內西經》：“海內昆侖之墟，在西北，帝之下都。昆侖之墟，方八百里，高萬仞。上有木禾，長五尋，大五圍。”郭璞注：“木禾，穀類也。生黑水之阿，可食。見《穆天子傳》。”

蜀黍，又名玉麥）者，分十四區，豐收後共得二十九萬六千三百石……全縣一般民食，以包穀爲大宗。……至土人所飲之酒，亦係包穀製造。”陳邦賢《自勉齋隨筆》：“再如玉蜀黍（四川人叫做包穀）的粉，加點鹽和油做成餅，或是炕了吃，或是蒸了吃，都很營養的。”

又作“包谷”。清道光二十一年《遵義府志》卷十七《物產》：“玉蜀黍，俗呼包谷，色紅白純者黏，雜者粳，清明前後種，七八月收。”光緒十三年《興文縣志》卷一《輿地志·物產》：“玉米，俗名包谷。”民國十七年《長壽縣志》卷八《物產部上·植物》：“玉蜀黍，俗名包谷。”民國二十一年《萬源縣志》卷五《教育門·方言》：“收御麥曰搬包谷。”“搬”謂將玉米穗等掰下來，亦寫作“扳”。民國二十六年《馬邊紀實·夷族·夷人之生活·飲食》：“以煮熟之包谷磨成細粉，做成粑粑，放入鍋蒸之，或以艾菜和入苞谷麵中，然後做成粑粑。另有一種炒苞谷磨成細粉，稱爲炒麵，出門較遠，則裝於皮囊中，餓時則調冷水而食。”姜亮夫《昭通方言疏證》（1940條）：“包穀，昭人謂玉蜀黍爲包谷，俗簡寫谷，東郊人或曰包米，曰玉麥。”《川方》（頁12）“包谷（苞谷）”謂“玉米”。《成都話》（頁8）“包谷”謂“玉米。又說‘玉麥’”。《重方》（頁10）“包谷”謂“玉米”，“包谷泡兒”謂“用玉米爆出的玉米花兒”。

亦作“苞穀”。清乾隆二十六年《巴縣志》卷十《風土志·物產》：“玉秫黍，俗名苞穀。”乾隆間修同治九年增刻《洵陽縣志》卷十一《風俗·物產》：“玉蕎秫一名番麥，一名玉米，有白紫藍之不同（省志），此即南方所謂玉米也，俗謂之苞穀，《羣芳譜》又作御麥，恐非。”吳振棫《黔語》卷下《粉餈》：“至若窄鄉窮壤，十九以苞穀爲糧。”自注：“苞穀，黔蜀諸處俗稱。以其莖幹花實形色言之，則李時珍《本草》所載蜀玉黍也。亦曰玉高粱。”①“蜀玉黍”當爲“玉蜀黍”誤倒。道光二十一年《遵義府志》卷十七《物産》謂“護花鳥”：“郡人呼爲薅早苞穀，或呼早早布穀，各以音相似名之，實一鳥也。”郭嵩燾《禮記質疑》卷十二：“玉蜀黍，苗葉俱似蜀黍而肥矮，亦似薏苢，苗心別出一苞如椶魚形，亦名苞穀，色黄，是玉蜀黍爲黄粱。”光緒四年《彭縣志》卷三《民事門·田功志》：“粱，芋麥也。亦曰苞穀。”民國十年《新修合川縣志》卷十二《戶口·土物》：“苞穀名御麥。”民國十八年《合江縣志》卷二《食貨·物産》：“苞穀，玉蜀黍。實大如人齒，色黄。”民國十八年《資中縣續修資州志》卷八《風土·物産》：“玉蜀黍，俗名玉麥……馬牙圓顆等名，即苞穀也。”民國二十一年《萬源縣志》卷三《食貨門·物産》：“御麥，今亦呼苞穀，古名粱，即所稱黄粱、紅粱、白粱是也。根如竹，秀如麥曰天花，苞生節間，首簇紅鬚，夜半坼苞若開花狀，一鬚一子，子附櫆生，櫆即心也。”民國二十一年《南溪縣志》卷四《禮俗下·方言》：“苞穀，玉蜀黍也。”黄浚《花隨人聖盦摭憶》：“物價之以升計者，米昔六十今六百，苞穀昔三十今四百；以斤（凡斤皆十六兩）計者……火酒（苞穀所釀）昔四十今七百。”

① 參見《靈峯草堂叢書》本。

又作“包裹”、“包果”，或以穗有衣包裹，或以穗有衣包之果實，故名。清文祥《蜀軺紀程》：“（鳳縣）山中居民甚苦，惟食御米，謂之包裹（南人稱玉米爲包裹）。”民國二十年《三臺縣志》卷十三《物產》：“包穀即御麥。《圖經》云：‘穀中之奇者，曾經進御，故曰御麥。’黔曰玉蜀黍，西域曰番麥，南人曰包果。”亦名“包蔞”。黃浚《花隨人聖庵摭憶》：“乾隆三十三年以後，湖廣江西流民，始潛入山內伐木支棚，種包穀度日，包穀似粱，一名包蔞，川湖人謂之玉米，又曰珍珠米。”

《大詞典》（2/186）“包穀”首引清吳熾昌《客窗閒話續集》。又（9/355）“苞穀”謂“即玉米”，無書證。未收“包谷”。“包裹”未及此義。

《方言大詞典》（頁1340）“包穀”謂“玉米；玉蜀黍”，冀魯官話、中原官話、晉語、蘭銀官話、西南官話、吳語、湘語、贛語、客話。又“包果”謂“玉米”，西南官話。又（頁3154）“苞穀”謂“玉米”，中原官話、蘭銀官話、西南官話、湘語。其實，“包穀”、“苞穀”同詞異形，流行區域應當一致。

保保 bɑo^{53}bɑo^{21} [pau^{53}pau^{21}]

義父母的通稱。參《考釋》第19頁。前引清劉省三《躋春臺》。民國十五年《簡陽縣志》卷二十二《禮俗篇·方言》：“寄拜之父母曰乾爺乾娘，又曰保保。”民國十八年《合江縣志》卷四《禮俗·方言》：“保保，寄父母之通稱也。”民國二十一年《南溪縣志》卷四《禮俗下·方言》：“乾爹、乾媽、保保，寄父母之通稱也。”《川方匯釋》(頁11)“保保”謂“乾爹，也稱‘保爺’；父親”。《成都話》(頁9)“保保”①“舊時說小孩要長大，需請命大福大的人保佑，這種保佑人就叫‘保保’”，②“拜認的乾媽，若其時尚未婚配，則呼乾媽爲~”。

《大詞典》(1/1391)“保保”謂“對兒子的愛稱”，附項謂“亦泛用爲對兒童的愛稱”，未及寄拜之父母義。

《方言大詞典》(頁4250)“保保”①“孩子拜認的所謂命大福大，能保護自己長大成人的乾爹乾媽”，西南官話、吳語。

保爺　保娘 bɑo^{53}ye^{21}/ȵiɑng^{21} [pau^{53}ie^{21}/ȵiaŋ^{21}]

拜認的義父母。清李宗昉《黔記》卷四：“黔人生小兒多寄人爲乾子，呼其義父曰保爺。至有寄於巨石者，於石上鐫其兒名，呼之曰石保爺。”陳惟彥《宦遊偶記》卷上《判婺川命案》：“所謂保爺者，義父也。”劉省三《躋春臺》卷四《孝還魂》：“乾兒都不打發，你這保爺就不蘇氣。”又：“毛子瞞着同去偷銀之事，只言失線駭哭，偷衣被捉，告饒拜保，銀是保爺打發的。”又卷二《萬花村》：“像我們唱戲之人，多有不顧廉恥，惟小子不似別班，只以戲賣錢，不以身賣錢，勿限脚數，生旦兼唱，並不與人斟酒、開煙、唱曲、拜保爺、跟官長。”民國十八年《新修南充縣志》卷七《掌故志·風俗·方言》：“寄父曰保爺。”李劼人《大波》上卷第一部份：“以前的保爺們，誰見了他不就遠遠的躲開！”①

又，民國《息烽縣志》卷二十九《風土志·方言》：“投拜義父母曰保爺，曰保娘。”民國十五年《南川縣志》卷六《雜俗》：“寄拜之父母或直稱父母，或稱保爺保娘。”民國三十六年《鎮寧縣志》卷三《民風·一般習俗》：“子女造命與父母有沖剋者，須將其子拜繼他人，於本生父母改呼伯叔，於拜繼者則稱保爺保娘。”亦作“保孃”。民國二十一年《渠縣志·禮俗志第五·卷下風俗》：“兒女少時，其父母喜令拜人爲義父義母，俗稱乾爹乾孃，一稱保爺保孃。名爲託其福庇，實則依坿聲勢者多也。”《川方彙編》（頁10）“保爺”謂“義父，保護人”。《川方匯釋》（頁11）“保娘”謂“乾媽”。

《大詞典》未收“保爺”、“保娘”。《方言大詞典》（頁4250）“保爺”謂“乾爹；靠山，可以托庇的有權有勢的人物”，西南官話。又（頁4251）“保娘”謂“乾娘”，西南官話。

抱裙　褓裙 $\mathrm{ba\alpha^{213}qun^{21}}$ [$\mathrm{pau^{213}\ t\text{ɕ}\text{‘}yn^{21}}$]

襁褓。明萬全《萬氏家傳幼科發揮》卷上《臍風》：“臍落

① 中華書局，1938年10月再版，第2頁。

之後，當换抱裙，勿使尿濕浸及臍中也。”《金瓶梅詞話》第三十九回：“李瓶兒走來，連忙接過來，替他脱衣裳時，就拉了一抱裙奶屎。”清李漁《連城璧》外編卷二：“説完就把抱裙揭開看那腰下之物，不想看出一場大奇事來。”朱駿聲《説文通訓定聲·泰部》：“按謂小兒藉，蘇俗謂之抱裙。”高静亭《正音撮要》卷二《生養》：“抱裙。”《玉樓春》第十三回：“兩個乳母各抱起一個來，解開抱裙看驗，忽見一個小包兒落在地下，響了一聲。”《紅樓真夢》第五十九回：“寶釵看那楨哥兒，圍着綉花大紅棉抱裙，穿着杏紅綢子小棉襖，小臉上擦着脂粉，點上一朵紅梅花，越顯得眉目如畫，十分可愛。”同治十三年《平江縣志》卷十一《建置志二·保息公所》：“各嬰所需單袷棉衣、抱裙、布片等件，均由司事製備核發。”光緒五年《吴江縣續志》卷二《營建一·公署》：“又給孩衫一件，抱裙一條，棉襖一件。”光緒九年《松江府續志》卷九《建置志》：“堂中應預備毛衫、單裙、肚兜、夾襖、夾裙、綿襖、綿褲、夾抱裙、棉抱裙。”民國六年《長樂縣志》卷十七《惠政》：“先給錢五百文，作衫襖抱裙之用。”

或作“褓裙”。清翟灝《通俗編》卷二十五《服飾·褓裙》：“《儂雅》：小兒被爲褓，如俗呼褓裙、褓被是也。今則轉呼爲抱矣，誤。”光緒五年《鎮海縣志》卷三十九《方言》：“褓裙，《儂雅》：小兒被爲褓，如俗呼褓裙、褓被是也。”光緒八年《寶山縣志》卷十四《志餘·風俗附方音》：“褓裙，小兒被爲褓，今則轉呼褓爲抱矣。”民國二十四年《蕭山縣志稿》卷二十九《瑣聞·方言謠諺》：“小兒裹裙曰褓裙。《儂雅》：小兒被爲褓，如俗呼褓裙、褓被是也。今轉爲抱，誤。”

《大詞典》（9/116）“褓裙”謂“小兒被的俗稱”，引《通俗編》。未收“抱裙”。

《方言大詞典》（頁3258）“抱裙”①“嬰、幼兒的圍裙；有時也指小兒衣”，北京官話、江淮官話、西南官話、吳語、湘語、贛語、閩語；②“包裹嬰兒的小被子”，吳語。又（頁6961）“褓裙”①“小兒被”，吳語。

白醲醲 $be^{21}lia^{53}lia^{53}$［$pe^{21}lia^{53}lia^{53}$］

形容白得難看。《玉篇·面部》：“醲，力小切，面白醲醲也。”《正字通·面部》：“醲，俗字，舊註盧皎切，音了，面白醲醲。又音遼，義同，並非。”《康熙字典·面部》：“醲，《廣韻》力小切，《集韻》朗鳥切，並音繚。《玉篇》：‘面白醲醲也。’”《古今通韻·篠韻》：“今越人謂神減而白曰白醲醲。”清乾隆二十四年《象山縣志》卷一《風俗·方言》：“面瘠曰白醲醲。”胡文英《吳下方言考》卷五《醲》：“顧野王《玉篇》：‘醲，面白醲醲也。’案醲醲，白而無血色貌。吳中謂面白而無血色者曰面白醲醲。”洪亮吉《曉讀書齋雜錄》初集卷上：“時俗之語有古今如一者，即以吾鄉而言，人面少瘦寡精采曰面白醲醲，見《玉篇》。”翟灝《通俗編》卷三十四《狀貌·白醲醲》：“《玉篇》：‘醲，力小切，面白醲醲也。’《越語肯綮錄》：‘今越人謂神減而面瘠曰白醥醥。’”光緒《金華縣志》卷十六《志類要・方言》：“白醥醥，見《越語肯綮錄》。今邑人謂神減而面瘠白曰白醥醥。”光緒五年《川沙廳志》卷一《疆域・風俗附方言》：“有語辭疊字者，如煖烔烔（見《博雅》）……白醥醥（見《玉篇》）。”民國十九年《嘉定縣續志》卷五《風土志・方言》：“白醥醥，俗謂面瘠而神減也。《玉篇》：‘醥，力小切，面白醥醥。’俗讀若繚。”姜亮夫《昭通方言疏證》（933條）：“今人以面白而帶病容曰白醥醥。”又（1730條）：“昭人謂人面色蒼白曰‘白醥醥’。《廣韻》三十小醥下注云：‘醥醥面白’，今俗有白醥醥之語本此。醥音如僚，《通俗編》卷三十四。《玉篇》：‘醥，力少切，面白醥醥也。’”按引《玉篇》字當作“醥”，而《酉部》“醥，酒清也”，與此無涉。

又，清胡文英《吳下方言考》卷九《綀綀》：“杜詩‘綀綀峰上雪’。案綀綀，白光貌。今吳諺於物之白者皆曰白綀綀。”蜀語音或即“綀”、“醥”脱落“n”、“o”，即音［lia⁵³］矣。

《大詞典》(8/216）“白醥醥”謂“亦作‘白了了’、‘白遼遼’。形容清癯而面無血色”，書證爲《通俗編》引《越語肯綮錄》。

《方言大詞典》(頁1392）“白了了”謂“蒼白，沒有血色”，吳語。又（頁1400）“白亮亮”謂“白而發亮”，東北官話。又（頁1401）“白料料”謂“（臉色）蒼白”，吳語。又（頁1405）“白潦潦”謂“蒼白”，吳語。又（頁1406）“白醥醥”①“臉色蒼白”，江淮官話、西南官話、吳語。其實“了”、“亮”、

"料"、"潦"、"醪"並音近，各地方音稍有不同而已。

錛鋤 $ben^{55}cu^{21}$ [$pən^{55}ts$ 'u^{21}]

即"錛子"，一種平木器。因其形制似鋤，故名。參《考釋》第28頁。前撰引明李實《蜀語》(頁28)。清道光二十一年《遵義府志》卷二十《風俗》、光緒二十一年《敘州府志》卷二十一《風俗》、民國十年《新修合川縣志》卷三十《風俗·方言》、民國三十七年《貴州通志·風土志·方言》："鈢木器曰錛(音奔)鋤。"Adam Grainger《西蜀方言》(頁536)："錛鋤。"即"an adze"。民國十五年《簡陽縣志》卷二十二《禮俗篇·方言》、民國二十一年《萬源縣志》卷五《教育門·方言》："劈木器曰錛鋤。"民國十八年《新修南充縣志》卷七《掌故志·風俗·方言》、民國二十四年《雲陽縣志》卷十四《禮俗下·方言下》："鈢木曰錛鋤。""木"下當有"器"字。民國二十一年《南溪縣志》卷四《禮俗下·方言》："錛鋤，錛音奔，鈢木器也。"又，清張慎儀《蜀方言》卷下(頁325)："劈木器曰錛。"今蜀語平木器謂"錛鋤"，平木則曰"錛"。丁惟汾《俚語證古》卷八："平木器謂之錛。錛爲斤之叠韵音轉。《釋名》：'斤，謹也。板廣不可得削，又有節，則用此斤之，所以詳謹。今平滅斧跡也。'字亦作釿。《莊子·在宥篇》：'於是乎釿鋸制焉。'釋文：'釿本又作斤。'"

按《四庫全書》本《釋名》、清王先謙《釋名疏證補》、任繼昉《釋名匯校》（頁360）“今平”作“令平”，《匯校》屬上，並是。按“錛”亦作“鐼”。《集韻·魂韻》：“鐼，平木器。或从奔。”《篇海類編·珍寶類·金部》：“錛，平木器。亦作鐼。”清桂馥《札樸》卷九《鄉里舊聞·器具》：“鏟木器曰鐼。”今蜀方言仍謂一種像鋤的平木器爲“錛鋤”，其功用確如《釋名》所言平木“滅斧跡也”。《成方》（頁304）“錛鋤”謂“一種用來削平木料的工具。形似鋤，刃扁而寬，使用時向下向裏用力”。《川方匯釋》（頁13）“錛鋤”，謂“木工用具。形似鋤頭，刃扁而寬，是削平木料的工具，三十年代做棺木常用到它；使用時似用鋤鏟土壁，故叫‘錛鋤’”。其實“錛鋤”今爲蜀中木工必備用具，市井俗語有“錛鋤落到褲襠頭——刷屄”，當然也說“錛鋤落到褲襠頭——刷毬”。“刷”本謂砍削，此諧音“諞”，謂諞嘴，誇口。

按明顧充《古雋考略》卷三：“掤鉏，掤音崩，又作鐼、錛，木工斫木器如鉏者。”蜀語“崩”音[pən⁵⁵]。陳士元《俗用雜字》：“木工斫木器如鉏者曰掤鉏（掤音崩）。又稱鐼鉏（鐼音奔）。一作錛鉏。”“掤鉏”、“鐼鉏”、“錛鉏”均同“錛鋤”。

《大詞典》（11/1317）“錛鋤”謂“錛子”，引《蜀語》。

《方言大詞典》（頁6584）“錛鋤”謂“錛子”，西南官話、客話（四川西昌）。

拚 坌 ben^{213} [$pən^{213}$]

拌和。参《考釋》第29頁。《五音集韻·慁韻》："拚，手亂貌。"《正字通·手部》："拚，俗字，舊註音坌，手亂，誤。"兩字音同可通，當不誤。《康熙字典·手部》："拚，《集韻》蒲悶切，音坌，手亂貌。"明李實《蜀語》（頁18）："和物曰拚〇拚音坌。"黄仁壽等校注："和物時，手必任意攪動，故和物也可叫拚，今蜀語猶然。"清道光二十一年《遵義府志》卷二十《風俗》、光緒二十一年《敘州府志》卷二十一《風俗》、民國十年《新修合川縣志》卷三十《風俗·方言》、民國二十四年《蓬溪縣近志》卷七《風土篇·方言》、民國三十七年《貴州通志·風土志·方言》："和物曰拚。音坌。"並採《蜀語》。又，民國十七年《長壽縣志》卷四《人事部·方言》："和物曰拚。音笨。"民國二十四年《雲陽縣志》卷十四《禮俗下·方言上》："拚，和也。"《川方》（頁18）"拚（坌）"音ben⁴，謂"蘸：熟油辣子~泡菜"。《川方匯釋》（頁13）"拚"謂"和、拌"。《成都話》（頁12）"拚"②"攪拌，和匀"，③"添加：涼拌肉頭再~點兒花椒麵"。又記音作"抺"。《川方彙編》（頁101）"抺"音bĕn，②"蘸調料。例：抺多了調料，鹹得很"。此爲方俗用字，以"抺"從

“本”得聲[1]。

或作“坌”。《廣韻·慁韻》蒲悶切：“坌，塵也。亦作坋。”按《說文·土部》：“坋，塵也。”段玉裁注：“凡爲細末糝物若被物者皆曰坋。如《左氏》‘介其雞’，賈逵云：‘季氏擣芥爲末，播其雞翼，可以坌郈氏雞。’《五行志》：‘棄灰於道者黥。’孟康云：‘商鞅以棄灰於道必坋人，坋人必鬥，故設黥刑以絕其源。’《貨殖傳》‘胃脯’，晉灼云：‘燖羊胃以末椒薑坋之。’皆是也。”“坋”、“坌”同字異構，本義爲塵土，用作動詞引申謂以粉狀物撒或粘着於他物[2]。前撰引北魏賈思勰《齊民要術》。又，北涼浮陀跋摩共道泰等譯《阿毗曇婆沙論》卷八：“猶如器中盛水，以糠坌上。”唐玄奘《大唐西域記》卷十二《媲摩城及尼壤城》：“王乃下令，宜以沙土坌此異人。”清Adam Grainger《西蜀方言》(頁608)：“粑巴饝丨糖。”[3]謂“to roll the glutinous rice balls among treacle when eating them”，“丨”音“PEN⁴”，當即“坌”。今蜀方言說“熟油辣子坌泡菜”，“涼拌菜裏坌點兒花椒麵”，正謂泡菜、涼拌菜裏加點紅油辣椒或花椒粉和勻。《重方》(頁17)“坌”音ben⁴，謂“蘸，粘糊”。楊小平《南充方言詞語考釋》(頁14)“拚”條謂“‘坌’字，《四

---

① 《大字典》(二/4/1955)“抺”謂“同‘拚’”，引《龍龕手鑑》“抺”爲“拚”的俗字。

② 王雲路、方一新《中古漢語語詞例釋》：“‘坌’、‘坋’原即一字，本義是塵土。……引申之，則以塵土等粉狀物污染、撒落或附着于物體之上亦謂之‘坌’(坋)。”參見吉林教育出版社，1992年7月第1版，第21頁。

③ “丨”爲“WORDS WITHOUT CHARACTERS”，即有音無字的“無字詞”，兹據實迻錄，並酌考其“本字”，下同。

川方言詞語考釋》與‘拚’混淆”。其實，“拚”、“坌”同音，可以通假，“坌”有“沾染”、“拌和”義就不足爲奇了。

《大字典》(二/4/2003)“拚”音bèn，謂“手亂貌”，引《集韻》。又(1/456)“坋”音fèn，②“粉末狀的物質揚起或著于他物”。又“坌”音bèn，④“粉末狀的物質揚起或著于他物。也作‘坋’”。“坋”、“坌”釋義相同，則“坋”應收錄bèn音。又“坌”④首引《左傳·昭公二十五年》“季、郈之雞鬬，季氏介其雞”孔穎達疏引賈逵曰：“擣芥子爲末，坌其雞翼，可以坌郈氏雞目。”此謂以芥末塗雞翅，兩雞互鬬時，芥末會由季氏雞翼而染郈氏雞目也。

有關《左傳》“季氏介其雞”賈逵說及杜注，歷來多有不同解讀。宋袁文《甕牖閒評》卷一：“所謂‘季氏介其羽’，蓋用甲以蔽雞之身，庶不爲金距所傷也。前輩作文多借字，故司馬遷以芥易介，其義則同。杜預因《史記》改作芥字，遂有擣芥以播其羽之說，非所以介其羽矣。而高誘注《呂氏春秋》乃曰：‘鎧著雞頭。’夫‘鎧著雞頭’，則與介其羽全別，高誘不引《左氏傳》爲證，而妄爲解說，未知何所據也。”王觀國《學林》卷一《介雞》、吴曾《能改齋漫錄》卷四《辨誤·介雞》均有辨正。清洪頤煊《讀書叢録》卷五《介雞》：“二十五年‘季氏介其雞’，釋文‘介又作芥’。頤煊案：《呂氏春秋·察微篇》‘季氏介其雞’，高誘注‘介，甲也’，字當作介。杜注‘擣芥子播其羽也’，字當作芥。《藝文類聚》卷九十一，《太平御覽》卷九百十八引《左傳》皆作芥，是杜氏本。”此首鼠兩端，高、杜兩注迥異，究竟該作“介”或“芥”，完全不得要領。但清桂馥《札樸》卷二《溫經·介雞》云：“介其雞，說者謂介爲甲。韋昭云：‘以芥傅雞羽。’案：應瑒《鬬雞》詩：‘芥羽張金距。’褚玠詩：‘芥羽雜塵生。’梁簡文帝詩：‘芥羽忽猜儔。’劉孝威詩：‘翅中含芥粉。’庾信詩：‘芥粉壒春場。’周王褒詩：‘猜羣芥粉生。’並作‘芥’字。今雲南人鬬雞，猶以辣椒傅其羽，欲傷敵雞之目也。”[①]徵引宏富，並引滇俗鬬雞爲證，賈逵、杜預之說，又未可厚非也。

《大詞典》（2/1055）“坌”③“塵埃等粉狀物粘着於他物”，首引《齊民要術》。未收“拚”字。

《方言大詞典》（頁5343）“拚”③“蘸”，西南官話；④“攪拌；攪動；和勻”，西南官話；⑤“添加”，西南官話（四川成都），“涼拌肉頭再~點兒花椒麵”，其實這裏“拚”非“添加”義，而是義同“拌”、“拌和”。又（頁2775）“坌”未及。

螕蝨 $bi^{55}se^{21}$ [$pi^{55}se^{21}$]

寄生於牛身上的一種吸血昆蟲。今川北俗稱“牛螕蝨”，亦

① 中華書局，1992年12月第1版，第81頁庾詩“壒”作“□”，失校。北周庾信《庾子山集》明屠隆本、《景印文淵閣四庫全書》本，明張溥輯《漢魏六朝百三名家集·庾開府集卷二》（埽葉山房藏本）作“壒”；明馮惟訥編《古詩紀·北周第六》（明萬曆本）、《四部叢刊》初編本《庾子山集》作“𡒄”；陸時雍編《古詩鏡》卷二十八（《景印文淵閣四庫全書》本）作“壒”。《說文·土部新附》：“壒，塵也。”《正字通·土部》：“壒，烏蓋切，音愛，埃塵合也。……俗作𡒄，《六書故》省作塧。”《康熙字典·土部》：“壒，《六書故》省作塧，俗作𡒄。”“𡒄”亦“壒”俗字。茲據補。

稱“牛蓖麻子”。參《考釋》第31頁，但所引書證“蜱蝨”未現，茲於補正。唐玄應《一切經音義》卷十七《舍利弗阿毗曇論第十四卷》：“蜱蝨，補奚反，《說文》：‘蜱，齧牛蟲也。’今牛馬雞狗皆有蜱也。”《新撰字鏡·虫部》：“蜱蝨，上補奚反，齧牛虫也。今禽獸有虱也。下所乙反。”按《字鏡》爲日本平安時代（794–1192）僧人昌住於昌泰年間（898–901）用漢文寫成的一部漢和字典，“蜱蝨”一詞已見於晚唐矣。清桂馥《札樸》卷九《鄉里舊聞·名稱》：“牛蟲曰牛蜱蝨，狗蟲曰狗蜱蝨。”同治九年《會理州志》卷十《風土志·物產》：“牛蝨，一名牛蜱，一作牛螕，狀如螕麻子，有黑白二色，生牛身中，嚙血滿腹時即自墜落。”當如《本草綱目》謂“生牛身上”。民國十五年《南川縣志》卷六《動物》：“牛蜱，《本草》即牛蝨，蜱亦作螕。呂忱《字林》：螕，嚙牛蝨也。李時珍曰：牛蝨生牛身上，狀如螕麻子，有黑白二色，嚙血滿腹時自墜於地。吾邑或有用作解痘毒方者，甚效。”民國二十四年《萊陽縣志》卷二《政治志·實業·物產》：“蜱，《說文》：‘齧牛蟲。’俗稱蜱蝨。”姜亮夫《昭通方言疏證》（2023條）：“蜱蝨，昭人謂蝨曰壁蝨，即蜱蝨俗以壁爲之，因謂牛蝨曰牛蜱蝨，狗蝨曰狗蜱蝨，俗以壁爲之者，謂其生息壁中也，或曰臭蟲，謂其氣至臭也。”“牛蜱蝨”成蟲頗似蓖麻子，故蜀語也叫“牛蓖麻子”。俗作“壁”則借其音，“謂其生息壁中”恐不可信。牛蜱寄生牛身上，八哥喜啄食之。如無天敵及人工刮刷，牛蜱從小到大一直叮在牛身上，與“生息壁中”毫不相干，確如李時珍所云：“牛蝨生牛身上，狀如螕麻子，有黑白二色，嚙血滿腹時自墜於地。”又“臭蟲”與“蜱蝨”也是完全不同的吸血昆蟲。如《會理州志》所謂“一作牛蜱”，而“牛蜱”已見於宋江少虞《宋朝事實類苑》卷二《胥羹》：“真宗時，有人奉使交趾，以胥羹配籠餅而食，羹中血皆如皂莢子，雖味不甚佳，莫知其何以致然。洎迴，苦求其法，乃取牛蜱瀹而去其皮耳。”顯然，此以吸飽牛血的“蜱蝨”成蟲“瀹而去其皮”，並有“皂莢子”大矣。前引民國十五年《南川縣志》卷六《動物》“牛螕”之外，另有“壁蝨”云：“俗呼臭蟲，以其氣腥穢觸鼻，故名。《本草拾遺》：人家稍不潔即生此物。亦有遠行於旅店驛舍中帶入衣被歸家。卵生，極易繁育，一日夜生九十九子，與螽斯同形，如半粒宛豆，老則黑，次則棗皮紅，初生色黃便噆人，其狡黠十倍蚤蝨。昔人謂暑時有五大害：蠅、蚊、蝨、蚤、臭蟲也。然惟臭蟲尤眾而毒，潛身牀蓐及几棹間，善識人氣，噆其膏血，腫塊纍纍若貫珠，惟勤潔之家可免此患。”“牛螕”、“壁蝨”截然不混矣。毛玉玲《試論雲南方言詞語的源流及事物名稱的由來》謂“壁虱，臭蟲。多藏在牆壁中，晝伏夜出”[①]，亦其證。

又，元佚名《居家必用事類全集》壬集《去蜱虱法》：“於十二月臘內取肪脂方二寸許四片，每片用油紙包包，再箬葉重包，以索繫於卧床四脚橫桄上，次年再換新者，如此二年後永絶，不復再生。”明劉基編《多能鄙事》卷六《百藥類·去蜱虱法》：“於十二月臘內取肪脂方寸二許四片，每片用油紙包，再用箬葉重包，以索繫於卧床四脚橫桄上，次年再換新者，如

① 《雲南師範大學學報》1996年第4期。

此二年後永絕，不復再生。”“蜱虱”未詳爲何蟲。以臭蟲喜藏於家具榫卯縫穴的習性而言，上言“去蜱虱法”之“蜱虱”，當爲臭蟲。

《大詞典》（8/945）“蜫”下未收“蜫蝨”。又（2/1231）“壁蝨”①“蟲名。屬蜘蛛類，體如蓖麻子，吮吸動物血以生活”，引《太平廣記》卷四百七十九引前蜀杜光庭《錄異記》“壁蝨者，土蟲之類，化生壁間”，“其狀與牛蝨無異”，則實非牛蝨矣；②“臭蟲的別名。扁小，色褐，臭而齧人，爲床榻之害”，更與牛蝨無關，足證上引《南川志》“牛蜫”、“壁蝨”分列之不謬也。

《方言大詞典》（頁7245）“蜫”謂“牛蝨”，西南官話（四川成都），引《蜀語》，未收“蜫蝨”。又（頁7303）“壁蝨”謂“臭蟲”，膠遼官話、中原官話、晉語、蘭銀官話、西南官話、官話、吳語、贛語，與牛蝨無涉。

扁食　匾食　鶣食 biɑn^{53}si^{21} [pian^{53}sɿ^{21}]

❶餃子。宋徐夢莘《三朝北盟會編》卷七十一引《避戎夜話》：“金人供送上左右寢食皆如法，並喫餛飩扁食，乃金人御饍也。”[①]清黃以周《續資治通鑒長編拾補》卷五十八亦云：“金

① 上海古籍出版社，1987年10月第1版，第537頁。《景印文淵閣四庫全書》本“扁食”作“此食”，應屬下。

人供上寢食左右皆如法，並喫餛飩扁食，乃金人御饍也。進上御膳，亦用餛飩餅餤裹夾之類。”前例“餛飩”、“扁食”並列，後例“餛飩”又與其他麵食並列，足證“餛飩”、“扁食”非同一食品。明劉若愚《酌中志》卷二十《飲食好尚紀略·十一月》：“此月糟醃豬蹄尾、鵝脆掌、羊肉包、扁食、餛飩，以爲陽生之義。”[①]“扁食”、“餛飩”亦並列出現。如果“扁食”指餃子，與“餛飩”並列，自然就不矛盾了。王鍈先生《宋元明市語匯釋》（修訂增補本）“匾食”謂“餃子”，引《清平山堂話本·快嘴李翠蓮記》、元佚名《嘲妓家匾食》、《西游記》第四十六回“就似人家包匾食，一捻一個就囫圇”三例，並說“‘匾食’一般以爲即今之餃子，於上舉二三例中亦酌然可見”[②]。民國三十三年《米脂縣志》卷四《風俗志·諺語方音》：“扁食，即餃子，又名水餃兒。”又，清華長卿《梅莊詩鈔》卷十五《賃春集·扁豆次王研雲廣文韻》“雌伏屄戻烹，鎌裹疑蒸食”原注：“水角子俗名扁食。”“水角子”或即“水餃子”（詳下）。

❷餛飩。“扁食”爲方言或俗稱“餛飩”，見於明清以來文獻。如明嘉靖三十七年《吴江縣志》卷十三《典禮志三·風俗》：“六月六日，膾肉裹麵作匾食食之，俗呼餛飩。”明本《李九我批評破窯記》第十三齣《乞寺被侮》釋“餛飩”云：“以麵爲餅，以肉裹之，即今之扁食也。”“以麵爲餅”當謂以麵團擀薄如今

① 《四庫全書》本、北京出版社本《明宮史》“脆”均作“肫”。又《明宮史》（頁80）“扁食餛飩”連讀。

② 中華書局，2008年11月第1版，第6–7頁。

天包餛飩、餃子的麵皮。李實《蜀語》（頁30）："餛飩曰匾食○射洪縣絕品。"此又以"匾食"爲蜀方言詞，亦爲蜀中特色食品矣。朝鮮時代漢語教科書《朴通事諺解》下："官人們各自說喫甚麼飯？羊肉餡饅頭、素酸餡稍麥、匾食、水精角兒……酥燒餅、硬麵燒餅都有。""匾食"與"角兒"並列，可見非一物，"匾食"或指餛飩。清乾隆間修《震澤縣志》卷二十六《風俗二》："六月六日，舊志云家醓肉裹麵作匾食食之，俗呼餛飩。"高靜亭《正音撮要》卷二《麵食》："餛飩，扁食。"道光二十一年《遵義府志》卷二十《風俗》、光緒二十一年《敘州府志》卷二十一《風俗》、張慎儀《蜀方言》卷上（頁311）、民國十年《新修合川縣志》卷三十《風俗·方言》、民國三十七年《貴州通志·風土志·方言》："餛飩曰扁食。"民國九年《夏邑縣志》卷一《地理志·風土》："春正月元旦……食餛飩，取天開混沌之義，俗謂之扁食，亦曰水角，象形也。"民國十八年《威縣志》卷十四《風俗志下·方言》："《蜀語》云：'餛飩曰匾食。'"現在蜀中仍有此稱，如《川方匯釋》（頁11）"包麵"謂"四川的抄手兒，既叫~，也叫'匾食'"，又（頁14）"扁食"謂"餛飩"[①]。崔榮昌《四川方言與巴蜀文化》謂"'餛飩曰扁食'可能是受福州話的影響。而今名'抄手'或'包麵'，則可能與安徽話有關"[②]，恐未必如此。

---

① 《匯釋·說明》"選錄以口語爲準，現代口語中不用的不選，個別地方使用而流傳不廣的不選"。

② 四川大學出版社，1996年8月第1版，第341頁。

按《金瓶梅詞話》第二回："他家賣的拖煎河漏子，乾巴子肉番包着菜肉匾食，餃窩窩哈蜊麵，熱盪溫和大辣酥。"又第十六回："李瓶兒親自洗手剔甲，做了些葱花羊肉一寸的匾食兒。"又第六十七回："西門慶看着迎春擺設羹飯完備，下出匾食來，點上香燭。"李申《金瓶梅方言俗語匯釋》（頁569）謂"匾食，餃子。北方話"。按《詞話》中"匾食"似指餛飩，"蒸餃"則稱"角兒"，"水餃"稱"水角兒"。如第八回："婦人便問：'角兒蒸熟了？拿來我看。'迎兒連忙拿到房中。婦人用纖手一數，原做下一扇籠三十個角兒，番來覆去只數了二十九個，少了一個角兒，便問往那裏去了。"又第七十七回："只見丫鬟來放桌兒，四碟細巧菜蔬，安下三個姜碟兒，須臾拿了三甌兒黄芽韭菜肉包一寸大的水角兒來。"《正字通·食部》："水餃兒即段成式食品湯中牢丸，或謂之粉角。北人讀角如嬌，因呼餃餌，訛爲餃兒。"徐珂《清稗類鈔·飲食類·餃》："餃，點心也，屑米或麪，皆可爲之，中有餡，或謂之粉角。北音讀角爲矯，故呼爲餃。蒸食、煎食皆可。蒸食者曰湯麪餃，其以水煮之而有湯者曰水餃。"故"角兒"即餃兒。

❸餃餌、餅類麵食在不同方言中的稱謂或概稱[①]。清魯之裕

① 按word文檔轉繁，"扁食"則轉爲"餛飩"，是港臺"扁食"即"餛飩"矣。然據徐珂《清稗類鈔·飲食類》"扁食"、"餛飩"分立，似又非同一食品。其"餛飩"條云："餛飩，點心也，漢代已有之。以薄麪爲皮，有襞積，人呼之曰縐紗餛飩，取其形似也。中裹以餡，鹹甜均有之。其熟之之法，則爲蒸，爲煮，爲煎。粵肆售此者，寫作雲吞。"

《式馨堂詩後集》卷三《西大路竹枝詞十首》之三注:“餛飩者,秦晉人之所謂匾食,吳越人之所謂餃餌也,北人呼曰餛飩,蓋實同而名異焉。”此明確指出“扁食”爲“餛飩”、“餃餌”是同一食品在不同方言中的稱謂。

概指餅或餃餌之類麵食,亦見於明清文獻。如明佚名《新刻江湖切要·飲饌類》:“餅,稀片、匾食。”據其體例,當謂“餅”又叫“稀片、匾食”。清王譽昌《崇禎宮詞》第七十五首“羽拂飛塵白似霜,溲將三果味逾芳。烹茶注硯矜新異,未乞湯官玉食方”注:“翊坤宮近侍劉某善治匾食,進御者必其手造。”此注丁祖蔭輯《虞山叢刻》本題“錢塘吳理靜川註”,卷末丁氏跋謂得一乾隆間鈔本,“卷首有曲江吳理序,行首題錢塘吳理靜川註”。俞正燮《癸巳存稿》卷十《麪條子》:“水引餺飥者,湯餅中水引麪條也。……水引餺飥之名,則又今之湯餑餑,亦謂之扁食。”翟灝《通俗編》卷三十八《識餘·市語》:“江湖人市語尤多,坊間有《江湖切要》一刻,事事物物,悉有隱稱,誠所謂惑亂聽聞,無足採也。其間有通行市井者,如……餅曰匾食。”[①]徐珂《清稗類鈔·飲食類·扁食》:“北方俗語,凡餌之屬,水餃、鍋貼之屬,統稱爲扁食,蓋始於明時也。”此謂凡餌類鍋貼之屬統稱扁食始於明人。若稱餛飩之類麵食,據《三朝北盟會編》,則宋金時已稱“扁食”,

① 王鍈先生認爲:“揆之情理,當有兩種可能:一是‘匾食’在當時口語中可以兼指;二是市語用改換所指的辦法來求得隱秘的效果。”參見《宋元明市語匯釋》(修訂增補本),中華書局,2008年11月第1版,第7頁。

不始於明矣。李鑑堂《俗語考原》“扁食”或即引《清稗類鈔》：“北方俗語，凡餌之屬，水餃、鍋貼之屬，統稱爲扁食。（王譽昌崇禎宮詞注）‘翊坤宮近侍劉某善治扁食，進御者必其手造’，明時已有之。”[①]據《蜀語》，明末清初蜀地亦稱餛飩爲匾食，表明“匾食”流行地域很廣，並不限於北方。

又，明沈榜《宛署雜記》卷十七《民風一》“歲時元旦拜年”原注：“晨起，當家者率妻孥，羅拜天地，拜祖禰，作匾食，奉長上爲壽。”《白雪遺音》卷二《婆媳頂嘴》：“愛吃窩窩我捏窩窩，愛吃扁食我包扁食。”清康熙間修《龍門縣志》卷五《風俗紀略》：“除夕家祭先祖，爆竹徹夜，長幼團聚，飲酒吃扁食，謂之守歲。”《歧路燈》第五十回：“巴氏叫送了元宵、扁食、麵條、雞蛋荷包兒，好幾遍點心。”上面幾例，從語境中難以判斷所指爲何，但第二例指有餡麵食，或餃子或餛飩，則殆無可疑矣。

就書面形式而言，“匾”、“餅”爲“扁”後起字。“扁食”首見上引《三朝北盟會編》。“匾食”首見元佚名《朝天子·嘲妓家匾食》曲，並對匾食有細緻描寫：“白生生面皮，軟溶溶肚皮……生時節手兒上捏你，熟時節口兒裏嚼你，美甘甘肚兒內知滋味。”又，《清平山堂話本·快嘴李翠蓮記》：“燒賣、匾食

① 上海文藝出版社，1985年8月，第33頁。據書首杜元清民國二十六年四月序：“今年春鑑翁伯來故都遊，友輩偕往謁，見案頭置所集《俗語攷原》稿本……余索得其稿，編以目錄，始付諸棗梨。”日本學者將其收入《明清俗語辭書集成》，解題謂“俗語考原，〔清〕李某（鑑堂），民國二十六年序刊鉛印本”，則有未當。

有何難，三湯兩割我也會。”[①]

明萬曆本《金瓶梅詞話》第六十九回：“直到掌燈以後，街上人靜了時，打他後門首扁食巷中，他後門傍有個住房的段媽媽，我在他家等着爹。”又：“（西門慶）帶着眼紗，由大街抹過，逕穿到扁食巷王招宣府後門來。”上引《詞話》第二回、十六回、六十七回作“匾食”，“扁食”、“匾食”並用。

“鯿食”，因指食品，俗間於“扁”字增旁作“鯿”，未見字書收錄，但見於清末民初地方志。如光緒六年《甯河縣志》卷十五《風物志·歲時》：“（元旦）舉家食鯿食。”又：“二月二日名龍擡頭，家塾令童蒙開筆取兆。人家以石灰引白龍入，以小灰引黑龍出，亦有以鯿食祀者。”民國二十二年《葭縣志》卷二《風俗志》：“（元旦）早飯□以麪包羊肉蘿蔔菜，名之曰鯿食，蓋取肉麪菜一齊香之義也。”民國二十五年《鄜陵縣志》卷五《地理志二·風俗》：“冬至作鯿食。”又：“縣人一日三食，食品有白麵條、雜麪條、麪湯、糊塗、鯿食、薄饝、油饝、

① 燒賣，亦作“稍麥”、“燒麥”。《大詞典》（7/253）“燒賣”，“食品名。用不發酵的麵粉製成很薄的皮，包餡，頂上捏成折兒，然後蒸熟”，首引《清平山堂話本》。又（8/84）“稍麥”謂“即燒賣。一種麵製包餡食品”，首引清潘榮陛《帝京歲時紀勝》。既然“稍麥”即“燒賣”，釋義應相同；並且“燒賣”還應注明“亦作‘稍麥’”。清郝懿行《證俗文》卷一《餅》：“以麥麪烝圜之而高者曰饅頭，一曰波波，或曰磨磨，坎其中而餡之者曰餺饠，或曰包子，别謂之餤，綻頭者謂之稍麥。”注：“此名於古無攷，今京師賣者謂之稍麥。”“稍麥”已見於《朴通事諺解》下。又清楊米人《都門竹枝詞》：“稍麥餛飩列滿盤，新添掛粉好湯團。”《成方》（頁216）“燒麥”謂“一種食品，用很薄的燙麵皮包餡兒，頂上捏成褶兒後蒸熟”。《成都晚報》2012年5月20日第17版二毛《味道的名字》：“前人還給我們留下了許多非常有趣的菜肴命名。比如一品豆腐，三鮮燒麥，四喜丸子，五福肘子，六合彩絲，八寶鴨子。”

蒸餹、包子。"

"扁食"或"餛飩"、"餃餌"中包金銀錢幣以邀福，得之者吉或主富，明清文獻亦多有記載。如嘉靖《曲沃縣志》卷一《疆域志·風俗》："元旦，祀神祀先……。二日，製扁食包金，邀婿爭福。"劉若愚《酌中志》卷二十《飲食好尚紀略·正月》："正月初一五更起，焚香放紙炮，將門閂或木杠於院地上抛擲三度，名曰跌千金。飲椒柏酒，吃水點心，即扁食也。或暗包銀錢一二于內，得之者以卜一年之吉。"清孔尚任《節序同風錄》："早拜神畢，即食餛飩餃餌。麪裹生肉餡，煮令暗熟，取混沌之義，俗曰扁食，又曰水角兒。餛飩内裹以錢，暗得者主富。"此俗今存。

據徐時儀先生引《漢維詞典》、陳宗振等《中國突厥語族語言詞彙集》、孫竹主編《蒙古語族語言詞典》、方齡貴《古典戲曲外來語考釋詞典》考證："維吾爾語稱餃子爲bənxə或benxir，圖瓦語爲biŋsi，撒拉語爲biansi，蒙古語爲bangsi，達斡爾語爲binʃi，土族語爲benɕi，東鄉語爲biansw，保安語爲biansr。維吾爾語、圖瓦語和撒拉語屬阿爾泰語系突厥語族，蒙古語、達斡爾語、土族語、東鄉語和保安語屬阿爾泰語系蒙古語族，其所稱'餃子'一詞似皆爲'扁食'的對音。"①

《大詞典》（7/361）"扁食"謂"方言。水餃、鍋貼之類的麵食"，首引清王譽昌《崇禎宮詞注》。又（1/979）"匾食"謂"水餃"，首引《清平山堂話本》。此同詞異形，釋義詳略懸

① 《佛經音義與漢語詞彙研究》，商務印書館，2005年12月第1版，第362頁；又見《佛經中有關麵食的詞語考探》，《普門學報》第23期，2004年9月。

殊，未注明互相參見。《現漢》“扁食”謂〈方〉“餃子或餛飩”。

《方言大詞典》（頁5398）“匾食”：①“餃子”，中原官話、江淮官話；②“餛飩”，西南官話。又（頁4491）“扁食”：①“餃子”，東北官話、冀魯官話、中原官話、晉語、蘭銀官話、江淮官話；②“餛飩”，江淮官話、西南官話（四川宜賓）、官話、吳語、贛語、客話、閩語。據此，江淮官話既指“餃子”，又指“餛飩”。

扁挑　匾挑 bian^{53}tiao^{55}［pian^{21}t‘iau^{55}］

扁擔。《醒世恒言》卷三十四：“同着十來個家人，拿了許多扁挑、索子、鐮刀，正來下舡。”明戚繼光《練兵實紀》卷一《練伍法》：“擔，扁挑也。用鐵尖扁擔，便於肩挑，又可擊刺，亦農中戰器也。”《隋唐演義》第九回：“老莊家急拿扁挑，做兩步趕上叔寶。”清康熙間修《天台治畧》卷二《一件稟報事》：“彼此意氣未平，復行詬詈，海度一時性起，将扁挑毆從先两肩胛，從先奪扁挑還擊。”雍正《廣西通志》卷一百十四黄元驥《田州陸運民夫事宜議》：“府州縣起解民夫，籮筐、扁挑、雨具及布棚、銼鍋俱要驗明。”高靜亭《正音撮要》卷三《木器》：“扁挑，担子。”[1]又：“扁挑鬭，扁挑兩頭釘。”咸豐七年《瓊山

① 據《大詞典》（6/922）“擔$_2$子”⑤“扁擔”，引柳青《銅牆鐵壁》，則高氏所謂“担子”即扁擔。

縣志》卷三《物產》："烏蛇木性韌，可作扁挑。"艾蕪《豐饒的原野》第一部《春天》："一組是把裝滿泥沙的寃兜，用懸有繩子的扁挑，擔在肩上，踏着搭上岸去的跳板，送到溝坎樹脚下倒掉的。"原注："扁挑：與扁擔同義。挑與擔也有同樣的意思。"《成方》（頁278）"扁挑"謂"⇨〖扁擔〗"。

亦作"匾挑"。《三刻拍案驚奇》第十六回："不料銀子作禍，一竅不通，才丟了鋤頭、匾挑，有了一百三十兩，便衣巾拜客，就是生員。"《孫龐鬬智演義》卷二："龐涓笑道：'要破何難？'拿起匾挑，從那方起那方止，把个青龍出水陣點破。"《快心編傳奇二集》卷二第三回："王人傑便帶了從人，到南門城樓上坐下，點撥五十個軍人，都帶了刀斧繩索匾挑之類，驗放出城樵采。"唐懷海集編、清儀潤證義《百丈叢林清規證義記》卷六："凡柴頭上山斫柴、大眾出坡等，皆要親到，不得偷安，刀斧繩索匾挑等物，時時檢點。"乾隆《屏南縣志》卷六《古蹟》："酒石在城外臨水宮下路旁，巨石壁立，石孔嘗流有酒味甚美，惜有擔夫嫌其少，以匾挑擊之，遂絕。"同治十二年《鉛山縣志》卷十《武備志·兵事》："暮則攜匾挑繩索伏賊。"

《大詞典》（7/361）"扁挑"首引《醒世恒言》，未收"匾挑"詞形。

《方言大詞典》（頁4490）"扁挑"謂"扁擔"，西南官話、贛語、粵語。又"扁條"謂"扁擔"，中原官話。

猋 儦 僄 趮 飍 biɑo^{55} [piau^{55}]

疾進。参《考釋》第35頁。茲補釋如次。唐唐玄度《九經字樣·犬部》:“猋，音標，從三犬。飈字從此，從火訛。”《康熙字典·犬部》:“猋,《廣韻》甫遥切,《集韻》、《韻會》、《正韻》卑遥切，並音標。《說文》:‘犬走貌。’”前撰引明李實《蜀語》(頁82)“快走曰猋”，爲迄今首見著錄。清道光二十一年《遵義府志》卷二十《風俗》、光緒二十一年《敘州府志》卷二十一《風俗》、民國十年《新修合川縣志》卷三十《風俗·方言》、民國二十四年《蓬溪縣近志》卷七《風土篇·方言》、民國三十七年《貴州通志·風土志·方言》:“快走曰猋。音標。”唐訓方《里語徵實》卷上:“快走曰猋。猋音標。又作驃，音仝。《玉篇》:‘驍勇也。’《集韻》:‘馬行疾貌。’《禮·月令》:‘猋風暴雨總至。’”光緒八年《黎平府志》卷二下《風俗·方言》、民國二十三年《華陽縣志》卷五《禮俗·方言》:“快走曰猋。”民國十五年《簡陽縣志》卷二十二《禮俗篇·方言》:“疾行曰趖，曰猋。趖音莎，猋音標。”民國十七年《長壽縣志》卷四《人事部·方言》、民國二十四年《麻城縣志續編》卷一《疆域·方言》:“快走曰猋。音標。”

亦作“儦”、“麃”。《說文·人部》:“儦，行皃。”徐鍇繫傳:“儦，行動之皃。”《詩·小雅·吉日》:“儦儦俟俟，或群或友。”毛傳：“趨則儦儦，行則俟俟。”陸德明釋文：“儦，本作麃，又作驫，表嬌反，趨也。《廣雅》云：‘行也。’”“儦”爲“麃”增旁字。《六書故》卷八《人一》：“毛氏曰：‘趨則儦儦，行則俟俟。’陸氏曰：‘本作麃。’按麃麃言獸之麃捷也，俟俟言乎其紓徐也。行人麃麃，亦言其趫捷也，單作麃爲是。”章炳麟《新方言·釋言》：“今通謂疾走曰儦，音如麃。”民國十三年《江津縣志》卷十一《風土志·方言》：“邑語謂疾走曰儦，如云一儦就過了，一儦就攏來了。儦，《釋文》讀表驕反。”民國十八年《合江縣志》卷四《禮俗·方言》：“儦，疾走也。”

或作“僄”。《說文·人部》：“僄，輕也。”清沈濤《說文古本攷》卷八上：“《史記·高祖本紀》索隱引‘僄，疾也’，蓋古本如是。索隱又引《方言》曰：‘僄，輕也。’（監本、柯本皆作‘亦云僄，輕也’，蓋淺人據今本改，汲古閣單行本如是，正與《方言》合。）是今本乃後人據《方言》改耳。輕、疾義相近，而許書自作‘疾’不作‘輕’。《漢書·高帝紀》‘僄’字作‘慓’，亦訓疾也。今《說文·心部》‘慓’字正訓爲疾。或謂《史記》‘僄’字乃‘慓’字之假借，然小司馬引《說文》訓疾，《方言》訓輕，同作‘僄’字，則所據本自作‘疾’不作‘輕’也。僄、慓同聲，故當同訓。”[①]《玉篇·人部》：“僄，匹妙切。《說文》云：‘輕也。’又僄狡，輕迅也。”《荀子·議兵》：“輕利僄遬，卒如飄風。”楊倞注：“言楚人之趫捷也。僄，亦輕也，匹妙反。或當爲嫖姚之嫖，嫖，驍勇也。遬與速同。”則

① 《續修四庫全書》本，第222册，第358頁。

“僄遬”當同義連文。《大詞典》(1/1631)“僄遬”謂“輕捷”，引《荀子》及楊注，並謂“参見‘剽遬’”，而“剽遬”謂“迅疾”，引《史記·禮書》：“輕利剽遬，卒如熛風。”張守節正義：“剽遬，疾也。”顯然《史記》與《荀子》句意相同，“僄遬”、“剽遬”異形同詞，《大詞典》釋“僄遬”爲“輕捷”，未是。《漢書·谷永傳》：“崇聚僄輕無義小人以爲私客。”顏師古注：“僄，疾也。”又，《集韻·宵韻》卑遙切：“髟，體壯也。或从人。”與“猋”、“飆”、“驫”、“趮”同一小韻，則“僄”如章炳麟《新方言·釋言三》“音如標”。

又或作“趮”。《說文·走部》：“趮，輕行也。从走，票聲。”桂馥義證：“輕行也者……趮捷輕便也。”“輕行”猶今謂輕裝上陣，“趮捷輕便”即可行走如飛，如《六書統》卷六：“趮，撫招切，輕行也。从走，从票。票，火飛也，言行輕如火飛也。”《龍龕手鏡·走部》：“趮，行疾皃。”亦作“蹕”。《玉篇·足部》：“蹕，輕行也。”《廣韻·宵韻》：“趮，《說文》曰：‘輕行皃。’蹕，上同。”《集韻·宵韻》：“趮，《說文》：‘輕行也。’或从足。”《正字通·足部》：“蹕，同趮。”又引申指液體噴射或迅猛地流淌。清Adam Grainger《西蜀方言》(頁313)：“水漂出多少遠。”謂“the water spurted to a great distance”，“漂”音“PIAO[1]”，即音同“彪”。故有記音作“彪”者，如《新兒女英雄傳》第七回：“一抽刀，血就彪了他一身。”朱正義《關中方言古詞論稿》(頁196)：“元雜劇《桃花女》第一折，[後庭花]：‘我着你依前如舊，包管你病羊兒犇(奔)似虎彪，困魚兒脫了釣鈎。’劇中‘虎彪’與‘羊奔’爲對文，則‘彪’爲奔跑義。

‘彪’與‘趮’宋元時代音近（現代則同音），故元雜劇作者以‘彪’字記録‘趮’這個詞。”詳上下文，謂“‘虎彪’與‘羊奔’爲對文，則‘彪’爲奔跑義”，恐爲臆說。楊小平《南充方言詞語考釋》（頁25）亦謂元劇例“‘彪’與上文‘犇’對文同義，均‘快跑’義”，亦非是。《增韻·尤韻》：“彪，補尤切，虎文。又小虎。”《韻會舉要·尤韻》：“彪，又小虎也。”《大詞典》（8/805）“虎彪”謂“虎。多形容勇猛之士。彪，小虎”，當是。實際上“困魚兒”句與“病羊兒”句對，劇意謂保證你病羊兒犇跑起來像虎一樣。宋子然《四川方言詞義證古》謂“四川方言謂快跑、快逃曰‘趮’”，“漢字中從‘票’之字皆有‘輕疾義’，如人之輕疾曰嫖、僄、剽、慓、趮，鳥之輕疾曰䴩，風之輕疾曰飄，車之輕疾曰嘌”[①]。

又作“驫”。《說文·馬部》：“驫，眾馬也。”王筠句讀：“似挩‘行’字。《字林》：‘驫，眾馬行也。’”王說是，正如《犬部》“猋，羣犬走皃”之訓。《廣雅·釋訓》：“驫驫，走也。”王念孫疏證：“驫驫，猶儦儦也。《說文》：‘驫，眾馬行也。’”《太平御覽》卷八百九十三引《字林》：“驫，衆馬走也。”《玉篇·馬部》：“驫，走皃。”《廣韻·宵韻》甫遙切：“驫，眾馬走皃。”與“飆”、“猋”、“趮”同一小韻，與“儦”爲相鄰小韻字。又《幽韻》：“驫，馬走皃。又音標。”《康熙字典·馬部》：“驫，《廣韻》甫休切，《集韻》悲幽切，並音彪。《玉篇》：‘走貌。’……又《集韻》卑遙切，音標。”

① 《古漢語詞義叢考》，巴蜀書社，2000年8月第1版，第127頁。

《文選·左思〈吳都賦〉》："驫駥飍矞，靸霅驚捷。"李善注："驫駥飍矞，衆馬走貌。"劉良注："'驫駥'至'驚捷'，並馳走之貌。"

《川方》（頁20）"猋（鏢、鑣）"①"液體噴射或迅猛地流"。《川方匯釋》（頁15）作"蹼"[①]，謂"溜走得快"；又"標"㊀"滑掉，丟失（多指手中之物）"，㊁"很快地跑掉了"。《川方彙編》（頁118）"標"謂"趴身，射出"。《成都話》(頁13)"猋(鏢)"①"疾速地跑"，②"疾速地滑過"，③"疾速地航行"，④"疾速地流"，⑤"噴射"。其實，前三義可概括爲"疾速地行進"，後兩義可概括爲"液體迅猛地流或噴射"。《成方》（頁223）"猋"①"飛速地噴射、奔跑、流淌"，②"沒有射中或猜中"。今凡迅疾地行進、滑過，液體噴射或迅猛地流淌等均謂"猋"，音［$piau^{55}$］。

《大字典》（二/3/1448）"猋"②"奔跑；急速前去"，首引《說文》段注。又（1/276）"儦"①"小步快走"，首引《說文》。又（248）"僄"（二）據《集韻》卑遙切，音biāo，未涉疾速義。又（7/3731）"趮"音piāo，②"行疾貌"，引《龍龕手鑑》。又（8/4883）"驫"（一）biāo，"衆馬奔馳貌"，首引《說文》及王筠句讀。《大詞典》（5/65）"猋"音biāo，①"本爲犬奔貌、群犬奔貌。引申爲疾進貌"，首引《楚辭》。又（1/1737）"儦"謂"見'儦儦'"，"儦儦"①"跑動的樣

① 《集韻·宵韻》："趮，《說文》：'輕行也。'或从足。"《正字通·足部》："蹼，同趮。"

子”，未單釋“儦”字。又（1630）“僄”音piào，①“矯捷；敏疾”。又（9/1153）“嘌”音piāo，謂“輕行貌”。又（12/922）“驫₁”[①]謂“眾馬奔馳貌”，引唐郗昂文。

《方言大詞典》（頁5978）“猋”①“奔跑”，西南官話、湘語。又（頁5979）④“噴射”，江淮官話、西南官話、吳語，“噴射”亦形容極爲迅速。又（頁7352）“儦”①“跑得極快”，西南官話、客話。又（頁4558）“驫”謂“人急跑，原指馬奔，引申用以指人”，閩語。

皸 皴 冰 迸 bin^{55} [pin^{55}]

皮膚、地表或物體等因寒冷或乾燥而坼裂。參《考釋》第38頁。《集韻·諄韻》：“皸，手凍坼也。”《莊子·逍遙游》：“宋人有善爲不皸手之藥者。”郭象注：“皸手，文坼如皸文也。”郭慶藩集釋引李楨曰：“皸手，《釋文》云‘徐舉倫反’，蓋以皸爲皸之叚借。”[②]唐李白《溧陽瀨水貞義女碑銘》：“手柔荑而不皸，身擊漂以自業。”陸希聲《寄碧光上人》詩：“寄言昔日不皸手，應念江頭洴澼人。”宋趙孟堅《仲弟借書持要不謹護有損爲之覆背葺還》詩：“抱書手不皸，面壁縛枯禪。”明

① 《大詞典》字頭序號上標，複詞中的序號下標，體例不一。本書引據統一爲下標。

② 《廣雅·釋言》：“皸，皵也。”王念孫疏證：“皸，《說文》作皸。……皸與皸聲近義同。”

李實《蜀語》（頁174）：“坼裂曰龜〇坼音冊，古作㨗，今作坼。俗作拆，非。龜音兵。《莊子》：‘不龜手之藥。’”黄仁壽等校注引《釋文》“‘龜手’愧悲反；徐（邈）舉倫反；李（軌）居危反”，謂“李氏云：‘龜音兵’，方音，與徐邈標音爲近”。按徐音“舉倫反”，今爲通語音jūn，蜀音與其不近。清張慎儀《蜀方言》卷上（頁296）：“手足凍裂曰皴，曰龜。……今讀皴如村，讀龜如冰。”民國二十四年《雲陽縣志》卷十四《禮俗下·方言上》：“龜，坼也。……龜讀若冰。”

亦作“皴”。《説文·皮部新附》：“皴，皮細起也。”北魏賈思勰《齊民要術》卷五《種紅藍花梔子》：“夜煮細糠湯淨洗面，拭乾以藥塗之，令手軟滑冬不皴。”民國十五年《南川縣志》卷六《土音土語》：“足根裂曰皴口。土音訛皴爲氷。”民國十五年《簡陽縣志》卷二十二《禮俗篇·方言》：“手足凍裂曰開皴。音冰。”民國三十三年《長壽縣志》卷四《風土·方言》：“足跟裂曰皴口。皴讀若冰。”以上方志以“皴”賦予方音矣。

又或記音作“迸”，以“迸”從“并”得聲，讀［pin^{55}］。清Adam Grainger《西蜀方言》（頁513）：“田開了迸縫。”意即“the fields are cracked with drought”。又：“脚上凍起迸口。”謂“my feet are chapped with the cold”，“迸”音“PIN^{1}”。《川方彙編》（頁83）“迸”音bīn，謂“裂開”。

亦記音作“冰”。民國二十一年《萬源縣志》卷五《教育門·方言》：“手足凍裂曰皴，曰開冰口。”唐樞《蜀籟》卷四（頁295）：“開冰暴口。”民國三十七年稿本《興義縣志》第十一章《社會》第一節《語言·漢語方言》：“皮裂曰開冰口。”《川方》（頁21）“冰”謂“裂”；又“冰口”①“（皮膚）因冷凍而產生的裂口”，②“也泛指裂口”。《成都話》（頁14）“冰”①“皮膚因寒冷乾燥而皴裂”，②“泛指物體裂縫”；又“冰口”①“皮膚因寒冷、乾燥而裂開的口子”，②“泛指物體上的裂口”。《成方》（頁319）“冰”謂“皮膚或木頭等裂口”，“冰口”謂“裂口”。《重方》（頁20）“冰口”謂“因寒凍手脚皸裂的口子”。《川方匯釋》（頁11）“爆冰口兒”謂“皮膚凍裂了口子”，又（頁16）“冰口兒”謂“手脚凍裂的口子”。今蜀語凡裂口、坼裂均謂“冰口”，若僅謂皮膚、手脚凍裂的口子，釋義過窄。

按《廣韻·庚韻》“兵”音甫明切，《蒸韻》“冰”音筆陵切，並音bīng。今蜀方言仍謂坼裂爲“龜，音兵”，或“讀龜如冰”，均讀前鼻韻［pin^{55}］，裂口謂“［pin^{55}］口”，凡物坼裂均謂“開［pin^{55}］了”①，字作“龜”則取義於“龜裂”。楊小平《南充方言詞語考釋》（頁26）“冰”謂“冷。形容詞”，“又記音作‘龜’，‘龜’字不讀guī，而讀bīn”，又謂“《四川方言詞語考釋》解釋爲‘坼裂’。愚以爲‘破裂’義是由‘寒冷’義引申而來，用‘冷’來解釋更準確”。“冷”或“寒冷”爲“冰”常義，本無可疑，唯拙撰“坼裂”以釋“龜”字，而非釋“冰”字，祇是釋“龜”爲“坼裂”稍嫌籠統，故修正如上。

---

① 甄尚靈、張一舟先生《〈蜀語〉詞語的記錄方式與〈蜀語〉音注所反映的音類》：“《集韻·平·諄》：‘龜，手凍坼也。俱倫切。’本條坼裂之義，當爲俱倫切。而李氏注‘音兵’，當是李氏方音。”又“坼裂爲pin^1，如‘冬天手凍得pin^1了口了’”（參見《李實學術研討會文集》，語文出版社，1996年7月第1版，第43頁）。按“俱倫切”爲通語。據上引文獻，“音兵”爲蜀語音讀，使用範圍頗廣，非僅爲“李氏方音”矣。

又，民國二十三年《樂山縣志》卷三《方輿志·方言》：“土有縫曰吉。音冰。”亦謂因乾旱等地裂縫而音“冰”，猶《西蜀方言》“田開了迸縫”，“吉”未見字書收錄。《現漢》“皸裂”音jūnliè，①“同‘皸裂’”，②“裂開許多縫子；呈現出許多裂紋”，顯然“皸裂”同義連文。蜀語與通語的差別，僅在音而不在義，故鄉先輩李實謂“皸音兵”，方志“土音訛皴爲氷”或“皴讀若冰”，均用其義而賦於方言讀音，非“記音作‘皸’”；方志及《蜀籟》記音作“冰”，非謂“冰”本有“坼裂”義也；《西蜀方言》作“迸”，則是認爲該字以“并”得聲，“迸”字亦本有“裂”義，據義選字而長於“冰”字，但記音則不如“冰”字準確。

《方言大詞典》（頁2200）“冰口”謂“裂口，特指皮膚因冷凍而裂開的口子”，西南官話。

波棱菜　波稜菜　菠棱菜　菠稜菜

bo^{55}len^{21}cɑi^{213}［po^{55}lən^{21}tɕʻai^{213}］

波菜。唐段公路《北戶錄》：“國初，建達國獻佛土菜，泥婆國獻波棱菜。”《唐會要》卷一百：“泥婆羅國獻波棱菜，類紅藍花，實似蒺藜，火熟之，能益食味。”宋高承《事物紀原》卷十《草木花果·波棱》引《劉公嘉話錄》：“波棱菜，西國有僧將其子來。韋絢云：豈非頗陵國來，語訛爲波棱也。”民國十八年《滎縣志·物產》：“波菜，波棱也。《唐書·西域列傳》：

貞觀二十一年，泥婆羅遣使入獻波棱菜、渾提葱。”

又作“波稜菜”。《太平御覽》卷九百六十引《唐書》曰：“太宗時，尼婆羅獻波稜菜，葉類紅藍，實如蒺藜，人食之，能益食味。”宋陳耆卿《赤城志》卷三十六《蔬之屬·波稜》：“劉禹錫《嘉話》云：出頗稜國，有僧携子而至，俗訛爲波稜。按《唐西域傳》：貞觀十一年，泥婆羅遣使入獻波稜菜，非頗稜也。”清梁章鉅《浪跡三談》卷五《波稜菜》：“波稜菜，亦呼波菜，菜之至無味者也，而偏入《隨園食單》，亦不可解。……前明說部中載成祖微行民間，食黃面豆腐乾及此菜而甘之，詢其名，店傭以‘金磚白玉板，紅嘴綠鸚哥’對，白玉板謂腐乾，綠鸚哥即此菜，而《隨園食單》中於‘波菜’條下，謂杭人名此爲‘金鑲白玉板’，自是偶誤，以杭人述語，不應如此舛訛也。”道光二十一年《遵義府志》卷十七《物産》：“《詢芻錄》：南人呼菠菜，北人呼赤根菜。蘇軾詩：‘北方苦寒今未已，雪底波稜如鐵甲。’”

或作“菠稜菜”。宋曾慥《類說》卷五十四錄《劉禹錫佳話》：“菜之菠稜，出西國中。有僧自菠稜將子來，或云是頗稜將來，語訛也。”明劉基編《多能鄙事》卷七《農圃類·種菠稜菜》：“菠稜菜過月朔乃生，須是月没旬，種胡荽、莧亦然。”方以智《通雅》卷四十四《植物》：“菠稜本作頗稜，《劉賓客嘉話》曰：菠稜菜自西方僧將來，韋絢以爲頗稜國，訛爲波，其根赤，又名赤根菜。”宋詡《竹嶼山房雜部》卷二《養生部二·餛飩（二制）》：“凡菠稜菜、薺菜、紫藤花、金雀花宜芼熟。”清康熙二十一年《蓋平縣志》卷下《物產志》：“蔞蒿、蘆笋、胡荽、芹、紫菫、茴香、菠稜菜、莙薘菜。”雍正十三年《平陽府志》卷十三《物產志》：“菠稜菜，俗號爲赤根菜，經霜甜美。”同治十三年《章谷屯志略·土宜物產》：“莧菜、芹、羊芋、擘藍、芫荽、海椒、菠稜。”

亦作“菠薐菜”。《集韻·登韻》：“薐，菠薐，菜名。”《正字通·艸部》：“菠，補戈切，音波，《本艸》：‘菠薐，一名菠菜，一名波斯艸，一名赤根菜。’劉禹錫《嘉話錄》曰：‘菠薐菜，自西方僧將來，云本是頗陵國種，語譌爲波稜。’《唐會要》曰：‘太宗時尼波羅國獻波薐菜，類紅藍，能益食味。’李時珍曰：‘莖柔脆，中空，根大如桔梗，色赤，下氣調中，止渴潤燥，根尤良。’〇本作頗稜，韋絢云頗譌爲波，今加艸，譌字。”宋陶穀《清異録》卷上《三無比》：“鍾謨嗜菠薐菜，文其名曰雨花菜。又以蔞蒿、萊菔、菠薐爲三無比。”鄭樵《通志》卷七十五《昆蟲草木略·蔬類》：“菠薐菜，本出頗陵國，張騫帶來，語訛爲菠。”明田藝蘅《留青日札》卷三十三《菠薐》：“今之菠菜，即唐之菠薐菜，出自西域頗陵國，云僧人帶其子來也。《通志》云張騫帶來。”光緒末抄本《金堂縣鄉土志》卷四《物產》“蔬之屬”有“菠薐菜”。民國十年《新修合川縣志》卷十二《戶口·土物》：“菠菜，原名菠薐，唐太宗當陽尼菠維國獻菠薐菜，類紅藍，即此也。”民國十五年《南川縣志》卷六《植物》：“菠菜，《本草》名菠薐，一名波斯草。《唐會要》云：太宗時尼波羅國獻菠薐菜，類紅藍，方士隱名波斯草。……又名赤根菜，吾南俗呼甜菜，以味美也。”民國三十三年《重修彭山縣志》卷三《食貨篇·物產》：“菠淩，俗名波菜。”

《大詞典》(5/1119)“波稜”謂“亦作‘波棱’”,①“菜名。即菠菜”,首引《新唐書》,未收“波棱菜”一形。又(9/452)“菠菜”謂“又名菠薐菜”,無書證。“菠稜”謂“見‘菠薐’”,“菠薐”謂“亦作‘菠稜’。即菠菜”。《現漢》“菠菜”謂“有的地區叫菠薐菜”。

《方言大詞典》(頁3666)“波棱菜”謂“菠菜”,官話、贛語、閩語。又(頁3667)“波薐菜”謂“菠菜”,閩語。又(頁5292)“菠棱菜”謂“菠菜”,粵語。

薄刀 bo^{21}dɑo^{55} [po^{21}tau^{55}]

菜刀。宋周密《癸辛雜識》續集上《鎖陽》:“土人收之,以薄刀去皮毛,洗滌令淨,日乾之爲藥。”元姚守中《粉蝶兒·牛訴冤》套:“只見他手持刀器將咱覷……尖刀兒割下薄刀兒切,官秤稱來私秤上估。”佚名《居家必用事類全集》戊集:“根頭一寸半,用薄刀子削成馬耳狀。”明戚繼光《紀效新書》卷十八《治水兵篇》:“鐵斧二把,薄刀一把,鐵鑿二把。”清袁枚《隨園食單·羽族單》:“待雞熟,取出脂油。水要用熟水,收濃鹵一飯碗,才取起;或拆碎,或薄刀片之,仍以原鹵拌食。”以上薄刀或指刃口薄的刀。《肉布團》第二十回:“想到此處,不待天明,就在琉璃上點下火來,取一把切菜的薄刀。一手扭住陽物,一手拿起薄刀,恨命割下。”清范寅《越諺》卷上《借喻之諺》“斫一斧頭”原注:“又有‘鏨一薄刀’說。皆喻强取人財物。原本《雞肋編》載北宋俚語:‘大斧斫了手摩挲。’”侯友蘭等點注:“薄刀:菜刀。”[1]又卷上《謎謎之諺》:“豆腐薄刀——兩面光。”又:“鈍薄刀閹豬——越割闊。”又卷中《器用》:“薄刀,即菜刀、廚刀。”民國十年《新修合川縣志》卷十二《戶口·土物》:“薄刀片,一名鮤魚,體扁而色白如薄刀然,故名。”“薄刀片”指一種魚,“如薄刀然”當謂魚體扁而薄如菜刀狀。

《大詞典》未收。《方言大詞典》(頁7203)“薄刀”謂“菜刀”,江淮官話、西南官話、徽語、吳語、粵語、閩語。又(頁3869)“勃刀”謂“菜刀(比一般刀寬)”,東北官話,此記音。

勃$_1$ bo^{21} [po^{21}]

霉;發霉。其語源未詳。或因物濕而黑腐是一種顏色變化的過程,流俗以變色爲釋。《增韻·月韻》蒲沒切:“勃,排也,卒也,色變也。”《洪武正韻·質韻》音義同。《康熙字典·力部》:“勃,又變色貌。《論語》:‘色勃如也。’”《論語·鄉黨》:“君召使擯,色勃如也,足躩如也。”何晏集解引孔安國曰:“必變色。”邢昺疏:“‘色勃如也,足躩如也’者,勃然

① 《川方》(頁485)“菜刀打豆腐——兩面取光生”,謂“光生,光滑。用菜刀切豆腐,一刀下去,兩面都是光滑的。兩面取光生,指兩面討好”。

變色也。足躩，盤辟貌。既傳君命以接賓，故必變色而加肅敬也。”《孟子·萬章下》：“王曰：‘請問貴戚之卿。’曰：‘君有大過則諫，反覆之而不聽，則易位。’王勃然變乎色。”趙岐注：“王聞此言，愠怒而驚懼，故勃然變色。”明李實《蜀語》（頁26）：“物溼而黑腐曰勃，一曰黴。”“勃”未注音讀。黄仁壽等校注：“‘勃’，變色貌。《孟子·萬章下》：‘王勃然變乎色。’故食物變黑可曰勃也。”清道光二十一年《遵義府志》卷二十《風俗》、光緒二十一年《敘州府志》卷二十一《風俗》、民國十年《新修合川縣志》卷三十《風俗·方言》、民國三十七年《貴州通志·風土志·方言》：“物濕而黑腐曰勃，一曰黴。”此採《蜀語》，證明川黔確有“物濕而黑腐曰勃”之説矣。

《大字典》（二/1/404）、《大詞典》（2/787）“勃”均未及此義。

《方言大詞典》（頁3869）“勃”音bó，⑦“〈動〉霉，東西因霉菌作用而變質。西南官話”，使用地區有四川成都、宜賓、隆昌、富順，貴州遵義，引《蜀語》及光緒二十一年《敘州府志》。

不爾　不爾視　不爾識　不耳　不耳食　不耳視 $bu^{21}er^{53}si^{21}$ [$pu^{21}ər^{53}sɿ^{21}$]

不理睬。參《考釋》第42頁。明李實《蜀語》（頁34）：“不與人分辨曰不理……亦曰不爾。”黄仁壽等校注：“今蜀人猶有謂‘不理某人’爲‘不爾他’者。”清唐訓方《里語徵實》卷中下：“不與人分辨曰不理，不爾。”張慎儀《蜀方言》卷下（頁368）：“不禮人曰不爾，曰不俅不睬。”民國二十四年《雲陽縣志》卷十四《禮俗下·方言上》：“不爾，不理也。”民國十五年《簡陽縣志》卷二十二《禮俗篇·方言》：“不禮人曰不爾識，曰不俅不睬。”民國二十一年《萬源縣志》卷五《教育門·方言》：“不理人曰不爾識，曰不張識，曰不俅不睬。”或作“不耳”。曾良先生謂“‘耳’字一般作名詞，也有活用爲動詞的，表示聽的意思”①，引《古本小說集成》明刊本《三寶太監西洋記通俗演義》第八回：“眾妖精說道：‘就是你要添，我也不耳你了。’”看來不應把問題想得太複雜，這個理解，正好與Adam Grainger《西蜀方言》（頁423）“不耳他”，謂“don't listen to him; don't pay any attention to him”相印證。“不耳”又說“不耳食”。宋高宗《七十二子贊·仲由》：“升堂惟先，千乘惟權。陵暴知非，委質可賢。折獄言簡，結纓禮全。惡言不耳，仲尼賴焉。”“不耳”正謂不聽或不入耳矣。清同治十二年《新喻縣志》卷十四《渝水文存上》載明梁寅《七十二賢二十八將論》：“生孝死悲，喪姊過禮，治蒲三善，惡言不耳，食不避難，結纓禮全矣。”民國二十三年《重修清苑縣志》卷四《人物下·文學》：“（陳僖）性清介寡交，素不耳食，非目覩不敢信。”民國二十四年《萊陽縣志》卷三之二《禮俗·方言》：“不信閒言曰不耳食。”姜亮夫《昭通方言疏證》（452條）：“昭人言耳食，猶

① 《明清通俗小說語彙研究》，江西教育出版社，2009年11月第1版，第93頁。

俗語理睬之義，不耳食即不理睬也。俗師皆作此二字，其義未甚明晰。略謂以耳而食爲事理之不可能，故不理睬也。俗又作爾識，則以義造詞也。”“謂以耳而食爲事理之不可能，故不理睬也”，恐失之穿鑿。據義選字，似應作“耳視”。耳，聽也；視，看也。引申爲理睬。“不耳視”猶不理睬。《大詞典》（8/650）“耳視”，“謂以耳代目”，引宋司馬光《迂書·官失》：“世人捨其所稱，聞人所尚而慕之，豈非以耳視者乎！”王應麟《困學紀聞·考史三》：“宋周朗有櫝帶寶笥著衣之論，司馬文正公有耳視目食之説，皆足以儆世迷。”《川方》（頁96）“耳視”謂“理睬：今天他已~我了。|哪個~你喲！”《成方》（頁72）“耳視”謂等於“理視”、“張視”，義爲“理睬”。又俗謂理睬爲“張耳”。清劉省三《躋春臺》卷一《過人瘋》：“人得瘋病是痰迷心竅，莫張耳他，自然會好。”又《節壽坊》：“聽壽姑之言，如對牛彈琴，全不張耳。”“張耳”謂理睬[①]。《成都話》（頁16）“不耳視”謂“同‘不理視’”，而“不理視”謂“不理睬。又説‘不耳視’、‘不來視’、‘不張視’”。《重方》（頁22）“不耳食”謂“不理睬”，“‘耳食’義爲理睬”，“‘不耳食’當是‘不爾識’即不‘不理識’的音變形式。重慶話也説‘不理識’，‘理’與‘爾’一聲之轉，當同源”。

《大詞典》（1/462）“不爾”謂“不如此；不然”，未及此義。其餘詞形未見。

---

① “張”有看義。元王實甫《西廂記》第三本楔子：“我張着姐姐哩。”明李詡《戒庵老人漫筆》卷五《今古方言大略》：“視謂之張。”唐樞《蜀籟》卷一：“不張視。”“張視”同義連文。參見《考釋》（頁797）“張耳”條。

《方言大詞典》（頁609）“不爾”謂“不睬别人”，也作“不耳”，西南官話。又（頁610）“不耳”謂“見‘不爾’”。又（頁624）“不耳他”謂“待答不理”，膠遼官話。“不耳識”謂“不理睬”，膠遼官話；也作“不耳視”，西南官話。

不牡　不卯　$bu^{21}m\alpha o^{53}$［$pu^{21}mau^{53}$］

關係不和。参《考釋》第43頁。明李實《蜀語》（頁172）：“交情不合謂之不牡，言語不合謂之不對牡○牡，簨牡也。凡木石凸爲牡，凹爲牝，以相受。俗作摔卯，非。”[①]何承桂《〈蜀語〉散論》謂至今尚存其用例者，凡舉8條，此即其一[②]。民國二十四年《雲陽縣志》卷十四《禮俗下・方言上》：“不牡，不合也。”引《蜀語》。按明周祈《名義考》卷四《榫卯》：“《伊川語錄》云：‘枘鑿者，榫卯也。’楊用修謂榫卯當作簨牡。按簨所以懸鐘鼓者，横曰簨；卯固當作牡，榫亦當作牝，蓋牡與卯，牝與榫聲相近，遂訛也。”[③]“牡”，今蜀方言亦音［mau^{53}］，“牡丹”音［$mau^{53}tan^{55}$］，鄉先輩謂“簨牡”俗作“摔卯”，證明“牡”當時確音［mau^{53}］[④]。如明陳士元《俚言解》卷二《卯榫》：“或云卯榫當作牡簨，蓋俗呼牡丹有訛呼爲卯丹者，卯牡

①《正字通・十部》：“摔，俗榫字。”

② 參見《李實學術研討會文集》，語文出版社，1996年7月第1版，第144頁。

③ 楊慎説見《丹鉛總録》卷十三《木匠摔卯字》條。

④ 卯，《廣韻・巧韻》莫飽切。

音相近。”清傅崇矩《成都通覽·成都之呼物土名》(頁272)：“卯丹，牡丹。”謂“卯丹”即通語“牡丹”。

亦作“不卯”。《紅樓夢》第二十一回：“你兩個不卯，又拿我來作人。”《川方匯釋》(頁144)“卯”謂“感情上產生裂痕：他們倆不知爲啥搞~了”。《成方》(頁201)“卯”②“鬧彆扭，鬧矛盾：我跟他搞~了｜我們都~了好久了”。《重方》(頁216)“卯”①“產生裂痕，感情破裂”，②“因關係不好而對立：這兩家爲娃兒角逆的事現在搞得很~。｜我跟他是~的”。今蜀方言仍謂關係不合爲“不卯”，又說“卯得很”、“搞卯了”，或借“圓鑿而方枘”作譬也。

又“不對牡”謂言語不合。清道光二十一年《遵義府志》卷二十《風俗》、光緒二十一年《敘州府志》卷二十一《風俗》、民國十年《新修合川縣志》卷三十《風俗·方言》、民國三十七年《貴州通志·風土志·方言》：“言語不合謂之不對牡。”光緒八年《黎平府志》卷二下《風俗·方言》：“言語不合謂之不對［牡］。”以上各志其實均採《蜀語》，《黎平府志》下條爲“吐氣曰吙”，疑“牡”字與“吐”字形近而奪。

《大詞典》未收“不牡”、“不卯”及“不對牡”。《方言大詞典》(頁611)“不牡”謂“感情不和”，西南官話。又(頁609)“不卯”謂“不投合”，北京官話、西南官話。又(頁615)“不鉚”謂“關係不好”，中原官話。實則“不牡”、“不卯”、“不鉚”同詞異形。又(頁624)“不對牡”謂“意見不相投合，不和”，西南官話；也作“不對卯”，中原官話。“不對卯”即《蜀語》“言語不合謂之不對牡”。

不瞅不睬　不偢不倸　不偢不睬

bu^{21}qiu^{55}bu^{21}cɑi^{53}［pu^{21}tɕʻiəu^{55}pu^{21}tsʻai^{53}］

不理睬。参《考釋》第44頁。前撰“不瞅不睬”首引元劇，茲補說於次。《三寶太監西洋記通俗演義》第四十九回：“那曉得國師的妙用，一着爭差百着空，老爺輕輕的把個鉢盂擺一擺，一下子就蓋着紅蓮宮主在地上，國師轉來不瞅不睬，元帥看見反吃了一驚。”《禪真逸史》第十三回：“我和你同心合意，似漆如膠，並不曾有半點兒差池，你爲何今日有不瞅不睬之意？”《醒世姻緣傳》第六十七回：“我清早趕頭水去與員外拜節，不瞅不睬的又叫人說甚麼的？”《負曝閒談》第十四回：“黃子文見他說得鄙陋可笑，便一聲兒不言語，做出一副不瞅不睬的模樣來。”

亦作“不偢不倸”、“不偢不睬”。明蘇復之《金印記》第四十二齣：“把父母丢在一傍不偢不倸。”《古今小說》卷一：“興哥上路，心中只想着渾家，整日的不偢不倸，不一日到了廣東地方，下了客店。”清李玉《人獸關》第十九齣：“還要說什么，丈人他一見了不偢不倸。”劉壂《修潔齋閑筆》卷七《不倸》：“不偢不倸，俚諺也。不倸亦有出處。《北齊書》後主穆后名舍利，母名輕霄，入宮幸於後主，女侍中陸大姬養以爲女，即今萱后，以陸爲母，提婆爲家，更不倸輕霄，蓋南北朝已有此語。”《醒世姻緣傳》第七十四回：“狄大爺說：‘黑了，你家去罷。你當不的人呀！’雌搭了一頓，不俅不睬的來了。”張慎儀《蜀方言》卷下（頁368）：“不禮人曰不爾，曰不俅不睬。”紀國泰《〈蜀方言〉疏證補》（頁461）：“蜀方言一般不說‘不瞅不睬’，多說成‘不張不睬’。‘俅’（瞅）是北方方言，西南官話多不言‘瞅’言‘瞧’，今日尚且如此，何況張氏生活的年代。張以‘俅’爲蜀方言，源於他以僻字爲方言的誤解。”西南官話本來就屬北方方言，此亦囿於見聞而妄下斷語，無端訶責前人矣①。如清李調元《卍齋璅錄》卷八：“俗言俅睬，音秋彩。填詞家多用此字。蜀人翻用，謂人不禮曰不俅不睬。”Adam Grainger《西蜀方言》（頁25）：“不俅不睬。”即“to take no notice of a guest”，“俅”音“TS'IU[1]”。此大致與《蜀方言》同時，可見“張氏生活的年代”，外國傳教士亦習聞而著錄於編矣，豈可妄言“張氏生活的年代”蜀方言“不說‘不瞅不睬’”？民國十五年《簡陽縣志》卷二十二《禮俗篇·方言》：“不禮人曰不爾識，曰不俅不睬。”民國二十一年《萬源縣志》卷五《教育門·方言》：“不理人曰不爾識，曰不張識，曰不俅不睬。”民國三十三年《重修彭山縣志》卷二《民俗篇·方言》：“不俅不睬，不見禮也。俅睬音秋彩，詞家多用之。俗以不禮於

---

① 學術討論本應就事論事，不該言辭尖刻，但作者因自身原因不能正確認識《蜀方言》的學術價值也就罷了，卻宣稱“對清張慎儀《蜀方言》多有批評，甚至持基本否定的態度”（見其“緒言”），看來過於自信了些，而“疏”、“證”、“補”的可信度，也就值得懷疑了。因此，我們在一些回避不了的問題上，也衹好不客氣地替《蜀方言》鳴幾聲不平了，尚祈讀者鑒諒。

人爲不俅不睬。”又，唐樞《蜀籟》卷一（頁8）：“一天也不打張，兩天也不瞅睬。”又（頁37）：“佯瞅不睬。”民國二十六年《犍爲縣志·居民·言語·方言》：“謂不聽睹曰不俅睬。”當然亦說“不睬不瞅”。吳濟生《新都見聞錄》七《市區之交通工具·（三）車水馬龍之城郊》：“顧客如果報一個還價，或者稍爲猶豫的樣子，他便不睬不瞅，掉頭不顧的自去，旁的車夫決不會正眼向你睬一下的。”《川方》（頁324）“瞅睬”音$qiu^{1}cai^{3}$，謂“理睬”；又（頁428）“佯瞅不睬”音$yang^{2}qiu^{1}bu^{2}cai^{3}$，謂“形容假裝沒看見而不理睬的樣子”。《川方彙編》（頁112）“不瞅不睬”音bu qiu bu cai，謂“（瞅，讀秋）倒理不理，不予理彩（睬）。例：說了半天，他還是不瞅不睬”。《川方匯釋》（頁17）作“不瞅不睬”，謂“不理睬（待人的一種傲慢態度）”。要之，從《卍齋璅錄》至今，蜀方言一脈相承，絕非“一般不說‘不瞅不睬’”。束書不觀而大言恐世，余期期以爲不可矣。

《方言大詞典》（頁652）“不俅不睬”謂“對人沒禮貌，不照顧人，不理睬人”，西南官話、閩語。

補鍋匠　補鬲匠

$bu^{53}go^{55}jiang^{213}$ [$pu^{53}ko^{55}tɕiaŋ^{213}$]

修補鍋碗的工匠。明弘治《將樂縣志》卷十三《詞翰》：“次令補鍋匠氏煽小罏鎔鐵水，將陶礶實以稾灰瀉之，俾不凝，擲於車頂，少頃火熖漲天，賊於車中出者，皆被焚而走，仆地而死者多，城賴以全。”李贄《續焚書》卷三《讀史彙·死難諸人》：“此或爲補鍋匠，或爲河西傭，或爲轉輪藏頂之二十餘人，嘍嘍有聲者，皆未可知也。”沈榜《宛署雜記》卷十五《經費下》：“裁縫匠銀六錢，箍桶匠銀六錢，研紅匠銀一兩二錢，打錫匠銀六錢，燒餅匠銀六兩，陰陽生銀六錢，補鍋匠銀六錢，木匠銀六錢。”《型世言》第八回：“補鍋匠再三要隨行，建文君再三謝卻。補鍋匠只得將身邊所有工銀，約五七錢，卻有百十餘塊，遞上道者說：‘權備中途一飯之費。’垂淚叩辭去訖。”《明史·牛景先傳附補鍋匠》：“補鍋匠者，常往來夔州、重慶間。業補鍋，凡數年，川中人多識之。”此以所業稱之者。清吳偉業《鹿樵紀聞》卷中：“以余所聞，或死或遁，不以姓名里居示人者多有，如所傳一壺先生，其補鍋匠、雪庵和尚之流歟？”雍正《四川通志》卷三十八之一《隱遺·夔州府》：“川中補鍋匠，不知何許人，往來夔慶間，爲人補鍋。至州邑，不過三日即去，去或復來。有欲學補鍋者即教之。補鍋不索謝錢，直令負擔從，有後學者至，即令先學者去，如是數年，人皆識之，呼爲老鍋匠。”傅崇矩《成都通覽·成都之百工價目》（頁224）：“補鍋匠，分冷熱兩種，冷者用鐵釘補之，熱者用爐熔鐵汁補之，熱者爲妙。補鍋匠即能補碗。”民國十年《宿松縣志》卷十七《實業二·工業》：“其有專業補鍋者，亦冶工之一種，無專店，均擔爐於各村，凡有鍋罐之破損者，就便鎔鐵補之，稱爲補鍋匠。”《成方》（頁48）“補鍋匠”謂“修補鍋的手工工匠‖口語中多說‘補鍋的’”。

亦作“補鬲斗匠”。清桂馥《札樸》卷九《鄉里舊聞·名稱》：“補鬲斗匠曰錮漏鬲斗。”按《說文·鬲部》：“鬲斗，秦名土釜曰鬲斗。从鬲，𠦃聲。”段玉裁注：“今俗作鍋。”《大字典》(二/8/4884)“鬲斗”謂光緒年修《崇明縣志·方言》引宋陸游詩“沙鬲斗煮麥人”，《陸游集·埭西小聚》作“鍋”。

《大詞典》、《方言大詞典》均未收。

C

奓 觰 䩦 cɑ^{53} [ts'a^{53}]

闊，大。《玉篇·大部》：“奓，下大也。”蜀方言凡開口度大均謂奓，不限於“下大也”。明李實《蜀語》（頁150）：“闊口曰奓〇奓，昌者切，車上聲。《莊子》：奓門而入。”清道光二十一年《遵義府志》卷二十《風俗》、光緒二十一年《敘州府志》卷二十一《風俗》、民國十年《新修合川縣志》卷三十《風俗·方言》：“闊口曰奓。車上聲。”唐訓方《里語徵實》卷上：“大口曰奓。”光緒八年《黎平府志》卷二下《風俗·方言》、張慎儀《蜀方言》卷上（頁284）：“闊口曰奓。”民國《息烽縣志》卷二十九《風土志·方言》：“謂口闊曰奓。”民國二十一年《南溪縣志》卷四《禮俗下·方言》：“奓，車上聲，口闊也。”民國二十四年《麻城縣志續編》卷一《疆域·方言》：“闊口曰奓。音車。”民國二十四年《雲陽縣志》卷十四《禮俗下・方言上》："奓，口闊也。"又，民國二十一年《萬源縣志》卷五《禮俗・方言》："語言不謹曰岔岔嘴。""岔岔嘴"謂口敞。《川方》（頁25）"奓（岔）"音ca^{3}，①"（形）闊，大"，②"（動）使敞開"；動詞則［$ts‘a^{53}$］、［tsa^{55}］兩音。《成都話》（頁19）"奓〔旲〕"②"大：~口口瓶子好裝乾東西"。《成方》（頁101）"奓"音ts‘a上聲，②"大，闊"。《重方》（頁26）"奓"音ca^{3}，①"大而闊"，②"口不牢"，③"張，敞開"。

又作"觰"、"觰"。《說文・角部》："觰，下大者也。"段玉裁注："謂角之下大者曰觰也。"《玉篇・角部》："觰，下大也。或作奓。"[①]《集韻・麻韻》："觰，亦從奢。"明楊慎《俗言》卷一："觰，竹加切，張貌。俗云觰開。""觰開"謂張開，動詞。民國二十四年《麻城縣志續編》卷一《疆域・方言》："開口曰偖。音查。"此"偖"名動同辭矣。又或作"䶥"。《廣雅・釋詁一》："䶥，大也。"《廣韻・禡韻》："䶥，寬大也。"明焦竑《俗書刊誤》卷十一："大口曰䶥。音擠。"

《大字典》（二/1/583）"奓"（三）zhà，①"張，下大"，首引《玉篇》；②"闊，寬廣"，首引《晉書》。又（7/4185）"觰"（一）zhā，②"角本大"，首引《說文》，附項"又泛

① 《廣韻・琰韻》以冉切："夵，上大下小。"《集韻・琰韻》："本廣末狹謂之夵。""夵"爲會意字，與"尖"同理。清范寅《越諺》卷中《臭味》："夵。各夏切。音觰。上大下小。"此當記方俗用字之音，與《廣韻》所音不合，其義則與《說文》"觰，下大者也"相反而相成矣。

指大”，引《廣雅》；③“兩角上端張開”，引《玉篇》，附項“又泛指張開”，引楊慎《俗言》。又（1/595）“䊬”（二）chě，謂“大；寬”，首引《廣雅》。

《大詞典》（2/1540）“奓₂”音zhà，謂“下部大”，首引《玉篇》。又（10/1382）“觰”音zhā，謂“亦作‘觰’”，①“角向上張開”，附項謂“引申爲張開”，引楊慎《俗言》。又（2/1569）“䊬₂”音chě，①“寬大”，引《廣韻》。

《方言大詞典》（頁3937）“奓”⑥“闊而大的嘴”，江淮官話、西南官話、贛語，其中西南官話舉四川成都，音［ts‘a53］。又（頁1743）“㕦”音［ts‘a53］，西南官話，①“張開，敞開”，②“大；寬敞”。又“㕦嘴”謂“大嘴”，西南官話。

樑 杈 cɑ53/cɑ213［ts‘a53/ts‘a213］

樹木的歧枝。《龍龕手鏡·果部》：“樑，初瓦反。”義不詳。《字彙補·木部》：“樑，□□（初瓦）切，音䊬，義闕。”明李實《蜀語》（頁84）：“木歧曰樑○樑，叉上聲。”黃仁壽等校注：“蜀人稱樹木生歧枝爲‘發杈’，李氏以‘樑’字當之，可備一說。”清道光二十一年《遵義府志》卷二十《風俗》、光緒二十一年《敘州府志》卷二十一《風俗》、民國十年《新修合川縣志》卷三十《風俗·方言》、民國二十四年《蓬溪縣近志》卷七《風土篇·方言》、民國三十七年《貴州通志·風土志·方言》："木歧曰䆉。叉上聲。"民國二十一年《南溪縣志》卷四《禮俗下·方言》："䆉，叉上聲，木歧也。"按《康熙字典·辰集備考·木部》："䆉，《字彙補》音䩥。"而"䩥"《廣韻·馬韻》音昌者切。

或本作"杈"。《說文·木部》："杈，枝也。从木，叉聲。"徐鍇繫傳："岐枝木，亦可以¬舡，亦以刺魚。潘岳《西征賦》曰'垂餌出入，挺杈来注'是也。《莊子》曰'枝挐逆立'，挐亦杈也。"《集韻·禡韻》楚嫁切："杈，木枝衢也。""衢"即樹枝分杈[①]。《增韻·麻韻》："杈，丫枝。""丫枝"謂歧枝，"丫"象其形也[②]。《字彙·木部》："杈，歧枝木也。"《廣韻·麻韻》"桠"引《方言》："江東言樹枝曰桠杈也。"[③]唐杜甫《雕賦》："擊叢薄之不開，突杈枒而皆折。"清黄叔璥《臺海使槎錄》卷三："木瓜樹幹亭亭，色青如桐，每一枝一葉，葉似萆麻，大者尺餘，花白色，生杈桠間。"今蜀方言謂樹木分枝曰"分杈"，亦讀"叉"去聲。

《大字典》（二/3/1385）"䆉"謂"樹分杈"，引《蜀語》。又（1246）"杈"（一）chā，①"樹幹的分枝或樹枝的分岔"，首引《說文》；（二）chà，②"杈子"，無書證。《大詞典》

---

① 《山海經·中山經》："其上有桑焉，大五十尺，其枝四衢。"郭璞注："言枝交互四出。"

② 清傅崇矩《成都通覽·成都之小兒女歌謠》（頁255）："門口一根黄桷樹，丫枝都有黄桷粗。"民國二十七年《安縣志》："四鄉皆有山，各有樹丫枝及各樣雜木，故以木柴爲燒料之大宗。"

③ 此不見今本《方言》，參下"桠　丫　枒"條。

（4/792）“杈₁”音chā，①“樹幹的歧枝或植物的杈枒”，引陸游詩。

場 塲 cɑng^{21}［ts‘aŋ^{21}］

集市。漢班固《西都賦》：“九市開場，貨別隧分。”此指市肆，引申指“集市”。清陸箕永《綿州竹枝詞》：“一三五八四門場，馬負肩擔總雜糧。買得紙花紅織帶，歡呼歸去趁夕陽。”原注：“邑中以一三五八爲四門之場期，頗爲熱鬧。”劉獻廷《廣陽雜記》卷二：“後世市謂之墟，歸市曰趁墟，言有人則囂，無人則墟也。蜀謂之場，滇謂之街，嶺南謂之務，河北謂之集。”青城子《志異續編》卷一《咽嚕》：“場市之地方謂之集，廣東謂之墟，四川謂之場，上市曰趕場。”道光二十一年《遵義府志》卷二十《風俗》：“村市曰場。”又：“各場聚市期有一六者，有二七者，有三八、四九者，要以五日一次。又有期鼠馬者，期牛羊者，各以其日支所屬爲市。”同治五年《高縣志》卷七《戶口志·場市》：“縣城，逢雙日趕場”，三樂場“逢單日趕場”，此亦俗謂“隔日場”；又，老王場“逢一四七日趕場”，羅家場“逢二五八日趕場”，可久場“逢三六九日趕場”，復興場“逢三七十日趕場”。光緒二十一年《敘州府志》卷二十一《風俗》：“村市曰場。”宣統間修《廣安州新志》卷三十四《風俗志·方言》：“市肆曰場。”民國十年《新修合川縣志·風俗·場期》："入市交易曰趕場，河北之謂集，嶺南之謂墟，中原之謂務，吾縣通謂之場。場期或定一四七日，二五八日，三六九日，準古人日中爲市、交易而退之義，辰集午散，亦有傍晚始散者，視各場買賣爲準。其不當期之日謂之閒天，縣城街市無日不市。"[①]民國十七年《雅安縣志》卷四《風俗·會集》："市鎮交易曰趕場，場有定日，歲無遷變。三六九日，草壩場、紫石里、李壩；二六八日，太平場、大興場、沙坪、鳳鳴場、五甲口；一四七日，觀音堡、飛仙關、中里場；一四八日，晏場；二五九日，巖橋；四七十日，姚橋。百貨輻輳，肩摩踵接，陝北謂之趕集，滇南謂之趕街，辰聚午散，民俗從同。"民國二十一年《萬源縣志》卷五《教育門·方言》："非集期曰冷場。"陳友琴《川遊漫記·向川北進發中》："（趕場）日期則各地不同，有一二八者，有三六九者，亦有四七十者。"民國二十七年《達縣志》卷九《禮俗門·風俗·方言》："市曰場。"下江人《釋四川話（二）》："市集稱'場'。"[②]遇趕集之日謂"逢場"。Adam Grainger《西蜀方言》（頁515）："那一天逢場？"謂"when is market day？"《川方》（頁29）"場$_1$"、《成方》（頁343）及《重方》（頁31）"場"，①"集鎮"，②"集市"。《川方匯釋》（頁25）"場"①"農村集市"。

亦作"塲"。《正字通·土部》："塲，同場。"《字彙補·

---

① 今謂之"寒天"、"寒場天"。《川方》（頁143）"寒場天（閑場天）"謂"不趕集的日子"，"寒天"謂"同寒場天"，與熱鬧相對而言之矣。

② 《旅行雜志》1945年第7期，第18頁。

土部》："（塲）與場字通者，如《王褒頌》'恬淡無爲之塲'，乃其假借之音也。今以塲、場爲同字，疑非。"按載籍兩字併用不悖。明楊慎《丹鉛總錄》卷二《囂字音義》："後世市謂之墟，歸市曰趂墟，言有人則囂，無人則虛也。蜀謂之塲，滇謂之街，嶺南謂之務，河北謂之集。"李實《蜀語》（頁85）："村市曰塲〇入市交易曰趕塲，三六九爲期，辰集午散，猶河北之謂集，嶺南之謂墟，中原之謂務。"黃仁壽等校注："塲期不統一而是地別期異：有'三、六、九爲期'者，也有一、四、七或二、五、八爲期者。"清乾隆十六年《郫縣志書》卷一《封域志》："俗呼塲曰市，趨市曰趕塲。"乾隆五十四年《安縣志》卷二《庶徵·塲壩三》："《國語》曰：'塲協入。'注云：'塲人掌斂藏。'《西京賦》曰：'九市開塲。'塲者，市物之所集也，市物所集之處，必萬家畢櫛之處，蓋塲之爲言鎮也。"

今蜀地鄉鎮集市，或以"三六九爲期"，或以一四七、二五八、四七十爲期，亦有隔日塲（逢雙或逢單日）、百日塲（即每天均可入市交易）等[①]，錯開趕塲日期，俾便物資交流。

《大字典》（二/1/496）"場"⑥"集；市集。如：趕場；三天一場"，引《廣陽雜記》。又（516）"塲"（二）cháng，"同'場'"，首引《字彙》。

《大詞典》（2/1148）"場₁"音cháng，⑥"方言。集；市集"，首引沈從文《山鬼》；"場₂"音chǎng，②"指市肆"，

① 《川方匯釋》（頁8）"百日塲"謂"每天都趕的集市"。《重方》（頁14）"百日塲"謂"每天都進行貨物買賣的集市"。

引班固《西都賦》。又（1190）“塲”謂“同‘場’”，無書證。《方言大詞典》（頁1624）“場（塲）”未及。

長年 caŋg^{21}ȵiɑn^{21}［ts‘aŋ^{21}ȵian^{21}］

長工。參《考釋》第58頁。明張岱《陶庵夢憶·陽和泉》：“乃決溝水敗泉，泉大壞。張子知之，至禊井，命長年浚之。”清唐訓方《里語徵實》卷中上：“雇工曰長年。”嘉慶二十二年《資陽縣志》卷二《風俗志》：“役則貧者代人耕作，長工名曰長年，短工名曰月活。”道光二十一年《思南府續志》卷二《地理門·風俗》：“至無常職閒民，出力爲人代耕，收其雇值。有歲雇，有月雇，歷年久者謂之長年。”姜皋《浦泖農咨》：“窮農無田爲人傭耕曰長工，今曰長年。”光緒五年《定遠廳志》卷五《地理志六·風俗》：“年工曰長年。”范寅《越諺》卷中《人部》：“長年，雇工人之通年長役者，名此。又名長工。《唐書·百官志》。”傅崇矩《成都通覽·成都人之稱謂》（頁228）：“呼雇工做農事曰長年。”民國十五年《簡陽縣志》卷二十二《禮俗篇·方言》、民國二十一年《萬源縣志》卷五《教育門·方言》：“雇工定年者曰長年。”民國十七年《大竹縣志》卷十《風俗志·方言》：“呼長期雇工曰長年。”民國十八年《合江縣志》卷四《禮俗·方言》：“長年，以年計之傭工也。”民國十八年《新修南充縣志》卷七《掌故志·風俗·方言》：“農僕曰長年。”民國十八年《資中縣續修資州志》卷八《風土·方言》：“長期傭工爲長年。”姜亮夫《昭通方言疏證》(1422條):“昭人則謂長工曰長年，蜀中亦有此語。”《川方》(頁28)、《川方匯釋》(頁25)、《成都話》(頁21)“長年”謂“長工”。

按拙撰原謂“長年”可能源於“長年三老”，學長蔣宗許教授指出：“‘長年’(58頁)的語源猜想來自‘長年三老’(舵工)並引杜詩。竊以爲‘長年’語源當是以時間計，指整年幫工的人。聽老一輩說，長年一般是正月十五到東家上工，臘月二十四滿工。‘長年三老’確當如宋趙與時《賓退錄》所說當讀爲zhǎng，是因其年高而有經驗。”[①]所言極是。趙與時云“予以世人讀杜詩者多以長字爲平聲，故載陸語”，“陸語”即陸游《入蜀記》卷三:“是日早見舟人焚香祈神云：告紅頭須小使頭長年三老，莫令錯呼錯喚。問何謂長年三老，云梢工是也。長讀如長幼之長，乃知老杜‘長年三老長歌裏，白晝攤錢高浪中’之語蓋如此。”原引作趙與時語，未確。又，宋宋祁《宋景文公筆記》卷中《考古》:“蜀人謂柂師爲長年三老，杜甫用之。”江休復《醴泉筆錄》卷下:“川峽呼梢工篙手爲長年三老。杜詩：‘長年三老歌聲裏，白晝攤錢高浪中。’得名舊矣。”元陶宗儀《南村輟耕錄》卷八《長年》:“吾鄉稱舟人之老者曰長年。長，上聲。蓋唐已有之矣。……《古今詩話》謂川峽以篙手爲三老，乃推一船之最尊者言之耳。因思海舶中以司柁曰大翁，是亦長年三老之意。”明何宇度《益部談資》卷下:“《鶴林玉露》載宋時三峽長年猶能歌之，今則無矣。”又卷上:“蜀江界兩山間，

---

① 《〈四川方言詞語考釋〉評說》，原載《中國圖書評論》2004年第6期，收入《語文鴻泥》，巴蜀書社，2009年8月第1版。

即風亦無波，舟且不篷，奈何禍常不測？予目擊之，始得其故。蓋灘急水駛，怪石林立，舟薄而載重，長年每倩客爲之，突然遇石，鮮不齏粉，是以絕無顛覆，惟有沈溺。患生於頃刻無事時，非如大江風波，可以閃避也。誠能反是，安得有虞？”李詡《戒庵老人漫筆》卷五《今古方言大略》：“船家，梢子也，又爲梢公，今皆稱家長，或船家長，杜詩中稱長年三老，蜀方言也。”此明謂其爲蜀語。朱國禎《湧幢小品》卷三十《王長年》：“古稱操舟者爲長年。王長年，閩人，失其名。自少有膽勇，漁海上。嘉靖己未，倭薄會城大掠，長年爲賊得，挾入舟。舟中賊五十餘人，同執者男婦十餘人，財物珍奇甚眾。賊舟數百艘，同日揚飄泛海去。長年既被執，時時陽爲好語媚賊，酋甚親信之。”此謂“王長［tsaŋ^{53}］年”耶？孫毓汶《蜀游日記》咸豐六年十月二十六日：“當舟至黃陵廟，長年皆羅拜志喜云：自巴渝至此，除瀨盡過矣。”未言及“長年”讀何音。又，清光緒二十一年《敘州府志》卷二十一《風俗》：“蜀人謂舵師爲長年。宋祁《筆記》。按今農家亦謂雇工爲長年。”此當時人記當時事，農家雇工未聞有音“［tsaŋ^{53}ȵian^{21}］”者，然而“舵師”、“雇工”對於雇主而言均爲“長年”，似又當讀“［ts‘aŋ^{21}ȵian^{21}］”而不讀“［tsaŋ^{53}ȵian^{21}］”，近代川南或有所例外，抑或修志者亦誤讀景文《筆記》耶？清俞陛雲於光緒二十八年（1902年）典試蜀中，九月中旬蜀闈校士畢，買舟東下，出成都至傅家場寫道：“舟用槳不用櫓，長年之尊者稱爲太公，舟人取進止焉。”[①]亦未言及

① 《蜀輶詩記》卷下，上海書店出版，1986年12月第1版，第2頁。

“長年”讀何音。又民國二十四年《雲陽縣志》卷十四《禮俗下·方言上》：“雇工曰長年。《湧幢小品》：古稱操舟者爲長年。閩人王長年以海上平倭功官裨將。杜詩‘長年三老遙憐汝’，又‘歸州長年行最能’。今俗以作農工者計年曰長年，計月曰月活，計日曰點工。”又以農工計年之“長年”與杜詩之“長年三老”相關聯，而未區別讀音，似此又不能無疑矣。

《大詞典》（11/584）“長年”③“長工”，首引《陶庵夢憶》。又“長$_2$年”③“船工”，首引宋戴埴《鼠璞》，並謂“參見‘長$_2$年三老’”，“長$_2$”音zhǎng；“長$_2$年三老”謂“古時川峽一帶對舵手、篙師的敬稱”，首引杜甫詩。

《方言大詞典》（頁863）“長年”①“長工”，江淮官話、西南官話（四川成都［ts‘aŋ^{21}ȵian^{21}］）、官話、吳語、湘語、贛語、客話；②“船主人；梢工”，西南官話、吳語。②義西南官話未注音，或亦讀同①義之音耶？

抄手　超手 cɑo^{55}sou^{53}［ts‘au^{55}səu^{53}］

餛飩。參《考釋》第60頁。茲補說如次。元佚名《朝天子·嘲妓家匾食》：“白生生面皮，軟溶溶肚皮，抄手兒得人意。當初只說假虛皮，就裏多葱膾。水面上鴛鴦，行行來對對，空團圓不到底。生時節手兒上捏你，熟時節口兒裏嚼你，美甘甘肚兒內知滋味。”此寫匾食，後世蜀語“抄手兒”或以製作時麵皮摺疊而得名。清潘榮陛《帝京歲時紀勝·皇都品彙》：“玉葉餛飩，名重仁和之肆；銀絲豆麪，品出抄手之街。”“抄手”未詳所指。傅崇矩《成都通覽·七十二行現相圖》(頁203)：“抄手擔子。”謂挑擔叫賣餛飩的擔子。民國二十三年《樂山縣志》卷三《方輿志·方言》：“餛飩曰抄手。”吳濟生《新都見聞錄》十八《習俗一班·(二)方言》：“餛飩叫‘抄手’。”白虹《四川方言(川行雜記之六)》：“抄手，餛飩也。”[①]周芷穎《新成都》第十章第七節《夜市》(頁234)：“城守街至走馬街口以售賣小食者爲多，如棒棒雞、水餃子、抄手麵、牛肉飯、湯飯、牛肉餅、燒紅苕，冷食肉類等。”又，李劼人《大波》第四部第一章：“管他怎麼樣，總比賣抄手的好！”原注：“四川人叫餛飩爲抄手。但這裏所說的抄手，意思是把兩手抄在袖管裏，無事可作也。”[②]《川方》(頁30)“抄手兒”謂“餛飩。也叫‘包麵’”。《川方匯釋》(頁26)“抄手兒”謂“餛飩”，又(頁11)“包麵”謂“餛飩：北方人叫抄手爲‘餛飩’，四川的抄手兒，既叫~，也叫‘匾食’”。《成都話》(頁23)“抄手”謂“餛飩”。《成方》(頁212)“抄手(兒)”謂“一種麵食，用薄麵片包餡兒，通常是煮熟後帶湯吃”。《重方》(頁31)“抄手兒”謂“餛飩”，“餛飩而名‘抄手’，源於其形狀。將麪皮包裹上餡後，把兩頭交搭起來，形狀如兩手相交”，可備一説。

亦作“超手”。清摶沙拙老《閑處光陰》卷下：“餛飩，字見唐韋巨源《食譜》，楚人呼爲超手，又曰包麪。”姜亮夫《昭

① 《自修》1941年第162期，第24頁。

② 《李劼人選集》第二卷，四川人民出版社，1980年2月第1版，第1486頁。

通方言疏證》(1630條):“昭人言揉麵成片以肉菜爲餡曰餃子,或曰超手,江南則又别有餛飩,與餃子爲二,餛飩始見《玉篇》,蓋北土方言也,見《宛陵集》三十八:‘江鄰幾邀食餛飩漫成’,則唐宋人文,大抵唐人語也。惟昭人所謂餃子實同餛飩,尤與湖州大餛飩同,非北人之水餃子也。”按《宛陵集》卷三十八原題作“江鄰幾邀食餛飩學書謾成”。

《大詞典》(6/372)“抄手”④“方言。即餛飩”,引韋君宜文。未收“超手”。

《方言大詞典》(頁5965)“超手”①“餃子”,西南官話(云南昭通)。但四川抄(超)手、餃子不混稱。又(頁2547)“抄手”謂“餛飩”,東北官話、中原官話、西南官話、湘語(四川樂至)、客話(四川西昌)。

瘠 嘈 $c\alpha o^{21}$ [$ts'au^{21}$]

因久不吃葷腥而引起胃裹難受的感覺。参《考釋》第64頁。清翟灝《通俗編》卷三十六《雜字·瘠》:“腹常如飢曰瘠。”光緒《浦江縣志》卷三《輿地志·風俗附方言》:“瘠,音曹,腹常如飢曰瘠。”范寅《越諺》卷中《疾病》:“瘠,垗,飢也。見《通俗編》,出《博雅》。”民國十三年《崇明縣志》卷四《地理志·方言》:“瘠,音曹,俗謂腹如常餓曰心瘠。”《川方》(頁31)“瘠”謂“音曹”,“因葷腥吃得少,身體需要油葷的感覺”。《重方》(頁32)“痳”謂“人久不吃葷食引起的胃上難受的感覺”。

前撰指出亦作“嘈”，同音借用。《西游記》第二十七回：“桃子吃多了，也有些嘈人，又有些下墜。”廖大谷、石汝傑《〈西游記〉中蘇北方言詞語彙釋》“嘈人”謂“食道與胃部滲酸水，使人不舒服的感覺”①。《西游記辭典》“嘈人”謂“令人反胃，冒酸水”②，“冒酸水”近是，“令人反胃”則非。高文達主編《近代漢語詞典》“嘈”條引此例，釋爲“傷，折磨”③，亦不確。《大字典》(二/2/726)“嘈”仍未及此義。今蜀語亦常謂某些食物、水果等吃多了令人胃裏難受，而有特別需要油葷的感覺爲“嘈”。亦常說“桃子吃多了嘈人”。《成都話》(頁23)“嘈”②“因缺乏脂肪而產生的肌腸轆轆的感覺”。“肌”當作“飢”。《成方》(頁213)“䐬”音ts‘au陽平，謂“因油葷吃得少而腸胃難受的感覺”，此記音④。黃聲義《益陽方言詞考釋》“嘈”音lɑu²，謂“餓，或指因多吃了蔬菜水果，缺少脂肪蛋白質而產生的空蕩感覺，如肚裏嘈、心嘈病(中醫認爲乃胃氣虛弱所致)。字又作潮，也叫洼。民謠：桃花开，李花飄，一日三餐肚裏嘈。西游記：桃子吃多了，也有些嘈人，又有些下墜。案：嘈人即‘使人嘈’”⑤。

---

① 《蘇州大學學報》1987年第2期。

② 河南人民出版社，1994年11月第1版，第35頁。

③ 知識出版社，1992年3月第1版，第62頁。

④ 《廣韻·豪韻》昨勞切：“䐬，䐬脃。”與“嘈”同一小韻。《集韻·豪韻》：“䐬，脃也。一曰腹鳴。”《正字通·肉部》：“䐬，俗字，舊註音曹，脃也。”

⑤ 《益陽師專學報》1988年第2期。

《大字典》(二/5/2854)“瘔”(一)cáo，謂“飢餓病”，首引《通俗編》。而“飢餓病”與今四川方言義不全相合。

《大詞典》(3/485)“嘈”②“指胃部難受，不舒服”，引元劇《忍字記》。未收“瘔”字。

《方言大詞典》(頁5046)“瘔”①“腹中有一種飢餓的或需要油葷的感覺”，西南官話(成都)、吳語；“瘔人”謂“腹中飢餓難受”，江淮官話、吳語。其實，蜀語亦習用，如“瘔得很”、“瘔人得很”。又(頁7000)“𪏰”[①]音cáo，①“胃裏發生一種類似飢餓的感覺”，北京官話。又(頁7131)“䐬”①“因腹飢而感到不舒服”，吳語、湘語。“瘔”、“𪏰”、“䐬”當異形同詞，釋義及流行地域應一致。蜀方言“瘔人”主要是指“需要油葷的感覺”。

臑頭　槽頭 $\mathrm{cao^{21}tou^{21}}$ [$\mathrm{ts'au^{21}t'əu^{21}}$]

豬項肉。参《考釋》第65頁。“臑頭”，前撰首引《蜀語》。清道光二十一年《遵義府志》卷二十《風俗》、光緒八年《黎平府志》卷二下《風俗·方言》、光緒二十一年《敘州府志》卷二十一《風俗》、民國十年《新修合川縣志》卷三十《風俗·方言》、民國二十四年《蓬溪縣近志》卷七《風土篇·方言》、民國三十七年《貴州通志·風土志·方言》：“豕項間肉曰臑(音曹)

① 《集韻·豪韻》：“𪏰，𪏰𪏰，物未精也。”與此無涉，借其音也。

頭。”光緒五年《鎮海縣志》卷三十九《方言》：“臑頭，《蜀語》：‘豕項間肉曰臑頭。音曹。’”張慎儀《蜀方言》卷上（頁311）：“豬項肉曰臑頭。《集韻》：臑，奴刀切。今讀如曹。”民國十五年《南川縣志》卷六《土音土語》：“豬項肉曰臑（音曹）頭。”民國十五年《簡陽縣志》卷二十二《禮俗篇·方言》：“豬項肉曰臑頭。臑音曹。”民國十八年《合江縣志》卷四《禮俗·方言》、民國二十一年《南溪縣志》卷四《禮俗下·方言》：“臑頭，臑音曹，豕項間肉也。”民國二十一年《萬源縣志》卷五《教育門·方言》：“豬項肉曰臑頭。音曹。”民國二十四年《雲陽縣志》卷十四《禮俗下·方言下》：“豕項肉曰臑頭。”民國二十六年《犍爲縣志·居民·言語·方言》：“豚項間肉曰臑頭。”黄仁壽等《蜀語校注》（頁73）：“項間肉位于臂及羊矢穴之首端，故云‘臑頭’也。”《川方》（頁32）“臑頭”謂“豬頸項肉”，“臑，音曹”。甄尚靈、張一舟先生《〈蜀語〉詞語的記錄方式與〈蜀語〉音注所反映的音類》：“《説文·肉部》：‘臑，臂。羊豕曰臑。从肉需聲，讀若儒。’《集韻·去·号》：‘臑，乃到切。’‘臑’字另有的音切，如《廣韻·平·虞》：‘人朱切’，《集韻·平·之》‘人之切’，《集韻·去·慁》‘奴困切’，均與‘豕項間肉’義無關，即是以‘臑’字的形義並無‘曹’的音讀。李氏乃注以他習聞的方音‘臑音曹’。”又云今遂寧方言“謂豕項間肉爲‘曹頭肉’，如‘曹頭肉難得煮爬’”[1]。

---

① 參見《李實學術研討會文集》，語文出版社，1996年7月第1版，第42、43頁。

亦作“槽頭”。前撰引《本草綱目》。元賈銘《飲食須知》卷八：“豬肉毒在首，故有病者忌之。項肉俗名槽頭肉，肥脆能動風。”清厲荃《事物異名録》卷十五《飲食部》：“槽頭肉，《本草綱目》：‘項肉俗名槽頭肉。’”汪紱《參讀禮志疑》卷上“膉不升吉祭之俎”注：“膉者，正脊之前頸間也，亦謂之脰。此肉今人亦賤之，謂之槽頭。”《川方彙編》（頁153）“槽頭肉”①“豬項”，應謂“豬項肉”。《川方匯釋》（頁22）“槽頭”謂“豬因吃飼料時其頸項的下面常挨着豬槽，故此處的肉稱爲‘槽頭’或‘槽頭肉’”。《成都話》（頁23）“膪頭”謂“豬頸部的肉，即血脖。又説‘膪頭肉’”，“也作‘臑頭（肉）’”。《成方》（頁213）“膪頭（肉）”謂“豬頸部靠近豬頭的肉”。《重方》（頁33）“槽頭”謂“今也有寫作‘膪頭’者。溯詞名之源，當作‘槽頭’。豬吃食時頸項下部常靠近豬槽，故名其頸項肉爲‘槽頭’”。均可備一説。

據上引清汪紱《參讀禮志疑》謂當時人亦賤“槽頭”，然風水輪流轉，豬項肉質鬆而肥，且“能動風”，同樣重量而顯多，二十世紀六七十年代物資匱乏時，過春節生產隊人均可分半斤或一斤豬肉，多以分得豬項肉爲幸。此後漸次失寵，人亦賤之矣。

《大詞典》（4/1258）“槽頭”②“指豬頸部的肉”，引《本草綱目》。又（6/1399）“臑”下未收“臑頭”。

《方言大詞典》（頁7416）“臑頭”謂“豬頸項肉”，西南官話、吳語。又（頁6987）“槽頭”②“豬頸肉”，閩語，未涉及四川方言。又（頁7131）“膪頭”謂“豬頸部的肉”，西南官話；“膪頭肉”謂“豬頸部的肉”，吳語。以上均爲同詞異形，著錄流行地域不一。

撍 造 $cɑo^{213}$［$ts'au^{213}$］

攪動，翻動。参《考釋》第66頁。楊小平《南充方言詞語考釋》（頁36）謂“《四川方言詞語考釋》沒有例證”，原引《廣韻》、《蜀語》以下四例，並非“沒有例證”。茲再予補說。《集韻·号韻》：“撍，攪也。”《康熙字典·手部》：“撍，《唐韻》、《集韻》並在到切，曹去聲，手攪也。”明王肯堂《證治準繩》卷八十七《痘疔·驪含疔》：“牛黄冰片蟾酥麝，和合銀硃一樣撍。”李實《蜀語》“攪曰撍”黄仁壽等校注：“今蜀人猶謂‘攪’爲‘撍’。”清道光二十一年《遵義府志》卷二十《風俗》、光緒二十一年《敘州府志》卷二十一《風俗》、民國十年《新修合川縣志》卷三十《風俗·方言》、民國三十七年《貴州通志·風土志·方言》：“攪曰撍。潮去聲。”唐訓方《里語徵實》卷上：“攪曰撍。撍音趙，《集韻》：‘手攪也。’”按“撍”《廣韻·号韻》在到切，從母；又《小韻》“趙”音治小切，澄母。唐氏所音，不知何據。民國《息烽縣志》卷二十九《風土志·方言》：“謂攪曰撍。”民國十九年《嘉定縣續志》卷五《風土志·方言》：“撍，俗言用皁潔手曰撍。《集韻》音曹去聲，手攪也。土音讀若操。”民國二十一年《南溪縣志》卷四《禮俗下·方言》：“撍，曹去聲。《集韻》：‘手攪也。’”民國二十四年《雲陽縣志》卷十四《禮俗下·方言上》："撸，翻也。《唐韻》：'撸，手攪也。'《蜀語》：'撸，音曹去聲。'讀若造。"今蜀方言無舌尖後音，故"撸"、"造"及"潮"、"曹"去聲並音［tsʻau²¹³］。《成都話》（頁23）"撸〔揰〕"音［tsʻau²¹³］，謂"攪動；翻動"。《成方》（頁214）"撸"音tsʻau去聲，①"攪拌"，②"翻動"，"俗作'造'"。

俗或作"揰"。《川方》（頁32）"揰"謂"攪動；翻動；翻尋"。《川方彙編》（頁127）"揰"音cǎo，謂"自下往上抄動。例：人怕鬧，火怕揰。（也可寫作'抄'）"。《中華字海》（頁355）"揰"謂"翻動"，引《重慶菜譜》，顯然爲方言造字。又"翻尋"、"找尋"亦曰［tsʻau²¹³］，前撰引清劉省三《躋春臺》三例作"造"，"揰"則爲"造"增旁字。《重方》（頁34）"揰"謂"攪，翻動，翻尋"。《川方匯釋》（頁23）記音作"槽"，㊀"攪拌"，㊁"翻"。又"槽轉"謂"翻亂"。《成都話》（頁138）"摟底底槽"謂"本指從最底層開始翻動，引申爲徹底翻動"，"槽"音［tsʻau²¹³］，上引頁23則作"撸〔揰〕"。

《大字典》（二/4/2057）"撸"謂"攪"，引《廣韻》及《天下郡國利病書》。《大詞典》（6/829）"撸"謂"抓"，引《天下郡國利病書》。兩辭書釋義不同。

《方言大詞典》（頁6791）"撸"①"翻動；攪動；攪和"，西南官話、湘語、贛語、客話、閩語。又（頁6480）"揰"①"攪動；翻尋"，西南官話。又（頁6034）"摟底底槽"謂"本指從最底層開始翻動，引申爲徹底翻檢"，西南官話（成都），"槽"當作"撸"。

惻 恦 ce^{21} [$ts'e^{21}$]

心驚動。参《考釋》第67頁。前撰首引《玉篇》，茲予補說。《廣韻・曷韻》："惻，驚惻。"《集韻・薛韻》："惻，惻惻，心勤。"按"勤"爲"動"字形譌，《類篇・心部》："惻，惻惻，心動。"不誤，當據正。《漢書・王吉傳》："《詩》云：'匪風發兮，匪車揭兮，顧瞻周道，中心惻兮。'"顏師古注："惻，古怛字，傷也。"《增韻・曷韻》："惻，《漢・王吉傳》引《詩》'中心惻兮'，今《詩》作'怛'。"與"怛"同一小韻。明楊慎《古音餘・七曷》："惻，《王吉傳》引《齊詩》'中心惻兮'，怛同音。"李實《蜀語》（頁34）："心動曰惻〇惻音徹，恦同。"黃仁壽等校注引《集韻》"惻惻，心勤"，謂"'心勤'與'心動'義近"。按此臆說耳，"勤"實爲"動"字形近而譌。清道光二十一年《遵義府志》卷二十《風俗》、光緒二十一年《敘州府志》卷二十一《風俗》、民國十年《新修合川縣志》卷三十《風俗・方言》、民國二十三年《華陽縣志》卷五《禮俗・方言》、民國二十四年《麻城縣志續編》卷一《疆域・方言》、民國二十四年《蓬溪縣近志》卷七《風土篇・方言》、民國二十六年《犍爲縣志・居民・言語・方言》、民國三十七年《貴州通志・風土志・方言》："心動曰惻。音徹。"民國十七年《長壽縣志》卷四《人事部・方言》："心動曰惻，亦曰怯。"民國《息烽縣志》卷二十九《風土志·方言》："謂心動曰懘。"民國二十一年《南溪縣志》卷四《禮俗下·方言》："懘，音徹，《增韻》□□也。俗以心動爲懘。"民國二十四年《雲陽縣志》卷十四《禮俗下·方言上》："懘，心動也。"民國三十一年《西昌縣志》卷五《禮俗志·方言》："心動曰懘。徹。"謂"懘"音"徹"。《重方》（頁35）"懘"音ce^2，謂"心驚動"。

或作"㥲"。《玉篇·心部》："㥲，丑葉切，心動皃。"《集韻·葉韻》勑涉切："㥲，心動皃。"清唐訓方《里語徵實》卷上："心動曰懘。懘音徹，㥲同。"

另外，《玉篇·肉部》："脷，叱涉切，肉動也。"《集韻·葉韻》尺涉切："脷，脷矖，肉動也。"《正字通·肉部》："脷，俗字，舊註音徹，肉動。"清屈大均《廣東新語》卷十一《土言》："（廣州）肉動曰脷。音彻。"宣統二年《南海縣志》卷二十六《雜錄》："肉動曰脷。音徹。"與李實《蜀語》（頁34）"懘"直音"徹"同。則不管"心動"或"肉動"均音"徹"，"心動"爲"㥲"，"肉動"爲"脷"，據義選字矣。

按《川方彙編》（頁3）"懾"音ce，謂"（讀側）畏懼"，又謂"'懾'讀shè，何以變成ce？這正是普通話與成都話的不同"。本字當作"懘"、"㥲"。

《大字典》（二/4/2474）"懘"（二）chè，"〔懘懘〕心動"，引《類篇》。但蜀語單用"懘"，今仍謂因某種預感、驚恐等心動爲"心頭懘了一下"。又（4/2465）"㥲"音chè，①"心動貌"，引《玉篇》。又（4/2225）"脷"音chè，謂"肉動"，引《玉篇》一例。

《方言大詞典》（頁6200）“㥁”音dá，①“心動”，江淮官話、西南官話，引《麻城縣志續編》及李實《蜀語》。其實《麻城志》本採《蜀語》[①]，而李實“㥁音徹”，當據《集韻》、《類篇》尺列切，今音chè，其音義爲上引許多方志採納，《方言大詞典》注音有誤。

捦 撳 搇 cen^{53} [ts‘ən^{53}]

用手按。參《考釋》第72頁。前撰首引《集韻》。《康熙字典·手部》：“捦，《集韻》丘禁切，欽去聲，按也。”《清文獻通考》卷一百九十八：“歐德潤妻丁氏，過失捦傷德潤身死。”又卷二百一：“御史李漱芳條奏：廣東省盜案，多有用籐牌捦壓事主者。”光緒《浦江縣志》卷三《輿地志·風俗附方言》：“捦，丘禁切，按物曰捦。”光緒八年《寶山縣志》卷十四《志餘·風俗附方音》：“捦，欽去聲，俗呼以手按住物。”民國十五年《簡陽縣志》卷二十二《禮俗篇·方言》：“手按物使不動曰捦。音擒。”民國十七年《長壽縣志》卷四《人事部·方言》：“手按讀若忖。”此記音，本字當作“捦”。民國二十四年《蕭山縣志稿》卷二十九《瑣聞·方言謠諺》：“手按物曰

① 卷一《疆域·方言》按語云：“地方常言，有其聲而不得其文者多矣。明李實留意方言，撰有《蜀語》，又江浙各志亦間載方言，今合上下江言語，擇其與麻城相同者錄之。”

捦。《集韻》邱禁切，按物也。”

亦作“撳”、“搇”，同字異構。“撳”前撰腳注首引《醒世恒言》，按明葉敬池刻本作“捦”。清趙翼《簷曝雜記》卷五：“按曰搇。”清官修《世宗憲皇帝上諭內閣》卷六十七雍正六年：“簡恒將王氏揪髮撳打，王相奔往拾取鐵鋤毆傷簡恒腦後殞命。”顧張思《土風錄》卷十四《手按曰搇（欽去聲）》：“《南齊·高帝紀》：人有罪，輒付桓康搇殺之。俗謂手按曰搇，本此。搇字諸書俱不載，《集韻》作‘捦’，注：‘按也。’”光緒七年《崑新兩縣續修合志》卷一《風俗附方言》：“按物曰搇。”民國十三年《崇明縣志》卷四《地理志·方言》：“搇，音罄，俗謂以手按物，見《南史》。”民國三十二年《大埔縣志》卷十四《人群志三·方言》：“用力抑物使下曰撳。”姜亮夫《昭通方言疏證》（1185條）：“昭人謂以手按之曰搇，或作撳，音慶，此義見《紅樓夢》十二回，《說文》：‘撳倒垂曰撳’，如‘撳著頭’，則壓之使垂亦曰撳，如‘撳下水去。’按之曰撳，舉之曰掀，義相反而實成于一語。”《大字典》（二/4/2067）“搇”謂“同‘撳’”，首引明謝肇淛《五雜組·事部一》，謂俗字有“搇”。拙撰原腳注云《大詞典》“撳”謂“用手按”，首引《老殘游記》，承蒙楊小平《南充方言詞語考釋》（頁37）指誤，實際首引爲《二刻拍案驚奇》；而《大字典》方首引《老殘游記》，茲予訂正。又，明李詡《戒庵老人漫筆》卷五《今古方言大略》：“按謂之欽。去聲。”《中文大辭典》另引王琚《射經》：“欽，身微曲，注目視的。”《大字典》（舊版頁2143）“欽”（二）qìn，謂“按。後作‘撳’。唐李翊《俗呼小錄》三十二之十三上：‘按謂之欽。去聲。’”“撳”爲“欽”增旁字。《大詞典》（6/1453）“欽₂”謂“同‘撳’。用手按。唐李翊《俗呼小錄》：‘按謂之欽。欽，去聲。’”按《俗呼小錄》一卷，即《漫筆》之《今古方言大略》別裁單行者，收入《説郛續》弖二十一及《居家必備》，作者李翊，字德厚，生於明弘治十八年，卒於萬曆二十一年，非唐人李翊矣，兩辭書均誤植朝代。《大字典》（二/8/4498）“欽”（二）作“明李翊”，是。又《大詞典》（6/814）“捦”音qìn，“用手按；按”，首引《醒世恒言》。又（880）“撳”音qìn，“用手按”，首引《二刻拍案驚奇》。

又，一説作“搇”。《廣雅·釋詁三》：“搇，按也。”王念孫疏證：“搇者，《文選·長笛賦》‘挼拏搇臧’，李善注引《廣雅》：‘搇，按也。’”

《川方》（頁38）“撐（抻、捦）”音cen³，謂“用手或指頭按、壓”。《川方彙編》（頁98）“懲”音cèn，謂“按。例：按緊往底下懲”，此記音。《成都話》（頁29）“撐”音［ts‘ən⁵³］，謂“用手使勁往下按”。《成方》（頁312）“逞”音ts‘ən上聲，①“用手使勁兒往下按”，②“扶，握”，“也作‘抻、捦’”。《重方》（頁39）“撐”音cen³，謂“按壓”，“此詞今多寫作‘撐’，或寫作‘抻’，皆假借字。本字作‘捦’，義爲按。……捦從‘衾’聲，又衾從‘今’聲。以‘今’爲聲符的字，今普通話仍有讀cen者，如岑、涔等，故重慶話‘捦’讀cen³是較自然的”。

《現漢》“揿（撳、捦）”謂方言“按”。《方言大詞典》（頁6015）“撳（捦）”①“用手按；摁”，西南官話、吳語、湘語、客話、粵語。游汝傑《漢語方言學導論》："寧波方言稱用手按住東西爲tɕhiŋ⁵，本字是'搇'，初見于《集韻》去聲沁韻丘禁切：'搇，按也。'"①楊小平《南充方言詞語考釋》（頁36）謂"游文說'揿'字初見于《集韻》，欠妥，該字實際上已經早見于《廣雅》"。游著本作"搇"而非"揿"，因誤引而非之，有失公允矣。

跐　越 ci⁵⁵/zi⁵⁵ [tsʻɿ⁵⁵/ tsɿ⁵⁵]

用腳蹂踩。参《考釋》第73頁。《釋名·釋姿容》："跐，弭也，足踐之使弭服也。"《廣雅·釋詁二》："跐，蹋也。"王念孫疏證："今俗語猶謂蹋曰跐矣。"又："跐，履也。"疏證："今人猶謂足跐物爲蹬。"《廣韻·紙韻》雌氏切："蹈也。"又側氏切："跐，蹈也。又音紫。"《集韻·紙韻》阻氏切："跐，蹈也。"又淺氏切："跐，履也。或書作趾。"《增韻·紙韻》："跐，行貌，又蹈也。韓愈《曹成王碑》：'行跐汉川。'又音此。"《康熙字典·足部》："跐，《廣韻》雌氏切，《集韻》淺氏切，並音此。"《莊子·秋水》："且彼方跐黃泉而登大皇。"陸德明釋文："《廣雅》云：'跐，蹋也，蹈也，履也。'"亦引申爲用腳蹂踩。《淮南子·齊俗》："有詭文繁繡，弱緆羅紈，必有菅屩跐踦裋褐不完者，故高下之相傾

① 上海教育出版社，1992年11月第1版，第177頁。

也，短脩之相形也。”高誘注“跐”音“此”。《列子·天瑞篇》：“若躇步跐蹈，終日在地上行止，奈何憂其壞?”殷敬順釋文:“跐音此。蹈，徒到切。四字皆踐蹈之貌。”“四字”指“躇步跐蹈”。此據楊伯峻集釋本。清道光二十一年《遵義府志》卷二十《風俗》、光緒二十一年《敘州府志》卷二十一《風俗》、民國二十三年《華陽縣志》卷五《禮俗·方言》、民國三十七年《貴州通志·風土志·方言》：“足蹂曰跐。此平聲。”同治間重修《畿輔通志》卷七十二《輿地略》二十七《方言（附各州縣志方言）》：“足踐曰跐(《大名縣志》)。”Adam Grainger《西蜀方言》(頁501)：“把毛蟲跐死。”即“to crush a caterpillar with the foot”。又：“踏一腳還要跐兩ha。”謂“he is not conten with treading me down，he must grind me under his feet”。“跐”音“TS'i[1]”。張慎儀《蜀方言》卷上（頁289）：“足蹂曰跐。《廣韻》：跐，雌氏切，音此。今讀此平聲。”民國十七年《長壽縣志》卷四《人事部·方言》：“足踩曰跐。”民國十八年《新修南充縣志》卷七《掌故志·風俗·方言》：“足蹂地曰跐。此平聲。”民國十八年《威縣志》卷十四《方言》：“足踐曰跐。音此上聲。”民國二十一年《萬源縣志》卷五《教育門·方言》、民國二十三年《樂山縣志》卷三《方輿志·方言》、民國二十四年《雲陽縣志》卷十四《禮俗下·方言上》：“足蹂曰跐。”姜亮夫《昭通方言疏證》（1330條）:“以足蹂擦曰跐，音chi，《說文》‘足踐也’……《集韻》紙韻:‘音此，蹈也’，又‘音紫，行貌’。”又音同“茲”。民國十五年《南川縣志》卷六《土音土語》：“足掌貼地進退曰跐。音茲。”民國三十三年《重修彭山縣志》卷二《民俗篇·方言》:“以足蹂之曰趾。音子,俗說爲茲。”

或作“越”。《說文·走部》:“越,淺渡也。”錢坫斠詮:“《莊子》‘趾黃泉而登大皇’,《列子》‘躇步趾蹈’,皆此字,今俗謂蹈爲越。”按“足”旁與“走”旁往往互換。《廣韻·紙韻》“越”、“趾”同一小韻。民國二十三年《華陽縣志》卷五《禮俗·方言》:“足踏曰越。”

今蜀方言仍謂蹂踩爲趾,“音此平聲”,讀[tsʻɿ55];又音[tsɿ55],如《南川縣志》。《成都話》(頁247)“趾”音[tsɿ55],謂“擦,搓”。《成方》(頁1)“趾”音tsɿ陰平,①“用腳踩着搓或擦”,②“擦”。《重方》(頁416)“趾”音zi1,①“用腳掌在地上前後擦動”,③“揩,擦”。羅韻希《四川方言中保留的古語》“趾”音[tsɿ55],謂“蹭,脚掌着地滑動”①。喻遂生《〈蜀語〉今蹤——南江方言中所見之〈蜀語〉詞語》:“南江話稱用腳踩住來回摩擦叫‘趾’[tshi55],即《蜀語》所謂‘足蹂’之意。”②

《大字典》(二/7/3945)“趾”(一)cǐ,①“踐踏”,首引《釋名》。又(三)據《廣韻·紙韻》將此切,音zǐ。又(6/3717)“越”音cǐ,謂“淺渡”,引《說文》;又謂“蹈”,引錢坫《說文斠詮》。《大詞典》(10/461)“趾1”音cǐ,①“踏;踩”,首引《莊子·秋水》;又(462)“趾2”音cī,“滑動;

---

①《南充師範學院學報》1987年第2期。

② 参見《李實學術研討會文集》,語文出版社,1996年7月第1版,第119頁。

移動”，首引《三俠五義》。

《方言大詞典》（頁6542）“跐”②“擦”，中原官話、蘭銀官話、西南官話；④“用腳在地上蹂踏”，西南官話。

吃講茶　喫講茶 ci²¹jiɑng⁵³cɑ²¹［tsʻɿ²¹tɕiaŋ⁵³tsʻa²¹］

舊時解決爭端的一種方式，爭執雙方請有面子的人在茶館裏評判是非公道。清黃式權《淞南夢影錄》：“失業工人及游手好閑之類，一言不合，輒群聚茶肆中，引類呼朋，紛爭不息，甚至擲碎碗盞，毀壞門窗，扭至捕房者，謂之吃講茶。”葛元煦《滬游雜記》：“租界例禁：……肩挑倒掛雞鴨、吃講茶、沿途攀折樹枝。”郁慕俠《上海鱗爪·吃講茶》：“下層社會中的群眾們，雙方每逢口角細故發生，必邀集許多朋友到茶館裏去吃講茶。怎樣叫吃講茶呢？就是雙方的曲直是非，全憑一張桌子上面去審判。倘結果能和平解決，由一和事老者將紅綠茶混合倒入茶杯，奉敬雙方的當事人一飲而盡，作爲一種調和的表示。更有談判不能解決，結果或許訴諸武力，以茶館爲戰場，坐凳、茶碗作武器的也是常有之事。這種吃講茶的原因以男女間之秘密和金錢的關係爲最多數。各家茶館都懸着一塊‘奉諭禁止講茶’的小木牌，這是茶館老板預防惹事生非的一種表示罷。然而碰到吃講茶的朋友來了，這‘禁止講茶’的效力就等於零了。”《切口大詞典·黨會類·小癟三》：“吃講茶，爭執事理，雙方至茶肆，將事理因由宣之於眾，孰是孰非，憑諸公論。”又《乞丐類》：“戤吃講茶，因事爭論，雙方至茶肆，將事之是非，憑諸公論。曲者將滿堂茶錢會鈔，彼乃白吃一碗茶也。”王純五《袍哥探秘》第三章《哥老會的會規和習俗·盤海底與江湖切口（隱語）》（頁63）：“‘吃講茶’，發生爭執的雙方請大爺在茶館內評理。”又，民國二十一年《萬源縣志》卷五《教育門·方言》：“憑人茶話是非曰講道理，曰泡茶，曰哈茶。”此亦“吃講茶”。《川方》（頁40）“吃講茶”謂“舊社會解決爭端的一種方式。發生爭執的兩方，在茶館裏請有面子的人（常是地方公事人、袍哥舵把子）來評理”。《成都話》（頁30）“吃講茶”謂“舊時解決糾紛的一種方法。凡遇市民發生衝突，一時爭執不下，就在兩廂情愿的情況下，約個時間到茶館去當眾解決”。《成方》（頁11）“吃講茶”謂“解決民間爭端的一種方式。即發生爭執的雙方到知名人士家中拜訪，請其出面到茶館喝茶，評判是非。如果雙方都負有責任，則各付一半的茶錢，如果一方輸理，則由該方付全部茶錢”。

亦作“喫講茶”。清顏世清《約章成案匯覽》乙篇卷二十八上《甯波增訂巡捕禁令章程（光緒二十年）》：“第三十四條，凡江北岸有喫講茶、講烟，一律禁止。”徐珂《清稗類鈔·棍騙類·上海地棍之喫講茶》：“喫講茶者，下等社會之人每有事，輒就茶肆以判曲直也。凡肆中所有之茶，皆由負者代償其資，不僅兩造之茶錢也。然上海地棍之喫講茶，未必直者果勝，曲者果負也。而兩方面之勝負，又各視其人之多寡以爲衡，甚且有以一言不合而決裂用武者，官中皆深嫉之，懸爲厲禁。”民國十九年《嘉定縣續志》卷五《風土志·方言》：“因事爭執，雙方往茶肆中將事宣之於眾，孰是孰非，聽憑公論，俗謂之喫講茶。”民國二十四年《鄞縣通志》第五《食貨志戊編》：“寧波江北岸巡捕房原有章程及歷年示禁各條：……第三十四條　凡江北岸有喫講茶講煙一律禁止。”

《大詞典》（3/135）“吃講茶”謂“舊時發生爭執的雙方到茶館裏請公眾評判是非”，引沙汀《獸道》；“喫講茶”一形未收。《方言大詞典》（頁1919）“吃講茶”謂“舊社會解決爭端的一種方式，發生爭執的雙方，在茶館裏邊喝茶，邊請茶客或特邀的中人裁決”，西南官話、吳語。

出霑　出簷　入霑　進霑　進簷

cu^{21}/ru^{21}/jin^{213}zɑn^{55} [ts‘u^{21}/zu^{21}/tɕin^{213}tsan^{55}]

秋分後遇壬叫入霑，十日滿叫出霑。《說文·雨部》：“霑，雨霖也。从雨，沾聲。”《增韻·鹽韻》：“霑，雨淋也。”《詩·小雅·信南山》：“既霑既足，生我百穀。”鄭玄箋：“陰陽和，風雨時，冬有積雪，春而益之以小雨，潤澤則饒洽。”孔穎達疏：“至於春日，又益之以小雨，而霡霂然。”明楊慎《丹鉛總録》卷二十一《汎月杇月》：“蜀西南多雨，名曰漏天。杜子美詩‘鼓角漏天東’，又‘徑欲誅雲師，疇能補天漏’是也。自秋分後，遇壬謂之入霑，吳下曰入液。”[①]曹學佺《蜀中廣記》卷一百一《詩話記第一》引《升菴詩話》同。陳士元《俚言解》卷一《霑天雨》：“霑天雨，一曰黴天雨。或以梅雨爲黴天，非也。自秋分後遇壬謂之進霑，其時多濛密細雨，俗又呼狗毛雨。……《田家五行》：霑天雨忌栽種。”“進霑”即“入霑”。張存紳《雅俗稽言》卷二《霑天》條所述同。方以智《通雅》卷十二《天文》：“陳士元《韻注》：古《月令》：‘衆雨早降。’即淫雨、霑雨霶也。今人曰入霑，亦曰入液。”李實《蜀語》（頁34）：“秋分後逢壬謂之入霑，十日滿謂之出霑○霑謂雨多也。逢壬十日內謂之霑天。諺云：‘入霑有雨出霑晴。’”清杜文瀾輯《古謠諺》卷三十“李實引諺釋入霑出霑”，輯此條諺語。王士禛《帶經堂詩話》卷十六《考證門四·音訓類》：“秋分後遇壬謂之入霑，曰氵八月。”清梁章鉅《農候雜占》卷一《八月占》：“入霑有雨出霑晴。《蜀語》：‘秋分後逢壬謂之入霑，十日滿謂之出霑。霑謂雨多也。十日內謂之霑天。’引諺云云。按此語又與白露逢壬異，而詹字則

① 宋陳元靚《歲時廣記》卷四《入液雨》引《瑣事錄》：“閩俗立冬後過壬日，謂之入液，至小雪出液，得雨謂之液雨，無雨則主來年旱。諺云：‘液雨不流擰，高田不要作。’又謂之藥雨，百蟲飲此水而蟄。林公弁詩云：‘液雨初生小院寒。’”明徐應秋《玉芝堂談薈》卷十九《潑火雨》：“《歲時紀事》：‘立冬後十日入液，至小雪出液。此時得雨，謂之液雨，亦曰藥雨，百蟲飲此雨則蟄也。’楊用修以秋分後進霑曰進液，非是。”陳士元《俚言解》卷一《液雨》：“楊氏《丹鉛續錄》謂秋分後進霑，吳下曰進液。余謂楊說非也。液雨乃冬雨，非秋雨。”據晚近方志及方言，楊慎說亦當不誣，徐、陳或僅非其謂“進霑曰進液”矣。

不如霑字之有意，宜並存之。”鄒存淦《田家占候集覽》卷八《白露》：“白露逢壬便立詹。《月令廣義》云：‘八月 三至廿三爲詹天雨。’一云秋分後逢壬謂之入霑，十日滿謂之出霑，謂雨多也。十日內謂之霑天。諺云：入霑有雨出霑晴。（《蜀語》）”民國十八年《合江縣志》卷四《禮俗·方言》：“進詹有雨出詹晴，出詹無雨一冬淋。俗以八月十三日爲進詹，二十三日爲出詹。”民國十八年《桐梓縣志》卷二十一《實業志·農業》：“（八月）十三日爲進詹，宜雨，無雨則十日以外難晴，冬亦多雨。諺曰：進詹有雨出詹晴，進詹無雨出詹淋。”民國三十六年《鎮寧縣志》卷一《地理志·氣候》：“進詹有雨出詹晴，進詹無雨出詹下。”以上“詹”當作“霑”。又，清嘉慶二十一年《華陽縣志》：“是月內霪雨，謂之霑天雨。”“是月”謂八月，“霑天”謂入霑十日內的天氣日期。今仍有此說法。《川方匯釋》（頁33）“出沾”謂“秋分後逢壬日叫‘入沾’，十日滿叫‘出沾’；逢壬十日之內叫‘沾天’。諺語說：‘入沾有雨出沾晴，出沾無雨一冬霖。’（意思是說出沾之日不下雨，則冬季雨多。）”

《大詞典》未收錄“出霑”、“入霑”、“霑天”等。《方言大詞典》（頁1278）“出霑”謂“秋分入霑後十天進入乾燥季節”，又（頁134）“入沾”謂“秋分後逢壬”，西南官話，均引《蜀語》，用字則不同。

觸人 $cu^{53}ren^{21}$ [$ts'u^{53}zən^{21}$]

以言語觸忤頂撞人。參《考釋》第87頁“觸”，未以複詞立日，茲予補說。《說文·告部》：“告，牛觸人，角箸横木，所以告人也。从口，从牛。”漢王充《論衡·是應》：“或時觟觽之性，徒能觸人，未必能知罪人。”唐慧琳《一切經音義》卷二《大般若波羅蜜多經第一百八十一卷》：“孔注《論語》云：狂妄，觝觸人也，失本心也。”引申指以言語忤人。宋陸游《跋柳書蘇夫人墓志》：“然予爲此言非獨觸人，亦不善自爲地矣。”明蜀玘《送水部王君之清江行曹序》：“而或卵翼是資，馮焉乘焉，觸人之言敢出焉。”康海《答王汝言書》：“每遇士大夫率肆言毋諱，不知觸人遺怒已厚，乃竟以罷官。”李實《蜀語》（頁8）：“言語忤人曰觸人〇觸音杵。”黄仁壽等校注：“今蜀人猶謂言語忤人曰觸人。‘觸音杵’，係方音，至今猶然。”《警寤鐘》第十四回：“休得出言無狀，屎口觸人！”清道光二十一年《遵義府志》卷二十《風俗》、光緒二十一年《敘州府志》卷二十一《風俗》、民國十年《新修合川縣志》卷三十《風俗·方言》、民國二十四年《蓬溪縣近志》卷七《風土篇·方言》、民國三十七年《貴州通志·風土志·方言》：“言語忤人曰觸（音忤）人。”[①]民國《息烽縣志》卷二十九《風土志·方言》：“謂言語不遜曰觸人。”民國二十三年《樂山縣志》卷三《方輿志·方言》：“語觸人曰牴。”民國二十四年《麻城縣志續編》卷一《疆域·方言》：“言語忤人曰觸人。”亦指以拳腳動作等觸抵人。宋黄庭堅《麟趾贊》：“今之人一朝之忿，以觸人滅身辱親。”明焦竑《俗書刊誤》卷十一：“以拳觸人曰搋。”又，“觸”本指牛羊等動物以角抵觸。《説文·角部》：“觸，抵也。从角，蜀聲。”引申謂以言語觸忤。王啟濤《四川方言的佛教語詞拾零》：“此詞實始見於佛經。考《經律異相》卷二十七：‘時有惡人觸王，王心退轉。’在與佛經有關的文獻中，此詞亦常見。如：‘或經行殿塔，涕唾伽藍；或進止之間，觸其尊長。’王梵志詩：‘觸他父母諱，他觸祖公名。’”[②]張美蘭《〈蜀語校注〉補正》：“言語忤人曰觸，唐代已有用例。”[③]舉敦煌本《六祖壇經》卷上：“無住者，人之本性，於世間善惡奸醜，乃至冤之於親，言語觸刺欺諍之時並將爲空，不思酬害，念念之中，不思前境。”宋王巖叟《上哲宗論張舜民罷言職》：“所以人之言曰：寧觸人主怒，莫忤權臣意。蓋人主無心，雖怒必解；權臣私意，一忤不忘。此人情不得不畏也。”“觸”、“忤”相對爲文。明

① 《貴州通志》篇後按語云：“明李實留意方言，所撰《蜀語》，事徵本原，十得七八，黔蜀相接，聲固相近，凡有吻合，悉以採載。至本省所無者不錄（《遵義府志》）。”若某條今仍爲蜀方言詞，而所舉書證有限，或以廣見聞，則酌加採錄，以示其說法不僅蜀中爲然也。

② 《文史雜志》2001年第3期。

③ 《古籍整理研究學刊》1997年第2期。

于謙《忠肅集》卷七《雜行類》："其都指揮姚貴等，亦各辭色不遜，出語抵觸，人衆傍瞻，甚失體統。""抵觸"，同義複詞。民國三十二年《沿河縣志》卷十三《風土志·方言》："言語忤人曰觸。音杵。"按《廣韻·語韻》"杵"音昌與切，蜀方言音[ts'u⁵³]。或亦作"杵"。清Adam Grainger《西蜀方言》(頁265)："他說話來杵我。"謂"he affronted me; he retorted on me"。今蜀方言音義並存。《川方》(頁47)"杵(觸)"謂"頂撞"。《成都話》(頁35)"杵"④"故意用反話頂撞人"。《川方彙編》(頁32)"杵"①"以話阻興。例：說些話盡在杵人"。《川方匯釋》(頁34)"杵"㊀"說話不謙和，給人頂撞或難堪"。《重方》(頁48)"杵"③"以言語頂撞人"。黃仁壽等《蜀語校注》(頁9)："今蜀人猶謂言語忤人曰觸人，'觸音杵'，係方音，至今猶然。"《成方》(頁61)"杵"②"頂撞，使人難堪"；又(頁58)"挫"音tsu陽平，⑤"用言語頂撞人，使人難堪"。"挫"當爲"觸"音借，蜀方言"觸"亦音[tsu²¹]。

《大詞典》未收。《方言大詞典》(頁6640)"觸人"②"言語觸犯人"，江淮官話、西南官話。又(頁3094)"杵人"謂"頂撞人"，西南官話。

篅笔　圌笔 cuan²¹den²¹³ [ts'uan²¹tən²¹³]

一種大型的盛糧食的竹編器物。參《考釋》第90頁。《急就篇》卷三“笹篅篗筥籅箅篝”顔師古注：“笹篅皆所以盛米穀也。以竹木簟席若泥塗之則爲笹，笹之言屯也，物所屯聚也；織艸而爲之則曰篅，取其圓團團然也。”“篅笹”爲語詞，如《玉篇·竹部》：“笹，篅笹也。”《淮南子·精神》：“有之不加飽，無之不爲之饑，與守其篅笹，有其井，一實也。”高誘注：“篅笹，受穀器也。”唐慧琳《一切經音義》卷六十二《根本說一切有部毘奈耶雜事律第十二卷》：“倉與篅，下垂緣反，許叔注《淮南子》云篅笹也。《文字典說》：織竹木圓作可以盛穀麥也。從竹，耑聲。”亦作“圌笹”。又卷十四《大寶積經第五十七卷》：“與篅……下時攣反，俗字也，正體作圌。許叔重注《莊子》云圌笹也，《集訓》云倉也，《說文》云以判竹圜以盛穀曰圌也。”此謂“篅”爲“圌”俗字，而遼希麟《續一切經音義》卷二《新大方廣佛花嚴經卷十一》：“倉篅，下市緣反，《切韻》：‘篅，亦倉也。’《說文》從竹，遄省聲也。經文或作圌，俗字。”又以“圌”爲俗字矣。按“篅笹”爲同義複詞，所謂析言有別，渾言則同矣。唐慧琳《一切經音義》卷六十一《根本說一切有部苾芻尼律卷第十七》：“篅內，上音船，笹也。常緣反。”又卷七十二《阿毘達磨顯宗論第十六卷》：“如篅，是專反，許叔重注《淮南子》云篅即笹，音鈍也。《考聲》云：‘篅，竹倉也。’《說文》云：‘篅，以竹圓盛穀也。從竹，耑聲。’亦作圌，同用也。”“圓”當“圜”字形譌。“篅”之音南北有所不同。唐玄應《一切經音義》卷二十四《阿毘達磨俱舍論第十一卷》：“如篅，《蒼頡篇》作圌，同，市緣反，圓倉也。《說文》：‘判竹圜以盛穀者也。’江南行此音。又作上仙反，中國行此音。”《廣韻·仙韻》市緣切：“篅，《說文》曰：‘以判竹，圜以盛穀也。’圌，上同。”《集韻·僊韻》淳沿切：“篅，《說文》：‘判竹圜以盛穀也。’一曰竹器。或作圌。”《康熙字典·竹部》：“篅，《廣韻》市緣切，《集韻》、《韻會》淳沿切，《正韻》重圓切，並音遄。”按《集韻·僊韻》“船”音食川切，與“篅”爲相鄰小韻字。《洪武正韻·先韻》“篅”、“船”、“遄”同一小韻。“笓”，元王禎《農書》卷十五（前三）、明徐光啟《農政全書》卷二十四有圖如下：

民國十五年《簡陽縣志》卷二十二《禮俗篇·方言》：“貯五穀之具曰笓子。”民國二十三年《樂山縣志》卷三《方輿志·方言》：“篅謂之笓。音鈍。”今川北綿陽、三臺、梓潼等地亦稱形制略如上圖、約一人高、直徑一米以上的貯穀器具爲“笓子”，又叫“[suan²¹]笓”。

《大詞典》（8/1212）“篅笓”謂“盛貯糧食等的容器”，引《淮南子》。又（3/650）“圌₁”音chuán，①“同‘篅’。存放穀物的圓囤。用竹篾或草製成”，未收“圌笓”。

《方言大詞典》（頁7120）“篅”謂“一種盛糧食等的器物，類似囤”，江淮官話、西南官話、吳語、閩語。

牀桯　床桯　床杠　床廳

cuang^{21}tin^{55}［ts'uaŋ^{21}t'in^{55}］

牀兩旁最長的受力木枋。《說文·木部》：“桱，桯也。”徐鍇繫傳：“桯，即横木也。”又：“桯，牀前几。”繫傳：“几所凭也，今言牀桯，義出于此。”又：“杠，牀前横木也。”繫傳：“即今人謂之牀桯也。”《五音集韻·江韻》：“杠，《說文》：‘牀前横木也。’徐曰：‘即今人謂之牀桯。’”明屠隆《贈祁陽孝子盧伯子詩》：“父果不成寐，輾轉倚牀桯。”李實《蜀語》（頁162）：“牀身曰牀桯○桯音聽，門身亦曰桯。”清毛奇齡《四書改錯》五《徒杠輿梁》：“《說文》牀桯謂之杠。”唐訓方《里語徵實》卷中上：“牀身曰牀桯。桯音聽。”范寅《越諺》卷中《器用》：“牀桯，廳。”謂“桯”音“廳”。民國二十四年《雲陽縣志》卷十四《禮俗下·方言下》：“牀身曰牀桯。”

亦作“床桯”。《玉篇·广部》：“床，仕莊切，俗牀字。”故“床桯”同“牀桯”。《古今通韻·江韻》：“杠，旌竿也，又床桯。”《永樂大典》卷七千三百七十九《喪·喪禮三十九》：“床桯垂面闊七寸，床桯厚五寸，床脚高五寸，并床桯共高一尺二寸。”《拍案驚奇》卷十七：“一心想着吴氏日裏光景，且把道童太清出出火氣，弄得床桯格格價響。”

或作“床杠”、“床廳”。《禪真逸史》第二十二回：“（裘南峰）抬起頭來，蹬地一聲撞着床杔，額角上磕了一個大塊。”《三寶太監西洋記通俗演義》第十六回：“睡在店房之中，床廳兒都也淹了。淹了床廳倒不至緊，過了工部大堂印信的皇木，大約有幾千萬多根，一根也沒有了。”此謂水淹齊床面了。今川北謂“牀桯子”。門兩旁的豎木條亦稱“門桯”。宋張杲《醫說》卷七《治金瘡》：“温州有匠人，造屋失脚墜地，地上有鏟頭竪柱傍，脚痃被傷，血如湧出，村中無藥，有僧道光於門扇上撮得𡋯塵掩定，血止痛定，兩日便靨堅。問道光：‘𡋯塵如何治得金瘡？’曰：‘古人用門桯塵者此也。’”又，《廣韻·青韻》：“桯，牀前長几。又音廳。”明焦竑《俗書刊誤》卷五：“桯音廳，牀前横木也。牀前几亦曰桯。”《康熙字典·木部》：“桯，《廣韻》他丁切，《集韻》湯丁切，並音汀。”按《廣韻·青韻》“桯”與“廳”、“聽”、“汀”同一小韻，音他丁切。

又，唐道宣《續高僧傳》卷五《釋僧旻》：“又進給床五十張，猶爲迫迮，桄桯摧折日有十數，得人之盛皆此類焉。”謂床横木及兩邊受力長木枋斷折。唐慧琳《一切經音義》卷九十一《續高僧傳卷第五》：“桄桯，上音光，牀下中間横桄也。《考聲》作横，横相於横字。下體丁反。《韻詮》云：碓桯也。即牀兩邊長汀也。亦名牀梃。傳文從悳作檍，非也，亦恐是書誤。著文者應從木作櫶，亦不成字。《考聲》作䅿也。”徐時儀校：“據文意似當爲‘横相當於桄字’。”按“牀兩邊長汀”即“牀桯”。“牀梃”亦即“牀桯”。傳文作“檍”，確爲誤書，當爲“櫶”形譌。而“櫶”從“聽”得聲，“牀櫶”即“牀桯”。

《大詞典》（3/1208）“床”、（7/803）“牀”字頭下均

未收錄以上詞形的複合詞。

《方言大詞典》（頁2832）“床桯”謂“床兩邊最受力的兩根長木”，江淮官話、西南官話、湘語、贛語。又“床廳”謂“床沿、床沿橫木”，西南官話、江淮官話、吳語。實際上“床桯”、“床廳”同詞異形，釋義及流行區域應一致。

磢 瓾 漺 摤 cuang[53]［ts‘uaŋ[53]］

用瓦石擦洗污垢。參《考釋》第91頁。補說於次。《山海經·西山經》“錢來之山，其上多松，其下多洗石”郭璞注：“澡洗可以磢體去垢圿。磢，初兩反。”郝懿行案：“磢當爲瓾。《說文》云：‘磋垢瓦石。’”《文選·木華〈海賦〉》：“飛沵相磢，激勢相沏。”李善注：“郭璞《方言注》曰：‘磢，錯。’漺與磢同。楚兩切。”唐韓愈《元和聖德詩》：“帝車迴來，日正當午，幸丹鳳門，大赦天下，滌濯剗磢，磨滅瑕垢。”明宋詡《竹嶼山房雜部》卷七《燕閑部一·藏古窰器》：“瓶壺內有垢，必磢之也。”趙南星《目前集·俗字》：“磢，初兩切，瓦石洗物。瓾同。”清胡文英《吳下方言考》卷八《磢》：“磢，音創。郭景純《江賦》：‘奔溜之所磢錯。’案磢，往來磨洗也。吳中謂往來磨洗垢膩曰磢。字從石爽聲。”道光二十一年《遵義府志》卷二十《風俗》、光緒二十一年《敘州府志》卷二十一《風俗》、民國十年《新修合川縣志》卷三十《風俗·方言》、民國二十三年《華陽縣志》卷五《禮俗·方言》、民國二十四年《蓬溪縣近志》卷七《風土篇·方言》、民國三十七年《貴州通志·風土志·方言》："去垢曰磢。音訕。"並採《蜀語》。清宣統《番禺縣續志》卷二《輿地志·方言》："廣州謂以瓦石擦物曰磢。"民國《息烽縣志》卷二十九《風土志·方言》："謂去垢曰磢。"民國二十一年《南溪縣志》卷四《禮俗下·方言》："磢，音訕，去垢也。"民國二十四年《雲陽縣志》卷十四《禮俗下·方言上》："磢，洗也。"前撰引李實《蜀語》（頁65）"去垢曰磢○磢音訕"，黄仁壽等校注："李氏'音訕'乃方音。"下引《西昌志》亦謂"漺"之"俗讀若訕"。按《康熙字典·石部》："磢，《廣韻》初兩切，《集韻》、《正韻》楚兩切，並音搶，瓦石洗物也。"按初兩切今音chuǎng，蜀方言音[tsʻuaŋ⁵³]，音"訕"與《廣韻》及筆者所知今蜀方音不合，俟再考。《重方》（頁51）"磢"音cuang⁴，謂"用木棒撞擊物體洗去污垢"，"'磢'本爲洗石，引申作動詞'磢洗'。重慶話言'磢'爲古語之遺"。

亦作"瓾"。《說文·瓦部》："瓾，瑳垢瓦石也。从瓦，爽聲。"徐鍇繫傳："以碎瓦石瓾去瓶內垢。"段玉裁注："用瓦石去垢曰瓾。《方言注》曰：'漺，錯也。'漺與磢同。《海賦》曰'飛澇相磢'，《江賦》曰'奔溜之所磢錯'，磢即瓾。"《禮部韻略·養韻》："瓾，除垢瓦石也。"《五音集韻·養韻》："磢、摤、瓾、𪗋，初兩切，瓦石洗物。"《正字通·瓦部》："瓾，疏朗切，音爽，《說文》：'磋垢瓦石。'"《古今通韻·養韻》："磢，楚兩切，以碎瓦石去垢也。瓾，上同。"明吳琉《三才廣志》卷三百五十六《浴字解》："以碎瓦去身上垢曰瓾。音爽。”

或作“漺”。《方言》卷十三：“漺，淨也。”錢繹箋疏：“《玉篇》：‘漺，淨也，冷也。’《説文》：‘瓾，磋垢瓦石也。’徐鍇傳曰：‘以碎瓦石瓾去瓶內垢也。’《西山經》：‘錢來之山，其下多洗石。’郭注云：‘澡洗可以磢體去垢圿。’木華《海賦》：‘飛湧相磢。’李善注引《方言注》云：‘漺，錯也。’即此注文，今本誤脱耳，皆疑亦字之訛。漺、瓾、磢聲義並同。郭氏《江賦》云：‘奔溜之所磢錯。’李善注引《廣雅》：‘錯，摩也。’漺、錯一聲之轉。”民國三十一年《西昌縣志》卷五《禮俗志·方言》：“去垢曰漺。音爽，俗讀若訕。”

又作“摤”。《集韻·養韻》：“摤，磨滌也。或作磢。”《五音集韻·養韻》：“磢、摤、瓾、𤬪，初兩切，瓦石洗物。”《正字通·手部》：“摤，舊註音愴，瓦石洗物，與《石部》‘磢’註同。摤與磢通，从石指其物，从手指其事，分爲二，非。”《康熙字典·手部》：“摤，《集韻》楚兩切，倉上聲，磨滌也。或作磢。从石指其物，从手指其事。別見《石部》‘磢’字注。”《音韻闡微·養韻》：“磢，《廣韻》初兩切，《集韻》楚兩切，今用楚養切。《正韻》：‘瓦石洗物。’《集韻》作‘摤’。”

按《大字典》(二/5/2625)“磢”②“用瓦石擦洗污垢”；③“磨擦”，首引《文選·郭璞〈江賦〉》：“潛演之所汩淈，奔溜之所磢錯。”張銑注：“磢，磨也。言奔溜急而磨錯岸石。”又(3/1533)“瓾”(一)chuǎng，謂“用碎瓦石磨去污垢。也称作‘瓬瓾’”。又(1844)“漺”謂“同‘磢’。磨擦，碰撞”，與“磢”同引《文選·木華〈海賦〉》“飛湧相磢”唐李善注：

"郭璞《方言》注曰：'淶，錯也。'淶與磢同。"兩處"《方言》注"之"注"字當迻於書名號內。既然文獻每言"磢"、"甈"、"淶"同，則《大字典》"磢"②③兩義項可合併。又（4/2059）"摤"謂"同'搶'"，未及上引文獻義。

《大詞典》（7/1100）"磢"①"磨擦"，首引《海賦》；②"洗滌；清除"，首引《山海經》郭璞注：兩義可合併。又（6/83）"淶₂"音chuǎng，"同'磢'。磨擦；碰撞"，引《海賦》及李善注。又（5/295）"甈"音shuǎng，謂"沒有燒透的瓦器"；又（6/832）"摤"音qiǎng，①"同'搶₂'"：上兩詞未及瓦石洗垢義。

《方言大詞典》（頁7217）"磢"①"用沙石、瓦片等擦洗"，膠遼官話、江淮官話、西南官話、客話、粵語。又（頁7013）"甈"謂"用碎瓦石撞去污垢"，膠遼官話，未涉及西南官話。

剙 cuang^{53} [tsʻuaŋ^{53}]

傷皮。《廣韻·養韻》："剙，皮傷。"《類篇·刀部》："剙，皮傷也。"《韻會舉要·養韻》："剙，肉傷也。"《康熙字典·刀部》："剙，《唐韻》初兩切，《集韻》、《韻會》楚兩切，並音愴，皮傷也。"《古今通韻·養韻》："剙，肉傷也。"明李實《蜀語》（頁99）："傷皮曰剙○剙，音瘡上聲。"趙南星《目前集·俗字》："剙，皮傷。"清道光二十一年《遵義府志》卷二十《風俗》、光緒二十一年《敘州府志》卷二十一《風俗》、民國十年《新修合川縣志》卷三十《風俗·方言》、民國二十三年《華陽縣志》卷五《禮俗·方言》、民國二十四年《蓬溪縣近志》卷七《風土篇·方言》、民國三十七年《貴州通志·風土志·方言》："傷皮曰剏。瘡上聲。"張慎儀《蜀方言》卷上（頁297）："傷皮曰剏。《集韻》：剏，音愴。皮傷也。今讀瘡上聲。"民國十五年《簡陽縣志》卷二十二《禮俗篇·方言》、民國二十一年《萬源縣志》卷五《教育門·方言》："皮傷曰剏。"民國二十六年《犍爲縣志·居民·言語·方言》："傷皮曰剏。音瘡上聲。"今蜀方言仍"音瘡上聲"，讀［tsʻuaŋ⁵³］，舌尖前音。

《大字典》（二/1/386）"剏"謂"皮傷"，引《廣韻》及清王宏嘉《華山志槩》。《大詞典》未收。

《方言大詞典》（頁6455）"剏"②"傷皮"，西南官話。

翠 滜 cui²¹³［tsʻuei²¹³］

色彩鮮豔。參《考釋》第94頁。項楚師《變文字義零拾·翠》條有詳考，所舉書證如《文選·嵇康〈琴賦〉》："新衣翠粲，纓徽流芳。"李周翰注："翠粲，鮮色。"《敦煌變文集·維摩詰經講經文》："輕羅拭體，吐異種之馨香；薄縠挂身，曳殊常之翠彩。"《敦煌變文集補編·十吉祥》："五德之雞産鳳凰，靈禽表瑞法中王，毛分五彩雲遐（霞）翠，日（目）鬥雙珠日月光。”宋陸游《老學庵筆記》卷八：“東坡牡丹詩云：‘一朵妖翠欲流。’初不曉‘翠欲流’爲何語。及遊成都，過木行街，有大署市肆曰‘郭家鮮翠紅紫鋪’。問土人，乃知蜀語鮮翠猶言鮮明也。東坡蓋用鄉語云。”王應麟《困學紀聞》卷十八引《琴賦》注後說：“以鮮明爲翠，乃古語。”[①]明楊慎《升菴集》卷六十三《鮮明曰翠》：“嵇康《琴賦》：‘新衣翠粲，纓徽流芳。’翠粲，鮮明之貌。注引班姬《自悼賦》‘紛綷縩兮紈素聲’，以爲衣聲，非也。綷縩自是衣聲，翠粲自是鮮明之貌，不必同也。駱賓王文‘縟翠萼於詞林，綷鮮花於筆苑’，以翠對鮮，可以證之。又東坡詩‘兩朵妖紅翠欲流’，高似孫《緯畧》云翠謂鮮明之貌，非色也。今俗猶然。不然既曰紅矣，又曰翠，可乎？”[②]清翟灝《通俗編》卷三十四《狀貌·翠》：“《文選·琴賦》：‘新衣翠粲。’李周翰注：‘翠粲，鮮色。’以鮮明爲翠，乃古語。”道光二十一年《遵義府志》卷二十《風俗》、光緒二十一年《敘州府志》卷二十一《風俗》、民國十年《新修合川縣志》卷三十《風俗·方言》、民國二十四年《麻城縣志續編》卷一《疆域·方言》、民國二十四年《蓬溪縣近志》卷七《風土篇·方言》、民國三十七年《貴州通志·風土志·方言》：“凡顏色鮮明曰翠。”民國二十三年《華陽縣志》卷五《禮俗·方言》：“顏色

① 參見《敦煌文學叢考》，上海古籍出版社，1991年4月第1版，第122—123頁。

② 駱賓王《上李少常啟》，載《全唐文》卷一百九十八，《駱丞集》卷三題“上兗州啟”，“鮮花”均作“仙花”。楊氏引作“鮮花”，與“翠萼”對舉。

鮮明曰翠。”蔣禮鴻《〈義府續貂〉補》：“湯顯祖《牡丹亭·驚夢》：‘翠生生出落的裙衫兒茜。’《紅樓夢》第四十回：‘這個紗新糊上好看，過了後兒就不翠了。’皆鮮新之義，不獨蜀語爲然也。又任防《述異記》云：‘楚中有宮人草，狀如金萱，而甚氛氳，花色紅翠。’翠義蓋同。”①《川方》（頁51）“翠”謂“形容色彩鮮艷”。《川方匯釋》（頁37）“翠”謂“顏色鮮艷，色彩鮮明”。《成都話》（頁37）“翠”謂“色彩艷麗，鮮明”。梁國均《從〈蜀語〉看四川方言語彙的構成和來源》引蘇軾詩、陸游《老學庵筆記》及《蜀語》，謂“今四川方言言鮮美之物顏色‘翠生生的’本此”②。黃尚軍《四川方言與民俗》：“今四川人仍將‘色彩鮮明或鮮艷’說爲‘翠’或‘翠泛、鮮翠、翠生生的’。”③又說“翠呼呼的”。《川方》（頁51）“翠呼呼”謂“形容很翠的顏色”。

本字或當作“漼”。《說文·水部》：“漼，新也。”徐鍇繫傳：“按《詩》‘漼其深矣’，又‘新臺有漼’，本皆如此字，醋餒反。”段玉裁注：“謂水色新也。如玉色鮮曰玼。《廣韻》曰：‘新水狀也。’”桂馥義證：“徐鍇曰《詩》‘新臺有漼’，本此字。馥按《詩》作‘洒’，《釋文》‘洒，此罪反’，《韓詩》作‘漼’，音同，云鮮貌。”清馬瑞辰《毛詩傳箋通釋》卷四：“《韓詩》作‘漼’，訓鮮貌爲確……《繫傳》引《詩》‘新

---

① 《杭州大學學報》1989年第4期。

② 《川北教育學院學報》1991年第2期。

③ 四川人民出版社，2002年1月第2版，第227頁。

臺有漼’，云字本作‘漼’。《說文》：‘漼，新也。’《廣韻》：‘漼，新水狀也。’亦與《韓詩》訓‘漼’爲‘鮮’同義。”錢大昕《十駕齋養新錄》卷十九：“《說文》：‘漼，新也。’七罪反，與翠同音。故謂鮮新爲鮮翠。”項楚師說：“由《說文》的‘漼’延續到現代成都方言的‘翠’，可謂源遠而流長矣。”[①]姜亮夫《昭通方言疏證》（312條）：“昭人謂凡顏色鮮明，曰翠。……又考《說文》‘漼，新也，七罪切。’錢大昕謂即鮮翠字，則漼爲本字，翠則同音借也。”

《大字典》（二/6/3571）“翠”⑤“色彩鮮明”，首引蘇軾詩。又（3/1886）“漼”音cuǐ，謂“水色新”，首引《說文》及段注，未涉及與“翠”的關係。《大詞典》（9/658）“翠”④“鮮明”，首引蘇軾《和述古冬日牡丹》詩。未收“漼”字。

《方言大詞典》（頁6970）“翠”①“色彩鮮明、艷麗”，西南官話。

① 參見《敦煌文學叢考》，上海古籍出版社，1991年4月第1版，第123頁。

D

搭 搭 撘 dɑ²¹ [ta²¹]

打；擊。《集韻·合韻》："搭，擊也。"《龍龕手鏡·手部》："搭，音荅，打也。"《康熙字典·手部》："搭，《唐韻》都合切，《集韻》、《韻會》德合切，並音答，擊也。"《隋書·裴藴傳》："帝問蘇威以討遼之策，威不願帝復行，且欲令帝知天下多賊，乃詭答曰：'今者之役，不願發兵，但詔赦羣盜，自可得數十萬……一歲之間，可滅高麗矣。'帝不懌曰：'我去尚猶未克，鼠竊安能濟乎？'威出後，藴奏曰：'此大不遜，天下何處有許多賊！'帝悟曰：'老革多姦，將賊脅我。欲搭其口，但隱忍之，誠極難耐。'"《資治通鑑》卷一百八十三隋煬帝大業十二年作"欲批其口"，則"搭"謂"批"。《北史·李彪傳》："南臺中取我木手去，搭奴肋折。"唐劉餗《隋唐嘉話》卷下："蘇良嗣僕射遇諸朝，懷義偃蹇不爲禮，良嗣大怒，使左右牽拽，搭面數十。"明李實《蜀語》(頁112)："擊曰搭

○搭音答。《五聲譜》：‘搭，打也。’如漂洗曰搭，抖塵亦曰搭。”[①]清道光二十一年《遵義府志》卷二十《風俗》、光緒二十一年《敘州府志》卷二十一《風俗》、民國十年《新修合川縣志》卷三十《風俗·方言》、民國三十七年《貴州通志·風土志·方言》：“擊曰搭。音答。”

亦作“搨”。《廣韻·合韻》：“搨，打也。出《音譜》。”[②]《正字通·手部》：“搨，同搭。分搭、搨爲二，誤。”《康熙字典·手部》：“搨，《唐韻》都合切，同搭。”《魏書·李彪傳》：“（彪）高聲大呼云：‘南臺中取我木手去，搭奴肋折！’”按上引《北史·李彪傳》作“搨”。

或作“撻”。《說文·手部》：“撻，鄉飲酒，罰不敬，撻其背。”《玉篇·手部》：“撻，笞也。”《康熙字典·手部》：“打與撻同義。楊慎曰：‘《尚書》撻音入聲，又轉上聲，俗用打爲撻。’然从撻轉音亦未合。今讀德馬切，答上聲爲正。”《書·益稷》：“侯以明之，撻以記之。”僞孔傳：“笞撻不是者，使記識其過。”《孟子·梁惠王上》：“可使制梃以撻秦楚之堅甲利兵矣。”《列子·黃帝》：“斫撻無傷痛。”張湛注：“撻，打也。”元王禎《農書》卷四《收穫篇》：“田家刈畢，稛而束之，以十束積而爲穛，然後車載上場，爲大積積之，視

---

① 明末郝敬主張“聲音隨方俗”，打破韻書常規，以其家鄉湖北京山話爲基礎編寫韻書，是爲《五聲譜》，是韻書中的另類著作，今京山話與《五聲譜》的語音系統一脈相承，是研究湖北方言史的重要文獻。《五聲譜》著錄本《音譜》。

② 《隋書·經籍志》：“《音譜》四卷，李槩撰。”《北史·李靈傳附公緒》：“公緒弟概，字季節，少好學。……撰《戰國春秋》及《音譜》，並行於世。”

農功稍隙，解束以旋，旋鑱穗，撻之。”民國二十四年《萊陽縣志》卷二十一《禮俗·方言》:“手或物擊人曰撻。”“搭”或“搭”既有“打”、“擊”義，上引《蜀語》“漂洗”、“抖塵”均可謂“搭”，一如“打”字之泛用矣。《重方》(頁52)“撻”音da², ②“摔打使禾把脱粒的動作”。

《大字典》(二/4/2024)“搭”(一)①音dā, 謂“擊; 打”，首引《集韻》。又(2076)“搭”謂“同‘搭’”，首引《廣韻》。又(2068)“撻”音tà, 謂“用鞭、棍等打人”，首引《説文》。

《大詞典》(6/734)“搭₁”謂“亦作‘搭’”，①“擊，打”，首引《魏書》。又(852)“撻”①“用鞭子或棍子打”，首引《書》。又(880)“搭”謂“同‘搭₁’”。

打瓜 $da^{53}gua^{55}$ [$ta^{53}kua^{55}$]

躉賣或買。《説文·夊部》:“夃，秦以市買多得爲夃。从乃从夊，益至也。”桂馥義證:“買當爲賣。”潘奕雋通正:“《論語》‘求善賈而沽諸’，石經作‘求善賈而賈諸’，《玉篇》引作‘夃’。夃，正字; 賈，通字; 沽，借字也。”“夃”爲買賣獲利也。清胡文英《吳下方言考》卷三《夃》:“夃音沽。許氏《説文》:‘秦人以市買多得爲夃。’案多得，都得也、總得也。吳中謂木石類總計而盡賣之爲夃。夃，猶估也、箍也，估計其物而盡箍買不遺也。”民國二十四年《萊陽縣志》卷三之二

《禮俗·方言》：“全買曰夃（古）底，亦曰欱（音如哈）莊，亦曰括莊；全賣曰撮底。”據歐陽修《歸田錄》卷二所云“打”宋初已泛化，《大字典》（二/4/1930）“打”㉒“買”，引清劉獻廷《廣陽雜記》及《儒林外史》等，自然“打”也可指“賣”。民國十八年《衢縣志》卷八《風俗志·方言》：“捲物而逃曰打瓜精。”“打瓜”亦當謂捲其所有矣。民國二十八年《巴縣志》卷五《禮俗·方言》：“《玉篇》曰：‘夃，今作沽。’引《論語》‘求善價而沽諸’。巴語謂市買舉所有而統購之曰大夃，音謞爲打瓜。”“大夃”似即“打夃”，如市井口語謂買賣東西曰“打跟我”、“打跟你”，音小變爲“打瓜”，就順理成章了。清傅崇矩《成都通覽·成都之詐騙》（頁208）：“賣假藥，名叫根根棚，又名賣方香。……裝塊藥鋪先生，假說真正方香，多年不見，今天這個盲子帶來此藥，甚是難得。你莫賣了，我與你打瓜。”“打瓜”謂全部買下。姜亮夫《昭通方言疏證》（504條）：“昭人言兜底、一次出賣籃中什物曰打瓜。”《川方》（頁56）“打瓜”謂“賣剩的東西（主要是農產品），躉賣或躉買”。《川方彙編》（頁195）“打瓜”謂“將剩餘物品一次賣出或買進”。《成都話》（頁39）“打瓜”①“把餘剩的貨物全部廉價賣掉或買下”。《成方》（頁85）“打瓜”謂“把賣到最後剩餘的東西全部廉價賣掉或買下”。

《大詞典》（6/312）“打瓜”謂“西瓜的一個品種，果實較小，種子多而大。栽培這種瓜，主要爲收它的種子供食用。亦指這種瓜的果實。吃時多用手打開，故名”，未及“躉賣或買”義。

《方言大詞典》（頁1015）“打瓜”①“把剩下的東西低價一次賣完或買下”，蘭銀官話、西南官話。又（頁1045）“打瓜了”謂“剩下的全部買下”，中原官話、西南官話；“打瓜買”謂“全部買下”，西南官話；“打瓜賣”謂“躉賣；全部賣掉”，西南官話。

打㓐 $dɑ^{53}liɑ^{213}$［$ta^{53}lia^{213}$］

大田插秧先從中以整齊直行分田爲兩半，俗稱“打㓐”。如清光緒三十三年《廣安州新志》卷三十四《風俗志》：“秧插大田，東西一線，曰打直行。”“打㓐”就是“打直行”。《正字通·禾部》：“㓐，禾行列齊也。”清唐訓方《里語徵實》卷中下：“蒔田當中直行曰打㓐。㓐音列。《正字通》謂‘禾行列齊也，故從列，與木行生者作栵義同’。俗於分秧時無所倚傍，獨當中一蔸取直，蒔去不見灣曲以見手段，名曰打㓐。”《廣韻·薛韻》“㓐”音良薛切，今音liè，蜀語音［lia^{213}］。筆者二十世紀七十年代中期在川北梓潼生產隊勞動時即曾“打㓐”，因五六畝大的水田，插秧時隨秧苗根部施拳頭大小的農家肥，而肥料堆積在田四周，故需從中分田爲兩半，打㓐完成，另半部分即可從相反方向緊靠“㓐”開插。確如唐氏所言，大田中一兩百米長的秧行筆直需要一點真功夫，打㓐打得好，往往會受到大家尊敬。

《大字典》（二/5/2876）“㓐”音liè，②“禾苗行列整齊”，引《正字通》。《大詞典》(8/73)“𥝩”謂“亦作‘梨’。黍莖，可製帚”，未及禾苗行列整齊義，亦未收“打𥝩”。

《方言大詞典》(頁1029)“打𥝩”謂“插秧時先插當中的直行（不使彎斜）”，贛語。

打擺子 $da^{53}bai^{53}zi^{53}$ [$ta^{53}pai^{53}ts'ɿ^{53}$]

患瘧疾。清趙翼《簷曝雜記》卷五：“瘧疾曰打擺子。”當謂“患瘧疾曰打擺子”。民國二十五年《當塗縣志·民政志·方言》：“病瘧曰打擺子。身體顫搖，故云擺。”民國《普安縣志》卷十《風土志·方言》：“瘧疾曰熏□烟，又曰打擺子。”民國十五年《簡陽縣志》卷二十二《禮俗篇·方言》：“得瘧疾曰打擺子，又曰撽黃牛。”按《集韻·蕭韻》：“撽，遮也。或从手。”蜀方言讀[iau^{55}]，謂“驅趕”，参下“邀”條。民國十八年《合江縣志》卷四《禮俗·方言》：“打擺子，謂瘧疾也。”當謂患瘧疾也。如民國二十一年《南溪縣志》卷四《禮俗下·方言》：“打擺子，謂患瘧疾也。”民國二十三年《樂山縣志》卷三《方輿志·方言》：“患瘧疾曰打擺子。”周芷穎《新成都》第四章第二節《語言》(頁59)：“抱鷄婆打擺子——又仆又顫。”老舍《四世同堂·序幕》：“在這年月而要安心寫百萬字的長篇，簡直有點不知好歹。算了吧，不再說什麽了！三十四年四月一日，在打擺子中。老舍北碚。”周而復《上海的早晨》第一部2：“也在打擺子。”吳東峰《親歷東北戰局大轉折——開國將軍宋維栻紀事》："程軍長爲了不影響軍心，特囑宋維栻，千萬不可說他負傷了。當時宋維栻不太明白其意，程子華又補充道：'别人問起我，就說我打擺子了！'"①《川方彙編》（頁70）、《成方》（頁87）"打擺子"謂"發瘧疾"。《川方匯釋》（頁39）、《成都話》（頁40）、《重方》（頁54）"打擺子"謂"患瘧疾"。

又，不但人"打擺子"，動物也"打擺子"。清佚名《豬經大全》："猪打擺子 治法：榔片、常山、陳皮、青皮、厚朴、草果、甘草煎之露后温服。"

《大詞典》（6/335）"打擺子"謂"方言。患瘧疾"，首引公劉《太陽的家鄉》。《方言大詞典》（頁1076）"打擺子"①"患瘧疾"，東北官話、北京官話、冀魯官話、膠遼官話、中原官話、晉語、蘭銀官話、江淮官話、西南官話、吴語、湘語、贛語、客話、粵語、閩語、土話。

打保福　打保符 $da^{53}bao^{53}fu^{21}$ [$ta^{53}pau^{53}fu^{21}$]

一種驅鬼禳邪的迷信活動。參《考釋》第99頁。清定晉巖樵叟《成都竹枝詞》："當年後主信神巫，今日端公即是徒。鑼鼓喧天打保福，包頭斟酒會招呼。"嘉慶十七年《漢州志》卷十五《風俗》："有疾延巫祈禱，曰打保福；無疾亦爲之，曰太平保福。"光緒十七年《巴陵縣志》卷五十二《雜識二》："鄰里有

① 《同舟共進》2011年第2期。

病，眾人代延僧道祈禱，名曰打保福。”傅崇矩《成都通覽·成都之小兒女歌謠》（頁256）：“你臉啷個這麼黃？我在害病。你怎不請先生看？吃藥不聽。你怎不打保福？沒得人與我敲磬。”民國二十一年《萬源縣志》卷五《教育門·端公》：“端公之名，見於《元典（章）》，其稱古矣。鄉人或病，多不信醫，屬巫詛焉，名曰跳端公，又名扛神。巫至恒以夜，設小案，供布繪神案及木偶翻壇、五猖等神。病家取米一升，插牌及香燭其上。巫戴觀音或七佛冠，着紅法服，左手執環刀，俗名師刀，丁琮急響，右手執令牌，首圓末方，上刻符諱，吹角歌舞，抑揚拜跪，以娛其神。電轉風旋，散燒錢紙，中有叩師、退病、招魂、破廟諸動作。預先斬茅作人，衣病者衣，侑以酒食，載以茅舟，出門焚之，名曰揹茅替代。又巫者載（戴）龍神面具替病，謂人運不佳，則替後必患病。又或禳星拜斗，向東嶽神位前請十三人具保，謂之打保福。”民國二十一年《馬關縣志·風俗志·迷信瑣記》：“打保福，又謂之抓生替死。病久醫藥無效，則央求親友數人，具名於神鬼前，爲病人躭保，巫師行法，代申其意。夜深，巫者頭披紙錢，手執茅人，口螺角而步蹣跚，游行街巷，怪呼號叫，微有響應，即謂生魂已得，病者可以不死。居民知其事者，必儆告家人，聞聲不可應答，一答則魂隨聲去矣。”民國二十九年《開陽縣志稿》第九章《社會·風俗》：“有延俗稱端公之巫，設武壇而燒胎，而叫魂，而鋪節盤，而慶壇，而打保福者，與潑水飯等同一爲迷信之事。”

亦作“打保符”。清傅崇矩《成都通覽·成都之執業人及種類》（頁194）：“端公，即巫教也。……所演之法事有解結、度花、打梅山、接壽、打保符、收鬼等名目。”又《成都之迷信》（頁249）：“各種迷信名目：……打飽服。”“飽服”爲“保符”之音借。民國二十二年《綿陽縣志》卷一《疆域·風俗·俗語》：“延巫禱疾曰打保符。”李劼人《死水微瀾》第五部分：“眾人更相信遇了邪，找了個端公來打保符，又送了個花盤。”原注：“端公是巫師的尊稱。打保符、送花盤，是端公禳鬼術之一。”[①] 民國三十七年《清鎮縣志稿》卷六《風土述要·習俗》：“惟現正流行之叫魂、燒胎、打保符、慶壇等，不謂之爲迷信亦非也。”《川方彙編》（頁28）“保符”謂“迷信者祈神消災保安之儀式。例：請個端公來打保符”。

又，清光緒三十四年《續修敘永永寧廳縣合志·雜類志·瑣談》：“打保復……凡人有疾病，請鄉間年高有德望者十人，令道流作科儀東岳帝前，聯名具保，又謂之打十保，愈後謝神酬恩，仍將保結取還。此俗相沿已久矣。”民國三十七年《興義縣志》第十一章第二節《風俗》：“本邑城區人民知識較高，猶多迷信鬼怪之家，如人有疾病，請道士求神打保護、拿毛替死，請巫女放陰，望祖宗神靈默佑，城區多有，鄉村則觸目皆是。故常有明有青天，暗有鬼神之談。”“保復”亦“保福”音借，作“保護”亦通。

以上各詞形《大詞典》均未收錄。《方言大詞典》（頁1064）“打保福”謂“一種用來驅除晦氣，祈求福祐的迷信活動”，西南官話。

---

① 《李劼人選集》第一卷，四川人民出版社，1980年2月第1版，第167頁。

打老庚 dɑ⁵³lɑo⁵³gen⁵⁵ [ta⁵³lau⁵³kən⁵⁵]

與同庚的人結爲親密朋友。參《考釋》第106頁。清劉省三《躋春臺》卷一《失新郎》："云開有個老庚，姓劉名鶴齡……其父見子有造，次年送進書院，即與羅云開同窓，問及年紀，就打個老庚。"又卷四《螺旋詩》："陳忠聰明，但少刻成，多不好學。是年從何老師讀於西林寺，師有外甥席成珍，住龍門縣，因看舅在館閑耍，與陳忠同年同月，二人打個老庚，情投義合，留家款待，極其親熱。""打老庚"，顯然不是同庚的人就是老庚，需對方認可，彼此結爲親密朋友。唐樞《蜀籟》卷一（頁22）："不得近身打個老庚，不得相好認個老表。"也是說通過"打老庚"、"認老表"拉近彼此的關係，之所以如此，也是要對方認可纔會拉近距離。民國二十一年《渠縣志·禮俗志第五·卷下風俗》："渠人締交，輒繕齒錄，具書三世伐閱而互易之，以爲質焉。其次，則聯同甲設矢於神前，名曰打老庚，互稱曰庚兄庚弟，戚友則具爆竹以賀，酬醋之費，有耗至數十金者。"亦其明證。《川方彙編》（頁85）"打老庚"謂"結交同歲友人"。

百度搜索"打老庚"，內容非常豐富，現錄轉帖"打老庚”[1]於次，遺憾的是不知作者爲誰，寫的是哪裏的風俗：

在我的幼年時代，民間流傳着“打老庚”的習俗。“打老庚”又叫“認老庚”，一般是依據以下情況打老庚的。

一是同性而不同姓；二是年齡相近。同年或不同月，要是同年、同月、同日出生者那就更好，稱“真老庚”；也有不同年出生，年齡相差幾歲而打老庚的，稱“斜角老庚”。三是男性老庚多於女性老庚。男女之間是不能打老庚的，後者不如前者親近、公開、交往密切；四是門當户對。貧窮人家不與富家子女打老庚，自認“己不如人，趕不上板”；五是打老庚不受民族、地域限制，鄰居或遠方朋友，祇要性格接近，情趣相投，都可成爲老庚。

老庚稱呼對方的父母叫“同年爹”、“同年媽”，同輩年長者稱哥哥、姐姐，年幼者亦稱弟、妹；老庚的夫人，比自己大叫“庚庚嫂”，小者叫“×（姓）妹”。也有跟着孩子叫“同年爹”或“同年媽”的；對方的父母稱呼自己叫“同處兒”或“同年女”，往往當作自己子女一樣對待，但不能互相繼承財產。

打了老庚後，就來往頻繁，互相照應，親如兄弟了。我家鄉的人們最喜歡打老庚，有張老庚、王老庚……成了老庚的世界，有首民謠喝（唱）得好：“村東張老庚，村西李老

① http://tieba.baidu.com/f? kz=132964507。

庚，北有劉老庚，你若走错路，碰到吴老庚。”

我也曾打過老庚。解放前，我在本村劉氏私立小學讀書時，結識了本村劉世民之二子劉家顺，兩人不僅志趣相近，而且姓名中都有一個“順”字。據父輩說，取名順字可以百做百順，一生好運，於是就“打老庚”了。

實際上他年長我兩歲，是“斜角老庚”。他的父母非常喜愛我，“同年兒”前，“同年兒”後地叫，怪親熱呢！我也樂意在他家玩耍餐宿，一住幾天不回家，害得我父親、姐姐，多次尋找。一次在劉老庚家找到了我。“就知道你在這裏！”父親樂哈哈地說。

我倆老庚，不管在缺衣少食的艱苦年代，或在國家昌盛，人們安居樂業的今天，總是一往情深，視他樂爲我樂，視我憂爲他憂。他比我早幾年參加工作，曾任供銷社主任一職，對我幫助很大。在我未參加工作而又忙於養家糊口的艱難歲月，多次接濟過我，曾將配戴多年的“梅花鹿”牌手錶贈送給我，使我第一次嘗到了戴手錶的滋味。

多年來，我倆從來未紅過臉，他父親百年歸壽時，我還披麻戴孝，走在老庚後面爲同處爹送行，向老人家敬（盡）孝。

我倆各自的子女，也互叫我們“同處爹”、“同處媽”，他（她）們更是情同手足，親如一家。

……除此而外，經我爸爸、姐姐的撮合我還認了代如棟、劉光根、胡志明、雷多文、羅秀章五人爲老庚，可謂“老庚之最”了，我們也親如兄弟，常來常往。

以上可能反映的是某地的漢族風俗。百度文庫“酒文化之三”[①]說到黔西南布依族“打老庚”：

> “打老庚”可理解爲“結拜兄弟”或結交同年好友。異姓小伙子，不論生辰年月是否相同，祇要年齡相差無幾，徵得父母固（同）意便可約定日子聚飲，結拜爲“老庚”。此儀式之後，雙方父母即把“打老庚”者都當作自己的兒子對待。
>
> 又如四川黑水縣的羌族，同輩同年的年輕人，不論男女皆可“打老庚”，祇是男女分別舉行活動而已。

後例有點含混，是說男女之間也可打老庚？但“男女分別舉行活動”，則“打老庚”是否就失去了意義？如果說不僅男的打老庚，女子之間也打老庚，自然是男女分別活動了。

雨中行博客“老庚釋疑”[②]［原創 2009-05-03 22］說：

> “老庚”是地方的方言，各民族在自己的語言中都有相應的稱呼。音譯爲：藏語叫“沙耕”、白族語叫“摟給”、納西語叫“摟友”、傈僳語則將其稱爲“嘎戳”。
>
> ……打老庚，是我國西南各省少數民族地區獨特的習俗，是一種人際間的交往方式。儘管不同的民族對老庚有不同的稱呼，但交結形式大同小異。即兩人同一年出生，且又

① 中華五千年網（www.zh5000.com）。

② http://bkd0531.blog.hexun.com/32330536_d.html。

友誼濃厚的同性青年結爲兄弟或姐妹。一旦結爲“老庚”，就像同胞兄弟一樣，相互關愛尊敬，“花朵依着葉片片，庚哥依着庚兄弟”，“庚哥屋漏第（弟）送瓦，庚第（弟）有病哥請醫”。“有福同享，有難同當”。老庚之間最痛苦最羞愧的事，莫過於反目成仇。因此雙方對老庚的誠摯關係都倍加珍惜。

同性之間結老庚，是常見的人際現象。一般男的叫老庚，女的叫老同。但是“打老庚”並不限於男人之間，在滇西北地方男女之間“打老庚”的情況也很常見。由於結爲“老庚”之後，彼此應盡相應的義務和責任。在結交“老庚”時往往都會慎重考慮，選擇情投意合的人作爲“老庚”，同時也會對對方的社會經濟地位作出考慮。人們一般都不會選擇和自己情況相彷的人“打老庚”，因爲“老庚”之間的交流不祇是情感方面的，同時也會起到經濟及其他利益的互補合作。

又如貴州省萬村千鄉網頁工程民俗文化“打老庚”（2011-09-05）①云：

打老庚是青壯年男性之間結拜兄弟的一種交際方式，一般是在與沒有房族關係和親戚關係的人共同相處和多次交往以後，認爲雙方關係融洽，情投意合，相互信任，且年齡相差不大，雙方有意結爲異姓兄弟，即“打老庚”。經一

① http://www.gzjcdj.gov.cn/wcqx/detailnew.jsp? id=239536。

方提出，雙方同意後便履行諾言，交換信物，信物可以是身上脫下的衣服或某種物品，如鋼筆、手錶、戒指等；有的相互對飲一杯酒，有的僅僅一句話，然後在場人鳴放鞭炮慶賀即可。打上老庚以後，互相以老庚相稱，子女們以“庚爹”稱呼，凡遇紅白喜事均以親戚關係相互往來，遇有起房造屋、農忙時節均鼎力相助，若遇困難相互援助。打老庚多數是一對一單獨進行，集體配對打老庚的情況極少，老庚之間一般終身往來，有的延續到下一代均有往來。

由此可見，“打老庚”的風俗流傳遠佈，漢族地區大概“男女之間是不能打老庚的”，但滇西北男女之間也“打老庚”，有的說要“門當戶對”，有的又“一般都不會選擇和自己情況相仿的人‘打老庚’”，真是一言難盡。

又說“結老庚”，而且女性也“結老庚”。湖南江永女書，是流行於江永縣及鄰近地區部分鄉村婦女中的一種罕見的民間變體字。據義年華老人講：

很古的時候，我們這地方有個姑娘，生下來就有九斤重，人家都叫她九斤姑娘。九斤姑娘很聰明，又能幹，姑娘們都喜歡和她結老庚。有的老庚住得很遠，九斤姑娘要和她們寫信，就造了女書。

我10歲起就跟伯娘學女書。那個時候的女人，不學不行。不懂得寫，也要讀得懂。什么都不懂就結不到“老庚”，要受人譏笑，說是不聰明、不能幹。

以上轉引自曲彥斌《中國民間秘密語》，“結老庚”注云：

"舊時習慣稱同年出生的好友爲'老庚'，江永地區則泛指要好的朋友，而不論是否'同庚'。互相要好就叫做'結老庚'。"[①]顯然也是需要相互認可的好友纔稱爲"老庚"，不同庚實即上引百度"打老庚"一文所說的"斜角老庚"。

百度"老庚"[②]條云：

> 老庚，即老同、同庚，指同年同月同日生的結交朋友，是湖南、湖北等某些地區的名詞。同性之間結老庚，在中國是常見的人際現象，相當於"拜把子"的性質。
>
> 一般男的叫老庚，女的叫老同。老庚、老同還可傳代。下一代稱父母輩老庚（同）爲"老庚（同）爺"、"老庚（同）娘"。有的稱老同的母親爲"寄娘"。

《大詞典》未收。《方言大詞典》（頁1047）"打老同"謂"結交朋友"，西南官話（雲南新平），未及"打老庚"。

打沒頭　打夾頭　打彌頭

$dɑ^{53}mi^{213}tou^{21}$ [$ta^{53}mi^{213}t‘əu^{21}$]

游泳時頭朝下沒於水中，北方話謂扎猛子。參《考釋》第104頁。"沒"亦作"頞"，潛入水中。《說文·水部》："沒，沈

① 三聯書店上海分店出版，1990年8月第1版，第141頁。

② http://baike.baidu.com/view/871591.htm。

也。从水，㲼聲。”段玉裁注：“沒者，全入於水。”又《頁部》：“頞，內頭水中也。从頁、㲼，㲼亦聲。”段玉裁注：“內者入也。入頭水中，故字从頁㲼，與《水部》之沒義同而别。今則頞廢而沒專行矣。”王筠句讀：“按頞與沒皆㲼之分别文，今專用沒。”《六書故》卷十《人三》：“頞，没頭水中也。”明焦竑《俗書刊誤》卷十一：“納頭水中曰頞。”黃侃《蘄春語》：“《說文》又部：㲼，入水有所取也，从又在回下；回，古文回；回，淵水也，讀若沫；莫勃切。後出字有頞，內頭水中也；有溭，沈也。吾鄉謂入水取魚者，曰㲼魚師；恒人入水，曰刺溭子；溭，讀眉至切。”楊樹達《長沙方言續考》三十《頞　揾》：“長沙今言人全身潛居水中曰頞。”又，或俗作“氼”。宋周去非《嶺外代答》卷四《俗字》：“廣西俗字甚多，如……氽音泅，言人在水上也；氼音魅，言没人在水下也。”趙與時《賓退錄》卷五：“《嶺外代答》於此外又記五字：氽音酋，言人在水上也；氼音魅，言没入水下也。”明田藝蘅《留青日札》卷三十八《古奇文》：“氼音魅，人沒於水下也。”清王應奎《柳南隨筆》卷二：“世有善泅者，往往能伏水底，謂之打沒頭，此即《莊子·達生篇》所謂沒人也。郭注：‘沒人謂能鶩沒于水底。’予按：鶩，鴨也。鴨性能沒水，故云鶩沒。”按多音詞“打沒頭”，已見於明末李實《蜀語》。又，清Adam Grainger《西蜀方言》（頁605）：“打個丨頭。”謂“to dice”，“丨”音“MI⁴”，當即“沒”。光緒五年《鎮海縣志》卷三十九《方言》引《蜀語》：“人躍入水底曰打沒頭。”民國二十八年《巴縣志》卷五《禮俗·方言》：

“《說文》：‘沒，沉也。’沉乃湛之借字（《說文》：‘湛，沒也。’‘沉，陵上滈水也。’‘滈，久雨也。’謂山水雨積停潦），謂全入於水。‘頞，內水中也。’今人躍入水中，良久頭起曰打沒頭，亦作頞頭。”

又作“打夾頭”。明陳士元《俗用雜字》：“人沉水中曰溺，一作夾，又音寐，俗云打夾頭。”焦竑《俗書刊誤》卷十一同。邵則遂《陳士元〈俗用雜字〉中的應城方言詞》謂“應城話有‘打夾頭’（捏住鼻子在水下潛行）夾音$mei^{?}$或$mi^{?}$”①。

亦記音作“打彌頭”。唐樞《蜀籟》卷一（頁6）：“一碗水都要打個彌頭。”又卷二（頁102）：“對了就出風頭，不對就打彌頭。”又卷四（頁293）：“鈷山杍（打）彌頭。”又“見水瀰”，“瀰”亦記音。

今蜀方言音義並存。前撰引李實《蜀語》（頁93）：“沉水曰沒○沒，莫佩切，迷去聲，讀若寐，不作入聲。人躍入水底曰打沒頭。”黃仁壽等校注：“今蜀地俗語猶然，‘沒’正讀‘莫佩切’。”今讀“迷去聲”。《川方》（頁59）“打迷頭（打瀰頭）”音da^{3}=$mi^{4}tou^{2}$，①“扎猛子”；又（頁229）“沒頭兒（瀰頭兒）”謂“猛子”，“又叫*水沒子”，“沒子（迷子）”。《川方匯釋》（頁44）“打湣頭兒”音dǎ mìn tōur，謂“游泳時，潛入水中，過一會兒再露出水面。‘打湣頭兒’亦作‘鰮命頭兒’”。《成都話》（頁45）“打迷頭兒”謂“潛泳。又說‘栽迷頭兒’”。《成方》（頁84）“打□頭兒”亦作“栽□頭兒”，

---

① 《語言研究》2008年第4期。

謂“在水面以下游泳”；又（頁169）“栽□頭兒”謂“⇨〖打□頭兒〗”，“□”本字當作“沒”。《重方》（頁404）“栽彌頭兒”謂“游泳時，頭朝下迅速鉆到水裏的動作，即北方人所謂‘扎猛子’”。參下“沒頭兒”條。

以上各詞形，《大詞典》均未收錄。《方言大詞典》（頁1054）“打沒頭”謂“潛泳；扎猛子”，西南官話；“打沒貫”謂“潛泳；扎猛子”，吳語。又（頁1060）“打彌頭”謂“游泳時頭朝下鉆到水裏”，西南官話。又（頁1064）“打迷頭”，西南官話，①“游泳時頭沒入水中”，②“比喻不露面”，也作“打迷頭兒”。又（頁1070）“打頦字”謂“把頭沒入水中”，西南官話、吳語，其實應作“打頦子”。

打瓶夥　打平夥　打平伙　打平火　打平和

dɑ^{53}pin^{21}ho^{53}［ta^{53}p‘in^{21}xo^{53}］

大家湊錢吃聚餐。中國最早的AA制。參《考釋》第106頁。明何良俊《四友齋叢說》卷十八《雜說》：“時時從學前過，則呼沈公勇曰：‘沈二哥，我們大家去打箇瓶夥。’即同至酒店中，喚酒保取酒。”清梁同書《直語補證》“打瓶夥，吃寡酒”條，謂“並見《四友齋叢說》”。

亦作“打平夥”。前撰《考釋》“打平伙”引《二刻拍案驚奇》卷五、卷三十九，明崇禎尚友堂刻本卷五例作“打平夥”。

清高靜亭《正音撮要》卷二《飲食》:“打平夥罷。”光緒三年《善化縣志》卷三十四《叢談》:“邀食爲打平夥。”宣統間修《廣安州新志》卷三十四《風俗志·方言》、民國二十七年《達縣志》卷九《禮俗門·風俗·方言》:“醵錢會飲曰打平夥。”民國十二年《江安縣志》卷二《禮俗》:“劇錢群飲曰打平夥。”“劇”當作“醵”。民國十六年《通化縣志》卷二《人民風俗》:“打平夥,均錢購食。”民國二十四年《臨江縣志》卷七《民族志·方言》:“打平夥,即多人在一處均錢買食物。”

又作“打平伙”、“打平火”。清乾隆五十年《涪州志》卷五《風土志·附善俗諸條》、乾隆三十三年《江津縣志》卷九《禮俗志·附善俗諸條》:“川俗趕場會飲曰打平伙,醉後種種滋事,最壞風俗。”民國十九年《撫松縣志》卷四《人事·土語》:“打平伙,均錢購食吃。”民國二十一年《南溪縣志》卷四《禮俗下·諺語》:“金銀花打平伙,富貴相交。”民國二十五年《香河縣志》卷五《方言》:“打平伙,即衆人醵錢飲酒之謂。”民國二十七年《嘉禾縣圖志》卷十《禮俗篇》:“或三五人買肉沽酒謀醉飽,謂之打平火。”民國二十八年《邯鄲縣志》卷六《風土志·方言》:“醵錢飲酒曰打平火。《四友齋叢話》曰打瓶夥,蓋即此也。”按“四友齋叢話”當作“四友齋叢說”,見上引。王純五《袍哥探秘》第三章《哥老會的會規和習俗·盤海底與江湖切口(隱語)》(頁64):“‘打平火’,共同攤派伙食錢。”《川方》(頁61)“打平伙(打平夥、打瓶夥、打拼伙)”音da^3=pin^2ho^3,謂“大家湊錢吃喝”。《川方彙編》(頁172)“打平伙”謂“共同湊錢吃飯”。《川方匯釋》（頁45）“打平伙”謂“大家出同樣多的錢來吃喝”，“亦作‘打拼伙’”。《成都話》（頁43）“打平伙”謂“大家湊錢或食物合伙吃東西”。《成方》（頁90）“打平伙”謂“大家湊錢或食物合伙吃”。《重方》（頁60）“打平伙”謂“共同湊錢一起辦伙食吃”，“也寫作‘打平火’”。

或作“打平和”。前撰引《金瓶梅詞話》。清光緒七年《宜陽縣志》卷六《風俗・方言》：“眾人聚飲食一人出錢謂候，衆人對錢謂打平和。”民國二十三年《大名縣志》卷二十二《風土志・方言》：“醵錢飲酒曰打平和。”又，民國二十一年《景縣志》卷六《方言》：“眾人醵錢飲酒曰打品壺。”“打品壺”或爲記音。

以上各方言音稍有不同，實則同詞異形。《大詞典》（6/312）“打平火”謂“平均出錢聚餐”，首引《邯鄲縣志》，次引《二刻拍案驚奇》卷二十二“打個平火”，又謂“亦作‘打平伙’”，引沙汀《代理縣长》“橫豎打飯平伙樣”，均插入修飾成分。又“打平和”謂“（和 huò）即打平火”，引《金瓶梅詞話》。又“打平伙”謂“見‘打平火’”。其餘詞形則未收錄。

《方言大詞典》（頁1043）“打平伙”謂“眾人平均出錢聚餐”，東北官話、北京官話、冀魯官話、中原官話、晉語、江淮官話、西南官話、吳語、湘語、贛語、客話，也作“打平火”、“打平和”。又（頁1062）“打拼伙”謂“幾個人湊錢聚餐”，中原官話。又“打品壺”謂“大家湊錢喝酒”，冀魯官話。

打親家 $\text{dɑ}^{53}\text{qin}^{55}\text{jiɑ}^{55}$ [$\text{ta}^{53}\text{tɕʻin}^{55}\text{tɕia}^{55}$]

聯姻。清傅崇矩《成都通覽·成都之口前話》[①]（頁261）："寧肯與賊娃子打親家，不肯與賊娃子結冤家。"又《成都之小兒女歌謠》（頁253）："斑竹椏，苦竹椏，對門對戶打親家。"民國十五年《南川縣志》卷六《土音土語》："結婚曰打親家。"民國十八年《資中縣續修資州志》卷八《風土·方言》："聯姻爲打親家。"民國二十一年《南溪縣志》卷四《禮俗下·諺語》："肯與强盜打親家，不與强盜結冤家。"民國三十二年《綿陽縣志》卷一《疆域·風俗·俗語》："兩家結婚曰打親家。"民國三十二年《沿河縣志》卷十三《風土志·方言》："聯姻曰打親家。"俗亦謂"山羊不跟豺狼作親戚，老鼠不和貓兒打親家"。

《大詞典》未收。《方言大詞典》（頁1064）"打親家"謂"結親；攀親"，西南官話。

打牙祭 $\text{dɑ}^{53}\text{yɑ}^{21}\text{ji}^{213}$ [$\text{ta}^{53}\text{ia}^{21}\text{tɕi}^{213}$]

原指每逢月初、月中吃一頓有肉食葷腥的飯，現在也泛指吃

① 原題注："即戲書所謂常言道也，即古書所謂諺有之也。"

肉或會餐加菜。参《考釋》第111頁。清乾隆二十七年《永興縣志》卷五《風土志·方言》："初二、十六飲酒食肉曰打牙祭。"嘉慶二十四年《安仁縣志》卷四《風土·方言》："每月初二、十六亞祭曰打牙祭。"民國《普安縣志》卷十《風土志·風俗》："初二日殺鷄敬財神，謂之打牙祭。"民國十八年《資中縣續修資州志》卷八《風土·方言》、民國三十二年《沿河縣志》卷十三《風土志·方言》："初二、十六祀神曰打牙祭。"民國二十一年《馬關縣志》卷二《風俗志》："初二日以牲醴獻神，謂之打牙祭。"民國二十二年《綿陽縣志》卷一《疆域·風俗·俗語》："朔望酹神曰打牙祭。"民國二十六年《犍爲縣志·居民·風俗》："工商業家月以初二、十六兩日肉食二次，名爲打牙祭，已成各家普遍之習慣。"白虹《四川方言（川行雜記之六）》："打牙祭，店中仝夥，過口節開葷大食之意。"[①]李劼人《大波》第三部第三章："莫這樣杞人憂天，隔幾天，還是搞些雞鴨魚肉回來，請我們再打一回牙祭好妻！"原注："打牙祭是四川人用來代替吃肉的一個名詞。據説，古代有這樣一個制度：每月初二、十六，軍營中必殺牲以祭牙旗，因而人得食肉。在昔，四川一般人也只在每月初二、十六各食肉一次，故相習于吃肉即謂之打牙祭。打者，即動詞的爲字。"[②]按"打"有"吃"義。敦煌本《茶酒論》："打却三盞已後，令人只是罪深。"項楚師注："打：喫。"引《朝野僉載》卷四"中央一羣漢，聚坐

① 《自修》1941年第162期，第24頁。

② 《李劼人選集》第二卷，四川人民出版社，1980年2月第1版，第1066頁。

打盃觥”，“今見隴西牛，臥地打草頭”，敦煌本王梵志詩“尋常打酒醉，每日出逐伴”等數例，可參看[1]。故“打牙祭”即吃牙祭。吳濟生《新都見聞錄》十八《習俗一班·（二）方言》：“民間每月初二、十六吃肉，謂之‘牙祭’，又叫‘打野鷄’。”“野鷄”爲“牙祭”音譌。亦說“燒牙祭”。清乾隆五十年《涪州志》卷五《風土志·方言》：“凡於初二、十六日買酒祀神曰燒牙祭。”又，民國十七年《蒼溪縣志》卷十《禮俗志·方言》：“食肉曰牙祭。”《川方》（頁63）“打牙祭”謂“原爲古時軍營中的一種制度，每月初二、十六殺牲以祭牙旗，而後食之。以後每逢月初、月中食肉一次，稱作打牙祭。現在泛指吃肉或會餐加菜”。《川方彙編》（頁55）“牙祭”謂“舊時每月初二、十六，店夥得食肉祭牙，亦以稱較集中、較大量地食一次肉類。……（一作‘打牙祭’）”。《川方匯釋》（頁46）“打牙祭”謂“原指每逢農曆的初一或十五吃一次肉；後泛指葷食”。《成都話》（頁44）“打牙祭”謂“吃肉。因舊時農曆每月初二、十六兩日買肉祭祀祖先吃肉而得名”。《成方》（頁85）“打牙祭”①“舊時店主、雇主定期供店員、雇工肉食（往往是農曆的初二、十六兩日）”，②“月初和月中各吃一次肉，後泛指吃肉或聚餐加菜”。《重方》（頁62）“打牙祭”謂“吃肉食”，“‘打牙祭’爲古軍營的一種制度。每月初二和十六殺牲以祭象牙爲飾的大將牙旗，叫‘吃牙祭’或‘打牙祭’。舊時工商業家於每月初二和十六給店員提供肉食也稱‘吃牙祭’或‘打牙祭’”。

① 《敦煌變文選注》，巴蜀書社，1990年2月第1版，第439頁。

一說“牙祭”本作“衙祭”。清吳振棫《黔語》卷下《衙祭》:“黔俗,給使厮養遇朔望之次日得食肉,謂之衙祭肉(滇蜀亦然)。按《通考》載《石林》葉氏云:‘節度使碧油紅旆受賜者藏於公宇私室,皆别爲堂,號節堂,每朔望之次日祭之,號衙日。’是‘衙祭’二字,其來甚久。祭餘,分肉以畀衆人,即《祭統》所云:‘輝庖翟閽,惠下之道也。’特今士大夫家亦如是,則沿其文未詳其義耳。”民國十四年《都匀縣志稿》卷五《地理志·風俗》:“每月初二十六日,盛熟肉一方祀財神,謂衙祭。是日公所飲食較常日必豐,商店遇乞丐輒給錢一文或米一勺以爲恒。”

《大詞典》(6/311)“打牙祭”謂“方言。原指每逢月初、月中吃一頓有葷菜的飯。後泛指吃肉或會餐加菜”,首引葉紫《行軍散記》。又(5/278)“牙祭”謂“舊時店主、雇主定期供店員、雇工以肉食,謂之‘牙祭’。”,附項謂“泛指偶或的好飯菜”,未及“衙祭”詞形。

《方言大詞典》(頁1040)“打牙祭”①“原爲古時軍營中每月初二、十六殺牲以祭旗而後分食祭肉。後來每逢月初、月中食肉一次也稱作打牙祭。現在泛指吃肉或會餐加菜”,西南官話、湘語、贛語。

膽水 膽巴 dɑn⁵³sui⁵³/ bɑ⁵⁵ [tan⁵³suei⁵³/pa⁵⁵]

即鹽鹵水及其凝固物。熬鹽時剩下的黑色液體,通常用以製作豆腐，使豆漿中的蛋白質凝結而析出水分，俗稱“膽水”。參《考釋》第122頁。明李實《蜀語》（頁69）：“鹽鹵曰膽水〇《元史》：‘張理獻言，饒州德興三處膽水，浸鐵，可以成銅。’”引文見《元史·順帝紀五》：“中書省臣言：‘張理獻言，饒州德興三處膽水，浸鐵，可以成銅，宜即其地各立銅冶場。’”“膽水”指含膽礬（硫酸銅）的水，用以煉銅，事已見於宋周煇《清波雜志》卷十二：“信州鉛山，膽水自山下注，勢若瀑布，用以浸銅，鑄冶是賴。雖乾溢係夫旱澇，大抵盛於春夏，微於秋冬。古傳一人至水濱，遺匙鑰，翌旦得之，已成銅矣。近年水流斷續，浸銅頗費日力。凡古坑，有水處曰膽水，無水處曰膽土。膽水浸銅，工省利多；膽土煎銅，工費利薄。水有盡，土無窮。今上林三官，提封九路，檢踏無遺，膽水、膽土，其亦兼收其利。”王象之《輿地紀勝》卷二十一《江南東路信州景物》上《膽水》：“膽水在鉛山，自昔無之。始因饒州布衣張甲獻言，可用膽水浸鐵爲銅。紹聖元年，始令本州差廂軍興浸，其利漸興。”明謝肇淛《五雜組》卷三《地部一》：“凡古坑，有水處曰膽水，無水處曰膽土。膽水可以浸銅，膽土可以煎銅。”李實所引書證，與蜀方言稱鹽鹵爲“膽水”所指非同一物。清道光二十一年《遵義府志》卷二十《風俗》、光緒二十一年《敘州府志》卷二十一《風俗》、民國十年《新修合川縣志》卷三十《風俗·方言》、民國二十三年《華陽縣志》卷五《禮俗·方言》、民國二十四年《蓬溪縣近志》卷七《風土篇·方言》、民國三十二年《沿河縣志》卷十三《風土志·方言》、民國三十七年《貴州通志·風土志·方言》："鹽鹵曰膽水。"張慎儀《蜀方言》卷上（頁308）："鹵水曰鹼，曰膽水。"民國二十四年《麻城縣志續編》卷一《疆域志·方言》："鹽鹵水曰膽水。"又，民國十五年《南川縣志》卷六《土音土語》："鹽鹵曰膽。即膽水，以其味苦如膽。"民國十五年《簡陽縣志》卷二十二《禮俗篇·方言》："鹵水曰膽。""膽"下或脱"水"字，今亦不單說"膽"。亦稱"鹽膽水"。宋唐慎微《證類本草》卷五《鹽膽水》："鹽膽水，味鹹苦，有大毒……鹽初熟槽中瀝黑汁也。"明李時珍《本草綱目》卷五《水之一·鹽膽水》："鹵水，藏器曰：此乃鹽初熟槽中瀝下黑汁也。時珍曰：鹽下瀝水則味苦，不堪食，今人用此水收豆腐。"清趙學敏《本草綱目拾遺》卷一《鹵水》："《綱目》有鹽膽水，乃已燒成鹽，復瀝下之苦鹵，一名鹵水。此乃取於鹵地，瀝以燒鹽之用，與鹽膽水不同。"今蜀方言仍謂鹽鹵爲"膽水"。《川方》（頁69）、《重方》（頁67）"膽水"謂"鹵水"。《川方匯釋》（頁50）"膽水"謂"鹵水，製鹽剩下的黑褐色的汁液，可供製作豆腐用"。《成都話》（頁48）"膽水〔汩水〕"謂"液體鹽鹵"。

亦說"膽巴"。清Adam Grainger《西蜀方言》（頁613）："丨巴。"謂"a residuum from salt"，"丨"音"TAN³"，即"膽"。民國十七年《大竹縣志》卷十二《物產志》："菽乳，以水漬黃豆磨屑，細布漉其渣，取精汁入釜，火沸時以石膏或鹽膽巴清點曰豆花，粗布包之寘諸木箱壓成方塊曰豆腐。"《川方匯釋》（頁50）"膽巴"謂"將製鹽剩下的鹵水煎熬成塊狀叫‘膽巴’”。《成都話》（頁48）“膽巴〔沮巴〕”謂“固體鹽鹵”。《重方》（頁67）“膽巴”謂“將製鹽所剩鹵水熬成的固體鹽鹵”。

《大詞典》（6/1389）“膽水”謂“古稱含膽礬的水，用以煉銅”，首引《清波雜志》，未及鹽鹵義。又（7/1485）“鹽膽水”謂“鹽槽中瀝下的黑汁”，引《本草綱目》。未收“膽巴”。

《方言大詞典》（頁4313）“膽水”謂“鹽鹵水”，江淮官話、西南官話；“膽巴”謂“鹽鹵水”，西南官話。

刀頭 dɑo^{55}tou^{21}［tau^{55}t‘əu^{21}］

用作祭品的整塊熟豬肉。參《考釋》第126頁。清道光二十一年《遵義府志》卷二十《風俗》：“四官爺，財神也，俗稱西溪洞中求財打寶四員官將，鄉間家供此牌，祀之錢馬香燭，酒一瓶，列四杯，肉一方謂之刀頭，置刀椹上，旁盛鹽椒水，降神奠獻畢，各執杯酬飲，切肉點鹽拑食。”楊學述《建昌竹枝詞》：“楚語吳音半錯訛，各鄉場市客人多。日中一集匆匆散，燒酒刀頭馬上馱。”民國《普安縣志》卷十《風土志·風俗》：“六月六日爲土地生辰，城鄉皆殺牲慶祝，業農者用刀頭酒醴往田地邊致祭。”民國十年《新修合川縣志》卷三十《風俗·迷信》：“肉一方曰刀頭。”民國二十二年《灌縣志》卷十六《禮俗記·方言》：“刀頭，還愿賽神之肉也。古詩‘何當大刀頭’，刀頭有環，爲還之隱語，方言本此。”此探求得名之由，謂“刀頭”隱含了“還願”之意，是矣。民國三十六年《鎮寧縣志》卷三《民風·歲時伏臘》：“熟肉一方名曰刀頭。”沙汀《煎餅》：“鼻啦！不要扯了，——話說對了頭牛肉都做得刀頭。”四川漢族民俗中，牛肉不用作祭品，後半句意即衹要心平氣和，什麼事都好商量。《川方》（頁71）“刀頭”謂“作祭品的整塊的熟豬肉”。《川方彙編》（頁149）“雄雞刀頭”謂“祭牲用的雞、豬等。例：初二、十六打牙祭，那個舅子見過你的刀頭與雄雞”。所釋不確，蜀中祭祀，雄雞可用活雞，也可整隻煮熟爲祭，但刀頭則指大塊熟豬肉。《川方匯釋》（頁52）“刀頭”謂“煮熟而未切的專用作祭神的肉”。《成都話》（頁49）“刀頭”謂“祭祀用的整塊的肉（多用豬肉）”。謂“多用豬肉”，言下之意是還有用其他肉作刀頭的，但蜀中“刀頭”指用作祭祀的整塊熟豬肉，不用其他肉作刀頭，故有“話說對了，牛肉都做得刀頭”的俗語。《成方》（頁202）“刀頭”謂“用於祭祀的一小塊豬肉：△話說得好，牛肉都做得~”。

《大詞典》（2/522）“刀頭”①“刀的尖端。亦指刀身”，②“‘還’的隱語。還歸。刀頭有環，環、還音同”，未及祭品義。

《方言大詞典》（頁148）“刀頭”①“舊時祭祀用的整塊方型豬肉（或豬頭肉、雞頭肉）；有時也指用作送禮的長條型豬肉”，中原官話、晉語、西南官話。

鑄 dɑo^{213} [tau^{213}]

熔金屬或以水混合非金屬材料入模凝結成器物。参《考釋》第129頁。茲補數例。《玉篇·金部》："鑄，鎔鑄也。"《六書故》卷四《地理一》："鑄，冶金寫之範中以爲器也。"《管子·任法》："昔者堯之治天下也，猶埴之在埏也，唯陶之所以爲，猶金之在罏，恣冶之所以鑄。"《左傳·宣公三年》："鑄鼎象物。"又《昭公二十一年》："天王將鑄無射。"明李實《蜀語》（頁177）："鑄銅鐵器曰鑄〇上鑄音注，下鑄音到。"首次明確著錄"鑄音到"。清道光二十一年《遵義府志》卷二十《風俗》、光緒二十一年《敘州府志》卷二十一《風俗》、民國十年《新修合川縣志》卷三十《風俗·方言》、民國二十三年《華陽縣志》卷五《禮俗·方言》："鑄（音注）銅鐵器曰鑄（音到）。"光緒末《江津縣鄉土志》卷四《物產》："礦石係在仁懷境內挖洞採取，陸路運出所成之鐵，專供本地鑄鍋造器之用。"民國三十七年《貴州通志·風土志·方言》："鑄銅鐵器曰鑄。音到。"又，民國二十二年《灌縣志》卷十六《禮俗記·方言》："鑄，銷金也，刀冃切。《說文》鑄从壽聲，壽古音稍。又鑄蕭疊韻，方言如鑄鍋、鑄鐘。""刀冃切"即音同"到"。民國二十三年《樂山縣志》卷三《方輿志·方言》："讀鑄如道，本幬同音。"李劼人《大波》第四部第四章："兵，是一個模子鑄出的。"原

注："鑄字有兩個音讀，一讀若'注'字音，一讀若'到'字音，這裏的，須讀若'到'字音。"①《重方》（頁70）"鑄"音dao^4，謂"把金屬熔化後倒在模子裏製成器具"，"'鑄'今多寫作'倒（dao^4）'，假借字。本字即'鑄'"。

亦記音作"倒"。清Adam Grainger《西蜀方言》（頁24）："倒一口鐘。"即"to cast a large bell"。今蜀方言有習語"鍋兒是鐵鑄（[tau^{213}]）的"。《川方》（頁73）"倒（鑄）"音$dɑo^4$，謂"鑄造；澆鑄"。

《大字典》（二/8/4594）、《大詞典》（11/1421）"鑄"均未及[tau^{213}]一音。

《方言大詞典》（頁6150）"鑄"音zhù，謂"澆鑄"，中原官話、江淮官話、西南官話（四川），後者引李實《蜀語》"鑄銅鐵器曰~"。但《蜀語》明謂"下鑄音到"，字頭"鑄"下所音"zhù"則爲通語，如果不引方言音注，方言詞典也就失去了存在的意義。因此，《方言大詞典》注音應同（頁4920）"倒"④"澆鑄；鑄造"，中原官話、蘭銀官話、西南官話（四川成都[tau^{213}]）。

敦　墩 den^{55}[$tən^{55}$]

量詞。用於有一定體積的物體。《爾雅·釋丘》："丘一成

① 《李劼人選集》第二卷，四川人民出版社，1980年2月第1版，第1606頁。

爲敦丘。”郭璞注：“今江東呼地高堆者爲敦。”郝懿行義疏：“敦之爲言堆也。”《北堂書鈔》卷一百五十七引《爾雅》郭璞注：“江東呼堆爲墩。”《太平御覽》卷五十六引《爾雅》郭璞注曰：“江東呼地高堆者爲墩。”《龍龕手鏡·土部》：“墩，都昆反，平地有堆墩也。”《韻會舉要·元韻》：“墩，平地有堆者，通作敦。《爾雅注》：敦丘，江東呼地高堆爲敦。《集韻》或作墪。”清黃生《字詁·敦丘》：“自（都回切，俗作堆），小阜也。敦古有自音，故《爾雅》‘丘一成曰敦丘’（注都昆切），古今語轉謂自爲墩（俗作此字），故注但讀本音。”桂馥《札樸》卷九《鄉里舊聞·名稱》：“小堆曰墩。”李賡蕓《炳燭編》卷二：“敦，古墩字。”姜亮夫《昭通方言疏證》（247條）：“《大雅·行葦》：‘敦彼行葦’，毛傳：‘敦，聚貌。’《詩·豳風·東山》：‘有敦瓜苦。’今昭人言物聚曰一敦，俗一堆爲敦。”《川方彙編》（頁83）“墩”音dēn，謂“迭。例：碼起一墩又一墩”。《川方》（頁75）“登₂”音den¹，謂“（量）用於帶方形的有一定厚度的物體。①棟：一~房子。②塊兒：一~豆腐乳。一~肉。③摞：一~票子｜一~書”。《成都話》（頁51）“墩”謂“量詞。座；幢”。《重方》（頁71）“墩”音den¹，謂“量詞，表示方形立體，相當於棟、塊、摞”。量詞義爲土堆義的引申，本字當作“敦”，後起字作“墩”，記音作“登”。

《大字典》（二/3/1572）“敦”（五）㊀②“土堆。後作‘墩’”，首引《爾雅》及郭注。又（1/525）“墩”①“土堆。如：土墩，沙墩”，首引《集韻》；⑦“量詞。用於叢生的或幾棵合在一起的植物，相當於‘蔸’、‘窩’”，未及用於指有一定體積的物體量詞義。

《大詞典》(5/492)“敦₄”音dùn，②“同‘墩’。土堆”，首引班固《答賓戲》，附項謂“亦指形狀似土堆的東西”，引元關漢卿《五侯宴》。又(2/1221)“墩”音dūn，①“土堆”，首例爲《北堂書鈔》引《爾雅注》；③“量詞，用於叢生的或幾棵合在一起的植物”。均未涉及指一定體積的物體量詞義。

《方言大詞典》(頁6257)“敦”⑭“〈量〉墩”，蘭銀官話、西南官話。又(頁6978)“墩”⑯“〈量〉座；幢”，⑰“〈量〉用於方塊形碼起來的東西”，西南官話。

地地　滴滴 $di^{55}di^{55}$ [$ti^{55}ti^{55}$]

表示小、數量少或程度低。明李實《蜀語》(頁89)：“少曰丁丁，又曰點點，又曰些些。”“丁丁”、“點點”或韻尾脫落，即“地地”陰平。清Adam Grainger《西蜀方言》(頁101)：“一地地兒。”謂“a little; a small quantity”，“地”音“TI¹”。此記音。傅崇矩《成都通覽·成都之土語方言》(頁262)：“快的丁兒，快些也。”又(頁265)：“搞快的點，令快些也。”“的丁兒”、“的點”亦記音。周芷穎《新成都》第四章第二節《語言》(頁49)：“快的丁兒：快些也。”又，民國二十四年《雲陽縣志》卷十四《禮俗下·方言上》：“些些，少也。《說文》：‘尐，少也。’《廣韻》讀若屑，即些之正字。……今人讀些若低。又丁丁、點點，皆少也。”以“些”讀若“低”，倒不如謂“丁”或“點”讀若“低”，雙聲。《紅樓夢》第六十九回：“（賈璉）只得開了尤氏箱櫃，去拿自己的梯己。及開了箱，一滴無存。”謂一點不存。戚序、甲辰、程甲本改“一滴”爲“一點”，實不煩改。顧頡剛編《吳歌甲集》：“十指尖尖一雙描花手，三寸金蓮一滴滴。”“一滴滴”亦謂一點點，極言腳小。姜亮夫《昭通方言疏證》（54條）：“少曰一點點、一滴滴。”《川方》（頁76）“丁丁兒（點點兒）”音$di^{1}dir^{1}$，謂“表示少量，相當于‘一點兒’”。《川方匯釋》（頁58）“丁點兒”謂“量。表示極少或極小”。《川方彙編》（頁177）“滴點兒”音dī dīr，謂“一點點”。《成都話》（頁51）“滴點兒”音［$ti^{55}tiər^{55}$］，謂“一點兒”。《成方》（頁26）“滴滴兒”謂“很少一點兒”，“滴”讀陰平。《重方》（頁72）“滴滴兒”音$di^{1}dir^{1}$，謂“形容極少或極小”，“也說‘丁點兒’、‘點點兒’”，“‘滴滴兒’當是‘丁丁兒’的音變形式。‘丁’爲陽聲韻，陰陽對轉，讀di^{1}”。參見“丁丁”、“點點”條。

《大詞典》（6/101）“滴滴”④“與數詞‘一’連用表示少量”，引秧歌劇《鍾萬財起家》“打下一滴滴糧食”，“有一滴滴煙灰吃吃就好咧”。

《方言大詞典》（頁6929）“滴滴”，西南官話，①“東西少；事情小”，②“用在數詞‘一’之後，表示數量不多”，③“作形容詞詞綴，表示小、不大”。又（頁6930）“滴點兒”②“少；小”，“滴滴兒”①“極少”，又（頁6931）“滴滴點”謂“小；少”，西南官話。但蜀方言“滴滴”不必定與“一”

連用或用在“一”之後，如這麼少、那麼少，謂“這滴滴”、“那滴滴”，放一點兒調料謂“放滴滴香料”或“要滴滴兒相料”等。

地木耳 $di^{213}mu^{21}er^{53}$ [$ti^{213}mu^{21}ər^{53}$]

即地耳。地衣之一種。明李時珍《本草綱目》卷二十九《菜之三·地耳》：“《别錄》曰：‘地耳生丘陵，如碧石青也。’時珍曰：地耳，亦石耳之屬，生於地者也，狀如木耳。春夏生雨中，雨後即早采之，見日即不堪，俗名地踏菰是也。”清屈大均《廣東新語》卷二十七《菌》：“地耳味甘性寒，春夏生雨中，乘雨急采，見日則不可用，俗名地踏菰，其品在石耳之下，木耳之上。”《續通志》卷一百七十五《昆蟲草木畧二·蔬類》：“地耳，一名地踏菰，春夏生雨中，雨後即早采之。”“地踏菰”，或因生泥地上，人畜過往踐之，故名。越語稱“地滑澾”，想亦因踐之易跌倒而得名矣。清范寅《越諺》卷中《花草》：“地滑澾，春生野草間，海沙爲佳，似木耳。貧家或采食。”又，明李實《蜀語》（頁45）：“地芝曰菌○菌音郡。菌之大者名鬭雞菰，生桑樹上者曰樹雞。生櫟松林中，有黄、白、赤、綠四種，可食；其面上如石灰者，殺人，用黄土和水漿食之，可治。又音捲。夏月天雨，生山中石骨土上，名地菌，皮可食。”此地菌爲黑褐色，與水發黑木耳相似，川北綿陽等地俗呼“地mer^{21}”，或爲“地木耳”之合音，即載籍所稱“地耳”，貧家有採食者。清嘉慶二十三年《龍山縣志》卷八《物產》："土耳，山中雨久，地上自生，龍俗呼爲地木耳，浄而瀹之甚佳，然性極寒凉，體弱者忌之。"光緒《米脂縣志》卷九《田賦·物產》："地䎡，狀如木耳，雨後急採之，見日即不堪採（《廣羣芳譜》）。一名地木耳，雨後生腴地。"民國十三年《昭通縣志稿》卷九《物產志·植物》："地木耳，略似木耳，久雨之後，地氣蒸發而生者。"民國十八年《横山縣志》卷三《物產志》："地軟，即地木耳，雨後沃地遍生，色青緑，似木耳。"民國二十二年《綿陽縣志》卷三《食貨·物產》："地耳，地木耳。"此當倒過來理解，"地木耳"即"地耳"。民國二十三年《宣威縣志稿》卷三《輿地志·物產》："木耳，生於樹上，色白者曰白木耳，色黑者曰黑木耳。生於地下畧似木耳者，曰地木耳，蓋久雨之後，地氣蒸發而生也。"當謂"生於地上"。民國二十四年《重修鎮源縣志》卷五《民生志·飲食》："地耳，《輯志》：狀如木耳，一名地木耳，俗呼地䎡菜，大抵草木之葉落地經雨雪而成者，四時常有，夏秋小有毒，氣味清寒，能明目解酒，利小便，研末和脂止痔疼。"民國三十七年《清鎮縣志稿》卷二《方輿述要二·物產》："木耳，又一種名地木耳。"又："雨後土表或母巖上，每生一種藻類，俗名地木耳。"

又，清康熙《米脂縣志》卷四《田賦·物產》蔬類有"地木耳"，似與地耳這種菌類無關。蜀中今謂軟漿葉爲"木耳菜"、"豆腐菜"[1]，蔬類。

---

① 参見《川方》第238、89頁。

《大詞典》（2/1022）“地耳”②“葛仙米的俗稱。藻類。可供食用。我國各地都有分佈，以四川產者最爲著名”，③“一種地衣類植物。可食用。產於我國中部和東南沿海一帶，以湖北、安徽兩省產量最高”。按360百科“葛仙米”異名云：“地耳、地踏菇、鼻涕肉（《野菜博錄》），天仙菜、天仙米（《綱目拾遺》），地軟、地木耳（《陝西中草藥》）。”[①]據此，②③兩義似指同一物。未收“地木耳”。

地蝨婆　地蝨子

$di^{213}se^{21}po^{21}/zi^{53}$ [$ti^{213}se^{21}p‘o^{21}/ts‘ɿ^{53}$]

鼠婦別名。一種棲於陰濕壁角之間或甕底盆下等處的橢圓形環節昆蟲，古稱伊威，又名鼠負潮蟲。明李時珍《本草綱目》卷四十一《蟲之三·鼠婦》：“因濕化生，故俗名濕生蟲，曰地雞、地虱者，象形。”清嘉慶二十四年《安仁縣志》卷四《風土·方言》：“鼠婦曰地蝨婆。”方旭《蟲薈》卷三《昆蟲·鼠負》：“《爾雅》‘蟠，鼠負’註：‘甕器底蟲。’《本草綱目》：鼠負，即鼠婦也。一名鼠姑，一名鼠粘，一名濕生蟲，一名地雞，一名地蝨。寇宗奭曰：此蟲多足，大者長三四分，灰色，背有橫文蹙起。”光緒三年《善化縣志》卷十六《土產》：“鼠婦，即伊威，釜底溼化，俗呼地蝨婆。”光緒四年《彭縣志》卷三《民

① http://baike.so.com/doc/5937021.html。

事門·物產志》："蟠，俗呼地蝨，一名鼠負。"光緒五年《武昌縣志》卷三《物產》："有䗪蟲俗名地蝨婆。"

亦作"地蝨子"。清嘉慶十七年《郫縣志》卷四十《物產》："蛜蝛，《說文》作蛜委，鼠婦也，俗呼爲地蝨子。"光緒八年《黎平府志》卷三下《物產》："地蝨，蟠也。《爾雅》：'蟠，鼠婦。'注：'瓮底下白粉蟲也。'俗呼地蝨子。"民國《息烽縣志》卷十七《方物志·昆蟲類》："（鼠婦）今縣人亦皆識此蟲，皆呼地蝨子。"民國二十一年《萬源縣志》卷五《教育門·方言》："鼠婦曰地蝨子。"

《大詞典》未收。《方言大詞典》（頁1620）"地蝨婆"①"土鱉；地鱉"，西南官話、贛語。又"地蝨子"釋義同"地蝨婆"，西南官話。

點點 $dian^{53}dian^{21}$ [$tian^{53}tian^{21}$]

表示小、數量少或程度低。參《考釋》第143頁。元紀君祥《趙氏孤兒》第一折："誰想公主自縊死了也。我不敢久停久住，打開這藥箱，將小舍人放在裏面，再將些生藥遮住身子。天也，可憐見趙家三百餘口，誅盡殺絕，止有一點點孩兒。"《二刻拍案驚奇》卷三十五："況且姐姐你适纔未醒之時，我已先做了點點事了，而今不必推掉得。"《型世言》第四回："天下有這等孝順的，一點點年紀，有這樣好心！"《金瓶梅詞話》第五十三回："我又不得養，我家人種便是這點點兒，休得輕覷着他。"《續金瓶梅》第六回："（常姐）又早纏的一點點小腳兒，梳着個小小假髻兒，就是個小牙人兒一般，沒人不愛。"《二十年目睹之怪現狀》第九十二回："（徐二化子）遞過那兩個小匣子道：'這點點小意思，是孝敬二爺的，務乞笑納。'"又，清道光二十一年《遵義府志》卷二十《風俗》、光緒二十一年《敘州府志》卷二十一《風俗》、民國十年《新修合川縣志》卷三十《風俗·方言》、民國三十七年《貴州通志·風土志·方言》："小曰蔑蔑，曰丁丁，又曰點點，又曰些些。"實採《蜀語》。光緒八年《黎平府志》卷二下《風俗·方言》："物小曰丁丁，曰點點。"民國十五年《南川縣志》卷六《土音土語》："物零碎微末曰丁丁、點點。"民國十五年《簡陽縣志》卷二十二《禮俗篇·方言》："嫌物太少曰點點。"民國十八年《資中縣續修資州志》卷八《風土·方言》："嫌少曰丁丁、點點。"民國二十三年《華陽縣志》卷五《禮俗·方言》："小曰蔑蔑，又曰丁丁，曰點點，曰些些。"民國二十三年《樂山縣志》卷三《方輿志·方言》："少曰丁丁，又曰點點。"民國二十四年《蓬溪縣近志》卷七《風土篇·方言》："小曰丁丁，又曰點點。"唐樞《蜀籟》卷一（頁9）："丁丁點點。"民國二十六年《犍爲縣志·居民·言語·方言》："謂小曰點點。"民國二十七年《新安縣志》卷九《方言》："最大曰頂大，最小曰一點點。"亦爲極少之稱。民國十七年《大竹縣志》卷十《風俗志·方言》："謂極小曰丁丁，謂極少曰點點。"又《諺語》："點點錢，莫買田；點點穀，莫起屋。"民國二十一年《萬源縣志》卷五《教育門·方言》："嫌物太少曰點點。”民國二十四年《雲陽縣志》卷十四《禮俗下·方言上》：“丁丁、點點，皆少也。”民國二十七年《達縣志》卷九《禮俗門·風俗·方言》：“太少曰點點，曰丁丁。”民國三十二年《沿河縣志》卷十三《風土志·方言》：“嫌少曰點點，曰丁丁。”姜亮夫《昭通方言疏證》（28條）：“《說文》：‘幾，微也。’今昭人謂吐氣言幾讀如期。……又或變舌音讀如的，如言一的的、小的的。變泥紐讀如泥（平聲），又有言點點者。”錢鍾書《圍城》第七章：“並且悼亡至少會有人送禮，離婚和重婚連這點點禮金都沒有收入的，還要出訴訟費。”羅廣斌等《紅岩》第十一章：“点点大个罐罐，一泡牛尿都接不完！”徐德庵《蜀語札記》：“案《說文》：‘點，小黑也。’引申爲凡小之稱。丁其轉音也。”[①]《川方》（頁80）“點點₃”謂“（量）（~兒）表示數量少或程度低（只能同數詞‘一’結合）”，但所舉書證：“我來擺~，可能不圜範。（詩79）｜他個~大的娃娃，懂得個啥喲！（潮44）”[②]即未與數詞“一”結合，上引《二刻拍案驚奇》、《金瓶梅詞話》、《二十年目睹之怪現狀》等例亦如是，可見對其用法的解說欠周密。今蜀方言音義並存。《成都話》（頁52）“點點兒”音［$tian^{53}tiər^{21}$］，④“量詞。表示少許，相當於‘一點兒’：汽車差~開下坎”。《重方》（頁75）“點點”③“量詞，相當於‘一點兒’”，④“形容很少或很小”，“義項③、④也說‘滴滴兒’、‘丁點兒’”。

---

① 《古代漢語論文集》，巴蜀書社，1991年1月第1版，第374頁。
② “圜”當作“圓”。《川方》（頁445）“圓範”謂“周密；完善”。

《大詞典》(12/1357)“點點”②“一點點，形容小或少”，首引明湯顯祖《紫簫記》。又(1/108)“一點點”謂“表示極小或極少”，首引元紀君祥《趙氏孤兒》。《方言大詞典》(頁4057)“點點”未及此義。

佃客 $dian^{213}ke^{21}$ [$tian^{213}k‘e^{21}$]

租種土地的佃戶和佃種莊田土地的莊客，依附於別人出租的土地爲生。晉代世家豪强蔭庇下的一種依附農民，就已稱之爲佃客。如《晉書·食貨志》：“又得蔭人以爲衣食客及佃客。其應有佃客者，官品第一第二者佃客無過五十戶。”唐杜佑《通典》卷五《食貨五》：“都下人多爲諸王公貴人左右、佃客、典計、衣食客之類，皆無課役。”宋蘇軾有《乞將損弱米貸與上戶令賑濟佃客狀》文。周密《齊東野語》卷十八《前輩知人》：“適鄉里有佃客邂逅致死者，官府連逮急甚，欲求援於(史)忠獻，而莫能自通。”明張應俞《杜騙新書》第十七類《姦情騙》：“壽山寺，田良五百石，分爲十二房，僧皆富足，都錦衣肉食，飲酒宿娼，更甚俗家。每管寺十餘年，銀多欲歸，先約家中定姻。在外蓄髮爲頭陀，鬢髮可縛網巾，即回娶妻當家矣。每兄去弟來，父去子繼，據爲己業，並無異色人得參入。或有畏受家累，不思歸俗者，輒擇村中愚善佃客，有無妻者，出銀與代娶。僧先宿一個月，後付與佃客，共不時往宿，僧來則僧之妻，僧去則佃之婦。故諺云：非僧姦佃婦，乃佃姦僧老婆。即此俗也。”清周壽昌《思益堂日札》卷九《佃客》："自東晉寓居江右，百姓南奔者並謂之僑人，往往散居，無有土著。其無貫之人，不樂州縣編者，爲浮浪人，樂輸亦無定數，任量，惟所輸終優於正課焉。都下人多爲諸王公貴人左右、佃客、典計、衣食客之類，皆無課役。晉武帝平吳之後，令王公以下得蔭人以爲衣食客及佃客，官品第一第二者，佃客無過五十戶。"光緒五年《定遠廳志》卷五《地理志六·風俗》："佃客稱田主曰老板，主鳴客曰佃戶子。"光緒十六年《化州志》卷二《輿地志·方言》："謂賃田者曰佃丁，曰佃客。"巴金《秋》四十三："外面還有謠言，說溫江的'棒老二'說過，本年新租他們收八成，佃客收兩成，主人家就只有完糧納稅，一個錢都收不到。"《川方》（頁81）、《川方彙編》（頁6）"佃客"謂"佃戶"。《川方匯釋》（頁57）"佃客"謂"舊指佃戶"。

《大詞典》（1/1242）"佃₂客"謂"晉代世家豪强蔭庇下的一種依附農民"，首引《晉書》；附項謂"後亦用以指租種土地的佃戶和佃種莊田土地的莊客"，首引宋蘇軾《奏浙西災傷第一狀》。《現漢》未收。

《方言大詞典》（頁2726）"佃客"謂"佃戶"，中原官話、西南官話。

杓 diɑo^{55}/diɑo^{213}［tiau^{55}/tiau^{213}］

參《考釋》第146頁。現分立義項補說於次。

❶稻、麥等的穗。明李實《蜀語》（頁22）：“穀穗曰杓〇杓音吊。”黃仁壽等校注：“今蜀人猶謂穀穗爲‘穀杓子’。”蜀語稱稻爲穀。清道光二十一年《遵義府志》卷二十《風俗》、光緒二十一年《敘州府志》卷二十一《風俗》、民國十年《新修合川縣志》卷三十《風俗·方言》、民國二十四年《蓬溪縣近志》卷七《風土篇·方言》、民國三十七年《貴州通志·風土志·方言》：“穀穗曰杓。音弔。”民國二十三年《華陽縣志》卷五《禮俗·方言》：“穀穗曰杓。音吊。”並採《蜀語》。民國二十四年《雲陽縣志》卷十四《禮俗下·方言下》：“穀穗曰杓。”民國三十一年《西昌縣志》卷五《禮俗志·方言》：“禾穗曰杓。弔。”又，民國十七年《長壽縣志》卷四《人事部·方言》、民國三十三年《長壽縣志》卷四《風土·方言》：“禾垂實曰一杓。音刁。”民國二十一年《南溪縣志》卷四《禮俗下·方言》：“杓，音弔，《廣韻》：‘禾穗垂貌。’俗以禾一穗爲一杓。”亦記音作“弔”。民國二十六年《犍爲縣志》卷三《居民志·言語·方言》：“谷之穗曰弔。”亦重言作“杓杓”。清Adam Grainger《西蜀方言》（頁378）：“穀杓杓兒。”即“ripe ears of rice”，“杓”音“TIAO⁴”。民國二十三年《樂山縣志》卷三《方輿志·方言》：“穀穗曰杓杓。音吊。”《成方》（頁225）“杓杓”①“穗兒”，②“穗狀物”，“也作‘吊吊’”。亦稱穀穗爲“穀杓杓”，稱麥穗爲“麥杓杓”、“麥杓子”。如《川方匯釋》（頁58）“杓”謂“穀吊吊”，又（頁86）“穀吊吊”謂“穀穗”。《川方》（頁81）“吊吊”音$diao^{4}diao^{4-1}$，①“穗兒：穀子~|麥子~”。《成都話》（頁53）“吊吊”音［$tiau^{213}tiau^{55}$］，②

“穗”。《成方》(頁64)“穀(子)吊吊”謂“稻穗，因水稻的子實聚生在莖的頂端，成熟後總要向下垂吊，故名”，又“穀放吊”謂“水稻由葉鞘中長出穗來”。《重方》(頁76)“吊吊”音 $diao^4diao^1$，①“穀物的垂穗”。“吊”本字當作“杓”，“穗兒”義亦讀陰平，音同“刁”，如前引《長壽縣志》。又《大字典》(二/1/54)“刁”⑥“方言。稻、麥、穀、高粱等抽的穗”，引湖北農諺：“芒種芒打苞，夏至谷放刁。”“刁”即“杓”字音借。今蜀語陰平、去聲兩讀。

❷稻穗或麥穗等下垂。《說文·禾部》：“杓，禾危采也。从禾，勺聲。”段玉裁注：“危采，謂穎欲斷落也。《齊民要術》云：‘刈晚則穗折，遇風則收減。’”徐灝注箋：“禾孰則穎屈而下垂，其狀欲墮落，故曰危穗。”王筠句讀：“案畏風者凡穀皆然，至刈晚穗折則惟麥爲然。吾鄉諺語曰麥子杓頭。”“杓頭”或謂麥穗斷折而下垂。《玉篇·禾部》：“杓，禾危穗。”《廣韻·篠韻》：“杓，禾穗垂皃。”《龍龕手鏡·禾部》：“杓，音鳥，禾穗垂皃。”《康熙字典·禾部》：“杓，《唐韻》都了切，《集韻》丁了切，並貂上聲，禾穗垂貌。”民國十五年《簡陽縣志》卷二十二《禮俗篇·方言》、民國二十一年《萬源縣志》卷五《教育門·方言》：“禾穗下垂曰杓。音刁。”民國三十六年《新繁縣志》卷四《禮俗·方言》：“今呼采之垂者音如刁……當作杓字。”或作“秕”。民國二十年《宣漢縣志》卷四《物產志·植物》：“垂穗曰秕，諺云‘穀現秕，四十朝’是也。”前“秕”謂下垂，後“秕”謂稻穗。《大字典》(二/5/2787)“秕”計cháo、tiāo、táo三音，未及“稻穗或麥穗等

下垂”之音義。

❸懸物。《玉篇·禾部》：“杓，懸物也。”《康熙字典·禾部》：“杓，《唐韻》都了切，《集韻》丁了切，並貂上聲，禾穗垂貌，亦懸物。”“禾穗垂貌”在情狀上與懸物相似。《說文·禾部》“杓”段玉裁注：“《玉篇》云：‘杓亦懸物也。’則杓同《方言》之𠄏。《方言》曰：‘𠄏，縣也。趙魏之閒曰𠄏，燕趙之郊縣物於臺之上謂之𠄏。’郭樸曰：‘了𠄏，縣物皃，丁小反。’按玄應書及《集韻》所引《方言》皆如是。今本《方言》作佻，妄人所改耳。王延壽《王孫賦》：‘𠄏瓜懸而瓠垂。’𠄏者象形字，杓者諧聲字。”王筠句讀：“吾鄉亦謂縣物爲杓。”民國十八年《榮縣志·禮俗》：“物縣謂之佻。《方言》：‘佻，縣也。趙魏之郊曰佻。’郭注：‘了佻，縣物貌。丁小反。’今作去聲音弔。按佻本爲了。王延壽《王孫賦》作了。《說文》了象縣形，連語借佻足之，字遂作佻。或作𠄏。《廣韻》：‘𠄏，縣物貌，都小切。’他書引《方言注》亦作了𠄏，𠄏爲了俗字，以別於明了之了也。《說文》草木實垂曰卣，讀若調；禾穗曰杓，都了切；葦花曰芀，徒聊切；到首曰県，古堯切。最初古文止作了。”按唐玄應《一切經音義》卷十三《五王經》引《方言》作“𠄏，縣也。趙魏之閒曰𠄏”。《玉篇·了部》“𠄏，懸物皃。”又，《說文·卣部》：“卣，草木實垂卣卣然。”段玉裁注：“《莊子·齊物論》‘之調調、之刁刁’……調調，即卣卣也。”民國二十一年《南溪縣志》卷四《禮俗下·方言》：“凡懸物者皆曰杓，作吊非。”民國三十六年《新繁縣志》卷四《禮俗·方言》：

“凡物懸於上曰弔，懸而落亦曰弔，皆當作杓字。”亦重言作“吊吊”。《川方》(頁81)“吊吊”音$diao^{4}diao^{4-1}$，②“穗狀物：蟲~丨天花板上的陽塵都起~了”。《成都話》(頁53)“吊吊”音［$tiau^{213}tiau^{55}$］，①“成串而下垂的東西”。《重方》(頁76)“吊吊”音$diao^{4}diao^{1}$，②“指穗狀懸垂物”。

《大字典》(二/5/2774)“杓”音diǎo，①“禾穗垂貌”，首引《說文》；②“懸物”，首引《玉篇》。未及禾穗義，是無視《蜀語》所記音義，但(1/54)“刁”⑥“方言。稻、麥、穀、高粱等抽的穗”，記音，並引當代例，則不知其本字作“杓”矣。《大詞典》未收“杓”字。

《方言大詞典》(頁3415)“杓”，西南官話，①“禾穗”，②“禾穗垂貌”；“杓杓”謂“成熟的禾穗”，西南官話。又(頁146)“刁”⑰“〈量〉棵；莖”，西南官話(湖北武漢)，“一~麥子丨一~穀”；“刁子”①“(稻、麥等的)穗兒”，江淮官話、西南官話。又(頁2381)“麥刁兒”謂“麥穗”，西南官話；“麥刁子”謂“麥穗”，江淮官話。又(頁2382)“麥吊子”謂“麥穗”，西南官話；“麥吊吊”謂“麥穗”，西南官話、客話(四川儀隴)。又(頁2394)“麥吊吊兒”謂“麥穗”，西南官話(四川重慶)。又(頁2385)“麥子吊吊兒”謂“麥穗”，西南官話(四川自貢)，也作“麥子刁刁兒”。以上“刁”、“吊”爲記音字，本字均當作“杓”。

丁丁 din⁵⁵din⁵⁵［tin⁵⁵tin⁵⁵］

❶表示數量少或程度低。參《考釋》第148頁。前撰首引明李實《蜀語》（頁89）。清傅崇矩《成都通覽·成都之土語方言》（頁264）："丁丁兒，極少也。"民國十一年《邛崍縣志》卷四《風俗志·鄉音》："物少曰丁丁點。"民國十八年《威縣志》卷十四《風俗志下·方言》："少曰丁丁，又曰點點。"民國二十三年《樂山縣志》卷三《方輿志·方言》："少曰丁丁，又曰點點。"周芷穎《新成都》第四章第二節《語言》（頁51）："丁丁兒：極少也。"民國三十二年《沿河縣志》卷十三《風土志·方言》："嫌少曰點點，曰丁丁。"又，清Adam Grainger《西蜀方言》（頁614）："一丨丨兒。"謂"a very little"，"丨"音"TIN[1]"，當即"丁"。唐樞《蜀籟》卷一（頁9）："丁丁點點。"

❷表示小或極小。《白雪遺音》卷一《粧飾姣容》："弓鞋小，丁丁點點蒼苔徑。（梅花落地輕。）"清道光二十一年《遵義府志》卷二十《風俗》、民國十年《新修合川縣志》卷三十《風俗·方言》、民國三十七年《貴州通志·風土志·方言》："小曰蔑蔑，曰丁丁。"光緒八年《黎平府志》卷二下《風俗·方言》："物小曰丁丁。"民國十五年《南川縣志》卷六《土音土語》："物零碎微末曰丁丁。"民國十七年《大竹縣志》卷十《風俗志·

方言》："謂極小曰丁丁。"民國二十四年《蓬溪縣近志》卷七《風土篇·方言》："小曰丁丁，又曰點點。"民國二十四年《麻城縣志續編》卷一《疆域志·方言》："小曰丁丁，又曰點點，又曰些些。"唐樞《蜀籟》卷三（頁159）："有福之人大腦殼，無福之人丁丁大個腦殼。"徐德庵《蜀語札記》："案《說文》：'點，小黑也。'引申爲凡小之稱。丁其轉音也。"①

今蜀方言音義並存。《川方》（頁82）"丁點兒"音 din^1dianr^2，謂"表示極小或極少"。《川方匯釋》（頁58）"丁丁兒"謂"數量。極少、極小"。《重方》（頁78）"丁丁兒"音 din^1dinr^1，謂"形容極少或極小"，"'丁丁兒'又說成'丁點兒'、'點點兒'，'丁'與'點'同義。'丁'爲陽聲韻，陰陽對轉，'丁丁兒'音變爲 di^1dir^1，字遂寫作'滴滴兒'"。

《大詞典》（1/141）"丁丁"未及。《方言大詞典》（頁105）"丁丁"②"少；一點兒"，冀魯官話、西南官話；③"小"，江淮官話、西南官話。又（頁107）"丁丁兒"謂"表示少量；一點兒。可與單音形容詞結合，表示量少"，西南官話。舉例"幾個遭孽的女娃子，~大就幫我經佔生意"，"無福之人~大個腦殼"，"丁丁兒大"當"表示小"，非"表示少量"。

---

① 《古代漢語論文集》，巴蜀書社，1991年1月第1版，第374頁。

丁丁貓兒　虰虰猫

din^{55}din^{55}mer^{55}/mɑo^{55} [tin^{55}tin^{55}mɚ^{55}/mau^{55}]

蜻蜓。因其形像“丁”字，眼睛像貓眼，故名。清傅崇矩《成都通覽·成都之小兒女歌謠》（頁253）：“丁丁貓，紅爪爪，哥哥回來打嫂嫂。”又（頁254）：“丁丁貓，穿紅裙。”又《成都呼物之土名》（頁272）：“丁丁貓，蜻蜓。”又《成都之昆蟲》（頁430）：“蜻蜓，有大頭貓、披蓑方、丁丁貓、紅官爺、麻卯等名目。”“麻卯”即“麻郎”（參下該條）。民國十七年《長壽縣志》卷四《人事部·方言》：“蜻蜓謂之丁丁貓，又謂之鼓鼓丁，又謂之揚丁丁。”民國十八年《新修南充縣志》卷十一《物產志·動物·昆蟲類》：“蜻蜓……俗名丁丁貓。”唐樞《蜀籟》卷一（頁9）：“丁丁貓咬尾巴，自己吃自己。”又：“丁丁貓變水扒蟲，變還原了。”又：“丁丁貓還不是水扒蟲變的。”又：“丁丁貓變的，除了眼睛莫得臉。”又：“丁丁貓想吃紅櫻桃，眼睛都望綠了。”又：“丁丁貓站倒牡丹花上，眼兒都綠了。”周芷穎《新成都》第四章第二節《語言》（頁59）：“丁丁貓吃尾巴——自己吃自己。”又（頁61）：“丁丁貓——蜻蜓。”《川方》（頁82）“丁丁貓兒”、《川方彙編》（頁180）“丁丁貓兒”①、《川方匯釋》（頁58）“丁丁貓”均謂“蜻蜓”。《成方》（頁320）“丁丁貓兒”謂“=〖蜻蜓〗”，“老年人和農村人多說‘丁丁貓兒’”。《重方》（頁78）“丁丁貓兒”音din¹din¹maor¹，謂“蜻蜓”。《成都話》（頁54）“虰虰貓兒〔丁丁貓兒〕”謂“蜻蜓”。

亦作“虰虰狌”、“丁丁毛”、“丁丁蓋”。清同治九年《會理州志》卷十《風土志·物產》：“蜻蜓……今俗呼曰虰虰狌，曰馬馬虰，曰麻郎子。”民國十三年《江津縣志》卷十一《風土志·方言》：“邑語謂蜻蜓之大者爲大頭虰，小者爲虰虰毛。毛，小也。”民國十五年《簡陽縣志》卷二十二《禮俗篇·方言》：“丁丁蓋曰水蚆蟲。蓋，帽平聲。”音同“丁丁貓”。

又，民國十八年《合江縣志》卷二《食貨·物產》：“丁丁蠻，蜻蜓。”民國二十一年《南溪縣志》卷四《禮俗下·童歌》：“虰虰蠻，紅爪爪，哥哥回來打嫂嫂。”同《成都通覽》所錄兒歌，“蠻”亦記音。

按清衛杰《蠶桑萃編》卷七《織政·機具類·花素緞機甯綢（四川式）》：“丁丁貓，二塊穿天平上，以挂花扒，長二尺五寸，寬一寸一分，厚二分。”此爲織機具構件，未見有人言及。

《大詞典》未收。《方言大詞典》（頁107）“丁丁貓”謂“蜻蜓”，西南官話、客話（四川西昌）。

鼎鍋 din⁵³go⁵⁵ [tin⁵³ko⁵⁵]

燉煮食物或燒水的鼎形用具，陶製或鐵製，兩耳無足。《說文·鼎部》："鼎，三足兩耳，和五味之寶器也。"《玉篇·鼎部》："鼎，所以熟食器也。"《周禮·秋官·掌客》："鼎簋十有二。"鄭玄注："鼎，牲器也。"鼎本可作烹器，功用似鍋，蜀語複詞作"鼎鍋"。《正字通·金部》"鉹"字注："鬵猶今南楚黔粵之鼎鍋。"明方以智《通雅》卷三十三《器用》："鬵，今之鼎鍋也。……《爾雅》：'甑謂之鬵。'（才林切）。鬵，鉹（昌氏切）也。《烹魚》詩注'釜屬'。許氏曰：'大釜也。一曰鼎大上小下若甑曰鬵。'古文作䰝。按此今南楚黔粵之鼎鍋也。"宋吳潛編《宋特進左丞相許國公奏議》卷二《奏乞選養宗子以繫國本以鎮人心（端平三年）》："臣一介踈逖心切，忠愛是用，不避鼎鍋之誅，復祖前説以獻。"清金堡《徧行堂集》卷九《爲湛西上人募五百鼎鍋疏》："南嶽湛公老宿，欲募鐵鼎鍋五百口，爲闔山住靜僧結緣。"嚴如熤《苗防備覽·風俗考·猺氏風俗》："呼鼎鍋曰降。"咸豐四年《興義府志》卷四十《風俗》載張國華詩："折得白棉歸去晚，鼎鍋飯熟夜登紅。"同治九年《芷江縣志》卷十八《汛防》："鐵鼎鍋四十一口。"徐珂《清稗類鈔·物品類·辰州苗器》："苗民器用頗多，如犂耙、鋤鐮、長柄刀斧、籮筐、背籠、背枷、桔槔、筒車、機梭、紡車、蠶筐、鼎鍋、釜箸……之屬，皆自爲之，能通其用。"光緒末《江津縣鄉土志》卷四《物產》："鼎鍋，約重八九觔。"民國十三年《江津縣志》卷十一《風土志·方言》："邑語謂沙鍋爲沙銚子，鼎鍋謂之鐵銚子。"唐樞《蜀籟》卷一（頁8）："一個鼎鍋一個蓋，各人婆娘各人愛。"又卷四（頁317）："鼎鍋濫了絆絆在。"《川方》（頁83）"鼎鍋（頂鍋）"謂"用來燉煮東西的炊具，瓦或鐵製，罐狀，兩耳，無腳”。《川方彙編》（頁153）“鼎鍋”謂“鐵鑊之深者”。《重方》（頁78）“鼎鍋”，謂“罐狀炊具，瓦製或鐵製，放在灶上或吊在灶門上燉煮食物。也說‘鼎罐’”。

《大詞典》（12/1320）“鼎鍋”謂“有足的煮器”，首引《人民文學》1981年第5期例。

《方言大詞典》（頁6124）“鼎鍋”謂“鍋”，釋義過於籠統，西南官話、湘語。又（頁3189）“頂鍋”①“飯鍋”，西南官話。其實，“頂鍋”爲“鼎鍋”音借，釋義應當一致。

打 朾 掟 din^{213}［tin^{213}］

參拙文《近代漢語俚俗詞語考辨》[①]。

❶擊。此爲“打”本義及常義，勿需費辭。其音義所由，則頗有可議。參《考釋》第151頁。《說文·手部新附》：“打，擊也。从手，丁聲。”丁一音［tin^{55}］。《康熙字典·手部》：“打，《唐韻》、《集韻》、《韻會》並都挺切，音頂。《說文》：‘擊也。从手，丁聲。’《穀梁傳·宣十八年》：‘邾人戕繒子于繒棁殺也。’注云：‘謂捶朾。’音頂。”宋歐陽修《歸田錄》卷二：“今世俗言語之訛，而舉世君子小人皆同其繆者，惟打字爾（打，丁雅反）。其義本謂考擊，故人相毆，以物相擊，皆謂

① 《漢語史研究集刊》第十二輯，巴蜀書社，2009年6月第1版，第213–215頁。

之打。而工造金銀器，亦謂之打，可矣，蓋有槌撾作擊之義也。至於造舟車者曰打船、打車，網魚曰打魚，汲水曰打水，役夫餉飯曰打飯，兵士給衣糧曰打衣糧，從者執傘曰打傘，以糊粘紙曰打糊，以丈尺量地曰打量，舉手試眼之昏明曰打試。至於名儒碩學，語皆如此，觸事皆謂之打。而徧檢字書，了無此字（丁雅反者），其義主考擊之打自音謫（疑當作滴）耿，以字學言之，打字從手從丁，丁又擊物之聲，故音謫耿爲是，不知因何轉爲丁雅也。”吳曾《能改齋漫錄》卷五《辨誤·打字從手從丁》：“予嘗考《釋文》云：‘丁者，當也。’打字從手從丁，以手當其事者也。觸事謂之打，於義亦無嫌矣。夫豈歐公偶忘《釋文》云耶？予嘗見宋景文公云：‘凡義有未通者，當以偏旁考之。’予於打字得之矣。”“丁”有“當”義，故訓習見。《爾雅·釋詁》：“丁，當也。”《詩·大雅·雲漢》：“寧丁我躬。”毛傳：“丁，當也。”《楚辭·九嘆·惜賢》：“丁時逢殃，孰可奈何兮。”王逸注：“丁，當也。言己之生，唯當逢遇殃咎，安可奈何，自悶而已。”《後漢書·崔駰傳》：“丁漢氏之中微。”李賢注：“丁，當也。”《資治通鑑》卷一百二十八宋武帝孝建三年：“（顔）竣丁父憂。”胡三省注：“丁，當也。郭璞曰：‘值也。’”“打”從丁，如宋祁、吳曾所言，則“打”正取義於“丁”，猶朱駿聲“以丁入物亦曰丁”，引申之，以物考擊之亦可曰“丁”，即俗所謂打也。清黃生《字詁·打》條云：“晉時呼打與等無別，故逸少艸書借打爲等，而打字入用亦始六朝。《韻會》引《北史·張彝傳》‘擊打公門’，《小補》引《穀梁·宣十八》注‘捝，捶打也’，余又考宗懍《歲時記》‘搥床打戶’，顏之推《家訓》‘打拂之，簸揚之’，六朝已前固無用打字者。歐陽修《歸田録》以打音滴耿（此《門法》所謂麻韻不定之切，音當爲鼎。或疑滴字之誤，非也。《字彙》謂打一音滴，引歐公《歸田録》，則又去其耿字，斯謬之甚矣），以丁雅反爲世俗言語之訛。葉夢得《避暑録》又謂‘吳越俚人正以相毆擊爲謫耿音’，然則謫耿之與丁雅，正未易辨其孰爲雅俗也。余按此字見於六朝，當是本音鼎（都挺切，本孫愐《唐韻》），而北俗語音不正，呼丁雅反，流轉南方，亦變其音。……今若讀《北史》、《歲時記》、《家訓》諸打字爲丁雅反，則音氣反順，若讀爲都挺切，反覺生硬不安。可見孫愐雖列於梗韻，而時俗所呼，文字所用，皆未必從其音也。”隋曹憲《博雅音》“打”音鼎，唐孫愐《唐韻》音都挺切，宋袁文《甕牖閒評》卷五“然冷字有二音：一音魯打切，一音魯頂切”原注：“案字書打即音頂。”又明顧起元《客座贅語》卷一《辨訛》：“打，作都冷切，今作丁把切，本取擊爲義也。”朱光家《字學指南》卷一《辨體辨音》：“打，音頂，擊也。”清翟灝《通俗編》卷一《天文·打頭風》：“打字舊在梗韻，讀若頂，今語仍然。”郝懿行《證俗文》卷十七：“江東呼打爲度。《方言》：‘僉或謂之度。’注：‘今江東呼打爲度，音量度也。’案《說文》：‘笪，笞也。’當割切（割音工八反），俗作打字，非也。打有數音：《唐韻》都挺切，音頂。《穀梁·宣十八年傳》‘梲殺也’注：‘梲，捶打也。’打音頂；又唐人詩有打頭風，即石尤風，今俗語云頂頭風。歐陽修《歸田錄》打字當滴耿切是也。又《唐韻》德冷切，讀若等，今江南人讀打爲等，東齊人讀打爲頂，或轉去聲讀若定。南北異讀，皆古音也。”民國二十四年《萊陽縣志》卷二十一《禮俗·方言》：“拳擊曰打。都挺切。”

亦作“朾”。《説文·木部》：“朾，撞也。从木，丁聲。”段玉裁注：“朾之字俗作打，音德冷都挺二切，近代讀德下切，而無語不用此字矣。”《玉篇·分毫字樣》：“打朾，上都冷反，擊也；下摘莖反，朾聲。”《集韻·梗韻》：“朾，都令切，擊也。”《類篇·木部》：“朾，又都冷切，擊也。”《五音集韻》：“朾，擊也。或作打。”可見“打”、“朾”音義並同。敦煌本斯3096：“色取中脂（指）上金脂（指）環，便朾喜皷，便與成親。”黄征校注：“打，原錄從木旁而校從手旁……‘朾’爲‘打’正字，‘打’下爲‘鼓’俗字‘皷’之變，茲並改從通行體。”“原錄”指《敦煌變文集》校錄。寫卷“木”、“扌”混用，既“‘朾’爲‘打’正字”，則不煩改。清洪頤煊《讀書叢錄》卷十二《朾字》：“《九經字樣·手部》：‘扑，音撲，朾捶也。’頤煊案：《穀梁》宣十八年傳：‘捝，殺也。’范甯注：‘捝謂捶打殘賊而殺。’《説文》無打字。錢氏大昕謂《説文》‘朾，橦也’，朾即打字。據此，知唐本打字尚有從木作朾者。”章炳麟《新方言·釋言》：“今人言朾，轉入馬韻，鮮讀宅耕、都挺二切者，然義仍與古近，自訓撞擊而外，有所作爲無不言朾。……然則音雖譌變，而上尋假借，韻部未遷，明其傳之自古矣。”

亦記音作“定”。元關漢卿《竇娥冤》（脈望館鈔校本）第三折：“（……定頭通鑼鼓科。正旦帶枷上。劊子云：）行動些！行動些！”顧學頡等《元曲釋詞》認爲“此‘定’字，意謂擊打”，是矣。

❷扔，擲；以瓦石等擊遠。《康熙字典·手部》：“打，《唐韻》、《集韻》、《韻會》並都挺切，音頂。《說文》‘擊也。从手，丁聲’。”《魏書·張彝傳》：“神龜二年二月，羽林虎賁幾將千人，相率至尙書省詬駡，求其長子尙書郎，始均不獲，以瓦石擊打公門，上下畏懼，莫敢討抑。”“擊打”同義複詞。清范寅《越諺》卷下《字音各別》：“打，訂，持瓦石擊人之謂，與《穀梁傳·宣十八年》‘棁殺也’注中音小異，義同。”亦作“朾”。民國二十二年《灌縣志》卷十六《禮俗記·方言》：“朾，以瓦礫擊遠也，讀若定。《說文》：‘丁，撞也。’俗作朾。”“打”字之前，投擲擊遠之義字作“提”。《集韻·薺韻》典禮切：“提，擲也。”明方以智《通雅》卷一《疑始》：“提之音擲，以支止至擲也。提本音持，持與支近，《史記》‘冒絮提文帝’，蕭該音抵；《吳王濞傳》‘引博局提吳太子’，索隱音底，其實提即擲也。‘夏無且以藥囊提荆軻’，《淮南·說林》‘握火提人’，俱與擲同，古文作擿，非音謫也。”清黃生《字詁·打》：“古無打字，《說文》打（都挺切）乃徐鉉新增者。按古止借提字爲上聲（典禮切），如《史記·絳侯世家》‘以冒絮提文帝’[①]，《刺客傳》‘以藥囊提荊軻’，《吳王濞傳》‘以博局提殺吳太子’[②]，其義皆即打字，爲古今音轉。故後人續制打

① 司馬貞索隱：“（提）蕭該音底。提者，擲也。蕭音爲得。”

② 《史記·吳王濞列傳》：“吳太子師傅皆楚人，輕悍，又素驕，博，争道，不恭，皇太子引博局提吳太子，殺之。”《漢書·吳王濞傳》顏師古注：“提，擲也。”

字爲用爾。”更早的用例，如《戰國策·燕策三》：“荆軻逐秦王，秦王環柱而走。羣臣驚愕，卒起不意，盡失其度。而秦法，羣臣侍殿上者，不得持尺寸之兵。諸郎中執兵皆陳於殿下，非有詔不得上。方急時，不及召下兵，以故荆軻逐秦王，而卒惶急無以擊軻，而乃以手共搏之。是時，侍醫夏無且以其所奉藥囊提荆軻。秦王方環柱走，卒惶急不知所爲，左右乃曰：‘王負劍！王負劍！’遂拔以擊荆軻，斷其左股。荆軻廢，乃引其匕首以提秦王，不中，中柱。”前“提”字鮑彪注：“擿也。”《說文·手部》：“擿，投也。”《史記·刺客列傳》：“荆軻廢，乃引其匕首以擿秦王。”司馬貞索隱：“擿，與擲同，古字耳。”清桂馥《札樸》卷六《覽古·提》：“《史記·刺客列傳》：‘以藥囊提荊軻。’《集韻》：‘提，大計切，擲也。’《通鑑》：‘漢明帝性褊察，近臣尚書以下，至見提曳。’胡身之注云：‘提，讀如冒絮提文帝之提，大計翻，擲物以擊之也。’馥謂提荊軻、提文帝，讀大計切。提曳之提，當讀杜奚切。明帝怒御史寒朗曰：‘吏持兩端，促提下捶之。’此所謂尚書以下至見提曳也。”又，章炳麟《新方言·釋言》：“今杭州謂以物遙擊爲挺，音如釘。”此記音，本字當作“打”。

又記音作“定”。清傅崇矩《成都通覽·成都之小兒女歌謠》（頁253）：“嫂嫂聽到姑姑要回來，火筒火鉗定出來。”此音義今仍存留於蜀語中，如《川方》（頁84）“掟（叮）”音din⁴，謂“扔；擲”。《川方匯釋》（頁59）“掟”音dìn，謂“擲、投”，“亦作‘碇’”。《成都話》（頁54）“掟〔釘〕”音［tin²¹³］，謂“扔東西砸，打”。《成方》（頁321）“掟”

音tin去聲，謂“（有目標的）扔，擲”。《重方》（頁79）“掟”音din⁴，謂“扔，擲”。按本字即“打”，亦即《史記》之“提”。2011-01-02聯合早報網《上訪村長頭七　近千特警封路》，據香港《太陽報》報導：“昨天元旦是浙江樂清被輾斃的上訪村長錢雲會的頭七祭……當局擔心‘民變’，出動近千特警封鎖主要通道，有村民向警方掟石，雙方爆發衝突……目擊者說有村民向員警掟石，員警用警棍驅趕並打傷村民。”又《樂清近千村民集結　近失控邊緣》，據臺灣《聯合報》報導：“浙江溫州樂清市被輾死的前村長錢雲會，昨天頭七，近千名村民在村裏集結，與警方對峙；當地政府派出大批防暴員警戒備，有村民向警方丟擲石塊，現場氣氛緊張。”同一事件，前文言“掟”，後文言“丟擲”，可見“掟”即擲瓦石擊遠矣。

《大字典》（二/3/1235）“朾”①“以此物撞出彼物；撞擊”，《大詞典》（4/723）“朾₁”①“撞擊”，並音chéng，未採《集韻》“都令切”音；兩工具書均引變文例，未視“朾”爲“打”字，則有未備。又《大字典》（二/4/1930）“打”（一），《大詞典》（6/309）“打₁”均音dǎ，下列《廣韻》德冷切、都挺切，《六書故》都假切，則未標注拼音dǐng，與“朾”均未及“投擲擊遠”義。《大字典》（二/4/2018）“掟”（二）dìng，未及扔、擲義。

《方言大詞典》（頁1012）“打”⑲“扔；拋”，湘語［ta^{31}］、贛語［ta^{53}］，未涉蜀語及音［tin^{213}］。又（頁5386）“掟”②“扔；擲；砸”，西南官話（成都）［tin^{213}］、粵語。

湅桐子華　湅桐子花

dong^{213}tong^{21}zi^{53}huɑ^{55} [toŋ^{213}t‘oŋ^{21}tsɿ^{53}xua^{55}]

油桐花期在清明前後，其時蜀中往往寒冷如冬，故稱。明楊慎《升菴詩話》卷十三《諺語有文理》：“貧兒且莫誇，且過桐子花。”張存紳《雅俗稽言》卷三《桐始華》：“古諺：春寒四十五，窮漢出來舞。窮漢且莫誇，須過桐子花。”謂桐子花未過，則仍有春寒，窮人且莫高興太早。故後人習用此諺，指乍暖旋寒的時令，俗亦謂湅桐子花爲倒春寒。如清傅崇矩《成都通覽·成都之小兒女歌謠》（頁257）：“窮漢且莫夸，且過桐子花。”民國二十二年《灌縣志》卷十六《禮俗記·方言》：“窮人不要誇，且過桐子花，言寒燠不常也。”又，清康熙《湄潭縣志》卷二《月令》：“三月湅桐子華，方曬秧時，必有大風雨數日，故曰湅，即寒食前後也。”“華”爲“花”正字①。張乃孚《小白華山人詩鈔續編》卷四《合陽竹枝詞》：“冬衣典盡我偏愁，氣候不齊翻似秋。雨湅桐花寒未減，江城四月尚披裘。”道光二十一年《遵義府志》卷十七《物產》：“《戊巳編》：油桐樹，郡

① 《廣雅·釋草》：“花，華也。”王念孫疏證：“顧炎武《唐韻正》云：‘考花字自南北朝以上，不見於書。……五經、楚辭、諸子、先秦兩漢之書，皆古本相傳，凡華字未有改爲花者。’引之案：《廣雅》釋花爲華，《字詁》又云：‘蘤，古花字。’則魏時已行此字，不始於魏矣。”《廣韻·麻韻》：“花，俗，今通用。”

無處不有，二三月盛花，花蕾時必有凍風冷雨，俗謂凍花天，所謂二十四天桐子花也。”即凍桐花天。傅崇矩《成都通覽·成都之氣候》(頁1)：“至三月必有寒冷之日，俗所謂凍桐子花也。”徐珂《清稗類鈔·氣候類·成都氣候》：“若晴，正月可夾衣，二月可單衣，三月則必冷，俗謂之凍桐子花。”民國十七年《雅安縣志》卷四《風俗·謠諺》：“好漢不用誇，還有三月桐梓花。雅候三月猶冷，俗呼爲凍桐花。”“梓”音同“子”。民國十八年《桐梓縣志》卷十七《食貨志·物產一》：“《戊巳編》：二三月盛花，必有凍風冷雨，俗謂凍桐花天。”周芷穎《新成都》第一章第四節《氣候》(頁5)：“至三月中旬又必有寒冷之日，俗稱凍桐花也，諺云：‘窮人莫要誇，還有三月桐子花。’”《川方彙編》(頁196)“凍桐子花”謂“春寒。例：窮人不好誇，還有三月(凍)桐子花”。《川方匯釋》(頁60)“凍桐子花”謂“立春之後，於桐樹開花之時出現寒冷天氣”。《川方》(頁87)“凍桐花”謂“桐花，油桐樹花，清明前後爲花期，其時，四川盆地往往出現一段冷凍天氣，這叫凍桐花”。《成方》(頁367)“凍桐子花”謂“⇨〖桐子花②〗”，“桐子花”②“=〖凍桐子花〗”，“桐子花時多爲農曆三月，雖屆春末，但仍然很冷，俗稱這種氣候爲‘(凍)桐子花’：△好漢不要誇，還有三月~”。《重方》(頁81)“凍桐花”謂“指每年清明節前後，油桐樹開花時節的一段冷凍天氣”。

《大詞典》未收。《方言大詞典》(頁2878)“凍桐花”謂“清明前後四川盆地出現的冷凍天氣”，西南官話。

槐 篼 兜 dou^{55} [təu^{55}]

草、木本植物的根及靠近根的莖。《正字通·木部》："槐，當鉤切，音兜，木根入土無枝椏者俗曰槐。"清道光二十一年《仁懷直隸廳志》卷四《會計志·蠲恤》："下（界）抵大茶樹園邊，横過抵慈竹槐。"謂抵近慈竹生長處。同治十年《增修施南府志》卷十一《食貨志·物產》："木品俱有，以楠木爲上，其木近槐處，多山水紋、花草紋、葡萄紋者，皆呼爲影木。"民國十三年《南陵縣志》卷四十八《雜志·紀聞》："光緒二十七年，蛟洪暴發，青弋江有水推來古樹槐一個，重數十百斤，上多孔竅，水涸，擱於沙灘上，人莫經意。一日，有童子拾柴至槐旁，以手探竅，得洋數元，再探再得，共計百餘元，見者咸來，爭取立盡。越日，童子復來探取，仍得洋拾數元。後將樹槐剖開，空無所有。"蜀語可重疊，如"樹槐槐"、"菜槐槐"。Adam Grainger《西蜀方言》(頁280)："白菜槐槐。"即"the root, or stock of a cabbage"。又，唐樞《蜀籟》卷一（頁13)："上齊河尖尖，下齊河槐槐。"此指河的下游，義有引申。

亦作"篼"。民國二十一年《南溪縣志》卷四《禮俗下·童歌》："山對山，岩對岩，一柯簽竹掉下來。簽竹砍了篼篼在，爹媽死在陰間不回來。"

又作"兜"，也說"杚兜"。清江昱《瀟湘聽雨錄》卷二："邑志云：所遺甘棠，明初始伐之，百年前樹兜猶存，則令人絕倒矣。樹根曰兜，蓋土語云。”黄侃《蘄春語》：“今吾鄉謂竹木根皆曰兜子。”《川方彙編》（頁142）“兜兜”③“株，根。例：竹子兜兜不好挖”。又“杌兜”謂“（竹或樹的）老根。例：搬了嫩筍子，又砍老杌兜”。《川方匯釋》（頁82）“疙蔸”謂“竹木的根柢部分”，“亦作‘杌蔸’”。《重方》（頁82）“蔸蔸”謂“蔬菜或草木的根或靠近根部的莖”，“‘蔸’字或可寫作‘槐’，二字析言有別，渾言無別。蔸指草類植物，槐指木類植物，渾言則皆指植物根莖部”。

《大字典》（二/3/1373）“槐”②“同‘蔸’。1. 指樹木的根和靠近根部的莖”，引《正字通》，但蜀語草本植物根莖亦曰“槐”，如《西蜀方言》“白菜槐槐”。又（6/3497）“蔸”①“方言。指某些植物的根和靠近根的莖”，無書證。既然“槐”同“蔸”，則同詞異形，釋義也應相同。又（1/298）“兜”⑮“同‘蔸’。兜子，指某些植物的根和靠近根部的莖”，引《蘄春語》。《大詞典》（9/538）“蔸”②“指植物的根或靠近根的莖”，首引徐特立《工讀》。

《方言大詞典》（頁5580）“兜兜”⑦“樹根盤屈”，西南官話，引姜亮夫《昭通方言疏證·釋詞》：“昭言樹根盤屈曰格答，或曰~。”

篼篼　dou^{55}dou^{55} [tәu^{55}tәu^{55}]

小型竹編器物。“篼”本指飼馬器具，後泛指盛物竹器。

《方言》卷五：“飤馬橐自關而西謂之裺囊，或謂之裺篼，或謂之樓篼。”《說文·竹部》：“篼，飲馬器也。从竹，兜聲。”《廣韻·侯韻》：“篼，飼馬籠也。”明李實《蜀語》（頁97）：“竹器曰篼〇篼音兜。”黄仁壽等校注：“李氏則泛稱盛物竹器而言，如今稱冤篼、背篼、提篼之類。”清道光二十一年《遵義府志》卷二十《風俗》、民國十年《新修合川縣志》卷三十《風俗·方言》：“竹器曰篼。”民國二十一年《南溪縣志》卷四《禮俗下·方言》：“篼，音兜，竹器也。俗有提篼、背篼、□篼等名目。”重言作“篼篼”，則指小型盛物竹器。民國二十一年《萬源縣志》卷五《教育門·方言》：“小篾器曰篼篼。”民國二十三年《華陽縣志》卷五《禮俗·方言》：“竹筐曰篼篼。”唐樞《蜀籟》卷二（頁96）：“字紙篼篼。”又卷四（頁284）：“過個溝溝吃一篼篼，爬個坎坎吃一斗碗。”《川方》（頁88）“篼篼（兜兜）”謂“有提手的籃子”。《重方》（頁82）“篼篼”謂“籃子，提篼”。

此詞《大詞典》未收。《方言大詞典》（頁7351）“篼篼”①“竹籃；提籃”，西南官話。又（頁5580）“兜兜”⑤“一種有提手的竹籃子”，西南官話。又（頁5582）“兜兜兒”①“筐子”，西南官話。

篼子　兜子 dou^{55}zi^{53}［təu^{55} tsɿ^{53}］

簡易竹轎。《正字通·竹部》：“篼，竹輿也。篼之别名，俗謂之筦子。”清唐訓方《里語徵實》卷上：“竹器曰筦。筦，音兜。今入閩度仙霞者，必乘竹筦子。淮南王安《諫擊閩越書》‘輿轎而踰嶺’，見《漢書·嚴助傳》，注：‘轎，音橋，今竹輿車也。’則知竹筦之制，漢已有之矣。”Adam Grainger《西蜀方言》（頁394）：“坐筦子。”即“a mountain chair”。民國十年《宿松縣志》卷三十一《交通志·交通四》：“吾松慣習旅行之代步者，普通均用獨輪車……西北山行間有用竹椅代轎，名曰筦子，亦二人肩之以行。”民國十五年《簡陽縣志》卷二十二《禮俗篇·方言》：“箯輿曰轎子，又曰筦子。”民國二十一年《萬源縣志》卷五《教育門·方言》：“輿曰轎子，又曰筦。”姜亮夫《昭通方言疏證》（1807條）：“滇蜀間竹輿之簡者曰筦子，即箯之別名。”“筦子”爲一種簡易竹轎。

或本作“兜子”。唐馮翊《桂苑叢談·太尉朱崖辯獄》：“乃立從召兜子數乘，命關連僧入對事。”宋高承《事物紀原》卷八《兜子》：“又曰兜籠，巴蜀婦人所用，乾元以來，蕃將多著勛於朝，兜籠易於檐（擔）負，京師先用車轝，後亦以兜籠代之，即今之兜子。蓋其制起於巴蜀，而用於中朝自唐乾元以來也。”“兜籠”、“兜子”爲巴蜀發明，“滑竿兒”（《現漢》頁586）當其遺制。宋陳元靚輯《事林廣記》續集卷八《綺談市語·器用門》：“轎，籃輿，兜子。”此被釋語在後，釋語在前。明陸容《菽園雜記》卷十一：“古稱肩輿、腰輿、板輿、筍輿、兜子，即今轎也。”清陳元龍《格致鏡原》卷二十九引《稗編》：“古稱肩輿、腰輿、版輿、兜子，即今轎也。”趙翼《陔餘叢考》卷二十七："轎本起于南俗，山行非舟車可通，故有此器。《史記·河渠書》引《夏書》曰：'禹山行即橋。'橋即轎也。《漢書》淮南王安《諫武帝伐越書》曰：'輿轎而踰嶺。'臣瓚曰：'今竹輿車也。江表作竹輿以行云。'是轎之爲器，三代時已有之，然皆在南方，且以竹爲之，如今兜子之類也。"張德彝《航海述奇·三述奇卷八》："登泰山，行數里至關帝廟，換山轎，即俗所謂爬山虎也，土名山兜子。"民國十八年《衢縣志》卷八《風俗志·方言》："行路轉曲亦曰兜，故山行使轎名兜子。"民國二十四年《雲陽縣志》卷十四《禮俗下·方言下》："肩輿曰轎子……又曰兜子。《通雅》：篼輿，自宋以來謂之擔子，或曰兜子。興國七年李昉上言：庶人聽乘兜子，但不得過二人。"因竹爲之，亦稱"竹兜子"。清周亮工《閩小記》卷二《仙霞兜子》："今入閩度仙霞者，必乘竹兜子。淮南王安《諫擊閩越書》'輿轎而踰嶺'，則知竹兜之制，漢已有之矣。"[①]李斗《揚州畫舫錄》卷十六《蜀岡錄》："山轎二乘，即竹兜子，閒時貯一粟庵，遇官舟抵岸則出。"王韜《淞隱漫錄·妙香》："籃輿者，竹兜子也，二人舁之，中圓而窪，被其中，坐臥皆適。四隅建竹竿，圍以布幄，有風則垂，否則卷，甚輕而便。舁之者以皮帶掛諸肩，

① 淮南王劉安諫書見《漢書·嚴助傳》，"踰嶺"一作"隃領"。顔師古注："服虔曰：'轎音橋，謂隘道輿車也。'臣瓚曰：'今竹輿車也。江表作竹輿以行是也。'項昭曰：'陵絶水曰轎，音旗廟反；領，山嶺也。不通船車，運轉皆擔輿也。'師古曰：'服音瓚説是也，項氏謬矣。此直言以轎過領耳，何云陵絶水乎？又旗廟之音，無所依據。隃與踰同。'"劉攽曰："按今南方竹輿正作旗廟音，項亦未可全非。""輿轎而踰嶺"，即上引《西蜀方言》"坐篼子"，謂"a mountain chair"。

循坡而上，其高也以漸，始若不知登山者。”趙執信《坐竹兜子中戲爲其狀》詩，對其形制及乘坐感受有細緻描寫：“逕紆萬重雲，身寄一片木。知我不能緣，横施兩竿竹。擁腫氈裹石，睢盱籠盛鹿。宛披山海圖，穿胸下垂足。林風吹蹣跚，世路悲卷局。却憶故園秋，黄牛牽碌碡。”同治十三年《湖州府志》卷三十三《輿地略·物産下》：“山轎，按即竹兜子，以竹爲之，圍以藍布。”《切口大詞典·役夫類·轎夫》：“兜子，轎子也。”民國二十二年《吳縣志》卷五十一《輿地考·物産二》：“山轎，即竹兜子，以竹爲之，或圍以藍布。”蹇先艾《貴州道上》：“這些漢子有的是兩個一組，還有一乘竹兜子的滑竿，是預備抬鄉民們從甲地到乙地去趕場之用的。”原注：“滑竿係一種無篷、構造很簡單的轎子。”如以布爲之，當然亦可稱“布兜子”。《明珠緣》第八回：“程中書上了山轎，從人不能騎馬，也是山轎，皆用布兜子抬，兩人在上扯拽而行，坐轎的皆仰面而上。”“兜子”既爲一種便轎，故亦稱“兜轎”。《水滸傳》第二十三回：“到得嶺下，早有七八十人都哄將來，先把死大蟲抬在前面，將一乘兜轎抬了武松，徑投本處一個上戶家來。”下文“叫四個莊客，將乘涼轎來抬了武松”，“涼轎”即上文之“兜轎”，因無轎箱，乘坐時涼風習習之謂也。《金瓶梅詞話》第一回亦作“兜轎”，白維國《金瓶梅詞典》（頁135）“兜轎”謂“只有座位沒有轎廂的軟轎，也叫兜子”。

又，清張慎儀《蜀方言》卷下（頁323）：“篼輿曰兜子。《宋史長編》：太平興國七年，李昉言：工商庶人聽乘兜子，擔者不得過二人。今俗作篼子。”紀國泰《〈蜀方言〉疏證補》（頁

282）引《說文》“篼，竹輿也”和段注引及《史》、《漢》之《張耳傳》，並及服虔、韋昭說，謂“依韋昭注，許所謂‘竹輿’者，類似今之‘滑杆兒’。然而無論轎子還是‘滑杆兒’，均不聞有謂之‘兜子’者。”按《大詞典》（8/1238）“篼子”謂“同‘兜子’。一種只有坐位而無轎廂的便轎”，引《正字通》。又（2/277）“兜子”①“只有坐位而沒有轎廂的便轎”，書證爲《太平廣記》卷一百七十二引唐馮翊子《桂苑叢談·李德裕》：“（公）乃立促召兜子數乘，命關連僧人對事。”[①]五代王仁裕《開元天寶遺事·醉輿》：“申王每醉，即使宮妓將錦彩結一兜子，令宮妓輩抬舁歸寢室。”《宋史·輿服志五》：“工商、庶人家乘檐子，或用四人、八人，請禁斷，聽乘車；兜子，舁不得過二人。”明徐渭《春興》詩之一：“見說山家兜子軟，借穿峰頂晚霞堆。”此非什麼祕籍，不知何以束書不觀而妄下雌黃？據前引趙翼說，“轎之爲器，三代時已有之”。《事物紀原》“兜子”謂“其制起於巴蜀”，自唐乾元即已“用於中朝”，歷經千餘載而流傳至今矣。

《現漢》“篼子”謂方言，“用竹椅子捆在兩根竹竿上做成的交通工具，作用跟轎子相同”。王鍈《宋元明市語匯釋·兜子》（修訂增補本）謂“一種軟轎”[②]，《方言大詞典》（頁5579）“兜子”⑥“竹子編成的輿床”，西南官話，似均不盡確。

---

① 《景印文淵閣四庫全書》本同。上引《叢書集成初編》本《桂苑叢談》“促”作“從”，“人”作“入”。

② 中華書局，2008年11月第1版，第33頁。

斗篷　笲篷 dou^{53}pong^{21} [təu^{53}p‘oŋ^{21}]

斗笠。明都穆《都公譚纂》卷上：“劉彦敬，洪武間謫戍雲南大理衛，言其地鐵佛寺有僧，多神異，好頂笠子，人呼大斗篷和尚。”《西游記》第二十回：“三藏拄着九環錫杖，按按藤纏篾織斗篷，先奔門前，只見一老者，斜倚竹床之上，口裏嚶嚶的念佛。”《白雪遺音》卷三《節至新春》：“牧童騎牛，蓑衣隨身，頭戴斗篷，口含短笛，吹的是一曲吳江韻。”清鄭之僑《農桑易知録》卷一《力農器具·笠》：“以竹編之，鋪以箬葉，俗云斗篷，即《詩》所云‘臺笠’也，可以禦暑，亦可以禦雨。”乾隆間修《上杭縣志》卷十一《風土志·物産》、《汀州府志》卷八《物産》：“箬竹，幹小而葉大，其葉可以爲斗篷船篷。”唯後志“箬”形譌作“箸”。高靜亭《正音撮要》卷二《衣冠》：“竹雨帽也叫斗篷。”又卷三《農桑》：“斗篷，雨帽。”多隆阿《毛詩多識》卷八《南山有臺北山有萊》：“莎草又可爲笠，此草農人常取之織雨衣。故《小雅·都人士》詩‘臺笠緇撮’，毛注謂臺所以禦暑，笠所以禦雨；鄭箋以爲都人之士以臺草爲笠，言笠爲臺草所織，可禦暑，又可禦雨。傳則分言其用，究之爲一物也。郭氏《爾雅注》謂笠即雨衣之類。然笠戴於首，今俗呼曰斗篷；衣著於身，今俗呼曰簑衣。二物雖同用臺草織成，其用則不同也。”嘉慶二十四年《安仁縣志》卷四《風土志·方言》："笠曰斗蓬。""蓬"應作"篷"。道光十一年《新修羅源縣志》卷二十八《物產志》："箬竹，或作篛，幹低小葉特大，可以製斗篷裹角黍。"同治八年《安仁縣志》卷四《風土·方言》、民國十八年《新修南充縣志》卷七《掌故志·風俗·方言》："笠曰斗篷。"光緒五年《長汀縣志》卷三十一《物產》："箬竹，幹低小而葉大於他竹，長近尺，廣寸餘，斗篷船篷皆取其葉爲之。"傅崇矩《成都通覽·成都之呼物土名》（頁272）："斗篷，雨笠。"劉師亮《續青羊宮花市竹枝詞》："大家避雨打圈圈，怎奈人多屋不寬。紙傘斗篷無覓處，廟前簸箕也錯完。"周芷穎《新成都》第四章第二節《語言》（頁62）："斗篷——雨笠。"《川方彙編》（頁133）、《成都話》（頁56）"斗篷"謂"斗笠"。《成方》（頁235）"斗篷"謂"遮陽光和雨的帽子，有很寬的邊，用竹篾夾油紙或竹笋的殼等製成"。又，《川方》（頁88）"斗蓬"謂"斗笠"。"蓬"當作"篷"。

亦作"笇篷"。爲"斗篷"偏旁類化的方俗造字。"笇"字《中華字海》（頁1236）收錄，謂"〔~笠〕同'斗笠'"，無書證。民國十五年《簡陽縣志》卷二十二《禮俗篇·方言》："作笇篷之葉曰篛葉。篛一作伍簝。"民國二十一年《萬源縣志》卷五《教育門·方言》："作笇篷之葉曰簝葉。一作篛。""笇篷"則爲偏旁類化。

《大詞典》（7/330）"斗篷"②"方言。斗笠"，無書證。《現漢》"斗篷"②"〈方〉斗笠"。《方言大詞典》（頁932）

“斗篷”①“斗笠”，中原官話、江淮官話、西南官話、官話、吳語、湘語。

端公 duɑn^{55}gong^{55}［tuan^{55}koŋ^{55}］

男巫。参《考釋》第166頁。前撰首引宋趙彥衛《雲麓漫鈔》。明曹學佺《蜀中廣記》卷三十二《邊防記第二·川西二》：“人死則坐尸於水架上，置之倉舍，衣帽弓矢俱如生佩服，端公呪經，獻以猪羊，用火燒之。”《明會典》卷一百二十九載明律《禁止師巫邪術》：“凡師巫假降邪神，書符呪水，扶鸞禱聖，自號端公、太保、師婆，及妄稱彌勒佛、白蓮社、明尊教、白雲宗等會，一應左道亂政之術，或隱藏圖像，燒香集衆，夜聚曉散，佯修善事，扇惑人民，爲首者絞，爲從者各杖一百，流三千里。”明趙南星《笑贊》：“北方男子跳神叫做端公。有一端公教着個徒弟，一日端公出外，有人來請跳神。這徒弟剛會打鼓唱歌，未傳真訣，就去跳神。到了中間不見神來附體，沒奈何信口搊了個神靈，亂說一篇，得了錢米回家。見他師傅，說道：‘好苦。’把他跳神之事說與師傅。師傅大驚：‘徒弟你怎麽知道？我原來就是如此。’”俞汝楫《禮部志稿》卷四十五《覆行三事疏》正統二年八月河南布政司李昌祺言：“近者禁約僧尼，誠爲厚俗首務。比見河南各府縣衛所，有軍民男婦，自稱端公、師婆，托神惑衆，人有病不事醫藥，惟飲符水，以故死常八九，傷人壞俗，尤甚僧尼，乞嚴加禁治，再犯及邀請容隱者，悉罪之。”《大清律例》卷十六：“凡端公道士，作爲異端法術，醫人致死者，照鬭殺律擬罪。”清彭阯《江油竹枝詞》：“藥苗遍地未知名，疾病年年春夏生。多不信醫偏信鬼，端公打鼓鬧三更。”原注：“俗呼巫爲端公。”乾隆三十三年《江津縣志》卷九《禮俗志·附善俗諸條》：“川俗端公爲人治病，若古巫覡，間亦有效。獨其唱陽戲，少年無賴，誘聚若狂，實敗風俗，不可不禁。”王培荀《聽雨樓隨筆》卷七：“蜀俗尚鬼，有病輒請巫祈禳，謂之端公。”李鶴林《集異新抄》卷四《撈油鍋記》：“先令巫者一人，俗謂之端公，朱衣散髮，向鐺跳舞。”吴振棫《黔語》卷下《壇神》：“巫，黔謂之端公。”丁柔克《柳弧》卷六《雲南風物》：“滇人多佞佛，尚鬼神，病者每使巫治之。巫曰端公，執旗跳躍，亦有靈時。”高靜亭《正音撮要》卷三《外教》：“端公，爲人拜神醫病。”胡端《禁端公論》：“黔蜀之地，風教之至惡者，莫如端公，不悉禁必爲大害。吾嘗觀其歌舞，跳躍盤旋，苗步也；曼聲優啞，苗音也；所稱神號，苗祖也。是蓋苗教耳，而人競神之，何哉？或以謂此巫教，巫教雖古，聖人亦不禁；且楚巫之盛，自周秦來非一代矣，何傷乎？嗟乎，以吾道論，即楚巫亦不可尚，何況苗教而人神之者。”唐甄《潛書·抑尊》：“蜀人之事神也，必馮巫，謂巫爲端公。”梁章鉅《稱謂錄》卷三十一《端公》：“唐甄《抑尊》説：蜀人之祀神必馮巫，謂巫爲端公，禳則爲福，詛則爲殃，惟端公之畏，而不惜貨財以奉之。”陳九德《竹枝詞·信巫教》：“堪嘆幺兒病太多，朝朝市鎮請醫婆。端公堂裏丟刀卦，先要贖魂後送魔。”民國十五年《簡陽縣志》卷二十二《禮俗篇·方言》:“男巫曰端公,女巫曰師孃子。”民國十八年《合江縣志》卷四《禮俗·方言》:“端公,謂男巫也。師孃子,謂女巫也。”民國二十一年《南溪縣志》卷四《禮俗下·方言》:“端公,男巫也。師孃婆,女巫也。”唐樞《蜀籟》卷四(頁238):“自己的醫生醫不倒自己的寒,自己的端公慶不倒自己的壇。”又(頁275):“跰子端公坐倒使法。”民國三十二年《沿河縣志》卷十三《風土志·方言》:“巫曰端公。”周芷穎《新成都》第十一章第十一節《七十二行》(頁255):“更夫,裝水煙袋,揹子……端公。”《川方彙編》(頁131)“端公”謂“以巫教爲業者”。《川方》(頁92)、《川方匯釋》(頁63)、《重方》(頁86)“端公”謂“男巫”。《成都話》(頁56)“端公”謂“巫師”。《成方》(頁293)“端公”謂“以裝神弄鬼、替人祈禱爲職業的男巫”。又,巫師跳神也叫“跳端公”,亦稱“扛神”。參見下“跳端公”、“扛神”條。

《大詞典》(8/396)“端公”②“男巫的別稱”,首引《雲麓漫鈔》。

《方言大詞典》(頁6890)“端公”②“男巫”,西南官話、客話(四川西昌)。

短𪏮𪏮　短杵杵 duan^{53}cu^{53}cu^{21} [tuan^{53}t‘su^{53}t‘su^{21}]

形容物品短。《方言》卷十三:“𪏮,短也。”郭璞注:“蹶黜，短小貌。”戴震疏證：“案《廣雅》：‘黜，短也。’義本此。《廣韻》於‘黜’字云：‘吴人呼短。’”《玉篇·叕部》：“黜，吴人呼短物也。”宋佚名《詞林韻釋》五車夫入聲作上聲：“黜，黜黜，短貌。”與“怵”、“黜”、“出”同一小韻。清胡文英《吴下方言考》卷十二《黜》：“揚子《方言》：‘黜，短也。’案黜、短不韻也。吴中謂物之短而無文者曰短黜黜。”嘉慶十二年《蕪湖縣志》卷一《地里志·方言》：“衣短後謂之短黜。”章炳麟《新方言·釋言》：“《方言》：‘黜，短也。’凡叕聲字皆有短義。……今江淮浙西於物之短者，稱爲短黜黜，或曰秃黜黜。”民國九年《江陰縣續志》卷九《風俗·方言》：“短黜黜，此即《玉篇》黜，吴人呼短之義。”民國十三年《江津縣志》卷十一《風土志·方言》：“邑語短者稱爲短黜黜。黜黜鬍者，亦言其須短也。”民國十八年《合江縣志》卷四《禮俗·方言》：“黜黜，狀物之短者曰短黜黜。”民國十八年《榮縣志·禮俗》：“今人呼短曰短黜黜，音如杵。絜衣短者曰絜黜黜。”姜亮夫《昭通方言疏證》（228條）：“《方言》、《廣雅》均訓黜爲短。《玉篇》：‘黜，吴人呼短物也。’或作掇。《莊子·秋水》：‘掇而不跂。’郭注：‘掇，猶短也。’又作叕。《淮南·人間訓》：‘愚人之思叕。’高注：‘叕，短也。’今昭人言短曰短黜黜，音如卓，吐氣言之。今江淮浙西，或曰秃黜黜。”

或作“短杵杵”。亦可以ABAB式構詞。民國十五年《南川縣志》卷六《土音土語》：“短杵杵。”民國三十三年《長壽縣志》卷四《風土·方言》：“短曰短杵杵。”《川方》（頁92）“短杵杵”謂“形容物品很短”，“短杵短杵”謂“同*短杵杵，但是程度較輕”。《重方》(頁87)“短杵杵”謂“形容很短”，“短杵短杵”謂“同‘短杵杵’，程度較輕”。

《大詞典》(7/1545)“短撅撅”謂“形容短的樣子”，引張天民《創業》，未收上兩詞形。

《方言大詞典》(頁6169)“短杵杵”謂“很短的樣子”，西南官話。又(頁6170)“短䎌䎌”謂“短”，蘭銀官話(甘肅武威)、江淮官話、西南官話。又(頁143)“九九”①“後綴。用於形容詞後，表示程度”，蘭銀官話(甘肅武威)，引李鼎超《隴右方言·釋言》：“今謂短曰‘短~’、肥曰‘肥~’，音近‘出’。”“短~”當即“短䎌䎌”，而“短䎌䎌”亦引李氏“今謂短曰~。‘䎌’讀如‘抓’”，“䎌”從“出”得聲，不當讀如“抓”，記音選字或錯植矣。又(頁6170)“短杵短杵”謂“很短(程度較‘短杵杵’輕)”，西南官話。

碓窩　碓窠 $dui^{213}o^{55}$ [$tuei^{213}o^{55}$]

以石、木、鐵等製的深窩狀器具，以杵(碓窩棒)舂米等。《說文·石部》：“碓，舂也。”王筠句讀：“杵臼任手，碓則任足。又有水碓，不勞人力。”清乾隆四年《雅州府志》卷二《山川·名山縣》：“仙人洞，有三：一在香爐山，一在碓窩溪，一在牛寨山。”此以“碓窩”爲地名。高靜亭《正音撮要》卷三《石器》：“石碓窩，舂米砍。”注：“碓，音對。”傅崇矩《成都通覽·成都之農業用品》（頁426）："石碓窩，碎米以六寸爲宜。"民國十五年《簡陽縣志》卷二十二《禮俗篇·方言》："舂物器曰碓窩。碓音對。"民國二十一年《萬源縣志》卷五《教育門·方言》："舂物器曰碓窩。"又《諺語》："尖底碓窩自不穩。"又："戴起碓窩耍獅子。"謂費力不討好也。民國二十九年《開陽縣志稿》第四章《經濟·農業》："碓窩用石鑿孔，中呈圓窩形，入粮食其中，脚踏碓尾，使碓頭上升落下，如是者久之，食粮因以搗碎，爲舂谷去壳，及細碎食粮成粉之用。"民國三十二年《沿河縣志》卷十三《風土志·方言》："漩曰碓窩。"謂漩窩形似碓。姜亮夫《昭通方言疏證》（1823條）："昭人曰碓（音如對）凹（音如窩），字或作對窩。對窩，昭人謂大石臼供雙一對舂者、曰對窩，古臼皆兩人對爲之，故曰相舂，即舂相之義，其本字亦即碓字也。"《川方》（頁95）"碓窩（對窩）"謂"臼"。《川方彙編》（頁158）"碓窩"謂"石臼"。《川方匯釋》（頁65）"碓窩"謂"碓臼"。《成都話》（頁57）"碓窩"謂"舂東西的器具，即臼"。《成方》（頁185）"碓窩"謂"用來舂東西的石臼，分爲'大碓窩'和'小碓窩'兩種"。《重方》（頁89）"碓窩"謂"石臼，用以舂米或其他糧食"。按木、鐵等製亦稱"碓窩"，不限於指"石臼"。

又作"碓窠"。民國二十三年《樂山縣志》卷三《方輿志·方言》："臼曰碓窠。"又："石臼曰碓窠。"民國二十四年《雲陽縣志》卷十四《禮俗下·方言下》："舂米曰碓。……俗呼碓窠。""窠"當讀同"窩"。

《大詞典》（7/1056）“碓”下未收。《方言大詞典》（頁6444）“碓窩”謂“石臼；碓”，中原官話、西南官話、客話（四川西昌）。又“碓窩子”謂“石臼；碓”，中原官話、江淮官話、西南官話、湘語。

E

耳巴　耳𣏌　耳巴子 $er^{53}bɑ^{55}zi^{53}$ [$ər^{53}pa^{55}tsɿ^{53}$]

❶手掌。民國十五年《南川縣志》卷六《土音土語》："手掌曰耳巴。凡小物面積寬長者皆曰巴。巴，把也，言手可把也。"得名之由可備一說。民國三十三年《長壽縣志》卷四《風土·方言》："手掌。"民國三十三年《重修彭山縣志》卷二《民俗篇·方言》："耳巴，摑也。"此當爲"打耳巴"、"給他一個耳巴"之省說。又，唐樞《蜀籟》卷一（頁5）："一耳笆（巴）拍下來的。"

或作"耳𣏌"。民國十八年《榮縣志·禮俗》："《說文》：'獸足謂之番。'附袁切。古無輕唇音，番讀如班，今音如板，手掌謂手番，足掌曰足番，雙聲轉𣏌。《說文》：'𣏌，搹擊也。'今𣏌掌、耳𣏌，北人强以刮字當之，非也。"

❷引申指耳光。參《考釋》第172頁。明汪廷訥《獅吼記》第二十一齣："我娘子手不是姜，怎麼半月前打的耳巴至今猶

粹。"《檮杌閑評》第三回："醜驢道：'要陪酒，請小娘去，怎麼叫我們良家婦人陪酒？'管家大怒，走上去一個耳巴子，把他打了一跌。"清乾隆三十八年《臨晉縣志》卷七《雜記下》："批頰曰打耳巴。"Adam Grainger《西蜀方言》（頁159）："打你幾個耳巴子。"謂"I will box your ears；I will give you a few slaps on the ear"。又（頁423）："打耳巴子。"即"to box the ears"。又（頁602）："我丨你兩耳巴子。"謂"I will hit you two slaps on the ear；I will box your ears"，"丨"音"KUANG⁴"，即"摑"之音變①。清傅崇矩《成都通覽·成都之詐騙》（頁213）："一陣耳巴子，大罵一頓。"民國十三年《江津縣志》卷十一《風土志·方言》："《釋名》：輔車或曰牙車。邑謂牙車爲牙巴，以其與口耳相連，故謂批頰爲打耳巴。"按此釋得名之由恐望文生訓。若謂牙巴與口耳相連，即"謂批頰爲打耳巴"，則通語"打耳光"又當何解？民國十五年《南川縣志》卷六《土音土語》："土語以寬長之物外擊曰逞，如逞耳巴子。"②民國二十一年《萬源縣志》卷五《教育門·方言》："掌擊曰打耳巴子。"陝西關中方言亦同。朱正義《關中方言古詞論稿》："關中稱以掌擊人爲'揅'，如：'揅了個耳巴子'，'耳巴子'即'耳光'。"《川方》（頁96）"耳巴子"謂"耳光"，"又說耳巴"。《川方匯釋》（頁67）"耳巴子"謂"耳光"。《成都話》（頁58）"耳巴"謂"同'耳巴子'"，而"耳巴子"謂"耳光。又

---

① 《川方》（頁137）"口"音guang⁴，謂"打（耳光）"，以缺文號代替本字。

② 《川方》（頁28）"撣（逞、攛）"音can³，① "用條狀物抽打：~耳巴子"。

說‘耳使’、‘耳巴’”。《重方》(頁89)“耳巴”謂“耳光”，“也說‘耳巴子’”。

俗亦記音作“耳瓜子”、“耳卦子”。清高靜亭《正音撮要》卷二《身體》：“打他耳瓜子。”《繡榻野史》卷下：“金氏竟走下床來，揪了塞紅耳朵，打上兩個響風的大耳瓜子。”章炳麟《新方言·釋形體》：“《說文》：‘耿，耳箸頰也。從耳，烓省聲。’今天津、德州謂批耳至頰爲打耳卦子，讀耿如卦，正合烓聲。江南運河而東音轉如耳光，光、耿亦雙聲，耕清陽唐之轉也。福州音轉如耳姜。”今“耳刮子”、“耳光子”已爲通語。

又，民國二十三年《樂山縣志》卷三《方輿志·方言》：“手批人頰曰打耳使。”民國二十六年《犍爲縣志·居民·言語·方言》：“捽掌曰耳使。”白虹《四川方言（川行雜記之六）》：“劑耳屎，打耳刮（一作耳光）也。”[1]《川方》（頁96）“耳矢”謂“耳光”。《川方匯釋》（頁67）“耳矢”①“耳光”。“耳使”、“耳矢”，均爲記音。

《大詞典》（8/646）“耳巴”謂“耳光；巴掌”，引李劼人《天魔舞》，未收“耳巴子”。

《方言大詞典》(頁1717)“耳巴”①“耳光”，中原官話、江淮官話、西南官話、湘語；②“巴掌；手掌”，冀魯官話、西南官話。又（1723）“耳巴子”①“耳光”，中原官話、蘭銀官話、江淮官話、西南官話、湘語、贛語、客話(四川西昌)；②“巴掌；手掌”，冀魯官話、膠遼官話、中原官話，未涉及西南

① 《自修》1941年第162期，第24頁。

官話。又（頁1725）“耳把子”謂“耳光”，中原官話、蘭銀官話。按“耳光”當由“巴掌；手掌”義引申而來，故“耳巴”、“耳巴子”兩詞的義項排列均不應本末倒置。

二回 $er^{213}hui^{21}$［$ər^{213}xuei^{21}$］

下回；以後。參《考釋》第174頁。《春閨秘史》第二回：“況且一回生，二回熟，再幹的時候，也許比頭次好些，也未可知。”“一回生，二回熟”爲市井習語，“二回”亦猶下回。拙撰引清劉省三《躋春臺》卷一《過人瘋》：“何不與師婆當個孫崽崽，師婆教你些兒乖，免得二回去戳拐，弄點錢免得拿與婆娘挨。”楊小平《南充方言詞語考釋》（頁80）引作“姿娘”，謂“《四川方言詞語考釋》誤把‘姿’引作‘婆’”。按“婆”字不誤。清光緒已亥（1899）銅山林有仁序刊本（收入上海古籍出版社《古本小說集成》）作“婁娘”，江蘇古籍社蔡敦勇點校本作“婆娘”。“婆娘”四川方言可指妻子（參拙撰《考釋》頁531“婆娘”條）。“弄點錢免得拿與婆娘挨”，是說弄點錢回去，免得被妻子打罵，爲作者借小說主人公之口的調侃語，與敦煌本斯2440《三身押座文》“念佛急手歸舍去，遲歸家中阿婆嗔”，其意正相仿佛矣。周而復《上海的早晨》第四部12：“在座各位都是大老板，開會當然有所不同。要是我這個副秘書長讓你們坐硬板凳，保險你們二回就不來了。”“二回”猶下回、以後。又說“二回子”。《川方》(頁97)“二回”謂“下次”。《川方匯釋》(頁68)“二回”謂“以後”，“二回子”謂“下次，以後”。《成都話》(頁58)“二回”謂“同‘二回子’”，而“二回子”謂“下次。又說‘二回’”。《成方》(頁74)“二回(子)”謂“下次，下回”。《重方》(頁91)“二回”①“下次”，②“今後”，“也說‘二回子’”。

《大詞典》未收。《方言大詞典》(頁81)“二回”謂“下次；以後”，西南官話。

二尾子　二儀子 $er^{213}i^{53}zi^{53}$ [$ər^{213}i^{53}tsɿ^{53}$]

兩性人。英語爲“hermaphrodite”、“intersex”。《金瓶梅詞話》第九十六回：“這葉頭陀只顧上上下下看他，內有一人道：‘葉道，這個小夥子兒，是新來的，你相他一相。’又一人說：‘你相他相，倒相個兄弟。’一人說：‘倒相個二尾子。’”明賈鳧西《木皮散人鼓詞》：“天啟朝又興了個不男不女二尾子貨，和他奶母子客氏滾成窩。”《醒世姻緣傳》第八回：“沒的那郭姑子是二尾子？除了一個屄，又長出一個屌來了？”黃肅秋注：“二尾子——對具有陰陽兩性生殖器官的人的稱呼。”但“尾”未注音。又第九十三回：“既是斷不得色欲，便就不該做了和尚；既要吃佛家的飯食，便該守佛家的戒律：何可幹這二尾子營生？”此引申指事不兩諧。《續金瓶梅》第四十七回：“心裏恨着，卻使手去抹他那腰間的物，原來是有名無實的半瓶醋、二尾子，縮的好似一個蠶蛹兒模樣，鱉嘴兒骨突着。”《龍圖耳錄》第五十回：“我問他們東跨所有誰，他們說來了個二尾子，男不男女不女的。”“二尾子”何以指兩性人？《說文·尾部》：“尾，微也。”《釋名·釋形體》：“尾，微也，承脊之末梢，微殺也。”《玉篇·尾部》：“尾，末後梢也。”《大字典》（二/2/1036）“尾”（一）①“尾巴，鳥、獸、蟲、魚等脊椎動物軀幹末端突出的部分（通常指肛門以後的部分）。一般把身體後端的器官統稱尾，如尾羽、尾鰭、尾鰓、尾柄、尾扇等”。一些動物的生殖器也在尾端，故雌雄交配稱交尾，即性器相接。如《書·堯典》：“鳥獸孳尾。”僞孔傳：“乳化曰孳，交接曰尾。”“尾”自然有了性器的意思，方言中“二尾子”指兩性人也就順理成章了。

亦作“二儀子”。明萬全《萬氏家傳廣嗣紀要》卷三引《金丹節要》：“二竅俱有，俗謂二儀子也。”

又“尾”音[i^{53}]，參見下“已巴”條。故“二儀子”、“二已子”、“二尾子”同詞異形。考其語源，“尾”音“已”或與“儀”亦相關。《易·繫辭上》：“是故易有太極，是生兩儀。”“兩儀”謂天地，引申指陰陽、男女等。《大詞典》（1/569）“兩儀”②“指陰陽、男女”，引魯迅《彷徨·高老夫子》：“蕊珠仙子也不很贊成女學，以爲淆亂兩儀，非天曹所喜。”故“二儀子”之“儀”，既記俗音，亦有理據。佛經中有二形人的記載，如後秦弗若多羅譯《十誦律》卷一：“比丘與人女行淫，三處犯波羅夷：大便處、小便處、口中，二根亦如是。”姚秦佛陀耶舍共竺佛念等譯《四分律》卷一：“犯人婦三處波羅夷：大便道、小便道及口，人二形三處亦如是。”二形即指男女二根。明余懋學《仁獄類編》卷二十四《節齋刺二形》：“宋咸淳間，浙人寓江西，招一尼教其女刺繡，女忽有娠。父母究問，曰：‘尼也。’尼與同寢，常言夫婦咸恒事。時偶心動，尼曰：‘妾有二形，逢陽則女，逢陰則男。’揣之則儼然男子也，遂數與合。父母聞之官，尼不服，驗之無狀。至於憲司，時翁合作憲，亦莫能明。某官者曰：昔端平丙申年，廣州尼董師秀有姿色，偶有欲濫之者，卒揣其陰，男子也。事聞於官，驗之，女也。一坐婆曰：當令仰臥，以鹽肉水漬其陰，令犬舐之。已而陰中果露男形，如龜頭出殼。轉申上司。時彭節齋爲經略，判云：‘在天之道曰陰與陽，在人之道曰男與女。董師秀身帶二形，不男不女，是爲妖物。所歷諸州縣富室大家，作過不可枚舉，豈可復容於天地間？額刺二形兩字，決脊二十，枷令十日，押下摧鋒軍寨拘鎖月，具存亡申報官。’乃如其法驗之，果然，尼即處死。”此經明淩濛初演繹收入《初刻拍案驚奇》卷三十四。明陳士元《俚言解》卷二《二形子》亦載其事云：“彭節齋爲經略使，有一浙人寓江西，招一尼教女刺繡，女忽有娠。父母究問，云是尼也。告官屢驗，皆是女形。忽有云：‘以鹽肉水漬其陰，令犬舐之。’已而陰中果露男形。彭判是爲妖物，難問常律，奏聞斬之。”又，宋莊綽《雞肋編》卷中：“紹興中，吕元直爲相，驟引席益爲參政，故席感恩，悉力爲助。已而徐師川在西樞得君，與吕不協，席乃陰與徐結。於時又號爲二形人，謂陽與吕合而陰與徐交也。”此喻指席益爲兩面派，取義則實以兩性人作譬[①]。明沈德符《萬曆野獲編》卷二十八《人痾》：“人生具兩形者，古即有之。《大般若經》載五種黃門，其四曰博叉半，釋迦謂半月能男，半月不能男，然不云亦能女也。《素問》有男脈應、女脈應之説，遂具兩形矣。晉惠帝世，京洛有人兼男女體，亦能兩用，而性尤淫。解者以爲男寵大興之徵，然亦不聞一月中陰陽各居其半也。又吴中常熟縣一縉紳夫人，亦大家女也，亦半月作男。當其不能女時，蒿砧避去，以諸女奴當夕，皆厭苦不能堪，聞所出勢偉勁倍丈夫，且通宵不訖事云。按二十八宿中，心房二星皆具兩形，則天上已有之，何論人世。”又《俚言解》卷二《二形子》：“言動反覆無恒，俗呼爲二形子。蓋世人真有男女二形者，乃陰陽怪異之氣所生也，佛書載之詳。”此則以意言之也。今蜀方言亦謂人言行反覆無常、事不兩諧之類爲“二尾子”，引申用之矣。

《大詞典》（1/125）“二尾子”謂“指兩性人”，引《金瓶梅詞話》及《醒世姻緣傳》。又（138）“二儀”①“指天地”，②“指日、月”，與本條無關，未收“二儀子”。

《方言大詞典》（頁89）“二尾子”①，冀魯官話、中原官話、蘭銀官話。又（頁87）“二儀子”，中原官話。又（頁90）“二依子”，江淮官話。又（頁87）“二頁子”，中原官話。又（頁88）“二異子”，冀魯官話、中原官話。又“二衣子”①，

① 《大詞典》（1/124）“二形人”①“指兩面派”，引《雞肋編》；②“猶言兩性人”，無書證。

晉語、江淮官話。又（頁91）“二姨子”，膠遼官話。又（頁87）“二以子”，冀魯官話。又（頁84）“二乙子”，東北官話。又（頁85）“二人子”，“人”音［in^{21-22}］，膠遼官話。以上均謂“兩性人”。又（頁93）“二疑子”，“疑”音［i^{42}］，謂“不能生育的人”，中原官話，實際也應指“兩性人”。此各地方音稍有細微差別，記錄者據音選字，實則同詞異形。就其理據而言，當作“二尾子”或“二儀子”。

二不棱登　二不稜登

$er^{213}bu^{21}len^{21}den^{55}$［$ər^{213}pu^{21}lən^{21}tən^{55}$］

不曉事；做事或說話傻裏傻氣。参《考釋》第173頁。清范寅《越諺》卷上《事類之諺》：“一麬無有嗄個，二不棱登，三轉四回。”拙撰原引《醒世姻緣傳》第六十二回：“惟獨一個二不棱登的婦人，制服得你狗鬼聽提。”“服”當作“伏”。齊魯書社本（頁803）作“二不棱登”；上海古籍本（頁885）作“二不稜登”，頁896黃肅秋注：“也作‘花不棱登’。指濃妝艷抹、作風不正派的女人。”所釋未中肯綮。雷漢卿《近代方俗詞叢考》“二不棱登”謂“冒失莽撞；傻裏傻氣”，認爲黃注及“華夏版注：‘即花不棱登，形容顏色錯雜（含有厭惡之意）。’張清吉（1991）釋爲‘低下，卑陋，夠不上第一流’。其說皆可商”①，

① 巴蜀書社，2006年11月第1版，第119頁。

可參看。楊小平《南充方言詞語考釋》（頁79）“二不梭登”亦引此例，除“服”下脱“得”字外，與拙引相同，但謂“《四川方言詞語考釋》誤把‘够’引作‘狗’。《大詞典》未收此詞”，實際上“狗鬼聽提”不誤[①]，楊書亦並未引作“够鬼聽提”。《大詞典》（1/120）“二不稜登”謂“亦作‘二不隆冬’。方言。傻裏傻氣”，即引《醒世姻緣傳》例，亦並非“未收此詞”。“棱登”、“稜登”均爲記音，或本作“倰僜”。《玉篇·人部》：“僜，倰僜，不著事。”《廣韻·嶝韻》：“僜，倰僜，不著事。”又：“倰，倰僜，行皃。”《集韻·蒸韻》：“僜，倰僜，病行貌。”又《證韻》：“僜，倰僜，行無力。”又：“倰，長也。一曰倰僜，行疲。”又《隥韻》：“僜，倰僜，不親事。”又：“倰，倰僜，不親事。”“不著事”、“不親事”，意均不甚明晰。《正字通·鼓部》：“鼟，俗字，舊註他登切，忒平聲。倰鼟，長貌，非是。諺語：人不省事曰倰僜。非作鼟。”明焦竑《俗書刊誤》卷十一：“人不省事曰倰僜。”方以智《通雅》卷四十九《諺原》：“倰僜薎楔，人不省事曰倰僜，新睡起曰懜瞪，木不方正曰欃楔，作事不方正曰攕揳，人不方正曰儳偰，皆此二音而別之。”清桂馥《札樸》卷九《鄉里舊聞·雜言》、民國二十年《太谷縣志》卷四《禮俗略·風俗附方言》：“不省事曰倰僜。”可見，“二不棱登”即“倰僜”的生動說法。《大詞典》（1/1445）“倰僜”謂“弦樂聲”，未及“不省事”義。

---

①《宋元明清百部小説語詞大辭典》（頁351）“狗鬼聽提”謂“百依百順”，引《醒世姻緣傳》例。

《方言大詞典》（頁95）“二不愣登”謂“愣頭愣腦”，東北官話，也作“二不楞登”、“二不棱登”，冀魯官話。未涉及西南官话。

F

發 $fɑ^{21}$ [fa^{21}]

加工使鋒利。《莊子·養生主》:“今臣之刀十九年矣，所解數千牛矣，而刀刃若新發於硎。”陸德明釋文:“硎音刑，磨石也。崔本作形，云新所受形也。”汪化雲《再說〈莊子·養生主〉中的“新發於硎”》曰，“新發於硎”一般認爲“硎”爲“磨刀石”，“發”即“磨出”，“新發於硎”即“剛從磨刀石上磨過”（曹礎基1982），此說多爲教材採用。但謝質彬（1987）認爲“‘發’字從無‘磨’義”，“新發於硎”爲“始下型”，即“剛從模子裏取出來”，以爲古代鑄造刀劍均用模澆鑄，而“發”有“開”義，“硎”是“型”（型模）的借字。汪先生認爲以上解釋均難以成立。而歐陽景賢等（1986）說“發，開，硎，磨刀石。新發於硎，意即剛從磨刀石上開好口。鐵匠鍛打的新刀子，刀口比較厚，不大鋒利，使用前要先在磨刀石上着力地磨，使刀口更鋒利，這叫做‘開口’或‘發口’。剛開好口的刀子，沒有任何卷口、傷缺，是最鋒利的”，以爲這個解釋是“合情合理的，但也有值得斟酌之處”，他說“發”有“開”義，“開口”則是用搶、磨的方式而使刀鋒利，“發”與“開口”意義上有聯繫，但釋“發”爲“開口”於文獻無據，如同釋“發”爲“磨出”一樣。今湖北武漢、黄岡等地方言中，鐵匠修理用鈍了的沙鐮（一種有細密小齒的月牙形鐮刀，割稻、麥用）謂之“發”。“發”音［fa］，在武漢念陽平（古入聲字在武漢方言中大都念陽平），在黄岡念入聲。“發沙鐮”就是沙鐮重新開口，使之鋒利如新（其他刀具用鈍了磨磨即可，不能“發”）。雖然不能說“新發於硎”與“發沙鐮”的“發”意義相同，但兩個“發”的音韻地位是相同的；且兩“發”字都是動詞，“發”的結果都是刀具鋒利，這無疑也是一致的。說“新發於硎”的“發”有“開口”的意思，大致是不錯的[1]。按四川農村割稻、麥等亦用細密鋸齒的月牙形鐮刀，稱“鋸鋸鐮”（傅崇矩《成都通覽·成都之農業用品》頁426稱“鋸齒鐮刀”），如唐樞《蜀籟》卷一（頁62）：“口頭蜜蜜甜，心頭鋸鋸鐮。”謂口蜜腹劍。鋸鋸鐮用鈍了，常說“鋸鋸鐮發得了”。因此，找鐵匠“發”，說不說“發”都無所謂，衹要往鐵匠鋪一丢，鐵匠自然知道是拿來“發”的，即將刀口重新燒紅錘打碾薄後開齒淬火，就“發”好了。鐵匠手藝精湛，“發”的鋸鋸鐮鋸齒細密勻稱，鋒利無比。“若新發於硎”，竊以爲可以理解爲如刀剛從磨刀石磨（開）出鋒口，也可理解爲刀剛用磨刀石磨過一樣，“發”理解爲

① 《成都大學學報》2001年第4期。

"磨"、"開口"，雖於文獻無據，但爲語境義，大致不差。聯繫今湖北"發"沙鐮、蜀中"發"鋸鋸鐮，再概括一些，"發"釋爲"加工使鋒利"應無問題。又，唐韓愈孟郊《納涼聯句》："賈勇發霜硎，爭前曜冰槊。"注："《莊子》：'刃若新發於硎。'"宋葉紹翁《四朝聞見錄》甲集《宏而不博博而不宏》："嘗得方巖王公簡復士人周儀甫書云：'納去茂潛書，雖儀甫不待老夫之囑。茂潛永嘉之政，若干將、莫邪新發于硎，切不可干之以私。'"民國九年《廬陵縣志》卷十七《耆獻志・宦業》："民有謀續姦被拒自殺者，棄刃於旁而絕。其子以緝凶請視其刃，若新發於硎，急呼冶人驗之，果爲所鑄，且係謀姦人手購，子俯首退。"亦用作比喻。明卓發之《漉籬集》卷十一《史隱君八十壽序》："神宗末年遷白下，生二子，英英若新發于硎。"清乾隆三十四年《郃陽縣志》卷三《人物》："余細讀之，始識其理解精確，而其筆鋒復若新發於硎焉。"光緒八年《黎平府志》卷七上《人物志》："（王家齊）公以新發於硎之利器，及鋒一試，經營籌畫，允當機宜，匪惟邮羡充羸，兼以宏濟楚省。"

《大字典》（二/5/2953）、《大詞典》（8/540）"發"均未及。

《方言大詞典》（頁1544）"發"⑧"磨礪"，蘭銀官話，引李鼎超《隴右方言・釋言》："今謂磨礪曰~。磨鋸曰~鋸，磨刀剪曰~刀、~剪子。《莊子・養生主》：'刀刃若新~于硎。'"未及西南官話、江淮官話。

房分 fɑng^{21}fen^{213} [faŋ^{21}fən^{213}]

家族內親。一般指同祖父或同尊祖的支系。參《考釋》第182頁，首引《全後魏文》。宋吳處厚《青箱雜記》卷一：“凡子孫在京守官者，俸錢皆不得私用，與饒陽莊課，併輸宅庫，月均給之，故孤遺房分，皆獲沾濟。”李燾《續資治通鑒長編》卷一百三十七宋仁宗慶曆二年秋七月：“庚午，詔大宗正司，自今皇親婚姻，其依律令外，若父母親姊妹，及父母之親姑爲妯娌，或相與爲婦姑行而尊卑差互者，不得爲婚姻。其服紀疏遠而房分不同祖者，並許通嫁娶。”元佚名《合同文字》第三折：“謝得你太山做主，我是他嫡親骨血，又不比房分的家奴。”《金瓶梅詞話》第十四回：“嫂子放心，我只道是甚麽事來，原來是房分中告家財事，這個不打緊。既是嫂子分付，哥的事就是我的事一般，隨問怎的，我在下謹領。”《型世言》第十回：“周氏與這兩個女兒也上涯來，遇着一個白髮老婆婆，卻是有些面善，細看，正是周氏房分姑娘。”《紅樓夢》第四回：“賈不假，白玉爲堂金作馬。（寧國榮國二公之後，共二十房分，寧榮親派八房在都外，現原籍住者十二房。）”《負曝閒談》第一回：“旁邊站着房分族長，朝珠補褂，頂子花翎，沒有一個不是鄉紳面孔。”清錢大昕《恒言錄》卷三《親屬稱謂類·房分》、翟灝《通俗編》卷四《倫常·房分》均引《魏書》。俞蛟《春明叢說》：“老叔官星照命，別房分無一問者，親友族黨，概同陌路。”民國十七年《長壽縣志》卷四《人事部·禮俗》：“吉期不可多得，吉地不虧房分。”

（7/356）“房分”謂“亦作‘房份’。舊指家族的分支”，首引《魏書》。又（357）“房份”謂“見‘房分’”，而“房分”條下引周立波《山鄉巨變》“房份裏叔叔”。

《方言大詞典》（頁3734）“房份”謂“家族的分支”，吳語，未及西南官話。

放標　放穮　放藨 fang²¹³biao⁵⁵［faŋ²¹³piau⁵⁵］

稻抽穗。《集韻·宵韻》：“穮，稻苗秀出者。”《康熙字典·禾部》：“穮，《集韻》卑遥切，音標。”宋范處義《詩補傳》卷二十六：“視其苗則饜足而不瘠，視其藨則緜緜而相續，古字多相通。‘藨’疑‘穮’字，據字書：穮，稻秀出者。今田家言禾穗始出必曰放穮，蓋本諸此。”其説是矣。明李實《蜀語》（頁163）：“稻苗秀出曰放穮○穮音標。”黄仁壽等校注：“‘放穮’即指稻抽穗。”清陸奎勳《陸堂詩學》卷十一《載芟良耜（共五則）》：“‘緜緜其藨’，謂苗後之耘，亦通。然不如《補傳》之説，‘藨’字古通‘穮’，稻秀出者，今田家猶云放穮。”道光二十一年《遵義府志》卷二十《風俗》、光緒二十一年《敘州府志》卷二十一《風俗》、民國十年《新修合川縣志》卷三十《風俗·方言》、民國三十七年《貴州通志·風土志·方言》："稻苗秀出曰放穮。音標。"均採《蜀語》。又，民國十五年《南川縣志》卷六《土音土語》謂"穀穗曰穮"，故稻抽穗謂"放穮"。

亦作"放麃"。明張次仲《待軒詩記》卷八："苗初華曰麃，吳中稱放華曰放麃。"姚舜牧《重訂詩經疑問》卷十一："苗初放華曰麃，今吳楚人皆稱放麃。"

又作"放藨"。明朱朝瑛《讀詩畧記》卷六："麃，通作藨。《爾雅》云：'猋、藨、芀。'疏云：'華秀名也。'姚承庵曰：'今吳楚之人，以苗初放華爲放藨。'攄上文之序推之，良是；若耘之事，則前已言之矣。"按《集韻·宵韻》悲嬌切，"麃"、"藨"、"穮"同一小韻，例得通假。《詩·周頌·載芟》："厭厭其苗，緜緜其麃。"毛傳："麃，耘也。"鄭玄箋："厭厭，其苗衆齊等也。"陸德明釋文："麃，表嬌反，芸也。《說文》作穮，音同，云：'穮，耨鉏田也。'《字林》云：'穮，耕禾間也。'"孔穎達疏："厭厭然而長大者，其齊等之苗也，於是農人則緜緜然用其力麃芸之，以此至於大熟則穫刈之。"毛傳以下解釋恐均不確。"緜緜其麃"與"厭厭其苗"對舉，"麃"亦當謂禾苗之類，方與"苗"對，正如朱朝瑛所謂"若耘之事，則前已言之矣"，此不當歧出而致語意邏輯混亂。因此，"麃"確當如張次仲所說"苗初華曰麃"。"緜緜"謂連續不斷的樣子，"緜緜其麃"即連緜成片的稻苗均抽穗揚花了。今蜀語仍有類似說法。《川方匯釋》(頁15)"穮"謂"禾苗長得很快"。稻抽穗時間不長，仿佛幾天之內即出齊，故謂"放穮"。

《大詞典》未收。《方言大詞典》（頁3548）“放標”謂“水稻抽穗開花”，西南官話。

麩炭 烰炭 浮炭 桴炭 腐炭

fu⁵⁵tɑn²¹³ [fu⁵⁵t‘an²¹³]

木柴充分燃燒後經閉熄而成的木炭。参《考釋》第194頁。“麩炭”原首引唐白居易詩。宋陶穀《清異錄》卷下《星子炭》：“（唐宣宗）冬月冷坐殿中，宫人以金盆置麩炭火少許進御，止煖手而已。”朱長文《墨池編》卷六《硯》：“若久用之，石色爲墨漬汙，即以麩炭磨洗，復如新矣。”清褚人穫《堅瓠八集》卷四《石炭麩炭》：“南方多用木炭，而蜀又有竹炭，燒巨竹爲之，易燃無煙，且耐久。陳無已托酒務官買浮炭，今人謂之麩炭。白香山詩‘日暮半爐麩炭火’。宋人詩‘一爐麩炭火初溫’，則麩炭二字非俗語也。”顧張思《土風錄》卷四《麩炭》：“樹柴炭曰麩炭。”胡文英《吳下方言考》卷九《麩炭》：“麩炭，浮炭也。吳中名浮炭爲麩炭。”光緒八年《寶山縣志》卷十四《志餘·風俗附方音》：“麩炭，浮炭曰麩炭，今俗音正如此語，見《老學庵筆記》。”姜亮夫《昭通方言疏證》（1922條）：“今昭人言麩炭即木炭之一，燒紅後即出之竈外或燼餘之木炭曰麩炭或曰炭麩子，蓋質不堅實或柴未燼之炭曰麩炭，字或作浮，宋謝景魚家有陳無已手簡十餘帖，皆與酒務官印買浮炭者，謂投之水中而浮，則當作浮。又按昭人以麥屑碾之更細，以作腳手爐中炭不太熱而終日常溫曰麩炭。則僅以木炭之輕者曰麩炭尚未全備也。”

亦作“烰炭”。前撰首引宋蘇軾《格物粗談》。蘇軾《物類相感志》[①]則作：“鐵銹以炭磨洗之鈍，以乾烰炭擦之則快。”明李時珍《本草綱目》卷四十《蟲之二·蟻》：“白蟻，即蟻之白者。一名蟁，一名飛螘。穴地而居，蠹木而食，因濕營土，大爲物害。初生爲蟻蝝，至夏遺卵生翼而飛，則變黑色，尋亦隕死。性畏烰炭桐油竹鷄云。”清西厓《談徵·物部·麩炭》：“白居易詩‘日暮半罏麩炭火’。《本草》：煎藥焙炙宜用麩炭。麩音孚，小麥也皮也。其取輕浮義，然不如烰字从火爲尤得義。烰，說孚，《說文》：‘烝也。从火，孚聲。’引《詩》‘烝之烰烰’。今《詩》从浮。《正字通》云‘烰音孚’。所謂麩炭者，可作烰字。”“麥”下“也”、“說孚”疑衍，“从浮”之“从”恐爲“作”形譌。所引“本草”，即李時珍《本草綱目》，卷六謂“烰炭火，宜烹煎焙炙百藥丸散”。清嘉慶二十三年《龍山縣志》卷九《物產》：“烰炭，一作麩炭，白居易詩‘日暮半爐麩炭火’是也。”光緒四年《彭縣志》卷三《民事門·風俗志》：“彭民所利……曰薪柴木炭、烰炭、石炭、藍炭。”

又作“浮炭”。前撰首引宋陸游《老學庵筆記》。元陶宗儀

① 據清王士禛《古夫于亭雜録》卷三：“《蜀中十志》以《物類相感志》十八卷爲東坡著，謬甚，不知何據。按此書是宋初僧贊寧著。”按王士禛（1634—1711），字子真，號阮亭，晚號漁洋山人。卒後，因避雍正皇帝胤禛諱，追改“士正”。乾隆三十九年詔改“士禎”。本書除他人引文有用“士禎”者外，統一用本名“士禛”。

《說郛》卷四十一下："謝景魚家有陳無己手簡，一編有十餘帖，皆與酒務官託買浮炭，其貧可知。浮炭，謂投之水中則浮故也。樂天詩曰：'日暮半爐麩炭火。'浮炭謂之麩炭。"明郎瑛《七修續稿》卷六《事物類·浮炭》："陸放翁《筆記》云：陳無己貧，見其手劄，每問酒務官托買浮炭。浮炭者，投之水中而浮之，故今人曰麩炭，訛也。觀此，訛之已久。但事小，人不之辨耳。"明朱橚《普濟方》卷六十八《治風蚛牙》："用大北棗一枚，劈開去核，入和皮巴豆一粒，却揑，擱於温火上炙，令焦黑如乾浮炭樣。"民國二十三年《定縣志》卷二十一《志餘·雜志上·方言》："浮炭，桴炭也。"

或作"桴炭"。宋江休復《嘉祐雜志》："暫來看大王耳，歸長安賣桴炭，足過一生，豈无容身地耶？"明朱橚《普濟方》卷二百十一《至聖保命丹》："先將麻油同巴豆，用銀鍋慢火熬成，色如桴炭黑色，去巴豆不用。"清陳其元《庸閒齋筆記》卷三《鬼神報應之靈》："李（某）本魁梧潔白，比殮時，縮短如童子，通體顔色焦黑如桴炭，知炮烙之加，定非虚語。"梁紹壬《兩般秋雨庵隨筆》卷一《桴炭》："《老學庵筆記》：謝景魚家藏陳無己十餘札，皆托酒務官買浮炭者。浮炭入水即浮，蓋即桴炭也。按浮、桴二字，古或通用。觀'浮思'《廣雅》作'桴思'可見。白香山詩曰：'日暮半鑪桴炭火。'則桴炭之稱，唐時已有之矣。又蜀人燒竹爲炭，亦見《筆記》。"[1]光緒二十六

① 以上引文中，"陳無己"即陳師道（1053—1102），字履常，一字無己，號後山居士，彭城（今江蘇徐州）人。作"無已"、"無巳"恐均非是。

年《墊江縣志》卷三《食貨志·物產》："桴炭，小者名窑灰，疑作蕘灰。隆冬苦寒，盛以熏籠，俗名灰籠，暖氣盎然，春生斗室，火傳不盡，隔宿猶溫。白傅詩'日暮半爐桴炭火'，意唐亦有之矣。"按《白氏長慶集》卷二十二、《白香山詩集》卷二十二、《全唐詩》卷四百四十五作"麩炭"，文獻多引作"桴炭"。《川方》（頁109）"桴炭（麩炭）"謂"一般木柴燒成的炭。質地疏鬆，易燃，常作引火用（與*㭎炭相對）"，又"桴渣兒"謂"小而碎的*桴炭"。《川方匯釋》（頁76）"桴炭兒"謂"木炭"。《成方》（頁51）"桴炭（兒）"謂"一般木柴燒成的木炭，質鬆易燃，不經燒，常用來引火"。《重方》（頁101）"桴炭"謂"木炭"。亦說"桴渣兒"。《成都話》（頁66）"桴渣兒"謂"小而碎的木炭"。《成方》（頁51）"桴渣（兒）"謂"小而碎的木炭，多用一般木柴燒成"。

亦作"腐炭"。前撰首引元劇《李逵負荊》。宋陳師文《太平惠民和劑局方》卷七《吳直閣增諸家名方·赴筵散》："揩牙用腐炭末一半相和，常用止牙宣辟口氣，永無牙疾。"明宋詡《竹嶼山房雜部》卷六《養生部六·收藏制》："人面果仁火焙，雜小腐炭收近火處。"朱橚《普濟方》卷六十八《赴筵散》："常使揩牙，用腐炭末一半相和，止牙宣，辟口氣，永無牙疾。"按《普濟方》"浮炭"、"桴炭"、"腐炭"並用。

《大詞典》（12/1020）"麩炭"謂"即木炭"，首引白居易詩。又（7/80）"烰₂"音fū，"烰₂炭"謂"方言。木柴經過燃燒後剩下的塊狀物，經閉熄後而成"，首引蘇軾《格物粗談》。又（5/1238）"浮"音fú，而（1242）"浮炭"謂"即桴炭。

一種質輕而鬆，極易着火燃燒的木炭”，引陸游《老學庵筆記》。又（4/1056）“桴”音fú，“桴炭”謂“輕而易燃的木炭”，首引《老學庵筆記》。以上並同詞異形，釋義詳略有差。未收“腐炭”。

《方言大詞典》（頁5249）“麩炭”謂“木炭”，西南官話、吴語。又（頁5739）“烰炭”①“鬆脆易燃的炭”，徽語；②“木柴燃燒後的餘燼”，吴語。又（頁5117）“浮炭”謂“木柴燒火餘剩的炭”，吴語。又（頁5261）“桴炭”謂“用一般木柴燒成的炭”，江淮官話、西南官話、吴語。又“桴炭子”謂“木炭”，西南官話。又（頁6904）“腐炭”謂“用柳木等燒成的炭。因質地不堅實，故名”，官話；“腐炭兒”謂“木柴燒過後撤出來的炭”，西南官話。以上均同詞異形。

覈 核 槅 槲 楜 胡 fu^{21}/fu^{55} [fu^{21}/fu^{55}]

果實中核兒。參《考釋》第196頁。本字作“覈”，假借作“核”。《説文·襾部》：“覈，實也。”段玉裁注：“凡有骨之偁也。‘骨’下曰：‘肉之覈也。’蔡邕注《典引》曰：‘有骨曰覈。’《周禮》‘其植物曰覈物’，謂梅李之屬。按《詩·小雅》‘肴覈維旅’，《典引》及注不誤。《蜀都賦》作‘槅’，叚借字也。今本作‘核’，傳譌也。《周禮》經作‘覈’，注作‘核’，葢漢人已用核爲覈矣。”又《木部》：“核，蠻夷目木皮爲匧，狀如籢尊之形也。”段玉裁注：“未詳所本。今字果實中曰核，而本義廢矣。按許不以核爲果實中者，許意果實中之字當用覈也。《小雅》‘肴核維旅’，班固、蔡邕作‘肴覈’，左思作‘肴槅’，槅即覈也。今本毛詩作核，非古也。《周禮》‘其植物宜覈物’，覈猶骨也。《廣韵》云：‘棩，果子棩也。出《聲譜》。戶骨切。’此字近是。《玉篇》亦云：‘核，戶骨切，果實中也。’”《周禮·地官·大司徒》：“三曰丘陵，其動物宜羽物，其植物宜覈物。”鄭玄注：“核物，李梅之屬。”孫詒讓正義：“丁晏云：‘經文作覈，注作核。是果實之子當用覈。鄭君作核，從今文假借字也。’”《龍龕手鏡·木部》：“核，下革反，果中實也。”清高靜亭《正音撮要》卷三《菓品》：“凡菓子之核則讀若胡。”道光二十一年《遵義府志》卷二十《風俗》、光緒二十一年《敘州府志》卷二十一《風俗》、民國十年《新修合川縣志》卷三十《風俗·方言》、民國十七年《長壽縣志》卷四《人事部·方言》、民國三十二年《沿河縣志》卷十三《風土志·方言》、民國三十七年《貴州通志·風土志·方言》：“桃李核曰覈。音忽。”並採《蜀語》矣。《龍圖耳錄》第五十六回：“他沒有一頓不鬧的，把姚六駡的不吐核兒，卻沒有駡我。”此爲比喻說法，猶謂駡得衹能囫圇受下。光緒八年《黎平府志》卷二下《風俗·方言》：“果核曰覈。音忽。”光緒八年《黎平府志》卷二下《風俗·方言》：“果核曰覈。音忽。”民國十五年《南川縣志》卷六《土音土語》：“果實之核曰覈。音弗。”民國二十一年《南皮縣志》卷四《風土志下·歌謠》：“雞蛋腥氣，要喫公雞。公雞有毛，要喫鮮桃。鮮桃有核（叶胡），要喫牛犢。”姜亮夫《昭通方言疏證》(1960條):“核音如胡，核，果中實也。《玉篇》：核有爲革戸骨二切。今昭人言戸骨切。”蜀方言果核之“核”，與忽、胡同音［fu[21]］，當爲《玉篇》“戸骨切”及《集韻》“胡骨切”之遺存（戸、胡，蜀方言聲母作f)，並可重疊和兒化。清Adam Grainger《西蜀方言》(頁270):“桃子核核。”即“peach stones”，“核”音“HU[1]，FU[1]”。亦說“骨骨”。上引《說文·襾部》“覈”段注謂“凡有骨之偁也”，引蔡邕注《典引》“有骨曰覈”;《木部》“核”注“《周禮》‘其植物宜覈物’，覈猶骨也”。《正字通·木部》:“核，呼骨切，音鶻，果實骨也。”《西蜀方言》(頁579):“桃子骨骨。”亦謂“peach stones”，意同“桃子核核”。今亦有說“骨骨”者，因果核相對果肉而言即爲“骨”。羅憲華、經本植先生說今四川方言仍“謂果實之核爲‘覈’（讀陽平之fu或hu)，北京口語中‘梨核兒’、‘冰核兒’、‘煤核兒’之‘核兒’亦讀húr。四川有些地區也稱骨頭爲‘覈’，如‘肉已煮得來離(讀去聲)覈了’”①。《川方》(頁110)“核核”音fu[2]fu[2−1]，謂“(~兒)核兒”。《川方彙編》(頁25)“核核”謂“(核，讀夫)果核”。《成都話》(頁66)“核核”音［fu[21]fu[55]］，謂“核兒”。《成方》(頁52)“核核兒”謂“核果中心的堅硬部分，裏面有果仁”。《重方》(頁102)“核核”音fu[2]fu[1]，謂“核”。

又作“槅”。《集韻·麥韻》:“核，果中核。或作槅。”《六書故》卷二十一《植物一》:“核，下革切，果中堅覈也。亦通

① 《四川大學學報》1982年第3期。

作覈。或作槅。”《康熙字典·木部》:“槅,《集韻》、《類篇》並下革切,音覈,果中核也。或作槅。”《文選·左思〈蜀都賦〉》:“金罍中坐,肴槅四陳。”李善注:“《毛詩》曰:‘肴核維旅。’鄭玄曰:‘肴,菹醢也。核,桃梅之屬也。’……槅與核義同。”上引《說文》“覈”段注:“《蜀都賦》作‘槅’,叚借字也。”

亦作“榾”。《廣韻·沒韻》戶骨切:“榾,果子榾也。出《聲譜》。”《集韻·沒韻》:“榾,果中實。或作核。”《正字通·襾部》:“覈,果實中覈也。《周禮》:‘植物宜覈物。’與核同。……俗或作榾,別作槅。”黄侃《蘄春語》:“榾,果子榾也,出《聲譜》,戶骨切。案:今吾鄉謂果覈爲榾,音正如此字。然榾字《說文》所無,即覈字之音轉,後出字耳。作核者,覈之借。”

或又作“楜”。清光緒四年《彭縣志》卷三《民事門·田功志》:“粱,芋麥也,亦曰苞穀。……苞生節間,長四五寸,首簇紅鬚,夜而坼苞若開花狀,一鬚一子,子附楜生,略如榴子。楜者其心也,可作瓶楜,故謂之楜,俗讀爲夫也。”謂讀陰平聲。民國十七年《大竹縣志》卷十二《物產志》:“粱(粱)即包穀,名玉蜀黍,俗名玉麥。……其骨爲酒瓶之楜。”謂脫粒後的芯可以做瓶塞。民國二十一年《萬源縣志》卷三《食貨門·物產》:“御麥,今亦呼苞穀。……子附楜生,楜即心也。”“楜”謂長玉米粒的柱狀“芯”,今俗讀爲陰平或陽平。《廣韻·禡韻》胡化切,韻不合,此或以爲從“瓠”得聲,假以用之矣。

前撰曾引元劇及《金瓶梅詞話》等四例,詞形作“胡兒”、“胡”。民國十五年《朔方道志》卷三《輿地志·風俗附方言》:

“胡，俗謂果核爲胡。”《大字典》（二/4/2205）“胡”仍未及此義。

《大字典》（二/5/3001）“覈”⑥“同‘核’。核果中的堅硬部分，裏面有仁”，首引朱駿聲《說文通訓定聲》。又（3/1292）“核”（二）①“果實中心堅硬並包含果仁的部分。如：桃核；杏核”，首引《爾雅》。又（1353）“槅”音gé，②“古代一種食器”，引左思《蜀都賦》“金罍中坐，肴槅四陳”，按語云“《集韻》據李善注作‘核’之異體，釋‘果中核’，誤”。按此音義並誤，《集韻》所釋是矣。謂“槅”爲“古代一種食器”，文獻無徵，恐望文生訓。“肴槅四陳”之“槅”確當爲“核”異體，正如李善注引鄭玄謂“肴，菹醢也。核，桃梅之屬也”，是說菜肴、果品很豐盛。“金罍”爲一種金質盛器，“坐”謂安置，今蜀方言習用。詳審文意，前句寫食器，後句言食物，正爲賦之筆法，如蘇軾《赤壁賦》“肴核既盡，杯盤狼藉”，先寫食物，後寫食器；若《蜀都賦》“肴槅”果爲食物食器混陳，則殊爲不倫。又六臣注本作“肴核”，謂“胡革反，善作槅，義同”，若“槅”爲“食器”，則李善注本“核”又當何說耶？又（3/1398）“槲”音hú，謂“同‘核’。果核”，首引《集韻》。又（1370）“椒”未及此音義。

《大詞典》（8/772）“覈”音hé，④“果實中的堅硬部分，裏面有仁”，首引《周禮》。又（4/1006）“核₁”音hé，①“果實中心保護果仁的硬殼”，首引《禮記》；②“指有核的果品”，首引《詩》。又（1211）“槅₂”音hé，“通‘核’。指有核的果品”，引《蜀都賦》及李善注。又（6/1206）“胡”⑧“核”，引清富察敦崇《燕京歲時記》。又（4/1270）“槬”音huà，未及此音義。未收“棚”字。

《方言大詞典》（頁3852）“胡”①“果核”，中原官話、蘭銀官話，未及西南官話。又（頁4596）“核（覈）”①“種子；籽兒”。又“核核”①“核兒；果核”，西南官話（四川成都［$fu^{21}fu^{55}$］）。

胡豆　葫豆　湖豆　佛豆

$fu^{21}dou^{213}$［$fu^{21}təu^{213}$］

蠶豆。參拙文《近代漢語俚俗詞語考辨》[①]。《廣雅·釋草》：“胡豆，𧿒𨇤也。”明方以智《通雅》卷四十四《植物》：“𧿒𨇤，豇豆也。《廣雅》指爲胡豆，誤矣。”張揖釋誤，方說是也。王念孫《廣雅疏證》：“依徐邈《穀梁傳注》，則胡豆之來，在齊桓之世；依《本草》則在漢武之時。說之當否皆未可定。要自舍人《爾雅注》，始見胡豆之名也。”《爾雅·釋草》“戎叔謂之荏菽”郭璞注：“即胡豆也。”邢昺疏：“案此戎菽皆爲大豆，注《穀梁》者亦以爲大豆也，郭氏等以戎胡俱是夷名，故以戎菽爲胡豆也。”此與蠶豆謂“胡豆”所指不同。《漢書·天文志》“風從南，大旱；西南，小旱；西方，有兵；西北，戎叔爲”顏師古注引孟康曰：“戎叔，胡豆也。”北魏賈

① 《漢語史研究集刊》第十二輯，巴蜀書社，2009年6月第1版，第218–220頁。

思勰《齊民要術》卷九《煑杏酪粥法》：“用宿穬麥，其春種者則不中。預前一月事麥：折令精，細簸，揀作五六等，必使別均調，勿令麤細相雜，其大如胡豆者，麤細正得所。”《隋書·東夷傳·流求國》：“厥田良沃，先以火燒而引水灌之。持一插，以石爲刃，長尺餘，闊數寸，而墾之。土宜稻、粱、床黍、麻、豆、赤豆、胡豆、黑豆等。”《太平御覽》卷八百四十一引晉陸翽《鄴中記》：“石虎諱胡，胡物皆改名，胡豆曰國豆。”宋羅願《爾雅翼》卷八《釋草·菺》：“凡草木從戎者，本皆自遠國來，古人謹而志之。今戎葵一名蜀葵，則自蜀來也。如胡豆謂之戎菽，亦自胡中來。”明李時珍《本草綱目》卷二十四《穀之三·蠶豆》：“此豆種亦自西胡來，雖與豌豆同名，同時種，而形性迥別。《太平御覽》云：張騫使外國，得胡豆種歸。指此也。今蜀人呼此爲胡豆，而豌豆不復名胡豆矣。”曹學佺《蜀中廣記》卷六十四《方物記第六·食饌》：“戎菽，蜀人所謂胡豆也。志云蜀人得種於羌戎，故名。又云即蠶豆，多食傷腎而面黑。”清嘉慶十七年《郫縣志》卷四十《物產》：“蠶豆，一名胡豆。按楊誠齋詩云：‘翠筴中排淺碧珠，甘欺崖蜜輭欺酥。’其爲物狀似指今之豌豆，非胡豆也。”詩題爲“招陳益之、李兼濟二主管小酌。益之指蠶豆云‘未有賦者’，戲作七言。蓋豌豆也，吳人謂之蠶豆”。道光二十一年《遵義府志》卷十七《物產》：“蠶豆，俗呼胡豆，九月種，四月收。”同治九年《會理州志》卷十《風土志·物產》：“蠶豆，筴如老蠶，故名。別名曰胡豆。”光緒四年《彭縣志》卷三《民事門·田功志》：“戎菽者，胡豆也，一曰荏菽，一曰蠶豆。”民國四年《滎經縣志》卷二十《物產志·植物》:"蠶豆,一名胡豆。"章炳麟《新方言·釋植物》:"《爾雅》:'戎叔謂之荏菽。'郭璞注曰:'即胡豆也。'今四月大豆通言蠶豆。廣東曰馬豆,四川謂之胡豆。戎、胡、馬皆大也。"民國十三年《江津縣志》卷十一《風土志·方言》:"《爾雅》:'戎菽謂之荏菽。'郭璞曰:'即胡豆也。'邑語亦謂蠶豆爲胡豆。"民國十七年《長壽縣志》卷八《物產部上·植物》:"蠶豆,一名胡豆。古人呼豌豆爲胡豆,今專呼蠶豆爲胡豆。"民國十七年《大竹縣志》卷十二《物產志》:"胡豆,莢似蠶,有白花、紅花、烏花三種。"民國十八年《資中縣續修資州志》卷八《風土·物產》:"胡豆,一名蠶豆。"民國十八年《滎縣志·物產》:"胡豆,一名蠶豆。凡物析之而名愈多。別有豆尤肖蠶者,要之胡豆即蠶豆矣。胡,大也。……今胡豆乃后稷所種。"民國二十一年《萬源縣志》卷三《食貨門·物產》:"胡豆,一名蠶豆。"陳友琴《川遊漫記·向川北進發中》:"(廣元)全縣產黃豆、胡豆、豌豆甚豐。"周芷穎《新成都》第十一章第十一節《七十二行》(頁256):"吹糖人,水果,換風籠,換胡豆,打鍋魁,補涼席……箍桶匠,磨刀。"[①]艾蕪《豐饒的原野》第一部《春天》:"越過籬柵那邊的一片田野,綠海似的龍鬚菜,麥苗,和胡豆,以及快要開花的江西苕和油菜,都帶着朝露的光點,和淡淡的光霧,織成了春天大地的綺麗。"原注:"胡豆:即蠶豆,江西苕即紫雲英,油菜即芸苔,以上均依土名稱呼。"《成方》(頁52)"胡豆(兒)"①"一年生或二年生

① "風籠"即"烘籠"音謁,爲"h"、"f"混用之例。

草本植物，莖方形，中心空，花白色有紫斑，結莢果，種子可食用。北京話叫'蠶豆'”，②“這種植物的莢果或種子”。《重方》（頁102）“胡豆”謂“蠶豆”。

或作“葫豆”、“葫荳”，以其爲草本植物也，故字加“艸”。清乾隆十七年《大邑縣志》卷三《物產》：“紅豆、青豆、黑豆、花腰豆、葫豆、豇豆、蠶豆、豌豆。”“葫豆”、“蠶豆”並列，未詳“葫豆”所指何豆。但乾隆二十一年《滎縣志》卷一《封域志·物產》：“蠶荳，俗名葫荳。”“葫荳”，偏旁類化。嘉慶二十二年《資陽縣志》卷八《物産志》：“菽之屬：黃荳、黑荳、菜荳、青荳、扁荳、大豌荳、小豌荳、大葫荳、小葫荳、蔓荳。”今似未聞“大葫荳、小葫荳”之說。祝慶祺《刑案匯覽》卷十八《親屬相盜》：“四川省題陳玉林囚期，親胞姪陳均遠童養年甫十三之妻周氏，竊伊葫豆，瞥見疊毆周氏致斃。”全士潮《駁案新編》卷二《四川司》：“乾隆四十三年四月二十日，均在河壩牧羊，李子相扯取自己地內葫豆，令李潤用火燒食。……此案劉麼子年僅九歲，因向李子相索食葫豆不給，致相爭詈。”嘉慶十七年《漢州志》卷八《城池志》：“正南街，葫豆市、糠市、雞市、柒市、煤炭市。”“葫豆市”謂專賣蠶豆的市場。光緒末《江津縣鄉土志》卷四《物產》：“蠶豆又名葫豆，《詩經》所謂戎菽也。”民國十年《新修合川縣志》卷十二《戶口·土物》：“其以九月播種者，一葫豆，莖方正中空，葉圓厚，花烏白，結實莢中。……（豌豆）有黃白麻三種，種蒔如葫豆。”民國三十七年《清鎮縣志稿》卷二《方輿述要二·物產》：“蠶豆，一名葫豆。”

亦作“湖豆”，“湖”爲“胡”音借。明方以智《通雅》卷四十四《植物》：“豍豆，豌豆也；佛豆，蠶豆也：今人訛呼爲安豆。唐史有畢豆，崔實（寔）《月令》作蹕豆。《管子》‘山戎荏菽’注云即湖豆，謂豌與蠶豆。升菴引《唐六典》有豍豆，音彎，即豌豆也。《益部方物畧記》有佛豆，秋種春斂，即蠶豆也。”清丁宿章輯《湖北詩徵傳略》卷三十二錄張同敞《寄褒楊彤宣司馬》：“青溪曾憶戶當江，釣得溪頭鯉一雙。湖豆將黄能飽客，山蘭初白恰迎窗。”“湖豆”或亦指蠶豆。

又作“佛豆”。宋宋祁《益部方物畧記》“豐粒茂苗，豆別一類。秋種春斂，農不常蒔”原注：“右佛豆。豆粒甚大而堅，農夫不甚種，唯圃中蒔以爲利，以鹽漬食之，小兒所嗜。”上引《通雅》亦云：“佛豆，蠶豆也。……《益部方物畧記》有佛豆，秋種春斂，即蠶豆也。”明何宇度《益部談資》卷上：“宋祁有《益部方物贊》，曰海椶，曰橙……曰月季花，曰佛豆，曰添色拒霜花。”清康熙五十年《衢州府志》卷二十三《物產》：“荳即菽，六月收爲黄豆，九月收爲青豆，又有白豆、紫豆、菉豆（可爲粉作羹）、赤豆、黑豆、茶豆、扁豆、佛豆。”嘉慶二十一年《四川通志》卷七十五《食貨十四・物產二》“佛豆”亦據宋祁《益部方物贊》爲說。何以名“佛豆”？清吳其濬《植物名實圖考》卷一《穀類・蠶豆》：“明時以種自雲南來者，絶大而佳，滇爲佛國，名曰佛豆，其以此歟？”此說得名由來恐爲臆測，不足憑信。據《四庫全書總目》卷七十《史部二十六・地理類三》謂《益部方物略記》“嘉祐二年（宋）祁由端明殿學士吏部侍郎知益州時所作，因東陽沈立所撰劍南方物二十八種補其闕遺”，則北宋時蜀中已遍種之，如清俞正燮《癸巳存稿》卷十《豆生老說》："惟宋祁《益部方物略記》佛豆別一類，秋種春斂。此即胡豆，張騫使西域所得，與麥同種同收。亦名蠶豆，以蠶時熟也。"不得謂"明時以種自雲南來者"，正如劉寶楠《釋穀》卷三《蠶豆以蠶時熟》云："案俗稱無定音，亦無定字，予謂佛豆之名，或中國本有，是稱不必附合胡豆，而以爲張騫使西域所得也。"至於"滇爲佛國，名曰佛豆"，唐宋以至明代，蜀中佛事更甚，高僧大德輩出，非滇可比矣。清乾隆《雲南通志》卷二十七《物產》："《益部方物畧記》佛豆，秋種春斂，即蠶豆也。"道光《昆明縣志》卷二《物產志》："宋祁《益部方物畧記》佛豆，秋種春斂，即蠶豆也。"民國十年《宜良縣志》卷四《食貨志·物產》："宋祈《益部方物略記》佛豆，秋種春斂。舊《雲南通志》：'佛豆，即蠶豆也。'""祈"當作"祁"。民國十三年《江津縣志》卷十一《風土志·土產》："蠶豆，一名佛豆。佛、胡聲相近，蜀語通呼蠶豆爲胡豆。"又："豌豆，種出西胡，李時珍以爲即胡豆，非是。以義言，胡豆爲戎菽，當是大黃豆；以音言，胡豆爲佛豆，當是蠶豆。"民國十八年《衢縣志》卷六《食貨下·農田》："俗以豌豆爲蠶豆（圓而小者），而以蠶豆爲佛豆（扁而大者，亦作伏豆）。"民國二十九年《重修廣元縣志稿》第三編卷十一《食貨志三·物產》："蠶豆，俗稱胡豆，一作佛豆。"

又，李定夷《民國趣史·博物院·訃聞大觀》："疊蒙孝欽顯皇后頒賞御書福壽字，福字，眉壽直幅，壽字直幅，懋官惟德匾方……太平有象花瓶，螺填果盤，手爐，御園牡丹花，冬筍，佛豆，春橘，蘋果梨，玫瑰餅，各種暑藥。”此“佛豆”未知是否爲蠶豆。

上已說“湖豆”即“胡豆”，而“佛豆”亦“胡豆”，同詞異形，如“仿佛”之“佛”今通語音fú，今四川方言“胡”、“葫”、“湖”、“佛”同音［fu²¹］，宋明以來亦當有同音關係，宋祁以當時蜀中方音記作“佛豆”，似不足爲奇也。周振鶴、游汝傑《方言與中國文化》謂“‘胡豆’有兩義，一指豌豆，相傳是漢代張騫自西域帶回來的。……二是指‘蠶豆’，這是四川方言。……傳入我國大約是在十三世紀，據說阿拉伯人首先將蠶豆傳到雲南、四川。這樣看來，四川人把蠶豆稱作胡豆（或佛豆）是自有來歷的”[①]，此說傳入時間顯然偏晚。

《大詞典》（6/1209）“胡”“胡豆”①“蠶豆的別名”，引艾蕪《人生哲學的一課》。又（1/1287）“佛豆”謂“即蠶豆”，首引《益部方物略記》。未收“葫豆”、“葫荳”、“湖豆”。

《方言大詞典》（頁3859）“胡豆子”①“蠶豆”，湘語；“胡豆瓣”謂“炸蠶豆”，西南官話，未單收“胡豆”。又（頁2757）“佛豆”謂“蠶豆”，西南官話、徽語、吳語。

戽水篼 fu²¹³sui⁵³dou⁵⁵［fu²¹³suei⁵³təu⁵⁵］

以竹篾編製的戽斗。用以抒水或兩人對立繩引取水灌溉農田

① 上海人民出版社，1986年10月第1版，第118－119頁。

等。《廣雅·釋詁二》："戽，抒也。"《玉篇·斗部》："戽，抒水器也。"宋羅願《爾雅翼》卷十七《釋鳥五·鵜》："戽斗，亦抒水器也。"宋陸游《喜雨》詩："水車罷踏戽斗藏，家家買酒歌時康。"元王禎《農書》卷十八《灌溉門》："凡水岸稍下，不容置車，當旱之際，乃用戽斗。控以雙綆，兩人掣之，抒水上岸，以溉田稼。其斗或柳筲，或木罌，從所便也。"明嘉靖《洪雅縣志》卷一《疆域志·風俗》："其灌田，則田多者以桔槔、以筒車，田少者以戽斗。"明陳士元《俗用雜字》、焦竑《俗書刊誤》卷十一："汲水戽斗，戽一作滬。音戶。"李實《蜀語》（頁88）："舀水器曰戽斗○戽音戶。"黃仁壽等校注："此器平底，形方，狀似斗，故云'戽斗'也。"清道光二十一年《遵義府志》卷二十《風俗》、民國十年《新修合川縣志》卷三十《風俗·方言》："舀水器曰戽斗。"民國二十四年《雲陽縣志》卷十四《禮俗下·方言下》："滬水曰戽斗。"亦爲船上抒水器具。將舟中之水挹出，與將低處之水抒上高田同理。《廣韻·姥韻》呼古切："戽，戽斗，舟中渫水器。又音戶。"又《暮韻》荒故切："戽，戽斗，飲水器也。"《龍龕手鏡·戶部》："戽，音虎，戽斗，舟中水器也。"清西厓《談徵·物部·戽斗（音虎）》："《事物原始》：'戽以木爲小桶，桶旁繫以繩，兩人用以取水，名曰戽桶，公劉始作之。'今取塘水灌田多用之。又船中刮潮亦名戽斗。"民國二十八年《巴縣志》卷五《禮俗·方言》："今凡挹棄其水曰戽，舟人有戽斗。"民國三十七年《貴州通志·風土志·方言》："舀水器曰斗戽。"此與《遵義府志》并採《蜀語》，“斗戽”當爲“戽斗”之誤倒。亦作“湖斗”。《廣雅·釋器》：“湖斗謂之柩。”王念孫疏證：“《太平御覽》引《纂文》云：‘湖斗，抒水斗也。’《廣韻》云：‘戽斗，舟中渫水器也。’戽，與湖同。”清Adam Grainger《西蜀方言》（頁304）：“湖斗。”即“a vessel used for baling a boat”。張慎儀《蜀方言》卷下（頁316）：“抒水斗曰湖斗。”民國二十一年《萬源縣志》卷五《教育門·方言》：“船上括水器曰湖斗。”又，《西蜀方言》（頁304）：“湖篼。”意爲“a bucket for raising water, worked by two men with ropes”。

又，民國二十五年《續遵義府志》卷十一《農桑》：“以篾篼繫繩，兩人左右立，以手抑揚，舀而飲被田者，曰戽水篼。”今蜀方言亦謂“戽水篼”。按《廣韻·姥韻》“戽”、“虎”同音“呼古切”，《龍龕手鏡》等“音虎”不誤。“戽”、“戶”今蜀方言並音［fu²¹³］。《川方》（頁110）“戽水篼”謂“竹編的戽斗，田間用以戽水”。《重方》（頁103）“戽水篼”謂“戽斗，用以戽水，故名‘戽水篼’”。

“戽斗”已爲通語。《大詞典》（7/360）“戽斗”謂“一種取水灌田用的舊式農具。用竹篾、藤條等編成。略似斗，兩邊有繩，使用時兩人對站，拉繩汲水。亦有中間裝把供一人使用的”，首引宋陸游《喜雨》。“湖斗”一形未收。亦未收“戽水篼”。

《方言大詞典》（頁3736）“戽水篼”謂“竹編的戽斗”，西南官話。

護種 fu^{213}zong^{53}［fu^{213}tsoŋ^{53}］

❶指蜀地豆類到播種時節的物候變化現象。明李實《蜀語》（頁12）："護種○凡芒種種黄豆時，霜降種胡豆時，家藏豆皆索然無味，如食木渣，以生氣發動，故名曰護種。"喻遂生《〈蜀語〉今蹤——南江方言中所見之〈蜀語〉詞語》："今南江仍有此説法。不獨豆類，其他糧食作物亦然。又洋芋、紅苕第二年生苗時食之無味，稱爲'護苗'。"[①]《川方匯釋》（頁102）："凡播種時期各種種子煮食時其味變者，叫做護種。"

❷指蠶種孵化時小心呵護的情形。明嘉靖三十七年《吴江縣志》卷十三《典禮志三·風俗》："每歲暮春，邑人多治蠶。蠶有節目，其初收也，以衣衾覆之，晝夜程其寒暖之節不得使過，過則有傷，是爲護種。"史鑑《繼母朱孺人行狀》："繼母業善蠶，其初收也，以衣衾覆之，晝夜程其寒煖之節，不使有過，過則傷，是爲護種。"《四庫全書總目》卷一百八十五《集部三十八·别集類存目十二·蠶桑樂府一卷》："國朝沈炳震撰……此乃其《增默齋詩集》之一種，自護種至賽神凡二十首，皆七言長句，蓋欲以當蠶畢報賽之曲也。"清嘉慶《餘杭縣志》卷三十七《風俗》："寒食後數日，取蠶種置煖處，謂之護種。"張行孚

① 參見《李實學術研討會文集》，語文出版社，1996年7月第1版，第116頁。

《蠶事要略》一卷："然中原地氣皆寒暖適中，不必慮此，即有地氣稍寒者，其護種生蠶，較他處稍遲數日或十數日可爾。"

《大詞典》（11/442）"護種"謂"把蠶種放在貼身處，使其得到體溫而孵化出蠶來"，引清顧祿《清嘉錄》一例，未及豆類等到播種時節的物候變化義。《方言大詞典》未收。

G

街 gɑi55 [kai55]

集市。参拙文《近代漢語俚俗詞語考辨》①。本義爲四通道。《説文·行部》："街，四通道也。从行，圭聲。"城鎮經行往來之路也稱街或街道，亦爲貨物交易之所在，故引申之亦稱市集或集市爲街。《正字通·口部》"嚻"字注："又市曰嚻，猶俗名市曰墟，交易市合則嚻，散則墟也。蜀謂之場，滇謂之街，河北謂之集，嶺南謂之務。"此或本楊慎《丹鉛總錄》卷二《嚻字音義》："後世市謂之墟，歸市曰趂墟，言有人則嚻，無人則虚也。蜀謂之場，滇謂之街，嶺南謂之務，河北謂之集。"清劉獻廷《廣陽雜記》卷二同楊說。其得名之由，宋吳處厚《青箱雜記》卷三云："嶺南謂村市爲虛……蓋市之所在，有人則滿，無人則虛，而嶺南村市滿時少，虛時多，謂之爲虛，不亦宜乎？又蜀有

① 《漢語史研究集刊》第十二輯，巴蜀書社，2009年6月第1版，第215–216頁。

痎市，而間日一集，如痎瘧之一發，則其俗又以冷熱發歇爲市喻。”陳郁《藏一話腴》甲集卷上：“荊吳之俗，取寅申巳亥日集，故亥日爲亥市。”[①]明謝肇淛《五雜組》卷三《地部一》或承其說：“嶺南之市謂之虛，言滿時少，虛時多也。西蜀謂之亥。亥者，閡也。閡者，瘧也，言間日一作也。”方以智《通雅》卷十二《天文》：“亥音皆，言如痎瘧，間日一發也。諱痎，故曰亥市。”王士性《廣志繹》卷四：“武寧有所謂常州亥者，初不知何謂，問之，乃市名。……西蜀又謂市曰痎，如瘧疾間而復作也。江南惡以疾名，止稱亥，又可捧腹。”以上“間日一集，如痎瘧之一發”，或“閡者，瘧也，言間日一作也”，恐均爲臆說[②]。按宋陳元靚輯《事林廣記》續集卷八《綺談市語·宮殿門》：“墟市，亥市，鬧市。”元陳旅《題陳氏瀟湘八景圖·山市晴嵐》詩：“百貨集亥市，莫徭偏買鹽。”明陸深《儼山外集》卷十八《豫章漫抄一》即持不同意見：“南昌武寧縣地名常州亥，盖市井之區謂之亥者，不知何所取義，豈方言耶？嶺南謂之虛，柳子厚詩‘綠荷包飯趁虛人’是已，其義盖取市會不常多虛日也。又古語云‘市朝滿而夕虛也’，古詩云‘日中市朝

① 已見唐人用之。白居易《江州赴忠州示舍弟五十韻》詩：“亥市魚鹽聚，神林鼓笛鳴。”劉禹錫《劉賓客文集》卷三十《湖南觀察使故相國袁公挽歌三首》之二：“湘南罷亥市，漢上改詞曹。”《全唐詩》卷三百五十七劉禹錫《河南觀察使故相國袁公挽歌三首》之二同，詩題別集作“湖南”，此作“河南”。《文苑英華》卷三百十權德輿《湖南觀察史故相國袁公挽歌二首》之二、《全唐詩》卷三百二十九權德輿《湖南觀察使故相國袁公挽歌二首》之二題注謂“一作劉禹錫詩。以下五首並見《文苑英華》”，亦作“亥市”。

② 參見拙文《近代漢語俚俗詞語考辨》“街”條，揭載《漢語史研究集刊》第十二輯，巴蜀書社，2009年6月第1版，第215-216頁。

滿’，其語多有所本。按虛、墟古字通用，丘墟或有壟斷之義，惟西蜀謂之痎，解之者曰：‘如瘧痎間而復作也。’甚無謂。北方謂之集，聲轉謂之積，積豈痎即集之謂耶？南方謂之行鎮店，南中諸夷謂之場，每以卯丑酉日爲市，故曰兎場、牛場、雞場，豈用亥日爲市，故謂之亥云。”“西蜀謂之痎”，未見載籍有說，“痎”或“痎”字形譌。又，“亥日爲亥市”，“亥日爲市，故謂之亥”，如唐張籍《江南曲》所云“江村亥日長爲市，落帆度橋來浦里”，早期或如此。但明以來文獻所載蜀中非僅“亥日爲市”，亦非“間日一集”或“間日一作”。如李實《蜀語》（頁85）：“村市曰場〇入市交易曰趕場，三六九爲期，辰集午散，猶河北之謂集，嶺南之謂墟，中原之謂務。”清李調元《卍齋璅錄》卷一謂《通雅》引《青箱雜記》之說非是，“徐均《水志》：荊吳俗取寅申巳亥日集于市。如今云三六九是也，無亥音皆之說”。今四川方言稱集市爲場（參見前“場”條），亦謂之街。入市交易必在人來人往的通衢大道等固定場所，這樣的四達之道就是街。據《篇海類編》“閡”一音柯開切，今音gāi，與今四川方言“街”同音；“痎”、“街”《廣韻·皆韻》同一小韻，音古諧切，因此“痎”爲“街”音借，《青箱雜記》之“痎市”，即同宋吳曾《能改齋漫錄》卷一《事始一》“崇寧大觀以來，內外街市鼓笛拍板，名曰‘打斷’”之“街市”。《大字典》（二/5/2860）“痎”音jiē，謂“兩日一發的瘧疾。也泛指瘧疾”，其附項謂“引申爲做某事間日一次”，首引劉禹錫詩。又（1/312）“亥”（二）jiē，謂“市集名，指隔日交易一次的市集”，首引《五雜組》。《大詞典》（8/316）“痎”音jiē，“痎市”謂“隔日一次的集市”，引《青箱雜記》。又（2/347）“亥₂”音jiē，“亥₂市”謂“隔日交易一次的集市”，引唐白居易詩、《青箱雜記》及明方以智《通雅》卷十二《天文》：“亥音皆，言如痎瘧，間日一發也。諱痎，故曰亥市。”又據《龍龕手鏡·人部》：“街，俗音皆。”又《彳部》：“街，音皆，都邑中大道也。”蜀語“街”、“皆”均音[kai^{55}]，而“痎”、“該”均從“亥”得聲①，頗疑“亥市”、“痎市”即“街市”，如清乾隆《騰越州志》卷十一《雜志·雜記》：“市肆，嶺南謂之墟，齊趙謂之集，蜀謂之亥，滇謂之街。”俞樾《茶香室叢鈔》卷十一《常州亥》：“余謂白樂天詩‘亥市魚鹽聚’，市以街名，由來久矣。”又《大詞典》（2/347）“一說，以寅、申、巳、亥日集市，俗稱‘亥市’”。清西崖《談征·名部》：“荊吳俗取寅、申、巳、亥日爲市，故爲亥市，猶今之市有逢雙日、單日也。”恐據臆說而立，失之明察矣。《成方》（頁172）“街”②“場鎮，集市”。《現漢》“街”②〈方〉“集市”。

《大字典》（二/2/893）“街”音jiē，②“市集”，首引《廣陽雜記》。《大詞典》（3/1017）“街”②“市朝；市集；街市”，首引《呂氏春秋》。

《方言大詞典》（頁6210）“街”音jiē，②“集市”，中原官話、江淮官話、西南官話（雲南建水[kai^{44}]）。

---

①《說文·疒部》：“痎，二日一發瘧。从疒，亥聲。”又《言部》：“該，軍中約也。从言，亥聲。讀若‘心中滿該’。”

解　鎅　改 gɑi^{53} [kai^{53}]

鋸；鋸開。参《考釋》第201頁。南朝宋劉義慶《世說新語·賞譽》“胡毋彥國吐佳言如屑”劉孝標注：“言談之流，靡靡如解木出屑也。”唐道世《法苑珠林》卷七十四《十惡篇第八十四之二·凡物部第六》引《增一阿含經》云：“佛告比丘：若人作賊，偷盜他物，爲主所執，縛送付王，治其盜罪。王即遣人閉着牢獄，或截手足，或刵耳鼻，或剝其皮，或抽其筋，或取倒懸，或時鋸解，或以火炙，或時湯煮，或以生革縛絡其頭，或復洋銅而灌其身。”劉恂《嶺表錄異》卷中：“木性如竹，紫黑色，有文理而堅，工人解之以制博奕局。”敦煌本《爐山遠公話》：“十月滿足，生產欲臨，百骨節開張，由（猶）如鋸解。”五代孫光憲《北夢瑣言》卷四《孫揆尚書鋸解》：“孫尚書爲太原所執，詬罵元戎李公克用，以狗豬代之。李公大怒，俾以鋸解。雖加苦楚，而鋸齒不行。八座乃謂曰：‘死狗豬，解人須用板夾，然後可得行，汝何以知之！’由此施板，而鋸方行，未絕間，罵聲不歇。”宋馬永易《實賓錄》卷十四《死狗奴》亦載其事：“唐孫揆爲昭義軍節度使，討李克用，不勝被執，克用厚禮，將用之，曰：‘公輩當從容廟堂，何爲自履行陣？’揆大罵不屈，克用怒，使以鋸解，齒不行，揆謂曰：‘死狗奴，解人當束之以版，汝輩安知行刑者！’如其言，罵聲不輟至死。”又，陶穀《清異錄》卷上《淺色沉》:“同光中，秦隴野人得柏樹，解截爲版，成器物置密室中，時馨芳之氣，稍類沉水，初得而焚之，亦不香，蓋性不宜火，此淺色沉耳。”清范寅《越諺》卷中《器用》:“解，葛艾切，鋸也。越以分橛爲段，判木爲片，有解之義，故名解。”“葛艾切”即音[kai]。民國二十四年《雲陽縣志》卷十四《禮俗下·方言下》:“解木曰鋸子。《正字通》:鋸，鐵葉爲齟齬，其齒一左一右，以片解木也。”蔣禮鴻《義府續貂·解》:“解牛爲解，以鋸析木亦爲解，嘉興謂以鋸析木爲解，讀古馬切。離散爲解，凡糾結，緩而除去之曰解，讀群馬切，如云解開死結、解衣帶，是也。不緊曰解，人之性緩而不急亦曰解，如云解優優，即慢優優也。事無關係，非所急者亦曰解，如問云:該你的錢過兩天還何如?可之曰:解。即無妨、可以的、不要緊的也。事之懈者亦曰解，如云解脱哩，猶云鬆勁也。上來諸義，除鋸解外，嘉興皆讀群馬切。”①

後亦作“鎅”，爲“解”增旁字。明朱燮元《督蜀疏草》卷七:“差人往各土司商議，見在鎅板造船搭橋等情。”清乾隆《洵陽縣志》卷十一《風俗·物產》:“山中聚業俱謂之扒……伐木燒炭者謂之炭扒，鎅板造器者謂之板扒。”道光四年《鳳凰廳志》卷十一《苗防一》:“黄楊木、楠木鎅成板片，砍印斧記放山下，遇水泛漲可以流至乾州，各認斧記，每塊可賣銀數錢。”民國十八年《桐梓縣志》卷四十二《人物志·方技》:“桐故多瘿木，(姜)文林工雕琢，鎅瘿成版，鑲嵌裝製大小各種箱盤器皿，工

① 中華書局，1981年8月第1版，第62頁。

作細緻，銷行極遠。”李劼人《大波》第二部第二章：“杉木板子鎅的多輕巧喲！”《川方》(頁112)“鎅”音gɑi³，謂“(把木頭)鋸開”。《成都話》(頁68)“鎅”音[kai⁵³]，謂“鋸(木料)”。《成方》(頁172)“鎅”音kai上聲，謂“把大木料鋸小或鋸成木板”。《重方》(頁106)“鎅”謂“鋸開”。

或作“改”。此記音，如謂改變木頭形狀，亦通。清光緒末《江津縣鄉土志》卷四《物產》：“杉，形質似松而精韌過之，可製屋桷樓板樑枕門柱，大者作棺木，改箱櫃各板，輕滑異於他木。”又：“梧，木質輕鬆，可改板製箱，並作琴瑟。”又：“黃槌，即黃顛，其大每合抱，宜製油榨、布榨、煙榨，用作樑柱，並改板作屋上羅檐。”又：“杉料，採取杉樹，改成七尺長薄板，無論塊件多寡，均以一丈四尺長爲度，名曰担板，運在重慶府城專製各種箱子。”當然亦用通語，如：“松樹大者鋸爲屋桷樓板”，“香楠質最堅韌，鋸板造船甚佳”。《川方彙編》(頁112)“沒改”謂“無法變動。例：木匠丟鋸子——沒改(解)”。

《大字典》(二/8/4593)“鎅”音gǎi，謂“方言。鋸開(木料)”，首引《警世通言》。又(7/4181)“解”(一)jiě，②“剖開；鋸開”，首引《嶺表錄異》。前撰“鎅匠”條云：“‘鎅’《大字典》、《大詞典》注音‘gǎi’，然‘解匠’之‘解’《大詞典》音‘jiě’，既承認‘鎅’的方言音，那麼‘解’也應立方言音。”但《大字典》第二版，“解”仍未立“gǎi”一音。

《大詞典》(11/1420)“鎅”音gǎi，謂“方言。鋸”，引李劼人《大波》一例，並謂“參見‘鎅匠’”(詳下)。又

（10/1361）"解₁"音jiě，②"剖開；鋸開"，首引《齊民要術》，未立gǎi音。

《方言大詞典》（頁6643）"解"①"用鋸鋸開"，中原官話、晉語、西南官話（貴州沿河［kai^{42}］）、吳語。又（頁7402）"鎅"謂"（把木頭）鋸開"，西南官話（四川成都［kai^{53}］）、徽語。

解匠　鎅匠 $gai^{53}jiang^{213}$［$kai^{53}tɕiaŋ^{213}$］

專門從事鋸木的人。參《考釋》第201頁。"解匠"前撰引《醒世姻緣傳》。清乾隆四十九年《淳化縣志》卷十二《衙署志》："解匠價銀二十九兩二錢五厘。"

亦作"鎅匠"。已見《警世通言》。清康熙十四年《繁昌縣志》卷四上《城池》："鎅匠木匠工食，共銀五兩三錢五分。"同治五年《宜昌府志》卷六《學校志・學田》："鎅匠營租錢七百文。""鎅匠營"，可能因業鋸木者多而得名。民國十年《宿松縣志》卷末《補遺》："木工有專習鎅木者，俗呼鎅匠。"《成都話》（頁68）"鎅匠"謂"指專門從事於手工鋸木料工作的工人"。《成方》（頁172）"鎅匠"謂"從事鋸木料工作的人"。《重方》（頁106）"鎅匠"謂"指專門從事鋸木勞動的工人"。

《大詞典》（11/1420）"鎅匠"謂"鋸木的木匠"，引《警世通言》一例。又（10/1365）"解匠"謂"鋸木工"，"解"

未立gǎi音。實則“鎅”爲“解”增旁字，“鎅匠”、“解匠”同詞異形。

《方言大詞典》(頁6644)“解匠”謂“鋸木工人；剖木板的工匠”，西南官話(四川邛崍[$kai^{53}tɕiaŋ^{13}$])、吳語。又(頁7402)“鎅匠”謂“以鋸木料爲職業的工匠”，西南官話(四川成都[$kai^{53}tɕiaŋ^{213}$])、徽語、吳語。

解交　改交 $gai^{53}jiao^{55}$ [$kai^{53}tɕiau^{55}$]

調解(糾紛)。《型世言》第二十六回：“王秀才叫轎夫：‘且抬了妹子回去，我自與他理論。’吳爾輝如何肯放，傍邊人也道：‘執照真的，沒一個無因而來之理。’兩下甚難解交。”明張應俞《杜騙新書》第五類《僞交騙》：“若捕得，可輕打些，彼必叫我解交，我諭他多送你些銀，以絕他後日妄爲，慎勿害他性命。”《肉布團》第十九回：“眾人知道情節，就勸他兩下解交，不必驚官動府。”清梁同書《直語補正·解交》：“俗以事不就理曰解交不來，又以事得斷絕曰撒開交。按漢制，拜官以對拜爲交禮，遷日對拜而去，謂之解交。詳見龐南英《文昌雜錄》。”民國二十一年《萬源縣志》卷五《教育門·諺語》：“冤家抱住死，事望解交人。”又《方言》：“從中解勸曰解膠。”“解膠”記音。調解糾紛者謂“解交人”。《癡人福》第二回：“鄒小姐又是掩面大哭，北平勸解不住，宜春便走進來，說道：‘既逢催命鬼，須用解交人。’扯了北平，到背後說道：‘你越勸他，他越要哭了，不如走開些，等他息息氣罷。’北平道：‘這等說，煩你去勸他一勸，我便去了。’”唐樞《蜀籟》卷一（頁14）：“下不得無情手，做不得改交人。”蜀方言“解”、“改”同音。《川方》（頁111）“改交”音gɑi³=jiɑo¹，謂“調解糾紛”。《重方》（頁106）“解交”謂“勸解、調解”。

《大詞典》（10/1365）“解交”謂“漢代百官交拜之禮。官員調任對拜而去，稱‘解交’”；“解₂”音jiè，“解₂交”謂“解送交納”：蜀語音義則未及。

《方言大詞典》（頁6644）“解交”謂“勸架；調解”，西南官話（四川成都［kai⁵³tɕiau⁵⁵］）、吳語、贛語。

乾巴 gɑn⁵⁵bɑ⁵⁵［kan⁵⁵pa⁵⁵］

肉切成塊狀經腌製乾燥而成的食品。《西游記》第十三回：“那伯欽另設一處，鋪排些没鹽没醬的老虎肉……點剁鹿肉、乾巴，滿盤滿碗的陪着三藏吃齋。”“乾巴”亦當爲乾肉製品。又第八十六回：“只見那向陽處，有幾個小妖拿些人肉巴子，一塊塊的理着曬哩。行者道：‘我的兒啊，那想是師父的肉吃不了曬乾巴子，防天陰的。’”明李實《蜀語》（頁149）：“乾肉及餅曰巴○牛肉曰牛乾巴，蕎餅曰蕎巴，鹽塊曰鹽巴，土塊曰土巴之類。”吳濟生《新都見聞錄》十八《習俗一班·（二）方言》：

"餅塊形狀的物統叫'巴'，如乾牛肉叫'牛乾巴'，鹽的結成塊者叫'鹽巴'，泥塊叫'泥巴'。"姜亮夫《昭通方言疏證》（1706條）："牛羊乾脯曰乾巴，巴即脯也。"又（2035條）："腒音如乾，《說文》：'脯也，戶皆切'，今昭人言牛脯曰牛乾巴，乾即腒字一聲之變也，用乾者以通語擬專語也。"香港《文匯報》2006-06-30《乾巴王子　牛乾巴》："乾巴，即醃製風乾後的肉類。什麼肉醃製的，就稱爲什麼乾巴。而牛乾巴是乾巴中味道獨特、百姓喜愛的乾巴王子。雲南境內各民族都擅長醃製乾巴，其中，尤以回族加工的牛乾巴最負盛名。……牛乾巴在滇味家鄉菜中佔有獨特的位置。離鄉多年的遊子，只要一聽說牛乾巴，眼睛會發亮，那濃濃的思鄉之情立馬被'勾引'出來。"①

《大詞典》（1/785）"乾巴"①"乾硬的餅狀食物"，引《西游記》。《方言大詞典》（頁178）"乾巴"③"腌製後曬乾或熏熟的肉"，西南官話。又（頁795）"牛乾巴"謂"牛脯"，西南官話。

乾槁痆　乾隔澇　乾疙痆　乾疙鬧　乾疙癆　乾格澇

gɑn^{55}ge^{21}lɑo^{21}［kan^{55}ke^{21}lau^{21}］

疥瘡，一種皮膚病。參《考釋》第203頁。《集韻·晧韻》："槁，槁痆，疥病。"《正字通·疒部》："痆，俗字，舊註音

① http：//paper.wenweipo.com/2006/06/30/CH0606300047.htm。

老，瘑瘔，疥瘡，誤。”又：“瘑，古老切，音杲，瘑瘔，疥病。”《康熙字典·疒部》：“瘑，《集韻》古老切，音杲，瘑瘔，疥病。”又：“瘔，《集韻》魯皓切，音老。瘑瘔，疥瘡。”清翟灝《通俗編》卷十六《身體·瘑瘔》：“《集韻》：‘瘑瘔，疥瘡也。’音若杲老。”光緒五年《鎮海縣志》卷三十九《方言》：“瘑瘔，《集韻》：‘瘑瘔，疥瘡也。’音若杲老。《蜀語》土音作格澇。”范寅《越諺》卷中《疾病》：“瘑（割）瘔瘡，疥也。出《集韻》。”民國《息烽縣志》卷二十九《風土志·方言》：“謂疥瘡曰瘑瘔。”亦作“疥癆”。《六書故》卷三十三《疑》：“疥癆：疥，古拜切；癆，郎到切。《周禮》曰：‘夏時有痒疥疾。’瘍之細者，徧肌膚搔痒，今謂之疥癆也。”因不化膿，故名“乾瘑瘔”，首見於明李實《蜀語》（頁44）著錄。清道光二十一年《遵義府志》卷二十《風俗》、光緒二十一年《敘州府志》卷二十一《風俗》、民國十年《新修合川縣志》卷三十《風俗·方言》、民國二十四年《蓬溪縣近志》卷七《風土篇·方言》、民國三十七年《貴州通志·風土志·方言》：“疥瘡曰乾瘑瘔。土音格澇。”咸豐元年《安順府志》卷十五《風俗·方言》：“疥瘡曰乾瘑瘔。音格澇。”咸豐四年《興義府志》卷四十二《風土志·方言》、民國《普安縣志》卷十《風土志·方言》、民國二十三年《華陽縣志》卷五《禮俗·方言》、民國二十四年《雲陽縣志》卷十四《禮俗下·方言上》：“疥瘡曰乾瘑瘔。”光緒八年《黎平府志》卷二下《風俗·方言》：“疥瘡曰乾瘑瘔。干格澇。”以上其實均採《蜀語》。清Adam Grainger《西蜀方言》（頁350）：“乾瘑瘔。”即“itch”。民國二十三年《樂山縣志》卷三《方輿志·方言》:“疥瘡曰乾瘍癘。”民國二十五年《滎河縣志》卷八《禮俗附方言》:“疥瘡曰痎痞。”此記當地方音。

亦作“乾隔澇”。《水滸傳》第二回:“高俅無計奈何,只得來淮西臨淮州投奔一個開賭坊的閒漢柳大郎,名喚柳世全。他平生專好惜客養閒人,招納四方乾隔澇漢子。”李靈年等校注:“乾隔澇漢子:不尷不尬的人。隔澇:疥瘡的別稱。”[①]胡竹安《水滸詞典》“乾隔澇”謂“醃臢”,“河北邯鄲等地區稱疥瘡爲‘乾癆兒’;杭州稱生疥瘡和類似皮膚病爲‘格癆兒’”。釋“乾隔澇”爲“醃臢”,則嫌隔礙。龍潛庵《宋元語言詞典》“乾隔澇漢子”,謂“不乾不淨,不三不四的人。……按:隔澇,亦作瘍痞、疥癆、疥癩,即疥瘡。因爲這種瘡不化膿,故稱乾疥癆”。以上數說,“乾隔澇”謂疥瘡則是,唯釋“乾隔澇漢子”似覺未達一間。而許政揚等《〈水滸傳〉簡注》引《蜀語》,謂“人或據此以爲‘干隔澇’正即‘乾格澇’。按:今驗之蜀地方言,此不誣,唯濕疥即謂之‘疥’或‘膿泡瘡’,無他稱。‘乾格澇’亦名‘乾瘡’(即乾疥只結痂不流膿水者)。然‘乾瘡漢’則實無此語。曾說與當地人聽,認爲沒聽說過,只覺好笑。此種譬喻殆亦不可想象:蓋招閒漢者正取其遊手好閒,工脩飾,能技藝,相從宴樂粉飾場面爲事,安有專取生瘡漢骯髒人之理?且原文‘惜客’、‘閒人’、‘干格澇漢子’,三名連舉,前二者即明係一種,足證第三者亦即閒漢之一名,三者即一,亦不應‘惜客’、‘閒人’之外忽又別入一新類型曰‘乾瘡漢子’

① 江蘇古籍出版社,1994年6月第1版,第14頁。

也”[①]。《方言大詞典》（頁192）“乾隔澇漢子”謂“本指患疥瘡的人。喻指不乾不淨的人”。實際應是調侃指那些不爲主流社會認可的身上有污點的人，猶謂癬疥在身，無傷大雅，故柳世全“招納四方乾隔澇漢子”，好比孟嘗君門客三千，雞鳴狗盜之徒亦廁身其中。

又作“乾疙瘩”、“乾疙鬧”、“乾疙痨”、“乾格澇”。民國十五年《簡陽縣志》卷二十二《禮俗篇·方言》：“疥瘡曰乾疙瘩。音鬧。”民國二十一年《萬源縣志》卷五《教育門·方言》：“疥瘡曰乾疙鬧。”民國三十二年《沿河縣志》卷十三《風土志·方言》：“疥瘡曰乾格澇。”則徑記“土音”矣。民國三十七年稿本《興義縣志》第十一章《社會》第一節《語言·漢語方言》：“疥瘡曰乾疙痨。”各地方音略有差異也。今蜀方言仍音同“格澇”。紀國泰《〈蜀方言〉疏證補》（頁169）謂“近現代蜀語，謂疥瘡曰‘乾瘡子’，不曰‘乾疙瘩’”，則囿於見聞而妄下斷語。如黄仁壽等《蜀語校注》（頁45）：“今蜀人猶有稱疥瘡爲‘乾瘍瘩’者，讀音正作‘格澇’。也有喚作‘乾瘡子’者。”《川方》（頁112）“乾疙痨”謂同“乾瘡”，“又叫乾瘡子”。《川方彙編》（頁129）“乾疙痨”謂“疥瘡”。《川方匯釋》（頁78）“乾瘡”謂“又名‘乾疙瘩’”。趙振鐸先生《讀李實〈蜀語〉》：“通常以爲李實所記錄的蜀語爲當時四川遂寧及其附近的方言。今天遂寧人來讀他的書，倍覺親切。筆者生在成都，細繹此書，發現有相當一部分詞在今天的成都話

① 《許政揚文存》，中華書局，1984年11月第1版，第111頁。

裹面也有。”凡舉11條，此即其一①。喻遂生《〈蜀語〉今蹤——南江方言中所見之〈蜀語〉詞語》：“南江話稱疥疱（瘡）作［$\text{kan}^{55}\text{kɛ}^{31}\text{nɑu}^{214}$］，或寫作‘乾疙瘩’。當地俗諺：‘論（寧可）跟癩子同房，不跟乾疙瘩同床’。‘癩子’即麻風病人，據說麻風病不到晚期不易傳染，而疥瘡易傳染，故有此說。”②百度百科“南垻鎮”（屬四川宣漢縣）之“方言志”：“乾疙瘩（疥瘡）。”

《大詞典》（1/793）“乾隔澇漢子”謂“患乾疥瘡的人。比喻不乾不浄的人”，引《水滸傳》。其餘詞形則未見收錄。

《方言大詞典》（頁189）“乾痼疼”；又（頁186）“乾疙瘩”，也作“乾疙疼”、“乾疙澇”、“乾疙鬧”、“乾疙癩”；又（頁187）“乾疥澇”：並謂“疥瘡”，西南官話。又（頁184）“乾乾瘩”謂“疥瘡”，江淮官話。其实均爲同詞異形，記錄者以音選字矣。

趕場 gan^{53}cang^{21}［$\text{kan}^{53}\text{tsaŋ}^{21}$］

趕集。参《考釋》第206頁。前撰首引明李實《蜀語》。明

---

① 参見《李實學術研討會文集》，語文出版社，1996年7月第1版，第3頁。

② 同上，第118頁。綿陽等地則謂“寧跟癩子同床，不跟乾疙瘩同房”。喻氏又謂“疥瘡重慶話叫‘乾瘡兒’，此‘乾’或即‘疥’之訛讀。誠如是，則‘乾痼疼’即‘疥痼疼’”，此說恐不可信。“痼”、“疙”、“格”、“隔”當爲“疥”音變，如《六書故》作“疥瘩”、《宋元語言詞典》記作“乾疥瘩”，《昭通方言疏證》謂“昭人曰乾疥澇”。“乾疙瘩”又叫“乾瘡”、“乾瘡兒”、“乾瘡子”，因其不化膿而得名。

高汝栻《皇明續紀三朝法傳全録》卷十《熹宗哲皇帝紀》："各夷種田納賦則爲良民，刊木嘯聚則爲叛賊，赶場交易與軍民往來，人不敢問。"清許纘曾《滇行紀程·趕場》："（苗人）呼上市爲趕場。"雍正《硃批諭旨》卷一百八十九上："（雍正七年）本月十九日，據縣城鄉約鄧起龍等禀稱本日係趕場之期，有民人王明在場失落銀包一箇，內銀三兩零，並契約一紙，遍場尋找。"乾隆十六年《郫縣志書》卷一《封域志》："俗呼場曰市，趨市曰趕場。"又卷八《風俗志》："郫之習尚，於日用所需，每多儉嗇，獨至賽神演劇、赴會趕場，富者既破慳囊，貧者亦盡錙銖，呼朋覓類，至則群聚轟飲。"乾隆三十三年《江津縣志》卷九《禮俗志·附善俗諸條》："倘不務本業，東游西蕩，以趕場爲事，或飲酒賭博，或尋花問柳，或習學拳棒，交結匪類，弄成浪子名頭，陷入嘓嚕盜賊，只爲不知專務本業，以至于此。"翁霔霖《南廣雜詠》："趕場百貨壓街檐，北集南墟名號添。且喜局錢通已遍，不須攜米掉煤鹽。"原注："場期貿易曰趕場。"嘉慶二十三年《邛州直隸州志》："趕場有定期，恒相聚釀飲於市。"王正誼《達縣竹枝詞》："每到三天趕一場，場期最是老僧忙。山林綷鑃無經紀，寺院居然似米行。"道光二十九年《大定府志》卷十三："城鄉市集之日，謂之趕場，猶他處云趕墟、趕集也。"咸豐七年《冕寧縣志》："邑中場市無多，趕場日期，米糧、日用之物半日即畢。"同治五年《高縣志》卷七《戶口志》："縣城，逢雙曰趕場。"丁寶楨《四川鹽法志》卷十《轉運五》："府屬鎮施兩縣民苗即於城中市買，村寨居住者各有附近場市，俱於趕場之日市買。"光緒十八年《鳳縣志》卷八《風俗》："山民貿易，定期趕場。”光緒二十一年《敘州府志》卷二十一《風俗》：“入市交易曰趕場。”光緒二十六年《墊江縣志》卷一《輿地志・風俗》錄載程伯鑾《桂溪四時竹枝詞》：“看茶隨意約親鄰，拚醉豐年酒幾巡。歸路喃喃談不了，趕場初散太平人。”又：“入市交易曰趕場。”青城子《志異續編》卷一《咽嚕》：“上市曰趕場。”宣統間修《廣安州新志》卷三十四《風俗志・場期》：“入市交易曰趕場。”Adam Grainger《西蜀方言》（頁91）：“逢單日子趕場。”即“the market is held on the odd days（i.e. 1st，3rd，5th，etc.）”。又（頁499）“趕場”謂“to attend a market”。又（頁526）“趕鄉場”謂“to attend a country market”。傅崇矩《成都通覽・成都之詐騙》（頁222）：“有要趕場做生意者，先服打藥，以防挨打。”孝順武《川行日記》：“此日爲趕場期，所見人極稠密。”民國十二年《江安縣志》卷二《禮俗》：“趁墟謂之趕場。”民國二十一年《萬源縣志》卷五《教育門・方言》、民國二十七年《達縣志》卷九《禮俗門・風俗・方言》：“入市曰趕場。”民國二十二年《綿陽縣志》卷一《疆域・風俗・俗語》：“趁虛曰趕場。”陳友琴《川遊漫記・向川北進發中》：“梓潼縣屬之石牛堡，土人以石刻牛，砌石室祭祀之。每逢舊歷四、七、十趕場，交易貨物。”唐樞《蜀籟》卷一（頁11）：“三六九趕場，看人說話。”又（頁47）：“六十不當家，七十不趕場。”民國《息烽縣志》卷二十九《風土志・方言》：“如市曰趕場。”陳邦賢《自勉齋隨筆》：“趕場的習俗，好像蘇北漣水一帶的趕集一樣。不過漣水一帶趕集的時候，只有些榆樹麵一車一車的運到集上來。可是四川的趕場不是這樣，每逢到一個場期，什麽東西都有。如飲食的原料、衣服的布匹，以及各種日常生活的用具，都在這一天拿上場來以有易無；甚至算命、相面、測字、打卦等迷信的誘導，以及種種的遊戲賭博等，都也來趕場，藉此騙鄉下老百姓的鈔票。這幾年糧食高漲，四川的農村，經濟非常的充裕，所以一到場期便看出紅男綠女種種購買的力量，可憐的還是公教人員只能看場而不能趕場。青木關的場期是三六九，歇馬場的場期是一四七，北碚的場期是二五八，一般酒店和吃食店茶館都非常的繁榮，鄉下人帶點穀子賣了幾個錢出來，大概一半都送在吃的上面。”蘇遼《民國匪禍錄·貴州的“關羊子”和“趕煙會”》：“貴州各縣地域廣大，人煙稀少，交通不便，因此每逢一定日子，四鄉農民均到一固定集市交易，以家中所產之物品出賣或換取所需的物品，當地稱作‘趕場’。”王純五《袍哥探秘》第三章《哥老會的會規和習俗·渾水袍哥的習俗》（頁71）：“‘去某家趕場’，去搶某家。”又（頁72）：“‘同路趕場’，相約行劫。”徐向前《歷史的回顧》第八章：“每當開倉分糧時，就象趕場一樣熱鬧。”[①]今蜀方言仍稱集市爲場，謂赴集市曰趕場。《川方》（頁114）、《川方彙編》（頁241）、《川方匯釋》（頁79）、《成都話》（頁70）、《重方》（頁109）“趕場”謂“趕集”。《成方》（頁272）“趕場”謂“趕集，農村人定期到集市上買賣物品。成都趕集的時間各地不一致，過去以農曆爲準，或逢一、三、五單日趕集，或逢二、四、六雙日趕集，現多以陽曆爲準，一般兩天趕一次集”，

① 解放軍出版社，1984年7月第1版，第262頁。

又“趕流流場”謂“輪流到附近各場鎮趕集”。又《成都話》(頁71)“趕遛遛場”謂“不圖買賣東西而趕集玩。又說‘趕耍場’、‘趕耍耍場’”。

《大詞典》(9/1140)“趕場”謂“猶趕集”，首引李劼人《大波》。

《方言大詞典》(頁4652)“趕場”謂“趕集”，西南官話、湘語、贛語、客話(四川成都龍潭寺、西昌、儀隴)。

虹₁ 杠 槓 扛 蜂₁ gɑng[213] [kaŋ[213]]

彩虹。參《考釋》第209頁。《廣韻·東韻》：“虹，螮蝀。又古巷切。”今通語“巷”洪細兩讀。明陸容《菽園雜記》卷五：“虹蜺螮蝀，字皆從虫，古人制字，必有所見。又虹字，北方人讀作岡去聲。”陳士元《俗用雜字》、焦竑《俗書刊誤》卷十一：“南人呼虹爲絳，北人呼虹爲臬。”按“臬”當爲“皋”字形譌，“皋”音近“岡”。謝肇淛《五雜組》卷一《天部一》：“(虹)燕、齊人呼爲醬，又可笑矣。吾郡方言呼爲空(去聲)。按韻書虹一音貢，又作虹，則閩音亦有自來也。”“貢”亦音近“岡”。清顧張思《土風錄》卷十五《虹曰絳(絳作岡去聲)》：“郭氏《介疋注》：‘美人虹。’釋文云：‘虹，郭音講。俗亦呼爲青絳。’是舊有此呼。”題注謂虹音岡去聲，正文引郭注音講，韻母洪細之辨也。道光二十一年《遵義府志》卷二十《風俗》、光緒二十一年《敘州府志》卷二十一《風俗》、民國十年《新修合川縣志》卷三十《風俗·方言》、民國三十七年《貴州通志·風土志·方言》："虹音岡去聲。"均採《蜀語》（頁154）。姜亮夫《昭通方言疏證》（818條）："昭人謂虹霓曰虹，音如贛，即《詩·蝃蝀》之急言也，端與見爲同位之變。"以上爲各地方音之小異者，要在近於"岡去聲"矣。

亦記音作"杠"。明劉侗等《帝京景物略》卷二《春場》："見霓曰杠，戒莫指，謂生指頂瘡曰惡指也。"清桂馥《札樸》卷九《鄉里舊聞·絳》："虹，俗謂之絳。裴注《三國志》：'虹音絳。'吾鄉聲譌如醬，他處又譌如杠。"嘉慶二十二年《東臺縣志》卷十五《風俗·方言》："虹霓謂之杠。"咸豐四年《興義府志》卷四十二《風土志·方言》："虹曰杠。杠去聲。"民國三十七年本則作"虹曰槓"。光緒五年《丹徒縣志》卷四《風俗·歲時》："東虹（音杠去聲）日頭西虹雨。"傅崇矩《成都通覽·成都之呼物土名》（頁272）："杠，虹。"民國二十四年《雲陽縣志》卷十四《禮俗下·方言上》："虹謂之杠。……《札樸》：虹，俗謂之絳，又譌爲杠。"唐樞《蜀籟》卷三（頁162）："東杠日頭西杠雨。"以"杠"記音。民國十五年《南川縣志》卷六《土音土語》："虹音轉爲杠之去聲。"民國三十二年《沿河縣志》卷十三《風土志·方言》："虹曰杠。"民國三十七年《貴州通志·風土志·方言》："虹曰杠。杠去聲。"

又作"槓"，即"杠"字繁化。民國二十五年《續修鹽城縣志稿》卷三《民俗志·方言》："虹謂之槓。《唐韻正》：'《廣韻》一送：虹，縣名。今音絳。唐元稹《送客遊嶺南》詩：山頭虹似巾。注：虹音近絳。’案絳本音古巷切，今鹽城呼虹爲槓，正作古巷切。”民國十八年《新修南充縣志》卷七《掌故志·風俗·方言》：“虹霓曰槓。”周芷穎《新成都》第四章第二節《語言》（頁61）：“槓——虹。”民國三十七年稿本《興義縣志》第十一章《社會》第一節《語言·漢語方言》：“虹曰槓。”

或記作“扛”、“掝”。清乾隆二十七年《永興縣志》卷五《風土志·方言》：“虹霓曰扛。因虹字近扛而誤認也。”此非因形近誤認，而是記音作“扛”，故光緒九年志卷十八《風俗志·方言》續云“虹霓曰扛”，不再說“誤認”矣。乾隆五十年《涪州志》卷五《風土志·方言》：“虹霓曰扛。”咸豐元年《安順府志》卷十五《風俗·方言》、光緒八年《黎平府志》卷二下《風俗·方言》、民國三十二年《沿河縣志》卷十三《風土志·方言》：“虹曰扛。”光緒二十年《重修五河縣志》卷三《疆域志·風俗》：“諺曰東虹（讀若掝）日頭西虹雨。”

亦作“蜂”。清Adam Grainger《西蜀方言》（頁461）：“東蜂日頭西蜂雨。”謂“a rainbow in the east betokens sun, and in the west rain”，“蜂”音“KANG[4]”，則音同“杠”，“西”原形譌作“晒”。

餘之所音，如清道光八年《永州府志》卷五上《風俗志》：“虹謂之杆。諺云：東杆日頭西杆雨。黃如穀《營陽月令》：案虹有降音，土音又轉作杆耳。”光緒四年《道州志》卷十《風土·風俗》：“虹謂之杆。諺云：東杆日頭西杆雨。”陳邦賢《自勉齋隨筆》："還有天上有虹，燒透了便是晴天，燒不透要下雨。有幾句歌謠，叫做'東虹（普通人都讀缸，大概是虹字轉音）日頭西虹雨，南虹北虹賣兒女'，這也是驗陰晴的。"民國三十二年《新修大埔縣志》卷十四《人群志三·方言》："虹音呼若共，亦曰天弓。温氏方言：案《衆經音義·大菩薩藏經卷一》'出天弓'注云：'亦言帝弓，即天虹。'虹，胡公反，俗云絳出鮮盛者名虹，暗昧者名蜺，州俗概謂之天弓。埔語或稱弓，或作仄聲如共，或亦稱天弓，虹共弓皆一音之轉。"

《川方》（頁116）作"蜂"，音gang⁴。《成方》（頁347）"虹"音kaŋ去聲。《川方彙編》（頁247）"虹"音gǎng，謂"（音杠）虹霓"。《重方》（頁112）"虹"音gang⁴，記音同《川方》。

《大字典》（二/5/3026）、《大詞典》（8/857）"虹"均未涉及音［kaŋ²¹³］這一語言事實（參下"虹［tɕiaŋ²¹³］"條）。

《方言大詞典》（頁2406）"杠（槓）"②"虹"，東北官話（遼寧沈陽）、中原官話（河南羅山）、江淮官話（江蘇南京、鎮江、句容、揚州、東臺）、西南官話（貴州桐梓、清鎮）、吴語（江蘇丹陽、浙江衢州）、粵語（廣東云陽）。

扛神　槓神 gang²¹³sen²¹［kaŋ²¹³sən²¹］

跳神。明蔣一葵《堯山堂外紀》卷九十七《國朝·程文憲》："鄱陽荻湖灘有神祠，祀楚三閭大夫，鄉人崇信極篤，稍有拂逆，疑神爲祟，香炬輝煌，牲軟無虛日，每歲有秋，抄化鉦鼓動地。程文憲偶寓其所，童子請肅衣冠、捧爐香遠迓之，文憲笑而作詩曰：‘懷襄利祿渺如塵，魚腹甘心葬此身。可笑鄉人污忠節，沿門抄穀漫扛神。’粘門扉而高臥，至則周旋數回而去。不數日，莊僕子女疾作，陰有怨言，文憲聞，書數語命往決之：‘靈均之號兮奚憑？同列之譏兮奚名？相將以蠱惑兮奚君？《離騷》既作兮《九歌》復鳴。精忠凜凜兮披誦猶生，顧言一白兮庶幾乎徵君之靈。’神降茫然無知，惟曰：‘汝有災咎，神本不祐。但念汝主甚賢，故爲轉移之無憂。’僕喜而歸，疑竟釋。用是鄉人諂褻之態少道焉。”徐珂《清稗類鈔·方伎類·司公撞鑼》：“湘俗患病之家，延巫至家祈禱，吹螺鳴金，口中喃喃作辭。傳言其辭出於遠古，率含騷些之遺聲，名曰馬腳，俗謂之司公撞鑼。至夕，扛神至各處，金鼓喧闐，奔走若狂，名之曰打猖。”民國十二年《慈利縣志》卷十七《風俗》：“甚者延巫扛神，占鬼卦求禳解焉。”民國二十一年《萬源縣志》卷五《教育門·端公》：“端公之名，見於《元典（章）》，其稱古矣。鄉人或病，多不信醫，屬巫詛焉，名曰跳端公，又名扛神。巫至恒以夜，設小案，供布繪神案及木偶翻壇、五猖等神。病家取米一升，插牌及香燭其上。巫戴觀音或七佛冠，着紅法服，左手執環刀，俗名師刀，丁琮急響，右手執令牌，首圓末方，上刻符諱，吹角歌舞，抑揚拜跪，以娛其神。電轉風旋，散燒錢紙，中有叩師、退病、招魂、破廟諸動作。預先斬茅作人，衣病者衣，侑以酒食，載以茅舟，出門焚之，名曰揹茅替代。又巫者載（戴）龍神面具替病，謂人運不佳，則替後必患病。又或禳星拜斗，向東嶽神位前請十三人具保，謂之打保福。”又《禮俗·方言》：“扛神曰跳端公。”又《諺語》：“跟着好人學好人，跟着師孃扛假神。”民國十五年《南川縣志》卷六《土音土語》：“幫人做的事自家還要請人做，曰自家的端公槓不了自家的神。”又，《川方》（頁116）“杠神匠”謂“巫師（川西南部分地區）”。

《大詞典》未收。《方言大詞典》（頁2408）“杠神匠”謂“巫師”，西南官話，未單收“杠神”。

鍋盔　鍋魁　鍋塊 $go^{55}kui^{55}$ [$ko^{55}k‘uei^{55}$]

燒餅，烙餅。因蜀語稱周圍高中間低的容器爲盔，如通語頭盔之謂，燒餅、烙餅先在鍋裏或鏊盤上加工製作，其形狀亦類似，故名鍋盔。《姑妄言》第九卷：“他山西外邊的人不吃粳米……或漆黑的麥麵打那一寸厚的鍋盔，挺幫鐵硬，嚼也嚼不動。”又：“那鍋盔又容易吞不下去，餓的沒奈何了，只得伸着脖子乾咽。”清高靜亭《正音撮要》卷二《麵食》：“油餅、鍋盔。”光緒二十四年《洋縣志》卷四《食貨志》：“鄉民稱米飯曰甜飯，曰乾飯，日用拌湯麥兒粥、菜豆腐、蒸饝、鍋盔之屬。”《川方匯釋》（頁91）“鍋盔”謂“麵粉做成的中空的圓形烤餅”，“‘鍋盔’成都人叫‘鍋塊’”。《成方》（頁130）“鍋盔”①“一種較大、較厚的烙餅。其品種眾多，如肉鍋盔、白麵鍋盔、椒鹽鍋盔、葱鍋盔、酥鍋盔、旋子鍋盔、酒米豆沙鍋盔以及混糖鍋盔等”，“也作‘鍋魁’”。《重方》（頁119）“鍋盔”謂“燒餅”，“也寫作‘鍋魁’”。崔榮昌《四川方言與巴蜀文化》云“據民間傳說，諸葛亮爲了備辦軍需乾糧食品，教士兵用頭盔煎烤麵糰，故名‘鍋盔’”[①]。

亦作“鍋魁”。清張九鉞《紫峴山人詩集》卷十六作於乾隆丁酉戊戌，其中有《張鍋魁歌》，序云：“張鍋魁，秦人，鬻麵鍋魁於成都市，遂以業爲名。年三十許，爲征金川兵卒負糧赴軍營。蠻酋四十餘從箐中突出劫糧，縛眾卒，將刃之。鍋魁奪賊刀，斫賊殆盡，解眾縛。裨將聞其事，報大將軍，呼至帳中，詢殺賊狀甚悉，將官以官不肯，予之金不受，仍歸賣鍋魁成都市中，今尚在。崇甯米生同客樂安，述其事，余壯之。泰州仲松嵐官蜀時，曾作詩，在廣陵以示余，余廼作《張鍋魁歌》。”此外，陳文述、鄧顯鶴、張維屏等均有歌或詩紀張鍋魁事跡。陳氏《頤道堂詩選》卷二十三《張鍋魁歌》序云：“張鍋魁，不知何許人，居成都，業鍋魁。鍋魁，大餅也。無名，人以鍋魁名之。王師征金川，爲衆兵負資裝，並賣鍋魁。突遇賊兵，不敵，勢危甚。鍋魁怒，奪刀盡殺賊兵，得無恙。將軍欲官之，予以財，並不欲，仍歸賣鍋魁於成都市中。《紫峴集》中有樂府一篇，論者推壓卷，因和之。”竊以其歌較張九鉞《紫峴集》所歌爲優，故迻錄於此：“將軍萬馬征西來，錦江玉壘風雲開。功成不上凌烟臺，如張鍋魁眞壯哉！鍋魁里貫不知處，偶向錦官城畔住。幕天席地造鍋魁，軍

① 四川大學出版社，1 996年8月第1版，第342頁。

中日賣鍋魁去。林深箐密馬不行，賊衆突出青天驚。賊多兵少勢不敵，鍋魁不來無一生。賊語狎且驕，鍋魁怒眥裂，奪取長刀亂殺賊，賊已盡，刀不折。眾兵報將軍，將軍肅然呼壯士：欲官與官欲財與財，姓氏功績一一奏天子。鍋魁搖手：不願財不願官，亦不願上奏天子前，男兒慷慨聊自雄，偶然殺賊非奇功。還汝長刀去不顧，蕭蕭萬馬嘶天風。成都市上酒一杯，鍋魁跳跣還歸來。兒童嘻嘻攔道問，拍手爭看張鍋魁。將軍師旋大旗赭，鍋魁仍臥旗鈴下。幾輩影纓騎怒馬，論功誰似鍋魁者。”傅崇矩《成都通覽·七十二行現相圖》（頁201）：“打鍋魁。”即烙餅。又《成都之呼物土名》（頁272）：“鍋魁，麵餅。”又《成都之街市普通食品》（頁386）：“鍋魁，有合糖、椒鹽、油旋子、白吉子、糖餅子五類。……酥鍋魁，書院街口方有，六文錢一枚，仿邛州式造。”又：“酥餅，鍋魁攤上定售，兩面芝麻。”劉師亮《續青羊宮花市竹枝詞》：“餐罷怡新又適宜，算來要費許多資。價又簡單還得吃，鍋魁夾點兔絲絲。”巴金《憩園》十九：“隔壁是一家鍋魁店，放鍋魁的攤子前面圍着一堆人。”民國二十四年《重修鎮原縣志》卷五《民族志下·民生志·飲食》：“鍋魁，謂鍋所烙之厚餅也，或呼爲鍋魁。案《齊書》武帝永明九年春正月，詔太廟四時祭薦宣皇帝麵起餅。今之鍋魁，殆即麵起餅也。甘甯青三省以此爲普通食品，而尤便於行路，故業之者多。然皆用起麵爲之，久則味變矣。靜甯則用硬麵，其味正，其色白，其火候周到，遂爲隴右冠。”“硬麵”指臨時和而未發酵的麵。周芷穎《新成都》第四章第二節《語言》（頁61）：“鍋魁——

燒餅。”又第十一章第二節《日用品之選購》（頁243）：“每日所售小滷肉特多，切下後不免剩些刀下餘生之滷肉渣渣，考其質料與滷肉一樣，買起來亦便宜，隨買主一元二元均可買得，用以夾鍋魁（燒餅）其味無窮。”又第十一節《七十二行》（頁256）：“吹糖人，水果，換風籠，換胡豆，打鍋魁，補涼席……箍桶匠，磨刀。”“風籠”即烘籠，爲蜀中部分地區“f”、“h”相混之例。艾蕪《一個女人的悲劇》：“但她無心觀看，只買了三個鍋魁，一壁吃，一壁去找藥鋪。”原注：“鍋魁：川滇都把燒餅喊成鍋魁。”姜亮夫《昭通方言疏證》（1627條）：“昭人別有乾餅曰‘鍋魁’，鍋者謂其在烹鍋中爲之，魁亦欻若殼之變，亦即饗也，音轉爲麩。”

或作“鍋塊”。白虹《四川方言（川行雜記之六）》：“鍋塊，燒餅也。”[①]李劼人《大波》第二部第二章：“媽喲！昨天夜裏每人還塞了三個黑麵鍋塊，難道就餓了不成？”原注：“鍋塊即烙餅。四川的鍋塊作法從陝西傳入，在陝西叫做饃，一部份人叫鍋塊。‘塊’字稍稍一轉，遂變爲‘魁’字音，于是許多年來，鍋魁一直代替了鍋塊。”[②]《川方》（頁121）“鍋魁（鍋盔、鍋塊）”①“麵粉作的燒餅”。《川方彙編》（頁15）“鍋魁”謂“發麵烤餅”。

四川各地都有不同風味的鍋盔。成都街頭常見源自彭州軍樂鎮的“軍屯鍋盔”，是一種特色小吃。寬巷子有家“銅鑼鍋

① 《自修》1941年第162期，第24頁。

② 《李劼人選集》第二卷，四川人民出版社，1980年2月第1版，第607頁。

盔”，其廣告詞云：

當幹部能吃盔，能吃盔少是非；當幹部肯吃盔，肯吃盔有權威；
當幹部常吃盔，常吃盔有作爲；當幹部多吃盔，多吃盔人跟隨；
吃盔吃盔能吃盔，你莫計較賺與賠；
吃盔吃盔常吃盔，你不會把包袱背；
吃盔吃盔多吃盔，吃盔吃得衆心歸；
——吃得你人格閃光輝！

此以“盔”諧音“虧”，巧妙地把當幹部、做人的的道理蘊涵其中，吃鍋盔居然也能吃出大道理來，真可謂生意雖小乾坤大矣。

《大詞典》（11/1329）“鍋盔”謂“較小的鍋餅”，首引1981年12月28日《人民日報》文。又“鍋魁”謂“鍋盔”，引巴金《憩園》及艾蕪《還鄉記》。又“鍋塊”謂“我國西北地區的一種大餅，大而且厚”，引柳青《銅牆鐵壁》。

《方言大詞典》（頁6161）“鍋盔”①“鍋餅；較厚的烙餅；燒餅”，東北官話、北京官話、中原官話、晉語、蘭銀官話、客話（四川西昌），西南官話下云“也作‘鍋魁’”；“鍋葵”謂“見‘鍋盔’①”。又（頁6162）“鍋魁”①“見‘鍋盔’①”。又（頁6160）“鍋塊”謂“烙餅”，西南官話。以上並同詞異形。

過 go213［ko213］

參《考釋》第223頁。

❶傳染。前撰首引宋周密《癸辛雜識後集·過癩》。明王臨亨《粤劍編》卷二《志土風》:“粤人多染瘋疾,而雷陽爲甚。其始發也,指爪間即不知痛癢,以爲病候。女子患此,即謬爲私奔與迷失道狀,用以挑男子,一交感後,其疾頓移之男子矣,俗呼爲過瘋。粤之患瘋者,男子什七八,女子什二三,以此。”清屈大均《廣東新語》卷七《瘋人》:“凡男瘋不能賣於女,女瘋則可賣於男,一賣而瘋蟲即去,女復無疾。自陽春至海康,六七百里,板橋茅店之間,數錢妖冶,皆可怖畏,俗所謂過癩者也。”王槭《秋燈叢話》卷十一《粤東癩女》:“粤東某府,女多癩疾,必與男子交,移毒於男,女乃無患,俗謂之過癩。”慵訥居士《咫聞錄》卷八《痲瘋》:“爲女瘋可賣,而男瘋不能。嘗聞有絕色女子,鉤引少年子弟,一宿之下,其瘋即過,是女之瘋即脫,少年再覓,不再見是女矣。男即眉落,醫之無益,此只可賣與外江之客,不能種於土人也。故諺有少不入廣之語。”宣鼎《夜雨秋燈錄》卷三《麻瘋女邱麗玉》:“此間居粤西邊境,代產美娃,悉根奇疾。女子年十五,富家即以千金誘遠方人來,過毒盡,始與人家論婚覓真配。若過期不御,則疾根頓發,膚燥髮拳,永無問鼎者。遠方人若貪資誤接,三四日即項有紅斑,七八日即體遍瘙癢,年餘拘攣拳曲,雖和緩亦不能生。”許起《珊瑚舌雕談初筆》卷一《過癩》:“道光中年,廣東林仰山觀光貳尹來蒞斯土,時有范上舍以事相見,叩以廣東有過癩之說,確否?林力言無之,斥爲荒誕。當時人謂范盍將吳青壇《嶺南雜記》鑿鑿可據者以證之?

案記云：……瘋女飲此井水而姿色倍加光麗，設有登徒犯之，次日其女宿疾爽然若失，翩然出院，即俗所謂過癩也。登徒子侵染其毒，不數日，須眉脫落，肢解潰爛而死。……後見《說郛》載過癩云：癩蟲自男女精液中出，故此脫彼染甚易。”黄本銓《小家語》卷一《過癩》：“俗傳嶺南婦女有過癩之說，謬妄殊甚。”《風流悟》第三回：“他們閨女到十四五歲，要先尋個男子過癩。過癩了，然後每年春間打扮了，到名山勝行遊玩，到尼姑庵裏燒香，廣采輿論，定個高下。”《二十年目睹之怪現狀》第六十回：“這個病非但傳染，並且傳種的要到了第三代，才看不出來，然而骨子裏還是存着病根。這一種人，便要設法過人了。男子自然容易設法。那女子卻是掩在野外，勾引行人，不過一兩回就過完了。那上當的男子，可是從此要到麻瘋院去的了。這個名目，叫做賣瘋，卻是背着人在外面暗做的，沒有彰明昭著在自己家裏做的，也不是要經月之久纔能過盡，更沒有張燈宴客的事，更何至於闔府都如此呢。”徐珂《清稗類鈔·方言類·廣州方言》：“賣瘋女，麻瘋傳至三代以下，儼似常人，嫁時，先誘男子過瘋，僻處每貼‘謹防賣瘋’四字以警人也。”

❷腹瀉。前撰首引明李實《蜀語》（頁12），謂“《漢書》：食菜不招過”，“檢《漢書》、《後漢書》未得”，現仍未知所據何來。“過”之腹瀉義，首見《蜀語》著錄。清道光二十一年《遵義府志》卷二十《風俗》、光緒二十一年《敘州府志》卷二

十一《風俗》[1]、民國十年《新修合川縣志》卷三十《風俗·方言》、民國十八年《新修南充縣志》卷七《掌故志·風俗·方言》、民國二十三年《華陽縣志》卷五《禮俗·方言》[2]、民國二十三年《樂山縣志》卷三《方輿志·方言》、民國二十四年《蓬溪縣近志》卷七《風土篇·方言》、民國三十二年《沿河縣志》卷十三《風土志·方言》、民國三十七年《貴州通志·風土志·方言》："腹瀉曰過。"Adam Grainger《西蜀方言》（頁518）："肚子過。"即"diarrhoea"。民國《息烽縣志》卷二十九《風土志·方言》："謂腹瀉曰過。"民國十八年《合江縣志》卷四《禮俗·方言》："過，腹瀉也。"民國二十一年《南溪縣志》卷四《禮俗下·方言》："過，腹瀉也。俗謂腹瀉爲過肚也。"民國三十一年《西昌縣志》卷五《禮俗志·方言》："腹瀉曰腹過。"亦說"過肚皮"、"過肚子"。民國十五年《簡陽縣志》卷二十二《禮俗篇·方言》："腹瀉曰過肚皮。"民國二十一年《萬源縣志》卷五《教育門·方言》："腹痛而泄曰過肚子。"黄仁壽等《蜀語校注》（頁12）："蜀人猶有謂腹瀉爲'過肚子'。"《川方匯釋》（頁92）"過肚子"謂"腹瀉：明代叫腹瀉曰過，現代則叫腹瀉爲~"，"明代"云云，即出李實《蜀語》著録。《成都話》（頁76）"過"③"腹瀉：肚皮~〔拉肚子〕"。《成方》（頁54）"肚皮過"釋義謂"⇨

① 編者謂"從《遵義府志》摘録"，但《遵義府志》又本採《蜀語》。

② 編者謂"《遵義府志》所載俗語與華陽合者頗多，特酌録之"，此爲其一。但《府志》本採《蜀語》，編者捨近求遠矣。

〖拉稀①〗”。

前撰指出，《大字典》“過”（一）⑮“轉移”，附項“也指傳染”，首引《古今小說》，並謂“似應單獨立‘傳染’義”；⑲“中醫指病”，附項“又方言。腹瀉。《遵義府志》：‘腹瀉曰過。’按：今四川方言‘過肚子’即指腹瀉”。引例見清道光二十一年《遵義府志》卷二十《風俗》，《府志》按語謂本採《蜀語》[①]。第二版（7/4105）“過”（一）⑮未單獨立“傳染”義，書證亦未提前；⑲未作修訂，仍無視《蜀語》之著錄矣。

《大詞典》（10/594）“過”⑲“傳染”首引《紅樓夢》；未及“腹瀉”義。

《方言大詞典》（頁1844）“過”①“傳染”，中原官話、江淮官話、西南官話、吳語、湘語、閩語；④“（腹）瀉”，晉語、西南官話。

公母榫　公母筍 gong^{55}mu^{53}sen^{53}［koŋ^{55}mu^{53}sən^{53}］

木石等作器穿逗之榫頭與卯孔。參《考釋》第229頁。《正字

---

① 是志爲著名學者鄭珍、莫友芝纂輯，卷十七《物產》云“遵義昔蜀今黔”，卷二十《風俗》云“遵義巴蜀舊壤”，“地方常言，有其聲不得其文者多矣。明李實留意方言，所撰《蜀語》，事徵本原，十得七八，今悉採載。其有他處之語，遵義獨無者不錄”。計採《蜀語》346條，約佔61.4%；若計風俗名物詞，如卷十七《物產》“菌”、“五倍”、“白蠟”、“五加皮”、“火米”、“咂酒”，卷二十《風俗》“壇神”、“端公”、“石敢當”、“趕場”等均引《蜀語》，比例則更高。

通·木部》“榫”字注：“楊慎謂榫卯當作簨牡，簨字出《考工記》及《文選注》，《漢書·五行志》門牡義取牝牡也。今按簨所以懸鐘鼓者，橫曰簨。卯固當作牡，榫亦當和牝，蓋牡與卯、牝與榫聲相近，遂譌也。直音雖有榫字，是俗書。枘以入鑿，其象牡，鑿以受枘，其象牝，今俗猶云公母榫。枘音鋭，榫音笋。”明陳士元《俚言解》卷二《卯榫》：“木工以兩木相合，而絓捩其中曰卯榫，一曰公母榫。《集韻》榫音笋，刻木相入也。榫從木，而《近峯聞略》及《丹鉛錄》俱從手作摌，誤。今稱卯榫，古稱榫卯。伊川語錄：‘枘鑿者，榫卯也。榫卯圓則圓，榫卯方則方。’……伊川謂枘鑿即榫卯。枘者，刻木端以入鑿也；鑿者，空其竅以受枘也。一入一受，有牝牡之象，俗稱公母榫。”張存紳《雅俗稽言》卷十《榫卯》：“榫卯音笋茂，木工以兩木相合，而絓捩其中曰榫卯，一曰公母榫。”清西厓《談徵·言部·榫卯》：“摌卯字當作簨牡，簨字出《考工記》及《文選注》。而《漢書·五行志》所謂門牡者，義取牝牡，蓋枘者刻木端以入鑿，有牡之象焉；鑿者空其竅以受枘，有牝之象焉。今俗猶云公母摌。簨牡字蓋亦古矣，摌卯字後人借撰爾。”唐樞《蜀籟》卷一（頁47）：“公母人，公母摌。”

或作“公母筍”。明湯顯祖《紫簫記》第二十三齣：“公母筍嵌着沒凹凸，牝牡銅鑄得沒歪邪。”宋應昇《方玉堂續詩草》卷一《續子夜四時歌》：“牀施公母筍，屋蓋鴛鴦瓦。”又，明陳沂《詢蒭錄·筍牡》：“結屋枋湊合處，必有牝牡筍穴，俗呼爲公牡筍是也。”此亦見於明劉元卿《賢弈編·附錄》。按《廣雅·釋獸》：“牡，雄也。”“牡”當爲“母”音誤，故“公牡筍”應爲“公母筍”。徐光啓《新法算書》卷二十《渾天儀説卷五製内外等圈》：“正對之界圈各開小方孔，其孔較圈面有半，一內一外，若公母筍者。”清吳鼎立《自流井圖説·梘説》：“以大班竹或楠竹打通竹節，用公母笋接逗，外用細麻油灰纏縛，明暗高低相地勢而爲之，或此山與對山若高數尺，即將梘埋土內，由此山達彼山，謂之冒水梘。”衛杰《蠶桑萃編》卷七《織政·機具類》：“公母筍　係排檐，機身兩頭相連，必須用公母筍，方不移動。”

《大詞典》、《方言大詞典》均未收錄。

劐$_1$　竂$_1$　剨　蝜　拱$_1$　嗊 gong^{53}［koŋ^{53}］

參《考釋》第229頁。

❶剜掘。《改併四聲篇海·穴部》引《類篇》：“竂，剜土也。”宋陳規《守城錄》卷二《守城機要》：“攻城用洞子，止是遮隔城上箭鑿，欲以搬運土木瓴石，填壘壕塹，待其填平，方進攻具，或欲逼城劐掘，今既有羊馬墻爲之限隔，則洞子亦自難用。”謂挖掘地道攻城，“劐掘”同義連文。元李文蔚《圯橋進履》第一折：“閑來時打家截盜，剜牆劐窟，盜馬偷牛。”“剜”、“劐”互文見義。

又作“竂”。元關漢卿《金線池》第三折：“我比那竂墻賊蝎螫索自忍，我比那俏郎君掏模（摸）須噤聲。”音釋：“竂音拱。”“竂墻賊”，謂穿墻入室盜竊者。明朱有燉《豹子和尚》第一折：“月黑時竇窟剜牆。”“竇窟剜墻”猶謂穿墻入室盜竊也。

又或作“剸”。元關漢卿《調風月》第三折：“我便似剸墻賊蝎螫噤聲。”“剸墻賊”即《金線池》之“竇墻賊”。明茅元儀《武備志》卷一百十一《措應》：“垂火箱，燒炙穴中剸城濠人，及到天井塡殺剸地人。”

亦作“拱”。光緒三十四年《敘永永寧廳縣合志》卷五十四《雜類志·方言》：“挖牆曰拱窰子。”民國十五年《簡陽縣志》卷二十二《禮俗篇·方言》：“挖墻曰拱窰子。”即穿墻入室盜竊，當爲江湖黑話。

又，清蒲松齡《日用俗字·兵器章第九》：“刓牆拲窟趹適過，難憑空手殺賊徒。”“刓牆拲窟”，即前引元劇“剜牆剟窟”。朱駿聲《說文通訓定聲·豐部》：“拲，實即拱之轉注。按如拜之拱手，故曰拱。拱、拲實同字。”

❷（用嘴等）掘；（用頭、身體等）頂、掀動。元尚仲賢《柳毅傳書》第二折：“涇河龍淤泥裏便剟。”民國二十四年《萊陽縣志》卷三之二《禮俗·方言》：“猪掘地曰竇。”姜亮夫《昭通方言疏證》（174條）：“昭人言以嘴剜物曰剟。……今昭人言，豬齽穴曰剟牆，因之豬嘴曰豬剟嘴、噘嘴，三字當作嗊。”

亦作“拱”。《西游記》第六十七回：“慌得那八戒戰戰兢兢，伏之於地，把嘴拱開土，埋在地下。”謂用嘴把土掘開。《三刻拍案驚奇》第九回：“只見耿埴在桶悶得慌，輕輕把桶蓋頂一頂起，那董文雖是醉眼，早已看見，道：‘活作怪！怎麽米桶的蓋會這等動起來便蹱蹱動？’……鄧氏也有些着忙，道：‘花眼哩！是籴得米多，蛀蟲拱起來。'"前謂"頂"，後謂"拱"，意思更爲顯豁。《兒女英雄傳》第五回："如今是你肥豬拱門。"又："我看你肥猪拱門的這片孝心怪可憐見兒的，給你留個囫圇尸首，給你口藥酒兒喝，叫你糊裏糊塗的死了就完了事了。"民俗年畫題材有"肥豬拱門"，畫豬以嘴掀門，寓招財之意。清傅崇矩《成都通覽·成都之呼物混名》(頁273)："老拱，豬也。"周芷穎《新成都》第四章第二節《語言》(頁63)："老拱——豬也。"民國十七年《長壽縣志》卷四《人事部·方言》："豬曰拱觜。"亦以豬的長嘴特徵及好掘地掀物的習性特點稱之。《成方》(頁374)"拱"音koŋ上聲，①"用身體撥開土地或撞動物體"；又(頁209)"老拱"謂"指朱姓，因'朱'與'豬'同音，豬常用嘴拱泥土，故名"。

或作"蛬"。清Adam Grainger《西蜀方言》(頁463)："豬把地蛬爛了。"即"the pig has rooted up the ground"，"蛬"音"KONG³"。未見字書收載，當爲方言造字。

又作"嗊"。清光緒《餘慶縣志·歲時》："十月十，猪嗊泥，乾到明年陽鵲嘑。""陽鵲"即杜鵑。唐樞《蜀籟》卷四(頁218)："豬兒嚧嚧，去嗊沙沙，吃些蟲蟲，長點朒朒。"上引姜亮夫《昭通方言疏證》(174條)："今昭人言，豬劗穴曰劗牆，因之豬嘴曰豬劗嘴、嘓嘴，三字當作嗊。"

❸排擠。前撰"拱"引《金瓶梅詞話》，"嗊"引《蜀籟》。《成方》(頁374)"拱"音koŋ上聲，②"暗地裏攻擊、排擠"。《重方》(頁122)"拱"音gong³，謂"採用攻擊手段排擠(某人)"。

以上除“拱”字外，均從“貢”得聲，而“貢”又從“工”聲，同聲故當同訓。

《大字典》（二/1/395）“劏”謂“同‘剅’。顧學頡、王學奇《元曲釋詞》一：‘剅，用頭鑽入曰剅，又作劏，同字異體。’”引元劇《柳毅傳書》。又（5/2934）“竂”①“挖”，引元劇《金線池》作“竂牆賊”；②“鑽”，引《蜀語》、《柳毅傳書》。可見引《柳》劇“涇河龍淤泥裏便劏”，“劏”亦作“竂”，釋義不盡一致。又（1/382）“剅”謂“方言。用頭鑽入。也作‘竂’”，引《元典釋詞》及關劇《調風月》。又（2/454）“嗊”（二）gǒng，謂“推動，向上或向前推”，引《西游記》“八戒嗊着嘴”，清倪在田《巨魚篇》詩：“千里巨魚身，仰嗊大海水。”不知“八戒嗊着嘴”這個“嗊”是怎麼“推動”抑或“向上或向前推”的？顯然釋義與書證不侔（《大詞典》兩例分釋，參下）。又（4/1974）“拱”⑧“向上或向前頂掀；向裏或向外鑽”，《大詞典》（6/554）“拱”⑧“用力頂動、掀開”，均首引杜甫《北征》詩（參下）。

《大詞典》（2/757）“劏”音gǒng，謂“用身體撞入或用頭鑽入”，首引《柳毅傳書》。又（8/482）“竂”音gǒng，①“挖”，引《金線池》作“劏牆賊”、《圯橋進履》作“剜牆劏窟”，②“鑽”，引《柳毅傳書》、《蜀語》。可見詞典引《柳》劇一作“劏”，又作“竂”，釋義詳略有差。又（2/725）“剅”謂“亦作‘劏’。將頭鑽入”，引關劇《調風月》作“剅牆賊”、《金線池》作“劏牆賊”、李文蔚《圯橋進履》作“剜牆劏窟”，可見《金》、《圯》兩劇“窗”或釋爲“挖”，或釋作“將頭鑽入”，釋義完全不同，不知何以自相予盾如是。又（6/554）“拱”⑧附項“指向外頂或向裏鑽”，引《花城》1981年第3期。又（3/454）“嗊₂”音gǒng，①“撅起，翹起”，引《西游記》“八戒嗊着嘴”；②“向前或向上推動”，引清倪在田《巨魚篇》詩。《現漢》“拱₂”①“用身體撞動别的東西或撥開土地等物體”，例有“豬用嘴~地”，已爲通語。

《方言大詞典》（頁6955）“窗”音gǒng，②“豬用嘴掘地”，膠遼官話、中原官話，未及西南官話，不過僅就“豬拱地”而言，“拱”已爲通語。又（頁4783）“嗊”音gǒng，①“用嘴挖物；拱”，西南官話。其實與“窗”同詞異形，流行的地域也應一致。

窗₂ 窗₂ 拱₂ 㺬 賨 gong^{53}/gong^{213}［koŋ^{53}/koŋ^{213}］

參《考釋》第229頁。

❶鑽；鑽入。《康熙字典·穴部》：“窗，《海篇》古孔切，聲同礦，剜土也。亦作窗，《中原雅音》：‘窗穴也。’”明李實《蜀語》（頁82）：“穴土行曰窗○窗音礦。”黄仁壽等校注：“‘穴行’必‘剜土’，故可曰‘窗’也。”“穴土行”或謂在土裏鑽行，如《封神演義》中的土行孫可在土中穿行。民國十五年《簡陽縣志》卷二十二《禮俗篇·方言》：“穴土行曰窗。音

礦。”此承《蜀語》。清張慎儀《蜀方言》卷上（頁290）：“空行曰窌。《等韻》：空，音塞。《篇海》：窌，古孔切，聲同礦。剜土也。引申爲空行之稱。”按《龍龕手鏡·穴部》：“空，俗音塞。”《正字通·穴部》：“空，古文塞。以土窒穴也。見《古文奇字》。”紀國泰《〈蜀方言〉疏證補》（頁151）：“所謂‘空行’，即鑽行，亦即尋縫隙穿行。”恐曲爲之說。據《正字通》“空，古文塞”，則“空行”費解，疑爲“穴土行”豎寫合“穴土”爲“空”，致文意難通矣。甄尚靈、張一舟先生《〈蜀語〉詞語的記錄方式與〈蜀語〉音注所反映的音類》以今遂寧“方音讀《蜀語》詞語和音注”，舉本條“窌音礦（koŋ[3]）”[①]。《大字典》（二/5/2635）“礦”音“kuàng（舊讀gǒng）”，李實所音當即舊讀gǒng而不讀kuàng者。今蜀方言謂豬拱地音gong[53]，謂鑽入鑽出音gong[213]。又（1/382）“剨”音gòng，謂“方言。用頭鑽入。也作‘窌’”，引顧學頡等《元曲釋詞》一：“用頭鑽人曰剨，又作窌，同字異體。”《方言大詞典》（頁6955）“窌”音gǒng，①“鉆”，中原官話、西南官話。

或作“拱”。唐杜甫《北征》詩：“鴟鳥鳴黄桑，野鼠拱亂穴。”此謂野鼠在亂穴間出沒，鑽來鑽去也。《西游記》第二十八回：“呆子就把頭拱在草裏睡下，當時也只說朦朧朦朧就起來，豈知走路辛苦的人，丟倒頭，只管齁齁睡起。”又第三十六回：“那和尚在窗眼兒裏看見，就嚇得骨軟筋麻，慌忙往床下拱。”此謂慌忙往床下鑽。《醒世姻緣傳》第四十九回：“見晁

---

① 参見《李實學術研討會文集》，語文出版社，1996年7月第1版，第45頁。

夫人催的他緊了，把眼擠了兩擠，呱了一聲就哭，把頭拱在晁夫人懷裏，甚麽是拉的他起來。”《龍圖耳錄》第二回：“誰知包公到了賢人懷中，將頭亂拱，仿佛要乳食吃的一般。”《川方》（頁125）“拱”音gong⁴，①“鉆”，②“亂鉆亂動”。《成都話》（頁77）“拱”音［koŋ²¹³］，①“鉆”。《重方》（頁122）“拱”音gong⁴，①“鉆”，②“亂動”。《四川方言方音表》“嗊”音gǒng，謂“拱”①。《大字典》（二/4/1974）“拱”⑧“向上或向前頂掀；向裏或向外鑽”，《大詞典》（6/554）“拱”⑧“用力頂動、掀開”，均首引《北征》詩。又《大詞典》“拱”⑧附項謂“指向外頂或向裏鑽”，引《花城》1981年第3期。《方言大詞典》（頁3993）“拱”⑩“用頭頂、鉆。引申爲鉆營或獻媚”，中原官話、西南官話。

又或作“羾”。《廣韻·送韻》古送切：“羾，至也。《甘泉宫賦》云：‘登掾欒而羾天門。’”《漢書·揚雄傳上》：“登椽欒而羾天門兮，馳閶闔而凌兢。”顔師古注：“李奇曰：‘羾音貢。’蘇林曰：‘羾，至也。’”宋宋祁《文正王公墓志銘》：“公由布衣羾君門，譽處時行爲龍光景式凡三十七年。”《大字典》（二/6/3562）“羾”謂“同‘䎋’”，“䎋”（二）gòng，謂“到”；《大詞典》（9/642）“羾”音gòng，①“到達”：均引《漢書·揚雄傳上》及顔師古注。

《方言大詞典》（頁4532）“羾”音gòng，湘語，①“鉆，穿越某種障礙：從人堆裏~出來｜在被窩裏面~來~去。”

---

① 唐樞《蜀籟》，1982年8月新1版附。

❷鑽出；冒出。民國十三年《崇明縣志》卷四《地理志·方言》："𡧉，音貢，地中有物負土突起也。《夷堅志》'夢龍場窩'條有云'平地𡧉出一窟'。俗謂物在內動曰𡧉，小兒有蟮𡧉頭病。"檢中華書局標點本《夷堅支景》卷六《楚陽龍窩》："土人云最畏龍窩，每出則必有漲潦，大爲鹽鹵之害。一旦，忽見之，乃平地竇出一巨穴，傍穿深竅，蓋龍出入處也。"《說文·穴部》："竇，空也。"段玉裁注："空、孔，古今語，凡孔皆謂之竇。"則《崇明縣志》所據本不同。姜亮夫《昭通方言疏證》(878條)："(𡧉)地中負土突起也，音貢上聲。昭人謂物突出曰𡧉，字見《夷堅志·夢場龍窩》條：'平地𡧉出一窟，旁穿深竅'。按即窮窿本字，長言曰窮窿急言曰𡧉，考此乃唐以後俗字，古字書皆不見，在土曰𡧉。"《川方》(頁125)"拱"音gong³，①"突起，冒出"。《成方》(頁374)"拱"音koŋ上聲，③"冒起"；又(頁375)"拱"音koŋ去聲，①"植物生長，從土裏向外鑽或頂"，②"鑽"，③"動"。

《大字典》(二/5/2928)"𡧉"音gòng，謂"從內向外鑽或頂"；《大詞典》(8/457)"𡧉"音gòng，謂"物從地下負土突起"：均引《崇明縣志》。《現漢》"拱₂"②"植物生長，從土裏向外鉆或頂"，已爲通語。

《方言大詞典》(頁6955)"𥨎"①"鉆"，中原官話、西南官話。又(頁6313)"𡧉"音gǒng，謂"地土突起。引申爲物面突出"，西南官話、吳語。又(頁3993)"拱"①"突起；冒出"，西南官話、徽語、贛語；⑩"用頭頂、鉆。引申爲鉆營或獻媚"，中原官話、西南官話。

垢圿 $gou^{53}jiɑ^{21}$ [$kəu^{53}tɕia^{21}$]

污垢，塵垢。参《考釋》第232頁。《玉篇·土部》："圿，垢圿也。"《廣韻·黠韻》："圿，垢圿。""垢圿"同義連文，首見晉郭璞《山海經注》。唐釋道宣《四分律行事鈔》卷下之四："佛告比丘沙門，出家有五毁辱法：一頭髮長，二爪長，三衣裳垢圿，四不知時宜，五多有所論。"敦煌本斯6204a《碎金》："垢圿，音苟，下嘎。"宋魏仲舉編《五百家注昌黎文集》卷八《征蜀聯句》："蹋翻聚林嶺，斗起成埃圿。"注："孫曰：'斗起，忽起。圿，塵埃。'祝曰：'《玉篇》：垢圿也。'○圿音戛。"王伯大重編《别本韓文考異》卷八："圿音戛，垢圿也。"明楊慎《丹鉛摘録》卷九："《山海經》：錢來之山多洗石。洗石可以磢體去垢圿。圿音甲。"清雍正《陝西通志》卷四十三："《西山經》：澡洗可以磢體去垢圿。"周兆基輯《詩韻·八黠》："圿，垢圿。"沈欽韓《幼學堂詩文稿》詩稿卷九《陳編修（用光）》："屣迎略拳跽，巾拭清垢圿。"Adam Grainger《西蜀方言》（頁104）："一身的垢甲。"謂"begrimed with filth from top to toe"，"垢甲"記音。姜亮夫《昭通方言疏證》（907條）："昭人言身汗塵所結手搓之成顆或線狀曰圿，音如戛。《山海經》錢來之山多洗石，注可以去垢圿，即此字也。"按《廣韻·厚韻》"垢"、"苟"同一小韻，音古厚切，今蜀方言音 [$kəu^{53}$]；

又《黠韻》“圿”、“戛”音古黠切，今音jiá，蜀方言與“甲”同音［tɕia21］。今仍謂塵垢、污垢爲“垢圿”、“圿圿”，前撰引《蜀語》（頁64），黃仁壽等校注：“‘垢圿’、‘圿圿’，至今猶存蜀地口語中。”喻遂生《〈蜀語〉今蹤——南江方言中所見之〈蜀語〉詞語》：“南江話稱粘附在人體或器物上的污垢叫‘垢圿’［kou53tɕia31］，音義均與《蜀語》合。”①

按清胡文英《吳下方言考》卷十一《圿》：“郭景純《山海經註》‘可以去垢圿’，案圿，足跟老繭也，今江南浴時即以洗石磨去老繭，不磨則圿脚痛也。吳中凡肌肉爲物所梗曰圿痛。”此說“圿”似與“垢圿”無涉。

《中文大辭典》“垢圿”謂“塵垢也”，引《山海經》郭璞注。《大詞典》則未收錄，不知何故。

《方言大詞典》（頁3819）“垢甲”謂“污垢；積垢”，中原官話、蘭銀官話；“垢圿”謂“污垢”，中原官話、西南官話；“垢痂”謂“積垢；污垢”，中原官話、蘭銀官話。均爲同詞異形。

居 踞 倨 跍 立 跓 gu55/ku21［ku55/k‘u21］

蹲。参《考釋》第234頁。《説文·尸部》：“居，蹲也。从尸，古聲。踞，俗居从足。”段玉裁注：“《足部》曰：‘蹲，居也。’

---

① 參見《李實學術研討會文集》，語文出版社，1996年7月第1版，第119頁。

二字爲轉注。今《足部》改居爲踞，又妄添踞篆，訓云蹲也，總由不究許書條理，罔知古形古義耳。……《説文》有凥、有居。凥，處也，從尸得几而止。凡今人居處字，古衹作凥處。居，蹲也。凡今人蹲踞字，古衹作居。……居篆正謂蹲也。今字用蹲居字爲凥處字，而凥字廢矣；又別製踞字爲蹲居字，而居之本義廢矣。"章炳麟《新方言·釋言》："《説文》：'居，蹲也。'此即今踞字。黄州謂踞地曰踞倒。讀若枯。惠、潮、嘉應之客籍曰踞下去，讀如古。"王煜《蜀語》："蜀語謂蹲爲居，音如姑，古語之遺也，旁轉溪紐爲跍。《廣韻》：'跍，蹲貌。'音枯，蓋即踞之省也。"《川方彙編》（頁14）"跍堆堆"謂"（跍，讀姑）蹲在一起"。姜亮夫《昭通方言疏證》（1361條）："居，《説文》：'蹲也'，按此即今踞字，黄州謂踞地曰'踞倒'，讀若枯，今昭人謂蹲曰居，音如枯，凡蹲皆曰居，音又讀入聲，又轉陽聲，讀如堅（合口），謂拳拳而處，不與外事曰居，又按《集韻》：'跍，空胡切，蹲貌'，即此字，北郊人音小變如枯。"

亦作"踞"，爲"居"後起俗字。《説文·足部》："踞，蹲也。从足，居聲。"[①]徐灝注箋："居字借爲居處之義，因增足旁爲蹲踞字。"朱士端校定本："俗居从足者，蓋古人製字居字最先。許君因漢時踞字已行，故亦列于《足部》，而於居下踞字云'俗从足'者，以證居爲本字也。"漢王延壽《王孫賦》："踡兔蹲而狗踞，聲歷鹿而喔咿。""蹲"、"踞"互文見義。晉葛

---

① 段玉裁於"蹲，居也"下注："《尸部》曰：'居，蹲也。'是爲轉注。各本作'踞也'，以俗改正，又增一'踞'篆於'蹲'後，今正而刪之。"

洪《抱朴子·內篇·遐覽》:"含笑即爲婦人,蹙面即爲老翁,踞地即爲小兒。"謂蹲在地上身高變矮如小兒矣。

或作"倨",爲"踞"改換形符字。《莊子·天運》:"老聃方將倨堂而應。"成玄英疏:"倨,踞也。"章炳麟《新方言·釋言》:"《淮南·道應訓》:'方倦龜殼而食蛤梨。'注:'楚人謂倨爲倦。'倨即踞字。"

又作"跍",爲"踞"省形字。《廣韻·模韻》苦胡切:"跍,蹲皃。"與"枯"同一小韻。明趙南星《目前集·俗字》:"跍,蹲貌,俗云跍堆,音沽。"清張慎儀《蜀方言》卷上(頁289):"踞地曰蹲,曰跍。《說文》:蹲,踞也。音存。今讀如敦。《集韻》:跍,蹲貌。音枯。今轉爲枯入聲。"黃侃《蘄春語》:"《說文》尸部:居,蹲也,从尸;古者居从古。俗篆作踞,九魚切;踞,《廣韻》居御切。字又作跍;《廣韻》上平聲十一模:跍,蹲皃;苦胡切。今吾鄉謂蹲曰跍,亦曰蹲;蹲,讀如敦;跍,音同《廣韻》。"民國二十八年《巴縣志》卷五《禮俗·方言》:"《說文》:'居,蹲也。'或作踞,居聲。古韻在模部,音如姑。《廣韻》:'跍,蹲皃。'音枯,見溪轉也。跍即踞之省。今俗呼居如姑,猶存古語。又轉跍爲入,音如窟。"民國三十一年《西昌縣志》卷五《禮俗志·方言》:"屈兩足以蹲曰跍。苦平聲。"以上方音"枯"、"轉爲枯入聲"、"轉跍爲入"、"苦平聲",或各地音有小異,今蜀語亦同《巴縣志》"音如窟"。《川方》(頁127)"跍(趷、沽、立)"音gu^1(又ku^2),①"蹲",②"呆;閑居";又(頁209)"跍"音ku^2,謂"(音哭）見gu¹”。《成都話》（頁78）“跍”音［ku⁵⁵］或［k‘u²¹］，謂“蹲”。《成方》（頁63）“跍”音ku陰平（或k‘u陽平），①“蹲”，②“住；待”。《重方》（頁124）“跍”音gu¹，謂“蹲”。

或作“㕚”，爲方言造字。“立”無點即非立，意即“跍”、“蹲”也。清劉省三《躋春臺》卷四《香蓮配》：“又問：‘爲何㕚地小解，獨不怕臭嗎？’答：‘站着解便不異牛馬，㕚地免汙神靈嘛。’”唐樞《蜀籟》卷四（頁217）：“站倒那們一大筒，㕚倒那們一大堆。”《四川方言方音表》“㕚”音kú，謂“蹲”①。《川方彙編》（頁30）“㕚”音ku，謂“（讀哭）蹲。例：有板凳不坐，㕚起。（一作‘跍’，古用‘踞’）”。《川方匯釋》（頁124）“㕚”音kú，謂“蹲”。《成都話》（頁116）“㕚”音［k‘u²¹］，①“同‘跍’。見gū”，②“居住”。

又記作“屈”，但讀若“哭”或“姑”。民國十五年《南川縣志》卷六《土音土語》：“屈，人身正立，臀向下，兩膝着力高聳，兩足頓地曰屈到起，土音多讀若哭，又或轉陰平若姑。”民國三十三《長壽縣志》卷四《風土・方言》：“兩膝高聳兩足頓地曰屈。讀若哭字陰平。”

《大字典》（二/2/1038）“居”（二）jū，①“蹲。後作‘踞’”，引《說文》及段注。又（7/3965）“踞”①“蹲”，首引《說文》。又（1/222）“倨”③“通‘踞’。蹲坐”，首引《莊子》。又（7/3937）“跍”音kū，謂“蹲”，首引《廣韻》。

---

① 唐樞《蜀籟》，1982年8月新1版附。

又（7/3933）“跍”音kú，①“方言。蹲。如：黑雞無蛋反而跍在生蛋窩”，則爲“丌”的增旁字；②“方言。呆，住。如：他在家裏跍了一年多”，亦蜀方言詞。又，《大字典》（二/1/14）“丌”音kú，謂“方言。蹲”，《中華字海》（頁2）“丌”謂“ku音枯陽平”，謂“〈方〉蹲”，均引《蜀語》卷三：“亮處不丌丌黑處。”顯然爲蜀方言造字。

《大詞典》（4/19）“居”①“踞坐；坐”，首引《論語》。又（10/514）“踞”音jù，①“蹲”，首引漢王延壽《王孫賦》。又（1/1523）“倨”音jù，④“通‘踞’。箕踞”，首引《莊子》。又（10/439）“跍”音kū，謂“蹲貌”，首引黃侃《蘄春語》。未收“丌”、“跍”字。

《方言大詞典》（頁3742）“居”②“蹲”，西南官話。又（頁7089）“踞倒”謂“蹲在地下”，江淮官話。又（頁6103）“跍”①“蹲”，冀魯官話、江淮官話、西南官話、吳語、湘語、贛語、閩語。又（頁672）“丌”謂“蹲”，西南官話。又（頁5478）“跍”謂“蹲”，西南官話，四川仁壽［$k^{\text{‘}}u^{31}$］。又（頁2780）“坐”謂“蹲”，吳語，引應鐘《甬言稽詁·釋動作》：“《廣韻·十一模》：‘跍，蹲貌。’音枯…音變共胡切。甬語稱蹲踞爲共胡音。字書無此音義字，乃造俗體作坐，取坐不出頭之意。”“坐”實即“坐”字變體，取中間豎畫不出頭以表意。又（頁6849）“箍”④“蹲”，西南官話（湖南龍山），此記音。

咽嚕子　嘓嚕子 $gu^{55}lu^{55}zi^{53}$ [$ku^{55}lu^{55}tsɿ^{53}$]

❶無業游民之無賴者；竊匪。清官修《清高宗實錄》卷二百三乾隆八年四川巡撫紀山奏云："川省數年來，有湖廣、江西、陝西、廣東等省外來無業之人，學習拳棒，並能符水架刑，勾引本省不肖奸棍，三五成群，身佩凶刀，肆行鄉鎮，號曰咽嚕子。"來保《平定金川方略》卷十九乾隆十三年十二月乙未經略大學士傅恒奏言："惟是成都地方，五方雜處，土著甚多，而嘓嚕子向爲民患。"青城子《志異續編》卷一《咽嚕》："咽嚕，匪徒也。四川有之，劫人財物，亦猶閩粵之有洋盜，洋盜以海爲巢穴，咽匪以山爲巢穴。亦有不盡依山者，平日多混迹於各場。"《軍機處錄副奏折》御史柴潮生乾隆九年十一月初六日奏："四川一省，人稀地廣，近年以來，四方游民多入川覓食。始則力田就佃，無異土居，後則累百盈千，浸成遊手。其中有等桀黠强悍者，儼然爲流民渠帥，土語號爲咽嚕，其下流民聽其指使，凡爲咽嚕者又各聯聲勢，相互應援。"乾隆十七年《大邑縣志》卷三《風俗》："又有秦楚豫章之人，貿遷輻輳，僑寓於茲，是以習尚不無互異，然賭博鬭毆，嘓嚕匪類，以及唆訟等項，功令森嚴，不容姑息。"乾隆三十三年《江津縣志》卷九《禮俗志·附善俗諸條》："逸則淫，淫則忘善，忘善則惡心生，後世不加警懲，因而流爲匪類嘓嚕盜賊，皆游惰之民爲之，可忽視乎？"李調元《童山文集》

卷十《與嚴署州論嘓嚕第二書》："昨以嘓嚕横行，致書商酌，承不棄芻蕘，俯加採擇。……伏以窩戶者，嘓嚕之總頭也；捕役者，嘓嚕之護身也。窩匪不去，則嘓匪難除，而捕役不清，則嘓嚕難盡，故清窩之法，尤必先清捕役。"石香村居士《勘靖教匪述編》卷一《蜀述》："未幾，當陽、枝江相繼作亂，由是勾連裹脇曰（日）聚日滋，而無賴不法之徒，如四川之嘓嚕子，南山之老戶，襄、鄖之棚民，沿江私鹽之梟，各省私鑄之犯，乘間闌入，鼓煽劫掠，紛紛而起，流轉靡定。"沈書城《則例便覽》卷三十七《邊裔·四川拿獲嘓嚕議處議敘》："四川之嘓嚕，皆緣各省匪類潛入川省，滋生事端。"桑調元《弢甫集》卷十八《進士知縣改教授分嶽周君墓誌銘》："俗呼盜爲嘓嚕。"錢儀吉《碑傳集》卷三十一陳宏謀《兵部右侍郎蔡先生長澐墓誌銘》："川本魚米鄉，治生較易，楚越游惰之徒，往往徒手入川，而所在嘯聚爲匪，號嘓嚕子。"王昶《春融堂集》卷五十四《禮部員外郎前四川按察使司孫君墓誌銘》："時四川有賊名嘓嚕子，誘少年剽劫，十百爲羣。"嘉慶《正安州志》卷三《兵防》："乾隆四十六年，川匪嘓嚕子滋擾添兵七十名。"[①]同治十二年《南昌府志》卷四十二《人物》："川省遊奸流匪號嘓嚕子，擄財傷命，大爲民害。"光緒十二年《平湖縣志》卷十六《人物·列傳二》："馮巨欽，原名鈿，字愚堂，太康知縣千英子，雍正甲辰順天舉人，除四川南部縣知縣，邑多嘓嚕子，好鬭鍵訟，素爲民害，巨

① "添"原作"囗"，咸豐《正安新志》卷四《人事志六》、光緒三年《續正安州志·職官志》均作"添"，據改。

欽威德並施，奸匪屏跡。”光緒十七年《巴陵縣志》卷三十《人物志三》：“又奏稱川省明末兵燹，屠戮殆盡，荷蒙我朝平定驅除賊寇，各省移居來川者，多失業無賴之徒，以致奸頑叢集，盜竊時聞，其中更有一等惡棍，名爲嘓嚕子，結連黨羽，暗藏刀斧，白晝搶奪，乘夜竊劫，人多受害。”賀長齡《清經世文編》卷七十五《兵政六》載陳宏謀《與蜀中當事書》：“蜀風悍野，五方雜處，不似粤中醇樸。平時所謂嘓嚕子者，不僅懲創於已犯，必須解散於未然。平時依草附木，呼朋引類，遇事輒隨聲附和，故散之則見其少，聚之則見其多也。”又邱仰文《再論嘓嚕狀》：“伏以嘓嚕者，匪類之總名也。”《清史稿·蔣兆奎傳》：“四川盜號嘓嚕子。”又《文綬傳》：“四川多盜，民間號嘓嚕子。”又《顧光旭傳》：“蜀民失業無賴者，多習拳勇，嗜飲博，浸至劫殺，號爲嘓嚕子。”民國十五年《南川縣志》卷六《土音土語》：“伏山林劫人曰嘓嚕子。”民國十八年《合江縣志》卷四《禮俗·方言》：“嘓嚕子、老二，皆謂匪也。”民國二十一年《南溪縣志》卷四《禮俗下·諺語》：“嘓嚕子口頭出聖旨。”民國三十一年《西昌縣志》卷五《禮俗志·諺語》：“嘓嚕子口裏出聖旨。”此或謂竊匪常常脅迫被竊者就範，欽此欽遵也。民國三十三年《長壽縣志》卷四《風土·方言》：“依山林劫人曰嘓嚕子。”又，民國十七年《長壽縣志》卷四《人事部·方言》：“私竊人物曰嘓（孤）嘍（平聲）子。”唐樞《蜀籟》卷二（頁76）：“嘓嘍子通九州。”“嘓嘍子”即“嘓嚕子”。胡昭曦等《“咽嚕”考析》有詳述：“‘咽嚕’兩字均爲平聲，讀爲gūlū，民國《長壽縣志》卷四載，‘私竊人物曰咽嚕子’。民國《華陽縣志》卷

5載，‘好賭曰孤露子’。……啯嚕的基本成員是無業流民。史稱：‘啯嚕者游手無賴者也。’‘先是四川有啯嚕者，皆流民惡少，强悍嗜鬥，動成大獄。’‘四川莠民爲寇盜，號啯匪。’”並談到“‘啯嚕’是‘軲轆’的音轉，起自彝語，人們以此來形容這一無業流民的武裝集團行蹤不定，來去如飛的特點”①。清光緒四年《彭縣志》卷三《民事門·風俗志》：“呼盧子，大半痞棍，誘騙紈袴，動至傾家。”“呼盧子”爲記音。《川方》（頁127）“啯嚕子”音$gu^1nou^1zi^3$，謂“小偷”，實際上“嚕”蜀方言普遍讀［lu^{55}］。

❷賭徒。清邱仰文《論蜀嘓嚕狀》：“查嘓嚕種類最夥，大約始乎賭博，卒於竊劫，中間酗酒打降，勒索酒食，姦拐幼童，甚至殺人放火。”李調元《嘓嚕曲并序》：“嘓嚕，本音國魯，蜀人呼賭錢者通曰嘓嚕，皆作平聲，如曰辜奴，行常帶刀，短曰線雞尾，長曰黃鱔尾，皆象形而名。內分紅黑，晝曰紅錢，如剪綹割包之類；夜曰黑錢，如穿牆鑿壁之類。或三五成群，或百千成黨，少則刦奪孤旅，多則抗拒官兵，蜀中爲害，莫此爲甚。”可見嘓嚕亦賭亦盜，難釐然分清矣。亦記音作其他形式。清光緒十二年《虞鄉縣志》卷一《地輿志·方言》、民國九年《虞鄉縣新志》卷四《方言略》：“有無字無韻全不可曉者……賭類曰孤轤子。”民國十五年《朔方道志》卷三《輿地志·風俗附方言》：“嘓嚕子，指博徒誘拐者。”民國十七年《重修崇信道志》卷一《輿地志·風俗附方言》：“嘓嚕子，賭博人之謂。”民國二十

① 《巴蜀歷史文化論集》，巴蜀書社，2002年5月第1版，第202–218頁。

三年《華陽縣志》卷五《禮俗·方言》："好賭曰孤露（平聲）子。"民國二十四年《重修靈臺縣志》卷一《方輿圖·風俗附方言》："轂轆子，賭博人之稱。"民國二十四年《隆德縣志》卷一《民族·方言》："咕嚕子，賭博人之稱。"唐樞《蜀籟》卷二（頁76）："嘓嘍子是條豬，不肯吃寧肯輸。"《川方彙編》（頁71）"咕嘍子"音gū lū zì，謂"賭徒。例：咕嘍子是條豬，不肯吃寧肯輸"。《成都話》（頁78）"咕嚕子"謂"舊時指賭棍，賭徒"。《成方》（頁63）"跍嚕子"謂"嗜賭、常賭的人。原指蹲在地上聚賭的人，後泛指賭徒"。

《大詞典》未收"啯嚕子"或"嘓嚕子"。

《方言大詞典》（頁5419）"嘓嚕子"①"小偷"，西南官話；②"山林中攔路打劫的匪徒"，西南官話；③"賭徒；誘拐婦女或兒童的人"，蘭銀官話，"賭徒"義未及西南官話。

牯牛 $gu^{53}ȵiu^{21}$ [$ku^{55}ȵiəu^{21}$]

俗稱未閹割的小公牛及閹割過的公牛①。《四部叢刊》本（景建德周氏藏元刊本）《大廣益會玉篇》："牯，姑戶切，牡牛。"中華書局本（據張氏澤存堂本影印，頁109下右）"牡"譌作"牝"。《康熙字典·牛部》："牯，《廣韻》公戶切，《集韻》、《韻會》果五切，並音古。《玉篇》：'牝牛。'"亦據誤本引，

① 用於配種的公牛，蜀方言則稱"腳牛"。

失校。清張慎儀《蜀方言》卷下（頁342）："牝牛曰牯。《廣韻》：牯，公戶切，音古。《玉篇》：牝牛。"亦引誤本《玉篇》，未是[1]。《中文大辭典》、《故訓匯纂》"牯"立"牝牛"義，《大字典》（二/4/2119）"牯"①"母牛"，引《玉篇》；②"俗稱閹割過的公牛"，首引《廣韻》。《大詞典》（6/257）"牯"謂"母牛"，引《玉篇》，又謂"俗稱閹割過的公牛。亦泛指牛"。均據誤本《玉篇》而立"母牛"義，殊爲不經[2]。按敦煌本斯2071《切韻·十姥》、《洪武正韻·姥韻》、《韻略易通·十四呼模》："牯，牡牛。"《正字通·牛部》："俗呼牡牛曰牯。"明萬曆元年《兖州府志》卷二十五《物產》："牛，《說文》曰：牝牛曰牸，牡牛曰牯。"李時珍《本草綱目》卷五十下《獸之一·牛》："牛之牡者，曰牯曰特。"李實《蜀語》（頁96）："牡牛曰牯〇牯音古。"是矣。亦記音作"古"。《切口大詞典·行號類·耕牛行》："黃古，雄黃牛也。"又："水古，雄水牛也。"本字則當作"牯"。複詞則作"牯牛"。《廣韻·姥韻》："牯，牯牛。"《龍龕手鏡·牛部》："牯，音古，牯牛也。"《字彙·牛部》："牯，公戶切，音古，牯牛。"《隋書·禮儀志二》："牲用黃牯牛，而以清酒四升洗其首。"唐劉

① 紀國泰《〈蜀方言〉疏證補》（頁352-353）："張氏之失，全在唯書爲上，且多獵奇之想。……張氏信《玉篇》有載而不信《字彙》亦有載，寧信書而不信百姓口傳，於方言之研究，焉能不誤？"通觀張書，並非"多獵奇之想"，偶因誤本失考，亦未可深責矣。

② 參見季少峰《"牯"字辨惑："公牛"何以变"母牛"？》（《語文建設》1994年第8期），周雲漢《"牯"不是"牝牛"》（《咬文嚼字》1999年第7期），邵則遂《"牯牛"公母之爭》（《語言研究》2003年第3期）。《大字典》此及其他許多明顯失誤，第二版未予修訂，頗令人失望。

恂《嶺表錄異》卷下："又有墮羅犀，犀中最大，一株有重七八觔者，云是牯牛，額上有心花，多是撒豆斑，色深者堪爲胯具。"此據《四庫全書》本。《叢書集成初編》本卷中"牯牛"作"牯犀"①。宋洪邁《夷堅支景》卷一《陽臺虎精》："遙望一黄物馳草間，中心絶怖。漸近，蓋巨鹿，其大如牯牛，固已悚然。"明李時珍《本草綱目》卷五十下《獸之一·牛》："牯牛卵囊主治疝氣，一具煮爛，入小茴香、鹽少許拌食。"世俗有吃什麽補什麽（豬腦除外）的說法，"卵囊"即陰囊，故以治疝氣，牝牛則無此物也。陳士元《俚言解》卷二《六畜名色》："牛牡曰牯牛。"釋眞可《紫栢老人集》卷九《頌古》："湖州吳山端禪師，抵鄣見上方超和尚，有一尼師來叅，師云：'待來日五更三點入來。'師侵早紅粉搽面而坐，尼入見，驚而遂悟。超和尚有頌曰：'堪笑吳山老禿奴，巧粧紅粉接師姑。茫茫宇宙人無數，那箇男兒是丈夫。'頌曰：驀地牸牛見牯牛，牯牛產犢牸牛羞。從來蹄角分明在，今日溪山得自由。"此"牸牛"、"牯牛"對舉，本來牸牛產犢而牯牛不產犢，故頌謂"牯牛產犢牸牛羞"矣。《何典》第三回："衆鬼仔細看時，一樣是牯牛卵脬，一樣是顯湯狗頭，一樣是綿羊頸骨。"清光緒十八年《桃源縣志》卷一《疆域志·土產考》："俗謂牡曰牯牛。"Adam Grainger《西蜀方言》（頁333）："牯牛。"即"a bull; the male of cattle"。民國十

① 《大詞典》（6/257）"牯犀"謂"古代嶺南所產的一种犀牛"，引《嶺表錄異》卷中："嶺表所產犀牛，大約似牛而豬頭，腳似象，蹄有三甲，首有二角……牯犀亦有二角，皆爲毛犀，俱有粟文，堪爲腰帶。""牯犀"當指公犀。

八年《合江縣志》卷四《禮俗·方言》、民國二十一年《南溪縣志》卷四《禮俗下·方言》：“牯牛，牡牛也。”民國二十三年《樂山縣志》卷三《方輿志·方言》、民國二十四年《麻城縣志續編》卷一《疆域志·方言》、民國二十四年《雲陽縣志》卷十四《禮俗下·方言下》：“牡牛曰牯牛。”又，民國二十一年《萬源縣志》卷五《教育門·諺語》：“逼着牯牛下兒。”原注：“無中尋有也。”唐樞《蜀籟》卷一（頁34）：“估倒牯牛下兒。”此爲習語，“兒”原作“蛋”，或出版者誤。如《川方彙編》（頁1）“逼”謂“逼迫。例：逼到牯牛下兒”。民國二十八年《巴縣志》卷十九《物產·毛類》：“今俗但名牡曰牯牛。”艾蕪《豐饒的原野》第一部《春天》：“張家小麻皮正牽一條牯牛走着，那牯牛也在嗯呃爾嗯呃爾地回答過來。”原注：“牯牛：即公牛。”又，民國九年《全椒縣志》卷四《風土志·物產》：“水牛色蒼而多力，其牡曰牯牛。”亦俗稱“水牯牛”，如乾隆五十一年《射洪縣志》卷三《土產部·土產志》：“邑產多水牯牛，大於黄牛，耕犁水田。”蜀語亦說“牯棒”。《川方》（頁128）“牯棒”謂“公牛”。

《大詞典》（6/257）“牯牛”謂“閹割過的公牛。多泛指牛”，引沈從文《阿金》。謂“多泛指牛”，恐不恰切。

《現漢》“牯”謂“牯牛”，又“牯牛”謂“公牛”。此或包括閹割及未閹割的公牛，但蜀語所指則有所不同。又與之對舉的“牸”，謂“〈方〉雌性的（牲畜）：~牛”，未收“牸牛”，與視“牯”、“牯牛”爲通語詞處理不盡一致。

《方言大詞典》（頁4188）“牯”①“公牛，牡牛”，冀魯官話、江淮官話、西南官話、吳語、湘語、粵語、閩語，未收“牯牛”。但收“牸牛”，謂“母牛”，冀魯官話、膠遼官話、中原官話、晉語、江淮官話、西南官話、吳語、湘語、贛語、平話。

官司草 guan^{55}si^{55}cao^{53} [kuan^{55}sɿ^{55}cau^{53}]

兒童鬬草遊戲時用的草，俗稱“官司草”。一般就地取材，以抽穗的較有韌性的草莖相挽拉扯，稱打官司，手中草莖被拉斷者爲輸。清同治十三年《湖州府志》卷三十二《輿地略·物產上》：“芣苢，按即車前，俗名觀世音草，又名打官司草。”光緒五年《川沙廳志》卷四《民賦·物產》：“車前子……亦名蝦蟇衣，俗名癩蛤蝨草，又名打官司草。”光緒十七年《上虞廳志》卷二十八《食貨志三·物產》：“車前子……俗名觀世草，又名打官司草。”范寅《越諺》卷中《花草》：“官私草，有莖而韌，孩童爭勝爲戲。”“私”應作“司”。民國十八年《南匯縣續志》卷十九《風俗志二·物產上》：“車前子，卽芣苢，一名馬舄，蝦蟇喜伏其下，故又名蝦蟇衣，俗呼癩蛤蝨草，又呼打官司草。春初生，苗葉布地，抽莖作穗，花甚細密，子如葶藶，赤黑色，多生道旁，故名車前。”民國二十四年《麻城縣志續編》卷三《食貨志·物產》：“車前，即芣苢，俗名打官司草。”

以“官司草”打官司，即古代“鬬草”、“鬬百草”之戲中的“武鬥”。南朝梁宗懔《荊楚歲時記》：“五月五日，四民並蹋百草，又有鬬百草之戲。”宋高承《事物紀原》卷九《鬬草》：“宗懍《荆楚岁时记》曰：競採百藥，謂百草以蠲除毒氣，故世有鬬草之戲。”龔明之《中吳紀聞》卷一《鬬百草》：“吳王與西施嘗作鬬百草之戲，故劉禹錫詩云：‘若共吳王鬬百草，不如應是欠西施。’”清翟灝《通俗编》卷三十《草木·鬬百草》：“《歲華紀麗》：‘端午，結廬蓄藥，鬬百草。’劉禹錫詩：‘若共吳王鬬百草，不如應是欠西施。’白居易《觀兒戲》詩：‘撫塵復鬬草，盡日樂嬉嬉。’按《七修續稿》據劉詩，謂鬬草即起于吳，非也。劉蓋假設辭耳。申公《詩說》以《芣苢》爲兒童鬬草嬉戲歌謠之辭，則周初已有此戲。”今蜀中兒童所玩之官司草，草籽形似芝麻，非車前草，與吳語所指不同。《重方》（頁129）“官司草”謂“牛筋草，亦稱蟋蟀草。因小孩常用此草做‘打官司’的游戲，即將兩根牛筋草結在一起，各人用勁拉一頭，直至拉斷，以手中草未被拉斷者爲勝，故名”。《川方彙編》（頁60）“打官司”②“小兒結草鬥勝”，例“扯根官司草，穿起打官司”。

《大詞典》未收。《方言大詞典》（頁3688）“官司草”謂“車前草”，吳語。

廣 guang[53]［kuang[53]］

洋。與“土”相對。清宣統間修《廣安州新志》卷三十四《風俗志·稱謂》:“行銷品店曰雜貨莊,曰廣貨行。”民國十五年《南川縣志》卷六《土音土語》:“自清中葉西南洋貨物來華自廣東入,故通稱外來貨物精巧者曰廣,與土對,今則不曰廣而曰洋。至人聲音曰廣起廣起,則以廣東人音不同也。”民國十七年《雅安縣志》卷四《風俗·服食》:“俗以楚布爲廣布,蜀布爲土布。”民國二十二年《灌縣志》卷十六《禮俗記·方言》:“廣,貨良也,藝精也,取開廣不土之義。又野人無識亦曰廣,蓋反語示潮,如山間人曰山老廣,鄉間人曰鄉老廣。”“潮”當作“嘲”。民國三十七年《續修筠連縣志》卷七《人文志·方言》:“廣,物之精良而來自通都大邑者。”哄騙、捉弄外行曰“麻廣廣”[①]。《重方》(頁207)謂“舊稱來川之湖廣一帶的人爲老廣,猶今稱外國人爲老外。也重言稱之爲‘廣廣’,後泛指外地人。引申之則用來喻指外行人”。此“廣”則又非“開廣不土”之義矣。《川方》(頁137)“廣”謂“洋(與‘土’相對)。自清朝中葉,外國貨物來華,經廣東入川。四川人形容外來的精巧貨物爲~。後泛指外來的,時髦的爲~”。

《大字典》(二/2/962)“廣”(一)⑳“廣東、廣西兩省的略稱”。《大詞典》(3/1262)“廣”⑬“地名。古廣州的省稱”,附項謂“亦作廣東、廣州的省稱。如廣貨;廣交會。稱兩廣時則爲廣東、廣西的略稱”。均未及“洋”義。

《方言大詞典》(頁390)“廣”①“洋(與‘土’相對)”,西南官話。

① 《川方匯釋》第140頁。

鬼臉　鬼臉兒　鬼臉子

gui⁵³lian⁵³/lier⁵³zi⁵³［kuei⁵³lian⁵³/liə⁵³tsɿ⁵³］

面具。參《考釋》第249頁。《大唐秦王詞話》第四十回："桓法嗣與單雄信辭王出朝，逕下演武場點選人馬齊整，神兵一萬二千，箇箇身長八尺，脚躧木橇一丈二尺，面上俱帶鬼臉，身穿五色桑皮紙袍，數日之間，俱已完備。"明李開先《黄鶯兒·弄猴》曲："箱中鬼臉輪着帶，把鑼摁。"李樂《見聞雜記》卷六："如民間臥床草薦、兒童作戲鬼臉，亦在稅中，鄙瑣極矣。"趙南星《目前集》："面具俗云鬼臉。"劉侗《帝京景物略》卷三《弘仁橋》："紙泥面具曰鬼臉。"清順治《招遠縣志》卷三《寺觀》："又有鬻面具者，謂之鬼臉。"劉沅《壎篪集》卷七《蜀中新年竹枝詞》："誰家稚子響新簧？惹得兒曹嬲父娘。鬼臉人頭頻急購，免他繞膝要椒漿。"自注："貧人不惜購買（響簧）以娛其子，或購人頭鬼臉，以爲戲具。"唐訓方《里語徵實》卷中下："雍正時，臨安曹姓好獵致富，生子三。一日，在市買鬼臉三塊，戲，兒各帶一塊，家中趕山狗見之，咬死三子，是其報也（《稗史》）。"章炳麟《新方言·釋器》："優人所被假面通言面檲，讀古悔切，假面亦筐當也。又檲之言䵷也，《莊子》云'槁項黃䵷'，謂黃面也。自江而北或言檲臉，學者不得其字，則書作鬼臉矣。”[①]民國二十一年《景縣志》卷六《方言》：“演劇所用之假面俱，謂之鬼臉。”民國二十八年《巴縣志》卷五《禮俗·方言》：“蜀語呼假面爲鬼臉。”

亦作“鬼臉兒”。《金瓶梅詞話》第四十二回：“哥兒那裏隔牆掠個鬼臉兒，可不把我諕殺。”《三寶太監西洋記通俗演義》第七十九回：“兩邊擺着兩路摶戲架子，架子上都是些鬼臉兒。”明莊泉《莊定山集》卷二《題小畫》：“何處戲場中，閒來舞獨速。放下鬼臉兒，俱是真面目。”馮夢龍《新灌園·太史家鬧》：“一件是那做證見的寶簪，一件要尋箇鬼臉兒與你戴了去遮羞。”《醒世姻緣傳》第七十三回：“要是瞎話，也只好戴着鬼臉兒走罷了！”清西厓《談徵·事部·鬼臉鬼頭》：“《物原》：‘季咸造假面子。’《西京賦》曰：‘總會仙倡，戲豹舞熊，白虎鼓瑟，蒼龍吹篪。’注曰：‘皆爲假頭也。’假作其形，即今鬼臉兒。”

或作“鬼臉子”。明馮夢龍《古今譚概》卷三十四《妖異部·鬼畏面具》：“金陵有人擔面具出售，即俗所謂鬼臉子者，行至石灰山下，遇雨沾溼，乃借宿大姓莊居，莊丁不納，權頓簷下，愁不能寐，而面具經雨將壞，乃拾薪爇火熯之，首戴一枚，兩手及兩膝各冒其一以近燎，至三更許，有一黑大漢穿一黑單衣，且前且却，其人念必異物，懼其面具而然，乃大聲叱之，黑漢前跪

① 《說文·木部》：“梱，匡當也。”段玉裁注：“匡當，今俗有此語，謂物之腔子也。梱亦作簂，亦作蔮。《士冠禮》注云：‘滕薛名蔮爲頍。’《釋名》曰：‘簂，恢也。恢廓覆髮上也。魯人曰頍，齊人曰帨。’按鄭、劉所說，梱之一耑耳。”

曰：‘我黑魚精也。’‘家何在？’曰：‘在此里許水塘中，與主人之女有交，故每夕來往，不意有犯尊神，望恕其責。’其人叱之使去。明旦，訪主人之女果病祟，遂告之故，竭塘漁之，得烏魚重百餘觔，乃醃而擔歸。”清褚人獲《堅瓠秘集》卷一：“面具，即俗所謂鬼臉子者。”蜀方言亦說“臉殼子”。民國二十四年《雲陽縣志》卷十四《禮俗下·方言下》：“面具曰臉殼。”亦說“喜神殼兒”。沙汀《丁跛公》：“在一色藍布套頭的人群上面，已經飄蕩着各色各樣的喜神殼了。”原注：“喜神殼：小孩玩的面具。”[①]《川方》（頁403）“喜神殼兒”謂“假面具”，引此例，但未引注。徐適端《四川方言“窰褲”、“幺臺”考》云：“戴假面具表演的儺戲，其後在文化落後、生產力低下、信鬼好祀之風盛行的四川、雲南、貴州、廣西等西南地區民間盛行不衰；時至今日，上述地區的偏僻山區和少數民族聚居區仍是這種儺戲的天下，四川民間謂之‘端公戲’、‘鬼臉殼戲’，所戴面具謂之鬼臉殼、戲臉殼、戲臉殼子、戲臉殼兒。”[②]

《大詞典》（12/457）“鬼臉”②“仿照人物臉形製成的面具”，首引《醒世姻緣傳》。

《方言大詞典》（頁4273）“鬼臉”謂“演戲用的假面具”，冀魯官話，未涉及西南官話。又（頁4278）“鬼臉子”②“舞龍尾的人戴的猙獰假面具”，西南官話；③“作游戲時戴的面具”，晉語。其實可以合併爲一義。

---

①《鄉鎮小說》，上海文藝出版社，1992年5月第1版，第32頁。

②《西南師范大學學報》1997年第1期。

鬼登哥　鬼燈哥　鬼冬哥　鬼登科　鬼登窠

gui^{53}den^{55}/dong^{55}go^{55} // ko^{55} [kuei^{53}tən^{55}/toŋ^{55} ko^{55} // k‘o^{55}]

貓頭鷹。清嘉慶十七年《郫縣志》卷四十《物產》："鵂鶹，一名鵩，一名訓狐，又名梟。又名叫春鳥，又名春哥，俗名鬼登哥。按怪鴟色黃，㲋趾，而有耳如貓耳，故名角鴟；鵂鶹色麻，毛腳，而頭無耳：二鳥有此分別。"民國十八年《資中縣續修資州志》卷八《風土·物產》："鶹，又名鬼登哥。"民國二十一年《南溪縣志》卷四《禮俗下·諺語》："鬼登哥吃娘，一報還一報。"民國二十六年《犍爲縣志·物產·動物·野禽》："鵂鶹，俗名鬼登哥。"《川方》（頁138）"鬼登哥兒（鬼燈哥、鬼冬哥）"音gui^{3}den^{1}gor^{1}，謂"貓頭鷹"。《川方匯釋》（頁90）"鬼登哥"謂"貓頭鷹"，"亦作'鬼東哥兒'"。

或作"鬼燈哥"。清同治九年《會理州志》卷十《風土志·物產》："鴟鵂……頭耳如貓，有毛角兩耳，晝伏夜飛，鳴則雌雄相喚，聲如老人，初若呼，後若笑，俗呼爲鬼燈哥。"光緒八年《黎平府志》卷三下《物產》："貓頭鳥名鬼燈哥。貓頭鳥形似鷹鷂而大，通身有斑點，頭圓似貓頭而嘴鈎，所棲之處百鳥集焉，亦鳥王也。土人畜以誘群鳥，則網羅甚易。黑夜鳴，又名鬼燈哥。"民國十三年《江津縣志》卷十一《風土志·土產》："夜食鷹，俗名鬼燈哥。《爾雅》謂之怪鴟，《拾遺》謂之鴟鵂，江東人呼爲鉤鵅，其狀似鴞，有角，怪鳥也。”民國十八年《合江縣志》卷二《食貨·物產》：“鬼燈哥，鵋鴞。”民國二十三年《樂山縣志》卷三《方輿志·方言》：“鵋鴞曰鬼燈哥。”《川方彙編》（頁154）“鬼燈哥”謂“貓頭鷹”。《成都話》（頁84）“鬼燈哥兒”謂“貓頭鷹”。《重方》（頁133）“鬼燈哥”謂“貓頭鷹”，“古人稱磷火爲鬼燈”，“貓頭鷹的眼睛在夜間恰似磷火閃着綠光，故名”，可備一說。又，清傅崇矩《成都通覽·成都之鳥類》（頁428）：“鵅、鳩、鬼丁哥、鵅虎。”民國二十二年《綿陽縣志》卷三《食貨·物產》：“鴞，鬼丁哥。”“鬼丁哥”音近“鬼登哥”，“丁”、“登”雙聲之變。

又作“鬼冬哥”。《正字通·鳥部》：“鵂……一名鉤鵅，蜀人呼轂轆鳥，楚人名爲呼咯鷹，皆因其聲似也。或又譌鉤鵅爲鬼各哥。”明李時珍《本草綱目》卷四十九《禽之四·鵋鵂》：“鉤鵅、轂轆、呼咯，皆其聲似也。蜀人又訛鉤格爲鬼各哥。”以上兩例，疑“各”爲“冬”形譌[①]，蜀方言謂貓頭鷹爲“鬼冬哥”，未聞有“鬼各哥”之說。民國《息烽縣志》卷十五《動物部·禽畜類》：“鴞……貓兒頭，曰貓頭鳥，曰貓頭鷹，此漢晉以來之所記載，今貴州人通呼鬼冬哥。”民國十五年《簡陽縣志》卷二十二《禮俗篇·方言》：“鬼冬哥曰春搗子。”民國十五年《南川縣志》卷六《動物》：“鵋鵂，俗呼貓頭雀，呼鬼冬哥，又名春哥。春將至則先鳴，俗謂之調春，又呼夜食鷹。”又，民國十

---

① 人民衛生出版社《本草綱目》校點本第四冊，1981年9月第1版，第2675頁亦作“鬼各哥”，恐失校。

七年《長壽縣志》卷四《人事部·方言》:"鴟鴞謂之鬼洞哥。""鬼洞哥"與"鬼冬哥"音近。《成方》(頁191)"鬼冬哥"①"=〖鬼燈哥兒〗",又"=〖貓頭鷹〗","老年人和農村人多說'鬼冬哥'"。

亦作"鬼登科"。民國十八年《資中縣續修資州志》卷八《風土·方言》:"鴞謂鬼登科。"民國三十一年《西昌縣志》卷五《禮俗志·諺語》:"鬼登科喫娘,一報還一報。"

又或作"鬼登窠"。清吳省欽《白華前稿》卷五十二《院牆外有鴞,掩二雛豢之》:"二雛幸可肉,狀肖貓頭圓。……蜀人競相笑,是産遍鄉谷。是名鬼登窠,見物眴圜目。飼之既辟邪,縱之或致福。"蜀語"窠"、"科"並音[k'o^{55}],與"哥"僅送氣和不送氣之別。

《大詞典》(12/446)"鬼各哥"謂"鵂鶹的別名",引《本草綱目》,或據失校本而誤立,應作"鬼冬哥"。其餘詞形未見。

《方言大詞典》(頁4278)"鬼登哥"②,也作"鬼登科"。又(頁4282)"鬼登哥兒"。又(頁4276)"鬼燈哥"。又(頁4280)"鬼燈哥兒"、"鬼燈鴿兒"。又(頁4275)"鬼東哥"、"鬼冬瓜"、"鬼冬哥"。並謂貓頭鷹,西南官話。

滾邊　滚邊　緄邊　袞邊　衮邊

gun^{53}biɑn^{55} [kuən^{53}pian^{55}]

給衣服鞋帽等飾邊。參《考釋》第251頁。明陳有年《陳恭介公文集》卷二《欽奉聖旨事疏》："青四季花龍邊玲瓏雙龍捧珠滚邊樣凉墩十五對。"吕坤《實政録》卷七《獄政·辨盜附》："何物作裹，何物作帶，有無滚邊貼邊。"《金瓶梅詞話》第六十八回："（吳銀兒）上穿白綾對衿襖兒，妝花眉子；下着紗綠潞綢裙，羊皮金滚邊。"清葉調元《漢口竹枝詞·閨閣》："門頭裝束日翻新，怪煞良家步後塵。不論雛姬和老姥，托肩褂子滚邊裙。"《海上塵天影》第三十九回："眾人看韻蘭穿着鵝黄冰紋霧縠貢紗衫，淡青小團鶴直提明紗褲，都是元紗鑲滚邊，褲管上一排八個翠玉八仙。"《紅樓圓夢》第二十六回："湘蓮留心看時，只見那女子穿着件白夏布衫，一條月白夏布滚邊褲。"《二十年目睹之怪現狀》第六十八回："只見隔壁房裏坐了一個五十多歲的頒白婦人，穿了一件三寸寬、黑緞滚邊的半舊藍熟羅衫。"《孽海花》第三十五回："立人立刻跳上一輛墨綠色錦緞圍子、鑲着韋陀金一線滚邊、嵌着十來塊小玻璃格子的北京人叫做'十三太保'的車子。"民國十八年《合江縣志》卷四《禮俗：方言》："緣邊曰滚邊，滚當作緄。《文説》：'緄，織帶也。'凡織帶皆可以爲衣服緣邊。""文説"爲"説文"誤倒。巴金《家》一："最後鳴鳳走過來，她臉上擦了一點粉，辮子梳得光油油的，棉襖上罩了一件滚邊的新竹布衫。"丁惟汾《俚語證古》卷六《衣服》："滚邊，純邊也。鎖邊，緆邊也。緣邊謂之滚。滚字當作純。（古音讀滚）又謂之鎖。鎖字當作緆。（古音讀鎖）鄭注《既夕禮》云：'飾衣領袖曰純，下裳邊側曰綼，下曰緆。'"《川方匯釋》（頁91）"滚邊"謂"緣邊"。《成方》（頁332）"滚邊（兒）"謂"在布鞋面兒、衣服等的邊緣特別縫製的一種用布條裹住的邊兒”，釋名詞義。

或本作“緄邊”。《説文·糸部》：“緄，織帶也。”民國十三年《江津縣志》卷十一《風土志·方言》：“凡織帶皆可爲衣服緣邊（如俗謂闌干、辮子之類），邑語通謂衣緣邊爲緄，俗作滚。”民國十五年《簡陽縣志》卷二十二《禮俗篇·方言》：“衣緣邊曰緄。音衮。”民國二十一年《萬源縣志》卷五《教育門·方言》：“衣緣邊曰棍。音衮。”“棍”當爲“緄”字形譌。民國二十四年《雲陽縣志》卷十四《禮俗下·方言下》：“緣邊曰純。《急就篇注》：‘純邊謂之緣。’《儀禮》：飾衣領袂口曰純。《通雅》：‘純，緣也。’純上聲，讀若衮。”[1]或亦作“掍”。民國二十四年《蕭山縣志稿》卷二十九《瑣聞·方言謠諺》：“衣之緣邊曰掍。音衮。王褒《洞簫賦》：‘帶以象牙，掍其會合。’注云：‘飾象牙同其會合之處。’”複詞則作“緄邊”。章炳麟《新方言·釋器》：“凡織帶皆可以爲衣服緣邊，故今稱緣邊曰緄邊，俗誤書滚。”民國十九年《嘉定縣續志》卷五《風土志·方言》：“俗稱衣服緣邊曰緄邊。”民國二十四年《重修鎮原縣志》卷五《民族志下·民生志·衣服》：“緄邊，女服鑲邊曰滚邊。誤，宜作緄。案緄古穩切，音衮，阮韻。《詩》：‘竹閉緄縢。’《新方言》：‘凡織帶皆可以爲衣服緣邊，故俗稱緣邊曰緄邊。’雖云古風，亦可省矣。”《重方》（頁133）“緄邊兒”謂“爲衣、鞋、帽的邊緣縫上布條、帶子”。

亦作“衮邊”、“衮邊”。方以智《通雅》卷四十九《諺原》：

① 朱駿聲《説文通訓定聲·屯部》：“純，假借爲緣。”

"純音衮。《儀禮》'青絇繶'注：'絇言拘也，以爲行戒，鼻在屨頭，繶縫中紃也。純，緣也。'純音衮，猶今言衮邊，蓋因于此。"清沈自南《藝林彙考》服飾篇卷八："純音衮，今云衮邊。"陳元龍《格致鏡原》卷十八《冠服類六·履》："《儀禮》'青絇繶純'，純（音衮），緣也，今云衮邊。"唐訓方《里語徵實》卷上："衣邊曰衮。《通雅》'純，緣也'，'純音衮，猶今言衮邊，蓋因乎此'。"汪士鐸《汪梅村先生集》卷一《釋帶》"韍有緣"原注："純也，今衮邊也。"光緒五年《鎮海縣志》卷三十九《方言》："衮，《通雅》云：《儀禮注》：'純，緣也。'純音衮，猶今言衮邊。"

《大詞典》（6/34）"滚邊"謂"在衣服、布鞋等的邊緣縫製的一種圓棱的邊"，釋名詞義，首引《金瓶梅詞話》。又（9/890）"緄邊"云"爲衣服、鞋子等的邊緣縫上布條帶子等"，釋動詞義，引《新方言》。其實，"滚邊"、"緄邊"同詞異形，且名動同辭，釋義應當一致，並注明互參。

《方言大詞典》（頁6703）"滚邊"②"縫紉方法。沿着衣服等的邊緣縫上布條、帶子等"，西南官話、吴語、閩語。

滚身 $gun^{53}sen^{55}$ [$ku\text{ə}n^{53}s\text{ə}n^{55}$]

緊身短棉襖。《兒女英雄傳》第六回："回轉身來只見一個虎面行者，前髮齊眉，後髮蓋頸，頭上束一條日月滲金箍，渾身上穿一件元青緞排扣子滚身短襖，下穿一條元青緞兒仙雞裩褲，腰繫雙股鸞帶，足登薄底快靴，好一似蒲東寺不抹臉的憨惠明，還疑是五臺山沒吃醉的花和尚。”《小五義》第一百八十九回：“不多一時，就由三間上房內出來一個姑娘，約有二十四五歲光景，頭上烏雲用青絹帕兜住，青縐絹滚身，小青縐絹中衣，窄窄金蓮，腰紮青綢汗巾。”清道光二十七年《寶應府志》卷九十五《兵書二》：“青滚身并套褲五十三襲。”民國十八年《資中縣續修資州志》卷八《風土·方言》、民國三十二年《沿河縣志》卷十三《風土志·方言》：“短襖曰滚身。”姜亮夫《昭通方言疏證》(1502條)：“裩身　緊身　滚　緄，又名緊身，昭人謂短棉襖也，俗以滚爲裩，或又書作緄，皆借聲字也。”今蜀語音義並存。《川方》(頁139)“滚身兒”謂“緊身棉襖”。《川方彙編》(頁181)“滚身兒”謂“緊身襖”。《川方匯釋》(頁91)“滚身兒”謂“短小的棉襖。又名‘緊身兒’”，又(頁148)“棉滚身兒”謂“穿在裏面的短小薄棉襖”。《成方》(頁332)“滚身(兒)”謂“中式對襟的緊身棉襖，也指無袖的緊身小襖”。

《大詞典》未收。《方言大詞典》(頁6704)“滚身”①“(短)棉襖”，西南官話、吳語、湘語、客話(四川西昌)。又(頁5861)“緄身”①“短棉襖”，西南官話。

滚子　輥子　磙子 gun^{53}zi^{53} [kuən^{53}tsɿ^{53}]

輪狀或碌碡狀器具。《金瓶梅詞話》第六十七回：“西門慶取畢耳，又叫小周兒拿木滾子滚身上，行按摩導引之術。伯爵問道：‘哥，滾着身子也通泰自在些麼？’”明曹學佺《蜀中廣記》卷六十六《方物記第八·井法》：“（鹽井口）傍樹兩木，橫一木，於上有小木滾子，以火掌繩銔，末附於橫木滾子上，離井六七步爲一木樁，糾火掌篾而耦舂之，滾竹運銔，自上下相乘矣。”清牟庭相《雪泥書屋雜志》卷三：“今俗語謂圜木曰滾子。”民國二十一年《黑龍江志稿》卷十六《物產志·庶物》：“打糧之器，曰颺𣠲，曰掃帚，曰石滾子。”王純五《袍哥探秘》第三章《哥老會的會規和習俗·渾水袍哥的習俗》（頁71）：“‘逮免子’，搶車。汽車則稱‘滾子’。”疑“免”當作“兔”。因汽車靠輪子轉動行進，以局部代稱。蜀語亦疊用爲“滾滾”。《川方》（頁139）“滾滾”謂“（~兒）輪子”。《川方彙編》（頁183）“滾滾兒”謂“輪子，圓環”。《川方匯釋》（頁91）“滾子”謂“輪子，又叫‘滾滾兒’”。《成都話》（頁84）及《重方》（頁134）“滾滾兒”、《成方》（頁332）“滾滾兒”，均謂“輪子”。《成方》（頁332）“磙子”謂“用來平整場地、田地的農具，通常是圓柱形的石頭，兩頭中間有方形的孔，一頭略大，一頭略小，一般插入鐵棒作軸，套上繩索拉動”。

亦作“輥子”。元王禎《農書》卷二《墾耕篇》：“又有經暑雨後，用牛曳䃺碡或輥子於所斫根查上和泥碾之。”清楊屾《豳風廣義》卷一《種桑法》：“再上打細的熟糞一指厚，用木輥子碾一次。”民國二十一年《萬源縣志》卷五《教育門·方言》：“研穀碌碡曰輥子。音滾。”民國二十四年《萊陽縣志》

卷三《禮俗·方言》:"軋田之石曰輥(滾)子。""滾"爲注音字。民國二十六年《海龍縣志》卷十《實業》"農具費明細說明書"列"木頭輥子"、"石頭輥子"。李英儒《野火春風鬥古城》第八章:"說着挽起自己的袖口,從她手裏接過滾子,飽飽吃足油墨,在手中熟練地掂了掂,像是衡量它的份量,然後盯準蠟紙,對正方向,用力一推到底。"此指油印機的滾筒。姜亮夫《昭通方言疏證》(1825條):"昭人言碾石曰滾子,即骨彔之急言,亦即輪音變。"

或作"磙子"。清康熙十二年《滁州志》卷五《山川·橋梁》:"磙子橋、皇姑橋、迎恩橋。"雍正《陝西通志》卷八《山川一》:"又四里爲猪槽灘,又一里爲磙子溝。"上兩例以"磙子"名橋名溝。光緒十七年《吉林通志》卷三十一下《食貨志四》:"石磙子一箇,合銀一兩七錢;礤一盤,合銀二兩。"民國二十年《義縣志》中卷《民事志·農業之屬》:"其覆種方法,用高壠,春間以犁耕起,一人在後洒種,再用木磙子套牲畜於後一壓,免致風雨將種子損失。亦有年前用磙子將高壠劃開,謂之合壠,亦謂之歇地。"民國二十七年《西豐縣志》卷二十三《物產》:"碾磨石礦:二區烏魯村有石礦一處,前清光緒二十六年開山,用機運石,每年約出石碾二百餘盤,磨及磙子各二三百數,迄於今日猶甚暢旺。"

《大詞典》(6/31)"滾子"謂"指輪子",引郭沫若《海濤集》例。又(7/1092)"磙子"謂"用石頭做的圓柱形的能旋轉的滾壓工具。如碌碡之類"。未收"輥子"。

《方言大詞典》(頁6703)"滾子"①"磙子;碌碡",東北官話、膠遼官話、中原官話、晉語、蘭銀官話、西南官話、湘語、贛語；②“車輪；輪胎”，西南官話。又（頁6043）“輥子”謂“滚軋壟溝的石滚子”，膠遼官話。又（頁6443）“磙子”謂“軋田地用的石磙，磙子”，北京官話。其實，不管用途如何，輪狀或碌碡狀器具，因可滚動，故均稱滚子。

H

海椒　醢椒　㷧椒 haι[53]jiαo[55]［xai[53]tɕau[55]］

辣椒。南朝梁何遜《七召·肴饌》："海椒魯豉，河鹽蜀薑，劑水火而和調，糅蘇蔱以芬芳。""海椒"未知何物，但作調料則殆無疑異矣。元張翥《蛻菴詩》卷四《寄荅張五丈師夔明府》："火米夏收畬稻早，海椒春放瘴花遲。"清康熙二十三年《寶慶府志》卷十三《風土志》："蔬之屬：……大禾椒、海椒、馬齒莧。"乾隆六年《貴州通志》卷十五《物產》："海椒，俗名辣角，土苗用以代鹽。"乾隆十七年《大邑縣志》卷三《物產》："秦椒，又名海椒。"段汝林霖《楚南苗志》卷一《蔬菜》："辣子，即海椒。"嘉慶十七年《漢州志》卷三十九《物產》："辣椒，一名海椒，長圓大小數種。"道光二十一年《遵義府志》卷十七《物產》："《草花譜》：'番椒叢生，白花，子儼似禿筆頭，味辣，色甚紅可觀，子種。'按郡人通呼海椒，亦稱辣角，園蔬要品，每味不離，鹽酒漬之，可食終歲。其形狀有數種，長細角似者，名牛角海椒。”同治九年《會理州志》卷十《風土志·物產》：“海椒，花鏡番椒，一名海瘋藤，俗名辯茄，又名辣子。”吳其濬《植物名實圖考》卷六《辣椒》：“辣椒，處處有之，江西湖南黔蜀種以爲蔬。……《遵義府志》：番椒，通呼海椒，一名辣角，每味不離。”同治十三年《章谷屯志略·土宜物產》：“莧菜、芹、羊芋、擘藍、芫荽、海椒、菠稜。”劉省三《躋春臺》卷二《吃得虧》：“一日放學回家，見對門盧三嫂偷他海椒……盧三嫂曰：‘我借耳環吃酒，從你土過，摘點海椒，掉了環子，幸喜遇着相公，與我送來，倘若失了，丈夫知道定要把我打死。’再三慚謝，從此與王囚看守小菜，人不敢偷。”光緒末《新都縣鄉土志·物產》：“海椒，種分大小，大者味平，小者味烈，其用與薑桂同。”傅崇矩《成都通覽·成都之呼物土名》（頁272）：“海椒，辣子。”民國十三年《江津縣志》卷十一《風土志·土產》：“㷛菜，俗名海椒，字當作蕤。《本草拾遺》：‘蕤菜，味辛溫無毒，主治冷氣、腹內久寒。’蕤讀豬孝切，今人通以平聲出之，聲如焦，普通書寫亦作㷛、椒。《唐韻》、《玉篇》並無蕤字，疑蕤即㷛字之訛，然㷛讀如海，蕤讀如焦，音讀相遠，字可訛而音不可混也。蕤當爲俗字，遺收。又名辣米菜，種亦不一，而尖者辣性尤大。有細長曲如豬牙者，有形橢如鈴者，有方如柹者，皆初青後紅，邑人佐食，日必須之。”民國十三年《漢南續修郡志》卷二十二《物產》：“地胡椒，辣椒也，一名海椒，有番椒、七姊妹、牛角椒、朝天椒數種，生青熟紅子白，味極辣。”民國十八年《新修南充縣志》卷十一《物產志·植物·蔬類》：“海椒，原名辣，味辛辣，如火辣人。”周芷穎《新成都》第四章第二節《語言》（頁62）：“海椒——辣子。”下江人《釋四川話（二）》：“辣椒喊成‘海椒’。”[①]《川方》（頁142）、《川方彙編》（頁119）、《川方匯釋》（頁94）、《成都話》（頁85）、《重方》（頁137）“海椒”謂“辣椒”。《成方》（頁176）“海椒”①“一年生草本植物，葉子卵狀披針形，花白色，果實大多像毛筆的筆尖，也有燈籠形、心臟形等，青色，成熟後變成紅色，一般都有辣味，供食用”，②“這種植物的果實”。崔榮昌《四川方言與巴蜀文化》云“四川話稱之爲‘海椒’，‘海’有大的意思，以別於‘小’的花椒”[②]。

亦作“醢椒”。民國十七年《大竹縣志》卷十二《物產志》：“醢椒，即辛椒，味辛，開胃散寒。”民國二十一年《萬源縣志》卷三《食貨門·物產》：“辣椒，一稱醢椒，俗呼地辣子，古名食茱萸，又名辣子，種類極多。”民國二十六年《馬邊紀實·夷族·夷人之生活》：“有客至，嚴其尊卑，分別以雞猪羊牛等爲招待品食。雞先以手握雞頸，用力捏之，以致於死，放入火中焚去羽毛，剖出腹中之肝腸，截爲二三寸大之碎塊，放入釜中稍煮之，和以醢椒及鹽少許，即取食之。”“醢”或“海”字音借。

又作“辣椒”。民國十年《新修合川縣志》卷十二《戶口·

① 《旅行雜志》1945年第7期，第18頁。

② 四川大學出版社，1 996年8月第1版，第342頁。

土物》："㷀椒，葉扁小而尖，莖小而多枝，花色白小，味辛辣爽口，消食小品也。……光緒丙子年張之洞督學四川，覆試重慶，詩古以海椒賦命題，字作海。《遵義府志》：'郡人通呼海椒，亦稱辣角，園蔬要品，每味不離。'"民國十五年《南川縣志》卷六《植物》："辣茄，俗名㷀椒，李時珍謂㷀味辛辣如火㷀（音罕，火乾也）人，故名。……一名番椒，又名秦椒，吾南種作常食，或醃或擣，每飯不離。"民國十七年《長壽縣志》卷八《物產部上·植物》："㷀椒，一名番椒，大者名柿子椒，可作蔬。小者名一嚼椒，最辣。"民國十七年《綏陽縣志》卷四《食貨志·物產》："㷀椒，俗呼爲辣子，四時用以佐食。"民國十八年《桐梓縣志》："㷀椒， 又名辣米菜，朱文公飲後輒以㷀莖供蔬品（《本草綱目》）。《草花譜》：番椒叢生白花，實似秃筆頭，味辣，色紅，子扁而圓，今郡人通呼海椒（㷀、海同音，非字誤也）。"民國十八年《合江縣志》卷四《禮俗·方言》："辣子，㷀椒。"又："菜當三分糧，㷀椒當衣裳。"則以"㷀椒"爲海椒，後例謂"㷀椒"辛辣燥熱，可當衣裳禦寒也。民國二十一年《南溪縣志》卷四《禮俗下·方言》："辣子，㷀椒也。"亦其例。

考其得名之由及種植歷史，民國十八年《資中縣續修資州志》卷八《風土·物產》："海椒，非椒也，小而朝天生者極辣，大而肥厚者次之，北人謂之秦椒。"民國十八年《滎縣志·物產》："海椒，俗曰番椒。按蘇浙廣東無嗜者，番海之名，不爲典要也。……海椒今京師通曰秦椒。《山海經》'景山多秦椒'，

《急就篇注》‘椒謂秦椒，即蜀椒也’，范子計然云：‘秦椒出天水隴西，細者善。’以京師言證之，他無通行之物呼秦椒者，而臆說以實之，非也。秦音近申，故《離騷》曰‘雜申椒與菌桂兮’，今亦無通行之物評申椒者，則申椒即秦椒，秦椒即海椒審矣。惟稟氣英烈，西南常食不離，餘地或與辛迕，不能盡天下而皆種，入目者稀，遂蒙以番海之目，而亘古相傳之緒，轉嫁名他物，識者寥寥。宋育仁曰：海椒，古之蓼也。《周頌·小毖》曰：‘予又集于蓼。’按蓼與蘢古相似，而葉稍狹，其子謂之蓼實，狀與椒符，其辛任調和，謂古之蓼即今之椒可也。《山海經》多後人增益，度禹時鄉物，尚非秦名，故周詩言蓼，今本言秦椒，《離騷》言申椒，凡厥三名，不妨一物。”按“蜀椒”指花椒，與海椒非一物。周振鶴、游汝傑《方言與中國文化》謂“辣椒”這種辛辣物，“原產南美洲熱帶地方，十六世紀傳到歐洲，十七世紀的明末傳到中國（據A. De. 德康道爾著《農藝植物考源》）。……四川人喜食辣味自古如此，不過古時候是以食薑和蜀椒（一種花椒）爲主，近代以後始由辣椒取而代之”[①]。但“薑和蜀椒”並未“由辣椒取而代之”，現均爲川菜調味品，缺一不可。

《大詞典》（5/1228）“海椒”謂“方言。辣椒”，首引郭沫若《宿楚雄》詩。又（9/542）“蔊”音hǎn，謂“菜名。味辛辣”，未收“蔊椒”。亦未及“醯椒”。

《方言大詞典》（頁5107）“海椒”謂“辣椒”，中原官話、

① 上海人民出版社，1986年10月第1版，第131−132頁。

西南官話。

篙竿　篙竿　篙桿 hɑo^{21}gɑn^{55}［xau^{21}kan^{55}］

❶篙。参《考釋》第262頁。《篇海·竹部》引《川篇》：“篙，舡竿。”《康熙字典·竹部》：“篙，《篇海》胡刀切，音豪，船竿。”清張慎儀《蜀方言》卷下（頁318）：“船竿曰篙。”或本作“篙”。《方言》卷九：“所以刺船謂之檔。”《太平御覽》卷七百七十一引作“篙”。《說文·竹部新附》：“篙，所以進船也。从竹，高聲。”《廣韻·豪韻》古勞切：“篙，進船竿也。”《正字通·竹部》：“篙，俗篙字。”徐德庵《蜀語札記》則謂“篙”《廣韻》之“音小變爲篙”①。蜀中因篙多用斑竹竿，故連稱“篙竿”，一般不單用。五代後蜀花蕊夫人《宮詞》：“平頭船子小龍床，多少神仙立御旁。旋刺篙竿令過岸，滿池春水蘸紅妝。”宋周必大《漁父四時歌》之三：“有時閒看飛鴻字，斜倚篙竿不掉頭。”《小五義》第二十一回：“不然叫別人起了去，擱在他們家裏，當他們的祖先供着，咱們就該背着篙竿趕船了。”清Adam Grainger《西蜀方言》（頁393）：“篙竿。”即“a boat pole”，“篙”音“HAO^{2}”。又（頁232）：“不是撐船手，休要動篙竿。”謂“if you connot pole the boat don't meddle with the boat pole；met.，don't attempt to do things

① 《古代漢語論文集》，巴蜀書社，1991年1月第1版，第374頁。

that you know nothing about”。光緒末《江津縣鄉土志》卷四《物產》：“製筐筥籮箱席篩諸器具，以及篙竿轎竿等物，無不需斑竹爲之。”民國二十一年《萬源縣志》卷五《教育門·方言》：“撐船之竹曰篙竿，又曰篙子。篙本陰平，今音轉爲陽平。”民國二十一年《南溪縣志》卷四《禮俗下·諺語》：“一篙竿打一船人。”唐樞《蜀籟》卷一（頁5）：“一篙竿撐得多遠。”又（頁20）：“不是撐船手，休要拿篙竿。”李劼人《死水微瀾》第二部分“这事情太小了，周大爷落得搭手”原注：“搭手就是帮助之意。来源是：上木船时，船家以篙竿搭个扶手相助，省去一个字，便是搭手。”[①]从“高”得聲之字，如蒿、鎬、滈等聲韻今作hɑo，蜀方言“篙”自然也可讀［xau^{21}］。“篙竿”即前撰引《蜀語》“簝竿”也。民國十五年《簡陽縣志》卷二十二《禮俗篇·方言》：“船竿曰簝竿。簝一作篙。”民國二十三年《樂山縣志》卷三《方輿志·方言》：“篙曰簝竿。”又，明馮夢龍《古今譚概》卷二十七《吃語詩》引東坡《西山戲題武昌王居士》詩“蒿竿繫舸菰茭隔”，謝肇淛《文海披沙》卷五《吃語詩》引亦作“蒿竿”，“蒿竿”即“篙竿”（前撰《考釋》已引蘇詩）。下江人《釋四川話（二）》：“撐船的竹篙，稱作‘豪桿’。”[②]此記音。

或作“篙桿”。清官修《高宗純皇帝實錄》卷一千四百四十三：“又奏，飭於兩岸雇募民夫，持篙桿以資保護，勤者獎

① 《李劼人選集》第一卷，四川人民出版社，1980年2月第1版，第60頁。

② 《旅行雜志》1945年第7期，第18頁。

賞，不經心者枷責。”曾國藩《曾文正公奏稿》卷五《水陸屢勝圍偪潯城摺（咸豐四年十二月初三日）》：“秦國祿、段瑩器、洪定陞等繼進，撥開火路，將已然之船用篙桿撐入中流，向空溜下。”李成謀《石鐘山志》卷十《武功·國朝紀實》咸豐四年十二月：“時彭玉麟早經準備迎擊，將已然之船用篙桿撐入中流，反迎火光而上，向岸賊開礮放箭之處併力攢擊，斃賊無數。”

❷“筷子”的諱飾語。清傅崇矩《成都通覽·成都之船業》（頁146）：“船上避忌之言語：……筷子曰篙竿。”又《成都之呼物混名》（頁273）：“篙竿，筷子也。”周芷穎《新成都》第四章第二節《語言》（頁62）：“篙竿——筷子也。”今蜀語亦謂開飯爲“開船了”，拿筷子謂“拿篙竿來”，當爲船上之禁忌語的泛用。因“飯”、“筷子”諧音“翻”、“快止”，“筯”、“箸”諧音“住”，故避忌之。如明陸容《菽園雜記》卷一：“民間俗諱，各處有之，而吴中爲甚。如舟行諱‘住’、諱‘翻’，以‘箸’爲‘快兒’。”陳士元《俚言解》卷二《快子》：“俗諱各處有之，吴楚爲甚。舟中諱住、諱翻，謂筯爲快兒。”清趙翼《簷曝雜記》卷五：“筯曰快。”

《川方》（頁146）“篙竿（篙桿、槔竿、槔桿、濠竿）”音hao²gan¹，①“篙”，②“筷子。本爲船上用的婉辭，現不限於船上用”。《川方彙編》（頁217）“篙竿”①“竹篙。例：一篙竿撐到河對門”，②“筷子之諱言。例：帶雙篙竿來操粉子（吃飯）”。《川方匯釋》（頁96）“篙竿”㊀“撐船專用的竹竿，以大而直的斑竹爲之，頭的一端逗上錐形尖鐵，以便停泊時插入河中”，㈢“船上人忌諱說‘快’，故把‘筷子’叫做‘篙竿’”。按應謂諱“快止”、“住”。《成都話》（頁87）“籙竿〔豪竿〕”①“篙，撐木船用的竹竿”，②“筷子”。鐵皮船也是船，故①釋爲“撐船用的竹竿”就好。《重方》（頁140）“篙竿”謂“篙”。又，《成方》（頁221）“槔竿”①“撐船用的粗竹竿”，②“⇨〖筷子〗”。

《大詞典》（8/1234）“篙竿”謂“撐船的竹竿”，引宋蘇軾《西山戲題武昌王居士》詩。“籙竿”、“篙桿”兩詞形則未收。

《方言大詞典》（頁7260）“篙竿”，西南官話，①“篙，撐船的竹竿或木桿”，②“筷子。本爲船上用的婉辭，現不限於船上用”。又（頁7484）“籙竿”，西南官話，①“篙，撐木船用的竹竿”（釋義當本《成都話》），②“筷子”。

浩 $hɑo^{213}$ [xau^{213}]

江河等小港。宋黄庭堅《山谷别集》卷十一《書送李愿歸盤谷序遺吳周才》：“僰爲之俗，謂江之瀼水爲浩。”清王士禎《登渝州塗山记》：“龍門者，江濱積石中斷如門，俗謂龍門浩，巴人謂小港爲浩。今戎州亦有金箱浩也。”“戎州”治所在今宜賓境內。據宋王象之《輿地紀勝》卷一百六十三《敘州·碑記》：“金箱浩，在宣化上流三十里，吳季成所卜築，在山之阿有山谷老人所書《盤谷序》、《虔州學記》碑刻。”清乾隆二十六年《巴縣志》卷一《疆域志·古蹟》“巴渝十二景”之三“龍門浩月”：“浩在太平門大江對岸禹廟前。水中二巨石，各大書楷行‘龍門’二字，皆宋紹興中刻。石斷處可容艇子出入，曰龍門。龍門右有大磧曰黄魚嶺，江水西南來，必掃磧澳徐折而出，水脈横涌江心，回旋圓轉，其形如月。浩即港，巴人謂小港爲浩也。”即今重慶南岸地名“龍門浩”。李元《蜀水經》卷五：“塗山足之右有龍門浩，巴人謂小港爲浩也。”張澍《蜀典》卷七《方言類·浩》：“桉黄庭堅曰：‘犍爲之俗，謂江之瀼水爲浩。’戎州有金箱浩，王士正曰巴人謂小港爲浩，巴縣有龍門浩。”道光二十三年《重慶府志》卷三《食貨志·物產》：“浩，黄庭堅曰：‘犍爲之俗，謂江之瀼水爲浩。’王士禎曰：‘巴人謂小港爲浩。’巴縣有龍門浩。”光緒二十一年《敘州府志》卷二十二《風俗》：“犍爲之俗，謂江之瀼水爲浩。戎州有金箱浩。”張慎儀《蜀方言》卷上（頁269）：“小港曰浩。《蜀典》引黄庭堅云：犍爲之俗，謂江之瀼水爲浩。”傅崇矩《成都通覽·成都之川江水程》（頁448）：“（距南溪縣十三里）十里木頭浩，有官鹽店。浩即港也。”民國十年《新修合川縣志》卷三十《風俗·方言》：“謂小港曰浩。”民國十八年《新修南充縣志》卷七《掌故志·方言》：“小港曰浩。”民國二十三年《樂山縣志》卷三《方輿志·方言》：“水之歧出者，大曰汊河洱（洱即兒之陽平聲），小曰浩浩兒。”孫伏園《“蜀方言”（工餘偶筆之三）》：“重慶有地名曰‘龍門浩’，有人問此地從何得名，一知半解者答曰：‘從前重慶八景中有龍門浩月一景，後將月字略去，成爲龍門浩。’問者也就滿意，以爲得了‘龍門浩’的正解。其實‘巴人謂小港爲浩’，浩字是一個方言字，龍門浩意謂龍門小港。”①吴濟生《新都見聞録》二《山城的地形》：“南岸江邊，有黄葛渡、海棠溪、龍門浩、玄壇廟、彈子石等五個渡口。”今巴蜀許多地方仍謂江河支流小港爲“浩”、“浩浩兒”。

《大字典》（二/3/1742）“浩”（二）hǎo，⑤“小港”，《大詞典》（5/1214）“浩”④“小港”，均引清王士禛《登渝州塗山記》及張慎儀《蜀方言》。

《方言大詞典》（頁5103）“浩”①“小港”，②“指通向大江的山間溪流”，均爲西南官話。

蠚 蛪 螫 瞿 ho^{55}/ho^{21} [xo^{55}/xo^{21}]

有毒腺的動物刺、毒別的生物或有毒刺的植物螫人。參《考釋》第269頁。《廣雅·釋詁二》：“蠚、蛪，痛也。”王念孫疏證：“蠚、蛪，一字也。”《玉篇·虫部》：“蛪，丑略切，又呼各切，螫也，痛也。亦作蠚。”《廣韻·鐸韻》：“蠚，螫也。亦作蛪。”《集韻·鐸韻》：“蚩，《説文》：‘螫也。’或作蠚，亦作蛪、螫。”（此從《四部備要》本）明楊慎《轉注古音略》卷五《十藥》：“蠚，音壑，螫也。”《康熙字典·虫部》：“蠚，《集韻》、《韻會》、《正韻》並黑各切，音郝。

① 《四川教育通訊》1948年第35期，第13頁。

《類篇》蟲毒，《廣韻》螫也，《博雅》痛也。”“郝”今蜀語讀［xo⁵⁵］或［xo²¹］。《山海經·西山經》：“（昆侖之丘）有鳥焉，其狀如蜂，大如鴛鴦，名曰欽原，蠚鳥獸則死，蠚木則枯。”《漢書·田儋傳》：“蝮蠚手則斬手，蠚足則斬足。”顏師古注引應劭曰：“蠚，螫也。螫人手足，則割去其肉，不然則死。”清道光二十一年《遵義府志》卷二十《風俗》、光緒二十一年《敘州府志》卷二十一《風俗》、民國十年《新修合川縣志》卷三十《風俗·方言》、民國二十三年《華陽縣志》卷五《禮俗·方言》、民國三十七年《貴州通志·風土志·方言》：“蟲螫人曰蠚。音壑。”此本《蜀語》。Adam Grainger《西蜀方言》（頁465）：“毛蟲蠚人。”謂“hairy caterpillars sting people”。張慎儀《蜀方言》卷下（頁347）：“蟲螫人曰蠚。”民國《息烽縣志》卷二十九《風土志·方言》：“謂被螫曰蠚。”民國十五年《南川縣志》卷六《土音土語》：“蟲螫人膚曰蠚。音霍。極蠚人之蟲曰蠚辣子。”民國十五年《簡陽縣志》卷二十二《禮俗篇·方言》：“蠚人蟲曰毛蟲。”又：“爲物所螫曰蠚。”民國十七年《長壽縣志》卷四《人事部·方言》：“蟲螫人曰蠚。音合。”民國二十一年《萬源縣志》卷五《教育門·方言》：“蠚人蟲曰毛蟲。”民國二十一年《南溪縣志》卷四《禮俗下·方言》：“蠚，音活，蟲螫人也。”民國二十三年《樂山縣志》卷三《方輿志·方言》：“蟲螫人曰蠚。音忽。”民國二十四年《蓬溪縣近志》卷七《風土篇·方言》：“蟲螫人曰蠚。音霍。”民國三十三年《長壽縣志》卷四《風土·方言》：“虫螫人皮膚曰蠚。音活。”艾蕪《花園中》：“我看，這全是天有眼睛，纔這樣叫蠚麻蠚他!”蜀語“壑”、“霍”、“合”、“活”均讀[xo^{21}]。《川方》(頁152)“蠚”音ho^2、《川方彙編》(頁161)“蠚”音huo,謂“螫”。《成都話》(頁89)“蠚”音[xo^{21}],謂“螫”。《成方》(頁136)“蠚”音xo陽平,謂“蜇”。《重方》(頁144)“蠚”音ho^2,①“螫”,②“(毛、刺等)刺激皮膚”。黄仁壽等《蜀語校注》(頁54):“‘叡’與‘壑’同。‘蠚’,川語直讀‘壑’。”按《廣韻·鐸韻》:“蠚,螫也。亦作蠚。”與“壑”、“叡”、“郝”同一小韻,音呵各切,今蜀方言並音[xo^{21}][1],義並存。又,《川方》(頁152)“蠚毛蠚掃”謂“形容像蕁麻刺在身上那樣的感覺”。又,上引《南川縣志》“極蠚人之蟲曰蠚辣子”,今仍謂蠚人之蟲曰“蠚辣子”。《成方》(頁136)“蠚辣子”謂“一種有毒的軀體顏色像樹枝的小蟲,掉在身上使人發癢、發痛,嚴重的會使人的身體上出現包塊狀的紅腫”[2]。《重方》(頁144)“蠚蛆子”音$ho^2la^1zi^3$,謂“一種帶毒刺的毛蟲,體呈黄緑色,一旦螫人,人的皮膚會火辣疼痛,立即發炎紅腫。此蟲亦叫‘八角虰’”(參下“楊瘌子　楊蝲子　楊辣子　楊粹子　蛘刺子　蛘辣子　楊蛓子”條)。

或作“螫”。《説文·虫部》:“螫,蟲行毒也。从虫,赦

① 紀國泰《〈蜀方言〉疏證補》(頁372):“‘蠚’不音郝,應讀合口,讀若‘活’。”按此說有誤。上引《康熙字典》亦謂“蠚”音“郝”,今川北“郝”正讀同“活”,且有陰平、陽平兩讀,擬音[xo]。《川方彙編》(頁161)“蠚”音huo,則恰好爲合口。蜀語擬音,介音的有無,有時並不嚴格區分。無介音,則爲開口。

② 《大詞典》(5/1165)“活辣子”謂“一種軀體像樹葉顏色的有毒蟲子”,引周立波《山鄉巨變》。“活”記音,本字當作“蠚”。

聲。” 段玉裁“螫”字下注：“蠚、螫蓋本一字，若聲、赦聲同部也。或讀呼各切，山東行此音；或讀式亦切，關西行此音。見釋玄應書。今人乃以此篆（螫）切呼各，下篆（螫）切式亦，分而二之。”《玉篇·虫部》：“螫，式亦切。蟲行毒。”《史記·田儋列傳》：“蝮螫手則斬手，螫足則斬足。”司馬貞索隱：“螫音臛，又音釋。”按“臛”《廣韻·沃韻》“又音郝”，則與前引“蠚”音“郝”同。《集韻·鐸韻》“蛬”、“螫”、“蠚”、“螫”、“郝”、“臛”同一小韻，音黑各切。

亦作“矐”。《集韻·鐸韻》：“矐，失明也。《史記》‘乃矐其目’。或作睢。”《正字通·目部》：“矐，黑各切，音壑，害目失明。”《字彙·目部》：“矐，害目失明也。”《史記·刺客列傳》：“秦皇帝惜其善擊筑，重赦之，乃矐其目。”裴駰集解：“矐音海各反。”司馬貞索隱：“一音角。說者云以馬屎燻令失明。”經本植先生說：“我懷疑這個‘矐’就是今四川話仍說的‘蠚’。‘蠚’有刺義（如‘手被毛蟲蠚了’）。‘矐其目’即刺瞎高漸離的眼睛，使之衹能用手擊筑而不能看見始皇，無法傷害始皇。……‘矐’字《集解》、《索隱》皆音海各反，與四川話中的‘蠚’讀音完全一致。‘矐’作刺解，還有一個證明，這就是《史記·田儋列傳》‘蝮螫手則斬手，螫足則斬足。’《索隱》：‘螫音臛，又音釋。’矐、臛、螫、蠚，上古皆鐸部字，實爲一詞。”[1]所言甚是。清乾隆二十六年《元和縣志》卷

① 見《〈四川方言與民俗〉序》，四川人民出版社，1996年2月第1版，2002年1月第2版，第5頁。

三十六《藝文》載王應奎《箬包船紀事》："詎料豺狼心，所志竊童兒神。神咒與餅餌，給兒兒輒迷。牽引至船中，毒手恣所爲。或爲矐其目，或爲攦其肢。或屈曲其體，如籧篨戚施。形骸幾變盡，父母居然疑。""攦"謂"拗折"，"矐"當與"攦"、"屈"同爲動詞。同治《蘇州府志》卷一百四十九《雜記六》："江湖拐子多，浙人乘箬包頭船，假醫卜雜技以游城市，呪餅餌與兒童食，輒迷不省，遂引至舟中，矐目捩肢體，使之索錢街市。"上兩例明舟中斷無馬糞以熏兒目矣。又，乾隆五十三年《婁縣志》卷二十八《列女傳上》："朱世宏妻范氏，三十九保二啚人，年二十六夫死，家甚貧，恐有奪其志者，乃矐目自矢，苦節三十五年卒。"此"矐目"恐亦非用馬糞熏之使盲矣。

《大字典》（二/5/3095）"蠚"音hē，①"有毒腺的動物刺毒別的生物"，首引《廣韻》。又（3054）"蓋"謂"同'蠚'"，首引《廣雅》。又（3078）"螫"音shì，①"毒蟲或毒蛇咬刺"，首引《說文》，另錄《集韻》"黑各切"一音，未標注此音切的漢語拼音。又（5/2699）"矐"謂"使目失明"，首引《史記·刺客列傳》。

《大詞典》（8/987）"蠚"①"毒蟲咬刺，螫痛"，首引《山海經》。又（912）"蛬"謂"同'蠚'"，而"蛬"、"蓋"同字異構。又（950）"螫"僅載《廣韻》"施隻切"一音，①"毒蟲或蛇咬刺"，首引《老子》。蜀語"蠚"一般指螫痛。又（7/1268）"矐"音huò，謂"使目失明"，首引《史記》。兩工具書"矐"謂"使目失明"，其實是不曉究竟如何"使目失明"而籠統塞責了之。

《方言大詞典》（頁7472）“蕻”謂“蜇（毛蟲、某些植物、衣物對皮膚刺激引起的痛癢）”，西南官話、湘語。又（6773）“藿”謂“蟲類刺、咬”，江淮官話，未及西南官話。

蕻麻　伙麻　藿麻　活麻

ho⁵⁵/ho²¹mɑ²¹［xo⁵⁵/xo²¹ma²¹］

蕁麻。参《考釋》第270頁。前撰首引宋張邦基《墨莊漫録》。明李實《蜀語》（頁76）：“蕻草曰薮麻○薮音涎，苗似苧麻，芒刺螫人，痛不可忍，又名蕻麻。有紅白二種：紅者可治齁症；白者煎湯浸稉米爲粉，油煎甚鬆，用葉萎豬易壯。”黄仁壽等校注：“‘又名蕻麻’者，以其形似苧麻且能螫人也。”清道光二十一年《遵義府志》卷十七《物產》：“蕁麻……又名蕻麻，有紅白二種，紅者可治齁癥，白者煎湯浸糯米爲粉，油煎甚鬆，用葉萎豬易壯。”即引《蜀語》。Adam Grainger《西蜀方言》（頁465）：“蕻麻。”即“stinging nettles”。民國十五年《簡陽縣志》卷二十二《禮俗篇·方言》：“薮麻曰蕻麻。蕻音郝。”“郝”蜀方言音［xo⁵⁵］或［xo²¹］。民國十八年《榮縣志·物產》：“薮麻，俗曰蕻麻。蕻音郝，芒刺螫人。”民國二十四年《雲陽縣志》卷十四《禮俗下·方言下》：“薮曰蕻麻。……《集韻》蕻音郝，螫也。”民國二十八年《巴縣志》卷十九《物產·草類》：“蕁麻，即今俗所稱蕻麻也。蕻，讀若郝。《益部方物略記》：自劍以南，在在有之。或觸其葉，如蜂蠆螫人，即成瘡疱，以溺濯之可解。葉有刺，或青或紅，紅者能治風疹。明《四川志》謂蕁麻，一名蝎子草，紅者已風是也。今四鄉往往有此惡草。”李劼人《大波》第二部第二章：“何幺爺登時就像摸着了蕴麻似的，一身神經都緊張得生疼。”原注：“蕴麻即蕁麻。‘蕴’字念成‘合’字音。並且這個‘蕴’字還可當動詞用，比如說：‘毛蟲是蕴人的。’”[①]蜀方言“合”讀圓脣元音［xo²¹］，而不讀［xe²¹］。又，清仇兆鰲《杜詩詳注》卷十四引李實曰：“蕿葉如苧麻，川人名曰蕿麻，毛刺螫人，亦曰螫麻。螫音謔，又音釋，毒螫也。”按《蜀語》作“蕴麻”，《廣雅·釋詁二》：“蕴、螫，痛也。”王念孫疏證：“蕴、螫一字也。”“蕴”或“螫”字書無“音謔，又音釋”者，音注非。艾蕪《花園中》：“蕴麻這種東西，不知道別省有沒有。在我們四川卻是一種野生的草本植物，葉片像蕿麻的葉子，莖杆矮矮的，長着分歧的枝椏。通身佈滿細密的絨毛，手一稍稍挨着，便口得非常之疼。”[②]《川方》（頁152）“蕴麻（藿麻）”音ho²ma²、《川方彙編》（頁204）“蕴麻”謂“蕁麻”。《成都話》（頁89）“蕴麻”音［xo²¹ma²¹］，音同“藿麻”、“活麻”，謂“蕁麻”。《成方》（頁136）“蕴麻”謂“蕁麻。多年生草本植物，葉子對生，卵形，開穗狀小花，莖和葉子都有細毛，皮膚接觸時能引

① 《李劼人選集》第二卷，四川人民出版社，1980年2月第1版，第535頁。
② 原載1944年2月《文學創作》3卷1期。

起刺痛”。《重方》（頁144）“蘿麻”音ho^2ma^2，謂“蕁麻。一種多年生草本植物，莖葉皆有細毛，觸及人體皮膚能引起刺痛、發炎”。喻遂生《〈蜀語〉今蹤——南江方言中所見之〈蜀語〉詞語》：“‘蘿麻’即‘蕁麻’，南江稱‘蘿麻’［$xo^{31}ma^{31}$］，因其苗蘿人故也。南江今仍有以蕁麻葉喂豬的習俗，據說體瘦毛長、長勢不好的豬，用蕁麻葉喂之易壯。”[①]

又作“伙麻”。清李宗昉《黔記》卷一：“蕣草即焬麻，其葉類麻，多毛刺，生籬落溪崖間，刈並豨薟煮，飼豬甚肥，沃湯浴體可療瘋瘃。……白香山詩：‘蕣草四時香。’俗呼伙麻草。”按未聞蕣草有香者，白詩各本“香”作“青”，是。光緒八年《黎平府志》卷三下《物產》：“蕣草即蕁麻，黔蜀有之，生於籬落溪崖間，葉類麻，多毛刺，螫人手足腫痛，至不可忍。……《墨莊漫錄》謂之蝦蟆草，《黔記》謂之伙麻草，明《四川志》名蝎子草。”

或作“藿麻”、“活麻”。清同治三年《恩施縣志》卷六《物產》：“藿麻草，根可療腫疾。”徐元禧《名山竹枝詞》：“詰曲山灣是妾家，風棚雨壁沒欄遮。狂夫莫道來容易，偏處墻陰茁蕁麻。”原注：“蕁麻，俗稱活麻。杜詩注名蕁草，《通志》名蝎子草。縣產最多。”同治九年《會理州志》卷十《風土志·物產》：“蕁麻，別名毛蕣，曰蕣麻，曰山韭，曰蝦蟇草，曰蝎子草，莖有刺，葉有毛芒，觸人如蜂蠆螫毒，俗呼活麻。”

---

① 参見《李實學術研討會文集》，語文出版社，1996年7月第1版，第117頁。

“蕁麻”，今蜀中習見，四川大學望江校園内即多野生。見右圖：

《大詞典》(8/987)“蕁麻”謂“亦作‘蕁麻’。植物名。蕁麻”，引杜甫《除草》詩仇注及李劼人《天魔舞》。其餘詞形未收。

《方言大詞典》（頁7413）“蕁麻”、（6773）“蕁麻”均謂“蕁麻”，西南官話。

吙 ho²¹ [xo²¹]

呼氣聲。《玉篇·口部》：“吙，許戈切，呼氣。”《集韻·戈韻》：“嘝，吐氣也。或作吙。”《五音集韻·麻韻》：“嘝、吙，道經䟽云：吐氣聲也。”《篇海類編·身體類·口部》：“吙，吐氣聲。”明李實《蜀語》（頁80）：“吐氣曰吙○吙，火平聲，音似靴。”疑當作“亦音似靴”，今仍存兩音。清道光二十一年《遵義府志》卷二十《風俗》、光緒八年《黎平府志》卷二下《風俗·方言》、光緒二十一年《敘州府志》卷二十一《風俗》、民國十年《新修合川縣志》卷三十《風俗·方言》、民國十八年《新修南充縣志》卷七《掌故志·風俗·方言》、民國三十七年《貴州通志·風土志·方言》：“吐氣曰吙。火平聲。”民國二十一年《南溪縣志》卷四《禮俗下·方言》：“吙，火平聲，吐氣也。”又，《康熙字典·口部》：“吙，《集韻》呼肥切，《類篇》許茄切，並音靴。”今負重歇息、勞累休息時吐長氣以舒解，即“吙（ho21）”聲，亦有音若“靴”者。

《大字典》（二/2/643）“吙”音huō，①“吐氣；吐氣聲”，首引《玉篇》。《大詞典》（3/243）“吙”①“呼氣”，引《集韻》。

《方言大詞典》（頁2640）“吙”①“吐氣”，西南官話。

和頭　桓頭　脉頭　回頭

$ho^{21}/hui^{21}tou^{21}$ [$xo^{21}/xuei^{21}t'əu^{21}$]

棺材的兩頭。參《考釋》第289頁。明田藝蘅《留青日札》卷三十八《通俗古音》：“桓音和，《漢書》：‘何所求死子，桓東少年場。’注：陳宋之音言桓聲如和，今之和表即華表也。棺之華頭，俗稱和頭，亦當作桓。”[①]清袁枚《子不語》卷十三《僵屍求食》：“待夜二更，屍復出，伺其遠去，攜燈入視，見棺後方板一塊，俗語所謂和頭者，已掀在地中，空空無所有。”周廣業《循陔纂聞》卷二：“棺兩頭名和。按《戰國策》引王季葬渦山之尾，欒水齧其墓，見棺前和。今運金之藝，皆呼和頭。和亦

① 中華書局標點本《漢書》（頁3674）作“安所求子死？桓東少年場”，顏師古注：“安猶焉也。死謂尸也。”又注引如淳：“陳宋之俗言桓聲如和，今猶謂之和表。”師古曰：“即華表也。”下《通俗編》及方志均引其大意。

作䄻、秮，音同，皆棺頭也。”董沛《正誼堂文集》卷二十二《書殷孝子》：“明日，啟其穴，有字一行記於和頭，曰‘鄞縣殷某之柩’。”顧張思《土風錄》卷四《和頭（和去聲）》：“棺前後曰和頭，見《呂氏春秋》……《廣雅》：‘棺其當謂之䄻。’䄻即和也。”趙學敏《本草綱目拾遺》卷十《人蚜》：“其取之法，用大鑽於棺和頭前鑽一大孔，以香糟塗孔外，內蟲聞糟氣皆從孔出。”光緒五年《鎮海縣志》卷三十九《方言》：“和頭，《漢書·酷吏傳》注，今人稱棺前後曰和頭。”光緒九年《松江府續志》卷九《建置志》：“一節婦在堂身故，本堂報請果育堂，給四寸厚三䄻飛金廣漆宏號材一具，和頭刻字，由堂備給青布披裙一副成殮，即爲安葬。”何剛德《春明夢錄》卷上：“孝貞太后大事出殯之日，余入東華門觀禮……見梓宮自景運門出，而上杠與尋常棺椁亦無大異，惟和頭作文點式，遠望似黃色繡罩。”章炳麟《新方言·釋器》：“今江浙猶謂棺之前端曰前和頭，音如華。淮南謂題字於棺前端曰題和，音如壺。”民國十三年《江津縣志》卷十一《風土志·方言》：“邑語謂棺之前後和爲和頭，音讀如回，回和雙聲。”李鑑堂《俗語考原》：“今亦稱棺頭曰和頭。”吳濟生《新都見聞錄》十八《習俗一班·（五）五花八門的附身物》：“有的（棺材）好像四瓣花形前和如蕊，而四周板木，皆一致圓厚，像花瓣的樣子。有的像是元寶形，上下底板接近前面和頭的，都翹然突起，好像元寶的舒邊。”

又作“桓頭”。清翟灝《通俗編》卷二十六《器用·和頭》：“《玉篇》有䄻，胡戈切；《廣韻》作䄻。皆云棺頭，蓋與和通用也。又《漢書·酷吏傳》：‘何所求死子，桓東少年場。’注云：‘陳宋之間，言桓聲如和。’今人稱棺前後曰和頭，亦轉音曰桓頭。”按《玉篇》實作“秎”，“胡戈、戶臥二切，棺頭也”，《字彙補·禾部》則作“秝，棺頭也”。“秝”當爲“秎”形近譌字，《廣韻·戈韻》作“脉”，與“秎”同字異構。張慎儀《蜀方言》卷下（頁321）：“棺前後曰脉頭。《廣雅》：柩，棺也。其當謂之脉。《廣韻》同。《玉篇》作秎。《集韻》或作杯。古借和。……轉音爲桓頭，今又轉爲回頭。”按《漢書·酷吏傳·尹賞》：“便輿出，瘞寺門桓東。”顏師古注引如淳：“陳宋之俗言桓聲如和，今猶謂之和表。”師古曰：“即華表也。”按師古《匡謬正俗》卷五《桓》引如淳《漢書音義》：“陳留之俗言桓聲如和，今猶謂之和表也。”明夏樹芳《詞林海錯》卷六《桓表》：“《字林》：古桓、華、和字音相混。《尚書》‘桓夷底績’，《水經》作‘和夷’；漢桓譚《新論》，晉《中經簿》作‘華譚’；《禮記》公室‘視桓楹’，桓，墓前表柱也。則華表作桓表，義叶矣。”章炳麟《新方言·釋宮》：“和爲假借，桓爲正字。”故“棺頭”當本作“桓頭”，音如“和頭”，又音轉爲“回頭”。

亦作“脉頭”。清范寅《越諺》卷上《頭字之諺》：“狗碰材别脉頭。”光緒《浦江縣志》卷三《輿地志·風俗附方言》：“脉，音禾，《玉篇》棺和也。《廣韻》棺頭俗謂脉頭，即此字。《集韻》或作杯，通作和。”上引《蜀方言》卷下（頁321）：“棺前後曰脉頭。”民國十三年《崇明縣志》卷四《地理志·方言》：“脉，音禾，《玉篇》：‘棺首也。’俗謂之脉頭。亦作和。”

又作“回頭”。上引《蜀方言》“今又轉爲回頭”，民國十三年《江津縣志》“和頭，音讀如回”，即讀同“回頭”。民國十五年《簡陽縣志》卷二十二《禮俗篇·方言》：“棺前後之脉曰回頭。脉亦作和。”民國十八年《合江縣志》卷四《禮俗·方言》：“回頭，棺之前後爲和，音讀如回，回和雙聲。”今綿陽、三臺、梓潼等地亦謂棺頭爲“回頭”。

《大詞典》(3/277)“和頭”謂“棺材首尾兩端部分。亦專指前端部分”，引《通俗編》，“和”則音hé。未收“桓頭”、“脉頭”。“回頭”無此義。

《方言大詞典》(頁3411)“和頭”未及“棺頭”義，僅“和”①“指棺材的前端，亦指棺材”，中原官話、江淮官話，未及西南官話，但蜀語稱棺材的兩頭均爲“和頭”，不限指前端，也不單用“和”。又(頁1969)“回頭”未及此義。又(頁4268)“脉頭”①“棺材前後兩頭”，西南官話、吳語；②“棺材前面的一端”，吳語。

霍閃　矐睒　矆睒　矅睒　火睒　火閃　活閃　合閃 ho^{21}/ho^{53}san^{53} [xo^{21}/xo^{53}san^{53}]

閃電。參《考釋》第277頁。前撰“霍閃”首引唐顧雲《天威行》詩。明天啓《滇志》、清嘉慶《松江府志》卷五《疆域志·風俗》、光緒五年《川沙廳志》卷一《疆域·風俗附方言》：“電謂之霍閃。”同治十一年《上海縣志》卷一《疆域·風俗附方言》：

"前志曰邑人恆談，如電謂之霍閃。見顧雲詩。" Adam Grainger《西蜀方言》（頁205）："扯霍閃。"即"to lighten"。又（頁254）："霍閃一晃就過了。"意謂"the lightning goes past with a flash"。李鑑堂《俗語考原》："俗謂電曰霍閃。"民國《息烽縣志》卷二十九《風土志·方言》："謂急電曰霍閃。"民國十八年《威縣志》卷十三《風俗志三·方言》："霍閃，唐顧雲詩：'金蛇飛狀霍閃過，白日倒掛金繩長。'按《文選·海賦》'矆睒無度'注引《説文》'矆，大視也'，'睒，暫視也'，俗狀電光之疾本無定字，用霍閃似不若矆睒。"民國三十三年《重修彭山縣志》卷二《民俗篇·方言》："霍閃，電也。"姜亮夫《昭通方言疏證》（816條）："昭人以電爲霍閃，言如火之閃灼也。"《川方匯釋》（頁42）"打霍閃"謂"閃電"，"亦説'扯霍閃'"；又（頁108）"霍閃"謂"電閃"。《重方》（頁144）"霍閃"音ho^2san^3，謂"閃電"。

亦作"矆睒"、"矆睒"。前撰首引《文選·木華〈海賦〉》。元黃玠《弁山小隱吟錄》卷一《佑聖宮白玉蟾壁上留題》詩："仙人白玉蟾，題詩留素壁。筆勢來翩翩，矆睒不可測。將飛蛟龍影，或是風雨跡。"清顧張思《土風錄》卷十五《電曰矆睒》："《太元經》：'明復睒天中獨爛。'王劭注云：'忽雷矆睒，今謂電也。'"鄭明選《鄭侯升集》卷三十七《矆睒》："《靈光殿賦》：'䨴昱絕電，百色妖露。呵噏掩藹，矆睒無度。'矆睒，電光眩惑之貌。矆亦作矐。今吳人直呼電爲矆睒。"清胡文英《吳下方言考》卷八《矆睒》："木華《海賦》：'矆睒無度。'案矆睒，電光閃爍也。吳中稱電爲矆睒。"翟灝《通俗编》卷一《天文》：

“俗狀電光之疾本無定字，用霍閃似不若矆睒古雅。”范寅《越諺》卷上《謠該之諺》：“眼睛如矆睒，筷頭像雨點。”此狀就餐時的饕餮景象。民國十九年《嘉定縣續志》卷五《風土志·方言》：“矆睒，俗謂電光也。……案前志作霍閃。”民國二十年《湯谿縣志》卷三《民族·風俗附方言》：“電曰矆睒。”又，明張存紳《雅俗稽言》卷三《始電》：“電一名列缺，又曰矆睒，音或閃。”民國二十四年《蕭山縣志稿》卷二十九《瑣聞·方言謠諺》：“蕭俗呼電曰霍閃。……按霍閃亦可作矆睒。”按《篇海類編·天文類·日部》：“晱，失冉切，音閃。晱，電也。”《廣韻·琰韻》失冉切：“睒，暫見。”《正字通·日部》：“晱，失冉切，音閃，晶熒貌。《太玄經》‘明復晱’，韓愈詩‘大白晱晱’。又曤晱，今謂電光。○《正韻·琰韻》存‘睒’闕‘晱’，‘睒’註‘晶熒貌。《廣韻》暫見’，引韓詩作‘睒睒’，溷‘睒’、‘晱’爲一。不知‘晶熒’宜入‘晱’註，‘視貌、暫見’宜入‘睒’註。‘睒’與‘覢’通，非‘晱’與‘睒’通也。”《字彙補·目部》：“睒，今謂電也。”故“晱”、“睒”音義並同，“曤晱”、“矆晱”即“矆睒”，實際上，“目”旁與“日”旁載籍多混用不別矣。清光緒五年《丹徒縣志》卷四十七《藝文二》載湯寅《北固山賦》：“狀庨豁以峌峴，驚矆晱而徘徊。”

又作“矐睒”。唐顧況《險竿歌》：“忽雷掣斷流星尾，矐睒劃破蚩尤旗。”明劉鴻訓《四素山房集》卷八《七廣》：“亦有驚雷掣流星之尾，儵忽易貌；矐睒破蚩尤之旆，眴息分身。”清李調元《觀繩妓歌》：“別有循環姊妹行，掣電流星矐睒光。”

或作“火睒”。民國十五年《南川縣志》卷六《土音土語》：“電曰火睒，又曰火連圈。”[1]民國十八年《新修南充縣志》卷七《掌故志·風俗·方言》：“電曰火睒。音閃。”民國三十三年《長壽縣志》卷四《風土·方言》：“電曰火睒。讀若霍閃。”

蜀方言謂閃電爲“火閃”[2]，亦有所據。《史記·司马相如列传》“貫列缺之倒景兮，涉豐隆之滂沛”裴駰集解引《漢書音義》：“列缺，天閃也。”“天閃”即閃電。清釋大汕《海外紀事》卷三：“驚人處如海立天崩，傾湫倒嶽，霹靂火閃，電光交加。”光緒十二年《虞鄉縣志》卷一《地輿志·方言》、民國九年《虞鄉縣新志》卷四《方言略》：“有與古可通者……電曰火閃。”傅崇矩《成都通覽·成都之呼物土名》（頁272）：“火閃，閃電。”民國九年《解縣志》卷四《方言略》：“閃電爲火閃，象其形也。”民國十八年《資中縣續修資州志》卷八《風土·方言》：“電爲火閃。”民國二十三年《樂山縣志》卷三《方輿志·方言》：“呼電爲火閃。”唐樞《蜀籟》卷二（頁127）：“扯一火閃。”又卷四（頁301）：“雷公火閃。”周芷穎《新成都》第四章第二節《語言》（頁62）：“火閃——電。”《川方彙編》（頁228）“扯火閃”謂“電閃”。《成都話》（頁90）“火閃”謂“閃電”。《成方》（頁137）“（火）閃”謂“閃電”。

亦記作“活閃”、“合閃”、“忽閃”。《水滸傳》第六

① “睒”下有雙行小注“虹音轉爲杠之去聲”，疑有誤。

② 參《川方》第153頁。

十五回："小人姓王，排行第六，因爲走跳的快，人都喚小人做活閃婆王定六。"清舒位《乾嘉詩壇點將錄·步軍協理頭領二十六員》："活閃婆林遠峰，鎬龍巖人，布衣，有《雙樹生詩草》。"此以水滸人物綽號爲乾嘉詩人排班矣。民國十八年《合江縣志》卷四《禮俗·方言》："活閃，謂電也，撒電謂之扯活閃。"民國二十一年《南溪縣志》卷四《禮俗下·方言》同。民國三十一年《西昌縣志》卷五《禮俗志·方言》："電曰合閃。"蜀方言"霍"、"活"、"合"同音［xo^{21}］。又，民國十一年《邛崍縣志》卷四《風俗志·鄉音》："邛俗稱電曰忽閃，蓋謂電光閃爍起滅忽然。此語易解，但不知變本由來。董師伯《畫禪室隨筆》有如阿閃一見之語，然則忽閃即阿閃之轉音。"民國十八年《衢縣志》卷八《風俗志·方言》："電曰忽閃。"

《大詞典》(11/704)"霍閃"①"閃電"，首引唐顧雲《天威行》詩。又(7/1260)"矆睒"謂"光閃爍貌。多指電光"，首引《海賦》及劉良注。又(1268)"矐睒"謂"閃電"，引唐顧況《險竿歌》。"火睒"、"火閃"、"活閃"、"合閃"則未收。

《方言大詞典》(頁7219)"霍閃"謂"閃電"，北京官話、冀魯官話、中原官話、晉語、江淮官話、西南官話、吳語、贛語。又(頁907)"火閃"謂"閃電"，中原官話、西南官話、客話。又(頁914)"火睒"謂閃電，西南官話。又(頁7394)"矆閃"①"閃電"，西南官話、吳語。以上並同詞異形。

火磚 $ho^{53}zu\alpha n^{55}$ [$xo^{53}tsuan^{55}$]

以黏土成坯高溫燒製的磚。宋洪邁《夷堅支景》卷五《聖七娘》："見巫蓋盛年女子，已跣足立於通紅火磚之上。"《朱子語類》卷八十九《禮六》："掘地深二尺，闊三四尺，內以火磚鋪砌，用石灰重重遍塗之，棺木及外用土磚夾砌。"明弘治《永州府志》卷二："皷角樓，在州治儀門外，原以土磚砌至半壁，知州黃璩易以火磚，脩築敕飭。"嘉靖《廣東通志初稿》卷四《形勝・城池》："三水縣城，嘉靖五年始築城，火磚包砌。"萬曆《重修崑山縣志》卷一《城池》："議興築修葺舊基，甃以磚石。下半用砂石，上半用火磚。"清康熙《陽春縣志》卷三："萬曆十四年知縣張文誥重修，原城墻砌土磚，皆易以火磚，而堅牢有倍於昔矣。"嘉慶十七年《漢州志》卷八《城池志》："上砌火磚叁拾叁層，高玖尺。"高靜亭《正音撮要》卷二《屋料》："火磚。"《清史稿・兵志十一》："又添廠屋、大小鐵梁、鐵地板、水泥、火磚各種建築工程，三廠合計共用銀十五萬八千兩。"民國九年《六合縣續志稿》卷三《地理志下・物產》："磚，有火磚、花磚，又有�磚，作水磃用。"民國十八年《桐梓縣志》卷二十四《實業志・工業》："瓦廠，以富膠□性泥質製土磚、火磚。"《川方》（頁153）"火磚"謂"專指用窯燒製過的磚（與*泥磚相對）"。《成方》（頁137）"（火）磚"謂"把黏土等做成的坯放在窰裏燒製而成的建筑材料，多爲長方形或方形”，“老年人和大部分農村人多說‘火磚’”。《成都話》（頁90）“火磚”謂“紅色的磚”。其實用黏土成坯高溫燒製的磚，不管是紅磚或青磚[1]，均叫“火磚”，並非一定指“紅色的磚”，正如《川方》謂“與泥磚相對”。《成都商報》2012年5月26日《大周末》01版鄒藝《俗話說得好，忍無可忍，重新再忍》：“一沒身材二不懂審美，每天穿得奇形怪狀的上街沒挨火磚，不是他們運氣好，一要感謝我們的和諧社會，二要感謝衛生城市火磚少。”

又，明朱國楨《湧幢小品》卷十二：“國朝火車、火傘、大二三將軍等銃，四眼、雙頭、九龍、三出、鐵棒、石榴等器，最利者爲佛郎機、鳥嘴，近又增火桶、火磚，而用無可加矣。”朱孟震《西南夷風土記》：“火籠、火磚、火球、火箭、噴筒、霧炮、九龍六龍桶，皆破象之長技，然施放必得其法。”戚繼光《紀效新書》卷十八《治水兵篇》：“大佛狼機四座，碗口銃三個，鳥嘴銃六把，噴筒五十個，煙罐八十個，火炮十個，火磚五十塊，火箭二百枝。”清劉獻廷《廣陽雜記》卷二：“知府秦懋觀登城數其罪，賊歸罪中朝，謂係滇將商士傑所爲，飛火磚上城，幾焚秦侯衣。”韓菼《滿清入關暴政》卷一：“出陳瑞之子於獄，令製火磚、木銃。火磚廣三四寸許，着人即燒。木銃類銀鞘，長三尺五寸、廣二三寸，木爲之，中藏藥，敵至

① 高溫燒製後自然冷卻爲紅磚，以水滲浸冷卻爲青磚。紅瓦、青瓦燒製冷卻方式相同。

投下，機發木裂，鐵菱角飛出，觸人即死。”以上各例，“火磚”爲武器之一種。

《大詞典》未收，特予表出。《方言大詞典》（頁910）“火磚”①“磚頭”，西南官話（廣西柳州、四川成都）、湘語、客話、粵語；②“紅色的磚”，西南官話（四川成都）。以上兩義均欠恰切。蜀方言“火磚”是與土磚及用水泥沙石等製成的磚相對而言的，用黏土成坯高溫燒製的青磚也叫“火磚”，並不限指“紅色的磚”。高溫燒製的整塊磚或“磚頭”均稱“火磚”，②義顯然據《成都話方言詞典》（參上引）爲說矣。

火居道士 ho^{53}ju^{55}dao^{213}si^{213} [xo^{53}tɕy^{55}tau^{213}sɿ^{213}]

有妻室的道士。《正字通·衣部》“褐”字注：“黄冠有室家者名寄褐，宋太祖開寶中詔禁之，今俗稱火居道士。”又《辵部》“道”字注：“今黄冠有妻孥者名寄褐，《燕翼貽謀》曰宋禁宫觀寄褐，今稱火居道士是也。”明嘉靖四十年《宣府鎮志》卷二十《風俗考》：“洪武中，僧道不務祖風，及俗人行瑜珈法，稱火居道士者，俱有嚴禁，即揭榜申明，違者殺不赦。”田藝蘅《留青日札》卷三《火居火宅》：“今道士之有室家者，名爲火居道士。”余繼登《皇明典故紀聞》卷七：“成祖謂禮部臣曰：‘近有一種無知愚民妄稱道人，一概蠱惑，男女雜處無別，敗壞風俗。洪武中行瑜珈法，稱火居道士者，俱有嚴禁。即揭榜申明，違者殺不赦。’”沈德符《萬曆野獲編》卷一《列朝·天順年號》：“景泰七年秋，妖賊李珍者，浙之錢塘人也，爲火居道士，聞苗賊作亂，往投之。”又卷二十七《僧道異法》：“《弇州紀》：洪武中有詔，凡火居道士，許人挾詐銀三十兩、鈔五十錠；如無，打死勿論。謂親見于刑部所藏《事例》，以爲異。……今陝西西寧諸衛土僧，俱倣西番有室，且納于寺中，而火居道士則遍天下矣。”《初刻拍案惊奇》卷十七：“況且又有一種火居道士，原是有妻小的，一發與俗人無異了。”清吕種玉《言鯖》卷上《火宅僧》：“人知有火居道士。”趙翼《陔餘叢考》卷四十二《妻肉僧》：“《古今原始》：宋太祖時，始禁道士不得畜妻孥。是古來道士亦皆有妻室矣。今世俗亦尚有一種火居道士，有妻子，與民人無異。”袁枚《子不語》卷十七《虎銜文昌頭》：“其徒思獨佔此女，囑師買酒，飲半醉，持斧斫殺之，即以女棺盛其師屍置廟後，而負女逃居别村文昌祠，蓄髮爲火居道士。”乾隆二十一年《湘潭縣志》卷十三《風俗》：“道有全眞道人，又有火居道士，室家如俗人，即衣冠亦不異也。”翟灝《通俗編》卷二十《釋道》：“唐錦《夢餘録》：‘吴中呼道士之有室家者爲火居。宋太祖時，始禁道士不得蓄妻孥，前此皆有家室。’按唐鄭熊《番禺雜志》云：‘廣中僧有室家者，謂之火宅僧。’火居之稱猶此。”龔煒《巢林筆談》卷三《火居》：“火居道士之稱，今人不解火字義，謂必土字之誤。嘗見鄭氏《雜説》載，廣東僧人有室家者，謂之火宅僧，火字本此。方言亦皆有出，未可臆斷。”[①]光緒二十六年《墊江縣志》卷一《輿地志·風俗》：“道士有室家者曰火居。宋太祖禁道士不得蓄妻妾，是前此有家室。”張慎儀《蜀方言》卷上（頁271）：“有家道士曰火居道。”《成方》（頁136）“火居道”謂“可以娶妻子的道士”。亦作“伙居道士”。清傅崇矩《成都通覽·成都之執業人及種類》（頁194）：“無室家者曰淨居道士，有室家者曰伙居道士。”

《大詞典》（97/9）“火居道士”謂“有妻室的道士”，首引《留青日札》。

《方言大詞典》（頁918）“火居道”，西南官話，①“道教之一種，其成員可娶妻成家”，②“娶妻成家的道士”。

晎晎　膭膭 hong^{55}hong^{55}［xoŋ^{55}xoŋ^{55}］

太陽、月亮模糊不明的樣子。參《考釋》第279頁。《集韻·董韻》：“晎，晎晎，日欲明。”謂本不明而欲明矣。《康熙字典·日部》：“晎，《集韻》虎孔切，音嗊。晎晎，日欲明也。”今蜀方言亦指太陽不明亮，如說“太陽晎晎”，即指天空太陽光似有若無的樣子，音同“烘”，讀［xoŋ^{55}］。

亦作“膭膭”。《集韻·董韻》虎孔切：“膭，膭膭，月不

---

① 中華書局《清代史料筆記叢刊》本，1981年8月第1版，第58頁斷作“火居，道士之稱”，恐非是。

明。”與“哄”同一小韻。《字彙·月部》：“烘，烘烘，月欲明。”《正字通·月部》：“烘，俗字，舊註乎孔切，烘上聲，烘烘，月欲明，誤。”“誤”字費解，謂字誤抑或釋義誤？按實不誤。《康熙字典·月部》：“烘，《集韻》虎孔切，音嗊。烘烘，月不明也。”明李實《蜀語》（頁96）：“月半明曰烘烘亮〇烘音嗊。”清王永命《有懷堂筆》卷七《卯冬看月和韻八首》之二：“仲冬烘烘上林梢，照盡騷癡歘後嘲。”道光十七年《永寧州志》卷十《風土志·方言》、道光二十一年《遵義府志》卷二十《風俗》、光緒二十一年《敘州府志》卷二十一《風俗》、民國十年《新修合川縣志》卷三十《風俗·方言》、民國二十三年《華陽縣志》卷五《禮俗·方言》：“月半明曰烘烘亮。”咸豐元年《安順府志》卷十五《風俗·方言》：“月半明曰烘烘亮。烘音嗊。”咸豐四年《興義府志》卷四十二《風土志·方言》：“其有似俗而實典雅者，如謂月半明曰烘烘明。”又：“月半明曰烘烘明。烘音嗊。”民國三十七年《貴州通志·風土志·方言》：“月半明曰烘烘明。烘音嗊。”或音轉作“暈暈”、“昏昏”。民國二十三年《樂山縣志》卷三《方輿志·方言》：“月半明曰暈暈亮。”“暈”當讀同“昏”。民國三十七年稿本《興義縣志》第十一章《社會》第一節《語言·漢語方言》：“月半明曰昏昏月亮。”《川方》（頁154）“烘烘（烘烘）”謂“影子，模糊的形象：月亮~｜太陽~｜天上連丁點兒太陽~都沒得”。《川方匯釋》（頁99）“烘烘”謂“月光微弱不明”，“烘烘亮”謂“微弱的月光”；又（頁250）“月亮烘烘兒”謂“微明的月光”。《重方》（頁146）“烘烘兒”音$hong^1hongr^1$，謂

“指月亮、太陽的微光”，“‘㫬㫬’由指月光不明，引申指微弱的陽光”，又（頁398）“月亮㫬㫬兒”謂“很微弱的月光”。按指微弱的日光自有專字，即前引《集韻》“晎晎，日欲明”也。

又，民國《普安縣志》卷十《風土志·方言》：“黎明曰㫬㫬亮。”此謂天色尚不明亮矣。民國十八年《新修南充縣志》卷七《掌故志·風俗·方言》：“天將曉曰㫬㫬（荒去聲）亮。”此爲蜀中個別地方［$xo\eta^{55}$］讀同［$xua\eta^{55}$］的記音。民國三十二年《沿河縣志》卷十三《風土志·方言》：“半明曰㫬㫬亮。”此可指天色，也可指太陽、月亮不明的樣子。或記音作“烘烘”。《川方彙編》（頁133）“太陽烘烘”謂“薄雲遮掩的太陽。例：天上有點太陽烘烘”。《成都話》（頁91）“烘烘”謂“微微有一點：太陽~熱｜月亮~亮”。《成方》（頁376）“烘烘”謂“太陽或月亮被雲遮住，光很模糊，或從雲層旁透出光亮○也作‘㫬㫬’”。《成都晚報》2011年5月21日09版《今天降9℃　透心涼》：“昨天成都以陰天爲主，‘哄哄’太陽出來露了個臉，將氣溫推高到30℃，人們感覺悶熱無比。”“哄哄”亦記音，本字當作“晎”。

以上謂日月“不明”、“欲明”、“半明”，所指程度近似：與明相比故“不明”，由“不明”而明是謂“欲明”，“不明”、“欲明”之貌近乎“半明”。要之，指太陽不明本字作“晎”，謂月亮不明本字作“㫬”，天色、光線不明則兩字均可，正如俗亦音轉如“昏”。同理，目不明則作“眲”，《集韻·董韻》虎孔切：“眲，矇眲，目不明。”“晎”、“㫬”、“眲”《集韻》同一小韻，今同音hǒng，蜀語則音［$xo\eta^{55}$］。

《大字典》(二/3/1614)“哄”謂“〔哄哄〕日欲明”，又(5/2659)“䁑”謂“〔矇䁑〕目不明”，均引《集韻》。又(4/2215)“烘”謂“〔烘烘〕月不明”，首引《集韻》。

《大詞典》(6/1243)“烘烘”謂“月不明貌”，首引《集韻》。未收“哄”，但電子本“哄”音hǒng，謂“見‘哄哄’”，而“哄哄”謂“日欲明”，無書證。

《方言大詞典》(頁4986)“烘烘”謂“影子，模糊的形象”，西南官話(四川成都)，“月亮~｜太陽~｜天上連丁點兒太陽~都沒得”。又“烘烘亮”謂“月色半明，朦朧”，西南官話。

烘籠 hong^{55}long^{21}［xoŋ^{55}loŋ^{21}］

烘籃。用竹篾編成中間置以小陶缽燒炭取暖。參《考釋》第278頁。前撰首引《水滸傳》，據《大詞典》(7/60)“烘籠”①“罩在火爐或火盆上的籠子。用以烘乾衣物。多用竹或柳條編成”，即引《水滸》，則前撰引例與釋義不合，茲予改正。宋曾幾《茶山集》卷二《鄭侍郎招賞瑞香》：“浮花雖不多，要是乏美質。前庭錦烘籠，君向何許得。”洪邁《夷堅支景》卷九《范成績》：“於是諸怪互作，正對客坐卓椅昂然自舉，烘籠奮而行，蹴之不仆，舞躍自若。”清高靜亭《正音撮要》卷三《竹器》：“烘籠，用火烘衣物笠。”“烘籠”大者以烘乾衣物，小者用以暖手等。蔣坦《秋燈瑣憶》："這一天，屋裏漏雨，一直漏到床前，窗戶也打濕了，童僕們因爲幾層門都上了鎖，未能進去察看，等到我們回來，已是滿屋滿櫃的水跡，屋裏差不多成水鄉了。叫小丫頭用烘籠烘乾，我們五更才睡下。"民國十八年《新修南充縣志》卷七《掌故志·風俗·方言》："熯物器曰烘籠。"民國二十一年《萬源縣志》卷五《教育門·方言》："熏篝曰烘籠。"民國二十四年《雲陽縣志》卷十四《禮俗下·方言下》："熏籠曰烘籠。"以上各例"烘籠"或專烘衣物，或以熏香。清嘉慶二十四年《安仁縣志》卷四《風土·方言》、同治八年《安仁縣志》卷四《風土·方言》："火盆曰團爐，可提者方曰火斗，圓曰火桶，竹曰火籠、曰烘籠。"謂以竹編者叫火籠、烘籠。煖手所用"火籠"，前撰引《金瓶梅詞話》，至遲則明代已用之。"火"、"烘"僅陰陽聲之別。又，清道光七年《桐城續修縣志》卷二十二《物產志》："烘籠，竹篾爲之，狀似古提梁卣，圓而不扁……中安瓦缽，上以銅鐵鏤空爲蓋，或以鐵絲編紐作蓋，缽中盛火，置炭火以煖人。"傅崇矩《成都通覽·成都之口前話》（頁261）："烘籠烘籠，愈烘愈屣。"又《成都之迷信》（頁248）："俗以十月初一日爲送寒衣之日，民家上墳必預備紙造之皮衣及烘籠、煙具等物，用火焚化，俾死者應用。"又《成都之小兒女歌謠》（頁257）："十月間，烤烘籠子。"又《成都之執業人及種類》（頁198）："換烘籠、換竹几、換貫香糖、換紅苕、換碗。"又《成都之袍哥話》（頁276）："提烘籠，言有軍師也。"此與"搖鵝毛扇"意思相同，雖用比喻義，惟"烘籠"、"鵝毛扇"則爲實有之物也。艾蕪《豐饒的原野》第一部《春天》："說着，就把髒手朝牛背上擦了幾擦，提着烘籠走了進去。”原注：“烘籠：硬竹篾編的，中盛瓦鉢，可以裝火屑，農民冬季，即以之禦寒。”又，周芷穎《新成都》第十一章第十一節《七十二行》（頁256）：“吹糖人，水果，換風籠，換胡豆，打鍋魁，補涼席……箍桶匠，磨刀。”“風籠”當作“烘籠”，此“f”、“h”相混。《川方》（頁154）“烘籠兒”謂“烘籃。竹篾編成，籃裏放陶鉢燒炭，用來取暖”，“也說烘籠子”。《成都話》（頁91）“烘籠兒”謂“烘籃，供取暖的用具”。《成方》（頁376）“烘籠（兒）”謂“舊時取暖用具。竹編高低圓籃，裏面放陶鉢，鉢中盛炭火，提在身邊取暖”。《重方》（頁147）“烘籠兒”①“舊時提在手中烤火取暖的小火爐，形似罐，有提把兒，蓋子上許多孔，一般爲銅製品”。此爲暖手爐類製品，與竹篾編籃裏置陶鉢燒炭取暖的“烘籠”形制不同。曾德祥《〈暴風雨前〉中的四川方言詞初釋》“烘籠”音［xoŋ⁵⁵ lɚ⁵⁵］，謂“竹篾編成的取暖器具，圓形竹籃中放一陶製鉢，用來盛木炭火取暖”①。

《大詞典》（7/60）“烘籠”②“即烘籃”，首引李劼人《死水微瀾》，又謂“參見‘烘籃’”；而（59）“烘籃”謂“中間放小火盆的竹籃。用以取暖或烘乾衣物”。

《方言大詞典》（頁5054）“烘籠”①“手爐”，西南官話、客話（四川西昌）；②“烘籃”，西南官話。又“烘籠子”①“中間放小火盆用來取暖的竹籃”，西南官話、湘語。

---

① 《成都師專學報》1995年第1期。

洪 $hong^{21}$ [$xo\eta^{21}$]

水口。唐李吉甫《元和郡縣志》卷三十四《射洪縣》：“本漢郪縣地，後周分置射洪縣。縣有梓潼水，與涪江合流，急如箭，奔射涪江口。蜀人謂水口曰洪，因名射洪。”宋樂史《太平寰宇記》卷八十二《射洪縣》：“本漢廣漢郡郪縣地，後魏恭帝于此分置射洪縣。《益州記》：‘郪僂灘東六里有射江，土人語訛以江爲洪。’”[①]陸游《入蜀記》卷三：“（七月二十二日）晚泊水洪口。江湖間謂分流處爲洪，王文公詩云‘東江木落水分洪’是也。”明陸容《菽園雜記》卷五：“蜀人謂水口爲洪，梓潼水與涪江合流如箭，故有射洪縣。”曹學佺《蜀中廣記》卷五十四《蜀郡縣古今通釋第四·射洪縣》：“西魏始置，取射江爲名，土音以江爲洪，後周改之，從俗也。”清

---

① 此據中華書局點校本，頁1658校記〔二一〕：“郪僂灘　按《輿地廣記》梓州作‘婁縷灘’，《輿地紀勝》潼川府作‘婁灘’，《蜀中名勝記》卷二九射洪縣引李膺《益州記》作‘婁僂灘’。”按《景印文淵閣四庫全書》第469冊頁671作“知縣地”、“李膺《蜀記》妻僂灘”，清楊守敬《隋書地理志考證》卷二《新城郡·射洪》謂《寰宇記》引《益州記》“郪僂灘東六里有射江，土人語訛以江爲洪”。但《舊唐書·地理志四》：“射洪，漢郪縣地，後魏分置射洪縣，婁縷灘東六里有射江，語訛爲洪。”宋歐陽忞《輿地廣記》卷三十一亦作“婁縷灘”。清趙一清《水經注釋》卷三十八《溱水》：“《寰宇記》梓州射洪縣下引《寰宇記》引李膺記云‘婁僂灘東有射江’。”《益州記》“郪”或本作“婁”字，因涉上“郪”形近而譌；《四庫全書》本“妻”亦“婁”字形譌。

雍正《四川通志》卷二十七《古蹟·直隸潼川州》、乾隆五十一年《射洪縣志》卷二《土地部·古蹟志》："射洪故城，在縣西，《元和志》本漢郪縣地，有梓潼水奔射涪江口，蜀人謂水口曰洪，因名射洪。"張澍《蜀典》卷七《方言類·洪》："《益州記》：'婁僂灘東六里有射江，西魏因置縣，土人訛江爲洪，後周從俗改縣爲射洪云。'《寰宇記》引李膺《蜀記》云：'郪江灘東六里有射江，土人語譌以江爲洪。'又舁李宏憲說異。蓋古人爲石梁絕水，水激而洪大，如吕梁洪、雞翹洪、落馬洪、百丈洪皆是也。"

《大字典》（二/3/1716）"洪"④"兩水交會處"，引《入蜀記》及《菽園雜記》，其實兩書證一"分流"一"合流"，與義項並不完全榫合。《大詞典》（5/1130）"洪"④"河流分道之處"，引宋王安石《東江》詩"東江木落水分洪，伐盡黄蘆洲渚空"及《入蜀記》，同樣的書證，兩書所立義項截然相反。王詩之"分洪"，即今通語"爲了使某些地區不遭受洪水災害，在上游適宜地點，把一部分洪水引入別的地方"（《現漢》）。但據《元和郡縣志》及《菽園雜記》，"蜀人謂水口曰洪"，射洪縣亦因梓潼水匯入涪江而得名，《大詞典》應立"兩水交會處"義。

《方言大詞典》（頁4381）"洪"①"水口。古方言"，引《元和郡縣志》。

紅苕　紅韶　紅薯　紅蒋 hong²¹sɑo²¹ [xoŋ²¹sau²¹]

甘薯[①]。参《考釋》第279頁。清乾隆十七年《大邑縣志》卷三《物產》："野蔌類：山苕、紅苕、各種竹笋。"道光十四年《石泉縣志》卷三《食貨志·物產》："番薯，赤白二種，邑人謂之白苕、紅苕。"道光二十一年《仁懷直隸廳志》卷十五《物產志》："甘藷，俗名紅苕，亦名紅山藥。"劉鴻典《西充竹枝詞》："喜逢嘉客火鍋燒，也識雞豚味最饒。借問平時糊口計，可憐頓頓是紅苕。"原注："俗呼西充爲苕縣，故先及之。"同治五年《高縣志》卷五十一《物產》："蔬之屬：白菜、山藥、紅苕、蘿蔔。"同治九年《會理州志》卷十《風土志·物產》："甘藷，紫白二種，來自日本國，故又名番藷，遍地傳生，翦莖作種亦活，葉微似芋而小，俗呼爲紅苕。"光緒末《新都縣鄉土志·物產》："番薯，俗名紅苕。常產，山人藏之窖中，以抵米糧，磨之則曰苕粉，其藤飼豕，尤貧者雖藤不棄，飢而食之。"光緒三十二年《越嶲廳全志》卷三之二《物產志》："紅苕，一名甘藷。"傅崇矩《成都通覽·成都之執業人及種類》

① 按非古之甘藷。晉稽含《南方草本狀》卷上："甘藷，蓋薯蕷之類，或曰芋之類，根葉亦如芋，實如拳，有大如甌者，皮紫而肉白，蒸鬻食之，味如薯蕷，性不甚冷。舊珠崖之地海中之人皆不業耕稼，惟掘地種甘藷，秋熟收之，蒸曬，切如米粒，倉圖貯之，以充糧糗，是名藷糧。"

（頁194）：“換烘籠、換竹几、換貫香糖、換紅苕、換碗。”又《成都之呼物混名》（頁273）：“子味點心，紅苕也。”民國《普安縣志》卷十：“甘藷俗呼紅苕。”民國十年《新修合川縣志》卷十二《戶口·土物》：“紅苕，原名甘諸。”“諸”當作“藷”，即民國十三年《江津縣志》卷十一《風土志·方言》：“邑語藷、薯皆讀如苕，紅薯曰紅苕，白薯曰白苕，苕、薯雙聲。”民國十五年《簡陽縣志》卷二十二《禮俗篇·方言》：“紅苕曰番薯。”民國十五年《南川縣志》卷六《植物》：“甘藷，俗呼紅苕，《本草拾遺》名甘儲，一作薯，又名米薯，以其皮間有紅色者。《山海經》郭注藷、儲、薯，語有輕重耳。”民國十七年《長壽縣志》卷八《物產部上·植物》：“甘藷，一名番藷，俗名紅苕。”民國十八年《合江縣志》卷二《食貨·物產》：“紅苕，番薯。形長圓，兩端銳小，色紅味甘。”民國二十一年《萬源縣志》卷三《食貨門·物產》：“紅苕，即番薯，俗名番苕，有紅白兩種，可爲糧。”民國二十一年《南溪縣志》卷四《禮俗下·農占》：“月亮長毛，乾死紅苕。”民國二十三年《樂山縣志》卷三《方輿志·方言》：“蕷薯曰紅苕。”民國二十九年《重修廣元縣志稿》第三編卷十一《食貨志三·物產》、民國三十三年《重修彭山縣志》卷二《食貨篇·物產》：“甘藷，俗名紅苕。”民國三十年《續修藍田縣志》卷八《物產》：“甘薯，土名紅苕，讀如韶，蓋薯之轉音，亦山藥之合聲而轉也。”周芷穎《新成都》第十章第七節《夜市》（頁234）：“城守街至走馬街口以售賣小食者爲多，如棒棒雞、水餃子、抄手麵、牛肉飯、湯飯、牛肉餅、燒紅苕，冷食肉類等。”下江人《釋四川話（二）》：“‘包谷’、‘紅苕’、‘洋芋’，是爲玉蜀黍、番薯和馬鈴薯。”[1]又，陳友琴《川遊漫記·向川北進發中》：“劍門關外、劍閣、昭化、廣元等縣之鄉下，本已地瘠民貧，加以兵役匪災，生靈塗炭，老弱無轉壑之糧，婦女無遮羞之服，通常食物，如玉麥紅燒（即山芋）已不易得。”又《閬中與南部》：“土人全恃紅燒（即山芋）爲生，近日來雖紅燒亦絕，餓死者日必數起。”“紅燒”即紅苕，或記當地方音。1994年12月版新修《德陽縣志》第二十五篇第四章《歌謠諺語》載民歌《有女休家羅家槽》：“有女休嫁羅家槽，大人小孩吃紅苕。清早紅苕湯，中午湯紅苕。晚上無柴燒，啃根生紅苕。”《川方》（頁155）“紅苕”謂“甘薯。有的地區叫'番苕”。《成都話》（頁91）“紅苕”謂“甘薯”。《重方》（頁147）“紅苕”謂“紅薯”。

亦作“紅韶”。清摶沙拙老《閑處光陰》卷下：“紅韶，即薯蕷。楚蜀呼爲韶，皮有紅白，施南則統名爲紅韶。《本草》云：‘江閩呼爲薯，又爲韶。’”“韶”爲“苕”音借。

或作“紅薯”。宋蘇軾《酬劉柴桑》詩：“紅藷與紫芋，遠插墻四周。”按《集韻·御韻》：“藷，藷與，署預也。或作藸、薯。”《正字通·艸部》：“藷，音殊，薯蕷也。”清江昱《瀟湘聽雨録》卷八：“甘藷有番藷山藷兩種，初來自兩粵，近湘楚徧種，易生多獲，市價極賤，誠儉歲之糧。……番

① 《旅行雜志》1945年第7期，第18頁。

藷湘人單稱藷，別於山藷，亦曰紅藷。山藷則稱白藷，又曰腳板藷，若吾鄉則統名山蕷已爾。”以此，則東坡所謂“紅藷”，又或即後來之番藷矣。元胡古愚《樹藝篇》蔬部卷三：“白薯、紅薯、甜薯、石辣……。已上出廣州（《廣州府志》）。”清康熙二年《長樂縣志》卷六《籍產志・土實》：“薯有數種：曰甜薯，曰紅薯，曰白薯，曰番薯。”檀萃《滇海虞衡志・志果》：“落花生爲南果中第一……宋元間與棉花、蕃瓜、紅薯之類，粵估從海上諸國得其種歸種之。”張培仁《靜娛亭筆記》卷九《地瓜攷》：“紅薯，一名地瓜。”陳世元《金薯傳習録》卷上《附膠州古鎮地方種薯招帖》：“元住居閩省，先代貿易海外，得紅薯種於吕宋國，併其栽種法，則萬歷甲午閩省歲荒時，撫閩都御史金公學曾籌策備荒，元五世祖經綸公爲金公門下士，因上薯種並栽植法，則飭行各屬，秋收所獲，數倍穀食。”丁克柔《柳弧》卷三《候補委員困苦》：“卑職已餓三日矣，妻一子四女一，三日內皆食紅薯七文而已。”陳恢吾《農學纂要》卷二：“甘薯，即番薯，俗呼紅薯。”郭雲陞《救荒簡易書》卷一：“紅薯，正月掩母種。紅薯乃河南省農人所呼俗名也，一名甘藷。”民國十八年《新修南充縣志》卷十一《物產志・植物・根莖類》：“紅薯，原名甘藷，又名番薯。”又《農業》：“凡山農皆於驚蟄時深掘菜園土，充分施肥，埋甘藷令發芽，謂之植薯種。薯讀若苕。”民國二十四年《雲陽縣志》卷十四《禮俗下・方言下》：“藷曰紅薯。……今俗讀薯如苕。”上兩志雖記作“紅薯”，但讀若“紅苕”。又，清談遷《棗林雜俎》中集《甘薯》："甘薯，俗名紅山藥也。……近年有人在海外得此種，海外人亦禁，不能出境，此人取薯，蘇絞入汲水繩中，遂得渡海，因此分種移植，略通閩廣之境，俗名番薯。"蜀中客家人亦稱"番薯"①。

又作"紅苕"。清光緒九年《沔縣志》卷一《地理志·物產》："（陽芋）山民資以爲食，終身不厭，酣豢者食亦能飽。即老弱食之，迄無停滯之患，勝紅苕，尤勝芋頭、慈菇，亦勝山藥。"光緒十九年《白河縣志》卷七《田賦》："聖主如天之德，亦以土性磽瘠，所產惟包穀、紅苕。"民國十三年《漢南續修郡志》卷二十二《物產》："紅苕，一名薯，蔓引於地，莖微赤，葉似山藥，苕生根下，狀如蘿蔔，紅色。"民國十四年《重修紫陽縣志》卷六《藝文志》錄陳僅《紫陽書事三十二韻》"冬窖苕絲謀久蓄，春盤笋簌話新嘗"原注："包穀不可久藏，余諭民收晒苕絲爲備荒計。南山人呼番薯爲苕，其紅者曰紅苕。"

按周振鶴、游汝傑《方言與中國文化》謂"番薯原產南美洲，哥倫布發現新大陸後，西班牙人把它帶到菲律賓。據清朝人周亮工《閩小記》等書說，明代萬曆年間，福建因臺風摧毀農作物而遭受饑荒，總督金學派人到菲律賓搜求救荒作物，於萬曆二十三年（1595）由陳經倫運回番薯種"②。李明《四川民俗》第一章《概述》說："紅薯（又名'番薯'，四川俗稱'紅

① 黃雪貞《成都市郊龍潭寺的客家話》，《方言》1986年第2期。

② 上海人民出版社，1986年10月第1版，第117頁。

苕’），原產於日本，雍正十一年（1733年）由閩、粵移民傳入四川；……僅以三峽地區爲例，據史書記載，‘遍山漫谷，皆包穀矣’，紅薯更是‘處處有之’。玉米、紅薯，在高山、丘陵、平壩地區廣泛種植，不僅改變了川民的飲食結構，更成爲山區人們的主食。”[①]此說實不足信。“紅苕”，本稱“番薯”，《大詞典》（7/1363）“番薯”謂“明萬曆由呂宋引進，初僅在福建、廣東一帶種植，後幾遍及全國。在不同地區還有紅薯、白薯、山芋、地瓜、紅苕等名稱”，首引清俞樾《茶香室三鈔·番蓣》：“明李日華《紫桃軒又綴》云，蜀僧無邊，貽余一種，如蘿蔔，而色紫，煮食，味甚甘，云此普陀巖下番蓣也……按，此蓋即所謂番薯也。蓣與薯，一聲之轉耳。”又（9/554）“蕃₂薯”謂“即甘薯。蕃，通‘番’”，引清周亮工《閩小記·蕃薯》：“萬曆中閩人得之外國，瘠土砂礫之地，皆可以種。”俞樾“番蓣”條見《三鈔》卷二十八，下謂“明代番薯猶未盛行，詳見《續鈔》二十三”，又云：“國朝陸次雲《八紘譯史》云：琉球有米麥，祗供王府，民惟食番茹，狀似薯蕷。晉嵇含《南方草木狀》云：甘藷，蓋薯蕷之類，或曰芋之類，根葉亦如芋。實如拳，有大如甌者。皮紫而肉白，煮食之，味如薯蕷。”《續鈔》卷二十三《蕃薯》：“國朝周亮工《閩小記》云：蕃薯，萬曆中閩人得之外國……初種於漳郡，漸及泉州，漸及莆，近則長樂、福清皆種之。蓋閩海而南有呂宋國，其國有朱薯被野連山，不待種植。中國人截取其蔓咫許

① 甘肅人民出版社，2004年8月第1版，第19頁。

以來，種之下地，數日及榮。泉人鬻之，斤不直一錢，二斤而可飽矣。按蕃薯，今所在皆有之。……國朝吳震方《嶺南雜記》云：蕃薯有數種，皆從海舶來。形如山藥而短，皮有紅白二種。又有甜薯圓如鵝鴨卵，有豬肝薯形如豬肝，重十餘斤，皮紫，皆出粤地。惟蕃薯種自洋中來也。按此知中國亦自有薯，然轉不如蕃薯之處處皆有也。”上引陳世元《金薯傳習録》，卷上有《元五世祖先獻薯藤種法後獻番薯禀帖》，謂“具禀長邑生員陳經綸，爲敬陳種薯之利益並呈法則，以濟民食事切：綸父振龍歷年貿易吕宋，久駐東夷，目覩彼地土産朱薯被野，生熟可茹，詢之夷人，咸稱薯有六益八利，功同五穀，乃伊國之寶，民生所賴。但此種禁入中國，未得栽培。綸父時思閩省隘山阨海，土瘠民貧，暘雨少愆，饑饉洊至，偶遭歉歲，待食嗷嗷，致厪憲轅急切民瘼，多方設法救濟情殷。綸父目擊朱薯可濟民食，捐貲陰買，並得島夷傳種法則，帶歸閩地，不揣冒昧，將薯藤苗種及法則匍獻憲轅俯察。薯堪與穀並濟民食，行知各屬，效法栽種，功成食足，永垂憲德於不朽矣。切禀。計粘法則一紙見後。萬歷二十一年六月一日，具禀長樂縣生員陳經綸”，“朱薯”即紅薯，可爲力證。

《大詞典》(9/706)“紅君”謂“甘薯”，引茅盾《過年》。又(715)“紅薯”謂“甘薯的通稱”，引王願堅《黨費》。“紅韶”、“紅蕱”則未收。

《方言大詞典》(頁2352)“紅君”謂“甘薯(紅薯、白薯)”，中原官話、蘭銀官話、江淮官話、西南官話。

紅葉　紅爺 hong^{21}ye^{21}［xoŋ^{21}ie^{21}］

媒人的代稱。参《考釋》第279頁。前謂“以‘紅葉’爲媒人的代稱，典出唐范攄《雲溪友議》卷十”，爲盧渥事。與范同時的孟棨《本事詩》卷一載：“顧況在洛乘門，與三詩友遊於苑中，坐流水上，得大梧葉，題詩上曰：‘一入深宮裏，年年不見春。聊題一片葉，寄與有情人。’況明日於上游，亦題葉上，放於波中，詩曰：‘花落深宮鶯亦悲，上陽宮女斷腸時。帝城不禁東流水，葉上題詩欲寄誰？’後十餘日，有人於苑中尋春，又於葉上得詩，以示況，詩曰：‘一葉題詩出禁城，誰人酬和獨含情？自嗟不及波中葉，蕩漾乘春取次行。’”宋劉斧《青瑣高議前集》卷五載張實《流紅記》，演繹爲于祐“紅葉題詩娶韓氏”。胡仔《漁隱叢話後集》卷十六引《名賢詩話》，紅葉題詩爲顧況及盧渥事；引《流紅記》，謂韓泳開宴，要于祐及韓氏二人謝媒，韓氏曰：“一聯佳句隨流水，十載幽思滿素懷。今日却成鸞鳳友，方知紅葉是良媒。”蜀語謂媒人爲“紅葉”，本此。明郎瑛《七修類稿》卷十九《辨證類·紅葉詩》：“紅葉題詩，凡有五焉”，除《本事詩》及《雲溪友議》外，《北夢瑣言》云：“進士李茵，嘗游苑中，見御溝紅葉題詩，句曰，與盧渥同。”《玉溪編事》云：“侯繼圖秋日登大慈寺樓，倚欄，忽木葉飄墜，上有詩曰：‘拭翠斂愁蛾，爲鬱心中事。搦筆下庭除，書成相思字。此字不書名，此字不書紙。書向秋葉上，願逐秋風起。天下有情人，盡解相思死。’”又云：“《談藪》以爲雖出多書，止則一事，傳記者自異耳。予逐書細考，意此必三事也：《雲溪友議》第一段，即《本事詩》之紀也，名既同矣，雖有‘舊寵’、‘新恩’二句，韻脚又是，焉知記者非忘之而自補之耶？若李茵者，即盧渥之事，此《北夢瑣言》之差記而事故略焉，不然，何其詩之同邪？侯繼圖詩既不同於二人，事亦大異，豈可因題葉而即以爲一事目之也？况《雲溪友議》一書而紀二事，豈有差之理耶？但後之小説《流紅記》，又訛而爲于祐之事，言多鄙妄，此則可笑。”

前撰引《西游記》第五十四回：“但只是匹配之事，無媒不可。自古道，姻緣配合憑紅葉，月老夫妻繫赤繩。”“紅葉”似指御溝紅葉典故。而引《金瓶梅詞話》第六十八回“欲向深閨求艷質，全憑紅葉是良媒”，寫西門慶情通林太太，則靠文嫂兒做蜂媒使，顯然“紅葉”已指媒人了。明胡文焕輯《群音類選·諸腔卷四·訪友記》：“馬家聞知守貞節，央托紅葉冰人到了我家，見一個媒人騎着一匹駿馬，披着紅紗，堂屋裡坐下。”“紅葉”、“冰人”均指媒人。清孫淦《擔峰詩》卷三《有感》：“一旦生幻想，良媒託紅葉。”乾隆十五年《順德府志》卷六《風俗》：“婚初男請媒妁謁女家媒，二人曰紅葉。”傅崇矩《成都通覽·成都之詐騙》：“紅葉不消説，就是皮條客了。”此爲調侃説法。民國十五年《簡陽縣志》卷二十二《禮俗篇·方言》：“媒妁曰媒人，又曰紅葉。”民國二十年《宣漢縣志》卷十五《風俗志·冠昏》："謝媒，謂媒曰紅葉，取御溝題葉之義也。"

蜀語因諱"媒"諧音"霉"，故稱媒人爲"紅葉"，典雅有據。"葉"爲古入聲字，蜀語轉爲陽平，音同"爺"，故俗間亦作"紅爺"，尊之則稱"老紅爺"，並且女媒人亦稱"紅爺"。《川方》（頁155）"紅爺"謂"媒人。又説紅葉大人"。《川方彙編》（頁10）"紅爺"謂"冰媒。例：這回是王二孃當紅爺去求親"；又（頁164）"紅爺婆"謂"媒婆"。《川方匯釋》（頁100）"紅爺"謂"舊稱婚姻介紹人，也叫'紅臉官'"。《成方》（頁377）"紅葉"②"⇨〖媒人〗"，"紅葉公"、"紅葉婆"稱男女媒人；又（頁183）"媒人"謂"男女婚事的撮合者；婚姻介紹人。因'媒'與'倒霉'的'霉'音同，成都農村人及老年人忌説，故取唐代'紅葉題詩'的紅葉爲媒之意，稱媒人爲'紅葉'"。《45歲已婚婦裝"嫩"騙了30歲單身漢》："今年5月份，鎮上的老紅爺（媒人）李軍卻突然登門拜訪，稱要爲王軍介紹一個對像劉敏。"[①]"老紅爺"凡三見。

《大詞典》（9/710）"紅葉"②"唐代有'紅葉題詩'的佳話，後因以'紅葉'爲傳情的媒介"，附項謂"亦借指媒人"，引沈從文《三三》。未收"紅爺"。

《方言大詞典》（頁2351）"紅葉"謂"媒人"，西南官話、

① http://www.scol.com.cn 四川在綫（2011-07-08）來源：四川新聞網—遂寧日報。

客話。又“紅爺”謂“媒人”，西南官話。

華 撶 畫 劃 撶 闔 花 剨

huɑ[55] [xua[55]]

剖分；劃開。《爾雅·釋木》：“瓜曰華之。”邢昺疏：“此爲國君削瓜之禮也。華謂半破也，降於天子，故破而不四析也。”《禮記·曲禮上》：“爲天子削瓜者副之，巾以絺；爲國君者華之，巾以綌。”鄭玄注：“華，中裂之不四析也。”明岳元聲《方言據》卷下《華》：“割謂之華。”《說文·手部》“撝，裂也”段玉裁注：“《曲禮》：爲國君削瓜者華之。注曰：華，中裂之也。華音如花，撝古音如呵，故知華即撝之叚借也。”據此則本字作“撝”。清胡文英《吳下方言考》卷四《華》：“《爾雅》：‘瓜曰華之。’案華，匕開不切也。吳中用刀匕開物曰華。”章炳麟《新方言·釋言》：“《說文》：‘撝，裂也。’許歸切。音轉爲華，若花蘤相通也。《曲禮》：‘爲天子削瓜者副之，爲國君者華之。’注：‘華，中裂之不四析也。’今謂以刀分物爲華開。”民國十三年《江津縣志》卷十一《風土志·方言》：“《說文》：‘撝，裂也。’許歸切，音轉爲華。《曲禮》：‘爲天子削瓜者副之，爲國君者華之。’注：‘華，中裂之不四析也。’邑語謂以刀分物爲華開。”民國十八年《榮縣志·禮俗》：“《說文》：‘撝，裂也。’許歸切。按蘤古花字，花古作華。撝爲聲，故轉華。《曲禮》：‘爲國君者華之。’注：‘華，中裂之不四析也。’今劈木曰華。”[①]民國十八年《合江縣志》卷四《禮俗·方言》：“華，以刀分物也，當作撝。《說文》：‘撝，裂也。’音轉爲華。”民國十九年《嘉定縣續志》卷五《風土志·方言》：“華，俗謂以刀分物曰華開。”民國二十一年《南溪縣志》卷四《禮俗下·方言》：“華，音花，以刀分物也。”民國二十四年《蕭山縣志稿》卷二十九《瑣聞·方言謠諺》：“破瓜成塊曰華 。《曲禮》：爲國君削瓜者華之。華音華，謂半破也。”[②]姜亮夫《昭通方言疏證》（356條）：“今昭人謂以刀分物爲華。按《說文》：‘撝，裂也，許歸切。’撝即華本字。撝華相通，如花蘤之相通也。”又（1307條）：“昭，罵人殺頭曰‘花瓜’，又裂開果實曰‘花梨’、‘花西瓜’等，剖開亦曰花，俗皆用花字，可通惟皆借字也，別有專字劃，《說文》本訓‘刈穀’，則爲收穫之穫之分別後起專字，至《玉篇》而訓裂，宋人承之，則裂開爲魏晉以後分化之義矣。”“花”無剖分義，但因爲“華”的後起俗字，假以承載“華”之剖分義，亦通。

又增旁作“撶”。《龍圖耳錄》第三十三回：“又見金生先布了顏生一塊，自己便從魚脊背上用筷子一撶，蘸了姜醋，吃一快魚，喝一鍾酒。”又：“從新打魚脊背上撶了，方夾到姜醋碟內，端起杯來一飲而盡。”

---

① 《廣雅·釋草》：“蘤，華也。”王念孫疏證：“《後漢書·張衡傳》云：‘百卉含蘤。’李賢注引張氏《字詁》云：‘蘤，古花字也。’……蘤字从艸，从白，爲聲，古音爲如化，故花字從化聲而古作蘤。”

② “華音華”，原文如此。據上引《說文》段注，下“華”當作“花”。

亦作“畫”。《玉篇·畫部》：“畫，分也。”《書·畢命》：“申畫郊圻，慎固封守，以康四海。”僞孔傳：“郊圻雖舊所規畫，當重分明之。”《左傳·襄公四年》：“芒芒禹迹，畫爲九州。”杜預注：“畫，分也。”引申之爲剖開、剖析。民國十五年《南川縣志》卷六《土音土語》：“以刀畫竹起篾，斧破木爲柴，亦是畫字，土音轉爲陰平若華，惟即用華字亦可，華古花字，如花朵本圓而析爲數片也。”“畫竹起篾”，即按需要將竹子剖分成條，再由表及裏起爲數層備用。表皮部分謂青篾，其次爲黄篾，耐用程度不如青篾，故蜀中竹器有全青篾、一青一黄、一青二黄等分別。

又作“劃”，爲“畫”增旁字。《説文·刀部》：“錐刀（畫）曰劃。”段玉裁注：“錐刀之末所畫謂之劃也。”據《説文·聿部》：“劃，亦古文畫。”《集韻·麥韻》：“劃，《説文》：‘錐刀曰劃。’或作㓷䤬。”明陳士元《俗用雜字》：“以刀破物曰剨。一作劃。音或。”清唐甄《潛書·省刑》：“以刀劃去糜肉。”民國十七年《長壽縣志》卷四《人事部·方言》：“刀割曰劃。音花。”王純五《袍哥探秘》第三章《哥老會的會規和習俗·渾水袍哥的習俗》（頁72）：“‘劃盤子’，毀容。”《川方》（頁157）“劃（剨、花）”音hua^{55}，謂“劈；分開”；又“劃盤子”謂“以刀割面剨龐使破相。受害者多爲婦女或演員”。《成方》（頁117）“劃”音xua陰平，①“用尖鋭的東西把別的東西分開或在表面上刻過去、擦過去”，②“切”；“劃盤子”謂“劃破臉毀壞容貌”。《重方》（頁149）“劃”音hua^{1}，①“割開”，②“劈”；“劃盤子”謂“指劃破臉面以毀相貌”。

或作“摢”、“闓”。《廣韻·麥韻》：“摢，擘也。”又：“摢，裂聲也。”即物破裂之聲。《集韻·麥韻》：“掝，《博雅》：‘裂也。’或从畫。”又：“闓，開也。”《正字通·門部》：“闓，舊註音擭，破物也。按子史皆从劃，凡破聲或用砉、剨，俗从門作闓，非。”按“摢”、“闓”同“劃”均爲“畫”增旁字。又，《廣韻·麥韻》：“㓕，刀破。”與“掝”、“摢”同一小韻。蜀方言亦謂用刀劃開爲“［xo55］開”，本字或即“㓕”字。

亦作“𠛅”、“𠜻”，爲蜀方言造字。唐樞《蜀籟》卷一（頁53）：“𠛅了竹子夾了煙。”又：“𠛅盤子。”此謂剺面毀容。又，李劼人《死水微瀾》第五部分：“奉了洋教，就沒有祖宗，連祖宗的神主牌都要𠜻了當柴燒。”《四川方言方音表》“𠛅”音huā，謂“劈”[①]。《成都話》（頁93）“𠛅〔𠜻·劃〕”①“用刀切分”，②“（用刀或斧）劈”；又“𠛅盤子”謂“割破臉面毀壞容貌”。《川方匯釋》（頁102）“𠜻”謂“劈”。“𠜻”，《中華字海》（頁56）收錄，謂“同‘𠛅’，見《成都話方言詞典》”，此爲從“華”得聲的方言造字，與從“花”得聲之“𠛅”造字原理相同。

《大字典》（二/6/3424）“華”（一）huā，④“當中剖開”，首引《爾雅》。又（4/2042）“撶”音huǎ，謂“同‘劃’。用槳一類東西撥水使船行動”，未及剖分、劃開義。又（5/2724）“畫”（一）huà，①“劃分界限”，首引《玉篇》。又（1/389）

---

① 唐樞《蜀籟》，1982年8月新1版附。

“劃”（一）huá，①“用尖利物把東西割開”，首引《說文》。又（2080）“攎”（三）huá，謂“用尖利物把東西割開。也作‘劃’”，首引《拍案驚奇》。又（7/4397）“闠”huà，謂“破開”，引《集韻》、《篇海類編·宮室類·門部》：“闠，破物也。”又（371）“䂿”謂“方言。剖”，引《蜀籟》前一例。

《大詞典》（9/398）“華$_1$”②“剖開”，首引《禮記》。又（6/793）“撶”音huá，謂“同‘劃’”，①“用槳撥水行船”，②“謂拴住”，未及剖分、劃開義。又（7/1364）“畫”①“劃分”，又（2/741）“劃$_1$”①“劃分”，均爲初始義，蜀方言之剖分義由其引申而來。又（6/892）“攎”音huá，謂“擘。用尖利物把東西割開”，首引《拍案驚奇》。未收“闠”、“䂿”、“剨”字。

《方言大詞典》（頁2053）“華”①“劃破；剖開”，中原官話、西南官話、吳語。又（頁3163）“畫”④“用刀斧削劈竹木”，西南官話。又（頁1837）“劃”②“劈；破開；裂開”，西南官話。又（頁3868）“䂿”，西南官話，①“劈”，②“用刀切分；剖析”，③“用刀劃破”。以上並同詞異形。

黃葛樹　黃果樹　黃桷樹

huɑng^{21}go^{21}su^{213}［xuaŋ^{21}ko^{21}su^{213}］

學名Ficus Virens Ait，桑科落葉喬木，又名大葉榕，每年在當初移植的時間點換葉。明何宇度《益部談資》卷下："黄葛樹，葉似桂，稍大，團欒蔭數畝，冬春不凋。幹則臃腫，根皆蟠露土上，至於石崖之側，則全似不藉土生者。夔之梁萬最多，惜無材用。"清雍正《四川通志》卷二十三《山川·重慶府》："舊志：塗山足有古黄葛樹，下有黄葛渡，即黄葛峽也。"重慶南岸有巴渝十二景之一的"黄葛晚渡"，即得名於北魏酈道元《水經注》卷三十三《江水》"江水又東，右逕黄葛峽"。清楊守敬《水經注疏》卷三十三："《初學記》八引《益州記》作黄葛峽，而杜甫詩云'黄草峽西船不歸'。又《通鑒》唐大曆四年，涪州守捉使王守仙伏兵黄草峽。胡氏引此注謂即一峽，蓋葛、草形近錯出也。惟《明·地理志》謂大江入涪州東逕黄草峽。《蜀輶日記》黄葛峽約在明月峽之下百餘里。與酈氏先敘黄葛，後敘明月不合。考《名勝志》引《圖經》云：塗山之足有古黄葛樹，其下有黄葛渡。《一統志》謂即黄葛峽也。則峽在今巴縣東。"乾隆二十六年《巴縣志》卷十《風土志·物產》："榕，俗名黄葛樹。"李調元《自嘉定至峨眉道中作》詩之四："陰連百畝引横枝，嘉樹還須轉垛移。未省江陽有黄葛，當年卻笑子由詩。"李元《蜀水經》卷五："塗山足之左有黄葛渡，上有榕樹，俗稱黄葛樹。"王培荀《寓蜀草》卷一："黄葛樹，蜀中此樹最爲奇特，濃郁茂密，枝幹怪偉。"咸豐三年《開縣志》卷十五《物產》："榕，俗名黄葛樹，有大至數圍者。"同治九年《會理州志》卷十《風土志·物產》："榕有大小葉二種，大葉榕俗呼黄葛樹，又號嘉樹，吴省欽有《黄葛樹考》。"光緒二十一年《敘州府志》卷二十一《物產》："黄葛樹，各廳縣皆產。"民國十年《新修合川縣志》卷十二《戶口·土物》："黄葛樹，大者合抱，葉似桂而大，蔭庇數畝。"民國十五年《南川縣志》卷六《植物》："黄葛，《本草拾遺》又名榕，王阮亭《居易錄》名黄果。《益部談資》：黄葛樹葉似桂稍大，團欒蔭數畝，冬春不拘以某月種，每歲必至某月始換葉發芽。幹則臃腫不中繩墨，根皆蟠露土上，若石崖之側，則似全不藉土生者。"民國十八年《新修南充縣志》卷十一《物產志·植物·材用植物》："黄葛樹，生長極速，枝多分岐，葉平滑，幹壅腫無規，大者蔭庇十餘丈，材質粗鬆，不堪製器。"民國二十九年《重修廣元縣志稿》第三編卷十一《食貨志三·物產》："榕樹，俗稱黄葛樹。"

亦作"黄果樹"、"黄菓樹"。清王士禛《居易録》卷六："蜀中多黄果樹而不結實，其皮類川槿，亦能愈癬。"趙翼《簷曝雜記》卷四《榕樹黄果樹》："滇南有黄果樹，亦然。僰人敬之爲神樹，其鬚垂地不敢稍損，故根益多。"吳省欽《白華前稿》卷十六《黄葛樹考》："癸巳冬，予於敘州見所謂黄葛樹者，幹枝複互，怪詭百狀，賦詩'有我疑是南海榕，禿鬜不蔽方畝宮'之句。嗣見亡友趙光祿文哲《黄菓樹歌》，蓋從軍滇緬時作，其狀怪詭畧同，其爲植較巨，因念'菓'特'葛'之轉音。而自敘州而下，樹漸多漸大，蔭漸廣。《水經注》有黄葛峽，宋熊本敗瀘州，柯陰夷於黄葛下。蘇子由自江陽見之，以謂嘉樹，獨怪子瞻、致能、務觀諸公無一語及之。"道光二十一年《遵義府志》卷十七《物產》："黄葛樹，吳省欽《黄葛樹考》：趙光祿文哲《黄果樹歌》，'果'特'葛'之轉音。"朱裕《從征緬甸日記》："又有黄果樹，其幹甚大，枝葉極茂，每株可蔭數畝。"

又作“黃桷樹”。清萬清涪《南廣竹枝詞》：“遺愛祠中覓午涼，陰排黃桷樹蒼蒼。”傅崇矩《成都通覽·成都之小兒女歌謠》（頁255）：“門口一根黃桷樹，丫枝都有黃桷粗。”又《成都之樹木及竹類》（頁439）：“黃桷樹，以小天竺之二株爲最大。”民國十三年《江津縣志》卷十一《風土志·土產》：“榕，俗名黃桷樹。”羅廣斌等《紅岩》第四章：“領路的農民，在一株巨傘般的黃桷樹下站住了。那黃桷樹正長在離院落不遠的山岩上，站在樹下可以一眼望見前面起伏的無數山巒。”《川方》（頁161）“黃桷樹（黃角樹）”音$huang^2go^2su^4$，謂“榕樹”。《成方》（頁361）“黃桷樹”謂“榕樹”。

以上並同詞異形。1986年7月重慶市第十屆人大常委會第十九次全體會議決定，以黃葛樹（黃桷樹）爲重慶市市樹，蜀中各地習見。

《大詞典》（12/994）“黃葛樹”謂“落葉喬木。葉卵形至卵狀長橢圓形。初夏開花，白色或帶紅色，生於葉腋。產於我國南部和西南部。常植爲綠化樹和行道樹。木材輕軟，供製家具、農具等用；樹皮纖維可製絮和紡紗”，無書證。又（991）“黃桷樹”謂“即黃葛樹”，引巴金《還魂草》，艾蕪《山峽中》作“老桷樹”，恐“老”爲“黃”字之譌，否則不當引爲書證[1]。“黃果樹”、“黃菓樹”則未收錄。

《方言大詞典》（頁5307）“黃桷樹”謂“榕樹”，西南官話，另兩詞形未收。

① 《艾蕪中短篇名著》，四川文藝出版社，1995年9月第2版，第135頁正作“黃桷樹”。

穅花　荒花　謊花 huɑng⁵³huɑ⁵⁵［xuaŋ⁵³xua⁵⁵］

花而不實；植物雄花。《說文・禾部》："穅，虛無食也。从禾，荒聲。"段玉裁注："《爾雅》：'果不熟曰荒。'《周禮疏》曰：'疏穀皆不孰爲大荒。'按荒年字當作穅，荒行而穅廢矣。"《廣韻・唐韻》："穅，果蓏不熟。又《說文》曰：'虛無食也。'"《集韻・唐韻》："穅，《說文》：'虛無食也。'一曰果不熟爲穅。或作秔。"由"果不熟"可引申指花而不實、植物雄花。今仍謂南瓜、冬瓜、絲瓜等之雄花爲"穅花"，謂其不結實也。

亦作"荒花"。《爾雅・釋天》："果不熟爲荒。"又《釋詁》"漮，虛也"郝懿行義疏："據《正義》此引，則知郭云'漮本作荒'者，正指某氏本而言，毛、鄭所見蓋亦此本，是荒卽漮之異文，非漮外更有荒字 。或疑郭本多一阬字少一荒字，亦非也。荒依正文當作穅，《說文》：'穅，虛無食也。'《玉篇》省作秔，是穅爲正體，荒乃叚借。"《正字通・巛部》："巟，呼光切，音荒，水廣也。《正譌》从巛亾聲，篆作巟，借爲巟蕪、巟遠字，別作荒，非。按《詩・周頌》'天作高山，大王巟之'，今石經作荒，《正譌》說泥。又荒與凶荒之荒通，趙宧光必謂凶年無穀曰穅，分荒穅荒爲二，尤泥。"疑"穅"下之"荒"衍。《周禮・大宰》"三曰喪荒之式"鄭玄注"荒，凶年也"孫詒讓正義："《爾雅·釋天》云：'穀不熟爲饑，蔬不熟爲饉，果不熟爲荒。'《說文·禾部》云：'穅，虛無食也。'荒即穅之省。"據上引《說文》段注"荒行而穅廢"，"穅"爲"荒"的增旁字。清陳廷敬《雲麓雨中來借琴》詩："牆角荒花寂寂垂，閒庭苔徑子來遲。"此"荒花"恐非指植物雄花。民國二十一年《南皮縣志》卷三《風土志上·物產》："（黃瓜）花生於葉腋，有雄雌之別，同生於一莖上，雄花俗稱荒花。"又卷四《風土志下·歌謠》："西南山上一樹梅，青枝綠葉往下垂。光開荒花不結果，老來沒兒指着誰。"民國二十九年《沙河縣志》卷六《物產志下》："（黃瓜）花生於葉腋，有雌雄之别，同生一莖上，雄花俗稱荒花。"又："（北瓜）花色黃，有雌雄之別，雄花俗稱荒花，雌花結實。"《川方彙編》（頁196）"荒花"謂"不結實的花，空花"。

又作"謊花"。明馮惟敏《粉蝶兒·李爭冬有犯》套曲："謊花兒世不香，闊枝兒似草蓬。"伍守陽《仙佛合宗語録》："故我祖先虎皮座，張眞人謂之謊花兒不結果者，言不及陽神之實證果也。"又："及出靜室，依舊是凡夫，無能見，故張眞人云謊花兒不結果。"清官修《授時通考》卷六十一《農餘·蔬三》："（黃瓜）多謊花，其結瓜者即隨花並出。"汪灝等《廣群芳譜》卷十七《蔬譜·黃瓜》："原黃瓜一名胡瓜，《本草》云張騫使西域得種，故名。《拾遺錄》云大業四年避諱改爲黃瓜。……多謊花，其結瓜者即隨花並出。"吳其濬《植物名實圖考》卷三十一《桻果》："桻果生廣東，與蜜羅同，而皮有黑斑不光潤，此果花多實少，方言謂謊爲桻，言少實也。猶北地謂瓜花之不結實者曰謊花耳。”“檨果”今通作“芒果”。張宗法《三農紀》卷四《黃瓜》：“若謊花太多不實，以鷄骨碎若針，插根蔓即結。”民國二十二年《閩侯縣志》卷二十四《物產二·荔支》：“諺云：荔支愛花不愛子，龍眼愛子不愛花。言荔支不落花而落實，龍眼不落實而謊花也。”民國二十四年《萊陽縣志》卷二十一《禮俗·方言》：“花不實曰謊。”謂開花不實，猶人之謊話虛假不實也。蜀語謂空殼、秕殼、無真才實學者爲“謊殼”、“謊殼兒”，亦其類。如清Adam Grainger《西蜀方言》（頁485）“謊壳”謂“empty husks on grain”。《川方彙編》（頁184）“謊殼兒”①“空殼、秕殼”。《川方》（頁163）“謊殼兒”音huang[3]kor[2]，①“沒結果實的空殼”，②“喻指肚裏空空、無真才實學的人”。

《大字典》（二/5/2787）“穔”謂“同‘〓（荒）’”，首引《玉篇·禾部》：“〓，今作荒。”《大詞典》（11/332）“謊花”謂“不結果實的花”，引馮曲。未收“荒花”。

《方言大詞典》（頁5830）“謊”①“花不結實”，膠遼官話，引《萊陽縣志》。一如（頁5830）“謊殼兒”，西南官話，①“沒有子實的空殼”，②“喻指無真才實學的人”。

J

僁僁　癠癠 $ji^{55}ji^{55}$ [$tɕi^{55}tɕi^{55}$]

形容小。《集韻·職韻》："僁，小也。"《類篇·人部》音義同。《康熙字典·人部》："僁，《集韻》節力切，音積，小也。"明李實《蜀語》（頁18）："小子曰僁僁○僁，音積，小也。"或本作"癠"。《方言》卷十："啙、矲，短也。江湘之會謂之啙。凡物生而不長大亦謂之鮆，又曰癠。"郭璞注："今俗呼小爲癠，音薺菜。"《廣雅·釋詁二》："癠，短也。"王念孫疏證："郭璞注云：'今俗呼小爲癠，音薺菜。'案薺亦菜之小者。"清嘉慶十二年《蕪湖縣志》卷一《地里志·方言》："物之小者謂之癠癠。音薺，俗音若賫。"光緒二十四年《嘉應州志》卷七《方言》："人瘦小謂之癠。俗作奀字。案《方言》：'凡物生而不長大亦謂之鮆，又曰癠。'郭注：'今俗呼小爲癠癠，音薺菜。'仲和案：今俗别作奀字，蓋以不大會意也。其聲亦近癠。”章炳麟《嶺外三州語》：“三州謂人瘦小曰癠。”民國十九年《嘉定縣續志》卷五《風土志·方言》：“癠，俗言短小也。如云矮癠癠（音薺）、一癠癠（音齊），或云一瘠瘠等。《方言箋疏》引《廣雅》：‘癠、鮆，短也。’《釋文》：‘瘠，在亦反，或作癠，才細反。’癠、瘠聲轉字異耳。郭讀如薺。王懷祖曰：薺，菜之小者。癠亦通作濟，《左傳》濟澤，小澤也。”民國十五年《簡陽縣志》卷二十二《禮俗篇·方言》：“體小曰癠。音躋。”民國二十一年《萬源縣志》卷五《教育門·方言》：“體小曰癠個子。”民國三十六年《新繁縣志》卷四《禮俗·方言》：“縣人謂物之小者曰鬼癠子。又謂小兒多者曰癠兒麽個，亦曰癠癠麽麽。”丁惟汾《方言音釋》：“俗謂小兒身體不發育者，謂之小癠癠。”梁國均《從〈蜀語〉看四川方言語彙的構成和來源》：“小子曰僆僆，收絲器曰篗子……尋本追源，它們均爲別國方言，先後傳入巴蜀而被借用，今天就成爲四川方言語彙的又一個重要組成部分。”[①]又《〈蜀語〉疏解（節選）》：“蜀語呼小子曰僆僆，蓋同於江湘方言。今成都人謂個子小而頑皮兒童爲‘僆僆娃兒’，即其義也。”[②]又，清傅崇矩《成都通覽·成都人之稱謂》（頁228）：“普通呼小孩曰雞子。”“雞”當爲“僆”同音借字。民國二十三年《華陽縣志》卷五《禮俗·方言》：“體小曰癠子。”今蜀語謂乾瘦之人曰“乾雞子”[③]。吳

---

① 《川北教育學院學報》1991年第2期。

② 參見《李實學術研討會文集》，語文出版社，1996年7月第1版，第93頁。

③ 《川方》第113頁。

連生《吳方言詞小考(續九)》謂"今吳方言稱小爲'一癠癠',稱少亦爲'一癠癠'"[①]。

《大詞典》未收。《方言大詞典》(頁6202)"僂僂"謂"排行最小的兒子","僂僂娃"謂"小兒子",均爲西南官話。

雞瞀眼　雞矇眼　雞盲眼

ji55mu21yan53［tɕi55mu21ian53］

夜盲眼。參《考釋》第295頁。考其語源,宋陸佃《埤雅》卷七《釋鳥・鴟鵂》:"舊説雀目夕昏,人有至夕昏不見物者,謂之雀瞀。"明田藝蘅《留青日札》卷三十一《雞盲雀瞽》:"凡鳥瞎者,《詩》:'雞棲于塒,日之夕矣。'蓋雞至昏時,則眼無所覩也。顔之推曰:'雀奚夕瞽,鴟奚晝盲。'焦貢曰:'雀目燕頞,晨昏無光。'《莊子》曰:'鴟鵂夜撮蚤察毫末,晝出瞋目不見丘山。'今人之目至晚不見者,名曰雞盲。""盲"、"瞀"雙聲。民國二十四年《雲陽縣志》卷十四《禮俗下・方言上》:"《埤雅》瞀音木,雀目夕昏,人有夕昏不見物者曰雀瞀。今俗謂雞瞀眼。"又,李鑑堂《俗語考原》:"雀至夕而昏不見物,故人至夕而昏不見物者,俗謂之雀盲眼。"民國二十三年《定縣志》卷二十一《志餘・雜志上・方言》:"雀矇眼,雀瞀眼也。《莊子・徐無鬼》'予適有瞀病'注:'瞀,視眩易也。'

---

① 《吳中學刊》1998年第4期。

《埤雅》：‘雀目夕昏，人有至夕昏不見物者，謂之雀瞀。’”按“瞀”《廣韻·候韻》莫候切，《覺韻》莫角切，明母，今音mào。據《埤雅》“瞀音木”，則南宋一音讀若mù。

又作“雞矇眼”、“雞盲眼”。《正字通·艸部》“蘋”字注：“破銅錢，名四葉菜，又呼十字草，湖塘田中皆生之，能療雞矇眼。”清光緒五年《鎮海縣志》卷三十八《物產》：“破銅錢，一名四葉菜，又名十字草，湖塘田中皆生之，能醫雞矇眼。《拾遺》陳藏器謂之苶菜，正是。（《通雅》）”引見《通雅》卷四十二。清吳儀洛《本草從新》卷十六：“加石決明、豬肝煎，名決明夜靈散，治雞盲眼。”“雞矇眼”、“雞盲眼”音均近“雞瞀眼”。都興宙《西寧方言詞正字考》“雞暮眼”謂《西寧方言志》157頁作“‘雞膜眼’，‘膜’字標注‘毛’陰平音、釋義爲‘夜盲症’。按：西寧方言口語中此字音‘木’去聲，與‘膜’（陰平）字聲調、等呼、韻母明顯區別，故作‘膜’誤，正字當作‘暮’。‘暮’，不明、暗也。雞至夜則視力盡失，所以此言夜失視力之夜盲癥作‘雞暮眼’，以動物喻人疾病而成詞”[①]。按實當作“雞瞀眼”。

今蜀方言音義並存。《川方》（頁166）“雞摸眼”謂“夜盲眼”，“又說雞目眼、雞母眼、雞夢眼”。《川方彙編》（頁229）“雞暮眼”謂“夜盲”。《川方匯釋》（頁109）“雞摸眼”謂“夜盲癥。‘兒化’則指患夜盲癥的人”。《成都話》（頁98）“雞蒙眼”謂“夜盲癥”。以上並同詞異形，就其得名理據，當

---

① 《青海民族學院學報》1981年第2期。

作“雞瞀眼”。《成方》(頁32)“鷄摸眼”謂“=〖鷄蒙眼〗”,①“到了晚上看不見東西,即夜盲癥”,②“患夜盲癥的人”。《重方》(頁155)“雞摸眼兒”音ji¹mo¹yanr³,①“夜盲癥”,②“夜盲癥患者”。

《大詞典》(11/861)“雞目眼”謂“亦作‘鷄目眼’。指夜盲癥”,引克非《春潮急》。其餘詞形未收。按《大詞典》(11/862)“雞盲”謂“亦作‘鷄盲’。夜盲癥。俗名雞宿眼”,首引《留青日札》。

《方言大詞典》(頁3033)“雞瞀眼”謂“夜盲眼”,又(頁3927)“雞目眼”謂“夜盲”,又(頁3028)“雞母眼”謂“近視眼”,均爲西南官話。又(頁3032)“雞暮眼”謂“夜盲癥”,蘭銀官話。以上當讀若《埤雅》“瞀音木”。又(頁3026)“雞毛眼”謂“夜盲眼”,湘語、贛語、客話,則讀若“瞀”本音。又(頁3029)“雞盲眼”謂“夜盲癥”,江淮官話。又(頁3031)“雞麻眼”謂“夜盲癥”,中原官話、蘭銀官話。又(頁3032)“雞蒙眼”謂“夜盲眼”,西南官話。又“雞摸眼”①“近視眼”,西南官話;②“夜盲眼”,西南官話、贛語。又“雞膜眼”謂“夜盲癥”,中原官話。又(頁3033)“雞朦眼”謂“夜盲癥”,西南官話。又(頁3022)“雞盲”謂“夜盲(一般指在傍晚雞進籠的時間看不見東西)”,吳語。“盲”、“麻”、“蒙”、“摸”、“膜”、“朦”與“瞀”雙聲,而韻小變。其實,以上均爲同詞異形,據其理據,當作“雞瞀眼”。

家火　家伙　傢火　傢伙　家活

jiɑ⁵⁵ho⁵³/ho²¹［tɕia⁵⁵xo⁵³/xo²¹］

器物。唐顏師古《匡謬正俗》卷六《什器》："或問曰：'生生之具，謂之什器，什是何物？'荅曰：'此名原起軍戎，遂爲天下通稱。軍法：五人爲伍，二五爲什，一什之内，共有器物若干，皆是人之所須，不可造次而廢者，或稱什物。猶今軍行戍役工匠之屬，十人爲火，一火内共畜器物，謂之火幕調度耳。'"後即謂什器爲"家火"。元佚名《硃砂擔》第一折："兀的不是頭雞叫。小二哥，你起來，收拾家火，我去了也。"《京本通俗小说·错斩崔宁》："劉官人一覺直至三更方醒，見桌上燈猶未滅，小娘子不在身邊，只道他還在廚下收拾家火，便喚二姐討茶吃。"《水滸傳》第五十四回："（湯隆）提條朴刀，棄了家中破房舊屋、麄重家火，跟了李逵，直到酒店裏，來見公孫勝。"《三遂平妖傳》第一回："夫妻二人吃了數杯，收拾了家火歇息了。"《金瓶梅詞話》第十六回："他的樓上堆着許多藥料，你這家火去到那裏沒處堆放。"明周祈《名義考》卷十二《什器家火》："軍法：五人爲伍，二伍爲什，共其器物，故稱什器；從軍及作役者，十人爲火，共畜調度，故稱家火。"李詡《戒庵老人漫筆》卷五《今古方言大略》："器用曰家生，一曰家火，又曰家私。"沈榜《宛署雜記》卷十五《經費下》："禮部住宿床帳家火：合賃錫面盆五十個，錫茶壺三十六個，錫燭臺六十對，錫夜壺六十把。”李實《蜀語》（頁168）：“物件曰家火〇見《大明會典》。俗作伙，無此。”黄仁壽等校注：“俗謂家庭日常用具或器物爲‘家火’。”《大明會典》即《萬曆重修會典》，卷二百四：“成化四年，内官監奏准，每年差太監一員，往真定府，會同本府委官，抽印木植，造辦家火。”清道光二十一年《遵義府志》卷二十《風俗》、光緒二十一年《敘州府志》卷二十一《風俗》、民國十年《新修合川縣志》卷三十《風俗・方言》、民國二十四年《蓬溪縣近志》卷七《風土篇・方言》、民國二十四年《麻城縣志續編》卷一《疆域・方言》、民國三十二年《沿河縣志》卷十三《風土志・方言》、民國三十七年《貴州通志・風土志・方言》：“物件曰家火。”張慎儀《蜀方言》卷下（頁330）：“雜物曰家火。見《大明會典》。俗作伙，無此字。”民國十五年《簡陽縣志》卷二十二《禮俗篇・方言》：“雜物曰家火。”民國十八年《威縣志》卷十四《風俗志下・方言》：“物件曰家火。見《大明會典》。俗作伙，非。”民國十八年《新修南充縣志》卷七《掌故志・風俗・方言》：“置物曰家火。”民國二十二年《綿陽縣志》卷一《疆域・風俗・俗語》：“器具曰家火。”

又作“家伙”。明高濂《遵生八牋》卷十三《起糖滷法》：“凡家伙俱要潔淨，怕油膩不潔。”海瑞《備忘集》卷五《督撫條約》：“本院到任上元縣，於正櫃銀數内，開買辦家伙用銀三兩五錢。”清趙翼《簷曝雜記》卷五：“器曰家伙。”乾隆十八年《長洲縣志》卷十一《風俗》：“器用曰家生，亦曰家伙。”

光緒八年《黎平府志》卷二下《風俗·方言》:“物件曰家伙。”民國十七年《長壽縣志》卷四《人事部·方言》:“物件曰東西,曰家伙。”民國十八年《合江縣志》卷四《禮俗·方言》:“家伙,謂什器也。”民國二十一年《萬源縣志》卷五《教育門·方言》:“雜物統稱曰家伙、家事、家具。”民國二十三年《樂山縣志》卷三《方輿志·方言》:“通稱什物曰家伙,亦曰東西。”民國二十四年《萊陽縣志》卷三之二《禮俗·方言》:“器用,常用者曰家使,亦曰家伙。”《川方匯釋》(頁110)“家伙”㊀“工具”。

或作“傢火”。《喻世明言》卷十:“只與他四脚小牀一張,和幾件粗臺粗櫈,連好傢火都没一件。”清光緒七年《獲鹿縣志》卷四《籍賦志》:“修理察院公館傢火等項。”Adam Grainger《西蜀方言》(頁91):“善會做傢火。”謂“skilful at making furniture”。

亦偏旁類化作“傢伙”。《水滸傳》第四十四回:“叔叔兩夜不曾回家,今日回家,見收拾過了傢伙什物,叔叔一定心裏只道不開店了,因此要去。”《繡榻野史》下卷:“不由分說,竟把小嬌揪了亂打,又打碎了桌子上許多的傢伙。”《紅樓夢》第十四回:“一面又搬取傢伙:桌圍、椅搭、坐褥、氈席、痰盒、脚踏之類。”清Adam Grainger《西蜀方言》(頁14):“屋裏的傢伙。”即“the furnture in the house”。徐珂《清稗類鈔·詼諧類·湘人量大》:“傢(本音象,今讀如家)伙,俗以言器物也。喫傢伙者,言人之被撻於市朝也。飲與食皆曰喫,有受入之意。以撻人每用械,故曰喫傢伙。俗又謂器物曰東西,則見之於

《兔園冊》。蓋以物產四方，約言東西，正猶史紀四時，而約言春秋耳。然東西二字，大小之器物皆賅之，傢伙則多言大而少言小。可喫之物，必曰東西不曰傢伙，而長沙俗諺之於喫物也，則曰喫傢伙。林滬生曰：'於此，可見湘人之量大也。'"章炳麟《新方言·釋器》："《虞書》：'懋遷有天化居。'今人謂什器曰傢伙，尋《說文》：'家，居也。'《釋名》：'火，化也。'此皆以聲爲訓，家與居同音，火與化同音，則傢伙即居化，是化居二字倒易耳。"《切口大詞典·黨會類·紅幫》："傢伙，軍器。"民國二十年《青縣志》卷十一《風俗·方言》："器具總稱曰傢伙。亦曰家事，或曰東西。"民國二十五年《滎河縣志》卷八《禮俗附方言》："謂器物曰傢伙。"

或作"家活"。宋陸游《食齋》詩之三："風爐歙鉢窮家活，妙訣何曾肯授人。"元佚名《劉弘嫁婢》第一折："柴米油鹽醬醋茶，應用家活都有了。"《金瓶梅詞話》第十七回："父親慌了，叫兒子同大姐和些家活箱籠，就且暫在爹家中寄放。"民國十五年《澄城縣附志》卷三《經政·方言》："呼器具曰家活，亦曰家使。"

《大詞典》（3/1461）"家火"②"器具"，首引《京本通俗小說》。又（1463）"家伙"①"器具"，首引《醒世恒言》。又（1/1611）"傢火"謂"見'傢伙①'"，而"傢伙"謂"亦作'傢火'"，①"指家具、器皿等物件"，"傢火"引《古今小說》，"傢伙"引《紅樓夢》。又（3/1469）"家活"①"指日用器具物品"，首引陸游詩。《現漢》"家伙"〈口〉①"指工具或武器"。

《方言大詞典》(頁5152)“家火”謂“家用器具, 什物”，冀魯官話、江淮官話、西南官話、吳語、贛語、客話。與《現漢》之口語義似有不同。又(頁5155)“家活”①“器具；工具；用具”，冀魯官話、中原官話、江淮官話。又(頁5154)“家伙”①“炊具”，北京官話；②“響器；鑼鼓”，北京官話、中原官話。又(頁5155)“家貨”②“家具”，吳語。以上並同詞異形。

家私　家什　傢什　家事　家使　家生

jiɑ^{55}si^{55}/si^{21}/sen^{55}［tɕia^{55}sɿ^{55}/sɿ^{21}/sən^{55}］

用具；器物。唐李商隱《雜纂》：“早晚不點檢門戶家私，失家長體。”明李詡《戒庵老人漫筆》卷五《今古方言大略》：“器用曰家生，一曰家火，又曰家私。”今市井謂家具爲“家私”，即此也。清乾隆十九年《福州府志》卷二十四《風俗》：“謂器用曰家私。”嘉慶十一年《福鼎縣志》卷二《風俗》：“器用曰家私。”民國十二年《平潭縣志》卷《禮俗志·方言》：“謂器具曰家私。”民國十五年《南川縣志》卷六《土音土語》：“總家中器物曰家私。”民國三十三年《長壽縣志》卷四《風土·方言》：“通稱家中器物曰家私。私讀若事。”又，艾蕪《我的青年時代》十一：“等會長走了以後，我到屋裡去打整那些燒煙的家司。”又《端陽節》六：“打鑼鼓家司的立刻換一個‘奶胎奶轉’的音樂。”蜀方言“私”、“司”音同。

又作“家什”。據唐顔師古《匡謬正俗》卷六《什器》：“或問曰：‘生生之具，謂之什器，什是何物？’荅曰：‘此名原起軍戎，遂爲天下通稱。軍法：五人爲伍，二五爲什，一什之內，共有器物若干，皆是人之所須，不可造次而廢者，或稱什物。猶今軍行戍役工匠之屬，十人爲火，一火內共畜器物，謂之火幕調度耳。’”“家私”即“家什”之音變。清傅崇矩《成都通覽·成都之土語方言》（頁267）：“家什，響器及一切器具也。”又，《水滸傳》第四十四回：“叔叔兩夜不曾回家，今日回家，見收拾過了傢伙什物，叔叔一定心裏只道不開店了，因此要去。”“傢伙什物”，省說即“傢什”，亦偏旁類化。《重方》（頁157）“家什”音jia¹si⁴，①“器物、用具”。

亦作“家事”。宋道山先生《道山清話》：“章子厚與蘇子瞻少爲莫逆交，一日，子厚坦腹而卧，適子瞻自外來，摩其腹以問子瞻曰：‘公道此中何所有？’子瞻曰：‘都是謀反底家事。’子厚大笑。”猶言都是謀反的東西。孟元老《东京夢華録》卷三《防火》：“樓上有人卓望，下有官屋數間，屯駐軍兵百餘人，及有救火家事，謂如大小桶、洒子、麻搭、斧、鋸、梯子、火叉、大索、鐵貓兒之類。”民國二十年《青縣志》卷十一《風俗·方言》：“器具總稱曰傢伙。亦曰家事，或曰東西。”民國二十一年《萬源縣志》卷五《教育門·方言》：“雜物統稱曰家伙，家事，家具。”民國二十一年《南皮縣志》卷四《風土志下·方言》：“家伙、家事，器物總名也。”“家事”即《戒庵老人漫筆》之“家私”。

或作“家使”。清雍正《陝西通志》卷四十五《風俗·方言》、道光二十一年《榆林府志》卷二十四《風俗志·方言》："⺕，俗呼器具爲家使，作此字。""⺕"未見字書收錄。民國三年《安塞縣志》卷六《風俗志·方言》："呼器具曰家使。"民國十五年《澄城縣附志》卷三《經政·方言》："呼器具曰家活，亦曰家使。"民國二十四年《萊陽縣志》卷二十一《禮俗·方言》："器用，常用者曰家使，亦曰家伙。"

亦謂"家生"。宋吳自牧《梦粱錄》卷十三《諸色雜貨》："家生動事，如桌、櫈、涼牀、交椅。"《水滸傳》第七回："衆潑皮道：'這幾日見師父演力，不曾見師父家生器械，怎得師父教我們看一看也好。'"《喻世明言》卷二十六："二人收了，作別回家，便造房屋，買農具家生。"明李詡《戒庵老人漫筆》卷五《今古方言大略》："器用曰家生，一曰家火，又曰家私。"清乾隆十八年《長洲縣志》卷十一《風俗》："器用曰家生，亦曰家伙。"嘉慶七年《直隸太倉州志》卷十七《風土下·方言》："器曰家生。"道光二十年《江陰縣志》卷九《風俗·方言》："器物曰家生，曰末事。"光緒五年《鎮海縣志》卷三十九《方言》："家生，《夢粱錄》載家生動事，如交椅兀子之類。《俗呼小錄》：'家生，一曰家貨，又曰家私。'"光緒八年《寶山縣志》卷十四《志餘·風俗附方音》："家生，俗言器。"民國十三年《崇明縣志》卷四《地理志·方言》："器具曰家生。"民國二十四年《蕭山縣志稿》卷二十九《瑣聞·方言謠諺》："泛稱器具曰家生。"

《大詞典》（3/1464）"家私"④"家庭日用器物"，首引李商隱《雜纂》。又（1460）"家什"①"器物；用具"，引梁斌《播火記》。又（1/1161）“傢什”謂“泛指用具、器物”，引柳青《銅牆鐵壁》。又（3/1465）“家事”④“家什，器具”，首引《道山清話》。“家使”未收。又（1461）“家生”④“家什。器具的總稱”，首引《夢粱錄》。又（1/1161）“傢生”謂“亦作‘傢性’。方言。泛指用具，器物”，引《海上花列傳》、茅盾文。又（3/1462）“家司”謂“家什，器具”，引艾蕪文。《現漢》“家什”〈口〉“用具；器物；家具”，“家私”謂“家產”。

《方言大詞典》（頁5153）“家生”①“家具；用具，工具”，吳語、客話；“家司”②“家具”，閩語；“家式”謂“工具或可作工具用的東西”，西南官話，當作“家什”。又（頁5154）“家私”①“家具”，湘語、客話、粵語、閩語，也作“家俬”、“家事”；②“東西；器具”，西南官話（四川重慶）。又（頁5155）“家事”謂“見‘家私’①”。又“家使”③“器具；家具”，膠遼官話、晉語。又“家俬”謂“見‘家私’”。以上均同詞異形。

圿圿 jia²¹jia²¹［tɕia²¹tɕia²¹］

污垢，塵垢。同“垢圿”。《廣雅·釋言》：“圿，垢也。”《玉篇·土部》：“圿，垢圿也。”敦煌本斯6204a《碎金》：“垢圿，音茍，下嘎。”明楊慎《丹鉛摘錄》卷九：“《山海經》：錢來之山多洗石。洗石可以磢體去垢圿。圿音甲。”蜀語亦重言曰“圿圿”。民國十五年《簡陽縣志》卷二十二《禮俗篇·方言》、民國二十一年《萬源縣志》卷五《教育門·方言》：“塵垢曰圿圿。音甲。”民國二十三年《華陽縣志》卷五《禮俗·方言》：“垢穢曰圿圿。音甲。”姜亮夫《昭通方言疏證》（907條）：“昭人言身汗塵所結手搓之成類或線狀曰圿，音如戛……昭人重言之曰圿圿，下字又變陰平，引申之則一切塵垢皆可曰圿。”今蜀方言“圿”仍音同“甲”，亦疊言“圿圿”，記音作“甲甲”。如《川方》（頁173）“圿圿（甲甲）”音$jia^{2}jia^{2-1}$，謂“皮膚上的污垢，也泛指一般污垢”。《川方匯釋》（頁111）“圿圿”謂“垢膩”。《成都話》（頁101）“圿圿〔甲甲〕”①“污垢”，②“特指汗垢”。《成方》（頁106）“圿圿”謂“膩垢，污垢”，亦作“甲甲”。《重方》（頁158）“圿圿”音$jia^{2}jia^{2}$，謂“皮膚上的污垢”。

《大詞典》（2/1039）“圿”謂“污垢”，首引《山海經·西山經》及郭璞注。未收“圿圿”。

《方言大詞典》（頁2396）“圿圿”，又（頁1254）“甲甲”②，均謂“皮膚上的污垢，也泛指一般污垢”，西南官話。“圿”本爲“垢”義，“甲”則記音，無理據。

嫁毛蟲 $jia^{213}mao^{21}cong^{21}$［$tɕia^{213}mau^{21}ts‘oŋ^{21}$］

農曆四月初八以紅紙條疊成十字書寫勑令字或韻語遣送毛

蟲。清六對山人《錦城竹枝詞》:“佛生日采花間露，寫嫁毛蟲帖數張。”乾隆五十一年《蓬溪縣志》卷一《風俗志》:“(四月)八日爲佛誕日，人多食素，俗有挹草露研墨，顛倒書四語於二紙條，架十字貼壁柱，謂之嫁毛虫，以免近屋。”嘉慶二十三年《龍山縣志》卷七《風俗》:“四月八日，無論士庶，硃書嫁毛蟲字粘壁間。”同治三年《恩施縣志》卷七《風俗》:“四月八日，鄉城皆以徑寸朱紙，書數語粘之壁間，謂之嫁毛蟲。”光緒二十一年《敘州府志》卷二十一《風俗》:“四月八日爲浴佛節，士人咸書紅箋於壁，謂之嫁毛蟲。其辭曰:佛誕降祥，毛蟲遠藏。”傅崇矩《成都通覽·成都之民情風俗》(頁97):“四月:初八日，俗佛，看放生會，嫁毛蟲。”又《成都之小兒各咒語》(頁258):“嫁毛蟲咒:佛生四月八，毛蟲今日嫁，嫁在深山去，永世不回家。”余幼時常見壁頭貼十字形紅紙上書嫁毛蟲詞，第三句作“嫁到深山去”，現在鄉間已不多見了。又《成都之迷信》(頁248):“俗以四月八日爲嫁毛蟲日，按古謂之爲驅蝨。”又《成都之避蟲去鼠法》(頁430):“俗於四月初八浴佛日嫁毛蟲，用紅紙條書寫俗語，或用黃紙用朱砂寫一茶字，或寫一白字，均倒貼壁上，謂毛蟲可除。”民國十三年《江津縣志》卷十一《風土志·土產》:“邑俗四月浴佛日有嫁毛蟲之説，殆藉佛以遠螫也。”又《風俗》:“邑又有嫁毛蟲之俗，裁紅箋架作十字，書韻語其上，貼之壁間。”民國十五年《南川縣志》卷六《動物》:“吾邑鄉人以(毛蟲)形狀可憎，於每年四月八日剪紅紙作十字形，書字書符粘貼壁間驅之，謂之嫁毛蟲。”民國十七年《長壽縣志》卷四《人事部·禮俗》：“四月八日爲佛生日，有買龜鱉鰍鱓放生者，鄉間或用紅紙書嫁毛蟲貼之。”民國二十一年《渠縣志·禮俗志第五·卷下風俗》：“四月八日爲佛生日，以紅紙二條組成十字，上書韻語，黏貼壁上，名爲嫁毛蟲。”民國二十二年《綿陽縣志》卷一《疆域·風俗》：“四月八日浴佛，各廟進香，或買魚鱉鰍鱓放生，寫紅箋嫁毛蟲。”民國二十六年《犍爲縣志·居民·風俗》：“四月八日浴佛會，浥神露研墨，以寸箋寫勅令字或韻語貼之壁柱，曰嫁毛蟲。”疑“神”爲蜀語“晨”字音譌。民國三十六年《新繁縣志》卷四《禮俗·歲時》：“《荊楚歲時記》：四月八日‘香湯浴佛，共作龍華會，以爲彌勒下生之徵’。人家以紅籤書韻語其上，縱橫貼於壁間，謂之嫁毛蟲。”周芷穎《新成都》第四章第一節《歲時習俗》（頁45）：“四月初八日看放生會，嫁毛蟲。”《成方》（頁107）“嫁毛蟲”謂“毛蟲的濃毛有毒，如果人的皮膚被蜇了，很快就會出現奇癢和腫痛。毛蟲大量繁殖，可危害樹木、莊稼，比蝗災還利害，故成都民間迷信的人每到農曆四月八日，便要舉行‘嫁毛蟲’的活動。其常見的方式是在長約一尺二寸、寬約一寸二分的兩張小紅紙條上寫上歌謠，將其貼於天花板或者房梁上，以此驅毛蟲、避毒蛇”。黃尚軍《四川方言與民俗》“四月八，嫁毛蟲”謂“這是四川農村地區的一種民俗活動，至今猶存”[①]。

《大詞典》、《方言大詞典》均未收錄。

① 四川人民出版社，2002年1月第2版，第125頁。

櫼 尖 jian[55] [tɕian[55]]

木楔；加楔子。参《考釋》第309頁。《說文·木部》："櫼，楔也。"段玉裁注："玄應書曰：《說文》櫼，子林切。今江南言櫼，中國言屜。楔，通語也。……木工於鑿枘相入處有不固，則斫木札楔入固之，謂之櫼。櫼亦作鉆。《戰國策》蘇秦謂趙王曰：'柱山有兩木，一蓋呼侶，一蓋哭。問其故，曰：吾苦夫匠人，且以繩墨案規矩刻鏤我。一曰：此非吾所苦也，是故吾事也。吾所苦夫鐵鉆然，自入而出夫人者。今臣使於秦，而三日不見，無有爲臣鐵鉆者乎？'鉆自入而出，謂以大鐵鉆釘入大樹一邊，既析破，乃取樹之一邊爲用。夫人者，言此人冣所苦也。今四川建昌山中取杪方，皆以楔釘入，取陽面一塊，而樹尚卓立。蘇秦以此喻離間之人也。蘇秦謂鐵器，許謂木札，其用正同。《周禮注》'飛鉆'當作此解。砧音。"羅憲華、經本植先生說："建昌即今西昌。這種取木方式至今在四川山區仍慣用。段氏以其在川目睹之實例，解說'櫼'字之義，亦可印證《戰國策·秦策》上記載的取木時'自入而出'的'鑽'（即'櫼'字)的作用。"[①]又《說文·木部》："楔，櫼也。"段玉裁注："今俗語曰楔子，先結切。《考工記》曰'牙得則無槷而固'注曰：'鄭

① 《四川大學學報》1982年第3期。

司農云：槷，檓也，蜀人言檓曰槷。玄謂槷讀如涅，從木埶省聲。’按槷檓皆假借字，檓即楔之假借也。《釋木》‘楔，荆桃’爲木名，《南都》、《蜀都》二賦皆有楔。”《正字通·木部》：“櫼，將兼切，音尖。《説文》‘楔也’，徐鉉曰：‘即今尖字。’戴侗曰：‘徐説非，櫼古砧字。’《長箋》：‘櫼殲當即一字，異旁合作重文可也。’按殲與櫼音同義别，箋説誤。又徐謂櫼即尖義，通。戴氏謂砧古文作櫼，亦誤。”清周壽昌《思益堂日札》卷八《打字退字櫼字》：“盧文弨云：䘑，古但作退。尖，古但作櫼。案《玉篇》、《廣韻》有尖字。”顔若愚《〈義府續貂〉增附》：“《游宦紀聞》‘尖字，韻中亦不載。’原注：盧文弨曰‘尖古但作櫼，《廣韻》有尖字’。按《説文》：‘櫼，楔也。从木櫼（韱）聲。子廉切。’徐曰：‘謂簪也搧也。上小下大爲櫼。字今作尖，末鋭也，小也’。杜甫《送張參軍赴蜀州詩》：‘萬點蜀山尖。’蘇東坡《雪夜書北臺壁》第一首：‘未隨埋沒有雙尖。’又舊方言有‘打尖’二字，今謂之‘打中伙’。如行旅未到驛站時，腹飢則於中途小吃充飢，名曰‘打尖’，蓋‘加一頓’之意。此義字書多不載。清人《燕臺口號一百首》：‘點心兼可擋寒氣，早出門人打小尖。’注：‘點心曰打小尖’。”[①]《四川方言方音表》“槏”音jiān，謂“尖”[②]。《川方匯釋》（頁112）“槏”謂“楔子”。此以從“兼”得聲

① 《杭州大學學報》1991年第2期。按“打尖”已見於《紅樓夢》第十五回：“忽見寶玉的小廝跑來，請他去打尖。”福格《聽雨叢談·打尖》：“今人行役於日中投店而飯，謂之打尖。”《現漢》收錄，已爲通語矣。

② 唐樞《蜀籟》，1982年8月新1版附。

之“槏”賦予方言音義①。

《大字典》（二/3/1417）“櫼”（一）jiān，①“木楔；木簽”，《大詞典》（4/1368）“櫼”①釋義同，均首引《說文·木部》：“櫼，楔也。”段玉裁注：“木工於鑿枘相入處，有不固，則斫木札楔入固之，謂之櫼。”段君所釋爲動詞義，與義項並不榫合。《現漢》“櫼”謂“〈書〉木片楔子”，則以爲書面語。又《大字典》（二/2/609）、《大詞典》（2/1656）“尖”均未及“木楔”義。

《方言大詞典》（頁7493）“櫼”①“木片楔子”，古南方方言、吳語、粵語、閩語；③“打楔子；楔入”，粵語。又（頁1872）“尖”①“楔子”，贛語、客話；②“楔形木樁，土法榨油的油榨上的一個零件，用堅硬的木材做成”，西南官話；⑦“加楔子，使接榫的地方牢固不活動”，西南官話、客話。按“櫼”、“尖”同音②，一爲形聲字，一爲會意字，釋作“楔形木樁”不確，可釋爲“土法榨油的油榨上的一種硬木製成的楔形器具”，實際上也就是一個“大楔子”，楔入油榨擠出油來，與楔入榫合處使穩固原理相似。

尖攢　尖鑽 jian[55]zuan[53]［tɕian[55]tsuan[53]］

詭詐；狡黠。明李實《蜀語》（頁48）：“人之狡黠者曰尖

① 《說文·木部》：“槏，戶也。从木，兼聲。”與“楔”義無涉。

② 《廣韻·咸韻》：“櫼，又音尖，楔也。”

穳〇穳音纘，矛戟柄底鋭鐵也。言人之狡黠如之。吳越謂尖酸，酸字想訛。”黄仁壽等校注：“‘尖酸’指人說話帶刺，使聽者難受，暗含刻薄之意。它與‘尖穳’含義不盡相同 。李氏等同之，故認爲‘酸字相（想）訛’。”梁國均《從〈蜀語〉看四川方言語彙的構成和來源》謂“穳之形制爲兩頭尖鋭，故謂之尖穳。凡尖穳之物，善鑽刺而能刻，又能滑脱。人之刻薄狡猾者似之”[①]，或爲一說。清道光二十一年《遵義府志》卷二十《風俗》、光緒二十一年《敘州府志》卷二十一《風俗》、民國十年《新修合川縣志》卷三十《風俗・方言》、民國三十七年《貴州通志・風土志・方言》：“人之狡黠者曰尖穳。音纘。”民國《息烽縣志》卷二十九《風土志・方言》：“謂狡黠曰尖穳。”民國十八年《新修南充縣志》卷七《掌故志・風俗・方言》：“狡黠曰尖穳。”民國二十三年《華陽縣志》卷五《禮俗・方言》：“人之狡黠曰尖穳。”民國二十四年《雲陽縣志》卷十四《禮俗下・方言上》：“尖穳，狡黠也。”

亦作“尖鑽”。清嘉慶七年《直隸太倉州志》卷十七《風土下・方言》：“巧曰摟搜，曰尖鑽。”道光六年《崑新兩縣志》卷一《風俗附方言》：“巧曰摟搜，亦曰尖鑽，皆取得竅意。”光緒五年《靖江縣志》卷五《食貨志・方言》：“尖巧曰尖鑽。”光緒八年《寶山縣志》卷十四《志餘・風俗附方音》：“尖鑽，俗言巧。”民國十三年《崇明縣志》卷四《地理志・方言》：“巧刻曰尖鑽。”民國二十二年《增修華亭縣志》第五編《禮俗志・

① 《川北教育學院學報》1991年第2期。

方言》："尖鑽，謂人慧黠伶俐也。" 按《廣雅·釋器》："穳謂之鋋。" 王念孫疏證："《說文》：'鋋，小矛也。'《眾經音義》卷十一云：'穳，小矛也。'" 唐慧琳《一切經音義》卷二十九《金光明最勝王經卷第八》"鉾穳"引《韻詮》："穳，小矟也，荊、楚、巴、蜀今謂之穳刀，長可丈餘。"《廣韻·換韻》："穳，鋋也，本音鑽，俗爲槍穳字。" 後借穳之尖端比喻人之狡詐、刁鉆。

《大詞典》未收。《方言大詞典》（頁1874）"尖穳"謂"狡黠"，西南官話。又（頁1873）"尖鉆"①"善於鉆營"，閩語；②"聰明；精明"，蘭銀官話、閩語，吳語引重修本《靖江縣志》："尖巧曰~。" 1919年《太倉州志》："巧…曰~。" 其實"尖鉆"所立兩義中包含"狡黠"義。

攓 摶 搴 jian⁵³ [tɕian⁵³]

拔取，摘取。參《考釋》第310頁。茲補說於次。《方言》卷一："撏、攓、摭、挻，取也。南楚曰攓。" 戴震疏證："《列子·天瑞篇》：'攓蓬而指。' 張湛注云：'攓，拔也。'《說文》作'摶'，云：'拔取也。南楚語。' 又作搴。《離騷》：'朝搴阰之木蘭兮。' 王逸注云：'搴，取也。'《史記·叔孫通列傳》：'故先言斬將搴旗之士。' 索隱引《方言》云：'南方取物爲搴。'" 又卷十："攓，取也。楚謂之攓。"《集韻·

獮韻》："揀，亦作搴。"《五音集韻·獮韻》："搴、攓、攐、揀，取也。"《文子·九守》："今萬物之來，擢拔吾生，攐取吾精，若泉原也，雖欲勿稟，其可得乎？""攐取"同義連文。《楚辭·離騷》："朝搴阰之木蘭兮。"王逸注："搴，取也。"清Adam Grainger《西蜀方言》（頁224）："揀棉花。"謂"to pick cotton"，"揀"音"CHIEN[3]"，即採摘。易祖洛《〈楚辭〉方言今證》"搴"條："《離騷》：'朝搴阰之木蘭兮。'王逸注：'搴，取也。'洪興祖補注：'搴音蹇，《說文》：揀，拔取也，南楚語，引朝揀阰之木蘭。'先師長沙楊君（名樹達，字遇夫）告余曰：'《說文》揀篆下孫愐音九輦切。音如檢。今吾湘方語謂拔取物爲揀。'洛按：師說極確。今長沙、湘陰、寧鄉諸縣謂摘棉花、摘豆莢均曰搴（搴、揀一字），音如檢。"①

又，明李實《蜀語》（頁78）："拾物曰搴〇搴音簡。"此別一義，故黃仁壽等校注："拾物之'搴'，今通用'撿'。"清道光二十一年《遵義府志》卷二十《風俗》、光緒二十一年《敘州府志》卷二十一《風俗》、民國十年《新修合川縣志》卷三十《風俗·方言》、民國二十四年《麻城縣志續編》卷一《疆域·方言》、民國二十四年《蓬溪縣近志》卷七《風土篇·方言》、民國二十六年《犍爲縣志·居民·言語·方言》、民國三十二年《沿河縣志》卷十三《風土志·方言》、民國三十七年《貴州通志·風土志·方言》："拾物曰搴。音簡。"此照錄《蜀語》。

---

①《中華文史論叢增刊·語言文字研究專輯（下冊）》，上海古籍出版社，1986年6月第1版，第452頁。

張慎儀《蜀方言》卷上（頁288）："拾取曰擹。"民國二十四年《雲陽縣志》卷十四《禮俗下·方言上》："搴，拾也。《集韻》音蹇，同擹。"民國三十三年《重修彭山縣志》卷二《民俗篇·方言》："拾起曰搴。"以上或均以"搴"爲"撿"，義爲拾取。清乾隆五十年《涪州志》卷五《風土志·方言》："拾曰撿得。"咸豐元年《安順府志》卷十五《風俗·方言》："拾得曰檢得。"同治八年《安仁縣志》卷四《風土·方言》："拾遺曰檢得。"光緒八年《黎平府志》卷二下《風俗·方言》："拾物曰搴。音踐。"民國《息烽縣志》卷二十九《風土志·方言》："謂有所拾取曰搴。"民國三十七年《貴州通志·風土志·方言》又云："拾得曰檢得。"今蜀方言"簡"、"撿"、"檢"並音［tɕian53］。又，張天翼《萬仞約》一："閔桂林就家裏當大少爺，當呀當的把幾個錢當完，老子一死，他就到安化那些地方打流，揀揀茶葉。""揀"謂采摘。

《大字典》（二/4/2088）"撿"（二）⑤"拾取"，引《中國地方戲曲集成·粤劇·搜書院》。《大詞典》（6/920）"撿"④"取；拾取"，引沙汀《老烟的故事》。"拾取"義爲通語，如《現漢》"撿"謂"拾取"。

蜀語之"拔取"、"采取"義，當作"攓"、"擹"、"搴"。《大字典》（二/4/2080）"擹"謂"拔取。後作'搴'"，首引《説文》。又（2041）"搴"①"拔取；采取"，首引《廣雅》。又（2105）"攓"①"同'搴'，拔取"，首引《方言》。《大詞典》（6/969）"攓"①"拔取，取"，首引《莊子》。又（891）"擹"謂"同'搴'。拔取"，首引《説文》。又（789）

"搴"①"拔取；采取"，首引《晏子春秋》。以上三字均音qiān，蜀語則音[tɕian[53]]，同楊樹達、易祖洛說湘語音。

《方言大詞典》(頁7048)"揵"音jiǎn，①"拔取；拾取"，古方言、西南官話(四川)。又(頁7474)"攓"音qiān，謂"拔取；剔取；拾取"，古南方方言、江淮官話、西南官話。又(頁6948)"搴"音qiān，①"摘取"，中原官話；②"拾物"，西南官話、贛語。上引《五音集韻》證明"搴"、"攑"、"攓"、"揵"同詞異形，"攓"、"搴"西南官話未另注音，實則蜀語並音[tɕian[53]]。

筧 梘 jian[53] [tɕian[53]]

用竹管或木槽引水。《玉篇·竹部》："筧，以竹通水也。"此釋動詞義。《集韻·銑韻》："筧，通水器。或从木。"此釋名詞義。《六書故》卷二十三《植物三》："筧，續竹通水也。古單作建，建瓴。亦作梘。"[1]《正字通·木部》："梘，同筧。或以竹，或合木爲之，皆以通水也。"明陳士元《俗用雜字》、焦竑《俗書刊誤》卷十一："以竹木通水曰筧，又作梘，從竹、木也。音蹇。"方以智《通雅》卷四十九《諺原》："今屋前合

① 《史記·高祖本紀》："譬猶居高屋之上建瓴水也。"裴駰集解引如淳曰："瓴，盛水瓶也。居高屋之上而翻瓴水，言其向下之勢易也。"謂"古單作建，建瓴"，與"續竹通水"意思並不相同。

卷棚，必以梘去窗流水曰梘溝，深山取水曰筧水，各處至今呼之。”《康熙字典·竹部》：“筧，《廣韻》古典切，《集韻》吉典切，並音繭，以竹通水也。”宋黄庭堅《山谷外集》卷十《宿觀山》：“筧水煙際鳴，萬籟入秋木。”史容注：“以竹通水曰筧。”明楊慎《秇林伐山》卷十八《略記字義》：“以竹通水曰筧。”清乾隆《梧州府志》卷八《田賦志一·水利》：“灌溉之術，農民百計講求，甃甎以引之曰圳，架竹通之曰筧。”唐訓方《里語徵實》卷上：“引水曰筧。吉典切，音蠶，續竹通水也。”光緒《浦江縣志》卷三《輿地志·風俗附方言》：“筧，音繭，以竹通水曰筧。梘，音繭，通水器也，俗呼曰水梘。”張慎儀《蜀方言》卷上（頁301）：“接溜曰筧。《集韻》：筧，吉典切，音繭。以竹通水也。”民國十八年《新修南充縣志》卷七《掌故志·風俗·方言》：“以竹通水曰筧。音簡。”

亦作“梘”。上引《集韻》、《六書故》等均謂“筧”或作“梘”。清乾隆二十二年《沅州府志》卷十一《水利》：“刳木引渠之水而入田者曰梘。”此釋名詞義，而以刳木引水入田亦曰梘。光緒元年《衡山縣志》卷二十《風俗·農事》：“農家水其田有數法：自上注下曰放，自此過彼曰梘。用木曰梘，亦有用竹者字從筧。”疑“字從筧”當爲“字作筧”。黄侃《蘄春语》：“今吾鄉以竹通水，曰梘水；其器，曰梘。”

按《廣韻·銑韻》“筧”、“繭”音古典切，同一小韻。民國二十四年《麻城縣志續編》卷一《疆域·方言》：“水槽曰筧。音簡。”今蜀方言名詞則謂“筧槽”、“筧竿”，動詞義謂以竹管或槽狀物引水，“筧”、“蹇”、“繭”、“簡”同音[$tɕian^{53}$]。

《川方》（頁177）“筧”謂“用竹管或槽狀東西引水”，“筧槽”謂“本指安在檐下或田間的，用竹筒一剖兩半做成的引水槽，也泛指一般的小型引水槽”。《成方》（頁285）“筧”謂“（用竹筒或槽狀的東西）引（水）”。

《大字典》（二/3/1301）“梘”（一）②“以槽輸送”，《大詞典》（4/1039）“梘”②“通過槽管輸水或輸送液體”，均首引明湯顯祖《牡丹亭·肅苑》：“這幾日菜也不送，有菜夫；水也不梘，有水夫。”又《大字典》（二/5/3171）“筧”（一）“連接起來引水的長竹管”，所引前兩書證爲《玉篇·竹部》：“筧，以竹通水也。”《正字通·竹部》：“筧，以竹空其中通水也。”顯然所立義項爲名詞義，而書證則爲動詞義，兩不相侔矣。

《大詞典》（8/1171）“筧”謂“用對剖並內節貫通的毛竹連續銜接而成的引水管道”，引唐白居易《錢唐湖石記》，未及動詞義。又（4/1039）“梘”音jiǎn，①“過水器。多以竹、木管爲之”，首引楊萬里詩；②“通過槽管輸水或輸送液體”，首引湯顯祖《牡丹亭》。“梘水”謂“用竹梘通水”，引黃侃《蘄春語》。《現漢》“筧”謂“引水的長竹管，安在房檐下或田間”，亦未收動詞義。

《方言大詞典》（頁4894）“筧”謂“引水用的長竹管或木槽，安在檐下或田間”[①]，江淮官話、西南官話、贛語、客話，未涉及動詞義。但引《蜀方言》：“接溜曰~。《集韻》：‘~，

① 其實，此義已爲通語（見上引《現漢》），非方言矣。

以竹通水也。'”《里語徵實》："引水曰~，音繭，續竹通水也。”兩書證均爲動詞義，與詞典所立名詞義齟齬。又（頁3094）“梘”②“引水的竹、木管子”，吴語，未立動詞義。

剪綹　翦綹　剪柳　翦柳 jian^{53}liu^{53} [tɕian^{53}liəu^{53}]

偷竊錢物。因錢袋或佩飾以絲線繫結，竊賊以利刃割取之，故謂偷竊錢物爲剪綹。元孫仲章《勘頭巾》第三折："問張千道：這個是甚麼賊！他回是偷馬的剪綹的。”明田汝成《西湖游覽志餘》卷二十五《委巷叢談》："夾剪衫袖以掏財物，謂之剪綹。”李實《蜀語》（頁78）："線條曰綹○綹音柳。《大明律》：剪綹。”清沈濤《瑟榭叢談》卷下："近世竊鉤之徒竄身都市，潛於人叢中割取佩物，俗呼剪綹。”李調元《制義科瑣記》卷二《一網得》："唐皋在歙庠日，每以魁元自命，雖累蹶場屋而志不怠，鄉人誚之曰：'徽州好箇唐皋哥，一氣秋闈走十科。經魁解元荷包裏，其奈京城剪綹多。'唐聞之，志益勵，因題書室壁曰：'愈讀愈不中，唐皋其如命何？愈不中愈讀，命其如唐皋何？'又嘗見人所持便面畫一漁翁網魚，題曰：'一網復一網，終有一網得。笑殺無網人，臨淵空歎息。'及正德癸酉甲戌果連捷狀元及第。”又，《啯嚕曲》題注："啯嚕，本音國魯，蜀人呼賭錢者通稱，呼作平聲。行常帶刀，短曰線雞尾，長曰黃鱓尾，皆象形而名。內分紅黑，晝曰紅錢，如剪綹割包之類；夜曰黑錢，如穿牆鑿壁之類。”顧張思《土風錄》卷六《剪綹》：“途中剪竊衣物曰剪綹。”宣鼎《夜雨秋燈錄續集》卷二《小癩子》：“今有人焉，於光天化日之中，九陌通衢之地，公然攫財物，使行道者耳如不聞，目如不見者，誰歟？即北之剪綹，南之扒兒手也。”陳盛韶《問俗録》卷一《江湖》：“惟竊賊稱江湖者尙多，雖剪綹小模亦必拜江湖爲師，然後敢動。”《龍圖公案》第七十則《賊總甲》：“任溫眼雖看戲，只把心放在銀上，要拿剪綹賊。少頃，身旁眾人挨擠甚緊，背後一人以手托任溫的袖，其銀包從袖口挨手而出。任溫乃知剪綹的，便伸手向後拿道：‘有賊在此。’”佚名《蜨階外史》卷四《剪綹（綹音旅）》：“剪綹，一名小綹，京師最多，不操矛弧，攫財於道，神出鬼沒，不可端倪。”周廣業《過夏雜録》卷六《剪綹》：“剪綹賊，俗呼小侣，多匿于鬧市人衆處，物失去初不自覺，旁觀見者皆不敢言，恐其讎怨也。”葛虛存《清代名人軼事》下《先德類·潘封翁》：“數日間將爲子娶婦，貸于戚友得三十金，今日進城市衣裙，爲剪綹賊掏摸去，無顔見家人，故覓死耳。”Adam Grainger《西蜀方言》（頁408）：“割包剪綹。”即“to cut purses”。徐珂《清稗類鈔·方言類·上海方言》：“銃手，即剪綹賊，汽船、汽車及碼頭上並鬧市中均有之。”李鑑堂《俗語考原》：“小李，即俗所謂剪綹。今北方猶循此稱。”民國二十一年《萬源縣志》卷五《教育門·方言》：“街市乘機竊物曰割包，曰剪綹。”下江人《釋四川話（二）》：“扒手剪綹稱做‘摸包包’。”[1]按“剪綹”所用工具並非剪

① 《旅行雜志》1945年第7期，第18頁。

刀，衹是概而言之罷了。如《型世言》第二十二回："本縣有個慣做剪綹頭兒，坐地分贓的，叫做吉利。他不管你用銅皮、用銅錢，剪得來要孝順他。"此用銅皮或銅錢磨成鋒利刀片以行竊。《醒世姻緣傳》第九十三回："原來這人是剃頭的待詔，又兼剪綹爲生，專在渡船上乘着人衆擁擠之間，在人那腰間袖內遍行摸索，使那半邊銅錢磨成極快的利刃，不拘棉襖夾衣，將那錢刀夾在手指縫內，憑有幾層衣服，一割直透，那被盜的人茫無所知。"徐珂《清稗類鈔·盜賊類·賊以翦綹術懾盜》："其人嚮爲翦綹賊，輒身懷二錢，礱治其半邊，至鋒鋭，駢夾兩指間，垂手行鬧市，鋒交，割人衣囊，盜銀物，無覺者。"

亦作"翦綹"。元岳伯川《鐵拐李》第一折："這老子倒乖，哄的我低頭自取，你却叫有翦綹的，倒着你的道兒。"明岳元聲《方言據》卷下《綹》："稠人中割取衣袂閒物，謂之翦綹。"清陳其元《庸閒齋筆記》卷十一《冷官風趣》："吾來會試，狀元總在吾荷袋中，無奈輙遇翦綹賊也。"范寅《越諺》卷中《人部》："翦綹賊，中柳，街市間翦取身邊衣物。"謂"翦綹賊"一詞中間的"綹"字音柳。徐珂《清稗類鈔·盜賊類·賊之類别》："插手，即翦綹賊也。但用手指者曰清插，用銀皮紙者曰渾插。翦綹二字，見於《明會典》。京師謂之小綹，疑是音轉之訛。"

或作"剪柳"。明陳士元《俚言解》卷二《剪柳》："割人衫袖以掏財物，謂之剪柳，北人謂之小李。《西湖遊覽志餘》作剪綹。按韻書無綹字。《類聚音韻》剜音柳，注云：'剪剜，割也。'"按清郝懿行《證俗文》卷十七引田汝成《委巷叢談》亦作“剪𦆀”，上引今本《西湖游覽志餘》作“剪綹”。“𦆀”爲以“柳”得聲的方俗造字，“綹”、“柳”同音，故又徑以“柳”作“綹”。明蔣一葵《堯山堂外紀》卷九十五《國朝》：“唐皐在歙庠日，每以魁元自擬，雖累蹶場屋而志不怠。鄉人誚之曰：‘徽州好個唐皐哥，一氣秋闈走十科。經魁解元荷包裹，爭柰京城剪柳多。’”陳鼒《百可漫志》記唐皐事亦作“剪柳”，清周召《雙橋隨筆》卷六作“翦綹”，趙吉士《寄園寄所寄》卷六《焚麈寄》作“剪綹”。梁章鉅《稱謂録》卷三十《剪綹》：“《通俗編》案世每誤書綹爲柳，如《水南翰記》唐皐詩‘争奈京城剪柳多’。又案《説文》‘緯十縷爲綹’，沈佺期詩‘上有仙人長命綹’，柳、綹二字異義同音，均有可剪，故易誤耳。”周廣業《過夏續録·欄路虎》：“先是剪綹賊俗呼小侣，葉盛《水東日記》作小李，謂是昔時此賊之首，故傳以爲號，知此風相沿已久。……《説文長箋》剪綹通，若作柳，彼於衆中割衣盜物，則當作縷。縷，線也。”唐樞《蜀籟》卷一（頁53）：“割包前（剪）柳〔綹〕。”即前引《西蜀方言》“割包剪綹”。沙汀《青㭎坡》：“爲了謀生，他早年土木工都懂一點。如他所説：‘就是不會割包剪柳！’”原注：“割包剪柳：就是當小偷、扒手的意思。”①

又作“翦柳”。元佚名《漁樵記》第二折：“或是跳牆驀圈，翦柳搠包兒，做上馬强盜，白晝搶奪，或是認道士，認和尚，養漢子，你則管寫不妨事。”清翟灝《通俗編》卷三十六《雜字·

① 人民文學出版社，1978年11月第1版，第173頁。

綹》:"世每悞書此字爲柳，如《水南翰記》載唐皋詩:'爭奈京城翦柳多。'"嘉慶《松江府志》卷五《疆域志·風俗》:"翦柳，唐皋詩'爭奈京師翦柳多'。考《説文》緯十縷爲綹，沈雲卿《七夕曝衣篇》上有'仙人長命綹'，則柳應爲綹。"按上兩書引詩謂其爲皋詩，據前引文獻，實爲鄉人誚唐皋詩也。

又，清傅崇矩《成都通覽·成都之夜市》(頁131):"夜市物件，僞者甚多，奸商亦伙，小竊之剪扭者，如剪辮□、抓小帽氈帽等。""剪扭"即"剪綹"。

《大詞典》(2/720)"剪綹"謂"謂偷竊錢物"，又(718)"剪柳"①"剪綹。謂竊取錢物"，又(9/670)"翦柳"②"見'翦綹'"，又(671)"翦綹"謂"亦作'翦柳'。剪破他人衣衫，掏取財物，即扒竊"，同詞異形而釋義詳略不同，均首引元劇；謂"割破他人衣衫"則不盡確。

《方言大詞典》(頁5795)"剪(翦)"①"把高粱的穗用刀或鐮削下"，冀魯官話，"剪綹"情形類似。又(頁5796)"剪綹"①"盜竊財物"，冀魯官話、西南官話、官話、吳語。又(頁5796)"剪柳"謂"盜竊財物"，官話、吳語；並謂也作"剪綹"，吳語。王鍈《宋元明市語匯釋·剪綹　剪柳》(修訂增補本)謂"剪開荷包盜竊"[①]。據上引文獻，"剪綹"多是以利刃出其不意割斷繫結錢袋或佩飾的線綹而盜竊，不一定是"剪開荷包盜竊"。

① 中華書局，2008年11月第1版，第60頁。

譾巴郎　謇巴郎　蹇巴郎

jiɑn53bɑ55lɑng21［tɕian53pa55laŋ21］

口吃的人。《玉篇·言部》："謇，吃也。"唐玄應《一切經音義》卷一《大威德陀羅尼經第十五卷》"謇吃"引《通俗文》："言不通利謂之謇吃。"明李實《蜀語》（頁64）："言吃曰謇○謇音簡。"民國二十三年《樂山縣志》卷三《方輿志·方言》："語言期期曰謇。"亦作"譾"。《方言》卷十："譾、極，吃也。"民國二十四年《雲陽縣志》卷十四《禮俗下·方言上》："譾，口吃也。《一切經音義》引《通俗文》曰：'言不順利謂之謇。'謇、譾字同。郭璞曰：'江南名吃曰嚛。'若葉反，讀若結。"即今通語"結巴"。又作"嗹"。明陳士元《俗用雜字》、焦竑《俗書刊誤》卷十一："口吃而澁於言語曰嗹。"亦或作"蹇"。《說文·足部》"蹇，跛也"段玉裁注："言難亦謂之蹇。"易祖洛《〈楚辭〉方言今證》"謇"條："《說文》：'吃，言譾難也。'謇譾當同。《方言》十：'譾、極，吃也。楚語也。'郭注：'今江南又名吃爲嚛（苦葉反）。'洛按：今湘中謂口吃爲嚛，字作結。謂口吃者爲結巴。謂說話謇難者曰結結巴巴。字當作嚛或吃。謇吃雙聲相轉。古曰嚛，今曰吃矣。"[①]民國十五

① 《中華文史論叢增刊·語言文字研究專輯（下冊）》，上海古籍出版社，1986年6月第1版，第455頁。

年《簡陽縣志》卷二十二《禮俗篇·方言》："口吃曰謇巴郎。"民國二十八年《巴縣志》卷五《禮俗·方言》："《說文》：'吃，言蹇難也。'蹇亦作謰，《方言》：'極，吃也。'《廣雅·釋詁》：'謰，吃也。'《說文》：'哽，語爲舌所介也。'吃、哽、謰、介，皆在見母。今川西謂言蹇難者曰吃子，川東曰謰巴郎。""極"前當有"謰"字。民國三十二年《沿河縣志》卷十三《風土志·方言》："口吃曰蹇巴郎。"又，民國二十一年《南溪縣志》卷四《禮俗下·方言》："俗呼口吃者爲謇八郎。""謇八郎"音亦相近。今蜀方言仍謂口吃爲"結"，謂口吃或吐詞不清者爲"結子"、"結舌子"、"夾舌頭兒"、"夾舌子"①。《川方》（頁177）"謇巴郎"謂"同'夾舌頭兒'"，而"夾舌頭兒"①"口吃的人"。《川方匯釋》（頁113）"謇巴郎兒"謂"說話結巴的人"。《重方》（頁160）"謇巴郎"謂"口吃之人"。《成方》（頁285）"謇巴躴"謂"⇨〖結巴②〗"，而（頁156）"結巴"②"=〖結巴子〗"、"=〖謇巴躴〗"，"說話口吃的人"。按作"躴"無謂，當作"郎"，指人，不分男女，如女郎。

《大詞典》未收。《方言大詞典》（頁7375）"謇巴郎"謂"說話口吃或咬舌兒的人"，西南官話，也作"謇巴啷"。

---

① 《川方》第183、184、172頁。清嘉慶二十二年《東臺縣志》卷十五《風俗·方言》："口吃謂之急子，亦曰結子。"

煎 jiɑn²¹³ [tɕian²¹³]

熬；熬煉。《方言》卷七："凡有汁而乾謂之煎。"《說文·火部》："煎，熬也。从火，前聲。"《玉篇·火部》："煎，火乾也，火去汁也。"《廣韻·仙韻》："煎，熟煮。"宋賈昌朝《群經音辨》卷六《辨字音清濁》："煎，烹也。烹久曰煎。"《六書故》卷三《天文下》："煎，少汁而煮之久曰煎。煎之既成曰煎，去聲。"《正字通·火部》："煎，將兼切，音箋，熬也。《方言》有汁而乾之曰煎。今俗凡以水煑物亦曰煎。"《康熙字典·火部》："煎，《廣韻》、《集韻》、《韻會》並子賤切，音箭。"漢桓寬《鹽鐵論·錯幣》："畜利變幣，欲以反本，是猶以煎止燔，以火止沸也。"馬非百注："煎，熬。"明李實《蜀語》（頁70）"熬曰煎〇煎去聲，音箭。"清道光二十一年《遵義府志》卷二十《風俗》、光緒二十一年《敘州府志》卷二十一《風俗》、民國十年《新修合川縣志》卷三十《風俗·方言》、民國三十七年《貴州通志·風土志·方言》："熬曰煎。去聲。"民國二十四年《麻城縣志續編》卷一《疆域·方言》："熬曰煎。"民國二十四年《雲陽縣志》卷十四《禮俗下·方言下》："水熬曰煎。"甄尚靈、張一舟先生《〈蜀語〉詞語的記錄方式與〈蜀語〉音注所反映的音類》以今遂寧"方音讀《蜀語》詞語和音注”，舉有本條[①]。今蜀方言“煎”、“箭”並音［tɕian²¹³］，如謂煉豬油爲“煎（［tɕian²¹³］）油”，如“煎魚”、“煎豆腐”仍讀同普通話。

《大字典》（二/4/2381）“煎”（一）jiān，①“一種烹調方法。把食物放進鍋裏加熱，使汁熬乾或使表面變成焦黃”，首引《方言》；②“熬煮。把東西放入水裏煮，使所含的成分進入水中。如：煎茶；煎藥”，首引《說文》。

《大詞典》（7/212）“煎”①“熬者”，首引《鹽鐵論》；③“一種烹飪方法。鍋裏放油，加熱後，把食物放進去，使表面變成焦黃”，首引唐韓愈《燕河南府秀才》詩。《現漢》“煎”①“烹調方法，鍋裏放少量油，加熱後，把食物放進去使表面變黃”。

《方言大詞典》（頁6714）“煎”⑥“汁水燒乾。引申爲盡”，古方言，未及西南官話義。

虹₂ 降 絳 醬 蜂₂ jiɑng²¹³［tɕiaŋ²¹³］

彩虹。唐慧琳《一切經音義》卷十二《大寶積經第三十五卷》：“天弓，或名帝弓，即虹蜺也。俗呼虹字爲降音。”《龍龕手鏡·虫部》：“虹，音紅。虹蜺也。又音降，青虹也。”元至正四年《金陵新志》：“清化橋即閃駕橋，又呼閃虹，音降。”

① 參見《李實學術研討會文集》，語文出版社，1996年7月第1版，第45頁。

清李光庭《鄉言解頤》卷一《虹蜺霓同》："（虹）又入絳韻，義同，音降。鄉諺云：東虹日頭西虹雨，南虹出來賣兒女。"民國十八年《衢縣志》卷一《象緯志·氣候》："東虹（音降）日頭西虹雨。"以上音"降"，讀［tɕiaŋ²¹³］。

又音"絳"或作"絳"。《三國志·魏志·明帝紀》景初二年"壬寅，分沛國蕭、相、竹邑、符離、蘄、銍、龍亢、山桑、洨、虹"裴松之注："虹音絳。"《詩·鄘風·蝃蝀》毛傳"蝃蝀，虹也"陸德明釋文："虹音洪，一音絳。"《廣韻·絳韻》"虹"與"絳"同一小韻，音古巷切，亦即本音"絳"。宋陸佃《埤雅》卷二十《釋天·虹》："虹，絳也。一名蝃蝀。"此以"絳"釋虹。明洪武十二年《蘇州府志》卷六《橋梁》："虹音絳，俗書作埄。"焦竑《俗書刊誤》卷十一《俗用雜字》："南人呼虹爲絳，北人呼虹爲臬。"[1]明李實《蜀語》（頁57）："霓曰虹〇虹音法去聲，音絳。"黃仁壽等校注："'虹'無讀'法'去聲之音，'法'之去聲與'絳'之讀音也相距甚遠。疑'法'爲'洪'或'江'字之誤刊。'洪''虹'俱爲戶公切，由'東'韻變'江'韻，其去聲爲古巷切，正與'絳'音同。"按"法"當爲"江"形譌，故"江去聲，音絳"。清唐訓方《里語徵實》卷上："霓出曰虹。虹，江去聲，音絳。"本條未注明所出，但就內容而言，當抄撮《蜀語》，江去聲正音絳，可比勘。《佩文韻府》卷六十二《絳韻》："晚虹：梁簡文帝《望同泰寺浮圖》詩'飛幡雜晚虹，畫鳥狎晨鳧'注：'虹音絳。'"清同

① "臬"爲"皋"字形譌，"皋"音近"岡"。參上"虹"音［kaŋ²¹³］條。

治重修《畿輔通志》卷七十二《輿地略》二十七《方言》："今北人呼虹爲絳（沈濤《銅熨斗齋隨筆》八）。謹案：沈濤云：世皆知霓字有入聲，而不知虹字有去聲。元稹《送客游嶺南》詩：'水面波凝縠，山頭虹似巾。'自注云：'虹音近絳。'郝經使宋過濟南，宴北渚亭詩：'虹橋衍柳並分破，巨螯雲莊入煙暝。'於'虹'自注云：'去聲。'……今北人皆呼虹爲絳。"[①]張慎儀《蜀方言》卷上（頁265）："螮蝀曰虹。《説文》：虹，螮蝀也。本讀如杭，轉爲絳。《廣韻》：虹，古巷切，音絳。"章炳麟《新方言·釋天》："《廣韻》虹亦入四絳古巷切下，今直隸山東及淮南北正作是音。"民國二十年《青縣志》卷十一《風俗·方言》："虹曰絳，無正字。"民國二十年《元氏縣志·風土·方言》："稱虹爲絳。"民國二十年《太谷縣志》卷四《禮俗略·方言》："虹曰絳。"民國二十二年《高邑縣志》卷六《風土·方言》："虹謂之絳。"又《諺語》："西絳當日雨。絳，虹也。"又："東絳呼雷西絳雨，南絳出來發大水，北絳出來賣兒女。"民國二十二年《昌黎縣志》卷五《風土志·歌謠》："東虹日頭西虹雨。注：昌黎俗讀虹爲絳聲。言天陰時虹出東則晴，虹出西則下雨也。"民國二十四年《新城縣志》卷二十一《地俗篇·方言》："虹謂之絳。《爾雅·釋天》：'螮蝀，虹也。'釋文云：《字林》工弄反，陳國武古巷反，郭音講。俗亦呼爲青絳。今北人稱呼爲絳。講、絳同音。元微之詩'山頭虹似巾'，亦讀虹爲絳也。"民國二十四年《雲陽縣志》卷十四《禮

① 河北人民出版社，1989年8月第1版，第九冊，第365頁。

俗下·方言上》："虹謂之杠。《爾雅》：'螮蝀，虹也。'郭音講。裴注《三國志》虹音降，《札樸》：虹，俗謂之絳，又譌爲杠。元微之詩'山頭虹似巾'，虹亦讀去聲。"[①]民國二十六年《灤縣志》："東虹日頭西虹雨。虹俗讀如絳。虹東出則晴，西出則雨。"[②]民國二十八年《邯鄲縣志》卷六《風土志·方言》："今北人呼虹爲絳。"又，民國九年《解縣志》卷四《方言略》："虹爲絳，名其色也。"丁惟汾《俚語證古》卷一："虹謂之絳。（音讀醬）按絳古音讀工。與虹同聲。絳本紅色之名。虹色絳紅，故謂之虹。"

又音譌如"醬"。明謝肇淛《五雜組》卷一《天部一》："（虹）燕、齊人呼爲醬，又可笑矣。"清桂馥《札樸》卷九《鄉里舊聞·絳》："虹，俗謂之絳。裴注《三國志》：'虹音絳。'吾鄉聲譌如醬，他處又譌如杠。高注《呂氏春秋》：'虹，兖州謂之訂。'馥疑訂字寫誤，當爲訌。訌，中止也。禱雨有應致祭曰謝絳。亦譌作醬音。蓋虹出則雨霽，不出則雨足，故得雨而謝絳也。"又《名稱》："虹曰絳。聲譌如醬。"民國二十五年《壽光縣志》卷八《方言》："虹出曰醬。"按《廣韻·絳韻》"絳"、"虹"、"降"同一小韻，音古巷切。又《漾韻》"醬"音子亮切。

《中華字海》（頁1199）"蜂（一）jiàng音匠"，謂"彩

---

① 元稹《元氏長慶集》卷十三《酬樂天早春閑游西湖》作"山腰虹似巾"，《四庫全書》本"虹"下注"音降"。

② 《中國地方志民俗資料彙編·華北卷》，北京圖書館出版社，1989年5月第1版，第274頁。

虹。見清光緒年間修《常昭合志稿·方言》”。又或音“將”。光緒七年《宜陽縣志》卷六《風俗·方言》:“虹曰將。音匠。”

以上“降”、“絳”、“醬”、“蜂”、“將”、“匠”,蜀語同音[tɕiaŋ²¹³],如“降落”、“絳色”、“醬油”、“將校”等。川北綿陽等地“虹”既說[tɕiaŋ²¹³],又說[kaŋ²¹³](參上“虹 杠 槓 扛 蜂”條)。

《大字典》(二/5/3026)“虹”(一)hóng,①“雨後或日出、日沒之際,天空中出現的彩色圓弧。紅色在外,紫色在內,顏色鮮豔的叫‘虹’,也叫‘正虹’。紅色在內,紫色在外,顏色較淡的叫‘霓’,也叫‘副虹’。此外,有一種在霧上出現的虹,一般呈淡白色”;(三)jiàng,“義同‘(一)①’。用於口語,單用”,此爲第二版增補。

《大詞典》(8/857)“虹”收錄“古巷切,去絳,見”,未及這一音切的漢語拼音。《現漢》“虹”一音jiàng,謂“〈口〉義同‘虹’(hóng),限於單用”。

又,前撰(頁210)曾指出“《川方》作‘蜂’,《中華字海》收錄,謂‘彩虹。見清光緒年間修《常昭合志稿·方言》’,當爲方言造字”,《大字典》第二版仍未收錄。《大詞典》(8/893)“蜂”謂“同‘蜂’”,書證爲《文苑英華》卷八百五十三引唐張鷟《滄州高弓縣實性寺什迦像碑》“蜂王獻蜜,紛飛紫紺之樓”,疑“蜂”爲“蜂”形譌,非異體關係。

《方言大詞典》(頁4145)“虹”音jiàng,①“霓;副虹”,西南官話。又(頁4549)“絳”謂“虹”,北京官話、冀魯官話、中原官話、晉語,西南官話引1935年《雲陽縣志》:“虹俗謂之

~。”其實志本作“虹謂之杠”，“虹俗謂之絳”爲引《札樸》語，張冠李戴矣。又（頁6101）“蜂”音jiàng，謂“彩虹”，西南官話（四川成都［$kaŋ^{213}$］）。又（頁6721）“醬”⑤“天空出現彩虹”，冀魯官話，引《壽光縣志》。

攪團 $jiao^{53}tuan^{21}$［$tɕiau^{53}t‘uan^{21}$］

用米粉或玉米粉攪成的乾粥樣食物。明萬曆《温州府志》卷三《建置志·坊表附坊市》：“士寧坊，俗攪團巷。”此巷或以“攪團”得名。清陳奕禧《臯蘭載筆》：“隆德地貧，民食艱窘，每以時磨莜麥作麥成糊，肉汁和而噉之，以爲美饌，名曰攪團。”羅世勛《西征竹枝詞（自灌赴茂謁先墓）》：“途經僻陋絕堪憐，主僕深宵共一椽。客作攪團兼打餅，只因落後每爭先。”“自灌赴茂”，即從灌縣（今都江堰市）到茂縣。民國二十四年《重修鎮源縣志》卷五《民生志·飲食》：“攪團，此農家飯也。其作法甚簡單，用蕎麵入鍋，以麵杖攪之成團，佐以菜湯，城中人亦嘗食之。”沙汀《青㭎坡》一：“青㭎坡，難活人，白天吃的稀攪團，晚上睡的豌豆藤！”原注：“攪團：用米粉或玉米粉攪成的粥一樣的食物。”[①]《川方》（頁182）“攪團（攪糰）”謂“糊狀食品，多用玉米粉等加水（有的還加蔬菜）攪熟而成。是窮苦人家的食物。成都一帶

① 人民文學出版社，1978年11月第1版，第6頁。

多叫*攪攪kao^{21}kao$^{2-1}$"。王寶紅謂"攪團"是"用粗糧磨成的麵粉加水不斷攪動而製成的糊狀食物"，"是今天陝西風味小吃之一"①。

《大詞典》(6/992)"攪團"謂"用米粉或玉米粉攪成的粥一樣的食物"，引沙汀《青㭎坡》。《方言大詞典》(頁6035)"攪團"謂"一種糊狀食品，多用雜糧(玉米粉、青稞麵等)做成，有的還加蔬菜或調料"，中原官話、蘭銀官話、西南官話。

絞腸痧　攪腸痧　疞腸痧　絞腸沙　攪腸沙　疞腸沙 jiao^{53}cang^{21}sa^{55} [tɕiau^{53}ts'aŋ^{21}sa^{55}]

霍亂的俗稱。中醫指不吐不瀉而有劇烈腹痛的病癥。《說文·疒部》："疝，腹中急也。"徐鍇繫傳："今人多言腹中絞結痛也。"王筠句讀："今之絞腸痧也。"朱駿聲通訓定聲："今俗所謂絞腸痧也。"明繆希雍《神農本草經疏》卷二："絞腸痧屬胃氣虛，猝中天地邪惡穢污之氣，鬱於胸腹間，上不得吐，下不得瀉，以致腸胃絞痛異常。"楊繼洲《鍼灸大成》卷五："黑白痧，頭疼發汗，口渴，大腸泄瀉，惡寒，四肢厥冷，不得睡臥，名曰絞腸痧。"《三寶太監西洋記通俗演義》第二十九回：

① 《近代文獻中的陝西方言詞語》，《咸陽師範學院學報》2010年第3期。

“花幼兒連日發了絞腸痧，不曾起來，遞得有病狀在軍政司。”《醫宗金鑒》卷五十三：“乾霍亂者，乃寒暑凝結，欲吐不吐，欲瀉不瀉，腹中絞痛，俗名絞腸痧病也。”清陸以湉《冷廬雜識》卷七《乾霍亂》：“乾霍亂，心腹絞痛，欲吐不吐，欲瀉不瀉，俗名絞腸痧，不急救即死。”程岱葊《野語》卷七《救急癥方》：“吾湖是年患急症者俗名吊腳痧，即絞腸痧之變。”雷豐《時病論》卷四《霍亂》：“若欲吐不吐，欲瀉不瀉，名曰乾霍亂也，又名絞腸痧也。”道光二十一年《新會縣志》卷二《物產》：“黄皮欝生山中，能治絞腸痧。”道光二十七年《昆明縣志》卷二《物產志》：“樓臺草，味甘性熱，無毒……梗治腹痛絞腸痧。”民國十年《宜良縣志》卷四《食貨志·物產》：“絲瓜……久服延年烏鬚，治絞腸痧。”民國十一年《海寧州志稿》卷十五《藝文志·霍亂論二卷》：“夫弔脚痧，俗稱也，以其上吐下利之後，筋轉於骿，而動掣與呼乾霍亂爲絞腸痧，同其比喻耳。”又，清光緒《續順甯府志稿》卷十三《食貨志三·物產》：“（綠瓜）久服延年烏鬚。葉治絞腸疹，晒乾爲末服之。皮爲末，治金瘡神效。”按清趙學敏《串雅內編》卷一：“疹，同痧。病名。”

亦作“攪腸痧”。明李中梓《醫宗必讀》卷八《心腹諸痛》：“乾霍亂一名攪腸痧。”又卷十《霍亂》：“乾霍亂者，心腹脹滿攪痛，欲吐不吐，欲瀉不瀉，躁亂昏憒，俗名攪腸痧。”清張璐《張氏醫通》卷四《乾霍亂》：“心腹脹痛，欲吐不吐，欲瀉不瀉，煩躁悶亂，俗名攪腸痧。”《醫宗金鑒》卷四十二：“欲吐不吐，欲瀉不瀉，心腹大痛，名曰乾霍亂，又名攪腸痧。”

或作“疞腸痧”。明萬全《萬氏女科》卷一《妊娠中風》：“中惡，心腹刺痛，悶絶欲死，卽俗謂疞腸痧也。”按《廣韻·巧韻》古巧切：“疝，腹中急痛。俗作疞。”又《玉篇·疒部》：“痰，痰痛也。”《集韻·巧韻》吉巧切：“疝，《説文》：‘腹中急也。’或作痰。”清桂馥《札樸》卷九《鄉里舊聞·疾病》：“腹急曰痰。”因“疝”、“疞”生僻，故俗以同音字“絞”、“攪”記之，“疞腸痧”即“絞腸痧”。

按清王士雄《隨息居重訂霍亂論》卷一《病情篇》：“方書從無痧證之名，惟乾霍亂有俗呼絞腸痧者，是世俗之有痧，不知起于何時也。”俞樾《右台仙館筆記》卷十三：“痧之爲疾，夏間恒有之。余二兒婦爲唐西姚氏女，其家以致和堂痧藥二百年來擅名天下。然痧字古今字書皆不載，不知當作何字。門下士馮夢香孝廉通知醫理，頗讀古書，嘗以問之，不能言也。余按《集韻》有瘷字，音蘇，疾也。痧字或當作瘷，痧與瘷乃一聲之轉也。《集韻》又有瘍字，亦云疾也。今世有烏痧之疾，或古作瘍瘷歟？（《説文》有疝字，云腹中急也。《廣韻》音古巧切，與絞同音，即今絞腸痧矣。）”又《春在堂褉文》四編一《岸吟香痧症要論序》：“宋以前醫書無言痧者，痧字亦不見於字書，本朝康熙閒修字典猶無痧字也。惟《説文》有疝字，云腹中急也。《廣韻》音古巧切，與絞同音，則卽今之絞腸痧矣。是其病古固有之也。”“痧”中醫指中暑、霍亂等急性病，明清醫籍習見，《中華大字典》（午集頁44）首次著錄，謂“讀如沙。病名。約分三種，俗謂絞腸痧、瘺螺痧、弔腳痧者，蓋即霍亂病之狀態，西醫所謂虎列拉是也”。“虎列拉”即英語cholera的舊譯。據王士雄、俞樾所言，不知“痧”之所起，竊以爲初或作“沙”，以其爲病名，後增“疒”作“痧”。如宋楊士瀛撰、明朱崇正附遺《仁齋直指》卷六：“絞腸沙作痛，以樟木煎湯大吐，或白礬調湯吐之，鹽亦可探吐。”元危亦林《世醫得效方》卷二《大方脈雜醫科·沙證》：“鹽湯吐法，治心腹絞痛，冷汗出，脹悶欲絶，俗謂攪腸沙。今攷之此證，乃名乾霍亂。”此早於上引文獻，且直接以“沙證”爲題，可爲力證。又，明朱橚《普濟方》卷二百三《霍亂門·沙證》：“絞腸沙方，有一證心腹絞痛，冷汗出，悶脹欲絶，俗謂攪腸沙。今考之，此證乃名乾霍亂。”王肯堂《證治准繩》卷六：“乾霍亂，忽然心腹脹滿攪痛，欲吐不吐，欲瀉不瀉，躁亂憒憒無奈，俗名攪腸沙者是也。”又卷八：“霍亂腹痛，必吐利兼作，甚有不嘔不利，四肢厥冷痛極者，名乾霍亂，又名攪腸沙。”李時珍《本草綱目》卷四十二《蟲之四·沙蝨》：“沙病亦曰水沙、水傷寒，初起如傷寒，頭痛壯熱嘔惡，手足指末微厥，或腹痛悶亂，須臾殺人者，謂之攪腸沙也。”方以智《物理小識》卷四：“乾霍亂不吐瀉名攪腸沙。”清王士雄《隨息居重訂霍亂論》卷一《病情篇》：“《治法彙》曰：乾霍亂俗名攪腸沙，其狀欲吐不吐，欲瀉不瀉，撩亂揮霍是也。”以上作“攪腸沙”。

亦作“絞腸沙”、“疞腸沙”。如明繆存濟《識病捷法》卷二：“絞腸沙即乾癨亂，其症心腹絞痛，冷汗出，脹悶欲絶，俗名絞腸沙。”虞摶《醫學正傳》卷二：“乾霍亂，忽然心腹痛疠，欲吐不吐，欲瀉不瀉者是也，俗名疠腸沙。”清尤侗《艮齋雜說》卷六：“急救絞腸沙痛，用透明白礬爲末，一半冷水一半熱湯調服，立可止痛。”閻純璽《胎產心法》卷上：“妊娠忽然心腹刺痛，悶絶欲死者，謂之中惡，卽俗謂疠腸沙是也。”又，明戴冠《濯纓亭筆記》卷十《字義》：“疨，音絞，腹中急痛也。蘇人云疨腸沙卽此。俗作疠。”劉萬春《守官漫録》卷四《甲戌狀元》：“直書房童子敲門，報丘先生病絞腸紗死矣。絞腸紗，俗語急腹痛也。”“紗”記音。又，《姑妄言》卷十七：“鍾生見他不忘舊師，着人尋了卜之仕來，不友不僕，養活了他數年。一日，病較腸沙而死。”《古今圖書集成·博物彙編·術藝典》卷二百七十七：“近世俗醫謂之捲腸沙，人多信之，殊不知卽是霍亂。”上兩例“較腸沙”、“捲腸沙”，即“絞腸痧”。

竊謂以病名，故改“沙”爲“痧”，再舉一例證之。如李卓吾批評《忠義水滸傳》第九十九回：“時遷又感攪腸沙而死。”以容與堂本爲底本的《水滸傳》、凌賡等校點本《容與堂本水滸傳》，以及王利器校注本《水滸全傳》第一百十九回亦同，作“攪腸沙”①。但李靈年等校注本雖亦以容與堂本爲底本，卻作“攪腸痧”②，未出校說明，不知何據，或以爲病名而改作“痧”矣。

《大詞典》（9/845）“絞腸痧”謂“霍亂病的俗稱。中醫指不吐不瀉而有劇烈腹痛者”，首引《冷廬雜識》。又（6/991）

① 人民文學出版社，1997年1月第2版，第1285頁。上海古籍出版社，1988年11月第1版，第1456頁。河北教育出版社，2009年5月第1版，第3873頁。

② 江蘇古籍出版社，1994年6月第1版，第1070頁。

“攪腸痧”謂“中醫學病名。即絞腸痧，又稱乾霍亂。因飲食不節或感受瘴氣，穢濁閉塞腸胃所致”，首引《水滸傳》。釋義詳略及方式不盡一致。又(8/284)“疠”音jiǎo，謂“腹中急痛”。未收“疠腸痧”。

《方言大詞典》(頁6035)“攪腸痧”謂“腸梗阻”，粵語。又(頁5724)“痰腸痧”謂“急性盲腸炎之類的腹部劇痛病”，吳語。未收“絞腸痧”。

爝₁ 醮 燋₁ jiɑo^{213} [tɕiau^{213}]

本指古代一種燃燒葦苣以祓除不祥的活動，引申指艾柱及燒艾燋的次數。參拙文《〈金瓶梅詞語〉語詞札記》[①]。《說文·火部》："爝，苣火祓也。"段玉裁注："苣，束葦燒之也；祓，除惡之祭也。"《呂氏春秋·本味》："湯得伊尹，祓之於廟，爝以爟火，釁以犧猳。"蜀語引申指炙烤人體穴位驅除病痛用的艾柱。明李實《蜀語》(頁48)："艾炷曰爝〇爝音醮。"清道光二十一年《遵義府志》卷二十《風俗》、光緒二十一年《敘州府志》卷二十一《風俗》、民國十年《新修合川縣志》卷三十《風俗·方言》、民國二十四年《蓬溪縣近志》卷七《風土篇·方言》、民國三十二年《沿河縣志》卷十三《風土志·方言》、民國三十

① 《文獻》1997年第2期。《語言文獻論集》，巴蜀書社，2002年9月第1版，第156–157頁。

七年《貴州通志·風土志·方言》："艾柱曰爝。音醮。"民國《息烽縣志》卷二十九《風土志·方言》："謂艾柱曰爝。"民國十七年《長壽縣志》卷四《人事部·方言》："艾柱曰爝。音叫。"今蜀方言"醮"、"叫"音同。

亦作"醮"。《說文·酉部》："醮，冠娶禮祭。从酉，焦聲。樵，醮或从示。"段玉裁注："詳經文不言祭也，蓋古本作'冠娶妻禮也。一曰祭也'，轉寫有奪，與祭者別一義，不蒙冠婚。"世俗或借音指燒艾燋的次數。《金瓶梅詞話》第五十九回："告過主家奶奶，必須要灸幾醮纔好。"灸療或用香火等燒灼一次叫燒一醮。又第三十二回："因把（董）貓兒的虎口內火燒了兩醮，和他丁八着好一向了。"①

或作"燋"。《說文·火部》："燋，所以然持火也。"段玉裁注："持火者，人所持之火也。……燋者，苣爲之，卜之用燋，其一耑也。"《集韻·藥韻》："爝，火炬。或作燋。"《莊子·逍遙遊》"日月出矣，而爝火不息"陸德明釋文："爝，本亦作燋，音爵。"蜀語以"燋"引申指艾柱，與"爝"同。清Adam Grainger《西蜀方言》（頁327）："燒艾燋。"即"to burn moxa as a counter-irritant"，"燋"音"TSIAO^4"。今蜀方言仍把灸療叫"烧艾燋（爝）"②，時間則不限長短，所燒艾絨柱亦不限多少。川北綿陽、南江等地亦謂抽煙（多指旱煙）叫"燒

① 白維國《金瓶梅詞典》（頁265）"醮"②"灸烤人體穴位用的艾絨柱。明·李實《蜀语》：'艾柱曰爝。'"按"燒了兩醮"，並非實指燒了兩个艾絨柱，當指用香火燒了兩次；"灸幾醮"也非灸幾艾絨柱，而是指用艾絨柱燒幾次。

② 《川方》（頁342）"燒艾燋"①"指用艾條灸"。

一燋（爝）”，蓋因抽旱煙一般是抽之前臨時包裹，與以苣火袚除不祥及以艾柱灸烤人體穴位驅除病痛相仿佛，如說“這葉子煙有勁仗，來燒一燋（爝）”[①]。按《康熙字典·火部》：“按《廣韻》‘爝’、‘燋’分訓，與《集韻》異。……又《廣韻》、《集韻》並子肖切，音醮，義並同。”《川方》（頁183）“燋”音jiao[4]，謂“略抽一下煙（多指旱煙、大煙）叫燒一~”。

《大字典》（二/4/2411）“爝”音jué（又讀jiào），①“古代束葦爲炬，燒炬以袚除不詳”，首引《說文》。又（6/3837）“醮”未及此義。又（2395）“燋”（一）jiāo，謂“用作引火的火炬。俗稱引火”，首引《說文》；（三）jué，謂“同‘爝’。火炬”，引《集韻》，按語引清朱珔《說文叚借義證·火部》：“爝爲燋之通借，《集韻》以爲一字，非。”

《大詞典》（7/316）“爝”音jué，①“燒葦把以袚除不詳”，引《呂氏春秋》。又（6/3837）“醮₁”音jiào，未及。又（7/257）“燋₁”音jiāo，①“引火之火炬。俗稱引火”，首引《周禮》。

《方言大詞典》（頁7504）“爝”謂“艾柱（備燃燒的柱狀物）”，又（頁7287）“燋”③“抽一下煙（多指旱煙、大煙）”，均爲西南官話（四川成都）。

---

① 喻遂生《〈蜀語〉今蹤——南江方言中所見之〈蜀語〉詞語》：“‘爝’本義爲‘火炬’，南江話用爲量詞，音［tɕiau²¹⁴］，指用艾條作灸療時燒的次數，燒一次叫‘燒一爝’。推而廣之，抽一支旱煙也叫‘燒一爝’，補鍋時用圓柱形布團捂住鐵水凝成一塊小疤叫‘補一爝’。”參見《李實學術研討會文集》，語文出版社，1996年7月第1版，第118頁。

爝₂ 燋₂ 蟭 蟜 jiɑo²¹³ [tɕiau²¹³]

蜂蠆的毒刺。民國十八年《榮縣志·物產》："猶蠭蠆之刺曰爝、曰燋也。"又："蠭之刺曰爝，言痛如火燋也。《山海經》草木之刺曰傷，《方言》曰壯。沈括曰：醫家行灸，以一灼爲一壯。凡立名於蠭之爝同意。"唐樞《蜀籟》卷三（頁168）："死蜂活燋。"謂蜂子死了，毒刺仍可螫人。《川方》（頁183）"蟭（燋）"音jiɑo⁴，①"蜂尾的毒刺"，②"蜂蜇人一下叫錫一~"。《成方》（頁228）"蟭"音tɕiau去聲，①"蜂尾的毒刺"，②"量詞，蜂蜇（人或動物）的次數，蜇一次叫一蟭"。按"蟭"、"燋"、"爝"均與毒蟲、毒刺無涉，或僅借其音也。

本字或作"蟜"。《說文·虫部》："蟜，蟲也。从虫，喬聲。"段玉裁注："上蛓下蛓，同類也。則蟜亦當蛓、蛓之類耳。"《玉篇·虫部》："蟜，毒蟲也。"《六書故》卷二十《動物四》："蟜，居夭切，夭矯卷尾彊曲也。鄭公孫蠆字子蟜，蠆尾矯曲也。"《廣韻·小韻》"蟜"音居喬切，今音jiǎo。又，《爾雅·釋蟲》："蛓，毛蠹。"郭璞注："即蛓。"郝懿行義疏："《說文》：'蛓，毛蠹也。'又云：'蛓，毛蟲也。'釋文云：'今俗呼爲毛蛓，有毒，螫人。"故段玉裁謂"蟜"字居"蛓"、"蛓"間，三字均當爲毒蟲也。毛蟲類以身上的毛螫人，蜂蠆類則以尾部毒刺螫人，是其比。《逸周書·鄮保》："三信蟜萌，莫能安宅。"朱右曾校釋："蟜，毒蟲，有蠆。"《重方》（頁163）"蟜"音jiao⁴，①"蜂尾的毒刺。俗語：死蜂活~（意即蜂子雖死其毒刺仍然螫人）"，②"量詞，指被蜂刺或別的尖銳物刺一下"。《川方彙編》（頁128）"死蜂活角"謂"（角音叫）陰陽怪氣。例：說斷不亂，不要死蜂活角的"。此用引申義，"角"記音，本義同上引《蜀籟》"死蜂活燋"。

《大字典》（二/5/3088）"蟜"（一）jiǎo，①"毒蟲"，首引《說文》及段注。《大詞典》（8/970）"蟜"①"毒蟲名"，引《逸周書》及朱氏校釋。

《方言大詞典》（頁7395）"蟭"，西南官話，①"蜜蜂、馬蜂等的毒刺"，②"蜂蜇人的次數"。

叫喚 $jiɑo^{213}huɑn^{55}$ [$tɕiau^{213}xuan^{55}$]

嚷鬧；號哭。多用於小孩子。"叫"有啼哭義。《說文·口部》："叫，嘑也。从口，丩聲。"又："噭，吼也。从口，敫聲。一曰噭，呼也。"《廣韻·嘯韻》"叫"、"噭"同一小韻，音古弔切。《字彙·口部》："噭，與叫同。"又，《方言》卷一："平原謂啼極無聲謂之唴哴，楚謂之噭咷。""噭咷"，小兒哭泣不止。《說文·口部》："咷，楚謂兒泣不止曰噭咷。"《公羊傳·昭公二十五年》："昭公於是噭然而哭。

諸大夫皆哭。”何休注：“噭然，哭聲貌。”清光緒二十四年《嘉應州志》卷七《方言》：“啼哭謂之噭。案《説文》：‘楚謂兒泣不止曰噭。’咷，噭咷，與《易》‘號咷’同義。《曲禮上》：‘毋噭應。’鄭注：‘噭，號呼之聲也。’昭二十五年《公羊傳》云：‘昭公於是噭然而哭。’《説文》引作‘噭’，則嘂與噭通，又作叫。《宋史略》：‘仁宗生，晝夜啼不止，有道人能止兒啼，召入，則曰：莫叫莫叫，何似當初莫笑，乃止。’”隋闍那崛多等譯《起世經》卷三：“罪人在中受極重苦，眾惱逼切不堪忍故，遂大叫喚。以是因緣，名彼地獄爲大叫喚。”此尚不確定“叫喚”有“號哭”義，但《大般涅槃經》卷一：“是諸眾生見聞是已心大憂愁，同時舉聲悲啼號哭，嗚呼慈父，痛哉苦哉，舉手拍頭，搥胸叫喚，其中或有身戰栗涕泣哽咽。”“號哭”義已甚顯豁。敦煌本《燕子賦（甲）》：“言語未定，燕子即回，踏地叫喚。”唐王梵志詩第312首：“生時不共作榮華，死後隨車强叫喚。齊頭送到墓門迴，分代錢財各頭散。”項楚師云：“强叫喚：形容不哀之乾號，‘强’讀上聲。”[①]朱正義《關中方言古詞論稿》（頁183）：“‘强叫喚’就是假裝悲傷而勉强哭泣。第九十五首：‘妻兒啼哭送，鬼朴唱歌迎。’這也是寫親屬爲死者送葬時的情景。‘叫喚’、‘啼哭’，其義相同。關中至今稱啼哭爲‘叫喚’，多施於小孩。”並是。宋張君房《雲笈七籤》卷一百二十一：“忽一日，

① 《王梵志詩校注》，上海古籍出版社，1991年10月第1版，第750頁。

廳前地裂，有二鬼舁一大鑊，置於庭中，發火煎之，水已沸湧，數人上廳擒（盧）賁，投入鑊中煎煮，楚痛叫喚，半日餘，乃擎出於地上，諸鬼乃去。”清雍正十三年《澤州府志》卷五十一《禨志》：“往在志局與孔孝廉協中論養蠶法……蠶之初生忌屋內掃塵……忌哭泣叫喚，忌穢語淫辭。”“哭泣叫喚”、“穢語淫辭”當兩兩同義連文。《醒世姻緣傳》第三回：“故意的妝着哭，直着脖子大叫喚了幾聲。”又第四十四回：“狄希陳饒是這等開交，還懷了一肚皮怨氣，借了哭汪爲露的名頭，叫喚了個不住。”又第四十八回：“素姐扯脖子帶臉通紅的把小玉蘭叫到房中，把衣裳剝脱了個精光……打的個小玉蘭殺狼地動的叫喚。”洪帥《〈醒世姻緣傳〉方言詞例釋》“叫喚”謂“哭的蔑称”，“今豫東方言中猶有此語”，並指出《漢語方言大詞典》“釋‘叫喚’爲‘〈動〉啼哭’，不確”[①]。“叫喚”在不同方言中容或意思稍有不同，釋“叫喚”爲“啼哭”並無不確。傅崇矩《成都通覽·成都之小兒女歌謠》（頁255）：“雁鵝雁，扯扁擔，扯在張家河壩吃早飯。娘吃鍋巴兒吃飯，老子回來啃罐罐。啃不動，精叫喚。”民國二十五年《壽光縣志》卷八《方言》：“小兒哭曰叫喚。”

《大詞典》（9/1407）“叫喚”無“號哭”義。

《方言大詞典》（頁1212）“叫喚”謂“啼哭”，冀魯官話，未及西南官話、中原官話。

① 《漢字文化》2010年第3期。

酵子 jiɑo^{213}zi$^{\cdot 53}$ [tɕiau^{213}tsɿ^{53}]

含有酵母菌的麵團。元忽思慧《飲膳正要》卷一："右件隔宿用酵子塩減温水一同和麵，次日入麵接肥，再和成麵，每斤作二箇入籠內蒸。"羅天益《衛生寶鑑》卷二十一《雜方門》："如犬傷，用酵子和與喫，蛆皆化爲水，蠅不敢再近。"清蒲松齡《日用俗字·飲食章第四》："麥不䞘掖氣推麵好，扟幸去灰塵白似鹽。大瓢捬來酵叫子發，下手先扠揣二百拳。"金堡《徧行堂集》卷三《芥菴禮千佛懺說》："譬如發麪須有酵子。"桂馥《札樸》卷九《鄉里舊聞·起麪餅》："'教'，俗作'酵'。吾鄉猶謂麪發爲起，能使麪起者，謂之酵子。酵，酒酵也。烝餅非酵不成。"今蜀語亦稱有酵母的麵團爲"酵子"、"酵巴"、"酵娘"等。"酵娘"構詞理據，與通語詞酵母的構詞理據相同。

又，《醒世姻緣傳》第五十七回："小璉哥已是將死的時候，晁思才兩口子還攛他在門外街上看着攤曬燒酒的酵子。"是釀酒所用麴蘖亦謂"酵子"，《大詞典》未及，茲予表出。

《大詞典》(3/71)"酵子"謂"含有酵母的麵團"，引《札樸》。《方言大詞典》(頁6757)"酵子"謂"含有酵母的麵團"，膠遼官話、中原官話、晉語、閩語。

筋竹　簕竹 $jin^{55}zu^{21}$ [$tɕin^{55}tsu^{21}$]

一種似斑竹而小竹梢較短的竹。《玉篇·竹部》："簕，古政切，筋竹。"晉戴凱之《竹譜》："筋竹爲矛，稱利海表。槿仍其榦，刃即其杪。生于日南，别名爲簝。"唐段成式《酉陽雜俎》卷十八《廣動植之三·木篇》："筋竹，南方以爲矛。筍未成時，堪爲弩弦。"宋高似孫《剡録》卷九《筋竹》："羅浮山疏曰：筋竹堅利，南土以爲矛。筍未竹時堪爲弩絃。皮日休詩：'烏紗任岸穿筋竹，白袷從披趂肉芝。'"明正德《夔州府志》卷三《土產》："竹類：筋、水、斑、慈。"嘉靖《洪雅縣志》卷三《食貨志·物產》："有筋竹，有班竹，有刺竹，有青竹。"萬曆《貴州通志》卷三《貴陽府·方產》："竹之屬：紫竹、綿竹、叢竹、鳳尾竹、羅漢竹、筋竹、水竹、白竹。"清徐元禧《名山竹枝詞》："深山不少木輪囷，半委荒墟半作薪。卻把纖纖筋竹子，架成茅屋暫棲身。"今亦謂"筋竹子"。道光二十一《遵義府志》卷十七《物產》："《田居蠶室錄》云：（筋竹）大者徑四五寸，隨地皆宜，農家製晒席箕簸之類，視斑竹猶堅，舁竿必需此。人家若歲生水竹三百箇，筋竹一百箇，斑竹五十箇，可售錢十千。"同治三年《恩施縣志》卷六《物產》："筋竹，性剛。"同治九年《會理州志》卷十《風土志·物產》："筋竹，一作簕竹，葉可入藥。"同治十三年《湖州府志》卷三十二《輿地署·物產上》："篁竹，卽筋竹。一作觔竹。"民國十八年《滎縣志·物產》："慈竹之用最廣，家之器十七八倚竹。外有筋竹、苦竹、刺竹、鳳尾竹、水竹、紫竹、茨竹、蘆竹。"民國三十三年《汶川縣志》卷四《物產》："筋竹，名拐棍竹，高八九尺，大如巨指。"按清光緒四年《彭縣志》卷三《民事門·物產志》："竻竹，音筋。"想必就是"筋竹"。

亦作"簕竹"。《玉篇·竹部》："簕，俗筋字。"《藝文類聚》卷八十九引《永嘉記》："陽嶼有仙石，山頂上有平石，方十餘丈，名仙壇。壇陬輒有一簕竹，凡有四竹，葳蕤青翠，風來動音自成宮商。"《太平御覽》卷九百六十三引《竹譜》："簕竹長二丈許，圍數寸，至堅利，出日南九真，南方以爲矛。"宋梁克家《淳熙三山志》卷四十二："簕竹，肉厚而竅小，可爲弓弩材 。"范成大《桂海虞衡志·志草木》："貓頭竹質性類簕竹。"施宿等《會稽志》卷十七："今會稽之産，曰早筀，曰晚筀……曰簕竹，曰慈竹。《酉陽雜俎》云：簕竹，筍未成時，竹堪爲弩絃。"《雜俎》一作"筋竹"。元李衎《竹譜》卷四《竹品譜》："簕竹，江浙閩廣之間處處有之。凡二種，大槩與篌竹相類，差勻細，皮薄，深緑色，但可作篾用，甚堅韌，他無所宜。筍末與篌竹不同，安南呼爲小竹。生浙東山中者，肉厚竅中，可爲弩。《説文》云'物之多簕者'也。婺州蘭溪山中，有一種長二三丈，身如筀竹，筍如貓頭竹，色不甚緑，斑花隱然不甚明，劈篾織篋筥皆可，亦名簕竹。"又卷五："戴凱之《竹譜》曰：'簕竹爲矛，稱利海表。槿乃其幹，刃即其杪。生於日南，別名篃簝。'已互見前簕竹下，亦略著其同異矣。"上引戴氏《竹譜》

作“筋竹”。清雍正《廣西通志》卷三十一《物產》：“簕竹，長可二丈許，圍則數寸，至堅利，可爲矛。”乾隆五十七年《紹興府志》卷十七《物產志》：“《周禮》有‘箈菹筍菹’，鄭康成云：竹萌曰筍，箭萌曰箈。音追。曰簕竹，曰慈竹。”①

《川方彙編》（頁31）“京竹”音jīn zu，謂“竹之一種，細小而結實”。

《大詞典》（8/1155）“筋竹”謂“亦作‘簕竹’。一種中實而强勁的竹，竹梢尖鋭，可作矛用”，引《竹譜》。按蜀中筋竹仍中空，不知“中實”所據。

《方言大詞典》（頁6197）“筋竹筍”謂“一種細長的竹筍”，吳語，未收“筋竹”。

齽 jin^{213}［tɕin^{213}］

牙齒因受酸甜冷熱的刺激等而感到難受。参《考釋》第333頁。《廣韻·沁韻》：“齽，齒向裏。”與齒畏、齒怯無涉。前撰首引《蜀語》（頁118）：“齒畏曰齽○齽音禁。”黄仁壽等校注：“詮‘齒畏’者乃雅言。若釋俗，則當爲‘牙齒遇冷、熱、酸、甜等而疼痛’。”清道光二十一年《遵義府志》卷二十《風俗》、光緒二十一年《敘州府志》卷二十一《風俗》、民國十年

① 《周禮·醢人》“箈菹鴈醢，筍菹魚醢”鄭玄注：“箈，箭萌。筍，竹萌。”陸德明釋文：“箈音追。”

《新修合川縣志》卷三十《風俗·方言》、民國二十四年《蓬溪縣近志》卷七《風土篇·方言》、民國三十七年《貴州通志·風土志·方言》："齒畏曰齼。音禁。"民國十五年《簡陽縣志》卷二十二《禮俗篇·方言》："齒怯曰牙齼。"民國二十一年《南溪縣志》卷四《禮俗下·方言》："齼，音禁，齒畏也。"民國二十三年《樂山縣志》卷三《方輿志·方言》："齒畏酸曰齼。"民國二十四年《雲陽縣志》卷十四《禮俗下·方言上》、民國三十一年《西昌縣志》卷五《禮俗志·方言》："齒畏曰齼。"又，清Adam Grainger《西蜀方言》（頁598）："丨牙齒。"即"to set the teeth on edge"，"丨"音"CHIN[4]"，即"齼"字。傅崇矩《成都通覽·成都之詐騙》（頁219）："識者說，是塊鬧銅，你若不信，以口咬之，金銀不禁牙，銅鐵禁牙……若以爲口咬禁牙，失之僞矣。""禁"當"齼"音借。民國十五年《南川縣志》卷六《土音土語》："齒畏曰噤。"本字當作"齼"。今蜀方言音義並存。《川方》（頁190）"齼（噤、鷩）"音jin[4]，謂"牙齒因受酸、冷等食物的刺激而感到酸痛"，例有"吃起牙齒齼"、"水都齼牙齒"。《成都話》（頁106）"噤〔禁〕"謂"寒冷物刺激到身體的某一部分而產生的一種難受感覺：冰糕~牙"。《成方》（頁325）"噤"謂"牙因受酸、冷東西等刺激而酸或疼"，例有"牙齒~倒了"。《重方》（頁166）"齼"謂"齭，即牙齒遇冷、酸等刺激而感酸痛不適"。紀國泰《〈蜀方言〉疏證補》（128）謂"今之蜀人，多謂'齒怯'曰'齼牙'，曰'牙齼'者寡"，亦想當然耳。

《大字典》（7/4801）“齽”音jìn，②“牙齒酸噤”，引清李調元《卐齋璅錄》。《大詞典》（12/1458）“齽”②“牙齒酸噤”，引《蜀語》及《卍齋璅錄》。兩相對照，《大字典》可修訂者兩處：一、據《漢語大字典主要引用書目表》第2347種《卍齋璅錄》爲《函海》本，《叢書集成初編》第353冊《卍齋璅錄》即據《函海》本排印，“齽”下所引《卐齋璅錄》之“卐”，當作“卍”；二、《蜀語》著録“齒畏曰齽”早於《卍齋璅錄》。遺憾的是，《大字典》第二版（8/5118）“齽”條這種簡單對照吸取《大詞典》長處的工作都沒做。

《方言大詞典》（頁7499）“齽”謂“牙齒因受酸、冷等食物的刺激而感到酸痛”，西南官話。

凝 jin^{213}/lin^{213}［$tɕin^{213}/lin^{213}$］

凝結，凝固。參《考釋》第333頁。本字作“冰”，後俗作“凝”。《爾雅·釋器》：“冰，脂也。”郭璞注：“《莊子》云：‘肌膚若冰雪。’冰雪，脂膏也。”邢昺疏：“脂膏也，一名冰脂。”《說文·仌部》：“冰，水堅也。从仌，从水。凝，俗冰从疑。”段玉裁注：“《釋器》：‘冰，脂也。’孫本冰作凝。按此可證《詩》‘膚如凝脂’本作‘冰脂’。以冰代仌，乃別製凝字。經典凡凝字皆冰之變也。”《韻會舉要·蒸韻》：“凝，疑陵切，音與迎同，舊韻魚陵切。《說文》：‘冫仌，水堅也。’本作冰，从水仌，徐曰‘俗作凝’，今文从俗。……案冰古凝字，仌古冰字，後人以冰代仌字，故以凝代冰字也。”“凝”爲俗冰字，亦着眼於結堅如冰矣。《洪武正韻·敬韻》魚慶切：“凝，水堅。”謂水結冰也。明李實《蜀語》（頁17）：“結堅曰凝○凝，魚慶切，音禁。唐詩：‘舞急紅腰凝，歌遲翠眉低。’又：‘日照凝紅香。’皆讀去聲。”黄仁壽等校注：“‘凝’一般有兩種音讀，或屬平聲蒸韻，魚陵切；或屬去聲證韻，牛餕切，與魚慶切近。”清道光二十一年《遵義府志》卷二十《風俗》、光緒二十一年《敘州府志》卷二十一《風俗》、民國十年《新修合川縣志》卷三十《風俗·方言》、民國二十三年《華陽縣志》卷五《禮俗·方言》、民國三十七年《貴州通志·風土志·方言》：“結堅曰凝。音禁。”均採《蜀語》。Adam Grainger《西蜀方言》（頁598）：“湯丨了。”謂“the gravy has congealed”，“丨”音“CHIN⁴”，即“凝”。今川北綿陽、川中遂寧等地仍音同“禁”，讀[tɕin²¹³]。甄尚靈、張一舟先生《〈蜀語〉詞語的記錄方式》謂“今遂寧方言……謂結堅曰[tɕin˞]，如說‘豬油冷了就~了’”；又《〈蜀語〉詞語的記錄方式與〈蜀語〉音注所反映的音類》：“李氏‘魚慶切’與‘牛餕切’音近，而音‘禁’則李氏所‘習聞’的‘蜀諺’之音。”亦云“謂結堅曰tɕin⁴，如說‘豬油冷了就tɕin⁴了’”[1]。羊玉祥《〈蜀語〉語音與現代四川方音》：“四川方言說什麼東西由液

[1] 《方言》1992年第1期；《李實學術研討會文集》，語文出版社，1996年7月第1版，第42、43頁。

態變爲固態，則說‘凝起了。’‘凝’讀若‘禁’。”[①]紀國泰《〈蜀語〉簡論》：“案：凝，今普通話音níng，四川方言則讀作nìng(去聲)。”認爲是“已經歸入現代漢語普通話的《蜀語》詞彙”[②]。按此説可商，一則四川話無後鼻韻，應讀nin^{213}或lin^{213}；二則不能因有讀nin^{213}者而輕易否定“音禁”的留存。方言情況頗爲複雜，切忌囿於見聞而率下斷語。

又音［lin^{213}］，義同。參《考釋》第472頁。《詩·衛風·碩人》：“手如柔荑，膚如凝脂。”毛傳：“如脂之凝。”孔穎達疏：“‘如脂之凝’者，以脂有凝有釋，散文則膏脂皆總名，對例即《内則》注所云‘脂肥凝者，釋者曰膏’，《釋器》云‘冰脂也’，孫炎曰‘膏凝曰脂’是也。”漢桓寬《鹽鐵論·刑德》：“昔秦法繁於秋荼，而網密於凝脂。”《漢書·五行志上》：“工冶鑄金鐵，金鐵冰滯，不成者衆。”王先謙補注引劉敞：“冰，音凝。”唐白居易《長恨歌》：“春寒賜浴華清池，温泉水滑洗凝脂。”明楊慎《丹鉛總錄》卷二十《凝音佞》：“《詩》‘膚如凝脂’，凝音佞。唐詩‘日照凝紅香’，白樂天詩‘落絮無風凝不飛’、又‘舞繁紅袖凝，歌切翠眉愁’、又‘舞急紅腰凝，歌遲翠黛低’，徐幹臣詞‘重省別時，淚漬羅巾猶凝’，張子野詞‘蓮臺香燭殘痕凝’，高賓王詞‘想蓴汀水雲愁凝，閒蕙帳猿鶴悲吟’，柳耆卿詞‘愛把歌喉當筵逞，遏天邊亂雲愁

---

① 《李實學術研討會文集》，語文出版社，1996年7月第1版，第107頁。

② 《成都師專學報》1992年第1期。又見《西華大學學報》2005年第4期，僅將拼音字母“g”改作“ɡ”。

凝’，今多作平音，失之，音律亦不協也。”王世貞《弇州四部稿》卷一百六十八：“凝脂之凝音佞。”《十五家詞》卷二十七董俞《玉鳬詞》下《水調歌頭·壽何履方》：“螺琖浮瓊液，鳩杖映華顛。秋來恰遇佳景，巖桂凝晴煙。”注：“凝音佞。唐詩‘日照凝紅香’，又‘落絮無風凝不飛’。”清Adam Grainger《西蜀方言》（頁42）：“豬油凝起了。”即“the lard has congealed”，“凝”音“LIN^{4}”。民國十五年《南川縣志》卷六《土音土語》：“流質堅結曰凝。讀若令。”民國十七年《長壽縣志》卷四《人事部·方言》：“冰冷曰凝。去聲。”此亦謂凝結。民國二十四年《雲陽縣志》卷十四《禮俗下·方言上》：“凝，結也。……俗讀如令。”民國三十三年《長壽縣志》卷四《風土·方言》：“物質堅結曰凝。音另。”“佞”、“令”、“另”今蜀方言均讀［lin^{213}］。《川方》（頁274）“凝”音nin^{4}，謂“凝固”。《成都話》（頁135）“凌”音［ĭin^{213}］，②“引申爲凝結”。《重方》（頁199）“凝”音lin^{4}，謂“凍結、凝固”。如上所引，百餘年前的《西蜀方言》即已收錄［lin^{213}］、［tɕin^{213}］兩音矣。

又，清乾隆二十七年《永興縣志》卷五《風土志·方言》、光緒九年《永興縣志》卷十八《風俗志·方言》：“水凍成冰曰構。”嘉慶二十四年、同治八年《安仁縣志》卷四《風土志·方言》：“水凍成冰曰冰搆。”今川北綿陽、三臺、梓潼等地水凍成冰、豬油凝結等亦曰構。

《大字典》（二/1/324）“冫”（一）níng，①“凝結。後作‘凝’”，引《說文》及段注。又（331）“凝”音níng，①

“冰凍；結冰”，②“聚集；凝聚”，與“凝結”義不甚恰切。

《大詞典》（2/389）“冰$_2$”音níng，謂“結冰；凝結。後多作‘凝’”，電子本謂“亦作‘仌$_2$’。‘凝$_1$’的古字。‘冫$_2$’的今字。結冰；凝結。後多作‘凝’”，均首引《逸周書》。又（2/433）“凝”音níng，②“凝結；凝固；積聚”，首引《易·坤》象辭。

《方言大詞典》（頁7289）“凝”音níng，“凝冰”謂“冰”，“凝冰兒”謂“冰錐”（四川重慶），“凝冰子”謂“冰”，“凝條兒”謂“冰錐”，均爲西南官話，但蜀語“凝冰兒”亦謂“冰”。又（頁7289）“凝倒了”謂“結冰”，西南官話（貴州畢節），蜀語則謂“凝結”，不管結冰或是豬油之類冷凝、水泥封固凝結等，均謂“凝倒了”。又，未涉及［tɕin^{213}］音。

進水 jin^{213}sui^{53}［tɕin^{213}suei^{53}］

市井隱語，指行賄。清劉省三《躋春臺》卷一《雙金釧》：“方仕貴見官不甚追究，又未招供，心中懷疑，回家拿銀進水。”又：“余氏曰：‘去進點水，把他治死就好了，免得害我女兒。’”又卷三《審煙槍》：“明山帶疾進城，進了點水，把官司打贏。”亦可用“把”將“水”字提前，如卷一《雙金釧》：“既有銀錢把水進，何不周濟姓常人。”又卷二《巧姻緣》："與其有銀把水進，何不周濟姓金人。"[①] Adam Grainger《西蜀方言》(頁517)："進水。"謂"to give bribes"。又(頁296)："暗地裏進了水。"即"he has given bribes"。民國二十二年《灌縣志》卷十六《禮俗記·方言》："賄，財也，讀若髓，見《說文》。通作水，如致賂曰進水，蓋諱言賄也。"謂行賄爲"進水"，乃市井隱語。《民國黑社會》第一部分《騙·人口騙子》："(拐匪)總是千方百計勾結這樣幾種人物，以期暢行無阻。……三是軍警，以其有盤問之權，拐匪名之曰'閻羅爺'。他們勾結'閻羅爺'之手段，以拜老頭子爲初步(軍警多在幫)，以認弟兄爲第二步，以'進水'(匪中送人財物曰'進水')爲第三步。"《川方彙編》(頁18)"水"⑤"錢財"。

又，《三刻拍案驚奇》第二十九回："叫一個皂隸，封了一兩銀子，道：'老爺說公子在這廂攪擾，這些須薄意謝你的薪水之資。公子還吃得你們這裏的泉水好，要兩瓶。'這兩個和尚得志得緊，道：'薪水不收，要水，圓靜領他去打兩吊桶！'差人回覆。徐州同還望他來收火，發出水去，道這水不是泉水，要換，他端只將這水拿兩瓶去，徐州同看了大惱……

① 李申等《〈躋春臺〉詞語例釋》"進水"謂"行賄，打通關節"，"'水'還直接喻指'銀兩''錢財'。例如《金瓶梅詞話》中'水櫃'即指錢櫃；來錢路子多，財源不竭叫'四水兒活'。守着一點固定資產度日而別無進益叫'死水兒'"(《南陽師範學院學報》2002年第1期)。鄧章應《〈躋春臺〉方言詞語研究》(頁242)謂"人們常把錢財比做水，如：'捐出去的錢，潑出去的水'"，謂"把錢財比做水"及舉例似較牽强，如蜀中亦習言"嫁出門的女，潑出門的水"，則不能說把女比作錢財或水。

即便（捉）來一夾，討保，教田有獲去赴水，要他一千。”此以“泉水”隱指銀子[1]，亦頗貼切；和尚堅決不受訛詐，假裝糊塗，真以水應付；“赴水”隱指收銀子。按世俗以“水”指錢財，故“薪金”又叫“薪水”，銀子的成色謂“銀水”，發財謂“發水”，額外收入又叫“外水”。本來“薪水”指柴和水，引申指生活必需品。《魏書·盧玄傳》：“若實有此，卿可量朐山薪水得支幾時……如薪水少急，即可量計。”“薪水”、“薪俸”、“薪金”爲勞動所得報酬，用以維持生計、買柴買水之類。清俞樾《茶香室叢鈔》卷六《薪俸》：“國朝查慎行《人海記》云：本朝初年，滿州官員支俸不支薪，漢官則薪俸並支。薪侈於俸，如四品官，季給薪三十金，俸纔二十金。順治甲午停秋冬二季俸，明年漢官但給俸不給薪。按此知國初官員有給薪之例，故至今薪俸之名猶在人口，而近來各局委員有薪水之给，亦本此也。”“薪俸”、“薪水”前後對舉。《喻世明言》卷一：“只是價錢上相讓多了，銀水要足紋的。”謂銀子的成色要足色紋銀。《鏡花緣》第七十六回：“開錢店倒還有點油水；就只看銀水眼力還平常，惟恐換也不好，不換也不好，心裏疑疑惑惑，所以不敢就開。”《鄰女語》第二回：“你一路上發的水還不彀麽？”又：“發水就是發财。”巴金

①《廣韻·仙韻》：“泉，錢别名。”清徐灝《説文解字注箋·泉部》：“泉，借爲貨泉之名，取其流布也。”《周禮·地官·序官》“泉府”鄭玄注引鄭司農云：“故書泉或作錢。”賈公彥疏：“泉與錢，今古異名。”宋鄭樵《通志》卷六十二《食貨略二·錢幣》：“自太昊以來，則有錢矣。太昊氏、高陽氏謂之金，有熊氏、高辛氏謂之貨，陶唐氏謂之泉，商人、周人謂之布，齊人、莒人謂之刀。”

《豬與雞》："生活這樣漲法，那個不想找點兒外水來花？"又銀錢亦稱"水手"。《三刻拍案驚奇》第六回："打聽得縣官是個掌印通判，姓毛，極是糊塗，又且手長。尋了他一個過龍書手陳愛泉，是一名水手，說道此婦潑悍，要求重處。拿進去，只見這通判倒也明白，道：'告忤逆怎麼拿銀子來？……'不收。汪涵宇極了，又添一名，又與書手三兩。……汪涵宇恐怕拘親鄰惹出事來，又送了一名水手，方得取放回來。"前一"水手"整理者注："水手 一種銀錢數目的市語，此處乃言用銀錢賄賂縣衙中人。"①"水手"指銀兩，"一名"數量不詳，本爲市井隱語，很可能在不同地方或語境中，所指不同。據送書手銀"三兩"度之，送縣官的"一名"恐不止五兩，而應幾倍於書手，或爲"五"（一手五指）的若干倍數②。

《大字典》（二/4/1655）"水"⑯"銀子的成色"，引《鏡花緣》；⑰"額外收入或附加費用"，首引《鄰女語》。

《大詞典》（5/853）"水"⑱"舊指銀子的成色，轉爲貨

① 北京大學出版社，1987年4月第1版，第121頁。

② 王文暉《明清白話小說俗語詞例釋》謂"水手指一種固定數目的銀錢，或泛指銀錢"，並謂"古以'泉'爲錢。泉，水也。古有'銀水'，今有'薪水'，皆用此義。錢如流水。如《金瓶梅》中錢櫃稱'水櫃'（25回）；來錢的路子多，財源不竭叫'四水活'（72回）；守着一點固定資產過活而別無進益叫'死水兒'，並皆以水爲喻。所以，一定數目的銀錢也可以叫'水手'"（《徐州師範大學學報》2000年第2期）。姚美玲、郭芹納《釋"水手"》認爲，"水手"的數量"比'三兩'還多"（《古漢語研究》2000年3期）。俞理明《"水手"指稱銀錢時的具體意義和原因》認爲，"'一名水手'應當指少於十兩，爲五兩或者五兩以上的銀子"，"指五兩銀子的可能性最大"（《古漢語研究》2002年第4期）。均可參看。

幣兌換貼補金、匯費及額外的收入之稱”，首引《鏡花緣》；又（11/1275）“銀水”①“銀子的成色”，首引《古今小說》；又（9/570）“薪水”③“即工資”，首引《茶香室叢鈔·薪俸》按語部分；又（5/855）“水手”未及銀錢義。

《大詞典》、《方言大詞典》（頁2387）“進”下均未收“進水”。

蹴 jiu²¹［tɕiəu²¹］

蹲。蜀方言也說“跍”。《說文·足部》：“蹴，躡也。从足，就聲。”《廣韻·屋韻》七宿切，又子六切、七六切。《埤雅》卷二十音釋：“蹵，就。”民國二十一年《南皮縣志》卷四《風土志下·方言》：“姑就，蹲踞也。”“姑”即“跍”字音借，“姑就”、“蹲踞”並同義連文。又，清光緒十二年《虞鄉縣志》卷一《地輿志·方言》、民國九年《虞鄉縣新志》卷四《方言略》：“有無字無韻全不可曉者……蹲曰圪蹴。”今陝西關中十大怪有“凳子不坐蹴起來”，謂習慣蹲着，當地稱這種“蹲功”爲“圪蹴”。

《大字典》（二/7/3987）“蹴”（三）jiu，“〔圪蹴〕方言。蹲”。《大詞典》（2/1015）“圪₂蹴”（–jiu）“方言。蹲”，首引姚雪垠《長夜》。又（10/552）“蹴₁”音cù，又（553）“蹴伏”謂“蹲伏貌”，引《花城》1981年第1期。頗疑“蹴伏”爲方言詞，“蹴”聲韻當作［tɕiəu］。

《方言大詞典》（頁7449）“蹴”①“蹲”，中原官話，山西運城［tɕiou³³］、芮城［tɕiou⁴⁴］。又“蹴下”謂“蹲下”，中原官話（山西永濟，陝西西安、寶雞）。今川北綿陽等地亦謂蹲爲“蹴”。又（頁1590）“圪蹴”謂“蹲下”，冀魯官話、中原官話、晉語。又（頁4835）“跍蹴”謂“蹲”，中原官話、晉語。

䜩 糾 糺 摎 丩 就 揪 jiu⁵³［tɕiəu⁵³］

扭曲；擰。參《考釋》第333頁。原引《説文·殳部》：“䜩，揉屈也。”“䜩”當作“𣪘”。許慎謂“从殳，从皀。皀，古文叀字。廏字从此”。據李孝定《甲骨文字集釋》：“‘皀’爲‘𣪘’之初文，‘𣪘’則合體象形，‘簋’則爲增體象形，蓋从竹言其質，从皿舉其類……至許書‘𣪘’訓‘揉屈’，蓋因‘𣪘’之初誼已爲後起之‘簋’所專。初誼既湮，遂以他字之義羼入，復誤以象手持匕柶之形爲从‘殳’，遂有此義耳。”洗衣擰乾水分亦可謂“䜩”，以竹篾等物絞合爲繩索亦是“揉屈”。民國三十一年《西昌縣志》卷五《禮俗志·方言》：“捉人耳或衣强迫之他行曰䜩。讀若糾，俗作揪。”“俗作揪”當爲通語，如《現漢》“揪”謂“緊緊地抓；抓住並拉”。

或作“糾”、“糺”。《説文·丩部》：“糾，繩三合也。从糸，丩聲。”桂馥義證：“繩三合也者，本書‘𩰚’讀若三合繩糾，《文選·解嘲》‘徽以糾墨’，李善引本書‘糾，三合繩也’。《一切經音義》十七引《蒼頡解詁》‘繩三合曰糾’。馥案三合當爲二合，本書‘徽，三糾繩也’，《文選·鵩鳥賦》‘何異糾纆’，李善引《字林》：‘糾，兩合繩。’孫楚詩‘吉凶如糾纆’，李善云：‘糾，兩股索。纆，三股謂之纆。’”王筠句讀：“《字林》：‘糾，兩合繩；纆，三合繩。’《漢書音義》：‘二股謂之糾，三股謂之纆。’《易·坎卦》釋文：‘劉云：三股曰徽，兩股曰纆。’案此類往往各書不一，不可以律《說文》。”兩合、三合繩爲糾，合二、合三爲繩亦可謂糾，名動同詞也。故蜀方言謂合二、合三等爲繩曰糾索子。《玉篇·ㄐ部》：“糾，絞也，繚也。”《史記·屈原賈生列傳》：“夫禍之與福兮，何異糾纆？”裴駰集解：“應劭曰：‘禍福相爲表裏，如糾纆繩索相附會也。’瓚曰：‘糾，絞也。纆，索也。’”司馬貞索隱：“《通俗文》云：‘合繩曰糾。’《字林》云：‘纆，三合繩也，音墨。’糾音九。”清光緒四年《彭縣志》卷三《民事門·田功志》：“糾索以聯衡與頸曰犂𦃃，牛全力所在也。”“犂𦃃”今音“犂［k‘əu^{55}］”，駕牛耕地必用之具，糾合數股繩盤擰成直徑20多公分的圓圈，用時擰成8字形，一頭套犂轅前端，一頭套牛打脚中間①。民國十七年《長壽縣志》卷四《人事部·方言》：“挽繩曰糾。”民國二十一年《南溪縣志》卷四《禮俗下·諺語》：“打不濕，糾不乾。”《川方》（頁191）“糾（②就）”音jiu^3，①“擰（nǐng）”，②“把兩股以上的

① 民國二十九年《開陽縣志稿》第四章《經濟·農業》：“牛打脚，繫於犂轅首，以縛牽索，牛致力全在此，長無過七拳，過則傷牛。”

條狀物扭在一起”；“②就”當謂第二義同“就”（參下）。《川方匯釋》（頁119）“糾”謂“抓、扭、扯”。《重方》（頁168）“糾”音jiu³，①“擰”，②“扭”。《成方》（頁250）“□”音tɕiəu上聲，①“擰”，②“（把條狀物）扭（到一塊兒）”。又，《川方彙編》（頁150）“絞”謂“（音九）扭；絞乾”，以通語詞賦予方音矣。

又作“摎”。《說文·手部》：“摎，縛殺也。从扌，翏聲。”段玉裁注：“縛殺者，以束縛殺之也。凡縣死者曰縊，亦曰雉經。凡以繩帛等物殺人者曰縛殺，亦曰摎，亦曰絞。《廣韻》曰：‘摎者，絞縛殺也。’多‘絞’字爲長。今之絞罪，即古所謂摎也。引申之，凡繩帛等物二股互交皆得曰繆，曰絞，亦曰糾。《喪服》曰：‘絞帶。’又曰：‘殤之絰，不摎垂。’注云：‘不絞其帶之垂者。’《周禮》、《襍記》注皆云：‘環絰者一股纏而不糾。’《丩部》曰：‘糾，三合繩也。’《檀弓》作‘繆絰’，‘繆’即‘摎’之叚借，故注云：‘繆讀爲不摎垂之摎也。’《喪服》及《檀弓》注‘摎垂’字，今本譌爲‘樛木’之‘樛’，遂不可通矣。”《玉篇·手部》：“摎，力周、居由二切，絞也。”《儀禮·喪服》：“殤之絰，不摎垂。”鄭玄注：“不樛垂者，不絞其帶之垂者。”阮元校勘記引瞿中溶云：“石本原刻作摎，從手旁。”前引段玉裁說亦已指出今本形近而譌。《管子·大匡》：“朋友不能相合摎，而國乃可圖也。”房玄齡注：“摎，交入也。朋友不能相交合，則黨與弱，故乃可圖。”漢揚雄《太玄經》卷七《玄攡第九》：“死生相摎，万物乃缠，故玄聘取天下之合而达之者也。”范望注："摎謂相摎也，纒謂纒綿也。上句言天日之宜，此言死生，知說月也。月明生而魄死，魄生而明死，死生之相摎摎，故萬物亦纒綿而成就也。"《漢書·五行志中之下》："元帝永光二年八月，天雨草，而葉相摎結，大如彈丸。"顏師古注："摎，繞也。"今蜀語亦如段玉裁所言，"凡繩帛等物二股互交皆得曰繆，曰絞，亦曰糾"，擰殺小的生物謂"摎死"，與"縛殺"近似。

亦作"扣"。《集韻·幽韻》居虬切："摎，束也。或从丩。"《彭公案》第九十一回："他衆人一找，駝子礼面找出採花蜂尹亮來，把繩兒一扣，衆賊一我並無一人跟隨。""礼"當"裏"字音借。民國二十三年《樂山縣志》卷三《方輿志·方言》："兩手扭物曰扣。音鳩。"《成都話》（頁109）"扣〔扭〕"音［tɕiəu53］，謂"擰：把衣服~乾"。前作"糾"以其絲棉類物而視其質，此作"扣"字從手而顯其用。

或記作"就"、"摵"。《集韻·宥韻》即就切："摵，攬也。"似與"擰"義無涉。前撰（頁334）"就"謂"扭傷"，引《西游記》第七十七回"那妖翅膊上就了筋"，"就了筋"猶謂擰了筋。又第三十八回："老孫不要，你可把他都捻就了觔，單擺在那四十里路上兩傍，教那些人不縱鷹犬拿回城去，算了汝等之功。""捻就"同義連文，"捻就了觔"猶捻擰了筋。廖大谷、石汝傑《〈西游記〉中蘇北方言詞語彙釋》"就筋"謂"抽筋"①，似不確。《龍圖耳錄》第六回："包公一聲斷喝，說：

---

① 《蘇州大學學報》1987年第2期。

‘夾！’只這一個字，不想三木一摵，趙大不禁夾，他就嗚呼哀哉了。”清傅崇矩《成都通覽·成都之詐騙》（頁213）：“背回家中，打開包袱一看，當頭上是線子，中間盡是穀草摵成把子。”謂稻草擰成的草把。民國十五年《南川縣志》卷六《土音土語》：“以繩索纏束一帀爲一就。《禮記》：大路（大車也）繁纓一就，先路三就，次路五就。注：五采一帀爲一就。引申挽髮曰挽就就，挽至數就，愈上愈小，形似螺螄曰螺螄就。又孩子形狀似之，因謂小孩爲就就，加一細字曰細就就，土音轉爲陰平，遂不得其字（又引申人性不直而橫曲亦曰就幾轉，又引申爲動詞，竹藤堅硬之質用力屈之爲繩索亦曰就，土音則轉爲上聲）。又以兩指拈人之肉而曲之，如就痧、就包，亦是此字，總爲挽直使曲之義（小兒含乳不放曰就奶，雖不用指而用口，亦使乳頭曲也）。至揫字（一作揪字），惟用之以手擒髮，無使曲義。”亦作形容詞。清傅崇矩《成都通覽·成都之呼物混名》（頁273）：“拉不伸，舅子也，又名老彎。”此以“不伸”、“彎”隱含“就”義，“就”又諧音“舅”。《川方》（頁191）“就（㲃，①𤺥）”音jiu^4，①“扭曲：我睡失了枕，頸子是~起的”，②“比喻執拗（川東部分地區）：他那個人~得很，不好跟他商量”。前撰引《西游記》第七十七回“那妖翅膊上就了筋，飛不去”，以蜀方音讀之，“就”音［$tɕiəu^{213}$］。《重方》（頁169）“𤺥”音jiu^4，謂“扭傷：頸子遭~了”，按謂“《玉篇·疒部》：‘𤺥，病也。’重慶話此詞與‘𤺥’同音，且意義有一定聯繫，故以記之。此詞古有記作‘就’”，引《西游記》例，可備一說。

《大字典》(二/4/2315)“𣪘”音jiù,①“揉屈”,引《說文》及段注。又(6/3583)“糾”(一)jiū,⑨“方言。擰”,引李劼人《大波》“正待伸手糾他的臉”,“糾”即通語“揪”音借,並非方言,如《大詞典》(9/696)“糾₁”⑨“揪,抓”,引碧野《沒有花的春天》“一手糾住阿艾的辮子”,即不視“糾”爲方言詞。又(3582)“糺”(一)jiū,“同‘糾’”,首引《集韻》。又(4/2066)“摎”(一)jiū,②“纏繞;糾結”,首引段玉裁《說文注》。又(1932)“抖”(二)jiú,謂“同‘摎’。糾纏;糾結”,引《集韻》。又(2078)“揫”(一)jiù,謂“攬”,引《集韻》。上已指出前撰(頁334)謂《西游記》“就了筋”之“就”爲“扭傷”,《大字典》(二/2/600)“就”仍未及。

《大詞典》(9/696)“糾₁”謂“亦作‘糺’”,①“絞合的繩索”,②“纏繞;糾纏”,其實糾合繩索亦謂之糾。又(6/847)“摎₁”音jiū,②“糾結;纏繞”,首引《江賦》及李善注。又(885)“揫”音jiù,謂“收攏”,引《集韻》。上已指出前撰(頁334)謂《西游記》“就了筋”之“就”爲“扭傷”。又(2/1575)“就”未及。

《方言大詞典》(頁6049)“𣪘”音jiù,①“擰;絞”,西南官話、湘語、贛語、客話;②“扭曲;彎曲”,西南官話、湘語。又(頁1516)“糾”音jiū,①“揪;擰”,冀魯官話、西南官話(四川成都);②“絞(把兩股以上條狀物扭合在一起),西南官話(四川成都)。又(頁6805)“摎”音jiū、liáo,①“絞死;掐死”,膠遼官話,閩語。又(頁1109)“抖”

音jiū，①“擰”，西南官話（四川成都）。又（頁7043）“揪”音jiù，②“擰；扭”，湘語，未及西南官話。

舅子 jiu²¹³zi⁵³［tɕiəu²¹³tsɿ⁵³］

本爲內兄弟的別稱，用作駡人的話。《全晉文》卷一百三十：“或問馮懷曰：‘……舅子爲內兄弟，此亦鄭君所言……’懷對曰：‘……今稱舅子爲內兄弟，末俗所云，非典言也。鄭玄還舉俗言以喻俗人，故稱焉，亦非正名矣。’”《朱子語類》卷一百三十八《雜類》：“舅子謂之內兄弟，姑子謂之外兄弟。”元關漢卿（一説佚名）《魯齋郎》楔子：“你便是我舅子，我渾家就是你親姐姐一般。兄弟，你爲甚麽到這裏？”清孫毓汶《蜀游日記》咸豐六年十月十二日批注：“縴夫身份亞轎夫一等，轎夫詈縴夫，縴夫不敢反唇，但其駡之也曰：舅子。其稱美之則曰：姐夫。殊荒怪可笑耳。”葉調元《漢口竹枝詞·雜記》：“六親情誼本同般，姊妹情深笑楚蠻。破口不妨傷父母，一呼舅子怒沖冠。”自注：“市井相嘲，以呼人舅子爲便宜。”“便宜”猶謂佔便宜。程趾祥《此中人語》卷三《各處有忌語》：“舅子，鄂人忌之。”詳其禁忌之由，殆俗稱某人爲“舅子”，意謂與其姐妹有夫妻關係，若實無這樣的關係，“舅子”就成爲侮辱對方的詈詞了。如李劼人《大波》下卷第二部份注6：“川人輒以舅子一詞辱人，舅子者，妻之兄弟也。”[①]當然，也有自認“舅子”的，如《金瓶梅詞話》第三十回：“（太師）因問：‘後邊跪的是你甚麼人？’來保纔待說是伙計，那吳主管向前道：‘小的是西門慶舅子，名喚吳典恩。’太師道：‘你既是西門慶舅子，我觀你倒好個儀表。’喚堂候官取過一張劄付：‘我安你在本處清河縣做個驛丞，倒也去的。’”吳典恩爲西門慶家奴，僅與主人續弦吳月娘同姓，靈機一動而自認“舅子”，博得本縣驛丞之職，不但不以爲辱，盡自與有榮焉。周芷穎《新成都》第四章第三節《婚喪禮俗》（頁82）：“新婦將蓋頭搭好，即拜別祖先父母及家中人等，有的大哭不去，有的由‘舅子’（新婦的兄或弟）揹上花轎，於是接親人便與花轎同時告辭而逕往男家。”這個“舅子”當然是真資格的，至少在婚禮儀節的民俗中頗受男家尊重。又，徐向前《歷史的回顧》第八章：“提起敵二十九軍軍長田頌堯，人們從不稱呼他的官銜，而是直呼其名字或綽號（‘田冬瓜’），冠以‘棒老二’、‘狗日的’、‘龜孫子’、‘那舅子’等頭銜。”[②]又：“敵人一般是抽過大煙後，憑股‘煙勁’，發起沖鋒。羊群式的隊形，密密麻麻，‘咯老子’、‘那舅子’的亂喊亂叫。”[③]《川方彙編》（頁76）“災舅子”謂“罵人語”，與蜀語“雜種”前亦冠“災”字同類。《成方》（頁250）“舅子”②“罵人的話。舊俗認爲稱某人爲自己的‘舅子’，某人

---

① 中華書局，1938年10月再版，第326頁。

② 解放軍出版社，1984年7月第1版，第260頁。

③ 同上，第279頁。

的姐妹名分上就該是自己的老婆，這樣就算佔了便宜”。又，清傅崇矩《成都通覽·成都之袍哥話》（頁276）：“韭菜園，舅子也。”“韭”諧音“舅”。又《成都之呼物混名》（頁273）：“拉不伸，舅子也，又名老彎。”周芷穎《新成都》第四章第二節《語言》（頁63）：“拉不伸——舅子。”蜀方言謂不伸、彎音同“舅”。此雖非罵人語，但有民俗參考價值，特爲表出。

《大詞典》(8/1290)“舅子”③“詈詞”，引魯迅《故事新編》，未詳所以。《現漢》“舅子”謂“妻子的兄弟”，無詈詞禁忌義。

《方言大詞典》（頁6613）“舅子”②“窩囊、差勁的人（罵人的話）”，西南官話（四川），引巴金《家》：“一連武裝的兵士居然連幾個徒手的兵也捉不到，哪個~纔相信！”[①]意謂哪個相信就是舅子。言下之意是說如果輕易相信，自己的姐妹跟別人就有夫妻關係，自己就是舅子。蜀語中“舅子”斷非“窩囊、差勁的人”，所釋未中肯綮。

肫肝　腒乾 jun^{213}gɑn^{55}［tɕyən^{213}kan^{55}］

禽類胃的外面部分。《玉篇·肉部》：“肫，鳥藏也。”《南齊書·江祏傳》：“妃索煮肫，帳下諮（劉）暄，暄曰：

① 一本作“一連武裝的兵居然連幾個徒手的丘八也捉不到”，更符合四川方言習慣，《方言大詞典》所引或不確。

‘且已煮鵝，不煩復此。’”《資治通鑑》卷一百四十二齊東昏侯永元元年“妃索煮肫”胡三省注：“鳥藏曰肫。”明朱之瑜《舜水先生文集》卷二十《對或問辛盤》：“薑與肉性不調，則易肉目雞絲及雞鵝肫肝，春深則易目童蒿菜，皆五辛也。”清張璐《張氏醫通》卷十三：“烏骨白絲毛雞，一隻，男雌女雄，取嫩長者溺倒泡去毛，竹刀剖脇出肫肝，去穢留內金，并去腸垢，仍入腹內。”張璐《本經逢原》卷四《禽部》：“昔人治癘風方中，取純白鵞通身之毛，及嘴足之皮與肫肝內皮，同固濟煅灰存性，和風藥用之，爲風藥之嚮導也。”若雞之“肫肝內皮”，即通語雞內金。以上三例之“肫肝”，當均謂雞鵝胃的外面部分。陳作霖《金陵物產風土志·本境動物品考》：“市肆諸鴨，除水晶鴨外，皆截其翼足，探其肫肝零售之，名爲四件。”此“肫肝”當指“肫”和“肝”，與“翼”、“足”合爲“四件”。高靜亭《正音撮要》卷二《飲食》：“炒肫肝，即腎也。”按此說或不確。“腎”俗稱腰子，外腎指睪丸，蜀方言謂禽類胃的外面部分爲“肫肝”。德齡《慈禧后私生活實錄》第九回《御膳房》：“鴨肫肝，鴨臟等，也往往用種種不同的方法調製起來，供太后佐膳。”《切口大詞典·黨會類·小癟三》：“賣雞肫肝，看三官經也。”錢鍾書《圍城》第三章：“外國菜裏從來沒有雞鴨肫肝，我在倫敦看見成箱的雞鴨肫肝賤得一文不值，人家買了給貓吃。”

又作“肶乾”、“肶肝”。清傅崇矩《成都通覽·成都之肉脯品》（頁393）：“肶乾。”巴金《春》一：“冷盤是香腸、肶肝、金鈎拌萵筍之類。”《成都話》（頁110）“肶肝兒

〔肫肝兒〕”音［tɕyən^{213}kər^{55}］，謂“鳥類的胃”。其實，蜀語“肫肝兒”主要指雞鴨鵝等家禽類胃的外面部分。《成方》（頁334）“䐖肝兒”謂“家禽的胗肝兒”，又（頁34）“鷄䐖肝（兒）”謂“鷄肫”。亦説“䐃子”。《重方》（頁170）“䐃子”音jun^{4}zi^{3}，謂“家禽的胃，即胗”，“《玉篇·肉部》：‘䐃，腹中䐃脂也。’䐃，本指腹中或腸中的脂肪，重慶話引申指禽鳥腹中的胃”，或爲一説。按“腸中的脂肪”當謂“附着腸外的脂肪”。

《大字典》（二/4/2196）“肫”（一）zhūn，②“禽類的胃”。又（2233）“䐖”謂“同‘肫’”，既未注音，又無書證，但“䐖”顯然爲從君得聲的方言造字，與“肫”注音不合，似乎完全成了可以不收的廢字。又（2210）“胗”（二）zhěn，“禽類的胃。如：雞胗肝兒；煤胗兒”，顯然以“胗肝”爲語詞矣。

《大詞典》（6/1176）“肫$_1$”②“禽類的胃”，未收明代已見的“肫肝”，“䐖乾”、“䐖肝”亦未見。又（1235）“胗$_2$”音zhūn，“鳥類的胃”，引《金瓶梅詞話》，並云“又如：雞胗；鴨胗；胗肝”，似亦以“胗肝”爲語詞。

《方言大詞典》（頁3511）“肫子”謂“雞胗肝”，江淮官話，未收“肫肝”。又（頁5684）“䐖”音jūn，“䐖肝”謂“雞、鴨、鵝的胃”，西南官話（四川成都），引巴金《春》。按蜀語“䐖”音［tɕyən^{213}］，音jūn不確。

K

看屋 $\mathrm{k\alpha n^{213}wu^{21}}$ [$\mathrm{k'a\eta^{213}u^{21}}$]

守屋。唐王建《寒食行》："寒食家家出古城，老人看屋少年行。"《水滸傳》第九十一回："實不瞞客人說，如今聽得朝廷起大軍來與方臘廝殺，我這裏正是風門水口。有些人家都搬了別處去躲。只留下老身，在這裏看屋。"《海上塵天影》第四十五回："從此蓮民住在東院護翠軒中，另有一個僕人，替他看屋。"清陳錫路《黃妳餘話》卷八《看屋》："今俗以盡室出門，留一人居守者，謂之看屋。此二字唐詩有之，王建《寒食行》云：'寒食家家出古城，老人看屋少年行。'乃知斯語由來久矣。"光緒《武進陽湖縣志》卷十三《旌卹・忠義・士民》："王宅看屋人：王清如、王增二、王立志。"

《大詞典》、《方言大詞典》（頁4224）"看"下未收"看屋"。

㢠 㝩 伉 抗 囥 亢 梡 kang^{53} [k‘aŋ^{53}]

蓋。參《考釋》第354頁。《方言》卷十三："㢠，空也。"與蓋義無涉。明李實《蜀語》（頁98）："蓋曰㢠○㢠音慷。"黄仁壽等校注："'蓋曰㢠'者，謂將什物蓋着謂之㢠也，今蜀語猶然。"清道光二十一年《遵義府志》卷二十《風俗》、光緒二十一年《敘州府志》卷二十一《風俗》、民國十年《新修合川縣志》卷三十《風俗·方言》："蓋曰㢠。音慷。"光緒八年《黎平府志》卷二下《風俗·方言》："蓋之曰㢠。康上聲。"民國十五年《南川縣志》卷六《土音土語》："㢠，音康上聲，物有蓋有底，蓋下覆曰㢠。"民國十五年《簡陽縣志》卷二十二《禮俗篇·方言》："□釜器曰㢠鍋蓋。"民國二十一年《南溪縣志》卷四《禮俗下·童歌》："鴉雀窠，板板梭，娘績麻，女燒鍋，客來㢠倒鍋，客走了，娘兒吃得笑哈哈。"民國二十三年《華陽縣志》卷五《禮俗·方言》、民國三十一年《西昌縣志》卷五《禮俗志·方言》："蓋曰㢠。"民國二十四年《雲陽縣志》卷十四《禮俗下·方言上》："㢠，蓋也。"民國二十六年《犍爲縣志·居民·言語·方言》："手蓋物曰㢠。音慷。"又，清Adam Grainger《西蜀方言》（頁485）："筲箕k‘ang^{4}鍋萬不諳。"謂"a rice strainer would never fit a pot （a play on the word ngan）；I did not expect you"，"k‘ang^{4}"謂蓋，調值當作3，如（頁601）：“把水缸丨倒。”謂“to cover the water tank”。另舉“隔墻尥簸箕曉得丨不丨得倒”、“丨帽子”、“拿大帽子丨我嗎”，“丨”音“K'ANG3”，即“康”，意爲蓋。又：“安丨丨。”謂“to set a bird-trap”，“丨丨”音［k'aŋ53k'aŋ21］，猶蓋蓋，名詞，即通語蓋子。民國三十六年《新繁縣志》卷四《禮俗·方言》：“凡掩覆皆曰蓋，今音轉爲康上聲。”此亦記音。

亦作“㝩”，爲“康”後起字。《玉篇·穴部》：“㝩，苦郎切，空也。”《集韻·唐韻》：“㝩，《說文》：‘屋康㝗也。’謂屋閑。或从穴。”《四庫全書考證》卷二十一《集韻卷五》：“㝩，案字書只作康，此从穴誤。又分康㝩爲二，更誤。”光緒五年《鎮海縣志》卷三十九《方言》：“囥（口浪切），《集韻》：‘囥，藏也。’《敬止錄》：‘藏物曰囥。’亦作㝩。《蜀語》：‘蓋曰㝩。音慷。’”按《蜀語》作“蓋曰康。音慷”。民國十七年《長壽縣志》卷四《人事部·方言》：“覆物曰㝩。上聲。”民國二十一年《萬源縣志》卷五《教育門·方言》：“覆釜曰㝩倒。”

或作“伉”。《字彙·人部》、《正字通·人部》：“伉，藏物也。”《朱子語類》卷六十六《易二》：“不應恁地千般百樣藏頭伉腦，無形無影，教後人自去多方推測。”“藏”、“伉”互文見義。清毛奇齡《越語肯綮錄》：“伉，藏物也。今俗猶呼藏爲伉，音苦浪切。”茹敦和《越言釋》：“越人以藏物爲伉，於經無可證。……予謂《記》言周公‘伉世子之法於伯禽’，此伉亦當爲藏也。”民國二十四年《蕭山縣志稿》卷二十九《瑣聞·方言謠諺》：“伉，藏物也，今俗呼藏爲伉。”

亦作“抗”。《周禮·夏官·服不氏》：“賓客之事則抗皮。”鄭玄注引鄭司農云：“謂賓客來朝聘布皮帛者，服不氏主舉藏之。”清翟灝《通俗編》卷三十六《雜字·抗》：“按今猶呼藏物爲抗。《隋韻》有伉，《集韻》有囥，俱訓藏，音亢。經典既有明文，用之者宜依經典。”梁同書《直語補證·抗》：“《周禮·夏官·服不氏》‘抗皮’注：‘主舉藏之。’舉與藏，兩義也。今人言藏物曰抗了，讀仄。言舉物曰抗了去，作平聲讀，即此。”光緒《金華縣志》卷十六《志類要·方言》：“抗，《周禮·服不氏》：‘賓客之事則抗皮。’藏物也。《隋韻》作伉，《集韻》作囥。”光緒三年《黄巖縣志》卷三十二《風土·謠諺·方言》：“藏物謂之抗。……今或作伉、囥。”光緒四年《青浦縣志》卷二《方言》：“藏物曰抗。”光緒七年《崑新兩縣續修合志》卷一《風俗·方言》：“藏物曰抗。見《周禮·服不氏》鄭注。字亦作伉。”按蔣禮鴻《〈義府續貂〉補》：“《周禮·夏官服不氏》：‘賓客之事則抗皮。’鄭司農曰：‘賓客來朝聘布帛者，服不氏主舉藏之。’舉亦藏也。抗即藏也。嘉興語則然。”[①]“舉”之義訓當從梁説。

又作“囥”。《集韻·宕韻》口浪切：“囥，藏也。”《正字通·囗部》：“囥，俗字，舊註口浪切，音抗，藏囥。”“藏囥”當同義連文。明李詡《戒庵老人漫筆》卷五《今古方言大略》：“藏物謂之囥。”[②]清趙翼《簷曝雜記》卷五：“藏物曰

① 《杭州大學學報》1989年第4期。

② 原注：“音抗，韻書無此字。”其實《集韻》已收載。

圓。”[1]按未聞“圓”有藏物義，疑“圓”爲“园”字形譌。尋繹致誤之由，或版刻誤以字中之“亢”爲“元”，“元”、“員”同音，故誤刻爲“圓”矣。乾隆十八年《長洲縣志》卷十一《風俗》、乾隆十九《福州府志》卷二十四《風俗·方言》、嘉慶十一年《福鼎縣志》卷二《風俗》、同治《蘇州府志》卷三《風俗》：“藏物曰园。”乾隆二十四年《象山縣志》卷一《風俗·方言》：“藏物曰园，苦浪切。毛檢討奇齡《越語》作伉，則爲伉儷之伉，誤矣。”按方言著錄重在記音，作“伉”不必斥爲誤矣，參前說。嘉慶二十二年《東臺縣志》卷十五《風俗·方言》：“藏謂之园。”光緒五年《靖江縣志》卷五《方言》、光緒二十八年《甯海縣志》卷二十三《雜志·風俗·方言》：“藏物曰园。音伉。”光緒五年《鎮海縣志》卷三十九《方言》：“园（口浪切），《集韻》：‘园，藏也。’《敬止錄》：‘藏物曰园。’亦作㝩。”光緒八年《寶山縣志》卷十四《志餘·風俗附方音》：“园俗言藏。”范寅《越諺》卷下《單辭隻義》：“园，苦浪反，亢，藏物也。《周禮·服不氏》作‘抗’，《隋書》作‘伉’。今從《集韻》。”則三字同音通用。民國十三年《崇明縣志》卷四《地理志·方言》：“园，音抗，俗謂藏物也。”民國十九年《嘉定縣續志》卷五《風土志·方言》：“园，俗謂藏匿也。”民國三十三年《重修彭山縣志》卷二《民俗篇·方言》：“覆蓋曰园。音亢，藏也。俗說爲上聲。”《現漢》“园”音kàng，謂“〈方〉藏”。

---

① 見《續修四庫全書》第1138册，第346頁。中華書局1982年標點本，第93頁，失校。

本字或當作“亢”。《廣雅·釋詁二》：“亢，遮也。”《字彙·亠部》：“亢，蔽也。”《左傳·昭公元年》：“吉不能亢身，焉能亢宗？”杜預注：“亢，蔽也。”《朱子語類》卷一百五：“因言伯恭《大事記》忒藏頭亢腦，如搏謎相似。”“藏”、“亢”互文，上引《語類》卷六十六《易二》作“藏頭伉腦”。章炳麟《新方言·釋言》：“亢亦有遮使隱匿之義，今淮西淮南吳越皆謂藏物爲亢，讀如抗。”曹文安《宜昌方言詞探析》“亢”謂章氏所言“這種用法今宜昌話猶存，如說‘把鍋蓋亢好’、‘把蓋子亢上”①。

又俗作“梡”。唐樞《蜀籟》卷二（頁131）：“拿大帽子梡。”又：“拿大帽子梡小帽子。”又（頁87）：“天梡倒的往哪裏走？”又卷四（頁222）：“紗帽底下莫有梡得有糊塗蟲。”書末附《四川方言方音表》“梡”音kǎng，謂“罩住”。《川方彙編》（頁245）“抗”音kàng，謂“音慷”，①“扣住。例：紗罩下抗了一斗碗魚”，②“扣下。例：不要亂抗帽子哈”。“抗”當爲方言造字，《中華字海》未收。

以上“康”、“㝩”從“康”得聲，“伉”、“抗”、“囥”均從“亢”得聲，同聲自當同訓。今蜀語仍謂“蓋曰康”，如“把菜康倒”，可有多重意思，或防灰塵以保持衛生，或熱菜保溫，或有意藏起來等。《川方》（頁200）“康（㨔、㝩、梡）”，謂“音康上聲”，即音［k‘aŋ53］，①“（用蓋子之類東西）蓋”，②“掩蓋”。《川方匯釋》（頁119）“㝩”㊀“以蓋蓋物”，

① 《三峽文化研究叢刊》2003年。

㈡"以罩罩物"，其實爲一個意思，不必分立義項。《成都話》（頁113）"㡁〔摙〕"音［k'aŋ53］，謂"蓋；扣"。《成方》（頁348）"㡁"音k'aŋ上聲，①"蓋"，②"扣"，③"隱瞞"，"也作'摙、㝩'"。《重方》（頁173）"㡁"音kang3，謂"動詞，蓋"。

《大字典》（二/2/1018）"㡁"謂"空虛"，又（5/2932）"㝩"，均未及蓋藏義。又（1/158）"伉"⑥"隱藏"，引《語類》"恁"誤作"凭"。又（4/1949）"抗"⑧"收藏"。又（2/771）"囥"音kàng，謂"藏"，引《集韻》及《中國歌謠資料》。又（1/308）"亢"（一）⑥"遮蔽；庇护"，首引《廣雅》。又（3/1328）"梡"音kǎng，謂"方言。蓋住"，引《蜀籟》卷二後一例，顯然爲蜀方言造字矣。

《大詞典》（3/1599）"㡁"、又（8/481）"㝩"、又（1/1212）"伉"，均未及蓋藏義。又（6/410）"抗"⑦"收藏"，首引《周禮》及鄭注。又（3/625）"囥"音kàng，謂"方言。隱藏"，引《中國歌謠資料》"說的嫂嫂私底囥一碗"，謂藏一碗。又（2/300）"亢2"⑦"庇護；保護"，首引《左傳》。

《方言大詞典》（頁6953）"㡁"，西南官話，①"蓋；扣；關"，②"掩蓋"。又（頁7299）"㝩"①"藏放"，吳語；②"蓋"，西南官話。又（頁2046）"伉"①"囥；藏"，西南官話、吳語。又（頁2574）"抗"①"收藏"，吳語、贛語。又（頁2681）"囥"①"藏"，江淮官話、西南官話、官話、徽語、吳語、贛語、客話、閩語。又（頁2863）"閌"①"藏"，吳語。又（904）"亢"⑤"遮蔽；隱藏"，吳語、湘語、閩語。又（頁

5386）“梡”音kǎng，西南官話，四川成都［k‘aŋ⁵³］，①“蓋；扣”，②“掩蓋”。以上均爲同詞異形。

敲　攷　考　拷　殁 kɑo⁵⁵［k‘au⁵⁵］

敲打。《說文·攴部》：“敲，橫擿也。”徐鍇繫傳：“橫擿，從旁橫擊也。”《廣韻·效韻》：“敲，擊也。”《左傳·定公二年》：“邾莊公與夷射姑飲酒，私出。閽乞肉焉，奪之杖以敲之。”杜預注：“奪閽杖以敲閽頭也。”清翟灝《通俗編》卷六《政治·敲》：“《左傳·定二年》：‘邾莊公與夷射姑飲酒，私出。閽乞肉焉，奪之杖以敲之。’杜注：‘敲閽頭也。’按俚語以打爲敲，本此。”同治《蘇州府志》卷三《風俗》：“打亦謂之敲。《左傳》執其戈以敲之。”光緒二十六年《墊江縣志》卷一《輿地志·風俗》：“打謂之敲。《左傳》執其戈以敲之。”民國二十二年《吳縣志》卷五十二《輿地考·風俗》：“打謂之敲。”《川方》（頁201）“敲”音kɑo¹，謂“揍”，引《李劼人選集》二：“黃太太假作嗔怒道：‘邦娃子，我真要~你幾下哩！’”《川方彙編》（頁119）“敲”音kāo，謂“敲擊”。《成都話》（頁113）“敲棒棒”（敲音［k‘au⁵⁵］），謂“敲竹杠”。《重方》（頁174）“敲棒棒”音kao¹bang⁴bang¹，謂“敲竹杠”。

亦作“攷”，後作“考”。《說文·攴部》：“攷，敂也。”

段玉裁注："《唐風》：'子有鐘鼓，弗擊弗考。'毛曰：'考亦擊也。'引伸之義爲攷課。《周禮》多作攷，他經攷擊、攷課皆作考，假借也。攷、敂疊韻。"《廣雅·釋詁三》："攷，擊也。"王念孫疏證："考與攷通。"《玉篇·攴部》："攷，今作考。"《詩·唐風·山有樞》："子有鐘鼓，弗鼓弗考。"毛傳："考，擊也。"《莊子·天地》："金石有聲，不考不鳴。"成玄英疏："考，擊也。"又《詩·陳風·宛丘》"坎其擊鼓，宛丘之下"陳奐疏："坎之爲言考也，《山有樞》傳'考亦擊也'，坎與考一語之轉。擊鼓謂之考，擊鼓聲謂之坎坎，亦擊缶聲謂坎坎，皆考擊之義也。"清光緒二十四年《嘉應州志》卷七《方言》："擊謂之㱿（苦角切），亦謂之考。土音讀誥。案《說文·殳部》：'㱿，從上擊下也。'《斤部》：'斫，擊也。'《詩》：'弗鼓弗考。'傳云：'考，擊也。'《說文》：'考，敂也。'敂亦擊也。今俗讀作誥，又似敲，敲亦擊也。"

亦作"拷"，爲"考"後起區別字。《玉篇·手部》："拷，打也。"《魏書·刑罰志》："其捶用荆，平其節，訊囚者其本大三分，杖背者二分，撻脛者一分，拷悉依令。"清范寅《越諺》卷上《格致之諺》："肚裏無有虧心事，半夜三更拷門弗出驚。"原注："《宋史》本傳：'司馬光事無不可對人言。'"此即俗語"爲人不做虧心事，半夜敲門心不驚"也。姜亮夫《昭通方言疏證》（1204條）："拷，錢云：'古書考掠字皆不從手，唯《北史》間有之。《尉古真傳》："染干疑古真泄其謀，乃執拷之"。《段孝言傳》："與諸淫婦密游，其夫覺，又拷掠而殞"。'按古從考爲拷，唐風弗鼓弗考，傳敂也，字又作攷，敂也，敂讀古侯切，亦同聲類字，惟昭人多用扣字，扣乃牽馬，與攷義別，聲稍變則爲㱿，《説文》：‘上擊下也，苦角切’，昭人言以物擊于地或石曰拷，如‘㱿鞋子’，‘㱿筲箕’，又曲指扣人亦曰拷，即扣字一聲之轉也。《説文》又有㩁字，訓‘㱿擊也’，亦苦角切，上來諸拷、考、㱿、攷等字，昭人又多以敲字當之，《説文》‘敲，横擿也，口交切。’段曰：‘横，投之也。’《説文》别有毃字，訓‘擊頭也，口卓切’，音義亦同。……考、拷、㱿，攷與敲、毃皆通用爲擊義。”《疏證》“㱿”左上作“屮”，從《説文》小篆𣪊。《説文·殳部》：“㱿，从上擊下也。”段玉裁注：“從上擊下，正中其物，確然有聲。”

或作“殁”。《龍龕手鏡·歹部》：“殁，音考，殁打。”《字彙·歹部》：“殁，俗作殁打字。”清范寅《越諺》卷上《借喻之諺》：“殁竹杠。”原注：“上‘考’平聲。乘人有過，索取財物。”“殁竹杠”即“敲竹杠”。吳語亦保留古音，故前引《格致之諺》以“拷”字當之。

《大字典》（二/3/1577）“敲”①“横擊；擊；叩。如：敲鐘；敲鑼打鼓”，首引《説文》。又（1551）“攷”①“敲打。後作‘考’”，首引《説文》。又（5/2970）“考”⑯“通‘攷’。扣；敲擊”，首引《廣雅》。又（4/1974）“拷”①“打”，首引《玉篇》。又（1482）“殁”音kǎo，謂“同‘攷’。1. 敲打”，首引《龍龕手鑑》。

《大詞典》（5/499）“敲”①“敲擊；叩打”，首引《左傳》。又（5/380）“攷”謂“後多作‘考’”，①“敲，拷擊”，首引《説文》。又（8/632）“考”⑫“敲；擊”，首引《詩》。

又（6/554）“拷”①“拷打。多指用刑逼供”，首引《魏書》。

嵱 艘 閣 擱 ko^{213}/ko^{55}［$k'o^{213}/k'o^{55}$］

船擱淺。明李實《蜀語》（頁129）：“舟著地曰嵱〇嵱，音珂去聲。”《康熙字典·水部》：“渮，《字彙》口个切，坷去聲。船著沙不能行。《集成》、《類篇》並書作嵱。”“集成”疑爲“集韻”之譌①。清道光二十一年《遵義府志》卷二十《風俗》、民國三十七年《貴州通志·風土志·方言》：“舟著地曰嵱。珂去聲。”唐訓方《里語徵實》卷上：“舟淺曰嵱。”民國十五年《南川縣志》卷六《土音土語》：“舟著地不能行曰嵱。珂去聲。”民國二十四年《雲陽縣志》卷十四《禮俗下·方言下》：“船擱淺曰嵱。……升庵《俗言》：‘乾艘，船著沙不行也。’艘，口箇切。嵱、艘音同，讀若課。”民國三十三年《長壽縣志》卷四《風土·方言》：“舟著地曰嵱。音課。”亦作“渮”，同字異構。《篇海類編·地理類·水部》：“渮，《集韻》作嵱。”清范寅《越諺》卷下《單辭隻義》：“渮，越音各夏切，船著沙土也。《字彙》。”張慎儀《蜀方言》卷下（頁318）：“船著沙曰渮。”

本字作“艘”。《説文·舟部》：“艘，船著不行也。从舟，

---

① 《字典》5次引“集成”，“補遺”1見，餘引均作“韻學集成”，明張黼編撰。此引爲唯一列“類篇”之前者。

叜聲，讀若莘。”段玉裁注據《廣韻·箇韻》引改爲“船著沙不行也”。《集韻·箇韻》：“艘，船著沙不行也。或作辥。”明楊慎《俗言》卷一：“艘，船著沙不行也。”《康熙字典·舟部》：“艘，《廣韻》、《集韻》並口箇切，音坷，船著沙不行也。”徐德庵《蜀語札記》：“辥爲艘之後出字。”①

亦作“閣”，後作“擱”。《説文·門部》：“閣，所以止扉也。”朱駿聲通訓定聲：“凡止而不行皆謂之閣。”宋周密《癸辛雜識》續集下《龍負舟》：“湖州土山有富人命數僕駕舟，往田所點視塍岸，至漾中（凡水濶之處名曰漾），忽舟若湊淺不能進，極力撐挽，略不爲動。意必爲暗石所碍，及令僕下水負，乃知舟正閣龍脊上，而篙亦正刺龍鱗間。”元陶宗儀《南村輟耕錄》卷七《金鰲山》：“及兩宫北狩，匹馬南渡，建炎庚戌正月三日，帝航海，次章安鎮，灘淺閣舟，落帆于鎮之福濟寺前以候潮。”柳貫《待制集》卷一：“晚渡楊子江，未至甘露寺城下，潮退閣舟，風雨竟夕。”明程敏政《下紋溪過渡調士敬》詩：“淺灘閣舟弄水戲，曲塢問路隨鄉言。”清Adam Grainger《西蜀方言》（頁237）：“船擱在灘上。”謂“the boat has grounded on the shallows”，“擱”音“K'O^4”。船舶進入淺水處無法航行謂“擱淺”②。清官修《世宗憲皇帝上諭内閣》卷九十二雍正八年三月：“近有條奏内稱粤東三面環海，例應遊奕巡查，而公事差遣往

① 《古代漢語論文集》，巴蜀書社，1991年1月第1版，第375頁。

② 《現漢》“擱淺”音gē//qiǎn，①“（船隻）進入水淺的地方，不能行駛”，已爲通語矣。

來，亦必經由海道，遂有無賴營兵，視邺賞之特恩爲射利之捷徑，或值行船擱淺偶爾擦傷，或船已停泊近岸撞碎，是皆駕船不謹之故，而船內兵丁惟恐責令賠修，轉捏報人船飄溺，各營代詳請賞，甚至有將戰船暗地毁損，希圖朦混邀賞者。”民國十五年《南川縣志》卷六《土音土語》：“物不用而置之曰擱（俗言擱錢、擱板，有事擔擱），土語引申置物於高處曰擱，音轉爲去聲如課（又如言□擱放，即將此項事擱放在某人肩上），又轉爲陰平如科（俗言事不忙做曰擱到起）。”按《廣韻·箇韻》“坷”音口箇切，與“艘”同一小韻。今蜀方言“擱”[$k^{‘}o^{55}$]、[$k^{‘}o^{213}$]兩讀①，陰平即同“坷”、“科”，去聲同“課”，讀圓脣元音。

《大字典》（二/3/1793）“嵠”謂“同‘艘’，船觸沙擱淺”，引《集韻》。又“渮”謂“同‘嵠（艘）’”，引《篇海類編·地理類·水部》：“渮，《集成》作‘嵠’。”“集成”當“集韻”之譌。又（6/3267）“艘”（一）kè，謂“船擱淺”，引《說文》。又（7/4374）“閣”⑬“置放；禁受。後作‘擱’”，首引《說文通訓定聲》。又（4/2092）“擱”①“放；放置”，首引《紅樓夢》。

《大詞典》（二/3/1793）“嵠”謂“同‘艘’，船觸沙擱淺”，引《集韻》。又“渮”謂“同‘嵠（艘）’”，引《篇海

---

① 《川方》（頁203）“擱”音“ko^{1}”，謂“見ko^{4}”；又（頁204）“擱倒”音“$ko^{4}dao^{3}$（擱又ko^{1}）”，“本義是放倒、放下，引申指算了，不要說了，或不要做（某事）了”。《川方彙編》（頁157）“擱”音kuō，謂“擱下”。

類編·地理類·水部》:"渮,《集成》作'嵴'。""集成"當"集韻"之譌。又(9/10)"艐"音jiè,謂"至,到",未及船擱淺義。又(12/112)"閣"⑨"擱置;停輟",首引《新唐書》。又(6/947)"擱"①"放;放置",②"停頓;耽擱",均首引《紅樓夢》。

《方言大詞典》(頁6334)"嵴"①"船(著沙)擱淺",冀魯官話、西南官話、贛語。又(頁7127)"艐"①"船等物擱淺沙中不能前進",古方言、中原官話。

鞏 焪 炾 焢 kong^{53} [k'oŋ^{53}]

加少量水蓋上鍋蓋以微火把食物燜熟。《方言》卷七:"鞏,火乾也。……凡有汁而乾謂之煎,東齊謂之鞏。"錢繹箋疏:"《廣雅》:'焪,乾也。'曹憲音穹去聲。《玉篇》:'焪,乾也。'《廣韻》:'火乾物也。'《集韻》:'焪,曝也。'焪與鞏亦聲近義同。"《玉篇·革部》:"鞏,以火乾物也。或作巩。"民國三十六年《新繁縣志》卷四《禮俗·方言》:"今飯不烝而煎熟者曰鞏,音如孔。"

或作"焪"。《廣雅·釋詁二》:"焪,乾也。"王念孫疏證:"《玉篇》:'焪,乾也。'《廣韻》云:'火乾物也。'《方言》:'鞏,火乾也。凡有汁而乾,東齊謂之鞏。'鞏與焪聲近義同。"《廣韻·送韻》:"焪,火乾物也。"《正字通·

火部》："焪，俗烇字。烇烘音義同，贅作焢，"舊註引《玉篇》'火乾物'，即烇義。改音恐，爞也，分爲二非。知焪同焢，不知烇譌作焪尤非。"朱正義《關中方言古詞論稿》（頁172）："現代關中，將土豆、花生、玉米、地瓜等放入鍋裏，加少量生水，熬到水將乾爲止，食物也就熟了。這種煮熬的方式，即揚雄所說'有汁而乾'，當地叫作'焪'，有'焪紅苕(地瓜)''焪芋豆(土豆)'等說法。……關中言'焪'除上述意義外，還當'悶'講，稱天氣悶熱爲'焪熱'，當是'焪'的比喻義。"

或作"烇"。《集韻·東韻》呼公切："烇，火氣皃。""火氣皃"會使人有灼熱感。《正字通·火部》以"烇"爲"焪"正字。

今蜀方言音義並存。《川方》（頁205）"炾"音kong[3]，①"一種烹飪法，加少量水，緊蓋鍋蓋，用微火把食物燜熟"，②"氣溫高，濕度大，使人悶熱難受"。《成方》（頁375）"炾"音koŋ上聲，①"一種烹調法，將半熟的米或生紅苕放入鍋內，加少量水，緊蓋鍋蓋，用小火燜，直到燜熟"，②"濕度大，氣溫高，不透氣"。"炾"爲方言造字，《中華字海》（頁951）收錄，即出《川方》。《成都話》（頁115）"烇"音［k'oŋ[53]］，謂"一種煮飯方法。將半熟的米放入鍋內加少量水，不再翻動，直至燜熟"，又"烇飯"謂"用烇（參見'烇'）的方法做出來的飯"。蜀語"烇飯"多作動詞，謂以烇的方法做飯。《重方》（頁176）"烇"音kong[3]，①"燜：~飯"，②"悶、不透氣"。

《大字典》（二/8/4619）"䆗"⑥"烘焙"，首引《方言》。

又（4/2370）“焭”①“乾；火乾物”，引《廣雅·釋詁一》：“焭，盡也。”王念孫疏證：“焭之言窮也。卷二云：‘焭，乾也。’乾亦盡也。”按當引《釋詁二》及疏證。

《大詞典》（12/193）“䂬”未及《方言》義。餘未收。

《方言大詞典》（頁1573）“䂬”②“用火烤乾物品”，膠遼官話。又（頁6277）“焢”謂“將半熟的米放入鍋內加少量水，不再翻動，直至燜熟”，西南官話。又“焭”謂“用火烤乾”，吳語。又（頁3616）“炾”①“一種烹飪法：加少量水，用微火把食物燜熟”，西南官話；②“氣溫高，濕度大，使人悶熱難受”，西南官話。

空子 $kong^{213}zi^{53}$［$k'oŋ^{213}tsɿ^{53}$］

平庸愚昧之輩；傻瓜。清劉省三《躋春臺》卷二《審豺狼》：“我看你是鄉空子，不曉得規矩，出錢還要受氣。”“鄉空子”猶鄉巴佬。又卷三《審煙槍》：“這天喜貌雖清秀，讀書極鈍，明山又最吝財，每年接些二空子先生來教，伍氏又不准責駡，十五歲連四書都未讀完。”“二空子”謂無真才實學者，蜀語又稱“二架梁”①。傅崇矩《成都通覽·成都之詐騙》（頁208）：“空子聽見，搞忙的買欺頭。”又（頁218）：“空子貪心不悅，勾手又言，你怕我拿去賣了，不與你分，好道好，至少都要賣

① 《川方》（頁97）“二架梁”謂“喜歡賣弄、炫耀而無實在本領的人”。

幾十吊，你要丟個啥抵頭，你莫賣了不來，我盡等你。”又（頁222）：“把狗叫皮子，長年叫空子。”又《成都之袍哥話》（頁277）：“空子，長年也。”民國十八年《合江縣志》卷四《禮俗·方言》、民國二十一年《南溪縣志》卷四《禮俗下·方言》：“空子，空去聲，謂遇事不諳受人欺者。”《合江縣志》又云：“寧可與行家提鞋，不可與空子同財。”民國二十三年《樂山縣志》卷三《方輿志·方言》：“嘲平人爲空子（空去聲），則社會黨欺人之詞。”民國三十一年《西昌縣志》卷五《禮俗志·方言》：“被欺騙曰上當，又曰空子（空上聲），又曰當老欺。”李劼人《天魔舞》第十七章：“所以我們對於空子，應該廣勸他們安分守己的好。”《切口大詞典·黨會類·青幫》：“空子，幫外人也。”《民國黑社會》第三部分《幫·“開香堂”奇觀》：“凡是‘空子’（幫外人）想進門檻，必須先行覓得幫中人帶領，開明履歷，經引見師批准之後，再備了正式帖子去拜師。”王純五《袍哥探秘》第三章《哥老會的會規和習俗·盤海底與江湖切口（隱語）》（頁61）：“‘倥子’，又叫‘白袍’，即未入袍哥者。”“倥”爲“空”增旁字。《川方》（頁206）“空子”音kong^{4}zi^{3}，謂“本袍哥語，指未參加袍哥的人。袍哥認爲這種人平庸、愚昧。泛指平庸、愚昧的人”。

《大詞典》（8/410）“空$_{3}$子”未及此義。《方言大詞典》（頁3695）“空子”③“指平庸、愚昧的人”，西南官話（四川成都［k‘uŋ^{213}tsɿ^{53}］）；④“傻瓜”，西南官話（四川成都）。其③④意思相同，不必分立義項。

筬門　筘門 $kou^{213}men^{21}$［$k'əu^{213}mən^{21}$］

筬爲織具，並以之確定布帛寬窄，故筬門即指布帛的幅寬。舊時筬以竹作，似篦，其功用爲貫經並扣緯使密。《大字典》(二/5/3212)“筬”謂“織機機件之一。形狀像梳子，用於確定經綫的密度，保持經綫的位置，並把緯綫推向織口。也叫‘杼’”，又(3160)“筘”謂“織布機上的機件之一。舊式織布機上的筘是用竹子做成的，新式織布機上的是用鋼做成的，經綫從筘齒間通過。其作用是保持經紗的位置，並把緯綫推到織口”，釋義不盡相同，未交待兩字的關係，或以爲兩個毫不相干的詞，祇在(4/1934)“扣”⑯“用同‘筘(筬)’。織布機上用以確定經紗密度的主要機件。又名杼。如：絲絲入扣”，揭出三字之間的關係。《大詞典》(8/1240)“筬”謂“織布機上的主要機件之一。由薄長的鋼片(筬齒)按一定的密度排列後予以固定，形狀像梳子。經綫從筬縫中依次穿過。緯綫通過經綫後，筬即將緯綫併緊(也稱‘打緯’)而成織品。筬的長度即是織品横幅的寬度”。又(6/341)“扣”⑭“同‘筘’。織機上壓緊經綫的機件”。又(8/1142)“筘”謂“同‘筬’”，電子本釋義同“筬”。《現漢》“筘(筬)”謂“織布機上的主要機件之一，形狀像梳子，用來確定經紗的密度，保持經紗的位置，並把緯紗打緊。也叫杼”，“扣(釦)”⑧“同‘筘’：絲絲入~”。其實，不管是舊時以竹作之“篋”或晚近“薄長的鋼片（篋齒）”，形狀更像篦子。明李實《蜀語》（頁100）：“織具曰篋○篋音寇，以竹作，如篦，貫經逼緯使密者。”黃仁壽等校注：“‘篋’，長方形，其齒密如篦，經線从篋齒穿過，拉篋即可將緯線扣緊。”以上三大辭書及下引《方言大詞典》均謂篋“形狀像梳子”，未知何以皆不確。

按宋吳仁傑《兩漢刊誤補遺》卷九《升》：“今織具曰篋者，每篋用六成七成，多至十五成以上。以成之多少，爲布之精麄，大率四十齒爲一成，而兩縷共一齒，正合康成之說。”明宋應星《天工開物》卷上《乃服·穿經》：“凡絲穿綜度經，必至四人列坐，過篋之人手執篋耙，先插以待絲至，絲過篋則兩指執定，足五七十篋，則綰結之。”清道光二十一年《遵義府志》卷十七《物產》：“其所織寬者極三百二十篋，狹者極二百五十篋，寬者名大土布，狹名土布，又名小布、艄布、扣布。”均以“篋”之多少定布幅寬窄。

又，清黄宗羲《明儒學案》卷十六：“人倫庶物日與吾相接，無一刻離得，故庸德之行，庸言之謹，兢業不肯放過，如織絲者絲絲入篋，無一絲可斷，乃是經綸大經。”王子接《絳雪園古方選注》卷七“凉膈散”：“下膈屬大腸，以大黄芒硝從胃與大腸下而凉之，上則散之，中則苦之，下則行之，絲絲入篋，周遍諸經，庶幾燎原之場，頃刻爲清虛之府。”Adam Grainger《西蜀方言》（頁393）“篋”音“K'EO^4”，“絲絲入篋”意即“every thread goes through the reed（met., regular order）”。亦作“筘”。《康熙字典·竹部》：“筘，《字彙補》邱遘切，音叩，布筘也。”明陳士元《論語類考》卷十七《麻冕》：“程子謂周尺當今尺五寸五分弱，則今尺之一寸，計縷幾二百，是一寸當爲百簆，此所以細密難成，不如用絲之省約。”唐樞《蜀籟》卷二（頁91）：“如絲過簆。”又卷四（頁223）：“絲絲入簆。”《大詞典》（9/855）“絲絲入扣”，謂“織布時每條經綫都有條不紊地從簆中通過。比喻一一合度，絲毫沒有差錯。扣，同‘簆’，織布機上的機件”，首引清趙翼《甌北詩話·韓昌黎詩》：“近時朱竹垞、查初白有《水碓》及《觀造竹紙》聯句，層次清澈，而體物之工，抒詞之雅，絲絲入扣，幾無一字虛設。”“扣”爲“簆”音借，“簆”見《字彙補》，較“篾”晚出，同字異形，故“絲絲入扣”當作“絲絲入篾”，《大詞典》未收後一詞形。今通語“絲絲入扣”，《現漢》謂“織綢、布等時，經綫都要從扣（簆）齒間穿過，比喻做得十分細膩準確（多指文章、藝術表演等）”。《大字典》有“篾”無“篾”，第二版（5/3212）修訂爲“篾”，《大詞典》（8/1240）收“篾”無“篾”，均未涉及與“簆”的關係，倒是《現漢》作“簆（篾）”，是矣。

“篾門”，亦作“簆門”，布帛的幅寬。清沈彤《儀禮小疏》卷四：“必去朝服之半者，篾門有定數，雙經則全，單經則半，不用雙經，即用單經，更無他法，故必去其半也。”梁同書《直語補證·篾》：“織具曰篾。今俗云篾門闊狹，即此。”佚名《布經要覽》卷上：“惟認明路道，紗線篾門皆可用也。”又卷下：“東西南北四路，布雖一觔，篾門各別。”又指織具。清光緒五年《鎮海縣志》卷三十九《方言》：“《廣韻》：‘織具曰篾。’案俗謂篾門即此。”光緒三十三年《金陵瑣志》五種之二《鳳麓小志》卷三《記機業弟七》："織緞之機名目百餘，向於高子安中書處得《機器譜》，爰循其次序志之：……曰篾、曰篾齒、曰篾門。"民國二十一年《南溪縣志》卷四《禮俗下·方言》："篾，音寇，織具也，俗呼篾門。"

今蜀方言亦謂布帛幅寬窄爲"篾門"，如《川方匯釋》（頁124）"筘門"謂"布匹的寬窄"，《重方》（頁177）"筘門"謂"布匹的幅寬"。《成方》（頁245）記音作"扣門"，謂"=〖幅面〗"，指"布帛、呢絨等的寬度"，"老年人和農村人多說'扣門'"。

《大詞典》未收"篾門"、"筘門"。《方言大詞典》（頁7352）"篾"謂"杼。織布機件之一，梳子形狀，經線由此通過"，江淮官話、西南官話、吳語、贛語，此或承《大詞典》等既有解釋，未收"篾門"。又（頁1821）"扣（釦）"⑱"布匹的門幅"①，客話。又"扣門"①"布匹的寬度"，西南官話。

箍　箛 ku^{55}［$k'u^{55}$］

用竹篾等捆緊、圈束物體。《廣韻·模韻》："箍，以篾束

① 按"扣"⑧"拿東西"，西南官話，引《蜀語》："取物曰~。"此誤讀《蜀語》而妄立義項。《蜀語》第428條："取物曰扣○扣，从手，凵聲，讀如罕。"《玉篇·手部》："扣，取也。"《廣韻·范韻》："扣，以手扣物。"《康熙字典·手部》："扣，《廣韻》丘犯切，《集韻》、《篇海》口犯切，並顩上聲，以手扣物也。一曰取也。"以上文獻均作"扣"，而非"扣"字。

物。出《異字苑》。”《集韻·模韻》：“箛，以篾束物。或作笟。”《康熙字典·竹部》：“箛，《廣韻》古胡切，《集韻》攻乎切，並音孤，以篾束物也。”宋蘇軾《格物粗談·樹木》：“皁角樹刺多難採，篾箛其樹，一夜自落。”《朱子語類》卷二十七《論語九》：“如一箇桶，須是先將木來做成片子，卻將一箇箛來箛斂。若無片子，便把一箇箛去箛斂，全然盛水不得。”明李實《蜀語》（頁97）：“以篾束物曰箛○箛音孤。”清顧張思《土風錄》卷六《箛桶》：“以篾束物曰箛。音孤。”道光二十一年《遵義府志》卷二十《風俗》、光緒八年《黎平府志》卷二下《風俗·方言》、民國十年《新修合川縣志》卷三十《風俗·方言》、民國二十四年《蓬溪縣近志》卷七《風土篇·方言》、民國三十七年《貴州通志·風土志·方言》：“以篾束物曰箛。音孤。”民國二十四年《麻城縣志續編》卷一《疆域·方言》除“篾”形誤作“篦”，餘同。民國《息烽縣志》卷二十九《風土志·方言》：“謂以篾束物曰箛。”民國三十一年《西昌縣志》卷五《禮俗志·方言》：“以篾束物曰箛。”

亦作“箍”。宋趙令畤《侯鯖錄》卷三《餖飣箍字》：“俗謂以竹孤桶，古使箍字（音孤），酒杓也。”①《宋史·譙定傳》：“初，程頤之父珦，嘗守廣漢，頤與兄顥皆隨侍，游成都，見治篾箍桶者挾冊，就視之，則《易》也。”明陳士元《俗用雜字》、

① 孔凡禮校云：“底本原校：《集韻》：‘箍’，攻乎切，音孤，以篾束物也，無‘酒杓’之義。諸本‘箍’下注：音生。寫本又作音主。蓋‘酒杓’上當有脫文。音生、音主，未詳孰是，要皆非注‘箍’字也。”

焦竑《俗書刊誤》卷十一："以篾束物曰箛。音孤。"清康熙十二年《太平府志》卷十三《物產》："（鸕鷀）人畜以捕魚，恒箛其頸，令不得咽，啣魚出水，以畀主人，取之多，乃解箛餌之。飽，則不復取魚矣。"光緒二十一年《敘州府志》卷二十一《風俗》："以篾束物曰箛。音孤。"民國二十四年《蓬溪縣近志》卷七《風土篇·方言》："以篾束物曰箛。音孤。"由於"木"、"扌"寫刻多混用不別，"箛"即"箍"，同字異形。

又引申謂强力圍持。明顧起元《客座赘语》卷一《詮俗》："設法範圍於人曰箛。"唐樞《蜀籟》卷四（頁218）："箍倒一家人。"姜亮夫《昭通方言疏證》（154條）："昭人謂緊持曰箍（初文[illegible]），音如枯。……（挎）《廣韻》讀如枯，訓持，則與[illegible]、箍等爲同族語。引申言之則謂强力圍持之曰挎。俗即以箍爲之，如曰某某挎著這箇組織使不散失。"又（155條）："《說文》：'[illegible]，廱蔽也，從人，象左右皆蔽形也，公戶切。'今昭人言包蔽曰[illegible]，讀陰平，俗或以箍爲之。[illegible]，象事字，蓋初文也，箍則當爲形聲字矣。"按《說文》小篆作"[illegible]"。

按音"孤"爲通語，今蜀語音［k'u］，亦其來有自。清翟灝《通俗編》卷三十六《雜字·箍》："此字舊皆音孤，今轉讀若枯。"光緒三年《黃巖縣志》卷三十二《風土·謠諺·方言》："以篾束物曰箍。本音孤，轉音枯。"光緒《浦江縣志》卷三《輿地志·風俗附方言》："箍，讀若枯，以篾束物也。"Adam Grainger《西蜀方言》（頁390）："箍脚盆。"即"to hoop a tub"，"箍"音"K'U¹"。范寅《越諺》卷下《單辭隻義》："箍，枯，以篾束物也。箍桶，見《語錄》。"張慎儀《蜀方言》卷下

（頁323）：“以篾束物曰箍。……舊音孤，今讀若枯。”民國二十四年《雲陽縣志》卷十四《禮俗下·方言下》：“以篾束物曰箍。……俗讀若枯。”民國二十六年《犍爲縣志·居民·言語·方言》：“以篾束物曰箍。音枯。”《川方》（頁208）“箍”音ku[1]，①“指用竹篾或金屬條捆緊”，②“比喻約束，管束”。“箍”《廣韻·模韻》音古胡切，趙振鐸先生《讀李實〈蜀語〉》謂其“聲母是舌根不送氣清塞音。今天讀同‘枯’，變成同部位的送氣音了”①。

《大字典》（二/5/3177）“箍”音gū，①“用竹蔑、金屬條或其他東西束緊器物”，首引《廣韻》。《大詞典》（8/1186）“箍”①“圍束；約束”，首引《朱子語類》。均未及［k‘u］音。

箍箍 ku^{55}ku^{55}［k‘u^{55} k‘u^{55}］

箍兒，一般指以竹篾或金屬條做成的用以束緊器物的環狀物。清褚人獲《堅瓠補集》卷六《雅令相戲》：“萬曆中，袁中郎（宏道）令吳日，有江右孝廉某來謁，其弟現爲部郎，與袁有年誼，置酒舟中款之。招長邑令江菉蘿（盈科）同飲，將偕往游山。舟行之次，酒已半酣，客請主人發一口令，中郎見船頭置一水桶，因云，要說一物，卻影合一親戚稱謂，並一官銜。指水桶

① 參見《李實學術研討會文集》，語文出版社，1996年7月第1版，第9頁。

云：‘此水桶非水桶，乃是木員外的箍箍（哥哥）。’蓋謂孝廉爲部郎之兄也。孝廉見一舟人手持笤帚，因云：‘此笤帚非笤帚，乃是竹編修的掃掃（嫂嫂）。’時中郎之兄伯修（宗道）、弟小修（中道），正爲編修也。蒹蘿屬思間，見岸上有人捆束稻草，便云：‘此稻草非稻草，乃是柴把總的束束（叔叔）。’蓋知孝廉原系軍籍，有族子現爲武弁也。”傅崇矩《成都通覽·成都之小兒女歌謠》（頁255）：“茅房都使粉宣糊，甑子都是銀箍箍。”《川方》（頁208）“箍箍”音$ku^1 ku^1$，“箍兒，多指用竹篾或金屬條做成的，用以捆緊器物的環狀物”。《川方彙編》（頁26）“箍箍”謂“箍。例：瓜皮帽兒是個緊箍箍”；又“膀箍箍”謂“（膀音坡蟒拼）豬肘上部”，亦因斷面呈圜狀而得名。《成都話》（頁116）“箍箍”謂“箍兒，緊緊束縛物體的圈兒”。《成方》（頁65）“箍箍”謂“箍兒”。《重方》（頁178）“箍箍兒”音ku^1kur^1，謂“箍兒”。

《大詞典》未收。《方言大詞典》（頁6580）“箍箍”①“箍兒，用竹篾或金屬條做成的，捆緊器物的環狀物”，西南官話、湘語、閩語。

箍桶 $ku^{55}tong^{53}$［$kʻu^{55}tʻoŋ^{53}$］

參《考釋》第362頁。

❶以篾等束桶。唐段成式《酉陽雜俎》卷九《盜俠》：“見

老人方箍桶，韋（行規）意其異人也，拜之，且謝有誤也。”宋孟元老《東京夢華錄》卷三《諸色雜賣》：“其錮路、釘鉸、箍桶、修整動使、掌鞋、刷腰帶、修襆頭帽子、補洗魫角冠子、日供打香印者，則管定鋪席。”《宋史·譙定傳》：“初，程頤之父珦，嘗守廣漢，頤與兄顥皆隨侍，游成都，見治篾箍桶者挾冊，就視之，則《易》也。”清趙吉士《寄園寄所寄》卷十《驅睡寄》：“一門客遊大老家，久而無所事事。一日方群相宴坐，大老曰：‘客何好？’曰：‘客無好也。’曰：‘客何能？’曰：‘客無能也。’舉坐皆笑。客曰：‘亦有微長，能箍桶。’大老曰：‘請面試之。’命放一鐵箍舊桶，去席五尺許，取竹於座上編成圈，隨手擲之，其箍已將桶腰收密，而舊鐵箍落矣。再作一圈，復如前擲之，恰箍桶底，而底舊鐵箍又落矣。大老驚曰：‘神技也！客必有他能，願賜觀之，勿秘。’”

❷引申指範圍於人、唆使人訴訟或包打官司。明顧起元《客座赘语》卷一《詮俗》：“設法範圍於人曰箍。”蜀語謂將幾人籠絡在一起爲“箍倒一起”。清劉省三《躋春臺》卷一《雙金釧》：“有一等忤逆子全無分曉，貪酒色逞財氣滿假矜驕。或箍桶或唆訟包把狀告，或打條或想方白晝持刀。”又卷三《審煙槍》：“他便結交衙門，與人箍桶唆訟，其中弄錢。”又卷四《蜂伸冤》：“想不箍桶又無生，於是改換心腸，不害人而救人，見有冤枉，無辜受累之案，他方纔箍。”工於唆使人訴訟或包打官司的人亦叫“箍桶匠”，今川北綿陽等地仍有此說法。

《大詞典》（8/1186）“箍桶”謂“用竹篾或金屬做成圈形，套在圓桶上，使桶片之間緊固而不滲水”，引章炳麟《新方言·

釋器》:“今人以繩束物曰梱，以金束物曰鍋（俗作箍）。箍桶亦其一矣。”後一義未及。

《方言大詞典》（頁6850）“箍桶”②“給桶絡上箍兒”，粵語。後一義未及。

箍桶匠 $ku^{55}tong^{53}jiang^{213}$ [$k'u^{55}t'o\eta^{53}t\wp ia\eta^{213}$]

以箍桶爲業者。宋文瑩《湘山野錄》卷下：“（潘）閬服僧服髡須，五更持磬，出宜秋門至秦亭，挈檐（擔）爲箍桶匠，投故人。”明郎瑛《七修類稿》卷四十五《事物類·沈鳥兒》：“天順間，杭有沈姓者，畜一畫眉，善叫能鬥。徽客許以十金購之，不與，人莫不知也。一早，攜至西湖，偶爾腹痛，坐臥於堤，不可歸，有識人箍桶匠過焉，沈陽浼其歸以報之。”按《喻世明言》卷二十六《沈小官一鳥害七命》，或據此演繹故事。清袁枚《子不語》卷三《水仙殿》：“方驚疑间，有箍桶匠扶之而歸，則衣服沾濕，面上塗抹青泥，目瞪不語。……家人厚謝箍桶匠，兼問所以救之之故。”梁章鉅《浪跡續談》卷二：“卓（敬）遙窺籠中，悉箍桶匠所用物及僧家衣缽耳，遂騎牛致謝別去。”Adam Grainger《西蜀方言》（頁274）：“箍桶匠。”即“a cooper”。傅崇矩《成都通覽·七十二行現相圖》（頁202）、唐樞《蜀籟》卷四（頁218）：“箍桶匠。”周芷穎《新成都》第十一章第十一節《七十二行》（頁256）：“吹糖人，水果，換風籠，換胡豆，打鍋魁，補涼席……箍桶匠，磨刀。”又，因此種匠人舊時習見，川北綿陽、三臺、梓潼等地將工於唆使人訴訟或包打官司的人喻稱爲“箍桶匠”，以其有相似之處也。

《大詞典》收“石匠”、“木匠”等，未收此詞。《方言大詞典》（頁6850）“箍桶個”謂“修木桶、木盆的匠人”，又（頁6851）“箍桶老師”謂“專做木桶的手藝人”，均爲吳語，未收錄“箍桶匠”。

寬綽　寬韜 $kuan^{55}cao^{21}$ [$k‘uan^{55}ts‘au^{21}$]

❶寬闊；不狹窄。《爾雅·釋言》：“寬，綽也。”郭璞注：“謂寬裕也。”郝懿行義疏：“綽者，《説文》云：‘緩也。’《晉姜鼎銘》有‘綽綰眉壽’之言，即綽緩也。寬者，本爲屋寬大，寬亦緩也，故《詩》‘寬兮綽兮，綽綽有裕’毛傳：‘綽綽，寬也。’《坊記》注：‘綽綽，寬裕貌也。’”《玉篇·糸部》：“綽，寬也。”《莊子·大宗師》：“以刑爲體者，綽乎其殺也。”成玄英疏：“綽，寬也。”“寬”、“綽”互訓，“寬綽”則爲同義複詞。《蘇軾集·補遺》：“凡世之所貴，必貴其難。真書難於飄揚，草書難於嚴重，大字難於結密而無間，小字難於寬綽而有餘。”宋眞德秀《大學衍義》卷四：“《書》之稱堯曰允恭，稱舜曰溫恭，稱文王曰徽柔懿恭，是皆以恭爲貴也。曰御衆以寬，又曰寬綽厥心，是又以寬爲貴也。”“寬綽”用爲使動。清葉德輝《書林清話》卷十《女子鈔書》：“《唐韻》字畫雖小，

而寬綽有餘，全不類世人筆。”上兩例“寬綽”謂字點畫間疏朗有致。清康熙《金壇縣志》卷十三《藝文志上》載錄王蘭谷《請仍在金壇建設考棚疏》：“金壇則城中空曠，考棚之外，閒房空地寬綽有餘，雖驟集多人，不虞擁擠，且地非衝要，不致別生事端。”汪輝祖《雙節堂庸訓》卷六《述師述友》：“課日食息其中。曰：‘習此，則闈中寬綽，可以從容構思。’”民國二十三年《霸縣新志》卷四《方言》：“所占地方有餘曰寬綽。”

❷財用等富足饒餘。元秦簡夫《趙禮讓肥》第二折：“他那裏茶飯忒整齊，筵席忒寬綽。”《歧路燈》第三十回：“現今閻相公回家，只得同少爺計議，不知少爺手頭寬綽不寬綽？總因事不是經一人的手，不如及早料理清白爲好。”又第五十九回：“我若是手頭寬綽，定要替你墊上一半。”《補紅樓夢》第十一回：“我昨兒會見後廊上五奶奶，說起他要給芸哥兒討媳婦兒，又怕的是手頭並不寬綽，門戶高的攀配不上，將就些的人家女孩兒又自己看不上眼。”民國五年《鹽山新志》卷二十四《謠俗篇上·方言》：“寬綽，財裕也。《說文》：‘綽，緩也。’《尔疋》：‘寬，綽也。’俗謂富家曰寬綽。”民國二十年《遷安縣志》卷十九《方言》：“財產多謂之寬綽。《晉語》‘性寬綽以從容’，《毛詩》‘寬兮綽兮’，皆形容舒緩意。今人引申爲多財之義。凡稱富家曰寬綽日子。”民國二十一年《景縣志》卷六《方言》：“多財謂之寬綽，亦曰財主。”民國二十一年《重修滑縣志》卷十《教育·書院》載《歐陽書院經費條規》：“捐添之後，經費寬綽，庶足培養寒士，鼓勵成材，而於教化人心，亦不無裨益。”

民國二十二年《高邑縣志》卷六《風土·方言》："今謂富裕曰寬綽，地方宏闊亦曰寬綽。"民國二十四年《新城縣志》卷二十一《地俗篇·方言》："富足謂之寬綽。……今邑人謂富足者爲寬綽，地方寬廠者亦謂之寬綽。"姚靈犀《采菲錄》上編錄李榮楣《浭南蓮話》："新嫁娘御履，須較平日略寬鬆，取日子寬綽之意。"

或作"寬韜"。《資治通鑑》卷一百六十五梁元帝承聖三年"（帝）作文章援筆立就，常言我韜於文士"胡三省注："今人謂器幣有餘用者爲寬韜，與此韜同義。"民國二十四年《雲陽縣志》卷十四《禮俗下·方言上》："寬韜，充裕也。……韜讀如潮，實則綽之轉音也。"

按本詞需當留意者在其讀音。清桂馥《札樸》卷九《鄉里舊聞·雜言》："器幣有餘曰寬綽。音轉如潮。"又卷五《覽古·寬韜》："《通鑑》：'梁元帝作文章，援筆立就，常言我韜於文士。'注云：'今人謂器幣有餘用者爲寬韜。'馥案：今俗言韜聲轉如潮，其實皆綽之轉音也。"章炳麟《新方言·釋言》："今謂屋及器寬大爲寬綽，人性奢泰爲闊綽。言寬綽者，或轉去聲如操。"民國十五年《南川縣志》卷六《土音土語》："寬敞、寬長，敞、長音轉若朝。"民國二十四年《雲陽縣志》卷十四《禮俗下·方言上》："寬韜，充裕也。……韜讀如潮，實則綽之轉音也。"丁惟汾《俚語證古》卷十四："寬超，寬綽也。寬，裕也。物有餘謂之寬超。超字當作綽。（古音讀超）《爾雅·釋言》：寬，綽也。綽雙聲音轉爲裕。（古音讀泥有切）《孟子·

公孫丑篇》：豈不綽綽然有餘裕哉。趙注：綽、裕，皆寬也。”姜亮夫《昭通方言疏證》（213條）：“今昭人寬潮（去聲）曰寬綽，綽讀徹紐，又昭人言人、地位、財力寬綽宏闊曰徹，亦綽。”亦可以AABB構詞。清高静亭《正音撮要》卷二《宫室》：“寬寬綽綽的，寬闊。”注：“綽，讀若吵音。”《歧路燈》第三十回：“到明日二位發了財，叫少爺再蓋上一攢院子，寬寬綽綽的何如？”今蜀方言“潮”、“操”、“朝”、“超”、“吵”聲韻均作“［ts‘au］”，調值21，故讀同“潮”、“朝”。謂有餘錢曰手頭寬綽，房屋寬敞亦曰寬綽，音正同潮，保留了古音。指房屋或爲“寬敞”之音變[①]，財用富足有餘亦謂“闊綽”。

《大詞典》（3/1587）“寬綽”②“謂空間寬闊”，首引《宣和書譜》；③“闊綽；財用富足有餘”，首引《趙禮讓肥》劇；“寬韜”則未收。《現漢》“寬綽”音kuān·chuo，蜀方言則與其讀音不同。但通語謂“抓取”之“綽”音chāo。

《方言大詞典》（頁5150）“寬韜”謂“充裕”，西南官話，引1935年《雲陽縣志》：“今人謂器幣有餘用爲~。”其實此爲志引《通鑑》胡注，非縣志語；“韜”未注音，應據《札樸》及《雲陽志》音若“潮”。又“寬超”謂“寬闊”，西南官話。又（頁5150）“寬陶”謂“寬綽”，“寬套”謂“寬敞”，“寬滔”謂“寬敞”，並晉語，實即“寬韜”音借。以上並同詞異形。

---

① “寬敞”，已見於《後漢書·劉般傳》：“府寺寬敞。”

桄 輄 軖 𣑆 𦡷 kuɑng^{213}/kuɑn^{53}［k'uanŋ^{213}/k'uan^{53}］

各類器物上的横檔。《爾雅·釋言》："桄，充也。"郭璞注："皆充盛也。"器物之横木，亦充實虛空，以起連接或承載作用也。《說文·木部》："桄，充也。"徐鍇繫傳："取木充滿之義，今言床桄是也。"[①]段玉裁注："桄讀古曠切，所以充拓之圻堮也，必外有桄，而後內可充拓之令滿，故曰'桄，充也'。……桄之字，古多假横爲之，《且部》曰：'從几，足有二横。'横即桄字。……玄應曰：桄音光。古文横、𦡷二形，《聲類》作輄，今車、牀及梯、舉下横木皆是也。"蜀語讀"古曠切"即音［k'uaŋ^{213}］。《廣雅·釋地》："艅謂之桄。"王念孫疏證："此謂船前横木也。桄之言横也。"《舊唐書·薛仁貴傳》："（薛仁貴）遂登門桄叫呼，以驚宮內。"宋許洞《虎鈐經·攻城具》："梯長一丈二尺，有四桄，桄相去三尺。"元佚名《居家必用事類全集》壬集《去蜱虱法》："於十二月臘內取肪脂方二寸許四片，每片用油紙包包，再箬葉重包，以索繫於卧床四脚横桄上，次年再換新者，如此二年後永絶，不復再生。"王禎《農書》卷二十三《蠶桑門》："桑几，狀如高凳，平穿二桄，就作

① "床桄"亦蜀方言詞，指床兩旁受力的長木枋（又稱床程）間的横木，一般爲七根。《大詞典》（12/11）"門桄"謂"門前横木"，"梯桄"①"梯山的横木"，未收"床桄"。《方言大詞典》亦未收錄。

登級。”清段玉裁《古文尙書撰異》卷一：“淮南王《原道訓》‘横四維而含陰陽，紘宇宙而章三光’高注：‘横讀桄車之桄。’洪氏蕊登榜曰：‘漢人横、桄通用甚明。’玉裁按：木之横者曰桄，桄車謂車之有桄者也。李登《聲類》作輄，車下横木也。見《衆經音義》。釋玄應《衆經音義》曰：桄，音光，古文横、櫎二形，《聲類》作輄，今車、牀及梯、轝下横木皆是也。然則桄是本字，横是假借字。横之古音讀如黄，亦讀如杭，用爲桄之假借，則讀如光，而恢郭之義，則漢後横、桄皆切古曠。今俗謂器物之横木亦古曠切，此古今語有輕重也。”桂馥《札樸》卷五《覽古·輄》：“《淮南·原道訓》：‘横四維而含陰陽。’高誘注：‘横，讀車桄之桄。’案：《一切經音義》云：‘桄，《聲類》作輄，車下横木也。今車、牀及梯、轝横木皆曰桄是也。’”又卷十《滇游續筆·宕宕》：“滇人呼几案牀榻横木曰‘宕宕’。馥謂當爲‘桄桄’。《一切經音義》：‘桄，《聲類》作輄，車下横木也。今車、牀及梯、轝横木皆曰桄是也。’《淮南·原道訓》：‘横四維而含陰陽。’高注：‘横，讀車桄之桄。’《集韻》‘牗’下云：‘牀横桄。’”[①]又卷九《鄉里舊聞·器具》：“牀横木曰桄。音如‘稱’之去聲。”此音與從“光”得聲之“桄”相去甚遠[②]，以雅言賦予方音矣。民國三十二年《大埔縣志》卷十四《人群志三·方言》：“横木曰桄。《廣韻》：‘桄，

① “宕宕”、“桄桄”，蜀語亦指器物的横檔，兩存。

②《川方》（頁39）“撑撑兒 $cen^{4}cen^{4-1}$（名）支撑物體用的棍兒”。今蜀語亦有謂器物横檔爲“［$ts^{‘}ən^{213}$］”者，本字俟考。

織機桄。’《類篇》：‘舟前木也。’《博雅》：‘艆謂之桄。’艆舟前木也，大抵横木爲桄。埔語梯桄、桌桄及一切横桄皆謂之桄。桄字純作正音，不變□韻。”民國三十三年《重修彭山縣志》卷二《民俗篇・方言》：“几、椅兩脚間横木曰横。音古□切，俗說如寬去聲。《詩・閟宫》箋‘其制有横’是也。”民國三十六年《新繁縣志》卷四《禮俗・方言》：“今稱充拓之圻堮音如款，几下横木及梯間横木，音皆如寬去聲。”又，清顧張思《土風錄》卷三《梯桄》：“梯上横木曰梯桄，桄本音光，今作狂上聲。釋氏《大智度論》云：‘譬如緣梯，從一初桄而上。’字蓋本此。”今蜀方言讀送氣，音同狂去聲，亦“音如款”。《川方》（頁211）“款款”音$kuan^{3}kuan^{3-2}$，①“用以*款住物件的東西”。《川方彙編》（頁78）“抹桌欵子”謂“（欵讀款的去聲）爲人撿脚子，了結遺留之事”①，與《新繁縣志》注音相同。《成都話》（頁118）“欵欵”音［$k‘uan^{213}k‘uan^{55}$］，謂“門、窗、家俱等器物上的框架或起支撑作用的木條”。《成方》（頁299）“款款”①“門窗上起擋住作用的框或條狀物”，又“□□”謂“木製家具下部支撑條”，以闕文號代替。

亦作“輄”、“軖”。《玉篇・車部》：“輄，古皇切，車横木。”《龍龕手鏡・車部》：“軖，今。輄，正。音光。車輄，横木也。”《廣韻・唐韻》：“輄，車下横木。軖，上同。”《集韻・唐韻》：“輄，車下横木。或从光，通作桄。”《元史・天

---

① 《集韻・緩韻》苦緩切：“棵，斷木也。或从完、从款。”又《换韻》苦换切：“欵，杍聲齊也。”方志或詞典借其音也。

文志一》：“簡儀之制，四方爲趺，縱一丈八尺，三分去一以爲廣。趺面上廣六寸，下廣八寸，厚如上廣。中布横輄三、縱輄三。”

又作“牀”、“牕”。唐玄應《一切經音義》卷二十二《瑜伽師地論第九十五卷》：“桄梯，古文牀、牕二形，同。古黄反。《聲類》作輄，車下撗木。今車、牀、梯、轝下撗木皆曰桄也。”徐時儀校：“撗《磧》作‘横’。”謂《磧砂藏》本作“横木”。“撗”即“横”，此亦“扌”、“木”載籍每多混用之例。慧琳《一切經音義》卷四十八《瑜伽師地論第九十五卷》：“桄梯，古文撗、牖二形，同。古黄反。《聲類》作輄，車下横木也。今車、牀、梯、轝下横木皆曰桄也。”《集韻·唐韻》：“牀，牀下横木。”《正字通·片部》：“牕，同牀。舊註音訓與牀同，分爲二誤。”清洪亮吉《卷施閣文甲集》卷三《釋舟》：“按《成實論》音義：桄，古文牕、犢二形，今作桄，同，古黄反。”又，清蒲松齡《日用俗字·器皿章第六》：“銅爐鑼羅鍋鐍菊破盞，匠人鈀斗換牀牖光。”“牀牖”即牀桄。謂“牖”音光，除上引慧琳《一切經音義》謂“牖”爲“桄”古文，未見字書收録，疑爲“牕”或“牀”形譌。

《大字典》(二/3/1283)“桄”音guàng，②“車、船、梯、床、織機等機物上的横木”，首引《廣雅》。又(6/3788)“輄”音guāng，謂“車下横木”，引《廣韻》。又(3763)“輄”謂“同‘輄’”，首引《廣韻》。又(4/2545)“牀”音guāng，謂“床下横木”，引《集韻》。又(2165)“牕”謂“同‘牀’”，引《改併四聲篇海·片部》引《餘文》：“牕，古黄切。床横木也。”

《大詞典》（4/972）“桄”②“門、几、車、船、梯、床、織機等物上的横木”，首引《舊唐書》。又（9/1247）“軖”音guāng，謂“車下横木”，引《元史》。未收“韟”、“牘”、“牘”字。

《方言大詞典》“桄”⑧“某些器物上的横檔木”，冀魯官話、中原官話、吴語、贛語。又“桄桄”謂“椅子的横檔”，中原官話。按凡器物上的横檔，蜀語均謂“桄桄”。又（頁7049）“韟”謂“横木”，吴語。又（頁2833）“床桄子”謂“床沿；床邊”，江淮官話。按蜀語則稱床横木，安置於兩床桯之間以承床笆或床墊。

盔　韟 kui^{55}［k‘uei^{55}］

撐起、填塞物體的中空部分或使成型。參《考釋》第365頁。“盔”前撰首引《金瓶梅詞話》第三十三回例。白維國校注（頁908〔九二〕）：“盔——上盔頭使帽子成型。”又第三十五回：“睃見白來搶頭帶着一頂出洗覆盔過的、恰如太山遊到嶺的舊羅帽兒。”白氏校注（頁962〔一八〕）：“出洗覆盔過——指帽子洗過又用米漿漿過，使成形。盔：上盔頭使帽子定型。”《詞話》第六十八回：“應伯爵又早到了，盔的新段帽，沉香色褦襶，粉底皂靴。”又第九十五回：“替玳安做了兩床鋪蓋，做了一身裝新衣服，盔了一頂新網巾帽。”白維國《金瓶梅詞典》“盔”謂“給帽子上漿使挺立”。釋義不盡相同。按“盔”應爲一種成型工藝，目的是使所加工的器物挺括。清蒲松齡《日用俗字·毡匠章第十八》：“耳掩一頂如升大，半兩羊毛已下簾。多加膠糨挺梆硬，拿來刷淨又盔圓。”

或作“韗”。《集韻·支韻》：“韗，柔革平均也。”《周禮·考工記·鮑人》“卷而摶之，欲其無迆也”鄭玄注引鄭司農云：“無迆，謂革不韗。”孫詒讓正義：“韗字唐以前字書未見，《類篇·韋部》始有此字，云：‘柔革平均也。’案《釋文》音虧，疑即虧之俗。《小爾雅·廣言》云：‘虧，損也。’不虧，蓋謂革不縮而減損，則卷之無迆邪不正之患。《類篇》蓋本此注而失其義。”“柔革平均”或“革不韗”，謂革平整勻順挺括。引申之，則使平整勻順亦謂“韗”。清西厓《談徵·言部·韗（音虧）》：“今韗帽、韗鼓皆謂之韗，硝皮家亦曰韗皮。此字見《周禮·鮑人》‘卷而摶之，欲其無迤也’注：‘革不韗。’”唐訓方《里語徵實》卷中上：“作帽用韗頭。韗音虧。”光緒五年《鎮海縣志》卷三十九《方言》：“韗（音虧），《周禮·鮑人》：‘卷而摶之，欲其無迤也。’注：‘革不韗。’案韗帽、韗鼓皆謂之韗，硝皮亦曰韗皮。”民國二十四年《雲陽縣志》卷十四《禮俗下·方言下》：“作帽曰韗頭。……今凡韗帽、韗鼓皆作韗，又呼韗子。”“韗帽”即以模具使帽子成型。姜亮夫《昭通方言疏證》（1492條）：“韗，皮使平也，帽不熨帖，令工規治之，亦曰韗，音虧，今昭人有是語，又以規治帽履之木型曰‘韗子’，俗或以履法之楥作帽韡，成都亦有是語，俗作規，與韡蓋同音字也。”

今蜀方言音義並存。《川方》（頁212）“箍（魁）”音kui[1]，謂“撐起”。《重方》（頁180）“魁”音kui[1]，謂“填塞或撐起物體的中空部分”。

《大字典》（二/5/2743）“盔”仍未及此義。又（8/4804）“韡”音kuī，謂“虧損”，引《集韻》、《周禮》鄭注及清翟灝《通俗編·雜字》：“今消皮家曰韡皮及韡帽、韡鼓皆用此字。”“韡”均非“虧損”義，釋義與書證不合。又按語謂“《字彙·韋部》：‘韡，柔革不均也。’”但《集韻》、《類篇》謂“柔革平均”，“韡”正謂使不均而均，疑“不”當爲“平”字形譌。

《大詞典》（7/1424）“盔”③“用楦製帽或其他器物”，首引《西廂記諸宮調》卷二：“着綾幡做甲，把鉢盂做頭盔戴着頂上。”此實謂把鉢盂當做頭盔，釋義與書證兩不相合。又引《金瓶梅詞話》第一回：“只見應伯爵頭上戴一頂新盔的玄羅帽兒。”“盔”指一種成型工藝，以使新加工的帽子挺括美觀，詞典釋義與書證亦不甚貼切。又（12/688）“韡”音kuī，謂“虧損。指使皮革收縮從而平均、柔軟。是古代皮革加工方法之一”，引《周禮》孫詒讓正義及翟灝《通俗編》，“韡”亦非“虧損”義。

《方言大詞典》（頁5327）“盔”③“裝（滿）”，又（頁7050）“韡”謂“使皮平整；整熨帽子”，均爲西南官話。

棞渾 kun^{21} [$k'uən^{21}$]

整個兒，完整。参《考釋》第365頁。《説文·木部》："棞，梡木未析也。"段玉裁注："此梡當作完，全也。《通俗文》曰：'合心曰棞。'《纂文》曰：'未判爲棞。'《頁部》'頑'下云：'棞頭也。'凡全物渾大皆曰棞。"王筠句讀："梡、棞之音，與渾沌之音近，故以未析通釋之。"朱駿聲通訓定聲："《通俗文》曰：'合薪曰棞。'按今蘇俗常語謂之或侖。或侖者，棞字之合音。"當謂"或侖"合音爲"棞"，或"棞"爲"或侖"合音。又《説文·木部》："梡，棞木薪也。"徐鍇繫傳："棞，混也，不破之木也。"段玉裁注："對析言之，梡之言完也。"民國三十六年《新繁縣志》卷四《禮俗·方言》："《説文》：'棞，梡木未析也。'胡昆切。今凡全物渾大皆曰棞，音又轉如耿。"今音"耿"亦存。

亦作"渾"。清劉淇《助字辨略》卷一："渾，全也。"漢揚雄《法言·問道》："合則渾，離則散，一人而兼統四體者，其身全乎？"唐劉恂《嶺表錄異》卷上："廣南有舂堂，以渾木刳爲槽，一槽兩邊約十杵，男女間立，以舂稻糧。"民國二十三年《樂山縣志》卷三《方輿志·方言》："總曰渾全。""渾全"同義連文。民國三十七年《續修筠連縣志》卷七《人文志·方言》："渾，哭門切；困平聲，囫圇也。"讀"困"陽平。

又，明李詡《戒庵老人漫筆》卷五《今古方言大略》："物完全者爲囫圇。""囫圇"急言爲"渾"。顧起元《客座赘语》卷一《方言》："無破敗者曰囫圇，曰團圞。"清雍正《陝西通志》卷四十五《風俗·方言》、乾隆四十一年《臨潼縣志》卷一《地理·方言》、道光十一年《重修延川縣志》卷三《政事志·風俗》："渾者全也。"嘉慶十一年《福鼎縣志》卷二《風俗》："物完全曰囫圇。"郝懿行《證俗文》卷六《鶻崙》："今人言物完具謂之囫圇，此不成字。寇萊公澶淵之役，畢士安有相公交取鶻崙官家之說，則當時已有此語，借作鶻崙，猶言渾淪也。"光緒七年《崑新兩縣續修合志》卷一《風俗·方言》："物完全曰囫圇，即渾字之緩聲。"民國九年《江陰縣續志》卷九《風俗·方言》："言渾則曰囫圇，言了則曰拉倒，皆緩言之例也。"以上"囫圇"、"鶻崙"、"渾淪"合音爲"渾"。唐樞《蜀籟》卷一（頁17）："不打咽吞。""咽"當作"㖧"，俗以從"困"得聲，音［k'uən²¹］①。《四川方言方音表》"圇"音kún，謂"渾，完整"②。《川方》（頁212）"渾₁"音kun²，謂"形容圓筒形東西形體完整"，又"渾₂"謂"圓鼓鼓的樣子"。《川方彙編》（頁93）"渾"音kun，①"囫圇"，③"全"。《成都話》（頁118）"圓〔渾〕"音［k'uən²¹］，①"完整的；整個兒的"，②"粗大而圓"。《重方》（頁180）"渾"音kun²，①"整個兒，完整"，②"圓滚貌"，③"用於形容詞之後，表程度，相當於'極'

① "㖧"見《篇海類編·身體類·口部》，謂"口咬也"，即同"啃"。

② 唐樞《蜀籟》，1982年8月新1版附。

（含貶義）”。

《大字典》(二/3/1355)“棞”（一）hún，②“完整。也指籠統”，首引段注《説文》。又(1808)“渾”（一）hún，⑧“全，滿，整個”，首引唐陳裕《詠渾家樂》。

《大詞典》(4/1213)“棞”音hún，“未劈開的木頭”，首引《説文》及段注。又(5/1517)“渾”⑤“全，整個”，首引揚雄《法言》。

《方言大詞典》(頁6753)“棞”謂“囫圇；完整”，中原官話、江淮官話、吳語。又(頁4420)“渾”①“完整；囫圇”，冀魯官話、中原官話、西南官話(四川成都[k‘uən^{21}])；②“圓鼓鼓的樣子”，西南官話(四川成都[k‘uən^{21}])。又(頁2676)“困”音kùn，⑩“全。西南官話。四川：~身”，此記音不確，蜀方言音[k‘uən^{21}]。

L

藞蔖　藞䔌　藞槎　藞苴　藞苴

$la^{53}z\alpha^{53}$ [$la^{53}tsa^{53}$]

❶不合事理法度；粗率。《玉篇·艸部》：“藞，藞蔖，不中皃。”又：“蔖，藞蔖。”《集韻·馬韻》：“藞，藞蔖，不中皃。一曰藞苴，泥不熟。”《類篇·艸部》：“藞，吕下切，藞蔖，不中皃。一曰藞苴，泥不熟。”又：“蔖，竹下切，藞蔖，不中皃。”“不中”當謂不合事理法度。“泥不熟”雖難確指其意，但概之以粗率，諒亦差可。《朱子語類》卷五十五《孟子五·滕文公上》：“禹塗山之會，執玉帛者萬國，當時所謂國者，如今溪洞之類，如五六十家，或百十家，各立箇長，自爲一處，都来朝王，想得禮數，大段藞苴。”謂其禮數大概粗率不堪，不成章法。宋張鎡《湖南午坐雨作歸山堂共成四絶句》之二：“或擬香山或擬陶，有時無句只蟲號。作詩藞苴猶之可，字寫不成方是高。”此或謂作詩粗率不中繩墨。岳珂《寶眞齋法書贊》卷十二

《蘇文忠公書簡帖·贊》："墨卿卜之淳古簡嚴，芝谿僕之勁直，不然䕲鮓目之。案䕲鮓二字未詳所以，攷《唐韻》䕲與藞同。藞磋，不中貌。藞苴，泥不熟貌。磋苴鮓三字者相近，或即此意。""䕲苴"與"淳古簡嚴"、"勁直"對舉，以論書法風格。清方東樹《昭昧詹言》卷一："今人未嘗讀一書，而徒恃販買餖飣，故多不切不確，切矣確矣，往往又藞磋不合，雖山谷不免此病。"光緒三年《黄巖縣志》卷三十二《風土·謠諺·方言》："粗率不精曰䕲苴。"民國十八年《雄縣新志·故實略·謠俗篇·方言》："䕲磋，音拉槎，黄山谷云：䕲磋，泥不熟也。引申爲粗率意。《指月錄》：綿州人五祖演禪師，造白雲端，端謂曰川䕲苴。苴即磋字。"

又，清褚人穫《堅瓠六集》卷四《䕲苴》："今人謂人作事不中道理者，曰䕲苴。䕲，郎假切。苴音鮓。"倪濤《六藝之一録》卷二百六十四《古今書體九十六》："䕲苴，䕲音郎假反，苴音鮓。中州人謂川人之不循軌轍者曰䕲苴。今吾杭人猶有此二字，盖汴人南渡流傳至今也。"乾隆二十四年《建寧縣志》卷九《風俗·方言》："䕲苴，謂作事不中理。"光緒二十三年《容縣志》卷四《輿地志四·方言》："䕲苴，田不熟也。見《黄山谷集》。䕲，郎假切，苴音鮓。今以駡人之作事不中理者。""不中理"當即《玉篇》"不中皃"。《大詞典》(1/398)"不中"㊀(-zhòng)④"猶不堪"，引唐王建《春去曲》："老夫不比少年兒，不中數與春别離。"

按《廣韻·馬韻》："䕲，《玉篇》云：'䕲槎，泥不熟兒。'"明周祈《名義考》卷八《蠚蓫》:"考韻書無蠚苴,有蠚蓫。蠚,盧下切,讀若喇。蓫,除瓦切,讀若鮓。當作蠚蓫爲是,山谷亦未深考也。"《康熙字典·艸部》:"蕠,按《集韻》、《玉篇》諸書'蕠'與'蠚'文義各别,唯《唐韻》'蕠蓫'之'蕠'文从三若,而仍引《玉篇》'蕠'字訓注,是借'蠚'爲'蕠',非'蠚'即'蕠'也。"方言記音用字,各以其熟悉者爲之,以音寄義,有時很難以是非而論矣。

❷縱放不拘;不雅馴端潔。宋黄庭堅《山谷别集》卷六《論俗呼字》:"蠚苴,泥不熟也。中州人謂蜀人放誕不遵軌轍曰川蠚苴。"又《五祖演禪師真贊》:"問道白雲端,蹋着自家底。無心萬事禪,一月千江水。路逢摩登伽,石上漫澆水。赤土畫簸箕,也有第一義。誰言川蠚苴,具相三十二。"《朱子語類》卷十一《學五·讀書法下》:"溈山作一書戒僧家整齊,有一川僧最蠚苴,讀此書云:似都是説我。"元陶宗儀《説郛》卷八十五下釋適之《金壺字考》:"蠚苴,蠚郎假切,苴音鮓,蜀人放誕曰川蠚苴。"明岳元聲《方言據》卷上《蠚苴》:"人不端潔,賴取人物曰蠚(郎假切)苴(音鮓)。黄魯直云:'中州人謂蜀人放誕不遵軌轍曰川蠚苴。'""端潔"謂品行。顧起元《客座贅語》卷一《方言》:"不雅馴曰蠚苴(臘上聲,查上聲)。"焦周《焦氏説楛》卷一:"蜀人曰川蠚苴,一作蠚蓫。"清吕種玉《言鯖》卷下《土號》:"前代呼蜀人爲川老鼠,以其善鑽,非也。宋時謂蜀人誕故稱川蘙苴,見《山谷集》,老鼠其訛

也。"[1]按"誕"前當脫"放"字，"藸"爲"藞"字形譌。褚人穫《堅瓠六集》卷四《藞苴》："《黃山谷集》：'藞苴，泥不熟也。中州人謂蜀人不循軓轍者，曰川藞苴。'考韻書無藞苴，有藞蘨。藞，盧下切，讀作喇。蘨，除瓦切，音鮓。"王士禛《居易錄》卷二十一："五祖演禪師，綿州人，造白雲端，端謂曰：'川藞苴，汝來耶？'又明覺顯禪師與棲賢提禪師藞苴不合。按字書云：'藞，力瓦切，藞蘨，泥不熟貌。'郭一經曰：'出安子文贊。'苴，又側下切，音鮓，土苴，查滓也，糞草糟粕之類，蓋謂其但講教典，未經罏鞴，所得尚糟粕也。今山東謂物之不磨礲滑潤者，及人性情乖角不平易者，皆有此稱，其來古矣。"姚範《援鶉堂筆記》卷四十八集部"五祖演禪師"方東樹按云："藞，《說文》不載，《玉篇》有之，《朱子大全集》兩見之，皆誤刻作藞，此從磊得聲當作藞。又苴當從字書作蘨，除瓦切，苴無鮓音。"疑"誤刻作藞"之"藞"當作"藞"，故下文方有"從磊得聲"之辨。郝懿行《證俗文》卷十七："宋時稱川藞苴。《唐韻》'藞'，盧下切。《玉篇》作'藞'。《類篇》：'藞苴，泥不熟貌。'《言鯖》：'前代呼蜀人爲川老鼠，以其善鑽，非也。宋時謂蜀人誕故稱川藞苴，見《山谷集》，老鼠其訛也。'案苴側下切，讀如補苴之苴。今俗罵人不脩飾曰藞苴，本於此也。"引《言鯖》"誕"前亦脫"放"字。"不脩飾"猶不檢點，非指不修邊幅。道光四年《上元縣志》卷末《摭佚》："不雅馴曰藞苴（臘上聲，

① 臺灣新文豐出版公司《叢書集成續編》，第214冊，第759頁。

查上聲），曰朗伉（平聲），曰磊砢，曰孟浪，曰𩞄（蒲併反）銃，曰莽撞，曰粗奘，曰倔彊，曰麄糙。”亦可以AABB式構詞。宋僧惟一《雪峰化士贊》：“藞藞苴苴，瀟瀟灑灑。嚴冷時溫若陽春，偏急時寬若大海。”明釋心泰《佛法金湯編》卷十四《孝宗》：“又讚布袋和尚和高宗韻曰：‘袋貯乾坤，杖挑日月，藞藞苴苴，聖中之絶。’”龍晦《釋“𧀮苴”兼論四川禪學的特色》認爲“‘𧀮䃰’之所以寫如‘𧀮苴’，可能是當時口語，也可能含有輕視的意味”[①]，可參看。

又，明李實《蜀語》（頁116）：“不端正曰藞䃰○藞音𧀮上聲。䃰音鮓。”清道光二十一年《遵義府志》卷二十《風俗》、光緒二十一年《敘州府志》卷二十一《風俗》、民國十年《新修合川縣志》卷三十《風俗·方言》、民國三十七年《貴州通志·風土志·方言》：“不端正曰𧀮（鑾上聲）䃰（音鮓）。”“端正”當指人品性而言，如上引《方言據》所謂“人不端潔，賴取人物”，《客座贅語》“不雅馴”，《居易錄》“人性情乖角不平易者”，亦即“中州人謂蜀人放誕不遵軌轍曰川𧀮苴”矣。又，明朱謀㙔《駢雅》卷一《釋詁》：“藞䃰，偏仄也。”“偏仄”，亦不端也，施於人事均可。

另外，宋謝薖《寄題朱氏小隱園》詩：“嗟予亦曠蕩，與世自藞苴。”“曠蕩”、“藞苴”互文見義。《朱子全書》卷一《學一·小學》：“而今有一樣人，裏面謹嚴，外面却𧀮苴；有人外

① 《中華文化論壇》1999年第2期。

面恁地寬恕，裏面却都是私意了。”[①]“謹嚴”、“藞苴”對舉。宋趙叔向《肯綮錄·俚俗字義》：“不謹愿曰藞槎。”按民國十二年《寶山縣再續志》卷五《禮俗志·風俗（方言坿）》：“藞搓，不謹愿也。上力免切，下除瓦切。見《肯綮錄》。”清翟灝《通俗編》卷十五《性情·藞苴》：“藞，朗假切，山谷曰：‘藞磋，泥不熟也。’苴，查滓也。蓋謂其未經罏鞴，所謂糟粕也。今凡性情麄率、不自檢點者，俗以此語目之。”上引《居易錄》作“未經罏韛”，此“鞲”疑當“韛”字形譌，爲革製風囊，用以吹火，即俗稱風箱[②]。嘉慶二十二年《東臺縣志》卷十五《風俗·方言》：“（言人）其俊快可喜曰爽利，曰誘䆗，反是曰藞苴。”“俊快可喜”謂人秀外慧中，事事得體，反之爲“藞苴”。

又，宋羅大經《鶴林玉露》卷十《安子文自贊》：“安子文與楊巨源、李好義合謀誅逆曦，旋殺巨源，而專其功。久之，朝廷疑其跋扈，俾帥長沙。子文盡室出蜀，嘗自贊云：‘面目鄒搜，行步藞苴。人言託住半周天，我道一場眞戲耍。今日到湖南，又成一話靶。’”此以自贊解嘲，“行步藞苴”猶行步不端、不利落。

❸猶邋遢；不潔。《古今通韻·馬韻》：“趙叔向《肯綮》

---

① 《四庫全書》本《朱子語類》卷九十五《程子之書一》作“藞直”，中華書局校點本（頁2450）作“藞（直）苴”，校記謂“據院本改”，即改“直”爲“苴”，作“藞苴”是。清納喇性德編《合訂刪補大易集義粹言》卷六作“巃直”，非是。

② 《說文·韋部》：“鞲，射臂決也。从韋，冓聲。”《玉篇·韋部》：“韛，韋橐也，可以吹火令熾。”“冓”聲與“𤰈”聲相去甚遠。《大字典》（二/8/4802）“鞲”②“風箱”，引宋耐得翁《都城紀勝》及清孫承澤《春明夢餘錄》兩例，語源不明，似不足據。

引錄《唐韻》注云：‘不謹愿曰𧆓槎。’所謂《唐韻》，指《切韻》也。今‘槎’字下無此注，惟‘𧆓’字下注云：‘𧆓槎，泥不熟也。’則《廣韻》非《切韻》明矣。且越俗以食物殘屑謂之𧆓槎，恐方言亦無不謹愿意。”“不謹愿”猶不自檢點，見前義引《肯綮錄》。此“𧆓槎”猶謂不整潔。方言俗語本來豐富多彩，叔向所錄恐亦未嘗無據矣。清范寅《越諺》卷中《貨物》：“𧆓槎，上落上聲，下遮。《唐韻》謂‘不謹願’，又云‘泥不熟’，即如越以食物殘屑謂‘𧆓槎’者，意通。又指貨物低屑。出《越語肯綮錄》。”光緒二十六年《重纂邵武府志》卷九《風俗附方言》：“不收拾曰𧆓苴。𧆓，郎假切，苴音鮓。”“不收拾”猶謂邋遢、不潔。民國二十四年《蕭山縣志稿》卷二十九《瑣聞·方言謠諺》：“凡物渣滓曰𧆓苴。《五燈會元》：眞淨詬文準曰：‘乃敢爾𧆓苴耶？’《通俗編》云：‘按𧆓蒫泥不熟也。苴，查滓也。蓋謂其未經鑪鞴，所謂糟粕也。’”雷漢卿《禪籍方俗詞研究》“𧆓苴”首引《五燈會元》，據張華文《昆明方言詞語斷代考辨》，謂“今昆明方言‘𧆓苴’指邋遢、不利落、不端莊。重疊形式爲‘𧆓裏𧆓苴’、‘𧆓𧆓苴苴’”[①]。

按以上三義，通語“拉雜”、“邋遢”或近之。《現漢》“拉雜”謂“沒有條理；雜亂”，“邋遢”謂“不整潔；不利落”。清光緒二十四年《嘉應州志》卷七《方言》：“不謹謂之邋遢，不潔謂之拉颯。……人不謹即不潔净，因而物之拉雜不潔净者亦同此稱。……《黄山谷集》：‘傝㑩，物不蠲也。蜀人語。’音

① 巴蜀書社，2009年12月第1版，第191頁。

如塔鞁。”民國二十八年《巴縣志》卷五《禮俗·方言》：“漢樂府《有所思》：‘拉雜摧燒之。’拉雜乃摧拉零雜義。後凡文辭不潔，皆用拉雜。今吳諺於不整齊潔滯者謂之拉雜（見《吳下方言攷》），音轉字變，作蠚苴。明岳元聲《方言據》謂‘人不端潔，賴取人物曰蠚（郎假切）苴（音鮓）’，引黃魯直云：‘中州人謂蜀人放誕不遵軌轍曰川蠚苴。’今巴語於不端潔者亦呼蠚苴，皆作平聲。”上兩方志所言，“不整齊潔滯”應就清潔而言，“不端潔”應指人的品行。

又，《大詞典》（6/501）“拉雜”謂“混雜；雜亂”，次引清方東樹《昭昧詹言·蘇黃》：“世人皆學東坡，拉雜用事，頃刻可以信手填湊成篇，而不解其運用點化妙切之至于斯也。”而東坡《書拉雜變》云：“司馬長卿作《大人賦》，武帝覽之，飄飄然有凌雲之氣。近時學者作拉雜變，便自謂長卿。長卿固不汝嗔，但恐覽者渴睡落牀，難以凌霄耳。”以“拉雜變”譏喻類比古人而堆砌雜湊的文章。餘如清平步青《霞外攟屑·斠書·檐曝雜記》：“殆茅檐曝背，隨手拉雜書之，授梓時不加芟削，讀者取瑜略瑕可也。”包世臣《再與揚季子書》：“魏叔子頗有才力，而學無原本，尤傷拉雜。”薛福成《母弟季懷事狀》：“自季懷之卒，余久欲狀其志行，卒卒未果。今已八年，恐遂沈泯，乃拉雜書之。”況周頤《蕙風詞話》卷一：“名手作詞，題中應之義，不妨三數語説盡，自餘悉以發抒襟抱……長言之不足，至乃零亂拉雜，胡天胡帝，其言中之意，讀者不能知，作者亦不蘄其知。”亦其例。

❹疏慵；衰頹。宋李光《己巳二月已發書殊不盡意偶成長句》："舊日琴書都磊磋，新年行步漸羸垂。"[①]謂琴書荒疏懈怠，行步漸次衰憊。楊萬里《野薔薇》詩："紅殘緑暗已多時，路上山花也則稀。藞苴餘春還子細，燕脂濃抹野薔薇。"清曹寅《題柳村墨杏花》詩："勾吳春色自藞苴，多少清霜點鬢華。""藞苴餘春"、"春色藞苴"，猶謂春意闌珊。又，楊萬里《遣人探梅翟園云尚未開》詩："傳語翟園千樹梅，不應藞苴索時催。"謂翟園梅花未應時開放，亦猶謂樹梅慵懶而待人以時催矣。

《大字典》（二/6/3538）"磊"音lǎ，〔磊磋〕①"不中貌"，引《玉篇》、李光《己巳二月已發書殊不盡意偶成長句》："舊日琴書都磊磋，新年行步漸羸垂。"羅大經《鶴林玉露》卷十："面目皺搜，行步磊磋。"②"粗率；不檢點"，引宋黃庭堅《五祖演禪師真贊》："誰言川磊磋，具相三十二。"是前謂琴書、行步"不中貌"。又（3559）"藞"（二）lǎ，"〔藞苴〕衰謝；破爛"，首引楊萬里《野薔薇》詩。

《大詞典》（9/602）"磊"音lǎ，謂"亦作'藞'。見'磊苴'"，"磊苴"謂"亦作'砢苴'"，但引書證"砢苴"未現，並且字頭下亦未云或作"砢"，故"砢苴"恐爲"藞苴"之譌。下分列兩個義項：①"猶邋遢。不整潔；不利落；不端莊"，

① "羸垂"亦作"纍垂"。如《朱子語類》卷三十四《論語十六》："問：'甚矣，吾衰也。'曰：'不是孔子衰，是時世衰。'又曰：'與天地相應，若天要用孔子，必不教他衰；如太公、武王皆八九十歲，夫子七十餘，想見纍垂。'"

後並列的三義應是對“猶邋遢”的進一步解釋。引《朱子語類》卷十一、湯顯祖《邯鄲記》及《方言據》作“𦾔苴”；引《鶴林玉露》僅“面目皺瘦，行步𦾔苴”八字，作“𦾔苴”，在羅列紛繁的釋義中，編者或許以爲與“行步”相關的是“不利落”這個解釋，與《大字典》對《玉露》例的理解相近。②“猶闌珊”，引楊萬里詩、湯顯祖《牡丹亭》作“𦾔苴”，引曹寅詩作“𦾔苴”。又（634）“𦾔”謂“同‘𦾔’”。其餘詞形未見。

《方言大詞典》（頁7521）“𦾔苴”③“性情粗率，不加檢點”，冀魯官話、吳語，引乾隆十五年《寶山縣志》：“~，上朗假切，下音鮓，俗謂人放縱無檢也。”又“𦾔薩”①“不端正；不整齊”，西南官話。又“𦾔苲”謂“（言行）不謹慎”，冀魯官話、江淮官話。又（頁7386）“𦾔苴”謂“粗糙，不光滑。引申爲行爲乖戾不端正”，冀魯官話。又（頁7387）“𦾔笮”謂“不謹慎周到”，江淮官話。又“𦾔薩”謂“不端正”，西南官話。以上並同詞異形。

嬭膀　妳膀　奶膀 $lai^{53}pang^{21}$ [$lai^{53}p'aŋ^{21}$]

乳房或胸乳部分的俗稱。宋宋慈《洗冤録》卷二《八驗屍》“身上件數：……胲喉胸兩乳”注：“婦人兩嬭膀。”清喬松年《蘿藦亭札記》卷七：“鄙語謂婦人乳房曰嬭膀，元人所著《東南記聞》已有此語，曰‘趙州濁梨，大如嬭膀’。”

又作"妳膀"、"妳膀"。《玉篇，女部》"妳"同"嬭"。《字彙·女部》："妳，與嬭同。"宋宋慈《洗冤録》卷二《八驗屍》"頂心顖門兩額角兩太陽喉下胸前兩乳兩脇……並係要害致命之處"注："婦人看陰門兩妳膀。"又，宋慈受懷深《擬寒山詩》："傷嗟富貴家，殺害無虚日。食羊割妳膀，烙鱉呼卒律。"注："京師之羊旁殺羊方取一二斤，貴人多食之，爲近乳也。"

亦作"奶膀"。《正字通·女部》："妳，同嬭，俗改作奶。"又："嬭，舊註音乃，乳也。……俗讀乃，改作奶。"元佚名《東南紀聞》卷三："陽東山云：'紹興庚戌，隨侍先文節公接伴北使，使以趙州濁梨兩顆私覿。梨皮黄褐色，肉黑如墨，質如酥，味甘而香，大如奶膀，亦奇種也。'"《快心編傳奇》三集卷四："奶膀高起，全憑勒住抹胸；腰肚粗寬，不可放鬆裙帶。"《醒世姻緣傳》第五十九回："我要趕上，我照着他奶膀結結實實的挺頓拳頭給他。"又第七十二回："一個臉彈，全不似半老佳人：飽撐撐兩隻奶膀，還竟是少年女子。"《兒女英雄傳》第二十八回："又有個四十餘歲鯰魚腳的胖老婆子，也穿件新藍布衫兒，戴朵紅石榴花兒，鼓着兩個奶膀子，腆着大肚子，又着八字腳兒。"又，《醒世姻緣傳》第七十九回："及至狄希陳進了房，睡倒覺，寄姐仍把狄希陳蒯脊梁，搊胸膛，紐大腿裏子，使針扎胳膊，口咬奶膀，諸般刑罰，舞旋了一夜。"此指男子的胸乳部分。

《大詞典》未收此詞。《方言大詞典》（頁1512）"奶膀"謂"乳房"，官話。

濫 藍 漤 灠 lɑn^{53} [lan^{53}]

用鹽等腌漬瓜果肉菜之類食品。《釋名·釋飲食》："桃濫水漬而藏之，其味濫濫然酢也。"《康熙字典·水部》："濫，《集韻》魯敢切，音覽，與灠同，漬果也。"明李實《蜀語》（頁39）："以鹽漬物曰濫○濫讀上聲，音覽，漤、灠同。"清道光二十一年《遵義府志》卷二十《風俗》、光緒二十一年《敘州府志》卷二十一《風俗》、民國十年《新修合川縣志》卷三十《風俗·方言》、民國二十四年《蓬溪縣近志》卷七《風土篇·方言》、民國三十二年《沿河縣志》卷十三《風土志·方言》、民國三十七年《貴州通志·風土志·方言》："以鹽漬物曰濫。音覽。"民國《息烽縣志》卷二十九《風土志·方言》："謂以鹽漬物曰濫。"民國十七年《長壽縣志》卷四《人事部·方言》："鹽漬物曰濫。音覽。"民國三十一年《西昌縣志》卷五《禮俗志·方言》："以鹽腌肉及果食曰濫。音覽。"

或作"藍"，爲"濫"後起字。《説文·艸部》："藍，瓜菹也。从艸，濫聲。"段玉裁注："各本篆作藍，解誤作監聲，今依《廣韻》、《集韻》訂。"朱駿聲通訓定聲："按此字當从艸从水監聲。《廣雅·釋器》：'藍，菹也。'轉注。《釋名·釋飲食》：'桃濫水漬而藏之。'字以濫爲之。"桂馥義證："瓜菹也者，《廣雅》：'藍，䤈也。'《廣韻》：'藍，瓜菹。'

《詩·信南山》‘疆場有瓜，是剥是菹’傳云：‘剥瓜爲菹也。’箋云：‘剥削淹漬以爲菹。’監聲者，當爲濫聲，篆文脱水旁，因誤爲監也。李燾本注云：‘《類篇》、《集韻》從艸從水。’馥案：《玉篇》作藍。《釋名》：‘菹，阻也。生釀之，遂使阻於寒温之閒，不得濫也。’”王筠句讀亦正作“藍”，謂“依《廣韻》、《集韻》引改，《玉篇》、《類篇》同。……《內則》濫注‘以諸和水也’，以《周禮》六飲校之，則‘濫，涼也，紀莒之閒名諸爲濫’，《釋文》‘乾桃、乾梅皆曰諸’，筠疑《內則》之濫即此藍。”清錢大昕《十駕齋養新錄》卷四《説文校譌字》：“《艸部》兩藍字，前云‘染青艸也。从艸，監聲’，此正字；後云‘瓜菹也。从艸，監聲’，此誤字，當作藍，从艸，濫聲。《玉篇》載此兩字，一从監，一从濫。《廣韻》：‘藍，瓜葅也。出《説文》。’是《説文》有藍字。”《廣雅·釋器》：“藍，菹也。”王念孫疏證：“《説文》：‘藍，瓜菹也。’藍之言濫也。《晉語》：‘宣公夏濫於泗淵。’韋昭注云：‘濫，漬也。’《釋名》云：‘桃濫水漬藏之，其味濫濫然酢也。’義與藍相近。藍，曹憲音藍，各本脱去藍字，其音內藍字又誤入正文，今訂正。”黄侃《蘄春語》：“《説文》艸部：藍，瓜葅也；《廣韻》：魯甘切。通作濫；《釋名·釋飲食》：桃濫水漬而藏之，其味濫濫然酢也。字亦作涨，作醂，作漤；《廣韻》上聲四十八感：涨，藏梨汁也，出《字林》；醂，桃葅；（葅，菹之别。）漤，鹽漬果；並盧感切。此音藍之後出也。漬果，曰藍；漬之，亦曰藍。吾鄉謂細切菜，加少許鹽揉之，宿昔饗食，曰藍菜；（讀盧盍切。）其揉之，曰藍。（讀盧感切。）”姜亮夫《昭通方言疏證》（1711

條）："昭人言以鹽漬蔬菜果品曰濫，音如擥，俗以擥爲之，凡漬蔬果，必切碎加鹽末，以手揉擥之，故俗借擥爲同族語，本亦可通。"

亦作"漤"。《廣韻·感韻》："漤，鹽漬果。"《正字通·水部》："漤，魯感切，婪上聲，鹽漬果。《六書故》濫或作漤。"北魏賈思勰《齊民要術》卷九《作菹藏生菜法》："梨菹法：先作漤，用小梨，瓶中水漬，泥頭，自秋至春。"宋佚名《新增詞林要韻》十八南三上聲："漤，鹽漬果。"明楊慎《丹鉛總錄》卷九《齊民要術》："漤，音覽，鹽漬物也。"岳元聲《方言摭》卷下《漤》："以粉麪匝肉蔬之類而淪之謂之漤。音覽。"王世貞《弇州四部稿》卷一百六十八《宛委餘編十三》："漤，音覽，鹽漬物也。"清Adam Grainger《西蜀方言》（頁312）："漤脎。"即"to cure meat"；又："漤菜。"謂"to pickle vegetables"。張慎儀《蜀方言》卷下（頁357）："以鹽漬果菜曰漤。《廣韻》：漤，盧感切。鹽漬果也。一作灠。《集韻》：灠，魯敢切。漬果也。同濫。又作醢。《禮記·內則》：醷醢。《注》：以諸和水也。《釋文》：乾桃乾梅皆曰諸。"《成方》（頁264）"漤"音nan上聲，①"用鹽漬（生的蔬菜、魚、肉等）"，②"碱、鹽、酸等刺激（人體）"。《重方》（頁184）"漤"音lan^3，謂"（鹽、糖等）浸漬"。

又作"灠"。《集韻·敢韻》："灠，漬果也。一曰染也。或作濫。"《正字通·水部》："灠，舊註灠本字。按濫《集韻》作灠，分濫、灠爲二，誤，从濫爲正。"民國十五年《簡陽縣志》卷二十二《禮俗篇·方言》、民國二十一年《萬源縣志》卷五《教育門·方言》:“以鹽漬物曰攬。”“攬”當作“灠”。前引《蜀語》、《康熙字典》、《蜀方言》等一作“灠”。按《五韻集韻·感韻》盧敢切:“灠、濫,漬果也。一曰染也”,“藍,葅也”,“浨,藏梨汁也。出《字林》”,“醂,桃葅”,“漤,塩漬果”。其實“濫”爲本字,餘者爲後起字或分別字矣。

今蜀方言音義並存。劉廷武《〈蜀語〉釋要》:“濫,應作醃。……醃,今音讀yān,四川方言讀nɑn[ᶜnan],轉平爲上。醃變讀如覽,以濫、灠、漤爲以鹽漬物意之字,誤矣。”[①]按“濫”、“灠”、“漤”自《釋名》、《齊民要術》及《集韻》而下即用作漬物義,本無須以“醃變讀”,誅求過甚矣。

《大字典》(二/3/1893)“濫”(三)lǎn,①“用鹽或糖或石灰水等腌漬瓜菜水果肉食之類”,首引《釋名》。又(6/3553)“藍”(二)làn,謂“腌菜”,引《類篇·艸部》:“藍,酸葅。”此釋名詞義,未及以鹽等腌漬瓜果肉菜之類食品的動詞義。又(3/1838)“漤”音lǎn,①“用糖、鹽腌或用調味品漬生的果菜。也作‘濫’”,首引《廣韻》。又(1925)“灠”(二)lǎn,①“漬果。也作‘濫’”,引《集韻》。

《大詞典》(6/181)“濫₃”①“以乾果浸漬於水中作成的飲料”的附項“亦謂以鹽等醃漬食物”,引《蜀語》。又(64)“漤”②“用鹽或其它調味品拌生的魚、肉、蔬菜”,無書證。又(222)“灠”音làn,未及此義。

《方言大詞典》(頁6688)“濫”③“以鹽漬食物”,又(頁

① 參見《李實學術研討會文集》,語文出版社,1996年7月第1版,第85頁。

6921）“漊”②“用鹽漬（生的魚、肉、蔬菜）”，又（頁6283）“灠”④“用鹽浸漬食物”，以上並西南官話。又（頁7202）“濫”謂“揉菜”，江淮官話，引《蘄春語》，其實“濫”也是以鹽漬菜，故“濫菜”謂“一種速腌咸菜”。以上均爲同詞異形。

爛九黃　濫九皇

lan^{213}jiu^{53}huang^{21} [lan^{213}tɕiəu^{53}xuaŋ^{21}]

指農曆九月初天陰多雨。清道光二十一年《遵義府志》卷十六《農桑》、光緒二十五年《湄潭縣志》卷四《食貨志·農桑》、民國《息烽縣志》卷九《食貨志·農業》：“九月，寒露宜晴，霜降宜晴，忌爛九黃。是月也，點小春，曬穀。”民國十七年《綏陽縣志》卷四《食貨志·農業》：“寒露宜晴，霜降宜晴，忌爛九黃。”民國十八年《桐梓縣志》卷二十一《實業志·農業》：“九月，寒露霜降均宜晴，忌雨、爛九黃。”

亦作“濫九皇”。清傅崇矩《成都通覽·成都之氣候》（頁1）：“九月初天陰多雨，俗名曰‘濫九皇’，可着夾棉及泥絨。”徐珂《清稗類鈔·氣候類·成都氣候》：“九月初則多陰雨，俗稱濫九皇，可衣夾棉或呢絨。”周芷穎《新成都》第一章第四節《氣候》（頁6）：“九月初，天陰多雨，俗稱濫九皇，可着夾棉及呢絨。”又，《成都話》（頁122）“爛九皇”謂“指九月初的陰雨天。《成都通覽》：'九月初天陰多雨，俗名曰爛九皇。'亦特指舊曆九月九日下雨"。

以上兩詞形《大詞典》未收。《方言大詞典》（頁4372）"爛九皇"謂"農曆九月初的陰雨天；也特指農曆九月九日下雨"，西南官話（四川成都），引《成都通覽》，但《通覽》作"濫九皇"。又（頁6688）"濫"下未收"濫九皇"。

郎豬 $lɑng^{21}zu^{55}$ [$laŋ^{21}tsu^{55}$]

用於配種的公豬。明陳士元《俚言解》卷二《豬走草馬起騍》："草、騍，謂牝也。走草起騍，謂求牡也。即貓叫春之意。《餘冬序錄》：'俗以牝畜爲草，於雌雞鵝鴨，亦有草雞、草鵝鴨之稱，義殊不通。'余謂後魏杜畿課民畜草馬；宋絲（繇）謂李君有國土之分，其家草馬生白額駒：草馬即騍馬也。……今江西撫州人呼鵝爲草鴨，鳥言雌雄，獸言牝牡，而牝騾亦有稱雌騾者。《詩》云'雄狐綏綏'，《書》云'牝雞司晨'，是可互言也。雞鵝鴨則多以公母稱之，稱羊亦然。而豬狗牡者則稱男，又訛爲郎。馬之牡者，則稱兒馬。"是公豬有稱"郎豬"者。蜀語鼻音邊音不分，"男"、"郎"僅前後鼻韻的差異。如蜀方言公貓亦稱"男貓"、"郎貓"①。民國二十四年《雲陽縣志》卷十

① 《現漢》"郎貓"謂"〈口〉雄貓"。

四《禮俗下·方言下》："牡猫曰郎猫，牝猫曰孀猫。《陶廬筆記》：'婦稱夫曰郎。'郎猫即牝猫之郎也。……今俗多呼爲男猫女猫。"《川方》（頁247）"郎豬"謂"配種的公豬"，又（頁195）"腳豬"謂"配種的公豬。川東也說*郎豬"。按"郎豬"流行地域不限於川東，川北等地亦習用。《重方》（頁185）"郎豬"謂"專配種的公豬"。

按清方旭《蟲薈》卷二《毛蟲·豕》："《古今注》：'豕一名参軍。'《承平舊纂》：'黑面郎，豬也。又名魯津伯。'"以前多黑豬，故稱，而"郎"則屬泛稱。

《大詞典》（10/623）"郎貓"謂"方言。雄貓"，未收"郎豬"。

《方言大詞典》（頁3730）"郎豬"謂"公豬"，中原官話、晉語、西南官話、贛語。又（頁4983）"狼豬"謂"公豬；種公豬"，中原官話、西南官話。"狼"爲"郎"音借。

攮 攘 lang^{53} [laŋ^{53}]

推。《字彙·手部》："攮，推攮也。"《康熙字典·手部》："攮，《字彙》乃黨切，音曩，推攮也。""推攮"同義連文。《二刻拍案驚奇》卷九："又加家僮們推的推，攮的攮，不由你不走。""推"、"攮"互文見義。明李實《蜀語》（頁32）："推人曰攮○攮音朗。"並認爲"攮"乃"攘"後出字。

《醒世姻缘传》第一回："計氏趕將來採打，或將計氏乘機推一交，攮兩步；漸漸至於兩相對駡，兩相對打。"清道光二十一年《遵義府志》卷二十《風俗》、光緒二十一年《敘州府志》卷二十一《風俗》、民國十年《新修合川縣志》卷三十《風俗·方言》、民國二十四年《蓬溪縣近志》卷七《風土篇·方言》、民國三十七年《貴州通志·風土志·方言》："推人曰攮。音朗。"此採《蜀語》。咸豐元年《安順府志》卷十五《風俗·方言》："推人曰攮。囊上聲。"咸豐四年《興義府志》卷四十二《風土志·方言》："推曰攮。"光緒五年《鎮海縣志》卷三十九《方言》："攮，《蜀語》：手推人曰攮。"光緒八年《黎平府志》卷二下《風俗·方言》："推人曰攮，攮上聲。一曰搃，音聳。"張慎儀《蜀方言》卷上（頁287）："以手前推曰搃，曰攮。"民國十七年《長壽縣志》卷四《人事部·方言》、民國十八年《新修南充縣志》卷七《掌故志·風俗·方言》、民國二十三年《樂山縣志》卷三《方輿志·方言》、民國三十二年《沿河縣志》卷十三《風土志·方言》："推人曰攮。音朗。"當亦採《蜀語》。民國十五年《簡陽縣志》卷二十二《禮俗篇·方言》："以手前推曰撐，曰搃，曰攮。搃音聳，攮上聲。"民國二十一年《萬源縣志》卷五《教育門·方言》："以手前推曰撐，曰搊，曰搃，曰攮。"唐樞《蜀籟》卷三（頁139）："搊不上前，攮不向後。"民國二十四年《蕭山縣志稿》卷二十九《瑣聞·方言謠諺》："推宕曰攮。《字彙》音囊，推攮也。俗有推來攮去之語。"民國二十四年《雲陽縣志》卷十四《禮俗下·方言上》："攮，推人也。

《字彙》乃黨切：‘推人也。’《札樸》：‘推人曰攮。’攮音朗。”民國二十一年《南溪縣志》卷四《禮俗下·方言》：“攮，音朗，以手推人也。”民國二十六年《犍爲縣志·居民·言語·方言》、民國三十一年《西昌縣志》卷五《禮俗志·方言》：“推人曰攮。”民國三十三年《重修彭山縣志》卷二《民俗篇·方言》：“謂推曰掀，亦曰攮。”民國三十七年《貴州通志·風土志·方言》、民國三十七年稿本《興義縣志》第十一章《社會》第一節《語言·漢語方言》：“推曰攮。”“推攮”亦可以AABB式重疊構詞。清Adam Grainger《西蜀方言》（頁241）：“推推攮攮。”即“to push one’s way through a crowd”。《成都話》（頁124）“攮”謂“用手掌或手臂擊，推”。《重方》（頁186）“攮掌”音$lang^3zang^3$，謂“猛推掌”。

本字或作“攘”。《說文·手部》：“攘，推也。”段玉裁注：“推手使前也。古推攘字如此作。上《曲禮》注曰：‘攘，古讓字。’許云：讓者相責讓也，攘者推也。从古也。”徐德庵《蜀語札記》：“按《說文》：‘攘，推也。’音小變如朗。”①姜亮夫《昭通方言疏證》（1281條）：“攘，昭人言推，音如囊（上聲）。按《說文》‘攘，推也’，古或作斀，襄，如陽切，昭俗或以攮爲之，誤字也。”按“斀”或當作“斀”。《集韻·陽韻》：“攘，《說文》：‘推也。’古作斀。”《類篇·攴部》：“斀，又如陽切，推也。”《康熙字典·手部》：“攘古文斀。

① 《古代漢語論文集》，巴蜀書社，1991年1月第1版，第377頁。

《唐韻》汝羊切，《集韻》、《韻會》、《正韻》如陽切，𢺋音穰，《說文》：‘推也。’”

按《康熙字典》“攮”音“曩”，《廣韻·蕩韻》“曩”音奴朗切，泥母；“朗”音盧黨切，來母。《蜀語》“攮音朗”[①]，謂讀邊音聲母也。甄尚靈、張一舟先生《〈蜀語〉詞語的記錄方式與〈蜀語〉音注所反映的音類》說：“本文筆者之一作爲遂寧土著，以今日方音讀《蜀語》詞語和音注，倍感親切，覺得多與自己的用語相合。”凡舉6例，此即其一[②]。梁國均《〈蜀語〉疏解（節選）》：“今蜀語謂推人曰‘推一攮掌’。”[③]

《大字典》（二/4/2111）“攮”①“推。如：推來攮去”，首引《字彙》。又（2104）“𢺋”（一）ràng，“推讓；退讓。後作‘讓’”，首引《說文》及段注，則將“𢺋”等同於“讓”矣。

《大詞典》（6/995）“攮”音nǎng，①“推”，首引《醒世姻緣傳》。又（966）“𢺋₂”謂“退讓；謙讓。後作‘讓’”，首引《漢書》及顏師古注。

《方言大詞典》（頁7525）“攮”②“用手掌或手臂擊；推”，西南官話、吳語、湘語。

---

① （日）坂井健一《〈蜀語〉的聲類之研究》（節選，王昌平譯）：“此例所示注音與現代北方音（北京語音）明顯不同，即如果攮=囊，那麽就是nâng[1]、nang[1,2]，而李實的注音‘朗’是lâng[2]、lang[3]。於是該例就顯出泥母／n-／和來母／l-／的混用。”參見《李實學術研討會文集》，語文出版社，1996年7月第1版，第75頁。

② 參見《李實學術研討會文集》，語文出版社，1996年7月第1版，第45頁。

③ 同上第95頁。

臊 騷 lɑo^{55}［lau^{55}］

臊臭；狐騷臭。此可討論者在音，而義與通語無別。《廣韻·豪韻》："臊，腥臊。"《周禮·天官·內饔》："辨腥臊羶香之不可食者……犬赤股而躁，臊。"賈公彥疏："言辨腥臊者，依庖人職注：腥謂雞也，臊謂犬也，羶謂羊也。"《楚辭·九章·涉江》："腥臊並御，芳不得薄兮。"王逸注："腥臊，臭惡也。"洪興祖補注："臊音騷。"清唐訓方《里語徵實》卷上："羊氣曰臊。音騷。俗作老平聲。"唐樞《蜀籟》卷四（頁227）："羊脒莫〔沒〕有吃惹一身臊〔膻〕。"蜀方言讀"老"陰平。唐樞《蜀籟》卷四（頁227）："羊脒莫〔沒〕有吃惹一身臊〔膻〕。"括號內字爲出版者所改，實無必要。

或作"騷"。《墨子·經說上》："是猶食脯也，騷之利害，未可知也。"畢沅校注："騷，臊字假音。"清梁紹壬《兩般秋雨盦随筆》卷二《腋氣》："人患腋氣，俗謂之狐騷臭，粵人爲尤甚。崔令欽《教坊記》：'范漢女大娘子，亦是竿木家。開元二十一年出內，有姿媚，而微慍羝。'謂腋氣也。"《川方彙編》（頁152）"狐撈臭"謂"狐臭。例：稀耳朵怕有狐撈臭"，"撈"爲記音，"狐撈臭"即《兩般秋雨盦随筆》"狐騷臭"，本字或當作"臊"。今川北綿陽等地亦存此音，如說狐臭爲"狐［lau^{55}］臭"；打獵時獵狗循着動物的氣味找尋，俗謂"攆山狗聞倒［lau⁵⁵］了”，音同《里語徵實》“俗作老平聲”。

《大字典》（二/4/2270）“臊”（一）sāo，②“腥臭；騷氣”，首引《廣韻》。又（8/4863）“騷”（一）sāo，⑨“通‘臊’”，引朱駿聲《説文通訓定聲·孚部》：“騷，叚借爲臊。”以下再析爲兩個義項，其二謂“臭；狐臭”，首引《山海經·北山經》“食之不驕”郭璞注：“驕或作騷。騷，臭也。”

《大詞典》（6/1384）“臊₁”音sāo，①“腥臭的气味”，首引《周禮》。又（12/862）“騷₁”音sāo，⑨“通‘臊’。腥臭”，首引《墨子》。均未及方言音讀。

《方言大詞典》（頁7355）“臊”、（頁6371）“騷”未及此音義。又（頁3490）“狐老臭”、“狐撈臭”均謂“狐臭”，西南官話（四川達縣、自貢），“老”、“撈”均音［꜀nau］。又“狐騷臭”謂“狐臭”，江淮官話、西南官話（廣西桂林）。又“狐臊臭”謂“狐臭”，江淮官話、徽語。

老革　老革革 lɑo⁵³ge²¹ge²¹［lau⁵³ke²¹ke²¹］

形容老。參《考釋》第415頁。《方言》卷十：“革，老也。”郭璞注：“老者，皮色枯瘁之形。”《三國志·蜀志·彭羕傳》：“老革荒悖，可復道邪！”裴松之注：“古者以革爲兵，故語稱兵革，革猶兵也。羕罵備爲老革，猶言老兵也。”盧弼集解：“周樹模曰：松之謂革爲兵，殊失之鑿。下文羕獄中書有

‘被酒脱失老語’、‘主公殊未老也’、‘立業豈在老少’等語，以訓革爲老爲是，不得謂革爲兵。沈均瑲曰：革從《方言》訓老爲是。”周、沈之説是矣。明嚴衍《資治通鑒補》卷一百八十三《隋紀七》注引《蜀志》及裴注，並云“帝引此語”。清傅恒《通鑒輯覽》卷四十八“老革多奸”注云“猶言老兵也”。洪頤煊《讀書叢録》卷十四《老洫》：“‘其厭也如緘，以言其老洫也’，郭注：‘其厭没於欲老，而愈洫有如此者。’頤煊案：老洫猶言老極，而皮色皺急也。《管子·樞言篇》：‘吾畏事不欲爲事，吾畏言不欲爲言，故行年六十而老吃也。’吃，極也。《三國志·彭羕傳》：‘老革荒悖，可復道邪！’革，急也。其音義並同。”西厓《談徵·言部·老革子》：“《蜀志》彭羕遷江陽太守，不悦，曰：‘老革荒悖，可復道耶！’古以革爲兵，猶言老兵也。”恐均非是。郭在貽《魏晉南北朝史書詞語瑣記》謂“本書卷四一《費詩傳》：‘羽怒曰：“大丈夫終不與老兵同列！”’（册四，頁1015）足證有‘老兵’一詞，於以見裴注‘老革’爲‘老兵’是可信的。又考《北史》卷七十四《裴藴傳》：‘帝悟曰：“老革多姦，將賊脅我。”’（册八，頁2553）今謂‘老革’乃詈詞，含有輕賤鄙夷之意，之所以有此義，關鍵在一‘老’字。考本篇下文，彭羕爲自己辯解説：‘況僕頗别菽麥者哉！所以有怨望意者，不自度量，苟以爲首興事業，而有投江陽之論，不解主公之意，意卒感激，頗以被酒，侻失“老”語。此僕之下愚薄慮所致，主公實未老也。’（册四，頁996）可見稱人爲‘老’，即含有不尊重的意思在内。按六朝史書凡云‘老某’者，均有輕賤貶損之意，與今之所謂老张、老李者大不同”[1]，此亦未中肯綮，不知何以未見盧弼集解引周、沈之說。周采泉《釋“老革”》云“竊以爲‘革’仍作本義‘皮’解可以文從字順，老皮猶今人所謂‘厚臉’”，“‘老革’倘屬同義複詞，不成文理，釋爲厚臉，於義爲允”[2]，此臆說耳。翁顯良《廣州方言現存古語偶拾》：“老革就是老。”[3]毛遠明《釋四川方言詞“老革”》謂“‘革’也是‘老’”，《辭源》、《大詞典》“取裴說爲釋，雖然有古注爲據，但未細察而徑取，不能不說是一個失誤”[4]。付火水、罗亨江《“老革”考釋》謂“‘老革’作爲‘老’的複義詞，還保留在方言中，蜀地有方言‘老革革’。今四川簡陽河西話稱男性，尤其是獨身的男性老人爲‘老革’，含有不大尊重的意味，思想守舊，或者脾氣固執呆板的人也被譏稱爲‘老革’，應是古語在方言中的遺留”[5]，此抄毛文。

據《方言》所載，“老革”同義連文，猶謂老家伙、老東西，自然如郭在貽先生所云“均有輕賤貶損之意”，與“老兵”無涉。又《方言》以爲“南楚江湘之閒代語”，《三國志》中彭羕罵先主，據羕本傳，羕爲廣漢人，“老革”當時已爲蜀語無疑，裴松之不解“老革”之意，而以“老兵”爲解，殊失其旨矣。又，《隋書·裴蘊傳》：“帝問蘇威以討遼之策，威不願帝復行，

---

① 《郭在貽文集》第三卷，中華書局，2002年5月第1版，第29頁。

② 《杭州大學學報》1980年第4期。

③ 《方言大詞典》(頁1655)“老革”謂“老”，粵語，引此例。

④ 参見《方言》2001年第3期。又見《四川方言詞語雜釋》，《樂山師范學院學報》2001年第2期。

⑤ 《滄桑》2011年第3期。

且欲令帝知天下多賊，乃詭答曰：‘今者之役，不願發兵，但詔赦羣盜，自可得數十萬……一歲之間，可滅高麗矣。’帝不懌曰：‘我去尚猶未克，鼠竊安能濟乎？’威出後，蘊奏曰：‘此大不遜，天下何處有許多賊！’帝悟曰：‘老革多姦，將賊脅我。’”明王世貞《弇州山人四部續稿》卷一百五十九《書陳上陽金丹大要後》：“邇來江陵宜黄尚遭毒手，不知二大夫下泥犂阿鼻時，亦與此老革相見否？”《大詞典》（8/614）“老革”釋爲“老兵。多用爲詈詞”，首引《三國志》，可能亦覺牽强，故按語云：“明陳士元《俚言解》卷一：‘奸狡詼譃謂之頑皮，又曰滑皮，言如駕轅之牛，項毛盡脱，其皮頑滑而堅厚也……古人罵老革，猶今人罵老頑皮耳。’與此説異。”所謂“古人罵老革，猶今人罵老頑皮耳”，仍囿於革之“皮”義爲説，雖較“老兵”義勝，但亦嫌隔礙，未達一間。民國十三年《江津縣志》卷十一《風土志·方言》：“邑語呼長輩曰老革，似尊而實涉輕薄。”

蜀方言以ABB式構詞，作“老革革”，“革革”則虚化爲表性狀的複音詞尾。梁國均《從〈蜀語〉看四川方言語彙的構成和來源》謂“老革革本楚方言，傳入巴蜀後被借用。《三國志·蜀志·彭羕傳》：‘老革荒悖。’《蜀語》：‘老曰老革革’。今四川方言謂老而粗糙之物爲‘老革革’的本此”[①]。毛遠明《釋四川方言詞“老革”》謂“‘革革’近一步虚化，便帶有了重疊式形容詞詞尾的性質，用來表示粗糙、粗壯、不平滑、不流暢、

① 《川北教育學院學報》1991年第2期。

不秀氣、不脆嫩等，帶貶義色彩，不過仍然與‘老’的意義相關”，所言極是。前撰引明李實《蜀語》（頁17），爲迄今首見著錄者。清道光二十一年《遵義府志》卷二十《風俗》、光緒二十一年《敘州府志》卷二十一《風俗》、民國十年《新修合川縣志》卷三十《風俗·方言》、民國三十七年《貴州通志·風土志·方言》：“老曰老革革。”此均採《蜀語》。光緒二十六年《墊江縣志》卷一《輿地志·風俗》：“謂老曰老革革。”民國二十三年《樂山縣志》卷三《方輿志·方言》：“通稱年老人曰老者，曰老漢，尊稱之曰老人家，鄙之曰老革革（去聲。《三國志》彭羕罵先主曰‘老革荒悖’）。”黄仁壽等《蜀語校注》（頁18）：“‘老革革’一語既可指人，也可指物，今蜀人口語中仍沿用不衰。”按蜀中謂人蒼老、蔬菜不嫩、東西老而粗燥等爲“老革革”。《川方》（頁250）“老革革”謂“同*老板板①②”，“老板板”①“形容容顏蒼老”，②“形容（蔬菜）不嫩”。《成都話》（頁126）“老革革〔老格格〕”①“形容東西老而粗燥”，②“形容看起來有些老的人”。《重方》（頁187）“老革革”謂“形容很老”。又，《成方》（頁152）“□□”音keke去聲，謂“形容詞後綴，置於某些單音節形容詞後面，有‘使人不舒服’的意思：萵笋老~的，不好吃｜麻~｜沙~｜粗~｜鱉~○也作‘革革’”。

又音轉謂年老者爲“老果果”。如清傅崇矩《成都通覽·成都之謎語言子》（頁270）：“三十年開花，五十年結子——老果果。”唐樞《蜀籟》卷一（頁12）：“三十年開花，五十年結果——老果果。”周芷穎《新成都》第四章第二節《語言》（頁

59）："三十年開花五十年結子——老果果。"《川方》（頁250）"老果果"①"年紀大的人"。《川方匯釋》（頁130）"老果果"㊁"老家伙（含貶義）"。《成方》（頁207）"老果果"①"對老年人的戲謔稱呼"，③"指在社會上混得久，比較油滑的男性，多用於背稱"。《重方》（頁187）"老果果"謂"戲稱年紀大的人"。又，《成都話》（頁127）"老果果"謂"有資歷有經驗的老者，多用於謔稱"，亦指人老。

又，稱老舊曰"老格格"，不細膩謂"粗革革"。民國十一年《邛崍縣志》卷四《風俗志·鄉音》："稱舊俗曰老格格，或古格格。"民國十五年《簡陽縣志》卷二十二《禮俗篇·方言》、民國二十一年《萬源縣志》卷五《教育門·方言》："不細膩曰粗革革。"《川方匯釋》（頁130）"老格格"謂"形容面容蒼老"。又，形容粗壯、粗笨曰"蠻革革"，如《川方》（頁219）"蠻革革（蠻格格）"音$man^{21}ge^{213}ge^{213}$，謂"（~的）粗壯；粗笨"；形容灰褐色斑點謂"麻革革"。要之，以ABB式構詞，"革革"、"格格"爲表程度或性狀的形容詞語尾。《成都話》（頁74）"革革〔格格〕"謂"形容詞後綴，起狀態和修飾作用：老~；麻~｜麵吃在嘴頭沙~"；又（頁140）"麻格格"謂"同'麻格麻格'"，"麻格麻格"謂"帶細碎斑點。又說'麻格格'"；又（頁142）"蠻格格"謂"形容粗壯而變得不秀氣"。

《大詞典》（8/614）"老革"謂"老兵。多用爲詈詞"，首引《三國志》及裴注，非是。未收"老革革"、"老果果"。

《方言大詞典》（頁1655）"老革"謂"老"，粵語。又（頁1689）"老革革"，西南官話，①"容顏蒼老的樣子"，②"物品老而粗糙”。又（頁1693）“老格格”謂“很老”，西南官話。又（頁1711）“老格格的”，西南官話，①“形容老而粗糙的東西”，②“形容看起來比較老的人”。又（頁1685）“老果果”，西南官話，①“三十歲以上未結婚的男子”，②“年紀大的人”。又（頁1678）“老艮艮”，東北官話，①“不細嫩；不新鮮”，②“老相；面龐顯得老”。又（頁5712）“麻革革”謂“帶褐色或灰色細碎斑點的；褐色或灰黑相間的”，西南官話（四川成都）。蜀語“革”、“格”同音，“果”、“艮”與“革”雙聲。以上“革革”、“格格”、“果果”、“艮艮”均爲實詞“革”虛化重疊而來的語尾的不同書面形式。

老庚 lɑo^{53}gen^{55}［lau^{53}kən^{55}］

同庚的人；同庚而又結爲親密關係的人。參《考釋》第416頁。清俞樾《右台仙館筆記》卷十一：“初，妖之興也，客有善琴者來，惟毛狗與之狎，呼毛狗爲老庚。老庚者，俗呼同歲者之稱也。”同治十三年《平江縣志》卷九《地理志·風俗》、光緒五年《定遠廳志》卷五《地理志·風俗》：“同年生曰老庚。”劉省三《躋春臺》卷二《平分銀》：“老庚之言正合我意，我們從此立志夜搓腳馬，閒平道路，凡有濟物利人之事，一見就做，莫怕淘神。”民國十八年《資中縣續修資州志》卷八《風土·方言》：“同歲呼老庚。”李劼人《大波》第二部第七章：“曾板鴨是我的老庚。”原注：“同年出生的人，以前稱爲同庚，在口頭講起來就叫老庚。”[①]民國三十二年《沿河縣志》卷十三《風土志·方言》：“同歲曰老庚。”《川方》（頁250）“老庚”謂“同庚的人”。《川方匯釋》（頁130）“老庚兒”謂“同齡人的互稱”。《成都話》（頁126）“老庚兒”謂“同年出生的人”。《成方》（頁208）“老庚兒”謂“同一年出生的人”。今湖南桂陽敖泉方言，出生年月日相同的男性亦互稱爲“老庚”[②]。楊小平《南充方言詞語考釋》（頁158）“老庚”謂“與自己同一年出生的人”，“《四川方言詞語考釋》解釋爲‘同庚而又結爲親密關係的人’，解釋不夠準確。‘老庚’是與自己同一年出生的人，並不一定是關係親密的人”。方言本來是複雜的，說有易，說無難。拙撰《考釋》（頁106）“打老庚”條謂“與同庚的人結成親密朋友”，所引《躋春臺》三例，楊書“老庚”條引同，未增加新的書證。拙作（頁416）“老庚”條另引《躋春臺》兩例。原說“《川方》謂‘老庚’爲‘同庚的人’，其實同庚的人並不一定是‘老庚’，而須雙方互相認可，並有結義性質，子孫爲通家”，並未否定同庚者可稱“老庚”；謂“今川北綿陽、梓潼、江油等地仍有‘打老庚’的習俗”，亦非虛言，“打老庚”條舉《躋春臺》及《蜀籟》可爲佐證（兩書著者的籍貫爲中江、遂寧，二十世紀八十年代中期調整行政區劃前均屬綿陽）。又，拙撰《考釋》（頁669）“同年”條謂“指同年同月

① 《李劼人選集》第二卷，四川人民出版社，1980年2月第1版，第843頁。

② 范進軍《湖南桂陽敖泉土話方言詞彙》，《方言》2004年第4期。

甚至同時生而雙方相互約定或結爲好朋友，往來爲通家。又叫老庚”，書證爲劉省三《躋春臺》卷一《義虎祠》：“今天啥，我同年兒送斤肉來，又莫得鹽，特來跟你借一杯，明天賣了線子就還。”“同年兒”謂同年友的兒子。又《失新郎》：“兒呀！你向那裏去了，可憐你爹媽眼淚哭乾，心腸痛斷，又累及媳婦受刑坐監，若不遇着你同年伯，連命都不在了。”此“同年”即前所謂“老庚”，非科舉同科中試者互稱，因羅雲開並無功名。俗間子女稱父親的同年友爲“同年伯”或“同年爹”，“同年”或“老庚”稱對方的兒子就叫“同年兒”，如果僅僅同年而無雙方認可的較親密的關係，則不會像親戚一樣往來走動。民國二十五年《來賓縣志・縣之人民三・風俗》：“姻戚之外，雖非姻戚，而其戚誼之重，幾與姻戚等者有二：其一爲寄命；其一爲同庚。目父母伯叔兄嫂姑姊妹弟，下逮子孫，猶世稱之同庚者，彼此生同年，苟情好莫逆，遂備禮定交，號曰同庚。其旁親相呼，在雅言則冠以庚字，在俗語皆曰同年。縣屬人士科名同年者絕少，不嫌其混也。學使臨試，同榜獲選者，亦未嘗認爲同年，交誼遠不如同庚。”亦謂“彼此生同年，苟情好莫逆，遂備禮定交”，雅稱“同庚”，俗稱“同年”，蜀方言稱“老庚”或“同年”。今川北綿陽、梓潼、江油等地這種風俗依然存在。參“打老庚”、“同年”條。

《大詞典》未收。《方言大詞典》（頁1653）“老庚”①“同年生的人”，中原官話、西南官話、湘語、贛語、客話。又（頁1687）“老庚兒”謂“同年出生的人”，西南官話。

老挑 $lɑo^{53}tiɑo^{55}$ [$lau^{53}tiau^{55}$]

連襟的俗稱。民國二十二年《綿陽縣志》卷一《疆域·風俗·俗語》："謂兩婿曰老挑。"民國二十三年《樂山縣志》卷三《方輿志·方言》："兩壻相謂曰老挑，亦曰挑担。"又或稱"挑擔"。明姚旅《露書》卷九《風篇下》："挑擔，連襟。"清黎士宏《西陲聞見錄》："甘州人謂筆曰生活，謂陝以東人曰豹子，姊妹之夫曰挑擔。"民國二十四年《重修靈臺縣志》卷一《方輿圖·風俗附方言》："挑擔，即連襟之謂，民間兩壻相稱也，或謂爲兩挑。"民國二十二年《高邑縣志》卷六《風土·方言》："連襟謂之挑擔。"民國三十三年《米脂縣志》卷四《風土志·方言》："挑擔，兩媳相稱。""媳"當方音"婿"音誤，蜀方言兩字即同音［$ɕi^{21}$］。《川方》（頁253）"老挑"謂"挑，指挑擔。~，連襟"。《川方彙編》（頁121）"老挑"謂"連襟"。《川方匯釋》（頁131）"老挑"謂"妻子的姐夫或妹夫之間皆互稱'老挑'"。《成都話》（頁126）"老挑"謂"連襟，姐夫和妹夫之間的互稱"。《成方》（頁207）"老挑"謂"姐姐的丈夫和妹妹的丈夫的合稱"。《重方》（頁188）"老挑"謂"即連襟，姐姐的丈夫和妹妹的丈夫的關係"，"川西人此詞叫'挑擔'，無論是'連襟'、'老挑'還是'挑擔'，都比較形象地概括出了這種相互關連的關係"。今蜀語"老挑"既可用於兩婿相稱，亦可用於他稱，如對人稱其兩姨婿謂“你老挑”、“他老挑”、“某老挑”等。

《大詞典》（8/613）“老挑”謂“方言。連襟”，引周克芹《許茂和他的女兒們》。《方言大詞典》（頁1655）“老挑”謂“連襟”，西南官話（四川成都）。

老鴉　老雅　老鵶　老烏　老鵐　老哇　惱鴉

lɑo⁵³wɑ⁵⁵［lau⁵³ua⁵⁵］

烏鴉。参《考釋》第421頁。“老鴉”前撰首引唐顧況詩。宋唐慎微《證類本草》卷十九“鴟頭”引陶隱居云：“即俗人呼爲老鴉者，一名鳶。”元至順《鎮江志》卷四《土產》：“烏，純黑而反哺者名慈烏……喙大而聲厲者曰老鴉。”清同治八年《安仁縣志》卷四《風土·方言》：“烏鴉曰老鴉。”傅崇矩《成都通覽·成都之口前話》（頁261）：“天下老鴉一般黑。”民國十五年《南川縣志》卷六《動物》：“鴉，《本草》釋名一名老鴉，又名大嘴烏。……吾南亦處處皆有，俗以其聲濁憎之，聞其驟鳴不休，方中必有死者。按烏與鴉名不免相混，烏兼得鴉名，而鴉不得兼烏名，俗語不別，統呼老鴉。”民國二十年《宣漢縣志》卷四《物產志·動物》：“老鴉，音轉而爲老娃，古之所謂烏也。”民國二十年《樂昌縣志》卷五《地理五·物產下》：“鴉，純黑，嘴腹下白，反哺者較小，謂之烏鴉，不反哺者較大，謂之老鴉。”民國二十四年《雲陽縣志》卷十四《禮俗下·方言下》：“鴉曰老鴉。”按《金瓶梅詞話》第三十二回寫妓女罵應伯爵：“不要理這望江南、巴山虎兒、汗東山、斜紋布！”自“望”以下取首字諧音，隱“王八汗斜”，姚靈犀《瓶外卮言》指出：“今揚州猶有此俚語，名曰老鴉（音蛙）語。”

亦作“老雅”。從“隹”與從“鳥”同。《説文·隹部》：“雅，楚烏也。”《集韻·麻韻》：“雅，鳥名。《説文》：‘楚烏也。’或作鴉。”[①]明何景明《大復集》卷十一《歲晏行》：“饑鶴翻飛不畏人，老雅鳴噪日近屋。”李時珍《本草綱目》卷四十九《禽之三·烏鴉》：“老雅，雅與鴉同。”光緒八年《宜興荆溪縣新志》卷一《疆土·物產記》：“俗呼老雅。”民國二十二年《吳縣志》卷五十一《輿地考·物產二》：“鴉，烏之小者，腹下有白色，不反哺者謂之雅，嘴大性貪，鳴聲甚厲，邑人惡之，俗呼爲老雅。”民國二十四年《新城縣志》卷二十一《地俗篇二·方言》：“烏謂之烏雅，或曰老雅。《説文》：‘烏，孝鳥也。’《後漢書·趙典傳》云：‘烏鳥反哺報德。’《廣雅》謂之慈烏，今北人聞烏鳴爲不祥。”

或作“老鵶”。“鵶”、“鴉”僅聲符改變，同字異形。《廣韻·麻韻》：“鴉，烏別名。鵶，同鴉。”宋梅堯臣《直宿廣文舍下》詩：“亦嘗苦老鵶，鳴噪每切切。”清嘉慶二十五年《定邊縣志》卷五《田賦志·物產》：“老鵶，俗名鐵老子，項腹白，

---

① 《大字典》（二/7/4405）“雅”下按語謂“此字常借爲雅正義，後世遂別構‘鴉’字”。《大詞典》（11/819）“雅$_2$”①謂“‘鴉’的古字”。

頭翅尾黑。”同治九年《嵊縣志》卷二十《風土志·物產》：“烏，純黑而反哺者謂之烏，小而腹下白不反哺者謂之鴉，俗呼老鴰。”同治十三年《麗水縣志》卷十三《物產》：“烏曰老鴰。”光緒十一年《武昌縣志》卷三《物產》：“有烏有鴰，俗名老鴰。”民國十九年《嘉定縣續志》卷五《風土志·物產》：“烏鴉，純黑反哺者爲烏，小而腹白不反哺者爲鴉，俗統稱曰老鴰。”民國二十二年《綿陽縣志》卷一《疆域·風俗·俗語》：“鴰曰老鴰。”

又作“老烏”。唐元稹《樹上烏》：“老烏未死雛已烏，散向人間何處無。”敦煌本《燕子賦》：“但雀兒名腦子，交被老烏趁急，走不擇險，逢孔即入。”《元朝秘史》卷三：“我如個黑老烏般，命分裏只可吃殘皮。”民國二十二年《增修華亭縣志》第一編《地理志·物產》：“烏鴉，俗名老烏，體全黑，性惡，專報不祥。”民國二十二年《葭縣志·物產志》：“烏鴉，純黑，俗呼老烏。”拙撰《考釋》（頁421）曾引楊樹達《長沙方言考》三十二《烏》“長沙謂烏爲老烏，烏讀如窪，猶古音也”，姜亮夫《昭通方言疏證》（1973條）“今昭俗語曰烏鴉曰老烏，烏音如窪”，爲古音遺存，“魚麻古讀通”。

或又作“老鴰”。《紅樓夢》第五十七回：“衆人笑道：‘這更奇了！天下老鴰一般黑，豈有兩樣的。’”民國十三年《昭通縣志稿》卷九《物產志·動物》：“烏鴉，色黑，反哺者爲烏，頸白不反哺者爲鴉，俗呼老鴰。”民國二十年《青縣志》卷十《故實志·物產篇》：“烏鴉，俗呼老鴰。”民國二十一年《景縣志》卷二《物產》：“烏鴉，純黑而反哺者謂之烏，慈烏也。較慈烏爲大，全體黑色，有緑色光澤，嘴大而堅，其端甚粗，有剛毛蔽鼻，喜晨鳴，名爲老鴉，俗呼老鴰。”民國二十二年《高邑縣志》卷六《風土志·方言》：“烏鴉謂之老鴰。”民國二十二年《昌黎縣志》卷四《物產志·禽類》：“烏，純黑反哺者曰慈烏，俗曰老鴰；頸白不反哺者曰鴉，俗曰山鴉。烏啼村人以爲不祥。”民國二十三年《定縣志》卷二十一《志餘·雜志上·方言》：“老鴰，烏也。”《川方彙編》（頁199）“老鴰”音là wā，謂“（鴰聲娃）烏鴉”，當音lào wā。《成都話》（頁126）“老鴰〔老鴉〕”音［$\check{l}au^{53}ua^{55}$］，《成方》（頁207）“老鴰”之“鴰”讀ua陰平，《重方》（頁188）“老鴰”音$lao^{3}wa^{1}$，均謂“烏鴉”。又《重方》（頁308）“水老鴰”謂“鸕鷀。……重慶話又稱烏鴉爲老鴰（wa^{1}），故名水老鴰”。

或記音作“老哇”，因諧其鳴聲“哇”，方言則不至於讀錯，如《水滸傳》第七回“只聽得門外老鴉哇哇的叫”。清嘉慶十一年《涇縣志》卷一《沿革·風俗附方言》、民國二十三年《樂山縣志》卷三《方輿志·方言》：“鴉曰老哇。”民國八年《大通縣志·物產志》：“烏鴉，俗名老鴉，亦名黑老哇。”民國九年《解縣志》卷四《方言略》：“烏曰老哇，諧其聲也。”民國十五年《崇信縣志》卷一《輿地志·物產》：“烏鴉，俗作老鴉，一名黑老哇，其鳴鴰鴰。”民國十五年《朔方道志》卷三《輿地志·風俗附方言》：“鴉，俗轉哇音。”民國二十二年《沁源縣志》卷二《風土略·方言》：“鴉爲之老哇。”民國二十四年《重修靈臺縣志》卷一《方輿圖·物產》：“烏鴉，俗名老鴉，亦名黑老哇。”民國三十二年《臨澤縣志》卷一《輿地志·物產》："烏鴉，俗名老鴉，又名黑老哇，又名鵖老哇，大如鷂鷹，色純黑，其鳴鴰鴰。"前撰曾引孫錦標《通俗常言疏證·動物》"老鴉"條謂"'老哇'，見《時日》'今朝'"、《時日》"今朝"條謂"鴉曰老哇"，均與上引方志記音相合。又，民國二十一年《孟縣志》卷八《社會·方言》："其關於動物者，如狗曰狗娃，貓曰貓娃，烏鴉曰老娃，雀曰胥胥（疑由雀轉音）。""老娃"與"老哇"當爲"老烏"之記音，與"狗娃"、"貓娃"之"娃"可指幼小似有不同。又，民國三十三年《米脂縣志》卷七《物產志·動物》："鳶，鳶之類鳥之貪惡者也，俗名餓老鴟，又名老娃。"蜀語亦有"餓老哇（鴉）"之說。

或謂當作"惱鴉"。此則以意逆之，欲溯其得名之由也。清金埴《不下帶編》卷六："竇参柄用有得官者，其猶子申必預報其人，羣目爲喜鵲。後參賜死，申亦杖殺。則喜鵲亦自不吉，求爲惱鴉，不可得已！世之爲喜鵲者，可不知警乎？"注云："按老鴉是惱鴉之誤，恰對喜鵲。"褚人獲《堅瓠續集》卷一《喜鵲惱鴉》："世人喜鵲而惡鴉，故稱鵲曰喜鵲，鴉曰惱鴉，不知鴉亦兆祥，鵲亦致禍。……華陽王味一云：老鴉當作惱鴉，對喜鵲而言，楊椒山以鵲報喜爲佞，鴉報凶爲忠，故喜鴉而惡鵲，殊有理。"道光六年《崑新兩縣志》卷一《風俗·方言》："惱鴉爲老鴉，惱鴉與喜鵲對，悮作老鴉。"光緒十一年《重修丹陽縣志》卷二十九《風俗·方言》："鴉曰惱鴉。"

《大詞典》（8/627）"老鴉"謂"亦作'老鵶'。烏鴉"，引顧况詩，"老鵶"引梅堯臣詩。又（629）"老鴰"謂"烏鴉的俗稱"，首引《紅樓夢》。又（7670）"惱鴉"謂"烏鴉。舊時世人惡之，故稱”，引《堅瓠續集》。其餘未見收錄。

又按清沈壽榕《玉笙樓詩錄》卷六《威甯道中紀詠四首》之三：“老豹老鴉聊戲語，花裙花面各新妝。”自注：“人呼仲家苗男曰老豹，女曰老鴉。”未見言及，特爲表出。

《方言大詞典》(頁1643)“老烏”謂“烏鴉”，蘭銀官話、西南官話（雲南昭通，引《昭通方言疏證》)、吳語、湘語（湖南長沙，引《長沙方言考》)。又（頁1662）“老雅”謂“烏鴉”，北京官話、冀魯官話。又（頁1655）“老哇”①“烏鴉”，冀魯官話、膠遼官話、中原官話、晉語、蘭銀官話、江淮官話、西南官話（四川成都［$lau^{53}ua^{44}$］,［ua］調值當爲55）、吳語、湘語、贛語。又(頁1662）“老蛙”謂“烏鴉”，晉語、吳語。“老哇”、“老蛙”則爲記音。以上並同詞異形。

老屋 $lɑo^{53}wu^{21}$［$lau^{53}u^{21}$］

祖父輩定居之地或房屋。漢王充《論衡》卷十二《謝短篇》：“宣帝時，河內女子壞老屋，得佚《禮》一篇。”又卷二十八《正說篇》：“至孝宣皇帝之時，河內女子發老屋，得逸《易》、《禮》、《尚書》各一篇，奏之。”宋趙抃《書院》詩：“久雨藏書蠹，風高老屋斜。”曾敏行《獨醒雜志》卷三：“今人求之老屋間，得其材，當試于水中，沒入數尺，徐觀其浮，取其陽者用之，此亦古人遺意。”清乾隆五十年《涪州志》卷五《風土志·方言》：

“祖父定居之地曰老屋。”李元度纂《國朝先正事略》卷三十一《王白田先生事略》：“性耿介恬淡，少嘗謂友人曰：老屋三間，破書萬卷，平生志願足於斯矣。”光緒四年《江陰縣志》卷十九《列女·節婦》：“徐氏，王誠妻，二十八歲夫亡，家貧無子，嘗有句曰：老屋半間常補漏，紡車一具作生涯。”何剛德《客座偶談·序》：“吾家有老屋，本不卑也，道光廿九年吾祖所置，於今八十餘年矣。”民國三十二年《沿河縣志》卷十三《風土志·方言》：“舊屋曰老屋。”余光中《伐桂的前夕》：“曾經覆他載他在烈日中在寒流中蔭護他的老屋，終於死了，只留下滿園子的樹木。”《成方》（頁206）“老屋（子）”①“指故鄉自己出生的那座房子”。

《大詞典》（8/615）“老屋”謂“舊屋；舊居”，首引趙抃詩。《方言大詞典》（頁1657）“老屋”①“老家；原籍”，中原官話。未及西南官話。

老丁東　老顛懂

lɑo^{53}din^{55}/diɑn^{55}dong^{55}［lau^{53}tin^{55}/tian^{55}toŋ^{55}］

老得顛三倒四、昏憒胡塗的人。清王棠《燕在閣知新錄》卷三十二《丁珰》：“丁珰一作丁當，或作丁東，皆謂其聲也。而吾郡老者謂之老丁東，亦如老人謂之龍鍾，取竹動搖之意也。”又，明董斯張《吹景集·俗語有所祖》：“吾里（烏程）謂愚者曰不知鼒董。”鄭明選《鄭侯升集》卷三十七《鼒董》：“《爾雅》：‘薡，鼒董。’似蒲而細。鼒音鼎，董音董。今吳人謂人不慧曰不知鼒董，猶言不辯菽麥也。”清王端履《重論文齋筆錄》卷十：“田易《鄉談》云：‘人謂愚者，曰不知鼎董。’《爾雅·釋草》：‘薡，鼒董。’注：‘似蒲而細。’不知鼒董者，即不辨菽麥意。端履案：此則求之過深，恐非方言常談。……竊謂鼎者顛之聲轉。《一切經音義》引《倉頡篇》：‘頂，顛也。’是其證。吳俗呼柱與棟相接之處謂之顛棟，不知顛棟者，猶今誚不解事之人曰‘天不知多少高也’。至《釋草》之‘鼎董’，則不能辨其義，鼎董之爲薡，急讀續讀亦俱不可通，闕疑而已。”乾隆二十四年《建寧縣志》卷九《風俗·方言》：“不知鼒董，《爾雅》不知鼒董，猶不辨菽麥意。”光緒八年《黎平府志》卷二下《風俗·方言》：“老年昏聵曰懜惷（音統），又曰顛懂。”“統”爲“銃”形譌。民國三十三年《長壽縣志》卷四《風土·方言》：“年老慌惚曰顛顛東東。”此以AABB式構詞矣。姜亮夫《昭通方言疏證》（420條）：“昭人謂年老健忘語言錯亂曰顛棟。……顛棟即顛倒一聲之轉，顛棟則錯亂矣。字或作顛冬。按此與丁冬、町疃、挺挏等爲同一語根之聯綿詞。”又（1370條）：“昭人謂人老昏聵曰老顛湅，《廣韻》：‘瀧湅治漬’是也，又有倲字，訓儱倲、儜劣貌，出《字課》，則其語蓋起于六朝矣。”又，《張三丰祖師無根樹詞注解》：“俗云人老顛東，樹老心空。”今蜀中亦爲習語[1]，謂人老則顛三倒四、錯憒糊塗。

① 楊月蓉主編《重慶方言俚俗語集釋》，重慶出版社，2006年6月第1版，第269頁。

《川方》（頁250）“老顛懂（老顛東、老顛冬）”謂“老得顛三倒四、昏憒糊塗的人”。《川方彙編》（頁131）“老顛冬”謂“老湖塗了”。《川方匯釋》（頁130）、《成都話》（頁126）“老顛東”謂“老糊塗”。

《大詞典》未收。《方言大詞典》（頁1703）“老顛東”謂“老得昏聵糊塗的人”，西南官話，也作“老顛懂”、“老顛涷”。

挔 lɑo^{53} [lau^{53}]

扛。參《考釋》第424頁。清傅崇矩《成都通覽·成都之詐騙》（頁217）：“肩挔褡褳，掛一木牌，寫有年號印格。”民國二十一年《萬源縣志》卷五《教育門·諺語》：“人不帶惡相，那怕挔火槍。”唐樞《蜀籟》卷一（頁4）：“一肩頭挔起。”李劼人《暴風雨前》第二部分：“還未跑到慶云庵，已看見好些挔着古怪家具的，挔着大包袱的，睜眉吊眼，氣勢洶洶地走來。”周芷穎《新成都》第十一章第六節《勞工》（頁251）：“本市挔米者，在各米市場恒有此輩人蹤跡，他們的任務，專爲人挔米，自備有米袋。但須密切注意者，此輩人米袋，內有夾心，挔米時，先將力價議妥，大半力價便宜，其原因爲何，即將米袋挔於肩上，走不數步，即用一竹筒，一頭削尖，插入米袋內，一頭空底，通衣內之布袋，如挔攏時，其米已少數升。……挔米時，希隨時注意，並在路中，不許換人，如一換人，米即由前一挖來者帶去矣。”又，民國十七年《長壽縣志》卷四《人事部·方言》:“肩荷物讀若老。”此記音。《四川方言方音表》“挖”音lǎo，謂“用肩扛物”[①]。《川方》（頁253）“挖”音nɑo³，①“扛”，②“抬，舉（腿、手）”，③“拿”。《川方彙編》（頁124）“挖”謂“扛。例: 你咋個挖起半截就開跑”。《川方匯釋》（頁131）“挖”謂“扛”；又（頁12）“背包挖傘”謂“背上行李，帶上雨具，表示出門時帶上各種旅行必備用具”。《成都話》（頁124）“挖”音［ĭau⁵³］，①“扛”，②“拿”。《成方》（頁209）“挖”音nau去聲，①“扛”，②“拿”，③“抬”。《重方》（頁189）“挖”音lao³，①“扛”，②“舉”。又，唐樞《蜀籟》卷三（頁151）：“是龍燈要挖來耍，是玩家要喊來假。”“×挖來耍”爲習語，“挖”謂拿來，義有引申。

《大字典》（二/4/1974）“挖”音lǎo，②“方言。扛”，引李劼人《大波》。《大詞典》（6/554）“挖”①“方言。拿，扛”，首引《中國歌謠資料》，次引李劼人《死水微瀾》，顯然爲蜀方言矣。

《方言大詞典》（頁3992）“挖”音lǎo，①“拿”，西南官話、湘語；②“扛”，西南官話。

① 唐樞《蜀籟》，1982年8月新1版附。

捋 寽 le^{21}/le^{55} [le^{21}/le^{55}]

用手握住向一端滑動採摘。《詩·周南·芣苢》：“采采芣苢，薄言捋之。”毛傳：“捋，取也。”《説文·手部》：“捋，取易也。从手，寽聲。”王筠句讀：“嚴氏曰：許蓋言捋，亦以爲劣字。《眾經音義》卷十一：‘劣，古文捋同。’或云：‘捋、劣，以同聲爲義。’或云：‘劣，疑采之誤。《木部》：采，捋取也。’轉相訓。”《玉篇·手部》：“捋，力括切，《詩》曰：‘薄言捋之。’捋，取也。”《廣韻·末韻》：“捋，手持也，取也。或作寽。”《集韻·薛韻》：“捋，采也。”明李實《蜀語》（頁113）：“手采曰捋〇《詩》曰：‘薄言捋之。’古作寽，从爪从寸，音力輟切。俗又从手，贅矣。”清道光二十一年《遵義府志》卷二十《風俗》、光緒二十一年《敘州府志》卷二十一《風俗》、民國十年《新修合川縣志》卷三十《風俗·方言》、民國二十四年《蓬溪縣近志》卷七《風土篇·方言》、民國三十二年《沿河縣志》卷十三《風土志·方言》、民國三十七年《貴州通志·風土志·方言》：“手采曰捋。”唐訓方《里語徵實》卷上：“手採曰捋。《正字通》：‘一手持物，一手捋之也。’”光緒四年《彭縣志》卷三《民事門·田功志》：“是月也，榮芸，丸豆花，戎菽實，捋之葉利以飼豬。”張慎儀《蜀方言》卷上（頁287）、民國三十一年《西昌縣志》卷五《禮俗志·方言》：“以指歷取曰捋。”Adam Grainger《西蜀方言》（頁217）：“捋胡豆葉。”意謂“to strip off bean leaves with the hand”，“捋”音“LE^{55}”。民國十五年《南川縣志》卷六《土音土語》：“手採曰捋。音勒。”民國十五年《簡陽縣志》卷二十二《禮俗篇·方言》：“以指捋物曰捋。”民國二十一年《南溪縣志》卷四《禮俗下·方言》：“捋，手采也。”民國二十四年《麻城縣志續編》卷一《疆域·方言》：“手採曰捋。”丁惟汾《俚語證古》卷九：“劣菜，捋菜也。折取菜謂之劣菜。劣字當作捋。（古音讀劣）。”據前王筠引《眾經音義》，“劣”、“捋”以“同聲爲義”，其來久矣。姜亮夫《昭通方言疏證》（1298條）：“昭人謂以手把穀穗或柳條而磨去其枝柯，或謂理之使直，或順梳之，皆曰捋，平布匹鬍子或髮，俗以‘理’爲之，《說文》‘取易也’，《詩》：‘薄言捋之’，謂以指歷取之也，與上言掇之即盡其所餘而捋也，字本作寽，五指寽也，故得引申爲順理。”《四川方言方音表》“捋”音lé，謂“捋樹葉”[①]。今川北方言亦同《南川縣志》音“勒”，讀［le^{21}］。

本字作“寽”，“捋”爲其增旁字。《說文·𠬪部》：“寽，五指持也。从𠬪，一聲。讀若律。”段玉裁注據宋本等作“五指寽”，謂“寽，許曰五指寽也。凡今俗用五指持物引取之曰寽。《廣韻》曰：‘今寽禾是。’是也。《芣苡》：‘薄言捋之。’說者謂取其子。假令謂取其子，則當作寽”。“捋”下王筠句讀：“《𠬪部》：‘寽，五指捋也。’以捋說寽，則捋爲寽之絫增字

① 唐樞《蜀籟》，1982年8月新1版附。

可知。”徐灝注箋：“寽、捋本一字，相承增偏旁。”《類篇·𠬪部》：“寽，劣戌切，《說文》：‘五指捋也。’又盧活切，捋或作寽。”《六書故》卷十五《人八》：“寽，律括切，一手持物，一手寽取之也，一聲。別作捋。《說文》曰：‘寽，五指捋也。’‘捋，取易也。’按寽、捋實一字。”並注“寽”又音力輟切。《正字通·寸部》：“寽，力輟切，音劣。一手持物，一手取之也。《正譌》从爪从又，取也。一者，物也。會意。別作捋，非。一說寽，經傳皆从（作）捋。《詩·周南》‘薄言捋之’，《豳風》‘予所捋荼’，《大雅》‘捋采其劉’，捋、寽音義同。”林義光《文原》：“一非聲。寽，捋之古文，取也。从爪，从寸。”孫錦標《南通方言疏證》：“凡今俗用五指持物引取之曰寽。按寽讀若鸞，入聲。凡捋取草子者之寽。”民國十九年《嘉定縣續志》卷五《風土志·方言》：“寽，俗凡捋取花草子等物皆謂之寽下來，讀若鸞入聲。《詩·芣苢》‘薄言捋之’，當作寽。《說文》：‘寽，五指寽也。’”

《大字典》（二/4/1994）“捋”音luō，①“以指輕輕摘取，採”，首引《說文》。又（1/546）“寽”（一）①“同‘捋’。1. 用五指握着條狀物體向一端抹取”，首引《說文》。按“寽”爲本字，“捋”爲後起字，故當謂“後作‘捋’”。

《大詞典》（6/620）“捋”音luō，電子本謂“‘寽’的今字”，①“採；以手沿物摘取”，首引《詩》。又（2/1250）“寽₁”音lǚ、luō，謂“‘捋’的古字”，首引《說文》。《現漢》“捋”音luō，謂“用手握住條狀物向一端滑動”。

《方言大詞典》（頁4733）“捋”音lǚ、luō，①“摘取；

抹取”，冀魯官話、中原官話、晉語、江淮官話、西南官話、吴語、贛語、客話、粤語、閩語。其中西南官話舉四川宜賓，引光緒二一年《敘州府志》、《蜀方言》，未注音讀；舉貴州遵義，引“《遵義府志》卷四八”。按四川方言“捋”不讀lǔ或luō，已見上申論。《遵義府志》本採《蜀語》，見卷二十《風俗》篇，作“四八”誤。

肋巴　肋巴骨 $le^{21}ba^{55}gu^{21}$ [$le^{21}pa^{55}ku^{21}$]

肋骨。明徐渭《四聲猿·漁陽三弄》：“曹操，這皮是你身兒上軀殼，這槌是你肘兒下肋巴。”《儒林外史》第五十四回：“銀子又用的精光，還剩了一屁股兩肋巴的債。”民國十三年《江津縣志》卷十一《風土志·方言》：“脅謂輔骨，亦曰肋巴。”民國十八年《合江縣志》卷四《禮俗·方言》、民國二十一年《南溪縣志》卷四《禮俗下·方言》：“肋巴，脅骨也。”《重方》（頁190）“肋巴”謂“肋”。

亦說“肋巴骨”。清高靜亭《正音撮要》卷二《身體》：“肋巴骨。”民國二十四年《新城縣志》卷二十一《地俗篇·方言》：“兩脅曰肋條，又曰肋巴骨。……肋巴骨即肋骨也。”《川方》（頁255）“肋巴骨”謂“肋骨。也說肋巴”。《川方匯釋》（頁131）、《成方》（頁146）、《重方》（頁190）“肋巴骨”謂“肋骨”。《成都話》（頁129）“肋巴骨”謂“肋骨。又說‘肋巴’”。

又，清傅崇矩《成都通覽·成都之土語方言》（頁264）："抵肋巴，說話相抵也。"此爲比喻說法，謂以言語相抵。因肋骨爲人身體軟弱處，"抵肋巴"猶揭人之短。《川方》（頁77）"抵肋巴骨"謂"同*抵背脊骨"，而"抵背脊骨"謂"用針鋒相對的言辭戳對方的痛處"。

《大詞典》未收。《方言大詞典》（頁2132）"肋巴"①"肋骨"，東北官話、冀魯官話、膠遼官話、中原官話、蘭銀官話、西南官話、客話。又（頁2133）"肋巴骨"①"肋骨"，東北官話、北京官話、冀魯官話、中原官話、晉語、蘭銀官話、江淮官話、西南官話、吳語、湘語、贛語、客話。

冷子 $len^{53}zi^{53}$ [$lən^{53}tsɿ^{53}$]

冰雹。參《考釋》第430頁。明姚旅《露書》卷九《風篇下》："冷子，雹也。"清乾隆五十三年《華陰縣志》卷二《封域·方言》："雹俗云冷子，曰硬雨，曰冷雨（《軒渠録》）。"《歧路燈》第七回："鄧祥說德喜兒：'爲啥不帶雨衣？'德喜兒道：'誰料下冷子雹冰。'"戚學標《鶴泉文鈔續選》卷七《誥授資政大夫翰林院侍講前福建巡撫李公偕配邊夫人合葬墓誌銘》："其地東山一泉，若有神踞，數下冷子傷禾稼，爲文祭之，經年無雹患。"桂馥《札樸》卷九《鄉里舊聞·名稱》、民國十二年《芮城縣志》卷十四《方言》、民國二十年《太谷縣志》卷四《禮俗略·方言》、民國二十四年《萊陽縣志》卷二十一《禮俗·方言》、民國二十八年《邯鄲縣志》卷六《風土志·方言》："雹曰冷子。"包世臣《小倦遊閣集》卷十七《閘河日記》："又于途中聞推小車者云，昨晚高唐下冷子，大如盎，木棉盡壞，屋宇傷者無算。直隸山東皆呼雹爲冷子。"鄧顯鶴《沅湘耆舊集》卷八十八《秋日同張二希仙孫大鄰初孫二仲修遊雷壇還龍尾山小集》詩："空中冷子飛，陌上農人泣。"原注："秦人謂雹爲冷子。"光緒七年《宜陽縣志》卷六《風俗·方言》："冰雹曰冷子。"光緒二十年《重修五河縣志》卷三《疆域志·風俗》："雨雪爲地之陰氣所凝則成雹，俗謂之冷子。"民國二十年《元氏縣志·教育·方言》："稱雹爲冷子。雹讀若包。"民國二十一年《景縣志》卷六《方言》："俗呼雹曰冷子。"民國二十一年《萬源縣志》卷五《教育門·方言》："雹曰冷子、硬雨、雪彈子。"民國二十二年《綿陽縣志》卷一《疆域·風俗·俗語》："雹曰冷子，亦曰雪蛋子。"民國二十二年《高邑縣志》卷六《風土·方言》："雹謂之冷子，亦曰雹子。"民國二十四年《新城縣志》卷二十一《地俗篇·方言》："雹謂之冷子。《辭源》云：冷子，山東人呼雹也。今河北人亦通呼之。"民國二十四年《雲陽縣志》卷十四《禮俗下·方言上》："雹謂之冷子。"民國三十三年《米脂縣志》卷四《風土志·方言》："呼雹雨、冷雨又曰冷子。"又，章炳麟《新方言·釋天》："《說文》：'朕，仌出也。'《詩》曰：'納于朕陰。'或作凌，力膺切。華山之陽、漢中、保寧謂雹及霰皆曰凌子，讀上聲。""凌子"即蜀語"冷子"。

《大詞典》（2/402）"冷子"②"方言。即冰雹"，引王汶石《米燕霞》一例。《方言大詞典》（頁2879）"冷子"謂"冰雹"，東北官話、北京官話、冀魯官話、膠遼官話、中原官話、晉語、蘭銀官話、江淮官話、西南官話、客話（四川儀隴）。

躧　踑 li^55 [li^55]

踩踏；蹂踩。参《考釋》第453頁。前撰引《漢書·雋不疑傳》："勝之躧履起迎。"顏師古注："文穎曰：躧音纚。"按《大詞典》（9/1064）"纚₃"據《集韻·支韻》鄰知切，音lí，則"躧"亦音lí。南朝齊王融《永明樂》之四："振玉躧丹墀，懷芳步青閣。""躧"、"步"互文。明楊慎《丹鉛總錄》卷十六《封建》："諺云：房上好走馬，只怕躧破瓦；東瓜做碓嘴，只怕搗出水。"《警世通言》卷九："李白此時昂昂得意，躧襪登褥，坐於錦墩。"謂衹穿着襪子登褥。朝鮮時代漢語教科書《朴通事諺解》下："不知道那裏躧死了一箇蝤蜒，我聞了臊氣，惡心上來，冷疾發的當不的。"李實《蜀語》（頁25）："足踏曰躧○躧，所蟹切，叙上聲。俗作踹，非。踹，都管切，音短，足踢也；又音煅，足跟也。《大明會典》：光祿寺躧造細麯。"清道光二十一年《遵義府志》卷二十《風俗》、光緒二十一年《敘州府志》卷二十一《風俗》、民國十年《新修合川縣志》卷三十《風俗·方言》、民國二十四年《麻城縣志續編》卷一《疆域·方言》、民國二十三年《華陽縣志》卷五《禮俗·方言》、民國二十四年《蓬溪縣近志》卷七《風土篇·方言》、民國三十二年《沿河縣志》卷十三《風土志·方言》："足踏曰躧。釵上聲。"唐訓方《里語徵實》卷上："足踏曰躧。躧，釵上聲。"民國二十六年《犍爲縣志·居民·言語·方言》："足踏曰躧。音釵上聲。"顯然均採自《蜀語》。光緒八年《黎平府志》卷二下《風俗·方言》、民國十八年《新修南充縣志》卷七《掌故志·風俗·方言》、民國二十三年《樂山縣志》卷三《方輿志·方言》、民國三十一年《西昌縣志》卷五《禮俗志·方言》："足踏曰躧。"按《類篇·足部》："躧，鄰知切，舞履也。一曰步也。又所綺切，又所蟹切。"《康熙字典·足部》："躧，《集韻》鄰知切，音離。又《廣韻》、《集韻》、《韻會》、《正韻》並所蟹切，音灑，義並同。又《集韻》所寄切，屣或作躧。""躧"从"麗"得聲[①]，未聞有音"釵上聲"者。李實音"釵上聲"說誤於前，而繼踵者不察，每襲其謬矣[②]。"足踏"之字當別作"跴"，如《玉篇·足部》："跴，踏。"故《蜀語》著錄宜徑作"跴"，不當取"躧"

---

① 《説文·足部》："躧，舞履也。从足，麗聲。"《西游記》第四十一回："教他送出我唐僧師父來，免你這一洞精靈的性命，半聲不允，我就掀翻了你的山場，躧平了你的洞府！"《古本小說叢刊》第36輯，第985頁；江蘇古籍出版社，1994年6月第1版（新批本），第472頁"躧"作"跚"。此字《大字典》（二/7/3952）、《中華字海》（頁1415）收錄，均謂"'躧'的類推簡化字"。

② 楊小平《南充方言詞語考釋》（頁30）"跚"音"cā [tsʻa]"，爲"躧"任意類推的簡化字，亦據《蜀語》爲說，謂"'跚'的讀音同釵，上聲，現在讀平聲，說明語音已經發生一點音變"，此僅就聲調而言。至於從"麗"得聲之"躧"何以讀"釵上聲"，並無法從音韻學上加以溝通。

字而以音“踙”爲說。亦作“踖”，前撰首引元曲[1]。又，民國十五年《南川縣志》卷六《土音土語》：“足踩曰躧。立之陰平。”此未蹈音“釵上聲”之誤，可謂卓識也。民國十五年《簡陽縣志》卷二十二《禮俗篇·方言》：“足蹂曰跐。音此，今讀若的。”民國十七年《長壽縣志》卷四《人事部·方言》：“足踩曰跐。讀作的。”今“跐”蜀方言既音［$ts'ɿ^{55}$］，又音［$tsɿ^{55}$］（參前“跐/趾”條）；“的”音［ni^{55}］（參《成方》頁29），即同《南川志》“立之陰平”矣。《川方》（頁266）“躧”音ni^{1}，謂“踩；踏”。

字或作“踺”。唐樞《蜀籟》卷四（頁76）：“踏了又踏，踺了又踺。”書末附《四川方言方音表》“踺”音lī，謂“用腳掌磨擦”。此爲方言造字，《中華字海》（頁1415）收錄，謂“音里陰平〗〈方〉用腳踏住擦，蹭……見《蜀籟》”。《川方匯釋》（頁132）“踺”音lī，謂“用腳板揩擦”。《成都話》（頁130）“踺”音［$\tilde{\imath}i^{55}$］，謂“用腳踏住擦，蹭”。《成方》（頁29）“踺”音ni陰平，謂“用腳掌踏住擦”。音［li^{55}］即《集韻》、《類篇》鄰知切也。

《大字典》（二/7/3998）“躧”音xǐ，④“踩，踏”，首引《莊子·讓王》及釋文。《大詞典》（10/574）“躧”亦音xǐ，④“踩，踏”，首引南朝齊王融《永明樂》；⑤“踐踏；摧毀”，首引《金瓶梅詞話》第二十三回“把俺們躧下去了”。其實，“躧

① 參拙撰《考釋》（頁52）“踖”條。又，《成方》（頁100）“踖”謂“腳底接觸地面或物體，踩”。

下去”猶今俗謂踩下去。均未採《集韻》、《類篇》“鄰知切”一音。

《方言大詞典》（頁6832）“蹰（躧）”音xǐ，①“足踏；踩”，江淮官話、西南官話（四川成都［ni⁵⁵］）、贛語。又（頁6833）“踜”音lī，“用腳掌磨擦；蹭”，西南官話（四川成都）。其實蜀語“躧”、“踜”同音，釋義亦應相同。

犂頭　犁頭 li²¹tou²¹［li²¹t‘əu²¹］

犂。参《考釋》第455頁。前撰首引元魏瞿曇般若流支譯《正法念處經》。《廣韻·微韻》：“楎，橛也，在牆曰楎。又犂頭也。”《增韻·微韻》：“楎，杙也，橛也，在牆曰楎。一曰犂頭。”《五韻集韻·微韻》：“楎、樟，橛也，在牆曰樟。樟又犂頭也。”據《玉篇·木部》“楎，呼歸切，杙也。在牆曰楎”，《廣韻》、《增韻》“在牆曰楎”，《五音集韻·文韻》“楎，弋在墻曰楎”，疑“在牆曰樟”當作“在牆曰楎”。宋俞琰《周易集說》卷三十二：“耜，耒首；耒，耜柄。斲木以木之銳者，因而削之爲耜，今人加以鉄謂之犁頭。”陳埴《木鍾集》卷九：“耜即今之犁頭也。”元熊良輔《周易本義集成》卷八：“耒耜只是今民間之犁，所以耕者。耜爲犂頭，耒犂轅也。”張憲《贈石畊子》詩：“黄金鑄犁頭，白玉磨耙齒。”明來知德《周易集注》卷十四：“耒耜者，今之犁也。耜者耒之首，斲木使銳而爲之，今人加以鐵鏵謂之犂頭。”何楷古《周易訂詁》卷十二：“耜者耒之首，斲木使鋭而爲之，所以入土，俗呼犂壁，今又加以鐵鏵，謂之犂頭。”民國二十三年《樂山縣志》卷三《方輿志·方言》：“通稱耒耜曰犂頭，亦曰鏵頭（讀如偷）。”民國二十四年《雲陽縣志》卷十四《禮俗下·方言上》：“耒謂之犁。《玉篇》：‘犁，耕具也。’俗呼爲犁頭。”《川方》（頁267）“犁頭”謂“舊式犁”。《成都話》（頁131）“犁頭”謂“名詞。犁”。《重方》（頁192）“梨頭”謂“指舊式犁”，“梨”當爲“犁”字誤刊。

《大詞典》未收“犂（犁）頭”。《方言大詞典》（頁5525）“犁頭”②“犁”，西南官話、客話（四川西昌）。

犂轅　犁轅 $li^{21}yu\alpha n^{55}$［$li^{21}yan^{55}$］

犁上呈曲尺形的部件。參《考釋》第455頁。《説文·木部》：“楎，六叉犂。一曰犂上曲木犂轅。从木，軍聲，讀若渾天之渾。”小徐本作“楎，六叉犂。一曰犂上曲木犂轅。從木，軍聲，讀若緯，或如渾天之渾”，繫傳：“今開荒之犂，又有歧刃也。轅即犂柄也。”許君謂“犂上曲木犂轅”是，此謂“轅即犂柄”恐非是。《玉篇·木部》：“楎，呼歸切，杙也。在牆曰楎。又犁轅頭也。”《集韻·混韻》：“楎，六尺犂也。一曰犂轅。”唐陸龜蒙《耒耜經》曰：“耒耜，農書之言也，民之習通謂之犁。

斫木而爲之者，曰犁底，曰壓鑱，曰策額，曰犁箭，曰犁轅，曰犁梢。”樊綽《蠻書》卷七：“每耕田用三尺犁，格長丈餘，兩牛相去七八尺，一佃人前牽牛，一佃人持按犁轅，一佃人秉耒。”元熊良輔《周易本義集成》卷八：“耒耜只是今民間之犁，所以耕者。耜爲犂頭，耒犂轅也。”明彭時《彭文憲公筆記》卷下：“成化元年乙酉二月，禮部請上擇日行耕籍禮，田在山川壇之南。十七日早，上率百官祀先農畢，釋祭服，秉耒三推。戶部尚書馬昂捧青箱後隨，京府耆老二人馭牛，二人曲躬按犁轅，教坊樂工執綵旗，夾隴謳歌，一唱百和，颭旗而行。”清蒲松齡《日用俗字·莊農章第二》：“犁轅木上犁牙劄。”桂馥《札樸》卷十《滇游續筆·農人耕田》：“大理耕者，以水牛負犁，一人牽牛，一人騎犁轅，一人推犁。案：《南詔傳》：‘犁田，以一牛三夫，前挽、中壓、後驅。’然則今之耕者，猶是蠻法也。”光緒四年《彭縣志》卷三《民事門·田功志》：“犂之上曲深如輈，有胡有頸曰犂轅（讀如淵）。犂轅者，耒也。”傅崇矩《成都通覽·成都之小兒女歌謠》（頁253）：“山扎尾巴長，嫁與李三娘。李三娘腳拐，嫁與螃蟹。螃蟹足多，嫁與白鶴。白鶴嘴尖，嫁與犁轅。犁轅拱背，嫁與桃妹。”[①]民國二十一年《萬源縣志》卷五《教育門·諺語》：“犂轅未斷，彎木頭又生。”又

---

①《方言大詞典》(頁5526）“犁冤”②“專做零工的農民”，西南官話（四川成都），引于飛《巴歌》：“白哥嘴尖，嫁跟~。~拱背，嫁跟桃妹。”謂“犁冤”爲“專做零工的農民”，恐臆說耳。“犁轅拱背”正謂呈曲尺形。兒歌本可隨意取譬，《成都通覽》之“山扎”指一種長尾鳥，故說嫁李三娘、螃蟹、白鶴、犁轅等。

《方言》:“犂前曲木曰犂轅。”或記音作“犂淵”、“犁鋺”。民國十八年《桐梓縣志》卷十四《軍事中·清》:“九月初三賊黨由犂淵垻入，初五突攻石濠，遊擊鄒鸞章汛弁邱仕龍奮力攻擊，賊乃敗退(節《綦江志》)。”唐樞《蜀籟》卷三(頁190):“犁鋺未斷，彎木又生。”書末附《四川方言方音表》“鋺”音yuān，謂“犁鋺——犁上彎木”。《川方》(頁267)“犁轅”音$ni^{2}yuan^{1}$，謂“舊式犁的部件。在犁的上部，用木材做成，略成弓形”。按“犁轅”呈曲尺形，一般由樹的主幹並與之呈曲尺形的粗壯側根加工而成。故蜀中有俗諺“犁轅未斷，彎木又生”，如上引《萬源縣志》、《蜀籟》。

《方言大詞典》(頁5526)“犁轅”謂“舊犁的部件，犁上的弓形木頭”，膠遼官話、西南官話。又“犁冤”①“犁上部的弓形木頭”，西南官話，也作“犁鋺”、“犁淵”。按“犁鋺”前撰引《蜀籟》，與“犁冤”、“犁淵”均當爲“犁轅”音借，犁有轅猶車之有轅矣。

以上各詞形《大詞典》均未收錄。

利市 $li^{213}si^{213}$ [$li^{213}s\textrm{ɿ}^{213}$]

喜慶節日或開工時主人所賞的錢物。宋王應麟《困學紀聞》卷十九:“俗語皆有所本，如利市出《易·說卦》、《左傳》。”孟元老《東京夢華錄》卷五《娶婦》:“女家親人有茶酒利市之類。至迎娶日，兒家以車子或花檐子發迎客引至女家門，女家管待迎客，與之綵段，作樂催粧上車檐，從人未肯起，炒咬利市，謂之起檐子，與了然後行。迎客先回至兒家門，從人及兒家人乞覓利市錢物花紅等，謂之攔門。”羅大經《鶴林玉露》甲編卷一《利市》：“俗語稱利市，亦有所祖。《左氏傳》鄭人盟商人之辭曰：‘爾無我叛，我無强賈’，‘爾有利市寶賄，我勿與知’。”元陶宗儀《說郛》卷六下：“利市之說，世俗皆然，其實六經中已有此字。《易·說卦》巽爲利市三倍。”此誤讀《易》，“市”屬下，但其時“利市”爲俗語，則無疑矣。清錢大昕《恒言錄》卷四《貨財類·利市》即云：“利市之語，陶九成謂出於《易·說卦》傳。然《說卦》實以‘近利’爲句，‘市三倍’爲句。市三倍者，猶言賈三倍也。按《左氏傳》：‘爾有利市寶賄。’《易林》：‘入門笑喜，與吾利市。’此兩字連用之始。歐陽公《集古錄》：‘今俚俗賣茶肆中，多置一甆偶人，云是陸鴻漸。至飲茶客稀，則以茶沃此偶人，祝其利市。’《北夢瑣言》：‘夏侯孜未偶，伶俜風塵，時人號曰不利市秀才。’《摭言》：‘以京兆爲榮美，以同華爲利市。’又曰：‘同華解最號利市。’”

又，明陳士元《俚言解》卷二《利市》：“百工起手或畢工，主人於工價之外賞給財物，謂之利市。”張存紳《雅俗稽言》卷二十一《利市》：“百工于工價外予之以財曰利市，此亦古語。”李實《蜀語》（頁167）：“凡初贈工匠曰利市○《易·說卦傳》：‘爲近利，市三倍。’《左傳·昭公十六年》：‘爾有利市寶賄，我勿與知。’”[①]黄仁壽等校注：“‘利市’，指開工時主人贈給工匠祝吉利之錢或物。”清道光二十一年《遵義府志》卷二十《風俗》、光緒二十一年《敘州府志》卷二十一《風俗》、民國十年《新修合川縣志》卷三十《風俗·方言》、民國三十七年《貴州通志·風土志·方言》：“凡初贈工匠曰利市。”唐訓方《里語徵實》卷中上：“工匠掛紅禮曰利市。”Adam Grainger《西蜀方言》（頁46）：“封個利市。”意謂“wrap up a present of money; lit a compensation for services”。民國十七年《長壽縣志》卷四《人事部·方言》：“工匠喜錢曰利市。平聲。”民國二十四年《麻城縣志續編》卷一《疆域·方言》同。民國三十三年《長壽縣志》卷四《風土·方言》：“喜錢曰利市。市讀若實。”民國三十三年《重修彭山縣志》卷二《民俗篇·方言》：“利市，工人規費也。俗於人作工之初與以錢曰利市。”按“利市”在民俗中有走運、吉利、買賣所得利潤，或喜慶節日及開工主人所予錢物之意。《封神演義》第九十九回姜子牙敕封趙公明爲“金龍如意正一龍虎玄壇真君之神”，率部下正神“招寶天尊蕭升”、“納珍天尊曹寶”、“招財使者陳九公”、“利市仙官姚少司”。清翟灝《通俗編》卷十九《神鬼·利市仙官》引夏文彦《圖繪寶鑑》：“宋嘉禾好爲利市仙官，骨骼態度，俗工莫及。仙官之畫爲宰官身久矣。”又引元虞裕《談撰》：“江湖間多祀一姥，

① 宋俞文豹《吹劍錄外集》：“巽卦‘爲近利，市三倍’，蓋市井乃商賈所聚，欲求利，須近市。”“爲近利，市三倍”乃《易·說卦》解說《巽卦》含義的文字，非《巽卦》卦辭。

曰利市婆官。或言利市波，乃神所居地名，非婆也。此或其一方所見有然。”“利市仙官”而爲神，即招財之意也。

《大詞典》(2/636)“利市”③“節日、喜慶所賞的喜錢”，首引《東京夢華錄》。《方言大詞典》(頁2695)“利市”③“賞錢”，江淮官話、西南官話、吳語、粵語。

梁子 liɑng^{21}zi^{53} [liaŋ^{21}tsɿ^{53}]

❶山梁。民國《普安縣志》卷十《風土志·方言》：“山嶺曰梁子。”民國十八年《合江縣志》卷四《禮俗·方言》、民國二十一年《南溪縣志》卷四《禮俗下·方言》：“梁子，謂連續之山嶺也。”民國二十三年《宣威縣志稿》卷八之四《語言》：“荒山曰梁子。”沙汀《淘金記》一：“那你一天在梁子上喝風呀？”陳友琴《川遊漫記·閬中與南部》：“吾人由廣元折回，將沿嘉陵江南下，卒以水路遲滯，且多險灘不易行，故由陸取道保寧梁子。蜀人謂山路曰梁子。”川北山路，亦多宛延於山嶺上。姜亮夫《昭通方言疏證》（905條）：“謂連綿不綴之山亦曰梁子。”今蜀語猶謂山上曰“梁子上”。

❷仇釁。民國十八年《合江縣志》卷四《禮俗·方言》、民國二十一年《南溪縣志》卷四《禮俗下·方言》：“梁子……又謂仇釁也，又謂軍隊也。”王純五《袍哥探秘》第三章《哥老會的會規和習俗·盤海底與江湖切口（隱語）》（頁62）：“‘結

梁子'，結仇。'叫梁子'，或'拿梁子'，報仇或仇殺。'撈梁子'，和解。"今仍謂有仇釁爲"結梁子"，謂軍隊則當作"粱子"或"糧子"，謂當兵曰"吃糧"①，本此。《川方》（頁271）"梁子"謂"宪仇"。《成都話》（頁133）"梁子"謂"舊時袍哥組織的行話，後泛指冤仇"。《川方彙編》（頁66）"粮子"②"一作'梁子'，指結仇。例：這樣一來梁子越結越深"。

《大詞典》（4/1065）"梁子"謂"指山脊"，引沙汀《淘金記》，未及仇釁義。《方言大詞典》（頁5822）"梁子"，西南官話，①"大而長的山；連綿不斷的山"，②"山脊；高崗；山頂"，⑥"冤仇"。

亮　焥 liang[213]［liaŋ[213]］

燈火（不包括電燈）。參《考釋》第465頁。前撰首引《醒世恒言》。清高靜亭《正音撮要》卷二《水火》："點個亮來——燈籠之類。"《龍圖耳錄》第六十回："老道道：'茶卻有；晚間點燈卻是油燈。'丁大爺道：'有個亮兒照照就是了。'"前

① 章炳麟《新方言·釋親屬》："今湖南亦稱營壘爲良子，以良家子起爲士卒所居也。""良子"音同"粮子"。《大詞典》（9/240）"糧子"謂"舊時稱當兵的人"，引沈從文《失業》、艾蕪《意外》、周立波《參軍這一天》。《川方》（頁271）"粮子"①"指軍人，舊時當兵叫吃糧"，②"指軍隊"。《川方彙編》（頁66）"粮子"①"舊時稱軍隊"。《方言大詞典》（頁5822）"梁子"⑤"舊時指軍隊"，西南官話。

說燈，後說亮，意甚顯豁。傅崇矩《成都通覽・成都之呼物土名》（頁272）：“點亮，上燈。”又：“上亮，上燈。”又《成都之詐騙》（頁210）：“每夜叫幺師與水一盆，自己帶有燈臺，自己灌油壺，言道我夜下要照起亮纔睡得着。”周芷穎《新成都》第四章第二節《語言》（頁62）：“點亮、上亮——上燈。”下江人《釋四川話（二）》：“點燈是爲‘點亮’。”[①]或稱照明之“火”。《切口大詞典・役夫類・更夫》：“亮，火也。”《近代秘密社會史料》卷六：“牛燭亮叫牛亮。”謂牛油燭叫“牛亮”。亦稱“亮子”。《新刻江湖切要・器用類》：“燭……亮子。”又《江湖通用切口摘要》：“亮子，燈總稱曰亮子。”民國二十三年《宣威縣志稿》卷七《政治・非金屬礦業》：“所持燈名曰亮子，採者、運者均所必具也。”《川方》（頁272）“亮”謂“燈火（通常不指電燈）”。《川方匯釋》（頁135）“亮”謂“燈（舊時指油燈）”。《成都話》（頁134）“亮”謂“燈”，又（頁183）“上亮”謂“點燈”。《成方》（頁350）“亮”謂“指燈，如油燈、馬燈一類的燈”。

或作“烺”，爲“亮”增旁字。明王廷相《浚川駁稿集》卷一《會審錄三十六條》之十四：“吶喊進入院內，用油浸炷香點起火烺，上房喝叫。”“火烺”猶燈火。蘇復之《金印記》第二十齣：“周氏妻子同小蓮提着燈烺，尋至叔爹書舘。”“燈烺”亦猶燈火。清張德堅《賊情彙纂》卷八《妄造諸字》：“烺，即

① 《旅行雜志》1945年第7期，第18頁。

亮字，作照亮解。”又《附隱語》：“堆焼，賊稱點燈爲堆焼。”[①]《太平條規》：“不許在途中鋪戶堆焼睏睡，耽阻行程。”又《行軍總要·禁止號令》：“又不準因天氣寒凍，沿途堆焼。”後兩例“堆焼”或謂生火。清光緒十二年《順天府志》卷五十二《食貨志四》：“各衙門燈籠焼子夫，并貼六房書辦工食銀二百四十兩。”又，明茅元儀《武備志》卷一百十一《需備》：“遊火，以鐵筐盛火，加脂臘，鐵鏁懸縋城下，焼穴城孔中之人。”“焼”謂照亮。

前撰謂初版《大字典》“‘亮’未及此義”，但①“明亮”的附項“也指燈燭等照明物。如：拿個亮兒來”，即此義，衹是欠概括，茲予補正。《大字典》（二/1/315）釋義同，引《官場現形記》“方見姨太太點了個亮”，應如《大詞典》（2/367）“亮[1]”⑨“亮兒，燈火”分立義項。又《大字典》（二/4/2378）“焼”謂“同‘火’。太平天國新造字”，引清李秀成《諭姪容椿男容發書》：“爾處紅粉炮焼多否？糧草多否？”未及用同“亮”的“焼”字；謂已見於明代文獻的“焼”爲“太平天國新造字”，非是。曲彥斌主編《中國秘語行話詞典》“堆焼”謂“太平天國稱點燈或生火”，“焼，係太平天國造字，即火。又指生火”，恐亦受《賊情彙纂》“妄造諸字”之説而誤。

《方言大詞典》（頁4334）“亮”⑧“燈；小燈”，西南官話、吳語、湘語、贛語。

---

① 《近代中國史料叢刊》第二十二輯，第688、689頁。

敹 撩 繚 $liɑo^{55}$ [$liau^{55}$]

簡單縫合；縫。参《考釋》第466頁。《說文·攴部》：“敹，擇也。从攴寮。《周書》曰：‘敹乃甲胄。’”段玉裁注：“《粊誓》某氏注‘言當善簡汝甲胄’，與許說合。鄭注‘敹謂穿徹之’。”拙撰《考釋》（頁467）云：“《長沙方言續考》六十二《敹》據《說文》‘敹，擇也’及《尚書》僞孔傳‘敹，簡也’，謂‘長沙今言選擇而有所棄爲敹’，並注‘参前考五十九《料》’，則將‘敹’等同於今通語‘撂’，此別爲一說。”按楊氏引《書》及僞孔傳云“敹，簡也”，恐不可信。因“善敹乃甲胄，敿乃干”，“敿，猶繫也”，“敹”謂縫，前後意思相屬。又段注引“鄭注‘敹謂穿徹之’”，“穿徹”與縫聯義近，謂“敹”爲“擇”、“簡”，則不類矣。明岳元聲《方言據》卷上《敹》：“選物又謂之敹。《廣雅》：‘敹（憐蕭切），擇也。’《書》：‘善敹乃甲胄。’”恐亦誤讀《尚書》。茲再補說於次。《新唐書·藩鎮淄青横海傳·程日華》：“敹甲訓兵。”明宋濂《擬薛收上秦王平夏鄭頌》：“皇帝曰：‘嗟我人何辜，敕汝秦王，汝亟是圖，汝敹汝甲，汝張汝弧，汝簡銳驍，東傅其都。’王拜稽首。”郝敬《尚書辨解》卷八《費誓》：“敹，縫補也。古者甲胄皆用革。”胡廣等《書經大全》卷十《費誓》：“敹，縫完也。縫完其甲胄，勿使斷毀。”顧充《古雋考略》卷四：“敹甲胄,《書》‘善敹’音僚，縫完甲胄也。”夏樹芳《詞林海錯》卷二《敹甲》:“《書》‘敹乃甲胄，敿乃干’，鍛戈矛，礪乃鋒刅。敹音料，縫完甲胄也。敿，舉夭反，猶繫也。”清屈大均《廣東新語》卷十一《土言》:“縫衣曰敹。《書》曰:‘敹乃甲胄。’凡細者曰縫，粗曰敹;著裏曰縫，著邊曰敹也。”袁枚《武英殿大學士忠勤伯太保黄公神道碑》:“未幾，西藏阿爾布托反，公往敿干敹甲，軍容山立，賊大驚散走。”道光二年《廣東通志》卷九十二《輿地畧十·風俗一》:“縫衣曰敹。《書》曰:‘敹乃甲胄。’凡細者縫，粗者敹;著裏曰縫，著邊曰敹。”范寅《越諺》卷中《服飾》:“縫鉤鍬敹，針線直穿曰縫，回曰鉤，平曰鍬，斜曰敹。”又《禽獸》:“線雞，雄者剺開後肚，乞去腰子線敹，使肥美。”又卷下《單辭隻義》:“敹，遼，凡衣綻裂曰‘爲我敹一針’。”光緒二十六年《墊江縣志》卷一《輿地志·風俗》:“縫衣曰毃。《書·費誓》:‘善毃乃甲胄。’凡細曰縫，粗曰毃。”“毃”當爲“敹”字形譌。宣統《東莞縣志》卷十一《輿地略十·方言》:“縫衣曰敹。”宣統《高要縣志》卷五《地理篇五·風俗附方言》:“縫衣曰敹。《書》曰‘善敹乃甲胄’是也。”章炳麟《新方言·釋器》:“今通謂衣有綻裂，以一鍼貫連之曰紕一鍼……亦曰敹一鍼。《周書》:‘善敹乃甲胄。’鄭注:‘敹謂穿徹之。’釋文:‘敹，了彫反。’凡非綻裂而粗率縫之亦曰敹。敹通語也。”民國十五年《簡陽縣志》卷二十二《禮俗篇·方言》:“以線粗治其衣曰敹。”李鑑堂《俗語考原》:“敹一針，敹音聊，縫完也。《書》:‘善敹乃甲胄。’俗亦謂粗略治衣曰敹一針。”民國二十四年《蕭山縣志稿》卷二十九《瑣聞·方言謠諺》："衣縫脱綻略綴治之曰敹。《書·費誓》：'善敹乃甲胄。'疏引鄭氏云：'敹，穿徹之也。謂甲繩有斷絕，當使敹理穿治之。'釋文：'敹，了彫反。'按今俗有敹兩針之語。"民國二十五年《續修鹽城縣志稿》卷三《風俗志·方言》："綴衣謂之敹。《書·費誓》：'善敹乃甲胄。'鄭注：'敹謂穿徹之。'又謂之敿。《說文》：'敿，繫連也。《周書》曰：敿乃干。讀若矯。'案今語讀矯，又讀如敲。"民國三十三年《米脂縣志》卷四《風土志·方言》："敹，音聊，以線縫衣服之破綻處。"民國三十六年《新繁縣志》卷四《禮俗·方言》："今衣工製衣，謂密縫曰敹，音讀如聊之清。"謂讀"聊"陰平矣。《川方》（頁272）"□"音niao[1]，①"用手工縫、補"，②"專指一種縫衣法，略近於挑花的挑（tiǎo），針僅從衣料的反面挑起很少幾根紗。這種縫衣法可使衣料正面上的針腳不明顯，多用來縫合袖邊、腳邊等"。本字當作"敹"。《成方》（頁226）"□"讀niau陰平，①"用手工縫或補"，②"一種縫紉方法，使衣褲的正面上的針腳不明顯"，"也作'敹'，《蜀方言》卷上：'粗略治衣曰敹'"。黃尚軍《四川方言與民俗》謂"今成都口語仍說'敹幾針'。'敹'在川東方言中讀爲陽平，與《廣韻》、《集韻》之反切合"①。

或作"撩"，當爲"敹"字音借。《金瓶梅詞話》第七十三回："潘金蓮想着要與西門慶做白綾帶兒，三不知走到房裏，拿過針線匣，揀一條白綾兒，用扣針兒親手緻龍帶兒，用纖手向減

① 四川人民出版社，2002年1月第2版，第299頁。

粧磁盒兒內，傾了些顫聲嬌藥末兒，裝在裹面，周圍用倒口針兒撩縫兒，甚是細法。”“圍”下原有“又進房來”四字。崇禎本下作“周圍用倒口針兒撩縫的甚是細法”，“撩縫”同義連文。

亦作“繚”。元敖繼公《儀禮集説》卷十三：“或曰：有幅謂繚縫之，而不削幅也。”清高靜亭《正音撮要》卷二《衣冠》：“繚縫子。縫字，衣縫子。”民國《定海縣志》：“俗謂粗略治衣曰敹一針。亦作繚。”《川方彙編》（頁25）“緆”例“先把裙邊緆一圈，再細針密線地繚（讀陰平聲）”。《重方》（頁197）“繚”音liao²，①“一種縫紉針法，指纏繞式縫綴”，②“泛指縫補”，“此詞在重慶話中也讀作liao¹”。

《大字典》（二/3/1579）“敹”音liáo，①“縫綴。如：敹上幾針”，引《新方言》及《書·費誓》；《大詞典》（5/506）“敹”①“縫綴；縫合”，首引《書》。又《大字典》（二/4/2071）、《大詞典》（6/859）“撩”均未及。又《大字典》（二/6/3681）“繚”④“縫紉法之一。用針斜着縫綴。如：繚衣服；繚貼邊”，《大詞典》（9/1016）“繚”⑤“縫紉法之一。用針斜着縫綴。如：繚衣縫；繚貼邊”，均無書證。《現漢》“繚”音liáo，②“縫紉方法，用針斜着縫”。

《方言大詞典》（頁7050）“敹”①“縫；補綴”，冀魯官話、膠遼官話、中原官話、晉語、江淮官話、吴語、贛語、粵語，未及西南官話。又（頁7028）“撩”③“縫”，東北官話、冀魯官話、中原官話、西南官話。又（頁7185）“繚邊”謂“用針斜着逢貼邊”，中原官話、晉語、西南官話；“繚一針”謂“用針粗粗縫衣”，吴語；“繚邊子”謂“用針斜着逢貼邊”，晉語；

“繚縫兒”謂“縫合衣縫”，膠遼官話、中原官話、晉語；“繚縫子”謂“縫合衣縫”，晉語。以上複詞或詞組“繚”均謂“縫”，但字頭“繚”下未收“縫”義。以上說法，蜀方言亦爲習語，《方言大詞典》多未及西南官話。

篻葉　簝葉　寮葉　遼葉　蓤葉　蓼葉

liɑo²¹ye²¹［liau²¹ie²¹］

用作船篷、斗笠等的一種竹葉。参《考釋》第467頁。《玉篇·竹部》：“篻，竹名。”《龍龕手鏡·竹部》：“篻，音聊，竹名。”《類篇·竹部》：“篻，竹名。似苦竹而細輭，江漢間謂之苦篻。”《康熙字典·竹部》：“篻，《廣韻》落蕭切，《集韻》憐蕭切，並音聊。”晉戴凱之《竹譜》：“篻、簢二族亦甚相似。”原注：“篻、簢二種至似苦竹，而細軟肌薄，篻筍亦無味，江漢間謂之苦篻。見沈志。篻音聊。”元李衎《竹譜》卷四：“簝竹，亦名篻竹，出江廣兩浙，齊魯之間亦有之。大者止如箭榦許，小者中描筆，高不過五七尺，葉長尺許，闊一二寸。”[①]篻竹之葉即篻葉，形狀似慈竹葉，但長而寬。前撰引清張慎儀《蜀方言》卷下（頁339）：“作篷之葉曰篻葉。”紀國泰《〈蜀方言〉疏證補》（頁342）：“張氏謂‘作篷之葉曰篻葉’，疑

① 蜀地亦産篻（簝）竹，文獻多有記載，如唐溫庭筠《錦城曲》：“蜀山攢黛留晴雪，簝筍蕨芽縈九折。”

誤。……‘作篷之葉’，謂製作斗笠、船篷所用之葉。此葉學名‘箬葉’，俗謂‘遼竹葉’。……疑張氏以簩、遼同音，不察二物非一，故書作‘簩葉’。”此少見多怪矣。據李衎《竹譜》，“簝竹，亦名簩竹”，《本草綱目》“箬，若竹而弱”，以“長尺許，闊一二寸”之“簩竹葉”或“遼葉”作篷、作笠，亦未嘗不可。民國十五年《簡陽縣志》卷二十二《禮俗篇·方言》：“作笋篷之葉曰簩葉。簩一作簝。”今川北等地鄉間仍有以簩葉作斗篷（即斗笠）者，說“簩葉”而不說“箬葉”[①]，張氏何誤之有?

亦作“簝葉”。元李衎《竹譜》卷四：“箬竹，又名篛竹，出江浙及閩廣，處處有之。葉類簝竹，但多生旁枝，幹如箭竹，高者不過五七尺，江西人專用其葉爲茶罨，云不生邪氣，以此爲寶。福州西鄉安樂林有箬竹，一種葉大長三尺，廣六寸餘，《新安志》云：‘箬竹羅生，葉大可以苴裹。’”此“箬竹”或“篛竹”，又確爲竹，而非狹義之“草”，其“葉類簝竹”，自可稱爲“簝葉”。如明天啓《滇志》卷四《旅途志第二》：“平壩四亭而畸（阿冬鎮夷狗場的澄），達威清衞，有的澄橋，其水黝湛，夾堤多簝葉。”清同治九年《會理州志》卷十《風土志·物產》：“箬，别名曰篛，曰簝葉。”光緒十一年《興山縣志》卷十七《祥異志》：“其地簝葉結實，芳甘可食。”民國二十一年《萬源縣

① 喻遂生《〈蜀語〉今蹤——南江方言中所見之〈蜀語〉詞語》：“《玉篇·竹部》：‘簩，竹名。’竹細小，葉闊大，南江稱‘簩葉竹’，其葉稱‘簩竹葉’，可製斗篷（斗笠）、船篷，包粽子。”參見《李實學術研討會文集》，語文出版社，1996年7月第1版，第117頁。

志》卷五《教育門·方言》："作笋篷之葉曰篣葉。一作篛。"民國二十八年《巴縣志》卷十九《物產·竹類》："箬竹，叢生若草，葉類竹而大，長逾尺或七八寸，其莖細而弱。……葉可作笠及船家造篷之用。端午裹糉，亦間用之，今俗呼爲篣葉。"

或作"寮葉"。明李時珍《本草綱目》卷十五《草之四·箬》："釋名：篛，與箬同，寮葉。時珍曰：箬，若竹而弱，故名。其生疎遼，故又謂之遼。"又："箬生南方平澤，其根與莖皆似小竹，其節籜與葉皆似蘆荻，而葉之面青背淡，柔而韌，新舊相代，四時常青。南人取葉作笠及裹茶鹽包米糉，女人以襯鞵底。"

或又作"遼葉"。據《本草綱目》，"寮葉"因"其生疎遼，故又謂之遼"，稱"遼葉"亦屬自然。《續通志》卷一百七十四《昆蟲草木畧·草類》："箬（一作蒻），一名遼葉，根莖皆似小竹，籜與葉皆似蘆荻，南人取葉作笠及裹茶鹽包米糉。"清乾隆二十二年《沅州府志》卷二十四《物産》："篛竹，《本草》一曰遼葉。"嘉慶十七年《郫縣志》卷四十《物產》："箬竹，《本草》一名遼葉，其幹細如筆管，其葉大而長，鄉人五日以之包角黍，味甚清香。"吳其濬《植物名實圖考》卷十四《箬》："箬，古今以爲笠蓬，亦呼爲篣。……土人皆呼爲遼葉。"Adam Grainger《西蜀方言》（頁523）："遼葉殼。"謂"rain hats made of broad-leaved bamboo"。光緒三十一《霍山縣志》卷二《地理志下·物產》："箬葉，俗曰遼葉，裹角黍極佳。"民國十八年《資中縣續修資州志》卷八《風土·物產》："遼葉竹，莖短小，葉長尺餘，濶二寸，逐節叢生，可作雨笠、船篷之用。"

又作“簝葉”。清康熙十二年《太平府志》卷十三《物產》：“箬即篛也，俗呼簝葉，狀如葦而葉極多，舟人作篷皆用，亦編作茶簍。”同治十年《攸縣志》卷五十二《物產》：“簝葉，《本草》：箬一名篛，一名簝葉，南人取葉作笠及裹茶鹽包米粽。”光緒二十三年《容縣志》卷六《輿地志六·物產下》：“箬，《本草》一名簝葉。”民國十五年《南川縣志》卷六《植物》：“簝葉，《本草》名箬，李時珍曰：箬若竹而弱，故名。其生疏遼，故俗呼簝。節籜與葉皆似蘆荻，葉色背青面淡，柔而韌，新舊相代，四時常青。吾南間有取葉作笠及篷者。至端午節，包米糉必用之。”民國二十九年《重修廣元縣志稿》第三編卷十一《食貨志三·物產》：“箬，俗稱簝葉……葉爲廣披針形，較普通竹葉闊而大，緣邊微帶白色，即俗所謂簝葉也，專以製斗笠船篷之類。”

亦記音作“蓼葉”。傅崇矩《成都通覽·成都之常用草質材料》（頁427）：“蓼葉，蘆竹葉也，用以包粽及夾船篷雨笆、斗笠之用。”方言記錄重在讀音，原本不在區別細微差異，或類似之物，渾而言之，亦習以爲常也。

《大詞典》(8/1236)收“簩筍”，未收“簩葉”。又(1242)“簝”②“竹名”，未收“簝葉”。其餘均未見收錄。

《方言大詞典》（頁7349）“簩葉”謂“竹葉”，西南官話（四川），引《蜀方言》。按“簩葉”非普通“竹葉”，所釋未盡其義。其餘詞形未見收錄。

尥 liɑo^{213} [liɑu^{213}]

跛行。《說文·尣部》："尥，行脛相交也。从尣，勺聲。"段玉裁注："行而脛相交，則行不便利。高注《淮南》、郭注《方言》、王注《素問》皆曰'了戾，謂纏繞不適'，《集韻·五爻》曰：'尥，牛行足外出也。'是其意也。今俗語有此。"《玉篇·尢部》："尥，牛行後脛相交。"《龍龕手鏡·尢部》："尥、尥，音料，牛脛相交也。又步交反，義同。"《六書故》卷九《人二》："今人謂筋骨弱舉足不隨爲尥掉。"又，《集韻·爻韻》："尦，脛交也。或作尦。"《類篇·尣部》："尦，牛行足外出也。"《康熙字典·尢部》："尦，《說文》尥本字。"又："尥，《唐韻》、《集韻》並力弔切，音料。"明李實《蜀語》（頁130）："跛行曰尥○尥音料。"清道光二十一年《遵義府志》卷二十《風俗》、民國十七年《長壽縣志》卷四《人事部·方言》："跛行曰尦。音料。"民國十五年《南川縣志》卷六《土音土語》："跛行曰膝。音料。"字書無此字，或當作"尥"。按《集韻·嘯韻》"尥"與"料"同一小韻。亦謂甩爲"尥"。清Adam Grainger《西蜀方言》（頁150）："他尥腳尥手的走了。"意即"he went off swinging his arms and legs，i.e.，empty-hand"，"尥"音"LIAO^2"。"尥腳尥手"猶甩腳甩手，亦說"空脚尥手”。擺動手脚，與“跛行”相仿佛耳①。

《大字典》（二/1/597）“尥”引《說文》：“尥，行脛相交也。从尢，勺聲。牛行腳相交爲尥。”按“勺聲”下段注：“此下舊有‘牛行腳相交爲尥’，小徐本無，乃讀者箋記語耳。”其說是，《大字典》當據段注刪。又（一）①“走路時足脛相交”；《大詞典》（2/1573）“尥”音liào，電子本謂“亦作‘尥’”，①“牛行後脛相交”：此別一義。

《方言大詞典》（頁1779）“尥”④“跛行”，西南官話、贛語。

林盤 $lin^{21}pan^{21}$［$lin^{21}p‘an^{21}$］

竹林，樹叢。清康熙五十一年（1712）綿竹縣令陸箕永《綿州竹枝詞》“村墟零落舊遺民，課雨占晴半楚人。幾處青林茅作屋，相離一垻即比鄰”原注：“川地多楚民，綿邑爲最。地少村市，每一家即傍林盤一座，相隔或半里或里許，謂之一垻。”乾隆十六年《郫縣志書》卷一《封域志·形勝》：“翠竹蒼烟，林盤相望。”又《村》：“平疇如砥，鄉民散居，或三四戶，或五六戶，碁布星羅，竹樹蔽之，俗呼爲林盤。”乾隆十七年《大邑

① 《川方》（頁364）“甩脚甩手（的）”，謂“形容手上沒有負擔或不感覺有負擔，輕鬆、隨便的樣子”。《成都話》（頁196）“甩脚甩手”，①“放開手脚，形容不受束縛和限制”，②“空着手，扔下不管”。

縣志》卷一《形勝》："林盤相望，蒼翠交輝。"乾隆三十年《資陽縣志》卷二《地理志·室廬》："林盤掩護，比族錯居。"王培荀《聽雨樓隨筆》卷一："川地多楚民，綿邑爲最。地少村市，每一家即傍林盤一座，相隔或半里或里許，謂之一壩。"傅崇矩《成都通覽·成都之謎語言子》（頁269）："光脚板下林盤——自撈。"李劼人《大波》第二部八章："武侯祠距離南門並不遠，站在城墻高處，不僅望得見它那鬱鬱蒼蒼的林盤，還可望得見繚繞在林盤外面的紅墻。"[①]《川方》（頁273）"林盤"①"院子周圍或房屋附近的成林的竹木"，②"有*林盤的院落"。《成都話》（頁135）"林盤"謂"農村房前屋後的小林叢，多指竹林叢"。《成方》（頁322）"林盤"謂"較大範圍的樹林"，釋義似不盡確。

《大詞典》未收。《方言大詞典》（頁3090）"林盤"，西南官話（四川成都、仁壽），①"院子周圍或房屋附近的林叢，多指竹林叢"，②"有林叢的院落"，③"荒坡上大片的樹林"。

霖 淋 濘 𣶏 淩 lin^{213} [lin^{213}]

久雨。《爾雅·釋天》："久雨謂之淫，淫謂之霖。"《説文·雨部》："霖，雨三日已往。从雨，林聲。"段玉裁注："自三日以往，謂雨三日又不止，不定其日數也。雨三日止不得謂霖

① 《李劼人選集》第二卷，四川人民出版社，1980年2月第1版，第899頁。

矣。韋注《國語》亦曰‘雨三日以上爲霖’，若宋人注《尚書》云‘三日雨爲霖’，失古義矣。”《書·説命》：“若歲大旱，用汝作霖雨。”僞孔傳：“霖，三日雨。”當謂“三日雨已往”矣。《左傳·隱公九年》：“凡雨，自三日以往爲霖。”杜預注：“此解經書霖也。而經無霖字，經誤。”謂傳解《春秋》“霖”字，經無，或脱。按清洪頤煊《讀書叢録》卷五《大雨霖》：“九年傳，‘春，王三月。癸酉，大雨霖。以震。庚辰，大雨雪，亦如之。凡雨，自三日以往爲霖。’杜注：‘此解經書霖也，而經無霖字，經誤。’正義：‘經當如傳言大雨霖，以震，不當云大雨震電，是經脱霖以二字，而妄加電也。’頤煊案：凡雨自三日以往爲霖，是釋大雨，非釋經書霖，後人於傳大雨下妄加霖字。《漢書·五行志》：‘隱公九年三月癸酉，大雨，震電；庚辰，大雨雪。’‘劉歆以爲三月癸酉，於歷數春分後一日，始震電之時也，當雨，而不當大雨。大雨，常雨之罰也。於始震電八日之間而大雨雪，常寒之罰也。’亦無霖字。”《晏子春秋·諫上五》：“景公之時，霖雨十有七日。”《舊唐書·玄宗紀下》天寶十載：“是秋霖雨積旬，牆屋多壞。”又十三載：“是秋霖雨積六十餘日，京城垣屋頹壞殆盡。”宋莊綽《雞肋編》卷上：“（越州）井深者不過丈尺，淺者可以手汲。霖雨時，平地發之則泉出。然旱不旬日，則井已涸矣。皆謂泉乃橫流故爾。蓋滅裂不肯深浚，致源不廣也。”明萬曆元年《兖州府志》卷二十四《田賦下·溝洫》：“久雨曰霖。”清昭槤《嘯亭雜録》卷一《辛酉工賑》：“辛酉夏，霖雨數旬，永定河漫口，水淹南苑，漂沒田廬數百里，秋禾盡傷。”嘉慶十七年《郫縣志》卷四十二《雜志》：“江南五月梅熟時霖雨謂之黃梅雨，然少陵詩曰：‘南京犀浦道，四月熟黃梅。’是蜀中梅雨乃在四月也。”張慎儀《方言別錄》卷上之二（頁154）：“秋來半晴半雨，雨不大而亦不晴，南方謂之秋霖。《杜臆》。”

亦作“淋”。《莊子·大宗師》“霖雨十日”陸德明釋文：“霖，本又作淋。”宋莊綽《雞肋編》卷上：“（東南）春多暴雨淋淫，秋則常苦旱。”明張內蘊等《三吳水考》卷十二《災傷蠲賑疏》：“稍遇淋雨，湖水輒漲，即增尺許，經月不消。”《初刻拍案驚奇》卷一：“豈知北京那年自交夏來，日日淋雨不晴，并無一毫暑氣，發市甚遲。”清梁雲構《答玉臺陳邑侯》：“聞台旌復取道於衛，亟欲奔謁，一破積想，而風雨連夕，濕雲四垂，匹馬孱骨，慮爲淋雨所苦。”民國十八年《合江縣志》卷四《禮俗·方言》：“進詹無雨出詹晴，出詹無雨一冬淋。”“詹”當作“霑”，參見“出霑/入霑”條。民國二十七年《達縣志》卷九《禮俗門·風俗·方言》：“久雨曰淋雨。”

又作“濘”、“澪”、“淩”。民國十七年《長壽縣志》卷四《人事部·方言》：“久雨曰濘。讀令。”民國十八年《合江縣志》卷四《禮俗·方言》：“天乾芝麻雨澪豆。”民國十八年《資中縣續修資州志》卷八《風土·方言》：“霖雨（雨過三日爲霖）爲淩（去聲）雨。”民國三十二年《沿河縣志》卷十三《風土志·方言》：“霖雨訛爲淩雨。”“濘”、“淩”無久雨義，當爲“霖”音借。

《大字典》(二/7/4332)“霖”謂“久雨”，首引《爾雅》;《大詞典》(11/700)“霖雨”①“連綿大雨”，首引《晏子春秋》。其實“霖雨”謂久雨，上引文獻每詳記下雨時間，甚至“積六十餘日”，而不謂“大雨”。《大字典》(二/3/1760)“淋”④“同‘霖’。久雨”，首引《莊子》及釋文。又(1901)“渟”及(1/327)“凌”未及“久雨”義；未收“湇”字。《大詞典》(11/700)“霖”①“久雨”，首引《左傳》。又“霖雨”①“連綿大雨”，恐不確。又(5/1344)“淋”④“同‘霖’。久雨”，引《莊子》釋文。又(6/196)“渟”、又(2/414)“凌”無“久雨”義。

《方言大詞典》(頁5758)“淋雨”謂“連陰雨”，中原官話、蘭銀官話，未及西南官話。

淩冰　凌冰 lin^{213}bin^{55} [lin^{213}pin^{55}]

冰。參《考釋》第472頁。《新刊全相平話武王伐紂書》卷中：“妲己共紂王登臺上而坐，望見河岸上冬月淩冰，二人欲下水，有一年少者怕冷，不敢下水，數次上岸，老者不怕冷而撩衣便過。”“淩”同“凌”，“淩冰”謂結冰。明萬曆《通州志》卷七《列傳·凌眼》：“至攝他邑篆，纖毫不苟，百姓輒呼爲淩氷。淩氷云蓋公凌姓，而氷則至潔也。”張存紳《雅俗稽言》卷五《彰明》：“冰从兩點，音迎，古凝字，與凌冰之冰仝體異音，凌去

聲。”李時珍《本草綱目》卷十一《石之五·凝水石》：“時珍曰：拆片投水中，與水同色，其水凝動。又可夏月研末，煮湯入瓶，倒懸井底，即成凌氷，故有凝水、白水、寒水、凌水諸名。”清王士禛《居易錄》卷上：“沈存中云：‘信安、滄景之間，冬月作小坐床。冰上拽之，謂之凌冰床。’今京師尚有此制，名凌車，其來遠矣。”乾隆五十年《涪州志》卷五《風土志·方言》：“水凍成冰曰凌冰。凌去聲。”嘉慶十八年《常德府志》卷四十二《列傳七·孝友》：“彭舜年，字百有，逢年弟，乾隆辛酉貢生。家貧，母病足，寒沍時愈劇，有告以大金色鯉烹食可痊者，遂敲凌氷求之，即得自舍旁潢潦中，以供母，沉疴頓起。”民國十五年《南川縣志》卷六《土音土語》、民國十五年《簡陽縣志》卷二十二《禮俗篇·方言》、民國二十一年《萬源縣志》卷五《教育門·方言》：“冰曰凌冰。”民國十八年《合江縣志》卷四《禮俗·方言》：“凌，積冰也，俗讀如令。下雪極冷曰落凌，水結成冰曰凌冰，溜結成條曰凌條。”郭沫若《女神·新月與白雲》：“白雲呀！你是不是解渴的凌冰？”又，清Adam Grainger《西蜀方言》（頁603）：“|冰。”即“ice”，“|”音“LEN⁴”，當即“凌”或“淩”。《川方彙編》（頁83）“凌冰”謂“（凌，讀令）冰”。《川方匯釋》（頁135）“凌冰”謂“冰”。《成都話》（頁135）“凌冰兒”謂“冰（多指薄冰）”。《重方》（頁199）“凌冰”音lin⁴bin¹，謂“冰、薄冰”。又，民國二十四年《雲陽縣志》卷十四《禮俗下·方言上》：“冰謂之凝冰。《正韻》：古文冰作仌，凝作冰，後人以冰代仌，以凝代冰。凝讀去聲。”

蜀語一讀“凝”如“淩”。姜亮夫《昭通方言疏證》(821條)“賸音如令”:“《説文》:‘賸,仌出也。’又作淩,力膺切,今昭人言滕冰,音如令。”條目及引證作“賸”,故疑“滕”爲“賸”形譌。參見“凝”條。

《大詞典》未收“凌冰”、“淩冰”。《方言大詞典》(頁5079)“凌冰”①“冰;冰塊;冰錐”,江淮官話、西南官話、湘語、贛語、客話。又(頁5758)“淋冰兒”謂“水面上結的一層薄冰”,西南官話。但蜀語不管冰厚薄,凡冰均稱凌冰。

抑 liu^{53}［liəu^{53}］

用手抓住或拖拉;糾纏。參《考釋》第473頁。《集韻·有韻》:“抑,捫也。”《康熙字典·手部》:“抑,《集韻》力九切,音柳,捫也。”引申指糾纏等。清Adam Grainger《西蜀方言》(頁213):“莫把我抑倒。”意即“don’t cling to my shoulder; don’t hang on my arm”,“抑”音“LIU^3”。傅崇矩《成都通覽·成都之土語方言》(頁264):“柳倒,言追索糾纏也。”周芷穎《新成都》第四章第二節《語言》(頁53):“柳倒鬧:言糾纏也。”“柳”爲“抑”音借。民國二十四年《雲陽縣志》卷十四《禮俗下·方言上》:“抑,跟也。《集韻》抑音柳。《蜀語》:‘捉之曰抑。’俗謂緊隨曰抑。”謂糾纏不去也。今蜀方言有“抑倒”、“抑倒鬧”、“抑倒費”等詞語。《成都話》（頁136）“抑”音［ĩiəu^{53}］，①“糾纏”，②“用手勾住或拖住”。《川方彙編》（頁150）記音作“綹”，謂“纏住。例：你綹到我幹啥子”；又（頁32）“端豆腐”例“幾個娃娃綹到要端豆腐”。《川方匯釋》（頁137）“綹”謂“糾纏”，又謂“‘綹’在‘糾纏’這個意義上也寫作‘糾’”。《川方》（頁275）“扭”音niu^{3}，謂“糾纏：這娃兒一天到晚把大人~倒”。《重方》（頁200）“扭”音liu^{3}，謂“糾纏”。按實即記作“糾”、“扭”而賦予“抑”的方言音義。

《大字典》（二/4/1963）“抑”音liǔ，謂“捫”，引《集韻》，未及其引申義。《大字典》未收。

《方言大詞典》（頁3257）“抑”，西南官話，③“糾纏”，④“用手勾住或拖拉”，⑦“捉”。

雺　落 lo^{21}［lo^{21}］

（雨、雪等）降落。參《考釋》第474頁。《說文·雨部》：“雺，雨雺也。从雨，各聲。”段玉裁注：“此下雨本字，今則落行而雺廢矣。”朱駿聲通訓定聲：“今以零落字爲之。《廣雅·釋詁二》：‘雺，墮也。’《釋訓》：‘雺雺，雨也。’亦重言形況字。”《廣雅·釋詁二》：“雺，墮也。”錢大昭疏義：“雺者雨之墮也。”《玉篇·雨部》：“雺，雨雺也。或作落。”清胡文英《吳下方言考》卷四《淫淫》：“今諺謂雨不止曰淫淫然零（同落）也。”范寅《越諺》卷上《語言·占驗之諺》：“九月十二零，晚稻燥皷皷；九月十二晴，晚稻瀟田塍。”民國十五年《簡陽縣志》卷二十二《禮俗篇·方言》：“下雨曰零雨。”民國二十年《湯谿縣志》卷三《民族·風俗附方言》：“天陰曰晻，有雨曰零雨。”

亦作“落”。前撰首引《子夜四時歌·冬歌》。清胡文英《吳下方言考》卷五《霰》：“許氏《說文》：‘霰，小雨也。’案霰，小雨貌。吳中謂小雨曰霰霰然落也。”郝懿行《證俗文》卷十七：“江西諺曰：豬來窮家，狗來富家，貓來孝家。又曰笑狗落雨。明江盈科《雪濤談叢》：‘余邑諺云：豬貓二物皆爲人忌，有至必殺之。而邑中博士張宗聖者，解曰：諺語正不爾，無足忌者。蓋窮家籬穿壁破，故豬來，非豬能兆窮也。富家飲饌豐，遺骨多，故狗來，非狗能兆富也。家多鼠蟲爲耗，故貓來，孝字則耗之譌，非貓能兆孝也。笑狗謂瘦狗，江西人呼瘦爲笑；落雨者，謂落尾，亦江西人讀字之譌也。余每觀狗之瘦者，尾必下妥。’”張解俗諺頗有見地，今蜀中市井亦有此諺，無知者亦曲爲附會矣[①]。同治八年《安仁縣志》卷四《風土·方言》：“雨曰落。土音落平聲。”唐訓方《里語徵實》卷中下：“落雨，凡日月星霜風露，皆言落。……獨雨言落少經見，惟《談薈》五月諺云：‘初一雨落井泉浮，初二雨落井泉枯，初三雨落連太湖。’雨言落，亦非俗，特於一二三日上用初字，真諺語也。”

① 唐樞《蜀籟》卷四（頁267）：“豬來窮，狗來富，貓兒來了開當鋪。”又云“笑狗要落雨”，則實以狗爲取笑對象，與贛語“笑狗謂瘦狗”不同。

其實，謂下雨爲落並不“少經見”。陳祥裔《巴渝竹枝詞》：“梅子初黃落雨天，插秧婦女滿山田。”孫錦標《通俗常言疏證·天文》：“江北小兒云：‘落雨落雪，凍殺老鼈。’”民國十八年《合江縣志》卷四《禮俗·方言》：“下雪極冷曰落凌。”民國二十一年《萬源縣志》卷五《教育門·方言》：“下雨曰落雨。”唐樞《蜀籟》卷四（頁218）：“笑狗要落雨。”毛澤東《浪淘沙·北戴河》詞：“大雨落幽燕，白浪滔天，秦皇島外打魚船。”《川方》（頁276）“落”音no^2，①“（雨、雪等）降落”。《川方匯釋》（頁139）“落雨”謂“下雨”。《重方》（頁201）“落雪”謂“下雪”，“落雨”謂“下雨”。

按《大字典》（二/7/4328）“零”謂“下雨。後作‘落’”，首引《說文》。但雪、饅頭等亦可謂“零”。如清范寅《越諺》卷上《借喻之諺》：“天零饅頭狗造化。”原注：“可遇不可求。”侯友蘭等點注：“零：下雨。”顯然這個釋義從《大字典》來，但與句義並不榫合。“零”謂落下，《廣雅》釋爲“墮”，則高度概括矣，故下雨、下雪亦稱“降雨”、“降雪”。《大字典》（二/6/3470）“落”（一）②“掉下；下降”，首引《爾雅》。

《大詞典》未收“零”字。又（9/480）“落₁”③“下降；下墜”，引三國魏應璩《與從弟君苗君胄書》：“雲重積而復散，雨垂落而復收。”未單列“下雨”義。

《方言大詞典》（頁6790）“零”謂“落雨”，西南官話。又（頁5930）“落”①“降下；從上面下來”，江淮官話、西南官話、吴語、粵語、閩語。

腡螺蠃鑼 lo^{21} [lo^{21}]

呈圓形的指紋[①]。《玉篇·肉部》："腡，《聲類》云：'手理也。'"《廣韻·戈韻》："腡，手指文也。"《龍龕手鏡·肉部》："腡，古蛙反，手理。又音螺，亦手中紋也。"《類篇·肉部》："腡，手文謂之腡。"明焦竑《俗書刊誤》卷十一："手足指紋曰腡。音羅。"李實《蜀語》（頁137）："手指文曰腡○腡音羅。"清陳元龍《格致鏡原》卷十二《身體類·手》引《事物紺珠》："腡，羅、窩二音，手指文。"[②]胡文英《吳下方言考》卷六《腡》："《聲類》：'腡，手理也。'案腡，手指旋文也，官文書謂之箕斗。吳諺云：腡多辛苦糞箕閒。"范寅《越諺》卷中《身體》："腡，羅，指頭圓文。東坡文作'螺'。《廣韻》。"道光二十一年《遵義府志》卷二十《風俗》、光緒二十一年《敘州府志》卷二十一《風俗》、民國十年《新修合川縣志》卷三十《風俗·方言》、民國二十三年《華陽縣志》卷五《禮俗·方言》、民國三十七年《貴州通志·風土志·方言》："手指文曰腡。音羅。"光緒三年《黃巖縣志》卷三十二《風土·謠諺·方言》："指紋曰腡。"Adam

① 非圓形指紋俗稱"筲箕"。清范寅《越諺》卷中《身體》："篛箕。上，燒。指頭不圓紋。"謂上字"篛"音"燒"。

② 清桂馥《札樸》卷九《身體》："指紋曰蝸牛。"原注："或作腡由。"則"腡"確有"窩"或"蝸"音。

Grainger《西蜀方言》（頁433）："十腡全，中狀元。"謂"if you have circular strice on the points of your fingers you will become 'chuang-üen.'"。張慎儀《蜀方言》卷上（頁286）："指紋曰腡。……通作蝸。蘇軾文：齊安王几上善石，其文如指上蝸。"民國《息烽縣志》卷二十九《風土志·方言》："謂手指紋曰腡。"民國十五年《南川縣志》卷六《土音土語》："指文曰腡（土音若樂）。"蜀方言"樂"音同"羅"。民國二十一年《萬源縣志》卷五《教育門·方言》："手指紋曰腡，音羅。"民國二十一年《南溪縣志》卷四《禮俗下·方言》："俗謂指文圓者爲腡腡，缺者爲筲箕。"民國二十三年《恩平縣志》卷四《輿地三·風俗·方言》："指端文曰腡。音螺。又謂手指籮。"民國二十三年《樂山縣志》卷三《方輿志·方言》："指紋圓者曰腡（音羅），指紋斜者曰箕。"民國二十四年《麻城縣志續編》卷一《疆域·方言》："手指紋曰腡。音羅。"民國二十八年《巴縣志》卷五《禮俗·方言》："今指文有箕斗，箕文爲箕，螺文爲螺，專名祇一腡字。"民國三十一年《西昌縣志》卷五《禮俗志·方言》："手指文圓者曰腡（音羅），缺者曰筲箕。"民國三十三年《長壽縣志》卷四《風土·方言》："指紋曰腡。音羅。"

又作"螺"。宋蘇軾《東坡志林》卷四《赤壁洞穴》："岸多細石，往往有温瑩如玉者，深淺紅黄之色，或細紋如人手指螺紋也。"袁文《甕牖閒評》卷五："蘇東坡既作《怪石供》，及記赤壁洞穴乃云：'黄州守居之數百步爲赤壁，遇風浪靜，輒乘小舟至其下。捨舟登岸，岸多細石，往往有温潤如玉者，深淺紅黄之色，或細紋如人手指螺紋也。’”此節引蘇文。翟灝《通俗編》卷三十六《雜字·腡》：“音螺。《廣韻》：‘手指紋也。’按東坡文：‘齊安王几上美石，其文如指上螺。’只作螺字。”民國二十八年《巴縣志》卷五《禮俗·方言》：“今指文有箕斗，箕文爲箕，螺文爲螺，專名祇一腡字。”姜亮夫《昭通方言疏證》（987條）：“今昭人謂手指紋圓正者曰螺，夭邪者曰筲箕，俗以螺爲之，取其有旋紋也。”亦指足趾紋。《太清神鑑》卷五《論足》：“足下細軟而多紋者，貴相也；麄破而無紋者，貧賤。……足下有紋如人形者，貴壓千官；有三策紋者，福而禄；有螺紋者，富而貴。兩小指無則是貧也，兩小指皆有謂之十螺紋，主性節愺，十指皆無螺紋者多破散矣。”又，《廣韻·戈韻》落戈切，“腡”“螺”同一小韻；又《歌韻》“羅”音魯何切；又《鐸韻》“樂”音盧各切：今蜀方言並音［lo^{21}］。

或作“鸁”。《淮南子·本經》：“冠無觚鸁之理。”高誘注：“觚鸁之理，謂若馬目籠相連干也。言無者，冠文取平直而已也。鸁讀指端鸁文之鸁。”清光緒二十四年《嘉應州志》卷七《方言》：“手指文謂之鸁。案《廣韻》：‘腡，手指文也。’腡通作鸁。”楊樹達《長沙方言考》二《鸁文》：“《淮南·本經篇》高注云：‘鸁讀指端鸁文之鸁。’按指端鸁文，今長沙語猶然。”姜亮夫《昭通方言疏證》（987條）：“《淮南·本經訓》高誘注‘鸁讀爲指端鸁文之鸁’，則漢人固用鸁字也。”

俗亦作“鑼”，或因其形圓似鑼之謂也。唐樞《蜀籟》卷一

（頁8）：“一鑼窮，二鑼富，三鑼四鑼開當鋪。”

按今蜀語箕紋謂“筲箕”，腡紋兒化謂“腡兒”，重言並兒化謂“腡腡”、“腡腡兒”。《川方彙編》（頁157）“籮籮”②“斗紋”。《成方》（頁126）“籮籮兒”②“圓形的指紋”。《重方》（頁201）“螺螺兒”音lo[2]lor[1]，謂“螺旋形的指紋，即斗。與之相對的叫‘筲箕’，即簸箕形的指紋”。按“簸箕”爲圓形，與“筲箕”非同一物，形狀並不相同，所釋不確。

《現漢》“脶（腡）”謂“手指紋”，“螺”②“螺旋形的指紋”。實則“脶（腡）”、“螺”同詞異形，釋義當一致。《大字典》（二/4/2239）“腡”謂“指紋”，首引《玉篇》；《大詞典》（6/1331）“腡”音luó，謂“指紋”，引清和邦額《夜譚隨錄》。又《大字典》（二/5/3081）“螺”⑦、《大詞典》（8/954）“螺”⑧均謂“螺旋形的指紋”，引宋蘇軾《前怪石供》。按以上均爲同詞異形。“腡”謂“指紋”，應是渾而言之，析言當與“螺”同指圓形指紋。兩大辭書餘均未及。

《方言大詞典》（頁5674）“腡腡兒”謂“圓形指紋”，西南官話。

鑹鍋　羅鍋　鑼鍋 lo[21]go[55]［lo[21]ko[55]］

軍中煮飯的一種深沿大平底鍋。參《考釋》第476頁。《康熙字典·金部》：“鑹，《唐韻》魯戈切，《集韻》、《韻會》盧戈切，並音贏。……《集韻》或作鸁、鏍。《字彙》譌作鑹。”

又："鸁，《字彙》力戈切，音羅。銼鸁，小釜。"又："鑹，《字彙》魯戈切，音羅，小釜。一曰温器。按即鑹字之譌。"清桂馥《札樸》卷九《鄉里舊聞·器具》："小釜曰鑹鍋。"又卷十《滇游續筆·鑹鍋》："行者腰繫銅器，就水采薪煮飯，謂之鑹鍋。案《通典》'獠俗，鑄銅爲器，大口寬腹，名曰銅爨，既薄且輕，易於熟食'是也。"張慎儀《蜀方言》卷下（頁325）："軍中小釜曰鸁鍋。《字彙》：鸁，力戈切，音羅。銼鸁，小釜。鑹同。今作鑼，非。"民國十五年《簡陽縣志》卷二十二《禮俗篇·方言》："軍中小釜曰鸁鍋。""鸁"同"鑹"。姜亮夫《昭通方言疏證》（1850條）："鑹鍋、鑼鍋，桂馥《札樸》卷十：'行者腰繫銅器就水采薪煮飯謂之鑹鍋。'案《通典》：'獠俗，鑄銅爲器、大口寬腹名曰銅爨，既薄且輕易於熟食'是也，昭人或以鑼爲之，聲借字也。"據以上文獻，"鑹鍋"爲小釜。但軍中所用，因其人多，恐爲大釜（見下引《清會典》）。民國二十年《太谷縣志》卷四《方言》："小釜曰鍋，大釜曰鑹。"是矣。

又作"羅鍋"。明嘉靖元年刻本《三國志通俗演義》卷十："馬上有稍帶得羅鍋的，也有村中擄得糧米的，便就山邊揀乾處埋鍋造飯。"今本多作"鑼鍋"。蔡清《四書蒙引》卷十五、顧夢麟《四書説約》卷二十《孟子七》："又有羅鍋之類，行以爲羅，爨以爲鍋。"清雍正《四川通志》卷十九："其地東至馬超墳接壤，南至白馬堡接壤，西至上保子接壤，北至羅鍋庄接壤。"以"羅鍋"名莊，或其形似之，或因産羅鍋著名矣。乾隆二十三年《畢節縣志》卷五《營汛志·軍器》："長鎗五十八根，羅鍋一百十七口，弩弓二十二張。”清嘉慶二十年《羅江縣志》卷十七《兵制志》：“並無額設砲位寬敞地畝，其火藥、口彈、羅鍋、帳房、旗幟在營存貯。”

亦作“鑼鍋”。“鑼”爲“羅”增旁字。元楊允孚《灤京雜詠》詩：“皮囊乳酒鑼鍋肉，奴視山陰對角羊。”明范欽編《嘉靖事例》：“旗軍自備鑼鍋柴薪，作飯食用。”朝鮮時代漢語教科書《原本老乞大》：“那的之後，鑼鍋安了者，疾忙茶飯做者。”清來保《平定金川方略》卷十九十二月乙未經略大學士傅恒奏言：“至臣應得各項，除鑼鍋帳房之外，一無所取，以服衆心。”西清《黑龍江外記》卷四：“鑼鍋，蓋刁斗類也。”光緒朝《大清會典事例》卷七百五十七：“道光三年諭，御史龔綬奏請查禁私銅以裕鼓鑄一摺……如該御史所奏，滇省姦商盤踞各廠，鑄銅爲鑼鍋，轉發各處行銷，每件重三四十斤，形質粗具，謂之鑼鍋銅。”“鑼鍋”既重三十四斤，諒非小釜也。今川北等地仍謂一種平底深沿的大鍋爲“鑼鍋”。紀國泰《〈蜀方言〉疏證補》（頁289）：“筆者幼時即聞有‘鑼鍋’一語，但據說是指軍中的行軍鍋，即軍隊臨時支起鍋竈煮飯所用的大鍋。”謂聞“鑼鍋”指“軍中的行軍鍋”、“大鍋”，是矣；但云“其形狀與‘籮筐’相似。疑此軍中大鍋爲‘籮鍋’，以其形似籮筐而得名”，則臆說耳。《正字通·金部》：“鑼，築銅爲之，形如盂，大者聲揚，小者聲殺。”疑軍中當用大者。宋趙彥衛《雲麓漫鈔》卷九：“軍中以鑼爲洗，正如秦漢用刁斗可以警夜，又可以炊飯，取其便耳。”明顧起元《客座贅语》卷一《辨訛》：“刁斗，以銅爲之，軍中用，晝炊，擊以行夜。”

又，清蒲松齡《日用俗字·器皿章第六》："銅爐鏍羅鍋鐍菊破盞，匠人鈀斗換牀牕光。""鏍鍋"同"羅鍋"、"鑼鍋"。

又，清高靜亭《正音撮要》卷二《身體》："前雞胸，後鑼鍋，後背凸起。"此指駝背，謂其後背像背了一口鑼鍋，今蜀語亦謂"背鍋子"。民國四年《寬甸縣志略·風俗略·土語》："羅鍋，駝背。"民國二十年《元氏縣志·風土·方言》："羅鍋，腰曲背隆起。"電視劇《宰相劉羅鍋》，即得名於清乾嘉時著名政治人物、書法家劉墉晚年人老背駝，人稱劉駝子或劉羅鍋的綽號。

《大詞典》（11/1433）"鑼鍋"謂"亦作'鏍鍋'。軍中用具。鍋、鑼兩用：白天燒飯，晚間報更"，引《蜀語》、《三國演義》等例。後世"鑼鍋"之用，即秦漢之"刁斗"也。又（1437）"鏍"音luó，謂"見'銼鏍'"。

《方言大詞典》（頁7522）"鏍鍋"①"大而深的鍋"，冀魯官話；②"小鍋"，中原官話、西南官話。又（頁6586）"鑼鍋"謂"銅鍋"，西南官話，此別一義。

髚腮鬍　鬧腮鬍　落腮鬍　絡腮鬍　落耳鬍
絡耳鬍 $lo^{21}sai^{55}/lo^{213}er^{53}fu^{21}$ [$lo^{21}sai^{55}/lo^{213}ər^{53}fu^{21}$]

腮上多鬚。《集韻·效韻》："髚，多須皃。"《康熙字典·髟部》："髚，《集韻》女教切，音鬧。《類篇》：'多須貌。'"

明李實《蜀語》（頁103）：“多須曰鬔腮○須，俗作鬚。鬔音鬧。”黃仁壽等校注：“蜀中俗語稱多鬚爲‘鬔腮鬍’，至今猶然。”清桂馥《札樸》卷九《鄉里舊聞·身體》：“腮多鬚曰鬔。”唐訓方《里語徵實》卷中上：“多須曰鬔腮。須俗作鬚。鬔音鬧。《類篇》：‘多須貌。’世謂鬔腮鬍子。鬍，《虞衡志》作㲘，毛口故鬍也。”按“㲘”不見於今本《桂海虞衡志》，而見於周去非《嶺外代答》卷四《俗字》：“㲘，音鬍，言多髭。”據趙與時《賓退錄》卷五爲“《嶺外代答》於此外又記五字”之一[①]，唐氏或誤記矣。清道光二十一年《遵義府志》卷二十《風俗》、光緒二十一年《敘州府志》卷二十一《風俗》、民國十年《新修合川縣志》卷三十《風俗·方言》、民國二十四年《蓬溪縣近志》卷七《風土篇·方言》、民國二十六年《犍爲縣志·居民·言語·方言》、民國三十七年《貴州通志·風土志·方言》：“多鬚曰鬔（音鬧）腮。”光緒八年《黎平府志》卷二下《風俗·方言》：“多鬚曰鬔（音鬧）腮鬍。”張慎儀《蜀方言》卷上（頁279）：“多鬚曰鬔腮。《集韻》：鬔，女教切，音鬧。”民國二十一年《萬源縣志》卷五《教育門·方言》：“多鬚曰鬔腮鬍。鬔讀鬧。”民國十五年《簡陽縣志》卷二十二《禮俗篇·方言》：“多鬚曰鬔腮鬍。鬔音鬧。”民國二十三年《樂山縣志》卷三《方輿志·方言》：“面無見膚曰鬔腮鬍。”民國二十四年《雲陽縣志》卷十四《禮俗下·方言上》：“多須曰鬔腮。”姜

① 《大字典》（二/4/2139）引趙與時《賓退錄》卷五：“㲘，音鬍。言多髭也。”然趙氏明引《嶺外代答》，故《大字典》引文出處標示欠詳確。

亮夫《昭通方言疏證》（1057條）：“昭人言腮多鬚曰鬔，山左有之，或曰鬔腮鬍。”

亦有徑作“鬧腮”、“鬧腮鬍”者。《白雪遺音》卷三《鬧腮鬍》：“佳人房中把被鋪，想起兒夫淚如蘇，別人兒夫多風俊，奴的兒夫鬧腮鬍。到晚來，他與奴家同牀睡，恰賽水墨鍾馗圖。鬍子聽，笑哈哈，開言便叫美姣娥：西施女，來獻吴，吴王是個鬧腮鬍；王昭君把番和，眼巴巴捨不的劉王鬧腮鬍；楊貴妃酒醉深宫內，安祿山也是個鬧腮鬍；鳳儀亭上的貂蟬女，嫁與了董卓也是個鬧腮鬍。四大美女都是有名的，自古以來就嫁蠢夫，何況你與我？”唐樞《蜀籟》卷二（頁96）：“學剃頭就碰倒鬧腮鬍。”民國三十二年《沿河縣志》卷十三《風土志·方言》：“多鬚曰鬧腮。”

又作“落腮鬍”。元馬致遠《岳陽樓》第四折：“扇圈般一部落腮鬍，更狠似道錄，馬頭前不慌殺了賀仙姑。”《水滸傳》第十三回：“楊志看那人時，身材凜凜，七尺以上長短，面圓耳大，唇闊口方，腮邊一部落腮鬍鬚，威風凜凜，相貌堂堂。”《金瓶梅詞話》第五十八回：“只見那溫必古，年紀不上四旬，生的端莊質樸，落腮鬍，儀容謙仰，舉止溫恭。”明徐元《八義記》第二齣：“環一雙團團圞圞光眼睛，生一部扢扢皺皺落腮鬍。”《儒林外史》第四回：“外面走進一個人來，方巾闊服，粉底皂靴，蜜蜂眼，高鼻梁，落腮鬍子。”姜亮夫《昭通方言疏證》（1069條）：“《詩·盧令》：‘其人美且偲’鄭：多鬚之貌。今昭人言羅偲，或落偲鬍是也。”又，清梁同書《直語補證·老臊胡》：“俗以多髯連鬢者爲落腮鬍，其實非也。《五燈會元》：宣鑒禪師云：‘達摩是老臊胡，釋迦老子是乾矢橛，文殊、普賢是擔屎漢。’胡人頷下多髯，故俗有此稱。”或爲一說。

亦作“絡腮鬍”。《三寶太監西洋記通俗演義》第三十六回：“咬海幹正在人困馬乏之時，攔頭站着一員大將，老虎頭，雙環眼，卷毛鬢，絡腮鬍，騎一匹銀鬃抓雪馬，使一張大杆豹頭刀，原來是征西左先鋒張計。”《濟公全傳》第一百六十八回：“頭裏走的那個，身高九尺，大腦袋，項短脖粗，面如藍靛，髮如朱砂，凶眉惡眼，連鬢絡腮鬍鬚。”《鏡花緣》第三十二回：“再朝嘴上一看，原來一部鬍鬚，是個絡腮鬍子！”清高靜亭《正音撮要》卷二《身體》：“絡（？）腮鬍子，大亂鬍鬚。”“絡腮胡子”、“落腮胡子”今已爲通語。

又記音作“澇腮鬍子”、“浪腮鬍”。《三寶太監西洋記通俗演義》第四回：“這號碧峰長老的時節，長老已自約有二十上，三十下，一嘴的連鬢澇腮鬍子！”又：“卻說碧峰長老一嘴連鬢澇腮鬍子，人人都說道：‘長老何事削髮留鬚？’”《說唐後傳》第十回：“面如紅棗浪腮鬍，兩道青眉豹眼珠。”

蜀語說“落耳鬍”。清Adam Grainger《西蜀方言》（頁581）：“落耳鬍。”謂即“whiskers”。亦作“絡耳鬍”，又說“竄臉鬍（串臉鬍）”[①]。民國二十一年《南溪縣志》卷四《禮俗下·

① 參見《川方》49頁。劉成禺《世載堂雜憶·梁節庵之鬍與辮》：“梁節庵鼎芬師，鬍子名滿天下。鬍子原委，人多未知。梁自參劾李鴻章封事上後，革去翰林，歸南海，委家於文芸閣，年二十七，即乙酉歲也。粵中大書院，欲延爲山長，多謂其年少不稱。節庵曰：‘此易辦耳，愛少則難，愛老則易。’遂於二十九歲丁亥立春日，毅然蓄鬍。粵中名流賀之，廣設春筵，稱‘賀鬍會’。節庵之串腮鬍，從此飄然於南北江湖，而終於梁格莊，作攀髯之髯叟矣。”“串腮鬍”即蜀語之“竄臉鬍”矣。

方言》："絡耳鬍、鬞腮鬍，鬞音鬧，謂多髯連耳際也。"《川方》（頁278）"絡耳鬍"謂"落腮鬍"。《川方彙編》（頁29）"絡耳鬍"①"密鬍鬚。例：待詔怕遇絡耳鬍"。舊時蜀語稱理髮師爲"待詔"。《成都話》（頁137）"絡耳鬍"音[l̃o^{213}ər^{53}fu^{21}]，謂"絡腮鬍子。又說'絡腮鬍'"。《成方》（頁126）"絡耳鬍"云等於"絡腮鬍"、"竄臉鬍"，①"連着鬢角的鬍子"，②"稱長有這種鬍子的人"。《重方》（頁202）"絡耳鬍"音lo^{4}er^{3}fu^{2}，①"絡腮鬍"。

《大詞典》（12/753）"鬞"音nào，謂"多鬚貌"，首引《蜀語》。又（724）"鬧腮鬍"謂"絡腮鬍子"，引《白雪遺音》。又（9/832）"絡腮鬍子"謂"連着鬢角的鬍子"，首引魯迅《花邊文學》。餘則未及。《現漢》"絡腮鬍子（落腮鬍子）"謂"連着鬢角的鬍子"。

《方言大詞典》（頁7230）"鬞腮胡須"謂"絡腮胡子"，江淮官話。又（頁3602）"鬧腮胡"謂"連鬢胡子"，晉語。又（頁5948）"落偲胡"、又（頁4550）"絡兒胡"、"絡耳胡"均謂"絡腮胡子"，西南官話。

纙 lo^{213} [lo^{213}]

絲縷不均或相疊。《說文·糸部》："纙，不均也。从糸，羸聲。"《玉篇·糸部》："纙，相足也，不紃也，不均也。"《廣韻·過韻》："纙，不細也，又不均也。"周祖謨校："細，北宋本、巾箱本、黎氏所據本作訓。案訓當是紃字之譌。原本《玉篇》纙下引《說文》云：'不紃也。'是其證。不紃者，不均順也。張改訓爲細，不允。"恐"細"爲"紃"誤刊，非"張改訓爲細"。《六書故》卷三十《工事六》："纙，絲一挎謂之纙。""絲一挎"猶絲一把，謂絲縷相聚成把也。《康熙字典·糸部》："纙，《廣韻》魯過切，音臝。《說文》：'不均也。'《廣韻》：'不細也。'《集韻》作'纙'。《字彙補》譌作'纙'，非。""細"爲"紃"形譌。又："纙，《集韻》盧臥切，音摞。《類篇》：'不均也。'一曰絲有落。"明李實《蜀語》（頁161）："踈縷相聚不均曰纙○纙，郎佐切，音螺去聲，讀若懦。凡布白不密緻者，或經浣洗則縷聚成絡，故謂之纙。《說文》：'不均也。'""密緻"謂細密，就疏密而言，非就顏色着眼，蜀方言"白"、"帛"同音[pe²¹]，"布白"當"布帛"之誤。清唐訓方《里語徵實》卷上："疎密不均曰纙。"又引申爲凡疊之稱，記音作"摞"。《川方彙編》（頁175）"摞"音luǒ，謂"重迭。例：重起摞起地放"；又（頁157）"起摞摞"謂"很多之意。例：問題多得起摞摞"，意即一個疊一個，與絲縷不均相疊義近。《四川方言方音表》"纙"音lò，謂"迭"①。按"纙"、"螺去聲"、"懦"、"摞"，今蜀方言並音[lo²¹³]，義存。

《大字典》（二/6/3702）"纙"音luò，①"不均"，引《說文》。又（6/3470）"落"（一）⑳"量詞。摞；疊"，引《古代兒歌資料·北京兒歌》："公公拿着一落磚。"按已見於《龍

① 唐樞《蜀籟》，1982年8月新1版附。

圖耳錄》第五回："到了屋內，只見一落一落的瓦盆，堆的不少。"如就音而言，已見於清蒲松齡《日用俗字·泥瓦章第十二》："瓦磚甋石填心搡嗓，發陏絢還用一摞羅坯。"又《大字典》（二/4/2061）"摞"②"量詞。如：一摞碗；一摞書；一摞帽子"，無書證。

《大詞典》（9/480）"落"㉘"摞；疊。如：把碗落在一起"，無書證。又（6/834）"摞₁"音luò，②"把東西重疊地往上放"，首引梁斌《紅旗譜》。《現漢》"摞"①"把東西重疊地往上放"，②"用於重疊放置的東西"。

《方言大詞典》（頁7514）"纙"謂"疏密不均勻"，西南官話、贛語。

滽淞雨　濛鬆雨　濛淞雨

long^{213}song^{213}/mong^{21}song^{55}yu^{53}［loŋ^{213}song^{213}/moŋ^{21}soŋ^{55}y^{53}］

時晴時雨。明李實《蜀語》（頁27）："乍晴乍雨曰滽淞雨〇滽淞音弄送。"此"滽淞雨"首見著錄。清道光十七年《永寧州志》卷十《風土志·方言》、咸豐元年《安順府志》卷十五《風俗·方言》："乍晴乍雨曰滽淞雨。"道光二十一年《遵義府志》卷二十《風俗》、光緒二十一年《敘州府志》卷二十一《風俗》、民國十年《新修合川縣志》卷三十《風俗·方言》："乍晴乍雨曰滽淞（音弄送）雨。"民國二十四年《麻城縣志續編》卷一《疆域·方言》："乍晴乍雨曰浵淞。音弄送。"此實採《蜀語》，"淞"下當奪"雨"字。咸豐四年《興義府志》卷四十二《風土志·方言》、民國三十七年《貴州通志·風土志·方言》同，又："乍晴乍雨曰籠鬆雨。""浵淞雨"、"籠鬆雨"聲調有別。蔣禮鴻《〈義府續貂〉補》："《蜀語》又云：'乍晴乍雨曰浵淞雨，音弄送。'按：嘉興謂作弄人曰弄送，音正如之，蓋亦如雨之乍晴乍作，令人應付爲難也。"[①]據光緒八年《黎平府志》卷二下《風俗·方言》："戲侮人曰浵淞。音弄送。"蔣說或是。

又作"濛鬆雨"。宋高觀國《竹屋癡語·夜合花》："斑駁雲開，濛鬆雨過，海棠花外，寒輕湖山，翠暖東風，正要新晴。"此亦寫乍雨乍晴。民國三十七年稿本《興義縣志》第十一章《社會》第一節《語言·漢語方言》："乍晴乍雨曰濛鬆雨。""濛鬆雨"音近"浵淞雨"。又，宋李廌《濟南集》卷三《蚩蚩》："氓之蚩蚩不足數，四月五月濛鬆雨。"元劉君錫《來生債》第一折："東南上雲布起來了，我說麼下濛鬆雨兒了呀。"《白雪遺音》卷二《濛鬆雨兒》："濛鬆兩兒下得細，你我相交原不在一時。"按《霓裳續譜》卷四《雜曲［寄生草］》作"濛淞雨"。清高靜亭《正音撮要》卷二："濛鬆雨，密雨絲。"光緒九年《文水縣志》卷三《民俗志·方言》："小雨曰濛鬆雨。"或別一義。

---

① 《杭州大學學報》1989年第4期。甄尚靈、張一舟先生《〈蜀語〉詞語的記錄方式與〈蜀語〉音注所反映的音類》："按浵（《廣韻·去·送》盧貢切，'水名'）淞（《廣韻·平·鍾》祥容切，又先恭切，'凍落貌。'）與'乍晴乍雨'義無關，殆借同音而又含水旁（與雨有關）的字以書寫之。"參見《李實學術研討會文集》，語文出版社，1996年7月第1版，第33頁。

亦作“濛凇雨”。民國《普安縣志》卷十《風土志·方言》:“乍晴乍雨曰濛凇雨。”又，清陳大章《玉照亭詩鈔》卷十五敝帚後集四《春晚》:“料峭風侵骨，濛凇雨濕衣。”光緒二十年《重修五河縣志》卷三:“霧重如雨，俗謂之濛凇。諺曰:雨前濛凇雨不大，雨後濛凇不得罷(謂仍有雨也)。按凇音鬆。”或別一義。宋張邦基《墨莊漫録》卷四《霿凇》:“曾子固之齊州，有《冬夜》詩云:‘香清一榻氍毹暖，月淡千門霿凇寒。’又有《霿凇》詩云:‘園林初日靜無風，霿凇開花處處同。記得集英深殿裏，舞人齊插玉籠鬆。’蓋謂是也。東坡在定武《送曾仲錫》詩亦云:‘斷蓬飛葉落黄沙，衹有千林鬖凇花。應謂王孫朝上國，珠幢玉節與排衙。’亦謂此也。‘霿凇(音夢送)’、‘鬖鬆’，皆同音。”明陳士元《俗用雜字》:“細雨如霧曰霿凇。曾南豐《冬日》詩有霿凇字。《黄氏日抄》霿凇，音夢送。”焦竑《俗書刊誤》卷六:“霿凇音夢送，見曾南豐《冬日》詩。”是“凇”音“送”。方以智《通雅》卷十一《天文》:“智按今《唐韻》凇在平聲，别有凇在送韻。”

《大詞典》未收。但(6/160)“濛鬆”謂“迷茫貌”，引《京本通俗小説·西山一窟鬼》“風摇動，雨濛鬆”，清龔自珍《卜算子》詞“花影濛鬆細步回”。“濛濛鬆鬆”謂“細雨迷茫貌”。

《方言大詞典》(頁5089)“湃凇”謂“乍晴乍雨”，江淮官話(引《麻城縣志續編》)、西南官話。按《麻城志》實採《蜀語》，上已校“凇”下奪“雨”字，以“湃凇”立目恐未是。又

（頁5090）“漭淞雨，時晴時下的小雨”，江淮官話、西南官話。因不察“漭淞”下奪字，故以“乍晴乍雨”爲釋，而“漭淞雨”衹好畫蛇添足謂“時晴時下的小雨”，與《蜀語》及清以來方志著錄義不侔矣。

鏤餿 漊溲 lou^{21}sou^{55}［ləu^{21}səu^{55}］

邋遢；骯髒。《禪真逸史》第二十五回：“吳恢道：‘是了，看此鏤餿光棍，豈不是個賭賊？快快上起夾棍來！’”“鏤”或當作“螻”。《周禮·天官·內饔》：“牛夜鳴則庮；羊泠毛而毳，羶；犬赤股而躁，臊；鳥皫色而沙鳴，貍；豕盲眂而交睫，腥；馬黑脊而般臂，螻。”鄭玄注：“螻，螻蛄臭也。”孔穎達疏：“云‘螻，螻蛄臭也’者，以《內則》‘螻’爲漏脫字，於義無所取，故轉爲螻蛄字，螻蛄則有臭。”《禮記·內則》“馬黑脊而般臂，漏”鄭玄注：“漏當爲螻，如螻蛄臭也。”謂馬身上發出如螻蛄般臭味。又《玉篇·食部》：“餿，飯壞也。”餿謂飯經久變味。故“螻餿”謂如螻蛄飯壞一般的臭味，形容邋遢、骯臟。亦作“漊溲”。民國十七年《長壽縣志》卷四《人事部·方言》：“汙濁曰漊（音樓）溲（音收），又曰骯（卬陽平）髒（音張）。”

今蜀方言“僂”、“僂傚”並用，意思基本相同。並可以ABB、AABB式構詞。《川方》（頁279）“僂（褸、宴、樓）”

①“骯臟，川東多只有此義”，②“亂，很不整齊”，③“寒磣；不體面；丟臉”；又（頁280）“僂儌”謂“同*僂垮”，而（頁279）“僂垮”謂“同*僂①②，程度略深”；“僂儌儌”謂“同*僂垮垮”。今亦説“僂僂僂儌”。《川方匯釋》（頁138）“婁搜”謂“衣衫襤褸，精神不振”。《成都話》（頁137）“婁”音［l̃əu²¹］，謂“又説‘婁溲’”，①“邋遢，不愛整潔”，②“粗俗”。《重方》（頁202）“婁”音lou²，謂“形容衣着不整”，又（頁203）“婁垮”、“婁垮垮”均謂“同‘婁’”；又“婁餿”音lou²sou¹，謂“形容衣着不整潔”。宋子然《四川方言詞義證古》謂“四川方言稱人邋遢、粗俗爲‘婁’或‘婁溲’。按‘婁溲’當屬連語，或駢或單，詞義相同，即或曰‘婁’，或曰‘溲’，或曰‘婁溲’，大意不差”，並認爲《蜀語》“不精彩曰傟”之“傟”即“溲”，引《方言》及郭注，謂“隴右人曰傟，蜀人曰溲，皆是懶散、邋遢、不精彩之義”[①]。

《大詞典》未收。《方言大詞典》（頁6299）“漊”④“臟；不整潔”。又（頁6300）“漊擻”謂“臟；不整潔”。又（頁5564）“僂”②“骯臟；臟亂”，③“寒磣；丟臉”。又“僂儌”謂“較骯臟；較雜亂”。又（頁4458）“婁餿”①“邋遢；不講衛生”。又“婁溲”①“見‘婁餿’①”。又（頁6401）“樓餿”①“寒酸”，②“行爲不良”。以上均爲西南官話，同詞異形。

① 《古漢語詞義叢考》，巴蜀書社，2000年8月第1版，第131頁。

漏天 $lou^{213}tian^{55}$ [$lǝu^{213}t‘ian^{55}$]

天多雨而少晴。《正字通·大部》“天”字注：“《地志》：蜀卭僰山後，四野無晴日，曰漏天。杜甫詩‘地近漏天終歲雨’。”《康熙字典·大部》“天”字下亦云：“地名。《蜀地志》：蜀卭僰山後，四野無晴日，曰漏天。杜甫詩‘地近漏天終歲雨’。”明徐應秋《玉芝堂談薈》卷十九：“杜詩‘地近漏天終歲雨’注：梁益之間四時多雨，俗稱漏天。”以上文獻所引杜詩不見於今本，或誤植。《四庫全書》本《集千家注杜工部詩集》卷二《九日寄岑參》“安得誅雲師，疇能補天漏”注：“趙曰：蜀地有名漏天，古詩‘地近漏天終歲雨’。”宋黄希等《補注杜詩》卷一引注“趙曰”亦同。《錦繡萬花谷》前集卷一：“漏天，蜀有地名漏天。古詩‘地近漏天終歲雨’（出杜詩注）。”明彭大翼《山堂肆考》卷四《蜀西天漏》：“雅州在蜀之西，其地陰盛常雨，如天之漏，名曰漏天。古詩‘地近漏天終日雨’，杜詩‘鼓角漏天東’。”則實出前人注杜詩引“古詩”，而非“杜甫詩”。唐杜甫《陪章留後侍御宴南樓》詩：“朝廷燒棧北，鼓角漏天東。”見《集千家注杜工部詩集》卷九、《杜詩詳注》卷十二，仇兆鰲注謂“舊作滿。《正異》及《英華》皆作漏”。《全唐詩》卷二百二十七“漏”作“滿”，非是。《朱子語類》卷一百四十《論文下》：“杜詩最多誤字，蔡興宗《正異》固好而未盡，某嘗欲廣之，作杜詩考異，竟未暇也。如‘風吹蒼江樹，雨洒石壁来’，樹字無意思，當作去字無疑，去字對来字。又如蜀有漏天，以其西北陰盛常雨，如天之漏也，故杜詩云‘鼓角漏天東’，後人不曉其義，遂改漏字爲滿。”則朱子所見本已誤，《全唐詩》失校。仇兆鰲注：“《寰宇記》：‘邛都縣漏天，秋夏長雨，僰道有大漏天、小漏天。’趙曰：漏天在雅州。”又子美《水檻遣心（一作興）二首》之二“蜀天常夜雨，江檻已朝晴”仇注：“蜀中雅州常多陰雨，號曰漏天。”《文選·鮑照〈苦熱行〉》“日月有恒昏，雨露未常晞”呂延濟注：“歊暑之氣上蔽日月，而越嶲地有漏天，冬夏常雨露不乾。”唐李吉甫《元和郡縣志》卷三十四《唐興縣》：“窮年密霧，未嘗覩日月輝光，樹木皆衣毛深厚，時時多水濕，晝夜沾灑，上無飛鳥，下絶走獸，惟夏月頗有蝮虵，土人呼爲漏天也。”宋樂史《太平寰宇記》卷八十《劍南西道九》：“漏天，秋夏常雨，故曰漏天。”晁說之《晁氏客語》：“雅州蒙山常陰雨，謂之漏天。産茶極佳，味如建品。純夫有詩云：‘漏天常洩雨，蒙頂半藏雲。’爲此也。”王象之《輿地紀勝》卷一百六十三《敘州·景物下》：“小漏天，在宜賓縣，四時霖淫不絕，俗謂之小漏天。”《朱子語類》卷八十六《禮三》：“古語云：‘蜀之日，越之雪。’言見日少也，所以蜀有漏天。古語云：‘巫峽多漏天。’老杜云：‘鼓角漏天東。’言其地常雨，如天漏然。”明嘉靖《洪雅縣志》卷五《藝文志》載毛起《贈東明府奬勸序》：“山濃雲淋，雨不時至，古謂之漏天者也。”陳士元《俚言解》卷一《漏天》：“俗憾久雨不晴謂之天漏。杜詩‘鼓角漏天東’，又‘猛欲誅雲師，疇能補天漏’。又‘地近漏天終歲雨’，注云：‘梁益四時多雨，俗稱漏天。’”夏樹芳《詞林海錯》卷五《漏天》：“戎州，《宜賓志》：大黎、小黎二山，朝暮雲霧，四時霖霔，俗謂之小漏天、大漏天。”李實《蜀語》（頁33）：“八月爲汃月，九月爲朽月〇汃，普八切，攀入聲。蜀西南多雨，八九月爲甚，名曰漏天。杜子美詩曰：‘鼓角漏天東。’黃仁傑詩曰：‘九月不虛爲朽月。’楊升菴詩曰：‘易見黃河清，難逢烏撒晴。’秋雨多，故云。”清徐元禧《名山竹枝詞》：“漏天難望蔚藍明，十日曾無一日晴。剛得曦陽來借照，陰雲又已漫空生。”楊甲秀《徙陽竹枝詞》：“碉門存草問樵詩，半是離愁半是癡。莫怪旅人難遣悶，漏天天漏古來知。”原注：“州自古多雨，諺云：大小漏天在雅州。慨州言之也。”傅崇矩《成都通覽·成都之氣候》（頁1）：“古人云‘蜀天常夜雨’，今則異是。又稱‘漏天’，言雨水多也，亦不能以爲常例。”徐珂《清稗類鈔·氣候類·成都氣候》：“古人謂成都常夜雨，又稱漏天，皆言雨水之多也。”民國十八年《新修南充縣志》卷七《掌故志·風俗·方言》：“霪雨曰漏天。”周芷穎《新成都》第一章第四節《氣候》（頁5）：“古稱蜀天常夜雨，又稱漏天，言雨水多也。”又，清光緒二十六年《墊江縣志》卷一《輿地志·風俗》：“多雨曰天漏。杜子美詩：‘徑欲誅雲師，疇能補天漏。’”謝奉揚《玉堂場竹枝詞》：“天漏時多柳發椏，山間市上總喧嘩。”今俗仍謂久雨不晴爲“天漏了”。

《大詞典》（6/109）“漏天”①“謂如天瀉漏。比喻多雨、久雨或飛泉盛大”，引蘇軾詩；②“地名。在今四川省雅安縣境。其地多雨，故稱”，首引杜甫詩。

《方言大詞典》（頁6934）“漏天”謂“多雨的天氣”，西南官話。

勵 擂 磊 壘 礌 雷 纍 踓 lui^{55} [luei^{55}]

滾動。本指從高處推下大塊木石。参《考釋》第481頁。《説文·力部》：“勵，推也。从力，畾省聲。”徐鍇繫傳：“書史謂於城上推木石下摧敵謂之壘。”段玉裁注：“勵者，以物磊磊自高推下也。古用兵下勵石，《李陵傳》作‘壘石’；《鼂錯傳》‘具藺石’如淳注曰：‘城上雷石。’《周禮注》亦作‘雷’；《唐書·李光弼傳》‘擂石車’，又作‘擂’。其實，用勵爲正字也。故許書之字，可用而不用者多矣。《子虛賦》曰：‘磊石相擊，硠硠礚礚。’亦當作勵。”朱駿聲通訓定聲：“按字亦作擂。”則“勵”爲本字。《玉篇·力部》：“勵，力對切，推也。”《集韻·隊韻》盧對切：“勵，《説文》：‘推也。’或从攴。”宋可旻《漁家傲》詞：“三十六般包一袋，膿囊臭穢猶貪愛。恰似蜣蜋推糞塊，無停待。朝朝只在塵中勵。”謂在塵中滾動。章炳麟《新方言·釋言》：“今四川、浙江皆謂推轉圜物爲勵。勵之言畾也，古文畾從回。”

字又作“擂”。見上引《説文》段玉裁及朱駿聲説。《韓湘子全傳》第九回：“黄梅落地擂三擂，青梅落地撲地碎。”《拍案驚奇》卷三十一：“三個見了，吃這一驚不小。沈婆驚得跌倒在地下擂。”周志鋒《吳方言詞例釋》謂上兩例“擂”爲“滚動”義[①]，是。清光緒五年《鎮海縣志》卷三十九《方言》：“擂，《玉篇》：‘擂，擂物也。’又與礌同。《韻會》：‘擂，推石自高而下也。’”光緒《浦江縣志》卷三《輿地志·風俗附方言》：“推石自高而下曰擂。”《川方彙編》（頁110）“擂巖”謂“（擂讀陰平聲）滚巖。例：滚水的望人滚水，擂巖的望人擂巖”。

亦作“礌”。《説文·石部》“磊，衆石也。从三石”朱駿聲通訓定聲：“會意，字亦作磥、作礌、作磂。《楚辭》：‘石磊磊兮葛蔓蔓。’《高唐賦》：‘礫磥磥而相摩兮。’《漢書·司馬相如傳》：‘礌石相擊。’……《埤蒼》：‘礌，推石自高而下也。’《韻集》：‘今守城下石擊賊曰礌。’叚借，雙聲連語。”《集韻·隊韻》：“礌，《埤倉》：‘推石自高而下也。’或作壘、磂、雷、檑。”《漢書·司馬相如傳》：“礌石相擊，硠硠磕磕。”顔師古注：“礌石，轉石也。”《左傳·襄公十年》“親受矢石”杜預注“躬在矢石間”孔穎達疏：“杜言在矢石間，則不以石爲矢也。《周禮·職金》：‘凡國有大故而用金石，則掌其令。’鄭玄云：‘用金石者，作槍雷之屬。’雷即礌也。兵法守城用礌石，以擊攻者。陳思王《征蜀論》云‘下礌成雷，榛殘木碎’是也。”《大詞典》(7/1120)“礌石”以“兵法守城用礌石，以擊攻者”爲杜注，非是。又“礌石”謂“亦作‘磂石’。古代戰時從高處下投以打擊敵人的石頭”，首引《漢

---

① 《寧波師範學院學報》1996年第4期。

書·匈奴傳》："匈奴乘隅下礧石。"今檢《匈奴傳》未得，不知何據。《墨子·備城門》："皆積参石蒺藜。"孫詒讓閒詁："吴鈔本作蔾。洪云：参石當是絫石之譌，絫石即礧石。《後漢書·杜篤傳》：'一卒舉礧，千夫沈滯。'李賢注：'礧石也。前書匈奴乘隅下礧石。'《一切經音義》卷十七引《韻集》：'今守城者下石擊賊曰礧。'案洪説是也。"民國十五年《南川縣志》卷六《土音土語》："礧，本作礌，石自高圓轉而下，俗語凡物體圓轉而下皆曰礧，音轉爲陰平。"《重方》（頁205）"磖"音lui[1]，謂"滚動"。

又作"壘"。《漢書·李廣傳附李陵》："單于遮其後，乘隅下壘石，士卒多死，不得行。"顔師古注："言放石以投人，因山隅曲而下也。"王先謙補注："錢大昭曰：'陵居谷中，虜在山上，故以壘石投之。亦謂之藺石。《鼂錯傳》云'具藺石'服虔曰：'藺石，可投人石。'如淳曰：'藺石，城上雷石。'先謙曰：《周禮·量人》注'軍壁曰壘'，《廣雅·釋詁》'壘，重也'，又云'積也'，石重積而下，高若軍壁然，故云壘石。陵入谷欲南出，而匈奴遮其後，乘山隅下石以壘斷谷口也。若投人之石無壘石之名，顔、錢説亦誤也。"按顔、錢説不誤，王氏謂"乘隅下壘石"爲"乘山隅下石以壘斷谷口"，則曲爲之説也。

也作"礌"，同"礧"。南朝宋劉義慶《世説新語·文學》"左太沖作《三都賦》初成"劉孝標注引《思别傳》："初作《蜀都賦》云：'鬼彈飛丸以礌礉，火井騰光以赫曦。'"北周庾信《擬詠懷》之二十七："羅梁猶下礌，揚排久飛灰。"倪璠注：

"礧，字或作礌。" 宋胡三省《通鑑釋文辯誤》卷六："史炤釋文曰：'礧，落罪切，推石自高而下也。' 余謂釋是而音非。音洛罪切者，礧硌之礧。推石自高而下之礧，當音盧對翻。《漢書·李陵傳》'乘隅下壘石'，壘音盧對翻，音義正與此礧同，特古字借用不同耳。" 清乾隆二十四年《象山縣志》卷一《地里志·風俗附方言》："推石自高而下曰礧。"《川方》（頁282）"礧（礌、擂）"音nui[1]，①"滚動"，②"使滚動"。

或作"雷"，同"礌"，見上引《集韻》及《左傳·襄公十年》孔疏。又上引《周禮·職金》陸德明釋文："雷，劉音誄，沈云當爲礧，郎對反。"《漢書·晁錯傳》"以便爲之高城深塹，具藺石"顔師古注引如淳曰："藺石，城上雷石也。" 以雷石投下爲"雷"。

或又作"轠"。清范寅《越諺》卷中《飲食》："京糰，糯粉餡糖，外轠芝麻，油炠脺大，故曰京。" 侯友蘭等點注："轠，環轉不停。此爲用黄粉包裹起來。" 周志鋒《〈越諺〉方俗字詞考釋》："卷下'單辭隻義'：'轠，（音）"累"。圜轉不停也。'（295頁）吳語及西南官話等轉動、滚動叫'轠'。'轠'是范寅自造字，又可寫作'擂'、'勴'、'礧'、'擂'、'累'等。'外轠芝麻'的'轠'，是其引申用法，釋作'用黄粉包裹起來'不確，因爲例中'轠'的對象明明是'芝麻'，與'黄粉'無涉。此'轠'當是'滚動地沾上'義。本條下文：'金棗，粉質芋心，炠脺轠糖，亦喜餜。''豆豉，瀹白豆轠面粉，令顆而黴即成矣。''瓏攗豆，白豆外轠黄粉，微甜。喜餜用。''葱管糖，形如葱管，麥糖轠芝麻。墮貧做賣。'以上

‘䡎’都是‘滚動地沾上’的意思。今寧波方言還有這種用法，如‘金團䡎松花’、‘油煠團䡎芝麻’。”[①]其說是。

亦俗作“蹘”。《集韻·隊韻》盧對切：“蹘，足跌。”《改併四聲篇海·足部》引《餘文》：“蹘，足跌也。”《正字通·足部》：“蹘，俗字。舊註音類，足跌，非。”謂“足跌”不誤。清光緒二十八《甯海縣志》卷二十三《雜志·風俗·方言》：“跌而輾轉曰蹘。音擂。”嬰幼兒跌倒多伴隨翻滚，今蜀中市井大人常叮囑兩三歲的幼兒“看蹘”，即囑别跌倒。

《大字典》（二/1/416）“勴”②“泛指推滚”，首引《漁家傲》。又（4/2084）“擂”未及，實際上周文已指出初版可補收。又（5/2636）“礧”謂“同‘礌’。1. 用木、石自高處滚下砸擊”，首引《集韻》。又（1/535）“壘”（三）“同‘礧’。古代作戰時從高處向下推放石頭以打擊敵人”；又（5/2632）“礌”①“用木石自高處滚下以砸擊”；又（7/4325）“雷”（二）①“通‘礧’。古代作戰時從高處推下石頭，以打擊敵人”：以上三字均引《集韻》。又（4067）“䡎”謂“方言。環轉不停”，引《越諺》卷下，未及卷中“京糰，糯粉餡糖，外䡎芝麻”等例，義項不全。又（3943）“蹘”音lèi，謂“足跌”、“足蹘”。

《大詞典》未收“勴”及“蹘”字。又（6/907）“擂”③“用同‘礧’。滚；從高處向下推下木石”，首引《朱子語類》。又（7/1119）“礧₁”謂“亦作‘礌’”，①“轉石；以

① 《第十四屆全國近代漢語學術研討會會議論文集》（四川·成都 2010年11月），第617頁。

木、石下投”，首引《史記·司馬相如列傳》。又（7/1115）“礌”謂“同‘礧’”。又（2/1238）“壘$_3$”謂“見‘壘$_3$石’”，又“壘$_3$石”謂“投擊敵人的巨石”；又（11/677）“雷$_2$”②“通‘礧’。古時作戰用以擊敵之石塊”：以上兩詞未及動詞義。又（10/713）“驑”謂“方言。環轉不停”，引《越諺》卷下：“驑，圜轉不停也。”與《大字典》一樣未及卷中“外驑芝麻”等例，義項漏略。

《方言大詞典》（頁7344）“勵”④“推滾；滾動”，西南官話、吳語、湘語。又（頁7474）“礧”①“石或其他東西從高處滾下”，西南官話、吳語。又（頁7390）“礌”③“滾動，滾落”，西南官話、吳語。

四川大學『211工程』重點建設學科項目

俗文化研究叢書

四川方言詞語續考

蔣宗福　著

下

四川省哲學社會科學研究『十一五』規劃項目
（SC06B007）

巴蜀書社

《俗文化研究叢書》編委會

M

螞螂　麻郎　麻郎子 $ma^{21}lang^{21}zi^{53}$ [$ma^{21}la\eta^{21}ts\eta^{53}$]

蜻蜓。清西清《黑龍江外記》卷八："俗呼……蜻蜓曰螞螂。"民國十八年《珠河縣志》卷十二《物產志·動物》："蜻蜓，俗名螞螂。"民國二十年《滿城縣志略》卷九《風土二·物產》："蜻蜓，俗名螞螂，有青紅白黑數色。"民國二十一年本《黑龍江志稿》卷十五《物産志》："俗呼蜻蜓曰螞蜋（《黑龍江外紀》）。"民國二十二年《昌黎縣志》卷四《物產志·蟲類》："蜻蜓，俗名螞螂，有紅黃青三色，青者較大。"又卷五《風土志·歌謠》："昌黎土語，以蜻蜓爲螞螂。"民國二十二年《高邑縣志》卷二《物產》："蜻蜓，俗呼螞螂。"又卷六《風土·方言》："蜻蜓謂之馬郎。"民國二十三年《定縣志》卷二十一《志餘·雜志上·方言》："螞螂，蜻蜓也。"又，《成都通覽·成都之昆蟲》（頁430）："蜻蜓，有大頭貓、披蓑方、丁丁貓、紅官爺、麻卵等名目。”“麻卵”音近“麻郎”。清康熙《新校天津衛志》卷三《土產》：“蟲類：蜜蜂、蝴蝶、螢火、蜻蜓、螳螂、螞螂。”“螞螂”與“蜻蜓”並舉，或爲別一種昆蟲。

亦作“麻郎”、“麻郎子”。《金瓶梅詞話》第二十一回：“麻郎兒，見群鴉打鳳，絆住了折腳雁，好教我兩下裏做人難。”白維國校注（頁616〔一三七〕）：“麻郎兒——曲牌名。屬北曲〔越調〕。北方一些地區把蜻蜓也叫麻郎兒（麻讀陰平）。此乃一語雙關。”又《金瓶梅詞典》“麻郎兒”謂“曲牌名。北曲，越調。這裏是雙關語，又指蜻蜓。北方某些地區把蜻蜓叫作mā langr”。清同治九年《會理州志》卷十《風土志·物產》：“蜻蜓……今俗呼曰虰虰犽，曰馬馬虰，曰麻郎子。”民國二十年《元氏縣志·風土·方言》：“呼蜻蜓爲麻郎。”民國二十二年《綿陽縣志》卷三《食貨·物產》：“蜻蜓，麻郎。”民國二十二年《昌黎縣志》卷五《風土志·方言》：“蜻蜓曰麻郎。”按此與上引《昌黎縣志》“麻郎”、“螞螂”並用。《川方》（頁215）“麻郎子”謂“蜻蜓。又說*巴郎子或麻郎”。

《大詞典》（8/939）“螞$_3$”音mā，“螞$_3$螂”謂“蜻蜓的一種”，首引丁克辛《一天》。未收“麻郎”、“麻郎子”。

《方言大詞典》（頁4152）“螞螂”謂“蜻蜓”，東北官話、北京官話、冀魯官話、西南官話。又（頁5153）“螞螂子”謂“蜻蜓”，西南官話（四川邛崍）。又（頁5704）“麻郎”謂“蜻蜓”，冀魯官話。又（頁5712）“麻郎子”謂“蜻蜓”，西南官話。

麻查 麻喳 麻茶 麻嗏 麻搽 麻渣

$ma^{21}za^{21}$ [$ma^{21}tsa^{21}$]

模糊不清。參《考釋》第368頁。“麻查”引及元陳草庵《山坡羊》曲。宋魏了翁《鶴山全集》卷九十二《陳寺丞》：“天高那可問，淚眼爲麻查。”明湯顯祖《邯鄲記》第四齣：“則這半間茅屋甚光華，敢則是落日横穿一線斜，須不是俺神光錯摸眼麻查，待我起來瞧着。”清高靜亭《正音撮要》卷二《身體》：“眼麻胡，眼麻查。”丁丙《松夢寮詩稾》卷六《雲居聖水寺中峯和尚象》：“覃谿學士眼麻查，讚歎題詩墨藻斜。”前撰“麻喳”引宋劉克莊《最高樓》詞。

亦作“麻茶”。前撰引唐李涉《題宇文秀才櫻桃》詩。按明胡震亨《唐音癸籤》卷二十四：“麻茶，李涉‘今日顛狂任君笑，趂愁得醉眼麻茶’，似即眼花之意。”宋許綸《涉齋集》卷十八《梅花十首》之九：“醉餘看字眼麻茶，佳句拈来似隔紗。”清王棠《燕在閣知新録》卷二十八《醉眼麻茶》：“李涉《題宇文秀才櫻桃》：‘風光莫占少年家，白髮殷勤最戀花。今日顛狂任君笑，趂愁得醉眼麻茶。’醉眼麻茶，俗語也。”查慎行《重宿傳經書屋與愷功話舊次唐實君留别四首韻》：“豈意麻茶眼，重窺翰墨林。”方扶南《揚州贈程洴江太史用與南陂元韻》詩：“我苦麻茶眼，傳觀分外明。”黄鉞《壹齋集》卷十九《嘉慶甲子正月蒙恩以戶部主事改官贊》："換得冰銜何以報，讀書漸覺眼麻茶。"民國十一年《杭州府志》卷一百七十三《雜記二》引《稗販》："西湖酒樓，四時有如闤市，每當食單乍展，連袂飛觥，甫一再行，即有雙眼麻茶。"又，清陳國璵《宿建溪驛讀陸放翁雨夜感舊詩即次其韻》："看書眼蔴茶，倦向枕頭擲。""蔴茶"音同"麻茶"。

又作"麻嗏"，"嗏"爲"茶"增旁字。宋王安石編《唐百家詩選》卷十四李涉《題宇秀才櫻桃》："今日顛狂君莫笑，趁愁得醉眼麻嗏。"宋劉克莊《左目痛六言九首》之四："昏花廢干禄書，麻嗏類辟瘟符，草字見嗤醉秃，小楷難付官奴。"林希逸《竹溪鬳齋十一藁續集》卷二十八："鄉邦俗語，即方言也，今人簡帖或用之，試取朱文公所用者録之，誠齋、東坡以下諸公併記於此。……麻嗏、斗海、無轉智、捻合（蔡李通合）。"陳造《衆樂園》詩："詩成字欹倒，病眼正麻嗏。"明李詡《戒庵老人漫筆》卷三《麻嗏籠統趙》："今人欲睡眼將合睫而縫細者曰麻嗏，不知作何寫，偶觀王荊公《百家詩選》李涉詩，得此二字。"清褚人獲《堅瓠三集》卷二《麻嗏直籠桶》："（李涉）'今日顛狂君莫笑，趂愁得醉眼麻嗏'，今人欲睡眼將合睫而縫細者曰麻嗏，即此二字。"翟灝《通俗編》卷三十四《狀貌·麻嗏》："《戎（戒）庵漫筆》：'唐李涉《題宇文秀才櫻桃》詩：今日顛狂任君笑，趁愁得醉眼麻嗏。今人欲睡而眼將合縫曰麻嗏，蓋如此寫。'按宋陳造亦有'病眼正麻嗏'句。"民國十八年《雄縣新志·故實略·謠俗篇·方言》："麻嗏眼，李涉詩'趁愁得罪眼麻嗏'，麻嗏謂欲睡眼將合縫也。"疑"罪"爲"醉"

字音譌。民國十八年《威縣志》卷十三《風俗志上・方言》："麻嗏，李涉詩'今日顛狂任君笑，趁愁得醉眼麻嗏'。按嗏又作茶。"民國二十年《安東縣志》卷八《歌諺》："麻嗏，欲睡眼將合之貌。"民國二十三年《臨清縣志》卷六《禮俗志・謠諺》："麻嗏眼，李涉詩'趁愁得罪眠麻嗏'，欲睡而目將合也。黄昏時間土人謂之麻嗏眼。"按引李詩"罪"當"醉"字音譌，"眠"當"眼"字形譌。

或作"麻搽"。宋劉克莊《小園即事五首》之一："蝸牛不曉虫魚法，作意麻搽篆粉垣。"又《改詩》詩："叢藁麻搽鴉蚓黑，匹如墨蠟打殘碑。"

蜀語亦以ABB、AABB構詞。民國三十三年《長壽縣志》卷四《風土・方言》："細密不清晰曰麻麻渣渣。"《川方》（頁216）"麻雜（麻柞）"音ma^2za^3，①"花紋雜亂，形象不清楚"，②"稀裏糊塗，不清不楚"；又"麻雜雜"謂"（~的）同*麻雜"。《川方匯釋》（頁140）"麻雜雜"㊂"不清楚"。亦謂事情、關係等不清不楚爲"麻麻查查"。《成都話》（頁140）"麻鲊〔麻柞〕"音［$ma^{21}tsa^{21}$］，謂"不清楚，含糊。又說'麻麻鲊鲊'"；"麻麻鲊鲊〔麻麻柞柞〕"謂"同'麻鲊'"。《重方》（頁208）"麻鲊"音ma^2za^2，謂"同'麻麻鲊鲊'"，而"麻麻鲊鲊"②"模糊不清"，③"含混不清"；"麻鲊鲊"謂"同'麻麻鲊鲊'"。以上各詞均爲同詞異形，著錄者均以其方音選字矣。

《大詞典》（12/1274）"麻查"謂"猶麻茶"，首引元陳草庵曲。又"麻茶"謂"模糊、迷蒙貌"，首引唐李涉詩。又

（1276）“麻嗏”謂“猶麻茶”，首引宋陳造《分韻得家字》詩。“麻搽”謂“猶麻茶”，引宋劉克莊詩。“麻渣”謂“亞麻、芝麻等種子榨油後留下的渣滓。比喻廢棄下賤之物”，未及模糊義。“麻喳”未見。

《方言大詞典》（頁5704）“麻茶”謂“模糊；朦朧；不清楚”，西南官話、粵語，也作“麻查”，西南官話、粵語。又（頁5708）“麻鲊”謂“含糊；不清楚”，西南官話。亦以ABB、AABB式構詞，如（頁5713）“麻眨眨”謂“不清楚；模糊”，西南官話。又（頁5718）“麻麻柞柞”謂“糊裏糊塗；不清不楚；馬馬虎虎”，西南官話，也作“麻麻鲊鲊”、“麻麻渣渣”。又“麻麻雜雜”謂“亂七八糟；不清不楚”，西南官話，也作“麻麻扎扎”、“麻麻眨眨”。

盲 mɑng^{55}［mɑŋ^{55}］

傻；癡愚。《方言》卷十：“凡相問而不知荅曰誺，使之而不肯荅曰盲。”郭璞注：“音茫，今中國語亦然。”戴震疏證：“‘誺’各本訛作‘誺’，今訂正。……《玉篇》云‘使人問而不肯荅曰盲’，《廣韻》‘盲，不知也’，皆本《方言》而誤。《方言》‘誺’是‘相問而不知荅’，‘盲’是‘使之而不肯荅’。《玉篇》、《廣韻》並失其指。”《廣韻·唐韻》：“盲，不知也。”又《宕韻》：“盲，老人不知。”《龍龕手鏡·口部》：

“吕，俗；吂，正：莫郎反，不知也。”《集韻·宕韻》：“吂，耄昏不知皃。”此即俗謂老糊塗了。《正字通·口部》：“吂，莫廣切，音莽，老人不知也。”民國十五年《南川縣志》卷六《土音土語》：“人心不明理當曰蒙曰懵（音蒙，不明也），蒙茫雙聲，土音既轉爲茫之陰平，不得其字，遂以吂字代之。字書吂字，《玉篇》：‘使人問而不肯答也。’楊子《方言》：‘沅澧之間，使之而不肯答。’故從亡口。按使之不肯答，乃不願意，非心不明也。惟今小兒或年老不能自進食，可直用此字，曰吂飯吂羹，取彼雖有口，不能自食，猶之亡口。”民國十七年《長壽縣志》卷四《人事部·方言》、民國三十三年《長壽縣志》卷四《風土·方言》：“故作癡呆曰裝吂。”又：“蠢極謂之吂踏棒。”民國十八年《新修南充縣志》卷七《掌故志·風俗·方言》：“無所知曰吂子。莽平聲。”民國三十三年《長壽縣志》卷四《風土·方言》：“蠢極曰吂踏棒。”讀若［$maŋ^{55}tsua^{21}paŋ^{213}$］。《成都話》（頁143）“吂”音［$maŋ^{55}$］，謂“傻，癡呆”，“也指傻，莽撞、魯莽的人”。《川方》（頁220）作“莽”，②“憨厚；傻”。《重方》（頁212）亦作“莽”，③“傻”。《成方》（頁336）“□”音maŋ陰平，②“蠢”；又“□子”謂“愚蠢的人”，以闕文號代替。以上“吂”、“裝吂”、“吂踏棒”、“吂子”，均爲蜀方言詞。

《大字典》（二/2/632）“吂”（二）màng，謂“老年遲鈍貌”，首引《廣韻》。《大詞典》未收。

《方言大詞典》（頁2160）“吂”②“傻；頭腦遲鈍糊塗”，西南官話、吳語。又“吂子”謂“傻瓜；笨蛋；魯莽的人”。又

（頁4617）“莽”③“傻；憨厚”，又“莽子”②“很憨厚或傻呵呵的人；傻瓜”，均爲西南官話。

芒兒 mang⁵⁵er²¹［maŋ⁵⁵ər²¹］

本指牧童，蜀語或因少不更事或見聞有限而引申指傻子。宋王闢之《澠水燕談錄》卷十《談謔》：“胡秘監旦，學冠一時，而輕躁喜玩人。其在西掖也，嘗草《江仲甫升使額誥詞》云：‘歸馬華山之陽，朕雖無愧；放牛桃林之野，汝實有功。’蓋江小字芒兒，俚語以牧童爲芒兒。”王鍈《唐宋筆記語辭匯釋·語辭備考錄》引此例云：“按‘芒兒’、‘芒郎’，元劇多有，義當源於此。”朝鮮時代漢語教科書《朴通事諺解》下：“前面彩亭裡頭，一箇塑的小童子，叫做芒兒，牌上寫着勾芒神，手拿結線鞭，頭戴耳掩，或提在手裡，立地趕牛。”清同治十二年《南城縣志》卷十《摭聞》：“《淳熙郡志》：立春出土牛候氣，爲童子牽牛者，命曰芒兒，謂其隸芒神下者也。”又，宋張齊賢《洛陽縉紳舊聞記》第四《宋太師彥筠奉佛》：“（彥筠）爲小校時，欲立奇功，每見陣敵，于兜牟上闘爲雙髻，故軍中目之爲宋忙兒。後雖貴爲節將，遠近皆謂之宋忙兒。”“忙兒”即“芒兒”。亦說“盲子”。《成都話》（頁143）“盲子”謂“傻瓜；笨蛋。又說‘盲娃兒’”，“盲娃兒”①“傻瓜”。《川方》（頁221）作“莽子”，②“很憨厚或不動腦筋的人”。《重方》（頁212）亦作“莽子”，謂“傻瓜”。《成方》(頁336)“口子”①“愚蠢的人；憨厚的人；不動腦筋的人”。

《大詞典》(9/277)“芒兒”②“指牧童”，引《澠水燕談錄》。

《方言大詞典》(頁1633)“芒兒”謂“牧童”，蘭銀官話。又(頁2160)“盲娃兒”①“傻瓜”，西南官話。

貓兒刺 $mer^{55}zi^{213}$ [$mɚ^{55}tsɿ^{213}$]

一種小灌木。明李時珍《本草綱目》卷三十六《木之三·枸骨》：“貓兒刺，藏器曰：此木肌白如狗之骨。時珍曰：葉有五刺，如貓之形，故名。”“葉有五刺”，何以“如貓之形”？實難測知其關聯依據。又《女貞》：“枸骨，即今俗呼猫兒刺者。”方以智《通雅》卷四十四《植物》：“枸榾，今之貓刺也。顧野王曰：‘枸榾木中箭。’謂其有刺。”清道光七年《續修桐城縣志》卷二十二《物產志》：“枸，俗云猫頭刺，又名猫兒刺。”同治三年《恩施縣志》卷六《物產》：“地榆皮、龍鬚草、貓兒刺。”此列爲“草品”，不知所指爲何種植物。光緒五年《丹徒縣志》卷十七《物產一》：“枸骨，葉有五刺，俗名貓兒刺。”民國《息烽縣志》卷二十一《植物部·木部》：“枸骨，即今俗呼貓兒刺者。”《中文大辭典》：“貓兒刺，枸骨也。”引《本草》。《大詞典》(4/921)“枸₂骨”謂“亦作‘枸榾’。常綠灌木或小喬木。因木質白如狗骨，故名。又因葉有五刺，如貓形，也稱貓兒刺。中醫以葉入藥，稱功勞葉”。按上兩工具書均承李時珍說“葉有五刺”，或別爲一種。圖如百度網“貓兒刺”[①]：

蜀中貓兒刺莖節間多針狀三刺，葉片邊緣僅呈鋸齒狀，開小黄花，亦結橢圓形小果，現在城市綠化帶常有種植，不難確證。參見下圖：

《大詞典》(10/1340)收錄“貓兒眼”、“貓兒窩”、“貓兒頭”，未收“貓兒刺”。

《方言大詞典》(頁5632)“貓”下亦未收錄。

① http://baike.so.com/doc/5792617.html。

秏 秏 毛 冒 冇 卯 莫 謨 模

mɑo21 [mau21]

無，没有。《類篇·耒部》："耗，謨袍切，獨皃。《漢書》：'靡有孑遺，耗矣。'"《增韻·豪韻》："耗，無也，盡也。"《漢書·高惠高后文功臣表》："靡有孑遺，耗矣。"顔師古注："孟康曰：'耗音毛。無有毛米在者也。'師古曰：'孟音是也，而解非也。孑然，獨立貌，言無有獨存者，至於耗盡也。今俗語猶謂無爲耗，音毛。"宋婁機《班馬字類》卷二："俗謂無爲耗，音毛。"明楊慎《轉注古音略》卷二《四豪》："耗，冒平聲，無也。《漢書》'靡有孑耗'。今蜀人語猶然。"田藝蘅《留青日札》卷三十八《通俗古音》："耗音毛，亦無也。《漢書》'靡有孑耗'。今四川有此音。"按上兩文獻引《漢書》不確。李實《蜀語》（頁15）："謂無曰耗○耗，莫褒切，音毛；亦有呼毛清音者。昔人請東坡喫皛飯，謂白米、白湯、白蘆菔也。東坡回請毳飯，謂米、湯、蘆菔三者俱無也。鄉語謂無謂毛，然毛非義，以耗字爲是。東坡非失于考，蓋借字戲耳 。本从禾从毛，俗从耒，譌。"按甄尚靈、張一舟先生《〈蜀語〉詞語的記錄方式與〈蜀語〉音注所反映的音類》注釋⑪："耗，李實云：'本从禾，从毛。'《廣韻·去·号》：'秏，減也。俗作耗'。'呼到切。'《集韻·去·号》：'秏，莫報切。秏亂不明。'

又‘虛到切……減也’。於義似應取‘呼到（虛到）切’。”[1]應從“莫報切”，《韻會》作“謨袍切”，與“毛”同一小韻。《康熙字典·耒部》：“秏，《集韻》、《正韻》謨交切，《韻會》謨袍切，並音毛。”

又作“秏”。《說文·禾部》“秏，稻屬”段玉裁注：“《漢書》曰：‘訖於孝武後元之年，靡有孑遺，秏矣。’孟康曰：‘秏音毛，無有秏米在者也。’秏米，米名，即所謂稻屬也。今本作毛米誤，孟意若今言無有一粒存者。《水經注》曰：‘燕人謂無爲毛。’故有用毛爲無者，又有用秏者，初讀莫報切，既又讀呼到切，改禾旁爲耒旁，罕知其本音本義本形矣。《大雅》‘秏斁下土’，秏者乏無之謂，故韓詩云惡也。”又注“从禾毛聲”云：“呼到切，二部，按當音毛、音耄。”又《疒部》“㾁，一曰秏也”段注：“秏之本義禾名也，亦謂無爲秏，讀如毦。”《史記·天官書》：“市中星衆者實；其虛則秏。”張守節正義：“秏，貧無也。”《四庫全書》本則作“耗”。清俞正燮《癸巳類稿》卷七《釋毛》：“《漢書·功臣表序》‘秏矣’注，孟康云：‘秏音毛，言無有毛米在者也。’師古云：‘今俗語猶謂無爲秏，音毛。’則是古人言‘無’、‘毛’相近，故通寫，非寫此字而讀彼音也。”[2]張慎儀《方言別錄》卷上之二（頁187）錄《轉注古音略》：“秏，冒平聲，無也，今蜀人語猶然。”四庫本《轉注古音略》作“耗”。

---

① 參見《李實學術研討會文集》，語文出版社，1996年7月第1版，第71頁。

② 俞氏考之甚詳，可參看。

亦作“毛”[①]。《後漢書·馮衍傳》：“饑者毛食，寒者裸跣。”李賢注：“衍集毛字作無。今俗語猶然者，或古亦通乎？”北魏酈道元《水經注》卷十三《㶟水》：“㶟水又東，逕無鄉城北。《地理風俗記》曰：‘燕語呼毛爲無。’今改宜鄉也。”趙一清釋曰：“無鄉，似舊俗呼爲毛鄉，酈故引《地理風俗記》之文以釋之。不然，亡、無音義並同，何須說得？”《敦煌變文集·唐太宗入冥記》：“皇帝▢（聞）此語，毛（無）地自容。”項楚師《敦煌變文選注》（增訂本）作“皇帝聞此語，毛地自容”，云：“‘毛’原校作‘無’，不必。毛地自容：即無地自容。‘毛’即無之義。”[②]宋郭忠恕《佩觿》卷上：“河朔謂無曰毛。《漢書》毛音無，與無義同。”[③]程大昌《演繁露》卷十二《俗語以毛爲無》：“《後漢·馮衍傳》說鮑永曰：‘更始諸将虜掠，飢者毛食，寒者裸跣。’注：‘毛，草也。’太子賢案：‘《衍

① 項楚師《敦煌變文詞語札記》“毛”條有詳考，可參看。原載《四川大學學報》1981年第2期、《詞典研究叢刊》第四輯，收入《敦煌文學叢考》，上海古籍出版社，1991年4月第1版，第163-164頁。又王鍈《唐宋筆記語辭匯釋·語辭備考錄》有“無　模　毛”條，引宋朱弁《曲洧舊聞》及清李光庭《鄉言解頤》兩例。參見中華書局2001年1月第2版，第268頁。

② 中華書局，2006年4月第1版，第1967、1978頁。

③ 明田藝蘅《留青日札》卷三十八《通俗古音》：“毛音無。《後漢書》：‘飢者毛食，寒者裸跣。’馮衍集毛作無，或古字通用也。”或承李賢說。清俞正燮《癸巳類稿》卷七《釋毛》：“郭忠恕《佩觿集序》云：‘河朔謂無曰毛。’自注云：‘《漢書》毛音無，與無同義。’徧檢《漢書》，絕無毛音無者，必是誤記《後漢書》注。如《鄧騭傳》云‘元二之災’，注引石鼓重字積二畫，郭亦謂是顏師古語，皆誤以《後漢書》爲《漢書》，然《後漢書》注亦不云毛音無。《佩觿辨證》云：‘今河朔謂無曰謨，毛亦音謨，俱不作毛音。’其語尤非。執筆者方音不同耳，豈有明著毛字，反不作毛音者？”此說是也。

傳》毛作無，今俗語猶然，或古亦通用乎！’‘耗矣哀哉’注：‘以耗爲毛。毛，無也。’唐黄幡綽諧語以賜緋毛魚袋，借毛爲無，則知閩人之語亦有本。”按《後漢書注》意謂“飢者草食”，恐實爲“無食”，故李賢又引衍傳爲說。曾慥《高齋漫錄》：“一日，穆父折簡召坡（蘇軾）食皛飯。及至，乃設飯一盂，蘿蔔一碟，白湯一盞而已，蓋以三白爲皛也。後數日，坡復召穆父食毳飯，穆父意坡必有毛物相報。比至日晏，並不設食，穆父餒甚，坡曰：‘蘿蔔、湯、飯俱毛也！’穆父嘆曰：‘子瞻可謂善戲謔者也。’”原注：“毛音模，京師俗語謂無爲模。”“毳”爲三“毛”，毛謂“無”，“毳飯”戲稱三無之飯，實即無飯。關於“皛飯”、“毳飯”相戲事有多種版本，另有謂東坡與劉貢父相戲者，見宋朱弁《曲洧舊聞》卷六；有謂郭震與任介相戲者，見宋祝穆《古今事文類聚别集》卷二十《招飯相謔》，並謂“蜀人至今爲口談，俗呼無曰毛”。明嘉靖《廣東通志初稿》卷十八《風俗》：“無曰毛。”顧起元《客座贅語》卷一《詮俗》：“一無所得者曰毛。”陳士元《俚言解》卷二《白飯毛飯》：“楚蜀呼無曰毛。又轉呼音耄。凡飯無肉食曰白飯，又曰光飯。茶無果實曰白茶，又曰光茶、清茶。”清吴玉搢《别雅》卷一：“毛食，無食也；謨信，無信也：《後漢書·馮衍傳》‘饑者毛食’注：‘臣賢案：衍集毛字作無。今俗語猶然者，或古亦通乎？’《佩觿》云：‘河朔謂無曰毛。’《通雅》云：‘江楚廣東呼無曰毛。’”趙翼《陔餘叢考》卷四十三《毛作無字》：“天津、河間等處土音，凡無字皆作毛字。”乾隆十九年《福州府志》卷二十四《風俗·方言》："謂無曰毛。"錢大昕《十駕齋養新録》卷五《古無輕脣音》："無又轉如毛。《後漢書·馮衍傳》：'飢者毛食。'注云：'按衍集毛字作無。'《漢書·功臣侯表序》：'靡有孑遺，秏矣。'注：'孟康曰：秏音毛。'師古曰：'今俗語猶謂無爲秏。'大昕案：今江西湖南方音讀無如冒，即毛之去聲。"洪亮吉《曉讀書齋初録》卷上："關中土音以無爲毛，如問：'已食乎？'曰：'毛。'則未食也。《後漢書·馮衍傳》：'飢者毛食。'衍三輔人，故操其土音耳。《水經注》：'《地理風俗記》：燕語呼毛爲無。'是燕秦土音相似。"金武祥《粟香隨筆》卷七："粵中土音以無爲毛。"梁紹壬《兩般秋雨庵隨筆》卷一《毛》："《佩觿集》云：'河朔謂無曰毛。'今粵中及西蜀皆然。按東坡請人喫毳飯曰：'飯也毛，菜也毛，蘿蔔也毛。'則古人行文，往往用之，然猶曰記載方言，敘述遊戲耳。《後漢書·馮衍傳》：'饑者毛食。'《五代史》：'黄幡綽賜緋毛魚袋。'則典冊高文，亦用之矣。"章炳麟《新方言·釋詞》："今湖南閩廣皆謂無爲毛。"據上引文獻可知，俗呼"無"爲"毛"的地域頗廣。而"蜀人至今爲口談，俗呼無曰毛"，可爲坡公鄉語佐證矣；楊慎亦謂"今蜀人語猶然"；李實《蜀語》"鄉語謂無爲毛"；張慎儀《蜀方言》卷下（頁353）："謂無曰毛。"民國十五年《簡陽縣志》卷二十二《禮俗篇·方言》："無曰毛。去聲。"徐德庵《蜀語札記》："此由無字音轉如毛，因以毛爲之。"[1]又，清屈大均《廣東新語》卷十一《土

① 《古代漢語論文集》，巴蜀書社，1991年1月第1版，第372頁。

言》更有云："廣州語多與吴趨相近。如鬚同蘇，逃同徒，豪同塗，酒同走，毛同無，早同祖，皆有字有音。"

或作"冒"。明嘉靖《興寧縣志》卷四《人事部》、清嘉慶二十年《宜章縣志》卷七《風土志·方言》、嘉慶二十四年《安仁縣志》卷四《風土·方言》、嘉慶二十五年《郴州總志》卷二十一《風俗志·方言》、同治五年《桂東縣志》卷九《風俗志》："無曰冒。"又，清屈大均《廣東新語》卷十一《土言》："（海豐）謂無曰冒。"乾隆四十八《歸善縣志》卷十五《風俗·方言》："無曰冒，亦曰模。""模"即"莫"音借。錢大昕《十駕齋養新錄》卷五《古無輕脣音》："無又轉如毛……今江西湖南方音讀無如冒，即毛之去聲。"李光庭《鄉言解頤》卷三《人部·言語》："江漢善操土風，而謂無有曰毛。蘇東坡以毳飯答人皛飯，終歸無有是也。又謂之曰冒。"道光二年《廣東通志》卷九十二《輿地畧十·風俗一》、光緒十八年《桃源縣志》卷一《疆域志·風俗考附方言》："謂無曰冒。"光緒八年《孝感縣志》卷五《風土志·節序》："又云拜年莫拜初五六，有酒也冒肉。溳人謂無曰冒。""溳"本水名，流經湖北孝感，"溳人"即指孝感人。民國十三年《江津縣志》卷十一《風土志·方言》："邑語謂物無有曰味，而以平聲出之，如曰沒得了，味看見，味在這點，味食飯等，變之則爲冒，邑語亦通用，味冒雙聲。平聲讀之則爲毛，毛，無也。《後漢書·馮衍傳》：'飢者毛食。'注：'衍集毛作無。'通以邑語，則爲餓者味得食也。"民國十五年《簡陽縣志》卷二十二《禮俗篇·方言》："問喫飯未曰嗣（恰平聲）飯（讀音患）冒。”民國十八年《合江縣志》卷四《禮俗·方言》：“冒，無也，如言冒得了，由毛轉變。毛，無也，再變爲味，平聲出之，如曰味有了、味看見。”

亦作“冇”。明田藝蘅《留青日札》卷三十八《古奇文》：“廣人書無曰冇，音耄，謂與有相反也。”[1]按下條《通俗古音》云“無曰毛，音如耄。晉人有毳飯之戲言，三物俱無，故以三毛爲毳”，可見“冇”即同“毛”，“莫”、“毛”、“冒”音近，方俗口語稍有差別[2]，不足爲奇也。又，湯顯祖曾戲以方音雜字入詩，題《右武座中章斗津朱以功舉吾郡裸字鄉音爲戲听然答之》：“問到玄亭酒亦玄，諸般字說笑臨川。閁閂略近闞門尹，冇有如書大有年。事取聲形時會意，書兼半滿幻成圓。通方便俗從來理，只待蘇張註服虔。”或認爲“冇”字見於著録似以此爲

① 明萬曆三十七年刻本、瓜蒂菴藏明清掌故叢刊本“冇”作“有”，非是。據筆者迄今披覽所及，此當爲“冇”字較早出處。楊小平《南充方言詞語考釋》（頁142）舉“《集韻·術韻》引《詩》：‘冇驈有騜’”，此據《四庫全書》電子本，實不足爲憑。上海古籍出版社據虞山錢遵王述古堂影宋鈔本影印本《集韻》（頁670）則作“有驈有騜”。按《集韻·述韻》：“驈，《說文》‘驪馬白胯也’，引《詩》‘有驈有騜’。”趙振鐸先生《集韻校本》（頁1385）亦同。而《說文·馬部》：“驈，驪馬白胯也。从馬，矞聲。《詩》曰：‘有驈有騜。’”引《詩》見《魯頌·駉》：“薄言駉者，有驈有皇。”毛傳：“驪馬白跨曰驈。”《詩經》“有……有……”句式習見，而無“冇……有……”句式，今本亦未聞有“冇驈有騜”之說矣。

② 郗政民《古書未釋詞語畣釋》（頁52）“毛”條：“現代廣東、湖南、湖北、江西等許多地區的方言仍然把‘沒有’叫做‘毛’，也有寫作‘冇’、‘冒’的。”李維琦《考釋佛經中疑難詞語例說》：“現代漢語方言廣東話說‘無’爲‘冇’，上聲；長沙話說‘無’爲‘冒’，去聲，唯福州話表示‘無’這個意思的詞仍念毛，讀陽平，研究者以爲是‘無’字的俗寫。這些都是古謂‘無’爲‘耗’而音毛的遺留。”參見朱慶之編《佛教漢語研究》，商務印書館，2009年6月第1版，第323頁。

最早[1]。清雍正《陝西通志》卷四十五《風俗·方言》、道光二十一年《榆林府志》卷二十四《風俗志·方言》："冇，無同。"咸豐二年《續修臺灣府噶瑪蘭廳志》卷六《物產·藥之屬》、光緒《臺灣通志》卷二《物產二·草木類》："土音以物不堅綻者爲冇，猶云沒有也。"徐珂《清稗類鈔·經術類·俗字之訓詁》："冇音磨，無也。"亦即音同"莫"也。1915年刻《廣東歌·誡懶惰歌》："有錢唔勤會落魄，冇錢唔勤冇食着。"項楚師《敦煌變文詞語札記》"毛"條謂"此字或有寫作'冇'者，乃會意字，以'有'字中無兩小横，會'無有'之義"[2]。

又或作"卯"。《說文·卯部》："卯，冒也。二月萬物冒地而出，象開門之形。"此聲訓，"卯"、"冒"音同。清乾隆二十七年《永興縣志》卷五《風土志·方言》："無曰卯，又曰毛。昔人毳飯亦取三毛。"光緒十四年《茂名縣志》卷一《輿地

① 吳定球《漫話惠州方言（一）》："按楊静民的説法：'冇字見於著錄，似以此爲最早。'（見《粵語鈎沉》）"（原載1996年《惠城文史資料》第十二輯）http://www.hcq.gov.cn/ ls/Show.aspx? id=21807。據譚正璧《中國文學家大辭典》（頁1189），湯顯祖生於公元1550年，卒於1617年；又（頁1156）田藝蘅約公元1570前後在世。據浙江大學2007年王寧碩士論文《田藝蘅研究》（頁4、60）考證，藝蘅生於明嘉靖三年三月初九，即1524年4月12日。可能"冇"字以《留青日札》著錄爲最早。

② 原載《四川大學學報》1981年第2期、《詞典研究叢刊》第四輯，收入《敦煌文學叢考》，上海古籍出版社，1991年4月第1版，第163-164頁。馮廣宏《巴蜀文字的期待（十）》認爲"'沒有'拼爲'冇'"（《文史雜志》2005年第4期），楊小平《南充方言詞語考釋》（頁142）謂"'冇'實際上就是'沒有'二字的合音"，恐不足據。其實"耗"、"毛"、"莫"、"冒"音近或音同。如上引民國十三年《江津縣志》"邑語謂物無有曰昧"，亦即"沒"，"變之則爲冒"；民國十八年《合江縣志》"冒，無也"，"由毛轉變"，"再變爲昧"之類。均不宜視爲"沒有"相拼或二字合音。故"冇"確當如項師所言"會'無有'之義"。

志·方言》:"謂無曰卯。"光緒十七年《信宜縣志》卷一《輿地志·方言》:"無曰卯。"民國二十六年《清遠縣志》卷四《輿地·方言》:"謂無曰無(音卯),讀如毛去聲(讀如土音卯)。劉熙《釋名》云:'毛,冒也;眸(音無),冒也。'是毛無音近通轉,漢代已然矣。……吾邑雖同仄聲,然讀去聲如卯音。"

或作"莫"、"謨"、"模"。宋馬令《南唐書·黨與傳下·查文徽》:"越人謨信,未可速進。"原注:"謨信,無信也。閩人語音。"明鄭之珍《目連救母勸善戲文》卷中:"徒弟今後观人,當观其心,故曰:莫信直中直,須防人不仁。"清雍正《四川通志》卷三十八之三《僊釋·成都府》:"石穴僧,不知何許人,夷臥成都山中石穴內,二十餘年不起,亦不飲食,當臥處痕跡宛然。山中樵牧習見之,就問不答。一日,有士子於此山遇髯道人,云:'此山有六祖應化之否?'士子即詣僧禮拜,云:'師六祖耶?'久之,張目曰:'莫信髯道人亂道。'明日再過之,不復見矣。"吳玉搢《別雅》卷一:"謨信,無信也。……《南唐書·黨與傳》'越人謨信,未可遽攻'注:'謨信,無信也。閩人語音。'"[①]張慎儀《方言別錄》卷上之一(頁124):"閩南人謂毛曰謨。《井觀瑣言》。"又,宋朱弁《曲洧舊聞》卷六:"世俗呼無爲模,又語訛模爲毛,常同音。"曾慥《高齋漫錄》:"毛音模,京師俗語謂無爲模。"清錢大昕《十駕齋養新錄》卷五《古無輕脣音》:"古讀無如模……《易》'莫夜有戎',鄭讀莫如字,云'無也。無夜,非一夜'。《詩》'德音莫違',

① 按所引《南唐書》,宋馬令作。"遽攻"原作"速進"。

箋：‘莫，無也。’《廣雅》：‘莫，無也。’《曲禮》‘毋不敬’，釋文云：‘古文言毋，猶今人言莫也。’釋氏書多用‘南無’字，讀如曩謨。梵書入中國，繙譯多在東晉時，音猶近古，沙門守其舊音不改，所謂禮失而求諸野也。”朱士端《宜禄堂收藏金石記》卷四《唐建尊勝陁羅尼經》：“桉畢氏《關中金石記》云：‘唐刻此經甚多，惟此爲沙門不空所譯，首云曩謨，即今所云南無也，或稱曩莫，並同。’士端桉：謨、無、莫，古皆通用，佛經亦每以音同音近之字叚借爲之。吳任臣《十國春秋·南唐孟堅傳》云：‘閩人謨信。’閩人以無信爲謨信。”光緒五年《鎮海縣志》卷三十九《方言》：“無（讀如謨），《南唐書》：‘越人謨信，未可速攻。’注：‘謨信，無信也，閩人語音。’案吾鄉亦有此音。”“模”、“謨”均以“莫”得聲，實即莫也，故“謨信”即“莫信”，世所謂“閩蜀同風”，或其然也。章炳麟《新方言·釋詞》：“無，古音本如模，今閩廣言毛近之，通語言末，末即無之音轉，如《論語》‘末之也已’，《墨子·公孟篇》‘吾末予子酒矣’，則今語所本也。”又《釋言》：“無，古音模，毋、毛、莫皆無之聲轉。”

按明方以智《通雅》卷一《疑始·專論古篆古音》云：“無通爲无、亾、勿、毋、莫、末、沒、毛、耗、蔑、微、靡、不、曼、瞀，蓋一聲之轉也。”清俞正燮《癸巳類稿》卷七《釋毛》亦有詳論，認爲“無、毋、戊、勿、務、牟、末、慕、莫、沒、目、蔑、靡、勉、瞀、冒、茂、摹、模、謨、摩、麽、旄、亡、忙、毛，俱同音”，可參看。以上“耗”、“秏”、“毛”、“莫”、“謨”、“模”、“冒”、“冇”、“卯”並同詞異形。

《大字典》（二/5/2962）“秏”（二）máo，②“無有；罄盡”，首引《增韻》。又（2777）“秏”未及。又（4/2137）“毛”（一）⑱“無；沒有”，首引《佩觿》。又（3/1607）“冒”⑭“方言。沒，沒有。也作‘冇’。《中國農村的社會主義高潮》中：‘太陽冒落土就回來。’”未現“冇”書證。又（1/111）“冇”音mǎo，“方言。沒有”，引《中國諺語資料》。《大字典》（二/1/342）、《大詞典》（2/519）“卯”均未及“無、沒有”義。又（6/3430）“莫”（二）⑩“方言。沒有。如：莫辦法”，無書證。又（7/4267）“謨”③“用同‘無（wú）’”，引馬令《南唐書》。今蜀方言“模”、“謨”均讀同“莫”，音[mo^{21}]。

《大詞典》（8/594）“秏₂”音máo，謂“罄盡，沒有”，引《漢書·高惠高后文功臣表序》。又（33）“秏”音mào，②“無”，首引《史記》。又（6/996）“毛”⑭“無”，首引清錢大昕《十駕齋養新錄》。又（5/662）“冒”⑯“方言。沒有”，首引趙樹理《李家莊的變遷》。又（1/995）“冇”音mǎo，謂“方言。沒有”，首引黃宗英《八面來風》。又（9/414）“莫”未及。又（11/371）“謨”④“無，沒有”，引馬令《南唐書》。《方言大詞典》（頁4564）“秏”⑥“無；沒有”，西南官話、贛語。又（頁831）“毛”㉙“沒有、無；不曾、不要”，北京官話、江淮官話、西南官話、吳語、湘語、贛語、粵語、閩語。又（頁4168）“冒”⑱“〈動〉沒有”，西南官話（江西贛州）、湘語、贛語；㉒“〈副〉沒（有）；無”，江淮官話、西南官話、吳語、湘語、贛語、客話、閩語。又（頁512）“冇”音mǎo，①

“〈動〉沒有；無”，中原官話、江淮官話、西南官話、吳語、湘語、贛語、客話、粵語；⑪“〈副〉沒；沒有”，中原官話、西南官話、湘語、粵語。又（頁4621）“莫”④“沒；沒有”，中原官話、蘭銀官話、西南官話、粵語。

毛狗 $\mathrm{mao}^{21}\mathrm{gou}^{53}$ [$\mathrm{mau}^{21}\mathrm{k}\partial\mathrm{u}^{53}$]

狐貍。明田藝蘅《留青日札》卷二十一《宦官妻》：“此女素爲狐狸迷染，其後隨至嶺外。在滁州時，余曉起親見之，形如猫而玄黑，變態不常，然亦不爲害，因命小苗童曰凌鴻伴宿，察之則狐，自窓眼潜入，伏于女身，小童舒手摸之則亦不變，形如毛狗而已。後家人畏懼，與廣東僕周俊爲妻，狐復不捨，俊亦厭之，歸杭又賣與徽州某商，今尚在杭，不知何如矣。”清守毅《籜廊瑣記》卷四《記狐》：“家人素呼狐爲仙。有戚某曰：‘不過一毛狗耳，何仙爲之？’毛狗，方言狐異名。”乾隆二十八年《東湖縣志》卷五《疆域下·物產》、同治五年《宜昌府志》卷十一《風土志·物產》、《巴東縣志》卷十一《物產志·鱗介羽毛》：“狐，俗呼爲毛狗。”道光七年《桐城續修縣志》卷二十二《物產志》：“狐，猫首猧尾，其色黄，日伏穴中，夜出竊食，聲如嬰兒，氣極臊烈，毛皮可爲裘，桐城呼爲毛狗。”俞樾《右台仙館筆記》卷十一：“初，妖之興也，客有善琴者來，惟毛狗與之狎，呼毛狗爲老庚。老庚者，俗呼同歲者之稱也。”傅崇矩《成都通覽·成都之小兒女歌謠》（頁253）：“山扎尾巴長，嫁與李三娘。……犁轅拱背，嫁與桃妹。桃妹逃走，嫁與毛狗。毛狗騷臭，嫁與幺舅。”民國四年《滎經縣志》卷二十《物產志·動物》：“狐，俗呼毛狗。”民國十五年《南川縣志》卷六《動物》：“狐，此獸邑中處處有之，藏土穴中，捕者以草煙薰出之，呼爲毛狗。”民國十八年《合江縣志》卷二《食貨·物產》：“毛狗，狐。”民國十八年《資中縣續修資州志》卷八《風土·物產》：“狐貍俗名毛狗。”又《方言》：“仄徑曰毛狗路。”民國十七年《涪陵縣續修涪州志》卷七《風土志·方言》亦云“仄徑謂毛狗路”，民國三十二年《沿河縣志》卷十三《風土志·方言》“窄徑曰毛狗路”，當謂衹有狐貍能行的小路。民國二十年《宣漢縣志》卷四《物產志·動物》：“毛狗，即狐也。”民國二十二年《綿陽縣志》卷三《食貨·物產》：“狐，毛狗。”民國二十四年《雲陽縣志》卷十四《禮俗下·方言下》：“狐曰毛狗。……今俗呼狐爲毛狗，謂其毛之深厚也。”民國二十九年《開陽縣志稿》第九章《社會·風俗》：“俗謂狐貍曰毛狗。”又，清同治十一年《太湖縣志》卷十《食貨志三·物產》：“毛狗，俗稱土狐。”光緒三十一年《霍山縣志》卷二《地理志下·物產》：“舊志所載山狐，俗名毛狗，足高尾短，毛質粗惡，似狐而實非。”《川方》（頁223）“毛狗”謂“狐貍。有的地區也說*野狗、野毛狗”。《川方匯釋》（頁144）“毛狗”謂“狐貍”。

按明李時珍《本草綱目》卷五十一下《獸之二·狼》：“釋名：毛狗。時珍曰：《禽書》云：狼逐食能倒立，先卜所向獸之良者也，故字從良。……時珍曰：狼，豺屬也，處處有之，北方尤多，喜食之，南人呼爲毛狗是矣。”《佩文韻府》卷五十五之三：“毛狗，《本草》：狼，一名毛狗。注：狼大如狗，蒼色，鳴聲則諸孔皆沸，南人謂之毛狗。”清屈大均《廣東新語》卷二十一《狗》：“蓋狗之族，其曰豺狗者豺也，曰毛狗者狼也。”嘉慶二十四年《懷遠縣志》卷二《賦稅志》：“狼，一名曰毛狗。”同治九年《會理州志》卷十《風土志·物產》：“狼，別名曰毛狗。”民國十七年《長壽縣志》卷八《物產部上·動物》：“狼，俗名毛狗。”民國三十二年《沿河縣志》卷十三《風土志·方言》：“豺曰毛狗。”或謂狼或謂豺爲“毛狗”，說又不同，錄以備考。

《大詞典》未收。《方言大詞典》（頁834）“毛狗”①“狐貍”，中原官話、西南官話；②“狼；豺狗”，江淮官話、西南官話。

冒烟兒 mɑo^{213}yɑnr^{55} [mau^{213}iɚ^{55}]

流血的諧謔說法。清Adam Grainger《西蜀方言》（頁38）：“打冒烟兒。”謂“to strike to the effusion of blood”。“烟”本字當作“殷”，指深紅或赤黑色，即血色，《廣韻·山韻》烏閑切，今音yān。《現漢》“殷”音yān，謂“〈書〉赤黑色”。《左傳·成公二年》：“自始合，而矢貫余手及肘，余折以御，左輪朱殷，豈敢言病。”杜預注：“殷，音近烟，今人謂赤黑爲殷色。”清錢大昭《邇言》卷五《殷》：“殷，讀若烟。《左傳》

云：‘左輪朱殷。’杜預云：血色久則殷。殷音近煙，今人謂赤黑爲殷色。”是其證。《川方》（頁224）“冒烟兒”謂“〈諧〉流血：他從自行車上摔下來，腦殼都~了，縫了兩針”。

又，《重方》（頁216）“冒烟兒”謂“冒火”，别一義。电視劇《寶樂嬸的煩心事》第四集：“全村上下都打冒烟了。”又第十四集：“就是全屯子打冒烟了，跟我也沒關係。”又第二十五集：“他們倆家都快打冒烟了。”“打冒烟”或謂因各種矛盾鬧得不可開交，與蜀方言所指不同。

《大詞典》（5/665）“冒烟”未及此義。《方言大詞典》未收。

麥穅　麥糠 me[21]kang[55]［me[21]k‘aŋ[55]］

脫粒後的麥殼。《説文·禾部》：“穅，穀皮也。从禾，从米，庚聲。康，穅或省。”李富孫辨字正俗：“穅、康本一字。穅从禾、米，康省从米。今以穅爲穀皮字，而以康爲康樂、康寧字，畫然分爲二義。”又《麥部》“麧，堅麥也”段玉裁注：“謂麥之堅者也。《史》、《漢》皆云：‘亦食穅覈耳。’孟康曰：‘覈，麥穅中不破者也。’晋灼曰：‘覈音紇。京師人謂粗屑爲紇頭。’按《廣韵》引《漢書》‘食穅麧’爲是。孟注晋音皆是‘麧’字，後人妄改《漢書》耳。‘麧’在《沒韵》，‘覈’在《麥韵》，音不同也。孟注與許説合。”《玉篇·麥部》：“麧，下没切，堅麥也。孟康曰：‘麥穅中不破者也。’”按《廣韻·沒韻》：“麧，麧䵖。《漢書》云‘食穅麧’。”中華書局標點本及《四庫全書》本《史記·陳丞相世家》作“食穅覈”，裴駰集解：“徐廣曰：‘覈音核。’駰案：孟康曰‘麥穅中不破者也’。晋灼曰‘覈音紇，京師人謂麄屑爲紇頭’。”標點本《漢書·陳平傳》作“食糠覈”，顏師古注：“孟康曰：‘覈，麥糠中不破者也。’晋灼曰：‘覈音紇。京師人謂麤屑爲紇頭。’”據段玉裁説，《史》、《漢》當作“食穅麧”。清郝懿行《證俗文》卷十七“京師人謂麤屑爲紇頭”注云：“覈、紇並假借字，當作麧，《説文》‘堅麥也’。”今川北綿陽等地謂麥中帶殼者爲“麥頭子”，即《説文》“堅麥也”，孟康所謂“麥穅中不破者也”。又，清光緒《遂州志》卷六上《藝文》：“所存飢民，或食酒糟，或食麥穅，或食蜀黍杆，或食莜（俗作蕎）殼。”

亦作“麥糠”。《玉篇·米部》：“糠，口郎切，俗穅字。”唐玄應《一切經音義》卷二《大般涅槃經第二卷》：“麥麲，夷職反，麥糠也。”慧琳《一切經音義》卷十二《大寶積經卷第十一》：“麫草，蠅即反，《考聲》云：‘麥糠麲也。’”又卷三十《寶雨經第八卷》：“穰麫，下蠅即反，《考聲》云：‘麲，麥糠也。’《文字集略》云：‘麲，麥皮也。’《文字典説》從麥弋聲，弋音翼也。”據《龍龕手鏡·麥部》“麲”爲“麫”俗字。《集韻·沒韻》：“麧，麥糠中不破者。或作覈。”《禮部韻略·沒韻》：“麧，下没切，堅麥也。釋云‘麥糠中不破者’。”北魏賈思勰《齊民要術》卷五《種竹》：“諺云：‘東家種竹，西家治地。’爲茲蔓而來生也。其居東北角者，老竹，種不生，生亦不能滋茂，故須取其西南引少根也。稻、麥糠糞之。二糠各自堪糞，不令和雜。”宋蘇轍《洗竹》詩：“扶持造化須人力，早聽人言布麥糠。”朱弁《曲洧舊聞》卷三：“同游朝散大夫許和卿同叔言，木自南而北者，多苦寒，有一法于臘月去根傍土，取麥糠厚覆之，火燃其糠，俱成灰，深培如故，則不過一二年皆能結實。”陳師道《後山談叢》卷四：“油絹紙、石灰、麥糠、馬矢、糞草，皆能出火。”明郎瑛《七修類稿》卷七《國事類》：“太祖生時，陳太后夜夢一黄冠自西北來，至舍麥場，于麥糠中取白藥一丸，置己掌中。太后視之，漸長。黄冠曰：‘好物，食之！’太后應而吞之。覺語仁祖時，口尚有香，明日太祖生。《泗志補遺》以爲實事而非夢，誤矣。”清李斗《揚州畫舫録》卷四《新城北録中》：“黄土、西紙、砂子、麥糠、麻莖，屬之塑工。”道光二十九年《重修平度州志》卷十上《物產》：“（小麥）春種者曰春麥，北方穀之上者，濡而磨之，屑白如雪，民間以爲珍食，膚曰麩子，外稃曰麥糠，以飼六畜。”郝懿行《證俗文》卷四《麻擣》：“《珩璜新論》：‘俗以和泥灰爲麻擣，出《唐六典》：京兆歲送麥稍三萬圍，麥麫二百車，麻擣三萬斤。’案麻擣者，須用擣爛以和泥灰也。麥稍，《説文》麥莖也。麥麫，《玉篇》麥殼破碎者，今麥糠也。皆可和泥泥牆屋。”“麻擣”即將麻擣爛爲麻筋，今蜀中農村用石灰泥墻即加麻筋。亦以麥糠和泥泥墻屋。

《大詞典》（12/1020）“麥糠”謂“緊貼在麥粒外面的皮兒，脱下後叫麥糠”，首引宋邵博《聞見後録》。“麥穅”一形未見。

《方言大詞典》(頁2381)“麥糠”①“(麥子)帶芒的殼”，晉語。實際上，現多無芒麥，即使有芒麥，脫粒也會粉碎麥芒，因此不管是否有芒，脫粒後的麥殼就叫“麥糠”，蜀語又叫“麥秙子”。

麥秙子 $me^{21}ku^{213}zi^{53}$ [$me^{21}k‘u^{213}tsɿ^{53}$]

脫粒後的麥殼，亦謂“麥糠”(見上條)。參《考釋》第379頁。《集韻·末韻》：“秙，禾皮曰秙。”《正字通·禾部》：“秙，與枯通，苗稿曰秙。舊註音庫，禾不實，非。”此釋假借，謂舊注“禾不實”非是，但未採《集韻》所釋。《楚辭·九章·悲回風》“重任石之何益”王逸注“一云‘任重石’，石一作秙”，洪興祖補注：“秙當作柘，音石，百二十斤也。……秙音庫，禾不實也，義與此異。”釋義沿襲舊說，惟“秙音庫”有音讀價值。《康熙字典·禾部》：“秙，《集韻》苦故切，音庫。秙穈，禾不實也。”今川北綿陽等地“秙”仍音同“庫”，讀[$k‘u^{213}$]。清胡林翼《讀史兵略續編》卷七：“以馬糞麥秙布其上，網索旃褥固護之，其懸風板之外，皆以牛皮爲障。”“麥秙”謂麥殼，亦即麥穈。

前撰《考釋》(頁379)指出：“《大字典》‘秙’①謂‘〔秙穈〕禾麥不結實’，引《玉篇》及《蜀語》，但於此義下引《蜀語》則未盡確。李氏所謂‘禾麥之空殼’，是指麥子收割後脫去麥粒的空殼，非謂‘不實’。今綿陽、梓潼、江油等地仍謂麥殼爲‘麥秳子’。”《大字典》(二/5/2781）“秳”①仍同舊版，未修訂錯誤，亦無視《集韻·末韻》“禾皮曰秳”之釋義矣。

《大詞典》(12/1015)、《方言大詞典》(頁2378）“麥”下未收。

門頭 men^{21}tou^{21} [mən^{21}t‘ən^{21}]

騙術；花招。清張慎儀《蜀方言·凡例》(頁263）：“俗語如談天曰拏龍門陣，誘騙曰扮門頭之類，不見記載，概從屏弃。”“扮門頭”猶俗謂耍花招以騙人。傅崇矩《成都通覽·成都之詐騙》(頁207）：“這是哄錢的門頭，省城皇城壩裏多得很。”又：“降龍，耍長蟲者是也，名之曰蛇。或賣藥者有之，或討口者有之，皆是門頭。”又(頁210）：“鄰人勸之敷遮羞錢幾釧，將妻退還本夫，仍然回去，又嫁二嫁。此接婦人之男上了門頭，纔叫人財兩空。此又叫放鴿子。”“上了門頭”猶上當受騙。“放鴿子”謂詐騙者串通婦女嫁、賣與人後伺機逃回(參見下“鵓鴿 蒲鴿”條）。民國二十三年《華陽縣志》卷五《禮俗·方言》：“欺詐曰門頭。”

《大詞典》(12/17)、《方言大詞典》(頁392）“門頭”未及此義。

門地脚 $men^{21}di^{213}jio^{21}$［$mən^{21}ti^{213}tɕio^{21}$］

門檻。明李實《蜀語》（頁41）："門地脚曰限○限音坎。"清道光二十一年《遵義府志》卷二十《風俗》、光緒二十一年《敘州府志》卷二十一《風俗》、民國十年《新修合川縣志》卷三十《風俗·方言》、民國二十四年《蓬溪縣近志》卷七《風土篇·方言》、民國三十七年《貴州通志·風土志·方言》："門地脚曰限。音坎。"並採《蜀語》矣。張慎儀《蜀方言》卷上（頁300）："門地脚曰限。《廣韻》：限，胡簡切。讀若坎。"民國二十四年《麻城縣志續編》卷一《疆域·方言》："門底脚曰限。音坎。""門底脚"着眼於門框最下一方，"底"、"地"僅聲調不同。或省稱"門脚"。清唐訓方《里語徵實》卷上："門脚曰限。限音坎。"

《大詞典》未收。《方言大詞典》（頁398）"門地伏"謂"門檻"，粵語。未收"門地脚"。

悶頭花 $men^{213}tou^{21}hu\alpha^{55}$［$mən^{213}t'əu^{21}xua^{55}$］

一種小灌木，紫花。清許纘曾《東還紀程·悶頭花》："陌上遍生紫花，自根至顛，純花少葉，色如江南諸葛菜、桔梗花，妖冶悦目，數百里內皆有之，是人呼爲悶頭花，近之輒頭悶不止，相戒以爲不可嚮邇，吳人呼爲老鼠花。”道光二十一年《遵義府志》卷十七《物產》：“悶頭花，《東還紀程》：‘黔山中多悶頭花。’按花莖類百合，高或丈許，花似玉蘭瓣絕大，遠觀絕可愛，嗅之則頭爲悶暈，故名。”光緒八年《黎平府志》卷三下《物產》：“悶頭花似玉蘭瓣。”前例當爲喬木，而“花似玉蘭瓣絕大”，後例亦謂“花似玉蘭瓣”。咸豐元年《安順府志》卷十七《物產》：“紫米草布，俗名悶頭花，草出鎮甯，五六月間刈之，以染其色，紅綠相間。草出鎮甯，而染工以安順爲佳，在鎮甯染者名米散花布。”此爲草本植物，可染布。按川北指一種小灌木，開紫色小花，先花後葉，莖皮可爲繩。

《大詞典》（12/96）、《方言大詞典》（頁2863）“悶”下均未收錄。

蔑蔑 $mi^{55}mi^{55}$ [$mi^{55}mi^{55}$]

小。參《考釋》第383頁。《尚書·君奭》“茲迪彝教，文王蔑德，降于國人”鄭玄注：“蔑，小也。”章炳麟《新方言·釋言》：“今杭州謂極小曰蔑，讀如彌。宜昌謂小兒爲蔑子，其餘或謂赤子爲茅頭，茅、蔑一聲之轉，茅亦小也。”“茅頭”俗作“毛頭”。字或作“懱”。華學誠《揚雄方言校釋匯證》：“慧琳《一切經音義》卷四五、卷六六兩引《方言》，卷三一引郭璞

《注》，字均作‘懱’。”《廣雅·釋詁二》：“懱，小也。”王念孫疏證：“蔑與懱同。郭璞注云：‘蔑，小貌也。’《法言·學行篇》云：‘視日月而知眾星之蔑也，仰聖人而知眾說之小也。’又《君奭》：‘兹迪彝教，文王蔑德。’鄭注云：‘蔑，小也。’正義云：‘小，謂精微也。’《逸周書·祭公解》：‘追學於文武之蔑。’孔晁注云：‘言追學文武之微德也。’《說文》：‘懱，輕易也。’輕易亦小也，今人猶謂輕視人爲蔑視。《周語》：‘鄭未失周典，王而蔑之，是不明賢也。’韋昭注：‘蔑，小也。’蔑與懱同。又《廣韻》‘紗’，莫結切，引《倉頡篇》云:‘紗，細也。’《玉篇》:‘䁾，面小也。’《說文》：‘䈼，麩也。’《眾經音義》卷十引《埤倉》云：‘篾，析竹膚也。’字通作蔑。《顧命》：‘敷重蔑席。’鄭注云：‘蔑，析竹之次青者。’《玉篇》：‘䴊，䴊雀也。’字亦通作懱。《方言》‘桑飛，自關而西或謂之懱爵。’注云：‘即鷦鷯也。’懱，言懱截也。《廣韻》：‘䁾尐，小也。’䁾尐與懱截同。《荀子·勸學篇》：‘南方有鳥焉，名曰蒙鳩。’楊倞注云：‘蒙鳩，鷦鷯也。’蒙鳩猶言蔑雀，蔑、蒙語之轉耳。《爾雅》：‘蠓，蠛蠓。’李善注《甘泉賦》引孫炎注云：‘蟲小於蚊。’是凡言蔑者，皆小之義也。”重疊爲詞則作“蔑蔑”，首見明李實《蜀語》（頁89）著錄（前撰已引）。清道光二十一年《遵義府志》卷二十《風俗》、民國十年《新修合川縣志》卷三十《風俗·方言》、民國三十七年《貴州通志·風土志·方言》：“小曰蔑蔑。”民國二十四年《雲陽縣志》卷十四《禮俗下·方言上》：“蔑蔑，小也。”《川方匯釋》（頁148）“篾篾”音mī mī，謂“小”。

“篾”爲“蔑”音借。

亦記音作“米米”。民國十五年《南川縣志》卷六《土音土語》：“嬰兒曰奶米米。米米，狀其細也。土音轉爲陰平，呼小兒多曰米子。”民國三十三年《長壽縣志》卷四《風土·方言》：“嬰兒曰奶米米。讀陽平。”增旁爲“咪咪”。《川方》（頁228）“咪咪兒”謂“很小的東西”。《成都話》（頁147）“咪咪兒”謂“很小的”。《重方》（頁221）“咪咪兒”①“小”，②“小的東西”。又，民國二十一年《萬源縣志》卷五《教育門·方言》：“小兒曰細娃，曰𡘋𡘋。”“𡘋”當爲方言造字，會“不大”之意，音“[mi^{55}]”，“𡘋𡘋”即“蔑蔑”。亦或作“纖”。《玉篇·糸部》：“纖，細纖也。”“細纖”同義連文。清Adam Grainger《西蜀方言》（頁414）：“纖釘兒。”謂“small nails; tacks”，“纖”音“MIE^{5}”。今蜀方言亦謂幼兒、小孩兒爲“[mie^{55}mie^{55}]娃兒”。《川方》（頁228）“咪咪娃”謂“小孩兒”。又音轉爲“[mia^{55}]”。

《大詞典》（9/536）“蔑”音miè，又（537）“蔑蔑”謂“猶默默。無聲息”，與此無涉。又（3/347）“咪咪”②“形容幼小”，引克非《春潮急》。

《方言大詞典》（頁6775）“蔑蔑”謂“小”，西南官話。又（頁2251）“米米”②“形容小；少”，西南官話、吳語、閩語。又（頁4122）“咪咪兒”，西南官話，①“很小的東西”，②“很小的”。

沒頭兒 $mi^{213}tour^{21}$ [$mi^{213}t'əur^{21}$]

猛子。参《考釋》第384頁。“沒”亦作“頞”，潛入水中。《說文·水部》：“沒，沈也。从水，𠬛聲。”段玉裁注：“沒者，全入於水。”又《頁部》：“頞，內頭水中也。从頁、𠬛，𠬛亦聲。”段玉裁注：“內者入也。入頭水中，故字从頁𠬛，與《水部》之沒義同而別。今則頞廢而沒專行矣。”王筠句讀：“按頞與沒皆𡿨之分別文，今專用沒。”《六書故》卷十《人三》：“頞，没頭水中也。”又，或俗作“氼”。宋周去非《嶺外代答》卷四《俗字》：“廣西俗字甚多，如……氽音泅，言人在水上也；氼音魅，言没人在水下也。”趙與時《賓退錄》卷五：“《嶺外代答》於此外又記五字：氽音酋，言人在水上也；氼音魅，言没入水下也。”明田藝蘅《留青日札》卷三十八《古奇文》：“氼音魅，人沒於水下也。”《三寶太監西洋記通俗演義》第十九回：“原來是南京水軍右衛一個軍士，姓李名海。吊在水裏，一連沉了幾個沒頭，吃了好幾口水，隨波逐浪，淌了有二三百里之遙。”“沉了幾個沒頭”，謂數次沉於水下。清光緒五年《鎮海縣志》卷三十九《方言》：“打没頭，《蜀語》：‘人躍入水底曰打没頭。’”民國二十八年《巴縣志》卷五《禮俗·方言》：“《說文》：‘沒，沉也。’沉乃湛之借字，謂全入於水。‘頞，內水中也。’今人躍入水中，良久頭起曰打沒頭，亦作頦頭。”蜀方言今亦說潛泳爲“打沒頭”，參上“打沒頭打夾頭　打彌頭”條。

亦作“沒潭”、“沒頭潭”、“沒頭蹲”、“沒頭潭”。《廣韻·勘韻》：“潭，沈水底，沒潭。”《古今通韻·勘韻》：“越俗以浮水曰瀾，有云浮瀾瀾者，音探；沉水曰潭，有云沒頭潭者，音澹。”清翟灝《通俗編》卷三十六《雜字·潭》：“音澹。《廣韻》‘沉水底，沒潭’。按今俗仍有云沒頭潭者。”范寅《越諺》卷中《技術》：“泅沒頭潭，東坡《日喻》所謂‘南方多沒人’是也。”又卷下《單辭隻義》：“潭，段，沉水沒，不能起也。泅沒頭潭，出《廣韻》。”光緒《浦江縣志》卷三《輿地志·風俗附方言》：“撢，音澹，《廣韻》‘沉水底，沒撢’。俗有云沒頭撢者。”“撢”《廣韻》本作“潭”。民國二十四年《蕭山縣志稿》卷二十九《瑣聞·方言謠諺》：“沈水曰潭，有云沒頭潭者。音澹。”《西游記》第三十八回：“那呆子撲通的一個沒頭蹲，丟了鐵棒，便就負水。”“沒頭蹲”即扎猛子。清胡文英《吳下方言考》卷九《潭》：“吳中謂沈水曰潭，人落水曰不出，曰沒頭潭。”又卷十一《休（音撮）》：“《說文》：‘休，沒也。’案休，沒水也。吳中謂沒水而泅曰休沒頭玒（音貢）。”又，姜亮夫《昭通方言疏證》（890條）：“《廣韻》‘烏沒切，內頭水中’，皮日休詩：‘學海退狂瀾，余頭向水頦’，昭人讀若孟或悶，曰打字，金華有此語，字又作顋，繁簡之別耳。”

又，清高靜亭《正音撮要》卷二《生養》：“淬僣子，寐入水裡。”又《水火》：“淬懵子，迷水中取魚。”“淬僧子”、“淬懵子”，即扎猛子。亦說“水沒子”。民國二十一年《南溪縣志》卷四《禮俗下·方言》：“能泅水者，俗謂之水沒子。”

今蜀方言音義並存。《川方》（頁229）“沒”音mi^4，①“鉆進（水裏）”；“沒頭兒（瀰頭兒）”音mi^4tour^2，謂“猛子”，“又叫*水沒子”、“沒子（迷子）”。《重方》（頁222）“沒頭兒”音mi^4tour^2，謂“猛子”，“也作‘瀰頭兒’”。《川方彙編》（頁185）“泌頭兒”音mǐ ter，謂“扎猛子”。《成方》（頁25）“□”音mi去聲，①“沒入（水中）”，“□頭兒”謂“游泳時頭朝下鑽入水中，北京話叫扎猛子”，“□”本字當作“沒”。又，《成都話》（頁147）“迷死”音［$mi^{213}ʂʅ^{53}$］，謂“將頭沒入水中使之窒息而死”；“迷水”謂“將頭沒入水中”。參上“打沒頭　打夾頭　打瀰頭”條。

《大詞典》（5/977）“没$_1$”音mò，②“潛游水中”。又（991）“没頭蹲”謂“扎猛子，以頭朝下鉆入水中”，引《西游記》。餘未見。按蜀方言“沒頭兒”之“沒”音［mi^{213}］。

《方言大詞典》（頁2910）“沒頭兒”謂“頭朝下鉆入水中潛行的動作”，西南官話（四川成都［$mi^{213}t‘our^{21}$］）。又（頁3656）“沵（瀰）”音mǐ，“沵頭”謂“游泳時頭朝下鉆到水裏”，西南官話（四川）。

沒傝僫　沒撻煞　沒搭煞　沒答颯　沒答煞

mo^{21}da^{21}sa^{21}［mo^{21}ta^{21}sa^{21}］

❶不謹守禮節或分際。《玉篇·人部》："傝，傝僫，惡也。一曰不謹皃。"《廣韻·盍韻》："僫，傝僫，不謹皃。"[①]又吐盍切："傝，傝僫，不謹皃。"又私盍切："僫，傝僫，不謹皃。"元陶宗儀《說郛》卷八十五下釋適之《金壺字考》："傝僫，音塔颯，不謹貌。"明岳元聲《方言據》卷上《沒傝僫》："行事不謹切曰沒傝僫。傝（音塔）僫（音靸），魯直云：'物不蠲也。蜀人語。'"李實《蜀語》（頁149）："不謹曰傝僫〇傝僫音塔撒。""傝僫"當意同"沒傝僫"。清錢大昕《恒言錄》卷二《疊字類》："今吳人以不謹爲沒傝僫。"道光二十一年《遵義府志》卷二十《風俗》、光緒二十一年《敘州府志》卷

① 段觀宋《釋"沒撻煞"》認爲，陸澹安《小說詞語匯釋》謂"沒撻煞"爲"無聊，沒意思"；王鍈《詩詞曲語辭例辭》（增訂本）附錄二《詩詞曲語辭存疑錄》謂"沒撻煞"爲"沒來由"、"沒道理"，陸氏所舉《古今小說》卷三十九《汪信之一死救全家》例爲說書人在講故事之前的一段引子，文中"沒撻煞"意爲"沒來由"、"有悖情理"，如解作"無聊的笑話"，則以下說書已無必要。因而肯定王鍈對陸說的批評，但又認爲王解"沒撻煞"爲"沒來由"、"有悖情理"與文意不合。而周德清《中原音韻》十三家麻韻，傝與撻、僫與煞分別"同屬一小韻，三舉"沒撻煞"，"釋爲'不謹'義，於文意皆覺通暢無礙"（《古漢語研究》1992年第2期）。王宗祥《"沒撻煞"索解》認爲："'沒撻煞'是吳方言俗語，至今慣用；在流傳中又寫'沒搭煞'、'沒搭撒'，義爲'沒出息，無用，沒意思'。"（《古漢語研究》1995年第4期）

二十一《風俗》、民國十年《新修合川縣志》卷三十《風俗·方言》、民國二十三年《華陽縣志》卷五《禮俗·方言》："不謹曰偈倸。音撒塔。"此本採《蜀語》，"撒塔"爲"塔撒"誤倒。光緒七年《崑新兩縣續修合志》卷一《風俗·方言》："不謹曰沒偈倸，見《廣雅》、《廣韻》。"光緒八年《寶山縣志》卷十四《志餘·風俗附方音》："沒偈倸，俗言不謹。"民國十八年《威縣志》卷十四《風俗志下·方言》："偈倸，《廣韻》'不謹貌'。吳人以不謹爲沒偈倸。"張慎儀《蜀方言》卷上（頁292）："不謹曰沒偈倸。……今蜀亦有此語。"紀國泰《〈蜀方言〉疏證補》（頁159）："今蜀人仍稱不謹守禮節爲'沒偈倸（［$mo^{33}tæ^{33}sæ^{33}$］）'。"

亦作"沒搭煞"、"沒撻煞"、"沒答颯"、"沒答煞"、"沒搭霎"。《拍案驚奇》卷十六："又過了兩日，那老兒沒搭煞，黑暗裏已自和那婆娘摸上了。"明顧起元《雪堂隨筆》卷四《二偈自警·序》："人有規余某爲不的確，某爲沒搭煞者，或謂其過，予則聞之大喜。自念行年六十有三矣，向來交游中，多謬爲許可，祇增予病。今何幸，聞此藥石之言。因爲二偈，時時誦之，用鞭其後。"其二："誰有搭煞，誰沒搭煞，全沒遮攔，都無撿押，潦倒心腸，從橫鱗甲，非是是非，一齊抹摋，請問彌勒，是法非法，笑解布袋，隨汝抛撒。"梁辰魚《浣紗記》第十三齣："我家本官沒撻煞，一生只愛把錢抓，上司知道也不怕，嗏，連累皂隸不是耍。"又第十七齣："你且聽我說，東施妹子沒撻煞，鼻子上也生着扢撻，你道像些甚麽來，倒像常熟縣裡個大麻麻菩薩。"清嘉慶十三年《如皋縣志》卷八《方俗志·方言》："沒答煞，不知嫌忌也。"嘉慶二十二年《東臺縣志》卷十五《風俗·方言》："不知嫌忌謂之沒答颯。"民國十三年《南陵縣志》卷四《輿地志·風俗附方言》："不知嫌忌曰没答煞。"又，清光緒二十五年《德慶州志》卷四《地理志·方言》："不解事曰没搭霎。"

❷不振作；邋遢。宋黄庭堅《山谷別集》卷六："傝㒌，物不𪗋也。蜀人語。"[①]原注"傝"音塔，"㒌"音靸。此謂不潔爲"傝㒌"，或引申謂不振作。亦作"荅颯"。清陳鱣《恒言廣證》卷二《疊字類》："鱣按：《女論語》：'灑埽灰塵，撮除捐㨠。'《黄山谷集》：'傝㒌，物不𪗋也。蜀人語。'音如塔靸。《南史·鄭鮮之傳》：'卿居僚首，今荅颯去人遼遠，何不肖之甚？'荅颯即傝㒌之正字。"光緒二十四年《嘉應州志》卷七《方言》："不謹謂之邋遢，不潔謂之拉颯。……人不謹即不潔净，因而物之拉雜不潔净者亦同此稱。……《黄山谷集》：'傝㒌，物不𪗋也。蜀人語。'音如塔靸。"雷漢卿《近代方俗詞叢考》"傝㒌"謂"精神萎靡不振"，引蒲松齡《日用雜字·身體章》："忕闖起身子做椿事，傝㒌閑遊負此身。"舉《大字典》"傝㒌"②"不謹慎"，引蒲文。謂"此處'傝㒌'與'閑遊'並言，若釋爲'謹慎'或'不謹慎'，文意皆不可通。從結構看，'傝㒌'修飾'閑遊'，當是邋裏邋遢、精神萎靡不振的意思"[②]，可備一說。

---

① 《國語·周語上》："明神不𪗋而民有遠志。"韋昭注："𪗋，潔也。"

② 巴蜀書社，2006年11月第1版，第222-223頁。

或作“踏趿”、“答颯”、“沒答颯”。宋吳曾《能改齋漫錄》卷一《事始一·俗語踏趿》：“俗語以事之不振者爲踏趿，唐人已有此語。”清翟灝《通俗編》卷十一《品目·靸》：“《能改齋漫錄》：唐人謂事之不振者曰踏趿。靸，即踏趿之省，字當作趿，蓋以物之不佳，比照于事之不振耳。”又卷十四《境遇·答颯》：“踏趿、答颯，字異義同。或又作塌颯。范成大詩：‘生涯都塌颯，心曲漫崢嶸。’又《集韻》有‘傝㒌’字，訓云‘惡也’，似亦塌颯之通。”民國五年《鹽山新志》卷二十四《謠俗篇上·方言》：“答颯，不振貌也。……文與可集有‘嬾對俗人常答颯’，范成大詩‘生涯都塌颯’，今俗音答正讀如塌。”民國二十四年《雲陽縣志》卷十四《禮俗下·方言上》：“答颯，不振也。《南史·鄭鮮之傳》：‘卿居僚首，今答颯去人遼遠，何不肖之甚？’文與可詩：‘懶對俗人常答颯。’范成大詩：‘生涯都塌颯。’答、塌音近。或曰傝㒌。”民國二十四年《蕭山縣志稿》卷二十九《瑣聞·方言謠諺》：“怠不理事曰答颯，亦作蹋趿。……《能改齋漫錄》：‘俗謂事之不振者曰踏趿。’按踏趿、答颯字異義同。”郝懿行《證俗文》卷十七：“人不振拔曰踏趿。又云，俗謂事之不振者曰踏趿，唐人有此語。”“不謹”或“不振”謂“傝㒌”或“荅(答)颯”，亦曰“沒傝㒌”或“沒答颯”。清翟灝《通俗編》卷十一《品目·沒雕當》：“殆猶不振曰答颯，俗反曰沒答颯。”民國二十五年《壽光縣志》卷八《民社志·方言》：“頹靡不振曰傝㒌。塌卅。”謂音“塌卅”。民國二十九年《沙河縣志》卷十一《志餘上·方言》：“答颯，不振也。答讀如塌，《南史·鄭鮮之傳》：‘卿居僚首，今答颯去人遼遠，何不肖之甚？’一作塌颯。范成大詩‘生涯都塌颯’。今亦謂無志氣者曰没塌颯。”又，清道光四年《上元縣志》卷末《摭佚》、同治十三年《上江兩縣志》卷二十八《摭佚》：“其有歸著曰撻煞。”此或别一義。

❸沒要緊；無聊。《西游記》第三十九回：“老官兒，這等沒搭撒。防備我怎的？”廖大谷、石汝傑《〈西游記〉中蘇北方言詞語彙釋》“沒搭撒”謂“無聊，沒意思”[①]。《喻世明言》卷三十九：“同時又有文武全才，出名豪俠，不得際會風雲，被小人誣陷，激成大禍，後來做了一場沒撻煞的笑話。”《二刻拍案驚奇》卷三：“元來是人家婚姻照驗之物，是个要緊的，如何却將來遺下，又被人賣了？也是个沒搭煞的人了。”又卷二十六：“高娘子道：‘雖然老人家沒搭煞，討得人輕賤，却也是高門裡的體面，原該收拾了回家來，免被别家耻笑。’”《金瓶梅詞話》第五十七回：“你日後那没來回，没正經，養婆兒，没搭煞，貪財好色的事體，少幹幾樁兒，卻不儹下些陰功，與那小孩子也好！”清洪昇《長生殿傳奇》卷下《驛備》：“我做驛丞沒傝㑩，缺供應付常吃打。今朝駕到不是耍，嗏！若有差遲便拿去殺。”嘉慶十一年《涇縣志》卷一《沿革·風俗附方言》：“没要緊曰麽搭煞。”蜀方言“麽”音同“沒”，讀［mo^{21}］。光緒二十四年《嘉應州志》卷七《方言》：“謂事無味曰没答颯，謂人作事不當曰尷尬。案《南史·鄭鮮之傳》：范泰誚鮮之仕宦不及傅亮謝晦曰：今日答颯，去人遼遠。《説文》尷注尷尬，行不

① 《蘇州大學學報》1987年第2期。

正也。從尣兼聲。江沅曰：尲尬二字，段氏訂補：今吳俗謂事乖剌曰尲尬。《通俗篇》翟灝曰：‘不振曰答颯，俗反曰没答颯。不當曰尲尬，俗反曰不尲尬。’今州俗於世情看破無味往往曰摩答颯，摩即無也，土音讀無爲摩。”“摩答颯”即“没答颯”。民國二十五年《當塗縣志·民政志·方言》：“譏人無聊曰没得說，音變如没答殺。”《川方彙編》（頁205）“没皮搭煞”音mo pi dɑ sɑ，謂“没精神，無聊賴。例：没皮搭煞地走了”。

又，清倪濤《六藝之一錄》卷二百六十三《古今書體九十五·譌誤字（節錄）》：“答颯，俗語紛雜之稱，今反云没答颯，謬。”此別一義，錄以備考。

《大詞典》（5/978）“没$_2$”音méi、mò，又（988）“没$_2$搭煞”①“不謹慎，糊塗”，首引《金瓶梅詞話》；②“没有出息，無用”，引明徐陽暉《有情癡》曲。又“没$_2$搭撒”謂“同‘没$_2$搭煞’②”，引《西游記》兩例。又（990）“没$_2$撻煞”①“同‘没$_2$搭煞’”，首引清李漁《風箏誤》。又（989）“没$_2$傝僀”①“同‘没$_2$搭煞’①”，引《豆棚閑話》、錢大昕《恒言錄》；②“同‘没$_2$搭煞’②”，引洪昇《長生殿》。其餘詞形未見。但（8/1154）“答颯”謂“懶散不振作的樣子”，首引《南史·鄭鮮之傳》。又（6/852）“撻煞”謂“猶結局”，首引明顧起元《客座贅語·方言》“南都方言……其有歸着曰撻煞”。

《方言大詞典》（頁2917）“没答颯”①“精神萎靡的”，北京官話；③“不懂得避開嫌疑和禁忌”，江淮官話，也作“没答煞”，吳語。按不避嫌忌即不謹。又“没傷僫”①“没出息；没能耐”，官話；②“不謹慎”，西南官話、吳語。又（頁2917）“没搭撒”①“没出息”，中原官話；②“無聊；没意思”，江淮官話。又（頁2914）“没撻煞”謂“無着落；無歸結”，官話。

沒錬鏥　沒中對

mo²¹dong⁵⁵/zong⁵⁵dui²¹³［mo²¹toŋ⁵⁵/tsoŋ⁵⁵tuei²¹³］

糊塗無用。參《考釋》第389頁。《方言》卷九：“輨、軑、錬鏥，關之東西曰輨，南楚曰軑，趙魏之間曰錬鏥。”錢繹箋疏：“輨之言管也，以鐵爲管，約轂外兩端，以金冒之曰輨。”按清戴震《論韻書中字義答秦尚書蕙田》：“又有本無其字，因譌而成字……《方言》之‘錬鏅’，郭璞音東，曹憲於《廣雅音》音諫，《集韻》據郭忠恕《佩觿》之臆説，於一東增錬字，引《方言》則錬譌而爲錬，遂與東同音。”郭氏《佩觿》卷上：“見錬鏅之錬爲鍛錬。”《集韻·東韻》：“錬，《方言》：輨軟趙魏之間曰錬鏅。”趙振鐸先生《集韻校本》下册校記：“方校：‘《方言》九作“錬”。郭音東。盧紹弓學士謂當音諫。此字从東，音東，與李文綬本《方言》同。’董文焕校：‘焕案：曹憲與《廣韻》音諫，非从東也。’按：此字誤以从柬爲从東。《廣韻》此小韻下未收此字，此字當如盧紹弓音諫，在上聲《諫韻》居宴切下，不當列入都籠切。”考《龍龕手鏡·金部》：“錬，音東。

鍊鏅，車轄也。”又：“鐿，鍊鐿，車轄也。”“鍊鏅”之“鍊”直音“東”，恐非杜撰。據《手鏡》卷首遼聖宗統和十五年（997）七月一日燕臺憫忠寺沙門智光序，至少早《集韻》（1039）四十餘年，《集韻》“於一東增鍊字”，或不爲無據，戴氏及後來諸家之說，恐亦未可全信矣。又，《廣韻·賄韻》：“鐿，鍊鐿，車轄。”周祖謨校：“鐿，故宮王韻作‘鏅’。”余迺永校：“王二、全王从隋，合廣雅釋器及說文。”趙少咸《廣韻疏證》、蔡夢麒《廣韻校釋》等亦未言及《龍龕手鏡》、《佩觿》、《集韻》作“鍊鏅”的情況。又，《字彙·金部》：“鐿，同鏅。”《集韻·脜韻》“鏅”音杜罪切。《古今通韻·賄韻》“鏅”與“隊”同一小韻，音杜罪切。《音韻闡微·賄韻》：“鐓，《廣韻》：‘車轄。又犂錧。’《說文》作‘鏅’。”明李實《蜀語》（頁48）：“謂人不慧曰沒鍊鐓○鍊从東，音東，與从柬音練不同。鐓音隊，鏅、鐿同。鍊鐓，車轄也。揚子《方言》：‘趙魏之間謂之鍊鐓。’車無轄則罔罔然無所之，人之懵懵亦如之矣。”《大字典》（二/8/4553）“鍊”（二）jiàn，〔鍊鏅〕1.“包裹在車轂上的鐵套子”，引《方言》及錢繹箋疏；2.“轄，插於車軸端孔內的銷釘”，引《廣韻》及周祖謨校。又（4540）“鍊”謂“‘鍊’的訛字”，引《集韻》，按語引及戴震文。未及《龍龕手鏡》及《蜀語》著錄情況，尤其《蜀語》記錄“習聞蜀諺”，爲語言活化石，未免有置若罔聞之嫌。“鍊鐓”本指車軸兩端的銷釘，無鍊鏅而車不能行，故“沒鍊鐓”比喻人不聰慧、糊塗無用，或確如李實所云“車無轄則罔罔然無所之，人之懵懵亦如之矣”。梁國均《從〈蜀語〉看四川方言語彙的構成和來源》云：

"鍊鎋本趙魏方言，傳入巴蜀後被借用。鍊鎋本是車軸兩端管車轄的軸頭鐵，車若沒有鍊鎋，則兩輪失控，行必越軌。人之懵於事理，舉止失態者亦似之，故《蜀語》云：'謂人不慧曰沒鍊鎋'。今四川方言謂人作事'沒鍊鎋'（或作'沒終對'）者本此。"[①]《蜀語》著錄爲"沒鍊鎋"，非作"沒鍊鎋"，"鍊"、"終"音讀相去甚遠，"沒鍊鎋"何以或作"沒終對"，未詳所以。劉廷武《〈蜀語〉釋要》："既然是'趙魏之間謂之鍊鎋'，又何以爲蜀語？……沒鍊鎋應爲'沒弄對'。弄，蜀地有二音，一如字讀，二讀陰平，音近於東。鎋、對同音。沒弄對，即搞錯了之意，正與'不慧'相關。李實以訛字而强爲之解，失之。"[②]謂"沒鍊鎋應爲'沒弄對'"，恐臆說耳。至於"趙魏之間謂之鍊鎋"，千百年後爲"蜀語"，如"癆"、"菢"，《方言》以爲"北燕朝鮮"語，李實記之爲蜀語，今"癆"亦然，"抱₂（菢）"爲通語，何怪之有？以想當然强爲之解，無端訶責前人矣。

今蜀語謂"糊塗無用"爲"沒中對"，其理據不詳，或爲記音。李劼人《大波》第四部第二章："咋個這樣沒中對喲！媽，你的耳朵硬是不管事麽？"原注："沒中對是四川話，意思是胡塗沒用。明朝李實所著《蜀語》則寫作沒鍊鎋，引《揚子方言》……以'鍊鎋'二字太僻，故取其音而寫作'中對'。"[③]

---

① 《川北教育學院學報》1991年第2期。

② 參見《李實學術研討會文集》，語文出版社，1996年7月第1版，第86頁。

③ 《李劼人選集》第二卷，四川人民出版社，1980年2月第1版，第385頁。

《川方》(頁236)"没中對"謂"胡塗無用"。《成都話》(頁249)"中對"謂"舊時指中用:趙琛仁用這麽一個没~的老頭兒誤了不少事"。

《大詞典》(5/980)收錄"没₂中對","方言。謂胡塗、無用",引《大波》,顯然爲蜀方言詞矣。今川北綿陽等地亦說"没中倒對"。

《方言大詞典》(頁2909)"没中對"謂"形容胡塗没用",西南官話(四川成都)。又(頁2915)"没鍊鏑"謂"不聰明",西南官話(四川),引《蜀語》。

綿 mian[21] [mian[21]]

性行疲沓遲緩而多糾纏。《玉篇·系部》:"緜,彌然切,新絮也,纏也,緜緜不絕。今作綿。"又《糸部》:"綿,與緜同。"《增韻·僊韻》:"綿,纒綿,綢繆也。古作緜,从帛从系。"《康熙字典·糸部》:"緜,又纏緜,猶綢繆也。《淮南子·主術訓》:'纏緜經宂。'""纏緜"同義連文。民國二十一年《萬源縣志》卷五《教育門·諺語》:"要賺畜牲錢,要同畜牲綿。"謂需耐心照料飼養。唐樞《蜀籟》卷一(頁8):"一要人工二要錢,三要糞草四要綿。"此謂種莊稼需耐心侍弄。姜亮夫《昭通方言疏證》(382條):"綿,纏綿也。昭人謂人行動緩慢而多糾纏者曰綿綿。重言之或曰綿綿扯扯,或曰綿箇箇。昭人又謂行事遲緩拖沓曰綿。如曰綿得，猶言甚爲拖沓也。曰張綿綿，言張某行事遲緩也。按《說文》：'綿，聯微也。'凡遲緩拖沓則效微弱故曰綿。其本義當爲絲之精細者，其粗者曰絮。（見《廣韻》）凡精細則效力必遲緩，則拖沓、遲緩皆其引申義也。俗或以眠爲之。謂其人其事如在眠中，則義過曲。"《川方》（頁230）"綿"②"拖塌；疲塌"，③"糾纏；磨煩：要賺畜牲錢，跟倒畜牲~"，此引《蜀籟》。《川方匯釋》（頁148）"綿"㊀"堅持、忍耐"，㊁"拖延"。《重方》（頁223）"綿"①"軟而韌，不脆"，②"疲沓，拖拉"，③"拖延"。

《大字典》（二/6/3655）"緜"③"纏繞"，引《玉篇·糸部》："緜，纏也。"按"緜"屬"系部"第二字，"綿"方屬"糸部"。又"纏"未必即"纏繞"義，如"纏綿"。

《大詞典》（9/899）"綿"⑦"形容溫和柔韌"，引楊朔《三千里江山》第十六段："他的性子很綿，靦靦覥覥的，光會笑，像個大姑娘。"沙汀《淘金記》三："彭胖是個出名的皮糖性格，比他還綿，是很難說動的。""綿"謂人性行疲沓遲緩，釋義與書證不甚恰切。

《方言大詞典》（頁5863）"綿"⑧"糾纏"，西南官話。

麪　麵 mian²¹³［mian²¹³］

某些食物含澱粉多、纖維素少而口感綿軟。反之，如不麪的芋子（頭）口感即謂“瀘”。參《考釋》第384頁。明正德《瓊臺志》卷八《土產上》：“蕷，坡種者四：曰麪蕷，曰鷄母蕷（白青黑黑三種），曰青蕷，曰東蕷。”萬曆《瓊州府志》卷三《地理志·土產》：“蕷，坡水二種，坡曰麪蕷。”李實《蜀語》（頁169）：“犬羊癩則瀘；蹲鴟堅而不麪曰瀘○瀘音盧，病也。凡種芋重田則瀘，謂今年芋田，明年不可復種。凡成粉者曰麪。”謂口感成粉者爲“麪”。黄仁壽等校注：“本條義爲：凡芋蒸、煮後仍硬而不粉者，乃芋病也。”清吳其濬《植物名實圖考》卷四《蔬類·芋》：“野芋毒人，山間亦多，嶺南滇蜀芋名尤衆。《南寧府志》：‘宜燥地者曰大芋，宜濕地者曰麪芋。’”民國二十五年《儋縣志》卷三《輿地·穀類》：“芋有坡水二種……坡之類曰麪芋……定安有麪蕷。”“坡”謂旱地種植，“水”謂水田種植，故蜀語亦謂“旱芋”、“水芋”。

亦作“麵”。明嘉靖四十三年《南寧府志》卷三《田賦志·土產》：“芋，古謂蹲鴟，有二種，宜燥地者曰大芋，宜濕地者曰麵芋。”清光緒五年《新甯州志》卷二《物產》：“芋，古名蹲鴟，有數種，宜燥地者曰大芋，宜濕地者曰麵芋。”民國《息烽縣志》卷十九《物產志·植物部》同上，引吳其濬《植物名實圖考》作“麵芋”。民國二十年《感恩縣志》卷三《輿地志·物產》：“芋有水陸二種……陸之類曰麵芋。”今蜀方言仍謂“芋子（頭）、癩子南瓜（一種像苦瓜表皮凸起的南瓜）吃起來很麪”。《川方》（頁230）“面₂”謂“指某些含多量淀粉和糖分的食物，纖維少而柔軟”。《成都話》（頁147）“面”③“某些食物纖維少而柔軟”。《川方匯釋》（頁148）“面”㊀“川北人說食物含淀粉多，就說‘面得很’，川南人則說‘粉都都’”。《成方》（頁280）“麵”③“指某些食物纖維少而柔軟”。《重方》（頁223）“面”②“指某些食物含淀粉多、纖維少而柔軟”。

《大字典》（二/8/4902）“麪”④“方言。指某些食物纖維少而柔軟的特性。如：麪倭瓜；這個南瓜很麪；煮的紅薯很麪”，無書證。又（4907）“麵”謂“同‘麪’”，未及此義。

《大詞典》（12/1021）“麪”④“指某些食物澱粉含量多口感綿軟”，引宋之的《草地頌歌》。又（1025）“麵[面]”謂“同‘麪’”，無書證。

《方言大詞典》（頁3967）“面（麵、麪）”①“食物纖維少而柔軟，水分不多，不脆”，東北官話、北京官話、冀魯官話、膠遼官話、中原官話、晉語、蘭銀官話、江淮官話、西南官話。

瞙 瞄 miɑo^{21} [miau^{21}]

看；略看一下。參《考釋》第386頁。《康熙字典·目部》：“瞙，《玉篇》無昭切，音描，張目也。”《五音集韻·宵韻》“瞙”音“彌遥切”，明母四等字；而“苗”與“描”音“武瀌切”，明母三等。謂看爲“瞙”，所見仍以明李實《蜀語》（頁10）著錄爲最早。清道光二十一年《遵義府志》卷二十《風俗》、光緒二十一年《敘州府志》卷二十一《風俗》、民國十年《新修合川縣志》卷三十《風俗·方言》：“謂看曰省（鎖平聲），曰瞙（音苗，从目），曰瞧。”將《蜀語》前後三條合爲一條。咸豐元年《安順府志》卷十五《風俗·方言》：“偷看曰瞙。音苗。”咸豐四年《興義府志》卷四十二《風土志·方言》：“偷視曰瞙。音描。”光緒八年《黎平府志》卷二下《風俗·方言》：“看物曰眥（鎖平聲），曰瞙（音苗），曰瞧。”民國十五年《南川縣志》卷六《土音土語》：“目略視曰瞙（音苗），曰瞧（俗言瞧得起、瞧不起）。”民國十五年《簡陽縣志》卷二十二《禮俗篇·方言》：“看曰瞙。音苗。”民國二十一年《萬源縣志》卷五《教育門·方言》：“看曰瞙。□（瞙）音苗。”民國二十三年《華陽縣志》卷五《禮俗·方言》：“謂看曰消（鎖平聲），曰瞙（音苗），曰瞧。”民國二十六年《犍爲縣志·居民·言語·方言》：“謂看曰消（音鎖平聲），又曰瞙（音苗）。”民國三十二年《沿河縣志》卷十三《風土志·方言》：“謂看曰瞙。音苗。”民國三十七年《貴州通志·風土志·方言》：“謂看曰眥（鎖平聲），曰瞙（音苗，从目）。”又：“偷視曰瞙。音描。”又，民國二十四年《麻城縣志續編》卷一《疆域·方言》：“謂看曰瞨。音苗。”此本採《蜀語》，“瞨”當爲“瞙”形譌。黄仁壽等《蜀語校注》（頁11）：“今蜀人仍謂‘看一看’爲‘瞙一瞙’。”

亦作“瞄”。民國十八年《新修南充縣志》卷七《掌故志·風俗·方言》：“看曰眥（鎖平聲），曰瞄（音苗），曰瞧，曰睬。”民國二十四年《蓬溪縣近志》卷七《風土篇·方言》：“謂看曰瞄。音苗，從目。”民國三十三年《長壽縣志》卷四《風土·方言》：“目略視曰瞄。音苗。”民國三十七年稿本《興義縣志》第十一章《社會》第一節《語言·漢語方言》："偷視曰瞄。"黄尚軍《四川方言與民俗》："現在一般可能認爲這個意義的字當作'瞄'。實則'瞄'亦不見於明代以前的字書，是個後起字。而'瞙'字已見於《玉篇》，音'無昭切'，今音正讀爲［miau²¹］，《玉篇》中的釋義'張目'與'看'義亦相關。此詞一直保留在四川方言中，如光緒十八年《名山縣志·方言》：'謂看曰覰，曰瞙（音苗）。'沙汀《母親》：'讓我也來瞄（瞙）一眼喳！'今四川峨眉、眉山等地仍把'看書、看電影'稱爲'瞙書、瞙電影'，成都方言也將'看一眼'說爲'瞙一眼'。"[①]一說作"覒"。民國十八年《榮縣志·禮俗》："《說文》'覒，擇也'，'讀若苗'。今謂視曰覒，古音。取準曰覒準。"按《廣雅·釋詁一》："覒，視也。"《廣韻·号韻》："覒，邪視也。"《川方》（頁232）"瞄"謂"看；略看一下（川西部分地區）"。《川方匯釋》（頁148）"瞄"謂"略看一下"。《成方》（頁224）"瞄"①"把視力集中在一點上"，②"很快地看一下"。《重方》（頁224）"瞄"①"略看一下"，②"照看"。

《大字典》（二/5/2686）"瞙"音miáo，謂"張目"，引《玉篇》，無其他用例，亦未及《蜀語》著錄義。又（2670）"瞄"謂"注意看；視力集中在一點上。如：瞄準；遠遠地瞄着他"，無書證。

《大詞典》（7/1225）"瞄"謂"看；注視"，首引周立波

① 四川人民出版社，2002年1月第2版，第288頁。

《山鄉巨變》。未收“瞙”字。

《方言大詞典》（頁6529）“瞄”①“看；瞧”，冀魯官話、西南官話、吳語、湘語、粵語；②“隨便地看；斜眼看；略看”，西南官話、吳語、粵語。又（頁7243）“瞙”謂“看”，西南官話、湘語。

搣 mie^{53}/mie^{55}［mie^{53}/mie^{55}］

以手裂物或斷物；掰開。參《考釋》第386頁。《莊子·外物》“眥媙可以休老”陸德明釋文：“本亦作搣，音滅。”《龍龕手鏡·手部》：“搣，音滅，手拔也，摩搣也。”《增韻·薛韻》：“搣，手拔。又摩也，撚也，批也，捽也。”《康熙字典·手部》：“搣，《唐韻》亡列切，《集韻》莫列切，《正韻》彌列切，並音滅。”西晉竺法護譯《生經》卷四《佛說雜讚經》第四十九：“眾人捕得，盡搣其毛羽，荊棘繫頸。”謂拔其毛羽。唐道世《法苑珠林》卷八十四《怨苦篇·地獄部》：“以前世時，坐飛鷹走狗，彈射禽獸，或斷其頭，或斷其足，生搣鳥翼，故獲斯罪。”或謂折斷鳥翼。謂手裂物爲“搣”，首見明李實《蜀語》（頁53）著錄。清道光二十一年《遵義府志》卷二十《風俗》、光緒二十一年《敘州府志》卷二十一《風俗》、民國十年《新修合川縣志》卷三十《風俗·方言》、民國三十七年《貴州通志·風土志·方言》：“手裂物曰搣。音滅。”即採《蜀語》矣。

Adam Grainger《西蜀方言》(頁228):“搣一把下來。”謂“break off a piece”,“搣”音“MIE[3]”。民國十七年《長壽縣志》卷四《人事部·方言》:“手斷物曰搣。滅上聲。”民國十五年《南川縣志》卷六《土音土語》:“裂,土音或轉爲上聲,如將整物用手力裂之爲裂破,字書有搣字,乃後人所造。”又:“手裂物曰搣。”民國《息烽縣志》卷二十九《風土志·方言》:“謂毀裂曰搣。”民國二十三年《樂山縣志》卷三《方輿志·方言》:“謂劈爲搣,義取諧聲。”又:“以手劈物曰搣。讀若米。”民國二十四年《雲陽縣志》卷十四《禮俗下·方言上》:“搣,裂物也。《正韻》音滅。……蓋去其不整齊者或讀平聲。”民國二十六年《犍爲縣志·居民·言語·方言》:“手裂物曰搣。”民國三十三年《重修彭山縣志》卷二《民俗篇·方言》:“分之曰搣。音滅。”民國三十三年《長壽縣志》卷四《風土·方言》:“手裂物曰搣。讀滅字上聲。”今蜀語猶謂裂物、斷物爲“搣”。趙振鐸先生《讀李實〈蜀語〉》:“‘滅’是古入聲字,照音變規律,在今天遂寧話中應該讀陽平,但是這個詞今天是上聲。它的聲調發生了變化。”①今蜀方言“搣”陰平、上聲兩讀,如《川方》(頁232)“搣”音mie[1](又mie[3]),①“(把軟的東西)掰開”。《成都話》(頁148)“搣”音[mie[55]],①“掰”。《重方》(頁225)“搣”音mie[3],①“掰,分開”,②“將較硬的東西折斷”,並謂“音讀上聲,口語中也讀陰平,音mie[1]”。《成方》(頁155)“攕”,mie陰平、上聲兩讀,①

① 參見《李實學術研討會文集》,語文出版社,1996年7月第1版,第9頁。

“把軟的東西搣開”，②“仔細剖析（道理或文章）”，此爲從“篾”得聲的方言造字，《中華字海》未見收錄。又，《川方彙編》（頁12）“搣”音miè，謂“讀滅上聲”，①“分裂。例：一個餅餅兒搣成幾牙大家吃（也可讀陰平聲）”，②“彎曲之。例：看把手指拇兒搣斷”，不如作“搣”記音準確。

《大字典》（二/4/2044）“搣”音miè，①“揪；拔”；《大詞典》（6/797）“搣”音同，①“拔”，②“按摩”，③“拇指與別指指肚相捻，發出清脆聲音的動作。也叫打榧子”。均未及“裂物”或“斷物”義。

《方言大詞典》（頁6470）“搣”①“搣，以手裂物”，西南官話、湘語、贛語、粵語；③“剖析道理”，西南官話。

摸摖　摸索　摩抄 $mo^{55}so^{55}$ [$mo^{55}so^{55}$]

行動遲緩拖拉。《玉篇·手部》：“摸，手摸也。又音莫，摸摖也。”又：“摖，素各切，摸摖也。”《正字通·手部》：“摖，蘇角切，音索，摸摖與索通。摖，俗摖字，舊註暗取物，與摸摖、摸蘇義同，改音素，非。搎，蘇昆切，音孫，捫搎，猶摸摖也。”“摸摖”引申謂遲緩。元劉敏中《倦夜課童》：“稚童苦嗜睡，呼之不肯膺。再叱僅能起，附床顛倒行。摸摖來我前，搔首倚高屏。”因睡未醒而强呼起，“摸摖”顯然狀稚童遲緩矣。明顧起元《客座贅語》卷一《方言》、道光四年《上元縣志》卷末《摭佚》、同治十三年《上江兩縣志》卷二十八《摭佚》："作事之不果決曰摸捺，曰膗膩，曰乜斜，曰落索，曰塌僫。"光緒十一年《重修丹陽縣志》卷二十九《風土·方言》："摸捺，手捫也，又言作事不果決。"光緒二十八年《甯海縣志》卷二十三《雜志·風俗·方言》："作事濡緩曰摸捺。"

亦作"摸索"。清褚人獲《堅瓠十集》卷三《鬼方記》："作事遲鈍者，謂之摸索鬼。"嘉慶二十二年《東臺縣志》卷十五《風俗·方言》："作事不果決曰摸索，曰膗膩。"[①]民國二十三年《大名縣志》卷二十二《風土志·方言》："遲緩曰摸索。"民國二十八年《邯鄲縣志》卷六《風土志·方言》："遲緩曰摸索，又曰磨蹭。"又，民國二十五年《壽光縣志》卷八《民社志·方言》："暗中尋物曰摸索。"暗中尋物不能迅疾利落，引申爲遲緩矣。

又作"摩抄"。民國二十三年《樂山縣志》卷三《方輿志·方言》："遲延曰摩抄。"

今蜀語仍謂行動遲緩拖拉爲"摸"、"摸索"。《川方》（頁233）"摸₂"謂"行動遲緩，做事拖拉"；"摸索"音mo¹so¹，謂"同*摸₂"。《川方匯釋》（頁150）"摸梭"謂"動作遲緩，工作疲塌"，通語"梭"、"索"僅陰平、陽平之别。《成都話》（頁148）"摸梭"謂"同'摸'"，"摸〔摩〕"謂"做事手

① 《川方》（頁284）"膩膩遲遲（膩膩滯滯）"謂"因拿不定主意或因不好意思而遲疑不決的樣子"。蜀語"滯"、"膗"音同。沙汀《減租》："張二抬起塵汗漬漬的扁臉，終於膩滯滯吐出兩個字道：'我——不！'"

脚不麻利，行動遲緩。又説‘摸梭’”。《川方彙編》（頁157）“摸”謂“磨磨蹭蹭”。《成方》（頁121）“摸”⑥“動作慢，做事拖拉”。《重方》（頁226）“摸”②“行動遲緩，做事慢”。

《大詞典》（6/794）“摸索”謂“亦作‘摸㨃’”，④“方言。謂不果决”，引《客座贅語》，未引證“摸索”詞形例。又“摸㨃”謂“見‘摸索’”。

《方言大詞典》（頁6465）“摸”⑦“行動遲緩”，北京官話、江淮官話、西南官話（湖北武漢、四川成都、貴州桐梓）、徽語、吴語。又（頁6466）“摸索”謂“慢慢騰騰；磨磨蹭蹭”，冀魯官話、中原官話、晉語、江淮官話、西南官話、吴語；“摸㨃”②“做事不果斷”，吴語。

莫祥　莫佯　莫詳　沒祥　沒佯

mo²¹xiɑng²¹［mo²¹ɕiaŋ²¹］

❶沒意思。參《考釋》第390頁。清劉省三《躋春臺》卷一《東瓜女》：“你纔莫詳，你那醜婦，别人一串錢也不出嘞！怎麽得步進步？我不要了。”又《過人瘋》：“天平稱他勢起二十四兩，我看你那時節有祥莫祥？”前例寫因窮且病無力還債賣妻，書約時想追加兩串錢，故買主認爲是得寸進尺，不守信用，“莫詳”猶沒意思；後例猶謂得饒人處且饒人，否則就沒意思了。李劼人《大波》第二部第四章：“三姨太太嘻開那張短上脣、垮嘴角的口，把一排齙牙齒全露了出來笑道：‘你這個人好沒佯

啊！開口心裏有事，閉口心裏有事，到底啥子事嘛？’”原注：“沒佯就是沒意思，是四川人常用的語彙。”[①]周芷穎《新成都》第四章第二節《語言》（頁53）：“莫詳：無謂也。”《成都話》（頁149）“莫祥”謂“沒意思：養這麼個沒出息的娃兒，簡直~”。《川方》（頁235）“沒祥（沒佯）”音mo^2xiang^2，謂“沒意思”，引例如《李劼人選集》第二卷（頁870）“你們男人家真~！只要看見一個女人稍微長得伸抖一點，便夸獎得不得了”。《川方彙編》（頁244）“沒祥”謂“沒啥意思。例：這樁事兒真沒祥”；又（頁150）“濫酒”謂“貪杯。例：濫酒的人最沒佯（沒有意思）”。《川方匯釋》（頁151）“沒得祥”謂“沒有意思、沒有好處”。《重方》（頁218）“沒祥”音mei^1xiang^2，謂“同‘沒得祥’”，而“沒得祥”謂“沒意思”，讀音有所不同；又（頁348）“祥”謂“可想的，想頭，意思：含辛茹苦把這些娃兒拉扯大，到頭來卻得不倒他們的照顧，想起硬是莫得~”。

❷沒好處；不吉利。《爾雅·釋詁上》：“祥，善也。”郝懿行義疏：“是祥兼福、善二義。”《說文·示部》：“祥，福也。从示，羊聲。一云善。”《書·伊訓》：“作善，降之百祥；作不善，降之百殃。”僞孔傳：“祥，善也。”清唐仲冕《陶山詩錄》卷二十四《鵲巢篇》：“吉事斯有祥，莫祥於知足。”謂沒有什麼比知足更好。劉省三《躋春臺》卷一《過人瘋》：“幸喜你去得快咧，倘若狗咬到他，那纔莫祥咧。”此謂被狗咬不吉

---

① 《李劼人選集》第二卷，四川人民出版社，1980年2月第1版，第676頁。

利。又《東瓜女》："次早，鴨婁去託王老請人抬埋。城內離官山甚遠，無錢之事，盡不肯去。王老想明日元旦，若不抬去，大家莫祥。""祥"謂吉祥，如元旦仍停屍在家，不管死者家屬還是左鄰右舍，都無面子，沒好處，不吉利。"莫祥"之取義，或略可窺見矣。民國三十三年《重修彭山縣志》卷二《民俗篇·方言》："爲事不善曰莫詳。詳，善也。《易·大壯》：'不能退，不能遂，不詳也。'"[①]《成方》(頁122)"莫祥"謂"沒想頭，沒好處：你對他再好，他還是要整你，簡直~"。黃尚軍《四川方言與民俗》引蓬溪縣附城一帶《哭爹訪人戶歌》："爹媽放女心中想，想起帶女是莫祥。"謂"莫祥：沒價值，沒好處"[②]。

《大詞典》(5/987)"沒₂祥"謂"猶不祥，沒有好處。艾蕪《都市的憂鬱》：'留起錢沒祥的！今天還可以買升米，明天就只夠買半升了！'"又(985)"沒₂佯"謂"方言。猶言沒意思"，引李劼人《大波》第二部兩例。未收"莫祥"、"莫佯"、"莫詳"。楊小平《南充方言詞語考釋》(頁153)"莫祥"謂"不幸。形容詞。意思是沒有吉祥，表示不幸、倒霉等"，並謂"《四川方言詞語考釋》解釋爲'沒意思'，欠準確"。拙撰原引《躋春臺》三例，"莫祥"籠統釋爲"沒意思"，誠然"欠準確"，故此分立義項討論。"倘若狗咬到他，那纔莫祥咧"，

① 《易·大壯·上六象辭》："不能退，不能遂，不詳也。"孔穎達疏："詳者，善也。"《左傳·成公十六年》："德、刑、詳、義、禮、信，戰之器也。"孔穎達疏："詳者，祥也，古字同耳。《釋詁》云：'詳，善也。'"朱駿聲《說文通訓定聲·壯部》："詳，叚借爲祥。"

② 四川人民出版社，2002年1月第2版，第12頁。

“莫祥”謂“不幸”，可通；但“那時節有祥莫祥”、“你纔莫詳”，“莫祥（詳）”謂“不幸”，則更“欠準確”矣。

《方言大詞典》（頁4622）“莫祥”謂“沒意思；沒有好處”，西南官話。又（頁2906）“沒祥”謂“沒意思”，西南官話，也作“沒佯”。

蟆子　沒子　蟆蚊　蟆蚊子　墨蚊　蠛蚊

mo^{21}zi^{53} // mo^{21}/ me^{21}wen^{21}zi^{53} ［mo^{21}tsɿ^{53} // mo^{21}/me^{21}uən^{21}tsɿ^{53}］

蠓。一種黑色小蚊，咬人甚癢。參《考釋》第380頁。唐玄應《一切經音義》卷八《法鏡經下卷》：“蟆子，音莫，蚊類而小，廬山南多饒此物，羣飛蔽日，齧人痕如手許大者。”又卷十七《舍利弗阿毘曇論第十三卷》：“蟆子，音莫，山南多饒此物，如蚊而小，攢聚映日，齧人作痕如手也。”[①]慧琳《一切經音義》卷十五《大寶積經第一百一十四卷》：“蟆子，音莫，糞中微細飛蟲子，蚊子類也。”又卷二十九《金光明最勝王經卷第一》：“蚊蚋……顧野王云：小飛蟲子，好入酒中。又有小蟲似蚋，甚齧人，名爲蟆子。”並謂“亦有別名，文繁不録”，其來遠矣。又卷九十二《續高僧傳第七卷》：“小蚋，下儒稅反。《字林》云：

---

① 曾昭聰先生說：“通過‘齧人痕如手許大者’、‘齧人作痕如手’的釋義暗示了‘蟆子’的得名之由在於‘大’。”此說恐不可信（參見《佛經音義研究——首屆佛經音義研究國際學術研討會論文集》，第149頁）。《韻會舉要·藥韻》：“蟆，蟲名，山南多饒此物，如蚊而小，攢聚映日，齧人作痕。”而“齧人作痕”與實際情形相符。

‘蜹即蠓子也。’顧野王云：‘蜹喜齧人，謂之含毒是也。’《說文》云：‘秦謂之蜹，楚謂之蚉也。從虫，芮聲。’”唐元稹《蟆子三首·序》：“蟆，蚊類也，其實黑而小，不礙紗縠，夜伏而晝飛，聞柏煙與麝香輒去。蚊蟆與浮塵，皆巴虵鱗中之細蟲耳，故囓人成瘡，秋夏不愈，膏楸葉而傅之則差。”玆錄第一首：“蟆子微於蚋，朝繁夜則無。毫端生羽翼，針喙噆肌膚。暗毒應難免，羸形日漸枯。將身遠相就，不敢恨非辜。”《太平廣記》卷四百七十九《舍毒》（出《錄異記》）：“峽江至蜀有蟆子，色黑，亦能咬人，毒亦不甚。視其生處，即麩鹽樹葉背上。春間生之，葉卷成窠，大如桃李，名爲五倍子，治一切瘡毒，收者曬而殺之，即不化去。不然者，必竅穴而出，飛爲蟆子矣。”宋謝維新《事類備要》別集卷九十四《蟲豸門·蚊（附蠓蠛　蚋子　蟆子　浮塵子）》：“蚋子、蟆子、浮塵子亦蚊類。蟆子黑而小，不礙紗縠，乃夜伏而晝飛。浮塵子微而不可見，與塵相浮而上下，人苦之，往往蒙絮衣自蔽，而浮塵輒能通透及人肌膚，然與蟆子皆巢於巴蛇鱗中，故囓人輒成瘡，秋夏不愈，其毒又甚於蚊子。”清王士禛《隴蜀餘聞》謂“又有蟆子者，蚊虻之屬”，與“蠍子草”（即蕁麻）“皆蜀地之最可憎者”。屈大均《廣東新語》卷二十四《蚊》：“從化有樹實如枇杷，將熟，則殼中飛出蟆子。”康熙《寧化縣志》卷二《土產》：“蟆子黑而小，不碍紗縠，夜伏晝飛，人尤苦之。聞此物巢巴蛇鱗中，囓人輒成瘡，秋夏不愈，毒甚于蚊。”康熙《陽春縣志》卷十四《物產志》：“又有一種至微而黑曰蟆子，白晝擾人，倏去倏來，尤可惡也。”康熙五十七年《錢塘縣志》卷八《物產》：“蟆子黑而小，不礙紗縠，夜伏晝飛。”雍正《永安縣志》卷五《物産》：“蚊，黑而小者名爲蟆子，夜伏晝飛，人尤苦之。”《續通志》卷一百七十八《昆蟲草木畧五·蟲類》：“蟆子，一名烏蚊，形圓黑色，大如菜子。元稹《長慶集》云‘蚋之小而黑者，名蟆子’，即此。《錄異記》以爲即五倍子所化也。臣等謹按，《錄異記》云：‘峽江至蜀有蟆子，視其生處，即麩鹽樹葉背上，春間生之，葉卷成窠，大如桃李，名爲五倍子，收者曬而乾之，即不化去。不然者，必竅穴而出飛爲蟆子矣。’據此，則五倍子亦係蟲類，鄭志編入木類，誤，今訂正。”李調元《南越筆記》卷十二《蚊子木》：“越南蚊蚋，大小纖細不一，善螫人，冬月不斷。《本草拾遺》云：嶺南有蚊子木，葉如冬青、枇杷，熟則拆裂而蚊出。元微之謂蚋子之下有蟆子，蟆子之下有浮塵子，皆蚊屬也。人蒙絮被自蔽輒通透，故昔人有‘已微於蠢蠢，仍害及人人’之句。”道光十六年《彰化縣志》卷十《物產志》：“蚋，小蚊也。又小而黑者爲蟆子，微不可見，與蚊皆咂人膚血。”同治九年《會理州志》卷十《風土志·物產》：“元稹《長慶集》云蜀中小蚊名曰蚋子，又小而黑者名曰蟆子。……蟆，蚊蝱之屬，小如粟黍，黑色，亦吮人肌血，膏蚊葉傅之則瘥，聞柏烟麝香即去。”影本似作“蚊葉”，元稹序則作“楸葉”。民國十年《南平縣志》卷六《物產志》：“蚋，小蚊名蚋。又小而黑者爲蟆子，微不可見，與蚊皆咂人膚血。”民國三十七年《貴州通志·風土志·方物·植物》引《黎平府志》：“五棓子生於叢煙樹中，有小細蟲無數，飛而齧人甚痛，名蟆子。”又，宋朱輔《溪蠻叢笑·雞末子》：“蠻地有蟲，極細，拭目難覩，黑點著身，抓搔不可耐，名雞末子。”

"末子"當爲"蟆子"音借。

亦俗稱"沒子"、"金剛鉆"、"拿不住"。黄宜鳳《明代筆記所見名物詞考辨三則》①，引謝肇淛《五雜組》卷九《物部一》："山東草間有小蟲，大僅如沙礫，嚙人癢痛，覓之即不可得，俗名'拿不住'。吾閩中亦有之，俗名'沒子'，蓋烏有之意也，視山東名爲佳矣。"清周亮工《閩小記》卷一《沒子》："閩地有小蟲若微塵，視之不見，能刺人，較蚊蚋尤甚，密帷亦不能間之，名'沒子'，江南人謂之莫（讀作平聲），京師卑濕處亦有之，俗名'金剛鑽'。相傳爲此蟲所刺，愈抓搔則愈集，癢愈甚，但置之不見不聞，則自去，殊不然。"按"沒子"或爲"蟆子"音借，《五雜組》謂"蓋烏有之意也"，恐爲臆說；"金剛鑽"謂嚙人忒厲害；"拿不住"則謂其小。宋人所謂"閩蜀同風"，其語言、風俗兩地多有相同者②。清嘉慶十七年《郫縣

① 《四川師範大學學報》2007年第3期。

② 宋王得臣《麈史》卷下《風俗》："世言閩蜀同風。孫光憲作《北夢瑣言》，以爲不同。大略引蜀有不仕之類以爲異。孫蓋蜀人也，故主其鄉風。今讀書應舉、爲浮屠氏，並多於他所。一路雖不同，相逢則曰鄉人，情好倍密。至於親在堂兄弟異爨，民間好蠱毒者，此其所同者。則知古語之傳蓋不虛耳。"邵博《聞見後錄》卷二十："又朝中有語云：'閩蜀同風，腹中有虫。'以二字各從虫也。"陳傅良等《淳熙三山志》卷四十《土俗類二·歲除》："饋歲、別歲、守歲，歲晚相饋，酒食相邀，達旦不眠，蓋閩蜀同風。"宋日隆《〈連江縣志〉序》："閩蜀風馬牛不相及，前輩乃以爲同風，每竊疑之。三載茲邑，目文物之盛，科之勤，習俗之儉，真與吾眉同。"按宋日隆（1235—？），字伯文，又字道大，眉州（今四川眉山）人。宋理宗寶祐四年（1256）進士，度宗咸淳五年（1269）知連江縣（民國《連江縣志》卷十二）。甚至佛門清静之地，亦有是說。釋雷庵正受編《嘉泰普燈錄》卷二十一《焦山或庵師體禪師》："僧問：'如何是即心即佛？'曰：'鼎州出獰爭神。'云：'如何是非心非佛？'曰：'閩蜀同風。'"覺此編《環溪惟一禪師語錄》卷下《雪峰化士請贊》："從來閩蜀本同風，相逢自有知音者。"

志》卷四十《物產》："蠓子，蚊虿之屬。……又名沒子，見周櫟園《閩小記》。"咸豐二年《續修臺灣府噶瑪蘭廳志》卷六《物產》："海舟夜眠，潛伏艙內，尚喜無蚊，臺地四時皆受其害。更有不見不聞，而爲所刺，愈抓搔則愈癢。《閩小紀》云：'閩地有小蟲若微塵，視之不見，刺人較蚊蚋尤甚，密帷亦不能間之，名沒子。'按俗呼烏沒子，多生於竹間，狀若燕京之白翎，惟白翎嚙人以早暮，帷帳猶能閒之。烏沒則白晝飛來，雖帷帳亦鑽得入。……《長慶集》云：'蚋蚋小黑者名蠓子，微不可見，與塵相浮上下者名浮塵。'又《溪蠻叢笑》云：'蠻地有蟲極細，拭目難覩，黑點着身，搔抓不可耐，名雞末子。'殆即此種。蓋蠓子、末子與沒子音正相近。而臺地言黑者皆曰烏，是烏沒子或即如後二說所云歟（參《赤嵌筆談》）。"[1]"蚋蚋"，據《續通志》引或當作"蚋之"。"烏沒子"猶川北綿陽等地謂"黑毛子"也（詳下）。

亦作"蠓蚊"、"蠓蚊子"。唐白居易《蚊蠓》詩："巴徼炎毒早，三月蚊蠓生。咂膚拂不去，繞耳薨薨聲。斯物頗微細，中人初甚輕。如有膚受譖，久則瘡痏成。痏成無奈何，所要防其萌。麼蟲何足道，潛喻儆人情。"按《白香山詩集》卷十一、明胡震亨編《唐音統籤》卷四百十二、《全唐詩》卷十六作"二月"。明張之象輯《唐詩類苑》卷二百、清汪霦編《佩文齋詠物詩選》

① 《赤嵌筆談》爲清康熙六十一年（1722）首任臺灣巡察御史黄叔敬所著《臺海使槎錄》的前四卷。自"海舟夜眠"至"名沒子"見卷三《赤嵌筆談·物產》。參見《臺灣文獻資料叢刊》第二輯（21），第69頁。

卷四百八十五、《淵鑑類函》卷四百四十七，詩歌正文作“蟆蚊”。清李調元《夏日村行十絶句》之十：“劉家五尺小書童，見我如逢圯上翁。揖入董帷深處坐，今番不怕蟆蚊蟲。”按“董帷”指授課之處，未必能避蟆蚊。此“董”疑當“重”字誤刊，“重幃”猶謂一層又一層的帷幔，故言深處。民國十五年《簡陽縣志》卷二十二《禮俗篇·方言》：“蚊之小者曰蟆蚊。蟆音默。”民國二十一年《萬源縣志》卷五《教育門·方言》：“蚊之小者曰蟆蚊。音默。”又，清張慎儀《蜀方言》卷下（頁347）：“蚊之小者曰蟆。《韻會》：蟆，末各切，音莫。蟲名，如蚊而小。今呼蟆蚊子，音若默。”民國《息烽縣志》卷十七《動物部·昆蟲類》：“其所謂蚋者，又有微異，色黑而形小，幾不如針孔，而飛集人體，人且不覺，至嚙痛時，或手按一二，而又皆飛去，被嚙處即腫起，或經日不散，好袒衣者不免斯患，通以蟆蟆蚊呼之，而蟆字作入聲讀，不似蝦蟆之平聲可混也，鄉村糞草堆集處尤多。”今蜀中亦説“蟆蟆蚊”、“蟆蚊子”。朱正義《關中方言古語詞論稿》：“關中蟆子與蚊子合稱爲‘蚊蟆子’。‘蟆’音‘莫’。”[1]按蜀中“蚊子”又叫“長脚蚊”，形體較大；如《蜀方言》所記之“蟆蚊子”形體很小，僅指“蟆子”。

亦作“墨蚊”。清光緒二年《零陵縣志》卷一《地輿·物產》：“蠛蠓，俗曰墨蚊。”“墨”與“蟆”音近，亦言其色黑矣。民國十八年《新修南充縣志》卷十一《物產志·動物·昆蟲類》：“墨蚊，體小色黑，螫人吸血，發奇癢而腫，相傳產於五倍子實

① 上海古籍出版社，2004年12月第1版，第149頁。

中。”今蜀方言“默”、“墨”音［me^{21}］，仍謂此蟲爲“［me^{21}］蚊子”。《成都話》（頁145）“墨蚊兒〔蠛蚊子〕”音［$me^{21}uər^{21}$］，謂“蠓，一種褐色或黑色的小蟲，叮人很癢，愛吸人畜的血。又說‘蠛蚊子’，‘蠛蠛蚊’”。《成方》（頁145）“墨（墨）蚊（兒）”[①]，亦說“墨蚊子”、“蠛（蠛）蚊（兒）”，謂“蠓，一種很小的黑色或褐色的小蟲，愛吸人畜的血。人被叮後皮膚很癢”。

又，“蟆”本字或作“蠛”，亦稱“蠛蚊”。《說文·虫部新附》：“蠛，蠛蠓，細蟲也。”清鈕玉樹新附考據《漢書·揚雄傳》“浮蔑蠓而撇天”顏師古注引晉灼曰：“蔑蠓，蚊也。”按《爾雅·釋蟲》：“蠓，蠛蠓。”《說文·虫部》：“蠓，蔑蠓也。”段玉裁注：“各本蔑作蠛，無此字，今正。蔑之言末也，敚也。《爾雅》作蠛，非古也。《釋蟲》曰：‘蠓，蠛蠓。’孫炎曰：‘此蟲小於蚊。’郭圖讚曰：‘小蟲似蜹，風舂雨磑。’謂其飛上下如舂則天風，回旋如礲則天雨。陸佃引郭語互易之，非也。”[②]南朝梁何遜《苦熱》詩：“蝙蝠戶中飛，蠛蠓窗間亂。”此種情形，古人亦爲之所苦，不獨今人矣。又說“蠛蠛”、“蠛蚊”。民國二十四年《雲陽縣志》卷十四《禮俗下·方言下》：“小蚊曰蠛蠛。……蠛蟆一聲之轉，今俗呼蠛蠛。蠛，小也。”

① 意謂讀作“墨蚊”、“墨蚊兒”、“墨墨蚊”、“墨墨蚊兒”。下“蠛（蠛）蚊（兒）”仿此。

② 宋陸佃《爾雅翼》卷十一《釋蟲·蠓》：“《爾雅》曰：‘蠓，蠛蠓。’孫炎注云：‘蠛蠓，此蟲微細羣飛。’郭璞亦曰：‘蠓飛磑則天風，舂則天雨。’此言蠛蠓將風則旋飛如磑，一上一下，如舂則雨矣。然其《圖贊》又曰‘風舂雨磑’，二說不同也。”

或作“蠓子”。清高靜亭《正音撮要》卷三《虫蛇》：“蠓子，蚊屬。”民國十八年《榮縣志·物產》：“蠛蠓，《莊子》名醯雞。凡陰晴雨之兆，空中亂飛，郭璞所謂風舂雨磑者。齧人，小如鍼鼻者，曰蠛蚊。”又，清Adam Grainger《西蜀方言》（頁262）：“末末蚊。”謂“gnats; midges（from their small size）”，即着眼其小，如段玉裁《說文注》云“蔑之言末也，散也”。“末末蚊”即前引《息烽縣志》之“蟆蟆蚊”。《川方》（頁225）“蠛蠛蚊兒（麥麥蚊兒）”謂“蠓。也說蠛蚊”。《川方匯釋》（頁148）“蠛蚊兒”謂“蠓蟲兒。體小，吸食人畜血液，通體褐色或黑色，故又稱‘墨蚊兒’”。《成都話》（頁146）“蠛蚊子”音［me²¹uən²¹tsɿ⁵³］，謂“同‘蠛蚊兒’”；又（頁145）“蠛蠛蚊”謂“同‘墨蚊兒’”，而“墨蚊兒〔蠛蚊子〕”謂“蠓，一種褐色或黑色的小蟲，叮人很癢，愛吸人畜的血。又說‘蠛蚊子’、‘蠛蠛蚊’”。《重方》（頁217）“蠛蚊兒”音me²wenr²，謂“蠛蠓”，“因其似蚊且小，故稱‘蠛蚊兒’，疊言稱之‘蠛蠛蚊兒’，也簡稱作‘蠛蠛兒’。又因其通體褐或黑色似墨，故又作‘墨蚊兒’”。

又，清顧景星《憎蚊》詩，描寫蚊、蟆肆虐，利觜蜂針，嚼人肌膚，酷毒異常，人們幾乎束手無策，徒喚奈何而已：“細身有蚊族，么麽比塵坱。乃以人作粻，居然血爲釀。紛紜聚突奧，唐突嬲黼帳。曾無忌諱意，逼耳作悲唱。集膚初不覺，展轉失所向。利觜劇蜂針，一飽若鷹颺。踰垣莫能禦，窺隙豈暇妨。貞女亦吞聲，露筋苦遭創。古言忍癢難，酷毒勝刀仗。鼷鼠食郊牛，甜口終命喪。越鄉卑溽地，肸蠁隱煙障。黑蟆盛嶺南，白蛉多樂浪。”“逼耳作悲唱”應寫蚊子①，蟆子則太小而無聲，或有聲而人不易覺察。“黑蟆”，今川北綿陽等地稱“黑毛子”，猶臺灣之稱“烏汝子”，“毛子”爲“蟆子”音變。亦稱“墨毛子”。民國二十二年《綿陽縣志》卷三《食貨·物產》：“蚋，墨毛子。”

《大詞典》(8/941)“蟆$_2$”音mò，“蟆$_2$子”謂“黑色小蚊。夜伏而晝飛，嘴有毒，咬人成瘡”，引元稹詩。餘未見。

《方言大詞典》(頁7245)“蟆(蟇)”謂“小蚊子”，西南官話。又“蟆子”謂“五倍子蟲”，西南官話，引《蜀語》。又(頁7107)“墨蚊兒”謂“蠓(一種褐色或黑色愛吸人、畜血的小蟲)”，西南官話。又(頁2382)“麦麦蚊”謂“蚊子”，西南官話(四川北部)，引沙汀《兩兄弟》：“背靠着墻，腳邊蹲着一只烟霧臬臬的熏籠，以作驅散~之用。”按“麦麦蚊”指蟆蚊，白天出沒；而“蚊子”又叫長腳蚊，一般晚上出沒。蜀語“墨”、“麦”同音[me^{21}]，“墨”謂黑，“麦”則純爲記音。

緢細 $mong^{55}xi^{213}$ [$mo\eta^{55}\text{ɕ}i^{213}$]

很細。《説文·糸部》：“緢，旄絲也。从糸，苗聲。《周

---

① 魯迅《夏三蟲》：“蚊子便不然了，一針叮進皮膚，自然還可以算得有點徹底的，但當未叮之前，要哼哼地發一篇大議論，卻使人覺得討厭。如果所哼的是在説明人血應該給它充飢的理由，那可更其討厭了，幸而我不懂。”

書》曰：'惟緢有稽。'"段玉裁注："'氂'各本作'旄'，俗所改也。氂者，犛牛尾也。凡羽旄古當作羽氂。氂絲者，犛牛尾之絲至細者也。故次於纖、細二篆後。《賈子·容經》'跘旋之容'，'旄如濯絲'，旄同緢，言細如濯絲也。"桂馥義證："《六書故》：'緢，細而毛也。'……《周書》曰'惟緢有稽'者，《呂刑》文，彼作貌。薛季宣《書》古文訓作緢。"王筠句讀："按《周禮》有旄人，是知氂其本物也；用爲旌幢，則謂之旄；言其旄絲之細，則謂之緢。同是一物，故字音大同。"引申爲凡細之稱。清桂馥《札樸》卷九《鄉里舊聞·雜言》："纖微曰緢細。"民國五年《鹽山新志》卷二十四《謠俗篇上·方言》："媌，細也。俗於凡物之細者曰媌相。"民國二十一年《南皮縣志》卷四《風土志下·方言》："媌，細也。俗於物之細者曰媌相。""媌相"記音。丁惟汾《俚語證古》卷十四："緢細，㣎細也。極細謂之緢細。緢爲㣎（米又切）之雙聲音轉。《說文》：㣎，細文也。"梁德曼《四川方言與普通話》"蒙（mong[1]）細"①。《成方》（頁364）"□細"音moŋ（陰平）ɕi，謂"很細"，"□"當作"緢"。

當然也說"細緢緢"，形容細小之謂。楊樹達《長沙方言考》百十一《緢》："《說文·糸部》云：緢，氂絲也。從段校 篆次纖細二字後。段玉裁云：犛牛之絲，至細者也。今長沙人狀細物曰細緢緢。"姜亮夫《昭通方言疏證》（337條）："昭人謂物細之成條枝者曰細緢緢。"毛玉玲《〈說文解字〉中所見的雲南

① 四川人民出版社，1982年12月第1版，第133頁。

方言詞》謂“昆明方言形容物細小，常說：‘細緢緢的。’”①《川方》（頁403）“細蒙蒙”，音$xi^4mong^1mong^1$，又說“細蒙蒙的”，“形容水珠、粉末等很細小的樣子”，本字當作“緢”。

《大詞典》未收。《方言大詞典》（頁5860）“緢細”謂“細小；微小”，中原官話，未及西南官話。又（頁3789）“細緢緢”謂“形容條狀物極細”，西南官話、湘語。

冡 蒙 $mong^{53}$［$moŋ^{53}$］

以手掩物。“冡”爲“蒙”的古字。《方言》卷十二：“蒙，覆也。”《說文·冃部》：“冡，覆也。”段玉裁注：“凡蒙覆、僮蒙之字，今字皆作蒙，依古當作冡。蒙行而冡廢矣。”《詩·鄘風·君子偕老》：“蒙彼縐絺，是紲袢也。”毛傳：“蒙，覆也。”《左傳·昭公十三年》：“晉人執季孫意如，以幕蒙之。”引申指以手掩物。民國十五年《南川縣志》卷六《土音土語》：“以紙布之屬掩器物曰蒙，土音轉爲陰平，又轉讀若們，雙聲也。又轉爲蒙之上聲，若以手掌掩物或掩耳曰蒙到，事祕密不使人知亦曰蒙到，然又轉爲蒙字去聲若夢，縫衣者以布補肩曰打蒙肩。”“蒙之上聲”即音［$moŋ^{53}$］。《川方》（頁237）“蒙（朦）”、《重方》（頁228）“蒙”均謂“專指以手掩物”。

① 《雲南師範大學學報》1985年第3期。

《大字典》（二/1/334）“冡”謂“覆；蒙住。後作‘蒙’”，引《說文》及段注。又（6/3488）“蒙”②“覆蓋”，首引《方言》。

《大詞典》（2/446）“冡”①“‘蒙’的古字”，引文同《大字典》。又（9/523）“蒙”②“覆蓋；遮蔽”，首引《詩》及毛傳。兩工具書均未及以手掩物義。

《方言大詞典》（頁6432）“蒙（濛、矇、懞）”未及此義。又（頁5198）“冡”謂“手覆蓋”，江淮官話，引劉賾《廣濟方言》：“手覆曰~。~，莫紅切。”又（頁5394）“掹”音méng，⑥“捂”，西南官話（湖北隨州）。

夢惷　夢憃　儚忡　夢蟲

mong^{213}cong^{21}［moŋ^{213}ts‘oŋ^{21}］

懵懂癡愚。明李實《蜀語》（頁57）：“痴愚曰夢惷○惷音銃。”黄仁壽等校注：“疑‘惷’爲‘憃’字之誤刊，形近而訛。‘夢憃’爲疊韻聯綿詞，或作‘懜憃’、‘懵懂’。”據《龍龕手鏡·心部》：“惷，俗；憃，正，丑用、丑龍、丑江、書容四反，皆愚也。”“惷”、“憃”爲正俗字，非形譌字也。又，《說文·心部》：“憃，愚也。从心，舂聲。”唐玄應《一切經音義》卷十七《出曜論第四卷》：“愚憃，丁絳、傷恭二反，《蒼頡解詁》云：愚，無所知也，亦鈍也；憃，愚也，戇也。”

《集韻·鍾韻》書容切："惷，騃昏也。或作憧。"又昌容切，義同。《周禮·秋官·司刺》："三赦曰惷愚。"鄭玄注："惷愚，生而癡騃童昏者。"《儀禮·士昏禮》："某之子惷愚，又弗能教，吾子命之，某不敢辭。""惷愚"，同義連文。

又作"夢惷"。清道光二十一年《遵義府志》卷二十《風俗》、光緒二十一年《敘州府志》卷二十一《風俗》、民國十年《新修合川縣志》卷三十《風俗·方言》、民國二十三年《華陽縣志》卷五《禮俗·方言》、民國二十四年《麻城縣志續編》卷一《疆域·方言》、民國二十四年《蓬溪縣近志》卷七《風土篇·方言》、民國三十七年《貴州通志·風土志·方言》："癡愚曰夢惷。音銃。"以上實採《蜀語》。李實用俗字，此用正字。又，清光緒八年《黎平府志》卷二下《風俗·方言》："老年昏聵曰夢惷（音統），又曰顛懂。""統"或爲"銃"形譌。今蜀方言"銃"音［tsʻoŋ²¹³］。光緒《餘慶縣志·風俗·方言》："年少無知曰夣蠢。"按《正字通·夕部》："夣，俗夢字。""夣蠢"，蜀語當讀同"夢惷"。

或作"儚蚛"。明楊慎《俗言》卷一："今人謂小兒不懂事曰儚蚛。"清沈自南《藝林彙考》稱號篇卷十："《丹鉛録》：《揚子法言》注引《吕氏春秋》蚛，蚛出放光，蟲食物也。今人曰儚蚛。"唐訓方《里語徵實》卷中上："心鈍曰儚蚛。"民國二十四年《重修鎮原縣志》卷五《民族志下·正名下·語言》："真是儚蚛，謂子弟之無悟心也。……今人作儚蟲，誤。或從蒙作懞，俗稱不明曰懞懂。《畫鑑》：米元章父子皆工山水，成一家法。翟耆年年詩云：‘善畫無根樹，能描懞懂山。’又儚儚，無知也，闇也，本作懵，或又作儚。《爾雅》：‘儚儚、恫恫，惛也。’”按元湯垕《畫鑒·宋畫》、陶宗儀《說郛》卷九十二下錄湯垕《畫鑒》、明汪砢《珊瑚網》卷四十八《畫繼·宋畫》，均作“翟耆年有詩云”，翟詩又見清陸心源《宋詩紀事補遺》卷五十八《題米元暉山水》，疑後一“年”字爲“有”字形譌。民國三十三年《重修彭山縣志》卷二《民俗篇·方言》：“儚蚛，不懂事也。”

亦作“夢蟲”。清劉省三《躋春臺》卷一《雙金釧》：“有一无賴子，姓孟，混名夢蟲，請他當母族。”“夢蟲”即懵懂癡愚者，受人嗾使假冒被告母黨，或“夢惷”之俗寫。Adam Grainger《西蜀方言》（頁117）：“他是個夢蟲。”意謂“he is a baby; lit. a dreaming insect”，嬰幼兒不懂事，是其比。民國二十一年《萬源縣志》卷五《教育門·方言》：“睡中囈語曰發夢沖、說夢話。”睡中囈語，醒後多半無印象，正如市井口語謂人稀裏糊塗爲睡裏夢裏。《川方匯釋》（頁147）“夢蟲”謂“不知事理的人”。《成方》（頁364）“夢蟲”謂“⇨〖恍恍〗”，而（頁362）“恍恍”謂“=〖夢蟲〗”，①“粗心大意或做事粗心大意的人”，②“腦子不清醒的人”。亦以ABB式構詞。清光緒二十六年《墊江縣志》卷一《輿地志·風俗》：“小兒不解事曰儚蚛蚛。”《川方》（頁237）“夢蟲蟲”謂“指尚未懂事的小孩兒（川東）”。《重方》（頁228）“夢蟲蟲兒”謂“指未懂事理的小孩”。以上並同詞異形。

又，民國二十四年《隆德縣志》卷一《民族·方言》：“夢淞，霧氣迷漫之貌，借譏人之心地不明者。”亦音近。

《大詞典》（1/1688）“儚蚛”謂“愚鈍，不懂事”，首引楊慎《俗言》。又（3/1189）“夢銃”謂“亦作‘夢眈’。睡梦；梦想”，引明湯顯祖《牡丹亭·鬧殤》：“不隄防你後花園閒夢銃，不分明再不惺忪，睡臨侵打不起頭梢重。”徐朔方等注：“夢銃，睡夢。銃，瞌銃。”又（1185）“夢₂”音méng，②“昏亂。見‘夢₂夢’”，而（1188）“夢₂夢”謂“昏亂，不明”，又“夢₂夢銃銃”謂“猶迷迷糊糊”，《儒林外史》第十六回：“他哥哥睡的夢夢銃銃，扒了起來，只顧得他一副上集的擔子。”其餘未見。群一《〈儒林外史〉與雲南方言詞彙集》，謂《儒林外史》“夢夢銃銃”原書注：“糊裏糊塗的意思，這裏是形容一個人乍醒時恍惚顛倒。”並謂“雲南方言中另外還有‘發夢統’的說法，如說：‘別聽他胡說八道，他在發夢銃！’”[①]又，《西游記》第五十二回：“慌得那些大小妖精，夢夢查查的，抱着被朦着頭，喊的喊，哭的哭，一個個走頭無路。”廖大谷、石汝傑《〈西游記〉中蘇北方言詞語彙釋》“夢夢查查”謂“‘查’音‘渣’。初醒時迷迷糊糊的樣子”[②]。按“夢夢查查”當同“夢夢銃銃”。

《方言大詞典》（頁5318）“夢蟲”謂“懵懂的人（多指不知男女間的事的人）”，西南官話（貴州大方）。又（頁5319）

---

① 《昆明師專學報》1997年第1期。

② 《蘇州大學學報》1987年第2期。

"夢蠢"謂"癡呆; 癡愚", 江淮官話(湖北麻城, 引1935年《麻城縣志續編》)、西南官話(四川宜賓, 引《蜀語》; 又貴州遵義), 未注音讀, 其實《麻城志》、《遵義府志》均採自《蜀語》, 《蜀語》詞形作"夢惷", 兩方志作"夢惷", 但非"夢蠢"; 又謂"也作'夢既'", 湘語。又"夢蟲蟲"謂"尚未懂事的孩兒", 西南官話(四川東部)。又(頁7123)"儚蚛"謂"小孩不懂事", 贛語。

木札　木渣子　木渣滓 $mu^{21}za^{55}zi^{53}$ [$mu^{21}tsa^{55}tsɿ^{213}$]

木屑。《說文·木部》:"札, 牒也。"段玉裁注:"長大者曰槧, 薄小者曰札。"廢棄之木屑亦可謂之"札"。唐玄應《一切經音義》卷十八《立世阿毗曇論第一卷》:"木柹, 麩廢反, 《蒼頡篇》:'柹, 札也。'《說文》:'削木朴也。'江南名柹, 中國曰札, 山東名朴。"又卷二十二《瑜伽師地論》第二十六卷:"小札, 側黠反, 《三蒼》:'柹, 札也。'今江南謂斫削木片爲柹, 關中謂之札, 或曰柹札。"明于慎行《穀山筆塵》卷十四:"柹, 斫木札也。"[①]故木屑謂"木札"。唐慧琳《一切經音義》卷五十八《僧祇律第十七卷》:"木札, 側黠反, 木皮也。律文有作柹, 敷廢反, 《說文》'削朴也', '朴, 札也',

① 《龍龕手鏡·木部》:"柹, 斫木斥零柹也。"

謂削木柿也，二形通用。又作㰆，非也。”[①]《史記·魏其武安侯列傳》“上初即位，富於春秋，（田）蚡以肺腑爲京師相”司馬貞索隱：“腑音府，肺音廢。言如肝肺之相附。又云柿，木札；附，木皮也。《詩》云‘如塗塗附’，以言如皮之附木也。”張守節正義：“顔師古曰：‘舊解云肺腑，如肝肺之相附著也。一說肺，斫木札也，喻其輕薄附著大材。’按顔此說並是疏謬。又改‘腑’爲‘附’就其義，重謬矣。”唐段成式《酉陽雜俎》卷九《盗俠》：“韋（行規）下馬負一樹，見空中有電光，相逐如鞠杖，勢漸逼樹杪，覺物紛紛墜其前。韋視之，乃木札也。須臾，

① 木柿，亦作“木㰆”，砍削之碎木片。《篇海類編·花木類·木部》：“㰆，木㰆，碎木皮也。”《晉書·王濬傳》：“武帝謀伐吴，詔濬修舟艦……濬造船於蜀，其木柿蔽江而下。”成都中華老字號名小吃“夫妻肺片”，根本沒“肺”，一般多以爲原料大都是不食動物內臟的回民所丢棄的，稱爲“廢片”，如李劼人《大波》第四部第一章：“成都皇城壩回民特製的一種有名的小吃，正經名稱叫盆盆肉，渾名叫兩頭望，後世易稱牛肺片的便是。”原注：“大概在一九二〇年前後，牛腦殼皮內和入牛雜碎，其後，幾乎以牛雜碎爲主，故易此稱謂。疑肺片爲廢片之訛。”（《李劼人選集》第二卷，四川人民出版社，1980年2月第1版，第1452頁。）此以同音之“廢”字爲解，恐望文生訓，實則竹頭木屑、牛溲馬勃，均爲有用之物也。張紹誠《巴蜀方言淺說》（頁73）：“其實小吃肺片以牛的肚片、心片、頭皮片和牛肉片爲材料，唯獨沒有牛肺的片。根據《康熙字典》引《前漢書》注：肺謂削木之肺札也。《晉書》：伐吴造船木柿（右非五劃之‘市’）蔽江而下。肺片就是切得很薄、類似肺札（刨花）的牛雜和牛肉片。”此說是。據朱駿聲《説文通訓定聲·泰部》：“肺，叚借爲柿。”《漢書·田蚡傳》：“上初即位，富於春秋，蚡以肺附爲相，非痛折節以禮屈之，天下不肅。”顔師古注：“一說，肺，斫木札也，喻其輕薄附著大材也。”又《劉向傳》：“臣幸得託肺附。”顔師古注：“舊解云肺附謂肝肺相附著，猶言心膂也。一說肺謂斫木之肺札也，自言於帝室猶肺札附於大材木也。”明姚旅《露書》卷九《風篇下》：“柴肺，削下木片也。肺音沛。《漢書》‘風吹削肺’，但有音癈者，豈有兩音耶？”清乾隆二十三年《象山縣志》卷一《地里志·風俗附方言》：“殘木曰柿。音廢。《晉書·王濬》伐吴造舟，‘木柿蔽江而下’。”“肺片”即薄片，薄爲其特點之一。

積札埋至膝。”宋周紫芝《書徐師川詩後》：“今人飯客飲食中，最美者無如饅頭夾子，連日食之，如嚼木札耳。”朱熹《晦庵集》卷四十五《答廖子晦》：“然因此得看《禮疏》一番，亦非小補，不然，此等如嚼木札，定無功夫看得也。”又《論語精義》卷五上：“然其門人下稍頹溺於形名度數之間，行得來困無所見處，如喫木札相似，更沒滋味，遂生厭倦。”《朱子語類》卷八十四《禮一》：“横渠教人學《禮》，吕與叔言如嚼木札。”普濟《五燈會元》卷二十《淨慈彥充禪師》：“我此間别無玄妙，只有木札羹，鐵釘飯，任汝咬嚼。”賾藏主《古尊宿語録》卷二十四《潭州神鼎山第一代諲禪師語録》：“若是前來兩轉語，有可咬嚼，東看西看。若是神鼎者語，如喫木札瓦片相似，實無滋味。”明魏校《莊渠遺書》卷十一《與桂子實》：“抑嘗聞之，明道謂横渠以禮教學者甚善，又病其下稍頭溺於儀章度數之末，如喫木札相似，此言又何謂也？”民國十八年《榮縣志·禮俗》：“《三蒼》。今江南謂削木片爲柹，關中謂之札(《一切經音義》)。今音如渣。”“今江南”云云非《三蒼》語，故於前圈斷。蜀語“木札”音同“木渣”。徐時儀先生説“今北京有的木工叫鋸木屑爲木札子，蓋承唐時關中音”[①]，蜀語之“木渣”或亦如之。

或作“木渣子”、“木渣滓”。清康熙二十年《米脂縣志》卷一《輿地》：“清涼寺，在城北九十里，其殿門相傳魯班俱用木渣以唾成之。”光緒三十三年《米脂縣志》卷一《輿地志》録

[①]《佛經音義與漢語詞彙研究》，商務印書館，2005年12月第1版，第300頁。

舊志無“俱”字。《清經世文三編》卷三十四《戶政十三·養民上》：“一作田土之爛木渣，蓋凡田土多缺此質，而爛木渣爛草渣之類，在田中漸而朽腐發出熱氣。”高靜亭《正音撮要》卷三《木器》：“木渣子，碎木不能用。”震鈞《天咫偶聞》卷二：“屋外隅皆多設厠，日必一淨，別具柳匡一交繩而貫，以木渣滓悉入之，日荷以出，毋有少積。”Adam Grainger《西蜀方言》（頁308）：“木渣兒。”謂“chips of wood”。又（頁262）：“木渣滓。”即“chips”。民國二十五年《滎河縣志》卷八《禮俗》：“棺內墊七星板者鮮，鋪木渣土者多。”

《大詞典》（4/662）“木札”①“木片”，無“木屑”義。未收“木渣”、“木渣子”及“木渣滓”。《大字典》（二/3/1235）、《大詞典》（4/720）“札”亦均未收“木屑”義。

《方言大詞典》（頁582）“木札”謂“碎木頭”，吳語，引李榮《吳語本字舉例》：“斧子砍下來，錛子錛下來的碎木頭，北京有的木工叫木札子。”又（頁585）“木渣”謂“刨花”，西南官話（雲南昭通、蒙自）。

NG

矮矬矬 $ngai^{53}co^{21}co^{21}$ [$ŋai^{53}ts‘o^{21}ts‘o^{21}$]

形容身材矮小。“矬”本有矮短義。參《考釋》第434頁。《廣雅·釋詁二》：“矬，短也。”唐玄應《一切經音義》卷二《大般涅槃經第十四卷》“矬人”引《通俗文》：“侏儒曰矬。”明焦竑《俗書刊誤》卷十一：“矮短曰矬。”明陳士元《俚言解》卷一《矮矬》：“軀幹短小曰矮矬。”“矮矬”同義連文，習以ABB式構詞。明王大可《國憲家猷》卷四十五《滑稽一》：“一士夫延一主事甚矮，其子相見，子幼未留髮，士夫令主事出一對與乃子對，主事曰：‘書生光沓沓。’其子對曰：‘主事矮矬矬。’”清道光二十一年《遵義府志》卷二十《風俗》、光緒二十一年《敘州府志》卷二十一《風俗》、民國十年《新修合川縣志》卷三十《風俗·方言》、民國二十四年《麻城縣志續編》卷一《疆域志·方言》、民國二十四年《蓬溪縣近志》卷七《風土篇·方言》、民國三十七年《貴州通志·風土志·方言》："謂人形短曰矮矬矬。音搓。"民國二十三年《華陽縣志》卷五《禮俗·方言》："人形短小曰矮矬矬。音搓。"以上實際均採自《蜀語》。Adam Grainger《西蜀方言》(頁368)："矮矬矬的。"即"dwarfish; dumpy"。民國《息烽縣志》卷二十九《風土志·方言》："謂人形短曰矮矬矬。"民國十五年《簡陽縣志》卷二十二《禮俗篇·方言》："形短曰矮矬矬。"民國十八年《新修南充縣志》卷七《掌故志·風俗·方言》："人形短曰矮矬矬。"姜亮夫《昭通方言疏證》(954條)："又有'矮矬矬'一詞，矬《唐韻》'身短曰矬，昨禾切'，昭人則爲形容詞，曰矮矬矬也，音如撮，人矮曰矬，物短小曰黜，才智少曰拙，止車曰輟，反義則讀短爲長曰綴，凡此皆一語之變耳。"亦可以AABB式構詞。宋邵雍輯《夢林玄解》卷十四《夢占·什物部三·錐》："身材矮矮矬矬，口角賽過儀蘇，不是東方等輩，却是晏嬰之徒，夢見者百伶百俐，極會鑽研。"《川方》(頁259)"矮拙拙(矮矬矬)"音ngai^{3}co^{2}co^{2}，謂"(~的)形容身材很矮"。《川方匯釋》(頁2)"矮矬矬"謂"人個子矮"，引《蜀語》；又"矮矬矬兒的"謂"形容人極矮"。《成都話》(頁166)"矮矬矬〔矮濁濁〕〔矮銼銼〕"謂"形容人矮(含貶義)"。《重方》(頁231)"矮矬矬"謂"身材短矮"。梁國均《從〈蜀語〉看四川方言語彙的構成和來源》謂"今四川方言謂人個頭矮小爲'矮矬矬'"①。

或作"矮銼銼"、"矮遳遳"。民國二十六年《犍爲縣志·

① 《川北教育學院學報》1991年第2期。

居民·言語·方言》:“人形短曰矮銼銼。”民國二十三年《樂山縣志》卷三《方輿志·方言》:“身短曰矮塖塖。”“銼”、“塖”當爲“矬”音借。姜亮夫《昭通方言疏證》(228條):“今昭人言矮遳遳。”蜀方言亦說“矮竨竨”。民國三十一年《西昌縣志》卷五《禮俗志·方言》:“人物不高大曰矮竨竨。傍下切。”①《大詞典》(7/1547)“矬”①“身材短小”,是也;③“容貌醜陋”,首引《琵琶記》,次引明顧起元《客座贅語·詮俗》“貌寢而不揚曰矬”,竊以爲“貌寢而不揚”仍就形體而言,古人常以身材魁梧爲美,身材矮小,自然是“貌寢而不揚”了,似無必要分列義項。

又,“矬”或作“遳”。明楊慎《丹鉛餘錄》卷十四:“京師里語目形容短矮曰遳。《文選》有遳脆之語。《唐書·王伾傳》‘形容遳陋’。《通鑑音義》作七禾切。”又《俗言》卷一:“遳子:京師里語曰,形容短矮曰遳。”焦竑《焦氏筆乘》卷六《諺有自來》:“形容短矮者,俗謂之‘遳’。《文選》有‘遳脆’之語,《唐書·王伾傳》‘形容遳陋’,蓋里巷常談,其所從來遠矣。”田藝蘅《留青日札》卷十五《遳人》:“遳,七禾切,今作矬,與短矮同从矢。”方以智《通雅》卷四十九《諺原》:“《桂海雜志》:今桂林俗以矮爲矮字。張子賢言有物黑而矬

---

① 《說文·立部》:“竨,短人立竨竨皃。从立,卑聲。”段玉裁注:“竨竨,短皃。”《廣韻·馬韻》傍下切:“竨,短人立也。”《川方》(頁259)“矮爬爬”謂“形容身材或物體較矮”,“爬”記音,本字當作“竨”或“竨”。《大詞典》(7/1548)“矮竨”謂“低矮貌”,引清翟灝《通俗編·雜字》:“謂短曰矮竨,讀葩上聲。”按《玉篇·立部》:“竨,匹馬切,短皃。”故“矮竨”就是矮,其生動說法爲“矮竨竨”。

肥。京師里語曰形容短矮曰篷。報國寺松横枝號曰矬松。《文選》有篷脆之語，《唐書·王伾傳》形容遳陋。音七禾切。"桂海雜志"即宋范成大《桂海虞衡志·雜志》。亦或作"篷"。清翟灝《通俗編》卷三十六《雜字·篷》引《升菴外集》，謂"本作矬，《博雅》：'矬，短也。'《北史·宋世景傳》：'道嶼從孫孝王，形貌矬陋，而好臧否人物。'"清張慎儀《蜀方言》卷上（頁276）："形貌短矮曰篷。"

《大詞典》（7/1548）"矮矬"謂"身材矮小"，首引《水滸傳》。又"矮垛垛"謂"形容身材不高但很壯實的樣子"，引沙汀《盧家秀》，並謂"亦作'矮篤篤'"。未收"矮矬矬"。

《方言大詞典》（頁6593）"矮矬矬"謂"身材矮小"，江淮官話、西南官話。又"矮篷篷"謂"身材矮小"，西南官話。又"矮濁濁"謂"矮而粗壯"，西南官話。"矮鑿鑿"謂"矮墩墩"，閩語。又（頁6592）"矮拙拙"謂"很矮"，西南官話。"濁"、"鑿"、"拙"蜀語音同"矬"，以上並同詞異形。

揞 ngɑn^{53}［ŋan^{53}］

以手覆物。《方言》卷六："揞、揜、錯、摩，藏也。荆楚曰揞，吳揚曰揜，周秦曰錯，陳之東鄙曰摩。"戴震疏證："《廣雅》：'揞、揜、錯、摩，藏也。'義本此。《説文》：'揜，覆也。'《玉篇》：'揞，藏也。'《廣韻》：'揞，手覆。''錯，摩也。’‘摩，隱也。’皆於藏之義合。”《廣雅·釋詁四》：“揞，藏也。”王念孫疏證：“揞，猶揜也。方俗語有侈斂耳。《廣韻》：‘揞，手覆也。’覆亦藏也，今俗語猶謂手覆物爲揞矣。”《集韻·勘韻》：“揞，掩也。”宋佚名《詞林韻釋》十八南三上聲：“揞，手覆也。”明岳元聲《方言據》卷上《揞》：“以手按物曰揞（烏感切），藏也，手覆也。”趙南星《目前集·俗字》：“揞，手覆，音黯黮之黯。”清屈大均《廣東新語》卷十一《土言》、乾隆《番禺縣志》卷十七《風俗·粤語》、嘉慶《雲霄廳志》卷三《風俗·方言》、道光二年《廣東通志》卷九十二《輿地略十·風俗一》、道光《肇慶府志》卷三《輿地十·風俗》：“以手覆物曰揞。庵上聲。”乾隆二十四年《象山縣志》卷一《風俗·方言》：“手覆曰揞，庵上聲。”乾隆三十五年《梧州府志》卷三《輿地志·風俗》：“以手覆物曰揞。”光緒二十四年《嘉應州志》卷七《方言》：“以手覆藏物曰揞。……俗於物不欲人見者，以兩手揜覆之，曰揞，即此字，其義爲藏也。”宣統《東莞縣志》卷十一《輿地略十·方言》：“以手覆物曰揞。……莞中以兩手覆物不令人見曰揞，有平上二聲，皆以合唇讀之，其音義爲最古。盧仝《月蝕》歌：‘恐是眶睫間，揞塞所化成。’今莞中小兒有揞使雞盲之戲，謂揞其眼使若雞盲也。雞至夜則盲，以盧仝詩證之，則其戲在唐時已有。”民國十三年《崇明縣志》卷四《地理志·方言》：“揞，音庵，俗謂手覆物爲揞。”民國三十六年《新繁縣志》卷四《禮俗·方言》：“今謂藏匿不令人知曰揞，古語也。”姜亮夫《昭通方言疏證》（125條）：“弇，蓋也，一儉切。弇，蓋字。今昭人俗用掩字。按《説文》：‘奄，覆也。’與此同音義則掩亦可用。又弇者會意字，從廾合之也。奄、弇皆同族語。又弇有收縮靜止之象，故昭言掩蓋謂收而蓋之，或使之靜而蓋之也。弇義非僅作動字用也。又手部有揞字，手覆也。昭人亦曰以手按著。元楊瑀《山居新話》：‘凡刀斧傷，以帶鬚葱乘熱盦患處’，借盦爲之。今昭有是語，音按，即借按爲之。弇、奄、揞、按與抑皆同族語，以抑下爲義根。”按“《山居新話》”即《山居新語》。羅韻希《四川方言中保留的古語》釋“揞”爲“掩藏”，口語例“有好吃的就快點兒拿出來大家享受，不要揞起”[①]。《成方》（頁275）“揞”音ŋan上聲，謂“參看‘藏’”，而（頁351）“藏”音tɕʻiaŋ或tsʻaŋ陽平，①“⇨〖躲〗”，②“指把物體隱藏起來，使人看不見”，“①②義也可說‘揞’”。黄尚軍《湖廣移民對四川方言形成的影響》謂“今四川人仍稱‘隱藏’爲‘揞’”[②]。亦記作“按”。清同治《藤縣志》卷五《輿地志·風俗》：“以手覆物曰按。”

《大字典》（二/4/2035）“揞”①“掩藏”，首引《方言》。《大詞典》（6/774）“揞”①“掩藏”，首引《廣雅》。

《方言大詞典》（頁6026）“揞”④“掩藏，覆蓋；捂住，按住”，古方言、冀魯官話、官話、晉語、徽語、吳語、贛語、客話、粵語、閩語，未及西南官話。

---

① 《南充師範學院學報》1987年第2期。

② 《川東學刊》1997年第1期。

黯 黤 黭 晻 ngɑn[53]［ŋan[53]］

天色陰沉，尤其指天色由明而暗。《說文·黑部》："黯，深黑也。"《集韻·感韻》："黤，深黑色。或从音。"《六書故》卷三《天文下》："黯，烏減切。《說文》曰：'深黑也。'一說黯、黶特一字。別作黬、黭。"引申指昏暗。漢陳琳《游覽》詩之一："蕭蕭山谷風，黯黯天路陰。"蔡邕《述行賦》："玄雲黯以凝結，集零雨之溱溱。"一本作"黤"。南朝梁江淹《齊太祖高皇帝誄》："日月鬱華，風雲黯色。"清光緒《浦江縣志》卷三《輿地志·風俗附方言》："天晚曰黯。"

或作"黤"、"黭"。《說文·黑部》："黤，青黑也。"段玉裁注："謂青色之黑也。"又："黭，果實黭黯，黑也。从黑，弇聲。"《六書故》卷三《天文下》："黤，於敢切，会黑也。亦作黭。徐本《說文》曰：'青黑也。'唐本曰：'果實黭黮也。'別作黬、霠。"漢蔡邕《述行賦》："玄雲黤以凝结兮，集零雨之溱溱。"一本作"黯"。唐張說《喜雨賦》："氣蓊靄以黭黮，聲颯灑以蕭條。"又，清胡文英《吳下方言考》卷九《黭》："黭，音暗。《荀子·强國篇》：'黭然而雷擊之。'案黭，黑氣貌。吳中謂驟然雲密曰陡黭。"此或誤讀《荀子》，楊倞注："黭然，卒至之貌。"郝懿行補注："黭與奄同。奄然，猝乍之貌。"胡氏謂"吳中謂驟然雲密曰陡黭"，蜀亦謂"黭起了”，“黔”音［ŋan[53]］。

亦作“晻”。《説文·日部》：“晻，不明也。”段玉裁注：“《北征賦》‘日晻晻其將暮’，《漢書·元帝紀》‘三光晻昧’，《南都賦》‘晻曖蓊蔚’，《吳都賦》‘旭日晻晗’，凡言晻藹，謂陰翳也。《蜀都賦》作‘菴藹’。”又：“暗，日無光也。”段注：“《集韵》、《類篇》皆以晻、暗爲一字，依許則義各殊，明之反當用晻，暗主謂日無光。”《廣雅·釋訓》：“晻晻，暗也。”又《釋詁》：“晻，冥也。”《楚辭·九歎·惜賢》：“孰契契而委棟兮，日晻晻而下頹。”洪興祖補注：“晻音奄，日無光也。”《漢書·外戚·孝成班倢伃》：“白日忽已移光兮，遂晻莫而昧幽。”顏師古注：“晻與暗同。”民國二十年《湯谿縣志》卷三《民族·風俗附方言》：“天陰曰晻。”民國三十二年《新修大埔縣志》卷十四《人群志三·方言》：“天陰不雨曰晻曖，或曰晻曖晻曖。”

亦作“闇”。清光緒二十四年《嘉應州志》卷七《方言》：“天陰謂之天闇。案《論語》‘高宗諒陰’，鄭訓陰爲闇。《無逸》‘乃或諒陰’，《喪服四制》作‘諒闇’。陰、闇古同聲通用，此亦古語也。”

《大字典》（二/8/5068）“黯”（一）②“昏暗；沒有光澤”，首引《論衡》。又（5065）“黤”②“同‘黯’，深黑色”，首引《集韻》。又“黔”②“同‘黤’。陰黑”，首引《六書故》。又（3/1627）“晻”（一）àn，謂“同‘暗’”，首引《集韻·勘韻》：“暗，或从奄。”又（7/4386）“闇”（一）àn，⑦“通‘暗’”，首引《玉篇·門部》：“闇，與暗同。”

《大詞典》(12/1373)“黯”音àn,①“深黑;昏暗”,首引蔡邕《述行賦》,並謂“一本作‘黤’”。又(1364)“黤”音yǎn,謂“青黑色”,亦首引《述行賦》,並云“一本作‘黯’”。又(5/759)“晻₁”音àn,謂“同‘暗’”,①“昏暗”,首引《漢書》;“晻₃”音yǎn,①“日無光。參見‘晻₃晻’”,③“通‘渰’。雲起;陰雨”,首引《吕氏春秋》引《詩》。又(1373)“黭”音yǎn,①“陰黑”,引唐李華《含元殿賦》。

《方言大詞典》(頁6522)“暗(闇、晻)”⑪“天陰”,吳語,引1931年《湯溪縣志》:“天陰曰~。”“~”上引作“晻”。

雁鵝 $ngan^{213}o^{21}$ [$\eta an^{213}o^{21}$]

雁,大雁。参《考釋》第440頁。《說文·隹部》:“雁,雁鳥也。从隹,从人,厂聲。讀若鴈。”段玉裁注:“此與《鳥部》鴈别,鴈从鳥爲鵝,雁从隹爲鴻雁,《禮》舒鴈當作舒雁,謂雁之舒者,以别於真雁也。舒雁謂之鴈,猶舒鳧謂之鶩也。經典鴻雁字多作鴈,《毛傳》曰:‘大曰鴻,小曰鴈。’按鴻大也,非鳥名。”王筠句讀:“此區别之詞也,經典多通用。許則謂鴻雁、鴈鵝有別也。”又《鳥部》“鶩”字段注:“詞章家鳧亦呼鶩,此如今野人雁亦呼雁鵝也。”《警世通言》卷四十:“雁鵝夜夜鳴更鼓,魚鱉朝朝拜冕旒。”清同治三年《雲和縣志》卷十五《物產》:“雁,俗呼雁鵝。”同治九年《會理州志》卷十《風土志·物產》："鴈，俗呼雁鵝。鴈一作雁。"光緒二年《縉雲縣志》卷十四《物產》："雁，小曰雁，大曰鴻，秋來春去，俗名雁鵞。"光緒四年《宣平縣志》卷十七《物產》："雁，俗喚雁鵝，其狀似鵞，有蒼白二色，往來與燕相反，冬南翔，夏北徂。"光緒八年《黎平府志》卷三下《物產》："雁鵝，鴻雁也。鴻雁，俗名雁鵝，陽鳥也。春秋二仲月來而旋去，又爲知時鳥。"范寅《越諺》卷上《借喻之諺》："飛過雁鵝當案酒。"原注："豈能算數？"又卷中《禽獸》："雁鵝，又名天鵝，雁也。"傅崇矩《成都通覽·成都之小兒女歌謠》（頁255）："雁鵝雁，扯扁擔，扯在張家河壩吃早飯。"民國七年《上海縣續志》卷八《物產》："雁，大如鵞，蹼足，翼羽黑色，蘆蕩浦濱集焉。冬寒夜靜，高飛而鳴聲同鵞，俗稱雁鵞。"民國十八年《南匯縣續志》卷二十《風俗志三·物產下》："雁大如鵝，俗呼雁鵝，蹼足，翼羽灰色，飛甚高，棲海濱蘆蕩中，秋來春去。"民國二十八年《上杭縣志》卷九《物產志》："雁，俗呼爲雁鵝。"《川方》（頁261）"雁鵝"音$ngan^{4}o^{2}$，謂"雁，大雁"。《川方彙編》（頁168）"雁鵝"音ngǎn wo，謂"鴻雁"。《成都話》（頁129）"雁鵝"音［$ŋan^{213}o^{21}$］，謂"大雁"。川北亦說［$ŋan^{213}ŋo^{21}$］。又，民國二十二年《順義縣志》卷九《物產志·禽類》："鵝，白色，鳴聲洪大。亦有灰色，名曰雁鵝，畜之可警夜。"此別一義。

考"雁"字讀音，清李蕃《雪鴻堂文集》卷十四《鄉語·雁（岸音）》："雁，北方音皆同燕，吾鄉呼作岸。《鹽鐵論》引《詩》'雝雝鳴雁'，以雁爲鴈，注云：'鴈當音岸。'顧野王云：‘鳱，古案切。’則音岸無疑也。又按師曠《禽經》：‘鳱以水言，自北而南；鳽以山言，自南而北。’張華注：‘鳱音雁，隨陽鳥也，冬適南方，集於江干之上，故字從干；鳽亦音雁，中春寒盡，雁始北向，燕代尚寒，故集於山陸岸谷之間，故字從鳽。’然則雁之爲岸，蓋非土音矣。”“故字從鳽”之“鳽”當作“厈”。李蕃，四川通江人，清順治十四年舉人，“岸”蜀方言音［ŋan^{213}］。

《方言大詞典》（頁5982）“雁鵝”謂“雁；大雁”，冀魯官話、江淮官話、西南官話、吴語、湘語、贛語、客話、閩語。

傲價 ngɑo^{55}jiɑ^{213}［ŋau^{55}tɕia^{213}］

賣方盡量討價。唐代高彦休《唐闕史》卷下：“先是，自九江至於敷淺源，寶視肥甯，及大軍加境，暢飲薦羞，不常厥味，貓脾鼠肝，亦登於俎。是以二物也，猶傲價於霧市，逾月復罄。”“傲價”或謂價甚昂。清查繼佐《罪惟録·列傳卷二十七·程君房》：“論曰：製不忌不工，不傲價不尊，不死不什襲，寶也。”范寅《越諺》卷中《貨物》：“扳價，上班，傲價，皆求善價，不肯即賣。又曰扳籃、扳秤。”蜀方言亦説“傲價錢”。《川方》（頁261）“傲（熬）”音ngɑo^{1}，①“堅持（高價，高條件）：本來可以~—~價錢”。《重方》（頁234）“傲”音ngao^{1}，①“堅持（高價，高條件等）”。

《大詞典》未收。《方言大詞典》(頁6200)"傲價"謂"待高價賣",吳語,未及西南官話。又(頁6201)"傲起傲起"①"形容堅持高價或高條件",西南官話。

隱₁ 硬 艮 梗 ngen[53] [ŋən[53]]

硌,指觸着硬物或凸起物而感到不適或受到損傷。參《考釋》第444頁。前溯源及《文選》曹植《七啓》,但已見於《黄帝内經素問》卷十六《骨空論》:"坐而膝痛如物隱者,治其關。"明吳崑注:"如物隱伏其中,此邪所着也。"清張志聰集注:"如物隱者,邪留于骨節間也,故當治其關,關開則邪出矣。"均未中肯綮,當謂如物硌而生痛也,醫籍中習見。友生彭達池博士《〈黄帝内經〉誤釋二題》,謂"以'硌'義釋'坐膝痛如物隐者'之'隐',則歷代迷霧涣然冰釋"①。茲再補數例。宋江休復《醴泉筆錄》卷下:"李程子廓從父過三亭渡,爲小石隱足痛,以呼父,程云:'太華峰頭仙人手跡,黄河灘裏爭知有隱人腳跟?'"計有功《唐詩紀事》卷六十《李廓》:"小說載廓從其父程過三亭渡,爲小石隱足痛,以呼父,程曰:太華峰頭,見有仙人手跡;黄河灘裏,爭得隱人腳跟。"明正德七年《松江府志》卷三十二《遺事》:"興聖寺銅鐘,元至正十年鑄,相傳鑄時有老嫗以雙股銀釵投液中,今見於鐘腹,捫之隱手。"清道光二十

① 《浙江中醫雜志》2005年8月號。

一年《遵義府志》卷二十《風俗》、光緒二十一年《敘州府志》卷二十一《風俗》、民國十年《新修合川縣志》卷三十《風俗·方言》、民國二十四年《蓬溪縣近志》卷七《風土篇·方言》、民國三十七年《貴州通志·風土志·方言》:“有所礙曰隱。恩上聲。”此實本《蜀語》。民國二十四年《雲陽縣志》卷十四《禮俗下·方言上》:“隱,有所礙也。”又,漢司馬相如《上林賦》:“崴磈嵔廆,丘虛堀礨。隱轔鬱壘,登降施靡。”李善注引郭璞:“隱磷鬱壘,堆壟不平貌。”王啟濤説:“實際上,這個‘隱’是個典型的四川方言詞,在四川方言尤其是川東北方言中常用。讀音就是四川方言中的‘ŋing’(上聲)。意思是‘有所礙’,‘有東西在路上妨礙前進’。”[①]或爲一説。

前撰《考釋》已指出《大字典》“隱”未及“硌”義,《七啟》“骨不隱拳”李善注引服虔《漢書注》:“隱,築也。”亦不確。“隱”之硌義,並可溯及《黄帝內經素問》,自明末李實《蜀語》(頁166)首次著錄,二十世紀八九十年代,項楚師《王梵志詩釋詞》[②]、《王梵志詩校注》[③],王鍈先生《唐宋筆記語辭匯釋》所附《語辭備考錄》[④],拙撰《釋“隱”》[⑤]等,均有討

① 參見《司馬相如賦與四川方言》,《四川師範大學學報》2005年第2期。

② 《中國語文》1986年第4期。又見《敦煌文學叢考》,上海古籍出版社,1991年4月第1版,第628頁。

③ 上海古籍出版社,1991年10月第1版,第761頁。

④ 中華書局,1990年5月第1版,第242頁。

⑤ 《中國語文》1998年第3期。又見《語言文獻論集》,巴蜀書社,2002年9月第1版,第84—90頁。

論和補充，並且均見於重要刊物及出版社出版的學術著作。今見黄武松《敦煌文獻俗語詞方言義證》謂王梵志詩“不可隱我腳”，“‘隱’當作‘爲硬物所頂住、擱住’講”，並引李實《蜀語》“有所礙曰隱”、《清平山堂話本·陰隲積善》“物癮其背”，另引及元劇《來生債》“艮了牙”，王學奇、顧學頡《元曲釋詞(一)》云“牙齒被硬物所格，謂之‘艮’”，並謂“平塘方言亦有此詞”，“音亦恩上聲，義同李實和王、顧說。可知梵志詩之‘隱我腳’謂‘頂我腳、格我腳’”[①]。所釋雖不甚恰切，但亦可參。《大字典》第二版（7/4479）“隱”無視以上研究成果，而一仍其舊，未予修訂，不無遺憾矣。

作“硬”者，如明朱橚《普濟方》卷六十四《咽喉門》：“治風熱肺壅，咽喉腫痛，語聲不出，如有物硬，嚥之則痛甚。”清高靜亭《正音撮要》卷二《身體》：“墊着牙，硬着牙。”又《動靜》：“東西硌着了，有物硬。”Adam Grainger《西蜀方言》（頁371）：“石頭硬腳。”謂“the stones bruise my feet”；另錄有“枕頭硬腦殼”、“摸起硬手”、“把牙齒硬了”等例。周芷穎《新成都》第四章第二節《語言》（頁56）：“一麻不硬手。”“硬手”即上引《松江府志》之“隱手”，亦猶《七啟》之“隱拳”、《江鄰幾雜志》之“隱腳”也。《川方匯釋》（頁244）“硬”音ngèn，“硌（硬的或凸出之物與身體接觸時使身體感到難受或損傷）”。《大字典》（二/5/2603）、《大詞典》（/7/1046）“硬”未及此義。

① 《貴州師範大學學報》1991年第1期。

或作“艮”。《易·艮》:“艮其背，不獲其身。”按清王闓運《周易說》卷五:“其背連卦名爲文，是履否例也。傳改背爲止，以背即身也。背，脊也。身，躳也。艮背者，有物艮之，則身知止，故不獲。”“有物艮之”猶有物硌之。《大詞典》(9/258)“艮背”①引《易·艮》及王注孔疏，謂“背，相背而不見。後因稱不動物欲之念爲‘艮背’”，不及王氏闓運之說爲長矣(亦參下“梗”引王說)。元劉君錫《來生債》第一折:“(磨博士做咬銀子科，云)‘中穿中吃?阿喲!艮了牙也。’”《大字典》(二/6/3378)“艮”(三)gěn，③“牙齒被硬物硌痛”，引此例。《大詞典》(9/258)“艮”音gěn，③“指牙齒爲硬物所格”，亦引《來生債》劇。

亦作“梗”。清厲鶚《遼史拾遺·本紀·天祚皇帝四》引趙子砥《燕雲錄》曰:“地極寒而草茂，冬月不彫，雖枯不梗，馬可卧，柔如氈毯。”“柔如氈毯”，不但“馬可卧”，人亦可臥，可見“梗”即“隱”，義爲“硌”。《大字典》(二/3/1297)“梗”②及《大詞典》(4/1032)“梗”④均謂此“梗”爲“草木刺人”，恐不確。《大詞典》“梗”第⑬義謂“硬物觸壓人或動物”，引魯迅《故事新編·非攻》:“不過布片薄，不平的村路梗着他的脚底，走起來就更艱難。”聞捷《海燕》:“海水澆脊背，石頭梗肚皮，可是你一動也不動。”兩“梗”字以今蜀方音讀之，音[ŋən^{53}]，“不平的村路梗着他的脚底”，正如前撰引宋江休復《江鄰幾雜志》“黄河灘裏，爭知有隱人脚跟”，上引《唐詩紀事》“爭得隱人脚跟”。清胡文英《吳下方言考》卷十一《圿》:“吳中凡肌肉爲物所梗曰圿痛。”《易·艮》“艮其背，不獲其身”清王闓運《周易説》卷五:“又以物礙傷骨肉爲義，今讀若梗背，不能限也。”“梗背”猶前撰引《清平山堂話本》之“物瘾其背”。《川方彙編》(頁99)“梗”音ngèn，謂“(梗，讀硬上聲)硌。例:鵝子石梗腳板兒”。又，民國三十六年《新繁縣志》卷四《禮俗·方言》:“《説文》:‘骾，食骨留咽中也。’《國語》韋注:‘骨所以鯁刺人也。’忠言逆耳，如食骨在喉，故云骨骾之臣，史傳皆通作鯁。《木部》‘梗’下云:‘山枌榆，有朿。’引伸爲凡柯莖骾刺之稱。今俗謂有物骾刺，音轉如恩上聲。”“恩上聲”即同李實《蜀語》(頁166)著錄之“有所礙曰隱”的注音。《川方》(頁263)“梗$_1$(隱)”音ngen^3，謂“硌:路上好多碎石，把我腳~得好痛”。《重方》(頁235)“梗”音ngen^3，①“硌，即觸着凸起硬物感到難受或受到損傷”。《成都話》(頁157)“摁〔硌〕”音[ŋən^{53}]，①“硌，觸着凸起的東西覺得不舒服”。以上本字當作“隱”，首見明李實《蜀語》著錄，以《黃帝內經素問》所見用例爲最早。

又，民國二十一年《南溪縣志》卷四《禮俗下·方言》:“隱，恩上聲，謂阻礙人之進行也。”此爲引申説法，如謂某人從中作梗事難進行謂“某人隱起的”。又謂人關係不和、有隔閡爲“隱”。《川方》(頁263)“梗$_2$”音ngen^3，①“説話有顧慮，不願痛快吐露”，②“彼此有隔閡，關係不融洽”；又“梗起梗起(的)”音ngen^{3}qi^{3}ngen^{3}qi^3，①“説話有顧慮，吞吞吐吐的樣子”，②“形容彼此有隔閡，關係不融洽的樣子”。《重方》(頁235)“梗”音ngen^3，②“話語停留心中不能痛快吐出”，

③“彼此有隔閡”；又“梗起梗起”音ngen^{3}qi^{3}ngen^{3}qi^{3}，①“彼此有隔閡，關係不融洽的樣子”，②“說話吞吞吐吐有顧慮的樣子”。《成方》(頁317)“□”音ŋən上聲，①“觸着凸起的東西覺得不舒服或受到損傷”，②“欲說又忍住”，③“有隔閡”；又“□腳”謂“腳觸着凸起的東西覺得不舒服”。缺文號“□”，本字均當作“隱”。《方言大詞典》(頁5257)“梗”⑥“隔閡；不和”，西南官話(四川成都[kəŋ^{53}])：“他們兩個~起好久了，不曉得矛盾在哪裏。”此注音不確，蜀方言說[ŋən^{53}]，而不說[kəŋ^{53}]。又“梗起梗起”，西南官話(四川成都[kən^{53}tɕʻi^{53}kən^{53}tɕʻi^{53}])，①“形容說話吞吞吐吐的樣子”，②“形容彼此有隔閡，關係不融洽的樣子”。此當據《川方》，注音則不知何據，[kən^{53}]當作[ŋən^{53}]。

《方言大詞典》(頁5849)“隱”音yǐn，④“有妨礙”，西南官話(貴州遵義)，引《遵義府志》“有所礙曰~”，但《府志》本採《蜀語》，釋“隱”爲“有妨礙”，則望文生訓，注音亦不確。又“隱倒”，西南官話，①“硌着：~牙齒|~脚”，②“被硬物頂住：光板凳~屁股得很”，“~”亦謂“硌着”，謂“頂住”未愜其意，不必分立義項矣。又(頁2285)“艮”⑪“硌；吃東西硌牙”，冀魯官話、中原官話。又(頁5257)“梗”⑤“硌”，西南官話(四川成都[kən^{53}])、湘語，前者舉例：“路上好多碎石，把我脚~得好痛。”李劼人《大波》第三部第三章：“大將軍八面威風，做啥都是一抹不~手。”但蜀語說[ŋən^{53}]而不說[kən^{53}]。以上並同詞異形。

漚₁ 熰 烚₁ ngo^{21}/o^{21} [$ŋo^{21}/o^{21}$]

柴草或垃圾等堆在一起不充分燃燒。参《考釋》第452頁。明李實《蜀語》(頁168)："草伏火中未然曰漚。"民國十八年《威縣志》卷十四《風俗志下·方言》："草伏火中未然漚。見《蜀語》。""然"下當脱"曰"字。《川方》(頁265)"漚(涹、噁)"音ngo^{2}，謂"柴火、垃圾等堆在一起，不見火焰地燃"。《成方》(頁133)"漚"音ŋo陽平，②"將樹葉、雜草、垃圾等堆在一起燒(不見火焰，灰燼可作肥料)"。《重方》(頁238)"漚"音o^{2}，③"柴草或木屑等堆在一起燃燒時，衹冒煙，無明火"。

亦作"熰"。《集韻·侯韻》："熰，煖也。"《管子·侈靡》："古之祭，有時而星，有時而星熺，有時而熰。"尹知章注："熰，熱甚也，謂旱熱甚而祭。"由熱甚或引申爲不充分地燃燒。朝鮮時代漢語教科書《原本老乞大》："如今正是臘月，天氣寒冷。拾來的糞，將來熰著些火者，熱手脚。"明楊一清《關中奏議》卷十一《爲調度邊兵預防敵患事》："即今在於境外燒熰號煙，營盤火光晝夜不絶。"因燃燒不充分而產生大量濃煙，即"燒熰號煙"。劉侗《帝京景物略》卷二《春場》："夜以松栢枝雜柴燎院中，曰燒松盆熰歲也。"清屈復《弱水集》卷十三《變竹枝詞》："熰歲松栢火，踐歲胡麻藍。何用屠蘇酒，掛錢滿六街。"原注："除夕火松栢枝曰熰歲，撒芝麻稭遍地履之曰踐歲，意即餞歲也。熰字不可解，或曰即守歲意，未知是否。""熰"爲燃柴草，因除夕天氣寒冷，燃火取暖以便守歲，故稱之爲"熰歲"，並非不可解也。清嘉慶二十五年《定邊縣志》卷六《兵防志·兵制》："五七千騎至萬餘騎，日則懸青號帶一，熰烟一，夜則懸燈籠四。"Adam Grainger《西蜀方言》（頁325）："熰個火。"即"keep a fire burning slowly"，"熰"音"NGEO[4]"。

又作"熝"。《集韻·合韻》："熝，藏火種也。"《正字通·火部》："熝，今人謂藏火使復然曰熝。讀若遏。"今蜀方言"遏"音［ŋo[21]］。宋佚名《詞林韻釋》十二何和入聲作上聲："熝，埋火也。"清光緒三十四年《蒲江縣鄉土志·物產門·製造常產》："取棡木（俗呼青棡樹）纍窑穴中，熝以火亘數日，木之濕性祛而燥質存，炯炯然成精炭矣。"張慎儀《蜀方言》卷上（頁267）："藏火以備復然曰熝。""熝"謂以灰燼或鋸末之類的東西藏火種，亦爲不充分的燃燒，今音義並存，如"熝火"、"熝渣渣"、"熝煙煙"等，音［ŋo[21]］。

《大字典》（二/3/1842）"漚"（一）③"方言。燒柴草時燃燒不充分"，引《蜀語》。又（5/2603）"熰"未及此義。又（4/2367）"熝"音è，①"指用灰燼掩蓋着的火種"，引《集韻》及《正字通》，但兩辭書所釋爲動詞義，前撰（頁453"熝"條）已指出爲"用灰燼或鋸末之類的東西藏火種"，非《大字典》所釋的名詞義。

《大詞典》（6/74）"漚$_1$"③"燒柴草時燃燒不充分"，引

《蜀語》。又（7/229）“熰”音ōu，②“燃而不甚熾烈”，首引明馮惟敏曲。又（91）“烇”音 è，①“指覆蓋在炭灰中的火種”，首引《太平廣記》。

《方言大詞典》（頁2888）“漚”音ōu、òu，④“柴火、垃圾等堆在一起，不見火焰地燃”，西南官話（四川成都［ŋo[21]］）。又（頁3604）“熰”⑥“火燃燒不起來而光冒煙”，冀魯官話；⑦“煙大火小的緩慢燃燒”，冀魯官話、粵語。又（頁6275）“烇”謂“用爐灰或煤末把火蓋住，使火不滅”，冀魯官話、晉語、西南官話（四川，未注音）、吳語、湘語。又（頁2621）“嘔”⑦“用草捂煙”，膠遼官話。以上蜀方言均音［ŋo[21]/o[21]］。

漚₂　淒　烇₂ ngo[21]/o[21]［ŋo[21]/o[21]］

長時間浸泡或堆積以致發酵或朽壞。參《考釋》第453頁。《說文・水部》：“漚，久漬也。”《廣雅・釋詁二》：“漚，漬也。”《玉篇・水部》：“漚，於候切，漚麻也，久漬也。又音謳。”《詩・陳風・東門之池》：“東門之池，可以漚麻。”毛傳：“漚，柔也。”陳奐疏：“漚、柔疊韻爲訓。《考工記・巟氏》‘湅絲以涚水，漚其絲’鄭注云：‘漚，漸也。楚人曰漚，齊人曰淒。’案漚、淒雙聲之轉，治麻與治絲皆用漚。”《周禮・考工記・巟氏》：“湅絲以涚水，漚其絲七日，去地尺暴之。”鄭玄注：“涚水，以灰所泲水也。漚，漸也。楚人曰漚，齊人曰

溇。”賈公彥疏:“云‘齊人曰溇’者,亦是漚義。”明陳士元《俗用雜字》:“以水浸漬麻枲曰漚。於候切。”章炳麟《嶺外三州語》:“三州謂漬爲漚,水漬藥爲漚藥。”民國十八年《威縣志》卷十四《風俗志下·方言》:“漬麻曰漚。……見《蜀語》。”以上爲長時間浸泡義。明李實《蜀語》(頁168):“衣物溇爛曰漚。”謂衣物因長時間浸泡或潮濕而朽爛。清Adam Grainger《西蜀方言》(頁605):“草|壞了。”謂“the grass is musty”,“|”音“NGO[5]”,即“漚”,今音[ŋo[21]]。《川方彙編》(頁165)“漚”音nguo,謂“音惡”,①“捂着。例:六月天漚豆豉”,“漚”謂堆在一起發酵,釋爲“捂着”不確;②“漚爛”。《成方》(頁133)“漚”音ŋo陽平,①“長時間地浸泡,使起變化”。《重方》(頁238)“漚”音o[2],①“長時間浸泡”,②“因長時間堆積、捂致使發熱、發酵”。

又作“溇”。唐張參《五經文字》卷下《水部》:“溇,漚也。齊人語。”《集韻·戈韻》:“溇,漚也。楚人曰漚,齊人曰溇。”前引《考工記·㡛氏》“漚其絲七日”鄭玄注:“漚,漸也。楚人曰漚,齊人曰溇。”賈公彥疏:“云‘齊人曰溇’者,亦是漚義。”以上爲浸泡義。明李實《蜀語》(頁168):“溇豆豉,溇醬。”謂將做豆豉和醬的原料初加工後堆在一起長時間發酵。民國二十四年《雲陽縣志》卷十四《禮俗下·方言上》:“溇,漚也。《集韻》溇音倭,濁也。《周禮·冬官·攷工記》注:‘楚人曰漚,齊人曰溇。’《蜀語》‘衣物溇爛曰漚’,‘火伏草中未然曰溇’,如‘溇豆豉、溇醬’之類,溇讀若俄、漚去聲。”引《蜀語》字詞稍有不同。所謂“溇,漚也”,據引書證,包括浸泡、不充分燃燒、發酵等義。

亦作“熗”。明徐光啓《農政全書》卷三十八《種植·木部》：“（椒）中伏後，晴天帶露收摘，忌手撚，陰一日，曬三日，則紅而裂，遇雨薄攤當風處頻翻，若熗則黑不香。”“熗”謂辣椒若堆積或通風不良而發熱變質。

按“漚”，《廣韻·候韻》烏候切；“涹”，《戈韻》烏禾切；“熗”，《集韻·合韻》遏合切。均爲影母字。而影母開口字，今蜀語變爲舌根濁輔音ŋ，“漚”、“涹”及“熗”均讀［ŋo²¹］。上引清Adam Grainger《西蜀方言》（頁605）“草丨壞了”，“丨”音“NGO⁵”，即“漚”或“涹”。

《大字典》（二/3/1842）“漚”（一）①“長時間地浸泡”，首引《說文》；②“長時間壅埋堆積而發熱發酵”，首引《蜀語》。又（1770）“涹”音wō，②“漚；浸漬”，首引《集韻》。又（4/2367）“熗”音è，②“指農產品等因堆積、封閉而發熱”，引《農政全書》。

《大詞典》（6/74）“漚₁”①“長時間浸泡”，首引《齊民要術》。又（5/1382）“涹”音wō，②“浸泡”，引《周禮》。又（7/91）“熗”音è，②“指農產品等因堆積、不通風而發熱”，引《農政全書》。

《方言大詞典》（頁2888）“漚”音ōu、òu，①“霉爛”，冀魯官話、中原官話、西南官話（未注音）、贛語、粵語、閩語。又（頁5766）“涹”①“漚”，古方言。上兩詞蜀方言均音［ŋo²¹/o²¹］。

漚$_3$ 慪 嘔 悫 ngou^{213}［ŋəu^{213}］

長期憋悶在心裏。明陳士元《俗用雜字》、焦竑《俗書刊誤》卷十一："忿恚曰漚氣，言湮鬱抑遏不伸也。"李實《蜀語》（頁168）："氣鬱不伸曰漚。"清道光二十一年《遵義府志》卷二十《風俗》、光緒二十一年《敘州府志》卷二十一《風俗》、民國十年《新修合川縣志》卷三十《風俗·方言》、民國二十三年《華陽縣志》卷五《禮俗·方言》、民國二十四年《蓬溪縣近志》卷七《風土篇·方言》、民國三十七年《貴州通志·風土志·方言》："氣鬱不伸曰漚。去聲。"光緒八年《黎平府志》卷二下《風俗·方言》："氣鬱不伸曰漚（歐去聲），曰脹氣。"民國《息烽縣志》卷二十九《風土志·方言》："謂氣鬱不伸曰漚。"民國十八年《威縣志》卷十四《風俗志下·方言》："氣鬱不伸曰漚。……見《蜀語》。"民國二十一年《南溪縣志》卷四《禮俗下·方言》："漚，去聲，氣鬱不伸也。"民國二十四年《麻城縣志續編》卷一《疆域·方言》："氣欝不伸曰漚。去聲。"民國二十四年《雲陽縣志》卷十四《禮俗下·方言上》："漚，氣鬱也。《蜀語》：'氣鬱不伸曰漚。'漚音甌去聲，俗作悫。"姜亮夫《昭通方言疏證》（897條）："漚，《說文》：'久漬也。'《廣韻》烏候切。昭人音如寙或歐，又小兒使長輩不安曰漚氣，亦當爲此字之引申。"

亦作“慪”。清高靜亭《正音撮要》卷二《身體》：“慪氣，激人惱。”又《喜怒》：“自家慪氣，自己激氣。”《紅樓夢》第二十六回：“如今父母雙亡，無依無靠，現在他家依棲，若是認真慪氣，也覺没趣。”以上“慪氣”謂生氣。《兒女英雄傳》第三十二回：“這兩天在南城外頭，只差了没把我的腸子給慪斷了。”猶謂特別令人生氣、傷心。清傅崇矩《成都通覽·成都之詐騙》：“如你懂言子，說他是賣弄，他就慪倒了，說些行行之言，空子難猜。”《川方》（頁266）“慪（嘔、悳）”音ngou[4]，①“慪氣；生氣”，②“使生氣”，③“傷心”。《川方彙編》（頁153）“慪”謂“生氣，生悶氣”。《川方匯釋》（頁159）“慪”謂“生悶氣”。《成都話》（頁158）“慪”音［ŋəu[213]］，①“生氣。也特指生悶氣”，②“使生氣”。《成方》（頁246）“慪”①“生悶氣，生氣”，②“使…生氣”。《重方》（頁237）“慪”①“憂傷，憂愁”，②“生悶氣”，③“使生氣”。

或作“嘔”。元佚名《隔江鬭智》第三折：“周公瑾枉施三計，反受我一場嘔氣。”武漢臣《老生兒》第二折：“他見了我呵，必然要受他一場嘔氣。”《二刻拍案驚奇》卷二十：“大凡人病中性子易得惹氣，又且其夫有妾，一發易生疑忌，動不動就嘔氣。”清浩歌子《螢窗異草》二編卷四《翠微娘子》：“及生子不肖，專務遊蕩，夫婦俱嘔氣而死。”

俗又作“悳”。前撰《考釋》引清劉省三《躋春臺》，並指出蔡敦勇點校本改“悳”爲“憂”非是。民國十五年《南川縣志》卷六《土音土語》：“人有憂傷氣鬱於胸而後出曰嘔氣，俗人不達，乃造悳字。”民國十八年《新修南充縣志》卷七《掌故志·風俗·方言》:“面愁曰慪。謳去聲。”民國二十一年《萬源縣志》卷五《教育門·方言》:“慰人失意曰莫慪氣。”“慪氣”即慪氣。唐樞《蜀籟》卷四(頁218):“笑在臉上,慪在心頭。”又:“等你慢慢去慪。”上引《雲陽縣志》亦謂“漚”又“俗作慪”。又,民國二十三年《樂山縣志》卷三《方輿志·方言》:“我音讀若慪,他音讀若豆,你音讀若蚴,懷符古三鄉則讀平聲如歐、兜、溜云。”此謂方言讀“我”若“慪”,另三鄉讀平聲如“歐”,猶今網絡語“我”故意寫作“偶”,蜀語“慪”、“歐”、“偶”聲韻相同,音[ŋəu]。

《大字典》(二/3/1842)“漚”(一)④“方言。長期憋悶在心裏”,首引《蜀語》。又(4/2510)“慪”(二)③“生悶氣”,引《紅樓夢》。又(2/727)“嘔”(三)“嘔氣”,引《水滸全傳》第十六回:“楊志罵道:‘這畜生不嘔死俺,只是打便了。’”

《大詞典》(3/486)“漚₁”④“方言。長期憋悶在心裏”,首引《蜀語》。又(7/705)“慪”③“憋悶”,首引《兒女英雄傳》。未收“慪”字。

《方言大詞典》(頁2888)“漚”音ōu、òu,⑥“慪氣”,中原官話、西南官話(未注音),但蜀語音[ŋəu^{213}]。又(頁2850)“慪”④“氣惱;故意使人生氣”,北京官話、冀魯官話、江淮官話、西南官話(四川成都[ŋəu^{213}])、湘語。又(頁2621)“嘔”④“即‘慪’。生悶氣”,中原官話,未及西南官話。又(頁5980)“慪”謂“氣;生氣”,西南官話(四川南川[ŋou^{ɔ}])。

竘歐 ngou^{55} [ŋəu^{55}]

貌自尊大或故意裝腔作勢；傲慢。民國十八年《榮縣志·禮俗》："《方言》：'竘，貌治也。吳越飾貌爲竘。'注：'音恪垢反。'按竘即鯫。《史記·項羽紀》'鯫生'注：'鯫，士垢反。服虔曰：小人貌也。'今謂人貌自尊大曰竘，音謳。又曰鯫，徂鉤切。無士君子之行而爲其容者曰文鯫鯫。""文鯫鯫"當即通語"文縐縐"。《川方》(頁266)"歐起歐起"音ngou^{1}qi^{3}ngou^{1}qi^{3}，①"形容有意帶外地腔調"，②"傲慢；拿架子(川東)"。《成都話》(頁158)"歐"謂"擺：~架子；~資格"；"歐起"①"故意擺出"，②"擺資格"。《重方》(頁237)"歐"①"擺"，②"同'歐架子'"；"歐架子"謂"自以爲了不起，傲慢"；"歐起"①"故意擺出"，②"傲慢，自以爲了不起"。《成方》(頁245)"歐"故意地擺"；"歐起"①"(故意)擺出"，②"擺資格，擺架子"，③"裝模作樣"。《川方匯釋》(頁159)"毆架子"謂"擺架子"，"歐資格"謂"擺資格"。要之，"[ŋəu^{55}]"爲四川方言常用詞，其基本意思謂妄自尊大、傲慢、裝腔作勢等。

《大字典》(二/5/2897)"竘"音qǔ、kǒu，又(4/2304)"歐"；《大詞典》(8/380)"竘"音qǔ，又(6/1471)"歐"：均未及此義。

《方言大詞典》(頁5019)“竘”音qǔ，②“擺出妄自尊大的樣子”，西南官話(四川滎縣)，引《滎縣志》：“今謂人貌自尊大曰~。”但方志緊接謂“音謳”，不知何以視而不引？以致蜀音與詞典所標注的音讀風馬牛不相及，而誤導讀者矣。又(頁3321)“歐”③“擺(架子)；顯示、炫耀”，“歐起”①“故意擺出”、②“擺資格”，均爲西南官話(四川成都[ŋəu⁵⁵])。

ȵ

拈鬮　拈鉤 ȵian^{55}qiu^{55}/gou^{55} [ȵian^{55}tɕʻiəu^{55}/kəu^{55}]

抓鬮。《說文·鬥部》：“鬮，鬥取也。从鬥，龜聲。讀若三合繩糾。”段玉裁注：“舊作鬭，今正。《廣韻》作鬮取。按力取是此字本義，今人以爲拈鬮字，殆古藏彄之譌。《荊楚歲時記》注曰：藏彄之戲，‘辛氏《三秦記》以爲鉤弋夫人所起。周處、成公綏並作彄字，《藝經》、庾闡則作鉤字，其事同也’。”王筠句讀：“鬭取即今之拈鬮，遇某則取某，不能豫必之也。”朱駿聲通訓定聲：“龜、糾雙聲。《列子》：‘黃帝以黃金摳者惛，以瓦摳者巧。’注：‘互有所投曰摳。’釋文：‘摳，探也。以手藏物，探而取之曰摳，亦曰藏彄。’以摳、以彄爲之，今以爲拈鬮字。”《玉篇·鬥部》：“鬮，居黝、居稠二切，手取也。”《正字通·鬥部》：“鬮，居休切，音鳩，《說文》：‘鬭取也。讀若三合繩之糾。’今俗謂之拈鬮。亦作鉤，音別義通。藏鬮，《漢書》作藏鉤。”宋賀鑄《慶湖遺老詩集補遺》：“約十客同集金山，米芾元章約而不至，坐中分題，以元章未至，分韻作詩，拈鬮韻應口便作，滯思即罰巨觥，予得章字。”元孔齊《靜齋至正直記》卷四《董生遇閎》：“蓋浙江省注選，恐吏作弊，例以兵卒用竹箸拈瓶中紙毬，紙毬中書合註人名姓，謂之拈鬮。”《三國演義》第七十一回：“我與你都一般與主公出力，何必計較？我二人拈鬮，拈着的先去。”《明史·選舉志三》：“九卿之屬員，皆常選官，選授遷除一切由吏部。其初用拈鬮法，至萬曆間變爲掣籤。”《紅樓夢》第三十七回：“迎春道：‘依我說也不必隨一人出題限韻，竟是拈鬮兒公道。”Adam Grainger《西蜀方言》（頁211）：“拈鬮。”意即“to draw lots”。張慎儀《蜀方言》卷下（頁347）：“卜而取之曰拈鬮。”民國《息烽縣志》卷二十九《風土志·方言》：“謂書紙納甕探取決事曰拈鬮。”民國二十一年《景縣志》卷六《風土志·方言》：“拈鬮，音鳩，鬪取也，與摳同。今謂凡與借他物以卜可否者曰探鬮；暗書紙捲置於器中，令人探取一紙以決疑者曰拈鬮，或曰摑鬮。”民國二十三年《華陽縣志》卷五《禮俗·方言》：“手卜曰拈鬮。”

此可議者音也。《說文·鬥部》：“鬮……讀若三合繩糾。”《廣韻·尤韻》居求切：“鬮，鬮取也。又音糾。”與“鳩”同一小韻。又《黝韻》於糾切，與“糾”同一小韻。元陶宗儀《說郛》卷八十五下釋適之《金壺字考》：“拈鬮，鬮音鳩，又音鉤，取也。”據此則“拈鬮”又音同“拈鉤”。明陸容《菽園雜記》卷十二：“今人以猜拳爲藏鬮，鬮音鳩，古無此字。殷仲堪與桓元（玄）共藏鈎，顧愷之取鈎，桓遂勝。或云：漢鈎弋夫人手拳曲，時人效之，因爲此戲，然不知鬮字何從始也。”“鬮”已見於《說文》。《康熙字典·鬥部》：“鬮，《廣韻》居求切，《集韻》居虯切，並音鳩。”清郝懿行《證俗文》卷六《投鉤》：“今之俗人皆喜拈鬮，至於分財析爨，事同握粟，此乃瘦羊博士之所恥也。”道光二十一年《遵義府志》卷二十《風俗》、光緒二十一年《敘州府志》卷二十一《風俗》、民國十年《新修合川縣志》卷三十《風俗·方言》、民國二十四年《蓬溪縣近志》卷七《風土篇·方言》：“手卜曰拈鬮。音鳩。”張慎儀《蜀方言》卷下（頁347）：“《廣韻》：鬮，居求切，音鳩。”章炳麟《新方言·釋形體》：李鑑堂《俗語考原》：“拈鬮，音鳩，通俗取決法。於事有驟難決定者，暗書於紙，隨意拈出，視其所書以爲定，曰拈鬮。”“音鳩”當爲通語。Adam Grainger《西蜀方言》（頁582）：“鬮砣砣。”謂“lots written on paper”，“鬮”音“CHIU^{1}，KEO^{1}”。民國十八年《新修南充縣志》卷七《掌故志·風俗·方言》：“手卜曰拈鬮。音邱。”又，丁惟汾《俚語證古》卷十四云：“丘分，龜分也，鉤分也。拈紙團以分財產，謂之丘分。丘字當作龜。（古音讀丘）《漢書》‘龜茲’，音丘慈。龜所以卜。以紙團代龜，卜以分財產，故謂之龜分。”此說亦頗有理據，證明《南充縣志》之音“邱”，其所從來亦遠矣。今蜀方言“糾”、“鳩”音［tɕiəu^{55}］；“拈鬮”之“鬮”則讀若［tɕʻiəu^{55}］，同“龜茲”之“龜”及《南充縣志》之音“邱”。“拈鬮”已爲通語，如《現漢》“拈鬮兒”音niān//jiūr，謂“抓鬮兒”。蜀方言與其差別在讀音方面。

又說“拈鉤”。《金壺字考》：“拈鬮，鬮音鳩，又音鉤。”宋黄震《黄氏日抄》卷五十五謂《慎子》言依法以治曰“投鈎分財，投策分馬，非鈎策爲均也，所以塞怨望也”。《子華子》亦曰：“分財賄而投鈎策，非以夫鈎策者爲能均也，使善惡多寡無所歸怨也。盖當時之論已然矣，殆以戒人情之任私者耶？”原注：“世俗分物，折其物爲曲折而藏其中，以折數之多寡爲說，而探取之。此鈎也，今易以鬮字，當考。”明楊慎《丹鉛摘錄》卷一：“《慎子》曰：‘投鈎分財，投策分馬，非鈎策爲均也，所以塞怨望也。’按鈎即鬮也。”[①]又古有“藏鈎”（亦作“藏鉤”）、“藏彄”之戲。漢辛氏《三秦記》：“漢昭帝母鈎弋夫人手拳，有國色，世人藏鈎起於此。”三國魏邯鄲淳《藝經·藏鈎》：“義陽臘日飲祭之後，叟嫗兒童爲藏鈎之戲，分爲二曹，以交（校）勝負。”以手藏物令猜，今市井仍存，與拈鬮以定決相仿佛耳。郝懿行《證俗文》卷六《投鉤》：“案投鉤不知起於何時。《荀子·君道篇》‘探籌投鉤’，蓋起於六國以前矣。投鉤疑即藏鉤，藏鉤亦作藏彄。……或曰鉤即鬮也，《正韻》鉤與鬮同，鬮音鳩。”章炳麟《新方言·釋形體》：“龜、句音亦相近，今龜聲之鬮尚讀如鉤可證。”又《釋言》：“今言拈鬮即此鉤字。”丁惟汾《俚語證古》卷十四：“丘分，龜分也，鉤分也。……龜叠韵音轉爲鉤。《群書治要》引《尸子》：‘投鉤分財。’又云：‘分財用鉤。’”故蜀語“拈鬮”亦謂“拈鉤”。

① 今本《慎子·威德一》：“夫投鈎以分財，投策以分馬，非鈎策爲均也，使得美者不知所以德，使得惡者不知所以怨，此所以塞願望也。”黄、楊二氏或引其大意。

據《金壺字考》"鬮"之又音及《西蜀方言》所音"KEO[1]"即是。《成都話》(頁151)"拈鈎"音[ȵian[55]kəu[55]],謂"同'拈坨坨'","拈坨坨"謂"抓鬮"。《重方》(頁194)"拈鈎兒"音lian[1]gour[1],謂"拈鬮兒","此詞中的'鈎'疑爲'鬮'的音變形式";又"拈砣砣"謂"拈鬮兒,因所拈的鬮多是用紙揉成的小團兒,重慶人稱之爲'紙砣砣',故名"。

《大詞典》(6/452)"拈鬮"謂"用幾張小紙片暗寫上字或記號,作成紙團,由有關的人各取其一,以決定權利或義務該屬於誰",首引《三國演義》。未收"拈鈎"或"拈鈎"。

《方言大詞典》(頁3208)"拈鈎"謂"抓鬮兒",西南官話(四川成都)。

碾 輾 撚 攆 趁 蹨 趁 ȵiɑn[53] [ȵian[53]]

❶趕;驅趕。明李實《蜀語》(頁67):"趕曰碾〇趕上前人曰碾上,趕雞曰碾雞,以轉動行易及也。"黄仁壽等校注:"'碾',動詞,由'滚動'義引申爲'追趕'義,從李氏云'以轉動行易及也'可證。今通用'攆'。""趕曰碾"包括驅趕、追趕,"碾上"謂追趕。"碾雞",如欲抓住雞則爲追趕,如欲驅離則爲驅趕。《喻世明言》卷三:"胖婦人聽得八老説了,没出氣處,碾那老婆子道:'你七老八老,怕兀誰?不出去門前叫駡這短命多嘴的鴨黄兒!'""碾"謂驅趕,即驅使老

婆子去罵大街。清道光二十一年《遵義府志》卷二十《風俗》、光緒二十一年《敘州府志》卷二十一《風俗》、民國十年《新修合川縣志》卷三十《風俗·方言》、民國三十七年《貴州通志·風土志·方言》："趕曰碾。"傅崇矩《成都通覽·成都之土語方言》（頁265）："攆他（逐他也）。""攆"原作"碾"，據（頁262）整理者按："'碾他'改爲'攆他'。"不煩改。周芷穎《新成都》第四章第二節《語言》（頁53）："碾他：逐他。"又，吴濟生《新都見聞錄》九《塗山與字水》："衹有不少的鵝卵石，被江流沖激到灘上來，本地人取作叠牆鋪路之用，真是取之不盡，用之不竭，多下來的，毫無用處，仍待次年再給洪水攆走。"此"攆"則爲移動的意思，謂被洪水冲走。《大字典》（二/5/2623）"碾"④"攆，趕。後作'攆'"，首引《蜀語》，次引《古今小說》，籠統釋爲"攆，趕"欠明確，因"攆，趕"有"追趕"和"驅趕"義，所引兩例爲"驅趕"義。《大詞典》（7/1095）"碾"④"攆；趕"，引《古今小說》，釋義同《大字典》一樣籠統。

又作"輾"。明顧起元《客座贅語》卷一《詮俗》："逐人而驅之曰輾。"從石之"碾"及從"車"之"輾"，用者以意逆之也。《大字典》（二/6/3787）"輾"（二）niǎn，②"方言。追趕"，引嘉慶年間修《東臺縣志·方言》："逐人而驅之曰輾。"此明謂"逐人而驅之"，即驅逐、驅趕義，與"追趕"義齟齬。《大詞典》（9/1313）"輾"未及此義。

或作"撚"。元關漢卿《金線池》第二折："他只爲我囊中錢鈔已盡，況見石府尹滿考朝京，料必不來復任，越越的欺負我，發言發語，只要撚我出門去。”佚名《百花亭》第二折：“俺這門戶人家，單靠那妮子吃飯，一日不接客，就一日不賺錢，怎麽容得他？如今被俺使個科段，將他撚出門去。”佚名《凍蘇秦》第二折：“今日箇撚他出去，呸！那裏也孟母三移？”《大字典》（二/4/2078）“撚”⑥，《大詞典》（6/885）“撚₁”⑥，均謂“攆，驅逐”，首引元劇《殺狗勸夫》。

亦作“攆”。《金瓶梅詞話》第二十一回：“趁早與我出去，我不着丫頭攆你。”清蒲松齡《日用俗字·衕衕章第二十五》：“天皰發時滿屋臭，老鴰疪攆出臥當街。”雍正《硃批諭旨》卷四十四下雍正五年八月初七日吏部尚書宜兆熊等奏：“據張适詳稱，拘到該犯之兄張午，據供：‘小的兄弟張三，舊年八月裏得了瘋病，每日胡言亂語，將母親都打了，因此攆出他去，如今不知往那裏去了。’……據張三供：‘小的去年八月裏得了病，終日昏昏迷迷，胡打亂罵，小的母親把我攆出來，日裏向人家要飯吃，夜裏在各廟內睡。’”此謂驅逐，驅趕。道光七年《趙城縣志》卷十八《風俗附方言》：“趕曰攆。”著錄過於簡略，實際上此“趕”、“攆”難以判定爲追趕或驅趕義。Adam Grainger《西蜀方言》（頁238）：“攆他出去。”即“turn him out”；又：“攆不走。”意即“I cannot expel him，as a tenant”。又：“兔子是狗攆出來的，話是酒攆出來的。”意謂“a rabbit is started by a dog，and speech is set going by wine”。又，《三刻拍案驚奇》第九回：“我道夜間我懶得開門，你自別處去歇，攆了他去。”

整理者注："擹　此一字原書中左畔'扌'，右畔着'嚴'。"[1]則原本作"攦"，爲從"嚴"得聲的方俗用字，《中華字海》未收錄。改"攦"爲"擹"，雖便讀者理解，但方俗用字的信息則强爲抹去矣，古籍整理豈可妄下雌黄？李劼人《大波》中卷第一部份："媽，你就膽小到這樣了！才睜開眼睛，就要搌的走，怕我把你的米吃光了？"[2]此或記音，其理據同"碾"、"輾"之從"展"得聲。《川方彙編》（頁228）"擹"②"趕。例：擹出府門，永不錄用"。《川方匯釋》（頁157）"擹"㊀"驅逐"。《成方》（頁288）"擹"①"=〖吙〗"，謂"驅逐；趕走"。《大字典》（二/4/2096）"擹"①"驅逐；趕走"，首引《金瓶梅》第二十一回例。《大詞典》（6/954）"擹"①"驅逐，趕走"，首引《金瓶梅詞話》第二十一回例。

又作"趝"、"蹨"。清Adam Grainger《西蜀方言》（頁500）："把他趝出去。"謂"expel him; turn him out"。此以"念"得聲而用之。《大字典》（二/6/3725）"趝"音jiàn，謂"快走貌"，音義均不合。《大詞典》未收"趝"字。又，《集韻·銑韻》："蹨，乃殄切。蹈也，逐也。或作跈、趁。"民國二十二年《高邑縣志》卷六《風土·方言》："蹨，逐也。"《大字典》（二/7/3987）"蹨"音niǎn，②"追趕"，引《集韻·銑韻》："蹨，逐也。"民國20年修《青縣志·方言》："追趕曰蹨。"《中國諺語資料·一般諺語》："話是酒蹨的，兔是狗

① 北京大學出版社，1987年4月第1版，第121頁。

② 中華書局，1938年10月再版，第12頁。

蹨的。”按《集韻》所謂“逐”應包括“驅趕”和“追趕”義。所引諺語意同上引《西蜀方言》，而彼作“撵”。《大詞典》（10/552）“蹨”謂“方言。追趕”，引《集韻》及《中國諺語資料》，後例並引原注：“蹨，陝西方言，即趕的意思。”諺語義當謂“驅趕”。兩辭書釋義不盡一致。又，民國三十三年《重修彭山縣志》卷二《民俗篇·方言》：“謂逐曰跈。音碾，俗作□。”“跈”《廣韻·銑韻》乃殄切，與“撚”、“蹨”同一小韻。

本字或作“趁”（並詳下）。《集韻·銑韻》：“蹨，逐也。或作跈、趁。”南朝宋劉義慶《世說新語·德行》“家有一李樹，結子殊好，母恒使守之”劉孝標注引蕭廣濟《孝子傳》曰：“祥後母庭中有李，始結子，使祥晝視鳥雀，夜則趍鼠。”徐震堮校箋：“‘趍’，影宋本及沈校本作‘趁’，是。《廣雅》：‘趁，逐也。’何承天《纂文》：‘關西以逐物爲趁。’”唐寒山詩一百五十二首：“慈悲如野鹿，瞋忿似家狗。家狗趂不去，野鹿常好走。”[①]項楚師校：“‘趂’，宮內省本、四庫本作‘趕’。”據《玉篇·走部》“趂”爲“趁”俗字。“趂”、“趕”異字同義，謂驅趕。敦煌本《孝子傳》：“《會稽錄》。薩苞，字孟常，汝南人也。後母憎之，令苞在外。至於夏日，踰垣竊入門內，洒

---

① 項楚師注：“詩意源出《大般涅槃經》卷一五：‘又如家犬，不畏於人；山林野鹿，見人怖走。瞋恚難去，如守家狗；慈心易失，如彼野鹿。是知此心，難可調伏。’”世俗化用，比喻親人之間雖受委屈、責難，但仍會千般不捨離去。《金瓶梅詞話》第十二回：“常言道：‘家雞打的團團轉，野雞打的貼天飛。’你就把奴打死了，也只在這屋裡，敢往那裡去？”

掃而去。父母怒，復更趁之。”蔣禮鴻《敦煌變文字義通釋》：“作驅逐解的‘趁’又作‘攆’。《紅樓夢》第八回：‘他是你那一門子的奶奶，你們這麼孝敬他？不過是我小時候兒吃過他幾日奶罷了，如今慣的比祖宗還大，攆出去大家乾淨！’此又可證《集韻》‘趁’音乃殄切是正音。”[①]王雲路、方一新《中古漢語語詞例釋》：“‘蹨’、‘碾’、‘攆’三字均爲趕、驅逐義，音niǎn，與乃殄切或尼展切的讀音正合，當即‘趁’字此義在後世的同詞異寫。徐先生謂‘趁’當讀如‘蹨’，信然。今北方方言中尚把追趕、驅逐稱爲‘攆’，是古語之遺留。”[②]《大字典》（二/6/3714）“趁”（四）niǎn，②“同‘蹨’。驅趕；追趕”。按兩義完全相反。引寒山詩“家狗趁不去”，爲“驅趕”義；引《李陵變文》“行經三日，遂被單于趁来”，爲“追趕”義。《大詞典》（9/1117）“趁”謂“亦作‘趂’”，①“追逐；追趕”；②“驅逐；驅迫”，引《孝子傳》及寒山詩。《大字典》第二版未吸收其分立義項的優點。《大詞典》“趁”②“驅逐；驅迫”又引唐韓愈《宿神龜招李二十八馮十七》詩：“荒山野水照斜暉，啄雪寒鴉趁始飛。”四庫本《全唐詩》卷三百四十四作“趂”，同字異形。

❷追趕。明李實《蜀語》（頁67）：“趕曰碾〇趕上前人曰碾上。”民國三十一年《西昌縣志》卷五《禮俗志·方言》：“行

① 第四次增訂本，上海古籍出版社，1988年9月新2版，第153、155頁。所引《紅樓夢》，與通行本文字有較大出入。

② 吉林教育出版社，1992年7月第1版，第78頁。

路趣人曰𨂁。趕字轉音。”《大字典》（二/5/2623）“𨂁”④“攆，趕。後作‘攆’”，雖引《蜀語》，未明確“追趕”義（說見前）。《大詞典》（7/1095）“𨂁”④“攆；趕”，引《古今小說》爲“驅趕”義，無“追趕”義書證。

亦作“攆”。清劉省三《躋春臺》卷三《比目魚》：“未上二十裡（里），後面攆的已到，前有一寺，忙進寺內堵門。攆的見有準備，帶信回班。”《川方》（頁285）“攆（㧛、趝）”謂“追趕；跟隨”，“攆路”謂“同*攆腳”，“攆腳”謂“大人外出，孩子要跟着去，叫~”。《川方彙編》（頁228）“攆”①“追”。《川方匯釋》（頁157）“攆”㊂“追趕”。《成都話》（頁152）“攆”謂“追”。《成方》（頁288）“攆”②“追趕”。《重方》（頁195）“攆”音lian^{3}，謂“追趕”。《大字典》（二/4/2096）“攆”②“方言。追趕”，引張樹芝《中堡伏擊》。《大詞典》（6/954）“攆”②“追趕”，首引周立波《暴風驟雨》。

或作“𨂁”、“㧛”。民國十七年《長壽縣志》卷四《人事部·方言》：“追謂之𨂁。俗作攆。”李劼人《大波》上卷第一部份：“黃瀾生的兒子振邦，同着他妹子婉姑，不知爲甚麽，一路笑着鬧着㧛到廠廳。”原注：“蜀語，謂追逐、驅逐皆曰㧛，音捻，與趕字相近而實非。”①《大字典》（二/7/3977）“𨂁”、又（4/2053）“㧛”，《大字典》（10/537）“𨂁”、又（6/1820）“㧛”，均未及。

---

① 中華書局，1938年10月再版，第42、82頁。

又作“趝”。《玉篇·走部》：“趝，疾行也。”《集韻·栝韻》：“趝，俯首疾行。”追趕即以疾行追之。清Adam Grainger《西蜀方言》（頁500）：“快把他趝轉來。”謂“pursue him quickly and bring him back”。又：“趝不上他。”謂“I cannot overtake him”。張慎儀《蜀方言》卷上（頁290）：“前追曰趕，曰趝。……《玉篇》：趝，疾行也。《廣韻》：趝，紀念切。今讀若輦。”民國十五年《簡陽縣志》卷二十二《禮俗篇·方言》：“前追曰趕，曰趝。音輦。”民國二十一年《萬源縣志》卷五《教育門·方言》：“前追曰趕，曰趝。”民國二十三年《華陽縣志》卷五《禮俗·方言》：“追前曰趝。”姜亮夫《昭通方言疏證》（1351條）：“昭人謂追趕曰趝。《玉篇》：‘疾行也’，《廣韻》‘紀念切’，以方言證之，此當如泥紐，不當讀見紐也。”此說是矣，既從“念”得聲，則不爲見母字可知。《大字典》（二/6/3725）“趝”音jiàn，音義均未及。《大詞典》無“趝”字。

亦作“撚”。元尚仲賢《單鞭奪槊》第四折：“大路上難行落荒裏踐，兩隻脚驀嶺登山快撚。”章炳麟《新方言·釋言》：“《方言》：‘撚，續也。’《周書》曰：‘後動撚之。’孔晁訓從。今揚州、安慶謂盜賊既去接踵相追爲撚，撚俗作趝。”姜亮夫《昭通方言疏證》（1276條）：“《周書》‘從後撚之’孔晁訓從，今昭人謂追逐相踵爲撚，俗作捻，按《方言》‘撚，續也’，與《周書》訓從義通。又《玉篇》有‘趝，疾行也’，《類篇》：‘俯首疾行’，今昭人謂逐追曰撚。”按“接踵相追”、“追逐相踵”、“逐追”謂追趕。《大字典》（二/4/2078）“撚”⑥，《大詞典》（6/885）“撚₁”⑥，均謂“攆，驅逐”，引《殺狗勸夫》等例，均爲“驅逐”義，未及“追趕”義。

或作“蹨”。民國二十一年《南皮縣志》卷四《風土志下·方言》：“蹨，趕追也。蹨音輦。”民國二十四年《雲陽縣志》卷十四《禮俗下·方言上》：“蹨，追也。”《大字典》（二/7/3987）“蹨”②“追趕”，一引民國二十年《青縣志·方言》：“追趕曰蹨。”《大詞典》（10/552）“蹨”謂“方言。追趕”，引《集韻》及《中國諺語資料》，後例並引原注：“蹨，陕西方言，即趕的意思。”諺語義當謂“驅趕”（說見上）。

又作“躎”。追趕。《大字典》（二/7/3993）“躎”音niǎn，引《太平天國詩文選·守望歌》：“看得清，望得遠，手拿槍刀放馬躎。”《大詞典》（10/566）“躎”謂“同‘攆’。追趕”，首例內容同《大字典》引，題《捻軍民歌》。

本字或作“趁”。《說文·走部》：“趁，𧼯也。”徐鍇繫傳：“自後及之也。”唐玄應《一切經音義》卷十九《佛本行集經第十二卷》：“趂而，丑刃反，謂相趁逐也。《纂文》云：‘關西以逐物爲趁也。’”慧琳《一切經音義》卷五十六《佛本行集經第十二卷》錄玄應音釋作：“趁而，丑刃反，謂趁逐也。《纂文》云：‘關西以逐物爲趂也。’”《玉篇·走部》“趁”俗作“趂”。《廣韻·震韻》：“趁，趁逐。俗作趂。”又《獮韻》：“趁，踐也。亦作輾，尼展切。”《集韻·稕韻》：“趁，《說文》：‘𧼯也。’或从尒。”《切韻指掌圖》卷一：“趁，音碾，踐也。”《康熙字典·走部》：“趁，《廣韻》、《集韻》並尼展切，音蹍，踐也。亦作碾。”《後漢書·杜詩傳》：“詩到大陽，聞賊規欲北度，乃與長史急焚其船，部勒郡兵將突騎趁擊，斬異等，賊遂翦滅。”晉葛洪《肘後備急方》卷三：“治大走馬及奔趂喘乏便飲冷水因得上氣發熱方。”《梁書·曹景宗傳》：“景宗幼善騎射，好畋獵，常與少年數十人澤中逐麞鹿，每衆騎趁鹿，鹿馬相亂，景宗於衆中射之。”“逐”、“趁”前後互文。唐杜甫《重過何氏五首》之一：“花妥鶯捎蝶，溪喧獺趂魚。”敦煌本《伍子胥變文》：“行得廿餘里，遂乃眼瞤耳熱，遂即畫地而卜，占見外甥來趁。”《全唐詩》卷八百七十六《佛書引語》：“赤脚人趁兔，著韡人喫肉。”民國三十六年《新繁縣志》卷四《禮俗·方言》：“《說文》：‘趁，𧾷也。’徐鍇云：‘自後及之也。’丑刃切。《廣韻》：‘逐也。’又尼展切，音碾。按今音自後追及音正如碾。”蔣禮鴻《敦煌變文字義通釋》“趁趂”謂“追趕”，引徐復說“‘趁’借作‘蹨’”。徐時儀先生說：“‘趁’由上古音演變至中古而分化有四切，其中乃殄切和尼展切二音與‘蹨’相近。趁的‘追趕’、‘驅逐’義後又寫作‘攆’，但‘攆’的‘追趕’義今仍爲方言義。”[①]《大字典》（二/6/3714）“趁”（四）niǎn，②“同‘燃’。驅趕；追趕”，說見前義；又（二）chèn，①“逐，追逐”，引玄應《一切經音義》及《廣韻》等，則注音不合。如《廣韻·獮韻》“尼展切”，《切韻指掌圖》卷一謂“趁，音碾”，《康熙字典·走部》“趁，《廣韻》、《集韻》並尼展切，音蹍”。

一說作“躡”。徐德庵《蜀語札記》：“案《文選·藉田賦》注引《說文》：‘躡，追也。’對轉音如黏之上聲，俗以碾字當

① 《佛經音義與漢語詞彙研究》，商務印書館，2005年12月第1版，第320頁。

之，殊誤。李氏轉動之解，又望文生訓矣。"[1]"轉動之解"固屬不經，但"俗以碾字當之"爲借音，亦無不可。又，蜀語謂大人出門小孩兒跟脚爲"攆路"。清傅崇矩《成都通覽·成都之詐騙》（頁222）："凡是賣雞毛帚、削篾挖耳者，做木鳥、木人、泥叫、泥鵲，做席草盒等項，以及攆路的小乞兒，跟捌趕會，路上要錢，隨而竊之，夜則盜之，名曰邀肥豬、碾鱉場，言語傷人。"此處"攆路"謂小乞丐追逐糾纏行人乞討。

據上引文獻，前追或驅趕，要在記音，至於用字，則各以意附會，實無定字，作"碾"即"以轉動行易及也"，作"蹍"、"撚"、"趁"、"攆"、"蹨"，本字"趁"等又將何說耶？故《〈蜀語〉札記》云"李氏轉動之解，又望文生訓矣"[2]。《現漢》"攆"②謂"〈方〉追趕"。

《方言大詞典》（頁7011）"蹍"②"追趕"，冀魯官話、西南官話。又（頁7042）"撚"②"驅逐；追趕"，冀魯官話、江淮官話、西南官話。又（頁7016）"攆"①"追趕"，東北官話、北京官話、冀魯官話、膠遼官話、中原官話、晉語、蘭銀官話、江淮官話、西南官話。又（頁7007）"趁"謂"追趕"，西南官話。又（頁7449）"蹨"①"追趕"，冀魯官話、膠遼官話、晉語、江淮官話、西南官話。又（頁5962）"趁（趂）"②"追趕"，晉語；③"驅逐，驅趕"，古方言、吳語、閩語。又（頁7447）"躎"①"追趕"，晉語。以上均爲同詞異形，有的未涉

---

① 《古代漢語論文集》，巴蜀書社，1991年1月第1版，第373頁。

② 同上。

及“驅逐，驅趕”義。

尿脬 尿泡 尿胞 尿包

ȵiɑo^{213}bɑo^{55}/pɑo^{55}［ȵiau^{213}pau^{55}/p‘au^{55}］

膀胱。参《考釋》第487頁。《龍龕手鏡·肉部》：“脬，腹中水府尿脬也。”明焦竑《俗書刊誤》卷十一：“俗呼尿脬即膀胱也。脬音泡。”《康熙字典·肉部》：“脬，《唐韻》匹交切，《集韻》、《韻會》披交切，並音抛。”《黃帝內經太素》卷三“胞痺者少腹膀胱”楊上善注：“膀胱盛尿，故謂之胞，即尿脬。脬，匹苞反。”唐慧琳《一切經音義》卷二《大般若波羅蜜多經第五十二卷》：“脬胃，上普包，《考聲》云：‘盛小便器尿脬也。’王氏《脉經》云：‘脬囊受九升三合，脬轉即小便不通。’《説文》：‘膀胱，水器也。從肉，孚省聲也。’經文作胞，非也。”“普”見於《説文·日部》，即“普”字。《集韻·姥韻》：“普，隸作普。”此疑爲“音”字形譌，謂“脬胃”之“脬”音包。明陸采《明珠記》第二十六齣：“灰挼猪尿脬——乾淘氣。”陳士元《俗用雜字》：“俗呼尿脬，即膀胱也。脬音泡。”清遊戲主人《笑林廣記》卷四《出鬍藥》：“一光臉自覺無鬍，非丈夫氣，持銀往醫肆，求買出鬍藥。適醫生他出，妻忽傳一方云：‘可將尿脬一個打氣，每日放嘴邊滚撞，自然就長出來。’醫歸，問出何典，妻曰：‘醫者，意也。我前日初嫁你時，一根也没得，被你的脬撞過不多幾時，即長出恁一臉髫鬚來。’”范寅《越諺》卷中《身體》：“尿脬，抛，即膀胱。”Adam Grainger《西蜀方言》（頁430）：“尿脬。”即“the bladder”。張慎儀《蜀方言》卷上（頁281）：“膀胱曰脬。《説文》：脬，旁光也。《三蒼》：盛尿處曰脬。《廣雅》：膀光謂之脬。《史記·倉公傳》注：脬，亦作胞。今讀脬如抛。”民國五年《鹽山新志》卷二十四《謠俗篇上·方言》：“尿脬，旁光也。《説文》：‘脬，旁光也。’脬音抛。尿脬，本脬名。”民國十三年《江津縣志》卷十一《風土志·方言》：“《説文》：‘脬，旁光也。’邑語亦謂旁光爲尿脬。”民國二十一年《南皮縣志》卷四《風土志下·方言》：“尿脬，膀光也。《説文》：‘脬，膀光也。’脬音抛。”楊樹達《長沙方言考》三《脬》：“今長沙猶云尿脬，脬讀如抛。”

又作“尿泡”。前撰首引《西游記》。明湯顯祖《還魂記》下第四齣：“猪尿泡疙疸偌盧胡——没褲，鏵鍬兒入的土——花疎没骨。”清鄭復光《費隱與知録·人潛水底恃能换氣》“其氣必藏魚泡中”原注：“俗稱魚尿泡，泡與脬同，膀光也，似無是理。如果魚泡屬膀光，則應藏尿而有竅，不應藏氣也。”佚名《清代之竹頭木屑·劍術》：“旁有小包袱，又一小紙裹，中似無物，而嗎然若豬尿泡者。”傅崇矩《成都通覽·成都之口前話》（頁261）：“豬尿泡打人不痛，臊氣難聞。”民國二十四年《重修鎮原縣志》卷五《民族志下·正名下·語言》：“尿泡打人不疼，臊氣難聞。尿泡，豬水泡也。案尿收嘯韻，音鳥，從人身血液中排出之廢料也。……豬羊撒尿之器，俗曰尿泡，其味臊。”此前後謂豬羊等家畜云云，中間不當以人爲說，應云尿爲有泌尿系統之動物從血液中排出的廢液。唐樞《蜀籟》卷二（頁104）："尿泡打人，騷氣難齀。""齀"同"聞"，爲方言造字。姜亮夫《昭通方言疏證》（974條）："字又作脬，《一切經音義》引《倉頡篇》云：'卵盛尿者也'，俗或以泡字爲之，曰尿泡，聲轉爲膀胱，近世語也。"前出"脬"，再引證，"卵"或"脬"字筆誤，見玄應《一切經音義》卷三《摩訶般若波羅蜜經第八卷》："胃脬，普交反，《蒼頡解詁》：'脬，盛尿者也。'"又，唐樞《蜀籟》卷四（頁266）："豬尿皰打人不痛氣賬（脹）人。"以"皰"記音。

或作"尿胞"。《集韻·爻韻》："脬，《說文》：'膀光也。'通作胞。"《史記·扁鵲倉公列傳》："齊王太后病，召臣意入診脈，曰：'風癉客脬，難於大小溲，溺赤。'"司馬貞索隱："脬音普交反，字或作胞。"張守節正義："脬亦作胞，膀胱也。"唐孫思邈《備急千金要方》卷二十一《淋閉》："腹中滿，小便數起，灸玉泉下一寸名尿胞，一名屈骨端。"此當指穴位。明李時珍《本草綱目》卷二十六《菜之一·蘹香》："疝氣偏墜，大茴香末一兩，小茴香末一兩，用牙猪尿胞一個，連尿入二末於內，繫定罐內，以酒煮爛，連胞搗丸如梧子大，每服五十丸，白湯下，仙方也。""牙豬"謂公豬。張岱《夜航船》卷二十《方術部·方法》："豬尿胞貯螢火，綴網中沉之水底，則魚聚觀，夜舉網則魚必多。"清道光三年《浮梁縣志》卷十五《人物·方技》："此盛暑急驅，飲水過度，羞溺而胞轉也，法以猪尿胞吹氣貫滿，令婢女投入衝之，而溺淋淋下，遂起。"民國二十一年《景縣志》卷六《方言》："俗謂膀胱曰尿胞。"①

亦作"尿包"。《仙傳外科祕方》卷十《治諸雜證品》："治腎風陰囊痒手又白：右用猪尿包火炙令熟，空心喫，鹽酒嚥。"明鄭之珍《目連救母勸善戲文》卷下："苍轎高高，接官遭復遭，這遭分付擡箇老尿包。"清李化楠《醒園録》卷上《做香豆豉法》："罐口或用猪尿包，或泥封固均可。"民國十八年《合江縣志》卷四《禮俗·方言》："尿包，膀胱也。《説文》：'脬，旁光也。'"民國二十一年《南溪縣志》卷四《禮俗下·方言》："尿包，膀胱也。"周芷穎《新成都》第四章第二節《語言》（頁57）："豬尿包打人不痛，臊氣難聞。"此保留重脣音。與上"尿胞"均保留重脣音。上引同一俗語，《成都通覽》作"尿泡"，《蜀籟》"尿泡"、"尿匏"並用，讀送氣。《川方匯釋》（頁157）"尿包"音［ȵiàobāo］，謂"膀胱"，"'尿包'又名'小肚子'"。

按清道光二十一年《遵義府志》卷二十《風俗》、光緒二十一年《敘州府志》卷二十一《風俗》、民國十年《新修合川縣志》卷三十《風俗·方言》："溺囊曰脬。"Adam Grainger《西蜀方言》（頁430）"脬"音"P'AO^1，PAO^1"。今川北等地亦［pau^{55}］、［$p'au^{55}$］兩讀。《川方》（頁287）"尿泡（尿包）"音ȵiao^{4}bao^1，《川方彙編》（頁118）"豬尿泡"之"泡"音"bāo"，《成都話》（頁152）、《川方匯釋》（頁157）、

① 民國十五年《南川縣志》卷六《土音土語》："脬、胞同字。"

《成方》（頁229）、《重方》（頁197）均作“尿包”。“包”、“脬”、“胞”讀［pau55］則保留了重脣音。

《大詞典》（4/12）“尿1”音niào，“尿2”音suī。又（13）“尿2泡”謂“指膀胱”，引清姚衡《寒秀草堂筆記》。又“尿2胞”謂“尿脬”，不知何以不作“尿2脬”？而“尿2脬”謂“膀胱的俗稱”，均無書證。未收“尿包”。蜀方言“尿”及複詞讀［ȵiau213］，不讀suī。

《方言大詞典》（頁2978）“尿包”謂“膀胱”，西南官話。又（頁2979）“尿泡”①“膀胱”，東北官話、中原官話、晉語、江淮官話、西南官話、湘語、贛語、客話。又“尿胞”謂“膀胱”，冀魯官話。以上並同詞異形。

牛鼻桊　牛鼻拳　牛鼻棬

ȵiu21bi21jian53［ȵiəu21pi21tɕian53］

牛鼻繩。一般用結實耐用或耐浸泡的繩子爲之。或本以兩端粗而中間細的木棍爲之。《說文·木部》：“桊，牛鼻中環也。”徐鍇繫傳：“以柔木爲椳，以穿牛鼻也。”王筠句讀：“《埤蒼》：‘桊，牛拘也。’玄應曰：‘今江以北皆呼爲拘，以南皆曰桊。’言環者，以柔木貫牛鼻，而後曲之如環也。亦有用大頭直木者。”《廣雅·釋器》：“桊，枸也。”曹憲“桊”音“眷”。唐玄應《一切經音義》卷十二《別譯阿含經第九卷》：

"拘纫，幾愚反。《埤蒼》：'桊，牛拘也。'《說文》云：'桊，牛鼻環也。'"慧琳《一切經音義》卷三十一《大灌頂經第七卷》（玄應先撰慧琳添修）："牛桊，下居院反。《埤蒼》云：'桊，牛拘也。'"《龍龕手鏡·木部》："桊，音眷，牛拘也。"複詞謂"牛鼻桊"。《原本廣韻·線韻》："桊，牛鼻桊也。"清光緒二十四年《嘉應州志》卷七《方言》："牛鼻中環謂之牛鼻桊。居倦切。案《說文·木部》：'桊，牛鼻中環也。'桊，土音讀若健。"章炳麟《嶺外三州語》："三州謂之牛鼻桊，音斂如健。"又，黃侃《蘄春語》："桊……今吾鄉猶有此语，以木作之，兩端略巨，防其挩，中衂之，繫繩焉。"

又作"牛鼻桊"。《集韻·願韻》："桊，牛繩鼻謂之桊。"《六書故》卷十七《動物一》："桊，穿牛鼻木也。別作桊，《吕氏春秋》作棬。又作豢。"是"桊"、"桊"、"棬"同。明李實《蜀語》（頁20）："穿牛鼻繩曰桊〇桊音倦，又作桊。"清道光二十一年《遵義府志》卷二十《風俗》、民國二十四年《麻城縣志續編》卷一《疆域·方言》、民國三十七年《貴州通志·風土志·方言》："穿牛鼻繩曰桊。音捲。"複音詞作"牛鼻桊"。明李時珍《本草綱目》卷三十八《服器之二·牛鼻桊》："時珍曰：穿牛鼻繩木也。"又卷三下《百病主治藥上·消渴》："牛鼻桊，煮汁飲或燒灰酒服。"民國三十六年《新繁縣志》卷四《禮俗·方言》："今俗通呼牛鼻桊。"梁國均《從〈蜀語〉看四川方言語彙的構成和來源》引《說文》及《蜀语》，謂"今四川方言‘牛鼻拳’本此”[①]。

亦作“牛鼻卷”、“牛鼻棬”。《说文·木部》“桊”朱駿聲通訓定聲：“字亦作棬。”《玉篇·木部》：“棬，拘牛鼻。”《呂氏春秋·孟春紀·重己》：“使烏獲疾引牛尾，尾絶力勯而牛不可行，逆也；使五尺竪子引其棬而牛恣所以之，順也。”[②]許維遹集釋引凌曙云：“棬與桊同。”複詞作“牛鼻棬”。《玉篇·牛部》：“拳，苦拳切，牛鼻棬。”《五韻集韻·江韻》：“拳，牛鼻棬也。”明岳元聲《方言據》卷下《拳》：“繫牛索謂之拳（區願切），《玉篇》牛鼻捲也。”載籍“木”、“扌”多混用不別。亦作“牛鼻卷”。清喻仁《水黃牛經大全》卷上：“牛鼻卷木卷療小兒風痼；草卷燥，主兒鼻下瘡。”“草卷”即繩卷，蜀中多以蓑草、棕絲、苧麻等擰成。

又“桊”，《廣韻·線韻》居倦切，與“眷”、“卷”、“捲”同一小韻，“倦”音渠卷切，與“眷”、“卷”爲相鄰小韻字。《集韻·綫韻》“桊”與“棬”同一小韻。今蜀方言音若《嘉應州志》“土音讀若健”、《嶺外三州語》“音斂如健”之上聲［tɕian[53]］。又，清蒲松齡《日用俗字·走獸章第二十八》：“捌木鼻弮與灌角，準備遭瘟啖藥湯。”“鼻弮”即“鼻桊”。

以上《大詞典》未收。但（6/229）“牛拘”謂“牛鼻环”，引《齊民要術》及石聲漢注：“牛拘，穿在牛鼻孔中的圓圈形木

---

① 《川北教育學院學報》1991年第2期。

② 《淮南子·主術》：“今使烏獲、藉蕃從後牽牛尾，尾絶而不從者，逆也；若指之桑條以貫其鼻，則五尺童子牽而周四海者，順也。”正謂以指粗細之桑條貫牛鼻而牽之也。

條，現在河北稱‘牛鼻圈’。”“圈”記音。又（234）“牛鼻繩”謂“繫在牛鼻環上用以牽牛的繩子”，引宋孟元老《東京夢華錄》。

《方言大詞典》（頁804）“牛鼻桊”謂“穿在牛鼻子上的小鐵環或小木棍”，徽語、客話、閩語。又“牛鼻秦”謂“拴在牛鼻子上的繩子”，西南官話，雲南永勝［nou^{31}pi^{31}tɕiãn^{45}］。按“秦”不音［tɕiãn^{45}］，當爲“拳”或“桊”字形譌。又“牛鼻卷”，贛語；“牛鼻圈”，客話；“牛鼻鍋”，晉語：均謂“牛鼻桊”。以上實爲同詞異形。

牛皮菜 ȵiu^{21}pi^{21}cɑi^{213}［ȵiəu^{21}p‘i^{21} ts‘ai^{213}］

葉甜菜。蜀語又叫厚皮菜、瓢兒菜。據百度網“牛皮菜”條介紹，其“正名叫恭菜或莙達菜”，爲藜科甜菜屬的變種，可作蔬菜及畜用飼料[①]。按“恭”當作“菾”。明李時珍《本草綱目》卷二十七《菜之二·菾菜》：“菾菜，即莙薘也。菾與甜通，因其味也。”崇禎十年《壽寧縣志》卷上《物產》：“聖菜，頭大如天南星，可搗作腐，但色黑耳；牛皮菜，黑色，亦熬水作腐。俱非佳味。”但又謂“莙薘菜，留心剁葉”，似又非同一種蔬菜。今蜀中牛皮菜即“留心剁葉”，鄉下多用作豬飼料，菜市上雖偶有所見，確“非佳味”。清道光《貴陽府志》卷四十七《食貨略

① http://baike.baidu.com/view/967336.htm。

第五之四》："菾菜，俗名牛皮菜，葉厚而大，味帶土氣。"咸豐四年《興義府志》卷四十三《物產志》："牛皮菜，全郡皆產，以形似牛皮，故名。"同治九年《會理州志》卷十《風土志·物產》："牛皮菜，一名厚皮菜。《本草》：東風菜，一名冬風菜，先春而生。又醍醐菜，形似牛皮。二種略異牛皮菜。"清鈔本《石砫廳鄉土志·格致》第七章《植物常產·蔬之屬》："牛皮菜，葉寬如掌，柔甘可口。"民國十一年《新修合川縣志》卷十二《戶口·土物》："牛皮菜，原名菾，音通甜，亦名甜菜，長青色中白，而肉似白菘。"按原文如此，實際上此菜葉長色青，葉柄厚而白，多水分，俗亦稱厚皮菜。民國十三年《江津縣志》卷十一《風土志·土產》："菾菜，一名莙達菜，俗名牛皮菜，又名厚皮菜，有紅白二種，蔬中爲下品，多食之令動氣破腹，農家以之飼豕。"民國十五年《簡陽縣志》卷二十二《禮俗篇·方言》："牛皮菜曰瓢兒菜。"民國十五年《南川縣志》卷六《植物》："菾菜，俗名厚皮菜，吾南呼牛皮菜。"民國十七年《長壽縣志》卷八《物產部上·植物》："菾菜，菾音甜，一名莙薘菜，俗名牛皮菜。"民國二十一年《萬源縣志》卷三《食貨門·物產》："牛皮菜，古名醍醐，謂有乳汁，菜厚，又名瓢兒菜。"又卷五《教育門·方言》："瓢兒菜曰牛皮菜。"百度網之"瓢兒菜"[①]，蜀中則稱"瓢兒白"，與"牛皮菜"非同一種蔬菜。如下圖（據百度網"牛皮菜"、"瓢兒菜"）：

① http://baike.baidu.com/view/1607333.htm。

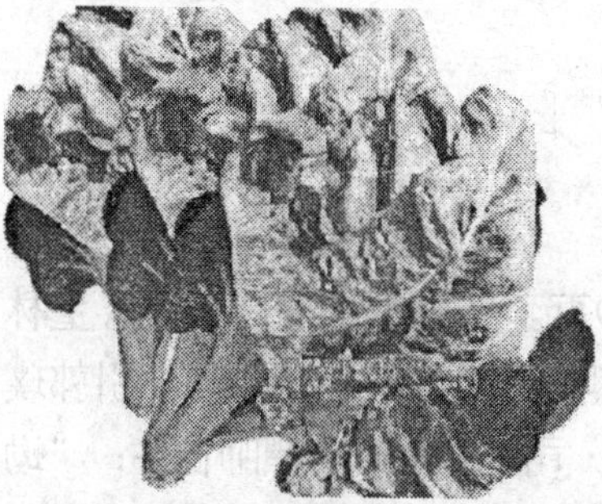

牛皮菜

瓢兒菜

又，民國二十五年《續遵義府志》卷十二《物産》："牛皮菜，《本草綱目》醍醐菜。《近泉居雜記》：'葉厚皺紋而弸脥，形若牛皮。'"《川方》（頁289）"牛皮菜"謂"葉甜菜"。《川方匯釋》（頁157）"牛皮菜"謂"甜菜，葉片綠色，葉柄及葉脈有白色、青色和紅色三種，一般用作飼料；因沒有地下莖塊，不能製糖。這是和甜蘿蔔不同的地方。'牛皮菜'又稱'厚皮菜'"①。《成方》（頁251）"牛皮菜"謂"⇨〖厚皮菜〗"。《重方》（頁200）"牛皮菜"謂"葉甜菜"。

《大詞典》未收。《方言大詞典》"牛皮菜"謂"甜葉菜"，西南官話、湘語、贛語、閩語。

① 《成都話》（頁93）"厚皮菜"謂"葉甜菜"。《成方》（頁247）"厚皮菜"謂"=〖牛皮菜〗"。

蚴 臾 ȵiu²¹³ [ȵiəu²¹³]

動；蠕動。參《考釋》第489頁。《文選·司馬相如〈上林賦〉》："青龍蚴蟉於東箱，象輿婉僤於西清。"李善注引郭璞曰："蚴蟉，龍行貌也。"《漢書·司馬相如傳》顏師古注："蚴蟉婉僤，皆行動之貌。"清吴玉搢《別雅》卷三："窈糾、蝴蟉、蚴蟉，夭蟜也：……《史記》司馬相如《大人賦》：'驂赤螭青虯之蝴蟉蜿蜒。'又云：'低昂夭蟜。'皆形容其屈折之狀。《上林賦》：'青龍蚴蟉于東箱。'其聲義皆通。""蚴蟉"或即形容龍行宛轉、生動屈折之狀。明確著録"蜿轉生動曰蚴"，仍以前撰引明李實《蜀語》（頁44）爲最早。清道光二十一年《遵義府志》卷二十《風俗》、光緒二十一年《敘州府志》卷二十一《風俗》、民國十年《新修合川縣志》卷三十《風俗·方言》、民國十七年《長壽縣志》卷四《人事部·方言》、民國二十四年《蓬溪縣近志》卷七《風土篇·方言》、民國三十七年《貴州通志·風土志·方言》："宛轉生動曰蚴。牛去聲。"唐訓方《里語徵實》卷上："宛轉生動曰蚴。蚴，音牛去聲。"以上均採《蜀語》矣。民國二十一年《南溪縣志》卷四《禮俗下·方言》："蚴，音黝，行貌。俗讀牛去聲，謂人宛轉生動也。"民國二十三年《樂山縣志》卷三《方輿志·方言》："介蟲宛轉生動曰蚴。"民國二十三年《華陽縣志》卷五《禮俗·方言》："宛轉生動曰坳。牛去聲。"此實採《蜀語》，"坳"當"蚴"字形譌。民國二十四年《雲陽縣志》卷十四《禮俗下·方言上》："蚴，動也。"黃仁壽等《蜀語校注》（頁44）："龍行自應宛轉生動，故'宛轉生動'可曰'蚴'也。蜀語稱'不要動'爲'不要蚴'，至今猶然。'音牛去聲'，乃方音。"甄尚靈、張一舟先生《〈蜀語〉詞語的記錄方式與〈蜀語〉音注所反映的音類》："按蚴，《廣韻·上·黝》：'於糾切。蚴蟉，龍行貌。'……龍行宛轉生動，故宛轉生動可曰蚴，但'蚴'無'牛去聲'之音讀。'牛去聲'殆當時方音。"又："今日遂寧方言：謂移動、搖動、蠕動爲ȵiəu^{4}（'牛去聲'）。四川其他地區或說niəu^{4}（亦牛去聲）。"①今蜀方言"蚴"音［ȵiəu^{213}］。

或作"𧊒"。《正字通·蟲部》："𧊒，舊註音權，蟲入火貌。"清張澍《續黔書》卷五《俗字》："𧊒讀爲紐，言以蟲置火上狀紐動也。"原注："《集韻》𧊒，逵員切，音權，蟲入火貌。"引見《集韻·僊韻》。以今蜀方言讀之，"蟲置火上"其狀"紐動"，即李實所謂"宛轉生動曰蚴"；"蟲入火"之結果，即《蜀語》（頁56）第181條"曲謂之蜎"，俗謂"燒蜎倒了"，亦即通語之"蜷曲"。

或記音作"游"。民國十五年《南川縣志》卷六《土音土語》："游，物動不定也，土音轉爲去聲（物頓未穩曰在游），遂不得其字。""物頓未穩"謂東西放置未穩。此正如今四川部分地區"牛"亦音"游"一樣。

又，清傅崇矩《成都通覽·成都之土語方言》（頁262）："扭，鈕字去聲，動也。"周芷穎《新成都》第四章第二節《語

① 參見《李實學術研討會文集》，語文出版社，1996年7月第1版，第42、43頁。

言》（頁49）：“甩：鈕字去聲，動也。”以“甩”賦予方音不如“蚴”字準確。

今蜀方言仍謂動爲“蚴”，能勞動謂“蚴得動”。《川方》（頁289）“蚴（扭）”音ȵiu^4，①“蠕動；搖動；動彈”，②“勞動；幹活”。《川方匯釋》（頁158）“蚴”㊂“蜿轉生動”，又“微動”；又（頁248）“蚴得動”謂“動得了、活動得開（指社交）”。《成都話》（頁153）“扭〔蚴〕”音［ȵiəu^{213}］，謂“動”。《重方》（頁201）“扭”音liu^4，①“身體各部位的擺動”，②“泛指其他物體的擺動”，③“泛指活動”。《成方》（頁253）“□”音ȵiəu去聲，謂“扭動，動”，不知本字，故以“□”示缺。

《大字典》（二/5/3039）“蚴”（三）“niù”，謂“動，改變原來的位置或狀態”，引李劼人《大波》第三部第八章：“同你一樣，僅僅看見人家嘴巴蚴。”顯然爲蜀方言矣。又（3033）“蚗”音quán，謂“蟲投入火的樣子”，引《集韻》。

《大詞典》（8/886）“蚴$_3$”音“niù”，謂“方言。呶動”，引《里語徵實》及《大波》。未收“蚗”字。

《方言大詞典》（頁5471）“蚴”，西南官話，①“蠕動；搖動；動彈”，②“勞動；幹活”，③“婉轉生動”。

O

涴 o^{21}/o^{213} [o^{21}/o^{213}]

污穢；污物而使髒也。參《考釋》第494頁。《康熙字典·水部》："涴，《唐韻》、《集韻》、《韻會》、《正韻》並烏臥切，惡去聲，泥著物也。與汙同。"唐韓愈《合江亭》詩："願書巖上石，勿使泥塵涴。"敦煌本斯6204a《碎金》："物泥涴。烏過反。"《六書故》卷六《地理三》："汙，汪胡切，穢濁也。亦作洿。又烏瓜切，與洼通，洿下也。洿下故穢濁流之。《記》曰：'汙尊而抔歙。'《孟子》曰：'數罟不入污池。'汙物之汙，烏故切，亦烏臥切，别作涴。"明姚旅《露書》卷九《風篇下》："涴，音俄，謂汙也。'却嫌脂粉涴顏色'，字亦雅已。"陳士元《俗用雜字》、焦竑《俗書刊誤》卷十一："泥污物曰涴。音餓。"呂坤《續小兒語》："萬古此生難再，百年轉眼光陰，縱不同流天地，也休涴了乾坤。"

李實《蜀語》（頁70）：“污穢曰涴〇涴音餓，汙同。”清道光二十一年《遵義府志》卷二十《風俗》、光緒二十一年《敘州府志》卷二十一《風俗》、民國十年《新修合川縣志》卷三十《風俗·方言》、民國二十六年《犍爲縣志·居民·言語·方言》：“汙穢曰涴。音餓。”以上實採《蜀語》。張慎儀《蜀方言》卷下（頁358）：“汙穢曰涴。《廣韻》：涴，烏臥切。”紀國泰《〈蜀方言〉疏證補》（頁418）：“‘烏臥切’，音‘臥’。《集韻》：‘涴，污也。’今蜀語無此說。”此囿於見聞而率加斷語矣。民國《息烽縣志》卷二十九《風土志·方言》：“謂穢染曰涴。”民國十五年《南川縣志》卷六《土音土語》：“汙穢曰涴。音惡，俗言涴濁。又轉作去聲若餓，衣服汙濁曰打涴了。”民國二十年《潼關縣新志》卷上《地理志·方言》：“謂衣物之污曰涴。讀若卧。”民國二十一年《南溪縣志》卷四《禮俗下·方言》：“涴，音餓，污穢也。《說文》：‘泥著衣也。’”此字《說文》未見，不知所據何來。民國二十三年《華陽縣志》卷五《禮俗·方言》、民國二十四年《麻城縣志續編》卷一《疆域·方言》：“污穢曰涴。音餓。”此亦實採《蜀語》。民國三十三年《長壽縣志》卷四《風土·方言》：“汙穢曰涴。音握。”民國三十七年《貴州通志·風土志·方言》：“穢汙曰涴。音餓。”

今蜀方言音義並存。《川方》（頁292）“涴”音o^4，謂“髒（zāng）（川東）”，音同“餓”［o^{213}］，川北綿陽等地音同“握”，讀［o^{21}］。喻遂生《〈蜀語〉今蹤——南江方言中所見之〈蜀語〉詞語》："'涴'義爲污染、弄臟，爲唐宋以來所習用，今僅存方言中。南江話'涴'音[o^{214}]，義同上。如'淺色衣服不經涴、莫把衣服涴臟了'。俗諺有'一顆耗子屎，涴了一鍋湯'。"[①]王啟濤《杜詩疑難詞語考辨》："'涴'在今日四川方言中仍然廣泛使用。意思是'弄髒、污染'。一般針對衣物或絲棉製品，如'墨水把衣服涴髒了'，讀如[wo]，第四聲，這恰好與《虢國夫人》'涴'字下的反切注音'烏臥切'相符合。在四川地方志中，普遍記載了'涴'字，如《新修合川縣志》、《重修南川縣志》（民國二十年刻本）、《南溪縣志》（民國二十一年刻本），例證繁富。"[②]從李實《蜀語》著錄以降，到當代四川方言不勝枚舉，豈可信口雌黃謂"今蜀語無此說"耶？

《大字典》（二/3/1781）"涴"（一）wò，謂"同'污（汙）'。污染；弄臟"，首引《廣韻》。《大詞典》（5/1419）"涴$_3$"音wò，①"污染；弄臟"，首引杜甫《虢國夫人》詩。《現漢》"涴"音wò，謂〈方〉"弄臟，如油、泥粘在衣服或器物上"。

《方言大詞典》（頁5773）"涴"①"污穢；骯臟"，江淮官話、西南官話（四川成都[o^{213}]、南川、宜賓，引《蜀語》，又貴州遵義）、吳語、粵語。又（頁1072）"打涴了"謂"衣服弄臟了"，西南官話。

---

① 參見《李實學術研討會文集》，語文出版社，1996年7月第1版，第119頁。
② 《古漢語研究》1999年第3期。

臥龍袋　阿儂袋　阿娘袋

$o^{213}long^{21}/o^{55}ȵiang^{21}dai^{213}$ [$o^{213}loŋ^{21}/o^{55}ȵiaŋ^{21}tai^{213}$]

一種長袖馬褂。亦或指一種男式便衣。參《考釋》第496頁。前撰首引《兒女英雄傳》，凡四見。徐珂《清稗類鈔·服飾類·臥龍袋》："臥龍袋，馬褂之窄袖而對襟者也。其身較對襟、大襟之馬褂略長，亦曰長袖馬褂，河工效力之人員，常以之爲正式之行裝。相傳某相國嘗隨駕北征，其母夫人憂其文弱不勝風寒，爲紉是衣，取其暖而便也。相國感母恩，常服之不去身。一日，急詔論事，未遑易衣。帝問所衣何名，因直陳其事。帝褒其孝，命得服以入朝。當時名之阿娘袋，後誤爲臥龍袋，久之，又稱爲鵝翎袋矣。"夏仁虎《舊京瑣記》卷一《俗尚》："馬褂長袖者，曰臥龍袋。"民國二十五年《涿縣志》第八編《三坡志·方言》："名馬褂曰臥龍袋。"徐珂《清稗類鈔·方言類·八旗方言》："額隆袋，長袖馬褂也。""額隆袋"音近"臥龍袋"。

或本作"阿娘袋"。前引《清稗類鈔·服飾類》已詳其得名之由，謂"當時名之阿娘袋"，似非滿語。按《敦煌變文集·目連緣起變文》："一兩日間，兒子便到，跪拜起居：'自離左右多時，且喜阿娘萬福。'"清趙翼《陔餘叢考》卷三十八《娘子》："然呼母爲娘，亦始於六朝。《木蘭詩》：'不聞耶娘喚女聲。'……隋太子勇語衛王曰：'阿娘不與我一好婦，亦是可恨。’阿娘謂母獨孤后也。呼母爲娘，則娘又爲尊稱矣。”“阿娘”爲華夏呼母，滿語則呼“額娘”。

李劼人作品三種書面形式均用。如《死水微瀾》第六部分《餘波》：“不過城裏有錢人到底要怕冷些，如象郝公館裏，上上下下的人除了棉套褲、棉緊身早已穿起之外，上人們還要穿羊皮襖、狐皮袍、猞猁猻臥龍袋，未曾起床，已將銅火盆燒好。”《大波》第二部第一章：“但是郝又三就從那件原來並非夾小襖而是他穿過好幾年的阿儂袋上面，認出了來人。”原注：“阿儂袋一寫作‘臥龍袋’，一寫作‘阿娘帶’，來源如何，各說不同。這種衣着辛亥革命以後，業已名實並亡了。它是男子服用的一種衣着，穿在長袍上面，類似馬褂，而又大襟、小袖口、底襟有袋，可以盛物，不但比馬褂方便，並且不擇材料和顏色。僅止不能用來代替馬褂在正式場所穿它而已。自從小袖對襟帶高領的馬褂（後來一稱短褂）興起，阿儂袋固然無形廢除，即對襟大袖無高領的馬褂大襟大袖可以帶高領的馬褂，也逐漸地沒人穿了。”[①]《李劼人選集》第一卷：“藍洋布長衫，紅青寧綢對襟小袖馬褂——以前叫做臥龍袋，或阿娘袋的。”[②]原注：“阿儂袋”是“辛亥革命前流行的一種穿在長袍上的男式便衣。類似馬褂。大襟、小袖口，底襟有袋，可以盛物，比馬褂方便，但不能在正式場合穿。又說臥龍袋或阿娘袋”[③]。前撰已引《川方》（頁

① 《李劼人選集》第二卷，四川人民出版社，1980年2月第1版，第519–520頁。

② 四川人民出版社，1987年11月第1版，292頁。

③ 四川人民出版社，1987年11月第1版，第290頁。

290）“阿儂袋”，謂“又說*臥龍袋或阿娘袋”；又（頁292）“臥龍袋”。

以上《大詞典》均未收錄。《方言大詞典》（頁3003）“阿儂袋”謂“辛亥革命前流行的一種穿在長袍上的男式便衣，類似馬褂。大襟，小袖口。底襟有袋，可以盛物”，西南官話。又（頁3323）“臥龍袋”謂“舊時稱馬褂”，北京官話、西南官話。其餘詞形則未收錄。

壅　壠　擁 ong^{55}［oŋ^{55}］

❶在植物根部培土或施肥。《篇海類編·地理類·土部》：“壅，培也。”《正字通·土部》：“培，壅也。”《康熙字典·土部》：“壅，一曰加土封也，培也。大江南道方語，凡培覆根土澆灌花草並曰壅。”《管子·輕重甲》：“次日大雨且至，趣芸壅培。”“壅培”同義連文。《釋名·釋用器》：“鎒，溝也，既割去壟上草，又辟其土以壅苗根，使壟下爲溝，受水潦也。”唐白居易《東坡種花二首》之二：“劚土壅其本，引泉溉其枯。”元王禎《農書》卷三《鋤治篇》：“第一次撮苗曰鏃，第二次平壠曰布，第三次培根曰壅。”明李實《蜀語》（頁88）：“培根曰壅〇壅讀平聲。”黃仁壽等校注：“今凡爲植物培覆根土，增加肥料，皆曰壅。”清汪灝等《廣群芳譜》卷十七《蔬譜·黃瓜》：“原黃瓜一名胡瓜，《本草》云張騫使西域得種，故名。

《拾遺錄》云大業四年避諱改爲黄瓜。……喜糞壅頻鋤，勿令生草。”乾隆三十三年《江津縣志》卷六《食貨志·土產》：“山傍河岸沙性之土，種棉最宜，抽條後壅以灰糞，晴時芟草。”乾隆五十三年《華陰縣志》卷二《封域·方產》：“葱，兩種，食身者曰壅葱，謂壅土使其白長也。”光緒四年《彭縣志》卷三《民事門·田功志》：“自清明前夏至後三月中，皆可種粱，戎菽葉凋掘坎行間而樹之，收戎菽則壅粱，謂之壅襄（壅音翁）。”培根施肥蜀語亦謂“壅梡”。清Adam Grainger《西蜀方言》（頁113）：“壅篼子。”意即“to earth up the stems of plants”，“壅”音“ONG^{1}”，“篼”當作“梡”①。

亦作“壒”，同字異構。《字彙·土部》“壒”同“壅”。五代貫休《古意》之九：“陽烏爍萬物，草木懷春恩。茫茫塵土飛，培壒名利根。”宋劉爚《雲莊集》卷一《壽楊龢父》詩：“良縣勢方升，猶木吐牙甲。培壒勿使傷，茁長焉可遏。”明吴琉《三才廣志》卷二百九十一《芍藥》：“每歲冬至前後，正宜掇窠子，随手使肥水澆，以畚過麻屑糞土壒培根柢，使之厚密，纔到春暖，則枝葉自然大發，著花亦繁密矣。”清嘉慶二十五年《郴州總志》卷終《附考》載郭啟哲《田麻議》：“今則積年壒麻之新泥，已高尺許，難爲受水矣。取泥壒麻之時，必掘破田

① 《正字通·木部》：“木根入土無枝椏者俗曰梡。”《西蜀方言》（頁392）“樹節梡”，即“the base of the trunk of a tree”，“節”音“KE^{5}”。唐樞《蜀籟》卷二：“吃菌子莫忘樹杚梡，吃筍子又把杚梡撬。”蜀語可重疊，如“樹梡梡”、“菜梡梡”。《西蜀方言》（頁280）“白菜梡梡”，即“the root，or stock of a cabbage”。

塿，溝洫雖有水，無由引入。”顧成志《插秧歌》：“壅欲根深扶欲直，暗滋稂莠及時耘。”

或作“擁”。宋蘇軾《送周正孺知東川》詩：“清時養材傑，杞梓方培擁。”“培擁”即培壅，同義複詞[①]。唐韓愈《詠雪贈張籍》“松篁遭挫抑，糞壤獲饒培”，“培”下宋文儻注：“培擁也。”清黃中堅《蓄齋集》卷十一《襍著四六·閒窓偶述》：“嘗見好事君子，愛種名花，經年滋培擁護，若慈母之愛其子。”嘉慶二十年《寧國府志》卷十八《食貨志·物產》：“芮棗出旌德縣幽竹山、具山，芮姓管業，故名。山中棗樹不下數千，內有二樹相傳葛仙翁鍊丹遺爐灰培擁而生，每歲結子不過數百，小兒出痘或不灌漿，煮二三枚服之，痘漿立滿。”光緒二十四年《嘉應州志》卷六《物產》：“瘠土之區，歲□一麥二穀，地力盡矣，故培擁之法，在所宜講也。”亦用作比喻。宋程頤《葬說》：“卜其宅兆，卜其地之美惡也，非陰陽家所謂禍福者也。地之美者，則其神靈安，其子孫盛，若培擁其根而枝葉茂，理固然矣，地之惡者則反是。”胡宏《五峯集》卷三《邵州學記》：“譬諸卉木，培擁發生，凌雲照日，則在乎人焉。”朱熹《晦庵先生文集》卷四十二《書·答胡廣仲》：“又自云諸君不須別求見處，但敬與窮理，則可以入德矣。二先生亦言根本須先培擁，然後可立趨向。”元吳澄《吳文正集》卷四十五《慶原別墅記》：“程子知

① 《大詞典》(2/1131)“培壅”謂“亦作‘培擁’。於植物根部堆土以保護其根系，促其生長”，首引宋梅堯臣《和謝廷評栽竹》。附項謂“引申爲養護；巩固”，首引前蜀貫休《古意》。

道者以爲地之美，則其神靈安而子孫盛，若培擁其根而枝葉茂，此言與葬書之説何異？”明王守仁《王文成公全書》卷七《紫陽書院集序》：“譬之植焉，心其根也，學也者其培擁之者也，灌溉之者也，扶植而刪鋤之者也，無非有事於根焉耳矣。”

亦記音作“蓊”、“揜”。民國十七年《長壽縣志》卷四《人事部·方言》：“壅土曰蓊。”《重方》（頁240）“揜”音ong¹，①“堆積，特指用土或肥料培在植物根部”，“揜，本‘擁’之古文。古也用同‘壅’”。

❷掩埋；遮藏。《遼史·地理志三》：“自過古北口，居人草庵板屋，耕種，但無桑柘；所種皆從壠上，虞吹沙所壅。”明李實《蜀語》（頁56）：“凡木石諸器爲土沙所壅曰堿，鱉[①]藏沙中曰堿沙○壅作去聲，堿音威。”民國十五年《南川縣志》卷六《土音土語》：“出了錢不得見場面曰有了肉飯下壅。”民國三十三年《長壽縣志》卷四《風土·方言》同，並謂“讀若甕字陽平”，按今讀陰平，“壅”謂掩藏。《四川方言方音表》“埇”音wōng，謂“埋，掩蓋”[②]。《川方》（頁292）“瓮（壅）”音ong¹，謂“掩蓋；遮蓋”。《成方》（頁378）“壅”讀oŋ陰平，①“蓋，遮蓋”，②“掩埋”。

亦作“壅”。宋蘇軾《物類相感志·果子》：“收橘子用葉

---

① 黄仁壽等《蜀語校注》（頁56）“鱉”字屬上。張子開《〈蜀語校注〉舛誤例正》：“叢書集成本《蜀語》已如此點矣，《校注》沿襲。當斷爲‘凡木石諸器爲土沙所壅曰堿，鱉藏沙中曰堿沙’，於義方妥。”趙振鐸先生《讀李實〈蜀語〉》引此例“鱉”字屬下，是矣。參見《李實學術研討會文集》，語文出版社，1996年7月第1版，第137、3頁。

② 唐樞《蜀籟》，1982年8月新1版附。

同收，層層相間入，土擁之，不壞。”

或作“擁”。《太丹篇》：“又曰金丹得就後須出火毒……以生絹袋子貯，掘地坑子可深一尺五寸，更叠好紙裹襯，却濕土培擁，一七日開取，懸入井，去水三五尺。”

又記音作“翁”。民國二十二年《灌縣志》卷十六《禮俗記·方言》：“翁，覆也。《説文》：‘翁，勁毛也。’方言引申爲義，如云翁倒，倒語助。”民國三十六年《新繁縣志》卷四《禮俗·方言》：“今俗語謂以物貯藏復以物蓋覆之，音轉如翁。”增旁作“搿”。《成都話》（頁159）“搿”音［oŋ⁵⁵］，謂“掩埋；掩蓋”。《重方》（頁240）“搿”音ong¹，②“掩蓋，掩埋”。

《大字典》（二/1/530）“壅”（一）④“把泥土或肥料培在植物的根部。如：壅土；壅肥”，首引《篇海類編》。又“壅”謂“同‘壅’”，首引《字彙》。《大詞典》（2/1228）“壅”音yōng，④“在植物根部培土或施肥”，首引《管子》。《大字典》（二/4/2089）“擁”⑪“阻塞”的附項謂“又用土或肥料培在植物根部”，《大詞典》（6/927）“擁”⑧“壅塞；阻塞”的附項謂“亦指用土或肥料堆聚在植物根部”，均引蘇詩。按“擁”用同“壅”，與“阻塞”義相去甚遠，應分立義項。

《方言大詞典》（頁7271）“壅”①“埋；埋葬”，西南官話、粵語；③“蒙；遮蓋”，湘語。

鞥鞋　翁鞋 $ong^{55}hai^{21}$ [$oŋ^{55}xai^{21}$]

棉鞋。參《考釋》第498頁。宋景定《建康志》卷三十九《武衛志二》："布絝一腰，鞥鞋一雙。"《元史·輿服志》："鞥鞋制，以皮爲履，而長其靿，縛於行縢之內。"明趙南星《目前集·俗字》："吳人靴靿曰鞥，北人有鞥鞋。"[①]按"吳"字原漫漶不清，據《廣韻·東韻》"鞥，吳人靴靿曰鞥"補。王槩《王恭毅公駁稿》下《含糊私債一人命二》："蕭宗脚穿皮底鞥鞋，将伊肚上後背心踢打二脚。"清蒲松齡《日用俗字·裁縫章第十五》："韍上綀幫邦方使楦，鞥鞋煖脚勝毡毛。"又，清桂馥《札樸》卷九《鄉里舊聞·鄉言正字·服飾》："綿鞻曰鞥。"姜亮夫《昭通方言疏證》（1561條）："希麟《一切經音義》引《唐韻》'吳人謂靴鞠曰鞥'（同《廣韻》：'吳人靴鞠曰鞥'），昭人謂棉鞋曰鞥（音如甕）頭鞋，或變如窩則曰窩窩鞋或曰窩子鞋，或曰綿窩子鞋，皆當用此字。""鞠"同"靿"。又，《明會典》卷六十八《禮部二十六》："紅錦布鞥鞻一十六雙。""鞥鞻"同"鞥鞋"。《重方》（頁241）"鞥鞋"音$ong^{1}hai^{2}$，謂"棉鞋"。

亦作"翁鞋"。元黄玠《弁山小隱吟録》卷一有《介石遺余

① 今蜀語亦稱靴靿長、鞋面開口窄小曰鞥子深。

翁鞵歌以爲謝》詩，云“衰年足趺冷，火缶不少離。投我雙青鞵，針跡匀且緻”，可見“翁鞵”爲上年紀者穿用。明李夢陽《空同集》卷三十七《大傳第四》：“先是，御史至真定，率牒屬來赴集，阜平生集則率曳翁鞋。”清俞樾《茶香室續鈔》卷二十二《翁鞋》：“國朝朱點《東郊土物詩》注云：北人冬月，履納綿絮，臃腫粗坌，謂之翁鞋。《李崆峒集》中用之。”民國二十五年《壽光縣志》卷八《方言》：“冬曰棉鞋，曰翁鞋。”考其得名之由，或因款式適合老年人穿着，如民國二十一年《孟縣志》卷八《社會·方言》：“棉鞋曰老翁鞋。”

《大詞典》（12/212）“鞥鞋”謂“亦作‘鞧鞋’。高鞠棉鞋”；又（9/644）“翁鞋”謂“粗重的棉鞋”，引清翟灝《絮鞋》詩：“持將比翁鞋，品製較精匝。”原注：“北人冬月，履納棉絮，臃腫粗坌，謂之翁鞋。”其實“翁鞋”就是“鞥鞋”，釋義應該一致。

《方言大詞典》（頁7437）“鞥鞋”謂“高幫棉鞋”，冀魯官話。又“鞥頭鞋”謂“棉鞋”，西南官話。又（頁4970）“翁鞋”謂“棉鞋”，冀魯官話、晉語、西南官話。又（頁3465）“甕鞋”謂“棉鞋”，膠遼官話，此記音。

齆 瓮 甕 ong^{213} [oŋ^{213}]

鼻塞聲重而發音不清晰。參《考釋》第499頁。《太平廣記》

卷四百六十二《桓豁》（出劉義慶《幽明錄》）：“（鸜鵒）欲效人語聲，無不相類。時有參佐齆鼻，因內頭甕中效之。”北魏崔鴻《十六国春秋·後趙·王謨》：“（王謨）齆鼻，言不清暢。”隋巢元方《諸病源候總論》卷四十八《齆鼻候》：“肺主氣而通於鼻，而氣爲陽，諸陽之氣上榮頭面，若氣虛受風冷，風冷客於頭腦，即其氣不和，令氣停滯，搏於津液，膿涕結聚，即鼻不聞香臭，謂之齆。”明陳士元《俗用雜字》：“鼻塞曰齆。音甕。”清屈大均《廣東新語》卷十一《土言》：“鼻塞曰鼻齆。音甕。”亦作“齈”，同字異構。《廣韻·送韻》：“齈，鼻塞曰齈。”《太平廣記》卷二百五十七《患目鼻人》（出《啟顏錄》）：“一人患眼側睛及翳，一人患齈鼻。”《成都話》（頁159）“齆”音[oŋ²¹³]，謂“因鼻塞而發音不清”。《成方》（頁378）“齆”音oŋ去聲，謂“因鼻子不通而發音不很清楚”。《重方》（頁241）“齆”音ong⁴，謂“聲音多帶鼻音而不清晰”。

亦作“瓮”、“甕”，同字異形。今“瓮”爲“甕”的簡化字。前撰首引宋吳曾《能改齋漫錄》卷一《聲閉鼻瓮》條。清光緒五年《鎮海縣志》卷三十九《方言》：“齆（音瓮），《埤倉》：齆，鼻病也。……《甕牖閒評》：王充《論衡》云：鼻不知香臭爲瓮。則今人以鼻不清亮爲瓮鼻，作此瓮字，不爲無自矣。”光緒二十六年《墊江縣志》卷一《輿地志·風俗》：“鼻不清亮曰瓮。瓮與齆通。”其他文獻引漢王充《論衡·別通》作“鼻不知香臭爲甕”，“甕”或作“瓮”，《續四部叢刊》本、《新編諸子集成》本作“鼻不知香臭曰癰”。《重方》（頁241）“瓮”音ong⁴，謂“形容聲音不清晰”，與“齆”實爲同詞異形，不必分列爲二矣。

《大字典》(二/8/5097）“齆”謂“鼻道阻塞，發音不清”，首引《玉篇》。又“齆”謂“同‘齆’”，首引《廣韻》。又（3/1524）“瓮”②“重濁的聲氣”，首引《通俗編》。又（1535）“甕”則未及此義。《大詞典》（12/1424）“齆”謂“亦作‘齆’、‘齆’、‘齆’、‘齆’。鼻病。鼻腔阻塞，發音不清”，首引《諸病源候論》。又（5/288）“瓮”謂“同‘甕’”。又（297）“甕”④“謂鼻不暢通”，首引《論衡》。又（3/468）“嗡₂”謂“聲音通過鼻腔發出，含糊不清”，引王西彥《尋常事》等，“嗡”本字當作“齆”。

《方言大詞典》(頁7522）“齆”謂“因鼻塞而發音不清”，中原官話、西南官話、吳語、贛語、粵語、閩語。又（頁3464）“瓮（甕、罋）”⑪“聲音不清亮”，西南官話。

齆鼻　瓮鼻　甕鼻 $ong^{213}bi^{21}$［$oŋ^{213}pi^{21}$］

鼻患病或鼻孔堵塞而發音不清。也指有這種疾病而發音不清的人。參《考釋》第500頁。唐玄應《一切經音義》卷十一《正法念經第十六卷》：“齆鼻，一弄反。《埤蒼》云：‘鼻病也。’”《太平御覽》卷七百四十引崔鴻《春秋後趙録》：“王謨，字思賢，齆鼻，言不清暢。”又引《幽明録》：“晉司空桓豁在荆州，有參軍教鸜鵒令語，遂無所不名。當大會，令効人語。有一人齆鼻，語難學，因以頭內瓮中以効焉。”唐李亢《獨異志》卷上：“晉桓豁鎮荊州，有一參軍五月五日採鴝鵒鷄，剪其舌令學人語，經年遂能言。後因大會，豁出之，令遍學座客話。有一人患齆鼻，鴝乃遽飛入甕中語，與患者無異，舉席皆笑。”孫思邈《備急千金要方》卷八《擇乳母法》：“凡乳母者，其血氣爲乳汁也。……但取不胡臭、瘿瘻、氣嗽、瘑疥、癡癃、白禿、瀝瘍、瀋脣、耳聾、齆鼻、瘨癇，無此等疾者，便可飲兒也。”清褚人獲《堅瓠補集》卷六《嘲齆鼻》：“一士齆鼻，開罪於友，戲作《西江月》嘲之：‘雖是五官具全，可憐鼻不通風，印堂底下瘺丁東。五味馨香難哄，直須錐他兩下，管教頃刻開通。從今鼻涕響汀潼，免得人稱阿齆。’”范寅《越諺》卷中《疾病》：“齆鼻頭，上甕，不知香殠，言不清暢。”光緒二十八年《甯海縣志》卷二十三《雜志·風俗·方言》：“鼻音不清曰齆鼻。齆音翁。”民國十五年《簡陽縣志》卷二十二《禮俗篇·方言》：“鼻音不利曰齆鼻。”民國十八年《衢縣志》卷八《風俗志·方言》：“鼻塞曰齆鼻。”民國三十三年《重修彭山縣志》卷二《民俗篇·方言》：“齆鼻，鼻塞也。”

亦作“瓮鼻”、“甕鼻”。清趙翼《陔餘叢考》卷四十三《甕鼻》：“俗以鼻不清亮者爲甕鼻。宋人袁文引王充《論衡》‘鼻不知香臭爲甕’以證之。然《論衡》云：人不博覽古今，猶目盲、耳聾、鼻癕也。其語在《別通篇》，乃作癕字，非甕字也，何得援爲甕鼻之證耶？況俗所謂甕鼻者，乃謂其聲多鼻音如甕盎耳，非謂不知香臭也。然則不知香臭者爲癕，聲多鼻音者爲甕，本自各別，不得牽混耳。”翟灝《通俗編》卷十六《身體·齆鼻》：

"齆，音甕。《埤蒼》：鼻病也。《十六國春秋·後趙錄》：王謨齆鼻，言不清暢。《埤雅》引語云：蛇聾虎齆。《幽明錄》：桓司空有參軍教鸜鵒語，遂無所不名。當大會，令效座人語，有一人齆鼻，語難學，因以頭納瓮中效焉。《甕牖閑評》：王充《論衡》云：鼻不知香臭爲瓮。則今人以鼻不清亮爲瓮鼻。作此瓮字，不爲無自矣。"顧張思《土風錄》卷七《甕鼻頭》："鼻不通曰甕鼻頭。"民國十九年《嘉定縣續志》卷五《風土志·方言》："甕鼻，俗以鼻不清亮者爲甕鼻。甕音翁，去聲。《陔餘叢考》云：'不知香臭者爲癰，聲多鼻音者爲甕。'"

今蜀語則習慣加詞尾"子"，說"齆鼻子"、"甕鼻子"。《川方匯釋》（頁212）"齆鼻子"㊀"說話鼻音特別重或因鼻子不通而發音不清晰的人"，㊁"因鼻子不通，而臭覺不靈敏"，"臭"當作"嗅"。《成都話》（頁159）"齆鼻子"謂"因鼻塞而發音不清楚的人"。《成方》（頁378）"齆鼻子"謂"因鼻孔堵塞而發音不清楚的人"。《重方》（頁242）"齆鼻子"謂"齆鼻兒"。《川方彙編》（頁75）"甕鼻子"謂"鼻音特重者"。

《大詞典》（12/1424）"齆鼻"謂"亦作'齀鼻'。因鼻孔堵塞而發音不清"，又謂"亦作'齆鼻頭'"。又（5/298）"甕鼻"，"謂鼻腔不暢，發聲多帶鼻音"，首引宋袁文《甕牖閑評》，又謂"亦稱'甕鼻頭'"，引清顧張思《土風錄》。又（3/468）"嗡₂鼻"謂"亦稱'嗡鼻頭'。指發音時鼻音濃重"，引洪深《戲的念詞與詩的朗誦》等；"嗡₂鼻音"謂"鼻音濃重的聲音"，引郭沫若《行路難》等現當代例："嗡"本字當作“齆”。其實，以上“齆鼻”、“㽎鼻”、“嗡₂鼻”並同詞異形，釋義應一致。

《方言大詞典》（頁7523）“齆鼻”謂“因鼻塞而發音不清”，冀魯官話。又“齆鼻子”①“因患炎癥而堵塞不通暢的鼻子”，江淮官話、西南官話、吳語、湘語；②“因鼻塞而發音不清的人”，西南官話、湘語。又（頁3465）“㽎鼻”謂“鼻音不清亮的人”，吳語。又“㽎鼻子”①“聞不出香臭的鼻子”，江淮官話；②“一種鼻病，鼻子常塞，透氣不暢”，西南官話。

鰫醜　鰫臭　齆臭　瓮臭　㽎臭　膹臭

ong^{213}cou^{213} [oŋ^{213}ts‘əu^{213}]

東西腐爛、漚壞等發出的惡臭氣味。參《考釋》第500頁。《字彙·邑部》：“鰫，音㽎，臭氣。”《康熙字典·邑部》：“鰫，《集韻》烏貢切，音㽎，臭氣。”清光緒二十八年《甯海縣志》卷二十三《雜志·風俗·方言》：“臭氣曰鰫。音㽎。”民國十七年《長壽縣志》卷四《人事部·方言》：“㽎物變味曰鰫。音㽎。”民國三十三年《長壽縣志》卷四《風土·方言》：“物氣鬱於器中而臭曰鰫。音㽎。”《釋名·釋言語》：“醜，臭也，如臭穢也。”複語作“鰫醜”。前撰引明李實《蜀語》（頁121），迄今爲“鰫醜”首見著錄者。黃仁壽等校注：“‘臭’字便爲‘抽去聲’，從詞條講，不必作‘鰫醜’，而作‘鰫臭’

或者‘甕臭’即可。”“齆醜”亦有理據，不煩改字矣。清道光二十一年《遵義府志》卷二十《風俗》、光緒二十一年《敘州府志》卷二十一《風俗》、民國十年《新修合川縣志》卷三十《風俗·方言》、民國三十七年《貴州通志·風土志·方言》：“壅物味變曰齆（音甕）醜（抽去聲）。”光緒八年《黎平府志》卷二下《風俗·方言》：“壅物味變曰齆（音甕）醜（去聲）。”民國二十四年《蓬溪縣近志》卷七《風土篇·方言》：“壅物變味曰齆（音甕）醜（抽去聲）。”民國二十六年《犍爲縣志·居民·言語·方言》：“物味變曰齆（音甕）醜。”以上亦均採《蜀語》。

亦作“齆臭”、“鰃臭”。明馮夢龍輯《山歌》卷九《裸咏長歌·魚舩婦打生人相罵》：“也弗像你搭黄鱔嘴家婆能介鰃臭鱔能，當面前喫別人罵絕子箇鱖魚鼇背。”民國十五年《南川縣志》卷六《土音土語》：“物氣鬱於器中而臭曰鰃臭。”民國二十一年《南溪縣志》卷四《禮俗下·方言》：“齆臭，齆音甕，物味腐變也。”民國三十三年《重修彭山縣志》卷二《民俗篇·方言》：“惡臭曰齆臭。齆音甕。”民國二十四年《雲陽縣志》卷十四《禮俗下·方言下》：“甕物味變曰齆臭。”

或作“瓮臭”、“甕臭”。宋陳旉《農書》卷上：“多見人纔暖便下種，不測其節候尚寒，忽爲暴寒所折，芽蘖凍爛瓮臭。”民國三十六年《新繁縣志》卷四《禮俗·方言》：“《廣韻》：‘汪，水臭也。烏浪切。’今謂水臭曰甕臭，聲之轉也。”“瓮臭”、“甕臭”同“鰃臭”，正如“瓮鼻”、“甕鼻”同“鰃鼻”也。《成方》（頁378）“鰃臭”謂“東西被捂壞或漚爛而發出的臭味兒”。《重方》（頁241）“瓮臭”音ong⁴cou⁴，謂“食物因捂久腐敗變質而産生的難聞的氣味”。

又作“膹臭”。《廣韻·董韻》烏孔切：“膹，膹臭皃。出《字林》。”清朱駿聲《説文通訓定聲·豐部》“膹”引《字林》：“膹臭皃。”任大椿《字林考逸》卷三《肉部》：“膹臭貌，《廣韻》、《五音集韻》、《五音篇海》。”潘耒《類音》卷六《二十七蓊》：“膹，膹臭。”梁同書《直語補證·膹》：“臭貌。今俗曰膹湅臭。”Adam Grainger《西蜀方言》（頁434）：“膹臭膹臭的。”此ABAB式構詞，意即“stinking，as vegetables that have gone bad in a jar”。又，清范寅《越諺》卷中《臭味》：“塕殠，甕湊，氣之壞而加甚。”[①]據《玉篇·土部》：“塕，烏孔、烏公二切，塵也。”“塕”爲記音字。

按清張慎儀《蜀方言》卷上（頁312）：“物變味曰齆。《集韻》：齆，烏貢切，音甕。臭氣。”紀國泰《〈蜀方言〉疏證補》（頁245）：“今之蜀人謂死水久停之後發出的氣味曰‘齆臭’（音［uŋ²¹³ts‘ou²¹³］）。今通語無此説法。張氏渾言‘物變味曰齆’，失之不確。”既然記録方言，與通語有無此説法沒關係，此吹毛求疵，毫無道理矣[②]。《川方》（頁293）“齆臭（齆丑）”音ong⁴cou⁴，謂“東西漚壞而發出的臭氣”。按“丑”當作“醜”。《川方匯釋》（頁212）“齆臭”謂“物腐爛發出的難

---

① 《説文·歺部》：“殠，腐氣也。”段玉裁注：“《廣韻》曰：‘腐臭也。’按臭者，氣也，兼芳殠言之，今字專用臭而殠廢矣。”

② 方言情況異常複雜，明焦竑《俗書刊誤》卷十一謂“物久窨而氣敗曰盦醭氣”，其説法又有所不同。

聞臭氣”。《成都話》（頁159）“䶏臭”謂“東西被捂壞而發出的臭味兒”。《成方》（頁378）“䶏臭”謂“東西被捂壞或漚爛而發出的臭味兒”。《重方》（頁241）“甕臭”謂“食物因捂久腐敗變質而產生的難聞的氣味”。是“張氏渾言‘物變味曰䶏’”並無不確也。

《大詞典》（10/694）“䶏”音wèng，“䶏䶌”謂“食物封存甕中因腐敗變質而發出的一種臭味”，引唐訓方《里語徵實》，而唐氏採《蜀語》，故當引更早的《蜀語》爲是。又（12/1424）“䶏臭”謂“亦作‘䶏臭’。方言。物體腐爛發酵而發出的臭味”，引馮夢龍《山歌》。餘則未及。

《方言大詞典》（頁6881）“膉臭”謂“食物腐敗後發出的臭味；惡臭”，吳語，未及西南官話。又（頁7523）“䶏臭”謂“東西被捂壞或浸泡過久而發出臭味兒”，西南官話、吳語。

P

殀 歿 氿 垐 烜 葩 pa^{55} [$p^{‘}a^{55}$]

軟（與“硬”相對）。參《考釋》第501頁。《集韻·末韻》：“殀，腐氣。或从臭。”與爛無涉，方言或借用之。明李實《蜀語》（頁106）：“爛曰歿〇歿音跋，殀同。……凡肉之爛者、地之泥溼者、果之熟者、糧食之不乾者、人之弱者、物不剛者，皆曰殀。”民國十五年《簡陽縣志》卷二十二《禮俗篇·方言》：“肉熟曰殀。殀平聲。”民國二十一年《萬源縣志》卷五《教育門·方言》：“肉熟曰殀。平聲。”指讀陰平。

亦作“歿”。《正字通·自部》：“歿同殀。”前撰引明李實《蜀語》（頁106）“爛曰歿〇歿音跋，殀同”，爲首見著錄。清道光二十一年《遵義府志》卷二十《風俗》、光緒二十一年《敘州府志》卷二十一《風俗》、民國十年《新修合川縣志》卷三十《風俗·方言》、民國三十七年《貴州通志·風土志·方言》：

“爛曰䬴。音跋。”以上實採《蜀語》，李實作“𩞯”。唐訓方《里語徵實》卷中上：“爛曰𩞯爛。”民國二十四年《雲陽縣志》卷十四《禮俗下·方言上》：“𩞯，爛也。《類篇》：𩞯，蒲撥切，音跋，病氣。《集韻》：𣨶，腐氣，或作𩞯。《升庵集》以𩞯即𤆍爛義。”姜亮夫《昭通方言疏證》（1663條）：“今昭人言肉爛熟曰𤆍，音如爬，此後起專字也。……又昭人謂肉爛曰𩞯肉，音跋，吐氣言之。凡肉之爛者、地之泥濫者、果之熟者、糧食之不乾者、人之弱者、物不剛者皆曰𣨶，蜀人則音變如迫爾切，而又收以兒音，曰𩞯貨，罵人則曰‘郎（上聲）個這樣𩞯’。”“凡肉之爛者”云云，本李實《蜀語》。所謂“蜀人則音變如迫爾切”者，自《蜀語》著錄以來，四川官話並不讀此音（詳下）。

或作“𣲖”。明楊慎《升菴集》卷七十五《𣲖月杇月》：“𣲖音讀爲帕平聲。《東方朔傳》諧語云：‘令壺齟，老拍塗。’塗與𣲖同，注云‘丈加切’，其下解云：‘塗者，漸洳徑也。’亦雨濕泥濘之義。《爾雅》十二月爲畢塗月，𣲖月之諺雖俗，其音義字形，亦遐而尚矣。”按《爾雅·釋天》謂“十二月爲涂”，一至十二月均爲單名，疑“畢”字衍，“塗月”當作“涂月”。岳元聲《方言據》卷上《𣲖》：“物及地之溼者謂之𣲖。”夏樹芳《詞林海錯》卷十五《𣲖月》：“宋黃仁傑《夔州苦雨》詩：‘九月不虛爲杇月，今年賴得是豐年。’𣲖音讀爲帕平聲，亦雨濕泥濘之義。𣲖月之諺雖俗，其音義字形，亦遐而尚矣。”李實《蜀語》（頁106）：“‘八月爲𣲖月’，見《楊升菴集》。以汃即汃爛義，音與跋同。”

又作“塗”。據上引《升菴集》，謂“《東方朔傳》諧語云：‘令壺齟，老拍塗。’塗與汃同”[1]。清李蕃《雪鴻堂文集》卷十四《鄉語·塗（怕平聲）》：“鄉音謂爛物爲塗，俗字作畓，此杜撰也。按《小雅·出車》篇：‘昔我往矣，黍稷方華。今我來思，雨雪載塗。’正叶華音，而注謂凍釋泥塗者，其義正合。又《角弓》篇‘如塗塗附’，則吾鄉謂爛泥爲塗泥，正本此。又《禹貢》‘厥土惟塗泥’，謂地多雨澤而泥土塗爛也。予官山左，見土人謂地爛爲塗，而讀出茶反，與華字亦叶。朱子時山左已入金，未嘗至東海，故遷華就塗耳。”（李蕃生平，參“雁鵝”條）乾隆十六年《郫縣志書》卷八《風俗志》錄此條至“謂地多雨澤而泥土塗爛也”。按毛傳云：“塗，凍釋也。”鄭玄箋：“黍稷方華，朔方之地六月時也。以此時始出壘征伐玁狁，因伐西戎，至春凍始釋，而來反其間，非有休息。”孔穎達疏：“言雨雪載塗，雪落而釋爲塗泥，是春凍始釋也。”清乾隆三十三年《江津縣志》卷六《食貨志·水利》載《憫農歌》二首之一：“帶雲犁耕帶雨鋤，泥塗終日染眉鬚。”前撰引張慎儀《蜀方言》卷上（頁311）：“肉爛曰塗。《廣韻》：塗，宅加切。沮洳也。讀怕平聲。《書·禹貢》：揚州、荊州，厥土惟塗泥。言土不堅也。引申爲凡爛之稱。”是皆以“塗”爲“塗爛”、“泥濘”

① 中華書局標點本《漢書·東方朔傳》：“（舍人）即妄爲諧語曰：‘令壺齟，老柏塗，伊優亞，狋吽牙。何謂也？’朔曰：‘令者，命也。壺者，所以盛也。齟者，齒不正也。老者，人所敬也。柏者，鬼之廷也。塗者，漸洳徑也。伊優亞者，辭未定也。狋吽牙者，兩犬爭也。’”

義，“讀怕平聲”。

俗或作“炬”。清劉省三《躋春臺》卷三《南山井》：“胡成滿腹含冤，無可告訴，走得足炬手軟，又因差人怒罵，急得火冒煙生。”蔡敦勇校本作“足酸手軟”，校記云“酸——原作‘膝’，誤，徑改”[①]，所校非是。“膝”實即“脥”之形訛，此字不見於字書，恐爲作者所造俗字。“足脥手軟”即下引《蜀籟》卷四（頁234）“脚炬手軟”，爲蜀方言習用語。清傅崇矩《成都通覽·成都之袍哥話（即江湖話也）》（頁277）：“下炬蛋，說軟話也。”又《成都之小兒女歌謠》（頁256）：“天晴下雨地下粑，勤快嫂嫂回娘家。”周芷穎《新成都》第四章第二節《語言》（頁65）：“下粑蛋——說軟話也。”上兩例“粑”均當作“炬”。唐樞《蜀籟》卷一（頁68）：“周身都煮炬了，惟有嘴殼煮不炬。”又（頁58）：“半夜起來折（摘）桃子——趕炬的捏。”李劼人《大波》上卷第一部份：“這時包廚大師傅站在旁邊，老是揮着一汗把，生恐手下夥計們一時疏忽，或者菜裹多下了一點鹽，或者飯煮來炬硬沒有合度。”原注：“川語謂軟曰炬。俗字。實爲腐字重脣音。”[②]民國三十三年《重修彭山縣志》卷二《民俗篇·方言》：“熟透曰饙。《爾雅》：‘饙、餾，稔也。’南音如普盈切，俗轉如普麻切。凡物之熟透，身之無力及物之軟者，皆謂之。俗乃造一炬字當之，謬也。”又，清Adam Grainger《西蜀方言》（頁606）“床舖丨和

① 江蘇古籍出版社，1993年3月第1版，第417頁。

② 中華書局，1938年10月再版，第20、81頁。

得好”，謂“the bed is nice and soft”；又“煮的稀流丨”，謂“boiled very soft；sloppy”；又“我人丨得很”，即“I am very weak”；又“他的功名是丨的”，意即“his degree is a bought one”，謂其名位（學位）是買來的，如錢鍾書《圍城》中的“克萊登大學”及當今“西太平洋大學”的博士學位。以上“丨”均音“P'A¹”。王純五《袍哥探秘》第三章《哥老會的會規和習俗·盤海底與江湖切口（隱語）》（頁64）：“‘下粑蛋’，說軟話、求饒恕。”亦可重疊。清傅崇矩《成都通覽·成都之詐騙》（頁221）：“與其如此，不如發憤得個功名，也免人說是𤆵𤆵秀才，臭名難聞。”“𤆵𤆵秀才”，即《西蜀方言》“他的功名是丨的”。今蜀方言音［p'a⁵⁵］，如謂“肉很𤆵”、“𤆵泥巴”、“吃桃子撿𤆵的捏”、“麥子有點𤆵”、“𤆵子”、“鐵絲是𤆵的”、“脚𤆵手軟”、“𤆵耳朵”等。亦說“𤆵和”，並可以AABB式構詞。克非《春潮急》二：“我伸手仔細摸過，是廣布做的，𤆵𤆵和和，裏裏外外一色新，她穿在身上，說是燒背得很，又脫來放在柜子裏頭。”原注：“𤆵——四川土語中的俗字。讀葩（pā），和軟的意思相近。”①《川方》（頁293）“𤆵（䏒、䶕）”音pɑ¹，①“軟（跟‘硬’相對）”，②“缺乏力氣”，③“軟弱；懦弱”，④“不講原則的，不過硬的”；又（頁294）“𤆵和（𤆵活、𤆵合、𤆵貨）”①“軟和”，②“軟弱；懦弱”，③“容易獲取的；不需要付出相應勞動的”；“𤆵𤆵”①“同*𤆵和③，但多作修飾語”，②“缺乏力氣”，③“軟

① 上海人民出版社，1974年4月第1版，第47頁。

弱；懦弱”，④“不講原則的，不過硬的”。《成都話》（頁159）“炬”①“軟”，②“無力”，③“軟弱”，④“腐爛”；又“炬和”①“軟和”。《川方匯釋》（頁160）“炬”謂“食物煮到將爛而未爛的程度”，“炬和”㊀“軟和”，又謂“‘炬和’的重疊形式是‘炬炬和和’”。《川方彙編》（頁197）“炬”①“軟，爛。例：半夜吃桃子按着炬的捏”，②“怯懦。例：耳朵炬，周身都炬”。又（頁26）“膀籬籬”例“膀籬籬燉炬和，好待承客人”。《成方》（頁78）“炬”①“物體內部的組織疏鬆，受外力作用後，容易改變形狀，相對‘硬’而言”，②“爛”，③“無力”，④“軟弱”，⑤“不過硬，不堅持原則”。《重方》（頁242）“炬”①“指食物煮爛或果實熟透”，②“泛指柔軟”，③“（身體）乏力”，④“軟弱”，⑤“腐爛”；“炬炬”①“很軟”，②“便宜”，③“不付出代價而獲得”；“炬和”①“柔軟”，②“軟弱”，③“便宜”，④“容易”，⑤“不付出代價而獲得”。

亦作“葩”。清咸豐四年《興義府志》卷四十二《風土志·方言》、民國三十七年《貴州通志·風土志·方言》：“物煮爛曰葩。”或作“皀”。清李宗昉《黔記》卷一：“煮爛曰皀。讀怕平聲。”或記音作“拋”。民國十五年《南川縣志》卷六《土音土語》：“拋，土語物質硬之對，爲帕之陰平，不得其字，記者疑爲拋字而土音稍迻也。蓋物生硬則質緊縮，熟則拋起，即冷縮熱漲之義（引申爲凡物柔軟爲拋和）。至謂物質鬆散者爲泡，則象水球之外實內空也。又拋音亦或轉若泡，如出言、作事不精細曰抛茅是也。”[1]民國十七年《長壽縣志》卷四《人事部·方言》：“物不硬讀怕平聲。”亦衹記音而無字矣。

前撰引《巴縣志》卷五《禮俗·方言》謂“物之爛者，本字當作腐”，徐德庵《蜀語札記》云“爛，案本字當作㸙”[2]，《昭通方言疏證》（1663條）以爲本字當作“靡”，可參看。黄仁壽等《蜀語校注》（頁107）本徐説，謂“㸙从靡得聲，靡又从麻得聲，古在‘戈部’，變入支韻則讀靡爲切。此乃雅言。今川語讀如普巴切。殑、㱧，均後出俗字”。

《大字典》（二/3/1485）“殑”謂“腐氣”，又（6/3250）“㱧”②“同‘殑’。腐氣”，均引《集韻》，未及此義。又（3/1659）“汃”（三）pā，“方言。爛熟；疲軟”，引《方言據》及《蜀語》。又（4/2351）“粑”音pā，①“方言。指食物熟透而柔軟。如：蘿蔔煮粑了；粑柿子。也泛指軟，柔軟”；②“方言。身體發軟無力。如：全身發粑；脚粑手軟”；③“方言。軟弱”，引李劼人《大波》第一部第十一章：“比起以前那幾次王人文代奏出去的，口氣也就粑多了。”顯然爲蜀方言詞矣。又（1/509）“塗”、又（6/3466）“葩”未及。

《大詞典》（5/904）“汃₃”音pā，謂“方言。爛熟；疲軟”，引《蜀語》。又（7/47）“粑”音pā，①“方言。柔軟；爛糊”，首引《春潮急》；②“方言。身體發軟無力。如：足粑手軟”；

---

① “抛和”，《川方》（頁294）作“粑和（粑活、粑合、粑貨），①“軟和”。“抛茅”，《川方》（頁299）作“泡毛（炮毛）”，音pao^4mo^2，謂“急躁；冒失”。又（頁300）“泡毛貨”謂“體積大，重量輕的東西”。

②《古代漢語論文集》，巴蜀書社，1991年1月第1版，第376頁。

③“方言。軟弱”，引《大波》。《現漢》“灺”音pā，〈方〉①“（食物等）爛糊；軟和”，②“軟；軟弱”。又《大詞典》（2/1176）“塗”、又（9/475）“葩”未及。亦未收“殇”、“皷”。

《方言大詞典》（頁7126）“皷”音bó，謂“爛熟；稀爛；鬆軟；潮濕”，西南官話，引《雲陽縣志》及《蜀語》；“皷肉”謂“煮得爛熟的肉”，西南官話，引《昭通方言疏證》。上引《蜀語》、《遵義府志》、《雲陽縣志》、《昭通方言疏證》等均直音“跛”，今蜀方言“跛”音［p‘a²¹］，而“爛熟”義等音［p‘a⁵⁵］。《方言大詞典》既引《云陽志》、《蜀語》、《昭通方言疏證》，西南官話“皷”何來“bó”音？又《方言大詞典》（頁3614）“灺”音pā，①“軟爛”，西南官話；②“無力”；③“懦弱”。

灺耳朵　葩耳朵　$pɑ^{55}er^{53}do^{55}$［$p‘a^{55}ər^{53}to^{55}$］

怕老婆的人。參《考釋》第503頁。清Adam Grainger《西蜀方言》（頁606）：“丨耳朵。”即“a hen-pecked husband, lit., soft ears”。李劼人《大波》第一部第一章：“灺耳朵，不就是毛病麽？”原注：“灺耳朵，是怕老婆的代名詞。”[①]又：“我們不要笑灺耳朵。當今在政治舞臺上活躍的人，有幾個的耳朵不灺？

① 《李劼人選集》第二卷，四川人民出版社，1980年2月第1版，第10頁。

蘇星煌的耳朵要能早點炟的話，我相信他的前程更會遠大一些。”又《暴風雨前》第二部分：“伍平是炟耳朵！平日打三個擒五個，啥都不怕，歪得象一隻老虎，如今武松進門，就皈依佛法了。”原注：“炟字也是新創的字，讀成‘怕’字的陽平聲，用途甚廣泛，有軟柔意思。這炟字的創作年代，與‘搞’字‘垮’字差不多相同，但被採用，還是近七八年的事。炟耳朵是怕老婆的代名詞。”[①]“炟”今讀“怕”陰平聲。曾德祥《〈暴風雨前〉中的四川方言詞初釋》“炟耳朵”音［p‘A^{55}ɚ^{53}to^{55}］，謂“害怕老婆的男人”[②]。艾蕪《我的旅伴》：“你不管管你的老婆子，你倒罵我，你這天生成的炟耳朵！”原注：“‘炟耳朵’：意思怕老婆。炟應讀pa。”[③]

亦作“葩耳朵”。民國《息烽縣志》卷二十九《風土志·方言》：“謂輕信曰葩耳朵。”此猶通語“耳朵軟”。西南官話中懼內者自然“耳朵軟”，對老婆大人言聽計從，即俗謂“葩耳朵”。

今音義並存。《川方》（頁293）“炟耳朵”謂“怕老婆的人”。《川方彙編》（頁153）“炟耳朵”謂“懼內者”。《川方匯釋》（頁160）“炟耳朵”謂“舊指一切順從妻子的人”。《成都話》（頁160）“炟耳朵”謂“怕妻子的人”。《重方》（頁243）“炟耳朵”謂“軟耳朵。喻指怕老婆的人”。《成方》

---

① 《李劼人選集》第一卷，四川人民出版社，1980年2月第1版，第375頁。

② 《成都師專學報》1995年第1期。

③ 《艾蕪中短篇名著》，四川文藝出版社，1995年9月第2版，第163頁。

（頁78）“炟耳朵”①“怕老婆或對妻子特別尊重或順從而沒有主見的人”，②“見‘炟耳朵車’”；而“炟耳朵車”謂“自行車旁邊掛上兩個車輪、有坐椅的車。因常是丈夫蹬車，妻子坐車，故名‘炟耳朵車’。現在也用來載客‖也簡稱‘炟耳朵’”。此爲二十世紀七八十年代成都街頭常見自行車後輪旁加一輪（不是“旁邊掛上兩個車輪”）並置一座，故又叫“偏三輪兒”，俗稱“炟耳朵”，因多爲丈夫騎車，帶着妻子出行，其得名之由不言而喻矣[①]。成都寬窄巷子入口處的“懷舊場景”藝術長廊即陳列一男子騎“炟耳朵”，那個座位還可供人坐上去照相，左旁說明寫作“耙耳朵嘛”，謂“上世紀七、八十年代，成都有許多在一邊搭上‘偏斗’載客的自行車，因最初爲丈夫騎車妻子乘坐，故得名‘耙耳朵’，是成都市井文化中一道獨特而溫馨的風景綫”。如下圖：

“耙”字聲調不合，應從蜀方言記錄習慣寫作“炟”。

① 另參鄒建成《耙耳朵與偏三輪（原創）》（2009-09-24），http://blog.sina.com.cn/s/blog_4eb3e2af0100fgdn.html。

《大詞典》（7/48）“炟耳朵”謂“軟耳朵。多指容易聽信老婆的話，亦指怕老婆的人”，自編例句。

《方言大詞典》（頁3615）“炟耳朵”①“怕老婆的人”，西南官話。

杷杷　捌杷　筢筢　扒扒　耙耙

$pɑ^{21}pɑ^{55}$ [$p'a^{21}p'a^{55}$]

聚攏或疏散柴草糧食的器具。長柄，一端成扇狀，有齒，一般屈竹爲之。参《考釋》第503頁。《急就篇》卷三：“捃穫秉把插捌杷。”顔師古注：“無齒爲捌，有齒爲杷，皆所以推引聚禾穀也。”《方言》卷五：“杷，宋魏之閒謂之渠挐，或謂之渠疏。”郭璞注：“無齒爲朳。”[①]此當以木製。《説文·木部》：“杷，收麥器。”徐鍇繫傳：“杷者所以聚也。”清光緒四年《彭縣志》卷三《民事門·田功志》：“每時出則晡草（晡俗作晒），至晚而欑之，而覆之。晡穀用大竹簟，推以木杴，長尺四寸，兩

① 華學誠校釋匯證：“王念孫手校《方言疏證》於‘杷’字天頭朱筆批注：‘杷謂之渠挐。郭璞曰：有齒曰杷，無齒曰朳。《一切經音義》十八。’《廣雅·釋器》王氏《疏證》引郭《注》作：‘有齒爲杷，無齒爲朳。’王念孫《與劉端臨書》：‘今本《方言》“杷”字《注》云：“無齒爲朳。”念孫所校本於此上增“有齒爲杷”四字。紹弓先生云：“有齒爲杷，見顔師古《急就篇注》，此不當有。”今案：《説郛》本有此四字，又唐玄應《一切經音義》云：“《方言》：杷謂之渠挐。郭璞曰：有齒曰杷，無齒曰朳。”則是郭《注》原有此四字，不始於《急就篇注》也。’周祖謨《方言校箋》：‘《紺珠集》引亦有此四字。’當據王、周二氏校於‘無齒爲朳’上補‘有齒爲杷’四字。”

畔有齒如櫛，柄長七八尺，名摝（音蝦）穀柭。”蜀語從“犮”得聲之“跋”、“拔”、“柭”音［p'a²¹］，故柭即杷。蜀中聚攏、疏散糧食或平整水田用木製杷，即《彭縣志》之“木柭”，稱“攪杷子”或“攪刮子”、“攪田杷”、“摝穀柭”。聚攏疏散柴草，則以屈竹爲之杷。漢王褒《僮約》：“屈竹作杷。”按《漢書·王褒傳》云“褒字子淵，蜀人也”。《僮約》亦自謂“蜀郡王子淵，以事到湔”，“神爵三年正月十五日，資中男子王子淵，從成都安志里女子楊惠買亡夫時戶下髯奴便了，决賈萬五千”。“神爵”爲漢宣帝年號，三年爲公元前59年。可見蜀中“屈竹作杷”，已有兩千多年歷史了。元王禎《農書》卷十四《杷扒門》：“王褒《僮約》曰揉竹爲杷。……《竹杷》詩云：‘揉竹爲杷指爪如，强于穮蓘易渠疏。僕僮有約供薪爨，一務誰知用有餘。’”亦作“竹柭”。清光緒四年《彭縣志》卷三《民事門·田功志》：“凡收穀椿，斂散以竹柭，斂之亦曰勞，散之亦曰摝。柭之式，密剖竹而編之，以其下爲柄，火之而屈其末以爲齒，既輕且靈，於勞薪草宜，古人謂之蔿也。”其製作方式，自《僮約》所載，流傳至今矣。

前撰“捌杷”引清李調元《卍齋璅錄》，“扒扒”引清劉省三《躋春臺》。以上並同詞異形。今蜀中農村仍“屈竹作杷”，可見其歷史悠久。疊言爲“杷杷”，用後起字“笆”，亦甚有理據。《改併四聲篇海》引《川篇》：“笆，五齒笆草也。”《康熙字典·竹部》：“笆，《篇海》白巴切，音琶，五齒，笆泥，用以取草。”清光緒《浦江縣志》卷三《輿地志·風俗附方言》：“笆，《篇海》白巴切，音琶，五齒，笆泥，用以取草，俗呼爲釘筢。”按屈竹爲之者，蜀中不叫“釘筢”。竹製“筢筢”亦可用以疏散糧食，如同上引《彭縣志》“推以木枚”矣，“散之亦曰摅”，散開亦曰摅開，“摅”亦音同“蝦”。

或作“耙耙”。清傅崇矩《成都通覽·成都之農業用品》（頁426）：“竹耙耙、背篼、曬簟。”

《川方》（頁294）“扒扒兒”謂“聚攏或疏散柴草、穀物的農具。有長柄，一端有齒，用竹子或木頭製成”。《成都話》（頁160）“筢筢”音［$p'a^{21}p'a^{55}$］，謂“筢子，摟柴草的竹製器具”。《 重方》（頁244）“扒扒兒”音$pa^{2}par^{1}$，謂“聚攏、疏散開柴草和穀物的器具。長柄，一端有齒，用竹或木製成”；又（頁424）“竹筢筢兒”謂“竹製的翻曬糧食、柴草的農具，一端爲爪形，另一端爲竹竿。可用作上山摟捞柴草的工具。參見‘扒扒兒’”。今蜀中城市園林工人修剪花草後，即用“筢筢”將剪下的枝葉草莖聚攏運走，不難見到。如下圖[①]：

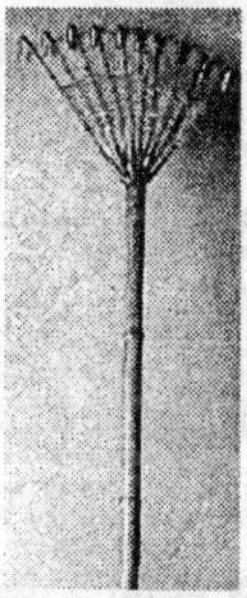

《大字典》（二/3/1259）“杷”（一）①“一種有齒和長

① 左圖：元王禎《農書》卷十四《杷扒門》“竹杷”，《景印文淵閣四庫全書》第730冊，第464頁。

柄的農具。用以耙梳、聚攏，多用竹、木或鐵等製成”。又（5/2963）“耙”（二）“扒翻穀物及聚散柴草等的用具，用木、鐵、竹製成”。又（3169）“筢”謂“摟柴草等的工具。多用竹製，一般有五齒”，首引《改併四聲篇海》引《川篇》。

《大詞典》（4/885）“杷$_1$”①“農具名。一端有柄，一端有齒，用以聚攏、耙梳穀物或整地等。齒用竹、木或鐵等製成”，首引《急就篇》。又（6/618）“捌”音bá，①“農具名。無齒耙”，引《急就篇》。按方言當讀若“杷”，音pá。又（8/1170）“筢”謂“五齒的竹耙，用以爬開、聚攏柴草或穀物等”，引吳組緗《山洪》。又（6/338）“扒$_3$”①“用手、工具使東西聚攏”，動詞。又（8/596）“耙$_2$”謂“耙子”，而“耙$_2$子”謂“聚攏和疏散柴草、穀物或平整土地的農具，有長柄，一端有鐵齒、木齒或竹齒”。未收“杷杷”、“捌杷”、“筢筢”、“扒扒”、“耙耙”。

以上“杷”、“耙”、“筢”兩工具書均音pá，則同音通用，各辭書內部釋義應一致。又，蜀中竹製“筢”不限五齒，以竹大小爲別，手能握下之大竹則多至十餘齒，手杖粗細之竹製則七八齒（如上圖所示）。

《現漢》“筢子”音pá·zi，謂“摟（lōu）柴草的器具，多用竹子、鐵絲等製成”，“耙子”謂“聚攏和散開柴草、穀物或平整土地的農具，有長柄，一端有鐵齒、木齒或竹齒”，釋義詳略亦不盡相同。

《方言大詞典》（頁6599）“筢筢”謂“摟柴草的竹製用具”，西南官話。又（頁4566）“耙耙兒”謂“小耙子”，西南官話（湖南安鄉）。又（頁1106）“扒扒”謂“耙子”，西南官話，引四川歌謠“班竹~手內拖”，此正《僮約》所謂“屈竹作杷”之“扒扒”也。

脈　攊　拍 pαi^{53}［p‘ai^{53}］

分開；手、腳等向兩側分張開。参《考釋》第506頁。《廣韻·陌韻》：“脈，破物也。”《集韻·麥韻》：“脈，分也。”《正字通·片部》：“脈，舊註音拍，破物也。據楊慎《古音獵要·錫韻》‘鋠’註：‘《諸經音義》古文劈、鋠、脈三形同。’又《奇字韻》脈同脈。按脈與鋠同，本从𠂢，譌作脈，脈舊註改音拍，分脈、鋠爲二，楊合脈、脈爲一，並非。”明趙南星《目前集·俗字》：“脈，音百，破物。”民國二十四年《蕭山縣志稿》卷二十九《瑣聞·方言謠諺》：“擘物使開曰脈。《廣韻》音拍，‘破物也’。《集韻》‘分也’。今俗謂擘橙橘之屬曰脈。”由破物、分引申指手、腳等向兩側分張開。清范寅《越諺》卷下《單辭隻義》：“脈，珀，分也。兩腳大開亦曰脈。出《集韻》。”姜亮夫《昭通方言疏證》（1265條）：“昭人言分兩手兩腳而開之曰脈，音如派（上聲），《廣韻》訓爲‘破物’，讀陌韻，破物即分開之義，故《集韻》訓分，按此即‘八’字同族語也。八，分也，孳乳則爲必、爲分、爲北、爲剌趴、爲𠂢，而脈與派又𠂢之孳乳，歌麻與支咍之變，水分曰派，人之手足開張曰版，皆專別字矣。”

亦作“搧”。前撰《考釋》引《金瓶梅詞話》數例，並校正多處形誤作“搧”者。原引及徐之明先生1996年在張家界舉行的“全國第七屆近代漢語學術研討會”上提交的論文，該文後以《明清白話小說俗語詞考釋》爲題發表於《貴州大學學報》1999年第1期，前撰未及見，可參看。《詞話》第五十一回：“賊秫秫小廝，仰搧着掙了，合蓬着去。”毛德彪等《金瓶梅注評》“仰搧着掙了，合蓬着丟”，謂“玳安罵書童的話，指書童用供人玩淫得來的錢去逛花街柳巷尋淫樂”[①]。李申《金瓶梅方言俗語匯釋》“仰搧掙，合蓬去”、“仰搧掙，合蓬丟”兩收，前條謂“罵人話。言用賣淫掙的錢來買淫。‘仰搧’，兩腿向外分開地仰躺；‘合蓬’，即合仆，向前臥倒，詳該條。此均指行淫時的姿態。又作‘仰搧掙，合蓬丟’”；後條謂“同‘仰搧掙，合蓬去’”[②]。張季皋主編《明清小說辭典》謂“‘搧’應作‘搧’，‘蓬’應作‘撲’”[③]。白維國等《金瓶梅詞話校注》“仰搧着掙了，合蓬着丟——穢語。此處謂做男風掙得錢來，又在亂搞女人時化掉。仰搧：仰臥。合蓬：俯臥。”[④]《會評會校金瓶梅》劉輝等校：“‘合蓬着丟’，綉像本‘丟’作‘去’。”[⑤]《會評會校本金瓶梅》秦修容校：“合蓬着丟，

① 廣西人民出版社，1990年11月第1版，第432頁。

② 北京師範學院出版社，1992年3月第1版，第243頁。

③ 花山文藝出版社，1992年8月第1版，第921頁。

④ 岳麓書社，1995年8月第1版，第1373頁。

⑤ 香港天地圖書有限公司，1994年，第1024頁。

‘丟’，詞本、崇本作‘去’。”[①]又第八十一回：“你家老婆在家裏仰搧着掙，你在這裏合蓬着丟。”“搧”，陶慕寧校注本作“揙”[②]。梅節《金瓶梅詞話校讀記》第五十一回校：“合蓬着去　‘去’應爲‘丟’之訛。”並引第八十一回例，謂“‘丟’雙關語：射精。‘蓬’，魏子雲云應爲‘縫’”；又第八十一回校：“仰搧着掙……合篷着丟　‘搧’應爲‘揙’；‘蓬’應爲‘縫’。”[③] 雷漢卿《近代方俗詞叢考》“仰揙掙，合蓬去”，謂“‘仰揙’亦是‘仰臥’，面朝上躺着”[④]。按以上各家互有所得。“去”確爲“丟”形譌，與“掙”前後對舉。“揙”謂四肢分張開。“仰揙着掙了，合蓬着丟”，謂仰躺着舒展開身子掙錢，又合仆着身子花錢淫樂。謂“‘揙’應作‘搧’”，則本末倒置，實則“搧”爲“揙”形譌。“蓬”與“仆”雙聲，方俗或義同“仆”，謂“應作‘撲’”、“應爲‘縫’”則非是，作“篷”則寫誤。都興宙《西寧方言詞正字考》“仰絆、合逢”，謂《西寧方言志》頁231“‘仰絆’作‘仰拌’，釋義爲‘後倒’。按：‘仰絆’指向後摔倒，則‘拌’無‘摔倒’義，字當以‘絆’爲正。又：‘向後摔倒’叫‘仰絆’，仰面而臥西寧話亦稱爲‘仰絆兒’，《方言志》191頁作‘仰板兒睡’，實際‘仰絆’一詞正字無異，不當寫作二形。‘合蓬’，

---

① 中華書局，1998年3月第1版，第1903頁。

② 人民文學出版社，2000年10月第1版，第1254頁。

③ 北京圖書館出版社，2004年10月第1版，第242-243、421頁。

④ 巴蜀書社，2006年11月第1版，第87頁。

西寧話與‘仰絆’相對，義爲向前摔倒或伏身而臥，而《方言志》及字、詞書均不見收。《金瓶梅》第81回：‘你家老婆在家裹仰捭着挣，你在這裹合蓬着丢！’可知字正作‘合蓬’”[①]。謂“‘丢’雙關語：射精”，則求之過深，況且不適合《詞話》第五十一回“婦人一連丢了兩遭身子”，第七十九回“婦人一連丢了兩次”，第三十七回“（原來婦人）不然隨問怎的不得丢身子”等幾例。

《大字典》（二/4/2080）新增“捭”，音pǎi，謂“兩臂朝左右兩邊伸開”，僅舉《金瓶梅》第七十八回：“（林太太躺在牀上）兩隻手捭着。”但還有“仰捭炕上”、“仰捭着挣”等說法，則包括腿在內，或者說身體舒展開亦謂之捭。

或作“拍”。前撰揭《醒世姻緣傳》第六十八回：“你沒見坐着那山轎，往上上還好，只是往下下可是倒坐着轎子，女人就合那抬轎的人對着臉，女人仰拍着，那腳差不多就在那轎夫的肩膀上。”又第七十二回：“斷然要把兩隻腿緊緊夾攏，不可拍開。”《繡榻野史》卷上：“（金氏）仰眠在凳上，兩腳慌忙拍開。”清游戲主人《笑林廣記》卷六《問兒》：“一人從外歸，私問兒曰：‘母親曾往何處去來？’答曰：‘間壁。’問：‘做何事？’兒曰：‘想是同外公吃蟹。’又問：‘何以知之？’兒曰：‘只聽見說：拍開來，縮縮腳。娘又叫道：勿要慌，我個親爺。’”又，清光緒《浦江縣志》卷三《輿地志·風俗附方言》：

---

① 《青海民族學院學報》1981年第2期。“拌”有摔、棄擲義，四川方言亦謂向後摔倒爲“仰拌”。

“質劑書分出若干曰拍。”民國十八年《衢縣志》卷八《風俗志·方言》：“分開曰拍。故兄弟析産爲分拍。質劑書分出若干分亦曰拍。音近似擘。”上兩例“拍”則義同《集韻·麥韻》之“㵟”。《大字典》（二/4/1961）“拍”仍未及此義。

又，民國十七年《長壽縣志》卷四《人事部·方言》：“手量物曰派。上聲。”此記音。今蜀語仍謂以兩手側舉量物曰派，其長度則稱一派。派音［p‘ai53］。兩手側舉量物之長短，即兩手必須向兩側分張開，纔能完成這個動作。《川方》（頁295）“排”①“兩手側平舉”，②“長度單位，兩手側伸直時兩個中指尖之間的距離”。《川方彙編》（頁113）“排”音pài，謂“向外排開。例：排起兩隻腳，像個外八字”。《成都話》（頁161）“排”音［p‘ai53］，①“長度單位。兩臂左右平伸，兩手頂端間的距離爲一排”，②“用‘排’作單位比量長度”。《成方》（頁165）“□”音p‘ai上聲，謂“量詞，成人兩臂左右平伸時兩手頂端之間的距離，約合五尺”，此有音無字。《重方》（頁245）“排”音pai3，①“長度單位。將兩手左右平伸，兩手中指間的距離”，②“測量長度”。

《大字典》（二/4/2161）“㵟”音pǎi，謂“將物體剖開”，首引《廣韻》。《大詞典》（6/468）“拍”音pāi，⑦“掰”，首引《水滸傳》第二十七回：“武松取一個拍開看了，叫道：‘酒家，這饅頭是人肉的？是狗肉的？’”“拍開”謂掰開，分開。未收“㵟”、“擺”。

《方言大詞典》（頁4944）“㵟”②“兩手、兩腳叉開或張開”，西南官話、吳語。又（頁5351）“排”⑯“兩手側平舉”，西南官話，此實謂兩手向兩側分張開也。

膖醜　膖臭　膖殠　𦩰臭　膀臭　膀醜

pɑng[55]cou[213]［p'aŋ[55]ts'əu[213]］

形容物體腐敗散發出異常難聞的臭氣。參《考釋》第511頁。唐慧琳《一切經音義》卷七十九《經律異相卷第二十七》："膖臭，上朴邦反，《埤蒼》：'膖脹也。'《古今正字》從肉逢聲。"按《異相》原文作"旬日之間，肉壞血流，膖脹爛臭，甚不可近"，音義釋"膖"字。《集韻·江韻》："胮，胮肛，腫也。或作膖。"《字彙·肉部》："膖，脹也。"蜀語或借音表臭氣的程度，如清張慎儀《蜀方言》卷上（頁312）："殠之甚曰膖。俗謂殠甚音若披江切。"[①]明李實《蜀語》（頁43）："物臭曰膖醜〇膖音滂；醜，抽去聲，在紂字韻。"爲複詞"膖醜"首見著錄。黃仁壽等校注："李氏謂'物臭曰膖醜'，似以用'臭'爲宜。在口語中，'膖臭'一詞，至今猶存。"拙撰亦據以謂"似應作'膖臭'"。又《蜀語》（頁121）："齆物味變曰齆醜〇齆音齆。醜，抽去聲。"黃仁壽等校注："'臭'字便爲'抽去聲'，從詞條講，不必作'齆醜'，而作'齆臭'或者'齆臭'即可。"今按"醜"本有臭義，李實用之不誤。《釋

① 清高靜亭《正音撮要》卷二《飲食》："亨臭的。"疑"亨"或"烹"形譌，"烹臭"即蜀語"膖臭"。

名·釋言語》："醜，臭也，如臭穢也。"《龍龕手鏡·酉部》："醜，醜惡也；臭也，如物臭穢也。又類也，竅也。"《禮記·內則》："魚去乙，鼈去醜。"鄭玄注："醜謂鼈竅也。"鼈竅爲臭穢之處①。清道光二十一年《遵義府志》卷二十《風俗》、光緒二十一年《敘州府志》卷二十一《風俗》、民國十年《新修合川縣志》卷三十《風俗·方言》、民國二十四年《麻城縣志續編》卷一《疆域·方言》、民國三十七年《貴州通志·風土志·方言》："物臭曰膖（音滂）醜（抽去聲）。"唐訓方《里語徵實》卷中上："物臭曰膖醜。膖音滂；醜，抽去聲，在紂字韻。"光緒八年《黎平府志》卷二下《風俗·方言》："物臭曰膖（音滂）醜（去聲）。"民國二十四年《蓬溪縣近志》卷七《風土篇·方言》："物臭曰膖（音旁）醜（抽去聲）。"以上其實均採《蜀語》。如就表音準確及通俗明白而言，用"臭"字亦是。民國十五年《南川縣志》卷六《土音土語》："物極臭曰膖臭。"民國二十一年《萬源縣志》卷五《教育門·方言》："臭之甚曰膖臭。"民國二十一年《南溪縣志》卷四《禮俗下·方言》："膖臭，膖，膀平聲，俗謂物味之最臭者。"民國二十三年《華陽縣志》卷五《禮俗·方言》："物臭曰膖（音滂）臭。"民國二十四年《雲陽縣志》卷十四《禮俗下·方言上》："膖臭，臭也。"《川方匯釋》（頁162）"膖臭"謂"很臭"。

或作"膖殠"。《說文·歺部》："殠，腐氣也。从歺，臭

---

① 《黃帝內經素問》卷二《陰陽應象大論》："故清陽出上竅，濁陰出下竅。"王冰注："下竅，謂前陰後陰。"今蜀語謂雞尾脂腺部分爲"雞竅"，其形狀與"鼈竅"相似。

聲。”段玉裁注：“《廣韻》曰：‘腐臭也。’按臭者，氣也，兼芳殠言之，今字專用臭而殠廢矣。”《集韻·有韻》：“殠，臭也。”民國十五年《簡陽縣志》卷二十二《禮俗篇·方言》：“殠之甚者曰膖殠。膖讀邦。”此讀不送氣。民國二十七年《達縣志》卷九《禮俗門·風俗·方言》：“殠之甚者曰膖殠。”

亦作“䫿臭”。《集韻·沒韻》：“䫿，䫿䫿，臭敗氣。”《類篇·自部》：“䫿，臭氣。”明李實《蜀語》（頁69）：“物濕蒸變白曰白瞨，氣變曰䫿臭○瞨、䫿音僕。”清唐訓方《里語徵實》卷中上：“物氣變曰䫿臭。䫿音僕。”張慎儀《蜀方言》卷上（頁312）：“物溼蒸氣變曰䫿。《類篇》：䫿，音勃。臭氣。”“勃”今老派蜀語音［p‘u^{21}］，音同“僕”。民國二十四年《雲陽縣志》卷十四《禮俗下·方言下》：“食物味變曰䫿臭。《蜀語》䫿音僕。”謂很臭謂“［p‘aŋ^{55}］臭”。唐樞《蜀籟》卷一（頁60）：“又黃又瘦，一身滂臭。”《川方彙編》（頁152）“滂臭”謂“（滂，胖陰平聲）極臭”。《成方》（頁335）“□臭”①“很臭”，②“帶…臭味：□鷄屎臭｜□腥臭”，“□”讀p‘aŋ陰平，有音無字。梁國均《從〈蜀語〉看四川方言語彙的構成和來源》引《釋名》、《蜀語》及《蜀籟》，謂“今四川方言‘滂臭’本此”①。紀國泰《〈蜀方言〉疏證補》（頁244）：“張氏之所謂‘物濕蒸氣變’，是指含有水分的東西遇熱氣而變味。今之蜀人謂之‘䫿臭’（音［p‘o^{21}ts‘ou^{213}］）。物變味有‘霉臭、餿臭、酸臭、䫿臭’等，其中‘䫿臭’專指麵粉變味。故當

① 《川北教育學院學報》1991年第2期。

謂‘麵粉濕蒸氣變白曰䴱臭’。”謂“䴱”音“[p‘o^{21}]”與《蜀語》、《蜀方言》等所記音及今蜀語不合；謂“‘䴱臭’專指麵粉變味”，恐失之過泥；謂張氏“當謂‘麵粉濕蒸氣變白曰䴱臭’”，更是起古人於地下以就今某一僻處方言音義，既無禮之甚，又毫無道理可言。

又，清Adam Grainger《西蜀方言》（頁607）：“丨臭。”謂“very stinking”，“丨”音“PANG^{1}”。民國十七年《大竹縣志》卷十《風俗志·方言》：“謂極臭曰膀臭。”民國二十六年《犍爲縣志·居民·言語·方言》：“物臭曰膀（音滂）醜（音抽去聲）。”民國三十三年《重修彭山縣志》卷二《民俗篇·方言》：“臭觸人曰噴臭。噴音普魂切，今蘇浙人猶說如此。”唐樞《蜀籟》末附《四川方言方音表》“滂”音pāng，謂“滂臭即很臭”。民國三十六年《新繁縣志》卷四《禮俗·方言》：“《廣韻》：‘胖，脹臭皃。匹降切。’今謂臭之甚曰胖臭，音轉爲平聲。”黄侃《蘄春語》：“今四川語狀物之臭，曰胖臭底有，音略近平。”以上記者均據音選字矣。《川方》（頁297）“滂（膖）”音pɑng^{1}，謂“〈貶〉表示程度很深：~臭”；又說“滂滂臭”，謂“很臭”。《川方彙編》（頁152）“滂臭”謂“極臭”，又（頁12）“火煙嗝”例“停了食打個滂（讀旁陰平聲）臭的火煙嗝”。《成都話》（頁162）“滂臭”音[p‘aŋ^{55} ts‘əu^{213}]，①“很臭”，②“引申爲言語污穢或話不中聽”。《重方》（頁246）“滂臭”音pang^{1}cou^{4}，①“臭味濃”；又“滂滂臭”謂“很臭。多用作小兒語”。又，姜亮夫《昭通方言疏證》（1676條）：“《說文》：‘潘淅米汁也。’即今俗所謂米泔水也，泔水易腐臭，故昭人俗謂臭爲潘臭，潘讀如旁陰平。”音同蜀語。

《大詞典》（8/1340）“䬃”音bó，謂“腐臭之氣”，未收錄以上各詞形。

《方言大詞典》（頁7312）“䬃”音bó，謂“食物變質發出的臭氣”，西南官話。又“䬃臭”謂“食物變質發出的臭氣”，西南官話、贛語。又（頁6881）“膖丑”謂“臭”，江淮官話（湖北麻城。引1935年《麻城縣志》）、西南官話（四川。引《蜀語》。又四川宜賓，貴州遵義）、贛語（湖南常寧。引《里語徵實》），又云“也作‘膖臭’”。按《麻城縣志》、《里語徵實》均採《蜀語》，本作“膖醜”，據《釋名·釋言語》“醜，臭也，如臭穢也”，“丑”今雖爲“醜”的簡化字，但“丑”本身無臭義，故不得隨意用簡化字而以“膖丑”立目矣。

跑肚子 pɑo^{53}du^{213}zi^{53}［p‘au^{53}tu^{213}tsɿ^{53}］

拉肚子。清高靜亭《正音撮要》卷二《身體》：“跑肚子，肚阿。”“阿”當作“屙”[①]。姚衡《寒秀草堂筆記·賓退雜識》：“熱拉巴十斤七兩一匣。能跑肚，去小水，治蟲證、筋骨疼。”民國四年《寬甸縣志略·風俗略》：“跑肚拉稀的，泄瀉也。”《川方匯釋》（頁163）“跑肚子”謂“腹瀉”。

《大詞典》（10/450）“跑肚”謂“瀉肚子”，首引《寒秀

---

① 《玉篇·尸部》：“屙，上厠也。”

草堂筆記》。《方言大詞典》(頁6113)“跑肚子”謂“拉肚子”，東北官話、北京官話、中原官話、晉語、蘭銀官話、西南官話。

坏子　坯子 pei^{55}zi^{53}［p‘ei^{55}tsɿ^{33}］

待再加工的初加工備用料或半成品。本字作“坏”，指未燒瓦坯。今通行字作“坯”。《説文·土部》：“坏，瓦未燒。”段玉裁注：“今俗謂土坏。古語也。瓦者，土器已燒之總名。然則坏者，凡土器未燒之總名也。”《集韻·脂韻》：“坯，瓦未燒。或从不。”又《尤韻》：“㲉，瓦器未燒。或作坏。”[①]《龍龕手鏡·土部》：“坯，俗，通；坏，正，普盃反。坯，未燒瓦坏也。”又《不部》：“坏，今普杯反，未燒瓦器也。”《淮南子·精神》：“夫造化者，既以我爲坯矣，將無所違矣。”高誘注：“坯，音坏。”《後漢書·崔駰傳》：“參差同量，坏冶一陶。”李賢注：“坏，土器之未燒者。郭璞注《爾雅》曰：‘坏胎，物之始也。’”明陳士元《俗用雜字》、焦竑《俗書刊誤》卷十一：“未燒磚瓦曰坯。音培。”趙南星《目前集·俗字》：“坏，未燒瓦也。磚亦然。”李實《蜀語》(頁76)：“瓦器未成曰坏○坏音披。”“披”蜀方言音［p‘ei^{55}］。複詞則作“坏子”。清顧張思《土風錄》卷十五《陶器未燒曰坏》：“《後漢·崔駰傳》：‘坏冶一陶，群生得理。’(《集韻》亦作‘坯’)

① 《説文·缶部》：“㲉，未燒瓦器也。从缶，㱿聲。讀若筩莩。”

今謂陶器未燒者曰坏子，見此。《翻譯名義》云：‘佛自作鉢坯，以爲後式。’《正字通》作‘肧’，云：‘婦孕一月，未生肌肉，故从不。’（本《說文》）器物未成者亦曰肧。又《集韻》‘醅’注：‘醬未成醬。’音與‘肧’同。”姜亮夫《昭通方言疏證》（1778條）：“昭人謂未燒匋皆曰坏子，或曰土坏。”

亦作“坯子”。晉葛洪《肘後備急方》卷三《治寒熱諸瘧方》：“上面以末入窑瓦坯子，大彈子大擁合子，令作一尖子，上用炭十斤簇定。”明王肯堂《證治準繩》卷二十三則作“上面以末入窑瓦坯子壅合子，令作一尖子，上用炭十斤蔟定”。又，《朱子語類》卷九十一《禮八·雜儀》：“嘗見南劍沙溪一士夫家尙收得上世所藏幞頭，猶是藤織坯子。”《大詞典》（2/1072）“坯”音pī，“坯子”①“指襯在器物裏邊的東西”，引此例。但幞頭以藤織坯子內外襯以布料等製成，“坯子”仍爲半成品也。《四庫全書》本宋謝維新《事類備要》外集卷三十五《服飾門》引《朱子語類》作“藤織坏子”。民國二年《大賚縣志》第五節《實業》：“磚窰每屆春夏之交，削平土廠，汲水活泥，用木斗子扣成坯子，疊成坯垛晒乾，即裝入窰內，用柴薪火燒至窰內全體通紅，候在窰頂上用涼水陸續灌溉浸潤濕透，使水火之氣均勻適當即成。”民國二十七年《新安縣志》卷七《實業》：“取泥若干，置輪盤上，製成各種什器坯子。”今蜀語謂器物製作或烹調等初加工備用料爲“坯子”。

《大字典》（二/1/453）“坏”（一）pī，②“沒有燒過的磚瓦、陶器，即坯子”；又（461）“坯”（一）pī，②“未燒過的陶瓷等。如：磚坯；土坯”：釋義不盡一致。

《大詞典》（2/1038）“坏₁”②“同‘坯’”，又（1072）“坯₁”①“沒有燒過的磚瓦、陶器”，③“泛指半製成品”；又“坯子”②“指未燒製加工的磚瓦、陶瓷器以及其他待加工的半成品”，首引秦兆陽《在田野上前進》。

《方言大詞典》（頁3082）“坯子”⑥“初具規模的事物”，晉語。

皮　疲 pi^{21} [$p‘i^{21}$]

疲沓，遲緩；疲軟。《豆棚閑話》六：“到那不足時，就有人緊着送來，纔皮得這些日子。”此記音。又，民國十年《寶山續縣志》卷四《財賦志·考賦》：“邑境向無抗糧陋習，其延不完納者謂之疲戶。”民國十八年《衢縣志》卷八《風俗志·方言》：“事緩曰慢曰疲。音如皮。”民國二十一年《萬源縣志》卷五《教育門·方言》：“性太緩曰疲。”又：“物難售曰行市疲。”《川方》（頁303）“疲”①“疲沓”，②“指行情價格低落”。《川方彙編》（頁45）“疲”謂“性緩”。《川方匯釋》（頁165）“疲”謂“松懈、拖沓”。《成都話》（頁165）“疲”謂“慢，拖沓”。《成方》（頁24）“疲”①“慢”，②“疲沓，拖沓”，③“形容行情價格低落、貨物銷售不暢”。《重方》（頁252）“疲”音pi^2，①“動作慢，疲沓”，②“疲軟”。

此義《大字典》（二/5/2856）“疲”、（2945）“皮”均未及。《大詞典》（8/307）“疲”④“衰敗；凋敝”，所引沙汀《淘金記》十："行市很疲。"此謂市場行情疲軟。書證與釋義不侔。

《方言大詞典》（頁5048）"疲"①"慢；遲"，西南官話；②"行情不好，價格低落"，西南官話、吳語；③"拖沓"，西南官話。又（頁1535）"皮"⑤"慢"，西南官話；⑥"遲"，西南官話；⑦"鬆懈；弛緩；不緊張"，閩語。

偏涷雨　偏凍雨　偏東雨

piɑn^{55}dong^{55}yu^{53}［p'ian^{55}toŋ^{55}y^{53}］

夏天的暴雨。參《考釋》第521頁。"偏涷雨"首見《蜀語》（頁86）著錄。清道光二十一年《遵義府志》卷二十《風俗》、光緒二十一年《敘州府志》卷二十一《風俗》、民國十年《新修合川縣志》卷三十《風俗·方言》："夏日暴雨曰偏涷雨。"章炳麟《新方言·釋天》："《爾雅》：'暴雨謂之涷。'郭璞曰：'今江東呼夏月暴雨爲涷雨。'《離騷》云：'使涷雨兮灑塵。'是也。涷音東西之東。今陝西、四川皆謂夏月暴雨爲偏涷雨，涷正音東。偏者，夏月暴雨，一二里內雨暘各異，故謂之偏。亦曰分龍雨，亦曰白雨，廣東謂之白撞雨。撞從東聲，涷音轉撞，若呼一重爲一撞，變東禍爲撞禍矣。"[①]又《駁中國用萬國新語

① 《說文·手部》："撞，卂擣也。从手，童聲。"則"撞"實爲"童"聲。王筠句讀謂"卂當作卂"。

説》："暴雨爲涷，徵之《楚辭》，淮南佗方無舉此者，川陝閒猶謂夏月暴雨爲偏涷雨。"民國十八年《合江縣志》卷四《禮俗·方言》："偏涷雨，涷音東，謂夏月暴雨也。是雨一二里內雨陽各異，故謂之偏，亦曰分龍雨。"民國二十一年《南溪縣志》卷四《禮俗下·方言》："偏涷雨，謂夏月暴雨也。涷音東。《爾雅·釋天》：'暴雨謂之涷。'十里以外雨陽各異，故謂之偏。"民國二十四年《雲陽縣志》卷十四《禮俗下·方言上》："暴雨謂之偏涷雨。"

又作"偏凍雨"。民國二十三年《華陽縣志》卷五《禮俗·方言》："暴雨曰偏凍雨。"民國二十四年《蓬溪縣近志》卷七《風土篇·方言》、民國三十七年《貴州通志·風土志·方言》："夏日暴雨曰偏凍雨。"《川方匯釋》（頁165）"偏凍雨"謂"夏季或初秋時節突然而來的、時間不久的暴雨"，又云"'偏凍雨'亦作'偏東雨'"。

亦作"偏東雨"。民國十五年《簡陽縣志》卷二十二《禮俗篇·方言》："暴雨曰驟子雨，又曰偏東雨。"民國十五年《南川縣志》卷六《土音土語》："夏時暴雨曰偏東雨。"民國三十三年《長壽縣志》卷四《風土·方言》："夏時暴雨曰徧東雨。""徧"當"偏"字形譌。《川方》（頁304）"偏東雨（偏凍雨）"謂"夏天的暴雨"。《川方彙編》（頁53）"分龍雨"謂"偏東雨，猶言龍分別行雨"。《成都話》（頁165）"偏東雨"謂"夏天的陣雨"。《成方》（頁279）"偏東雨"謂"⇨〖雷陣雨〗"，"伴有雷、電、風的陣雨，多在夏季出現"。《重方》（頁253）"偏東雨"謂"夏令時節突降的、時間較短的暴雨"。

又，民國二十一年《萬源縣志》卷五《教育門·方言》："暴雨曰偏通雨。"民國十八年《資中縣續修資州志》卷八《風土·方言》："暴雨爲天東雨。"唐樞《蜀籟》卷二（頁88）："天東雨隔朵墻，那邊落雨這邊出太陽。"民國二十七年《達縣志》卷九《禮俗門·風俗·方言》："暴雨曰偏陡雨。"《川方彙編》（頁53）"天東雨"①"即偏東雨，急雨"。"偏涷雨"、"偏涷雨"、"偏東雨"、"偏通語"、"天東雨"、"偏陡雨"並音近而小異，是以陝西、四川、貴州、雲南昭通等均言暴雨爲偏涷雨矣。

《大詞典》（1/1571）"偏練雨"謂"川陝一帶稱夏月暴雨爲偏練雨。偏，指降雨範圍小，數里之內，晴雨各異。見章炳麟《新方言·釋天》。參見'練雨'"，此誤殊甚。《新方言》實作"偏涷雨"，未聞"偏練雨"及"練雨"，第9卷931頁"練"下亦未收"練雨"，參而不見，可證。細繹其謬，恐編者誤"涷"爲"練"，非排版所致，因"涷"11畫，"練"15畫，前後順序不同。又，"練雨"實爲"涷雨"形譌。檢第5卷1347頁"涷$_1$"音dōng，①"暴雨"；"涷雨"亦謂"暴雨"，引《楚辭》、《淮南子》及司馬光詩等三例均作"涷雨"，次例下云"涷，一本作'凍'"，末云"參見'凍$_2$雨'"。又第2卷421頁"凍$_2$雨"謂"涷雨，暴雨。涷、凍，《說文》本爲兩字，暴雨義應作'涷'，因兩字形義相近，古籍刊本往往作'凍'"，引《淮南子》作"凍雨"，與"涷雨"同引此例；次引杜甫《枯柟》詩"凍雨落流膠"，並云"一本作'涷'"。其餘詞形未見。

《方言大詞典》（頁5566）"偏東雨"謂"夏天的陣雨"，

西南官話，也作“偏涑雨”，中原官話、西南官話。又“偏刀雨”謂“夏天突如其來的大雨”，西南官話（四川仁壽）。

片₁ 㓲 piɑn[53] [p'ian[53]]

用刀或斧子砍削。《說文·片部》：“片，判木也。”桂馥義證：“判木也者，《廣韻》：‘片，半也，判也，析木也。’”《廣雅·釋詁四》：“剖、辟、片、胖，半也。”謂“判”、謂“半”，即“析木”；以刀斧砍削，去其多餘而留其所需，亦爲“析木”。清陳鼎《滇遊記》：“瓠匏可盛粟二十斛，片之，可爲舟航。”“片之”謂分瓠匏爲兩半。

亦作“㓲”。《集韻·僊韻》：“㓲，削也。”明嘉靖《馬湖府志》卷六《良牧列傳》載白璧《禁官枋議》：“本府商人拖運杉楠板枋，進入建昌窮谷之中，捨命破家，苦勞萬状，及㓲砍成材放下，沿江掛閣，被夷猓截殺水手，将官枋斧削山號，鋸成常材，以圖變賣，商人苦之。”“㓲砍”同義連文。《硃批諭旨》卷二百三下雍正八年四月二十八日吏部尚書署陝西總督查郎阿奏：“至㓲刀一項，向係專派守兵演習，因川省林深箐密，㓲刀可戳可斫，轉折捷便，又可護衛。”“㓲刀”似爲用以砍殺的兵器。《清文獻通考》卷一百九十四《欽定工部則例造兵仗式（乾隆二十一年定）》：“寬刃㓲刀。”《清禮器圖式》卷十五《武備三（武具二）·藤牌營㓲刀》：“謹按《宋書·宗越傳》：‘刀楯步出挺身單戰。'《景祐集韻》:'䅛,削也。'茅元儀《武備志》:'近世南兵率用圓牌,而間之以腰刀。'本朝定制藤牌營䅛刀,鍊鐵爲之,形如佩刀,通長二尺八寸,刃長二尺二寸,濶一寸。"[①]《川方》(頁304)"片(䅛)"音pian³,謂"用刀或斧頭削"。今蜀中市井俗語有"鋳鋤落到褲襠頭——䅛屄",當然也說"鋳鋤落到褲襠頭——䅛毬","䅛"爲砍削,諧音"諞",謂諞嘴、誇口[②]。《重方》(頁254)"片"音pian³,①"用刀或斧頭削"。

《大字典》(二/4/2158)"片"(一)①"剖開;分開",首引《說文》及桂馥義證。《大詞典》(6/1051)"片"①"剖開的樹木之類",引《說文》及段注"謂一分爲二之木",但"判木"也可能是"析木",如前引桂馥義證。兩辭書首例同引《說文》,釋義處理不同。又《大詞典》"片"⑧"剖分",引方以智《東西均》,未收《廣韻·霰韻》:"片,半也,判也,析木也。"

又《大字典》(二/1/381)"䅛"音piān,①"削",引《集韻》。《大詞典》(2/724)"䅛"音piān,音韻地位引"《集韻》紕延切,平僊,滂",謂"見'䅛刀'","䅛刀"謂"清代兵器之一種",引《清會典圖》。既已引《集韻》音切,而《集韻》明訓"䅛,削也",未知何以視若無睹,而不釋字頭義?

① 或又作"揙刀"、"扁刀"。清劉獻廷《廣陽雜記》卷二:"(林興珠)令衆裸而入水,冒藤牌于頂,持揙刀以進。"《硃批諭旨》卷一百二十六之二十三雍正十年正月:"又南北兩鎮募補之步兵一千名,俱各遴委員弁教導訓練弓箭、扁刀、長鎗、短棍、籐牌等件。"《大詞典》(6/779)"揙刀"謂"與滚牌配合使用的一種戰刀",未收"扁刀"。

② 參《考釋》(頁523、524)"諞"、"諞嘴"條。

《方言大詞典》(頁873)“片”⑧“劈；削”，中原官話、西南官話。未收“剮”。

片₂ piɑn[213] [p‘ian[213]]

用刀將東西削割成薄片。《水滸傳》第十一回：“將精肉片爲羓子，肥肉煎油點燈。”清袁枚《隨園食單·羽族單》：“待雞熟，取出脂油。水要用熟水，收濃鹵一飯碗，才取起；或拆碎，或薄刀片之，仍以原鹵拌食。”高靜亭《正音撮要》卷二《飲食》：“片火腿。”又卷三《鉄器》：“拿小刀割他切他片他刺他刮他修好他。”《兒女英雄傳》第二十一回：“中間又加着一盤，便是那十二件裹片下來的攢盤，連頭帶蹄下水都有。”又第二十八回：“那磨刀石便叫作刀礪，伺候公婆吃飯磨刀片肉用的。”《老殘游記》第六回：“我們那裏有人送的兩隻山雞，已經都片出來了。”《川方彙編》(頁234)“片 piǎn 剖片。例：好廚師片的白肉風都吹得跑”。《重方》(頁254)“片”音pian[3]，②“割成薄片”，又云“口語中也讀去聲pian[4]”(包括上引①義)。

《大字典》(二/4/2159)“片”(一)⑥“用刀橫割成薄片”，首引《兒女英雄傳》。《大詞典》(6/1051)“片”⑨“用刀將物斜削成扁薄形狀”，首引《水滸傳》。

飄沙 piɑo^{55}sɑ^{55} [p'iau^{55}sa^{55}]

川北綿陽等地謂母牛不孕爲“飄沙”。明陸容《菽園雜記》卷四：“其最害事者，牝馬每歲通淫而不孕，謂之飄沙。”謂牝馬每歲通淫而不孕爲“飄沙”。嘉靖《遼東志》卷七《藝文志》：“馮時雍，苑馬寺卿，題《爲祛宿弊遵舊章酌時宜以蕃戎馬事》：……沙汰駑馬，以易良種，欲查將两苑種馬齒老、瞎瘸及瘦損、飄沙，并駒子短促縮小者，估計時值，令本軍變賣價銀納官。”“飄沙”當謂母馬不孕者。方以智《物理小識》卷十《鳥獸類·牛》：“凡母牛，毛白乳紅孳子多，乳疎黑無子謂之飄沙。”此謂母牛不孕者爲“飄沙”。徐樹丕《識小錄》卷一《飄沙》：“牝馬有不通滛者，名曰飄沙。”此與《菽園雜記》之説正好相反，未知孰是。清查繼佐《罪惟録·帝紀卷九·憲宗純皇帝》：“暹羅國來貢，兵部郎中陸容出卬馬，廉訪其弊，時新樂縣民所受牝馬，歲不受孕，名飄沙。”又《志卷二十二典牧志》：“又有軍衛孳牧，與民閒一例，獨院衛免養馬，馬名飄沙不育。”乾隆二十三年《口北三廳志》卷十六《雜志》：“北地凡牝馬通淫而不孕謂之飄沙。”道光《貴陽府志》卷四十七《食貨略第五之四》：“牡曰牯，牝曰沙。《物理小識》云：母牛尾白乳紅孳子多，乳疏黑無子謂之飄沙。”光緒十七年《上虞縣志》卷九《列傳》：“馬政多弊，牝馬每歲通淫不孕，謂之飄沙，養者賠駒甚苦。（陳）輝與車駕陸容訪實，擬行各府縣，民間如有飄沙，勘無詐，以馬送驛走遞，別給課馬，以紓民患，忌者阻焉。”

今川北綿陽、三臺、梓潼等地謂母牛不孕爲“飄沙”、“飄沙子”①。“沙”指雌性牲畜，如“沙牛”、“沙犀”等，故“飄沙”謂牛馬不孕也。王繼中博客討論“二尾子eryizi”一詞，舉一例謂“賢孝·王婆罵雞：好踩蛋的是騷公雞，不踩蛋的是二尾子雞，不下蛋的是犞婆娘雞”②，“犞婆娘”顯然爲罵“婦人不生子”者，此用於家禽，又不限於牛羊矣。王文“犞”未注音，不知當地方言讀什麽。按《說文·牛部》：“㹗，牛羊無子也。从牛，𠷎聲。讀若糗糧之糗。”朱駿聲通訓定聲：“今字作犞。”明陳士元《俗用雜字》、焦竑《俗書刊誤》卷十一：“牛羊無子曰犞。音叨。”李實《蜀語》（頁157）：“牛羊不生子曰犞〇犞音超。謂婦人不生子亦曰犞。”《康熙字典·牛部》：“犞，《集韻》徒刀切，音陶。《玉篇》：‘牛羊無子。’《說文》作‘㹗’，《集韻》本作‘㹗’。又《廣韻》土刀切，《集韻》他刀切，並音叨。又《廣韻》、《集韻》並昌來切，又當來切，音䑓。又《集韻》、《類篇》並蚩招切，音怊；又去久切，音糗，義並同。”按“蚩招切，音怊”，《廣韻·宵韻》“怊”、“超”同音敕宵切，《集韻·宵韻》同音癡宵切，今音chāo，蜀方言音［tsʻau55］，似難從語音上與“飄”溝通，但清蒲松齡《日

① 參《考釋》第61頁“犞”條。

② 涼州方言考-王繼中的博客 2009-04-08，http://wang jz1231.blog .sohu.com g /114003195.html。

用俗字·莊農章第二》："兒家初生頭顋子，犞漂牛忽產小花犍。"後句謂原本不生子的"犞漂牛"突然產子，"犞"直音"漂"，而"漂"一音同"飄"，則疑"犞"方俗有"飄"音，或以"犞"字賦予方音，與"飄沙"義同，又不爲無據矣。清光緒十二年《虞鄉縣志》卷一《地輿志·方言》、民國九年《虞鄉縣新志》卷四《方言略》："有與古可通者……不生子曰犞。"《方言大詞典》（頁5491）"犞"音tāo、cāi、chāo，謂"（牛羊）不生子；婦女不生育"，中原官話、晉語、西南官話，未及冀魯官話及"漂"音。

《大詞典》未收。《方言大詞典》（頁7002）"飄沙子"謂"不能生育的母牛"，湘語，未及西南官話。

飄兒菜 piɑo21er55cɑi213［p‘iau21ər55ts‘ai213］

❶一種葉青柄寬而白並凹陷如瓢的蔬菜，近似白菜，亦稱"飄兒白"。參《考釋》第525頁。前撰引"清王有光《鄉言解頤》"，"王有光"當作"李光庭"，茲予訂正。明嘉靖《仁和縣志》卷三《菜品》："大白頭、小白頭、薹心、夏菘、黄芽、飄兒菜、矮黄、矮青、生菜。"宋詡《竹嶼山房雜部》卷十一《樹畜部三·種蔬菜法》："飄兒菜，似夏菁菜，色微黄，性柔。"方以智《物理小識》卷六："飄兒菜似夏菁菜，色微黄。"清蔣超《金陵舊院》詩："荒園一種飄兒菜，獨占秦淮舊日春。"康

熙十二年《太平府志》卷十三《物産》:“菜品，圃出多白菜……多瓜、多瓢兒菜。”又:“瓢兒菜似白菜，但葉青而厚似瓢，臘月間烹食。”袁枚《随園食單·雜素菜單》:“瓢兒菜，炒瓢菜心，以乾鮮無湯爲貴。雪壓後更軟。王孟亭太守家製之最精。不加别物，宜用葷油。”乾隆十三年《江寧新志》卷八《民戶志·物産》:“瓢兒菜，冬月出，味甘美，冠于諸蔬，或取其種植于他邑，則味變而質粗矣。”乾隆十五年《當塗縣志》卷八《物産》:“瓢兒菜，冬月食。”嘉慶十六年《重刊江甯府志》卷十一《物産》:“瓢兒菜者，亦菘之類而形小，其生遲於菘而美過之。”焦循《毛詩補疏》卷二:“今之生江南者，俗呼瓢兒菜，實即江北之白菜。”曹溶《倦圃蒔植記》總論卷下:“南京一種名瓢兒菜者，比菘菜肥厚而甘美，色深緑，盛於冬春之交，其品可亞黄芽。”梁章鉅《浪跡三談》卷五《瓢兒菜》:“瓢兒菜惟江西與南京有之，其質與北方白菜相似，而風味各别，近人烹製多不得法，即《随園食單》盛稱乾炒菜心之佳，亦未盡其味也。”甘熙《白下瑣言》卷三:“今之飄兒菜，甘美絶倫，味較北地之白菜爲厚，或謂即菘菜。然必經霜雪始佳，秋末尚早，未可入饌。予決其非所謂箭杆白菜，以鹽醃之，爲禦冬計，則菘之屬矣。”同治《沅陵縣志》卷三十八《物産·植屬》:“瓢兒菜，葉形似瓢，俗又呼爲泥心菜。”同治十一年《都昌縣志》卷五《食貨志·物産》:“瓢兒菜，色淺碧而味清脆。”郭雲陞《救荒簡易書》卷一:“油菘菜，正月種，二月可食，春霜春雪不畏也，俗名瓢兒菜。”民國二十五年《當塗縣志·輿地志·物産》:“瓢兒菜，似白菜，葉青厚皺起。”孫錦標《通俗常言疏證·飲食》:“《金陵雜志》：‘飄兒菜，其心黃，冬日始有，與青菜另一種風味。’今江北多云瓢兒菜。飄當是瓢之譌。”《金陵雜志》爲清末民初徐壽卿所著，“飄兒菜”當記方音。

又，明姚旅《露書》卷十二：“金陵鈔庫街回子寸金糖極有名，妓吕二嘗以遺吳非熊，非熊因暱之，每以誇名妓楊七。一日，邀楊七過集，當家者不悦，別無供具，故以薸兒菜耻之，非熊出口即曰：‘討氣！’柳陳父因作打油詩嘲之，末云：‘寸金回子糖爲果，兩盤薸兒菜當葷。請得剛剛楊七在，只塲討氣不堪聞。’”清郭雲陞輯《救荒簡易書》卷一：“蓏兒菜，鄭板橋詩集有蓏兒菜，即油菘菜也。”“薸”記方音。據《説文·艸部》“菜，艸之可食者”，故加“艸”，作“薸兒菜”、“蓏兒菜”。

以上文獻記錄所指，即今蜀中瓢兒菜，亦曰飄兒白，形似白菜而小，葉柄厚而似瓢，故名（參上“牛皮菜”條“瓢兒菜”圖）。《重方》（頁255）“瓢兒菜”音piao^{2}er^{1}cai^{4}，謂“瓢兒菜”；又“瓢兒白”音piao^{2}er^{1}be^{2}，謂“瓢兒菜。其葉柄寬而白，並凹陷如瓢，故名”。1983年第2版《現漢》（頁874）“瓢兒菜”音piáorcài，謂“二年生草本植物，葉片近圓形，向外反卷，黑綠色，有光澤。是一種蔬菜”，第5版則未見收錄，或以爲方言詞而汰除矣。

❷葉甜菜，又稱牛皮菜，部分地區亦稱厚皮菜。清嘉慶十八年《常德府志》卷十八《物產考》：“莙蓬，俗名瓢兒菜。”同治五年《巴東縣志》卷十一《物產志》：“甜菜，一名莙達菜，又名瓢兒菜。”光緒《金堂縣鄉土志》卷四《物產》：“甜菜，

一名瓢兒菜，俗名厚皮菜。”民國十八年《滎縣志·物產》：“瓢兒菜，得霜味腴，紅者止飼豕。”前義之“瓢兒菜”，蜀中未見有紅色者。葉甜菜則有紅色、金色等數種，城市園林亦常作觀賞植物栽培。如下圖：

民國十五年《簡陽縣志》卷二十二《禮俗篇·方言》：“牛皮菜曰瓢兒菜。”民國二十一年《萬源縣志》卷三《食貨門·物產》：“牛皮菜，古名醍醐，謂有乳汁，菜厚，又名瓢兒菜。”又卷五《教育門·方言》：“瓢兒菜曰牛皮菜。”民國三十三年《重修彭山縣志》卷三《食貨篇·物產》：“厚皮菜，又名瓢兒菜，有紅青二種，此不知古爲何名。”民國三十三年《汶川縣志》卷四《物產》：“厚皮菜，一名瓢兒菜，《群芳譜》曰莙菜。”此則俗謂牛皮菜，剝葉留心，復長復剝，其味不佳，蜀中多作豬飼料。參“牛皮菜”條。

《大詞典》（8/282）“瓢兒菜”謂“蔬菜名。二年生草本植物，植株貼地生長，葉片近圓形，向外反卷，黑綠色，有光澤”，無書證。而“植株貼地生長”僅爲其一種，蜀中常見者向上生長，有高達三四十釐米者。

《方言大詞典》(頁7200)“瓢兒菜”①“烏塌菜;黑白菜;烏白菜”,江淮官話;②“葉甜菜”,西南官話;③“小白菜,雞毛菜”,吳語。

瞟眼兒 piɑo^{53}yɑnr^{53} [p‘iau^{53}ianr^{53}]

斜眼;眼睛斜視的人。《説文·目部》:“瞟,瞭也。”段玉裁注:“今江蘇俗謂以目伺察曰瞟。”朱駿聲通訓定聲:“今俗語謂邪視曰瞟白眼。”“瞟白眼”即蜀語“瞟眼兒”。清翟灝《通俗編》卷三十六《雜字·覭》:“闢了切,《説文》‘目有所察省貌’。按今俗以目畧一過爲覭。又《説文》有瞟字,解云‘瞭也’,《集韻》云與覭同,《埤蒼》云‘一目病也’。今俗有瞟眼語,與《埤蒼》所訓最合。”高靜亭《正音撮要》卷二《身體》:“瞟眼,《紅樓》廿八回,賣眼角也。”唐訓方《里語徵實》卷上:“眼珠偏曰瞟。瞟,瓢上聲。《埤雅》:‘一目病也。’《類篇》:‘目小貌。’俗呼爲瞟子。”光緒《金華縣志》卷十六《志類要第八·方言》:“覭,闢了切,《説文》:‘目有所察省貌。’按目略一過爲覭。又《説文》有‘瞟’字,解云‘瞭也’。邑人有覭白眼語。”又,民國十三年《崇明縣志》卷四《地理志·方言》:“覭,音漂上聲,俗謂多白眼爲覭。”“覭”同“瞟”,同字異形。《説文·見部》:“覭,目有察省見也。从見,票聲。”段玉裁注:“目偶有所見也。伺者有意,覭者無心，今俗語尚云覭，與《目部》之瞟音義皆同。”蜀語也說“瞟眼子”。《川方》（頁306）“瞟眼兒”謂“斜眼”。亦指斜眼者。《川方匯釋》（頁166）“瞟眼兒”謂“眼睛斜視的人”。《重方》（頁255）“瞟眼兒”①“患斜視的眼睛”，②“患眼睛斜視的人”。

《大詞典》（7/1250）“瞟眼”謂“斜着眼看人”，引許地山《危巢墜簡·無法投遞之郵件》：“在談笑間，常理會她那抽煙、聳肩、瞟眼的姿態，沒一樣不是表現她底可鄙。”此爲動詞，名詞義未及。

《方言大詞典》（頁7243）“瞟眼”謂“斜眼”，西南官話、吳語。又（頁7243）“瞟瞟眼兒”謂“斜眼”，西南官話。

拌 拚 摒 拼 pin[55] [p‘in[55]]

無償地給予或有償分得。《方言》卷十：“拌，棄也。楚凡揮棄物謂之拌，或謂之敲，淮汝之閒謂之投。”《廣雅·釋詁一》：“拌，棄也。”王念孫疏證：“拌之言播棄也。《吳語》云‘播棄黎老’是也。‘播’與‘拌’，古聲相近。《士虞禮》‘尸飯，播餘于篚’，古文‘播’爲‘半’，‘半’即古‘拌’字，謂棄餘飯于篚也。”《廣韻·桓韻》：“拌，弃也。俗作拚。”《集韻·桓韻》：“拌，《方言》：‘楚人凡揮棄物謂之拌。’俗作‘拚’，非是。”或由“棄”引申指無償地給予，就自己而言是捨棄；或有償分得，就別人而言是割愛，與純粹的買賣不同。民國十五年《南川縣志》卷六《土音土語》："人於有情誼者之器物，不給值而匄其與曰拌，音爲聘之陰平。拌字本胡官切，與聘之陰平爲雙聲（又轉上去兩聲），其義有所棄也。俗言拌到命不上算，拌到家當不上算，則從上聲。若但言拌命，跟他兩個拌，則從聘之陰平。本爲與者不得直而空棄曰拌，俗語求者不給直而空求亦曰拌，蓋求人之拌也。"張相《詩詞曲語辭匯釋》卷五："判，割捨之辭，亦甘願之辭。自宋以後多用拚字或拚字，而唐人則多用判字。然其本字實本作拌。"

又，《爾雅·釋詁》："拼，使也。"陸德明釋文："以利使人曰拼。"《三刻拍案驚奇》第十二回："破地平東缺西穿，舊軟門前甹後補。"整理者注："甹　原書此一字左畔'扌'旁。疑原字或是'拼'的音近代用字。"[①]則"拷"、"補"互文見義，改作"甹"非是。《型世言》第二十回亦作"舊軟門前拷後補"。今蜀語無償予之與從別人那兒有償分得亦曰"拌"，音拚，亦爲補其不足矣。《川方》（頁307）"拌（拼）"音pin^1，①"無償地給予"，②"從別人那裏有償地分得"。《川方匯釋》（頁167）"拼"謂"向人索取東西"。《重方》（頁257）"拼"音pin^1，①"無報酬地送給別人"，②"不給報酬向別人索取"。

《大字典》（二/4/1965）"拌"（一）①"捨棄；不顧惜"，《大詞典》（6/502）"拌"①"捨棄；豁出"，均音pān，引《方言》。《大字典》（二/4/1969）"拚"（四）pīn（又讀pàn），

① 北京大學出版社，1987年4月第1版，第153頁。

謂“捨棄；不惜一切地爭鬥”，首引宋晏幾道《鷓鴣天》詞。又（1996）拚（一）pīn（又讀pān），謂“捨棄；不顧惜。也作‘拌’”，首引《廣韻》。又（1983）“拼”（一）pīn，④“不顧惜；捨棄”，首引《二十年目睹之怪現狀》。《大詞典》(6/530)“拚₃”音pīn、pàn，謂“豁出去；捨棄不顧。後作‘拼’”，首引五代牛嶠《菩薩蠻》詞。又（625）“拚₁”音pīn，又讀pān，謂“捨棄，豁出去”，首引杜甫詩。又（587）“拼₁”音pīn，③“不顧一切地幹”，首引《水滸傳》。蜀方言義或即“捨棄；不顧惜”之引申。

《方言大詞典》（頁4033）“拼（拚）”③“分；送”，④“討”，西南官話，音［p‘in⁵⁵］。

平垻　平壩 pin²¹bɑ²¹³［p‘in²¹pa²¹³］

平地，平原。參拙文《近代漢語俚俗詞語考辨》[1]。《龍龕手鏡·土部》：“垻，蜀人謂平川爲平垻。”清道光二十一年《遵義府志》卷一《圖說》：“山則無處非連峰峻嶺四山之麓，即合爲數里平垻，而其實仍非平也。”傅崇矩《成都通覽·成都之牧畜》（頁429）：“成都雖屬平垻，然牧畜者甚少。”又《成都之旱道路程》（頁483）：“從此到太和鎮，十五里平垻。”

① 《漢語史研究集刊》第十二輯，巴蜀書社，2009年6月第1版，第220頁。

又作“平壩”。明徐宏祖《徐霞客遊記》卷四下《黔遊日記一》四月十九日：“求苗子送出平壩，不及三十里，索價甚貴，已而竟遁去，不肯出，蓋苗習素不送客。”《平定兩金川方略》卷一百十八：“至初二日，復由山腿中間，接拏木柵九座，至沿河平壩，將賊圍截在內，痛加殲戮。”清雍正間修《雲南通志》卷三：“南湖，在城南門外，廣數里，水涸則爲平壩。”乾隆五十四年《安縣志》卷二《庶徵·場壩三》：“平地曰平壩，寬地曰大壩，河壖曰河壩。”阮元《西臺》詩：“登臺萬丈列蒼岩，遠見層坡近平壩。”Adam Grainger《西蜀方言》（頁114）：“平壩。”即“a level plain”。《成都話》（頁167）“平壩”謂“寬敞的平地；小平原”。《重方》（頁257）“平壩”謂“平地”。

《大詞典》未收。《方言大詞典》（頁1187）“平壩”謂“平地；平原”，西南官話、客話（四川西昌）。

潑 po^{21}［p‘o^{21}］

量詞，陣、起、群、場等。馮青《〈朱子語類〉俗語詞考釋》，舉《語類》卷二十九“輕財重義，有得些小潑物事，與朋友共，多少是好！”謂“‘潑’是個量詞，意思是‘批、群’。‘潑’同‘撥’。‘撥’、‘潑’同在《廣韻》入聲末韻，普活切，音同義通。歷來文獻中有其通用的例子，如敦煌變文斯坦因3491號《破魔變文》：‘後降撥墨之雨。’伯希和2187號‘撥’

作‘潑’，是其證”[①]，可參看。明徐時進《和吳郡公白龍吟（古樂府六章）》之二：“萬家煙火緊神望，一潑濃雲點滴蘇。”李詡《戒庵老人漫筆》卷五《今古方言大略》：“雨一陣爲一破，又以一番一起爲一潑。”清嘉慶七年《直隸太倉州志》卷十七《風土下·方言》：“一番曰一潑，有幾番曰頭潑二潑。”道光六年《崑新兩縣志》卷一《風俗附方言》、光緒七年《崑新兩縣續修合志》卷一《風俗附方言》：“一番曰一潑，幾番曰頭潑二潑。”顧張思《土風錄》卷十《一潑》：“一番曰一潑。李詡《俗呼小錄》：‘雨一番一起爲潑。’今俗凡事一起皆曰一潑，雨則云一陣。”民國二十二年《綿陽縣志》卷一《疆域·風俗·俗語》：“雨一陣曰一潑。”《川方》（頁308）“潑$_1$”①“伙；批（用於人）”；②“陣；場（用於雨 水）”，例有“一~大雨”、“那~露水”。括號內“水”前空格或當有“露”字。《成都話》（頁167）“潑”①“批；群”，②“場：先吹風，後下雨，當不倒一~大露水”。《成方》（頁121）“潑”①“批，群”，②“場，陣”。

《大詞典》（6/155）“潑$_2$”音bō，②“量詞。同‘撥’。（1）相當於‘番’”，首引明李詡《俗呼小錄》，“（2）相當於‘群’”，引克非《春潮急》，則爲蜀方言詞。但兩義項蜀語音［p‘o^{21}］。《大字典》（二/3/1875）“潑”（一）pō，⑬“量詞。相當於‘番’”，引《俗呼小錄》、《四川諺語》，注音較《大詞典》客觀。

① 《湖北社會科學》2012年第3期。

《方言大詞典》(頁11)“一潑”①“一場(大雨或大雪)”,西南官話;②“一番”,吳語;③“一批”,西南官話。

䔂香　䕷香　碰香 pong²¹³xiɑng⁵⁵ [p'oŋ²¹³ɕiaŋ⁵⁵]

形容極香,即通語“噴香”。參《考釋》第535頁。“䔂”字首見《集韻·董韻》,謂“香氣盛也”。清唐訓方《里語徵實》卷中上:“香曰䔂香。䔂音蓬去聲。”Adam Grainger《西蜀方言》(頁575):“這個花䔂香。”謂“this flower is very fragrant”,“䔂”音“P'ONG⁴”。民國十五年《簡陽縣志》卷二十二《禮俗篇·方言》:“香之甚者曰䔂香。䔂去聲。”民國二十一年《萬源縣志》卷五《教育門·方言》:“香之甚者曰䔂香。”民國二十一年《南溪縣志》卷四《禮俗下·方言》:“䔂香,䔂,蓬去聲,香氣盛也。”民國二十四年《雲陽縣志》卷十四《禮俗下·方言上》:“䔂香,香氣盛也。”民國二十七年《達縣志》卷九《禮俗門·風俗·方言》:“香之極者曰䔂香。”民國三十三年《重修彭山縣志》卷二《民俗篇·方言》:“香氣盛曰䔂(音碰)香。”姜亮夫《昭通方言疏證》(1676條):“香曰䔂香。”

亦作“䕷香”。民國十五年《南川縣志》卷六《土音土語》:“極香曰䕷(蓬之去聲)香。”民國十七年《大竹縣志》卷十《風俗志·方言》:“謂極香曰䕷香。”“䕷”不見於字書。《中華字海》“䕷”謂“同‘䔂’。字見《南溪縣志·方言》”,不知見於何時所修《南溪縣志》，上引民國二十一年本則作“⿰香奉”，“⿰香夆”、“⿰百夆”或“⿰香奉”字形譌，或爲蜀方言造字。亦見作“⿰壴香香”。姜亮夫《昭通方言疏證》（1731條）：“⿰壴香，《廣韻》：‘薄庚切，⿰壴香⿰壴香，大香。’昭人言大香曰‘⿰壴香香’，音碰。”按澤存堂本《廣韻·庚韻》作“⿰壴香，⿰壴香馞，大香”。

又記音作“碰香”。清傅崇矩《成都通覽·成都之土語方言》（頁264）：“碰香，極香也。”周芷穎《新成都》第四章第二節《語言》（頁53）：“碰香：極香也。”“碰”爲“⿰香奉”字音借。

以上並同詞異形。今蜀方言音義並存。《川方》（頁309）“⿰香奉香”音pong^{4}xiang^{1}，謂“噴香”。《川方匯釋》（頁164）“⿰香奉香”謂“很香”。《成都話》（頁168）“噴香〔⿰香奉香〕”音［pʻoŋ^{213}ɕiaŋ^{55}］，謂“非常香”。黃仁壽等《蜀語校注》（頁156）：“今‘⿰香奉香’、‘香⿰香奉⿰香奉’仍在蜀地口語中流行。”《重方》（頁257）“⿰香奉香”音pong^{1}xiang^{1}，謂“很香”，“重慶話轉入滂母平聲。也可重疊說‘⿰香奉⿰香奉香’”。《川方彙編》（頁240）“烹香”謂“噴香”，“烹”音pōng，記音。

“⿰香奉香”爲蜀方言常用詞，並可以AAB、BAA式重叠。如兒歌：“大月亮，小月亮，哥哥起來學木匠，嫂嫂起來打鞋底，婆婆起來蒸糯米，糯米蒸得⿰香奉⿰香奉香，打起馬兒接姑娘。”亦說“香⿰香奉⿰香奉”，即通語“香噴噴”矣。姜亮夫《昭通方言疏證》（381條）：“⿰香奉，香氣盛也。（蜀語。）昭人曰香⿰香奉⿰香奉，蓋民族自製字也。”按“⿰香奉”已見於《集韻·董韻》。據前所引，《疏證》“⿰香奉”、“⿰壴香”並用，分列三處。清傅崇矩《成都通覽·成都之土語方言》（頁266）：“香捧捧，香可愛也。”“捧”爲“⿰香奉”音借。《川方彙編》（頁133）“香烹烹”謂“香氣撲鼻”。按《說文·艸部》：“蕡，雜香艸。”段玉裁注：“當作襍艸香。”徐灝注箋：“今俗語猶言蕡香，讀扶問切之重脣音。”章炳麟《新方言·釋器》：“《說文》：‘蕡，襍香艸也。’今人謂香盛爲蕡香，音如噴。”民國十九年《嘉定縣續志》卷五《風土志·方言》：“蕡香，俗謂香盛也。《說文》：‘蕡，雜香草也。’音墳，俗讀如噴。”又，清胡文英《吳下方言考》卷九《噴》：“劉禹錫《試茶歌》：‘悠揚噴鼻宿酲散。’案噴鼻，香氣噴入鼻中也。吳中謂物之香甚者曰噴香。”高靜亭《正音撮要》卷二《飲食》：“噴香。”毛遠明《四川方言詞語雜釋》“⿰香旁、⿰香旁香、香⿰香旁⿰香旁”條謂“今寫作‘噴’，那是假借，本字應是‘⿰香旁’”，見於《廣韻·庚韻》薄庚切：“⿰香旁，⿰香旁馞，大香。”按“⿰香旁”不見於字書，《廣韻》實作“⿰旁香”。毛氏認爲“這個詞的語音最早恐怕是［pi²¹³］，文字記爲‘苾’，專字爲‘馝’”；音轉爲［po³⁵］，記作“馛”，異體爲“馞”；音轉爲［fen⁵⁵］，記作“馩”，異體爲“馚”；音轉爲［poŋ²¹³］，作“⿰香奉”；音轉爲［fo²¹］，記作“馥”；音轉爲［fei⁵⁵］，記作“菲”，異體爲“馡”，重言爲“馡馡”，“‘馡馡’應該就是‘⿰香旁⿰香旁’”；音轉爲［faŋ⁵⁵］，記作“芳”①。可參看。

《大詞典》（12/442）“⿰香奉”音bèng，謂“香氣盛”，引《蜀語》，未收“⿰香奉香”。又（9/545）“蕡”音fén，未及《說文》

①《樂山師范學院學報》2001年第2期。

義，亦未收"蕡香"，特爲表出。又（3/496）"噴₂"音pèn，又（497）"噴₂香"謂"香氣濃郁"，首引草明《乘風破浪》。

《方言大詞典》（頁7348）"馞香"謂"噴香；極香"，西南官話、贛語。又（頁7256）"馡香"謂"香氣濃烈"，西南官話。又（頁7463）"馣香"謂"噴香"，西南官話。

鬻 沸 鋍 浡 鋪 潽 pu²¹［p'u²¹］

液體上溢或東西溢出。参《考釋》第12（《前言》）、536頁。《說文·㢸部》："鬻，吹聲沸也。从㢸，孛聲。"小徐本作"鬻，吹釜溢也"，繫傳曰："謂釜沸涌，以口气吹使抵（低）也。"恐望文生訓。段玉裁據各本參合改"吹聲沸也"爲"炊釜鬻溢也"，謂"今江蘇俗謂火盛水鬻溢出爲鋪出，鬻之轉語也，正當作鬻字"。《正字通·鬲部》："鬻，朋沒切，音勃。《說文》：'炊釜溢也。'"清道光二十一年《遵義府志》卷二十《風俗》、光緒二十一年《敘州府志》卷二十一《風俗》、民國十年《新修合川縣志》卷三十《風俗·方言》、民國二十三年《華陽縣志》卷五《禮俗·方言》、民國三十七年《貴州通志·風土志·方言》："釜溢曰鬻。音孛。"本李實《蜀語》（頁79）。章炳麟《新方言·釋器》："今謂釜沸水溢出爲鬻，讀若鋪。孛聲字今多轉爲鋪、蒲。"民國十七年《長壽縣志》卷四《人事部·方言》："釜溢曰鬻。音勃。"民國十九年《嘉定縣續志》卷五《風土志·方言》："饕，俗謂水溢也。《說文》：'饕，炊釜溢也。'《集韻》音勃，俗讀若鋪，蓋轉音也。"民國二十八年《巴縣志》卷五《禮俗·方言》："今俗呼饕音如鋪。"又，民國十八年《衢縣志》卷八《風俗志·方言》："凡物盛多曰勃勃滿滿，而溢曰孛、孛出，亦單言曰孛，孛字亦作浡。"按《集韻·沒韻》"饕"音薄孛切，與"孛"同一小韻。《康熙字典·鬲部》："饕，《唐韻》蒲沒切，《集韻》薄沒切，並音勃。"今蜀語老派"勃"仍音[p'u²¹]。

亦作"沸"，古無輕脣音。《說文·水部》："沸，畢沸，濫泉。从水，弗聲。"段玉裁注："《詩·小雅》、《大雅》皆有'觱沸檻泉'之語，傳云：'觱沸，泉出皃。'"《玉篇·水部》："沸，泉涌出皃。"《正字通·金部》："錚，俗字，《說文·䰜部》：'饕，炊釜溢也。从䰜，孛聲。'蒲没切。舊本音義與《說文》同，改作錚，非。釜溢，經史並从溢，或借沸，不必別立饕字，《說文》亦非。"按《說文》不誤。《詩·大雅·蕩》："如蜩如螗，如沸如羹。"鄭玄箋："其笑語沓沓，又如湯之沸、羹之方熱。"《呂氏春秋·盡數》："夫以湯止沸，沸愈不止，去其火則止矣。"《漢書·司馬相如傳下》載《難蜀父老》："昔者洪水沸出，氾濫衍溢。"宋扈仲榮等編《成都文類》卷四十七漢司馬相如《諭巴蜀檄》作"昔者洪水沸出，氾濫溢溢"，《文選》同《漢書》。李善注："張揖曰：'溢，溢也。'郭璞《三蒼解詁》曰：'溢，水聲也。'《字林》云匹寸切，古《漢書》爲'溢'，今爲'衍'，非也。"呂向注："言昔者大水沸出，堯時也。氾濫衍溢，大水貌。""溢溢"同義連文，作

“溢”是，今亦爲蜀方言詞，參《考釋》第519頁“溢”條。晉葛洪《抱朴子·廣譬》：“味淡則加之以鹽，沸溢則增水而減火。”清高靜亭《正音撮要》卷二《水火》：“沸出水來，滚水出煲外。”注：“沸，音費。”此注通語音。Adam Grainger《西蜀方言》（頁300）：“飯鍋沸了。”謂“the rice pot is boiling over”；又：“好生看沸出了。”意即“beware and not fill it to overflowing”，“沸”音“P'U[5]”。又，姜亮夫《昭通方言疏證》（901條）：“《説文》：‘䰛，涫也。’芳未切，今昭俗用鋪，又‘䰛炊釜䰛溢也’，蒲沒切，與涫蓋一語之變，而別爲專字省也，或以沸爲之，《詩·大雅》‘如沸如羹’是也。古從鬲字，多省。”

或作“鋍”。《集韻·沒韻》：“䰛，《説文》：‘吹釜溢也。’或从金。”《類篇·金部》：“鋍，薄没切，吹釜溢也。”《康熙字典·鬲部》：“䰛，《唐韻》蒲沒切，《集韻》薄沒切，並音勃，《説文》：‘吹釜溢也。’《玉篇》：‘釜湯溢。’《集韻》或作鋍。”

又作“浡”。《淮南子·原道》：“原流泉浡，沖而徐盈，混混滑滑，濁而徐清。”高誘注：“浡，湧也。”謂水上湧，與“沸”謂溢出異文同義。《史記·司馬相如列傳》：“昔者洪水浡出，氾濫衍溢。”上引民國十八年《衢縣志》卷八《風俗志·方言》：“溢曰孛、孛出，亦單言曰孛，孛字亦作浡。”

亦音“鋪”或作“鋪”。前撰引明馮夢龍輯《山歌》卷八《私情長歌·湯婆子竹夫人相罵》：“湯婆子聽得，眼淚直鋪。”則明代已用“鋪”表溢出義。上引《説文·䰜部》“䰛”段玉裁：

“今江蘇俗謂火盛水灪溢出爲鋪出。”章炳麟《新方言·釋器》：“今謂釜沸水溢出爲灪，讀若鋪。孛聲字今多轉爲鋪、蒲。”是上“錍”、“浡”音“鋪”。民國十九年《嘉定縣續志》卷五《風土志·方言》：“灪，俗謂水溢也。……俗讀若鋪。”民國二十八年《巴縣志》卷五《禮俗·方言》：“今俗呼灪音如鋪。”姜亮夫《昭通方言疏證》（901條）亦云：“《說文》：‘灪，涫也。’芳未切，今昭俗用鋪。”吳連生《吳方言詞小考（續　九）》謂“‘鋪’本指火盛水沸溢而出”，“泛指爲水或液體滿溢”，“也指一般物品之滿”，認爲“‘鋪’之本字即爲‘沸’。‘沸’的本義當然是水沸。水沸則溢，故可引申爲溢。古無輕唇音，‘沸’字正應讀‘鋪’”[①]。

今蜀方言習用。《四川方言方音表》“瀑”音pú，謂“溢出”[②]。《成都話》（頁168）“潽〔灪·瀑〕”音［$p‘u^{21}$］，謂“液體沸騰溢出”；又“潽天灑地”謂“形容東西溢出而到處都是”。《成方》（頁50）“潽”謂“液體沸騰溢出”，“潽天灑地”謂“東西裝得太滿，灑得到處都是”。《重方》（頁260）“潽”音pu^1，謂“液體沸騰後溢出”。《川方匯釋》（頁169）“濮”謂“液體外溢”，此記音。其實，蜀語凡謂液體上涌、容器盛物外溢等均謂潽，本字即《說文》“灪”。

字作“潽”，則取其從“普”得聲，從“水”得義。“潽”字首見於《玉篇·水部》，爲水名，與溢出義無涉。陳亞川

① 《吳中學刊》1998年第4期。

② 唐樞《蜀籟》，1982年8月新1版附。

《“湓”字的方言本字考》所引書證如次（爲便於討論，特據期刊原樣簡體照錄）：

《广韵》入声卷第五没韵蒲没切：湓，《说文》曰“吹釜溢也。”

《集韵》卷之九入声没韵薄没切：湓錚，《说文》“吹釜溢也，或从金。”

许慎《说文解字》第三篇下湓部：湓，炊釜湓溢也。从湓孛声。

段玉裁《说文解字注》：炊，各本作吹，今从《类篇》。釜湓溢，各本作釜溢，宋本作声沸，今参合定为釜鬻溢。今江苏俗谓火盛水湓溢出为铺出，湓之转语也、正当作湓字。

章炳麟《新方言·释器》:今谓釜沸水溢出为湓，读若铺，勃声字今多转为铺蒲。

黄侃《蕲春语》:《说文》湓部，湓，炊釜溢也;蒲没切。今吾乡有此语，音转平，略如蒲。①

以上引文錯誤較多。《廣韻》、《集韻》“湓”實作“鬻”。《說文》則爲“䰜部”，“湓”亦本作“鬻”，故有“从䰜孛聲”之説。段注改“炊釜鬻溢也”，謂“今江蘇俗謂火盛水鬻溢出爲鋪出，鬻之轉語也，正當作鬻字”。《新方言》“湓”亦本作“鬻”，“勃聲”本作“孛聲”。黄侃引《説文》，前一“湓”實作“䰜”，後一“湓”本作“鬻”。因該文爲陳氏遺作，或爲排印校對錯誤。

① 《方言》1997年第1期。

《大字典》（二/8/4888）“鬻”音bó，謂“釜中沸水溢出”，引《說文》。又（4527）“錞”音bó，①“同‘鬻’。釜中沸水溢出”，首引《集韻》。又（3/1711）“沸”（一）fèi，③“液體受熱到一定程度出現的騰湧狀態。如：沸水；沸油；沸點”，首引《詩經》。又（1735）“浡”音bó，②“湧出”，首引《淮南子》。以上“沸”、“浡”之“騰湧”、“湧出”義，稍加引申即有液體溢出義。又（8/4527）“鋪”（一）pū，⑦“水溢出”，首引段玉裁《說文解字注》。又（3/1873）“潽”（二）pū，謂“液體沸騰溢出。如：稀飯潽了”，無書證。《大詞典》（6/146）“潽”音義同《大字典》，亦無書證。《現漢》“潽”謂“〈口〉液體沸騰溢出”。所謂口語義，應爲“鬻”字音借。三大辭書均收“潽”，證明“液體沸騰溢出”音“pū”使用較廣，前撰《考釋·前言》第12頁腳注列出全國各地的使用情況，應爲通語詞了。又，《大詞典》（5/1112）“沸₁”音fèi，①“泉湧貌。亦泛指水波翻湧貌”，②“液體燒滾的狀態”。又（5/1194）“浡”音bó，②“沸湧”。“沸”、“浡”之液體溢出義，亦易由“泉湧”、“翻湧”及液體沸騰義引申出來。又（11/1286）“鋪”音pū，⑦“潽，溢出”，引《山歌》。未收“鬻”、“錞”字。

《方言大詞典》（頁7520）“鬻”②“（水、粥、菜湯等）因燒沸而溢出”，江淮官話、西南官話、徽語、吳語、湘語、贛語、閩語。又（頁6150）“鋪”③“溢出”，西南官話、吳語、贛語。又（頁7425）“瀑”①“潽；液體沸騰溢出”，西南官話。又（頁7158）“潽”①“液體或東西多得超過容器而溢出”，江淮官話、西南官話、徽語、吳語、贛語。以上均爲同詞異形，本字當作“鬻”。今蜀方言水湯等沸溢、水上漲，或器物盛東西太滿溢出等，均謂“鬻”、“鬻出”，使用比較寬泛。

麧 郣 勃₂ 垺 pu^{21} [$p'u^{21}$]

參《考釋》第538頁。

❶細粉。《集韻·沒韻》：“麧，屑麥也。”“屑麥”當爲較粗的麥粉或麵粉。《正字通·麥部》：“麧，麰字之譌。舊註麥屑，即麰也。改从孛音孛，非。”“麧”當別爲一字，非“麰字之譌”。明朱橚《救荒本草》卷八：“灰菜，生田野中，處處有之，苗高二三尺，莖有紫紅線楞，葉有灰麧。音勃。”“麧”指葉上灰狀細粉。李實《蜀語》（頁34）：“麪散者曰麧○麧音勃。”“麪散者”謂飛散之麪，自然是很細的麪了。“麧”指細麪、細粉，或爲“屑麥”義的轉移。清道光二十一年《遵義府志》卷二十《風俗》、光緒二十一年《敘州府志》卷二十一《風俗》、民國十年《新修合川縣志》卷三十《風俗·方言》、民國二十四年《蓬溪縣近志》卷七《風土篇·方言》、民國三十七年《貴州通志·風土志·方言》：“麪散者曰麧。音勃。”以上實採《蜀語》。清張慎儀《蜀方言》卷上（頁310）：“治麪餌用糏曰麧。”民國二十四年《雲陽縣志》卷十四《禮俗下·方言下》：“散麵曰麧。”民國三十一年《西昌縣志》卷五《禮俗志·方言》：

“□麵□粉曰麫。葡。”謂“麫”音“葡”。今治麵餌用以防止粘結的乾細粉叫“麫麵”，若單説“麫”則指麵粉、灰塵飛散（參下義）。

亦作“粰”。清蒲松齡《日用俗字·飲食章第四》：“麥不𪌄掖氣推麵好，扒幸去灰塵白似鹽。大瓢捥來酵叫子發，下手先扠揣二百拳。不大不小攥左成劑，丸挵加粰手不粘。”

本字或作“郣”。《説文·邑部》：“郣，郣地。从邑，孛聲。一曰地之起者曰郣。”段玉裁注：“《周禮·草人》：‘郣壤用狐。’鄭云：‘勃壤，粉解者。’《廣雅》：‘郣，塵也。’今俗謂粉之細者曰勃，皆即郣字。”謂粉之細者作“麫”，則爲改換義符以就其類矣。

或作“勃”。北魏賈思勰《齊民要術》卷二《種麻》：“麻生數日中，常驅雀。布葉而鋤。勃如灰便收。”繆啟愉校釋：“粉末叫做‘勃’。這裏指花粉。”又：“放勃不收，而即驪。”石聲漢校釋：“‘勃’：‘勃’是放出粉來。”按“勃”爲名詞，實指花粉。又卷九《餅法》：“乾劑於腕上手挽作，勿著勃。”石聲漢注：“‘勃’：乾粉末。”

亦作“垺”。元王禎《農書》卷四《收穫篇》：“凡麻有黄垺者則刈，刈畢則漚之。”麻的花粉飛散與塵土飛揚相彷彿，故麻的花粉也可作“垺”。

❷飛散。《説文·邑部》：“郣，郣地。从邑，孛聲。一曰地之起者曰郣。”塵謂“郣”，起塵亦謂“郣”，名動同辭。蜀方言謂起塵爲“郣灰”，亦記音作“撲”，如清Adam Grainger

《西蜀方言》（頁234）："灰塵撲進屋來了。"謂"the dust flies into the room"。

或作"勃"。北魏賈思勰《齊民要術》卷二《種麻》："穫麻之法，穗勃，勃如灰，拔之。"石聲漢校釋："'穗勃，勃如灰'：勃是放出一陣細粉來（因此，有'勃壤'、'馬勃'等名稱）。大麻是風媒花，花粉成熟後，氣溫高時，藥囊便會自動地裂開，放出一陣花粉，像煙塵一樣，所以稱爲'勃'。這裏，第一個'勃'字是動詞，第二個是名詞。"

亦作"垺"。《玉篇·土部》："垺，塵皃。"《廣韻·沒韻》："垺，塵起。"《集韻·沒韻》："垺，《博雅》：塵也。或从勃。"唐寒山詩第143首："我行經古墳，淚盡嗟存沒。……風至攪其中，灰塵亂垺垺。"謂塵灰飛散。

指麵粉飛散則作"麲"，因所指對象而更換義符，此形隨義變矣。民國二十三年《華陽縣志》卷五《禮俗·方言》："麫散曰麲。"今蜀方言仍謂麵粉飛散爲"麲"，與起塵相彷佛耳。按《集韻》"郣"、"麲"、"勃"、"郣"、"垺"同一小韻，章炳麟《新方言·釋器》："孛聲字今多轉爲鋪、蒲。"今蜀語並音［p'u^{21}］。

《大字典》（二/8/4905）"麲"（一）bó，①"屑麥"，引《集韻》；②"粉末"，引《農政全書》。又（7/4021）"郣"音bó，③"粉之细者"，引段玉裁《說文注》。又（1/404）"勃"⑦"粉末；粉狀物"，首引《周禮》及鄭注。又（1/475）"垺"音bó，②"塵土飛揚貌"，首引《玉篇》；③"植物果實或莖葉表面泛起的霜苔”，首引元郝經《詠橄欖》詩。

《大詞典》（12/1023）“麳”音bó，謂“粉末”，引《農政全書》。又（10/623）“郣”音bó，謂“地名用字”，未及別義。又（2/787）“勃”⑥“粉末”，引《齊民要術·餅法》。又（2/1130）“垺”音bó，①“附着於植物秸莖、果實或食物上生的一種粉狀物”，首引《農書》。

《方言大詞典》（頁6741）“麳”音bó，謂“做糕餅用的粉末”，西南官話（四川成都。引《蜀語》及《蜀方言》）。按蜀語凡做麵食以防粘手或案板等所用細粉均叫麳麵，不限於僅做餻餅；又《蜀語》“麳音勃”，《蜀方言》引《集韻》“音孛”，“勃”從“孛”得聲，今老派蜀語“勃”尚且音［p'u^{21}］，音bó則非四川方言矣。又（頁6710）“粰”音bó，謂“在製作食品時，爲不讓麵團粘手或粘麵板，所撒的乾麵粉”，冀魯官話（山東）。又（頁7436）“酦”①“擀麵條、包餃子時用的乾麵”，冀魯官話。“酦”字記音。

鵓鴿　蒲鴿 pu^{21}go^{21}［p'u^{21}ko^{21}］

家鴿，鴿子。五代前蜀花蕊夫人《宫詞》之九十四：“安排竹柵與巴籬，養得新生鵓鴿兒。”宋陸游《老學庵筆記》卷五：“故都時，御爐炭率斲作琴樣，胡桃紋，鵓鴿青。高宗紹興初，巡幸臨安，詔嚴州進炭，止令用土產，勿拘舊制。”《大詞典》

（12/1107）“鵓鴿青”謂“像鴿羽一樣的青黑色。多指優質木炭的顏色”，首引《老學庵筆記》。按釋義不確。因鴿身大部分爲灰色，應謂像鴿子頸部和胸部一樣的青翠色。語本出杜甫《園人送瓜》詩“傾筐蒲鴿青”。未收“蒲鴿青”，當補。元俞希魯《至順鎮江志》卷四《土產》：“鴿，土人呼家畜者爲鵓鴿。”明萬曆《雷州府志》卷四《地里志二·土産》：“鵓鴿，即舶鴿也，千里放而自還。”清蒲松齡《日用俗字·禽鳥章第二十九》：“鵓鴿糞多中上地，損人禾稼亦爲殃。”道光二年《廣東通志》卷九十九《輿地略十七·物產六》：“吳人呼鴿曰鵓鴿。”翟灝《通俗編》卷三十八《識餘·集對》：“鵓鴿只揀旺處，燕子不入愁門。”同治九年《會理州志》卷十《風土志·物產》：“鴿，別名曰鵓鴿，曰飛奴。”光緒四年《彭縣志》卷三《民事門·物產志》：“鵨，鵓鴿也。”宣統《懷仁縣志》卷十一《物產》：“鴿，俗呼曰鵓鴿。”范寅《越諺》卷中《禽獸》：“鵓鴿，此爲家禽，多豢之，名色種類甚眾，不及詳。大抵十八日卵，十八日鷇，十八日成禽，十八日又卵。或云白蟻畏避。”

亦作“蒲鴿”。唐杜甫《園人送瓜》詩：“傾筐蒲鴿青，滿眼顏色好。”仇兆鰲注引師氏曰：“青瓜，色如蒲鴿。蒲鴿、狸首，皆瓜名也。”謂瓜如鴿子的青翠色一樣喜人。清嘉慶十七年《郫縣志》卷四十《物產》：“鴿，俗名蒲鴿，其實蒲鴿乃瓜名，杜工部詩云‘傾筐蒲鴿青’，則是俗名蒲鴿，或因此而假借也。予嘗有詩云：‘羽服花紋色色殊，平安家信賴飛奴。蜀中舊有黃筌筆，安得金盆鵓鴿圖。’”“蒲鴿”、“鵓鴿”音同，瓜名則因瓜色如鴿青色而類比之矣。民國十三年《考城縣志》卷七《物產志》："蘇頌《圖經》：甜瓜有青白二種，古統謂之瓜。杜甫《瓜》詩'傾筐蒲鴿青'，即俗稱鵓鴿藍也。"

又，因家鴿攜至遠方放飛後多能返回，故市井亦比喻詐騙者串通婦女販賣或嫁與人後伺機逃回，而致事主人財兩空爲"放鵓鴿"、"放蒲鴿"。清俞樾《右台仙館筆記》卷一："上海北鄉有黄某者，妻李氏頗有姿，而黄貧不能自存，謀於李。李曰：'君爲男子，而謀及婦人；無已，請鬻我乎？妾我可百金，妓我可千金也。'黄不可，李曰：'然則放鵓鴿乎？'滬俗僞鬻妻妾於人，伺間亡歸，謂之放鵓鴿。黄從之，僞爲兄妹，鬻於浦東曹氏爲妾。不三日，黄往訪之，李出見，頗落寞。曹留黄宿於家，翌日將告歸，促李出言別。李始不出，久之乃出，不數語，遽厲聲曰：'汝鬻我於此，乃謀與我偕遁乎！我至此無返理，汝不速去，我言於主人，縛送官矣。'黄大窘，踉蹌而歸。鵓鴿化爲黄鶴，一去而不復返矣。此亦爲鬼爲蜮者之所不自料也。"或因新主人物俊朗，或以殷實過於故夫，以致放飛去而不返矣。傅崇矩《成都通覽・成都之執業人及種類》（頁195）："又有一種名放蒲鴿者，係被人販與女家所欺，俟交身價抬人後，女子則多方淘氣，或私逃，或支人告官，謂估買爲奴云云。"又《成都之詐騙》（頁210）："鄰人勸之敷遮羞錢幾釧，將妻退還本夫，仍然回去，又嫁二嫁。此接婦人之男上了門頭，纔叫人財兩空。此又叫放鴿子。"亦作"放鵓鴣"。清俞樾《耳郵》卷一："滬俗僞鬻妻妾於人，伺間亡歸，謂之放鵓鴣。"

據《明清艷情禁毁小説精粹》卷二《貞淫卷》明桃源醉花主

人《別有香》第九回："後狄子經吃了這場苦，再也不敢上街搖擺。縱有些親戚朋友，或邀他去闖寡門，或叫他去看婦女，子經搖得頭落道：'不去不去，無益有損。'就是在街上撞見，也不去打一眼，恐怕又是放鴿兒的。"此雖寫狄子經本欲勾引路遇女子希圖艷遇，反被誆騙爽約遭遇龍陽之辱事，但"放鴿兒"這種騙人行徑，明代或不止於此。今蜀中亦存，仍謂"放鴿子"、"放飛鴿"等。

《大詞典》（12/1107）"鵓鴿"謂"鴿子"，首引花蕊夫人《宮詞》。又（9/522）"蒲鴿"謂"瓜名。一種青瓜"，引杜詩，未及鴿子義。《現漢》"鵓鴿"音bógē，謂"鴿子的一種，身體上面灰黑色，頸部和胸部暗紅色。可以飼養。也叫家鴿"。按上引章炳麟《新方言·釋言》"孛聲字今多轉爲鋪、蒲"，並引證蜀方言亦音［p'u^{21}］，與通語讀音不同。

《方言大詞典》（頁5904）"鵓鴿子"①"鴿子"，中原官話、江淮官話、湘語。又（頁6429）"蒲鴿"謂"鴿子"，中原官話、吳語。又（頁7436）"醭鴿"謂"鴿子"，膠遼官話。均未及西南官話。

痡瘖 pu^{21}len^{213}［p'u^{21}lən^{213}］

傷痕。參拙文《近代漢語俚俗詞語考辨》①。《爾雅·釋詁》：

① 《漢語史研究集刊》第十二輯，巴蜀書社，2009年6月第1版，第220-221頁。

“痡，病也。”《字彙·疒部》：“痲，指病。”似均與傷痕無涉。明李實《蜀語》（頁45）：“傷痕曰痡痲○痡痲音逋論。”或僅借其音耳，爲迄今首見著錄者。清道光二十一年《遵義府志》卷二十《風俗》、光緒八年《黎平府志》卷二下《風俗·方言》：“傷痕曰痡痲。音蒲論。”光緒二十一年《敘州府志》卷二十一《風俗》、民國十年《新修合川縣志》卷三十《風俗·方言》、民國十八年《威縣志》卷十四《風俗志下·方言》、民國三十七年《貴州通志·風土志·方言》：“傷痕曰痡痲。音逋論。”民國十五年《南川縣志》卷六《土音土語》：“傷痕曰痡痲。”民國二十四年《雲陽縣志》卷十四《禮俗下·方言上》：“傷痕曰痡痲。”此足證《蜀語》所記不謬，今蜀方言亦然[①]。徐德庵《蜀語札記》：“案痡爲瘢之轉音，侖爲語助，亦猶瘢之音轉爲疤，而通曰疤剌也。”黃仁壽等《蜀語校注》（頁45）同，當本徐說。按此說似迂，或不可信。今川北仍謂傷痕類凸起爲“起痲痲”，“痲”即音同“論”，讀［lən^{213}］，不爲語助矣；亦謂傷痕凸起爲［kən^{53}］或［kən^{213}］，上去兩讀。如明陳士元《俗用雜字》、焦竑《俗書刊誤》卷十一：“肉腫有迹曰朖。音艮。”以今蜀方音讀之，“艮”正音［kən^{53}］或［kən^{213}］，亦兩讀。明余瑞紫《張獻忠陷廬州紀》：“但見路上抬酒者、扛食物者多富家郎及秀才等，賊在後邊催促；稍緩者以刀背打，脊梁紅埂隨之而起。”“埂”蜀語音［kən^{53}］，即傷痕腫起。清傅崇矩《成都通覽·成

① 宋子然和劉興均教授、友生向學春及程碧英博士見告，今重慶、萬州、達州等地音義並存，郝志倫教授謂達州僅指抓痕。

都之小兒女歌謠》（頁256）：“大路邊上一條牛，牛兒吃草眼淚流。問你牛兒哭什麽？熱來拴在桃子樹，雨來拴在雨垻頭。戴起犁頭耖菜田，左邊扇得一條梗，右邊打得血長流。”“左邊扇得一條梗”，“牛”自述左邊身上被抽打得腫起一條傷痕，“梗”蜀語讀同“艮”，前鼻韻。清Adam Grainger《西蜀方言》（頁601）：“身上起了一丨。”謂“it raised a wale on my body”，“丨”音“KEN⁴”，去聲，即《俗書刊誤》之“朖”、《張獻忠陷廬州記》之“埂”、《成都通覽》之“梗”。《重方》（頁423）“豬兒子梗梗”謂“肉體受到抽打後所出現的微微凸起的紅紫色條狀痕跡”，“梗梗”音gen^4gen^1；又“豬兒子棱棱”謂“同‘豬兒子梗梗’”，“棱棱”音len^2len^1，“棱”即《蜀語》“痡瘍”之“瘍”。《方言大詞典》(頁5257）“梗”④“傷痕”，客話（福建永定下洋［$k\varepsilon n^{53}$］），亦其證。又音［$ka\eta^{213}$］。明陸容《菽園雜記》卷五：“虹蜺螮蝀，字皆從虫，古人制字必有所見。又虹字北方人讀作岡去聲，今吳中名鞭撻痕，亦用此音，其即此字耶？”《川方匯釋》（頁175）“青一杠，紅一杠”，謂“被鞭子抽或棒打之後，皮膚上顯現出一杠青，一杠紅的傷痕”，即陸容所謂吳中名“鞭撻痕”亦“作岡去聲”也。《方言大詞典》（頁2406）“杠（楨）”⑧“皮膚上細的傷痕”，吳語（上海松江，江蘇蘇州、吳縣光福）。現代蜀語竟與明代吳語（陸容）或膠遼官話（青州片，焦竑）以及現代吳語聯繫了起來，兩地相隔千山萬水，可見方言互有交錯的複雜情形令人驚嘆不已矣。

《大詞典》（8/317）“痡”下未收“痡瘍”。

《方言大詞典》（頁6264）“痡瘡”謂“傷痕”，冀魯官話，引1925年《威縣志》：“傷痕曰~。”又西南官話（四川雲陽、南川、宜賓，貴州遵義），引《敘州府志》及“《遵義府志》第四八卷”。實際上三方志均採自《蜀語》，至少西南官話應首引《蜀語》。又，《遵義府志》卷四十八爲“舊志敘錄”，不可能著錄方言詞語，故“四八卷”當作“二〇卷”。

樸槞　樸蘢 $pu^{21}long^{21}$［$p‘u^{21}loŋ^{21}$］

樹叢，灌木叢。參拙文《近代漢語俚俗詞語考辨》[①]。《正字通·艸部》：“蘢，楚、越謂竹樹深者爲蘢。今蜀語云樸槞。”明楊慎《轉注古音略》卷四《一送》：“蘢，音弄。李華《寄懷》詩‘玄猿啼深蘢’。楚、越謂竹樹深者爲蘢。今蜀語云樸槞是也。”據《全唐詩》卷一百五十三李華詩作“蘢”，故“樸槞”亦可作“樸蘢”矣。如民國二十四年《臨朐續志》卷十八《方言略》：“樸蘢，樸，枹木也；蘢，覆蔽貌。”此分釋聯綿詞矣。《川方》（頁310）“撲蘢”音pu^2nong^2，謂“用於叢生的草木、竹子”。

《大詞典》（4/726）“朴”、又（1309）“樸”下均未收。《方言大詞典》（頁1628）“樸槞”謂“顏色濃的竹、樹”，西南官話（四川成都），引《轉注古音略》，釋義未中肯綮。“深”

① 《漢語史研究集刊》第十二輯，巴蜀書社，2009年6月第1版，第220-221頁。

非“顏色濃”，而謂樹叢、灌木叢“幽深”。又（頁1103）“撲蘢”謂“叢。用於叢生的草木、竹子”，西南官話（四川成都）。其實，“樸椺”、“撲蘢”同詞異形，釋義當一致。

粰麪 $pu^{21}mi\alpha n^{213}$ [$p‘u^{21}mian^{213}$]

作麵食時爲防止粘手或案板等所用乾麵粉。清摶沙拙老《閑處光陰》卷上：“作餅餌者，案上撒以麪屑，謂之粰麪。粰，盆入聲。”原或作“麪餑”、“麵餑”。《廣韻·沒韻》：“餑，麪餑。”《古今通韻·月韻》：“餑，麵餑，麥屑也。或作麧。”

《大字典》（二/8/4744）“餑”音bō，①“〔餑餑〕麵餅饅頭之類的食品。也單用作‘餑’。《玉篇·食部》：‘餑，麵餅也。’《廣韻·沒韻》：‘餑，麵餑。’”若“麵餑”爲麵餅，則有非麵做的餅也叫“餑”，但“麵餑”很難坐實爲麵餅，如宋莊季裕《雞肋編》卷上：“《本艸》：‘麻蕡，一名麻勃，云此麻花上勃勃者。’故世人謂塵爲勃土；果木諸物，上浮生者皆曰衣勃；和麪而以乾者傅之，亦曰麪勃。”“麪勃”即和麪時所用乾麪粉。張君房《雲笈七籤》卷七十七《白雪玄霜法》：“其色始如春雪，亦如麪勃。”按章炳麟《新方言·釋器》云：“孛聲字今多轉爲鋪、蒲。”今蜀語“粰”、“勃”音［$p‘u^{21}$］，“粰麪（麧麵）”或“麪勃”之倒說。因此，《廣韻》“麵餑”，與幾乎同時成書的《雲笈七籤》的“麪勃”，不排除意思相同，指加工麵食時所用乾麵粉。

《大詞典》未收“粰麪”。又“麰”音bó，謂“粉末”，未收“麰麵（麪）”。

《方言大詞典》（頁6710）“粰麵”謂“做麵食時撒或蘸在麵食外面的乾麵粉”，北京官話。又（頁7436）“醭麵”謂“做麵食時爲防止粘連用的乾麵粉”，冀魯官話、膠遼官話，“醭”字記音。均未涉及西南官話。

Q

頻頭　魌頭　倛頭　欺頭 qi⁵⁵tou²¹ [tɕʻi⁵⁵tʻəu²¹]

本指古代驅鬼逐疫時扮神者所戴的面具，用後棄之若敝帚，故引申以之比喻便宜的東西。參《考釋》第541頁。《説文·頁部》："頻，醜也。从頁，其聲。今逐疫有頻頭。"桂馥義證："今逐疫有頻頭者，《幽明錄》：'廣陵露白村人，每夜見鬼怪異形醜惡，因相率十人，掘地得一朽爛方相，故老云：有人冒雨葬，遇劫，一時散走，方相頭陷没泥中。'"《集韻·之韻》："頻，《説文》：'醜也。今逐疫有頻頭。'頻頭，方相也。或作魌，通作魌。"《韻會舉要·支韻》："魌，《説文》'頻頭也'，本作頻，从頁，其聲，'今逐疫有頻頭'。徐曰：'頻頭，方相四目也。'今文作魌，通作倛。"清嘉慶十二年《蕪湖縣志》卷一《地里志·方言》："至假面則《周禮·方相氏》注：'冒熊羆者，以驚毆疫厲之鬼，如今魌（音欺）頭。'王應麟《漢制考》引《説文》云：‘今逐疫有魌（同魌）頭。’”“毆”當“驅”字形譌。光緒二十四年《嘉應州志》卷七《方言》：“據《廣韻·七之》：‘魌，方相。’蓋周時謂之方相，漢時謂之魌頭。”

亦作“魌頭”、“倛頭”。《正字通·肉部》“腝”字注：“方相，即倛頭。倛亦作僛、魌、魌。”《周禮·夏官·方相氏》“方相氏掌蒙熊皮”鄭玄注：“蒙，冒也。冒熊皮者，以驚驅疫癘之鬼，如今魌頭也。”孫詒讓正義：“案魌正字當作魌，字又作倛。”宋嘉泰《吳興志》卷十六《賢貴事實》：“葬不須輀車、靈舫、魌頭也。”清惠棟《九經古義》卷八：“應劭《風俗通》曰：俗說亡人寃氣游揚，故作魌頭以存之。言頭魌魌然盛大也，或爲魌頭，爲觸壙殊方語也。”又，明方以智《通雅》卷二十一《姓名》：“方相，即倛頭也。因彷彿罔象而名之。《荀子》曰：‘面如蒙倛。’《南史·沈雲禎傳》：‘葬不須輀車、靈舫、倛頭也。’孫愐收魌、僛、魌而無倛，蓋一字也，愐偶遺耳。”[①]清黃宗炎《周易尋門餘論》卷上：“宋儒之注經，其誤不勝舉矣。不幸者蠹笥鼠簏，无所軒輊；幸者頒之學宫，習于博士弟子，父訓其子，師授其徒，家弦戶誦。然其用也如倛頭，其棄也如敝帚，孰以此決疑獄，定國論而懼其遺禍也哉！”以上文獻均指驅鬼逐疫時的假面具。李劼人《大波》中卷第一部份：“所以新津並非官兵攻下的，‘只算檢了個魌頭！’”原注：“魌頭，便宜

① 明張存紳《雅俗稽言》卷二十二《孔子無鬚》：“《荀子》云：‘仲尼狀如蒙倛。’倛、魌今音欺，《韻略》無倛字。韓退之注：‘四目爲方相，兩目爲蒙倛。’”

也。魌讀若欺字音。”[①]又《死水微瀾》第五部分：“蔡大嫂是羅哥的人，不比別的賣貨，可以讓他撿魌頭！”原注：“魌音欺。撿魌頭，即撿便宜的意思。古人出喪時，除用一具紙扎大鬼叫方相的導于前外，還要用米麥粉做成一些鬼頭模樣的東西，撒于道上，與方相作用一樣，謂能避邪。這就叫魌頭，使人撿食之。後世雖無此舉，但名詞卻流傳下來了。”[②]王純五《袍哥探秘》第三章《哥老會的會規和習俗·盤海底與江湖切口（隱語）》（頁64）：“‘吃魌頭’，撿便宜。”

或記音作“欺頭”。《列子·仲尼》“顧視子列子形神不相偶，而不可與羣”盧元重注：“閼簡弟子往見之，果若欺魄，爲像人若今之欺頭者，形神不可與接也。”此亦指假面。清傅崇矩《成都通覽·成都之詐騙》：“空子聽見，搞忙的買欺頭。”又：“先前想是欺頭，如今才是貴貨。”又：“買欺頭的，又上一當。”又《成都之土語方言》（頁263）：“欺頭，便宜也。”民國十七年《長壽縣志》卷四《人事部·方言》：“佔便宜曰欺頭。”周芷穎《新成都》第四章第二節《語言》（頁53）：“欺頭：便宜也。”民國三十三年《長壽縣志》卷四《風土·方言》：“占便宜曰欺頭。”

今蜀方言音義並存。《川方》（頁311）“欺頭（魌頭）”①“比喻價錢便宜的東西；不應得的小利；不勞而獲的好處”，②“便宜；輕鬆，容易”。《川方匯釋》（頁170）“欺頭”謂

① 中華書局，1938年10月再版，第271、283頁。

② 《李劼人選集》第一卷，四川人民出版社，1980年2月第1版，第226頁。

"便宜"。《成都話》（頁169）"欺頭〔魌頭〕"謂"舊時做法事拋在地上避邪的鬼頭模樣的食物（名叫魌頭），旁人可以揀食，因其得之容易，故引申爲便宜"。《成方》（頁36）"㫰頭"謂"參看'吃㫰頭'"，而（頁6）"吃㫰頭"謂"傳説四川過去送葬時，要做些麵餅，形狀似鬼頭，拋撒在送葬的路上，給死人享用。這種麵餅叫'㫰頭'。路人拾起食用叫'吃㫰頭'。以後引申爲各種形式的佔便宜"。《重方》（頁261）"欺頭兒"音qi¹tour²，謂"便宜"。

《大詞典》（12/322）"㫰頭"謂"一種形狀醜惡的面具。古代驅疫時扮神的人所蒙"，引《説文》。又（470）"魌頭"①"古時打鬼驅疫時扮神者所戴的面具。宋代喪禮亦用之"，首引《周禮》；②"方言。猶便宜"，引《死水微瀾》。又（1/1446）"倛頭"謂"古代驅除疫鬼時扮神的人所戴的面具，其狀猙獰可怖。後亦以指凶神"，引清汪價《三儂贅人广自序》，未及方言義。未收"欺頭"。

《方言大詞典》（頁7353）"魌頭"謂"便宜"，西南官話。又（頁5907）"欺頭"①"即魌頭。比喻價錢便宜的東西；不應得的小利；不勞而獲的好處"，西南官話。

起草　起騲 qi⁵³cɑo⁵³［tɕ'i⁵³ts'au⁵³］

雌性動物發情。明李實《蜀語》（頁44）："雌思雄曰起草。”黃仁壽等校注：“畜之雌者于產子前有藉草爲蓐之本能，故雌畜多于通名前冠以‘草’字；因而又謂雌發情曰‘起草’或‘走草’。”可備一說。清道光二十一年《遵義府志》卷二十《風俗》、民國十年《新修合川縣志》卷三十《風俗·方言》、民國二十四年《蓬溪縣近志》卷七《風土篇·方言》、民國三十七年《貴州通志·風土志·方言》：“雌狗曰草，雌思雄曰起草。”民國二十四年《麻城縣志續編》卷一《疆域·方言》：“雌狗曰草狗，思雄曰起草。”以上均承《蜀語》。民國二十三年《樂山縣志》卷三《方輿志·方言》：“牝牡相誘曰牽窠，亦謂之起草。”劉廷武《〈蜀語〉釋要》：“雌犬發情時則無叫聲而走於野外，雄犬見之三五成群尾隨其後，謂之‘走草’，現在四川方言中說人‘走草’，就是罵人是母狗。走，《蜀語》誤作‘起’。”[①]今蜀語固然說“走草”（參見該條），但“起”字不誤，亦本有“起草”一說，如《川方》（頁313）“起草”謂“（動物）發情；交配（多指狗）”，引沙汀《在其香居茶館裏》。

亦作“起騲”。民國三十六年《新繁縣志》卷四《禮俗·方言》：“今謂牝豕曰騲豬，牝犬曰騲狗，牡與牝交曰起騲。”

《大詞典》（9/1096）“起草”謂“擬稿；打草稿”，未及方言義。“起騲”則未收。《方言大詞典》（頁4664）“起草”謂“母畜發情（多指狗）”，晉語、江淮官話、西南官話、吴語。

① 參見《李實學術研討會文集》，語文出版社，1996年7月第1版，第85頁。

起酵 $qi^{53}jiao^{213}$ [$tɕ^{ʻ}i^{53}tɕiau^{213}$]

發酵。酵本指酒酵，也叫酒母。《廣韻·效韻》："酵，酒酵。"《六書故》卷二十八《工事四》："酵，發酒齊（劑）也。"以酵母菌分解有機物質的過程叫發酵、起酵。《正字通·酉部》："酵，以酒起麪曰發酵。"《康熙字典·酉部》："酵，《廣韻》古孝切，《集韻》居效切，並音教。《廣韻》：'酒酵。'《集韻》：'酒滓。'《正字通》：'以酒母起麪曰發酵。'蕭子顯《齊書》永明九年正月，詔太廟四時祭薦宣皇帝起麪餅。注：'發酵也。'《韋巨源食單》有婆羅門輕高麪。今俗籠蒸饅頭發酵浮起者是也。"宋朱翼中《北山酒經》卷中《眞一麴》："上等白麵一斗，以生姜五兩研取汁揉和，依常法起酵作蒸餅，切作片子，掛透風處一月，輕乾可用。"明高濂《遵生八牋》卷十二《臘酒》："用糯米二石，水與酵二百斤足秤，白麯四十斤足秤，酸飯二斗，或用米二斗起酵，其味醲而辣。"朱橚《普濟方》卷二百九十五《木瓜丸》："右用生麵旋起酵，作一蒸餅糊相匀裹藥，置火煮其上，香熱乃去餅，搗藥二百杵，如藥乾即糊潤之，爲丸桐子大。"李實《蜀語》（頁164）："發饅頭曰起酵〇酵音教，見《齊民要術》。"清李斗《揚州畫舫錄》卷十三《橋西錄》："立冬後煮瓜米和麯，謂之起酷，酒成謂之'醅酒’。瓜米者，糯稻碾五次之稱。”[1]“起酷”不辭，當爲“起酵”形譌，上引《遵生八牋》以糯米釀酒起酵可證。《大詞典》（9/1428）“醅酒”引《畫舫錄》亦作“起酷”，未是。清道光二十一年《遵義府志》卷二十《風俗》、光緒二十一年《敘州府志》卷二十一《風俗》、民國十年《新修合川縣志》卷三十《風俗·方言》、民國二十三年《華陽縣志》卷五《禮俗·方言》、民國二十四年《蓬溪縣近志》卷七《風土篇·方言》、民國三十七年《貴州通志·風土志·方言》：“發饅頭曰起酵。音教。”民國十八年《新修南充縣志》卷七《掌故志·風俗·方言》：“發饅頭曰起酵。”民國十九年《嘉定縣續志》卷五《風土志·物產》：“蜂餹餻，以白酒滓和餹麪蒸之，起酵切開，視之形如蜂房，故名。”“酵”或本作“教”。宋程大昌《演繁露續集》卷六《蒸餅》：“《釋名》曰：‘餅，併也，溲麥使合幷也。’蒸餅，湯餅之屬，隨形而名之。束晳《餅賦》曰：‘起溲牢丸。’何曾蒸餅不坼作十字不喫。蕭子顯《齊書》曰：詔太廟四時祭薦宣皇帝麵起餅。起者入教麵中，令鬆鬆然也。本朝讀蒸爲炊，以蒸字近仁宗御諱故也。”自注：“俗書教爲酵。”《資治通鑑》卷一百三十七齊永明九年：“詔太廟四時之祭，薦宣皇帝起麪餅鴨臛。”胡三省注：“起麪餅，今北人能爲之，其餅浮軟，以卷肉噉之，亦謂之卷餅。程大昌曰：‘起麪餅入教麪中，令鬆鬆然也。教俗書作酵。’”清桂馥《札

① 中華書局1960年4月第1版，1997年12月湖北第2次印本，第293頁。

樸》卷九《鄉里舊聞·起麪餅》："'教'，俗作'酵'。吾鄉猶謂麪發爲起，能使麪起者，謂之酵子。酵，酒酵也。烝餅非酵不成。"[①]民國二十一年《萬源縣志》卷五《教育門·方言》："起麵者曰酵頭。音教。"按《廣韻·效韻》"酵"、"教"同一小韻，音古孝切。

《大詞典》（9/1104）"起酵"謂"发酵"，首引清梁同書《說酒二百四十字》詩。

《方言大詞典》（頁4667）"起酵"①"發饅頭"，西南官話，引《遵義府志》及《蜀語》，其實《府志》本採《蜀語》；②"發麵"，吳語。今蜀語"起酵"謂發酵、發麵，並不限於"發饅頭"。

踛 奓 $qiɑ^{21}/kɑ^{21}$ [$tɕʻia^{21}/kʻa^{21}$]

跨；邁。參《考釋》第546頁。前撰首引《說文》。明李實《蜀語》（頁64）："侈足曰踛○侈音查。踛，其遮切，音茄。急行曰大步踛。"黃仁壽等校注："今俗語猶謂大步急行爲大步踛。"梁國均《從〈蜀語〉看四川方言語彙的構成和來源》謂"奓"本作"踛"，引《說文》、《蜀語》，引《蜀籟》"三步併作兩步走，兩步將來一步踛"，謂"今四川方言'大步踛'本

① 蜀語亦謂酵母爲"酵子"、"酵娘"。

此”[①]。清道光二十一年《遵義府志》卷二十《風俗》、光緒二十一年《敘州府志》卷二十一《風俗》、民國十年《新修合川縣志》卷三十《風俗·方言》、民國三十七年《貴州通志·風土志·方言》："侈（音查）足曰跒（音茄）。”民國二十一年《南溪縣志》卷四《禮俗下·方言》："跒，音茄，侈足也。”民國二十四年《雲陽縣志》卷十四《禮俗下·方言上》："侈足曰跒。”民國二十八年《巴縣志》卷五《禮俗·方言》："今謂行步曰跒，讀客加切，濁平聲。”《大字典》（二/7/3972）“跒”（二）qiá（又讀qié ）《蜀語》其遮切，謂“方言。跨步”，引李劼人《大波》第二部第八章及自注後半部分。其完整注釋云："跒，據明朝時候四川人李實著的《蜀語》說，是其遮切，音茄。若以現在成都方音讀之，讀爲‘卡’字音，倒比‘茄’字音爲近。《蜀語》又云：急行曰大步跒。其實跒即行義，不分大步小步。同時倒還有‘跨’字意義，如言跒門限，即跨過門限是也。”《川方匯釋》（頁172）“跒”㊀“大步跨”，㊁“快步走”。《川方彙編》（頁205）“夸”音qiɑ，謂“（其牙切）邁步”，以爲“‘跨’之音變”。

亦作“奓”。清康熙二十四年《長沙府志》卷十五《典章下》錄趙寧《請禁土字詳文》："今卑職受事後未及半載，每見批詞訴狀并前任案卷內，類多難識之字，如甞、閗、𤘺、奓、啥、口、氹、口等，考之《字彙》、《篇海》、許氏《說文》、趙氏《長

① 《川北教育學院學報》1991年第2期。按四川人民出版社1982年8月新1版《蜀籟》頁12作“三步將來兩步走兩步將來一步行”。

箋》諸書，並無此等字樣。”江昱《瀟湘聽雨錄》卷二：“大步曰夻。音跨。”乾隆十一年《岳州府志》卷十六《風俗志·方言》、乾隆二十一年《湘潭縣志》卷十三《風俗志·方言》：“越占爲夻。讀卡音。”乾隆二十六年《衡陽縣志》卷五《風俗·方言》：“越占爲夻。”同治十三年《平江縣志》卷九《地理志九·風俗》：“越占爲夻。讀如卡。”光緒五年《定遠廳志》卷五《地理志六·風俗》：“越占爲夻。讀入卡。”“入”當“如”字音借。民國十年《溆浦縣志》卷二《輿地志二·疆域·區鄉》：“俗謂大步行度曰跨，語音稍變與加入聲近，因別制夻字。”唐樞《蜀籟》卷二（頁103）：“小跑不如大夻。”又（頁129）：“把不住滑，踩穩緥夻。”又，清Adam Grainger《西蜀方言》（頁502）：“還要大跒一步。”謂“you must give a higher price; lit, take a big stride”，“跒”音“CH'IA^{2}, K'A^{2}”。民國三十三年《重修彭山縣志》卷二《民俗篇·方言》：“謂越曰跨。俗說如欺牙切，由榼牙切之音而轉也。楚人謂跨爲榼牙切。”今蜀方言“卡”有［k‘a^{53}］、［tɕ‘ia^{53}］二音[①]，“跒”有［tɕ‘ia^{21}］、［k‘a^{21}］兩讀，如《西蜀方言》所音。《四川方言方音表》“夻”音qiá，謂“跨”[②]。《川方》（頁315）“夻（跒、跨）”音qia^{2}，謂“跨，邁”，作“跨”則是以義寄音；“夻門喜”謂“剛結婚就懷的小孩”。《成都話》（頁172）“夻”音［tɕ‘ia^{21}］，謂“跨”。《成方》（頁103）“跒”音k‘a（或tɕ‘ia）陽平，謂“抬起一隻腳向

① 参《成都話》第172頁。

② 唐樞《蜀籟》，1982年8月新1版附。

前或向左右邁一大步”；又（頁107）“奓”音tɕʻia（或kʻa）。《重方》（頁171）“蹃”音ka²，①“跨步”，②“跨越”，謂“俗以新造字‘奓’記錄此詞，然考察古籍，當以‘蹃’記之”。按“奓”已見於明萬曆《郴州志》卷十一“告桂陽州豪陳孟林等奓買田糧耕種”、萬曆二十五年《貴州通志》卷二十三“王三奓長等斬首六十八級”，跨步義則見於清初。

《大字典》（二/1/585）“奓”音qiá，①“方言。跨。如：腳板飛快直是奓；拉着媽媽往外奓”，無書證。

《大詞典》（10/524）“蹃”謂“方言。行走；跨步”，首引《蜀語》。未收“奓”字。

《方言大詞典》（頁7251）“蹃”音xiā，謂“行走；跨”，西南官話（四川成都、雲陽，貴州遵義）、贛語，但蜀語音[kʻa⁵³]或[tɕʻia⁵³]，注音不確。又（頁4694）“奓”音qiá，謂“跨；邁”，西南官話（四川成都、貴州沿河、陝西鎮巴）、贛語。

啌 瘏 qiang⁵⁵[tɕʻiaŋ⁵⁵]

（牛馬）咳嗽。參《考釋》第554頁。《釋名·釋形體》：“啌，氣所衝也。”《康熙字典·口部》：“啌，《集韻》、《類篇》並枯江切，音腔。本作瘏，喉痹也。”又《疒部》：“瘏，《廣韻》苦江切，《集韻》枯江切，並音腔。”晉葛洪《肘後備急方》卷八："啖大麻子，淨擇一升飼之，治啌及毛焦大效。"北魏賈思勰《齊民要術》卷六《養牛馬驢騾》"飲食之節：食有三芻……三曰善芻"注："細剉無節，簁去土而食之者，令馬肥，不啌，身然好矣。"[①]敦煌本斯6204a《碎金》："馬啌嗓。"[②]清黃六鴻《福惠全書》卷二十八《郵政部·立局》："大凡刷刨馬匹，宜于局外空地，夏天陰涼處，冬天向陽處，立大樁拴馬，刷刨毛片，剪滌鬃尾。若在局內，風吹毛尾入于草料之中，馬食之纏在喉間，便成啌嗽矣。""啌嗽"同義連文。又卷二十九《喂養》："馳至中途，馬渴飲水，恐其搶水急飲，必纔飲須數提其勒，而後令飲，搶水則啌，搶料則結。""搶水則啌"，因馬馳渴飲，易致患啌嗽，也可能"搶水急飲"易被嗆。

或作"瘔"。《廣韻·江韻》："瘔，喉中病。"《集韻·江韻》："瘔，喉痴也。或从口。"《正字通·疒部》："瘔，曲江切，音腔，喉中病。《轉注古音》：'瘔，馬病有聲。'誤。"按牛馬瘔嗽喉中確有聲，當不誤。徐德庵《蜀語札記》："腔

---

① 《四庫全書總目》卷一百二《子部十二·農家類·齊民要術十卷》："思勰序不言作注，亦不云有音。今本句下之注，有似自作，然多引及顏師古者。考《文獻通考》載李燾《孫氏齊民要術音義解釋序》曰：'賈思勰著此書，專主民事，又旁摭異聞，多可觀，在農家最嶢然出其類，奇字錯見，往往艱讀。今運使秘丞孫公爲之音義，解釋畧備。其正名小物，蓋與揚雄、郭璞相上下，不但借助於思勰也。'則今本之注蓋孫氏之書，特《宋藝文志》不著錄，其名不可考耳。"故於雙行小注，權宜表出，下同。石聲漢今釋本編序號爲"56.54.3"，與前後"2"、"4"小一號字，既視作正文，又有所區隔。

② 《正字通·口部》："俗以馬病鼻流涎曰嗓。"明胡應麟《少室山房筆叢·莊岳委談下》："凡六畜勞傷，鼻中流膿，則謂之嗓也。"此或與人感冒咳嗽打噴嚏流鼻涕相似也。

（啌）嗓即咳嗽之轉音。”[①]章炳麟《新方言·釋言》：“今謂逆氣而欬亦曰槍，讀去聲。”則爲“嗆”字音借。今川北仍謂牛馬咳嗽爲“啌”，與李實音“腔”同；若辣椒味入氣管，氣體煙塵令人窒息等，則讀腔去聲，音［tɕʻiaŋ213］，如說“嗆倒了”，兩音義有别[②]。

《大字典》（二/2/697）“啌”（二）qiāng，謂“同‘瘔’。喉中病”，引《集韻》。又（5/2870）“瘔”音qiāng，謂“喉中病”，首引《廣韻》。

《大詞典》（3/393）“啌₁”音qiāng，①“同‘嗆’。水或食物进入氣管引起咳嗽”，引《齊民要術》。按《要術》“不啌”當指馬不患喉病，非偶因水或食物進入氣管而引起的短暫咳嗽。

《方言大詞典》（頁6672）“瘔”謂“喉病”，西南官話、吳語。

---

① 《古代漢語論文集》，巴蜀書社，1991年1月第1版，第374頁。

② 紀國泰《〈蜀方言〉疏證補》（頁131）：“刺激性煙塵進入呼吸道而使人難受，蜀方言或曰‘嗆’，或曰‘秋’，曰‘秋’者居多。考‘秋’之音、義，似當爲‘嗆’之通轉。”按“嗆”指呼吸道受刺激而出現劇烈的咳嗽，“秋（煍）”則指煙霧等熏蒸而難受，或咳嗽或不咳嗽，亦多指眼睛難受，如《川方》（頁324）：“煍（秋）qiu1（動）煙熏：~臘肉吃。”《成都話》（頁178）及《重方》（頁272）謂“煍”爲“熏”，《成方》（頁251）謂“煍”爲“（用煙）熏”，《川方彙編》（頁143）“煍”①“熏煙”、②“熏製”，《川方匯釋》（頁175）“萩”謂“點燃乾蒿草、柏葉或鋸木麵用來煙薰”，均無“嗆”義。即或因煙霧刺激而劇烈咳嗽，亦謂“嗆”，兩者並不相同，不應混爲一談。

倩 賥 qiɑng^{55} [tɕʻiaŋ^{55}]

借。参《考釋》第554頁。《方言》卷十二："倩，借也。"錢繹箋疏："倩與借同義。"又卷三："東齊之間壻謂之倩。"郭璞注："言可借倩也。今俗呼女壻爲卒便是也。"周祖謨校箋："《史記·倉公列傳》集解引作'言可假倩也'。案借、假義通。本書卷十二云：'倩，借也。'"《玉篇·人部》："倩，假倩也。"《史記·滑稽列傳》："某所有公田，願得假倩之。""借倩"、"假倩"均同義連文。明龍誥《撫苗議》："前歲之疫，湖兵死者過半，其間固多借倩而來，兵回之日，死者例有償命銀兩。"嘉靖《雲陽縣志》卷上《創設》："近因應朝冠盖絡繹，里甲動費不貲，知縣楊鸞多方措處，或居民三五朋夫，或鄉場借倩馬疋，里甲用是少蘇，但非久遠之計。"按《廣韻·勁韻》"倩"音七政切，今音qìng。

字或作"賥"。《玉篇·貝部》："賥，七浪切。"義闕。《四部叢刊》景建德周氏藏元刊本切語下謂"積貨也"，或據别本補。《五音集韻·宕韻》："賥，積貨也。"《康熙字典·貝部》引《篇海》："積貨也。"與借義無涉。清乾隆三十九年《西和縣志·風俗》："立劵行息曰借，無劵無息曰那，今西俗向人那錢暫用名曰賥錢。""那"即挪，"賥錢"謂借錢。傅崇矩《成都通覽·成都之詐騙》（頁219）："空子想佔便宜，東賥西逗，一手現交。”又（頁220）：“又有假帶鏈子手肘，說他是逃犯，把你盤纏賶點，我跑脫了還你。”“賶”謂借。《西和縣志》、《通覽》或借其音以寄義。今川北綿陽等地仍謂借貸爲［tɕʻiaŋ⁵⁵］，謂“借錢”爲“賶錢”。

《大字典》（二/1/206）“倩”（二）qìng，①“借；借助”，首引《方言》。又（7/3896）“賶”音cāng，引《玉篇·貝部》：“賶，積貨。”未及“借”義。按《康熙字典·貝部》“賶”已指出：“《玉篇》七浪切，義闕。”《大字典》所引或據《四部叢刊》景元刊本。《大詞典》（1/1443）“倩”未及。亦未收“賶”字。

《方言大詞典》（頁3378）“賶”音chuàng，謂“借貸（須付利息的）”，西南官話，四川成都［tɕiaŋ⁵⁵］，引《成都通覽》，注音不確，蜀方言讀送氣。又“賶錢”謂“暫時向別人借錢用”，中原官話，甘肅西和，引《西河縣志》，未及西南官話。

蔽 甋 蹻 橋 蹺 蕘 qiɑo²¹［tɕʻiau²¹］

東西放得高低不平、木料由濕而乾變形、關係不融洽、業務不熟或外行等均謂甋。參《考釋》第557頁。民國十三年《江津縣志》卷十一《風土志·方言》：“《考工記》：‘轂雖弊不蔽。’注：‘蔽，蔽暴。’音如喬。《毛詩·國風》傳云：‘喬，上竦也。’《爾雅》‘句如羽喬’、‘上句曰喬’。邑語謂物偏頗暴起爲蔽，事議不成亦謂之蔽。音少變如竅，須句曲向上謂之喬胡子。”民國十八年《合江縣志》卷四《禮俗·方言》：“蔽，《考工記》轂音如喬，訛作陰平。《毛詩·國風》喬，上竦也。亦偏頗暴起貌。”按“上竦也”爲毛傳語。作“喬”亦通。如民國二十四年《臨朐續志》卷十八《方言略》：“《毛詩傳》云：‘竦也。’《爾雅》：‘小枝上繚曰喬。’俗謂物偏頗暴起爲喬，音如竅，即中心著地兩端上起也。”又，明方以智《通雅》卷七《釋詁》：“槁與蔽同，呼高、乎報二切。……《荀子》曰：‘木揉以爲輪，其曲中規，雖有蔽暴，不復挺者。’”清桂馥《札樸》卷四《覽古·槁暴》：“《荀子》：‘木揉以爲輪，其曲中規，雖有槁暴，不復挺者。’馥案：‘槁’，借字，當爲‘蔽’。《考工記》：‘轂雖弊不蔽。’鄭注：‘蔽，蔽暴。’”據其說，則《晏子春秋·杂上二三》：“今夫車輪，山之直木也，良匠揉之，其圓中規，雖有槁暴，不復嬴矣。”與《荀子》揉木爲輪，“槁暴”亦當爲“蔽暴”。《大詞典》（4/1222）“槁暴”①“枯乾，曬乾”，引《晏子春秋》及《荀子》，或未是。

或作“翹”。《玉篇·亢部》：“翹，丘召切，翹䠷，不安也。”“不安”或有不平之義。《正字通·亢部》：“翹，苦弔切，音竅。翹䠷，不安也。又翹䠽，地高下不平也。”《康熙字典·亢部》：“翹，《廣韻》、《集韻》並丘召切，音趬。……又《集韻》詰弔切，音竅。”明李實《蜀語》（頁59）：“不平曰翹〇翹音竅。”黃仁壽等校注：“今俗語猶謂木板之類不平爲翹。”清顧張思《土風錄》卷十四《高起曰翹》：“《集韻》‘翹’注又音竅，高也。”道光二十一年《遵義府志》卷二十《風俗》、光緒二十一年《敘州府志》卷二十一《風俗》、民國十年《新修合川縣志》卷三十《風俗·方言》、民國二十四年《蓬溪縣近志》卷七《風土篇·方言》、民國二十六年《犍爲縣志·居民·言語·方言》、民國三十七年《貴州通志·風土志·方言》:“不平曰翹。音竅。”並採《蜀語》。清光緒三年《黃巖縣志》卷三十二《風土·謠諺·方言》:“物聳起曰翹。”范寅《越諺》卷中《臭味》:“翹,竅,物不平也,陽物舉也,獸尾豎也,秤稍高起也。”民國《息烽縣志》卷二十九《風土志·方言》:“謂不平曰翹。”民國十七年《長壽縣志》卷四《人事部·方言》:“不平曰翹。音喬。”民國十八年《威縣志》卷十四《風俗志下·方言》:“不平曰翹。音竅。見李實《蜀語》。”民國十九年《嘉定縣續志》卷五《風土志·方言》:“翹,俗言高起也。”民國三十一年《西昌縣志》卷五《禮俗志·方言》:“事久未平曰翹起。翹謂□不平意。”又《諺語》:“七翹八簸。”另外,民國二十三年《樂山縣志》卷三《方輿志·方言》:“不平曰翹。音喬。”民國二十四年《雲陽縣志》卷十四《禮俗下·方言上》:“翹,不平也。《蜀語》:‘不平曰翹。翹音竅。’”以上“翹”當作“翹”,形近而譌,《蜀語》本亦作“翹”。按《集韻·嘯韻》“翹”與“竅”同一小韻。蔣禮鴻《〈義府續貂〉補》:“《蜀語》:‘不平曰翹,音竅。’嘉興語亦然,音其遥切。”[①]《川方》(頁319)“翹(蹺)”①“指東西未放平,一邊高,一邊低”,②“指(木、紙等)平的東西因由濕變乾而變得不平”。

① 《杭州大學學報》1989年第4期。

或又作“蹻”。《説文·足部》：“蹻，舉足小高也。从足，喬聲。《詩》曰：‘小子蹻蹻。’”段玉裁注：“蹻、高疊韵，各本作行高，晉灼注《漢書·高帝紀》作小高。玄應引文穎曰：‘蹻，猶翹也。’又引《三蒼解詁》云：‘蹻，舉足也。’丘消切。按今俗語猶然。”朱駿聲通訓定聲：“蹻，今多以翹爲之。”《漢書·高祖紀》：“大臣內畔，諸將外反，亡可蹻足待也。”顔師古注：“文穎曰：‘蹻，猶翹也。’如淳曰：‘蹻，音如今作樂蹻行之蹻。’晉灼曰：‘許慎云：蹻，舉足小高也。音矯。’”王先謙補注：“蹻，《史記》作‘翹’，官本注‘矯’作‘僑’。案此文本《史記》。”王念孫《讀書雜志》卷二之一《蹻足》：“《史記》作‘翹足’。《商君傳》亦曰‘亡可翹足而待’。”

又作“蹺”。《玉篇·足部》：“蹺，去堯切，舉足也。”《集韻·宵韻》：“蹺，舉趾謂之蹺。或作蹻。”清翟灝《通俗編》卷十一《品目》：“蹺欹，按世因蹺欹之言，輒謂足跛者曰蹺。”民國十五年《南川縣志》卷六《土音土語》：“以一膝加一膝上曰蹺二郎腿（當作二口二腿），以足掌提高向前曰蹺，脚累物高而不穩曰高蹺，蹺皆陰平，土音又轉爲陽平。長物橫臥中高不能貼地曰蹺起（用橋字亦可，象兩頭下而中高），又轉爲去聲。或一頭或兩頭不平均曰蹺，如蹺尾巴、蹺鬍子、蹺嘴皆此字。路之曲者曰幾灣幾蹺（邑橋塘有三蹺灣，俗寫作竅，非），亦此字。”民國十八年《衢縣志》卷八《風俗志·方言》：“足跛曰蹺子。蹺亦作蹻。”足跛則走路不平衡，與高低不平義亦相仿佛矣。亦作“翹”。民國二十三年《華陽縣志》卷五《禮俗·

方言》："不平曰翹。音竅。"此本採《蜀語》，以"翹"爲"翺"矣。《重方》（頁268）"蹺"①"東西放得高低不平"，②"木料、紙等因由濕變乾變形而不平"，③"關係不合諧"，④"業務不熟，外行"。《川方匯釋》（頁173）"翹"謂"不熟悉，不精通"，"翹手翹脚"謂"因不熟練而顯得笨手笨脚的樣子"。《成都話》（頁175）"翹"謂"木、紙等平的東西因由濕變乾而不平"。

亦作"藮"。《廣韻·笑韻》："藮，高藮。"《集韻·笑韻》："藮，高也。"清翟灝《通俗編》卷三十六《雜字·藮》："《廣韻》：藮，邱召切，高藮。又《集韻》：翺，苦弔切，高也。按凡言聳起者，當擇用此二字。明人小說用趬字，非。"光緒五年《鎮海縣志》卷三十九《方言》："《廣韻》：藮，邱召切，高藮。翺，《集韻》苦弔切，高也。"宣統《東莞縣志》卷十一："高聳曰藮。……今莞俗有口臂藮到半天高之謔，即此字。"民國二十四年《蕭山縣志稿》卷二十九《瑣聞·方言謠諺》："凡物之聳起者曰藮。一作翺。《廣韻》：藮，邱召切，高藮。《集韻》：翺，苦弔切，高也。"

又或記音作"橋"。清胡文英《吳下方言考》卷五《橋》："《呂覽·離謂篇》：'聽言而不可知，其與橋言無擇。'案橋，不平也。吳諺謂不平曰坳橋。"①Adam Grainger《西蜀方言》（頁282）："這個板子是橋起的。"即"peach stones"。又："事情橋了盤。"謂"there is a hitch in the transaction"。又："我是

① 按高誘注："橋，戾也。"陳奇猷校釋引范耕研云："橋借爲矯。"

槗的。”意爲“I am unacquainted with that kind of work”。後兩例用引申義，謂事情乖舛，技術不熟。亦記作“喬”。《成都話》（頁175）“喬手喬脚”謂“因不熟練，不能幹而笨手笨脚”。

《大字典》（二/6/3534）“蔲”（二）hào，謂“物變形而不平”，首引《玉篇》。前撰謂今蜀方言讀同《蘄春語》“千遙切”和《昭通方言疏證》“音如竅，或如竅平聲”。又（1/322）“翹”音qiào，謂“〔翹翹〕不安；不平”，首引《玉篇》。又（7/3986）“蹻”（一）qiāo，①“同‘蹺’。把脚舉高”，首引《說文》。又（3983）“蹺”音qiāo，①“舉（足）；抬（腿）”，首引《玉篇》；④“跛”，首引《通俗編》；（二）qiào，謂“泛指往上抬的動作”，首引《官場現形記》第二十七回：“（徐大軍機）兩撇鼠鬚一根根都蹺了起來。”此謂向上翹起，與“指往上抬的動作”並不榫合。又（1/540）“蹺”音qiào，謂“向上翹起。也作‘翹’”，首引《廣韻》。又（3/1386）、《大詞典》（4/1313）“槗”未及。

《大詞典》（9/598）“蔲”音hào，謂“縮耗；因變形而不平”，首引《周禮》。又（3/527）“翹”音qiào，謂“見‘翹翹’”，而“翹翹”謂“高而不平貌”，首引韓愈《記夢》詩。又（10/551）“蹻₁”謂“同‘蹺’”。又（547）“蹺”⑨“用同‘翹’。向上昂起”，首引《官場現形記》。又（2/1244）“蹺”謂“翹起”，引《水滸傳》。

《方言大詞典》（頁7318）“蔲”①“物體突起、彎曲等變形而不妥帖”，江淮官話、西南官話、閩語；②“事情將要做成而中途變化”，江淮官話。又（頁4893）“翹”①“不平；一邊高，一邊低”，冀魯官話、西南官話。又（頁6540）“蹺（蹻）”⑤“翹”，西南官話、閩語。又（頁6900）“䡱”謂“高起；翹起”，吳語。又（頁6045）“翹”⑫“高聳”，吳語，引1935年《蕭山縣志稿》：“凡物之聳起者曰~。”

蕎巴　蕎粑　莜巴　莜粑

qiɑo^{21}bɑ^{55}［tɕʻiau^{21}pa^{55}］

蕎麵餅。明李實《蜀語》（頁149）：“乾肉及餅曰巴○牛肉曰牛乾巴，蕎餅曰蕎巴，鹽塊曰鹽巴，土塊曰土巴之類。”民國十年《新修合川縣志》卷十二《戶口·土物》：“又三巴菰、蕎巴菰亦美菌。”此指長似蕎巴的野生蘑菇。民國二十四年《雲陽縣志》卷十四《禮俗下·方言下》：“麵食謂之磨磨。《丹鉛新錄》：‘麵食北人呼爲波波，南人訛爲磨磨。’今俗呼爲巴巴，如《蜀語》‘蕎餅曰蕎巴，鹽塊曰鹽巴，土塊曰土巴之類’，皆一音之轉。”民國二十七年《麻江縣志》卷五《風俗·夷語》：“吃包穀巴曰隴九金母條紅，稗巴曰九必撒，蕎巴曰九窩邦，膏粱巴曰九京們。”

亦作“蕎粑”。清李宗昉《黔記》卷四：“諺又云：‘大定水城女如花，黔西兒郎賽過他。畢節姑娘家家好，惟有威甯苦蕎粑。’苦蕎粑者，以蕎麥麵爲粑，言其黑。威甯地瘠，人皆食蕎，故云。”道光二十九年《大定府志》卷四十二《經政志四·食貨略下》："苦蕎作餅餌呼爲苦蕎粑，居人所常食，包穀而外則蕎麥也。諺云：畢節大定女如花，黔西兒郎賽過他。水城平遠平平過，惟有威寧苦蕎粑。"傅崇矩《成都通覽·成都之菌類》（頁440）："竹絲菌、蕎耙菌。""耙"當作"粑"或"巴"，因其上部傘狀菌蓋像蕎粑而得名，如上引《合川縣志》之"蕎巴菰"。又，民國《息烽縣志》卷二十《植物部·蔬類下》："羊奶菌、羊肚菌、青㭎菌、蕎粑菌諸品，秋冬有之，其隨俗形呼，彙類非一。"

又作"莜巴"、"莜粑"。民國二十一年《馬關縣志》卷十《物產志》："牛肚菌、石灰菌、雞油菌、掃箒菌、莜巴菌。""莜巴菌"謂像莜巴的野生蘑菇。民國二十六年《馬邊紀實·夷族·夷人之生活》："夷地中菜蔬甚少，春食苦蒿葉，夏食洋芋莜巴，秋冬食蘿蔔葉。"民國十三年《江津縣志》卷十一《風土志·土產》："蕎麥，當作莜麥。……邑語猶有苦莜粑之稱。"按《正字通·艸部》："莜，俗譌作蕎。"

《大詞典》（9/550）"蕎巴"謂"亦作'蕎粑'。蕎麥餅"，引沈從文《從文自傳》作"荞粑"，引1970年9月29日《人民日報》文作"荞巴"。又"蕎粑"謂"見'蕎巴'"。又（396）"莜"下收錄"蕎麥"，未收"莜巴"、"莜粑"。

《方言大詞典》（頁3887）"蕎巴"謂"蕎麥餅"，西南官話，引1935年《雲陽縣志》"蕎餅曰~"。按縣志本引李實《蜀語》（見上引），非縣志記錄當時語。又"蕎粑粑"謂"蕎麵做的餅"，西南官話。

揸 笡 趄 趚 qie^{213} [$tɕ‘ie^{213}$]

歪斜。参《考釋》第561頁。《廣雅·釋器》："籧謂之笡。"《玉篇·竹部》："笡，七夜切，籧也。"《廣韻·禡韻》："笡，斜逆也。"《集韻·禡韻》："笡，七夜切，《博雅》：'籧謂之笡。'"又《屋韻》："籧，《廣雅》：'籧謂之笡。'或从旦，亦省。"又："籧，笡也。"《龍龕手鏡·竹部》："笡，千夜反，斜逆也。"

或作"揸"。爲"笡"的後起增旁字。《集韻·禡韻》："揸，衺捂也。""衺"音斜，亦通作"斜"①。《正字通·手部》："揸，担、摣二字之譌，舊註千謝切，且去聲，邪牾，非。"《集韻》已著錄，今方言留存，非之或未是。《康熙字典·手部》："揸，《集韻》七夜切，且去聲，衺捂也。"清翟灝《通俗編》卷三十六《雜字·揸》："今有揸柱語。又凡由徑者曰斜揸過去。"范寅《越諺》卷中《臭味》："趄，七夜切，且去聲，同揸。凡物斜低一面。"民國十九年《嘉定縣續志》卷五《風土志·方言》："揸，俗謂敧斜也。"民國二十四年《蕭山縣志稿》卷二十九《瑣聞·方言謠諺》："斜而不直，側而不平，皆曰揸。《集韻》七夜切，音且去聲，衺捂也。按今凡山徑者，

① 《集韻·麻韻》："衺，徐嗟切，《說文》：'褒也。'謂不正。或作邪，通作斜，亦書作衺。"《康熙字典·衣部》："衺，《唐韻》似嗟切，《集韻》徐嗟切，並音斜。"

每曰斜揸過去。”民國二十四年《雲陽縣志》卷十四《禮俗下·方言上》：“揸，斜也。”

亦作“趄”。《篇海類編·人事類·走部》：“趄，身斜也。”元王實甫《西廂記》第四本第四折：“欹珊枕把身軀兒趄。”王季思注：“趄，斜靠意，不正意；韻書並七余切，元劇中讀千卸切。”

又作“趚”。《廣韻·禡韻》遷謝切：“趚，趚脚立也。”與“笡”同一小韻。《集韻·禡韻》七夜切：“趚，衺逆也。”與“笡”、“跙”、“揸”同一小韻。《篇海類編·人事類·走部》：“趚，趚脚立。一曰脚斜立。”明趙南星《目前集·俗字》：“趚，千謝切，脚斜立貌。”

《大字典》(二/5/3151)“笡”音qiè，②“方言。歪斜。如：嘴笡；字寫笡”。又(4/2062)“揸”音qiè，謂“邪捂，斜拄”，引《集韻》。又(6/3713)“趄”(二)qiè，①“偏斜；傾斜”，首引元佚名《陳州糶米》第一折：“(小衙內云)休要量滿了，把斛放趄着。”王季思注：“趄，傾斜。”②“身斜，斜靠。如：趄着身子”，首引《篇海類編》。又“趚”(三)qiè，①“脚斜立”，首引《廣韻》；②“邪逆”，引《類篇》。以上不管“衺捂”、“斜逆”、“身斜”還是“脚斜”，核心義素仍爲“斜”。

《大詞典》(8/1118)“笡”音qiè，謂“斜逆”，引唐元稹《胡旋女》詩。又(9/1117)“趄₁”②“傾側；歪斜”，首引王實甫《西廂記》。又(9/1117)“趚”音chè，未及此義。未收“揸”字。

《方言大詞典》(頁5517)“笡”①“斜；歪”，冀魯官話、江淮官話、西南官話、徽語、吳語、湘語、贛語、閩語。又(頁6796)“揸”謂“斜”，西南官話、吳語。又(頁5962)“趄”音chè[①]，②“不正；歪斜”，西南官話、吳語，引民國刊本《定海縣志》：“俗謂斜曰笡，亦作~。”

青竹標　青竹剽　青竹僬　青竹彪　青竹鏢

$qin^{55}zu^{21}bi\alpha o^{55}$ [$t\text{ɕ}‘in^{55}tsu^{21}piau^{55}$]

一種疾行如飛的青蛇。明正德《瓊臺志》卷九《土產下》：“青竹標，腹裂子生。”嘉靖《欽州志》卷二《食貨·物產》：“青竹標，青如竹。”嘉靖四十三年《南寧府志》卷三《田賦志》：“蛇有烏稍、菜花……又名青竹標，目瞎纏樹裂腸生子。”清康熙二十二年《巴東縣志》卷一《輿地志·山川》、同治五年《巴東縣志》卷二《輿地志·山川》：“青竹標灘，東瀼。青竹標本蛇名，其行最駛，灘水似之。”乾隆《瓊州府志》卷一下《物產》：“青竹標，綠色，嚙人如飛箭，大毒，其子胎生，嚙母腹出。”嘉慶十七年《郫縣志》卷四十《物產》：“蛇，其種不一，有烏騷、青竹標、土蝮子、菜花蛇等名，一年春秋兩次脫殼，蘇東坡詩句‘水車犖犖脫殼蛇’，比喻甚工。”光緒四年《彭縣志》卷三《民事門·物產志》：“青蛇，俗呼青竹標。”傅崇矩《成

---

① 蜀語 [$ts‘e^{213}$] 亦有斜義。《川方》(頁36)“趄”音ce^{4}，②“(身)斜”。

都通覽·成都之昆蟲》（頁429）："壁虎子、四足蛇、青竹標蛇。"民國《息烽縣志》卷十六："青竹標，此蛇長不及二尺，大不過食指，全體純綠，頭扁尾細，其性至毒。"民國十五年《南川縣志》卷六《動物》："蛇，李時珍曰：蛇字古作它，俗作虵，有佘、移、佗三音，篆文象其宛轉曲屈之形，其形委佗，故名。……吾邑常見者有烏梢、菜花、鏵頭尖、乾竹搞（篙）、青竹標、三稜子、水蛇、紅蛇、野鷄項等類，其他未常見及見而不識者尚多。"民國二十三年《昭平縣志》卷六《物產部·動物》："有大如母指，色青耳聾，常卷少伸，夜則在路搏耗鼠食者，名青竹標。"

亦作"青竹剽"。清桂馥《札樸》卷十《滇游續筆》："青竹剽，順寧綠蛇，細而長，有毒，善逐人，其行如飛，擊以木不中，惟竹之單節者能斃之。"光緒間修《續順甯府志稿》卷十三《食貨志三·物產》"青竹剽"引桂馥《札樸》。

又作"青竹儦"。民國十八年《榮縣志·物產》："蛇，有烏騷、菜花、青竹儦等名。《說文》：'儦，行貌。'名蛇，言走疾也。"

或作"青竹彪"。清乾隆《郿西縣志》卷四《方產》、民國二十五年《郿西縣志》卷一《輿地志·物產》："土蝮蛇、構皮老蛇、青竹彪蛇、風梢蛇。"民國十八年《合江縣志》卷二《食貨·物產》："青竹彪蛇。"

也作"青竹鏢"。清乾隆十二年《重修臺灣府志》卷十八《物產二》："青竹鏢蛇類，一名百步創，一名青柏絲，長尺餘，深綠色，纏樹杪與葉無別，有絲如蛛網，人悞觸之則飛嚙，其疾如鏢，遭其嚙者，行百步即僵。”乾隆十七年《重修臺灣縣志》卷十二《風土志·土産》：“一名青竹鏢，別名百步創，又呼青竹絲，長尺余，深緑色，纏樹杪與葉無別，有絲如蛛網，人誤觸之則飛嚙，其疾如鏢，遭其嚙，行百步即僵。”

亦記作“青竹嫖”。同治九年《會理州志》卷十《風土志·物産》：“青蛇其色青，俗呼青竹嫖。”

《大詞典》(11/522)“青竹飆”謂“一種青色善跳的蛇”，引周立波《調皮角色》：“山裏還有青竹飆，一見到人，飆起好高。”“飆”謂此蛇“其行如飛”或“其疾如鏢”，因其色青，故名。釋爲“一種青色善跳的蛇”，非是。上引文獻亦無一謂其善跳，是其證。其餘詞形則未及。

《方言大詞典》(頁3071)“青竹標”謂“一種類似竹葉青的蛇”，西南官話、閩語；也作“青竹滮”，西南官話；也作“青竹鏢”，西南官話、閩語。

R

瓤₁ 穰₁ rang^{21} [zaŋ^{21}]

瓜果的瓤、物體的中心部分或糕點麵食的餡兒。參《考釋》第572頁。漢劉楨《瓜賦》："藍皮蜜理，素肌丹瓤，乃命圃師，真其最良。"《神異經・南荒經》："（柤稼橙）實長九尺，圍如其長，而無瓤核。"唐白居易《荔枝圖序》："瓤肉瑩白如冰雪，漿液甘酸如醴酪。"明李實《蜀語》（頁73）："瓜中犀曰瓤，饅頭中肉菜亦曰瓤○瓤音禳。"《續通志》卷一百七十七《昆蟲草木畧四・果類》："甘肅甜瓜，皮瓤皆甘勝飴蜜。……凡瓜大曰瓜，小曰瓞，子曰瓤（音廉），肉曰瓤（音穰）。"高靜亭《正音撮要》卷三《菓品》："核桃瓤，核桃肉，即瓤。"《紅樓夢》第四十一回："這盒內是兩樣蒸食：一樣是藕粉桂花糖糕；一樣是松瓤鵝油捲。"唐訓方《里語徵實》卷上："瓜犀曰瓤，饅頭中肉菜亦曰瓤。瓤音樓。"張慎儀《蜀方言》卷下

（頁336）：“瓜心曰瓤。《廣韻》：汝陽切，音穰。瓜實。”章炳麟《新方言·釋植物》：“《三蒼》：‘瓤，瓜中子也。’（《經典釋文》引）范汪《療黄疸散方》：‘取瓠子白瓤及子熬令黄。’（《外臺祕要》卷四引）是謂瓤即實。《爾雅》郭璞注曰：‘莖中有瓤。’今人皆謂瓜實爲瓤。”民國二十四年《雲陽縣志》卷十四《禮俗下·方言下》：“麵食包料曰瓤。”唐樞《蜀籟》卷四：“苦瓜削皮子拐了，絲瓜摳瓤子也拐了。”民國三十二年《大埔縣志》卷四十二《人群志三·方言》：“植物内層肉曰瓤。《三蒼》：‘瓤，瓜中子也。’郭注曰：‘莖中有瓤。’《正字通》按：‘瓤爲瓜中實，與犀相包連，白虚如絮，有汁。’《本草》謂之瓜練。《字彙》謂瓜中犀，非。按埔語凡植物中空者，其内肉皆曰瓤，如瓜瓤、竹瓤之類。”姜亮夫《昭通方言疏證》（1648條）：“《廣韻》：‘瓤，瓜實，汝陽切。’按昭人言‘瓜瓤瓤’，或曰‘瓤子’，凡今西瓜、南瓜、冬瓜之瓤，如絮，在瓜中心，爲種所在之處，瓤字始見《廣韻》，可能爲六朝以後産物。”項楚師云：“由瓜瓤之義引申，則不但饅頭餡稱瓤，凡充填之物（所謂‘芯子’）皆可稱‘瓤’。”[①]今蜀方言“瓤”可疊用。《川方》（頁327）“瓤瓤”①“瓤子”。《成都話》（頁258）“瓤瓤”謂“瓤子”。《成方》（頁347）“瓤”①“瓤子”，又“瓤子”謂“=〖瓤瓤〗”，“餡兒”。《重方》（頁277）“瓤瓤”①“瓤子”，②“指某些皮殼或殼裏面包着的東

①《王梵志詩校注》，上海古籍出版社，1990年7月第1版，第225－226頁。

西”，③“形容東西爛如絨狀”。亦說“瓤子”[①]。《成都話》（頁257）“瓤子”謂“餡兒”。《川方匯釋》（頁177）“瓤子”謂“宰碎了的精肉或肉餡兒：抄手兒要多包點~纔好吃”。

亦作“穰”。《說文·禾部》：“穰，黍梨已治者。”段玉裁注：“已治，謂已治去其箬皮也。謂之穰者，莖在皮中，如瓜瓤在瓜皮中也。”又《金部》“鑲，作型中腸也”徐鍇繫傳：“若果實之穰。”《正字通·禾部》：“穰，果實孱，凡果實中之子曰孱穰。與瓤通。”《康熙字典·瓜部》：“瓤，《廣韻》汝陽切，《集韻》如陽切，並音穰。”按《廣韻·陽韻》“瓤”與“穰”同一小韻，故同音通用。唐杜甫《秋日夔府詠懷一百韻》：“色好梨勝頰，穰多栗過拳。”五代牛希濟《生查子》詞：“終日劈桃穰，人在心兒裏。”宋莊綽《雞肋編》卷下：“衡州耒陽縣有桃一株，結子而穰不甚實。”林洪《山家清供》卷上《蓮房魚包》：“蓮花中嫩房去穰截底，剜穰留其孔，以酒、醬、香料加活鱖魚塊實其內，仍以底坐甑內蒸熟，或中外塗以蜜出楪，用漁父三鮮供之。三鮮，蓮、菊、菱湯齏也。”明弘治《常熟縣志》卷一《叙地理·土產》：“橙，類橘，先熟，穰酸，皮甘香，可作湯。”袁宏道《畜促織》：“又有一種，似蚱蜢而身肥大，京師人謂之聒聒，亦捕養之。南人謂之紡線娘，食絲瓜花及瓜穰，音聲與促織相似，而清越過之。”

《大字典》（二/5/2844）“瓤”①“瓜實，與瓜子相包連如絮而多汁的部分”，首引《玉篇》；②“果實的肉或分列的子

---

① 《現漢》“瓤子”謂“瓜果皮裏包着種子的肉或瓣兒”。

房”，首引《神異經》。未及糕點麵食的餡兒義。又（2826）“穰”（一）ráng，⑤“用同‘瓤’。果類的肉”，首引《正字通》。

《大詞典》（8/283）“瓤”①“瓜類的肉”，首引劉楨《瓜賦》；②“果實的肉”，首引《神異經》；③“糕點的餡”首引《紅樓夢》。又（162）“穰₁”⑥“用同‘瓤’。果實的肉”，首引杜詩。

《方言大詞典》（頁7513）“瓤”⑤“瓜瓤。引申指食品中包的餡兒”，西南官話、吳語。

瓤₂ 穰₂ 膿 壤 勷 rang^{21}［zaŋ^{21}］

布帛等薄而軟、不結實，人軟弱無力、無精打彩等。參《考釋》第571頁。前撰引《蜀方言》。民國十五年《南川縣志》卷六《土音土語》：“土語人精力不健曰瓤，布疋稀薄亦曰瓤（俗云絲瓜瓤），象瓜之瓤。”民國三十一年《西昌縣志》卷五《禮俗志・方言》：“人無精神曰瓤。汝陽切，即無陽合音。”民國三十三年《長壽縣志》卷四《風土・方言》：“人力精不健曰瓤，布疋稀薄亦曰瓤。”姜亮夫《昭通方言疏證》（319條）：“瓤，音如讓陽平。昭人謂軟弱曰瓤，如瓤倒，倒音如刀，本瓜瓤字，瓤爲瓜中最柔軟之物，故引申得言事物。與柔、弱等皆同族語。”《川方彙編》（頁243）“瓤”①“軟”，②“朽”。《川方》（頁327）“瓤（柔）”音rang^{2}，①“（布、紙等）很薄而軟；不結實”，②“軟弱無力，沒有精神”；“瓤瓤”②“比喻很薄而不結實的東西”。《川方匯釋》（頁177）“瓤”謂“軟而無力”。《成都話》（頁257）“瓤”①“不結實”，②“虛弱，柔弱”。《成方》（頁347）“瓤”②“太軟，不結實”，③“軟弱無力”，④“虛弱”。《重方》（頁276）“瓤”音rang²，①“薄而軟，不密實”，②“軟而無力”。

亦作“穰”。北魏賈思勰《齊民要術》卷四《種椒》：“若移大栽者，二月三月中移之。先作熟穰泥，掘出即封根，合泥埋之。”石聲漢校釋本“穰”作“蘘”，釋文：“先將穀穰（蘘）與泥和熟，植株掘出來之後，就用這樣的穰泥包〔封〕着根。”不知何據。原文亦見《農桑輯要》引錄，《大字典》（二/5/2826）“穰”（一）ráng，⑥“鬆軟；不密實。如：這張紙很穰；這種布太穰了”，引《輯要》，則“穰泥”爲鬆軟之泥。

或作“膿”。《方言》卷二“梁益之間，凡人言盛及其所愛偉其肥晠謂之膿”錢繹箋疏引盧文弨云：“江淮人謂質弱力薄者爲膿。”清梁章鉅《文選旁證》卷三十二《上書吳王》引盧文弨：“今江淮人謂質弱力薄爲膿，亦語之反也。《說文》：‘壤，柔土也。’段氏玉裁曰：‘《方言》亦取柔意。今俗語謂弱曰壤。’”嘉慶十二年《蕪湖縣志》卷一《地里志·方言》：“體弱者謂之膿。俗音如穰。”民國五年《鹽山新志》卷二十四《謠俗篇上·方言》：“漮膿，空虛也。《爾疋》：‘漮，虛也。’言人中無有者則曰漮。《方言》：‘梁益之間凡人言盛謂之膿。’盧文弨云：‘今江淮謂質弱力薄者爲膿。’”民國十五年《簡陽縣志》卷二十二《禮俗篇·方言》：“質弱力薄曰膿。口平聲。”民國二十一年《萬源縣志》卷五《教育門·方言》：“質弱力薄曰膿。”民國二十三年《華陽縣志》卷五《禮俗·方言》：“體質薄弱曰膿。”民國三十六年《新繁縣志》卷四《禮俗·方言》：“又謂質弱力薄者爲膿，音如穰。”

亦作“壤”。《說文·土部》：“壤，柔土也。从土，襄聲。”段玉裁注：“按言物性之自然，壤異乎堅土，言人功則凡土皆得而壤之。壤與柔弱雙聲。……今俗語謂弱曰壤。”朱駿聲通訓定聲：“今北方俗語謂弱爲壤，叚借爲膿。”“壤”、“膿”同聲，同聲則可寄義，故得假借。如《釋名·釋地》：“壤，膿也。肥膿意也。”畢沅疏證：“《漢書·鄒陽傳》‘壤子王梁代’，晉灼引《方言》以‘膿’爲‘壤’，知二字義同，亦得通用，此切證也。”

或作“勷”。民國二十二年《灌縣志》卷十六《禮俗紀·方言》：“勷，弱也。勷從力有弱意，今俗弱謂小者爲勷，讀若朗平聲。”此讀別爲一音。

《大字典》(二/5/2844)“瓤”⑦“方言。差，沒有能耐”，引江蘇歌謠《新娘子剛進莊》。又(1/538)“壤”①“鬆軟肥沃的泥土”，首引《說文》。又(417)“勷”(一)ráng，②“用同‘瓤’。明李實《蜀語》：‘瓜中犀曰勷。’”此當據《函海》本，他本及下文作“瓤”。又(4/2281)“膿”音rǎng，謂“肥胖”，未及此義。

《大詞典》(8/283)“瓤”⑧“方言。不好；差”，引童邊《新來的小石柱》，與西南官話義則不盡相同。又(162)“穰”、又(6/1417)“膿”、又(2/1243)“壤”、又(829)“勷”，均未及此義。《現漢》“鬫”③〈方〉“不好；軟弱”。

《方言大詞典》（頁7513）“鬫”①“軟；弱”，中原官話、蘭銀官話、江淮官話、西南官話；②“身體虛弱；軟弱無力”，中原官話、蘭銀官話、江淮官話、西南官話；③“（布、紙等）單薄而不結實”，西南官話。又（頁7510）“穰”②“軟，不硬幫；不强硬”，中原官話、晉語；③“弱；差；虛弱”，中原官話、晉語；④“不牢”，西南官話。又（頁7502）“膿”③“肉肥而不實，體質虛弱乏力”，中原官話、江淮官話、吳語。

瀼　讓 rɑng^{213} [zaŋ^{213}]

江水横通山谷或山間溪流入江處。《集韻·漾韻》：“瀼，水名，在蜀。”《正字通·水部》：“瀼，夔州澗水横通山谷間，市人謂之瀼，居人分其左右謂之瀼東、瀼西。”唐杜甫《秋日夔府詠懷》詩：“陣圖沙北岸，市暨瀼西巔。”自注：“八陣圖、市暨，夔人語也。江水横通山谷處，方人謂之瀼。”按清張澍《蜀典》卷七《方言類》：“杜詩《夔府詠懷百韻》有云‘市暨瀼西頭’，公自注：市暨，夔人語也。市井泊船處謂之市暨。江水横通山谷處謂之瀼。”杜詩各本作“市暨瀼西巔”，“頭”當“巔”字形譌。又，唐劉禹錫《竹枝詞九首》之三：“江上春來新雨晴，瀼西春水縠紋生。”宋陸游《入蜀記》卷六：“土人謂山間之流通江者曰瀼云。”此與杜詩自注的視點剛好相反。明何宇度《益部談資》卷下："子美遊蜀凡八稔，自大曆元年春至夔，大曆三年去而之楚，寓夔之東屯、西瀼者凡三年，得詩四百餘首。瀼者，土人謂山間通江之流曰瀼。"清顧祖禹《讀史方輿紀要》卷六十九"大瀼水"條引《入蜀記》："山間之流通江者，土人皆謂之曰瀼。"張澍《蜀典》卷七《方言類·瀼》："陸游《入蜀記》：山澗之流凡通江者，土人謂之瀼。桉夔州有西瀼、東瀼是也。《前漢·溝洫志》杜欽曰：屯氏河'羨溢，有填淤反瀼之害'。其意舁蜀之言瀼同。"①據此，則漢時即有此說。郝懿行《證俗文》卷十七："蜀人謂山閒之流通江者曰瀼。"蜀中多以"瀼"爲水名或地名。北魏酈道元《水經注》卷三十三《江水》："白帝山城周迴二百八十步，北緣馬嶺，接赤岬山，其間平處南北相去八十五丈，東西十七丈。又東傍東瀼溪，即以爲隍，西南臨大江，闚之眩目。"楊守敬疏："西瀼在今奉節縣東一里，俗名分水河；東瀼在縣東十里，俗名鐵柱溪。今雲陽縣東之東瀼河，乃别一水也。"清光緒二十一年《敘州府志》卷二十二《風俗》："山間之流凡通江者，土人謂之瀼（《入蜀記》）。"

亦作"讓"。據唐元結《瀼溪銘·序》："瀼溪可謂讓矣，讓君子之道也，稱頌如此，可遺瀼溪，若天下有如似讓者，吾豈先瀼溪而稱頌者乎？"清吳省欽《周小濂改字肖濂說》："省欽以謂濂之字見於增定《玉篇》，而以濂名谿，殆自范柏年對宋明

① 中華書局標點本《漢書·溝洫志》："且水勢各異，不博議利害而任一人，如使不及今冬成，來春桃華水盛，必羨溢，有填淤反壤之害。"顏師古注："反壤者，水塞不通，故令其土壤反還也。"

帝，有臣居廉讓間之語，元結因之名讓谿，周子又因讓谿爲溓谿，其書堂詩所云‘元子溪曰讓，詩傳到于今。吾樂蓋自足，名溓以自箴’是也。蜀人稱細水及江水平緩處曰瀼，亦頗近交讓之義。”今川北江油李白故里有地名“讓水”，因爲涪江支流而得名，作“讓”亦通。

《大字典》（二/3/1918）“瀼”（三）ràng，①“澗水横通山谷入江河”，視爲動詞，首引《正字通》，並謂“今重慶市雲陽縣、奉節縣，湖北省巴東縣一帶入江水道以瀼爲名者甚多”；②“水名。瀼水分西瀼、東瀼；西瀼，又稱大瀼。都在今重慶市奉節縣境”，首引《集韻》。《大詞典》（6/215）“瀼₃”音ràng，謂“流入江河的山溪水”，引《入蜀記》，視爲名詞。兩工具書釋義有差。

《方言大詞典》（頁7488）“瀼”音nǎng、ráng，①“通江的山間溪流”，西南官話（四川奉節、雲陽）；②“被水淹沒”，湘語（湖南西部［zaŋ³⁵］）。可見，音nǎng與兩義項均無關涉，此音可不收載。

筎　袽　茹　絮 ru²¹［zu²¹］

塞。“筎”本指竹筎，可爲塞舟之物。參《考釋》第578頁。《玉篇·竹部》：“筎，汝余切，竹筎，以塞舟。”《正字通·竹部》：“筎，人余切，音如。竹筎，以塞舟也。刮取竹皮爲筎。”《康熙字典·竹部》：“筎，《玉篇》汝余切，《集韻》人余切，並音如，竹筎，以塞舟也。”宋蘇軾《杜處士傳》：“船破須筎，酒成於麴。”由“塞舟之物”動用指塞舟之事，故爲“塞”。明李實《蜀語》（頁89）：“竹屑以塞舟漏曰筎○筎音如，袽同。木桶、盆亦曰筎。”謂以竹屑等塞舟漏爲筎，以竹屑等塞木桶、盆等亦曰筎。清洪亮吉《卷施閣文甲集》卷三《釋舟》：“以竹塞舟謂之筎。《玉篇》：‘竹筎，以塞舟。’又作‘袽’，云：‘所以塞舟漏也。’按今舟人塞漏尙謂之茹船。”

亦作“袽”。《玉篇·衣部》：“袽，女居切，所以塞舟漏也。袾袽，敝衣也。又袽牀也。亦作絮。”《易·既濟·六四》：“繻有衣袽，終日戒。”王弼注：“繻宜曰濡。衣袽所以塞舟漏也。”陸德明釋文：“袽，女居反，絲袽也。王肅音如。《說文》作‘絮’，云‘緼也’。《廣雅》云：‘絮，塞也。’子夏作‘茹’，京作‘絮’。”程頤傳：“繻當作濡，謂滲漏也。舟有罅漏，則塞以衣袽。”按《字彙補·衣部》：“絮，與‘袽’同。”又，唐張參《五經文字》卷中《衣部》：“袽，《說文》作‘絮’，京氏作‘袽’，見《易》。”唐劉禹錫《儆舟》：“榜人告予曰：‘方今湍悍而舟盬，宜謹其具以虞焉。’予聞言若厲，繇是袽以窒之，灰以墐之，䵃以乾之。”宋朱震《漢上易傳》卷六：“如有裳及衣袽塞其漏，苟可以豫防者无不爲，斯能濟乎重險矣。”明吳桂森《周易像象述》卷八“四坎柔未能出險，繻衣襟濕衣曰袽”注：“以繻作濡，衣袽所以塞舟，似鑿。”以上皆名詞。若以塞舟之袽以塞舟漏，亦曰袽。

又作“茹”。北魏賈思勰《齊民要術》卷九《炙法》：“小開腹，去五臟，又淨洗，以茅茹腹令滿。”“茹”猶填塞。前撰引《唐律疏議》，包括律、長孫無忌疏議、孫奭音義，“茹”作動詞，謂塞也。上引清洪亮吉《卷施閣文甲集》卷三《釋舟》：“按今舟人塞漏尙謂之茹船。”

或作“絮”。《廣雅·釋詁三》：“絮，塞也。”王念孫疏證：“絮，字或作‘茹’。”《玉篇·糸部》：“絮，塞也。”

以上“筎”、“袽”、“茹”、“絮”本爲用來塞舟之物，動用則謂塞舟、填塞之事。今蜀方言凡以補漏均可謂“筎”，因補漏其實就是把用於填塞的東西，放置在需要填塞的地方。

又，甚至放置東西也可叫［zu²¹］。《成都話》（頁259）“入〔擩〕”謂“插；塞：一隻腳~到田頭去了。│把衣服~到箱箱頭去”。《川方匯釋》（頁178）“擩”謂“塞，亂放：姨媽悄悄把喜錢~到我的荷包裏。/那本書不知~到哪裏了”。《大字典》（二/4/2092）“擩”（一）rǔ，㊁②“方言。插，塞。如：一隻腳擩到泥裏去了；把棍子擩到草堆裏；那本小說不知擩到哪裏去了”。《現漢》“擩”音rǔ，謂方言“插；塞”。《方言大詞典》（頁7324）“擩”音rǔ，①“插；塞；暗中給予”，北京官話、冀魯官話、中原官話、晉語、蘭銀官話、西南官話、吳語。

《大字典》（二/5/3168）“筎”謂“刮取竹皮而成的竹絮”，又（6/3293）“袽”①“破衣敗絮”，均首引《玉篇》，未及動詞義。又（3423）“茹”⑫“塞。也作‘絮’”，首引《廣雅》。又（3610）“絮”（一）③“塞”，引《廣雅》。

《大詞典》（8/1169）“筎”謂“刮取竹皮而成的竹絮”，

引蘇軾《杜處士傳》。又（9/76）“袽”謂“舊絮；破布”，首引《易》。又（396）“茹”⑩“塞”，引《唐律疏議》。

《方言大詞典》（頁6199）“筎”①“用來堵塞船漏的竹屑”，西南官話（四川）；②“木桶盆”，西南官話（四川），引《蜀語》“竹屑以塞舟漏曰~。…木桶盆亦曰~”。按②謂“筎”爲“木桶盆”，亦大奇矣。此因誤讀《蜀語》而妄立義項，從未聞“筎”有“木桶盆”義。黃仁壽等《蜀語校注》（頁90）：“‘木桶、盆亦曰筎’者，乃‘竹屑以塞木桶、盆漏亦曰筎’之省文也。”即承前省，是矣。又（頁3900）“茹”③“裝；填”，膠遼官話。未及西南官話。其實，“筎”、“茹”同詞異形，釋義亦當一致。

臑 ru^{21}［zu^{21}］

參《考釋》第578頁。

❶不脆。《楚辭·招魂》：“肥牛之腱臑若芳些。”《文選》卷三十三李善注“臑，仁珠切”，蔣驥《山帶閣注楚辭》卷六“臑”直音“儒”，蜀方言“臑”音［zu^{21}］，則亦不謬。明李實《蜀語》（頁115）：“不脆曰臑。身困倦曰臑懶，亦曰酸臑○臑音如。”清道光二十一年《遵義府志》卷二十《風俗》、光緒二十一年《敘州府志》卷二十一《風俗》、民國十年《新修合川縣志》卷三十《風俗·方言》、民國二十四年《蓬溪縣近志》

卷七《風土篇·方言》："不脆曰臑。音如。"民國二十一年《南溪縣志》卷四《禮俗下·方言》："臑，音如，食物不脆也。"又引申指軟、硬度低。清Adam Grainger《西蜀方言》（頁436）："這個木頭是臑的。"謂"this wood is soft，as that grown in low swampy ground"。今蜀語仍謂"不脆曰臑"。《川方匯釋》（頁178）"臑"謂"不脆"。如油炸花生米受潮就不脆了，通常說"花生米臑了"。

❷身體因困倦疲乏而酸軟。參見上引《蜀語》"身困倦曰臑懶，亦曰酸臑"。清Adam Grainger《西蜀方言》（頁436）："手桿臑了。"謂"my arms are weak"。民國二十三年《樂山縣志》卷三《方輿志·方言》："身困倦曰濡。""濡"爲"臑"音借。民國三十七年《貴州通志·風土志·方言》："不脆曰臑。音如。"今蜀語亦然，如《成都話》（頁259）"臑"謂"（身體）因疲乏而酸軟"，《川方匯釋》（頁179）"臑懶"謂"四肢酸軟無力"。

《大字典》（二/4/2274）"臑"（二）rú，據《廣韻·虞韻》人朱切，①"嫩軟貌"，首引《廣韻》。《大詞典》（6/1399）"臑₂"音rú，①"嫩軟貌"，引《楚辭》。均未及上兩義。

《方言大詞典》（頁7416）"臑"音nào、ér，①"不脆"，西南官話（四川宜賓、貴州遵義），引及李實《蜀語》"臑音如"，卻不注方言音；③"（身體）因疲乏而酸軟"，西南官話（四川成都［zu²¹］）。蜀方言均不讀"臑"下所注兩音，則不免誤導讀者矣。

挼 捼 撋 rua^{21} [zua^{21}]

揉搓。參《考釋》第579頁。《說文·手部》："挼，摧也。从手，妥聲。一曰兩手相切摩也。"此據段注本。注云："摧，各本作推，今依《玉篇》、《韻會》、《文選注》、玄應《梵書音義》正。摧者，擠也。《周禮·守祧》、《禮經·士虞》《特牲》《少牢》'隋祭'，或作'隋'，作'墮'，或作'挼'，或作'綏'。'隋'當是正字，'挼'、'綏'當是叚借。鄭云：'下祭曰隋。墮之言猶墮下也。'按隋聲、妥聲同在古十七部，許云'挼，摧也'，摧亦有墮下之義。挼篆疊韻雙聲，皆當妥聲，下挼莎一解，則更當从妥，不待言矣。"又："各本作委聲，今正。徐鉉曰：'俗作挼，非。'乃因《說文》無'妥'而爲此謬說也。"又："玄應引無'摩'字。阮孝緒《字略》云：'煩撋猶挼莎。'今人多用此義，而字作挪。""兩手相切摩"即用兩手揉搓。《龍龕手鏡·手部》："挼，奴禾反，挼莎也。"《集韻·戈韻》："挼，《說文》：'推也。一曰兩手相切摩也。'或作捼。"《六書故》卷十四《人七》："挼，囊禾切，按揉也。又作捼。"《康熙字典·手部》："挼，《唐韻》、《集韻》並奴禾切，同捼。……又《集韻》、《韻會》並奴回切，音醙，義同。亦作捼。"明岳元聲《方言據》卷上《挼》："交掌揉物曰挼。"清道光二十一年《遵義府志》卷二十《風俗》、光緒二十一年《敘州府志》卷二十一《風俗》、民國十年《新修合川縣志》卷三十《風俗·方言》、民國二十四年《麻城縣志續編》卷一《疆域·方言》、民國三十二年《沿河縣志》卷十三《風土志·方言》："兩手相摩切曰挼。音磋。"咸豐元年《安順府志》卷十五《風俗·方言》："兩手相摩曰挼。音磋。"民國二十四年《蓬溪縣近志》卷七《風土篇·方言》、民國二十六年《犍爲縣志·居民·言語·方言》："兩手摩切曰挼。音搓。"以上並採《蜀語》。李實謂"挼音磋，搓同"，或以"挼"爲"搓"，音"搓"則爲通語矣。《大字典》(二/4/1995)"挼"(一)據《集韻》奴和切，音ruó，謂"同'挼'"。又(四)ruá，①"方言。(紙或布)皺"。《現漢》"挼"音ruá，方言，①"(紙或布)皺"；又音ruó，書面語，"揉搓"。今蜀方言"揉搓"義則讀方言音[zua²¹]，如說"挼泥巴"、"挼麵粉"、"書挼皺了"，亦不爲無據。《川方》(頁331)"挼"音rua²，①"揉；搓"。《成都話》(頁259)"挼"音[zua²¹]，①"揉"。《川方匯釋》(頁179)"挼"音ruá〔thuá〕，謂"揉搓"。《川方彙編》(頁205)"邋"音rua，"入袾切"，①"揉和。例：麵挼好了"。舉例用"挼"，字頭"邋"當爲"挼"字誤刊。《成方》(頁114)"挼"音zua陽平，①"揉"，②"團結"，③"做，弄"。《重方》(頁280)"挼"音rua²，①"揉搓"，②"按摩"，③"團弄"，④"整理"。楊小平《南充方言詞語考釋》(頁223)說："《四川方言詞語考釋》認爲：'注音似不確。'筆者按：該字有兩個讀音，ruá和cuō，現在南充方言就有兩個讀法，不應該認爲注音有問題。"檢音切最多的《集韻》，"挼"並無音"cuō"的反切，況且"音磋，搓同”屬通語，“挼”、“搓”同義，並不等於“挼”就當讀“磋”，因此謂“注音似不確”，是就音讀有無根據而言的。方言詞語研究，義能解釋而音無據，如强爲牽合某音，終不免有鑿空之嫌。

亦作“捼”。大徐本《說文·手部》：“捼，推也。从手，委聲。一曰兩手相切摩也。”徐鉉等曰：“今俗作挼，非是。”“挼”、“捼”至遲五代已相混，上引段注有糾駁，“推”亦當據段注正作“摧”。《廣韻·脂韻》：“捼，摧也。又奴禾切。俗作挼。”又《歌韻》：“捼，捼莎。《說文》曰：‘推也。一曰兩手相切摩也。’俗作挼。”《集韻·脂韻》：“捼，兩手相切摩。或作挼、撋。”明焦竑《俗書刊誤》卷一：“捼，音奴禾切，手相摩也。俗作挼、撋，並非。”唐義淨譯《根本說一切有部毘奈耶雜事》卷十六：“既受得已，除去衣光任情受用。苾芻以手捼衣，光仍不去。佛言：‘置於露地，待潤捼之。’亦不能除。”清光緒二十四年《嘉應州志》卷七《方言》：“今俗澣衣，在水中欲去其汙，則曰捼，曰擦；出水則用蹂或蹂而復擦，此正所謂煩撋也。凡有字之紙蹂爲一團曰捼，謂衣服收藏不妥貼亦謂之捼，或曰蹂縐。”民國十九年《嘉定縣續志》卷五《風土志·方言》：“捼，俗謂按摩也。”民國二十四年《蕭山縣志稿》卷二十九《瑣聞·方言謠諺》：“手摩痛處曰捼，亦作挼。俱音儺。《說文》：‘兩手相切摩也。’”今蜀語仍謂搓揉爲“捼”，謂粗略洗衣、稍作按摩爲“捼幾下”。

又作“撋”。《集韻·戈韻》：“捼，《說文》：‘推也。一曰兩手相切摩也。’或作挼、撋。”《詩·周南·葛覃》“薄汙我私”毛傳“汙，煩也”鄭玄箋：“煩，煩撋之，用功深。”《周禮·考工記·鮑人》“進而握之，欲其柔而滑之”鄭玄注：“謂親手煩撋之。”宋蘇軾《東坡酒經》：“投之糟中，熟撋而再釀之。”《新校注古本西廂記》卷四附徐渭解：“撋，挼挲之謂。”清馮桂芬《誥封太宜人墓志銘》：“時家計日落，室中使令止一婢，煩撋、縫紉之事，咸身任之。”毛奇齡《與陸麗京書》：“婦方體怠，不飲食，力疾出澣衣，衣復攘垢，撋遂無力。”嘉慶十二年《蕪湖縣志》卷一《地里志·方言》：“漬衣盆水中而挼（糯平聲）挱（音梭）之謂之撋（軟平聲）。《詩》‘薄污我私’，毛傳：‘污，煩也。’鄭箋：‘煩，煩撋也。’《考工·鮑人》‘進而握之’注：‘親手煩撋之，蓋兩手切摩之也。’字同挼、擩。《周禮·春官》‘辨九祭’，‘六曰擩祭’；《儀禮》‘挼於鹽’，‘挼於醢’：皆此義。”光緒二十三年《容縣志》卷四《輿地志·風俗·方言》：“煩撋，阮孝緒《字略》：‘煩撋，猶挼挱。’《周禮·冬官·考工記·鮑人》‘進而握之’注：‘謂親手煩撋之。’撋音軟平聲，又奴禾切，音懦平聲。洗衣服謂之撋。”民國三十六年《新繁縣志》卷四《禮俗·方言》：“《集韻》：撋，而宣切，軟平聲，摧物也。阮孝緒《字略》：‘煩撋，猶挼挱。’今謂以手搓挪曰撋，音轉如牙切。”謂音讀［zua²¹］。

《大字典》(二/4/2009）“挼”（一）ruó，①“〔挼莎〕兩手搓磨”，②“揉搓；按摩”，均首引《廣韻》。又（四）ré，謂“揉”，引《集韻·麻韻》：“挼，揉也。關中語。”義並與蜀方言相近。又（2074）“撋”（四）ruó，謂“同‘挼’。

揉搓；按摩"，首引《集韻》。

《大詞典》(6/620)"挼₁"①"同'捼'。揉搓；摩挲"，首引《晉書》。又（668）"捼"謂"揉搓；按摩"，首引《南史》。又（892）"撋"①"以兩手相揉摩"，首引《周禮》鄭玄注。三字同音ruó。

《方言大詞典》（頁4734）"挼（捼）"①"揉；撫摩"，江淮官話、西南官話、吳語、贛語、閩語；②"用雙手或手指搓揉"，中原官話、晉語、江淮官話、西南官話、徽語、贛語、客話、粵語、閩語。又（頁4742）"撋"謂"用兩手手掌揉摩"，西南官話。

軟肋　輭肋 ruan^{53}le^{21}［zuan^{53}le^{21}］

肋骨下端柔軟部分。參《考釋》第580頁。前撰首引元魏菩提留支譯《大薩遮尼乾子所説經》。明王樂《王恭毅公駁稿》下《含糊私債一人命二》："今朱瓚却招用拳將劉彦清臉上耳腮軟肋故打傷重，以致身死，慮非實情。設若朱瓚果將劉彦清打死，亦必明開將何要害去處打訖幾拳，今却止招故打軟肋傷重，未審軟肋左右的係何處致命，事屬含糊。"清高靜亭《正音撮要》卷二《身體》："軟肋，軟掩。"黄六鴻《福惠全書·刑名·釋看語》："脖子一刀，軟肋又一刀。"光緒八年《黎平府志》卷二下《風俗·方言》："腰左右虛肉曰軟肋。"民國九年《璦琿縣志》卷八《武事志》："七月二十二日，在興安嶺受傷兵丁：西丹郭岱玉，左軟肋受槍傷一處。”又：“六月二十七日，在卡倫山受傷兵丁：披甲袁慶才，左眼右膀、左手中二指、右軟肋等處，受礮子傷四處。”民國十年《依蘭縣志·物產門·依蘭人特別食物》：“煮祭肉作法，用猪鶯嘴肉一塊，前去窟窿膀，後去軟肋，上去鬃領，下去拖泥肉，即五花三層處，先將肉洗淨，用鍋煮熟，臨吃時切薄片，不再着湯。”民國二十一年《萬源縣志》卷五《教育門·方言》：“豬腹下肉曰軟肋。”今蜀方言音義並存。《川方彙編》（頁7）“軟肋”謂“指兩脅”。《重方》（頁280）“軟肋”①“脅下小肋骨”，②“指家畜腰部上的肉”。

又作“輭肋”。元關漢卿《哭存孝》第三折：“罵到有三十句，一个扶着輭肋里撲撲撲的撞到五六靴。”《醫宗金鑑》卷六十七《脇癰》：“此證生於輭肋，有硬骨者爲肋，肋下輭肉處爲季脇。”又卷八十云：“季脇者，脇之下小肋骨，俗名軟肋。”“輭肋”、“軟肋”並用。許克昌等輯《外科證治全書》卷三《腋脇肋三部證治》：“季脇，脇之下小肋骨也，俗名輭肋。”

《大詞典》（9/1228）“軟肋”謂“脅下的小肋骨”，引《醫宗金鑒》等兩例作“軟肋”。又（1298）“輭₁”音ruǎn，謂“同‘軟’”，未收“輭肋”詞形。

軟膁　軟臁　輭膁 ruan^{53}qian^{213}［zuan^{53}tɕʻian^{213}］

家畜或獸類腰兩旁虛軟處。參《考釋》第581頁。《類篇·

肉部》：“膁，牛馬肋後胯前。”宋嚴粲《詩緝》卷十八：“膁音歉，腰左右虛肉處。”元梁益《詩傳旁通》卷七：“膁音歉，苦簟切，腰左右虛肉處也。”《正字通·肉部》：“凡畜腰後窊處曰膁窩。”明焦竑《俗書刊誤》卷十一：“腰左右虛骨處曰膁。又腹下曰脥。俱音歉。”腰身左右兩邊肋骨以下部分，因無肋骨支撑，故稱“軟膁”，迄今首見明李實《蜀語》（頁26）著錄。清喻仁《元亨療馬集》卷二《鍼穴》：“膁癖穴，在軟膁上。”道光二十一年《遵義府志》卷二十《風俗》、光緒二十一年《敘州府志》卷二十一《風俗》、民國十年《新修合川縣志》卷三十《風俗·方言》、民國二十四年《蓬溪縣近志》卷七《風土篇·方言》、民國三十七年《貴州通志·風土志·方言》：“牛馬腰左右虛肉曰軟膁。音歉。”以上方志並採《蜀語》。民國十五年《簡陽縣志》卷二十二《禮俗篇·方言》：“牛馬腰左右虛肉曰軟膁。”

又作“軟臁”、“輭膁”。唐佚名《司牧安驥集》卷一《伯樂鍼經》：“臁癖穴，在軟臁上。”民國二十三年《華陽縣志》卷五《禮俗·方言》：“牛馬腰左右虛肉曰軟臁。”民國十八年《合江縣志》卷四《禮俗·方言》：“輭膁，家腰虛處肉也。”《川方》（頁332）“軟膁”謂“家畜或獸類等腰部的肉”，《重方》（頁280）“軟肷”謂“指人體腰部肋下虛軟處”，兩書所指對象不同。但據《蜀語》及方志著錄，似僅用於牲畜而不用於人，筆者亦未聞“軟膁”用以指人體。

以上各詞形，《大詞典》均未收錄。《方言大詞典》（頁3317）“軟膁”謂“家畜或獸類等腰部的肉”，又（頁3316）“軟肷”謂“肋窩”，均爲西南官話。

S

沙木　紗木 $sa^{55}mu^{21}$ [$sa^{55}mu^{21}$]

❶杉木。明袁子讓《字學元元》卷八《世俗誤讀之謬》："惟人不知切韻，是以有訛讀。惟有訛讀，愈以不知切韻。故正音者相沿之訛，所當正也。……杉，音衫，今誤作沙。"謂將杉木音誤作沙木矣。清高靜亭《正音撮要》卷三《木器》："沙木，杉木。"此則表明"杉木"方音讀作"沙木"。乾隆五十一年《蓬溪縣志》卷三《土地部·土產志》、《射洪縣志》卷三《土地部·土產志》："杉，沙木，分赤白二種，赤者實而多油，白者虛而乾燥。"道光《長寧縣志》卷八《物產》："杉，亦名沙木，寧無甚大者，爲棺多六合成塊。"同治九年《會理州志》卷十《風土志·物產》："杉，別名曰煔，曰樧，曰沙木。"民國《息烽縣志》卷二十一《方物志·植物部》："一類數種之物，杉與沙不得外之，縣之杉產，其與松柏相間，於岡阜彌望皆然，而沙種

之錯列其中，又烏在不有之，不識字之山農則概以沙木呼之，稍識字而不解辨析諸物之人士，亦惟知杉名之近雅，而竟以沙木爲俗呼，是皆不可。”民國十八年《資中縣續修資州志》卷八《風土·物產》、民國二十二年《綿陽縣志》卷三《食貨·物產》："杉，沙木。”丁惟汾《俚語證古》卷十："沙木，柀木也，煔木也，杉木也。杉木謂之沙條。沙（古音讀蓑）爲柀之叠韻音轉。《爾雅·釋木》：柀，煔。郭云：煔似松，生江南，可以爲船及棺材。作柱，埋之不腐。《釋文》：煔本亦作杉。煔杉叠韻通用，杉沙雙聲音轉。”

或作“紗木”。明方以智《通雅》卷四十三《植物》："今江楚兩廣呼松爲叢木，江北呼杉爲紗木，或曰檄木，或曰刺斗，指其葉也。”

❷與杉同類近似的一種樹木。宋范成大《桂海虞衡志·草木》："沙木與杉同類，尤高大，葉尖成叢，穗少，與杉異。”明萬曆《新昌縣志》卷四《風俗志》："棺柩，富室宦家用沙木爲最厚，衣衾亦稱是，中家棺用杉松。”此謂富室宦家以沙木爲棺柩，想必如范氏所謂沙木尤高大，故棺整蓋底兩墻四合易得，而不需鑲接，加之木質不惡，即爲上等壽材。清袁枚《續子不語》卷八《多角獸》："僧志定，居天目，言其山深處長亙一二十里，榛莽森列，無道路。產沙木，可爲枋。”梁恭辰《北東園筆錄初編》卷五《陳尚書》："望坡尚書撫滇時，其夫人卒于官署，令長子景福扶櫬歸閩。瀕行，帶一副沙木壽板，爲公所見，飭之曰：‘汝帶此回去何用？’景福不能對，公笑曰：‘以汝身分，不配用此，自然是爲我預備，且問汝直以我爲能終於里第乎？果爾，

則如天之福，吾聞木材亦不惡，何必多求？如當終於督撫任所，則又何難得一美棺乎？’”此“沙木”亦當别於杉木矣。民國十八年《滎縣志・物產》：“俗呼沙樹，人以爲杉之譌，實非譌也。《桂海虞衡志》：‘沙木與杉同類，尤高大，葉尖成叢，穗少，與杉異。’是縣產確爲沙木，類杉，非杉也。”

《大詞典》（5/951）“沙木”謂“杉的一種”，“一說杉樹的别稱”，引《桂海虞衡志》。

《方言大詞典》（頁2889）“沙”下未收此詞。又（頁3045）“紗木”謂“杉樹”，江淮官話（江蘇北部），引清張慎儀《方言别錄》卷上之二引明方以智《通雅》四十三：“江北呼杉爲~。”未徑引《通雅》。

嗄喉嚨　沙喉嚨 sɑ^{55}hou^{21}long^{21}［sa^{55}xəu^{21}loŋ^{21}］

沙啞的嗓子。《玉篇・口部》：“嗄，聲破。”《廣韻・禡韻》：“嗄，《老子》曰：‘終日號而不嗄。’注：‘聲不變也。’”“嗄”與“沙”同一小韻，或借音作“沙”。《增韻・禡韻》：“沙，嘶也，聲破曰嘶。”《禮記・内則》“鳥皫色而沙鳴”鄭玄注：“沙猶嘶也。”明李實《蜀語》（頁81）：“聲不清圓曰嗄○嗄，音沙去聲，俗作上聲。《道德經》：‘終日嗥而聲不嗄，和之至也。’”清桂馥《札樸》卷七《匡謬・沙鳴》：“《周禮》：‘鳥麃色而沙鳴鬱。’《廣韻》：‘沙，所嫁切。’

案:《老子》:‘終日號而嗌不嗄，和之至也。’《玉篇》:‘嗄，聲破。’馥謂‘嗄’、‘沙’音義同。”郝懿行《證俗文》卷十七:“楚人謂嗁極無聲爲嗄，《集韻》音沙去聲。”“聲破”俗亦稱“嗄喉嚨”。清孔毓埏《拾籜餘閑》:“今謂人破聲曰嗄喉嚨。蓋本《老子》曰:‘嬰兒終日號而嗌不嗄，和之至也。’嗄音沙去聲。”Adam Grainger《西蜀方言》(頁92):“嗄喉嚨。”即“a hoarse throat”。又:“嗄聲嗄氣。”謂“a gruff voice”，“嗄”音HA[1]，此別一音。

亦作“沙喉嚨”、“沙胡嚨”。清顧張思《土風錄》卷十五《聲破曰嗄》:“按嗄音沙去聲。《玉篇》:‘聲破也。’《集韻》又音隘:‘楚人謂啼極無聲曰嗄。’今呼如啞，聲之轉也。又聲不響者曰沙胡嚨，蓋即嗄字。”按“胡嚨”即“喉咙”。《六書故》卷十一《人四》:“喉，胡鉤切，聲氣所出入通於肺者也，喉前而咽後，又謂之胡，今俗謂嚨胡，亦曰胡嚨也。《漢書》‘金日磾捽胡投何羅殿下’，漢童謠曰:‘請爲諸君鼓嚨胡。’胡、喉一聲也。”清顧炎武《日知錄》卷三十二《胡嚨》:“古人讀侯爲胡。《息夫躬傳》師古曰:‘咽，喉嚨。’即今人言胡嚨耳。”“沙胡嚨”即“沙喉嚨”。章炳麟《新方言·釋形體》:“今通謂聲破爲沙喉嚨。”民國十三年《江津縣志》卷十一《風土志·方言》:“邑俗謂人大聲哭叫曰嘶聲嚎氣，又謂聲破者爲沙喉嚨。”民國十八年《滎縣志·禮俗》:“《說文》‘斯，析也’，‘廝，散聲’。《方言》‘東齊聲散曰廝’，‘秦晉聲變曰廝，器破而不殊其音亦謂之廝’。廝，斯也，音轉爲沙。《周禮》‘鳥皫色而沙鳴’。今聲廝者曰沙喉嚨，音如字。《釋文》

一音所嫁反，與嗄同。”民國十八年《合江縣志》卷四《禮俗·方言》：“沙喉嚨，沙，澌也，澌即嘶；嘶，聲破也。”民國二十一年《南溪縣志》卷四《禮俗下·方言》：“沙喉嚨，《廣韻》沙，所嫁切，音嗄，聲嘶也。”民國二十三年《華陽縣志》卷五《禮俗·方言》：“聲嘶曰沙喉嚨。”民國三十六年《新繁縣志》卷四《禮俗·方言》：“今謂聲不宏朗者爲沙喉嚨，謂號而聲變者音如海蛙切，皆嗄之轉也。”《川方匯釋》（頁182）“沙喉嚨”謂“沙啞的嗓子”。《成都話》（頁181）“沙喉嚨”謂“嘶啞的嗓子”。《成方》（頁101）“沙喉嚨”謂“發音困難，聲音低沉而不圓潤的嗓子”。《重方》（頁281）“沙喉嚨”謂“嘶啞的嗓子。指嗓音沙啞不清脆”。

《大詞典》（5/950）“沙₂”音shā，謂“聲音嘶啞不清脆”。又（958）“沙₂喉嚨”謂“沙啞的嗓子。指嘶啞不清脆的嗓音”，引《新方言》。《方言大詞典》（頁2897）“沙喉嚨”①“嗓音沙啞”，江淮官話、西南官話；②“沙啞的嗓子”，西南官話。

粲 撒 潵 $sɑ^{21}$ [sa^{21}]

拋撒；散落。《說文·米部》：“粲，糂粲，散之也。”段玉裁注：“粲者複舉字，糂者衍字。《左傳正義》兩引《說文》：‘粲，散之也。’可證。《左傳·昭元年》曰：‘周公殺管叔而蔡蔡叔。’釋文曰：‘上蔡字音素葛反，《說文》作粲。’……

桒本謂散米，引伸之凡放散皆曰桒。字譌作蔡耳。亦省作殺。《齊民要術》凡云殺米者，皆桒米也。”又：“糕，桒也。”王筠句讀：“是篇（《左傳·昭公元年》‘蔡蔡叔’）正義但引‘桒，散之也’……則以‘桒也’說‘糕’，以‘散之也’說‘桒’，是謂遞相引伸。”朱駿聲通訓定聲：“按糕桒雙聲連語，散米聲也。糕之言屑，桒之言散，今蘇俗尚有此語。”明方以智《通雅》卷四十九《諺原》：“《說文》：‘糕桒，散之也。’今作撒。”清張慎儀《蜀方言》（頁356）：“漏物及地曰桒。”民國九年《江陰縣續志》卷九《風俗·方言》：“擦米之聲曰糕桒。《說文》：‘糕桒，散之也。’今語仍同。”謂今語仍同《說文》矣。民國十八年《榮縣志·禮俗》：“《說文》：‘糕桒，散之也。’桑割切。今謂散曰桒。散聲曰糕桒，雨聲曰糕糕桒桒，糕桒小聲。蚕曰蟋蟀，亦以聲名。桒爲散轉聲。”民國二十一年《萬源縣志》卷五《教育門·方言》：“漏物及地曰桒。”民國二十五年《續修鹽城縣志稿》卷三《風俗志·方言》：“糕桒、細碎，散之也。《說文》：‘桒，糕桒，散之也。’案今謂米粟細碎散之曰桒、桒地，即糕桒之語譌也。”①

亦作“撒”。《集韻·曷韻》：“桒，《說文》：‘糕桒，

① 《方言大詞典》（頁7369）“糕”音xiè，“糕桒”①“撒落”，江淮官話，引1936年《鹽城縣志》：“今謂米粟細碎散之曰桒桒地，即~之語訛也。”又閩語，引1922年《福建新通志》：“~，散之也。”②“米粟等撒落聲；擦米聲”，西南官話（四川榮縣），引1929年《榮縣志》：“散聲曰~。”又吳語，引1920年《江陰縣續志》：“擦米之聲曰~。”則段注《說文》謂“糕桒”之“糕”爲衍文未是。朱駿聲謂“糕桒”爲散米聲，證之以現代方言，是矣。

散之也。’一曰放也。或作蔡、撒、攃，通作殺。”如上引方以智《通雅》卷四十九《諺原》：“今作撒。”宋蘇軾《物類相感志·雜著》：“水銀撒了，以鍮石引之，皆上石。”謂水銀散落，可以鍮石收在一起。《儒林外史》第十七回：“那人把匡大的擔子奪了下來，那些零零碎碎的東西，撒了一地。”《川方》（頁334）“撒”音sa^2，謂“散落；灑”。《川方彙編》（頁205）“撒”音sɑ，謂“灑。例：飯撒了一桌子”。浪費亦說“拋撒”。《川方彙編》（頁205）“拋撒”音pāo sɑ，謂“浪費。例：糧食拋撒了，多可惜呀”。《重方》（頁283）“撒”音sa^2，謂“拋撒，散落”。

或作“潵”。《集韻·換韻》：“潵，水散也。”清高靜亭《正音撮要》卷二《地理》：“潵了水，倒水花下地。”“潵”音“蘇假切”。又《水火》：“潵了水，茶盅□潑下地處。”《紅樓夢》第八十四回：“你爲什麽弄潵了人家的藥，招的人家咒駡？”又，民國十九年《嘉定縣續志》卷五《風俗志·方言》：“墖，俗謂落也。如物從手落謂之墖下來，讀若□入聲。”“墖”爲記音。蜀語“𣏟”、“潵”一般是無意之中出現的拋撒情况。《川方》（頁334）作“撒”，謂“散落；洒”。《大詞典》（6/124）“潵$_2$”①“撒；散落”，首引《水滸傳》第二十六回：“棺木過了，殺火，收拾骨殖，潵在池子裹。”此有意爲之。上引《紅樓夢》例，“潵”則可能有意爲之，也可能出於無意。

《大字典》（二/6/3365）“𣏟”音sà，謂“拋撒；流放”，首引《說文》及段注，但兩義相隔甚遠，似可分立義項。又（4/2069）“撒”（一）sǎ，②“灑落；散落”，首引明周履靖《群物奇制·雜著》：“水銀撒了，以鍮石引之，皆上石。”此爲抄撮類書，出蘇軾《物類相感志》，當引蘇書。又（3/1861）“潵”（二）sǎ，①“撒；散落”，與《大詞典》（6/124）“潵₂”音義及書證同。

《方言大詞典》（頁6217）“槊”②“散開；散落”，西南官話（四川成都、滎縣）、湘語。

舍 啥 嗄 耍₁ 煞 偖 㖩 $sɑ^{213}$［sa^{213}］

什麽。參《考釋》第584頁。章炳麟《新方言·釋詞》：“故余亦訓何，通借作舍。《孟子·滕文公篇》‘舍皆取諸其宫中而用之’，猶言何物皆取諸其宫中而用之也。……今通言曰甚麽，舍之切音也。川楚之閒曰舍子，江南曰舍，俗亦作啥，本余字也。歌、戈、魚、模、麻相轉。甚、舍齒音，旁紐相通，故甚麽得爲舍之切音。”民國十三年《江津縣志》卷十一《風土志·方言》：“不知其物問之曰舍子、舍東西。《孟子·滕文公篇》‘舍皆取諸其宫中而用之’，通以邑語，猶言舍子皆取諸其宫中而用之也。”據此，“舍”謂什麽，則先秦已見用矣。

亦作“啥”，爲“舍”增旁字。清光緒三十三年《重修常昭合志稿》卷六《風俗志·方言》：“什麽爲啥。音近奢。”民國九年《江陰縣續志》卷九《風俗·方言》：“言什麽則曰啥。”《川方匯釋》（頁182）“啥”謂“什麽”。

又作“嗄”。宋道原《景德傳燈録》卷二十二《泉州招慶院省僜淨修大師》：“問：‘當鋒一句請師道。’師曰：‘嗄？’憎再問，師曰：‘瞌睡漢。’”元陶宗儀《南村輟耕録》卷十九《龐居士》：“龐婆走田中，謂其子龐大曰：‘汝父死矣！’龐大曰：‘嗄？’倚鉏脱去。”《儒林外史》第三十六回：“今年沒有生意，家裏也要吃用，沒奈何賣了，又老遠的路來告訴我做嗄？”“做嗄”即做啥。清蒲松齡《聊齋俚曲集·俊夜叉》：“我要丢個乾乾净，看你嗄法把我治！”民國十七年《重修崇信道志》卷一《輿地志·風俗附方言》：“嗄，問是甚麽之辭，説嗄呢、做嗄呢皆是。”民國二十四年《蕭山縣志稿》卷二十九《瑣聞·方言謠諺》：“事有疑怪者則應曰嗄。上聲。《龐居士傳》：‘龐婆走田中，告其子龐大曰：汝父死矣。龐大曰：嗄？停鉏脱去。’《五燈會元》：‘臨濟謁龍光曰：大善知識，豈無方便？光瞪目曰：嗄？濟曰：這老漢今日敗缺也。’按二嗄字，有疑悟之别，疑讀上聲，悟讀平，當以緩急分也。”所引兩例當有疑怪而接詢之義。民國二十四年《重修靈臺縣志》卷一《方輿圖·風俗附方言》：“嗄（音如沙，聲破作平去二聲。又音餲），答語助辭。又接詢也，急言之則曰嗄（讀沙）。……邑俗問事於人，或因人言不明而接詢，每以此字助之，但微帶以舌音，乃曰唰，即嗄字之轉也。”

或作“耍”。明周履靖《錦箋記》第十三出《爭館》：“日裏教耍希罕，見飯飽自我家傳，弗喫葷直耍！”馮夢龍輯《山歌》卷三《送郎》：“送郎送到竈跟頭，喫郎踢動子火叉頭，娘道：

‘丫頭，耍箇响？’小阿奴奴叵言道：‘燈臺落地狗偷油。’送郎送到屋簷頭，喫郎踢動子石碑頭，娘道：‘丫頭，耍箇响？’小阿奴奴叵言道：‘是蛇盤蛤蚆落洋溝。’”民國十八年《衢縣志》卷八《風俗志·方言》：“問何物曰耍。此什麽二字之短音，讀沙上聲，非玩耍字。”

亦作“煞”。明凌濛初《北紅拂》第二齣：“隨他評論煞‘娶而不告’，那裏管講道學的律有明條！”《紅樓夢》第六回：“這是什麽東西？有煞用處呢？”

另作“�”。明張大復《快活三》上卷第六齣：“勿如買點傖，拉下處請請渠罷。”又下卷第二十齣：“家公叫傖名字？”馮夢龍輯《山歌》卷二《撇青》：“姐見郎來便閃開，傖箇人前要賣乖。”民國二十五年《香河縣志》卷五《風土·方言》：“傖，幹傖，這是傖，那是傖，傖耶。”

俗又作“哈”。民國十七年《大竹縣志》卷十《風俗志·方言》：“問何物曰哈子，曰哈東西。”又：“問何故曰甚麽，曰哈事。”民國二十一年《萬源縣志》卷五《教育門·諺語》：“得個哈不如撿個哈。”“哈”爲方言造字。民國二十三年《大名縣志》卷二十二《風土志·方言》：“不知而問廈。猶云甚麽。”“廈”爲記音字。

以上均爲同詞異形。《大字典》（二/5/3138）“舍”（一）shè，⑱“代詞。表示疑問，相當於‘啥’”，引《新方言》，注音與方言音不合。又（2/693）“啥”音shá（又讀shà），謂“方言。代詞。表示疑問，相當於‘什麽’”，首引《新方言》。

又（2/719）“嗄”、又（5/3005）“耍”均未及。又（4/2381）“煞”（二）shà，④“代詞。表示疑問，相當於‘啥’、‘什麼’”，首引《北紅拂》。又（1/249）“偖”音shá，謂“用同‘啥’。代詞，表疑問，相當於‘什麼’”，引《兒女英雄傳》。《中華字海》（頁391）“唦”謂“同‘啥’。字見《樂山縣志·方言》”。

《大詞典》（8/1082）“舍”未及。又（3/388）“啥”音shà，謂“方言。什麼”，首引《二十年目睹之怪現狀》。又（3/460）“嗄₁”音shà，②“代詞。猶什麼。表示否定”，首引《儒林外史》；又（461）“嗄₂”音á，①“表示反詰或驚訝”，引《五燈會元》“光瞪目曰：‘嗄！’”《通俗編》引《龐居士傳》“龐大曰：‘嗄！’”與上引《蕭山縣志稿》釋讀不同。又（8/779）“耍₂”音shá，謂“同‘啥₁’。方言。什麼”，首引《錦箋記》。又（7/210）“煞₂”音shà，③“代詞。啥；什麼”，引《紅樓夢》。又（1/1631）“偖”音shà，①“同‘啥’。疑問代詞。什麼”，首引《山歌》。《現漢》“啥”音shá，謂方言“疑問代詞。什麼”。以上各詞表疑問，三辭書聲調處理多有不同。

《方言大詞典》（頁3949）“耍”音shuǎ，⑬“什麼”，吳語。又（頁5427）“啥”③“什麼”，東北官話、冀魯官話、中原官話、晉語、蘭銀官話、西南官話、吳語。又（頁5982）“厦”④“什麼”，冀魯官話，引1934年《大名縣志》：“不知而問曰~，猶云什麼。”

舍子　啥子　耍子　煞子　唋子

sɑ^{213}zi$^{\cdot 53}$ [sa^{213}tsɿ^{53}]

什麽。参《考釋》第585頁。明徐渭《翠鄉夢》第一齣：“這們大雨，天又黑了，你着一身孝來我這庵裏呵，做舍子？”田藝蘅《留青日札》卷十一《埋土乾湖》：“杭有貴公子，以蔭得縣官，略不知事體，在任出郭門，見一大土阜當道，亟呼地方人叱曰：‘何不開掘平治？’耆老曰：‘爲力固易，但爲無處可容此耳。’本官乃操吴音曰：‘有舍子難，快掘箇潭埋了罷。’一時傳爲笑話。”清翟灝《通俗編》卷三十三《語辭·舍子》：“按此本俗音無字，田氏借字發之，究其實則亦甚麽之轉音耳。《餘冬序錄》云：吴人有以二字爲一字者，如甚麽爲些之類。《通雅》云：方言，沅澧之原，凡言相憐哀謂之無寫，古人相見曰無他，或曰無甚，甚轉爲申駕反。吴中見故舊，皆有此語。餘音或近思，或近些，寫即些之轉也。又云：今京師曰作麽，江北與楚皆曰某，讀如母，而南都但言甚，蘇杭讀甚爲申駕反，中州亦有此聲。舍，正所謂申駕反者，子則語助。”章炳麟《新方言·釋詞》：“《孟子·滕文公篇》‘舍皆取諸其宫中而用之’，猶言何物皆取諸其宫中而用之也。……今通言曰甚麽，舍之切音也。川楚之閒曰舍子，江南曰舍，俗亦作啥，本余字也。歌、戈、魚、模、麻相轉。甚、舍齒音，旁紐相通，故甚麽得爲舍之切音。”民國十三年《江津縣志》卷十一《風土志·方言》：“不知其物問之曰舍子、舍東西。《孟子·滕文公篇》‘舍皆取諸其宮中而用之’，通以邑語，猶言舍子皆取諸其宮中而用之也。”民國二十八年《巴縣志》卷五《禮俗·方言》：“今巴語甚麽呼爲舍子，即歸麻韻。”民國二十九年《宜春縣志》卷十二《社會志·方言》：“《孟子·滕文公篇》‘舍皆取諸其宮中而用之’，舍猶言何物，章餘杭說。宜人謂何事、何物亦言舍子。”民國三十三年《重修彭山縣志》卷二《民俗篇·方言》：“那個、舍子，甚麽也。”

亦作“啥子”。清傅崇矩《成都通覽·成都之土語方言》（頁262）：“啥子，什麽也。”又（頁265）：“悻啥子，狂甚麽也。”又《成都之小兒女歌謠》（頁254）：“你姓啥，我姓唐。啥子唐？芝麻糖。啥子芝？河芝。啥子河？大河。”巴金《春》六：“三姐，你說啥子？”原注：“啥子：即‘什麽’的意思。”[①]艾蕪《一個女人的悲劇》：“你問過鄉長沒有？鄉長沒講過，啥子都作不倒數的！”原注：“啥子都作不倒數的：意即什麽也不算數。”白虹《四川方言（川行雜記之六）》：“啥子，什麽？”[②]又，冰鐵《川諺》：“‘做哂子’，做什麽！”[③]吴濟生《新都見聞録》十八《習俗一班·（二）方言》：“問人爲什麽，說是‘啥者’，或者問‘啥仔’則尚有下文。如‘啥仔地

① 《巴金全集》第二卷，人民文學出版社，1986年北京第1版，第100頁。

② 《自修》1941年第162期，第24頁。

③ 《申報每周增刊》1936年第1卷第25期，第599頁。

方'，'啥仔牌號'之類，語氣又自不同。"“啥者”、“啥仔”、“晒子”均爲“啥子”記音。《川方》（頁335）、《成都話》（頁181）、《重方》（頁284）“啥子”謂“什麽”。《川方匯釋》（頁182）“啥子”謂“什麽或什麽東西”。《成方》（頁102）“啥子”謂“疑問代詞”，細繹其義爲①“表示疑問”，②“虚指，表示不確定的事物”，③“任指”，④“表示驚訝或不滿”，⑤“表示責難”，⑥“表示不同意對方説的某一句話”，⑦“用在幾個並列成分前面，表示列舉不盡”。

又作“耍子”、“煞子”。明佚名《古城記》第十一齣：“小娜問道：'耍子叫？狗兒汪汪，狗兒汪汪叫到天明。'”上文已言及《大詞典》（8/779）“耍₂”音shá，用同“啥”，故“耍子”即“啥子”。民國二十六年《犍爲縣志·居民·言語·方言》：“如何曰怎子，又曰煞子。”

或作“哰子”。民國十七年《大竹縣志》卷十《風俗志·方言》：“問何物曰哰子。”民國三十一年《西昌縣志》卷五《禮俗志·方言》：“問何事曰哰子。什口呀事之合音。”周芷穎《新成都》第四章第二節《語言》（頁49）：“哰子：什麽也。”又（頁51）：“少哰子：莫故意作玩也。”“少”當作“肇”。又：“嗺哰子：看什麽。”“嗺”即瞧音变。上两例“少哰子”、“嗺哰子”之“哰子”仍谓什麽。又，民國十七年《長壽縣志》卷四《人事部·方言》：“甚麽曰松子。按即甚字高聲讀也。”“松子”即“啥子”音變。

《大詞典》未收“舍子”、“啥子”、“煞子”。又（8/779）“耍₁”音shuǎ，“耍子”①“玩耍”，②“游賞”，③“開玩笑”，未及方言音義。《現漢》“啥子”謂方言“疑問代詞。什麼；什麼東西”。

《方言大詞典》（頁3466）“舍子”②“什麼”，西南官話、吳語。又（頁5427）“啥子”②“什麼”，北京官話、中原官話、晉語、西南官話，也作“啥仔”，西南官話。

舍物　捨物　舍屋　捨屋 $se^{53}wu^{21}$ [$se^{53}u^{21}$]

娼妓或作風下流的女人（罵人語）。參《考釋》第607頁。原引清劉省三《躋春臺》卷三《審煙槍》作“舍婦兒”。清嘉慶六對山人《錦城竹枝詞》：“耍狗蠅藏黃鱔尾，大毛辮貼太陽膏。醉歸舍物嫖包月，閑約窩家賭燙毛。”三峨樵子注：“呼妓爲舍物。”傅崇矩《成都通覽·成都之呼物土名》（頁272）：“舍物，娼妓。”《川方》（頁346）“舍物”謂“娼妓”。《川方彙編》（頁38）“舍物”謂“舊時稱娼妓”，又（頁127）“爛舍物兒”謂“舍物兒，妓女，爛舍物即下等妓女”。《川方匯釋》（頁186）“舍物兒”謂“妓女”。《成都話》（頁186）“舍物”謂“舊指妓女或生活作風不正派的女人”，又（頁123）“爛舍物”謂“即破鞋（罵人的話）。又説‘爛貨’”。今蜀中農村多以罵婦女，甚至有罵自己的妻子爲“舍物”、“爛舍物”者。揆其得名之由，或本指勾欄瓦舍之女，自然就是娼妓了。宋吳自牧《夢粱錄》卷十九《瓦舍》：“瓦舍者，謂其‘來時瓦合，出時瓦解’之義，易聚易散也，不知起於何時。頃者京師甚爲士庶放蕩不羈之所，亦爲子弟流連破壞之門。……城內外剏立瓦舍，招集伎樂，以爲軍卒暇日娛戲之地。”瓦舍之女稱“舍物”，正如絕色美女稱“尤物”一樣。《左傳·昭公二十八年》：“夫有尤物，足以移人；苟非德義，則必有禍。”楊伯峻注：“尤物，指特美之女。”

或作“捨物”。“捨”爲“舍”後起字。民國三十一年《西昌縣志》卷五《禮俗志·方言》：“娼婦曰捨物。”《成方》（頁151）“捨物”謂“妓女或生活作風不好的人”，又（頁264）“爛捨物”①“下等妓女。因舊時稱妓女爲捨物，故下等妓女則稱爛捨物”，②“亂搞男女關係的女人”。

亦作“舍屋”、“捨屋”。清傅崇矩《成都通覽·成都之監視戶》（頁92）：“監視戶即土娼也，土名找家，又名舍屋，通名婊子，又名賣弄。”民國十五年《簡陽縣志》卷二十二《禮俗篇·方言》：“娼曰婊子，又曰舍屋。”周芷穎《新成都》第四章第二節《語言》（頁61）：“捨屋——娼妓。”

本字或疑作“騇”或“牸”。《爾雅·釋畜》：“牝曰騇。”郭璞注：“草馬名。”釋文：“騇，音舍。”《集韻·禡韻》：“騇，《爾雅》：‘牝曰騇。’或从牛。”又《廣雅·釋獸》：“牸，雌也。”《正字通·牛部》：“牸，蓋牝之通稱。牸即牝牛，非專指馬言。”章炳麟《新方言·釋動物》：“《爾雅》馬屬：‘牡曰騭，牝曰騇。’釋文：‘騇音舍。’今湖北謂牝牛曰牛牸子，謂牝羊曰羊牸子，牸讀平聲如沙。”民國二十八年《巴縣志》卷五《禮俗·方言》：“今俗呼牸牛爲沙牛。沙舍一聲之轉。”“騇”或“牸”泛指雌性。“物”可指人。《左傳·昭公十一年》:“晉荀吳謂韓宣子曰:‘不能救陳,又不能救蔡,物以無親。’”楊伯峻注引顧炎武云:“物,人也。”南朝宋劉義慶《世說新語·言語》:“(羊秉)是卿何物?有後不?”問是卿何人也。故“騇物”、“牸物”用以罵品行不端的婦女,亦不爲無據矣。

楊小平《南充方言詞語考釋》(頁233):“‘舍婦’俗寫‘舍娃兒’、‘舍物’、‘瑟物’、‘色無兒’、‘色屋’等。西充方言通常用來罵豬,南充方言則用來罵妓女。它應該產生於宋朝。宋朝有‘瓦舍’的娛樂場所,‘勾欄瓦舍’是連在一起的。用現在的話來講,它同歌舞廳夜總會差不多。‘舍娃兒’就是‘瓦舍嬌娃’的縮稱,是宋朝賣淫的‘小姐’。”或爲一說。

《大詞典》未收。《方言大詞典》(頁3647)“舍物”謂“舊指妓女或生活作風不正派的女人”,西南官話。

山戴帽　山帶帽 sɑn⁵⁵dɑi²¹³mɑo²¹³ [san⁵⁵tai²¹³mau²¹³]

山頂霧。明儲巏《柴墟文集》卷一《涿鹿道中》:“行役不遑舍,趨裝發井房。雲低山戴帽,渡晚水漸裳。”李實《蜀語》(頁131):“山頂霧曰山戴帽○諺曰:霧溝晴,霧山雨。凡霧在山顛必有雨。”按何承桂《〈蜀語〉散論》列舉至今見用者八條，此爲其一[1]。清朱休度《壺山自吟稾》附録《春歸舟次作》："牛毛雨細蓑衣重，鴨嘴船輕櫓唱高。漠漠生雲山戴帽，青青依岸草連袍。"又吴寧跋引朱氏《七里瀧》詩："山戴帽時滿瀧雨，帆張弓去一灣風。"梁章鉅《農候雜占》卷三《霧占》："霧溝晴，霧山雨。《蜀語》：'山頂霧曰山戴帽。'引諺如此。凡霧在山顛必雨。按王充《論衡》云：'雲霧，雨之徵也。'"民國二十四年《雲陽縣志》卷十四《禮俗下·方言上》："里諺云：有雨山戴帽，無雨河起罩，皆謂霧也。""罩"蜀語又稱霧罩，即霧也[2]。又，民國二十三年《梨樹縣志》丁編卷四："燕子鑽天山戴帽，螞蟻尋香蛇盤道。"民國二十六年《海城縣志》卷四《人事志·歲事·農諺》："缸穿裙子山戴帽，螞蟻尋香蛇過道，莊稼老不信拔艾蒿。"上兩例"尋香"不易索解，民國二十五年《寶清縣志·拾遺志·歌謠》作"螞蟻尋鄉"，疑是。蜀中下雨前兆之一有"螞蟻搬家"，即螞蟻成群結隊從低處移往高處。

或作"山帶帽"。《元明事類鈔》卷二《地理門》："山帶帽，《劉因集》：'今朝雪嶺初逢雨，應是郎山帶帽迎。'自注：'土人語云：郎山帶帽，十日無道。'"此雖讀"郎山/帶帽"，所指雨候則無不同。清道光二十一年《遵義府志》卷二十《風俗》、光緒二十一年《敘州府志》卷二十一《風俗》、民國十年《新修合川縣志》卷三十《風俗·方言》、民國三十七年《貴州通志·

① 參見《李實學術研討會文集》，語文出版社，1996年7月第1版，第144頁。
② 《川方》（頁400）"霧罩"謂"霧"，"又説'罩子"。

風土志·方言》："山頂霧曰山帶帽。"此本《蜀語》，"帶"爲"戴"音借。民國二十五年《寶清縣志·拾遺志·歌謡》："燕子穿天山帶帽，螞蟻尋鄉蛇過道，老農不信拔艾蒿。"按清文昭《古瓻集》卷上《渡渾河二首》之一："昨日九龍應帶帽，一天風雨渡渾河。"原注："土人諺云：九龍山帶帽，行人莫走道。"劉大紳《寄庵詩鈔》續附卷八《望登樓山》"山作層樓峙近郊，占晴占雨勝占爻。重重絮帽無輕脱，可是風前怕客嘲"注："諺云：樓山帶帽，天將雨到。"以上雖謂"某山/帶帽"，但以爲雨占則同"山戴帽"矣。毛玉玲《試論雲南方言詞語的源流及事物名稱的由來》謂"山戴帽，山顶雾"①。

占候俗諺，古來各地有之，或大同小異。"山戴帽"爲有雨之兆，"凡霧在山顛必有雨"矣。如宋龔鼎臣《東原錄》："海州朐山俗言：'朐山戴帽即雨。'蓋謂雲出覆冒其上爲雨候。"劉才邵《暮春苦雨》詩："鳴鳩逐婦蟻移窠，衆山戴帽垂雲幕。雨從中夜猛如傾，春晚東風真作惡。"李石《周公帽》詩："山頭戴帽周公雨，巖下生衣傅說霖。"其序云："周公山山頂雲合則必雨，土人云周公帽。"元鄭玉《覆船山雲心菴記》："每天欲雨時，雲出其上如戴帽笠，居人率以此占陰晴之候，無不驗者。"明謝肇淛《五雜組》卷一《天部一》："《廬山記》：'天將雨則有白雲，或冠峰巖，或亙中嶺，謂之山帶，不出三日必雨。'然不獨廬山爲然，大凡山極高而有洞穴者，皆能吐雲作雨。孔子曰：'膚寸之雲，不崇朝而雨天下者，其惟泰山乎？'安定

① 《雲南師範大學學報》1996年第4期。

郡有峴陽峰，將雨則雲起其上，若張蓋然。里諺曰：'峴山張蓋雨滂沱。'閩中鼓山大頂峰，高臨海表，城中家家望見之，雲罩其頂，來日必雨，故亦有'鼓山戴帽'之謠。然它山不皆爾，以鼓山有洞穴故也。《海錄碎事》云：'大雨由天，小雨由山。'想不誣耳。"崇禎十年《烏程縣志》卷二："（金蓋山）頂上出雲，諺云：金山戴帽，要雨就到。"清順治十七年《靈邱縣志》卷一《方輿志·山川》："（太白山）每欲雨雪，巔上雲氣如覆幛，土人望之以卜晴晦，諺云：南山戴帽，下雨無道。"乾隆間修《盤山志》卷十六："盤山四處居人，每望山頂起雲，便知有雨。諺云：'盤山戴帽。'又蔣福山龍潭起雲，縹緲不散，東行數十里，至黑龍潭沒山後，居人僉曰：'白龍過潭，不日有雨。'"但廬山似有例外。宋范成大《吳船錄》卷下："（廬山）雲繞山腹則雨，雲翳山頂則晴，俗云：'廬山戴帽，平地安竈；廬山繫腰，平地安橋。'""平地安竈"當爲晴占；"平地安橋"則爲雨候，此或因山腰有洞穴，冷空氣傳出，以致洞外濕潤空氣冷凝成霧而爲雨兆。

按亦稱"山帶"，指環繞峰巖的帶狀白雲，爲有雨之兆。《藝文類聚》卷七引張野《廬山記》："廬山天將雨，則有白雲或冠峯巖，或亘中嶺，俗謂之山帶，不出三日必雨。"唐韓翃《送客歸江州》詩："風吹山帶遙知雨，露溼荷裳已報秋。"明朱國禎《湧幢小品》卷二十六："建昌府西芙蓉山並魚蛤山爲雲雨之府，天將雨則有白雲冠峰頂，或亙中嶺，俗謂之山帶。唐詩云：'風吹山帶遙知雨。'又曰：'霧似山巾。'蓋指此。解者以爲嵐，非也。晴有嵐，雨有霧（天將雨，山頂出雲，此常事，處處有之）。”又直言“山頂霧”。上引李實《蜀語》（頁131）：“山頂霧曰山戴帽。”清光緒十二年《灌縣志》：“隋嘉州太守趙昱與兄冕隱此，故名之曰趙公山。每當月夜，半頂上常有絲竹、鐘鼓之聲；黎明望之，可卜晴雨。諺云：‘天將晴，山頂露；天將雨，山頂霧。’”

百度搜索“山戴帽”，今許多地方均有此占候諺語，如“有雨山戴帽，無雨雲攔腰”、“有雨山戴帽，快晴帽抬高”、“有雨山戴帽，無雨山沒腰”、“山戴帽，大雨到”、“燕子低飛蛇過道，螞蟻搬家山戴帽”，河南林州東姚鎮“白雲山戴帽，小漢們睡覺”、駐馬店民諺“白雲山戴帽，下雨的徵兆”，山西寧武“蘆芽山戴帽，長工們睡覺”，遼寧丹東鳳城“鳳山戴帽，大雨就到”等。

《大詞典》未收“山戴帽”、“山帶帽”，但（3/784）“山帶”謂“指環繞峰岩的帶狀白雲”，首引韓翃詩。

《方言大詞典》（頁361）“山戴帽”謂“山頂的霧”，西南官話。

訕談子　散談子　散譚子　訕譚子　涮罎子

san^{213}/suan^{213}tan^{21}zi^{53}［san^{213}/suan^{213}t‘an^{21}tsɿ^{53}］

開玩笑。清劉省三《躋春臺》卷四《螺旋詩》：“這仇氏人材體面，行動輕狂……說話帶橘子，開腔充老子，見人肘架子，常與長年訕談子。”民國十七年《長壽縣志》卷四《人事部·方言》：“說笑話曰訕談子。”周芷穎《新成都》第四章第二節《語言》（頁50）：“訕談子：說笑也。”《川方》（頁365）“訕談子（涮談子、涮壜子）”音$suan^{4}=tan^{2}zi^{3}$，謂“見*散談子。川東多說訕談子”。《川方匯釋》（頁183）“訕談子”音suān tán zi，謂“開玩笑”。《成都話》（頁183）“訕談子”音［$san^{213}t‘an^{21}tsɿ^{53}$］謂“同‘涮壜子’”。《成方》（頁269）“訕談子”謂“=〖涮罎子〗”，即“開玩笑”，“‘訕談子’也作‘散談子’”。

或作“散談子”。李劼人《暴風雨前》第三部分：“老吳，沒亂散談子。”原注：“散談子即開頑笑的意思，是四川人至今還在用的習用語。”①又《大波》上卷第一部份：“瀾哥這話雖是散談子的，其實要學規矩，真只有在武學才行。”原注：“成都下流話，謂開頑笑曰散談子，又曰使佯。”②又《大波》第二部第二章：“你真會散談子，委實嚇了我一大跳，我默道是我的什麼事情發作了。”原注：”散談即開頑笑的意思，是四川的語彙之一。”③民國三十六年《新繁縣志》卷四《禮俗·方言》：“《說文》：‘談，語也。’《玉篇》：‘談，戲調也。’蓋本《詩·小雅》‘不敢戲談’爲訓。今謂與人相諧謔曰散談子。”姜亮夫《昭通方言疏證》（704條）：“昭人謂扯閒談曰散談子，

---

① 《李劼人選集》第一卷，四川人民出版社，1980年2月第1版，第429頁。

② 中華書局，1938年10月再版，第69、82頁。

③ 《李劼人選集》第二卷，四川人民出版社，1980年2月第1版，第556頁。

猶北人之扯談或曰散悶，散悶猶言消遣也，皆空言不及義。”《川方》（頁338）“散談子”音san^4= tan^2zi^3，謂“開玩笑”。《川方彙編》（頁73）“散談子”謂“開玩笑。例：不要散談子啊！（一作‘訕談子’，有作‘涮壜子’者，似另有會意）”，又（頁67）“談子”謂“玩笑，互相嘲謔”。《川方匯釋》（頁181）“散談子”謂“開玩笑”，“‘散談子’亦作‘算壜子’”。

亦作“散譚子”、“訕譚子”。李劼人《大波》中卷第一部份：“雅堂，雅堂，喈個這樣跟我散譚子！”原注：“散譚子，即開玩笑之意。”[①]下江人《釋四川話（三）》：“‘訕譚子’和‘扯壩子’是説笑與説謊。”[②]又，冰鐵《川諺》：“‘上團子’‘伴燈兒’，開玩笑。”[③]此爲下江人的記錄，記音不甚準確。

又作“涮壜子”。羅學蓬《張國燾川北蘇區“肅反”紀實》：“過去開會時見了下級指揮員的面總喜歡説粗話‘涮罎子’，顯得特别親熱的羅南輝副軍長，也僅是神情冷漠地向他點了點頭，眼神中分明有什麽難言之隱。”[④]《成都話》（頁197）“涮壜子”音［$suan^{213}t^{‘}an^{21}tsɿ^{53}$］，謂“開玩笑。又説‘訕談子’”。《成方》（頁297）“涮罎子”謂“⇨〖訕談子〗”。蜀方言介音有無的區别並不嚴格。《重方》（頁307）“涮壜子”音$suan^4tan^2zi^3$，①“開玩笑”。

---

① 中華書局，1938年10月再版，第55、181頁。

② 《旅行雜志》1945年第7期，第35頁。

③ 《申報每周增刊》1936年第1卷第25期，第599頁。

④ 《同舟共進》2010年第12期。

《大詞典》未收。《方言大詞典》（頁1429）“訕談子”謂“開玩笑”。又（頁5911）“散談子”①“開玩笑”，②“閑談；閑扯”。又（頁5776）“涮壜子”謂“開玩笑”。以上均爲西南官話。

餯午　晌午　餉午　少午 $\mathrm{sɑo^{53}wu^{53}}$［$\mathrm{sau^{53}u^{53}}$］

参《考釋》第603頁。

❶中午，正午。明弘治十六年《温州府志》卷一《風俗·民事》：“人家早晚食米粥，餯午食米飯，罕食麥麵。”與早晚並舉，“餯午”指午飯時。

亦作“晌午”。宋佚名《大宋宣和遺事》元集：“徽宗敕下，差甄守中做監斬官。是那晌午時分，押往市曹。”元佚名《爭報恩》第一折：“你晌午後先吃了人一頓拷，怎又將他來扯拽着。”明李實《蜀語》（頁27）：“日中曰晌午〇《中原雅音》：‘晌，音賞。’”黄仁壽等校注：“‘晌午’指中午太陽當頂之時。”清乾隆五十年《涪州志》卷五《風土志·方言》：“正午曰晌午。”清高靜亭《正音撮要》卷二《時刻》：“晌午錯，晏晝過。”又：“小晌午，小晏晝，早飯後些。”嘉慶《安仁縣志》卷四《風土志·方言》：“近午曰茶時，曰上半，曰正午，曰日中，曰晌午。”道光二十一年《遵義府志》卷二十《風俗》、光緒八年《黎平府志》卷二下《風俗·方言》、光緒二十一年《敘州府志》卷二十一《風俗》、民國十年《新修合川縣志》卷三十《風俗·方言》、民國三十七年《貴州通志·風土志·方言》："日中曰晌（音賞）午。"此採《蜀語》。邢棻《錦城竹枝詞》："兒童行樂及新正，擊鼓敲鑼喜氣盈。風日不寒天晌午，滿城都是太平聲。"又："一片鈴聲天晌午，黃牛馱米進城來。"民國《息烽縣志》卷二十九《風土志·方言》："謂日中曰晌午。"民國二十年《安東縣志》卷八《歌諺》："晌，音賞，俗稱午時曰晌午。"民國二十二年《順義縣志》卷十二《風土志·方言》："晌午，日正午也。"民國三十二年《沿河縣志》卷十三《風土志·方言》："日中曰晌午。"按《康熙字典·日部》："晌，《篇海》始兩切，音賞，晌午也。"音"賞"當爲通語，蜀語則音若"少"。

又作"餉午"，意即午飯時也。明趙世顯《芝園稿》卷十三《東郊觀稼》詩："畏暄兒荷笠，餉午婦持筐。""餉午"，謂午飯時。清許濬《和施佩宜且適齋詩》之二："春眠不覺曙光遲，夢醒披衣餉午時。"又鄭世元《嚴玖林儀一兄弟過飛英山房》詩："餉午飽甘雲子飯，游春記共水師燈。"吳邦治《紀夢中平山堂句》："披衣日餉午，齒頰漱芳鮮。"同治九年《武甯縣志》卷八《風俗》："天中節，市井以紙印龍舟標插門外，餉午迎神鼓吹，沿門收之，送諸水以禳災，夜則沿街歌唱爲樂。""餉午"、"夜"前後對舉，指時間點意甚顯豁。

或記音作"少午"。清傅崇矩《成都通覽·成都之土語方言》（頁265）："少午（午時也）。"又《成都之呼物土名》（頁272）："小少午（午前）。"民國十五年《南川縣志》卷六《土音土語》、民國十五年《簡陽縣志》卷二十二《禮俗篇·方言》：

“午曰少午。”周芷穎《新成都》第四章第二節《語言》(頁62):“少午——正午。”

❷午飯。《說文·食部》:“餉,晝食也。”段玉裁注:“此猶朝曰饔,夕曰飧也。晝食曰餉,俗譌爲日西食曰餉,見《廣韵》。今俗謂日西爲晌午,頃刻爲半晌,猶餉之遺語也。”王筠句讀:“晝,《御覽》引作‘中’,謂日中也。吾鄉謂午飯曰餉飯。因謂正午爲正餉,本字與下飧、餔連文,正以其時異也。《廣韻》‘餉,日西食’,則直與飧、餔同義。”桂馥義證:“晝食也者,《廣韻》:‘餉,日西食。’馥案:謂日中食。釋典:午爲人天食。《論語》‘不時不食’,鄭注:‘不時,非朝夕日中時。’一日之中三時食。《白虎通·禮樂篇》:‘王平居中央,制御四方,平旦食,少陽之始也;晝食,太陽之始也;晡食,少陰之始也;暮食,太陰之始也。《論語》曰:“亞飯干適楚,三飯繚適蔡,四飯缺適秦。”諸侯三飯,卿大夫再飯,尊卑之差也。’馥案:《廣韻》‘日西食’即再飯。”朝晝夕食,猶今早午(中)晚餐。明方以智《通雅》卷四十九《諺原》:“今嶺南作劇半本喫飯食曰餉午。”清張慎儀《方言別錄》卷上之二(頁153)錄此作“閩南”,“飯”作“飰”。又《蜀方言》卷上(頁308):“晝食曰餉午。”民國三十六年《新繁縣志》卷四《禮俗·方言》:“《說文》:‘餉,晝食也。’書兩切。今謂午餐爲喫餉午。俗字作晌。”

亦作“晌午”。晌午指午飯,跟宵夜謂吃夜飯同類。清劉省三《躋春臺》卷一《過人瘋》:“吃了晌午莫有?”又:“那們女壻來了,都不留吃晌午,就做得那們嗇麽?”Adam Grainger

《西蜀方言》（頁255）：“喫了晌午沒有？”意即：“have you had your dinner?”傅崇矩《成都通覽·成都人之性情積習》（頁130）：“早晨或相問曰：‘吃早飯沒有？’午相遇則曰：‘吃晌午否？’”“晌”當音同“少”。民國十七年《長壽縣志》卷四《人事部·方言》：“午飯曰晌午。晌讀若少。”《川方匯釋》（頁223）“小晌午”音〔xiǎo sǎo wǔ〕，謂“將近中午的時候；早飯與午飯之間的一次小餐”。詳其理據，或爲“小晌午飯”的省説。如元鄭廷玉《冤家債主》第二折：“留着一隻手上油，待吃晌午飯。”民國二十二年《高邑縣志》卷六《風土志·歌謠》：“晌午飯往西看。”“晌午飯”即午飯，蜀語亦叫“晌午”。又，姜亮夫《昭通方言疏證》（1611條）：“昭人言午餐音如賞午，按《説文》：‘餯，晝食也，’當即此字，《通雅》言：‘今嶺南作劇半本啖飯食曰餯午。’不知尚有此言否？昭人或即以曰晌午之晌爲之。”“晌”未見字書收錄，或“晌”字形譌。

又作“餉午”。《説文·食部》：“餉，饋也。”本指饋食於人，或音借爲“晌”，指午飯則“餉”、“晌”並用矣。明葛一龍《過國華王孫園亭尋梵僧》詩：“隨意盤餐同餉午，及時風雨在江濱。”李實《蜀語》（頁27）：“日中食曰餉午〇餉音賞。”黄仁壽等校注：“往時農忙季節，午飯俱送至田野，故曰‘餉午’。蜀語稱吃午飯爲‘吃餉午’，至今猶然。”清道光八年《永州府志》卷五下《風俗志·方言》“新田土語異聞”：“喫餉午（永州謂晡食曰餉午）曰噎斗飯。”永州“晡食”謂“餉午”，雖非正午飯，但與前後“喫早飯”、“喫夜飯”並舉，“餉午”實則午飯，今蜀中農村三餐亦多晚於城市兩三小時以爲常。民國二十四年《雲陽縣志》卷十四《禮俗下·方言下》：“午飯曰餉午。《蜀語》餉音賞，今俗讀若少。”亦用作動詞，指吃午飯。清同治十二年《景甯縣志》卷十二《風土志·紀異》：“國朝順治間，渤海陳子鑑，母早寡，撫之成人，常詬詈母，母偶怒訴於天，須臾雷大震，鑑方餉午，忽隨火光飛出，跪門外，母驚奔而哀籲之，雷收聲，得免。後鑑敀行，稱爲孝子。”“方餉午”謂正吃午飯。民國十四年《都匀縣志稿》卷四《地理志·山水·水道三》：“陸天衢《麥冲砦》詩云：‘細雨行經麥冲寨，主人餉午客意怠。’”謂主人正吃午飯。

亦記音作“少午”。清乾隆《翼城縣志》卷二十一《風俗》、民國二十七年《麻江縣志》卷五《風俗·夷語》：“吃早飯曰龍瓜校，吃少午曰隴瓜奶。”Adam Grainger《西蜀方言》（頁149）：“喫少午沒有？”意謂：“have you had your lunch，or dinner？”傅崇矩《成都通覽·成都之普通應酬活》（頁258）：“早膳時相見，問曰：‘吃早飯沒有？’午曰：‘吃少午沒有？’”又《成都之呼物土名》（頁272）：“吃少午（午飯）。”民國十八年《合江縣志》卷四《禮俗·方言》：“吃少午、過午，均謂午餐也。”民國十八年《資中縣續修資州志》卷八《風土·方言》：“正餐曰早飯、少午。或因修養家謂午飯宜少，故以名之。”其說得名之由恐不可信。民國三十二年《沿河縣志》卷十三《風土志·方言》：“中食曰少午。”周芷穎《新成都》第四章第二節《語言》（頁62）：“喫少午——喫中飯。”又，吳濟生《新都見聞錄》十八《習俗一班·（二）方言》：“中飯叫‘燒午’、晚飯叫‘宵夜’。”下江人《釋四川話（二）》：“午餐稱‘吃燒午’。”①“燒”亦記音。

今蜀方言仍謂中午、午飯爲“餉（晌）午”，“餉（晌）”音[sau^{53}]。《川方》（頁344）“晌午”音sao^3wu^3，①“中午”，②“指午飯”。《川方彙編》（頁34）“晌午”音sào wù，謂“（晌，讀掃）中午”。《川方匯釋》（頁183）“晌午”音sáo wǔ，謂“午飯”；又（頁185）“少午”音sǎo wǔ，謂“中午，午飯”。《成都話》（頁185）“晌午”音[$sau^{53}vu^{53}$]，①“中午”，②“午飯”。《成方》（頁217）“晌午”音sau u去聲，①“=〖中午〗”，②“=〖午飯〗”。《重方》（頁290）“晌午”音sao^3vu^3，①“中午”，②“午飯”。

《大詞典》（5/710）“晌”音shǎng，又（711）“晌午”謂“正午”，首引元劇《爭報恩》，未及午飯義，但收“晌午飯”，謂“午飯”，首引元劇《冤家債主》。又（12/535）“餉”音xiǎng，又（536）①“吃午飯”，引明汪宏溢《初夏拟移家五汉》詩：“餉午盤傳新茁韭，銷時笥檢舊刪書。”清唐訓方《里語徵實》卷中下：“日中食曰餉午。”後例當本李實《蜀語》，“餉午”謂“午飯”，名詞；②“中午。餉，用同‘晌’”，引明高明《琵琶記》。餘未及。

《方言大詞典》（頁6878）“餳午”①“中午”，蘭銀官話；②“午飯”，西南官話。又（頁4812）“晌午”①“中午；午飯；午點”，蘭銀官話、西南官話、土話、贛語。又（頁4310）“餉

① 《旅行雜志》1945年第7期，第18頁。

午”謂“午飯”，西南官話、贛語。又（頁689）“少午”①“中午”，西南官話；②“午飯”，西南官話。又（頁6087）“晌午”①“中午”，膠遼官話；②“午餐”，西南官話。以上均爲同詞異形。

甈 嘶 撕 斯 si^{55}［sɿ^{55}］

器物裂縫或破裂聲。参《考釋》第616頁。《廣韻·支韻》：“甈，甕破。”又《齊韻》：“甈，瓦破聲。”《集韻·支韻》：“甈，《字林》：‘䍃破也。’一曰瓶也。或省。亦書作瓶。”《正字通·瓦部》：“甈，甕破聲。”《古今通韻·支韻》：“甕破爲甈，音斯，即斯之之義。”引申爲凡器物破裂或破裂聲均謂甈。《龍龕手鏡·瓦部》：“甈，凡物器破聲也。”《篇海類編·器用類·瓦部》：“甈，又瓫破瓦碎聲，凡物器破聲曰甈。”北涼曇無讖譯《大般涅槃經》卷五：“譬如瓦瓶破而聲甈，金剛寶瓶則不如是。夫解脱者亦無甈破……其聲甈者，如蜱麻子盛熱之時，置之日曝出聲震爆。”明趙南星《目前集·俗字》：“甈，瓦碎聲。先齊，齊韻。又物器破聲也。”“先齊”謂先齊切。清道光二十一年《遵義府志》卷二十《風俗》、民國十年《新修合川縣志》卷三十《風俗·方言》、民國二十四年《蓬溪縣近志》卷七《風土篇·方言》、民國二十六年《犍爲縣志·居民·言語·方言》、民國三十七年《貴州通志·風土志·方言》：“器破曰甈。”張慎儀《蜀方言》卷下（頁329）：“器破曰甈，曰璺。……或省作瓺，一書作甋。”民國十七年《長壽縣志》卷四《人事部·方言》：“器破曰甈 。謂有裂痕。”民國二十三年《樂山縣志》卷三《方輿志·方言》：“陶器損曰甈。”《川方》（頁350）“甈”音si[1]，謂“器物（多指陶瓷或金屬的）裂縫”。《成方》（頁13）“甈”謂“瓷器、陶器或金屬器皿出現裂縫”，其實凡器破裂縫均謂甈。《重方》（頁296）“甈”音si[1]，謂“器物裂縫”。

亦作“嘶”。唐顏師古《匡謬正俗》卷六：“瓦破壞者聲嘶惡，須一一擊而聽之，故呼聆瓦耳，字當作聆也。”清桂馥《札樸》卷七《匡謬》：“《玉篇》：‘嘶，馬鳴也。’《說文》：‘㒋，悲聲。’‘㽄，散聲。’馥案嘶，俗作也。《南齊書》蕭坦之語聲嘶，時人號爲蕭瘂。又《張環傳》宋孝武問太極殿前鐘聲嘶，此二嘶字，並當作㽄。”

或作“㽄”。《方言》卷六：“㽄、披，散也。東齊聲散曰㽄，器破曰披。秦晉聲變曰㽄，器破而不殊其音亦謂之㽄。”《廣雅·釋詁三》“廝，散也”王念孫疏證：“《集韻》引《字林》云：‘甈，甕破也。’《漢書·王莽傳》：‘莽爲人大聲而嘶。’顏師古注云：‘嘶，聲破也。’廝、㽄、嘶、甈並通。《爾雅》：‘斯，離也。’《春秋繁露·度制篇》云：‘是大亂人倫而靡斯財用也。’王逸注《九歌》云：‘凘，解冰也。’義並與廝同。”清雍正《陝西通志》卷四十五《風俗·方言》：“㽄，散也。秦晉聲變曰㽄，器破而不殊其音亦謂之㽄。”

本字當作“斯”。《爾雅·釋言》：“斯，離也。”《說文·

斤部》："斯，析也。从斤，其聲。《詩》曰：'斧以斯之。'"《廣雅·釋詁一》："斯，分也。"又《釋詁二》："斯，裂也。"器物輕微損傷或現裂紋，嚴重者則有裂縫，破損者即離散或分崩離析矣。

《大字典》（二/3/1534）"甀"②"象聲詞。器物破碎聲"，首引《廣韻》。又（2/734）"嘶"未及。又（5/2884）"㾷"（一）xī，謂"聲破；沙啞"，首引《方言》。據王念孫說"廝、㾷、嘶、甀並通"，"㾷"當音sī。要之，"甀"、"嘶"、"㾷"均爲"斯"的後起區別字，本字作"斯"。《大字典》（二/4/2171）"斯"①"劈開"，首引《說文》；②"扯裂。後作'撕'"，首引《廣雅》。

《大詞典》未收"甀"、"㾷"。又（3/502）"嘶"未及。又（6/1063）"斯"①"析，劈開"，引《詩》；②"分；分開"，首引《莊子》；③"裂，扯開"，首引《廣雅》。

《方言大詞典》（頁7216）"甀"謂"器具破裂"，西南官話。

甀縫 si^{55}fong^{213}［sɿ^{55}foŋ^{213}］

同"甀"。裂；裂縫。《方言》卷六："廝、披，散也。東齊聲散曰廝，器破曰披；秦晉聲變曰㾷，器破而不殊其音亦謂之㾷，器破而未離謂之璺；南楚之閒謂之敀。"《廣雅·釋詁三》：

“澌，散也。”王念孫疏證：“《集韻》引《字林》云：‘甐，甕破也。’《漢書·王莽傳》：‘莽爲人大聲而嘶。’顔師古注云：‘嘶，聲破也。’廝、澌、嘶、甐並通。”明李實《蜀語》（頁29）：“器破曰甐縫○甐縫音斯鳳。”民國二十一年《萬源縣志》卷五《教育門·方言》：“器破曰甐縫。”今蜀方言仍謂器破、有裂縫但未離析曰“甐縫”。按《廣韻·用韻》“縫”音扶用切，又《送韻》“鳳”音馮貢切，今蜀方言同音［foŋ²¹³］。《川方匯釋》（頁194）“甐縫”音sì fòng，謂“裂縫”。《重方》（頁296）“甐”謂“口語中也說甐縫”。楊小平《南充方言詞語考釋》（頁237）：“《廣韻》：‘甐縫，甕破，息移切，音斯。’”按此與《廣韻》體例不合，《支韻》“甐，甕破”，音“息移切”在小韻字“斯”下，亦並無直音，不知“甐縫”何據。

又，清胡文英《吴下方言考》卷九《璺》：“璺，西北音問，吴音讀如鳳。揚子《方言》：‘秦晉器破而未離者謂之璺。’案璺，器裂成璺也。吴諺謂之滲璺，亦謂之路，俗用縫連之縫，非。”“滲璺”亦即音“滲鳳”，“滲”爲“甐”音借，下字“俗用縫連之縫，非”，若用“縫隙”之“縫”，則正與《蜀語》“甐縫音斯鳳”相近或相同。又蜀語微裂、器破而未離亦曰損，音［sən⁵³］。民國十五年《簡陽縣志》卷二十二《禮俗篇·方言》：“器破曰璺。音損，今讀若笋。”“損”、“筍”今蜀方言音［sən⁵³］，川北綿陽等地器破亦謂［sən⁵³］，亦“甐”之音變也。

《大詞典》未收。《方言大詞典》（頁7216）“甐縫”謂“器具裂了縫”，西南官話。

餿臭　餿醜　溲臭 si⁵⁵/sou⁵⁵cou²¹³［sɿ⁵⁵/səu⁵⁵ts‘əu²¹³］

食物變味酸臭。《爾雅·釋器》“食饐謂之餲”郭璞注：“飯餲臭。見《論語》。”陸德明釋文：“饐，餿臭也。”郝懿行義疏：“《釋文》引《字林》云：‘饐，飯傷熱溼也。’又引葛洪《字苑》云：‘饐，餿臭也。’按今亦謂飯熱臭爲餿矣。”《說文·食部》“饐，飯傷溼也”段玉裁注：“葛洪云：‘饐，飯餿臭也。’本《論語》孔注，而非許說。”朱駿聲通訓定聲：“葛洪《字苑》：‘饐，餿臭也。’……按經久而味惡曰餲，傷熱而餿臭曰餲，傷溼而腐臭曰饐。”王筠句讀：“《字苑》：‘饐，飯餿臭。’”則“餿臭”已見於晉。明孫一奎《赤水元珠》卷二十六《痼門》：“又有食痼，原從飲食過傷而得，後復傷飲食則發。其外症噯吐酸氣，或大便餿臭。”明李實《蜀語》（頁11）：“飲食變味曰餿臭〇餿音搜。”清王夫之《四書稗疏》卷一《論語》：“食饐而餲……葛洪《字苑》曰‘饐，飯餿臭’是也。”道光二十一年《遵義府志》卷二十《風俗》、光緒二十一年《敘州府志》卷二十一《風俗》、民國十年《新修合川縣志》卷三十《風俗·方言》、民國十七年《長壽縣志》卷四《人事部·方言》、民國二十四年《蓬溪縣近志》卷七《風土篇·方言》、民國三十七年《貴州通志·風土志·方言》：“飲食變味曰餿（音搜）

臭。”光緒二十四年《嘉應州志》卷七《方言》：“飯變味曰餿。案《釋文》‘饐’字下引葛洪《字苑》云：‘饐，餿臭也。’今俗則曰臭餿。”民國十五年《簡陽縣志》卷二十二《禮俗篇·方言》、民國二十一年《萬源縣志》卷五《教育門·方言》：“飯變味曰餿臭。”民國二十一年《南溪縣志》卷四《禮俗下·方言》：“餿臭，餿音搜，飲食變味也。”又，“餿”或作“餕”、“⿰飠穸”、“浚”。《玉篇·食部》：“餕，色求切，飯壞也。餿，同上。”《集韻·尤韻》：“餕，飯壞也。或作餿。”民國十八年《新修南充縣志》卷七《掌故志·風俗·方言》：“飲食味變曰餕（音搜）臭。”按上引文獻“餿音搜”當爲通語，方音則讀若［sɿ^{55}］。清Adam Grainger《西蜀方言》（頁612）：“丨臭。”即“stinking，as spoiled food or damp clothes”，“丨”音“Sï^{1}”。民國十五年《南川縣志》卷六《土音土語》：“冷飯變味曰餿臭。土音餿轉若斯。”民國二十四年《雲陽縣志》卷十四《禮俗下·方言下》：“飲食變味曰餿臭。……葛洪《字苑》：‘饐，餿臭也。’俗讀餿若思。”民國三十三年《長壽縣志》卷四《風土·方言》：“飯變味曰搜。音收。或曰斯。”“搜”爲“餿”形譌，抑或爲音借。今川北“餿臭”亦音若“斯臭”。“餿”又記音作“澌”、“飼”。清蒲松齡《日用俗字·飲食章第四》：“澌殠豆腐不上棹。”道光二十五年《重修膠州志》卷十五《風俗·方言》、光緒七年《重修膠州志》卷二《方域考·方言》：“飯臭曰澌餿。上音斯。下音惱。”“澌殠”、“澌餿”，以蜀方言讀之就是“餿了［sɿ^{55}lau^{53}］”。又，民國二十五年《滎河縣志》卷八《禮俗附方言》：“謂飲食變味曰飼氣。”“飼”記音，當讀陰平，同《西蜀方言》著錄之音“Sï¹”。《川方匯釋》（頁195）“餿臭”謂“食物因發酵變味而發出的臭氣”。

亦作“餿醜”。清光緒八年《黎平府志》卷二下《風俗·方言》：“飲食變味曰餿（音搜）醜（去聲）。”尋繹其源，章炳麟《新方言·釋器》云：“《說文》：‘滫，久泔也。’息流切。《內則》注：‘秦人溲曰滫。’今謂食久味變作泔水臭曰滫，通以溲字爲之。”①故亦有作“滫臭”者。民國二十三年《華陽縣志》卷五《禮俗·方言》：“飲食變味曰滫臭。”民國三十六年《新繁縣志》卷四《禮俗·方言》：“今謂洮米水曰潲水，又謂水久味敗者曰滫臭，音轉爲搜。”

《大詞典》（12/570）“餿臭”謂“形容氣味酸臭”，引老舍《駱駝祥子》。餘未及。

《方言大詞典》（頁6234）“餿臭”謂“飲食變味”，西南官話（四川宜賓、雲陽、南川）。又（頁7286）“嘶臭了”謂“餿了”，西南官話。又（頁7129）“餸了”謂“食物餿了”，“餸飯”謂“餿飯”，西南官話（四川邛崍）。又（頁5906）“斯臭”謂“餿”，西南官話（貴州沿河）；“斯了”謂“餿了”，西南官話（四川奉節）；“斯腦”②“餿”，冀魯官話。其實，蜀方言“斯了”亦讀同“斯腦”。

---

①《說文·水部》“滫”字段玉裁注：“滫，《內則》‘滫瀡’注：‘秦人溲曰滫。’此則別是湯液之類，與久泔異實同名，秦人方言也。”又《水部》：“浚，浸菸也。从水，叜聲。”即溲字，後用同“餿”。明湯顯祖《牡丹亭》第四齣：“硯水嗽淨口，去承官飯溲，剔牙杖敢黃虀臭。”

四映 $si^{213}yin^{213}$ [$sɿ^{213}in^{213}$]

四周，四邊。《説文·四部》："四，会數也，象四分之形。"段玉裁注："口，像四方；儿，像分也。"明楊慎《升菴集》卷六十七《綴戶綴牖》："《大戴禮》明堂四戶八牖，赤綴戶，白綴牖。《楚辭》'網戶朱綴'注：'綴，緣也。'以朱緣其邊，今曰四映，如古紫界牆青瑣闥之屬。"戶牖除圓形者，多爲四邊形，"以朱緣其邊，今曰四映"，謂以朱緣其四邊也。李實《蜀語》（頁170）："四邊曰四映。"黄仁壽等校注："舊時代寫地契時即有'四映'之稱。'四映'即'四邊'，指東至何處，西至何處，南至何處，北至何處。"清康熙《西苑芙蕖賦》："宛若瑶林之四映，矯如朱鷺之載翔。"道光二十一年《遵義府志》卷二十《風俗》、光緒二十一年《敘州府志》卷二十一《風俗》、民國十年《新修合川縣志》卷三十《風俗·方言》、民國三十七年《貴州通志·風土志·方言》："四邊曰四映。"即採《蜀語》。

《大詞典》未收。《方言大詞典》（頁1234）"四映"謂"四邊"，西南官話（四川宜賓、貴州遵義）。

嗾 唆 so^{55}/so^{53} [so^{55}/so^{53}]

口中發聲以使狗。《說文·口部》："嗾，使犬聲。从口，族聲。《春秋傳》曰：'公嗾夫獒。'"段玉裁注："見《左傳·宣公二年》。使犬者，作之噬也。《方言》曰：'秦晉之西鄙，自冀隴而西，使犬曰哨。'郭（璞）音騷。哨與嗾一聲之轉。"朱駿聲通訓定聲："哨，猶嗾也。哨、嗾雙聲。"《玉篇·口部》："嗾，蘇走、先奏二切，《左氏傳》曰：'公嗾夫獒焉。'《方言》曰：'秦晉冀隴謂使犬曰嗾。'"[①]《左傳·宣公二年》："公嗾夫獒焉，（提彌）明搏而殺之。"《魏書·宋弁傳》："弁有恨於（李）沖，而與李彪交結，雅相知重，及彪之抗沖，沖謂彪曰：'爾如狗耳，爲人所嗾。'"元陶宗儀《說郛》卷八十五下王雱《字書誤讀》："嗾，音叟，使犬聲。"明李實《蜀語》（頁78）："呼狗吠物曰嗾〇嗾音漱。"清胡文英《吴下方言考》卷十《嗾》："嗾，使犬聲。今吴中使犬噛物輒曰嗾。"道光二十一年《遵義府志》卷二十《風俗》、民國三十七年《貴州通志·風土志·方言》："呼狗吠物曰嗾。音漱。"唐訓方《里語徵實》卷上："呼狗曰嗾。"光緒三年《黃巖縣志》卷三十二《風土志二·謠諺·方言》、光緒二十四年《嘉應州志》卷七《方

① 今本《方言》卷七作"哨"。

言》："使犬曰嗾。" Adam Grainger《西蜀方言》（頁94）："嗾狗咬人。" 謂 "to hound on a dog to bite people"，"嗾" 音 "SHO[1]"。姜亮夫《昭通方言疏證》（1127條）："昭人嗾狗時即嗾聲。"

又作 "唆"。《正字通·口部》："唆，又俗云使唆。古無唆字，通用嗾。" 元佚名《村樂堂》第二折："這公事不虛誑，道得來揑住喉嗓，請你箇請你箇水晶塔的官人都莫偏向，做賊來見臟，殺人來見傷，這的是都管的奸情唆狗，不是這後槽的謊。" 民國三十二年《大埔縣志》卷十四《人羣志三·方言》："唆使者，唆而使之也。又小兒使狗相嚙亦謂之唆。" 又，亦作 "哨"。《方言》卷七："秦晉之西鄙，自冀隴而西，使犬曰哨。" 戴震疏證："哨亦作嗾。……《玉篇》引《方言》'秦晉冀隴謂使犬曰嗾'。"《醒世姻緣傳》第二十一回："把俺那老斫頭的挑唆轉了，叫他像哨狗的一般望着狂咬。" 按《廣韻·厚韻》蘇后切："嗾，使犬聲。" 與 "叟" 同一小韻。又《候韻》蘇奏切："嗾，使狗。" 與 "漱" 同一小韻，名、動之異也。《康熙字典·口部》："嗾，《唐韻》蘇奏切，《集韻》、《韻會》、《正韻》先奏切，並音漱。" 今蜀方言音義並存。上引《西蜀方言》"嗾" 音 "SHO[1]"。《川方》（頁356）"唆" 音 so^3，謂 "指使狗（追逐、進攻）"。

《大字典》（二/2/731）"嗾" 音sǒu，①"使狗咬人的聲音"，首引《說文》。又（685）"唆"（一）suō，②"慫恿；嗾使"，首引《正字通》。《大詞典》（3/494）"嗾" ① "指使狗時口中所發的聲音；口中發出聲音來指使狗"，首引《左傳》。又（371）“唆”①“慫恿；嗾使”，首引元劉廷信《新水令·秋怨》套曲。《現漢》（3/494）“嗾”音sǒu，①“指使狗時所發的聲音”，②“發出聲音來指使狗”。蜀方言與之讀音不同。

《方言大詞典》（頁6819）“嗾”②“制造是非使人發怒”，江淮官話、西南官話。未及蜀方言音義。

蘇氣　蘇器 $su^{55}qi^{213}$ [su^{55} $tɕ‘i^{213}$]

文雅脫俗；體面；時髦。參《考釋》第635頁。前撰首引清劉省三《躋春臺》。民國十五年《南川縣志》卷六《土音土語》：“從前外來服飾之物，蘇州爲美，故土語通稱人物文雅脫俗曰蘇氣，曰蘇派，且直曰姑蘇（蘇州古山名），又曰江湖，意同。”民國二十二年《灌縣志》卷十六《禮俗記·方言》：“蘇，奢麗也。蘇州風物奢麗，他處因謂奢麗曰曰蘇，或曰姑蘇。姑蘇，蘇州山，蘇州所由得名。或曰蘇氣，言其有蘇州習氣。”“奢麗曰”下衍一“曰”字。民國二十三年《樂山縣志》卷三《方輿志·方言》：“稱人美好曰蘇氣。”原注“義無所取”，則是昧於詞源之理據矣。李劼人《死水微瀾》第二部分：“與一般鄉下新娘子，只要見了生人，便死死把頭埋着，一萬個不開口的，比並起來，自然她就蘇氣多了。”原注：“四川人慣用語言中，凡是稱道一個人的態度大方，打扮漂亮，都叫作蘇氣。蘇是蘇州，氣是氣象。與比（此）相反的叫作土氣，苕氣，或土頭土腦。”①艾蕪《流浪人》：“好，你蘇氣！那你多請我吃幾碗好哪！”原注：“蘇氣：漂亮，大方。”②蘇遼《民國匪禍錄·大棒老二的規矩和行動方法》：“另一說則認爲川人習慣稱美好、優勝的東西爲‘蘇氣’、‘廣貨’（大概因江蘇、廣東的貨物在川省評價較好的緣故）。”梁德曼《四川常用方言詞與普通話詞彙對照表》“蘇氣”列三個義項：“①（穿戴）入時、時髦。②（穿戴）整齊、漂亮。③彬彬有禮，態度大方。”③崔榮昌《四川方言與巴蜀文化》謂“今四川話把‘（穿戴）整齊、漂亮、好看、大方、脱俗、痛快、有氣派’叫‘蘇氣’，一般人誤寫爲‘舒氣’或‘書氣’。‘蘇氣’一詞不僅反映了蘇州風物對巴蜀文化的影響，而且表明東吳與西蜀之間的商貿往來”④。《川方》（頁360）“蘇氣（舒氣）”①“漂亮；好看”，②“大方，脱俗”。《川方匯釋》（頁195）“蘇氣”謂“意謂有蘇州氣，形容人漂亮大方”。《重方》（頁296）“蘇氣”謂“文雅大方，清秀漂亮”。曾德祥《〈暴風雨前〉中的四川方言詞初釋》“蘇氣”音［$su^{55}tɕʻi^{213}$］，謂“也寫作‘舒氣’，意爲打扮得漂亮好看，很合潮流”⑤。亦可以AABB式構詞。前撰引清劉省三《躋春臺》。沙汀《淘金記》一：“有的則在蘇蘇氣氣的洗臉，用手指頭刷牙齒，一面和同座

---

① 《李劼人選集》第一卷，四川人民出版社，1980年2月第1版，第27頁。

② 《艾蕪中短篇名著》，四川文藝出版社，1995年9月第2版，第37頁。

③ 梁德曼《四川方言與普通話》，四川人民出版社，1982年12月第1版，第262頁。

④ 四川大學出版社，1996年8月第1版，第12頁。

⑤ 《成都師專學報》1995年第1期。

的人講閒話。”

亦作“蘇器”。民國二十一年《南溪縣志》卷四《禮俗下·方言》：“蘇器，謂色色精緻，器如蘇省□也。”民國三十一年《西昌縣志》卷五《禮俗志·方言》：“處事周到曰蘇器。”此從另一視角言之，亦爲“蘇器（氣）”理據之一。又，《成都話》（頁194）“舒氣〔書氣〕”謂“（穿戴）整齊，漂亮”。此記音，昧於該詞理據所從來矣。

又，《白雪遺音》卷一《煙花柳巷》：“（你）買分重禮，打幾件首飾，前來賀喜。奴也光彩，你也揚氣。”清曹晟《夷患備嘗記·事略附記》：“先君子有言曰：如今洋錢、洋貨、洋煙盛行，于俗且有非洋而冒洋者，如羅浮蝶本名仙蝶，相傳爲仙衣所化，游彼者恆以其繭餉親友，今則竟曰‘洋蝶’。作事軒昂向曰‘揚氣’，以江南鹽商揚州爲多，其作事盡事奢華也，今則竟曰‘洋氣’。”看來“揚氣”爲“洋氣”所代替①，不如“蘇氣”之幸存於蜀語矣。

《大詞典》（9/621）“蘇氣”云“方言。謂態度大方，打扮漂亮”，引李劼人《死水微瀾》、沙汀《淘金記》，顯然爲蜀方言詞矣。未收“蘇器”。《方言大詞典》（頁2472）“蘇氣”①“漂亮入時；文雅大方”，西南官話。

---

① 《大詞典》（6/753）“揚氣”謂“體面；神氣”，未說明理據。又（5/1185）“洋氣”①“指外國的式樣、風格、習俗等”，首引清采蘅子《蟲鳴漫錄》卷二：“凡物稍飾觀，人少軒昂，皆曰洋氣。”《現漢》“洋氣”①“指西洋的式樣、風格、習俗等”。其理據則有不同。當然，有的語詞可能不止一個語源，所謂殊途同歸，也是客觀存在的。

耍$_2$ sua^{53}［sua^{53}］

玩；戲玩。參《考釋》第637頁。《字彙·而部》："耍，戲耍。"《康熙字典·而部》："耍，《篇海》沙下切，音灑，尖耍，俊利也，戲也。"宋周邦彥《意難忘·美詠》詞："長顰知有恨，貪耍不成妝。"吳自牧《夢粱錄》卷一《元宵》："府第中有家樂兒童，亦各動笙簧琴瑟，清音嘹喨，最可人聽，攔街嬉耍，竟夕不眠。"羅大經《鶴林玉露》乙編卷四《安子文自贊》："子文盡室出蜀，嘗自贊云：'面目皺瘦，行步蹇苴，人言託住半周天，我道一場真戲耍。今日到湖南，又成一話靶。'""戲耍"同義連文。《水滸傳》第九十九回："僧內眾僧都只道他說耍，又見他這般性格，不敢不依他。"明李實《蜀語》（頁166）："凡戲玩曰耍〇耍音灑。"清道光二十一年《遵義府志》卷二十《風俗》、光緒八年《黎平府志》卷二下《風俗·方言》、光緒二十一年《敘州府志》卷二十一《風俗》、民國十年《新修合川縣志》卷三十《風俗·方言》、民國二十四年《蓬溪縣近志》卷七《風土篇·方言》、民國二十四年《麻城縣志續編》卷一《疆域·方言》："凡戲玩曰耍。"光緒二十六年《墊江縣志》卷一《輿地志·風俗》："玩戲曰耍。"民國十八年《合江縣志》卷四《禮俗·方言》："走耍，閒遊也。"民國十八年《新修南充縣志》卷七《掌故志·風俗·方言》："閒玩曰耍。"

民國十八年《資中縣續修資州志》卷八《風土·方言》："閒遊曰耍。"民國二十一年《萬源縣志》卷五《教育門·方言》："閑玩曰耍。"民國二十一年《南溪縣志》卷四《禮俗下·方言》："耍，戲玩也。"又《諺語》："捨得一身剽，皇帝面前耍。"民國三十一年《西昌縣志》卷五《禮俗志·諺語》同。按"剽"同"剮"[①]。唐樞《蜀籟》卷一（頁59）："南京好耍南京走，北京好耍北京游。"又卷二（頁110）："張郎有錢不會耍，李郎會耍莫得錢。"又（頁122）："戲頑戲耍。"民國三十二年《沿河縣志》卷十三《風土志·方言》："閑游曰耍。"姜亮夫《昭通方言疏證》（62條）："昭人謂戲弄曰耍。如耍把戲、耍刀劍、耍彈子等。引申之則非正當之事業亦曰耍。如耍袍哥、耍流氓。音如時瓦切，蜀中成都有此語，杭人則曰耍子。"《川方》（頁362）"耍"①"玩；玩耍"。《川方匯釋》（頁191）"耍兒"謂"玩兒"。《成都話》（頁195）、《重方》（頁305）"耍"①"玩，玩耍"。

《大字典》（二/5/3005）"耍"①"戲耍；玩耍"，首引《字彙》。《大詞典》（8/779）"耍₁"①"玩耍，游玩；消閑取樂"，首引周邦彥詞。《現漢》"耍"①〈方〉"玩；玩耍"。

《方言大詞典》（頁3949）"耍"①"玩；玩耍"，膠遼官話、中原官話、晉語、蘭銀官話、西南官話、官話、吳語、湘語、贛語、粵語、閩語。

① 《中華字海》收錄，引《殘唐五代傳》卷五："罪不容誅，請大王~此二賊。"

廈 厦 庁 sua^{53} [sua^{53}]

側屋。《説文·广部新附》："廈，屋也。从广，夏聲。"清鄭珍《説文新附考·廈》："古止作'夏'……蓋'夏'有大義，故大屋謂之夏屋。俗加'广'，以别'華夏'字。"《五音集韻·禡韻》："廈、庁，旁屋也。"明焦竑《俗書刊誤》卷二《十五馬》："廈，俗作厦，非。"民國二十一年《萬源縣志》卷五《教育門·方言》："正中一室曰堂屋；兩邊配房曰小二□；再加陪房曰轉閣，曰偏廈。"民國三十七年《貴州通志·風土志·方言》："旁屋曰廈。"

亦作"厦"。《集韻·禡韻》："厦，旁屋也。或作庁。"《類篇·厂部》："厦，旁屋也。"《正字通·厂部》："厦，俗廈字。"宋贊寧《宋高僧傳》卷二十六《唐東陽清泰寺玄朗傳》："食無重味，居必偏厦。"明李實《蜀語》（頁49）："旁屋曰厦○厦从厂，音耍，厂音漢；如从广，音夏，大屋也，广音儼。"事實上兩字多混用不别。故徐德庵《蜀語札記》曰："案厦爲廈之俗體，非别爲一字也，均从夏聲。《集韻》：'厦，所嫁切。'特夏聲之小變耳，不必强生分别。"清張泰交《受祜堂集》卷二《審覆道批張以仁争屋詞》："隨押令立約，於七兩五錢外，再加偏厦銀一兩，兩造俱服。"雍正《四川通志》卷四十七《皇清藝文·宋瑋義學記》："旁有隙地，分搭偏厦二間爲厨房。"乾隆《上杭縣志》卷二《建置志·公署》："後爲退思堂，三間兩廈，翼以小屋，偏廈、厨房、浴室在焉。”高静亭《正音撮要》卷二《宫室》：“偏廈，側屋。”道光二十一年《遵義府志》卷二十《風俗》、光緒二十一年《敘州府志》卷二十一《風俗》、民國十年《新修合川縣志》卷三十《風俗·方言》、民國十八年《新修南充縣志》卷七《掌故志·風俗·方言》、民國二十三年《華陽縣志》卷五《禮俗·方言》、民國二十四年《蓬溪縣近志》卷七《風土篇·方言》：“旁屋曰廈。”Adam Grainger《西蜀方言》（頁67）：“搭個偏廈。”意即“build a side-room”。《川方》（頁363）“廈子”音$suɑ^3 zi^3$，謂“房子裏靠後墻的部分，在栿之外。也説*廈廈”，而“廈廈”未見，或失收。

或作“庌”。《玉篇·广部》：“庌，旁屋也。”《集韻·禡韻》“庌”爲“廈”異體。《正字通·广部》：“庌，舊註所嫁切，音嗄，傍屋，引《玉篇》賤也。按《韻會》廈或作庌，庌、廈同，舊本誤分爲二。《説文》从廈，俗作庌。”清張慎儀《蜀方言》卷上（頁300）：“旁屋曰庌。《集韻》：庌，所嫁切，沙去聲。《玉篇》：旁屋也。”“旁屋”又稱“耳房”。Adam Grainger《西蜀方言》（頁423）“耳房”謂即“a side room”。今蜀方言仍謂側屋爲“廈”、“廈子”、“偏廈”，“廈”音同“耍”①。川北綿陽等地謂“凵”形院落爲“長三間掛兩廈”，即前引《上杭縣志》“三間兩廈”，又謂“乚”形民居爲“長三間掛一廈”，“廈”即旁屋。紀國泰《〈蜀方言〉疏證補》（頁191）：“今之蜀語，未聞有謂旁屋曰‘庌’（[sa^{213}]）者。與

① 參《川方》第362、363頁。

‘庁’音近的‘厦’，在有的方言中指‘房子裏靠後墻的部分’（見《現漢》），但今之蜀語無此說法。張氏生活年代或許有之。”按蜀語“sɑ”、“suɑ”介音的有無並不很嚴格，故《蜀語》著錄音“耍”、《蜀方言》著錄音“沙”去聲，《西蜀方言》（頁67）音“SHUA[3]”，而“耍”在明代已有用同“啥”者（參見《大詞典》8/779“耍₂”）。至於“厦”謂“房子裏靠後墻的部分”，也是區別於正房的“旁屋”，屬連類而及。若見聞未廣，不能證明現代蜀語是否還存在某一說法，但也不應率加斷語否定前人的著錄。如張永言先生早在1987年即出版了《蜀方言》點校本（與《續方言新校補》、《方言別錄》合一冊），頁285“喉曰嗓，曰胡嚨”條，原注引“後漢書息夫躬傳顔師古”云云，“後漢書”顯然爲“漢書”之誤，點校本已正，而紀書頁129仍舊；紀書頁184“商賈虧本曰折。［注］……（以上26字字迹模糊不清）今讀折如舌音”，點校本頁298則作“商賈虧本曰折。《荀子・修身篇》：良賈不爲折閲不市。注：折，損也，謂損折所閲賣之物價也。今讀折如舌音”；又紀書頁417“（以下尚有26字，因字迹模糊無法辨認而省略）”，點校本頁358則作“同濫。又作醓。《禮記・內則》：醷醓。《注》：以諸和水也。《釋文》：乾桃乾梅皆曰諸”。諸如此類，作爲專書研究，應當吸收二十年前的成果，尚且束書不觀，遑論方言詞彙之有無？又紀書頁337“［注］留青日札草，子甚細，其氣臭惡”，謂“張注所謂之‘留青日札草’，以其所述‘子甚細，其氣臭惡’，似不與筆者所見之‘惹子’同”云云，則大謬不然耳。《留青日札》爲明代田藝蘅的一部筆記，張引見卷三十四《夫娘子》條。未讀懂原文，憑空弄出什麼“留青日札草”來强加於張氏，再執之以妄加撻伐，亦《蜀方言》作者之大不幸也。

《大字典》(二2/959)“㕓”(一)shà，②“厢房；偏房”，首引《聊齋志異》。又(1/87)“厦”謂“同‘廈’……古籍中多作‘廈’，今‘厦’字通行”，引《正字通》。又(2/936)“庁”音shà，①“同‘厦(廈)’”，首引《玉篇》。

《大詞典》(1/935)“厦”謂“同‘廈’”。又(3/1253)“廈₁”音shà，①“房屋”，②“門廡；廊屋”，③“大”，未及旁屋、偏房義。但“廈子”謂“披屋”，“廈房”謂“旁屋，厢房”。《現漢》“厦(廈)”②“〈方〉房子裏靠後墻的部分，在柁之外”。蜀中正房後墻外所建部分、正房兩旁的厢房等均謂“廈”、“廈子”、“偏廈”。

《方言大詞典》(頁5982)“廈”①“旁屋；房子裏靠後墻的部分，在柁之外”，中原官話、西南官話。又(頁2180)“庁”謂“旁邊的屋子”，西南官話。又“廈子”①“房子裏靠後墻的部分，在柁之外”，西南官話；②“厢房”，中原官話、西南官話；⑤“靠房子加蓋的小屋”，東北官話。

水老鴉　水老雅　水老鴰　水老挖　水老娃　水老鴮 sui^{53}lao^{53}wa^{55} [suei^{53}lau^{53}ua^{55}]

鸕鷀。漁民馴養以捕魚。參《考釋》第641頁，並參上“老鴉”條詞形及音讀考辨。《爾雅·釋鳥》“鷀，鷧”郭璞注：“即鸕鷀也。嘴頭曲如鈎，食魚。”郝懿行義疏：“蜀人畜以捕魚。”《説文·鳥部》“鸕，鸕鷀也”朱駿聲通訓定聲：“今蘇俗謂之水老鴉，畜以捕魚。”又“鷀，鸕鷀也”朱氏云：“蘇俗謂之水老鴉，漁人畜以捕魚。”又“鱸，鸕鷀也”朱云：“蘇俗謂之水老鴉，畜之以捕魚。”宋寇宗奭《圖經衍義本草》卷三十《禽部上品》：“衍義曰：鸕鷀，陶隱居云此鳥不卵生，口吐其子。今人謂之水老鴉。”王質《紹陶録》卷下《鸕鷀》：“身全黑，眉白如鴨，而頸極長，能入水捕魚，夜則棲林，又號水老鴉，卵生，誤傳口吐。”元俞希魯《至順鎮江志》卷四《土產》：“鸕鷀，口中吐雛，能捕魚，土人謂之水老鴉。”謂“口吐其子”、“口中吐雛”實不可信。如清康熙十二年《太平府志》卷十三《物產》即斥其謬云：“鸕鷀……人畜以捕魚，恒箍其頸，令不得咽，啣魚出水，以畀主人，取之多，乃解箍餌之，飽則不復取魚矣。骨可治魚骨鯁咽，俗呼爲水老鴉。方書稱其吐子，誤矣，亦卵生猶鳧鷺。”又，明嘉靖二十七年《香山縣志》卷二《民物志》：“鸕鷀，皂羽脩項，入江海捕魚食之，俗呼爲水老鴉。”朝鮮時代漢語教科書《朴通事諺解》上：“河邊兒窺魚的是無數目的水老鴉。”清杭世俊《訂訛類編續補》卷上《鸕鷀》：“《本草會纂》：鸕鷀名水老鴉，南方漁舟往往縻畜數十，令其捕魚。”乾隆《雲南通志》卷二十七《物產》：“鸕鷀，俗名水老鴉。”嘉慶十七年《江安縣志》卷一《物產》：“鸕鷀，一名烏鬼，又名水老鴉，蜀人以之捕魚。”嘉慶十七年《郫縣志》卷四十《物產》：“鸕鷀，一名水老鴉，一名慈老人，又名烏鬼。《夔州圖經》：州人以鸕鷀捕魚，謂之烏鬼，杜甫詩‘家家養烏鬼’，即此也。”嘉慶十八年《納谿縣志》卷三《疆域志·物產》：“鸕鷀一名烏鬼，又名水老鴉，蜀人以之捕魚。”道光《貴陽府志》卷四十七《食貨略第五之四》：“鸕鷀，善捕魚，漁人多畜之，俗名水老鴉，又稱魚老鴉。”同治《沅陵縣志》卷三十八《物產》：“鸕鷀，《爾雅》‘鶿，鷧’郭注：‘鸕鷀也。’李時珍曰：‘韻書盧與兹皆黑也，此鳥色深黑，故名。’鸕者其聲自呼也。又名水老鴉，又名烏鬼，《正字通》：‘俗呼慈老人。’”光緒十三年《興文縣志》卷一《輿地志·物產》：“鸕鷀，一名烏鬼，又名水老鴉，蜀人以之捕魚。”光緒三十二年《越嶲廳全志》卷三之二《物產志》：“魚鷹，俗呼水老鴉。”《石砫廳鄉土志·格致》第一章《動物常產》第二十四節《魚鷹　魚虎》：“魚鷹，俗名水老鴉，鷹類，黑羽，長頸，修足，嘴長而尖如錐，惟冬善捕魚，至夏反畏寒不入水，食魚肉。”民國十五年《南川縣志》卷六《動物》：“鸕鷀，邑土產者野不能馴，漁戶畜以捕魚者，買諸鄰水，鄉人通呼爲水老鴉。”

亦作“水老雅”。《說文·隹部》“雉，雉鳥也”朱駿聲通訓定聲：“疑即《爾雅》之鶿鷧，觜頭曲如鉤，食魚，蘇俗曰水老雅是也。”朱著“水老雅”、“水老鴉”並用。清乾隆十五年《當塗縣志》卷八《物產》：“鸕鶿，《爾雅》作鷧，俗呼水老雅。”唐杜甫《秦州雜詩二十首》之十七“鸕鷀窺淺井，蚯蚓上深堂”仇兆鰲注：“《本草衍義》：陶隱居云：鸕鷀，水鳥，不卵生，口吐其雛。今人謂之水老雅。”道光二十七年《昆明縣志》

卷二《物産志》："鸕鷀，一名水老雅。"民國二十四年《雲陽縣志》卷十四《禮俗下·方言下》："鸕鶿曰水老雅。"

又作"水老鴰"。《淵鑑類函》卷四百二十七《鸕鷀二》："《本草衍義》：鸕鷀一名水老鴰。"清光緒十一年《武昌縣志》卷三《物産》："鸕鷀色黑，漁舟有畜以取魚者，名水老鴰。"光緒十八年《桃源縣志》卷一《疆域志·土産考》："鸕鷀，《清異錄》：取魚，'江湖漁郎用鸕鶿者，名曰烏頭網'。《本草衍義》一名水老鴰。"民國十年《寶山續縣志》卷六《實業志·物産》："鸕鶿，形如鴉而黑，俗稱水老鴰，善入水捕魚，漁家多豢之。"民國十九年《嘉定縣續志》卷五《風土志·物産》："鸕鶿，水鳥，形似鴉而黑，喉白，頷下有小喉囊，嘴長，末端稍曲，善潛水，人畜之以取魚，俗稱水老鴰。"

或記音作"水老挖"、"水老娃"。民國十三年《江津縣志》卷十一《風土志·土産》："鶿，又名鸕鷀，俗名水老挖，處處水鄉有之。""挖"記音，當作"烏"，前撰《考釋》（頁421）"老鴉　老鴰　老烏"已引證"烏"音［ua⁵⁵］，可參看。民國十三年《昭通志稿》卷九《物産志·動物》："水老娃，鴉之屬，形類小烏，泅水敏捷，以其鳴似娃之啼也，故名。産水澤，獲之可治氣吼病。""水老娃"當爲記音，謂"以其鳴似娃之啼也"，恐不足據，如"烏曰老哇"，確當如民國九年《解縣志》卷四《方言略》謂"諧其聲也"，即諧其鳴聲若"哇"。

又，民國十年《依蘭縣志·物産門·鳥類》："鸕鶿，形似烏鴉，俗名曰水老瓜。""瓜"當"鴰"音借。又，民國二十三年《定縣志》卷二十一《志餘·雜志上·方言》："水老鴰，鸛也。《廣韻》：鸛，水鳥。好水，將雨則鳴。《詩·東山》：'鸛鳴於垤。'《禽經》：'鸛仰鳴則雨，俯鳴則陰。'"①此與蜀語所指不同，但"水老鴰"爲語詞則殆無可疑矣。《成都話》（頁198）"水老鴰"音［suei^{53}l̃au^{53}ua^{55}］，謂"鸕鷀。通稱魚鷹"；又（頁235）"魚老鴰"謂"魚鷹，即鸕鷀，能潛入水中捕魚"。《川方》（頁443）"魚老鴰"音yu^{2}nɑo^{3}wɑ^{1}，①"魚鷹"。《重方》（頁308）"水老鴰"音sui^{3}lao^{3}wa^{1}，謂"鸕鷀。善捕魚"。

又船、火器亦可名曰"水老鴉"。明萬曆《青浦縣志》卷五《兵防》："所適用者，惟鸕鷀船，一名水老鴉，一櫓一槳或二槳，出于吳江、長洲二縣。"清顧炎武《天下郡國利病書》第四冊《蘇州府》："鸕鷀船，一名水老鴉，一櫓一槳或二槳。"《經世文編》卷七十七魏源《城守篇·制勝下》："明流賊劉七等，舟泊狼山，蘇人獻計火攻，藏藥及火於礮水中發之，名水老鴉，其制未詳。"

以上各詞形及意思，《大詞典》均未收錄。《方言大詞典》（頁995）"水老鴉"，吳語。又"水老哇"，江淮官話、西南官話，也作"水老娃"。又"水老烏"，吳語。又"水老鴰"，東北官話、中原官話、江淮官話、西南官話。又"水老雅"，西南官話。以上均爲同詞異形，並謂"鸕鷀"。

---

①《廣韻·換韻》："雚，雚雀，鳥。鸛，上同。"

水貓子　水毛子 sui^{53}mɑo^{21}zi^{53}［suei^{53}mau^{21}tsʅ^{53}］

水獺。一種善捕魚的水獸，漁民馴養以捕魚。參《考釋》第640頁。清王培荀《聽雨樓隨筆》卷六：“（蜀中）更有水貓捕魚，水貓形如鼠，頭如貓，尾大寬數寸，大者重八九觔，小者三四觔。邊地漁者畜之，造竹筏往來山河捕魚。飼貓於筏，以鐵索繩之，貓即熟睡。醒時以魚切肉方寸，擲一二塊啗之，復臥。其用之捕魚也，解索下水，須臾負魚而出，小者數寸，大者等身，無或遺焉。其入水也，爲時或久，漁人作號呼之，應聲即起，更於筏前下網密布，貓逐魚得網，不致遠逸，循網登筏，亦併助其力也。每得一魚上筏，漁者取魚，另擲魚肉一二塊，貓即置魚而啗肉。食畢，復令下捕。若無魚，則貓不肯下水。仍以索縶之，復熟睡。”民國十三年《江津縣志》卷十一《風土志·土產》：“獺……俗名水貓子。”

亦作“水毛子”。民國十三年《江津縣志》卷十一《風土志·土產》：“獺，《釋名》：水狗以形似狗，能入水獵魚。諸畜肝葉皆有定數，惟獺肝一月一葉，十二月十二葉，入藥用生葉不用退葉，燒灰服之，能治虛癆咳嗽等病，俗名水貓子，訛作水毛子也。”民國十五年《南川縣志》卷六《動物》：“獺，俗名水毛子。”今仍音“水毛子”。《川方匯釋》（頁144）“毛子”謂“水獺。又叫‘水毛子’”。

《大詞典》未收。《方言大詞典》（頁1002）“水貓子”②“水豹”，西南官話（四川邛崍），此別一義。

睡房 $sui^{213}fang^{21}$［$suei^{213}faŋ^{21}$］

臥房。元陶宗儀《南村輟耕録》卷十三《中書鬼案》：“中書省准陝西行省咨，察罕腦兒宣慰司呈，八匝街禮敬坊王弼告，至正三年九月內，到義利坊平易店，見有算卦王先生，因問來歷致爭。當月廿九日夜，睡房窗下，似風吹葫蘆聲，不時有之。請到李法師遣送。”明何喬新《椒邱文集》卷三十二：“又曰：‘古今豪傑貴謀身，虛度光陰二十春。不向蜀中興事業，却來俯伏屬猪人。’以粉板寫之，掛於睡房金龍柱上。”《包公案》第二十回：“元弼隨將那婢斬死，直入韋娘睡房。”又第六十三回：“其父口云：‘昨日行刺，必留在睡房中。’（包）拯復差張龍前到程惜睡房搜檢利刃，張龍果于薦下搜出一把鼠尾尖刀。”《續文獻通考》卷二百三十七《四裔考·日本》：“每城週圍三四里，大石高聳三四重，河濶二十餘丈，內蓋大樓閣，有九層，粧黃金，下隔睡房百餘間，嘗東西遊卧，令人不知，以防陰害。”

《大詞典》未收。《方言大詞典》（頁6531）“睡屋”謂“寢室；臥房”，東北官話，亦未收“睡房”。

繐子　繸子　緌子 sui^{213}zi^{53}［suei^{213}tsɿ^{53}］

手工紡成的繞在紡車絡線管上呈紡錘形的紗團。“繐”爲紡車上及織梭中的紗線。《儀禮·喪服》：“傳曰：繐衰者，何以小功之繐也。”鄭玄注：“治其縷如小功而成布四升半，細其縷者，以恩輕也；升數少者，以服至尊也。凡布細而疏者謂之繐。”賈公彦疏：“傳問者，正問縷之麤細，不問升數多少，故答云小功之繐也。”《左傳·襄公二十七年》“公喪之，如稅服終身”杜預注：“稅即繐也。喪服繐繐裳，縷細而希。”①“繐”指細而稀疏的麻布，多用作喪服。蜀方言或借其音。明李實《蜀語》（頁95）：“縷在紡車上及在梭中曰繐○繐音遂。”清道光二十一年《遵義府志》卷二十《風俗》、光緒二十一年《敘州府志》卷二十一《風俗》、民國十八年《威縣志》卷十四《風俗志下·方言》、民國三十七年《貴州通志·風土志·方言》：“縷在紡車上及在梭中曰繐。音遂。”蜀方言加詞尾“子”謂“繐子”。民國二十四年《雲陽縣志》卷十四《禮俗下·方言下》：“紡得曰繐子。《急就篇注》：‘紡麻絲之屬爲纑縷也。’《蜀語》：縷在紡車上曰繐子。繐音遂。”此即指紡得的紗繞在紡車絡線管上呈紡錘形的紗團。又，民國二十一年《南皮縣志》卷四

① 清朱駿聲《說文通訓定聲·泰部》：“稅，叚借爲繐。”

《風土志下·歌謠》："棉花種，用灰拌，縷到地裏一趟線，打了花心坐花盤，結的桃子串連連，開的棉花白翻翻，拾了三包兩窩單，脚也蹬，手也擰，一盤纕子一盤弓，搓的布結長毵毵，紡的穗子滚圓圓。""穗子"當"繐子"音借。"窩單"即"臥單"，俗謂床單、被單爲"臥單"（参《考釋》頁495）。

或作"繐子"、"繀子"。《集韻·至韻》："繐，卷絲爲緯也。"清唐訓方《里語徵實》卷中上："收絲器曰籰子。……卷絲爲緯曰繐（音歲），俗呼繐子。"本字當作"繀"。《方言》卷五："繀車，趙魏之間謂之轣轆車，東齊海岱之間謂之道軌。"戴震疏證："案《說文》云：'繀，箸絲於莩車也。''筟，筳也。''筳，繀絲筦也。'"《六書故》卷三十《工事六》："莩車，紡車也。著絲於筳，著筳於車，踏而轉之，所以紡也。"舊式手搖紡車上快速轉動抽紗的細鋼釬謂"筳子"，一端套斑竹筍衣等所作的絡絲管，將紡出的棉紗以回車形式絡於小管上，最終呈紡錘形，俗稱"繀子"，又叫"線子"[①]。清楊屾《豳風廣義》卷三《綿繭蒸法紡法》："左手執繭箸，右手輕輕横扯絲頭紡之，指縫夾一箸以上線，如女人脚小，須兩脚踏版，右脚在前，左脚在後，亦甚順便，紡成繀子約重一兩可卸。"

---

① 清Adam Grainger《西蜀方言》（頁443）："棉花線子。"謂"cotton，thread"。劉省三《躋春臺》卷一《義虎祠》："昨天聞你孫兒買了兩升米回來，借兩碗，我明天賣了線子就還。"又卷三《心中人》："心想家中並無分文，只有線子三斤，即去抱出。"傅崇矩《成都通覽·成都之詐騙》（頁216）："輸都輸了，二場來翻稍，把錢還我，好與我媽稱棉花，是我媽賣線子的錢。"《成都話》（頁215）"線子"謂"棉紗；棉線"，《重方》（頁347）"線子"謂"粗棉紗線"。

又《紡褂繭法》："又有糉線一法更穩，將紡成的繀子用枴子枴成把子，重四五兩鉀下。"民國二十四年《臨朐續志》卷十八《方言略》："繀，《說文》：'箸絲於筟車也。'俗謂紡紗成椎形曰繀子（蘇對切），讀如穗。"《方言大詞典》（頁6974）"繀子"謂"紗錠"，膠遼官話，引1935年《臨朐縣志》："俗謂紡紗成椎形曰~。"恐引即《續志》。又，清Adam Grainger《西蜀方言》（頁411）："繸兒。"即"a bobbin; a spool"，"繸"音"SUE⁴"，未見字書收錄，疑爲"繀"字形譌。

又，《二十年目睹之怪現狀》第五十六回："（夏作人）匆忙之間，又沒有辮繐子，將就用一根黑頭繩打了結，換上衣冠，出來相見。""繐子"指用絲、線等結紮成的穗狀裝飾物，別爲一義。《大詞典》（9/1016）"繐"音suì，②"用同'穗'"，謂"用絲、線或其他條縷結紮成穗狀下垂的裝飾物"，次引曹禺《北京人》第三幕："牆角倒懸那張七弦琴，琴上的套子不知拿去作了什麼，橙黃的繐子仍舊沉沉地垂下來。"未收"繐子"，但（8/152）收"穗子"，謂"絲、絨等紮成的如禾穗狀的飾物"，引周立波《李大貴觀禮》、柯岩《奇異的書簡》。

《大詞典》未收"繐子"。亦未收"繸"字。又（9/982）"繀"下未收"繀子"、"繀兒"。

《方言大詞典》（頁7185）"繐"謂"縷在紡車上以及梭中"，冀魯官話、西南官話，未收"繐子"。又（頁6736）"縹"謂"梭子，舊時織布時牽引緯線（橫線）的工具，形狀像棗核"，冀魯官話，或別一義，亦未收"縹子"。又（頁6974）"繀"音suì，"繀子"謂"紗錠"，膠遼官話。

T

糖心蛋　溏心蛋 $tang^{21}xin^{55}dan^{213}$ [$t'aŋ^{21}ɕin^{55}tan^{213}$]

蛋黄未完全凝固的荷包蛋。唐馮贄《雲仙雜記》卷一《梅粧閣》引《叙聞録》："郭元振落梅粧閣，有婢數十人。客至，則拖鴛鴦襭裙参，一曲終則賞以糖雞卵，明其聲也。"明陳士元《俚言解》卷二《糖心雞卵》云："雞蛋煮未熟中心如清糖，謂之糖心蛋。按《叙聞錄》：'郭元振落梅粧閣，有婢數十人。客至，則拖鴛鴦襭裙供，一曲終則賞糖心雞蛋，明其聲也。'明字新奇，有響亮意。"顯然"糖心雞蛋"即"糖心蛋"，如《雲仙雜記》引《叙聞錄》所指同《俚言解》，則"糖心蛋"已見於唐代矣。明宋詡《竹嶼山房雜部》卷三《養生部三·卵》："烹，水烹熱，浴冷水中，取脱去殼。欲餹心，作沸湯入卵少烹之。"按"糖"、"餹"應作"溏"。《大字典》（二/3/1828）"溏"③"像糊狀的，半流動的。如：溏心雞蛋"。《大詞典》（6/34）

“溏”③“像糊狀的，不凝結的”，謂“又如：蛋黄未全凝結者俗謂‘溏心蛋’”。則“溏心蛋”爲語詞矣。今蜀方言仍謂荷包蛋之蛋黄未完全凝結爲“溏心蛋”。《川方彙編》（頁231）“糖心蛋”①“蛋黄未煮熟的蛋”。應該説，釋義的着眼點在蛋黄未完全凝結，而不在煮熟與否。《現漢》“溏心”謂“蛋煮過或腌過後蛋黄没有完全凝固的：~兒雞蛋”。

《大詞典》未收。《方言大詞典》（頁7296）“糖心蛋”謂“加糖的水煮荷包蛋”，江淮官話、湘語，釋義或不確。又（頁6708）“溏心”②“食物中心沒有完全凝固”，西南官話（四川成都）；吳語，引民國《定海縣志》：“俗謂不凝結曰~。食物中心未凝結曰~。”未收“溏心蛋”。

盪　湯 tang[53]［t‘aŋ[53]］

以水涮滌器皿。《説文·皿部》：“盪，滌器也。从皿，湯聲。”段玉裁注：“凡貯水於器中，搖蕩之去滓，或以磢垢瓦石和水吮潄之，皆曰盪。盪者，滌之甚者也。”唐玄應《一切經音義》卷十四《四分律第四十二卷》：“盪滌，古文潒同，徒朗、徒的二反。《通俗》：‘澡器謂之盪滌也。’”又卷十六《大比丘威儀上卷》：“盪器，徒朗反，《説文》：‘盪，滌也。’《通俗文》：‘澡器謂之盪滌也。’”明吳琉《廣志》卷三十九：“洗滌曰盪。”

或作“湯”。清朱駿聲《說文通訓定聲·壯部》：“湯，叚借爲盪。”《漢書·天文志》：“四星若合，是謂大湯。”顏師古注引晉灼曰：“湯，猶盪滌也。”清黃生《義府》卷十《冥通記》：“瓦盆中已被水湯無氣○湯讀爲盪（徒朗切），以水滌器也。”光緒五年《鎮海縣志》卷三十九《方言》：“《義府》水湯讀爲盪，謂以水滌器。”又，清范寅《越諺》卷上《借喻之諺》：“馬港貨，揚一揚。”原注：“湯去聲。山陰縣馬港地方專出羸瘨器，言其作事不盡心。”侯友蘭等點注：“揚一揚：越地稱洗刷器皿時將水注入器皿中晃幾下就把水倒掉爲‘揚一揚’，文中表示製作產品時敷衍了事。”

《大字典》（二/5/2754）“盪”音dàng，①“滌器”，《大詞典》（7/1474）“盪”④“滌器”，均引《說文》。又，《大字典》（二/3/1794）“湯”（二）tàng，④“通‘盪（蕩dàng）’”，首引《說文通訓定聲》。《大詞典》（5/1459）“湯₂”音tàng，⑩“通‘蕩’”，再析爲三義，其第（3）“蕩滌”，首引《漢書》及顏師古注引晉灼。

《方言大詞典》（頁3897）“蕩（盪）”未及。又（頁2218）“湯”⑩“第二次洗滌”，客話。

稻穀 $tao^{53}gu^{21}$ [$t‘au^{53}ku^{21}$]

即稻穀。《集韻·晧韻》：“稻，關西呼蜀黍曰稻黍。”[①]《正字通·黍部》：“䵚，譌字，舊註音討，關西呼蜀黍爲䵚黍，誤。”按“䵚”不誤。《康熙字典·黍部》：“䵚，《集韻》土晧切，音討，關西呼蜀黍曰䵚黍。”唐李肇《國史補》卷下：“今荊襄人呼提爲堤，晉絳人呼梭爲莝（七戈反），關中人呼稻爲討，呼釜爲付，皆訛謬所習，亦曰坊中語也。”據此，《集韻》“䵚”或即《國史補》“呼稻爲討”專字[②]，故明李實《蜀語》（頁42）云：“稻曰䵚穀○䵚音討。”黃仁壽等校注：“李氏因二字讀音相同，遂謂‘稻曰䵚穀’，失查。”謂“稻”與“䵚”音同，李實著錄確有所據，並非“失查”矣。清馬位《秋窗隨筆》：“又按李肇《唐國史補》：‘關中人呼稻爲討。’今則然。”光緒十四年《永壽縣重修新志》卷四《方言》：“《輶軒瑣記》：永俗謂小曰碎……又云讀稻如討，讀大如垛。”民國二十九年《重修廣元縣志稿》第四編卷十五《禮俗志二·風俗》：“稻讀爲討，語則曰到，此聲之異也。”朱正義說：“現代關中‘稻’仍讀‘討’，［t‘au^{42}］，上聲，保留着唐宋時期的本地音。”[③]按《集韻》“稻”、“䵚”與“討”同一小韻。《蜀語》及《廣元縣志》所記，或關中移民帶入蜀中矣。

---

① “䵚黍”即高粱。《方言大詞典》（頁7511）“䵚黍”①“高粱”，中原官話、晉語。或作“稌黍”。又（頁5505）“稌黍”謂“高粱”，北京官話、中原官話、晉語。《大字典》（二/5/2787）“稌”（三）táo,〔稌黍〕謂“方言。高粱”。

② 或本作“秱”。《玉篇·禾部》：“秱，託勞切，又廳聊切，稻也。”《龍龕手鏡·禾部》：“秱，桃、叨二音，稻也。”與“䵚”、“討”僅聲調之別。

③ 《關中方言古語詞論稿》，上海古籍出版社，2004年12月第1版，第56頁。另參那宗訓《全濁上聲字是否均變爲去聲》，《中國語文》1995年第1期。陳慶延《古全濁聲母今讀送氣清音的研究》，《語文研究》1989年第4期。

《大字典》(二/8/5077)"䅌"音tǎo,〔䅌黍〕謂"方言。蜀黍。即高粱",引《集韻》,未及"䅌穀"。《大詞典》未收"䅌"字。《現漢》"䅌"音tǎo,"䅌黍"謂"〈方〉高粱"。《方言大詞典》(頁7511)"䅌"音tǎo,"䅌穀"謂"稻子",西南官話(四川),引《蜀語》,不包括關中,與實際情況不符。

𥠦蠶　體蠶　𣝗蠶　替蠶　$ti^{53}can^{21}$ [$t'i^{53}tsan^{21}$]

移換汰除殘葉蠶沙並清掃蠶具。參《考釋》第653頁。《集韻·霽韻》他計切:"䅠,蠶易曲也。或从弟。"與"替"、"剃"同一小韻。《類篇·豸部》:"䅠、𥠦,蠶易曲也。"《字彙補·木部》:"𥠦,他計切,音替,蠶易曲也。"或作"𣝗"。《玉篇·豸部》:"𣝗,丑利切,蠶𣝗。"《廣韻·旨韻》:"𣝗,移蠶就寬也。"蔡夢麒《廣韻校釋》:"𣝗,右邊形符原從'桒',桒桑異體互換,今依《玉篇》改。"或省作"𡲬"。《字彙補·木部》丑利切:"𡲬,分蠶也。"亦作"𡲬"。《集韻·至韻》丑二切:"𣝗,蠶析曰𣝗。或从攴。"又作"𣝗"。《集韻·旨韻》楮几切:"𣝗,移蠶也。或从蠶。"李實《蜀語》(頁135):"易蠶箔曰𥠦○𥠦音剃。"複詞則作"𥠦蠶"等形。

亦作"體蠶"、"𣝗蠶"。《正字通·攴部》:"𡲬,𡲬字之譌。舊本《尸部》'𡲬'註與'𡲬'同。按移蠶就寬曰𡲬。音揥，俗作𥠖。舊本'𥠖'尺里切，音恥；'𣪠'丑利切，音熾：前後音切矛盾。今俗呼體蠶。”明陳士元《俗用雜字》、焦竑《俗書刊誤》卷十一：“移蠶就寬曰䵓（音揥），一作𥠖，又作䆹。俗呼體蠶。體、揥音近而訛。”方以智《通雅》卷四十九《諺原》：“因梯蠶作䵓字，移蠶就寬曰䵓，音揥，一作𥠖，又作䆹，俗呼體蠶。體、揥音近而訛，而揥亦梯之訛，因語而造。”清翟灝《通俗編》卷三十六《雜字·䵓》：“《廣韻》楮几、丑利二切，移蠶就寬也。《集韻》䵓，或作䆹、𣪠。又有䵹，音替，蠶易箔也。或作𥢑。按俗謂移蠶曰體蠶，實當書䵓。移後所有咡餘曰替子，實當書䵹。”光緒《浦江縣志》卷三《輿地志·風俗附方言》“䵓”條當本翟灝《通俗編》。光緒五年《鎮海縣志》卷三十九《方言》：“翟灝曰：俗謂移蠶曰體蠶，實當書䵓蠶。移後所有曰替子，實當書替。”引翟灝說有所不同。

又作“替蠶”。明徐光啟《農政全書》卷三十一《蠶桑》：“其替蠶也，食半而替，則功省而蠶不勞。”清陳梓《刪後詩存》卷二《養蠶詞》“三眠兩日連椏枝，眠眠插替勞何辭”自注：“每眠三日換出桑葉，謂之替蠶。”張行孚《蠶事要略一卷》：“替蠶總括，《輯要》謂之擡蠶。”嘉慶《涇縣志》卷三十二《詞賦》錄周虯《涇川竹枝詞》六首之三：“蠶眠已起替蠶忙，小婦梳頭大婦桑。”光緒三十四年《嘉興縣志》卷十五《農桑》：“每眠三日換出老葉，謂之替蠶。”今仍謂換蠶具爲“䵹蠶”，即將蠶撿放另一蠶具，汰出蠶沙並做清潔等。“䵹蠶”之“䵹”，據《集韻》他計切音tì，音同“體”，如《正字通》云“俗呼體蠶”。

《大詞典》未收。《方言大詞典》（頁7470）“䵓蠶”謂“把蠶移到較寬的蠶箔上”，吳語，引清光緒五年《鎮海縣志》:“俗謂移蠶曰體蠶，實當書~。”按此志原注實引翟灝《通俗編》語。

條卓　條桌　條棹 tiɑo^{21}zo^{21} [t‘iau^{21}tso^{21}]

長方桌。一般也指書桌。明弘治《常熟縣志》卷三《敘官治·器物》:“條卓一十二，凳一十二。”《工部廠庫須知》卷三:“本監成造條卓、板凳、錫湯壺、水桶等項。”萬曆《新昌縣志》卷七《學校志·祭器》:“新置紅條卓二十二張，條凳二十二根。”《大清會典則例》卷一百五十四:“收貯器物原存方卓五十九，條卓一百十有四。”《太常續考》卷三:“條卓二張，羹案一張，爵案一張。”

又作“條桌”。清康熙二十四年《大興縣志》卷二《營建·學校考》:“條桌二張，條凳二根。”高靜亭《正音撮要》卷三《木器》:“條桌。”梁廷枏《海國四說·粵道貢國說》卷四《西洋諸國·博爾都噶爾雅國》:“雍正五年，西洋博爾都噶爾國王若望，遣陪臣麥德樂等具表慶賀，恭請聖安，進獻方物:……烏木鑲黃石桌面二張，烏木鑲各色石花條桌二張，織成各種遠視畫九張。”咸豐九年《武定府志》卷八《學校》:“劉振驤在城隍西南區，捐基創建考棚一所，正屋四層，夾屋兩埭，并備條桌板櫈多件。”民國十五年《甘泉縣續志》卷七《物產考下》:“如方桌之半者，名半桌，亦名條桌。”《成方》（頁225）“條桌”謂“桌面是長條形的桌子”。

或作“條棹”。清乾隆五十五年《重修嘉魚縣志》卷二《學校志·禮樂》：“籩豆共一百一十二，方棹三，長條棹五。”嘉慶二十四年《介休縣志》卷五《職官》：“（趙璿）勤課諸生，捐俸置條棹長櫈各四十，以便月課。”道光二十一年《重修汧陽縣志》卷五《學校志·書院》：“修考棚二十間，坐案四十號，裝修以蔽風塵，添修條棹八張，凳十六條。”光緒八年《壽陽縣志》卷四《學校志·禮制》：“國朝康熙二十年，知縣田國弼增置錫爵三十四、籩豆各五十、高燈二十、黑條棹九。”光緒十一年《續修廬州府志》卷十七《學校志》：“籥架二，翟架二，廣漆條棹二，拭漆樂器箱二。”光緒三十三年《永明縣志》卷四十五《藝文志二》：“每房一間應住學生二人，房中設牀鋪二架，條棹二張，方櫈二張，鋪蓋自備。”民國二十五年《陝縣志》卷五《族姓》：“北壁前置一條棹，安程子諸神於上。”

按《大字典》（二/1/70）“卓”⑤“几案。後作‘桌’”，首引宋史繩祖《學齋佔畢》；又（3/1283）“桌”①“几案；桌子”，首引《正字通》；又（1318）“棹”（二）“同‘桌’”，引《朱子語類》。《大詞典》（1/849）“卓”⑦“桌子。今作桌、棹”。上列“條卓”見於文獻的時代居前，“條桌”、“條棹”緊承其後。又，范寅《越諺》卷中《器用》：“長朓桌，中調上聲，狹長板桌。從《通俗編》。”“朓桌”即“條桌”。

《大詞典》（1/1482）“條卓”謂“即條桌”，引明沈榜《宛署雜記》。又（1483）“條桌”謂“長方形的桌子”，首引魯迅

《孤獨者》。未收"條棹"。

《方言大詞典》(頁2826)"條桌兒"謂"長條桌",西南官話。又"條桌子"謂"長條桌",膠遼官話。未收以上"條卓"等三詞形。

裯子　條子 tiɑo²¹zi⁵³［t'iau²¹tsɿ⁵³］

褥子。一說單被,或泛指衾被。《玉篇·衣部》:"裯,禪被也,床帳也。""禪被"即單被。《龍龕手鏡·衣部》:"裯,音紬,單被也。"《康熙字典·衣部》:"裯,音儔,單被。"《詩·召南·小星》:"肅肅宵征,抱衾與裯。"毛傳:"衾,被也。裯,禪被也。"鄭玄箋:"裯,牀帳也。"按《集韻·尤韻》陳留切:"裯,禪被也。"與"紬"、"儔"同一小韻。但明楊慎《古音叢目》卷二《蕭韻》:"裯,音蜩。《詩》。"明謂《詩》"抱衾與裯"之"裯"讀同《廣韻·蕭韻》之"徒聊切",音［t'iau²¹］,字書或漏載此音。明李實《蜀語》(頁172):"褥子謂裯子○裯音條。"與楊慎"裯音蜩"同,雖記方音,亦必有據(詳下)。清道光二十一年《遵義府志》卷二十《風俗》:"褥子謂之裯(音調)子。"此本《蜀語》。

亦作"條子"。明楊慎《古音略例》曰:"'肅肅宵征,抱衾與裯'……裯當音條,北人呼褥子爲條子,正此裯字。舊注:裯,禪被也。衾亦被也。既抱衾又抱裯,則是重被而無茵褥也,於義亦礙。”徑記作“條子”，正如“角里”易誤讀而直書“祿里”矣[①]。清顧炎武《唐韻正》卷六：“裯，楊愼曰：今關中人呼寢褥爲條子。”《四庫全書總目》卷四十二《經部四十二·小學類三·古音略例一卷》：“（楊）慎據《史記·天官書》徐邈音‘昴’爲旄，下文‘抱衾與裯’之‘裯’音調，‘寔命不猶’之‘猶’音搖。今考郭璞注《方言》‘裯’丁牢反，《檀弓》‘咏斯猶’鄭注‘猶當作搖’，則二音實有所據。”此亦證楊說“裯音蜩”，源自郭璞注《方言》“裯”之音“丁牢反”。

《大詞典》未收“裯子”，而（1/1478）“條子”亦無衾被義。《方言大詞典》（頁6726）“裯子”謂“褥子”，西南官話（四川宜賓、貴州遵義）。又（頁2824）“條子”②“褥子”，中原官話、晉語。兩種書面形式，應爲同詞異形。

糶換　掉換 tiɑo⁵³huɑn²¹³［t'iau⁵³xuan²¹³］

交易；交換。參《考釋》第659頁。《廣韻·篠韻》徒了切：“糶，糶糶，往來皃。”交易更換必往來以成事。明顧充《古雋考略》卷六：“糶換，與人交易更換原物也。又作誂、挑。”陳士元《俗用雜字》、焦竑《俗書刊誤》卷十一：“與人交易更換原物曰糶換。糶音窕。”清翟灝《通俗編》卷三十六《雜字·糶》：

① 唐李匡乂《資暇集》卷上云：“漢四皓，其一號角里，角音祿。今多以覺音呼，乖也。是以《魏子》及孔氏《秘記》、荀氏《漢紀》，慮將來之誤，直書祿里，可得而明也。”

“俗以更易財物曰㛏換，蓋更易者必往來也。或用掉，掉有轉義，亦通。”唐訓方《里語徵實》卷中上：“貨對貨曰㛏換。”民國二十四年《蕭山縣志稿》卷二十九《瑣聞·方言謠諺》：“更易財物曰㛏換。《集韻》音宛，㛏㛏，往來貌。蓋更易有往來之義。或作掉，掉有轉義，亦通。”民國二十四年《雲陽縣志》卷十四《禮俗下·方言上》：“㛏換，交易也。”

亦作“掉換”。清翁霪霖《南廣雜詠》：“趕場百貨壓街檐，北集南墟名號添。且喜局錢通已遍，不須攜米掉煤鹽。”原注：“場期貿易曰趕場。又前局錢未通，雜物多以米換。掉換，俗語也。”前單說“掉”，後說“換”，又專釋“掉換”，可見“掉換”同義連文。吳熾昌《續客窗閒話》卷三《补骗子五则》：“典主查簿示之曰：‘是日貴夥以二十金質錢一串，我疑其所需過少，問之，曰：是客物也，只需此爲飯食耳。我予券去。隨即有鄉人持券加利取去。又有二人，以此小錠亦質錢一串，汝所收之券是也。’肆主始恍然悟爲騙子掉換去矣。”咸豐元年《安順府志》卷二十六《積貯》：“出入均用烙記新斗，毋得掉換滋弊。”同治五年《宜昌府志》卷十六《雜載》：“時而數十成羣，一猴攀樹，眾猴以手連接，陸續垂下，互相掉換，至河飲水。”謂相互更替着至河飲水。民國十二年《德清縣志》卷二《輿地志二·風俗》：“今則文明漸進，男女家祇用金指戒、照相片，互相掉換以爲定。”民國二十一年《南溪縣志》卷四《禮俗下·方言》：“掉換，銀錢貨物相貿易也。”蜀語亦單說“掉”。如清乾隆五十年《涪州志》卷五《風土志·方言》：“相換易曰挑。上聲。”此記音。民國十七年《長壽縣志》卷四《人事部·方言》：“交易曰左，曰掉。”《川方》（頁380）“掉”音tiɑo^3，謂“更換”。《成都話》（頁202）“調〔斢〕”音［t'iau^{53}］，謂“換”。

《大詞典》（4/421）“趯$_2$”據《廣韻》徒弔切，音diào，謂“見‘趯$_2$換’”，而（422）“趯$_2$換”謂“掉換。彼此互換”，首引《俗書刊誤》。又（6/663）“掉$_1$”音diào，④“交替；更換”，首引《三國志》；又（664）“掉換”謂“替換；調換”，首引《二十年目睹之怪現狀》。《現漢》“掉$_2$”音diào，③“互換”；“掉換”①“彼此互換”，②“更換”，“也作調換”；“調換”音diàohuàn，謂“同‘掉換’”。又，《大字典》（二/4/2418）“斢”（二）tiǎo，謂“方言。調換”，引《中國諺語資料》。《大詞典》（7/342）“斢$_2$”音tiǎo，謂“方言。調換”，首引徐特立文。《現漢》“斢”音tiǎo，謂〈方〉“掉換：～穀種”，但“掉換”音diàohuàn，則爲通語矣。此詞方言與通語的區別，在音而非義。

又，《大詞典》（4/421）“趯$_2$包兒”，云“即掉包。謂暗中以假換真或以壞換好”，引明陸深《儼山外集》：“京師婦女嫁方外人爲妻妾者，初看以美者出拜，及臨娶，乃以醜者易之，名曰趯包兒。”按此例可疑者二：一未出篇卷；二“方外人”謂不涉塵世或不拘世俗禮法的人，故一般指僧道或隱逸者。據《四庫全書總目》卷一百二十三《子部三十三·雜家類七》謂《儼山外集》“舊刻本四十卷，今簡汰《南巡日錄》……六種別存其目，故所存惟三十四卷焉”。今遍檢是書未得，疑《大詞典》從《通俗編》卷二十二《婦女·趯包兒》條轉引而來，但亦不詳翟氏所據。又“方外人”《通俗編》作“外方人”，猶言外鄉人，故可欺以其方。若作“方外人”，則實不相干。《大字典》(二/2/1164)“嬥”(一)tiǎo，⑤“調換”，謂“《通俗編·婦女》引明陸深《儼山外纂》”云云，按《儼山外纂》一卷(《學海類編》第31冊)，又名《嚴山纂錄》(《叢書集成初編》第332冊)，檢亦未得。《通俗編》引實作“儼山外集”。翟氏所引，或出自明陸容《菽園雜記》(詳下)，而誤以爲《儼山外集》矣。又，清光緒三年《黄巖縣志》卷三十二《風土志二·謠諺·方言》：“吏易財物曰嬥，或作掉。以醜易好曰嬥包。《儼山外集》：‘京師婦女許嫁，以美者出拜，臨娶以醜者易之，曰嬥包兒。’”光緒五年《鎮海縣志》卷三十九《方言》：“嬥包，《儼山外集》：‘京師婦女嫁方外人爲妻妾者，初看以美者出拜，及臨娶，乃以醜者易之，名曰嬥包兒。’案吾鄉謂凡以假易眞者，皆曰嬥包。”上兩方志恐均據《通俗編》爲說。

又，《大詞典》(5/258)另收“戳包兒”，謂“掉包”，引元鄭廷玉《金鳳釵》第三折：“我想那戳包兒賊漢，栽排下不義之財。”明陸容《菽園雜記》卷七：“京師有婦女嫁外京人爲妻妾者，初看時，以美者出拜，及臨娶，以醜者換之，名曰戳包兒。”檢中華書局本《元曲選外編》、中華書局標點本和《四庫全書》本《菽園雜記》、《日下舊聞考》卷一百四十六引《菽園雜集》(應即《菽園雜記》)、《古今圖書集成·方輿彙編·職方典》卷四十《順天府部雜錄一》引《菽園雜記》，“戳包兒”無誤。清趙吉士《寄園寄所寄》卷五《滅燭寄·人妖》：“京師有婦女嫁外京人爲妻妾者，初看時以美者出拜，及臨娶，以醜者換之，名曰戳包兒。過門信宿，盗其所有逃去者，名曰拏殃兒

(《稗史》)。”屈復《弱水集》卷十三《變竹枝詞》之四十五:“生兒當長班,生女嫁南蠻”原注:“婦女嫁外方人爲妻妾,初以美麗出看,及娶易醜者,名戳包兒。過門信宿,盜其所有而去,名拏秧兒。”徐珂《清稗類鈔·棍騙類·戳包兒》:“燕趙佳麗,自昔著稱,仕宦京朝者,輒於都中納妾。……然都人狡獪性成,每以婦女爲市,慣作戳包兒、拏殃兒之伎倆。戳包兒者,初看之人,如西施、王嬙,及入門,則無鹽、嫫母矣。拏殃兒者,雖有金屋,不能深藏,蓋信宿即逸,人財兩空,俗所謂捲逃者是也。”民國二十七年《海康縣續志》卷三十五《藝文志十一·詩徵三》李晉熙《燕京新樂府八首》之四《戳包兒》:“戳包兒計誠狡,直沽買得雛女歸,年分瓜字顔色好……吁嗟乎,京師首善區,人情何詭譎,美人騙局往往設,更有嫦娥信宿駐洞房,戳包之外行拿殃。”原注:“京師買妾者,初看時以美者出拜,臨娶以醜易之,曰戳包兒。過門信宿,盜其所有,曰拏殃兒。”與前引文獻作“擢包兒”其故事正同。但可疑者,《大字典》(二/3/1517)“戳”據《篇海類編》側角切,音chuō,①“用物體尖端觸刺”,②“豎立”,③“圖章”。《大詞典》(5/258)“戳”亦音chuō,①“刺;用尖端觸擊”,“引申爲刺激、指責”,②“豎立;站”,③“圖章,印記”。兩工具書均無“掉換”義。《大詞典》(4/421)“擢₂包兒”、又(5/258)“戳包兒”均謂“掉包”,則同詞異形。“戳包兒”何以有“掉包”義呢?要麽“戳包兒”之“戳”爲“擢包兒”之“擢”形譌,要麽“戳”之“掉換”義讀同“擢”,否則無以索解。竊以爲合理的解釋,“戳”應爲“擢”形近譌字,方俗以chuō音之“戳”

用同“㩳”而音diào或tiǎo的可能性不大。

《方言大詞典》（頁7380）“㩳”音tiǎo、diào，“㩳換”謂“交易；交換”，西南官話、贛語、吳語；又“㩳包”謂“掉包”，江淮官話、吳語，江淮官話下引孫錦標《南通方言疏證》引《儼山外集》。又（頁7428）“戳”音chuō，列15個義項，無“掉換”義；又（頁7432）“戳包兒”謂“掉包”，官話，引元劇《金鳳釵》，無方言例。似乎也證明“戳包兒”來歷可疑，當作“㩳包兒”。

跳端公 $tiao^{213}duan^{55}gong^{55}$［$t‘iau^{213}tuan^{55}koŋ^{55}$］

巫師跳神。參《考釋》第660頁。清乾隆五十一年《安岳縣志》卷一《土地部·風俗》：“蜀人尙鬼，邑境亦然，杜詩所謂‘家家祭烏鬼’是也。人有疾病，未延醫服藥，先請巫師禳禱，謂之跳端公。”嘉慶九年刊《錦城竹枝詞》：“閭里難免是巫風，鬼哭神號半夜中；不管病人禁得否，破鑼破鼓跳端公。”嘉慶二十一年《仁懷縣草志·風俗》：“凡人有疾病，多不信醫藥，屬巫詛焉，謂之跳端公。”孫大鈞《梁山竹枝詞》：“無端抱恙臥衾中，已用醫生未見功。都說神藥宜兩解，仙娘問罷跳端公。”道光二十一年《遵義府志》卷二十《風俗》：“《仁懷志》：凡人有疾病，多不信醫藥，屬巫詛焉，謂之跳端公。《田居蠶食錄》：按端公見《元典章》，則其稱古矣。今民間或疾或祟，即招巫祈塞驅逐之，曰禳儺。其儺必以夜，至冬爲盛。蓋先時因事許願，故報塞多在歲晚。諺曰：‘三黄九水臘端公。’黄，黄牯；水，水牛。皆言其喜走時也。其術名師娘教。所奉之神製二鬼頭：一赤面長鬚，曰師爺；一女面曰師娘。謂是伏羲、女媧。臨事，各以一竹承其頸，竹上下兩篾圈，衣以衣，依於案左右，下承以大椀。其右設一小案，上供神曰五猖，亦有小像，巫黨椎鑼擊鼓於此。巫或男裝，或女裝，男者衣紅裙，戴觀音七佛冠，以次登壇歌舞。右執者曰神帶，左執牛角，或吹，或歌，或舞，抑揚拜跪以娱神。曼聲徐引，若戀若慕，電旋風轉，裙口舒圓。散燒紙錢，盤而灰去，聽神絃者蓋如堵牆也。至夜深，大巫舞袖揮訣（袂），小巫戴鬼面，隨扮土地神者導引，受令而入，受令而出，曰放五猖。大巫乃踏闥吹角作鬼嘯，側聽之，謂時必有應者。不應，仍吹而嘯。時擲茭，茭得，謂捉得生魂也。時陰氣襆人，香寒燭瘦，角聲所及之處，其小兒每不令睡，恐其夢中應也。主家亦然。間有小兒坐立間無故如應人者，父母不覺，常奄奄而斃。先，必斬茅作人，衣禱者衣履，至是歌侑以酒肉，載以茅舟，出門焚之，曰勸茅、送茅，謂使替災難也。事畢，移其神像於案前，令虚立椀中，歌以送之，仆則謂神去。女像每後仆，謂其教率娘主之，故迎送獨難云。”按“祈塞”當作“祈賽”，謂謝神佑助的祭典，已見《舊唐書·張嘉貞傳》。咸豐四年《興義府志》卷四十《風土志·風俗》：“苗俗病疾不服藥而跳端公。端公者，巫也。今紳民亦有染此俗者矣。”又卷四十一《風土志·苗類》：“苗俗跳端公，《田居蠶室録》嘗言其詳。乾隆中胡端嘗著論禁之，其論甚正。郡苗嘉慶二年之變，始亦託于跳端公，知府曹廷奎以跳端公稟覆大吏，遂不設備，以致禍延數千里，方今天下多事。端公之術，以食案斜側，一足插于升內，實米于升，案即不倒，又以紙條懸斗米不墜，以此愚夫愚婦，多異而信之。然終近邪術，防患未然，自宜嚴禁。即曰苟相安于無事，即可不禁，然不禁苗之跳端公可，且不禁紳民之跳端公亦尚可，甚至以守土之官惑其術而亦跳端公，則斷乎不可。”民國二十一年《萬源縣志》卷五《教育門·端公》：“端公之名，見於《元典（章）》，其稱古矣。鄉人或病，多不信醫，屬巫詛焉，名曰跳端公，又名扛神。巫至恒以夜，設小案，供布繪神案及木偶翻壇、五猖等神。病家取米一升，插牌及香燭其上。巫戴觀音或七佛冠，着紅法服，左手執環刀，俗名師刀，丁琮急響，右手執令牌，首圓末方，上刻符諱，吹角歌舞，抑揚拜跪，以娛其神。電轉風旋，散燒錢紙，中有叩師、退病、招魂、破廟諸動作。預先斬茅作人，衣病者衣，侑以酒食，載以茅舟，出門焚之，名曰掮茅替代。又巫者載（戴）龍神面具替病，謂人運不佳，則替後必患病。又或禳星拜斗，向東嶽神位前請十三人具保，謂之打保福。巫亦各有教門不同也。”又《禮俗·方言》：“扛神曰跳端公。”[①]民國二十八年《巴縣志》卷五《禮俗·風俗》：“《蜀語》：‘男巫曰端公。’《仁懷志》：‘凡人有疾病，多不信醫藥，屬巫詛焉，曰跳端公。’尚鬼信巫，巴俗至今猶然也。”又，Adam Grainger《西蜀方言》（頁503）：“跳端工。”意即“to call in a sorcerer to perform his

① 今蜀中仍有俗語“跟倒好人學好人，跟倒師娘子扛假神”。

incantations”。“端公”爲男巫，故“工”當“公”字音借[1]。《川方》（頁380）“跳端公”①“跳神”。《成都話》（頁202）“跳端公”謂“巫師裝神弄鬼替人祈禱”。《重方》（頁319）“跳端公”謂“巫師跳神”。

《大詞典》(10/468)“跳端”謂“舊時的一種迷信活動”，引清摶沙拙老《閑處光陰》，未收“跳端公”。《方言大詞典》（頁6553）“跳端公”①“跳神”，西南官話。

軃 嚲 妥 to^{53} [$t'o^{53}$]

下垂。參《考釋》第667頁。《字彙補・身部》：“軃，下垂也。”明陳士元《俗用雜字》、焦竑《俗書刊誤》卷十一：“物下垂曰嚲。音妥。”《康熙字典・身部》：“軃，《篇韻》音妥，廣厚也，垂下也。《正字通》：嚲字之譌。”唐岑参《和刑部成員外秋寓直寄臺省知己》詩：“竹喧交砌葉，柳軃拂窓條。”一本作“嚲”[2]。清道光二十一年《遵義府志》卷二十《風俗》、光緒二十一年《敘州府志》卷二十一《風俗》、民國十年《新修合川縣志》卷三十《風俗・方言》、民國三十二年《沿河縣志》卷十三《風土志・方言》：“下垂曰軃。音妥。”均採《蜀語》。

---

① 參見《考釋》（頁166）“端公”條。

② 此據《大詞典》（10/713）“軃”條引，《全唐詩》卷二百一、明高棅編《唐詩拾遺》卷八作“嚲”，是“軃”、“嚲”同字異構。

民國十七年《長壽縣志》卷四《人事部·方言》："物下垂曰𩪘（音妥），游民亦曰𩪘。"後一義即蜀語之"𩪘神"，似不單說"𩪘"。民國二十四年《雲陽縣志》卷十四《禮俗下·方言上》："𩪘，垂也。《篇韻》：𩪘，音妥，垂下也。"民國三十七年《貴州通志·風土志·方言》："下垂曰𩪘。"《川方彙編》（頁173）、《成方》（頁124）、《重方》（頁322）"𩪘"謂"下垂"。《川方匯釋》（頁208）"𩪘"謂"物下垂"。《成都話》（頁204）"𩪘"音［$t^{‘}o^{53}$］，謂"下垂"。

或作"䵬"。《廣韻·哿韻》："䵬，垂下皃。"明岳元聲《方言據》卷上《䵬》："物之下垂曰䵬。"民國《息烽縣志》卷二十九《風土志·方言》："謂下垂曰辨。"民國十五年《簡陽縣志》卷二十二《禮俗篇·方言》："物下垂曰䵬。"《四川方言方音表》"䵬"音tǒ，謂"①物下垂；②䵬神即流氓"[①]。《川方》（頁383）"辨（𩪘）to^{3}（音妥）"，謂"下垂"。

亦作"妥"。唐杜甫《重過何氏五首》之一："花妥鶯捎蝶，溪喧獺趁魚。"錢謙益箋注："妥，吳若本注刋作墮，音妥，妥又音墮，關中人謂落爲妥。三山老人曰：'花妥即花墮也。'《曲禮正義》云：'妥，下也。'《毛萇詩傳》：'妥，安坐也。'""花妥"謂花垂。宋石孝友《點絳脣》詞："日薄風遲，柳眠無力花枝妥。""花枝妥"謂花枝下垂。《古今逸史》引《神僧傳·法顯》："師子乃低頭妥尾，伏顯足前。"宋王安石《虎圖》詩："壯哉非羆亦非貙，目光夾鏡當坐隅。横行妥尾不畏逐，顧眄欲

① 唐樞《蜀籟》，1982年8月新1版附。

去仍躊躇。”明江盈科《雪濤談叢》：“余每觀狗之瘦者，尾必下妥。”王啟濤《杜詩疑難詞語考辨》謂“‘妥’在古代（尤其是中古）當‘下垂’、‘垂在地上’講不乏其例”，“直到今日，四川方言仍說‘妥（起）尾巴’”[①]。“妥”謂下垂，倒不一定“垂在地上”。《大詞典》（4/308）“妥”⑦“垂落，掉下”，引杜詩及宋胡仔《漁隱叢話前集》卷十《杜少陵五》：“西北方言，以墮爲妥，花妥即花墮也。”[②]其實，所謂“西北方言”云云，爲胡仔引《三山老人語錄》，非胡氏之說。《大詞典》據以立項，以爲杜詩注脚，恐不確。《大字典》（二/2/1105）“妥”音tuǒ，⑥“落；垂”，引《苕溪漁隱叢話》前集卷十引《三山老人語錄》、杜詩、朱敦儒及石詞，較《大詞典》處理稍好一些。實際上“落”謂掉，“垂”謂下垂。魏耕原先生認爲杜詩“妥：落”，以爲胡氏之說“和仇注所引的蘇氏、三山老人之說一致。清人顧張思《土風錄》卷一五‘花落曰妥’條，郝懿行《證俗文》，均錄杜詩此二句，分別採用蘇氏和胡仔之解說。楊倫《杜詩鏡銓》（上海古籍出版社1998年版）亦同。《說文通訓定聲》以爲‘妥’通‘墮’，又說‘後人謂花落爲妥’。清雍正十三年《陝西通志》云：‘秦音以落爲妥，上聲，如曰“雨妥”、“花妥”之類。’現在《中文大辭典》、《大詞典》均舉杜詩此兩句，解說亦同，均無異詞。由是，由唐至今，杜詩‘妥’字的落義，訓釋的結論

① 《古漢語研究》1999年第3期。

② 另見宋邵博《聞見後錄》卷十七：“潘邠老云‘花妥鶯梢蝶，溪喧獺趁魚’，妥音墮，乃韻。邠老不知秦音，以落爲妥上聲，如曰雨妥花妥之類，少陵，秦人也。”

是一致的”，“由此可見：杜詩‘花妥’，當謂‘花落’，正是確訓精解”，對王說持否定意見，謂“不采納宋人‘關中人謂落爲妥’與‘花妥，即花墮也’的解釋，反從四川諸縣的民國縣志中檢出‘妥’的現代說法：‘垂到地上，但還與其他部分連着’。孰不知杜甫此詩作於玄宗的天寶十三載（朱鶴齡說），那時他還從未入蜀地一步，而何氏山莊位於唐長安南郊，杜甫又從何而知‘妥’在四川諸縣民國時的方言用法？宋人距唐不遠，其說可信”①。此說未中肯綮，不在於“宋人距唐不遠”，其說就一定可信，關鍵在於是否“關中人謂落爲妥”，就一定能證明“花妥，即花墮”爲杜詩“確訓精解”。如果對宋人的說法不敢質疑，學術研究就不能向前推進。要說“宋人距唐不遠”就一定可信，那宋人還有不同的觀點，如孫奕《示兒編》卷十《花妥》：“杜陵詩‘花妥鶯捎蝶，溪喧獺趁魚’，釋者謂妥訓落，非也。蓋妥與墮同聲，當作墮字，傳寫之誤也。一說古字妥、墮通用。”此明確否定“妥訓落”，竊以爲“其說可信”，亦證明並非“由唐至今，杜詩‘妥’字的落義，訓釋的結論是一致的”，“‘妥’通‘墮’”亦非錢大昕的創見，清顧張思《土風錄》多抄撮前人成說，並無多少發明。按照魏先生的邏輯，今天距宋太遠，寧信宋人的訓釋，也萬萬不敢相信魏氏之說法的。上引岑詩“柳髀（髀）”與杜詩“花妥”結構相同，明以來大量文獻均認爲“髀（髀）”、“妥”同音，“花妥”就一定是“花落”，那是否“柳髀”就是“柳落”呢？魏先生也提到石詞“花枝

① 《唐宋詩詞詞語考釋》，商務印書館，2006年12月北京第1版，第109–114頁。

妥”，是否也是“花枝落”呢？《神僧傳》及王安石詩之“妥尾”，恐怕絕不是“落尾”了，所以魏先生説“不如《大詞典》解作‘垂着尾巴’爲穩”。

“軃”、“亸”、“妥”謂垂，本字或當作“垂”。徐德庵《蜀語札記》云：“《説文》：‘𠂹，艸木華葉𠂹，象形。’引申爲凡下𠂹之稱。古音在戈部，今音是爲切。自人不知其爲一語，讀今音則假垂爲之，讀古音則假亸或軃爲之。總之，本字廢而不用矣。”[①]黄仁壽等《蜀語校注》（頁18）本此。或又作“䏂”。梁國均《從〈蜀語〉看四川方言語彙的構成和來源》：“《説文》：‘䏂，富䏂䏂貌’。徐鍇曰：‘謂重而垂也。’或作軃。《蜀語》：‘下垂曰軃’。今四川方言‘象个軃神’之軃本此。”[②]按段玉裁注：“當作‘䏂䏂富皃’。……（䏂）與朵同音，故小徐云‘謂重而垂也’。《毛詩·桑扈》、《那》二傳皆曰：‘那，多也。’《釋詁》同。《國語》‘富都那豎’韋注：‘那，美也。’那不知其本字，以許書折衷之，則䏂爲本字，那爲叚借字耳。俗用亸字，訓垂下皃，亦疑䏂之變也。”

《大字典》（二/7/4066）“軃”（一）duǒ，①“下垂”，首引《字彙補》；（二）tuǒ，謂“方言。垂下”，首引《蜀語》。按“下垂”、“垂下”義同，不必分立爲兩義，於通語義下注明方言音讀，或於所引方言書證下作適當説明即可。又（2/759）“亸”音duǒ，①“垂下”，首引《廣韻》。《大詞典》（10/713）

① 《古代漢語論文集》，巴蜀書社，1991年1月第1版，第373頁。

② 《川北教育學院學報》1991年第2期。

“觯”、又（3/557）“亸”音duǒ，①均謂“下垂”，首引唐岑參詩，未涉及方音。

《方言大詞典》（頁7126）“觯”謂“下垂；垂下”，西南官話、湘語、贛語。又（頁7270）“亸”①“垂下”，江淮官話、西南官話、湘語。又（頁2779）“妥”②“下垂；不振作”，西南官話。

觯神　亸神 $to^{53}sen^{21}$［$t'o^{53}sən^{21}$］

游手好閒不務正業的人或市井無賴、二流子。參《考釋》第668頁。民國十七年《長壽縣志》卷四《人事部·方言》：“不正行曰觯神。”民國十八年《合江縣志》卷四《禮俗·方言》：“觯神、燕兒毛，均謂人之輕薄也。”民國二十一年《南溪縣志》卷四《禮俗下·方言》：“觯神、燕二毛，均謂人之輕薄也。”民國二十四年《雲陽縣志》卷十四《禮俗下·方言上》：“今人謂人賦閒曰觯，或曰觯神，謂其無事可作，兩手下垂也。”巴金《春》十五：“幸好還沒有出事，如果碰到軍人或者‘觯神’那才遭殃！”原注：“觯神：即一些專門調戲婦女的年輕人。”[1]吳濟生《新都見聞錄》十八《習俗一班·（二）方言》：“流氓調戲女性叫‘觯神’。”白虹《四川方言（川行雜記之六）》：“觯

① 《巴金全集》第二卷，人民文學出版社，1986年北京第1版，第254頁。

神，髀讀如妥，指‘拆白’之輩。”[①]下江人《釋四川話（二）》：“‘飛機’‘天棒’‘髀神’‘滚龍’‘□龍’，雖指流氓地痞，也有神通大小，本領高下的分别，不能紊爲一談。”[②]民國三十三年《長壽縣志》卷四《風土·方言》：“窮極無業閒游市中曰髀神。”民國三十七年《清鎮縣志稿》卷六《風土》：“髀神，惟妙惟肖，極活脱，極刻露，殆草若髀神二字之傳神者。城鄉中有遊手好閑，浪嫖浪賭，結黨成群，魚肉鄉里者，人之畏而避之。如虎如狼，如蛇如蠍，如山魈，如水怪，此神字意也。又其披衣散帶，擺擺搖搖，無晝無夜，偏東偏西，有如風枝，有如狂絮，此髀字義也。昔多有之，今漸少矣，然不敢謂其必無也。抑或服尚短裝，實質無異，今後將必曰不髀而髀之神。”覆影本“草”當“莫”字形譌。此爲“髀神”之傳神小照矣。

亦作“髀神”、“髀身”。佚名《果州元日竹枝詞》：“西山頂上梵宫開，婦女燒香結伴來。拜罷華鬘參我向，回眸一笑髀神癡。”劉師亮《成都青羊宫花市竹枝詞》：“八卦亭邊憩女賓，石棟圍坐幾多人。囑郎偷看須留意，聞說官廳捉髀神。”又《續青羊宫花市竹枝詞》：“轉過彎彎丁字路，同春茶社髀神多。”又：“今年花會更傳真，男女雙方有髀神。”此謂有女髀神矣。又：“橋畔游人多擁擠，公然擁倒髀神樁。”“髀神樁”疑是將無良者拴縛示眾的木樁。馮家吉《錦城竹枝詞百詠》：“花仙草

① 《自修》1941年第162期，第24頁。

② 《旅行雜志》1945年第7期，第18頁。王純五《袍哥探秘》第三章《哥老會的會規和習俗·盤海底與江湖切口（隱語）》（頁62）：“‘天棒’，無法無天的人。”

聖久無人，忽報蓉城出𨁂神。是有聰明非正直，吊成膀子始成真。”民國十八年《新修南充縣志》卷七《掌故志·風俗·方言》：“習游蕩曰𨁂神。”又，民國十五年《南川縣志》卷六《土音土語》：“窮極無業閒游市中曰𨁂身，言兩手常𨁂也。”

今蜀方言音義並存。《川方》（頁383）“𨁂神”謂“不務正業的游民、二流子。因其閑游市井之中，兩手常𨁂，謂之~。特指調戲婦女的流氓”。黄仁壽等《蜀語校注》（頁18）：“蜀語中謂人游手好閒曰‘𨁂’或曰‘𨁂神’。郭沫若等的著作中還使用和保存了這一方言詞。”《川方匯釋》（頁208）“𨁂神”謂“二流子，無正當職業的游民或窮漢”，又“𨁂𨁂”謂“二流子”。《成都話》（頁204）“𨁂神”謂“衣冠不整的二流子或無業游民。後泛指穿長大而不合體的衣服的人”。《成方》（頁124）“𨁂神”謂“不務正業的人，二流子”。《重方》（頁323）“𨁂神”①“指游手好閑、不務正業之人。因其無事可做而兩手常下垂，故名”，②“指所穿衣衫不合體的人。因其衣衫過於長、大，下垂，故名”。

《大詞典》（10/713）“𨁂神”謂“方言。指輕薄少年”，首引郭沫若《黑貓》。蜀語所指之人年齡並不局限於“少年”，釋義不甚恰切。又引徐復《方言溯源·𨁂神》：“蜀人謂流薄不務正業者爲𨁂神，音托何切。𨁂字亦後出俗體，其本字當由耽來。耽，《玉篇》變體作躭，涉隸書相似而訛。自耽變體爲躭，而蜀人又别造聲近之𨁂字爲之。”按“𨁂”字虞世南、岑參詩已見用，“𨁂”亦見於敦煌本斯6204a《碎金》“手垂𨁂”，徐先生以爲蜀人所造，不知何據。

《方言大詞典》（頁7126）“軃神”①“流氓；二流子；游手好閑的人。後泛指穿長大而不合體的衣服的人”，西南官話。又（頁7271）“⿰享單神”謂“不務正業的游民；二流子。也特指調戲婦女的流氓”，西南官話；“⿰享單身”謂“游手好閑的人”，西南官話。實則“軃神”、“⿰享單神”、“⿰享單身”同詞異形。

同年 tong^{21}ȵian^{21}［tʻoŋ^{21}ȵian^{21}］

指同年同月甚至同時生而雙方相互約定或結爲好朋友，往來爲通家。又叫老庚。參《考釋》第669頁。明弘治《貴州圖經新志》卷九《永寧州·風俗》：“卜用鷄骨：頂營長官司所部皆仲家，與漢人友善呼曰同年。”田汝成《炎徼紀聞》卷四《蠻夷》：“與其曹耦善厚者曰同年，同年之好逾於親串，與漢人善者亦曰同年。”清陸次雲《峒谿纖志》卷中：“苗人同類稱曰同年。”李宗昉《黔記》卷三：“清江黑苗……與漢人通商往來，稱曰同年。”許纘曾《滇行紀程·同年》：“苗類甚繁，輿徒力役皆苗也。每輿夫一名，父子兄弟皆隨之，互相更代，以均其勞，疾走若飛鳥，漢人戲稱之曰同年，則輾然色喜。”咸豐四年《興義府志》卷四十二《風土志·方言》：“同輩曰同年。……《滇行紀程》云：‘黔苗稱天子爲京裏老皇帝……呼漢官爲流官，戲稱苗曰同年，則輾然色喜，不知何所取義。’”以上記載表明，苗人稱“同年”猶視爲好友，故漢人稱之曰“同年”則喜形於色。

又，清乾隆四年《乾州志》卷四《紅苗風土志·言語》："呼朋友曰同年。"嘉慶二十四年《安仁縣志》卷四《風土志·方言》、同治八年《安仁縣志》卷四《風土志·方言》："同庚友曰同年。"此亦證明非僅同庚即謂"同年"矣。民國二十五年《來賓縣志·縣之人民三·風俗》："姻戚之外，雖非姻戚，而其戚誼之重，幾與姻戚等者有二：其一爲寄命；其一爲同庚。目父母伯叔兄嫂姑姊妹弟，下逮子孫，猶世稱之同庚者，彼此生同年，苟情好莫逆，遂備禮定交，號曰同庚。其旁親相呼，在雅言則冠以庚字，在俗語皆曰同年。縣屬人士科名同年者絕少，不嫌其混也。學使臨試，同榜獲選者，亦未嘗認爲同年，交誼遠不如同庚。"前撰引清劉省三《躋春臺》卷一《義虎祠》："今天啥，我同年兒送斤肉來，又莫得鹽，特來跟你借一杯，明天賣了線子就還。""同年兒"爲同年友的兒子，若僅同庚而未如《來賓縣志》所謂"備禮定交"者，則不會像姻戚一樣禮尚往來。

《大詞典》(3/106)"同年"⑤"古安南苗民互稱。參見'同年嫂①'"，而"同年嫂"①謂"古安南苗民互稱對方之妻"。未及漢族稱同庚好友爲"同年"義，如前引《躋春臺》及《來賓縣志》所云。

《方言大詞典》(頁1959)"同年"①"同輩"，吳語；③"男女互呼稱心的朋友"，西南官話；④"對不相識的人的尊稱"，吳語。

W

瓦盋 瓦鉢 瓦缽 $wa^{53}bo^{21}$ [$ua^{53}po^{21}$]

似盆而小的陶製容器。《正字通·金部》："缽，同盋，食器。梵語缽多羅，此云應量器，謂體色量三俱應法，故體用鐵瓦二物，色以藥煙熏治，量則分上中下。釋氏皆用鐵，形圓，上有蓋。或用瓦，形亦如之。通稱曰缽盂。……《說文》本作盋，今作鉢，俗作缽。"唐慧琳《一切經音義》卷三十七《陀羅尼集第九卷》："瓦盋，下半末反，俗作鉢。《說文》：'盋，盂也。從皿，犮聲。'犮音盤末反也。"明無文《將之潤州簡崑山諸子》詩："瓦盋未謀前路食，草鞵先乞故人錢。"釋德清《憨山老人夢遊集》卷十一《送蘊素穩禪人還金山序》："延我于䌽高臺上，坐楞伽室，目說藏識海浪法身境界，了蘇公與張方平未了公案，穩公持此其無乾没於飯籮瓦盋間也。"清光緒《香山縣志》卷十七《列女上》："薛氏黄教授紹統室，家素貧，以女紅貲助，自奉儉約， 恆以炊飯時瓦盋盛水蒸熱靧面，圖省薪火費，而事姑至孝。”

亦作“瓦鉢”。失譯（附秦錄）《别譯雜阿含經》卷五：“女孫陀利即白母言：‘我父尚能捨五欲樂，出家求道，我今亦當隨而出家，離念兄弟眷戀之心，如大象去小象亦隨，我亦如是，當隨出家，執持瓦鉢，而行乞食。’”《周書·儒林傳·盧光》：“令光於桑門立處造浮圖，掘基一丈，得瓦鉢、錫杖各一。”唐道宣《廣弘明集》卷四彦琮《通極論》：“瓦鉢恒持，無異顏回之瓢器；錫音乍振，何殊原憲之藜杖。”明陸粲《庚巳編》卷一《守銀犬》：“閶門一民家，忘記姓名，以開行爲業。家蓄一犬，甚健，日臥一檻旁，頃刻不離。人有至其所者，輒噬之。家人相戒，莫敢犯。有商人至門，不知而近之，犬噬其股流血。商號呼罵其主，其主亦惡犬，謝曰：‘君姑勿怒，明日當烹之共食耳。’商歸邸中，夜夢若有告之者，曰：‘吾乃主人之父也，死若干年矣，有銀數百兩埋檻下，生時不及語吾子，子不知也。一念不忘，復生爲犬，所以朝夕不去者，蓋前此冥數，未可傳于子，故守以待之耳，不意誤犯君。今子欲烹我，我欲告以故，彼必不見信，君幸往見之，令不吾殺也。’商竦然驚覺，即起奔詣其家，扣門，主出迎，商問：‘犬安在？’則已被烹且熟矣。商人惋恨，具語以所夢，其主猶未信。商請驗之，撤檻，果得一瓦鉢，盛銀四百餘兩。痛悔無及，乃哀其犬而瘞之。”李實《蜀語》（頁29）：“瓦鉢曰盋○鉢古作盋。”

又作“瓦缽”。宋陸游《坐客有談狄魚眼睚之美者感嘆而作》詩：“不妨瓦缽飽晚菘，更汲山泉試春茗。”又《題宣律師畫像》詩：“秀目大頭顱，英姿舉世無。平生一瓦缽，何處有天厨。”

元周達觀《真臘風土記·器用》："飲酒則用鑞注子，貧人則用瓦鉢子。"周國賓《薛仁貴》第三折："今日正百五寒食，上墳的都是同鄉共里，吃酒用瓦鉢和這磁杯，怕官人待要來斂科稅。"明王肯堂《證治準繩》卷一百十九《治金瘡白藥》："以少綿鋪於前，濾藥滓布上，濾過，先用瓦鉢滿盛清水八分，却濾藥於鉢水中。"徐珂《清稗類鈔·飲食類·薛叔耘食石鴨》："無錫石獅子庵尼善烹飪，尤著稱者爲鴨，烹時入鴨於瓦鉢，酌加酒鹽，無勺水，固封其口，隔水蒸之，俟其熟則清湯盈盈，味至美矣。錫人呼之曰石鴨，薛叔耘在家時最喜食之。"

《大詞典》（5/285）"瓦鉢"謂"陶製的容器，似盆而較小"，首引《周書》。未收"瓦盔"、"瓦鉢"。

《方言大詞典》（頁685）"瓦鉢"謂"一種像盆而較小的陶器"，客話。

𢅡子　彎子 wɑn⁵⁵zi⁵³［uan⁵⁵tsɿ⁵³］

剪裁剩餘布塊。《廣韻·桓韻》："𢅡，𢅡子，裁餘。"《正字通·巾部》："今采帛鋪謂剪截之餘曰𢅡子。"《音韻述微·寒韻》："𢅡，裁餘也。今縫人謂裁剪之餘曰𢅡子。"《古今通韻·桓韻》："𢅡，裁餘帛名𢅡子。"宋洪邁《容齋五筆》卷一《俗語有出》："采帛鋪謂剪截之餘曰𢅡子。𢅡，一懽切。注：裁餘也。"明陳士元《俗用雜字》："靴履破而補空隙曰鞔子，裁衣餘帛曰𢅡子。俱音剜。"明焦竑《俗書刊誤》卷十一："裁衣餘帛曰帵子。”清桂馥《札樸》卷九《鄉里舊聞·名稱》：“布帛裁餘曰帵子。”唐訓方《里語徵實》卷中上：“裁衣餘帛曰帵子。帵音剜。《廣韻》：‘帵子，裁餘也。’《正字通》：‘今采帛鋪謂剪裁之餘曰帵子。’”嘉慶十二年《蕪湖縣志》卷一《地里志·方言》：“翦餘帛謂之帵（音剜）子。《廣韻》：‘帵子，裁餘帛也。’亦見《金壺字考》。”嘉慶十三年《如皋縣志》卷八《方俗志·方言》：“帵子，剪裁布帛所餘也。”光緒五年《鎮海縣志》卷三十九《方言》：“帵子，《廣韻》：帵，裁餘也。《容齋五筆》：今綵鋪謂翦裁之餘曰帵子。帵吾鄉讀如彎。”民國十三年《南陵縣志》卷四《輿地志·風俗附方言》：“剪裁布帛所餘曰帵子。帵，烏丸切，音剜。《正字通》：‘今采帛鋪謂剪截之餘曰帵子。’”民國十五年《簡陽縣志》卷二十二《禮俗篇·方言》：“裁餘曰帵。帵音彎。”民國二十一年《萬源縣志》卷五《教育門·方言》：“裁餘曰帵。音彎。”蜀方言習慣加詞尾“子”，謂“帵子”，一般不單說“帵”。民國二十四年《雲陽縣志》卷十四《禮俗下·方言下》：“裁餘曰帵子。”今蜀語亦讀如“彎”，謂“衣帵子”，亦特指裁剪中式衣服餘下的夾肢窩部分的布料。

亦記音作“彎子”。清徐時棟《煙嶼樓筆記》卷五：“凡縫工裁衣，當襟袖之間所裁餘者，俗謂之彎子。始謂是形如彎，係象形，故呼彎子，今知是帵子之轉。”

《大詞典》（3/748）“帵子”謂“衣料裁剪後剩下的餘料”，引《容齋五筆》一例。《現漢》“帵子”謂“〈方〉裁剪衣服剩下的大片的布料，特指裁剪中式衣服挖夾肢窩剩下的那塊布料”。《方言大詞典》（頁5435）“惋子”①“裁剪衣裳鉸下來的布頭兒，也特指裁剪中式衣服挖夾肢窩剩下的那塊布料”，中原官話、江淮官話、西南官話、吴語、贛語。

尪羸　尩羸　尫羸　汪羸 wang^{55}lui^{21} [uaŋ^{55}luei^{21}]

瘦弱，孱弱。《說文·尢部》：“尢，𡯌也，曲脛人也。从大，象偏曲之形。凡尢之屬皆从尢。尪，篆文从㞷。”段玉裁注：“尢本曲脛之偁，引申之爲曲脊之偁”，“謂从大而象一脛偏曲之形也”，“尢者，古文象形字。尪者，小篆形聲字”，“或云短小曰尫，本从㞷聲，省作尫”。《玉篇·尢部》：“尢，烏光切，跛曲脛也。又僂也，短小也。俗作尣。尫，同上。”唐唐玄度《九經字樣·雜辨部》：“尪、尫，音汪。上《說文》，下隸省。本以大字象人形，屈其右足爲尢。尢音汪，跛曲脛人也。”《康熙字典·尢部》：“尩，《廣韻》、《集韻》、《韻會》、《正韻》並烏光切，同尢，《說文》：‘跛曲脛也。’本作尣，今作尩。”又：“尢，《廣韻》、《集韻》並烏光切，音汪。”清桂馥《札樸》卷四《覽古·尩》：“《說文》：‘尣，𡯌曲脛也。’《易·大有》：‘匪其尩。’虞翻云：‘足尫，體行不正。’《書·洪範》‘六曰弱’《傳》云：‘尩劣。’昭七年《左傳》：‘孟縶之足不良，弱行。’注云：‘跛也。’馥案：此皆言足疾也。”又，“尫”有弱義。《廣韻·唐韻》：“尫，尫弱。”“尫弱”同義連文。《龍龕手鏡·几部》：“尫，弱也，羸也。”字形小異。如《字彙·尢部》“尩”同“尫”。《正字通·尢部》：“尫，同尳省。尫，俗尩字。”“羸”本有瘦義。《說文·羊部》：“羸，瘦也。从羊，贏聲。”徐鉉等曰：“羊主給膳，以瘦爲病，故从羊。”朱駿聲通訓定聲：“本訓當爲瘦羊，轉而言人耳。”段玉裁注：“引伸爲凡痠之偁。”“痠”即“瘦”字。《漢書·鄒陽傳》：“今夫天下布衣窮居之士，身在貧羸。”顔師古注：“衣食不充，故羸瘦也。”是以“尫羸”同義連文，謂身體瘦弱、孱弱。唐慧琳《一切經音義》卷四十一《六波羅蜜多經卷第三》：“尫羸，上烏光反。《考聲》：‘尫，跛也。’杜注《左傳》云：‘瘠病也。’《說文》：‘曲脛也。’從尢，象偏曲一脚；王，聲也。經從兀，誤也。古文作尳。《桂苑珠叢》：‘病瘦弱謂之尳。’下力追反。賈注《國語》云：‘羸，病也。’杜預（注）《左傳》：‘羸，弱也。’《說文》：‘羸，瘦也。從羊，從羸。’羸，力戈反。”晉葛洪《抱朴子·自敘》：“洪稟性尫羸，兼之多疾，貧無車馬，不堪徒行。”《晉書·李密傳》載其上疏（即俗題《陳情表》）：“伏惟聖朝以孝治天下，凡在故老，猶蒙矜恤，況臣孤苦，尫羸之極。”隋闍那崛多譯《佛本行集經》卷十五《道見病人品》第十八：“爾時作瓶天子，即於太子前路，化作一病患人，連骸困苦，水注腹腫，受大苦惱，身體羸瘦，臂脛纖細，痿黃少色，喘氣微弱，命在須臾。……此是何人？腹肚極大，猶如大釜，喘息之時，身遍戰慄，臂脛纖軟，身體尫羸，痿黃無色。”“身體尫羸”即前言“身體羸瘦”。《敦煌變文校注·維摩詰講經文（一）》："偃臥高牀，尪羸壞室。"又《佛說觀彌勒菩薩上生兜率天經講經文》："漸成衰朽漸成尪羸，忘却向前歌舞處。"宋蘇軾《上皇帝書》："世有尪羸而壽考，亦有盛壯而暴亡，若元氣猶存，則尪羸而無害，及其已耗，則盛壯而愈危。"袁文《甕牖閒評》卷四："蘇東坡作《參寥子真贊》云：'惟參寥子，身貧而道富；辯于文而訥于口；外尪羸而中健武；與人無競，而好譏刺朋友之過；枯形灰心，而喜爲感時玩物不能忘情之語。此余所謂參寥子有不可曉者五也。'"[①]明李實《蜀語》（頁141）："瘦曰尪羸○尪音汪，从尢，曲脛也；本作尢，从大而屈一足也，後人又添王；俗作兀，非矣。羸音纍，上从倒子，作𠫓，音突；中从口，音圍；从云、从四，誤也；此字以口爲聲，即口字。"黄仁壽等校注："'尪羸'，謂身體瘦弱也。"

亦作"尫羸"。宋王明清《揮麈餘話》卷二："（王況）經旬食不下咽，尫羸日甚，國醫不能療，其家憂懼。"元張國賓《薛仁貴》第二折："我行不動，前合也那後偃，我立不住東倒西歪。折倒的我來瘦㶷㶷身子尫羸，憂愁的我乾剝剝髭鬢斑白。"清張愼儀《蜀方言》卷上（頁277）："瘦弱曰尫羸。韓愈文：人固有尫羸而壽考。尫亦作尩。"民國二十年《遷安縣志》卷十六《文獻志三·藝文篇》："李伯度第三子患腹瀉，利之不愈，補之不愈，下之仍不愈，尫羸殆甚。"

又作"汪羸"。敦煌本伯2418《父母恩重經講經文》："方

① 《四庫全書》本《東坡全集》卷九十四作"外尫柔而中健武"。

知我等於母腹內，受多少苦辛，阿娘形貌汪羸。”又：“消瘦容顔爲醜差，改張花［貌］作汪羸。”又：“致使娘娘形貌，日日汪羸；慈母顏容，朝朝瘦悴。”又：“貌汪羸，形瘦悴，鸞鏡鳳釵皆厭棄。”《董解元西廂記》卷五：“張兄病體汪羸，已成消瘦，不久將亡。”元危亦林《世醫得效方》卷九《世代傳病及諸蟲形狀》：“上諸蟲在人身中，居於腎臟，透連脊骨，令人思食，是物要餐，身體汪羸，腰膝無力，髓寒骨熱，四肢枯乾。”《古今雜劇》卷二十一《薛仁貴衣錦還鄉》：“前合後偃行不動，東倒西歪，折倒的我身体兒汪羸。”清乾隆二十一年《肅寧縣志》卷九《列女志》：“永爵夙汪羸多疾，而父母切冀其子之成。”“汪”爲“尩”字音借。王應龍《咸陽方言詞疏證》“尩羸”謂“表示‘瘦弱多病’。亦作‘尫羸’、‘尪羸’，乃‘尩羸’二字義近相合而成，亦古語詞遺留”[①]。

又，民國二十四年《雲陽縣志》卷十四《禮俗下·方言上》：“尪羸，不勝事也。”此當爲“孱弱”義之引申。

《大詞典》（2/1573）“尩”音wāng，謂“亦作‘尪’、‘尫’”。又（1574）“尩羸”謂“亦作‘尫羸’、‘尪羸’。瘦弱。亦指瘦弱之人”，各詞形分別引《聊齋志異》、蘇軾《上神宗皇帝書》、《抱朴子》。

《方言大詞典》（頁2508）“尩羸”謂“瘦弱；精神不振”，中原官話、西南官話。又（頁2886）“汪淚”謂“指老弱病殘的可憐相”，中原官話，此記音。

---

① 《咸陽師範學院學報》2008年第3期。

㙔 wei[55] [uei[55]]

用土、沙等掩蓋或藏物。《玉篇·土部》："㙔，於歸切，㙔，決塘也。"下"㙔"字疑衍。《正字通·土部》："㙔，俗字，舊註音威，引《玉篇》'決塘'，誤。"《康熙字典·土部》："㙔，《玉篇》於歸切，音威。"蜀方言或借其音。明李實《蜀語》（頁56）："凡木石諸器爲土沙所壅曰㙔，鱉藏沙中曰㙔沙○壅作去聲，㙔音威。"[①]"㙔沙"謂藏在沙裏。民國十八年《威縣志》卷十四《風俗志下·方言》："㙔，《蜀語》：物爲土沙所壅曰㙔。讀作威。"今蜀方言仍謂掩埋、培土等爲"㙔"[②]。

《大字典》（二/1/495）"㙔"音wēi，②"方言。掩蓋，埋藏"，引《蜀語》。《大詞典》未收"㙔"字。

《方言大詞典》（頁5883）"㙔"謂"掩蓋；埋藏"，西南官話，引1925年《威縣志》："《蜀語》：物爲土沙所壅曰~，讀作威。"河北威縣非西南官話區，當先引李實《蜀語》，通行

---

① 黃仁壽等《蜀語校注》（頁56）"鱉"字屬上。張子開《〈蜀語校注〉舛誤例正》："叢書集成本《蜀語》已如此點矣，《校注》沿襲。當斷爲'凡木石諸器爲土沙所壅曰㙔，鱉藏沙中曰㙔沙'，於義方妥。"趙振鐸先生《讀李實〈蜀語〉》引此例，"鱉"字亦屬下，是矣。參見《李實學術研討會文集》，語文出版社，1996年7月第1版，第137、3頁。《大字典》（初版頁461）"㙔"②引《蜀語》"鱉"字屬下，亦不誤。

② 趙振鐸先生《讀李實〈蜀語〉》謂"發現有相當一部分詞在今天的成都話裏面也有"，凡舉11例，此爲其一。參見《李實學術研討會文集》，語文出版社，1996年7月第1版，第3頁。

方言再補“冀魯官話”。又（頁5883）“㖥沙”謂“木器、石器等被沙土埋藏”，西南官話，引《蜀語》：“凡木石諸器爲土沙所壅藏沙中曰~。壅作去聲，㖥，音威。”又“㖥鰲”謂“木器、石器等被沙土埋藏”，西南官話，引《蜀語》：“凡木石諸器爲土沙所壅曰㖥，鰲藏沙中曰~。”兩引均不確，更誤讀原文而妄立“㖥鰲”詞條矣。

外公　謂爺　外婆　外婆　謂婆

wei^{213}gong^{55}/ye^{21} // po^{21}［uei^{213}koŋ^{55}/ie^{21} // p‘o^{21}］

外祖父；外祖母。參《考釋》第683、684頁。明李實《蜀語》（頁20）：“母之父母曰外公外婆○外音位。”黄仁壽等校注（頁21）：“今蜀人猶有用此音稱呼外公外婆者。”按《字彙補·女部》：“婆，與婆同。”清光緒五年《鎮海縣志》卷三十九《方言》：“外公外婆，《蜀語》：‘母之父母曰外公外婆。’”未引直音，亦未注音讀。民國二十一年《孟縣志》卷八《社會·方言》：“其關於稱謂者，如稱祖父曰爺，祖母曰奶奶，伯母曰大，外祖父曰外公，外祖母曰外婆（外皆讀位），亦簡呼曰婆（輕讀）。”民國二十三年《樂山縣志》卷三《方輿志·方言》：“稱母之父曰外公，母曰外婆。外亦音位。”民國二十七年《新安縣志》卷九《方言》：“外祖曰外（五會切，本音）爺，外祖母曰外婆。”此特别注明“五會切”，則當讀同“位”，若通語音則無須標注矣。

又，清傅崇矩《成都通覽·成都人之稱謂》（頁229）："城鄉通用之家庭稱謂：……呼外祖父曰謂爺，呼外祖母曰謂婆。"或以作"外"易與通語音混，故徑以"謂"記音。蜀方言"謂"、"位"並音［uei^{213}］。

《成方》（頁180）"外婆"謂"母親的母親"，"外爺"謂"母親的父親"，"面稱、背稱均可"，"外"音uai或uei去聲。今川北梓潼縣亦稱"［uei^{213}］爺"、"［uei^{213}］婆"，但不稱"［uei^{213}］公"，同《成都通覽》和《成方》。張紹誠《巴蜀方言淺說》謂"把'外婆'讀'位婆'，與湖南常寧方音相同"①。

《大詞典》（3/1150）"外公"謂"外祖父"，又（1161）"外婆"謂"外祖母"，"外"未及方音。

《方言大詞典》（頁1302）"外公"謂"外祖父"，吳語（上海［ŋa^{13}koŋ^{53}］）、閩語，僅著錄兩種方言。而（頁1303）"外爺"謂"外祖父"，中原官話（河南洛陽"外"音［uei^{412}］，陝西漢中［uei^{ɔ}］、安康［uei^{55}］，青海西寧［uei^{ɔ}］）、晉語（山西隰縣［uei^{55}］、石樓［uei^{52}］）、蘭銀官話、西南官話（四川成都［uai^{213}］、達縣［uei^{ɔ}］、邛崍［uei^{13}］）。又（頁1305）"外婆"謂"外祖母"，中原官話（陝西安康"外"音［uei^{55}］、寶雞［wei^{ɔ}］，山西吉縣［uei^{33}］）、晉語（山西石樓［uei^{52}］、陝西北部［vei^{51}］）、江淮官話、西南官話（四川成都［uei^{52}］、達縣［uei^{ɔ}］）、徽語、吳語、湘語、贛語、客話、粵語、閩語。

① 巴蜀書社，2005年5月第1版，第47頁。

中原官話所舉豫劇《倔公公與犟媳婦》："小三娘，他外爺~都怪扎實吧？"與梓潼縣說"外爺外婆"相同。楊小平《南充方言詞語考釋》（頁253）云"西充人把外公外婆稱'位公''位婆'"，與《蜀語》及《樂山縣志》等所記相同，與《成都通覽》及今梓潼等地有別，可見蜀語內部也有差異。又（頁2754）"位爺"②"外祖父"，中原官話。又"位婆"謂"外祖母"，中原官話、晉語。不說"位公"，與川北梓潼一致。新浪網2010年3月18日《曹丕稱帝漢獻帝去哪兒了》（據大河網—大河報），記者采訪了修武縣博物館原館長馮清長，馮說："劉協是窩囊皇帝，卻是稱職醫生，深受百姓愛戴，民眾敬之如父母。焦作一帶的民眾爲了紀念他，不僅蓋了獻帝廟，而且還形成了許多有趣的民俗，流傳至今。據傳說，焦作民間叫外公、外婆爲'魏公、魏婆'。"[①]恐爲附會。其實，"魏"與"謂"、"位"音同，"叫外公、外婆爲'魏公、魏婆'"乃方言稱謂，正如上引《成都通覽》"呼外祖父曰謂爺，呼外祖母曰謂婆"。

屋裏　屋裡 wu^{21}li^{53}［u^{21}li^{53}］

❶家，家裏。唐王維《春日與裴迪過新昌里訪呂逸人不遇》：

---

① http://news.sina.com.cn/o/2010-03-18/071117234793s.shtml。鳳凰網歷史頻道2012年11月29日以《曹丕稱帝漢獻帝去哪兒了：葬在焦作　子孫成日本人》轉發，見http://news.ifeng.com/history/gaoqing/detail_2012_11/29/19654607_0.shtml#p=4。

詩：“城外青山如屋裹，東家流水入西隣。”宋道原《景德傳燈錄》卷十二《郢州芭蕉山慧清禪師》：“問：‘賊來須打，客來須看，忽遇客賊俱來時如何？’師曰：‘屋裹有一緉破草鞋。’”元薩都剌《過嘉興》詩：“吴中過客莫思家，江南畫船如屋裹。”明楊慎《升菴集》卷五十六《律詩當句對》：“王維詩‘門外青山如屋裹，東家流水入西隣’，嚴維詩‘木奴花映桐廬縣，青雀舟隨白鷺濤’，謂之當句對。”清同治十三年《安吉縣志》卷七《風俗》：“謂家曰屋裹。”范寅《越諺》卷中《屋宇》：“屋裹，指家。唐詩：‘門外青山如屋裹。’”

❷指妻子。清雍正《陝西通志》卷四十五、乾隆四十一年《臨潼縣志》卷一《地理·方言》：“妻曰屋裡的。”翁霪霖《南廣雜詠》：“背兜一路影横斜，婦女多情亦作家。青帕裹頭誰屋裹，紅花采過又棉花。”原注：“夫呼妻曰屋裹。”“南廣”治所即今四川宜賓市南溪區。道光十一年《重修延川縣志》卷三《政事志·風俗》：“呼妻曰屋裡的，或稱屋息。”同治十二年《鄠縣志》卷七《戶口·風俗附方言》：“對人稱妻曰賤內，又曰屋裡個。”光緒十四年《永壽縣重修新志》卷四《方言》：“呼妻曰屋裡的，亦曰婆娘。”范寅《越諺》卷中《屋宇》：“鄉夫婦稱曰‘佁屋裹’。”民國十五年《澄城縣附志》卷三《經政志·方言》：“夫稱妻曰屋裹的，妻稱夫曰外前的。”民國十八年《靜海縣志》：“妻謂之家裹，亦曰屋裡。沈約詩‘還家問鄉里，詎堪持作夫’，鄉里謂妻也。《南史》張彪呼妻曰‘我不忍令鄉里落他處’，其意同。”今蜀中市井夫稱妻亦多曰“屋裹”、“屋頭”，面稱或背稱曰“你屋裹”、“你屋頭”，“他屋裹”、“他

屋頭”等。《川方》（頁399）“屋裏人”謂“指妻子（與*外頭人相對）”。

《大詞典》（4/36）“屋裏”②“家裏”，首引薩都剌詩，未及夫稱妻義。

《方言大詞典》（頁4497）“屋裏”①“妻子”，東北官話、冀魯官話、中原官話、晉語、江淮官話、西南官話、吴語、贛語；③“家，家裏”，中原官話、西南官話、吴語、湘語、贛語。

忤愣子 wu^{53}ngo^{21}zi^{53}［u^{53}ŋo^{21}tsɿ^{53}］

因患瘧疾而發汗。明李詡《戒庵老人漫筆》卷五《今古方言大略》：“瘧疾謂之愣子，至諱曰天上頭，北人名發擺子；畏惡特甚鎮江曰發汗病，揚州曰忤鴿子。”清同治《蘇州府志》卷三《風俗》、民國二十三年《吴縣志》卷五十二下《輿地考·風俗二》：“瘧疾曰愣子。”按清光緒八年《寶山縣志》卷十四《志餘·風俗附方音》：“瘧，俗呼爲愣。”民國十三年《崇明縣志》卷四《地理志·方言》：“瘧曰愣。”此屬“其音之近古者”。“忤”有違逆、抵觸義，如《廣韻·暮韻》：“忤，逆也。”“忤愣子”即抵禦瘧疾之意。今川北綿陽、梓潼等地亦戲稱夏天穿得厚爲“忤愣子”，因瘧疾患者發病時寒熱間作，患者發冷時穿得再厚也仍然覺得寒徹骨髓。蜀語亦説“短擺子”，“短”謂攔截。

“忤愣子”未見辭書收載。

瞀 務 霧 wu^{213}/mu^{213}［u^{213}/mu^{213}］

視覺模糊不清；眼睛昏花。参《考釋》第698頁。《說文·目部》："瞀，氐目謹視也。从目，敄聲。"段玉裁注："氐各本作低，今从宋本。《玉篇》云：'目不明皃。'按《洪範》曰'霿恆風若'，《尚書大傳》作瞀，《宋世家》作霧，《漢書·五行志》作霿，《宋書》《隨書·五行志》作瞀。《班志》云'區霿'，服虔云'人傋瞀'，荀卿云'傋猶瞀儒'，他書或云'婺瞀'，或云'瞀瞀'，或云'怐愗'，《說文·子部》云'穀瞀'，皆謂冒亂不明，其字則霿爲正字，《雨部》云'霿，晦也'。"《玉篇·目部》："瞀，莫遘、亡角二切，目不明皃。"《龍龕手鏡·矛部》："瞀，目不明也。"謂視覺模糊不清。《孟子·盡心上》"魯君之宋，呼於垤澤之門"趙岐注："章指言輿服器用人用不殊，尊貴居之，志氣以舒，是以居仁由義，盎然內優，胷中正者眸子不瞀也。""眸子不瞀"猶謂眼晴明亮。《國語·吳語》："王親命之曰：'我有大事，子有昆弟四五人皆在此，事若不捷，則是盡也。擇子之所欲歸者一人。'明日徇於軍，曰：'有眩瞀之疾者，以告。'王親命之曰：'我有大事，子有眩瞀之疾，其歸若已。後若有事，吾與子圖之。'"《大詞典》(7/1199)"眩瞀"①"眼睛昏花，視物不明"，首引此例。《後漢書·廉范傳》："（鄧）融怪其貌類范而殊不意，乃謂曰：'卿何似我故功曹邪？’范訶之曰：‘君困戹瞀亂邪！’”李賢注引《禮記》鄭玄注曰：“瞀，目不明之皃。”[①]柳宗元《復吳子松說》：“常多蒙瞀，禍賊僻邪，罔人以自利者，其所降率恒多。”宋童宗說注：“瞀，目不明也。瞀音務。”民國十七年《長壽縣志》卷四《人事部·方言》：“目不明曰瞀。”民國十八年《合江縣志》卷四《禮俗·方言》：“瞀，目不明也。”民國二十一年《萬源縣志》卷五《教育門·方言》：“眼不明曰瞀，曰昏。”民國二十一年《南溪縣志》卷四《禮俗下·方言》：“瞀，音茂，《玉篇》：‘目不明也。’俗讀若務。”民國二十四年《雲陽縣志》卷十四《禮俗下·方言上》：“眼不明曰瞀。”民國三十一年《西昌縣志》卷五《禮俗志·方言》：“目不明曰瞀。音茂，俗讀務。”

又作“務”，後亦增旁作“霚”。《說文·力部》：“務，趣也。从力，敄聲。”朱駿聲通訓定聲：“務，叚借爲瞀。”《集韻·候韻》：“務，昏也。”《尚書·益稷》“洪水滔天，浩浩懷山襄陵，下民昏墊”僞孔傳：“言天下民昏瞀墊溺皆困水災。”陸德明釋文：“瞀，音務，一音茂。本或作務。”元龔璛《春日寄懷書臺》詩：“箜篌嘈雜兒女語，繡柱朱絃生眼霚。”明王紱《寄示大兒默》詩：“年來老境早相尋，眼霚昏昏髩雪侵。”亦可指動物眼昏。清雍正《硃批諭旨》卷二百三上：“陝屬南路解到騾頭，逐起驗收分餧，內有膔瘦、腿跛、流鼻、眼霚、咳嗽、瞎瘰、流淚、吐沫、烙疤、疙疸、肺病、五攢等症之騾，

① 今本《禮記·檀弓下》“貿貿然來”鄭玄注：“貿貿，目不明之貌。”按“貿”《廣韻·侯韻》莫候切，與“瞀”同一小韻，疑“貿”爲“瞀”同音假借。

共五百八十六頭。”姚鼐《倪學博欲爲設食而僕病後畏酒肉次前韻》詩：“看花眼霧亂層層，蒲柳先秋信有徵。”季芝昌《伯田詠詒兒齋中供菊次和》詩：“鬢霜欲插人誰問，眼霧相看我未妨。”光緒五年《定元廳志》卷五《地理志六·苗俗》：“川人張金鑑嘗有《竹枝詞》曰：‘……男衣大領胸膛露，女繋長裙不著褲。借問如何無裹衣？生子恐怕眼睛霧。’”Adam Grainger《西蜀方言》（頁558）：“眼睛霧了。”即“my eyes are dim; my sight is beclouded”。唐樞《蜀籟》卷一（頁40）：“假裝眼睛霧。”今蜀方言音義並同。

又，清唐訓方《里語徵實》卷上：“眼不見物曰瞀。瞀音務。《玉篇》：‘目不明貌。’《晉書·天文志》：‘眼瞀精絕。’韓愈《南山詩》：‘淚目苦矇瞀。’”道光二十一年《遵義府志》卷二十《風俗》、光緒八年《黎平府志》卷二下《風俗·方言》、光緒二十一年《敘州府志》卷二十一《風俗》、民國十年《新修合川縣志》卷三十《風俗·方言》、民國二十四年《蓬溪縣近志》卷七《風土篇·方言》、民國三十二年《沿河縣志》卷十三《風土志·方言》、民國三十七年《貴州通志·風土志·方言》：“目不見物曰瞀。音務。”民國十五年《簡陽縣志》卷二十二《禮俗篇·方言》：“不見曰瞀。”民國《息烽縣志》卷二十九《風土志·方言》：“謂目不見物曰瞀。”民國二十三年《樂山縣志》卷三《方輿志·方言》：“目不見物曰瞀。”以上實承明李實《蜀語》（頁14）：“目不見物曰瞀○瞀音務。”黃仁壽等校注：“今蜀地口語中，仍謂‘目不明’、‘目不見物’爲‘眼睛瞀’，‘眼睛瞀起的’。”然“目不見物”，則與瞎子無異，程度較“目不明皃”深，不知所據何來。今蜀語義同《玉篇》及《手鏡》。如《川方》（頁400）“霧”音wu⁴，謂“眼睛看東西模糊不清”。《川方匯釋》（頁213）“瞀”謂“視覺模糊”。《成都話》（頁68）“霧〔瞀〕”音［vu²¹³］，謂“眼睛視物模糊”。《重方》（頁330）“瞀”音vu⁴，謂“視覺模糊”。

又“瞀”一音“木”去聲，讀［mu²¹³］，恐承音“茂”演變而來。上引《尚書·益稷》僞孔傳：“言天下民昏瞀墊溺皆困水災。”陸德明釋文：“瞀，音務，一音茂。”此似“瞀”音“茂”之早見例。清唐訓方《里語徵實》卷上：“眼不見物曰瞀。瞀音務。……韓愈《南山詩》：‘淚目苦矇瞀。’”“矇瞀”當同義連文（詳下引《方言大詞典》“蒙”）。按《別本韓文考異》卷一、《五百家注昌黎文集》卷一、《東雅堂昌黎集注》卷一、《全唐詩》卷三百三十六“瞀”均音“茂”。宋陸佃《埤雅》卷七《釋鳥·鵂鶹》：“舊説雀目夕昏，人有至夕昏不見物者，謂之雀瞀，即此類也。”清Adam Grainger《西蜀方言》（頁365）：“那個娃娃的眼睛瞀。”謂“that child is slow at learning; lit., his eyes are dull”，“瞀”音“MU⁴”，同《埤雅》卷七及卷十一音釋，“瞀”均音“木”，可證《埤雅》“瞀”音“木”之不謬，蜀語之音讀亦其來有自矣。孫錦標《通俗常言疏證·頭面》：“《埤雅》：‘瞀音木。雀目夕昏，人有至夕昏不見物者，謂之雀瞀。’今俗所謂‘雞瞀眼’是也。”未言《埤雅》“瞀音木”非，亦當認可其音注矣。民國二十四年《雲陽縣志》卷十四《禮俗下·方言上》：“《埤雅》：‘瞀音木。雀目夕昏，人有夕昏不見物者曰雀瞀。’今俗謂雞瞀眼。”李劼人《大波》第三卷：

“芮克剛膽子有點小，眼睛又有點蒙。”《方言大詞典》（頁6432）“蒙（濛、矇、懞）”⑨“模糊；不清楚”，西南官話（四川成都［mu²¹³］），引此例。克非《春潮急》二十六：“文如仁大概是個雞目眼，黑夜走路完全不行，幾乎一步一個踉蹌，李克走過去扶着他進了青龍廟。”原注：“雞目眼——夜盲。”①蜀語“目”與“木”音同。今川北等地謂人黄昏時視力不清爲“雞瞀眼”，“瞀”正音木上聲。《川方》（頁166）“雞摸眼”謂“夜盲眼。……又說雞目眼，雞母眼、雞夢眼”，《川方匯釋》（頁109）“雞摸眼”謂“夜盲癥。‘兒化’則指患夜盲癥的人”，似均不及“雞瞀眼”有理據。都興宙《西寧方言詞正字考》“雞暮眼”謂《西寧方言志》157頁作“‘雞膜眼’，‘膜’字標注‘毛’陰平音，釋義爲‘夜盲症’。按：西寧方言口語中此字音‘木’去聲，與‘膜’（陰平）字聲調、等呼、韻母明顯區別，故作‘膜’誤，正字當作‘暮’。‘暮’，不明、暗也。雞至夜則視力盡失，所以此言夜失視力之夜盲癥作‘雞暮眼’，以動物喻人疾病而成詞”②。按實當作“雞瞀眼”。

《大字典》（二/5/2681）“瞀”（一）mào，②“眼睛昏花”，首引《玉篇》；（二）wú，“雊瞀”，漢代縣名，雖與“目不明”無涉，但蜀語“瞀”音［u²¹³］則亦不謬。又（2957）“務”（五）mào，謂“通‘瞀’。昏亂；眩惑”，又（7/4340）“霧”，均未及“目不明”義。

① 上海人民出版社，1974年4月第1版，第605頁。
② 《青海民族學院學報》1981年第2期。

《大詞典》(7/1240)“瞀$_1$”音mào，①“眼花目眩”，首引《晉書》。又(8/586)“務$_3$”音mào，①“通‘瞀’。眩惑”，又(11/725)“霧”，亦均未及。

《方言大詞典》(頁6462)“霧”①“視覺模糊”，中原官話、西南官話、湘語、閩語。

X

些些　𠈂𠈂　佌佌　呰呰　㱔㱔 $xi^{55}xi^{55}$ [$ɕi^{55}ɕi^{55}$]

少許，一點兒。《廣韻·麻韻》：“些，少也。”唐王梵志《尊人嗔約束》詩：“縱有些些理，無煩說短長。”又《經紀須平直》詩：“些些微取利，可哥苦他家。”前首項楚師云：“‘些’，各本作‘㱔’，唯丁七作‘奢’。按‘㱔’同‘些’。劉叉《冰柱》：‘倏然漂去無餘㱔。’”兩首均注云：“些些：少許。”[①]白居易《湖上醉中代諸妓寄嚴郎中》詩：“還有些些惆悵事，春來山路見蘼蕪。”元稹《答友封見贈》詩：“扶牀小女君先識，應爲些些似外翁。”敦煌文獻伯3128《浣溪沙》：“結草城樓不忘恩，些些言語莫生嗔。”《敦煌零拾·十二時·天下傳孝十二時》：“隅中巳，耶娘漸覺無牙齒。起坐力弱須人扶，飲食吃得些些子。”《敦煌變文校注·捉季布傳文》：“憐卿計

① 《王梵志詩校注》，上海古籍出版社，1991年10月第1版，第464、553頁。

策多謀掠（略），舊惡些些總莫論。”《舊唐書·楊嗣復傳》：“近日事亦漸好，未免些些不公，亦無甚處。”《西游記》第八十一回：“師父你忒不濟，略有些些病兒，就起這個意念。”明方以智《通雅》卷九《釋詁》：“些些，少也。”李實《蜀語》（頁89）：“少曰丁丁，又曰點點，又曰些些。”張應俞《杜騙新書》第十八類《婦人騙》：“屠子見其美貌，嬉嬉笑曰：‘我只要你腰間些些肉。’石氏曰：‘全身都許你，何惜些些。’”清道光二十一年《遵義府志》卷二十《風俗》：“小曰蔑蔑，曰丁丁，又曰點點，又曰些些。”光緒八年《黎平府志》卷二下《風俗·方言》：“物少曰些些。”民國二十四年《麻城縣志續編》卷一《疆域志·方言》：“小曰丁丁，又曰點點，又曰些些。”民國二十四年《雲陽縣志》卷十四《禮俗下·方言上》：“些些，少也。《説文》：‘𡯁，少也。’《廣韻》讀若屑，即些之正字。……唐詩：‘一名閑物要些些。’”唐樞《蜀籟》卷一（頁27）：“些些末末。”《川方》（頁401）“些些末末”謂“形容小、微（中江地區）”。

又作“佌佌”。《爾雅·釋訓》：“佌佌，小也。”郝懿行義疏：“佌者，《説文》作‘佨’，云小貌，引《詩》曰‘佨佨彼有屋’，今《詩》作‘佌’，《正月》傳云‘佌佌，小也’。釋文‘佨’音徙，《爾雅》釋文郭音亦然，蓋‘佨’从囟聲，佨瑣聲轉，此古音也。顧音此，謝音紫，則皆今音。”《詩·小雅·正月》：“佌佌彼有屋。”毛傳：“佌佌，小也。”陸德明釋文：“佌，顧音此，郭音徙，謝音紫，舍人云形容小貌。”清馬瑞辰《毛詩傳箋通釋》卷二十：“‘佌佌彼有屋’傳：‘佌佌，小也。’釋文佌音此。《說文》作‘佌’，音徙。瑞辰按:《釋訓》:‘佌佌，小也。’《說文》:‘佌，小皃。从人，囟聲。’引《詩》‘佌佌彼有屋’，與‘細’字从囟聲同義。《爾雅》釋文‘佌’郭音徙，即‘佌’字之音。《廣韻》‘佌’之下有‘㜇’字注云‘小皃’，又‘佌’字之别體也。”章炳麟《新方言·釋言》:“《說文》:‘佌，小貌。’斯氏切。字亦作佌。《毛詩·小雅》傳:‘佌佌，小也。’今謂小、少皆曰佌，通以些字爲之。”

亦作“佌佌”。《說文·人部》:“佌，小皃。从人，囟聲。《詩》曰:‘佌佌彼有屋。’”段玉裁注:“《小雅·正月》曰:‘佌佌彼有屋。’傳曰:‘佌佌，小也。’許所據作‘佌’。或作㜇。”《玉篇·人部》:“佌，本亦作佌。”《廣韻·紙韻》斯氏切:“佌，小皃。《詩》云:‘佌佌彼有屋。’本亦作佌佌。”《集韻·紙韻》:“佌，《說文》‘小皃’，引《詩》‘佌佌彼有屋’。或作㜇、佌。”

或作“呰呰”。明楊慎《俗言》卷一:“呰，寫邪切，少也。唐詩‘一名閑物要呰呰’。”《全唐詩》卷八百七十李昌符《婢僕詩》作“些些”。《正字通·二部》“些”字注:“《詩·小雅》:‘佌佌彼有屋。’朱子傳:‘音此。佌佌，小貌。’升菴言:‘石經作㜇㜇，㜇㜇即些些。’又楊升菴《俗言集》一作呰，引宋人月詩‘露出清光呰子兒’，蘭畹詞‘東風寒似夜來呰’，呰即些字。余謂㜇爲古些字，俗作呰，非。”

又作“𡯂𡯂”。《龍龕手鑑·此部》:“𡯂，少也。”《詳校篇海·此部》:“些，少也。或作𡯂。”疊言爲“𡯂𡯂”。唐佚名《司牧安驥集》卷六《腦頭膿出汗病源第三十一》:“雖然喫得𡭴𡭴草，下稍不免命歸空。”宋計功《唐詩紀事》卷七十《李昌》：“無事莫教頻入庫，一名閑物要𡭴𡭴。”明田汝成《西湖遊覽志餘》卷十六《香奩艷語》引白居易詩：“還有𡭴𡭴惆悵事，春來山路見蘼蕪。”上引白詩則作“些些”。彭而述《晉民謡山行》詩：“疑是煤鑄成，乃有氣𡭴𡭴。”

《大詞典》(5/351)“些$_2$”音xiē，“些$_2$些”謂“少許，一點兒”，首引元稹詩。又(1/1336)“佌”、又(1339)“傂”均音cǐ，“佌佌”、“傂傂”均謂“渺小；微賤”，前者首引《詩》，後者引《説文》。又(5/736)“呰$_1$”音xiē，謂“些許；少”，未收複詞“呰呰”。又(3/1184)“𡭴$_2$”謂“同‘些$_2$’”，“𡭴𡭴”謂“少許”，書證爲孫光憲《北夢瑣言》引李昌符詩。

《方言大詞典》(頁3334)“些些”②“一點兒；少量”，西南官話、閩語。

鄉壩老　鄉垻老　鄉巴老　鄉巴佬　鄉八老

xiang^{55}ba^{55}lao^{53} [ɕian^{55}pa^{55}lau^{53}]

鄉下人的貶稱；亦貶稱樸實者。明李實《蜀語》(頁126)：“謂人村曰山巴土獠○獠音老。巴州以西，舊獠人所居，故云。”“山巴土獠”猶鄉巴佬，謂人粗鄙。清道光二十一年《遵義府志》卷二十《風俗》、民國三十七年《貴州通志·風土志·方言》：“謂人村曰山巴土獠。”“獠”古代本夷名。《玉篇·犬部》：

“獠，夷名。”《龍龕手鏡·犬部》：“獠，西南夷別名也。”《集韻·巧韻》：“獠，戎夷别名。或从豸，从巢。”又《晧韻》：“獠，西南夷謂之獠。或从犬，从人，亦作獠。一曰土人自謂獠獠別種。”《康熙字典·犬部》：“獠，《廣韻》盧晧切，《集韻》魯晧切，並音老。”明劉文徵《滇志》卷三十：“土僚，其屬本在蜀、黔、西粵之交，流入滇，亦處處有之。”清光緒間修《雲南通志》卷二百零一引《皇清職貢圖》：“土僚一名土老，亦名山子，相傳爲鳩僚種，亦滇中烏蠻之一。從蜀、黔、粵西之交流入滇境，散居臨安、澄江、廣西、廣南、開化、昭通等府。”因其多居於僻地，或借以指村俗之人。清屈大均《廣東新語》卷十一《土言》：“廣州謂平人曰佬，亦曰獠，賤稱也。”蜀謂鄉下爲“鄉壩”①，謂笨拙而粗俗的鄉下人爲“鄉壩老”。清Adam Grainger《西蜀方言》（頁526）：“鄉壩老。”即“a countryman”。民國十五年《南川縣志》卷六《土音土語》：“輕鄉人樸質曰鄉壩老。”民國三十三年《長壽縣志》卷四《風土·方言》：“輕鄉人樸實曰鄉壩老。”又，民國二十四年《雲陽縣志》卷十四《禮俗下·方言上》：“人土曰山巴獠。……俗亦謂鄉垻老。”

又作“鄉巴老”、“鄉巴佬”、“鄉八老”。清高静亭《正音撮要》卷二《笑人罵人》：“鄉巴佬，鄉下仔。”翟灝《通俗編》卷三十八《識餘·集對》：“鄉八老，孟二哥。”傅崇矩《成都通覽·成都之呼物土名》（頁272）：“鄉巴老（鄉巴佬）。”

---

① 清Adam Grainger《西蜀方言》（頁525）“鄉壩裏”謂“in the country”。

沙汀《淘金記》一："老弟！都是騙鄉巴佬的，你倒聽進去了。"周芷穎《新成都》第四章第二節《語言》（頁61）："苕果、鄉巴老——鄉下人。"《川方》（頁408）"鄉巴佬兒（鄉垻佬兒）"謂"〈貶〉鄉下人"。《成都話》（頁216）"鄉巴佬兒"謂"相當於'鄉下佬'（含貶義）。又說'鄉廣廣'"。《川方匯釋》（頁220）"鄉垻老兒"謂"舊時城裏人對鄉下人一種輕篾的稱呼"，"'鄉垻老兒'口語中作'鄉巴佬兒'"。按"篾"當作"蔑"。《重方》（頁347）"鄉巴佬兒"謂"對鄉下人的蔑稱、賤稱"。鮮于煌《四川方言詞"鄉壩佬"考釋》認爲"'鄉壩佬'這個'佬'字，不應是'佬'字，而應該是'獠'字"，"四川人口頭上說的'鄉壩佬'就是指'鄉壩獠'（指散居在鄉下、山間的獠人）"，並引白翠琴《魏晉南北朝民族史》（四川人民出版社1996年版，頁432）爲證，"僚，讀音爲佬，如仡僚、母獠，一般都讀爲仡佬、母佬"，"僚，讀爲老、佬，在南方很多民族是對首領或對老人的尊稱，又有大力、勇敢之意，故作爲族名是尊稱。但在封建文人的筆下，往往貶稱爲獠"[①]，或爲一說。

《大詞典》（10/661）"鄉巴佬"謂"鄉下佬"，首引葉聖陶《皮包》。餘未收錄。

《方言大詞典》（頁492）"鄉巴佬"謂"土包子；鄉下人（貶稱）"，中原官話、西南官話、贛語、閩語，也作"鄉巴老"、"鄉垻老"、"鄉巴佬兒"。

① 《古漢語研究》2002年第3期。

篾　篾丁　銷釘 xiɑo^{55}din^{55} [ɕiau^{55}tin^{55}]

用來連結綴合或固定器物的構件。章炳麟《新方言・釋器》："《春官・小師》注：'篾，編小竹。'《五經通義》亦云：'篾，編竹爲之。'編則有横闗，故今凡有横闗謂之篾，篾丁亦其一矣。"民國十三年《江津縣志》卷十一《風土志・方言》："《春官・小師》注：'篾，編小竹管。'《五經通義》亦云：'篾，編竹爲之。'編則有横闗。邑語凡木器横闗者，通曰篾，小者謂之篾丁。"民國十八年《合江縣志》卷四《禮俗・方言》："篾，木器之横闗者。《春官・小師》注：'篾，編小竹管。'小者謂之篾丁。"民國十九年《嘉定縣續志》卷五《風土志・方言》："篾丁，俗呼丁之兩頭尖者曰篾丁。《周禮・春官・小師》注：'篾，編小竹。'編則有横闗，今凡有横闗皆謂之篾，篾丁其一也。丁俗作釘。"按"丁之兩頭尖者曰篾丁"與太炎先生所云"凡有横闗謂之篾，篾丁亦其一"非同一物。民國二十一年《南溪縣志》卷四《禮俗下・方言》："篾，木器之横闗者。《周禮・春官・小師》注：'篾，編小竹管。'小者謂之篾丁。"姜亮夫《昭通方言疏證》（1768條）："昭人謂戶扅曰門篾，引申凡以鎖合兩面之筍皆可曰篾。"蔣禮鴻《義府續貂・細腰　小腰》："古者固棺之具謂之細腰，或曰小腰。《禮記》《檀弓》：'衽每束一。'鄭玄注：'衽，小要也。'江淹《銅劍讚》云：'往古之事，棺皆不用釘，悉用細腰。……狀如木稱，兩頭大而中央小，仍鑿棺際而安之。……棺凡用細腰五十四枚，大略如此。’案：《檀弓》之衽、《銅劍讚》之稱，皆即華勝之勝，其形則相似耳。今棺身棺蓋之際，猶鑿坎填細腰以固棺。固棺之具謂之細腰、小腰，急讀則成簫，即今插簫、簫釘之簫也。章氏《新方言》，謂簫編竹爲之，編則有橫闕，故今凡有橫闕謂之簫，簫丁（釘）亦其一矣。其說蓋非也。”按章氏謂“今凡有橫闕謂之簫”不誤，上引方志“簫”爲“木器之橫闕者”，可證。今蜀中木工固棺及拼接木排等仍用簫，其形狀如“⧓”，亦即古之所謂“細腰”，急言則爲“簫”；而做桌子等如用幾塊木板拼接，除用膠粘合外，還通常在背面與合縫呈90度視需要開鑿二至三條剖面如“⏢”形的一頭大一頭小的木槽，楔入同樣剖面形狀的木條，即“木器之橫闕者”，稱爲“簫”，小者稱“簫丁”。過去做木桶、木盆等，板片之間的剖面上，視需要打兩至三個對稱的孔，楔入細竹丁，即稱“簫丁”。

或作“銷釘”。清朱壽朋《東華續錄》卷八十六：“大輪軸套鐵木銷釘。”《切口大詞典·雜流類·賣洋傘者》：“樑子，捎釘也。”“捎釘”當即“銷釘”。《大詞典》（11/1292）“銷”⑫“銷釘，銷子”，引王安憶《新來的教練》；附項謂“亦指插上（銷釘）”，首引明馮夢龍《山歌·扇子》：“間邊有畫弗知箇邊箇字，上頭箍緊下銷釘。”“上”、“下”對舉，“箍緊”爲動補結構，“銷釘”爲動賓結構。《大字典》（二/8/4529）“銷”⑪“銷釘，銷子”，亦首引此例，“銷”既指“銷釘，銷子”，“釘”又何指？恐理解有誤，當從《大詞典》所釋。

《大詞典》（11/1295）"銷釘"謂"即銷子。參見'銷子'"，而（1193）"銷子"謂"形狀像釘子的東西。横斷面多呈圓形，用來插在器物中使連接或固定"，首引徐遲《哥德巴赫猜想·石油頭》："繩套從轉盤裏的方補心中穿過，到鑽臺下面穿進一根提升鑽接，像用一根銷子銷住了。""銷子"即一般常見之插銷，與古代細腰俗稱"銷釘"非同一物。又，《大詞典》（9/785）"細腰"謂"亦作'細膂'、'細要'"，④"棺木合縫的木榫"，似不盡確。蜀中合棺除榫外，另加細腰（簫），其法爲兩側棺牆與底板榫合之外另加細腰固定，而棺墻、棺頭（蜀語稱"回頭"，參上該條）與棺蓋則用榫合。

《方言大詞典》（頁6860）"簫丁"謂"兩頭尖的釘"，吳語，引1930《嘉定縣續志》："俗呼兩頭尖者曰~。丁俗作釘。"按下云"今凡有横闗皆謂之簫，簫丁其一也"。未及西南官話。

笑 xiao^{213} [ɕiau^{213}]

東西開裂。參《考釋》第723頁。大徐本《說文·竹部》："笑，此字本闕。臣鉉等案：孫愐《唐韻》引《說文》云'喜也。从竹，从夭'，而不述其義。今俗皆从犬。又案：李陽冰刊定《說文》'从竹从夭'義云'竹得風，其體夭屈如人之笑'，未知其審。"段玉裁注本："笑，喜也。从竹，从犬。"段注："攷孫愐《唐韻序》云：'仍篆隸石經勒存正體，幸不譏煩。'葢《唐韵》每字皆勒《說文》篆體，此字之从竹犬，孫親見其然，是以唐人無不从犬作者。《干祿字書》云‘咲通，笑正’。《五經文字》力尊《說文》者也，亦作‘笑，喜也。从竹下犬’。《玉篇·竹部》亦作笑，《廣韵》因《唐韵》之舊亦作笑，此本無可疑者。自唐玄度《九經字樣》始先笑後笑，引楊承慶《字統異說》云‘从竹从夭，竹爲樂器，君子樂然後笑’。《字統》每與《說文》乖異，見玄應書。蓋楊氏求从犬之故不得，是用改夭形聲，唐氏從之，李陽冰遂云‘竹得風，其體夭屈如人之笑’，自後徐楚金缺此篆，鼎臣竟改《說文》笑作笑，而《集韵》、《類篇》乃有笑無笑，宋以後經籍無笑字矣。今以顧野王、孫愐、顔元孫、張参爲據，復其正始。或問曰：从犬可得其說乎？曰：从竹之義且不敢妄言，況从犬乎？闡疑載疑可也。……又按：宋初《說文》本無笑，鉉增之，十九文之一也。”唐玄應《一切經音義》卷二《大般涅槃經第三十八卷》“蚩笑”引《字林》：“笑，喜也。字從竹從夭聲，竹爲樂器，君子樂然後笑也。”《增韻·笑韻》：“笑，喜而開顔啓齒也。”本指人因喜而笑，笑必開顔啟口，引申指東西開裂。《大詞典》（8/1108）“笑”⑥“比喻花朵開放”，引唐太宗《賦得殘菊花》：“露濃晞晚笑，風勁淺殘香。”劉知幾《史通·雜說上》云：“今俗文士謂鳥鳴爲啼，花發爲笑，花之與鳥，安有啼笑之情哉？”花開花發，即花蕾坼裂矣。以物裂擬之，首見明李實《蜀語》（頁99）著錄。清道光二十一年《遵義府志》卷二十《風俗》、光緒二十一年《敘州府志》卷二十一《風俗》、民國十年《新修合川縣志》卷三十《風俗·方言》、民國十七年《長壽縣志》卷四《人事部·方言》、民國二十三年《華陽縣志》卷五《禮俗·方言》、民國三十七年《貴州通志·風土志·方言》："物裂開曰笑。"以上並採《蜀語》。今川北仍有此說法，如馬尾松的種果成熟後開裂，稱之爲"笑果子"。物裂開口若達到所希望的效果，如饅頭蒸得開花開朵①，亦說"笑嘻了"。喻遂生《〈蜀語〉今蹤——南江方言中所見之〈蜀語〉詞語》："南江話稱破竹子、竹篾時破得不均勻，偏向一邊爲'劃［xua55］笑了'，饅頭蒸得開了口、棉衣棉帽破得露了花，都可稱'笑了'。"②紀國泰《〈蜀語〉簡論》以爲"物裂開曰'笑'"，"在今天的語言中完全消失了"③。又《〈蜀語〉疏證補》（頁411）："今不聞'物裂開口曰笑'，或許彼時語有之。"有失武斷。前撰謂"此詞《川方》未收"，實際上第413頁收錄，"笑"音xiɑo4，謂"裂開（裂口偏向一邊，使一邊多，一邊少）（川東部分地區）：篾條劃~了"，茲予訂正。

《大字典》（二/5/3147）"笑"未及。《大詞典》（8/1108）"笑"⑥"比喻花朵開放"，近似，但範圍過窄。《方言大詞典》（頁4897）"笑"①"裂開"，西南官話（四川成都），"篾條劃~了"。

① 《川方》（頁196）"開花開朵"②"形容包子、饅頭等食品因鬆泡而裂開的樣子"。
② 参見《李實學術研討會文集》，語文出版社，1996年7月第1版，第120頁。
③ 参見《成都師專學報》1992年第1期。

孝帕 xiɑo^{213}pɑ^{213}［ɕiau^{213}pa^{213}］

❶喪葬活動中死者親眷頭上所纏的白布。明來知德《來瞿唐先生日錄》卷六《革喪葬夷俗約（裂布作樂設宴三事）》："今之鄉人雖依某革其浮靡，然猶剪麻布散弔客，名爲孝帛。……梁山麻布一尺所值不過銀四厘，在主人以長短爲厚薄，在客以長短爲喜怒，其可笑至此。殊不知羔裘玄冠，禮不可弔；白馬素車，弔客當然。而主人反以素布加弔客之首，何哉？蓋尺布裹頭，夷人之俗，今猶沿元人之尺布，此孝帕所當革者一也。"前謂"孝帛"，後謂"孝帕"。清梁顯祖輯《大呼集》卷四錄來文"孝帛"作"孝帕"。康熙二十二年《巴東縣志》卷二《風土志·民俗》："其娘人死，外族之男女，各量遠近致孝布，有孝衫、孝裙、孝帕之差。"乾隆十六年《郫縣志書》卷八《風俗志》："至爲其親戚者無論士庶男婦，所得孝帕即以之纏首不去，居恒出入，吉凶莫辨，試以思之，當亦自訝其不情也。"乾隆二十七年《合江縣志·風俗·喪葬》："庶民多用浮屠，各親友亦具禮往奠，喪家分給孝衣、孝帕，間亦送紬帛、布帛。"乾降五十七年《紹興府志》卷六十五《人物志二十五·列女二》："徐履謙妻章氏……乾隆甲申七月姑卒，既殮，婦絕粒三日，哭拜於姑柩前，中夜潛起，衰絰，投井死，時水僅數尺，見孝帕于水上。"民國十七年《長壽縣志》卷四《人事部·禮俗》："孝帕，古稱括髮，恐哭

踴至髮散亂也。今有爭帕之長短至詬詈者，失其意矣。”民國十七年《綏陽縣志》卷一《地理上·风俗·喪祭禮俗》：“惟孝帕約長二三尺，縫一尖頂，謂之孝頭帶。”民國三十九年《開陽縣志稿》第九章《社會·風俗》：“無少長，死者爲大，喪主給以白布三五尺，曰孝帕。”亦稱“孝帕子”。

❷舊時蜀地民眾用以纏頭的寬一兩尺、長七八尺的白布（或青、藍等色布），亦稱“孝帕”、“孝帕子”、“帕子”。清王正誼《達縣竹枝詞》：“慶吊仍須走一回，人家酒席要追陪。頭纏白布鞋如雪，守孝緣何送禮來？”此似寫蜀中白纏頭裝束而出席喜慶活動矣。徐珂《清稗類鈔·風俗類·雅州俗尚》：“無論男女，好以藍、白布纏於頭，雖盛暑不去。”按清王士禛《隴蜀餘聞》：“漢中風俗尚白，男子婦女，皆以白布裹頭。或用黃絹，而加白帕其上。昔人謂爲諸葛武侯帶孝，後遂不除。漢中滕太守嚴其禁，十年來，漸以衰止。然西鳳諸府，風俗皆然。而華州、渭南等處尤甚。凡元旦吉禮，必用素冠白衣相賀，則爲武侯之說非也。”彭阯《江油竹枝詞》：“布縛頭腰冠帶稀，蠶綿亦有織無機。冬裘夏葛雖難辨，終歲何堪只一衣？”孝順武《川行日記》：“男人無論冬夏，多用布帕纏頭，婦女亦然。”陳友琴《川遊漫記·成渝道上》：“二月八日拂曉乘滑竿返內江，途中成‘滑桿夫’一首：‘滑桿夫，滑桿夫，生活艱難作賤奴，手足胼胝血肉枯，頭纏白布汗如雨。’”自注：“川人好以白布纏頭，男女皆然，不獨滑桿夫如此也。”二十世紀三十年代黃炎培旅蜀詩云：“川西男女白纏頭，此俗相傳念武侯。文野在心非在貌，東邦木屐亦風流。”吳濟生《新都見聞錄》十八《習俗一班·（一）

白纏頭》："渝市冷街僻巷間，往往見有男女老幼各色人等，頭裹纏着白布，彳亍而行。作者初到時以爲此種人大約居喪戴孝，也不以爲奇，稍後才知道這是川人舊習慣的一種。相傳三國時蜀漢諸葛武侯殁後，蜀人感念他的功德，爲之持服，遂相沿至今不除。黄任之氏'蜀道'上說：'中國西部用巾的區域很大，恐於印度還有連帶關係。'這推想確有見地。可是以布纏頭，若用黑色或深色的，即使不美觀，也並不觸目，就無所謂了。如今用的是白布，在乾淨潔白的時候纏着，已足夠刺激眼簾，再加這種纏頭布，什九是腌臢骯髒，令人一見作三日嘔，這種樣子，於市容上，確也觀瞻不雅，當局的起而取締，不爲無見。關於白纏頭的故事，前人記載上如清鈕玉樵《觚賸》，引葉石林《避暑錄話》云：'李思訓畫明皇幸蜀圖，嘗見其摹本，方廣不滿二尺，而山川雲物，車馬人畜，草木禽獸，無不一具，嶺谷間民，皆冠白巾，以蜀人爲諸葛孔明服，山居深遠者，後遂不除。余在關中時，其人民依制宜戴纓笠，而皆冠白巾，雖遇吉筵亦不易，大抵雍梁之俗，自古然也'云云；可知唐代已有此種習俗，則自蜀漢沿襲而來之說，確是可信，此風已歷二千多年之久，朝代換了許多，却是始終存在，足見習俗難移，雖然區區小節，也牢不可破如是。但近年以來，上流人士，已經摒除，衹有勞働階級的男子婦孺，還有纏帶着。將來漸漸的澈底革除，當然是可能的。"此俗若真起自蜀人爲諸葛服孝，則不足兩千年矣。"澈"當作"徹"。按葉夢得說見《避暑錄話》卷下，謂"山谷間民皆冠白巾，以爲蜀人爲諸葛孔明服，所居深遠者，後遂不除，然不見他書"，鈕琇引則見《觚賸》卷六《白巾》條，"余在關中時"以下爲鈕氏語，非石林語也。周芷穎《新成都》第四章第一節《歲時習俗》（頁46）“白纏頭”云：“成都市内，大街小巷，往往見有男女老幼各色人等，頭纏白布彳亍而行，省外人來川時，不明究竟，以爲居喪，認四川死亡數字驚人。民國二十二年外交家伍朝樞先生來蓉，見此情形，亦感異樣，詢問報社記者，皆不能具體答覆。一日在某一場合，編者與伍先生碰頭道及此事，經編者解釋後，始知此爲川人舊習。”以下基本抄錄吳濟生《新都見聞錄》，謂“中央憲兵來蓉，曾在街面禁止纏頭，此風稍煞。但一往鄉間，此類白纏頭者正多也”。《新都見聞錄》十八《習俗一班·（七）零簡》又云：“重慶南北岸每逢趕集的時候，當地土人的粧束是穿着長袍短褂，頭上纏着白布，下面赤着雙腳，穿上草鞋。……在那邊的所謂土居，土財主，大約都是這樣子的，可說是川地農村的標準服裝。”“文革”期間，四川各地尚有許多人以白布纏頭，後漸式微。又，據明嘉靖《洪雅縣志》卷一《疆域志·風俗》：“男子則士冠方巾，餘爲瓦稜帽，市井之人多以麻布爲之，謂之涼帽，與有喪者同，甚覺不佳，褶折則多仍元舊。”以布纏頭，頭頂外露，謂之“涼帽”，亦其宜矣；“與有喪者同”，晚近白纏頭，或其一脈相承也。《明皇幸蜀圖》，一般以爲生活於唐玄宗時代的李思訓之子李昭道所畫，現藏臺北故宮博物院。據《避暑錄話》、明嘉靖《洪雅縣志》“褶折則多仍元舊”，是以蜀中“白纏頭”的習俗，自唐宋、蒙元、明清以來，又歷歷可概見矣。李劼人《死水微瀾》第二部分《在天回鎮》：“鋪子裏鋪子外，凡坐着的人，都該站起來，頭上包有白帕子，戴有草帽子的，都該立刻揭下。”

《成方》（頁232）“孝帕子”①“帶孝時包在頭上的白孝布。成都舊俗，白孝布的長短，視與死者親緣關係的遠近而定，兒女最長，其餘依次遞減”，②“川西壩子的農民常纏在頭上用來保暖的一丈多長的白布或黑紗，據傳最早是給諸葛亮帶的孝”；又（頁196）“包孝帕子”①“辦喪事將孝布包在頭上”，②“成都農村的老年人將白布或黑紗包在頭上保暖”。《川方匯釋》（頁161）“帕子”謂“頭上裹的三四尺的布，有青白兩種顏色”。《重方》（頁244）“帕子”音pa^4zi^3，①“裹頭巾”。《川方》（頁295）“帕帕”謂“同*帕，可單用。又説帕子”，“帕”謂“毛巾、枕巾，用來擦手、擦桌子等的布，都可叫~”，未涉及“纏頭巾”義。

《大詞典》未收。《方言大詞典》（頁2493）“孝帕子”①“裹頭的白布”，西南官話；②“穿孝”，中原官話（陝西漢中）。

歇 xie^{21}［ɕie^{21}］

止宿。參《考釋》第724頁。《説文·欠部》：“歇，息也。”段玉裁注：“息者，鼻息也。息之義引伸爲休息，故歇之義引伸爲止歇。”由止歇再引申爲住宿，因住宿也是止歇。前撰首引元劇《西游記》。清乾隆五十年《涪州志》卷五《風土志·方言》、道光十七年《永寧州志》卷十《風土志·方言》、咸豐元年《安順府志》卷十五《風俗·方言》、民國十八年《資中縣續修資州志》卷八《風土·方言》、民國三十二年《沿河縣志》卷十三《風土志·方言》："留宿曰歇。"嘉慶二十二年《武岡州志》嘉慶二十四年《安仁縣志》卷四《風土志·方言》、咸豐四年《興義府志》卷四十二《風土志·方言》、同治八年《安仁縣志》卷四《風土志·方言》、民國《普安縣志》卷十《風土志·方言》："止宿曰歇。"民國二十一年《南溪縣志》卷四《禮俗下·諺語》："做生不請客，回門不留歇。"按徐珂《清稗類鈔·迷信類·湘中童謠》："湘有童謠，傳自明季，其辭曰：'張打鐵，李打鐵，打把翦刀送姊姊。姊姊留我歇，我不歇，我要回去學打鐵。打鐵一，蘇州羊毛好做筆。打鐵兩，兩個娃娃拍巴掌。打鐵三，三兩銀子換布衫。打鐵四，四口花針好挑刺。打鐵五，五個椶子過端午。打鐵六，六月不見早禾熟。打鐵七，七個果子甜蜜蜜。打鐵八，八個娃娃砌寶塔。打鐵九，後花園裏好飲酒。打鐵十，十個癩子戴斗笠。打鐵十一年，拾個破銅錢。娘要打酒喫，仔要還船錢。'仔，小兒也，或曰，張、李者，即獻忠、自成之讖。其打鐵一以下，均暗兆順治以後年號，然乎？"傅崇矩《成都通覽·成都之小兒女歌謠》（頁253）："張打鐵，李打鐵，打把剪刀送姐姐。姐姐留我歇，我不歇，我嫌姐姐床邊有臭蝨。我有橋洞底下歇，螃蟹把我夾半節。"拙撰《考釋》原引明李介《天香閣隨筆》："天啓時，南直有童謠曰：'張打鐵，李打鐵，打把剪刀送姐姐，姐姐留我歇。'"見於卷二，後尚有"我不歇，還要家去學打鐵"一句。李介，明遺民，又名李寄，號昆侖山樵等，徐霞客之子，以介兩姓、事兩朝，故字介立，大半生活在清代，其筆記有題明李介、有題清李介者。可見此歌謠流傳遠佈，影響頗廣。1994年12月版新修《德陽縣志》第二十五篇第四章《歌謠諺語》載兒歌《打把剪刀送姐姐》："張打鐵，李打鐵，打把剪刀送姐姐。姐姐留我歇，我不歇。我要回家割大麥。大麥粗，好喂豬，豬兒長得乖，把它吆上街。"又李明《四川民俗》第十三章《民間文藝》"歌謠"，說到兒歌，"如漢族的《拍手歌》：'張打鐵，李打鐵，打把剪刀送姐姐，姐姐留我歇，我不歇，我要回家寫作業。'"[1]顯然，此爲近年與時俱進的改編，反映了學生作業過多的"現實"，以及這首歌謠長盛不衰的生命力。

今蜀方言音義並存。《川方》（頁414）"歇"謂"住宿；投宿"。《川方匯釋》（頁224）"歇"㊁"住，寄宿"。《川方彙編》（頁9）"歇"②"住宿"，③"棲止。例：鳳凰不歇無寶之地"。《成都話》（頁218）"歇"謂"住宿"。《重方》（頁355）"歇"①"住宿，投宿"。

《大字典》（二/4/2299）"歇"④"睡；住宿"，《大詞典》（6/1458）"歇"②"宿；睡"，均首引《水滸傳》。

《方言大詞典》（頁6562）"歇"①"睡；住宿"，北京官話、中原官話、西南官話、徽語、吳語、客話、閩語。

行嫁　行架　行傢 $xin^{21}jia^{213}$ [$\text{ɕin}^{21}\text{tɕia}^{213}$]

嫁妝中的木器。清同治十一年《上海縣志》卷一《疆域·風

---

[1] 甘肅人民出版社，2004年8月第1版，第340頁。

俗》："將婚女家行嫁，自八廚十六箱至一廚兩箱不等。"光緒九年《松江府續志》卷五《疆域志五·風俗》："女家行嫁，自四廚八箱至一廚兩箱不等。"范寅《越諺》卷上《孩語孺歌之諺》："陶家院哩發行嫁，倪家院哩結重（平聲）親。"民國十三年《崇明縣志》卷四《地理志·風俗》："婚之前日，女家致匳曰行嫁。凡箱櫃衣櫥桌椅梔匳銅錫瓷器皿，下至吐壺湢牏之具咸備，俗以一櫥配二箱，二櫥則四箱，以次而倍。貧者惟箱桌盆桶，謂之三桶。"民國二十二年《灌縣志》卷十六《禮俗記·方言》："行嫁，謂行嫁之牀櫃也。行嫁不惟牀櫃，以大名代小名也。"

亦作"行架"。清傅崇矩《成都通覽·成都之小兒女歌謠》（頁252）："鵶鵲栽跟斗，栽在孃孃後門口。我問孃孃幾時嫁，今年留頭明年嫁。我幫孃孃抬行架，一抬抬在下河垻。"《川方》（頁416）"行架"謂"專指嫁妝中的木器"。《川方匯釋》（頁226）"行架"謂"結婚新置的家具，如床、桌、凳、柜等"。《重方》（頁359）"行架"謂"女孩子出嫁時置辦的一整套新家具，如床、柜、桌等"。黃尚軍《四川方言與民俗》"打行架"謂"即爲出嫁之女製作一套陪奩家具"，引今合川流行的《打行架歌》："媒人已對木匠談，打堂行架做陪奩。"[1]

又作"行傢"。民國十九年《嘉定縣續志》卷五《風土志·方言》："行傢，俗謂妝匳也。行本音蘅。傢，傢伙也。言行傢伙於壻家也。"

---

① 四川人民出版社，2002年1月第2版，第18頁。

《大詞典》未收。《方言大詞典》（頁2075）“行架”謂“指木器嫁妝”，西南官話。又（頁2076）“行傢”謂“妝奩”，吳語，引1930年《嘉定縣續志》：“~，俗謂妝奩。”又“行嫁”①“妝奩”，吳語、客話。以上均爲同詞異形。

焮 痛 庎 脈 膌 疔 舋 xin^{213} [ɕin^{213}]

由病變初起或受病變部位影響而引起身體不適或疼痛。參《考釋》第735頁。隋巢元方《巢氏諸病源候總論》卷九《熱病毒攻手足候》：“夫熱病攻手足及人五藏六府并榮俞皆出於手足指，今毒氣從府藏而出，循於經絡，攻於手足，故手足指皆腫，亦焮痛也。”《太平廣記》卷一百四十七《桓臣範》（出《定命錄》）：“及至郡，因拜跪，左脚忽痛，遂行不得。有一人云解針，針訖，其腫轉劇，連膝焮痛。”宋洪遵輯《洪氏集驗方》卷二《癰疽》：“治癰疽發背初覺毒氣攻擊赤腫焮痛方。”明繆希雍《神農本草經疏》卷十二：“《醫方摘要》：療疔瘡腫毒，一切癰疽不問已成未成，但焮痛者，皆用槐花微炒、核桃仁二兩、無灰酒一鍾，煎十餘沸熱服。未成者二三服，已成者一二服見效。”清同治十年《鄱陽縣志》卷二十二《雜志二・紀異》：“一夕，見二婦人戴特髻，從竹林中入室內，稍進至牀前，程（昌禹）素有膽氣，呼問之，皆笑對，因伸兩足，呼使摩腰，久而睡熟，已，曉無所見，摩處皆青黑，焮痛累日，乃復初。（《異聞總錄》）" Adam Grainger《西蜀方言》（頁322）："老毛病焮天晴落雨。"謂"a chronic disease foretells fair or foul weather"。民國二十四年《重修鎮原縣志》卷二《輿地志下·物產》："馬齒菜有赤白二種，多年惡瘡或焮痛不已，及脛瘡臁瘡焮痒不可堪者，搗爛馬齒傅上即瘥。"今仍謂身體某個部位隱痛不適爲"焮起痛"，因受其影響而產生的變化叫"焮起的"。

或作"瘠"、"㾏"、"脪"、"脪"、"疜"、"䏑"等。《廣韻·焮韻》："瘠，瘡中冷。㾏、脪，並上同。脪，《說文》曰：'瘡肉反出也。'"《集韻·焮韻》："脪，《說文》：'創肉反出。'一曰瘠脪，熱氣箸膚中。或作脪、瘀、瘠、疜、膞。"《龍龕手鏡·疒部》："疜、瘠，香靳反，瘡中冷也。二同。"宋佚名《新增詞林要韻》十五清明去聲："䏑，腫起核也。"《正字通·疒部》："疜，許定切，音釁，瘡中冷。別作瘀。"又《肉部》："脪，與《疾部》瘀同。或作疜。"又："䏑，許定切，興去聲，瘡腫起。"《康熙字典·疒部》："疜，《集韻》香靳切，音炘，瘡中冷。別作膞。"又，《玉篇·肉部》："䏑，腫痛也。"《廣韻·證韻》："䏑，腫起。"《康熙字典·肉部》："䏑，《廣韻》、《集韻》並許應切，興去聲。"清屈大均《廣東新語》卷十一《土言》："瘡腫起曰䏑。興去聲。"民國十四年《陽江志》卷七《地理志七·風俗附方言》："瘡起腫曰䏑。興去聲。"民國二十三年《恩平縣志》卷四《輿地三·風俗·方言》："瘡腫起曰䏑。興去聲。"《川方》（頁417）"炘（疜）"⑥"由病變產生…（感覺）"。《重方》（頁361）"疜"音xin⁴，①"因病變初起而引起身體感覺不舒適"。

《大字典》（二/4/2368）“焮”音xīn（又讀xìn），⑤“發炎腫痛”，首引《本草綱目》。又（5/2863）“㾙”（一）xìn，②“瘡中冷”，引《廣韻》。又（2/938）“庍”（二）xìn，謂“同‘㾙’”，引《廣韻》。又（4/2240）“𦛂”音xìn，①“同‘㾙’。瘡中冷”，首引《廣韻》。又（2228）“脪”（一）xìn，②“紅腫發炎”，引《廣韻》。又（5/2848）“𤵸”音xìn，③“蜀方言，發生影響的意思”，引李劼人《大波》及自注。又（4/2278）“臖”音xìng，①“腫痛”，首引《玉篇》；②“腫起；腫核”，首引《廣韻》，又謂“今中醫特指淋巴結腫大”。

《大詞典》（7/93）“焮”④義同《大字典》“焮”⑤。又（6/1406）“臖”音xìng，謂“腫脹”，引《醫宗金鑒》。未收“㾙”、“庍”、“𦛂”、“脪”、“𤵸”字。

《方言大詞典》（頁6276）“焮”③“發炎紅腫或潰爛”，北京官話。又（頁4351）“𤵸”③“結塊”，西南官話。又（頁7482）“臖”①“因發炎而腫起（或腫痛）”，江淮官話、西南官話、吳語、粵語；②“指淋巴結發炎腫起的硬塊”，西南官話。又（頁6243）“𦛂”音xìn，①“腫痛”，江淮官話，引1936年《鹽城縣志》：“俗謂瘡在此腫痛在彼曰脪，又作~。”

臖瘍　𤵸瘍子 xin^{213}yang^{21}zi^{53}［ɕin^{213}iaŋ^{21}tsɿ^{53}］

由病變引起腫大的淋巴結。參《考釋》第736頁。明李時珍

《本草綱目》卷二十七《菜之二・薯蕷》："胯眼臖瘍：山藥、沙糖同搗，塗上即消。先以麪塗四圍，乃上此。"

"疔瘍子"首見前撰引明李實《蜀語》（頁35）著錄，黃仁壽等校注："'疔瘍子'一語，今猶存。"清道光二十一年《遵義府志》卷二十《風俗》、光緒二十一年《敘州府志》卷二十一《風俗》、民國十年《新修合川縣志》卷三十《風俗・方言》、民國三十七年《貴州通志・風土志・方言》："寒熱結瘣曰疔（音幸）瘍子。"並採《蜀語》矣。清唐訓方《里語徵實》卷中下："寒熱結瘣曰疔瘍子。疔音幸，臖同。瘍音羊，創瘫也。"民國二十一年《南溪縣志》卷四《禮俗下・方言》："疔瘍子，疔音幸，寒熱結瘣而成也。"民國二十四年《雲陽縣志》卷十四《禮俗下・方言上》："寒熱結塊曰疔瘍子。"民國二十四年《蓬溪縣近志》卷七《風土篇・方言》："寒熱結塊曰疔（音幸）瘍子。"今蜀方言仍謂淋巴腫痛爲"疔瘍子"。《川方》（頁418）"疔瘍"謂"由病變而腫大的淋巴結（川東部分地區）"。《川方匯釋》（頁225）"疔瘍"謂"因生瘡害病引起的頸部淋巴腫大"。《重方》（頁361）"疔瘍子"謂"頸部淋巴腫大的最初發冷發熱過程"。又，《成都話》（頁221）"疔"①"事物在蘊蓄過程中：這場雨~了好久都不下。｜~瘍子"。《成方》（頁356）"瘍子"謂"因病而腫大的淋巴結"。亦有謂腮腺炎爲"疔瘍子"、"［ts'ən^{213}］耳寒"者，民間單方以老鹽蛋腳子（即四川鹽蛋之鹽水沉澱物）敷之立效。劉廷武《〈蜀語〉釋要》："疔瘍子又叫疔瘍。即今之淋巴結發炎而引起的腫塊，常發生於腋下、耳下項部和腹股溝部位。舊時村夫農婦不知醫藥，用豬油抹其患處，一面抹一面念念有詞，詛咒此病，欲以此使瘍子消散，蜀俗謂之咒瘍子。"①

《大詞典》(8/336)"瘍子"謂"泛指瘡"，引沈從文《三三》:"你文雅得像城裹人，所以才生瘍子！"未收"臖瘍"、"疥瘍子"。

《方言大詞典》(頁4351)"疥瘍子"謂"由病變而腫大的淋巴結"，西南官話。

餿 殑 朽 xiu^{53} [ɕiəu^{53}]

食物朽敗。《集韻·有韻》:"餿，食物爛也。"《正字通·食部》:"餿，同糗，舊註食物爛，誤。"按舊注當不誤。《康熙字典·食部》:"餿，《集韻》去久切，音糗，食物爛也。"宋鄭樵《通志》卷三十三《六書略·諧聲》:"餿，去久切，食物爛也。"明岳元聲《方言據》卷下《餿》:"飯隔宿臭變謂之餿。"李實《蜀語》(頁31):"食爛曰餿○餿音朽。"今蜀方言謂豆腐乳爲"餿豆腐"；豆腐置久而表面滑膩，俗語謂"豆腐餿了吃得"。仍音同"朽"，讀[ɕiəu^{53}]。

亦作"殑"、"朽"。《説文·歺部》:"殑，腐也。从歺，丂聲。朽，殑或从木。"段玉裁注:"《肉部》曰:'腐，爛也。'今字用朽而殑廢矣。"《正字通·木部》:"凡物腐皆曰朽，與

① 參見《李實學術研討會文集》，語文出版社，1996年7月第1版，第83頁。

殀通。”《書·五子之歌》：“予臨兆民，懔乎若朽索之馭六馬。”僞孔傳：“朽，腐也。”《墨子·尚同上》：“至有餘力，不能以相勞；腐殀餘財，不以相分。”畢沅校：“舊本殀俱作列，非。《説文》云：‘殀，腐也。’或从歺。”“腐殀”同義連文。《列子·湯問》：“楚之南有炎人之國，其親戚死，殀其肉而棄之，然後埋其骨，迺成爲孝子。”楊伯峻集釋：“《釋文》云：殀本作冎，音寡，剔肉也。又音朽。王重民曰：《釋文》一本作冎，蓋冎之譌。《説文》冎部云，‘冎，剔人肉，置其骨也’，是其義。伯峻案：《博物志》亦作‘朽其肉而棄之’，《御覽》七九〇引‘朽’作‘剮’，蓋從《列子》。”作“冎”固然謂“剔”，而“朽其肉”謂使其肉腐爛矣。清光緒《金華縣志》卷十六《志類要·方言》：“殀，音殠，《説文》‘腐也’，《博雅》‘敗也，臭也’。《列子·殷問篇》：‘楚人有炎人之國，其親戚死，殀其肉棄之，然後瘗其骨。’……邑人謂穢氣不堪曰殀。”光緒二十四年《嘉應州志》卷七《方言》：“肉味變曰朽。黄香鐵云：按《列子》稱逢氏子‘有迷罔之疾’，‘視白以爲黑，饗香以爲朽’。錢辛楣謂古人香與朽對，取其相反，以臭與香對，蓋始於《廣雅》，則朽字之義爲古也。仲和案：朽與臭音近，古讀栲如糗，猶考讀如朽。《淮南子》‘夏后氏之璜，不能無考’，‘考’即《説文》之玉訓爲朽玉者，俗作珛，音齅。《唐風》‘山有栲’，正義引陸疏云：‘許慎正以栲讀爲糗，今人言考失其聲耳。’知栲朽臭古本同音也。”

《大字典》（二/8/4759）“饈”音qiǔ，①“食物腐臭”，首引《集韻》，未及蜀方言音。又（3/1479）“殀”（一）xiǔ，謂“同‘杇’”，首引《説文》。又（1235）“杇”①“腐爛”，首引《書》。

《大詞典》（12/573）“饈”音qiǔ，謂“同‘糗’。乾糧”，未及食物朽敗之音義。又（5/146）“殈₁”音xiǔ，①“腐爛”，首引《墨子》。又（4/723）“杇”①“腐爛，腐朽”，首引《書》。

《方言大詞典》（頁6624）“饈”音qiǔ、xiǔ，謂“食物腐爛”，西南官話（四川），引《蜀語》。

秀頂 xiu^{213}din^{53}［ɕiəu^{213}tin^{53}］

秃頂。《説文·秃部》：“秃，無髮也。从儿，上象禾粟之形，取其聲。凡秃之屬皆从秃。王育説。倉頡出見秃人伏禾中，因以制字，未知其審。”段玉裁注：“粟當作秀，以避諱改之也。……象禾秀之形者，謂禾秀之穎屈曲下琛，莖屈處圓轉光潤，如折釵股。秃者全無髮，首光潤似之，故曰象禾秀之形。秀與秃古音皆在三部，故云秃取秀之聲爲聲也。……此云‘象禾秀之形，取其聲’，謂取秀聲也，皆會意兼形聲也。其實秀與秃古無二字，殆小篆始分之，今人秃頂亦曰秀頂，是古遺語。凡物老而椎鈍皆曰秀，如鐵生衣曰銹。”朱駿聲通訓定聲：“今蘇俗老而秃頂曰秀頂。……秀、秃相近字也。”清桂馥《札樸》卷七《匡謬·秀》：“（《説文》）‘秃’下云：‘上象禾粟之形，取其聲。'案：'禾粟'與'禿'無意，'秀'則'禿'矣。後因'取其聲'三字，遂改'粟'以就之，不知'秀'、'禿'聲相近，當作象禾秀之形。"[①]胡紹煐《文選箋證》卷三十《任彥升王文憲集序》："齒危髮秀之老。注：善曰'髮秀，猶秀眉也'。朱氏珔曰：'秀字當本作禿，以形似致譌。'紹煐按：《說文》：'禿，無髮也。从几，上象禾秀之形（秀字依段增），取其聲。'"並引段注，謂"據此，則髮秀猶髮禿，不煩改字"。按段君所見本作"粟"，故注謂"粟當作秀，以避諱改之也"，"秀"實依段注回改，而非"依段增"。馬瑞辰《毛詩傳箋通釋》卷二十二《大田》"不稂不莠"："今按童與禿亦一聲之轉，童蓈秀而不實，壯其秀則曰童，猶今人禿頂亦曰秀也。"徐德庵《方言叢考》："《說文》：'禿，無髮也。'……禿復對轉爲翛。《詩·豳風·鴟鴞》：'予尾翛翛。'《傳》：'翛翛，敝也。'翛翛亦作脩脩。古音相同。《淮南·說山訓》：'髡屯犂牛，既科以犓。'注：'科無角，犓無尾。'是犓亦脩也。案翛、脩並從攸聲。……《文選·王文憲集序》：'齒危髮秀之老。'秀、脩去聲，義與禿相同。今江蘇謂人頭禿曰秀頂，可知爲古語之遺矣。"[②]故"秀頂"即"禿頂"，又謂"歇頂"、"謝頂"，亦聲相近[③]。清高靜亭《正音撮要》卷二《身體》："歇了頂，露頂。"

---

① 《說文解字義證》卷二十六"禿"字又云："禿、粟聲近。"

② 《古代漢語論文集》，巴蜀書社，1991年1月第1版，第6-7頁。

③ 秀，《廣韻·宥韻》息救切，心母；歇，《月韻》許竭切，曉母；謝，辭夜切，邪母。"心"、"曉"、"邪"今細音聲母同爲［ɕ］。

《大字典》（二/5/2772）“秀”⑨“用同‘禿’”，又（4/2299）“歇”⑤“凋零；衰敗”，又（7/4269）“謝”⑤“消逝；凋落”，則“秀頂”即禿頂，“歇頂”、“謝頂”謂頂上頭髮凋零。

《大詞典》（8/8）“秀頂”謂“年老禿頂”，引《説文通訓定聲》；又（6/1460）“歇頂”云“謂成年人因疾病或早衰而頂髮脱落”，無書證；又（11/379）“謝頂”謂“成年人因患某種病或者隨年齡的增長，頭頂的頭髮逐漸脱落”，引杜鵬程《在和平的日子裏》及魏巍《擠垮它》兩例。以上當同詞異形，但釋義詳略有差。今蜀中凡頭頂的頭髮逐漸脱落均謂“秀頂”，不在於年老與否。又“歇頂”、“謝頂”已爲通語。《現漢》“歇頂”謂“謝頂”，而“謝頂”謂“成年人隨着年齡的增長或者因爲患某種病，頭頂的頭髮逐漸脱落。也説歇頂”。蜀語“謝頂”亦不限指成年人頭頂的頭髮逐漸脱落。《成方》（頁158）“謝頂”謂“⇨〖禿頂〗”，而（頁54）“禿頂”謂“脱落了大量頭髮的頭頂”。此釋名詞義，若動詞義則當謂“頭頂的頭髮逐漸脱落”。“謝頂”應爲通語，蜀語説“秀頂”。

《方言大詞典》（頁2712）“秀頂”謂“禿頂”，冀魯官話、江淮官話、徽語、吳語，未及西南官話。又（頁6566）“歇頂腦”謂“禿頂”，晉語。又（頁6339）“謝頂”謂“禿頂（頭頂頭髮脱落）”，北京官話、冀魯官話、膠遼官話、中原官話、晉語、江淮官話、蘭銀官話、西南官話。

撏 撏 㩮 𦆓 燖 燂 𩎖 爓 挦

xuɑn²¹ [ɕuan²¹]

扯，拔取。《集韻·鹽韻》："撏，摘也。或从草，从尋，亦書作𢷾。"《康熙字典·手部》："撏，《唐韻》徐鹽切，《集韻》徐廉切，並音燖，摘物也。或作䕭，又作挦，亦作𢷾。"北魏賈思勰《齊民要術》卷八《菹綠》："白瀹豘法：用乳下肥豘。作魚眼湯，下冷水和之，撏豘令淨，罷。若有麤毛，鑷子拔卻。"唐杜荀鶴《重陽日有作》詩："偷撏白髮真堪笑，牢鎖黃金實可哀。"明李實《蜀語》(頁33)："摘毛曰撏○摘音的，撏音涎。"清道光二十一年《遵義府志》卷二十《風俗》、光緒二十一年《敘州府志》卷二十一《風俗》、民國十年《新修合川縣志》卷三十《風俗·方言》、民國二十三年《華陽縣志》卷五《禮俗·方言》、民國三十七年《貴州通志·風土志·方言》："摘毛曰撏。音涎。"民國十五年《南川縣志》卷六《土音土語》："拈毛曰撏。音口，一作挦。"民國十五年《簡陽縣志》卷二十二《禮俗篇·方言》、民國十七年《長壽縣志》卷四《人事部·方言》："摘毛曰撏。音全。"民國十八年《新修南充縣志》卷七《掌故志·風俗·方言》："摘毛曰撏。音旋。"民國二十三年《樂山縣志》卷三《方輿志·方言》："以鑷摘毛曰撏。"民國二十四年《雲陽縣志》卷十四《禮俗下·方言上》："撏，摘也。”民國三十六年《新繁縣志》卷四《禮俗·方言》：“今凡拔取禽鳥之毛皆曰撁。”

亦作“撏”。《方言》卷一：“撏，取也。”錢繹箋疏：“今俗謂以指摘物曰撏。”唐賈島《原居即事言懷贈孫員外》詩：“鑷撏白髮斷，兵阻尺書傳。”明焦竑《俗書刊誤》卷十一：“手撏毛曰扚。音的。撏音潛，又音尋。”民國十五年《南川縣志》卷六《土音土語》：“撏，徂含切，以兩指拈毛也。一作撁。”民國三十三年《重修彭山縣志》卷二《民俗篇·方言》：“去毛曰撏，音潛，俗說如全。”民國三十三年《長壽縣志》卷四《風土·方言》：“以手指拈毛曰潯。”“潯”當作“撏”。黃侃《蘄春語》：“吾鄉謂殺禽獸已，納之沸湯去毛，曰燅毛。或書作撏。”《川方彙編》（頁225）“撏”音xuan，謂“拔毛。鴨子好吃，鴨毛難撏。（亦作㧦）”。《重方》（頁274）“撏毛”音quan²mao²，謂“將已殺家禽用開水湯後去掉毛”，“口語也說xuan²”。

又作“燅”、“錴”、“燖”。《說文·炎部》：“燅，於湯中爚肉。从炎，从熱省。錴，或从炙。”徐灝注箋：“燅，古通作尋，久而遂專其義，又增火旁作燖。”唐玄應《一切經音義》卷一《大集日藏分經第十卷》：“燂身，《聲類》作燂、燖二形，《字詁》古文錴、鬵（鬻）二形，今作燅，同，詳廉反。《通俗文》：‘以湯去毛曰燅。’”又卷四《觀佛三昧海經第五卷》：“生燅，《聲類》作燂、燖二形，《字詁》古文錴，今作燅，同，詳廉反。《說文》：‘熱湯瀹肉也。’”又卷九《大智度論第十八卷》：“燂睹，《聲類》作燂、燖二形，《字詁》古文錴、鬵（鬻）二形，今作燅，同，詳廉反。《說文》：‘燅，熱湯中爚肉也。'《通俗文》：'以湯去毛曰爓（燅）。'"慧琳《一切經音義》卷七十九《經律異相卷第五十》："燅猪，上祥閻反，《考聲》云：'以熱湯沃毛令脱落也。'經文從火從尋作燖，俗字，非也。"《龍龕手鏡·火部》："燖，以湯沃毛令脱。"北魏酈道元《水經注》卷三十一《溳水》："溫水出竟陵之新陽縣東澤中……其熱可以燖雞。"宋莊綽《雞肋編》卷上："王逸少愛鵝，曹孟德有梅林救渴之事，而俗子乃呼鵝爲'右軍'，梅爲'曹公'。前人已載尺牘有'湯燖右軍一隻，蜜浸曹公兩瓶'，以爲笑矣。"羅大經《鶴林玉露》乙編卷三《村莊雞犬》："既出莊游他所，忽聞莊中雞犬聲，令人視之，乃府尹所爲也。平原大笑，益親愛之。太學諸生有詩曰：'堪笑明庭鵷鷺，甘作村莊犬雞。一日冰山失勢，湯燖鑊煮刀刲。'"明王可大《國憲家猷》卷四十九《方技二》："煮老鷄鵝，殺過安净處，待其肉冷潯毛，煮之易爛。""潯"當作"燖"。沈周《石田雜記》："煮老雞鵝，凡殺過置在淨處，待其肉冷，然後燖毛，煮之易爛如嫩者。"清Adam Grainger《西蜀方言》（頁326）："燖雞毛。"謂"to scald the feathers off a chicken"。《川方彙編》（頁235）"撏"謂"（讀旋）拔毛"。

或作"燂"、"燅"、"燗"。唐玄應《一切經音義》卷一《大集日藏分經第十卷》："燂身，《聲類》作燂、燖二形，《字詁》古文錴、爓（燅）二形，今作燅，同，詳廉反。《通俗文》：'以湯去毛曰燅。'經文作燗。案《説文》等音皆余贍反，又羊占反，火燗燗也。"《龍龕手鏡·火部》："燅燗，二，或作燖。"《康熙字典·火部》："燅，《篇海》徐廉切，音撏，以湯沃毛令脱也。按𣲧當同燂。”清張慎儀《蜀方言》卷上（頁268）：“以湯去毛曰𣲧。……《集韻》或作𤆵。”楊樹達《長沙方言續考》六十三《燅》：“《周禮·地官·封人》注云：毛炮豚者，燅去其毛而炮之。《釋文》云：燅，似鹽反。字或作𤎖。《通俗文》云：以湯去毛曰𤎖。《廣韻》云：𤎖，徐鹽切。按長沙今以熱湯去毛曰燅毛。（讀如ㄘㄧㄢ）”

俗亦作“挎”。唐樞《蜀籟》卷四（頁227）：“翠雀變的，長點毛就要挎了。”《大字典》（二/4/1965）“挎”（二）quán，謂“方言。扯，拔取。相當於‘撏’”，引唐樞《蜀籟》卷四：“鴨膆好吃，鴨毛難挎。”按“挎”從“玄”得聲，爲方言用字，《蜀籟》末附《四川方言方音表》音xuán，《大字典》音“quán”則不知何據。

《大字典》（二/4/2100）“攳”謂“同‘撏’”，首引《集韻》。又（2080）“撏”音xián（又讀xún）①“扯；拔取”，首引《方言》。又（2392）“𤎖”謂“同‘𤆵’”，首引《說文》。又（2393）“燂”音xún（又讀qián），未及以湯去毛義。又（2408）“燅”（二）xún，謂“同‘𤆵’”，首引《集韻》。又（2399）“𤆵”音xún（又讀qián），②“把已宰殺的豬或雞等用開水燙後去掉毛”，首引《龍龕手鑑》。《現漢》“撏”音xián，〈方〉“撕；取；拔（毛髮等）；拉：~扯｜~雞毛”。今蜀方言凡撏扯、拔除等並音［ɕyan²¹］。

《方言大詞典》（頁7473）“攳”①“扯；拔取”，江淮官話、西南官話。又（頁4041）“挦”⑤“拔取；摘取”，北京官話、中原官話、江淮官話、西南官話、吳語、湘語、贛語、粵語、閩語。又（頁7195）“𤏲”①“把禽獸類用開水湯一下再去掉毛）”，江淮官話、西南官話、吳語、贛語。又（頁5077）“燖”①“用熱水泡了去毛”，吳語。又（頁3280）“拡”音xuán，謂“扯”，西南官話。又（頁7472）“𣯊”謂“把已宰殺的豬或雞等用熱水燙後去掉毛”，西南官話。以上均爲同詞異形，釋義則詳略有差。

蕁麻 蕁麻 燖麻 涎麻 xuɑn^{21}mɑ^{21}［ɕyan^{21}ma^{21}］

莖葉有細毛，人皮膚接觸時引起刺痛和瘡皰的多年生草本植物。亦稱“蕁麻”（參前“蕁麻”條）。《正字通·艸部》：“蕁，舊註音延，山韭也。又音潛，義同。按《爾雅》山韭一名藿，非蕁也。蕁麻即蕁麻。”宋張邦基《墨莊漫録》卷七：“川峽間有一種惡草，羅生於野，雖人家庭砌亦有之，如此間之蒿蓬也，土人呼爲蕁麻。其枝葉拂人肌肉即成瘡疱，浸淫潰爛久不能愈。杜子美《除草》詩所謂‘草有害於人，曾何生阻修。其毒甚蜂蠆，其多彌道周’，蓋謂此也。劉袤延仲至蜀嘗見之。”明曹學佺《蜀中廣記》卷六十四《方物記第六·藥石》：“按杜工部有《除蕁草》詩，蕁音燖，蜀名蕁麻。《寰宇記》：麻山有麻，能解瘴毒。《本草》：‘升麻，生益州山谷。’《寰宇記》：出茂戎彭雅之間。”李實《蜀語》（頁76）：“蕁草曰蕁麻○蕁音涎，苗似苧麻，芒刺螫人，痛不可忍，又名蕁麻。有紅白二種：

紅者可治齁症；白者煎湯浸稉米爲粉，油煎甚鬆，用葉萎豬易壯。杜子美夔州《除草》詩自注云：‘去蕣也。’故其詩曰：‘其毒甚蜂蠆。’又曰：‘芒刺在我眼。’注者以爲山韭，字書又以爲菜名，大謬。考蕺乃山韭，誤解蕣字，遠矣。”謂蕣非山韭，是矣。清王士禛《隴蜀餘聞》：“蠍子草，即杜詩所云‘其毒甚蜂蠆’者，吳若注‘蕣草’是也。一名山韭，觸之如蠆尾之螫人。今城郭彌望皆是。”此亦謂“一名山韭”，或未見李實《蜀語》。仇兆鰲《杜詩詳注》卷十四：“李實曰：蕣葉如苧麻，川人名曰蕣麻，毛刺螫人，亦曰螫麻。螫音謔，又音釋，毒螫也。”謂“螫音謔，又音釋”，非是①。方以智《通雅》卷四十一《植物》：“蕣麻即蕁麻。《圖經》有蕁麻，一作毛蕣，音燗。李時珍曰：蕁字本作蕣，杜子美有《除蕣艸》詩。……今考葉有毛芒，觸人如蠆，以人溺洗之可解也。或又作蕣，乃蕣之訛，以燗音瓚，其土音耳。”又《物理小識》卷九《草木類·斷腸草》：“東雲雛言：蕣麻，如麻葉而長碎，有刺，高三尺，耀州延綏包手取以飼豕即肥。”清道光二十一年《思南府續志》卷三《食貨門·物產》：“螫麻，即蕣麻，莖葉有柔刺，觸之螫人。”

亦作“蕁麻”。宋唐慎微《證類本草》卷三十：“《圖經》曰：蕁麻生江寧府山野中。村民云療蛇毒。然有大毒，人誤服之，吐利不止。”明李時珍《本草綱目》卷十七下《草之六·蕁麻》：“蕁麻，蕁音燖。……（蘇）頌曰：蕁麻生江寧府山野中。時珍

① 《廣雅·釋詁二》：“蠚、螫，痛也。”王念孫疏證：“蠚、螫，一字也。”《集韻·藥韻》：“蠚，亦作螫。”“蠚”《廣韻·鐸韻》呵各切。

曰：川、黔諸處甚多，其莖有刺，高二三尺，葉似花桑，或青或紫，背紫者入藥。上有毛芒可畏，觸人如蜂蠆螫蠚，以人溺濯之即解。有花無實，冒冬不凋，挼投水中能毒魚。”清徐元禧《名山竹枝詞》：“詰曲山灣是妾家，風棚雨壁沒欄遮。狂夫莫道來容易，偏處墻陰茁蕁麻。”原注：“蕁麻，俗稱活麻。杜詩注名蕁草，《通志》名蝎子草。縣產最多。”此則以“蕁”爲“薮”矣。嘉慶十七年《郫縣志》卷四十《物產》：“薮草，一名蠍子草，一名蕁麻，人觸之如蜂蠆毒，以溺濯之即愈。”同治九年《會理州志》卷十《風土志·物產》：“蕁麻，別名毛薮，曰薮麻，曰山韭，曰蝦蟇草，曰蝎子草，莖有刺，葉有毛芒，觸人如蜂蠆螫毒，俗呼活麻。”徐珂《清稗類鈔·植物類·蕁麻》：“蕁麻爲多年生草，山野自生，高三尺許，葉卵形而尖，鋸齒甚粗，柄長，花小而單性，色白。莖葉皆有刺，觸人覺痛。皮之纖維可製線，古稱之薮草。”張慎儀《蜀方言》卷下（頁338）：“蕁麻曰蠚麻。……《杜詩詳注》：薮，葉如苧麻，川北人名曰薮麻，毛刺螫人，亦曰蜇麻。蜇，正作蠚，別作蛪。”民國十五年《南川縣志》卷六《植物》：“蕁（音尋）麻，李時珍曰：蕁本作薮，杜子美有《除薮草》詩，俗呼蝎麻，生於籬落溪厓間，葉類麻，多毛刺，螫人手足，腫痛至不可忍。……土人呼爲薮麻，采之而沃以沸湯，可以已風，可以肥豕，吾南處處有之。”民國十八年《新修南充縣志》卷十一《物產志·植物·有毒植物》：“蕁麻，一名薮草。”民國二十八年《巴縣志》卷十九《物產·草類》：“蕁麻，即今俗所稱蠚麻也。蠚，讀若郝。《益部方物略記》：自劍以南，在在有之。或觸其葉，如蜂蠆螫人，即成瘡疤，以溺濯之可解。葉有刺，或青或紅，紅者能治風疹。明《四川志》謂‘蕁麻，一名蝎子草，紅者已風’是也。今四鄉往往有此惡草。”①

或作“燖麻”。宋宋祁《益部方物略記》：“葉能螫人，有花無實。冐冬弗悴，可以袪疾。”自注：“右燖麻，自劍以南，處處有之。或觸其葉，如蜂螫人，以溺濯之即解。莖有刺，葉似花，葉或青或紫，善治風腫。按杜詩當作薮。”按《佩文韻府》卷二十一之一《下平聲・六麻韻一》引作“蕁麻”。清田雯《古歡堂集》卷三十九《薮草》：“薮草即燖麻，黔蜀有之，生於籬落溪厓間，葉類麻，多毛刺，螫人手足，腫痛至不可忍。……土人采之，沃以沸湯，則可已瘋，亦可肥豕，世固無棄物哉。”陳鼎《滇黔紀遊・貴州》：“薮草即燖麻，生於澤畔，多刺，螫人手足輙腫脹，痛不可忍，逾日方平，人比之蜂蝎虺蠆也。土人採以沃湯，可療瘋瘃。”彭遵泗《蜀故》卷十九《物產》：“燖麻，自劍以南在在有之，或觸其葉如蜂螫人，以溺濯之即解。莖有刺，葉似花葉，或青或紫，善治風腫。”道光二十一年《遵義府志》卷四十七《雜記》：“薮草即燖麻，黔蜀有之，生於籬落溪厓間，葉類麻，多毛刺，螫人手足，腫痛至不可忍，杜子美所謂‘草有害於人，曾何生阻修。其毒甚蜂蠆，其多彌道周’是也。”李宗昉《黔記》卷一：“薮草即燖麻，其葉類麻，多毛刺，生籬落溪崖間，刈並豨莶煮，飼豬甚肥，沃湯浴體可療瘋瘃。……白香山詩：‘薮草四時香。’俗呼伙麻草。”按白

① “郝”今蜀方言［xo⁵⁵］、［xo²¹］兩讀。

詩各本“香”作“青”，“蘞草”實不香，亦未聞有言其香者，故作“青”是。

亦記音作“涎麻”。明嘉靖三十六年《慶陽府志》卷八《兵防三·關隘》：“涎麻灣墩十里，傳至紅柳墩。”“涎麻灣”雖爲地名，料即因多“涎麻”而得名。清光緒二十一年《敘州府志》卷二十一《物産》：“涎麻。《雷波志》：廳産。”王昌南《老人村竹枝百詠》：“細碾涎麻玉屑符，香流東道達成都。根同草芥休輕棄，會人天街爇玉爐。”

按《康熙字典·艸部》：“蘞，《唐韻》徐鹽切，音撏。……又《集韻》慈鹽切，音潛，草名。”又“蘞”、“撏”、“蕁”、“涎”，今蜀方言並音［ɕyan²¹］①。《大字典》（二/6/3515）“蕁”（二）qián，“蕁麻”謂“蕁麻科蕁麻屬植物的泛稱。莖葉有螫毛，皮膚接觸時會引起刺痛”；（三）xún，“用於口語。如：蕁麻疹”。

《大詞典》（9/560）“蕁₂”音qián，或讀xún，“蕁₂麻”①“古謂之‘蘞草’。多年生草本植物。葉對生，卵形，開穗狀小花，雌雄同株。莖葉皆有細毛，皮膚接觸時能引起刺痛。莖皮纖維可作紡織原料。葉可入藥，治蛇毒等症”。《現漢》“蕁麻”之“蕁”音qián。

又，《大詞典》（9/613）“蘞₁”音xián，謂“菜名”，引《齊民要術》，又謂“一說，即蕁麻，莖和葉嫩時可食。參閱繆

① 《川方》（頁421）、《重方》（頁365）“涎臉”、“涎皮”，及《重方》“涎”，均音xuan²。

啟愉《齊民要術校釋》”。按未聞“蕁麻”莖葉嫩時有食之者，上引文獻每云喂豬易壯。又“蕣₂”音qián，謂“草名。即蕁麻。葉莖有刺，觸人肌肉，即起疱。皮之纖維可以製綫”，首白居易詩，次引《墨莊漫錄》，但未收“蕣麻”。亦未收“燖麻”、“涎麻”。

雪彈子　雪蛋子 xue^{21}dan^{213}zi^{53} [ɕye^{21}tan^{213}tsɿ^{53}]

冰雹。清姚瑩《康輶紀行》卷二：“酉刻，大風，雨雪雹，約二寸許，蕃人謂之雪彈子。”民國十五年《簡陽縣志》卷二十二《禮俗篇·方言》、民國二十三年《華陽縣志》卷五《禮俗·方言》、民國二十七年《達縣志》卷九《禮俗門·風俗·方言》、民國三十二年《沿河縣志》卷十三《風土志·方言》、民國三十三年《長壽縣志》卷四《風土·方言》：“雹曰雪彈子。”民國十八年《新修南充縣志》卷七《掌故志·風俗·方言》：“雹曰雪彈。”民國十八年《合江縣志》卷四《禮俗·方言》：“雪彈子，謂冰雹也。”民國十八年《資中縣續修資州志》卷八《風土·方言》：“雹爲雪彈子。”民國二十一年《萬源縣志》卷五《教育門·方言》：“雹曰冷子、硬雨、雪彈子。”民國二十一年《南溪縣志》卷四《禮俗下·方言》：“雪彈子，謂雹也。”陳友琴《川遊漫記·用“民主”力量到四川去》：“據謂向西康去之途中，天氣甚寒，風勢吼急，行人不能大聲說話，若語氣過高，或一聲長嘯，即有大雪彈子迎面打來，百無一爽。”《川方》（頁422）“雪彈子”謂“冰雹。彈，又作蛋”。《川方彙編》（頁75）、《川方匯釋》（頁229）、《成都話》（頁225）、《重方》（頁367）“雪彈子”謂“冰雹”。《成方》（頁161）謂即“冰雹”，“老年人和農村人多說‘雪彈子’”。

亦作“雪蛋子”。民國二十二年《綿陽縣志》卷一《疆域·風俗·俗語》：“雹曰冷子，亦曰雪蛋子。”

《大詞典》未收。《方言大詞典》（頁5335）“雪彈子”謂“冰雹”，中原官話、西南官話、客話（四川西昌）。又“雪蛋子”謂“雪珠兒”，中原官話，實際亦應指“冰雹”，未涉及西南官話。

Y

椏 枒 丫 ya^{55} [ia^{55}]

草木等分叉的部分。《玉篇·木部》："椏，木椏杈。"《廣韻·麻韻》："椏，《方言》云：'江東言樹枝爲椏杈也。'"《集韻·麻韻》："椏，《方言》云：'江東謂樹岐爲杈椏。'"兩韻書所引，不見於今本《方言》。虞萬里《〈倭名類聚抄〉引〈方言〉參證》，謂《倭名類聚抄》："杈椏：音砂音鵶。《方言》云：江東謂樹枝曰--。"[①]按《龍龕手鏡·木部》："椏，音鴉，木也。"《正字通·二部》"亞"字注：

① 原載《東亞文化交流與經典注譯》（2008年12月）："《倭名類聚抄》是日本現存最早的分類國語辭書，也是分類體辭書最爲完備的代表作。纂輯者源順係嵯峨源氏……承平年間（931–937），源順奉醍醐天皇第四公主之命，纂輯此書。"又謂"胡吉宣於《廣韻》《集韻》之後並引《倭名》而曰：'所引爲《方言》郭注佚文，本書原本引之'"，認爲《玉篇》所引，傳至日本爲人承襲，傳至宋亦有可能爲陳彭年、丘雍等人承襲，而胡氏指爲"郭注佚文"，似有可商。

“又趙古則曰：物之岐者曰亞，俗作丫、椏。”《康熙字典·木部》：“椏，《唐韻》、《集韻》並於加切，音鴉。”唐皮日休陸龜蒙《寂上人院聯句》：“經笥安巖匼，缾囊挂樹椏。”皮日休《謝人惠人參》詩：“神草延年出道家，是誰披露記三椏。”宋蘇軾《次韻正輔同游白水山》詩：“恣傾白蜜收五稜，細斸黄土栽三椏。”自注：“正輔分人參一苗，歸種韶陽，來詩本用硜字，惠州無書，不見此字所出，故且從木奉和。”坡公先輩用鄉語“椏”字矣。上兩例“椏”用作量詞。明李實《蜀語》（頁 104）：“樹枝歧者曰椏〇椏音鴉，本作丫。”①黄仁壽等校注：“蜀地有‘樹椏’、‘樹椏枝’之説。”今蜀語謂幾枝爲幾椏（丫），三枝爲三椏（丫）。清顧張思《土風錄》卷三《椏杈》：“揚子《方言》云：‘江東呼樹枝爲椏杈。’今俗有此稱。或書作丫，亦通。《廣韻》‘丫’注：‘象物開之形。’”道光二十一年《遵義府志》卷二十《風俗》、光緒二十一年《敘州府志》卷二十一《風俗》、民國十年《新修合川縣志》卷三十《風俗·方言》、民國二十三年《華陽縣志》卷五《禮俗·方言》、民國二十四年《蓬溪縣近志》卷七《風土篇·方言》、民國三十七年《貴州通志·風土志·方言》：“樹枝歧者曰椏。音鴉。”謝奉揚《玉堂場竹枝詞》：“天漏時多柳發椏，山間市上總喧嘩。”張慎儀《蜀方言》卷下（頁 340）：“歧枝曰椏杈。”范寅《越諺》卷中《花草》：“椏杈，

① 明趙撝謙《六書本義》卷十一：“物之歧者作丫椏，非。”楊慎《俗言》卷一：“趙古則云：物之岐者曰亞，作丫椏並非。”與《方言》、《廣韻》等説異。

鴉叉，幹歧曰椏，枝歧曰杈。”光緒二十八年《甯海縣志》卷二十三《雜志·風俗·方言》：“歧枝曰椏杈。音鴉汊。”傅崇矩《成都通覽·成都之小兒女歌謠》（頁253）：“斑竹椏，苦竹椏，對門對戶打親家。”民國二十一年《萬源縣志》卷五《教育門·方言》：“草木歧枝曰椏。”民國二十一年《南溪縣志》卷四《禮俗下·方言》：“椏，音鴉，樹枝歧也。”民國二十三年《樂山縣志》卷三《方輿志·方言》：“歧枝謂之椏。”民國二十四年《麻城縣志續編》卷一《疆域·方言》：“松枝岐曰椏。音鴉。”民國三十二年《沿河縣志》卷十三《風土志·方言》：“樹枝岐者曰椏。”

或作“枒”。《廣韻·麻韻》：“枒，杈枒。”《文選·王延壽〈魯靈光殿賦〉》：“枝𢻴杈枒而斜據。”李善注：“杈枒，參差之貌。杈，楚加切；枒，音牙。”元王惲《趙邈齪虎圖行》詩：“巔崖老樹纏冰雪，石觜枒杈横積鐵。”民國二十一年《南溪縣志》卷四《禮俗下·童歌》：“走一灣來又一壩，看倒娘家柏樹枒。”

亦作“丫”。《廣韻·麻韻》：“丫，象物開之形。”《集韻·麻韻》：“丫，物之岐頭者。”《六書故》卷二十一《植物一》：“丫，於加切，木之岐也。或作椏。”《正字通·丨部》：“凡物叉分者皆曰丫。”宋汪元量《湖州歌》之四十六：“宫人夜泊近人家，瞥見紅榴三四丫。”唐樞《蜀籟》卷一（頁30）：“人大分家，樹大分丫。”又卷三（頁194）：“斑竹丫赤（慈）竹丫，鄉裏大嫂會當家。”今蜀語仍謂幾枝爲幾椏（丫），柏樹枝爲柏椏（丫），樹枝爲樹椏（丫）枝。

亦可重疊爲詞。清傅崇矩《成都通覽·成都之小兒女歌謠》（頁254）："丁丁貓，穿紅裙，高大姐，做媒人，何四姐，做新人。麻孃孃吹鼓手，斑竹椏椏抬起走。"此謂斑竹枝。姜亮夫《昭通方言疏證》（517條）："昭人指間隙處曰椏，或曰椏椏、椏巴，如腳椏椏、手椏椏，手足兩指間也，通言之則樹椏椏、山椏椏、嘴椏椏。"《川方》（頁423）"椏椏（枒枒）"謂"椏杈：樹~"。《川方匯釋》（頁230）"丫丫"謂"樹的丫枝"，"丫丫柴"謂"作燃料用的樹丫枝"。《成都話》（頁225）"丫丫"謂"帶丫枝或象丫形的東西：樹~"。《成方》（頁110）"丫丫"①"椏枝"，②"丫形的東西"，"也作'椏椏'"。《重方》（頁367）"丫丫"謂"樹枝"，"丫丫柴"謂"用作柴火的樹枝"。

《大字典》（二/3/1312）"椏"（一）①"草木的分枝"，首引《玉篇》。又（1250）"枒"（三）yā，"〔杈椏〕樹枝縱橫雜出貌"，首引《廣韻》。"枒"、"椏"聲符雖不同，實爲同字異構。又（32）"丫"①"物體上端分叉的部分"，首引《集韻》。

《大詞典》（4/1077）"椏"①"草木分枝處，亦指草木的分枝"，首引唐皮日休陸龜蒙聯句詩。又（813）"枒"謂"見'枒杈'"，又（814）"枒杈"謂"樹枝縱橫交叉貌"，首引元王惲詩。又（1/576）"丫"①"指樹木或物體分叉的部分"，首引宋楊萬里詩。

《方言大詞典》（頁404）"丫（椏、枒）"①"枝杈"，吳語、粵語。又（頁404）"丫丫"謂"帶丫枝或像丫形的東西"，西南官話、湘語。又（頁4579）"椏椏"①"樹枝，椏枝"，西南官話。按單用已基本上爲通語。《現漢》“丫”謂“上端分叉的東西”，“椏（桠、枒）”謂“椏杈”。

椏枝　枒枝　丫枝 $ya^{55}zi^{55}$ [$ia^{55}tsɿ^{55}$]

草木等歧枝；樹枝。《洪武正韻·麻韻》：“椏，江南呼樹爲椏枝。”《正字通·木部》：“椏與杈通，《正韻》：‘江南呼樹爲椏枝。’舊註樹枝爲椏，不知木枝岐出者，或謂之杈，或謂之椏，鴉叉音異義同，非汎言樹與枝爲椏也，分爲二，泥。”明羅日褧《咸賓錄》卷四《南五里》：“黑珊瑚，大如拇指，其色如墨，其潤如玉，有椏枝婆娑可愛。”馬歡《瀛涯勝覽·南浡里國》：“其山邊二丈上下淺水內，生海樹。彼人撈取爲寶物貨賣，即珊瑚也。其樹大者高二三尺，根頭有一大拇指大根，如墨之沈黑，如玉石之溫潤。稍上椏枝婆娑可愛。”清乾隆六十年《開化縣志》卷三《古蹟》：“墊父處有合抱樹數十株，椏枝土人不敢犯，犯即虎豹隨至。”民國十五年《簡陽縣志》卷二十二《禮俗篇·方言》：“草木岐枝曰椏枝。”民國十九年《嘉定縣續志》卷五《風土志·方言》：“椏枝，俗呼樹木歧出之枝曰椏枝。椏讀如鵶。”

亦作“枒枝”。明程宗猷《長鎗法選·長鎗式說》：“惟取堅實體直，無大枒枝節疤者爲上，根頭可要盈把，便好持拏。”清劉大紳《寄庵詩鈔》續附卷九《後石珊瑚歌》：“山中珊瑚稱最奇，中空糾結杈枒枝。”此似當切分爲“杈枒/枝”。

又作“丫枝”。《增韻·麻韻》、宋佚名《新增詞林要韻》十三嘉華平聲：“杈，丫枝。”“丫枝”謂歧枝，“丫”象其形也。明袁宏道《陪祀昭陵看山紀略》：“忽聞樹頂有鼾鼾聲，覓之，乃一醉黄冠臥丫枝間者，呼之不應。”汪廷訥《種玉記》第六齣：“牆邊太湖石倚著一枝大梧桐樹，若從石上手扳著桐樹丫枝，過牆甚便。”沈寵綏《度曲須知》上卷《入聲收訣》：“丫本於家切，今丫枝、丫叉、丫頭之類。”《拍案驚奇》卷三十六：“不惜勤苦，滿山拾取枯樹丫枝，在大樹之間搭起一間柴棚來。”清吳儀洛《本草從新》卷一《草部·黄芪》：“形如箭簳者佳，緜輭而嫩，無丫枝。”徐石麒《花傭月令·十二月》：“壓果樹：晦夜用大石壓樹丫枝，則子繁不落。”傅崇矩《成都通覽·成都之小兒女歌謠》（頁255）：“門口一根黄桷樹，丫枝都黄桷粗。”民國二十七年《安縣志》：“四鄉皆有山，各有樹丫枝及各樣雜木，故以木柴爲燒料之大宗。”①

《大詞典》（1/577）“丫枝”謂“枝椏”，引周立波《山鄉巨變》。又（4/1077）“椏枝”謂“樹木的分枝”，引茅盾《水藻行》。又（814）“枒枝”謂“樹木枝叉”，引巴金《豬與雞》及《家》兩例。

《方言大詞典》（頁404）“丫枝”謂“樹枝的分叉”，吳語。又（頁4579）“椏枝”謂“叉枝”，吳語、贛語，其中吳語

① 此據《中國地方志民俗資料匯編·西南卷（上）》，北京圖書館出版社，1991年6月第1版，第129頁。

舉上海嘉定，引1930年《嘉定縣續志》：“俗呼樹木歧出之枝曰~。”均未及西南官話。

豭 猳 牙 犽 ya^{21}［ia^{21}］

雄性的。參《考釋》第746頁，引及《說文》、《左傳》等。明周祈《名義考》卷十《豭豝》：“《說文》：‘豭，牡豕也。’《左傳》：‘盍反吾艾豭。’豭音轉爲牙，又轉爲假，俗謂牙豬假肉也。稱假者，今武昌稱牙者，所至皆然。”清蒲松齡《日用俗字·走獸章第二十八》：“豭豬髎了牙不上圈，豮豬朏宜子洗皴瘡。”李調元修《羅江縣志》卷二：“城隍廟左側，有明刻祈雨止雨碑，明萬曆十五年巡撫徐頒行，知縣吳德元立石：……又取三歲雄鷄，三歲豭豬（即母豬也），用火燒其尾於四通神宇，勿令死；又具老母豬二隻，一隻置於北門之外，一置於市中，令城中各更鋪置鼓一面，聞壇中皷聲，即遂餔傳入市中，直至北門，各用火燒豬尾。”[①]括號內原爲雙行小注，謂“豭豬”爲“母豬”，非是；下“母豬”即與前“豭豬”對舉，亦可證。又下凡四云“又取三歲雄鷄母豬”、“又取三歲雄鷄、三歲母豬”，則徑云“母豬”，而不稱“豭豬”矣。民國二十三年《樂山縣志》卷三《方輿志·方言》：“牡豬曰豭豬。豭讀若牙。”民國二十四年《雲陽縣志》卷十四《禮俗下·方言下》：“牡豬曰牙豬，

① 《叢書集成初編》本，第17頁。

牝曰奶豭。……今俗讀豭若牙。”民國三十六年《新繁縣志》卷四《禮俗·方言》：“《說文》：‘豭，牡豕也。’今音變爲牙，謂牡豕曰牙豬，牡犬曰牙狗，蓋即豭也。”

又作“猳”。《廣韻·麻韻》：“豭，豕也。子路佩豭。《說文》曰：‘牡豕也。’猳，俗。”《集韻·麻韻》：“豭，《說文》：‘牡豕也。’或从犬。”《康熙字典·犬部》：“猳，《廣韻》古牙切，《集韻》居牙切，並音嘉，《廣韻》俗豭字。”《呂氏春秋·本味》：“湯得伊尹，祓之於廟，爝以爟火，釁以犧猳。”《易林·大有之姤》：“殊類異路，心不相慕，牝猭無猳，鰥無室家。”據《集韻·僊韻》：“猭，獸名。似兔。”明陳士元《論語類考》卷六《人物考·仲由》：“元按《弟子傳》云：‘仲由，字子路，魯之卞人也。少孔子九歲。子路性鄙，好勇力，志伉直，冠雄雞，佩猳豚，陵暴孔子。’”

亦作“牙”。前撰首引《增一阿含經》。明嚴從簡《殊域周咨錄》卷九《蘇門答剌》：“又木邦宣慰罕烈差陶猛（陶猛如中國巡檢之稱）齎文解送差發銀四百五十兩，進貢牙象二隻，象牙八根，土綿、孔雀尾三扛，並送緬書。”《明史·雲南土司三·孟養》：“土舍怕雅蘭章遣人進舞牌牙象二、母象三。”“母”、“牙”對舉。清西厓《談徵·名部下·牙豬》：“牙即豭之轉音也。《左傳》：‘盍歸吾艾豭。’牝豕則謂豝。”民國十五年《南川縣志》卷六《動物》：“家字從豕，無豕不成家，無家不畜豕，邑俗謂牝而生子曰草豬，稚而閹之不令生子曰奶架，牡曰牙豬。”民國十五年《簡陽縣志》卷二十二《禮俗篇·方言》：“公狗曰牙狗。”民國十八年《合江縣志》卷四《禮俗·

方言》、民國二十一年《南溪縣志》卷四《禮俗下·方言》："牙狗，牡犬也。"民國二十一年《萬源縣志》卷五《教育門·方言》："公犬曰牙狗。"民國二十四年《雲陽縣志》卷十四《禮俗下·方言下》："公狗曰牙狗，母狗曰草狗。《陶廬筆記》：牙應作豭。《玉篇》豭，以遮切，入麻韻。對母畜而言，猶牡馬稱父馬也。"民國二十四年《新城縣志》卷二十一《地俗篇·方言》："牡豕謂之牙豬，牝者謂之母豬，公狗謂之牙狗，牝者謂之母狗。案牙應作豭，《玉篇》以遮切，入麻韻。對母畜而言，亦猶牡馬稱父馬也。"《川方》（頁423）"牙（豭）"謂"雄性的（跟'母'相對），只限於某些家畜：~豬｜~狗"。《川方匯釋》（頁231）、《成都話》（頁226）"牙狗"謂"公狗"，"牙豬"謂"公豬"。《成方》（頁110）"牙"②"雄性的（某些牲畜）"。《重方》（頁367）"牙"②"雄性豬狗稱'牙'"。朱正義《關中方言古語詞論稿》："《說文·豕部》：'豭，牡豕也。'《鹿部》：'麚，牡鹿也。''豭'、'麚'，《廣韻·下平》九麻，並爲古牙切，音同'家'。關中稱某些雄性家畜爲'牙'，俗語有：'牙豬'、'牙狗'。'牙'當是'豭'的音變。'牙'，《廣韻》語加切，與'豭'疊韻。'牙'屬疑紐，'豭'屬見紐，都是古代牙音，故'豭'可讀爲'牙'。"[①]

或作"犽"。爲"牙"後起字。明高濂《遵生八牋》卷十七《取龍虎水法》："年方十二三歲，至十五六未破者，用黍稷稻粱紅豆紅棗犽猪鯽魚等味與彼食之。"又《取黍米金丹法》：

① 上海古籍出版社，2004年12月第1版，第149頁。

“如得成孕，當以黍稷稻粱豜猪鯽魚與彼食之，不可妄食五葷煎炒之物。”清張宗法《三農紀》卷八《家》：“牡曰豭，曰豜；牝曰豵，曰豝，曰豥。”按前後均言家畜家禽，“家”當“豕”字誤刊。前撰引清蔡奭《官話彙解便覽》卷上：“母狗不搖尾，犽狗不上身。”按唐樞《蜀籟》卷三（頁170）作“母狗不撟尾，牙狗不爬背”，“犽狗”、“牙狗”同。

《大字典》（二/6/3857）“豭”音jiā，③“雄性動物”，首引《廣雅》。又（3/1459）“猳”音jiā，①“同‘豭’”，首引《廣韻》。又（1497）“牙”（一）yá，⑯“方言。牡，指雄性牲畜”，首引《本草綱目》。前撰指出“《大字典》‘犽’未收此義項”，第二版（1432）“犽”仍未及此。

《大詞典》（10/42）“豭”音jiā，②“指雄性動物”，引《本草綱目》。又（5/96）“猳”①“同‘豭’。豬”，未及“公豬”或“雄性的（動物）”義。又（5/274）“牙”⑫“牡，雄性”，引《本草綱目》。“犽”未收。

《方言大詞典》（頁7218）“豭”②“種公豬”，客話、閩語。又（頁673）“牙”⑯“雄性的（只限於某些家畜）”，西南官話。

鹽巴 yan²¹ba⁵⁵［ian²¹pa⁵⁵］

古代蜀中以汲自深井的鹽水熬製的塊狀食鹽，故稱“鹽巴”；亦泛稱鹽。明李實《蜀語》（頁149）：“乾肉及餅曰巴〇牛肉曰牛乾巴，蕎餅曰蕎巴，鹽塊曰鹽巴，土塊曰土巴之類。”清雍正《神木縣志》卷一《田賦》：“仰照舊行奉鹽院施批示神府二縣食鹽巴，奉部文照舊例遵行，不便再有更易。”Adam Grainger《西蜀方言》（頁588）：“鹽巴。”即“salt”；又（頁159）：“打鹽巴。”謂“buy a lump of salt”。蹇先艾《貴州道上》：“路卻非常難走，而且沿路都是鹽巴客，把他們沉重的背篼橫梗在大路當中，不肯讓人。”民國二十六年《馬邊紀實·飲食》：“食猪先用刀將猪殺死，燒去毛，稍以水洗之，剖開去其腸胃心肝等，然後截爲二三寸大之小塊，擲入鍋中，稍過火，去鍋中之水，和以鹽巴辣椒，即取而食之。”民國三十二年《沿河縣志》卷十《學校志·沿河縣民衆課本編輯大意》第二十一課《我們沿河的好處》：“我們的沿河，在貴州的東北角，內有烏江，上經思南通遵義，下由四川出湘鄂，船裝雜糧油棬桐漆出省，又裝鹽巴進河。……鹽巴裝到沿河，就要起載發脚，既銷黔東五府，又銷川湘角落，縣道鄉道修好，趕快去揹，找錢過活。”吳濟生《新都見聞錄》十八《習俗一班·（二）方言》：“鹽的結成塊者叫‘鹽巴’。”《川方彙編》（頁193）“鹽巴”謂“井鹽、巖鹽、海鹽之泛稱”。《川方》（頁426）“鹽巴”、《川方匯釋》（頁231）、《重方》（頁371）“鹽巴”謂“食鹽”。《成都話》（頁227）“鹽巴”謂“鹽”。

《大詞典》（7/1479）“鹽巴”謂“方言。食鹽”，首引沙汀《困獸記》。《現漢》“鹽巴”謂“〈方〉食鹽”。今蜀方言仍多謂食鹽（不分精粗）爲“鹽巴”。

《方言大詞典》(頁4633)“鹽巴”謂“食鹽”，西南官話、贛語。

魘 厭 yan^{53} [ian^{53}]

做噩夢。《説文·鬼部新附》:“魘，寱驚也。从鬼，厭聲。”《類篇·鬼部》:“魘，益涉切，眠不祥也。或从止厭。又於琰切，驚夢。”《增韻·琰韻》:“魘，《廣韻》:‘睡中魘。’蓋氣窒心懼而神亂，則魘。”《康熙字典·鬼部》:“魘，《唐韻》、《集韻》於琰切，《韻會》幺琰切，並音𥝩。”唐韓愈《陪杜侍御遊湘西兩寺獨宿》詩:“猶疑在波濤，怵惕夢成魘。”趙璘《因話錄》卷五:“刑察廳謂之魘廳，寢于此多魘。”“魘”以噩夢多與心懼神亂鬼怪恐怖之事相關。唐段成式《酉陽雜俎》卷九:“李廓在潁州，獲光火賊七人，前後殺人，必食其肉。獄具，廓問食人之故，其首言:‘某受教於巨盜，食人肉者，夜入人家，必昏沉，或有魘不悟者，故不得不食。’”《醒世恒言》卷十五:“空照已知大卿下鈎，含笑而應道:‘夢魘殺了人，也不要相公償命。’大卿也笑道:‘別的魘殺了一萬個，全不在小生心上，像仙姑恁般高品，豈不可惜?’”《紅樓夢》第八十二回:“黛玉拚命放聲大哭。只聽見紫鵑叫道:‘姑娘，姑娘！怎麼魘住了?’”又第八十三回:“襲人道:‘是寶二爺偶然魘住了，不是認真怎麼樣。’黛玉會意……因趁勢問道:‘既是魘住了，不聽見他還說什麽？’”俞校啟注本第八十二回作“壓”，八十三回作“魘”[①]，寶黛二人實際上是同一時間被“魘住”，用今天的話說叫心靈感應，作“壓”則不知所云。亦作名詞，謂惡夢。明李實《蜀語》（頁75）：“鬼夢曰魘○魘音揜。”黄仁壽等校注：“李氏所云‘鬼夢’，非夢見鬼怪之意，蓋即使人驚恐之噩夢也。”清Adam Grainger《西蜀方言》（頁584）：“魘夢。”謂“nightmare”，“魘”音“IEN³”。張慎儀《蜀方言》卷上（頁297）：“鬼夢曰魘。”今蜀方言猶謂人做恐怖不祥之噩夢爲“魘倒了”。按元楊瑀《山居新語》卷二：“湖南益陽州，每有人夜半忽自相打，莫曉所謂，名之曰沙魘。土人知此證者，唯以冷水澆潑，稍定以湯水飲之，徐徐方醒，二三日即如醉中。不知者殊用驚駭。”陶宗儀《南村輟耕錄》卷六《沙魘》亦載其事：“湖南益陽州，夜中，同寢之人，無故忽自相打，每每有之，名曰沙魘。土人熟此，不以爲異，唯取冷水噴噀，候稍息，飲之湯，徐就醒，然猶二三日如醉餘，不知者殊用驚駭。”此似即俗謂夢遊癥所爲。清唐訓方《里語徵實》卷上：“魘音掩。”張慎儀《蜀方言》卷上（頁297）謂“《唐韻》：魘，於炎切，音禰”。按《集韻·感韻》：“揜，覆取也。或从奄。”又《琰韻》“魘”、“禰”同一小韻。今蜀方言“魘”、“揜”、“掩”並音［ian⁵³］。《川方彙編》（頁229）“魘”謂“夢魘。例：魘倒了，怪叫幾聲”。

本字或作“厭”。《説文·厂部》：“厭，笮也。从厂，猒

① 俞平伯校啟功注《紅樓夢》，人民文學出版社，2000年5月第1版，第942、948頁。

聲。一曰合也。”徐鍇繫傳：“筸，鎮也。”段玉裁注：“《字苑》云：‘眠內不祥也。’俗字作魘。”又《㝱部》：“䆮，寐而厭也。从㝱省，米聲。”段注：“鉉本作‘未厭’，誤甚。胡身之《通鑑釋文辨誤》引作‘米厭’，米卽寐之譌，葢古本作寐，而寐厭一譌作米，再譌作未，要不若小徐本爲長。《廣雅》曰：‘䆮、窫，厭也。’按厭、魘正俗字。大徐於《鬼部》妄增‘魘’字，云‘夢驚也’，由不解此處厭字故耳。《倉頡篇》曰：‘伏合人心曰厭。’《字苑》曰：‘厭，眠內不祥也。’皆見玄應書。《廣韵・五十琰》‘厭’注‘厭魅’，《二十九葉》‘厭’注‘惡夢’，可見‘魘’字之晚出冣俗矣。《西山經》‘翼望之山，鳥名鵸鵌，服之使人不厭’，此用‘厭’字之冣古者。䆮古多叚借眯爲之。郭注《山海經》引《周書》‘服之不眯’，爲不厭之證。《莊子・天運》‘彼不得夢，必且數眯焉’，司馬彪曰‘眯，厭也’。《通鑑》劉曄曰‘臣得與聞大謀，常恐眯夢漏泄，以益臣罪’，語本裴松之引《傅子》，胡身之引《說文》‘寐’字解之。”《廣韻・琰韻》：“厭，厭魅。”宋戴侗《六書通釋》：“夢厭之厭別作魘，則無以知其由於氣之厭塞。”

《大字典》（二/8/4727）“魘”音yǎn，①“夢中驚駭，惡夢”，首引《廣韻・葉韻》：“魘，惡夢。”此釋名詞義。又（1/91）“厭”（三）yǎn，②“驚夢；做惡夢。後作‘魘’”，首引《廣韻》。

《大詞典》（12/476）“魘”①“做惡夢；發生夢魘”，首引韓愈詩。又（1/941）“厭₃”音yǎn，①“‘魘’的古字。惡夢”，首引《山海經》，釋名詞義。《現漢》“魇（魘）”音

yǎn，①“發生夢魘”，②“〈方〉說夢話”。

《方言大詞典》（頁7013）“魘”②“發生夢魘”，東北官話、西南官話、吳語。又（頁1748）“厭”⑪“夢魘”，中原官話、吳語，引清道光十四年《象山縣志》：“《字苑》：‘眼內不祥也。’俗作魘。魘夢驚也。”“眼”爲“眠”形譌。

穱 yɑn^{213}［ian^{213}］

稻、麥因病蟲害或施肥過量等不結實。參《考釋》第753頁。《集韻·琰韻》：“穱，禾稻不實也。”又《豔韻》：“穱，禾不實也。”《類篇·禾部》同《琰韻》。《康熙字典·禾部》：“穱，《集韻》於琰切，音厭，禾稻不實也。”何以禾稻不實爲穱？穱之情形若何？則僅見明李實《蜀語》（頁138）著錄，謂“禾不實曰穱○穱音厭。或糞多而淫，或蟲生如蝨，皆穱。有乾穱，有水穱”。清道光二十一年《遵義府志》卷二十《風俗》、光緒二十一年《敘州府志》卷二十一《風俗》、民國十年《新修合川縣志》卷三十《風俗·方言》、民國二十四年《蓬溪縣近志》卷七《風土篇·方言》、民國三十七年《貴州通志·風土志·方言》：“禾不實曰穱。音厭。”同治八年《安仁縣志》卷四《風土·方言》：“穀不實曰穱。本音厭入聲。”民國二十四年《雲陽縣志》卷十四《禮俗下·方言下》：“禾病曰上穱。”今蜀中稻、麥等因穱不實，或因糞多而瘋長，或因蟲害而異類，乾穱則苗稼枯黄，水穮而苗稼青綠，均不結實；因蟲害而穮者，如蝨之小蟲謂之“穮蟲”，某些蔬菜亦有之。

《大字典》（二/5/2822）“穮”yǎn，謂“禾不結實”，首引《集韻》，次引《蜀語》。《大詞典》未收。

《方言大詞典》（頁5504）“穮”②“（子實等）不飽滿”，西南官話、吴語、贛語，其中西南官話舉四川，引《蜀語》：“禾不實曰~。”“禾不實”謂不結實，非謂“（子實等）不飽滿”，誤讀《蜀語》矣。

掞 焱 yan^{213}［ian^{213}］

撒放（粉狀或粒狀物）。參《考釋》第754頁。《集韻·豔韻》：“掞，舒也。或从焱。”《康熙字典·手部》：“掞，《唐韻》、《集韻》、《韻會》、《正韻》並以贍切，音豔，舒也。”[①]“散物曰掞”，今所見仍以明李實《蜀語》（頁51）著錄爲最早，但本《集韻·艷韻》“焱，以手散物”。黄仁壽等校注：“‘散物’即‘撒物’，義爲‘散布’、‘散落’。如：掞點花椒面；掞些白糖。今蜀人口語中仍常用。”清道光二十一年《遵義府志》卷二十《風俗》、光緒二十一年《敘州府志》卷二十一《風俗》、民國十年《新修合川縣志》卷三十《風俗·方

① “掞”直音“艷”，已見於唐初。《漢書·禮樂志》“長麗前掞光耀明”顔師古注：“掞，音艷。”

言》、民國二十六年《犍爲縣志·居民·言語·方言》、民國三十二年《沿河縣志》卷十三《風土志·方言》、民國三十七年《貴州通志·風土志·方言》："散物曰掞。音艷。"民國二十三年《華陽縣志》卷五《禮俗·方言》："散物曰掞。音艷。"以上並採《蜀語》，故"掞"當"掞"字形譌。民國《息烽縣志》卷二十九《風土志·方言》："謂敷散曰掞。"民國十五年《南川縣志》卷六《土音土語》："撒麵或灰於他物上曰掞。音厭。"民國十七年《長壽縣志》卷四《人事部·方言》："散灰曰掞。音厭。"民國二十三年《樂山縣志》卷三《方輿志·方言》："以手撒物曰掞。音燕。"《成方》（頁292）"掞"音iɛn去聲，謂"（把粉狀或細顆粒狀的東西）撒（在表面上）"。《重方》（頁372）"掞"音yan⁴，謂"輕輕地撒蓋（粉狀物）"。

或本作"敥"。《集韻·艷韻》："敥，以手散物。"《康熙字典·支部》："敥，《集韻》以贍切，音豔，以手散物。""掞"、"敥"《集韻》同一小韻，並以贍切，故俗以"掞"爲"敥"。清Adam Grainger《西蜀方言》（頁600）："到處丨起。"謂"scatter everywhere"；又："瘡上丨點藥。""丨"音"IEN⁴"，本字當作"敥"。今蜀方言音義並存，如《川方》（頁428）"掞（敥、罨）"音yan⁴，謂"撒（粉狀或粒狀的東西）"。《成都話》（頁229）記作"揜"，音［ian²¹³］，謂"撒上（粉狀物）"。《川方匯釋》（頁234）"撚"謂"輕輕地灑"。此字未見字書收錄，當爲從"燕"得聲的方言造字，與"掞"從"炎"得聲同理。

《大字典》（二/4/2018）、《大詞典》（6/712）"掞"未

及。又《大字典》（二/3/1574）“焱”（一）yàn，謂“以手散物”，引《集韻》。《大詞典》電子本“焱”音yàn，“以手散物”，無書證，多卷紙本未收。

《方言大詞典》（頁5384）“掞”①“撒（粉狀或粒狀的東西）”，江淮官話、西南官話、贛語、客話。又（頁6277）“焱”謂“撒；散佈”，江淮官話、西南官話、徽語、湘語、贛語、客話。

央假　佯假 $yang^{55}jia^{21}$［$iaŋ^{55}tɕia^{21}$］

❶不大方；吝嗇。清傅崇矩《成都通覽·成都之土語方言》（頁263）：“央假，不大方也。”又：“嗇家子，不大方也。”又：“夾夾蟲，不大方也。”三詞同義，即《川方》（頁428）“央夾”謂“吝嗇（川東）”，實則蜀中大部分地區習用。《重方》（頁372）“央夾”謂“吝嗇”。

❷浮華。清劉省三《躋春臺》卷二《六指頭》：“平湖有錢就央假起來了。”又卷四《孝還魂》：“越醜越怪越央假，偏偏要把胭脂搽。”或插入其他修飾成分。又卷一《義虎祠》：“出嫁後逞人材又央又假，愛穿紅與着綠又愛戴花。”唐樞《蜀籟》卷一（頁60）：“又佯又假又掉毛錢。”又（頁16）：“不佯假。”又，民國十五年《南川縣志》卷六《土音土語》：“飲食服用言語不屑樸直曰樣假，土音轉爲央甲。”

今蜀方言記音作“央夾”，同《南川志》之“央甲”。就構詞理據而言，“樣假”、“佯假”亦通。

《大詞典》未收。《方言大詞典》（頁1264）“央夾”謂“吝嗇”，西南官話。

楊瘌　揚瘌　楊瘌子　楊蝲子　楊辣子　楊粹子　蛘刺子　蛘辣子　楊蛓子

yang[21]la[21]/zi[53]［iaŋ[21]la[21]/tsɿ[53]］

螫人毛蟲。宋羅願《爾雅翼》卷二十四《釋蟲一·蛅蟖》：“蛅蟖，蛓蟲也。身扁綠色，似蠶而短，背有毒毛，能螫人，今俗呼楊瘌虫。《説文》：‘楚人謂藥毒曰痛瘌。’一曰傷也。音如辛辣之辣。”明羅曰褧《雅餘》卷五《虫部》：“蛅蟖，一名蛓虫，俗名楊瘌，其形似蠶而短，身扁色緑，背有毒毛，能螫人，牡丹上尤多。”萬曆《揚州府志》卷二十《風物志·物產》：“蠅虎蛓，毛蠹，似蚕而短，背有毛，能螫人，俗呼揚瘌。瘌音粹。”按清嘉慶十五年《重修揚州府志》卷六十一《物產志》：“蠅虎蛓，俗呼揚瘌。”下引民國《續修江都縣志》亦明謂“《府志》作揚瘌”。“揚”、“楊”同，載籍“扌”、“木”多混用不別。明李時珍《本草綱目》卷三十九《蟲之一·雀甕》：“俗呼毛蟲，又名楊瘌子，因有螫毒也。”清趙學敏《本草綱目拾遺》卷四《草部中》：“楊瘌毛入肉作痛，《秘方集驗》：土三七亦名金不換，用其葉擣爛，立塗即止。”雍正十一年《揚州府志》卷十一《物產》：“紅姑娘，在榴葉者名大漿子，在棘枝者名棘剛子，在楊樹者名楊瘌子。”謂“在楊樹者名楊瘌子”，則“蛘剌子”、“蛘辣子”不知該作何釋矣。桂馥《札樸》卷十《滇游續筆·毛辣子》：“毛蟲螫人者，俗呼毛辣子。案《爾雅翼》云：‘蛓蟲背有毒毛，能螫人，俗呼楊瘌蟲。’”道光《續增高郵州志》第二冊《食貨志·物產》：“蛓，羅願云：俗名楊瘌子。”道光《昆明縣志》卷二《物產志》：“桂馥《札樸》：‘毛蟲螫人者，俗呼毛辣蟲。案《爾雅翼》云：蛓蟲背有毒毛，能螫人，俗曰楊瘌子。’”道光十四年《續修桐城縣志》卷二十二《物產志》：“蛅蟖，俗呼毛蟲，又名楊瘌子。各樹上皆有之，大者長二三寸，通身有五色斑，毛螫人。又有小如尺蠖而青黑螫人者，亦曰楊瘌子。”光緒五年《丹徒縣志》卷十八《食貨十一·物產二》：“按《爾雅》‘蛅，毛蠹’，注云：‘即蛓。’《本草》：此蟲好在果樹上，背上有五色斑，毛有毒，能刺螫人，俗呼爲楊瘌子是也。”民國《息烽縣志》卷十七《方物志·動物部·昆蟲類》：“毛蟲，《爾雅》：‘蛅，毛蠹。螵，蛅蟖。’……李時珍曰：‘俗呼毛蟲，又名楊瘌子，因有螫毒也。此蟲多生石榴樹上。’今按此物果樹固多，其非果樹亦隨在即產。其身之大如小指，細如燭心，長或二三寸，短或七八分。其毛色則或黑或褐，或黃或赤，及五彩斑駁而金光炤燿者。然一觸螫人體，無不腫痛。據《本草》所列，此物之異名，尤有雀兒飯甕、躁舍、天漿子、棘剛子、紅姑娘諸呼。若李時珍之所謂楊瘌子者，在貴州人所皆知。又別爲一蟲，其形正如蠶，而通身綠色，亦有灰色者，皆具花紋，有疏布之毛，其觸螫人體腫痛，乃加毛蟲之倍蓰，人多畏之，樹葉或草葉間皆能棲止，久亦羽化爲蝶。並縣地之通產也。”黄侃《蘄春語》：“蠆，亦讀如來母；……後起字曰蝲；《集韻》入聲十二曷引《廣雅》：蝲，蠍也；盧達切。吾鄉有蟲生烏臼樹上，遍體皆毛，着人身，所過立成瘡；采烏臼子者，極畏之，曰楊蝲子。人之爲害於鄉里，使人不敢親狎者，亦稱之曰蝲子。昔鄭子產始爲政，鄭人怨之，比於蠆尾；固知語言之情，今古同也。”①

又作“楊辣子”、“楊粹子”。清嘉慶十三年《如皋縣志》卷六《物產·蟲之屬》：“蚝，名楊辣子。”按《玉篇·虫部》“蚝”同“蛓”，“蛓，七吏切，毛蟲也”。清方旭《蟲薈》卷三《昆蟲》：“蟔，《爾雅正義》：‘蟔一名蛄蟖，即蚝蟲也。生果樹上，大如蠶，背有五色，毛甚毒，能螫人。’……按此即粹毛蟲也，一名林蛓，又名紅姑娘，又名楊粹子，生榴樹上者名天漿子，生棘枝上者名棘剛子，其房名雀兒飯甕，又名躁舍。”民國《海門縣圖志》卷十二《物産志》：“蛅，俗名楊辣子。”民國十三年《崇明縣志》卷四《地理志·物產》：“蛅，《爾雅》：‘蛅，毛蠹。’郭注：‘即蛓。’《說文》‘蛅’、‘蛓’並出。今楊樹上毛蟲螫人，俗呼楊粹子者，即毛蠹，木蟲也。蛓爲草中毛蟲。”

① 謂爲害鄉里之人曰蝲子，亦有所本。明姚旅《露書》卷九《風篇下》：“蛓子，謂無賴惡少也。蛓，毛蟲也，音刺，即巢刺王之刺，言毛蟲螫人，人不敢近耳。”此謂“蛓”音“刺”，但方言音“刺”，如上引《蕭山縣志稿》“螫人毛蟲曰楊蛓”，“楊蛓”即前引明羅曰褧《雅餘》“蛅蟖，一名蛓虫，俗名楊瘌”之“楊瘌”。

亦作“蛘刺子”、“蛘辣子”。清光緒四年《彭縣志》卷三《民事門·物產志》：“蛅，毛蠹也，一名姑螿，一名强蛘，螫人，俗呼蛘刺子，亦能蠹木。”民國十五年《甘泉縣續志》卷七下《物產攷·天產品》：“蛓，即毛蛓，俗呼蛘辣子。一作楊瘌子。”民國十五年《續修江都縣志》卷七下《物產攷·天產品》：“蛓，即毛蛓，食木葉，其毛螫人，俗呼蛘辣子。《府志》作揚瘌。《說文》：‘毛蟲也。’”

或當作“楊蛓子”。孫錦標《南通方言疏證》：“通俗謂楊樹上螫人毛蟲爲楊蛓子。”此同上引雍正十一年《揚州府志》、民國十三年《崇明縣志》，並失之過泥。民國二十四年《蕭山縣志稿》卷二十九《瑣聞·方言謠諺》：“螫人毛蟲曰楊蛓。《說文》：‘蛓，毛蟲也。’音刺。”

今川北綿陽、梓潼、三臺、江油等地音義並存，把烏臼樹、油桐樹、馬桑樹等植物上的螫人毛蟲類昆蟲，叫“楊蝲子”或“蠚蝲子”[①]。又，《爾雅·釋蟲》“螺，蛅蟴”郭璞注：“蛓屬也。今青州人呼蛓爲蛅蟴。孫叔然云‘八角螫蟲’，失之。”邢昺疏：“此即毛蟲，何止八角，故云失之。螫猶蠚也。《字林》云：‘蟲和毒也。’”“八角螫蟲”爲螫人毛蟲之尤毒者，烏臼樹、油桐樹上即多此蟲，川北、重慶也叫“八角虰”（《重方》頁144“蠚蛆子”謂“此蟲亦叫‘八角虰’”），

① 黄聲義《益陽方言詞考釋》“蠚辣子”謂“一名毛蠚辣。一種有毒昆蟲，形似松毛蟲，可變色，人觸之，局部皮膚麻辣火燒，繼而隆起，疼痛難忍，故名”。參見《益陽師專學報》1988年第2期。

“孫叔然云‘八角螯蟲’”並無不妥。

《大詞典》（8/874）“蛅蟴”謂“亦作‘蛅蟖’、‘蛅斯’。一種毛蟲。又名楊瘌子”。又（889）“蛓毛蟲”謂“有毒毛蟲。俗稱楊瘌子”。又（4/1175）“楊瘌子”謂“雀瓮蛾的幼蟲。體黃綠，表面有硬毛，毛具酸性毒，喜食果木葉，是一種害蟲”，無書證。又，《大字典》（二/5/3041）“蛓”謂“毛蟲。刺蛾科黃刺蛾的幼蟲，俗稱‘洋辣子’”，“洋”記音。

又，《大詞典》（5/1165）“活辣子”謂“一種軀體像樹葉顏色的有毒蟲子”，引周立波《山鄉巨變》上二十：“一到山裏去，活辣子松毛蟲，都起了堆，想起這些，身子都打顫。”“活辣子”爲“藿蝲子”音借，正如“藿麻”有記作“活麻”者。

《方言大詞典》（頁2415）“楊臘子”謂“刺毛蟲”，吳語。又“楊瘌子”謂“毛毛蟲；松毛蟲”，東北官話、膠遼官話、江淮官話、西南官話。又“楊辣子”謂“毛毛蟲”，江淮官話。又“楊蛓”謂“刺人毛蟲”，吳語，引1935年《蕭山縣志稿》。又（頁2416）“楊蛓子”謂“楊樹上的刺毛蟲”，江淮官話（江蘇南通），引孫錦標《南通方言疏證》。以上均爲同詞異形。

洋芋　羊芋　陽芋　楊芋　揚芋

yɑng[21]yu[213]［iaŋ[21]y[213]］

馬鈴薯。清童兆榮《童溫處公遺書》卷三《陳報各屬山民災歉請籌撥籽種口食銀兩稟》："查洋芋一種，不知始自何時，詢之土人，僉稱嘉慶教匪亂後，各省客民來山開墾，其種漸繁。高山地氣陰寒，麥豆包穀不甚相宜，惟洋芋種少獲多，不費耘鋤，不煩糞壅，山民賴此以供朝夕。其他燕麥、苦蕎，偶一帶種，以其收成不大，皆恃以洋芋爲主。"黃宅中《水西謠十八首》之十三："春分種蕎麥，穀雨種包穀。不如栽洋芋，一畝收百斛。"道光九年《寧陜廳志》卷一《風俗》："日用常食以包穀爲主，老林中雜以洋芋苦蕎。"道光十一年《褒城縣志》卷一《疆域圖考》："山民皆貲包穀洋芋爲食。"光緒五年《定遠廳志》卷五《地理志六·風俗》："高山之民，尤賴洋芋爲生活，道光前惟種高山，近則高下俱種。"光緒十一年《大寧縣志》："山鄉日食，以包穀、紅薯、洋芋爲大宗，至蕎面、麥粉，因時更易。"光緒十八年《鳳縣志》卷八《物產》："高山險僻，宜洋芋，可以代穀食。"光緒二十年《黔江縣志》："居民多種番薯、洋芋，或掘蕨粉，以備食用之不足。"民國十五年《南川縣志》卷六《植物》、民國十七年《大竹縣志》卷十二《物產志》："馬鈴薯，俗名洋芋。"民國十八年《合江縣志》卷二《食貨·物產》："洋芋，馬鈴薯。"民國二十一年《萬源縣志》卷三《食貨門·物產》："洋芋，一名馬薯蕷，性宜高山，耐寒，貯久，種類極多，有紅、白、烏、藍、紫、麻各色。"民國三十三年《重修彭山縣志》卷二《食貨篇·物產》："馬鈴薯，俗名洋芋，近年始有。"民國三十三年《汶川縣志》卷四《物產》："洋芋，即馬鈴薯。"下江人《釋四川話（二）》："'包谷'、'紅苕'、'洋芋'，是爲玉蜀黍、番薯和馬鈴薯。”[①]陳邦賢《自勉齋隨筆·洋芋的歷史》：“洋芋又叫做馬鈴薯，四川這種出產很多，幾乎遍地都是。”《川方》（頁429）“洋芋”謂“土豆”。《川方匯釋》（頁235）“洋芋”謂“馬鈴薯、土豆兒”。《成都話》（頁228）“洋芋”謂“馬鈴薯”。《重方》（頁375）“洋芋”謂“馬鈴薯，又叫土豆”。

亦作“羊芋”。清同治五年《宜昌府志》卷五《賦役志》：“歲豐猶以玉黍羊芋代粱稻，歲歉即掘薇蕨屑葛根且不飽。”同治五年《建始縣志》卷八《藝文志》載袁景暉《敬和原韻》詩自注：“公詢悉山中居民以羊芋爲食，隨命登進數枚嘗之。”同治九年《會理州志》卷十《風土志·物產》：“洋芋，或作羊芋，燒煮皆可食，又可爲粉。《本草》所謂土芋一名土卵者，未知是否此物。”又：“豌豆粉、羊芋粉、蕨根粉。”同治十三年《章谷屯志略·土宜物產》：“莧菜、芹、羊芋、擘藍、芫荽、海椒、菠稜。”光緒三十一年《涪州小學鄉土地理志》第二十八課《農產》：“農產之物，以米與罂粟爲大宗，包穀麥豆次之，其餘粱秫蕎等類，所出不多。東西里山高地瘠，產米稍少，而羊芋、紅薯、蹲鴟、蔓菁、回麥、鵝掌之屬，民亦資以爲食。”光緒三十二年《越嶲廳全志》卷三之二《物產志》：“羊芋，出夷地，可作粉。”“羊芋”音同“洋芋”。

又作“陽芋”。清黃宅中《水西謠十八首》之十三序云：“郡

① 《旅行雜志》1945年第7期，第18頁。

西嘉禾里，種芋頗多，正月布種，五月熟采，功省而利饒，俗名洋芋。或曰：種宜瘠土陽坡，又名陽芋。”吳其濬《植物名實圖考》卷六《蔬類·陽芋》：“陽芋，黔滇有之，綠莖青葉，葉大小疏密長圓形狀不一，根多白鬚，下結圓實。”同治五年《宜昌府志》卷十一《風土志·物產》：“木耳、羊肚、烟葉、蕨粉、陽芋。”民國《息烽縣志》卷十九《方物志·植物部》：“土芋，通呼陽芋，其異名則有黃獨、土卵、土豆、馬鈴薯諸稱。”民國二十六年《歙縣志》卷三《食貨志·物產》：“馬鈴薯，以形得名，又有洋芋、爪哇薯之稱，古稱黃獨，吳其濬《植物圖考》名陽芋，陝、山一帶呼爲山藥蛋。供食用外，可取澱粉，以製酒精，視甘藷、大麥、高粱、苞穀原料尤富。”民國二十七年《西豐縣志》卷二十三《物產》：“地豆，茄科，一名馬鈴薯，又名陽芋。有紅白二種，紅者早熟，白者味甘，今且以之製粉麵、粉條，縣境內多種之。”

或作“楊芋”、“揚芋”。清楊鞏《中外農學合編》卷六《楊芋》：“楊芋隨地皆宜，肥土更好，其蔓葉畧似甘藷，形圓，大者如杯，似附子，皮深黃色，可充蔬菜，饑年可代穀，味殊美，收穫亦豐，豐年可以飼畜，利益甚多。如能勤力培植，旺者每兜可得斤餘，收穫既豐，且不占禾稼之地，誠雜糧中之上品也。……三月所收之楊芋，七月及九月所收之楊芋，均可作來年之種（《種植新書》）。”民國二十九年《重修廣元縣志稿》第三編卷十一《食貨志三·物產》：“馬鈴薯，俗呼揚芋（揚馬鈴也）。……西洋種亦產，特稱洋揚芋。”

考其得名之由，有以下幾種説法。清黃宅中《水西謡十八首》之十三序云："郡西嘉禾里，種芋頗多，正月布種，五月熟采，功省而利饒，俗名洋芋。或曰：種宜瘠土陽坡，又名陽芋。"道光二十九年《大定府志》卷五十九《詩第十九下·文徵九》錄黃氏詩文同。謂種宜陽坡，故名"陽芋"，恐不足信。如光緒九年《沔縣志》卷一《地理志·物產》："陽芋，即古所謂蹲鴟，南北山皆有之，而最宜於不能種二麥包穀之陰坡。"此謂宜種於陰坡，但未聞有"陰芋"之説，故知"謂種宜陽坡"而名"陽芋"之不可憑信矣。

又，清光緒二十三年《續修平利縣志》卷九《土產志·穀之屬》："洋芋，舊志未載。相傳楊侯遇春剿賊於此，軍中採以供食，高山居民始知興種，故俗又稱爲楊芋。或云乾隆間楊岫仕廣東，自外洋購歸。未知孰是，俟攷。"楊遇春，四川崇慶（今成都崇州）人，乾隆四十四年（1779）武舉，歷乾隆、嘉慶、道光三朝，爲清名將。此謂"楊芋"或因楊遇春軍中採食，或楊岫仕廣東購自外洋，均因與事者姓楊而得名，恐亦不足據。

作"揚芋"者，上引民國二十九年《重修廣元縣志稿》謂"揚芋"或又名"揚馬鈴"，似此，則"洋揚芋"又謂"洋揚馬鈴"耶？此説亦不能無疑也。

民國二十一年《南皮縣志》卷三《風土志上·物產》："馬鈴薯（名見《松溪縣志》），一名陽芋（見《植物名實圖考》），一名香芋，一名洋芋（見四十五大作物論，言其味香，來自外洋也），俗稱山藥蛋，或稱土豆子。南美智利、秘魯之原產，西曆十六世紀先傳入歐洲各國。至何時傳入我國，今不可考，大抵海通以後，由法美傳教士傳入，當無可疑。近時南北各省無不有之。”民國《息烽縣志》卷十八《方物志·植物部》：“且如黄獨之一物，則群呼洋芋，若能知洋芋爲陽芋之訛者，又百人中幾無一二。陽芋曾訛之著録洋芋，則近百年之盲從浪書，洋煙、洋火、洋油、洋燈、洋紗、洋布、洋緞、洋琴、洋狗、洋鬼，凡目之所見，耳之所聞，身之所觸，手之所用，非洋則不足以稱其心也。洋之爲禍，誰亦知其烈哉！於是芋之與豆，又何免於必蒙嘉謚，芋之本謚陽者，奪陽而洋之。”此謂“洋芋”爲“陽芋”之譌，究其因爲近代“盲從浪書”，“洋禍”所及，無能幸免，即“奪陽而洋之”了。既然“馬鈴薯”爲外來物種，與十七世紀以降許多外來物品多冠以“洋”名相同，而“羊”、“陽”、“楊”、“揚”均爲“洋”音借。

《大詞典》（8/1183）“洋芋”謂“方言。馬鈴薯”，首引清嚴如熤《三省邊防備覽》，其餘詞形未收。《現漢》“洋芋”謂方言指“馬鈴薯”。

《方言大詞典》（頁4408）“洋芋”謂“馬鈴薯；土豆”，北京官話、冀魯官話、中原官話、晉語、蘭銀官話、西南官話、徽語、吳語、湘語、客話、閩語。又（頁2227）“羊芋”謂“山生的芋頭”，西南官話（四川雲陽），引1935年《雲陽縣志》：“芋曰芋頭。今俗謂水生曰芋頭，山生曰~。”“山生”恐未必指野生，山地種植與水田種植前後對舉，是可知矣。

邀 撽 吆 yɑo^{55} [iau^{55}]

驅，趕。《西游記》第八十九回："八戒道：'去罷，去罷，猪羊都四散走了！'行者道：'你去邀着，等我討他帖兒看看。'"明王瓊《北虜事跡·金聲玉振集》："本堡官軍，由黄河岸過邊邀馬入堡，凡三十二匹。"王鳴鶴輯《登壇必究》卷三十七錄《王公瓊邊防議》同。朝鮮時代漢語教科書《原本老乞大》："你邀過馬來在一處者，容易照覷。"清傅崇矩《成都通覽·成都之詐騙》（頁221）："甚有造罪者，朝餐好食，暮宿煙館，言今日邀豬，邀了些錢，還不夠老子使，明日遇到孝順的，看還多使得點否？""造罪"謂犯口過罪孽。"邀豬"本謂在豬後驅趕豬，此謂專一哀憐告化者把告化比作趕豬。又（頁222）："凡賣雞毛帚、削篾挖耳者，做木鳥、木人、泥叫、泥鵲，做席草盒等項，以及攆路的小乞兒，跟棚趕會，路上要錢，隨而竊之，夜則盜之，名曰邀肥豬、碾鱉場，言語傷人。"又《成都人之稱謂》（頁229）："對客稱自己之兒子，曰檢狗屎的，或曰邀牛勾子的。""勾子"謂屁股，"邀牛勾子"謂跟在牛後面使牛耕田犂地等。又《成都之呼物混名》（頁273）："邀高足騾子，販賣婦女也。"周芷穎《新成都》第四章第二節《語言》（頁63）："邀高足騾子——販賣婦女也。"民國十七年《長壽縣志》卷四《人事部·方言》：

“驅謂之邀。”

或作“撽”。《說文·手部》：“擊，旁擊也。从手，敫聲。”段玉裁注：“《公羊傳》曰‘公怒以斗擊而殺之’注：‘擊，猶擊也。擊謂旁擊頭項。’《莊子》‘撽以馬捶’。苦弔切，二部。小徐本手在左旁。”此與驅趕無涉。《集韻·蕭韻》堅堯切：“邀、撽，遮也。或从手。”《五音集韻·宵韻》：“邀、撽，遮也。或从手。又於宵切。”《康熙字典·手部》：“撽，堅堯切，音驍，遮也。與邀同。”按《說文·辵部》：“遮，遏也。”《吕氏春秋·應同》：“子不遮乎親，臣不遮乎君。”高誘注：“遮，後遏也。”“遏”、“後遏”，謂止、後止。如方言驅趕牲畜謂“撽”，即阻止牲畜向後奔逃。《韓非子·說林下》：“有欲以御見荆王者，衆騶妬之。因曰：‘臣能撽鹿。’見王，王爲御，不及鹿。自御，及之。王善其御也，乃言衆騶妬之。”陳奇猷集釋：“盧文紹曰：撽，音竅，旁擊也。太田方曰：撽、徼通，《封禪文》：‘徼麋鹿之怪獸’，徼，遮也，能要擊鹿之技也。奇猷案：盧說是，邀鹿，謂擊鹿使逐也。邀訓遮非此義。”謂“撽”爲旁擊，恐非是。詳審文意，“撽”謂驅趕，如蜀語謂趕牛、趕豬、驅雞謂“邀牛”、“邀豬”、“邀雞”，這個“邀”是按照人的目的意愿，讓家畜、家禽到某處或做某事，不一定要擊打或旁擊；如這些動物糟害莊稼等，也可以是驅趕。鹿本來奔跑速度快，如《說林》“撽”果爲“旁擊”，則鹿奔跑起來，再善御者，恐怕也難以“及之”矣。民國十五年《簡陽縣志》卷二十二《禮俗篇·方言》：“得瘧疾曰打擺子，又曰撳黄牛。”此雖言患瘧疾，卻以驅牛爲喻矣。

今亦作“吆”。1994年12月版新修《德陽縣志》第二十五篇第四章《歌謠諺語》載兒歌《打把剪刀送姐姐》：“大麦粗，好喂豬，豬兒長得乖，把它吆上街。”《川方》（頁431）“吆（抝）”謂“驅、趕”，“吆鴨子”謂“（慣）本指趕鴨子。因趕鴨人總在最後，故引申爲位居最後”。《川方彙編》（頁121）“吆”謂“驅趕”。《川方匯釋》（頁237）“吆”謂“用聲音或工具驅趕”。《成都話》（頁230）“吆”謂“趕（某些動物）”。《成方》（頁233）“吆”謂“⇨〖撵①〗”，而（頁288）“撵”①“驅逐；趕走”。《重方》（頁378）“吆”謂“大聲驅趕或用工具驅趕家禽牲畜”。

《大字典》（二/7/4148）“邀”⑥“方言。趕，吆”，首引《金史·儀衛志下》：“正一品……邀唱四人。傘用青羅紫裏、銀浮圖。”又（4/2088）“撽”（二）yāo，“同‘邀’。遮阻”，引《集韻》。又（2/632）“吆”②“大聲呼喊。通常指大聲斥責人，大聲驅趕，高聲叫賣，喊勞動號子等”，其中引李劼人《大波》第三部第六章：“現在皇帝還着人吆跑了。”“吆跑了”謂“趕跑了”，與“大聲呼喊”其實無關，也不一定是“大聲驅趕”。因此②義過於籠統，可分立義項。

《大詞典》（10/1262）“邀”⑧“方言。驅趕；吆喝”，首引《西游記》。又（6/920）“撽”音qiào，②“驅使“，引《韓非子》。又（3/184）“吆”謂“亦作‘吆’。大聲喊。多指驅趕牲口、叫賣東西、呼喚、叱斥等”，其中引杜鵬程《保衛延安》第二章：“山頂上影影綽綽走着幾個老鄉，吆着牛群。”“吆”謂“驅趕”。又引柳青《創業史》第二部第二四章：“有義在街上還有事哩，我獨獨把車吆回來了。”“把車吆回來了”謂趕着“黑馬拉着的一輛鐵輪大車”回來了。此與《大字典》一樣應分立義項。

《方言大詞典》（頁7264）“邀”③“驅趕；趕”，晉語、江淮官話、西南官話。又（頁1935）“吆”①“吆喝；驅趕”，中原官話、蘭銀官話、江淮官話，未及西南官話。又（頁1938）“吆”①“吆喝；驅趕”，冀魯官話、晉語西南官話。實則以上並同詞異形。

么 幺 么么 $yɑo^{55}/yɑo^{55}yɑo^{55}$ [$iau^{55}/iau^{55}iau^{55}$]

小；排行最末的。參《考釋》第757頁。《龍龕手鏡·么部》：“么、幺，於堯反，么麽，小也。”《增韻·蕭韻》：“幺，伊堯切，小也。陸機賦‘絃幺徽急’，俗作么。”《韻會舉要·蕭韻》：“幺，今俗作么。”元周伯琦《六書正譌》卷二：“幺，伊垚切，小也，象子初生之形。俗作么，非。”《康熙字典·幺部》：“幺，俗作么。”《文選·陸機〈文賦〉》：“猶絃么而徽急，故雖和而不悲。”李善注：“《說文》曰：‘么，小也。’”六臣注本正文作“么”，李注引《說文》則作“幺”。按作“么”文獻習見。宋陸游《老學庵筆記》卷一：“鼎、澧羣盗如鍾相、楊么，戰舡有車船、有槳船、有海鰍頭，軍器有拏子、有魚叉、有木老鴉。”“么”下原注：“鄉語謂幼爲么。”明曹學佺《蜀中廣記》卷五十八《風俗記第四·總錄》：“蜀人親愛之辭曰么，以小兒女爲么。”清李蕃《雪鴻堂文集》卷十四《鄉語·鷂（音腰）》：“雉之少子名鷂，老人稱少子曰𣊬鷂、么豚。鷂，雁之少子也。雁飛必呼，其嘹嚦空際者皆鷂聲，蓋呼其子也。”“豚”下爲一墨釘，乾隆十六年《郫縣志書》卷八《風俗志》錄此條作“叉”，修志者按：“郫人呼少子曰老么，老即暮也，□么，小也，音亦與鷂近。”道光二十一年《遵義府志》卷二十《風俗》、光緒《餘慶縣志·風俗·方言》、光緒二十一年《敘州府志》卷二十一《風俗》、民國十年《新修合川縣志》卷三十《風俗·方言》、民國二十三年《華陽縣志》卷五《禮俗·方言》、民國二十四年《麻城縣志續編》卷一《疆域·方言》、民國二十四年《蓬溪縣近志》卷七《風土篇·方言》、民國二十六年《犍爲縣志·居民·言語·方言》、民國三十二年《沿河縣志》卷十三《風土志·方言》：“小兒女曰么。”Adam Grainger《西蜀方言》（頁67）：“么兒子。”謂“the youngest son”。民國《普安縣志》卷十《風土志·方言》、民國三十七年《貴州通志·風土志·方言》：“小妹曰么妹。”民國十一年《邛崍縣志》卷四《風俗志·鄉音》：“凡兒女之小者謂之么。”民國十八年《榮縣志·禮俗》：“《説文》：‘么，小也。’俗謂小兒曰么兒，小弟曰么弟。么、幼聲轉，幼，少也，與夭同。《詩》'桃之夭夭'傳：'少壯也。''夭之沃沃'傳：'夭，少也。'"民國二十三年《樂山縣志》卷三《方輿志·方言》："呼小兒女曰么弭、么女。"民國二十九年《重修廣元縣志稿》第四編卷十五《禮俗志二·風俗》："男女行末者曰么。"白虹《四川方言（川行雜記之六）》："老么，排行最小的一個。"[①]下江人《釋四川話（一）》："喊小兒女爲'么兒'，小弟弟爲'么兄弟'，小妹妹爲'么妹''么姑娘'，幼叔爲'么叔'，庶母爲'么媽'。"[②]

亦作"幺"。清李宗昉《黔記》卷一："黔俗稱人……小者曰幺，曰滿。"佚名《蜨階外史》卷三《舒鐵雲》："苗呼行第最稚者爲幺。"江昱《瀟湘聽雨錄》卷二："《宋史·岳忠武傳》有'楊幺，本名楊太。太年幼，楚人謂小爲幺，故曰楊幺'。余謂豈特幺非名，太亦非名，衡湘人稱大必曰太音，且書大作太，想草竊之寇，初無名字，從其生之次序名之則曰大，從其幼小名之則曰幺，皆鄙野率漫之稱爾。"翁霪霖《南廣雜詠》："挑媒多半是生涯，亦復傭工度歲華。笑煞幺兒無活路，倒騎牛背弄梅花。"原注："川省呼最少者爲幺。"章炳麟《新方言·釋言》："《說文》：'幺，小也。'《爾雅》：'幺，幼。'《漢書·敘傳》曰：'幺麿。'今人謂冣幼小爲幺。"民國十八年《新修南充縣志》卷七《掌故志·風俗·方

① 《自修》1941年第162期，第24頁。

② 《旅行雜志》1945年第7期，第8頁。

言》："所生少小曰幺兒幺女。"民國二十四年《雲陽縣志》卷十四《禮俗下·方言上》："小兒女曰幺。"姜亮夫《昭通方言疏證》（117條）："幺，幼小。《說文》：'幺，小也。象子初生之形。'《爾雅·釋獸》：'幺，幼也。'按，今昭人謂最小之子曰幺兒、幺女，當即此字。字誤作么。又通言幼小，幼即幺之孳乳字也，音與幺雙聲之變。顧亭林《日知錄》考之極詳。"按字作"么"不誤。今蜀中市井謂"皇帝愛長子，百姓愛幺兒"。《川方》（頁431）、《成都話》（頁229）、《成方》（頁233）"幺"謂"排行最小的"。《川方匯釋》（頁236）"幺"謂"排行最小"。《重方》（頁376）"幺"謂"排行最小或最末者"。

蜀語稱小兒女或愛稱兒女亦疊言"么么"、"幺幺"。清光緒二十二年《名山縣志》："呼小兒女曰么么。"光緒三十四年《敘永永寧廳縣合志》卷五十四《雜類志·方言》："心愛小兒曰么么。"詹言《縣城隍會竹枝詞》："大龍燈下更喧囂，多半而今厭二毛。東一瞧來西一望，萬花叢裏喚幺幺。"民國十五年《簡陽縣志》卷二十二《禮俗篇·方言》："愛兒女呼曰么么。"民國十八年《合江縣志》卷四《禮俗·方言》："乖乖、么么，皆呼愛子也。乖，佳之假借，《說文》：'佳，善也。'么，細小也。"民國二十一年《萬源縣志》卷五《教育門·方言》："愛兒女曰么么。"民國二十一年《南溪縣志》卷四《禮俗下·方言》："乖乖、么么、么兒、么哥、某蠻，皆呼子女之稱也。乖，佳之假借，《說文》：'佳，善也。'么，細小也。祝其體力强健如蠻族，故曰蠻也。”按謂“祝其體力强健如蠻族，故曰蠻也”，此臆説耳。“蠻”當爲“滿”音借，故“某蠻”猶謂某么兒[①]。《川方》（頁431）“幺幺”謂“對最小的子女的愛稱”。《成都話》（頁229）“幺幺”謂“同‘幺兒②’”，而“幺兒”②“對年幼兒女的愛稱。又説‘幺幺’”。又，民國十八年《滎縣志·禮俗》：“今人愛憐少者曰夭夭。”“夭夭”爲“么么”音借。姜亮夫《昭通方言疏證》（55條）：“昭人謂最後生之子女曰小兒、小女，杜詩所謂‘謝公最小偏愛女’也。俗以夭爲之。或又附會爲妖，言爲父母所寵愛也，皆未允。按即小之音變，匣母字古多讀影母。”

《大字典》（二/1/37）“么”（一）yāo，謂“同‘幺’”，引《古今韻會舉要》。又（2/1168）“幺”（一）yāo，①“小；細小”，首引《説文》，附項謂“又幼小的；排行最末的。如：幺妹子；幺叔”，首引《爾雅》。

《大詞典》（2/829）“么$_1$”音yāo，謂“同‘幺’”，而（4/425）“幺”云“亦作‘么’”，①“小；細”，首引漢蔡

---

① 清乾隆二十七年《永興縣志》卷五《風土志·方言》：“少子曰滿。並有滿弟、滿叔之稱。亦名曰晚。”光緒四年《道州志》卷十《風土·風俗》：“季子曰晚，譌曰滿。”光緒三十三年《永明縣志》卷十一《地理志十一·風俗》：“子末生者曰滿。”民國二十年《太谷縣志》卷四《禮俗略·風俗附方言》：“呼孩曰蠻子。”“蠻子”即小子也。《大詞典》（6/57）“滿子”謂“最小的子女”，引清張心泰《粤游小志》：“滿子者，嘉俗稱子女之最小者。按何光遠《鑒誡録》陳裕詩：‘滿子面甜糖脆餅，蕭娘身瘦鬼常娥。怪來唤作渾家樂，骨子貓兒盡唱歌。’玩詩意，滿子是謂其子女，蕭娘是謂其妻妾，則以稚子爲滿子自五代時已然。”《方言大詞典》（頁6680）“滿”⑨“排行最末的；最小的”，西南官話（四川成都）、湘語、贛語、客話、粤語、閩語、土話。

邕《短人賦》；③“指排行最小的。如：幺叔；幺妹”，無書證。未及“么么”或“幺幺”。

《方言大詞典》（頁494）“幺”①“排行最小的”，江淮官話、西南官話。又“幺幺”①“對最小的子女的愛稱”，西南官話；②“小叔或小姑姑”，江淮官話（湖北紅安）、西南官話（湖南安鄉）。按今川北梓潼縣城郊亦謂小姨、小姑姑曰“幺幺”。

幺店　腰店　么店子　幺店子　腰店子

yɑo[55]diɑn[213]zi[53]［iau[55]tian[213]tsɿ[53]］

鄉間路旁的小客店或小店鋪。參《考釋》第759頁。清光緒三十一年《富順縣鄉土志·道路篇》：“由場西向過平和塞么店子、蕭嶺，至新場約四十里。”清末《新都縣鄉土志·道路》：“經白廟子，又四里過曾家么店子，又五里至高橋。”傅崇矩《成都通覽·成都之旱道路程》（頁477）：“過橋上大坡，凡一百步，到野山河，有幺店二家，人煙稀絕。”“幺店”即小店①。艾蕪《松嶺上》：“從這山到那山，一路上唱着歌，喝着幺店子的米酒，日子是過得滿自由滿自在的。”原注：“‘幺店子’：

① 傅崇矩《成都通覽·成都之詐騙》（頁214）：“這就叫驢子推幺磨，輸了錢不說，反背上驢子之名。”“幺磨”即小磨，與“大磨”相區別。《川方》（頁432）“腰磨”謂“一種用人力或畜力推動的大石磨”，所釋或不確。《重方》（頁379）“腰磨”謂“一種用人力推動的石磨”，未言大小。川北綿陽等地“腰磨”指小磨，大石磨則直接叫大磨。

是大路上的小店子，賣點茶水點心，可以臨時借宿一兩個客人。”[①]下江人《釋四川話（二）》：“村店名‘么店子’。”[②]

或作“腰店”、“腰店子”。清光緒五年《定遠廳志》卷四《地理志五·保甲》：“路旁小店、腰店、客店，以一店爲一戶。”此又以“小店”與“腰店”並列。光緒三十二年《隆昌縣鄉土志·北鄉》：“松林坡西北七十五里，一峯綿亘，上若天梯，鹽販必息肩於此，商人亦多住宿此，有腰店數間，以便行旅。”“腰”當爲“幺”音借，“幺店”即小店，非取“半途”或“途中”之店義。又，清光緒三十二年《雲陽縣鄉土志·山水》：“東行十里至腰店子，接楊家山。”民國十五年《簡陽縣志》卷二十二《禮俗篇·方言》：“路旁小鋪曰腰店子。”民國二十一年《萬源縣志》卷五《教育門·方言》：“路旁小店曰腰店子、水食店。”民國二十七年《達縣志》卷九《禮俗門·風俗·方言》：“路旁小鋪曰腰店子。”又，清翟灝《通俗編》卷二《地理·腰鋪》：“陳造詩：腰鋪人家緊閉門。”“腰鋪”似即蜀语之腰店。

今蜀方言音義並存。《川方》（頁430）“幺店子（腰店子）”謂“鄉間路旁的小客店、小店鋪”。《川方匯釋》（頁236）“幺店子”謂“場鎮之間的路旁小店”。《成都話》（頁229）“幺店子”謂“農村的路邊小店，賣日雜用品或茶水、小吃等，也供行人歇脚”。《成方》（頁233）“幺店（子）”謂“場鎮間的路邊小鋪，賣小百貨、日雜用品或茶水、小吃，也供行人歇脚，

① 《艾蕪中短篇名著》，四川文藝出版社，1995年9月第2版，第69頁。
② 《旅行雜志》1945年第7期，第18頁。

有的可住宿”，又云“也作‘腰店（子）’”。《重方》（頁376）“幺店子”謂“偏僻鄉村路旁的小店，既賣日雜用品、茶水、小吃，也供行人歇腳，故可稱作客店，也可叫作貨店”。又，《川方彙編》（頁75）“幺店子”謂“鄉場上單間小鋪”，與上引幾部方言詞典釋義不同，非是。

《大詞典》（4/426）“幺店”謂“方言。路邊的小店”，引艾蕪《我的青年時代》。又“幺店子”謂“幺店”，引艾蕪《烏鴉之歌》。餘未及。

《方言大詞典》（頁495）“幺店”謂“鄉村小店（既賣日用雜貨、小吃茶水，也供行人留宿”，西南官話。又（頁496）“幺店子”謂“鄉村小店（既賣日用雜貨、茶水小吃，也供行人留宿）”，中原官話、西南官話、客話（四川儀隴）。又（頁6627）“腰店”謂“路旁小鋪”，西南官話。

幺師　么師　幺廝　么司 yɑo^{55}si^{55} [iau^{55}sɿ^{55}]

旅店、餐館、茶鋪等服務員的舊稱。參《考釋》第758頁。清傅崇矩《成都通覽·成都之執業人及種類》（頁196）：“茶鋪執壺，酒坊提壺者，均名堂倌。客棧所用者，謂之幺師。”又《成都之詐騙》（頁210）：“每夜叫幺師與水一盆，自己帶有燈臺，自己灌油壺，言道我夜下要照起亮纔睡得着。”又《成都人之稱謂》（頁228）：“呼堂倌曰幺師傅，或曰幺師。”

亦作“么師”。清傅崇矩《成都通覽·成都之客棧》（頁131）：“官店中呼跑堂曰么師傅。”一般習慣省稱“么師”。羅文漢《旅蜀日記》三十四：“只是店中養着這多么師（供使喚的人），設有這多管事。”又六十三：“住於臨河幽邃的一間店房裡，告麽師任何人不會。”[①]謂小或排行最末之“么”無作“麽”者，故“麽師”爲“么師”誤寫。民國十五年《南川縣志》卷六《雜俗》：“稱店中執爨者曰么師。本呼火老么。”蜀馬《蜀省災區遊記》：“在一家很漂亮的飯館喫不到一點肉食，更見不到一滴脂油，據么師——飯館之茶房也——說：‘這三天因爲臥佛寺打雨醮，所以全城喫素。’”又：“據牛佛渡的么師稱：‘富順最慘痛的事是窮民因吃觀音土而死者不下數千計。’”[②]後例“么師”似又指渡口的船工之類人物。吳濟生《新都見聞錄》十八《習俗一班·（二）方言》：“茶館、菜館、旅館侍役，稱爲‘么師’。”下江人《釋四川話（一）》：“酒樓、茶館、旅店、娛樂場所的茶房爲‘么師’。”[③]

又作“幺厮”、“么司”。艾蕪《人生哲學的一課》：“把包袱寄在櫃上，由閃有小聰明眼光的幺厮使着欺負鄉下人的臉色，引我到陰暗暗的一間小房裏。”原注：“‘幺厮’：對茶房伙計的稱呼。”[④]民國二十一年《南溪縣志》卷四《禮俗下·方言》：“么司，謂旅館廚役也。”陳邦賢《自勉齋隨筆》：“‘對

① 《京報副刊》1925年第293期，第64頁；又第306期，第200頁。

② 《生存綫》1937年第2卷第4期，第27、28頁。

③ 《旅行雜志》1945年第7期，第8頁。

④ 《艾蕪中短篇名著》，四川文藝出版社，1995年9月第2版，第3頁。

又來’是北碚一家冷酒店……那老闆約四十多歲，帶着兩三個‘么私’應付來往的酒客（么私就是堂倌）。”蜀方言“師”、“廝”、“司”、“私”同音。作“師”猶今稱某些服務者爲“師傅”，“幺廝”猶明清白話小說之“小廝”，“司”猶今司某職者，作“私”則爲記音。

今蜀語音義並存。《川方》（頁431）“幺師”謂“旅館服務員的舊稱”。《川方彙編》（頁59）“幺師”謂“舊時稱茶鋪、旅店之招待員”。《成都話》（頁229）“幺師”謂“舊時旅館的服務人員”。《成方》（頁233）“幺師”謂“舊事對茶館、旅店、飯館等處服務人員及廚師等的稱呼”。《川方匯釋》（頁236）“幺廝”謂“茶房兒、伙計”。

《大詞典》（4/426）“幺師”謂“方言。對旅店、飯館服務人員的稱呼”，引巴金《寒夜》。又“幺廝”謂“同‘幺師’”，引艾蕪《人生哲學的一課》。餘未及。

《方言大詞典》（頁494）“幺師”，西南官話，①“舊時旅館、飯店的服務人員”，也作“幺廝”；②“特指店中燒火煮飯的人”。

要待　要臺　么臺　幺臺 yao^{55}tai^{21}［iau^{55}t‘ai^{21}］

完畢，結束。章炳麟《新方言·釋言》：“《詩·鄭風》：‘倡予要女。’傳：‘要，成也。’《爾雅》：‘止，待也。’

止爲待，待亦爲止（本同部假借）。重慶謂終了爲要待，待讀如臺。”民國十八年《合江縣志》卷四《禮俗·方言》：“要臺，要，成也；臺當作待，正也。凡事終了爲要待。”按未聞“待”訓“正”，“正”當爲“止”形近而譌。《爾雅·釋詁》：“止，待也。”郭璞注：“止亦相待也。”《大詞典》（3/940）“待$_1$”⑥“止；留住”，首引《論語·微子》：“齊景公待孔子。”邢昺疏：“景公止孔子。”此爲邢疏引《史記·孔子世家》語。《大字典》（二/2/879）“待”（一）④“對待；招待”，亦首引《論語》及刑昺疏：“待，遇也。謂以祿位接遇孔子也。”據《史記》，則《論語》之“待”即“止”也[①]。引申之，則“待”有終了義。民國二十八年《巴縣志》卷五《禮俗·方言》：“今巴語謂演劇終幕爲幺臺，遂爲凡終了之偁，亦呼煞腳，腳讀洪音如各。”蜀語“各”音[ko^{21}]，“煞腳”多作“煞擱”、“煞閣”（參《考釋》頁584）。姜亮夫《昭通方言疏證》（15條）：“要待（音如天臺）……今昭人亦有是語。”又（630條）：“昭人謂事已完結曰么臺。按：此蜀中人語，么臺者，謂演戲已結束之義。臺者，戲臺，因之每一戲曰一臺戲。么者，西南人謂末了結尾之方言。故么臺乃一事之語句，引申爲一切事完結之義。惟用此語略帶輕蔑之象。”

亦作“要臺”。民國十三年《江津縣志》卷十一《風土志·

① 《禮記·檀弓上》：“故喪事雖遽不陵節，吉事雖止不怠。”鄭玄注：“止，立俟事時也。”陳澔集說：“吉事雖有立而待事之時，而不可失於怠惰。”《左傳·襄公二十三年》：“子姑止之。”王引之《經義述聞·爾雅上》：“子姑止之，猶子姑待之也。”

方言》:“凡事之結束曰要臺,勞力者小歇亦曰要臺。《廣雅》:‘臺,輩也。’要臺者,蓋言齊休歇也。”民國十八年《榮縣志·禮俗》:“凡舉事之稱,事始曰上臺,事畢曰要臺,《詩傳》:‘要,成也。’又曰下臺。”民國二十一年《南溪縣志》卷四《禮俗下·方言》:“要臺,要平聲,終了也。”民國三十一年《西昌縣志》卷五《禮俗志·方言》:“事終曰要臺。”

亦作“么臺”、“幺臺”。民國三十六年《鎮寧縣志》卷三《民風·語言》:“完了曰歸一,曰么臺。”克非《春潮急》三十六:“只要給我幹,我一天辦兩個幺臺,外加一頓粉子醪糟兒!”原注:“幺臺——栽秧時節,川西北農民習慣每日四餐,即在早飯和午飯之間加一頓點心,謂之幺臺,也叫作打尖或軟晌午。”[①]

今蜀方言音義並存。《川方》(頁431)“幺臺$_1$(腰臺、夭臺)”①“戲收場了叫~。泛指完畢、結束”,②“比喻擺脫困境,下臺”。凡事情棘手難辦、無法收場或結束、沒完沒了,叫“幺不倒臺”。又“幺臺$_2$”謂“農民插秧時每日三頓正餐之間加的點心”,此實即工作告一段落後的短暫休息、用點心。《川方彙編》(頁111)“幺臺”①“結束”,②“加餐”。《成都話》(頁229)“幺臺”①“工間休息時所用的小餐”,②“結束”。《川方匯釋》(頁236)“幺臺”①“戲演完了”,②“垮臺了,完蛋了”。《成方》(頁233)“幺臺”①“戲演完收場,也泛指事情結束、完畢”,②“下臺,垮臺”,③

① 上海人民出版社,1974年4月第1版,第879頁。

“擺脱困境，過難關”，④“農忙季節，農民工間休息時吃的點心”。《重方》（頁377）“幺臺”①“專指演戲結束”，②“泛指事情的結束”，③“引申指垮臺、下臺”；“幺不倒臺”①“沒法結束，沒法收場，下不了臺之義”。楊梅《四川方言與川劇》云：“歇臺，本指戲演完後停歇下來，現在它的意義引申爲結束、了結、完蛋、下臺等，與近年來頗爲流行的‘下課’有異曲同工之妙。幺臺，指戲收場，其否定形式‘幺不倒臺’包含了不起和下不了臺這兩個截然相反的義項，仔細一想很有道理：演員下不了臺不外乎兩種原因，一是因爲受到觀衆的歡迎和喜愛而‘幺不倒臺’，這裏包含了對演員演技的稱讚之意，進一步引申爲‘了不起’；第二個原因是因爲演員演技不高或出了洋相，被喝倒彩而進退兩難、下不了臺。”①

《大詞典》（8/753）“要$_1$”音yāo，“要$_2$”音yào，又（758）“要$_2$待”①“犹言要等”，②“待要；想要”，未及完畢、結束義（蜀方言義讀陰平）。餘亦未及。

《方言大詞典》（頁494）“幺臺”，西南官話，①“工間休息時所用的點心”，②“戲結束。引申爲了結，完結”。又（頁495）“幺臺了”謂“散戲了”，西南官話。又（頁3916）“要待”謂“終結；結束”，西南官話。

---

① 《文史雜志》1994年第5期。

搖旦　搖旦子　yɑo^{21}dɑn^{213}zi^{53}［iau^{21}tan^{213}tsɿ^{53}］

搖旦，川劇旦行脚色。四川方言借以指言行打扮類似的婦女，亦説“搖旦子”。胡度等《川劇詞典》（頁126）“摇旦”，謂“川剧獨特旦行類别。扮演兇狠悍妬或滑稽風趣之類的婦女，包大頭，有的貼太陽膏，唱念中常耍花腔，用彈音，加語尾，多爲鴇母、媒婆、晚娘、醜女、悍婦、傻丫頭等”。民國十八年《滎縣志·禮俗》：“《方言》：‘媱、媰，遊也。江沅之間謂戲爲媱。’媱本爲媱。《廣雅》曹憲音遙。《説文》：‘媱，曲肩行也。’連文曰要媱。王逸《九思注》：‘要媱，舞容也。’今優人飾女者以要媱，故稱媱但。《淮南注》：‘但猶詐也。’俗作摇旦。要媱别作妖嬈。《方言》：‘遙，淫也。九疑荊郊之鄙謂淫曰遙。’今倡妓曰遙姐，所居曰遙子。遙當爲媱，倡樂也，媱戲也。”《川方彙編》（頁76）“搖旦子”謂“花旦，醜旦。例：説起話來凝筋灌骨，踐圓了，活像個搖旦子”。胡小鳳等《頗有劇種特色的行當：搖旦》説：“川劇旦角這一行的分類中有‘摇旦’，社会生活中人們常把那些活躍爽朗、能説會道、幽默風趣、不拘禮數的婦女喊作‘摇旦子’”，至於何以將此类型的人物叫“摇旦”，“大致出於摇字的字義”，“民間把一些人喊成‘摇旦子’，其動作神情總離不開一个‘摇’字”。並説《山西戲曲臉譜》介紹蒲州梆子臉譜時謂“有些窑旦、彩旦，因其所表現的劇中人物行爲不端，故也勾臉。直到解放後净化舞臺時纔去掉”[1]。上引方志“媱但”、“摇旦”，山西作“窑旦”，均與其所選字義及扮演的人物身份特點有關。藍鷹、周偉《四川方言：川劇的文化符號》：“‘搖旦’這一名稱在别的劇種是沒有的。川劇中的‘搖旦’，專扮性格開朗，饒舌滑稽的婦女，如鴇母、媒婆、後母或醜小姐、傻丫頭之類。……由於這一角色在川劇中的獨特形象與影響，生活中的四川人便把那些能説會道、喜弄風騷、不拘禮數的婦女喊作‘搖旦子’。”[2]據上引胡文，山西蒲州梆子有“窑旦”。

《大詞典》（6/807）“摇旦”謂“川劇旦行脚色名。相當於京劇中的彩旦”，引夏衍《〈香羅帕〉是一出好喜劇》。《方言大詞典》未收。

約 要 腰 yɑo^{213}/yɑo^{55}［iau^{213}/iau^{55}］

纏縛，拴束。參《考釋》第758頁。《説文·糸部》：“約，纏束也。”段玉裁注：“束者，縛也。”《正字通·鳥部》：“鸕鷀畜之，以繩約其嗉，才通小魚，其大魚不可下時呼而取之，復遣去。”《詩·小雅·斯干》：“約之閣閣，椓之槖槖。”毛傳：“約，束也。”孔穎達疏：“謂以繩纏束之。”《戰國策·齊策

① 《四川戲劇》2008年第2期。

② 《中華文化論壇》2010年第2期。

六》："魯連乃書，約之矢以射城中。""約之矢"謂將書信拴在箭上。《太平御覽》卷三十一引梁吳均《續齊諧記》曰："屈原五月五日投汨羅而死，楚人哀之，每至此日，竹筒貯米投水祭之。漢建武中，長沙歐回，見人自稱三閭大夫，謂回曰：'嘗見祭甚善，但常患蛟龍所竊。今若有惠，可以楝樹葉塞其上，以五彩絲約之，此二物蛟龍所憚也。'回依言，後乃復見，感之。今人五日作糉子，帶五色絲及楝葉，皆是汨羅之遺風也。"[①]《說文·糸部》"絭，攘臂繩也"段注本作"纕臂繩也"，注云："纕，各本作攘，今正。纕者，援臂也。臂褎易流，以繩約之，是繩謂之絭。"清光緒四年《彭縣志》卷三《民事門·田功志》："凡樹以竹約之，則水不升而枯。"民國十三年《江津縣志》卷十一《風土志·土產》："（鸕鷀）漁舟往往豢畜之，令其捕魚，以鐵環約其頸，但縱其獵而不許其食。"用以拴束捆紮之草索曰"草約"。清鄧廷楨《雙硯齋筆記》卷四："金陵人以艸索束物謂之艸約（音似要），即《左傳》'尋約'之'約'。《說文》：'約，纏束也。'從勺之字聲，古音如《論語》'樂節禮樂'之'樂'。""艸約"謂用以束物之草索。光緒四年《彭縣志》卷三《民事門·田功志》："續還捆簟名草約也（約音要）。""還"未見字書收錄，當爲方俗造字。章炳麟《新方言·釋言》："江寧謂以艸索束物爲艸約，約讀如要，古音約如要，《釋名》'要，約也'。鄧廷楨說。"民國十三年《江津縣志》卷十一《風土志·方言》："《說文》：'約，纏束也。'邑語謂以草索束

① 《四庫全書》本《續齊諧記》所載，不如《御覽》所引完整雅馴，疑有脫誤。

物曰草要子，約讀如要，《釋名》：‘要，約也。’古音約如要。”以上四例以釋語論，被釋語當爲動詞，但“艸約”、“草約”、“草要子”爲名詞，故《江津縣志》當作“以草索束物爲約，束物之草索曰草約子”。

亦作“要”。《釋名·釋形體》：“要，約也。在體之中，約結而小也。”王先謙疏證補：“蘇輿曰：《御覽》人事十二引作‘腰，約也。在體之後，約體大而小也’。案腰俗字，要約一聲之轉，古亦通用。《淮南·主術訓》高注‘約，要也’，《漢書·禮樂志》顏注‘約讀曰要’，是其證。”《説文·韋部》“韊，收束也。从韋，樵聲。讀若酋。韊或从要”段玉裁注：“（要）亦取圍束之義。”桂馥義證：“或從要者，要亦收束。《廣雅》：‘要，約也。’《漢書·高帝紀》‘待諸侯至而定要束耳’，《史記》作‘約束’。”宋袁文《甕牖閒評》卷二：“《漢書》要與約同，故要多音約。《高祖紀》云‘諸侯至而定要束耳’，此要字合音約，顔師古不音，誤也。婁機作《班馬字類》，便入在三蕭韻內，以爲邀字，亦誤矣。”清趙翼《陔餘叢考》卷三十《名帖》：“刺則用紙闊二三寸，書姓名于紙之前，反卷如箸，以紅紙要之。”

又作“腰”。漢班固《白虎通·喪服》：“腰絰者，以代紳帶也。”古代官員的腰帶，按品級高下分別以金、玉、犀、銀、銅、鐵爲飾。故“腰金拖紫”、“腰金衣紫”，謂腰束金帶或掛金印，身穿紫色品服或佩紫綬，喻指身居顯位。南朝梁簡文帝《七勵》：“緣腰白玉，帶珮黄金。”“珮”、“腰”互文，“腰”

謂（腰上）佩戴、拴束。唐岑文本《三元頌》："腰金鳴玉，執贄奉璋。"因拴束的位置在中間，猶人、物等中間爲腰，故亦謂從中間拴束、捆紮爲"腰"。

今蜀音義並存，保留了古音。《川方》（頁432）"褄（腰）"音yɑo[1]，①"（從中間）捆紮"，"褄子"謂"臨時捆物用的代替繩子的東西"。以簡單整理或擰結而成的或長或短以束物的草索等，就叫"草約（要）子"。《成都話》（頁230）"縷〔腰〕"音［iau[55]］，謂"捆"；又"縷子"謂"捆物時臨時用來代替繩子的東西"。《成方》（頁233）"腰"讀iau陰平，①"（從中間）捆，綁"。《重方》（頁379）"褄"音yao[1]，①"捆紮"。

《大字典》（二/6/3586）"約"（一）yuē，①"纏束；捆縛"，首引《說文》。又（2998）"要"（一）yāo，②"繫在腰間"的附項"又束物"，引《陔餘叢考》。又（4/2245）"腰"⑤"佩帶於腰"，首引《白虎通》。

《大詞典》（9/721）"約$_1$"音yuē，①"纏束；環束"，首引《詩》。又（8/753）"要$_2$"音yào，⑰"見'要$_2$子'"，而（754）"要$_2$子"①"用麥稈、稻草等臨時擰成的繩狀物，用來捆麥子稻子等"，無書證。又（6/1341）"腰"⑤"佩在腰上"，首引簡文帝《七勵》。

《方言大詞典》（頁2366）"約"④"捆束"，西南官話。又（頁6960）"褄"③"從中間捆紮"，西南官話、吳語。又（頁6626）"腰"⑦"用繩子在物體的中間輕輕紮一下"，湘語。

尾巴　尾把　已巴　以巴 yi^{53}bɑ^{55} [i^{53}pa^{55}]

尾，尾巴。宋普濟《五燈會元》卷十三《撫州疎山匡仁禪師》："（明）招一日問：'虎生七子，那箇無尾巴？'師曰：'第七箇無尾巴。'"釋慶老《補禪林僧寶傳·五祖演禪師》："汝等諸人，見老和尚鼓動唇舌，竪起拂子，便作勝解；及乎山禽聚集，牛動尾巴，却將作等閒，殊不知'簷聲不斷前旬雨，電影還連後夜雷'。"明王樵《方麓集》卷一《審錄重囚疏二》："傅九向八罵説'大節日你打人家孩子，你還是無兒子，焦尾巴'等語。"清黄生《字詁·尾》："今俗謂尾曰尾巴。此語雖俗，却有理。盖巴者，把也，言在尾竅後可把持也。若單言尾，是僅指其竅而已。"顧張思《土風錄》卷七《尾巴》："尾曰尾巴。按《正韻》'巴'字注：'又尾也。'《正字通》云：'方俗有尾巴語，經傳不載。'是此言起於明初。○巴本蛇蟲之名，篆作，象長尾形，尾巴之名殆取此。""巴"或爲詞綴。光緒八年《黎平府志》卷二下《風俗·方言》："尾曰尾巴。"Adam Grainger《西蜀方言》（頁152）："狗夾起尾巴跑。""尾"注"UE^3，I^3"兩讀。民國二十年《滿城縣志略》卷八《風土一·歌謠》："麻衣雀，尾（讀如以）巴長，娶了媳婦忘了娘。"民國二十二年《高邑縣志》卷六《風土志·歌謠》："尾巴，尾也。尾讀如依。"民國二十五年《香河縣志》卷五《風土·歌謠》：

"小巴狗，上南橋，又沒（讀如梅）尾（讀如以）巴又沒毛。"

或作"尾把"。明朱橚《救荒本草》卷四："猪尾把苗，一名狗脚菜。"徐光啟《農政全書》卷五十二所載亦同。"把"或爲"巴"音借。民國五年《鹽山新志》卷二十四《謠俗篇上·方言》、民國二十一年《南皮縣志》卷四《風土志下·方言》、民國二十九年《沙河縣志》卷十一《志餘上·方言》："尾把，尾也。俗讀尾若倚。"民國十七年《遼陽縣志》卷二十九《物産志·動物》："鶺鴒，大如燕，青灰色，飛則迭起迭落，行時動搖其尾，俗名狗尾把點點，水邊多見之。"又："練鵲，似鵲而小，黑褐色，頂上披一帶，一名帶鳥，長尾白羽，今呼拖尾練，又名大尾把練。"

又作"已巴"。明李實《蜀語》（頁48）："尾曰已巴○已音以，凡尾亦曰已。如馬尾曰馬已，狗尾曰狗已之類。"徐德庵《蜀語札記》："案已爲尾之變音，非已有尾義也。"黃仁壽等校注："'已巴'之'已'，應即'尾'字，以音變如'已'，故以'已'字代之。今蜀人猶謂'尾'曰'已巴'。"按"已"爲"尾"古音之遺存（詳下）。清道光二十一年《遵義府志》卷二十《風俗》、光緒二十一年《敘州府志》卷二十一《風俗》、民國十年《新修合川縣志》卷三十《風俗·方言》、民國二十四年《蓬溪縣近志》卷七《風土篇·方言》、民國三十七年《貴州通志·風土志·方言》："尾曰已（音以）巴。"民國二十六年《犍爲縣志·居民·言語·方言》："畜尾曰已巴。"民國二十八年《邯鄲縣志》卷六《風土志·歌謠》："麻衣鵲，已巴長，娶了媳婦忘了娘。"又《方言》："禽獸尾曰已巴。"

亦作“以巴”。清傅崇矩《成都通覽·成都之袍哥話（即江湖話也）》（頁277）：“以巴，毛也。”因江湖黑話隱晦的需要，將“毛”說成“以巴”，而“以巴”是“尾巴”的方俗讀音，“毛”爲“尾”的構字部件，以“以巴”指姓毛者或指帶毛之物，其隱晦程度就很難爲外人所知曉了。

以上不管是“尾”讀若“以”或“依”，還是記作“已”、“以”，其來亦甚久遠。《中原音韻》卷下：“羊尾子爲羊椅子，吳頭楚椅可乎？”是元時“尾”即有音“椅”者。明陳第《毛詩古音攷》卷一：“尾，音倚，北方皆倚音，南方皆委音。”則“尾”古音“倚”。清王懋竑《讀書記疑》卷五《音韻考》：“尾音倚，北方音錡，南方音委，此陳說。按倚委皆紙韻，尾紙通用，《集傳》不改叶，如字可也。倚字今俗有此音，不特北方。”“錡”，《廣韻·紙韻》魚倚切，音yǐ。又或作“依”。丁惟汾《俚語證古》卷十二：“衣巴，依巴也，尾巴也。獸尾謂之衣巴。衣字當作依。《夏小正傳》云：‘六月斗柄正在上，因此見斗柄之不在當心也，蓋當依，依，尾也。’依、尾古同聲。”按引見《夏小正戴氏傳》卷二：“六月斗柄正在上，此見斗柄之不在當心也，蓋當依，依，尾也。”《大戴禮記·夏小正》則作：“六月斗柄正在上，用此見斗柄之不正當心也，蓋當依，依，尾也。”《爾雅·釋天》“大辰，房、心、尾也”郝懿行義疏引《夏小正》同，謂“是尾一名依，依、尾聲同，語有輕重耳”。故“蓋當依”，謂斗柄當尾宿也。王聘珍《大戴禮記解詁》：“心謂大火心星也，尾謂尾星，皆蒼龍之宿，六月初昏尾中於南。《天官書》云：‘杓攜龍角。’孟康云：‘杓，北斗柄也。龍角，東方宿也。攜，連也。'案東方七宿，角亢氐房心尾箕，統言之皆曰龍角，散言之則斗柄實當尾，故尾中而斗柄在上也。"而洪頤煊《筠軒文鈔》卷三《與宋德輝書》："蓋當依依尾也：依讀如殷。《禮記·中庸》鄭君注云'齊人言殷聲如衣'，《爾雅·釋言》云'殷，中也'，傳衍一依字。"謂《夏小正傳》"衍一依字"，實則當讀作"蓋當依，依，尾也"，洪氏曲爲之説，非是。由於儒家經典的尊崇地位，一般不會輕易改動，"依"、"尾"形不近，但上古均爲微部字，前人謂"依、尾聲同"，"依、尾古同聲"，則聲韻均相同。據《夏小正》所記，至少在西漢末"尾"即讀同"依"，方有"蓋當依，依，尾也"之記載。

又，《廣韻·止韻》"已"、"以"同音羊已切。明焦竑《俗書刊誤》卷二："已音以。"《康熙字典·已部》："已，《廣韻》羊已切，《集韻》、《韻會》、《正韻》養里切，並音以。"又，《廣韻·紙韻》"椅"、"倚"同一小韻，音於綺切。今並音yǐ，蜀方言音[i^{53}]。又"依"，《廣韻·微韻》於希切，今音yī，又《集韻·尾韻》隱豈切，今音yǐ。清顧炎武《唐韻正》卷八："七尾：古與四紙之半，及五旨六止通爲一韻。"

今蜀方言猶謂尾巴曰"已巴"，存古音也。如民國三十年《漢源縣志·風俗志·語言》："鄉間間有古音，如俗以四分之一爲一準，鄉音讀如嘴，馬尾則曰馬已，稱錘則曰稱佗是也。""錘"當爲"錘"形譌[①]。《大詞典》（4/13）"尾$_2$"音yǐ，③"方言。尾巴"。《大字典》（二/2/1036）"尾"（二）yǐ，

① "稱錘"，已見於《禮記·月令》"（仲春之月）角斗甬，正權概"鄭玄注："稱錘曰權。"

“口語音。用於‘尾巴’、‘尾兒’等詞”。兩工具書一説爲“方言”，一説爲“口語音”，均無書證。《現漢》未言及是方言或口語音，僅於“尾”音yǐ，①“特指馬尾上的毛：馬~羅（以馬尾毛爲篩絹的篩子）”；②“特指蟋蟀等尾部的針狀物：三~兒（雌蟋蟀）”。又《大詞典》（4/14）“尾巴”之“尾”音wěi。其餘複詞未及。

《方言大詞典》（頁407）“已巴”謂“尾巴”，冀魯官話、西南官話。又（頁958）“以八”謂“大貍的尾巴”，膠遼官話，引1931年《增修膠志》：“貍之大者曰臊貔子，尾曰~。”此因原書無標點而誤讀以致誤釋矣。所引《膠志》實際記錄的是兩條互不相干的方言詞語，衹引“尾曰以八”即可。倒過來説“以八”就是“尾巴”，將前條牽扯進來，就誤以爲“以八”僅指“大貍的尾巴”了。

飲　搟$_1$ yin^{213}［in^{213}］

給人畜等吃或喝，亦引申指給植物澆水肥。參《考釋》第774頁。唐慧琳《一切經音義》卷二十三《新譯大方廣佛華嚴經音義卷下》（惠苑）：“飲以甘露，飲，於禁反。飲，飲水也。”《增韻·沁韻》：“飲，以飲飲之也。”《六書故》卷八《人一》：“飲人曰飲。去聲。”《康熙字典·食部》：“飲，又《廣韻》於禁切，音蔭。以飲飲之也。”《詩·小雅·緜蠻》：“飲之食之，教以誨之。”鄭玄箋：“渴則予之飲，飢則予之食。”《左傳·宣公十二年》：“子重將左，子反將右，將飲馬於河而歸。”宋陳旉《農書》卷中：“春夏草茂放牧，必恣其飽，每放必先飲水，然後與草，則不腹脹。”朝鮮時代漢語教科書《原本老乞大》：“主人家且休去，俺又忘了一件勾當。俺這馬每不曾飲水裏。等一會控到時飲去，井在那裏有？”清乾隆五十年《涪州志》卷五《風土志·方言》：“飲馬牛曰應水。”“應”爲“飲”音借。

給人、畜吃喝爲飲，同理給植物澆水肥亦謂之飲，迄今所見仍以明李實《蜀語》（頁167）著錄爲最早。黃仁壽等校注：“‘飲水’一詞，在口語中至今沿用不衰。”清道光二十一年《遵義府志》卷二十《風俗》、光緒二十一年《敘州府志》卷二十一《風俗》、民國十年《新修合川縣志》卷三十《風俗·方言》、民國三十七年《貴州通志·風土志·方言》：“澆花木菜蔬曰飲。去聲。”唐訓方《里語徵實》卷中上：“澆花木菜蔬曰飲水。”光緒五年《鎮海縣志》卷三十九《方言》“飲水”亦引《蜀語》。光緒四年《彭縣志》卷三《民事門·田功志》：“是月也，輾麥田，飲（音蔭）麥。……十二月耘芸，既耘則飲，月終再飲小麥。凡肥小麥宜在春前，肥大麥在春後也。”民國十五年《簡陽縣志》卷二十二《禮俗篇·方言》：“澆花木菜蔬曰飲水。飲音蔭。”民國十七年《長壽縣志》卷四《人事部·方言》：“澆花曰飲（去聲）水。”民國二十四年《麻城縣志續編》卷一《疆域·方言》：“澆花木菜蔬曰飲（去聲）水。”又，民國《息烽縣志》卷二十九《風土志·方言》："謂澆花木菜蔬曰飲。"民國二十一年《萬源縣志》卷五《教育門·方言》："以水澆花木蔬菜曰飲。音蔭。"民國二十一年《南溪縣志》卷四《禮俗下·方言》："飲，去聲，以水澆花木菜蔬也。"民國三十一年《西昌縣志》卷五《禮俗志·方言》："以水澆花曰飲。去聲。"李劼人《大波》第二部第六章："隔墻菜園裏大概又在給蓮花白、冬寒菜、菠菜、莧菜飲清糞了。'賴大爺硬是不聽招呼，媽媽都跟他説過幾回啦，叫他白天不要飲糞水，他偏要飲。'"原注："這個飲字，如其用爲'我飲水'、'你飲湯'、'他飲酒'之類的飲字，則讀爲四聲中的上聲，若'隱'字聲音。再如'我用水來飲花'、'你去把那畦菜飲一下'、'叫他們把那幾株樹多飲一點水'之類的'飲'字，則應讀爲四聲中的去聲，若'蔭'字聲音。這裏所用的'飲'字，便應讀成'蔭'字聲音。"①按《廣韻·沁韻》於禁切，"飲"、"瘖"、"蔭"同一小韻。《川方匯釋》（頁244）"飲"謂"澆"，又"飲水"謂"澆水"。

《大字典》（二/8/4734）"飲"（二）yìn，①"給人、畜吃或喝"，首引玄應《一切經音義》；前撰指出其"附項謂'又澆（花、木、菜等）'，引《蜀方言》，較《蜀語》晚"，第二版未予修訂。

《大詞典》（12/504）"飲₂"音yìn，①"給人、畜喝水"，首引《詩》，未及給植物澆水肥義，僅於（505）"飲₂水"謂"給牲口喝水"的附項説"亦指給花木菜蔬澆水"，引《里語徵

① 《李劼人選集》第二卷，四川人民出版社，1980年2月第1版，第800頁。

實》。其實，此本《蜀語》，蜀中澆水肥亦曰飲，如上引《大波》“飲糞水”，不限於僅澆水。《現漢》“飲”音yìn，謂“給牲畜水喝”。

方言詞典著錄給植物澆水肥或又作“𢷩”、“抣”。《川方》（頁274）“淋”謂“澆（口語很少說‘澆’，川東多用~，川西多用𢷩）”；又（頁441）“抣₂（飲）”音yin^4，謂“澆”。《川方匯釋》（頁244）“抣”㊂“與‘飲（yìn）’同義”。《成都話》（頁233）“𢷩”音［in^{213}］，②“澆：包穀不~糞，一年不懷孕”。《成方》（頁330）“𢷩”②“澆”，“𢷩水”謂“給旱地植物澆水”。按凡澆水肥均謂“𢷩水”，並不限於指“給旱地植物澆水”。《重方》（頁392）“𢷩”音yin^4，①“給植物澆水、澆糞”。《大字典》（二/4/2056）“𢷩”音yìn，②“澆（水、肥）”，首引《四川諺語·二集》：“麥子𢷩針，菜籽𢷩芽。”據《現漢》“籽”謂“某些植物的種子”，故“菜籽”當作“菜子”，蜀語“菜子”謂油菜，《大字典》初版（頁1941）作“菜子”不誤。諺語謂麥子剛長出來像針狀時、油菜剛發芽時即澆水肥。《大字典》初版《補遺》收錄“抣”，音yìn，謂“方言。舀水或流質肥料澆莊稼或花木”，第二版（4/1939）同，均無書證。

《大詞典》（6/827）“𢷩”音yìn，謂“方言”，②“淋水，淋糞”，引例謂“簡陽縣解放農業生產合作社”云云，顯然爲四川方言詞矣。

《方言大詞典》（頁2801）“飲”③“澆；施”，西南官話。又“飲水”謂“給花木等澆水”，西南官話。又（頁6790）

“搗”，西南官話（四川成都），②“澆”，③“發（芽）；開（花）：麥子~芽，菜子~花”。又“搗水”謂“澆花”，西南官話（四川漢源）。又“搗麥子”謂“給麥子上糞”，西南官話（四川邛崍）。按“搗”③義因誤讀而妄立，所謂“麥子搗芽，菜子搗花”，與《大字典》引《四川諺語》大同小異（見上），是說麥子在剛長出土就可以澆水肥，菜子在開花時還可以澆灌，或者說這兩種農作物在發芽或開花時澆灌最好；蜀中“搗水”也非僅指“澆花”，凡給植物澆水肥均謂“搗水”；“搗麥子”包括澆水，並不僅指“給麥子上糞”。

擪 搗 抆₂ 隱₂ 䐿 yin^{213} [in^{213}]

量（多少、大小或長短等）。參《考釋》第774頁。《玉篇·手部》：“擪，於覲切，擪劑也。”下“擪”字疑衍。此似與量無涉。《集韻·焮韻》：“擪，劑也。一曰平量。或从焉。”“擪”、“搗”之量義，以《集韻》著錄爲最早。清黃雲鵠《廣粥譜·平糶章程》：“四門分局委員委紳伙食，即由委員委紳自行酌辦，隨後報銷，至擪米數錢管帳書役各項人等，每書辦每日每人給工食錢一百二十文。”范寅《越諺》卷下《單辭隻義》：“擪，蔭，較物長短。”民國十五年《簡陽縣志》卷二十二《禮俗篇·方言》：“量糧食曰擪。擪一作搗。”民國二十五年《續遵義府志》卷十一《農桑》：“取田中穀，則以挑搵，挑三斗强。”又卷十四《學校一》：“凡我考師贄儀饔銀印儀，入學覆試各色費用，一概在內，俟考試後，由值年首士等搵交老師自行變賣。”民國三十一年《西昌縣志》卷五《禮俗志·方言》：“量谷曰搵，□作撝，俗作捙。”民國三十三年《重修彭山縣志》卷二《民俗篇·方言》：“搵（音映），量物也。”姜亮夫《昭通方言疏證》（1249 條）：“《集韻》：‘搵，於靳切，殷去聲，一曰平量也，或作撝。’按《詩·小雅》：‘維北有斗，不可以挹酒漿’，《傳》：‘挹，䣼也’，《玉篇》：‘䣼，酌也’，挹義爲斟酌，引申又有料量義，今昭俗謂料量五穀爲搵，與挹亦一聲之轉也。”

亦作“撝”。《正字通·手部》：“撝，舊註同搵。按撝、搵並俗書，訓劑量無稽。”明鄧球《閒適劇談》卷五：“撝，音印，剂也。一曰評量。”清嘉慶《正安州志》卷四《藝文》錄趙宜霖《龍神祠工竣碑記》：“守祠僧人，按月收鄉約王興鳳等撝米三市斗。”嘉慶二十五年《郴州總志》卷之終《附考》錄朱偓《訓民俚語·勸佃戶》：“騙賴不思將穀撝，刁蠻强欲把田耕。”咸豐八年《梓潼縣志》卷一《田賦》：“必於新料登場之日，乘其料廣價廉，買辦足數，貯合□號，鑰匙存於署內，按月開倉撝發。”王正誼《達縣竹枝詞》：“寫田容易撝租難，豐歉何妨一樣看。”翁霪霖《南廣雜詠》：“一肩撝就早登程，倉斗何如市斗盈。”原注：“量米穀曰撝，音硬。”“南廣”即今川南宜賓市南溪區。覃合興《青羊宮遺囑碑記》：“凡後來住持，不得串通各佃，挪貸銀錢以租作利，各佃亦不得代住持挪貸，將租撝交債主。”光緒五年《定遠廳志》卷五《地理志六·風俗》：“量斗曰過⿰扌焉。”傅崇矩《成都通覽·成都之詐騙》（頁213）：“我與他⿰扌焉了兩升米。”民國二十一年《萬源縣志》卷五《教育門·方言》：“量糧食曰⿰扌焉。”民國二十七年《麻江縣志》卷十《食貨志·倉儲》：“二十五年，縣長拓澤忠派員盤⿰扌焉全縣各倉，共實存倉穀京斗貳千九百零二石二斗九升。”《四川方言方音表》“⿰扌焉”音yìn，謂“量”[1]。《成都話》（頁233）“⿰扌焉”音［in^{213}］，①“（用升、斗、尺）量”。《成方》（頁330）“⿰扌焉”①“（用尺、升、斗）量”。《重方》（頁392）“⿰扌焉”音yin^4，②“量”。

又作“⿰扌丐”。民國十七年《綏陽縣志》卷四《食貨志·田賦》：“合上共看該谷若干，即納谷若干，無所減亦無所加，其谷定用署內京斗⿰扌丐量。”又：“既將已風之谷，悉抬至公案前量⿰扌丐。”“⿰扌丐量”、“量⿰扌丐”同義連文。民國二十九年《開陽縣志稿》第四章《經濟·農業》：“拌斗，俗名拌斗，四方如斗，長廣爲定，高尺七八寸，秋收時，執稻秉即斗牆擊落其實，再⿰扌丐挑回家。”上引《西昌縣志》亦云“⿰扌丐”爲“⿰扌㥯”俗字。《川方》（頁441）“$⿰扌丐_1$（⿰扌焉）”音yin^4，謂“量（liáng）（事物的多少、大小或長短）”。《川方匯釋》（頁244）“⿰扌丐”㊀“用升斗量糧食”，㊁“用尺子量長度”。

或作“隱”。章炳麟《新方言·釋言》：“《爾雅》：‘隱，占也。’《廣雅》：‘隱，度也。’今浙江謂以身及手比絜物之高下長短曰⿰目匽。偃、隱古通。《齊語》‘隱五刃’，《管子·小

① 唐樞《蜀籟》，1982年8月新1版附。

匡》作‘偃五兵’，《古今人表》‘徐隱王’即‘徐偃王’。”民國十九年《嘉定縣續志》卷五《風土志·方言》：“隱，俗謂以身及手比絜物之高下長短曰䁙。案䁙當作隱，《爾雅》：‘隱，占也。’《廣雅》：‘隱，度也。’今俗讀隱若偃，偃、隱雙聲，古通用。”姜亮夫《昭通方言疏證》（1248條）：“今昭人謂以尺度長短，以計度多少，皆曰隱，如隱米、隱布，音讀隱，（陰平），又隱米之音或轉爲抭。”按《集韻·号韻》於到切：“抭，量也。”按“或轉爲抭”，疑“抭”音義即通語“舀”。

又或作“䁙”。《廣雅·釋詁三》：“䁙，當也。”王念孫疏證：“《玉篇》：‘䁙，物相當也。’《廣韻》、《集韻》、《類篇》並同。《廣韻》又云：‘䁙，引與爲價也。與傿同。’《說文》：‘傿，引爲價也。’引爲賈謂引此物爲彼物之值，即相當之意也。”按量度義亦引此物與彼物相較，而見其長短多少矣。清翟灝《通俗編》卷三十六《雜字·䁙》：“今以兩物較其長短曰䁙。”光緒《浦江縣志》卷三《輿地志·風俗附方言》：“䁙，于建切，音匽，又音厭（《廣韻》），物相當也。邑人以兩物較其長短曰䁙。”光緒《金華縣志》卷十六《志類要·方言》：“䁙，于建切，音厭，《廣韻》：‘物相當也。’按邑人以兩物較其長短曰䁙。”光緒五年《川沙廳志》卷一《疆域·風俗附方言》：“較長短曰䁙。見《廣韻》。”光緒五年《鎮海縣志》卷三十九《方言》：“䁙，音偃，《集韻》：‘䁙，物相當也。’《篇海》作‘旞’。比長短也。”范寅《越諺》卷下《單辭隻義》：“揞，蔭，較物長短。又䁙，音厭，義同。《集韻》。”

民國二十四年《蕭山縣志稿》卷二十九《瑣聞·方言謠諺》:“以兩物較其長短曰賱。《廣韻》於建切,‘物相當也’。”

《大字典》(二/4/2093)“揾”音yìn,謂“劑,平量”,首引《玉篇·手部》:“揾,劑也。”這個“劑”其實很難確知爲何義;次引《集韻·焮韻》:“揾,劑也,平量。”按《集韻》本作“揾,劑也。一曰平量”,顯然“平量”與“劑”非同一個意思,此爲編者任意截取原書以就己意,實不足爲訓。又(2056)“搗”音yìn,①“同‘揾’。劑;平量。如:搗米”,首引《集韻》。又(1939)“抣”音yìn,未及。又(7/4479)“隱”(一)⑨“審度”,引《爾雅·釋言》:“隱,占也。”郭璞注:“隱度。”邢昺疏:“占者視兆以知吉凶也,必先隱度。故曰:‘隱,占也。’”《廣雅·釋詁一》:“隱,度也。”方志“俗謂以身及手比絜物之高下長短”,或爲“占”、“度”義的引申。又(7/3892)“賱”②“以兩物比較長短”,引《通俗編》。

《大詞典》(6/827)“搗”音yìn,謂“方言”,①“用容器量物”,引《中國歌謠資料·高利貸》、克非《春潮急》。又(358)“抣”音yìn,謂“方言。猶量”,引祝諍《說租》、沙汀《祖父的故事·退佃》。上兩詞顯然爲蜀方言詞矣。又(11/1118)“隱₁”未及。亦未收“揾”、“賱”字。

《方言大詞典》(7326)“揾”謂“量;估量”,西南官話;吳語、湘語、贛語。又(頁6790)“搗”,西南官話,①“(用升、斗、尺等)量”。又(頁5849)“隱”②“比測器物大小、長短”,西南官話、吳語。

魚栫 $yu^{21}jian^{213}$ [$y^{21}tɕian^{213}$]

水中取魚圍欄。《説文·木部》："栫，目柴木雝也。"段玉裁注："雝者今之壅字也。《文選注》引'以柴木壅水'，《玉篇》、《類篇》同。然此不獨施於水，無水爲長也。上文'棧'云'竹木'，謂竹木之整齊者；此云'柴木'，謂散材不整齊者，横直皆可云栫。《左傳》吴囚邾子於'樓臺，栫之以棘'，杜曰：'栫，擁也。'《釋器》：'櫚謂之涔。'《江賦》：'栫澱爲涔。'此則聚積柴木於水中也。"《廣韻·霰韻》："栫，圍也。《左傳》云：'栫之以棘。'"《康熙字典·木部》："栫，又《唐韻》、《正韻》在甸切，《集韻》、《韻會》才殿切，並音荐，捕魚具。"《音韻述微·願韻》："栫，取魚具。叢木于水，魚避寒入其中，因以掩取也。"又《霰韻》："栫，以柴木壅水爲取魚具。"唐王勃《春日還郊》詩："魚牀侵岸水，鳥路入山煙。""魚牀"當"魚栫"之譌[1]。明楊慎《升菴集》卷六十七《魚栫》："栫，寂見切。《説文》：'栫，以柴木壅水也。'《江賦》：'栫澱爲涔，夾漈羅筌。'皆取魚之具。蜀中有魚栫之名。"夏樹芳《詞林海錯》卷九《魚栫》："栫，寂見切，《説

① 《大詞典》（12/1189）"魚牀"謂"亦作'魚床'。編竹木如床席大，上投餌料，沉入水中，供魚棲息"，首引王勃《春日還郊》詩，恐未是。謂"魚牀"爲"編竹木如床席大"，恐亦望文生訓也。

文》：‘栫，以柴木壅水也。’《江賦》：‘栫澱爲涔，夾㴇羅筌。’皆取魚之具。蜀中有魚栫之名。”曹學佺《蜀中廣記》卷六十八《方物記第十·舟車》：“蜀人取魚之具名魚栫。《説文》栫，寂見切，‘以柴木壅水也’。《江賦》‘栫澱爲涔，夾㴇羅筌’，王勃‘魚栫侵岸水’即此，俗本作床無謂。”其説是。彭大翼《山堂肆考》卷二百三十四《魚栫》：“《説文》：‘栫，以柴木擁水。’乃取魚之具，故蜀中有魚栫之名。”按嘉靖《洪雅縣志》卷一《疆域志·風俗》：“其取魚則以獺，以鸕鷀，以栫，以百袋網……栫則得魚最多，惟花溪有之，然必江漲始得。”亦著録以“栫”取魚。李實《蜀語》（頁170）：“江中取魚欄曰魚栫○栫音薦，俗訛爲圈。”清張澍《蜀典》卷七《方言類·栫》：“郭景純《江賦》：‘栫澱爲涔，浹潒羅筌。’桉哀八年《左傳》：‘囚諸樓臺，栫之以棘。’杜注云：‘栫，擁也。’釋文：‘栫本又作荐，栫之言荐也。’韋昭注《國語》云：‘荐，聚也。’《小尔疋》云：‘魚之所息謂之㯣。㯣，槮也，積柴水中而魚舍焉。’《尔疋》：‘槮謂之涔。’郭注：‘今之作槮者，藂積柴木於水中，魚得寒入其裹藏隱，因以薄圍捕取之。’《周頌·潛篇》：‘潛有多魚。’毛傳：‘潛，糝也。’《韓詩》作涔，云：‘涔，魚池也。’《淮南子·説林訓》：‘罧者扣舟。’高誘注云：‘罧者，以柴積水中以取魚。魚聞繫舟聲藏柴下，雍而取之也。’《説文》：‘以柴木雍水曰栫。’今萬縣有魚栫山，下廣上鋭，崖面有石形如雙魚。”按影本“繫舟”當爲“擊舟”形譌，亦即正文之“扣舟”。高誘注：“扣，擊也。魚聞擊舟聲藏柴下，壅而取之。”《詩》“潛有多魚”毛傳“潛，糝也”陸德明釋文："槮，素感反，舊《詩傳》及《爾雅》本並作米傍參。《小爾雅》云：'魚之所息謂之㮣。㮣，糝也。'謂積柴水中，令魚依之止息，因而取之也。郭景純因改《爾雅》從《小爾雅》作木傍參，音霜甚反。"清唐訓方《里語徵實》卷中上："江中取魚欄曰魚栫。"民國二十四年《蕭山縣志稿》卷三十三《藝文·詩文鈔二》錄清韓欽《偕林藹人（式恭）王道甫（誊壽）家定九弟（鎮）游惠濟寺》詩："春漲沒魚栫，短棹橋門探。"又"栫"或作"濫"。《國語·魯語上》："宣公夏濫於泗淵，里革斷其罟而棄之。"韋昭注："漬罟於泗水之淵以取魚也。""濫"或通"檻"，本爲捕獸的圍欄，引申指施柴於水中作檻以取魚。

甄尚靈、張一舟先生《〈蜀語〉詞語的記錄方式與〈蜀語〉音注所反映的音類》："《蜀語》音注中，見系細音和精組細音尚未舌面化，但已有tɕ組聲母產生的苗頭。如'栫音薦，俗訛爲圈543'。'栫'，從母；薦，精母；圈，群母。這可能表明，在口語中，從母仄聲細音清化爲ts後，有的進一步舌面化爲tɕ-；群母仄聲細音清化爲k後，有的也進一步舌面化爲tɕ-，於是二者合流，'栫'就可以與'圈'同聲類了。這種現象一定不太普遍，所以李實頗不習慣，而斥爲'俗譌'。"[1]

《大詞典》（12/1190）"魚栫"謂"即魚簖"，引楊慎《藝林伐山》。又（1203）"魚簖"謂"插在水裏，阻擋魚類，以便捕捉的竹柵欄"。

---

① "543"指《蜀語》第543條，但實爲第544條。參見《李實學術研討會文集》，語文出版社，1996年7月第1版，第66頁。

《方言大詞典》（頁3525）“魚梣”謂“捕魚欄柵”，西南官話（四川成都）。

雨毛 $yu^{53}mao^{21}$［$y^{53}mau^{21}$］

細雨。宋蘇軾《東坡八首》之四“種稻清明前，樂事我能數。毛空暗春澤，鍼水聞好語”自注：“蜀人以細雨爲雨毛，稻初生時農夫相語稻鍼出矣。”方夔《今歲吾鄉頗稔而收成值雨夜坐有懷二首》之一“要教歲計收霜稻，不分時長弄雨粞”自注：“諺以細雨爲雨粞，猶言雨毛也。”清翟灝《通俗編》卷一《天文·雨毛》：“蘇軾詩：‘毛空暗春澤。’自注云：‘蜀人以細雨爲雨毛。’”光緒三年《黄巖縣志》卷三十二《風土志二·謠諺·農家諺》：“雨花毛：蘇軾詩‘毛空暗春澤’自注：‘蜀人以細雨爲雨毛。’案俗語本此。又云：雨前雨毛無大雨，雨後雨毛不肯晴。”光緒五年《鎮海縣志》卷三十九《方言》：“雨毛，蘇軾詩‘毛空暗春澤’自注：‘蜀人以細雨爲雨毛。’案俗謂雨毛絲本此。”光緒二十四年《嘉應州志》卷七《方言》：“細雨謂之雨毛。……州俗亦謂之落雨毛。”民國三十二年《新修大埔縣志》卷十四《人群志三·方言》：“微雨又曰雨毛。……《温氏方言》謂州俗亦謂之落雨毛。埔人稱微雨曰雨毛子或水毛子。”

《大詞典》（11/611）“雨毛”謂“細雨”，引蘇軾詩。《方言大詞典》（頁3173）“雨毛”謂“小雨”，西南官話、吴語、閩語。吳語引“明范寅《越諺·天部》：‘~，細雨也。’”按原書下另有“此與蜀諺同，見東坡詩自注”。《越諺》成書於清光緒四年（1878），《方言大詞典》引作者前每誤植朝代（另如頁5480“𨀤山頭”引，參上“𨀤”條）。

鋊 勚 yu^{213} [y^{213}]

器物用久漸漸磨光或磨銷、磨短等。參《考釋》第778頁。《正字通·金部》：“鋊，《五音譜》云：‘磨礱漸銷曰鋊。今俗謂磨光曰磨鋊。’《正韻》一屋有‘鋊’，四御無‘鋊’。楊慎鋊音裕，義通。”明岳元聲《方言據》卷下《鋊》：“物磨損謂之鋊。”清顧景星《白茅堂集》卷二《結客少年場》：“少年成燕趙，拗箭輕樓蘭。馬蹄鋊鐵嶺，蛾眉馱玉鞍。”第三句言馬蹄被鐵嶺磨損了，或鐵嶺被馬蹄磨損了均可，謂“少年成燕趙”往來之勤。單隆周《雪園集》卷八《朱憲副宅觀商彝歌》：“五彩並非時世觀，鬧裝還似磨鋊後。”雍正十三年《澤州府志》卷五十一《襍志》：“（麻）唯産陵川者中外堅韌，綯製桅索，外雖磨鋊而內不絕股，故舟人利之。”陳壽祺《左海文集》卷五《答李太守論周尺漢尺書》：“顧何以與晉尺合，與古尺、周尺、漢尺又微差與？蓋自周以來數千年，增損以漸，或日久銷鋊，勢使之然。”“銷鋊”同義連文。”民國《息烽縣志》卷二十九《風土志·方言》：“謂磨礲漸消曰鋊。”民國十五年《南川縣志》

卷六《土音土語》："五金器物漸消磨曰鋊。"民國十八年《滎縣志·禮俗》："今刀鈍曰鉛。俗作鋊。"民國二十一年《萬源縣志》卷五《教育門·方言》："磨礱漸消曰鋊了。"民國二十四年《雲陽縣志》卷十四《禮俗下·方言上》："鋊，光也。"唐樞《蜀籟》卷一（頁13）："上下磨子一齊鋊。"書末附《四川方言方音表》"鋊"謂"磨掉楞角"。

亦可用作比喻。清Adam Grainger《西蜀方言》（頁616）："嘴巴皮說丨了。"謂"my lips are worn away with speaking"。李劼人《大波》第三部第一章："這些麻筋麻肉的話，你表嬸娘的耳朵早聽鋊了！"原注："鋊音御，損壞的意思。"[①]沙汀《過渡集·夏夜》："姜桂芳插嘴道：'就像鴨兒一樣，一下課就撲起來了，深怕他們跌倒哪裏，招呼起來又不肯聽，人嘴都拌鋊了！'"

"鋊"音［y^{213}］。明顧充《古雋考略》卷六："鋊，音裕，《五音譜》：'磨礲漸消曰鋊。今俗謂磨光也。'"陳士元《俗用雜字》："金石用久無楞曰鋊。音御。"清道光二十一年《遵義府志》卷二十《風俗》、光緒二十一年《敘州府志》卷二十一《風俗》、民國十年《新修合川縣志》卷三十《風俗·方言》、民國二十三年《華陽縣志》卷五《禮俗·方言》、民國二十四年《蓬溪縣近志》卷七《風土篇·方言》、民國三十七年《貴州通志·風土志·方言》："磨之漸消曰鋊。俗讀作遇。"光緒八年

① 《李劼人選集》第二卷，四川人民出版社，1980年2月第1版，第962頁。

《黎平府志》卷二下《風俗·方言》："磨物漸消曰鋊。音遇。"光緒二十六年《墊江縣志》卷一《輿地志·風俗》："磨光曰鋊。音裕。《五音譜》：'磨礱漸銷曰鋊。'"民國十一年《邛崍縣志》卷四《風俗志·鄉音》："磨消曰鋊。音裕。"民國十五年《簡陽縣志》卷二十二《禮俗篇·方言》："磨礱漸消曰鋊。音裕。民國十七年《長壽縣志》卷四《人事部·方言》："磨漸消曰鋊。音遇。"民國二十六年《犍爲縣志·居民·言語·方言》："磨物漸消曰鋊。音玉。"李劼人《大波》上卷第二部份："這是一種頂不耐磨的風化石，一塊石板，不必經雞公車的重壓，光是轎夫們的赤脚就可以把它踩鋊踩破。"原注："鋊音裕，磨損也，倒是古字，川人之常用字。"[①]民國三十一年《西昌縣志》卷五《禮俗志·方言》："磨之漸消曰鋊。音玉。"民國三十二年《沿河縣志》卷十三《風土志·方言》："磨之漸消曰鋊。音遇。"姜亮夫《昭通方言疏證》（484條）："磨鋊，下音如裕。昭人謂磨物使光潔曰裕，又磨損亦曰裕。"又，清Adam Grainger《西蜀方言》（頁616）："用丨了。"謂"worn with use"，"丨"音"Ü"，當即"鋊"字。自明李實《蜀語》（頁21）著錄爲蜀方言，迄今蜀中仍習用。羅韻希《四川方言中保留的古語》謂"鋊"爲"磨損"[②]。《川方匯釋》（頁249）"鋊"謂"磨損"。蜀方言"鋊"、"遇"、"裕"同音［y^{213}］，謂"牙齒老，木石諸物磨銷皆曰鋊"。《成都話》（頁235）"鋊"音［y^{213}］，

① 中華書局，1938年10月再版，第131、181頁。

② 《南充師範學院學報》1987年第2期。

謂“因摩擦而漸損”。《成方》（頁71）“鋊”謂“因磨擦而磨損或光滑”。《重方》（頁396）“鋊”音yu⁴，謂“金屬器物被磨損變得光滑；刀劍等失去鋒刃”。

吳方言“鋊”則讀若“異”。清嘉慶七年《直隸太倉州志》卷十七《風土下·方言》：“磨鋊，鋊俗呼如異，物漸磨耗也。”范寅《越諺》卷下《單辭隻義》：“鋊，異，堅硬器物磨礱漸消，銅錢、牙牌磨鋊。《宋書》，又《丹鉛錄》。”光緒八年《寶山縣志》卷十四《志餘·風俗附方音》：“磨鋊，物漸磨去曰鋊。音裕，今俗呼如異。見宋孔顗《鑄錢議》。”民國七年《上海縣續志》卷一《疆域·方言》：“鋊，俗呼如異，物漸磨去也。”民國二十四年《蕭山縣志稿》卷二十九《瑣聞·方言謠諺》：“物經磨而漸薄曰鋊。……按今讀若已音，蓋鋊之轉耳。”

本字則當作“勩”。前撰引《說文》段注。清朱駿聲《說文通訓定聲·泰部》：“今蘇俗語謂物消磨曰勩。”章炳麟《新方言·釋言》：“《說文》：‘勩，勞也。’凡物勞勮則損，故今謂器物磨損爲勩。段玉裁說。”民國二十五年《續修鹽城縣志稿》卷三《民俗志·方言》：“器物磨損曰勩。《說文》：‘勩，勞也。’段玉裁曰：‘凡物久用而勞敝曰勩。’”亦有作“鋊”者。民國十九年《嘉定縣續志》卷五《風土志·方言》：“勩，俗謂物消磨曰勩。《正韻》音異，《說文》：‘勩，勞也。’凡物勞劇則損，故今謂器物磨損爲勩。案前志作鋊。”則是舊志作“鋊”，續志改作“勩”。吳連生《吳方言詞小考（續八）》謂“現代吳方言中，鋊的字義是磨損。……鋊的本義是銅屑，銅屑是磨取得來的，引申爲磨損”[①]，可參看。

亦記音作“易”。清嘉慶十二年《蕪湖縣志》卷一《地里志·方言》：“牙牌用久磨消其質謂之易。……且磨則變有變易（音亦）義，磨則輕有輕易（音異）義，字皆當從易。而楊升菴《丹鉛錄》云有中官以牙牌磨（易）之字爲問，楊据《漢書·食貨志》‘姦或盜摩銅質而取鋊’，以鋊字對之。不知《漢書》臣瓚注曰：‘許慎云：鋊，銅屑也。磨錢漫面以取其屑，更以鑄錢。’南宋孔覬《鑄錢議》：‘五銖周郭其上下，令不可磨取鋊。’《西京黃圖序》曰‘民磨錢取屑’是也。鋊爲屑是有質之義，易爲銷磨是無質之義，若以鋊當銷磨解，則《漢書》姦之盜磨，又何取乎？李燾《五音譜》亦謂‘今俗謂磨光曰磨鋊’，説皆非是。鋊，師古音浴，《集韻》音欲，亦非易音。”按“磨錢漫面以取其屑”的結果，自然是原錢磨損而變輕了，正爲“磨則變”、“磨則輕”，《五音譜》“俗謂磨光曰磨鋊”不誤。《玉嬌梨》第十六回：“甚麽斯文，也是折骨頭的生意！你當容易中這個舉人哩，嘴唇皮都讀易了。”“嘴唇皮都讀易了”猶上引《西蜀方言》（頁616）“嘴巴皮説丨了”，沙汀《過渡集·夏夜》“人嘴都拌鋊了”。《何典》第一回：“那些吃茶的清趣朋友，蛇頭接尾豝的前門進，後門出，幾乎連階沿磚都踏烊易了。”劉復注：“烊易，謂因摩擦多而消損。”[②]雷漢卿《近代方俗詞叢考》“烊易”謂

---

① 《吳中學刊》1998年第1期。

② 工商出版社，1981年2月第1版，第35頁。

"'易'即'鋊'"①。

又記音作"翳"。清吳重憙《石蓮闇詩》卷六《題錢仲仙大令熹平三年鏡》之二"範合從來漢代傻，熹平年代紀三秋。耿勳婁壽堪同賞，最惜模糊項伯修"原注："熹平三年祇婁壽、耿勳二碑，韓勑碑陰有是年項伯修字，今已磨翳，舊拓方能辨之。"吳式芬《金石彙目分編》卷十二之一："永壽明刊小字二行，今已磨翳，以有此二行者爲舊拓。"按"易"、"翳"均爲"勩"音借，"磨翳"即同上引文獻之"磨鋊"。

《川方》（頁443）"鋊₁（玉、勩）yu⁴（音玉）"謂"器物的棱角、鋒芒經過磨損變得光滑"。《川方彙編》（頁58）"窳"音yǔ，謂"讀玉"，①"器皿用久失棱變形"。上兩書則以"勩"、"窳"賦予四川方言音義。

《大字典》（二/8/4533）"鋊"音yù，③"器物用久漸漸磨光"，《大詞典》（11/1301）"鋊"②"磨光"，均首引楊慎《俗言》。又，《大字典》（二/1/413）"勩"音yì，②"器物磨損失去棱角、鋒芒等。如：螺絲扣勩了；石磨用勩了"，首引段玉裁《說文注》。所引《三寶太監西洋記》第二十回："你到洞裏取出那些葛藤來，揀選幾根長大的，又要堅勩的，接續了放將下去，救他上山來。""堅勩"當謂結實耐磨損。《宋元明清百部小說語詞大辭典》"堅勩"謂"結實"。《大詞典》（2/822）"勩"音yì，②"方言。器物的棱角、鋒芒等磨損"，引《說文

① 巴蜀書社，2006年11月第1版，第269頁。

通訓定聲》。

《方言大詞典》（頁6166）“鋊”①“磨損”，中原官話、西南官話、吳語。又（頁5277）“勚”①“磨損”，中原官話、江淮官話、西南官話（湖北武漢［y^{35}］）、吳語、贛語。又（頁3393）“易”①“器物用久而磨損”，吳語，引民國《蕪湖縣志》及《何典》。又（頁7331）“翳”⑤“器物因久用而消損”，吳語。上兩字記音，本字當作“勚”。

玉麥　御麥　芋麥 $yu^{213}me^{21}$［$y^{213}me^{21}$］

玉米。參拙文《近代漢語俚俗詞語考辨》[①]。明嘉靖三十四年《鞏縣志》卷三《土產》：“稷、稻、粱、粟、蘇、菽、麥、蕎麥、秫、穄、稗、豆六種、玉麥。”徐光啟《農政全書》卷二十五《樹藝·穀部上》：“別有一種玉米，或稱玉麥，或稱玉薥秫，蓋亦從他方得種，其曰米、麥、薥秫，皆借名之也。”清康熙《永昌府志》卷十《物產》：“玉麥，江浙呼爲玉粟。”康熙二十五年《筠連縣志》卷三《物產》：“食有白穀、紅穀、毛香穀、山穀、黍、粱穀、大麥、小麥、玉麥、甜苦二蕎。”康熙二十九年《陽武縣志》卷三《土產志》：“大麥、小麥、玉麥、蕎麥、芝麻、薥秫。”同治九年《會理州志》卷十《風土志·物產》：“玉麥，一作御麥，俗名包穀，即玉蜀黍也。”光緒二十一年《敘

① 《漢語史研究集刊》第十二輯，巴蜀書社，2009年6月第1版，第221–222頁。

州府志》卷二十一《物產》：“玉麥，一呼包穀。”光緒三十二年《越巂廳全志》卷三之二《物產志》：“白玉麥，本名玉蜀黍，一名包穀，又名木禾。”傅崇矩《成都通覽·成都之呼物土名》（頁272）：“玉麥，蜀黍。”民國《息烽縣志》卷十八《方物志·植物部》：“包穀一名玉蜀黍，一名玉麥，一名玉米，一名御米，一名玉高粱，一名番麥。”民國十五年《簡陽縣志》卷二十二《禮俗篇·方言》：“玉麥曰包粟。”民國十八年《資中縣續修資州志》卷八《風土·物產》：“玉蜀黍，俗名玉麥……馬牙圓顆等名，即苞穀也。”民國二十二年《綿陽縣志》卷三《食貨·物產》：“玉蜀黍，玉麥。”陳友琴《川遊漫記·向川北進發中》：“劍門關外、劍閣、昭化、廣元等縣之鄉下，本已地瘠民貧，加以兵役匪災，生靈塗炭，老弱無轉壑之糧，婦女無遮羞之服，通常食物，如玉麥紅燒（即山芋）已不易得。”“紅燒”即“紅苕”，聲調陰平、陽平之別也。周芷穎《新成都》第四章第二節《語言》（頁62）：“玉麥——蜀黍。”《川方》（頁443）“玉麥”謂“玉米”。《成都話》（頁235）“玉麥”謂“同‘包穀’”。《成方》（頁71）“玉麥”謂“玉米”，“老年人和農村人多說‘玉麥’、‘包穀’”。

亦作“御麥”。宋韓維《城西二首》之一：“千重翠木開珍圃，百尺朱樓壓寶津。御麥初長遮雊雉，官花未識駭遊人。”“御麥”或爲進御宮廷之麥，似與此無涉。明田藝衡《留青日札》卷二十六《御麥》：“御麥出于西番，舊名番麥，以其曾經進御，故曰御麥。幹葉類稷，花類稻穗，其苞如拳而長，其鬚如紅絨，其粒如芡實大而瑩白，花開于頂，實結于節，真異穀也。”又《香宇續集·癸亥稿·御麥》詩題注："其種出自西番，舊名番麥，以其曾經進御，種于西苑，故曰御麥。"其詩云："御麥曾經種籍田，移來西域中興年。紅蕤似綫芃芃吐，白粲如珠顆顆圓。"羅日褧《雅餘》卷六《五穀部》："御麥，一名番麥，以其曾經進御，故名。其形榦葉似稷，花似稻穗，其苞如拳而長，其鬚如紅絨，其粒如芡實大而瑩白，花開於頂，實結於節，真異穀也，西番有之。"清朱士雲《草間日記》："晚坐御米林下，伏矮兒作書寄江北。"汪灝等《廣群芳譜》卷九《玉蜀黍》題注："原作御麥，附麥後。按御麥乃别名，實蜀黍類也。"又："玉蜀黍，一名玉高粱，一名戎菽，一名御麥。"原注："以其曾經進御，故名。御麥出西番，舊名番麥。按《農政全書》又作玉米。玄扈先生曰：玉米或稱玉麥，或稱玉蜀秫，從他方得種，其曰米、麥、秫，皆借名之。"清乾隆四年《雅州府志》卷五《物產》："稻、大麥、小麥、御麥、菽。"嘉慶十七年《郫縣志》卷四十《物產》："玉蜀黍，一名御麥，以其曾爲御用也，俗名包穀。"光緒二年增刻同治六年本《大邑縣志》卷七《風土》："邑西北多山田，種宜菽粟，居民刀耕火耨，不稍懈惰，其御麥之利，亦與稻粱相等。"王昌南《老人村竹枝百詠》："御麥曾經進御前，磨米細麵白於綿。"又云"御麥搬從白露時"，"御麥搬完點小春"，"搬"即通語掰。民國四年《滎經縣志》卷二十《物產志·植物》："御麥，一名玉蜀黍。"民國十三年《江津縣志》卷十一《風土志·土產》："御麥，田藝衡《留青日札》：'御麥出於西番，舊名番麥，以曾經進御，故名御麥。'《蒙化府志》謂之紅須麥，《思州府志》：'玉蜀黍，居人謂之包穀。'邑語猶通呼包穀也。”民國十五年《南川縣志》卷六《植物》：“玉蜀黍，俗呼包穀，《本草》又名玉高粱，又名御麥，以曾經進御故也。”民國二十年《三臺縣志》卷十三《物產》：“包穀即御麥。《圖經》云：‘穀中之奇者，曾經進御，故曰御麥。’黔曰玉蜀黍，西域曰番麥，南人曰包果。”民國二十一年《萬源縣志》卷三《食貨門·物產》：“御麥，今亦呼苞穀，古名粱，即所稱黄粱、紅粱、白粱是也。根如竹，秀如麥曰天花，苞生節間，首簇紅鬚，夜半坼苞若開花狀，一鬚一子，子附樧生，樧即心也。”民國二十九年《重修廣元縣志稿》第三編卷十一《食貨志三·物產》：“玉蜀黍，俗呼包穀，亦稱御麥或玉米。”民國三十三年《重修彭山縣志》卷二《食貨篇·物產》：“御麥，即玉蜀黍，俗一名包穀。”

或作“芋麥”。清乾隆十一年《襄城縣志》卷一《方輿志·土產》：“芋麥，煮仁作飯最佳，亦多釀酒。”乾隆十七年《大邑縣志》卷三《物產》：“粟、龍爪稗、芋麥、芝蔴。”嘉慶十年《汶志紀略》卷三《風土物產》：“芋麥，川中皆呼包穀，北方曰玉茭。”同治十三年《章谷屯志略·土宜物產》：“蠶豆、豌豆、芋麥、黍、粟、蜀黍。”顏汝玉《建城竹枝詞》：“芋麥高粱釀酒多，無論糯稻是嘉禾。怪它大麯饒香烈，擇地偏宜馬水河。”光緒四年《彭縣志》卷三《民事門·田功志》：“粱，芋麥也，亦曰苞穀。”又：“山中芋麥皆以立夏種，七八九月以次收。”光緒末抄本《茂州鄉土志·物產》：“芋麥，一名包穀，州人食物以此爲大宗。”又《懋功廳鄉土志·物產》：“植物惟膏粱、芋麥能製燒酒，菜子、罌粟能製清油。”民國十七年《雅安縣志》卷四《風俗·服食》:“境內釀者曰老酒,曰白酒,鄉市專釀芋麥酒。”民國三十三年《汶川縣志》卷四《物產》:“玉麥,一名芋麥,一名包穀,即玉蜀黍也。”

又,亦作“玉米”、“御米”。《金瓶梅詞話》第三十一回:“迎春從上邊拿下一盤子燒鵝肉、一碟玉米麵玫瑰果餡蒸餅兒與奶子吃。”清富察敦崇《燕京歲時記·五月先兒》:“五月玉米初結子時,沿街吆賣,曰五月先兒。其至嫩者曰珍珠筍。”又,清乾隆《熱河志》卷九十二《物產一》:“玉蜀黍,一名御米。亦作番麥,故或附麥。《農政全書》又作玉米,今俗稱爲包兒米,有黃白赤黑斑數色。《羣芳譜》但稱粒如芡實大而瑩白,未足盡之。其粉可作糕,土人亦以爲糜。”

按周振鶴、游汝傑《方言與中國文化》謂“玉蜀黍原產南美洲,經由兩條不同路線傳入我國。其一是十五世紀末葡萄牙人先將它帶到爪哇,再於十六世紀初輾轉而來;其二是由阿拉伯人中轉經西班牙、麥加、中亞輸入。初入我國時稱爲御麥。明朝人田藝衡所撰《留青日記》——這是我國最早提到玉蜀黍的文獻,就是記爲御麥”①。按田氏書名《留青日札》,所記見上引卷二十六《御麥》條。

李明《四川民俗》第一章《概述》認爲:“玉米(玉蜀黍),四川俗稱‘包穀’,原生產於美洲,康熙二十五年(1686年)由桂、粵、閩的移民傳入四川;……僅以三峽地區爲例,據史書記載,‘遍山漫谷,皆包穀矣’,紅薯更是‘處處有之’。玉米、

① 上海人民出版社,1986年10月第1版,第117頁。

紅薯，在高山、丘陵、平壩地區廣泛種植，不僅改變了川民的飲食結構，更成爲山區人們的主食。”①此說實不可信②。“玉米”、“玉麥”、“御麥”均已見於明後期文獻記載；若即“木禾”（如《越嶲廳全志》所言），則見於《穆天子傳》（參見“包穀”條）。另參“紅苕”條。

《大詞典》（4/498）“玉麥”謂“玉蜀黍的別名”，引沙

① 甘肅人民出版社，2004年8月第1版，第19頁。

② 如李氏又說“甘蔗於清初由閩、粵移民攜種來川”，同樣令人難以置信。《大詞典》（7/974）“甘蔗”條引漢楊孚《異物志》：“甘蔗，遠近皆有，交趾所產特醇好，本末無薄厚，其味至均。圍數寸，長丈餘，頗似竹，斬而食之，既甘；迮取汁如飴餳，名之曰糖。”《晉書·文苑傳·顧愷之》：“愷之每食甘蔗，恒自尾至本。人或怪之。云：‘漸入佳境。’”唐杜甫《遣興》詩之五：“清江空舊魚，春雨餘甘蔗。”不知作者何以不見？既然漢代“遠近皆有”，亦斷不可能清初纔傳入四川矣。宋王灼《糖霜譜》云“糖霜，一名糖冰，福唐、四明、番禺、廣漢、遂寧有之，獨遂寧爲冠”，“自古食蔗者始爲蔗漿。宋玉作《招魂》，所謂‘胹鱉炮羔有柘漿’是也。（王逸注：‘柘，藷蔗也。’又云：‘柘，一作蔗。’）其後爲蔗餳，孫亮使黃門就中藏吏取交州所獻甘蔗餳是也。其後又爲石密，《廣志》云：‘蔗餳爲石密。’《南中八郡志》：‘笮甘蔗汁，曝成餳，謂之石蜜。’《本草》亦云‘煉糖和乳爲石蜜’是也。”洪邁《容齋五筆》卷六“糖霜譜”條云“遂寧王灼作《糖霜譜》七篇，具載其說，予采取之以廣聞見”（清嘉慶二十一年《四川通志》卷七十五《食貨十四·物產二》有“洪邁糖霜譜”條，不載王灼《糖霜譜》，恐張冠李戴矣）。又，《四川通志》卷七十四《食貨十三·物產一》潼川府“蔗霜”條：“《唐志》：梓州貢蔗餹。《寰宇記》：梓州貢砂餹。《方輿勝覽》：遂寧府出蔗霜，時入貢。”又資州“蔗餹”條：“《寰宇記》：資州產甘蔗。”綿州“蔗餹”條：“《唐志》：綿州土貢甘蔗。”均足證李說之謬矣。又明謝肇淛《五雜組》卷十《物部二》：“嵇含《草木狀》作‘竿蔗’，謂其挺直如竹竿也，今人乃作‘甘蔗’，誤矣。”此亦不確，“甘蔗”已見漢楊孚《異物志》。周振鶴、游汝傑《方言與中國文化》頁126謂“在歷史文獻中‘甘蔗’這個詞有許多不同寫法。《楚辭·招魂》中寫作‘柘’，司馬相如《上林賦》中寫作‘甘柘’，劉向《杖銘》中寫作‘都蔗’，許慎《說文》中寫作藷蔗，《三國志·孫亮傳》注引《江表傳》作‘甘蔗’。到了唐代慧琳《一切經音義》寫法更是紛繁了：‘甘蔗、干蔗、苷蔗、竿蔗、虄蔗’等”，可參看。

汀《煩惱》。未收"御麥"、"芋麥"。又（4/478）"玉米"謂"玉蜀黍的俗名"，首引孫錦標《通俗常言疏證》。又（3/1024）"御米"①"供宮廷食用的米"，②"即罌粟"，未及"玉蜀黍的俗名"義。茲予表出。

《方言大詞典》（頁1149）"玉麥"謂"玉米"，中原官話、晉語、西南官話、粵語。又（頁6213）"御麥"謂"玉米"，吳語，未及西南官話。"芋麥"未收。

抈 骩 yue^{55}［ye^{55}］

改變物體形狀，使彎曲或變直等。參《考釋》第783頁。《說文·手部》："抈，折也。"段玉裁注："《晉語》：'其爲本也固矣，故不可抈也。'韋云：'抈，動也。'按依韋注，是謂此抈爲扤之叚借字也，其本義則訓折。舊音云抈音月。"清嘉慶七年《直隸太倉州志》卷十七、宣統《太倉州鎮洋縣志》卷三："手扳曰抈。音岩入聲。"桂馥《札樸》卷九《鄉里舊聞·雜言》："手折曰抈。"唐訓方《里語徵實》卷上："折物曰抈。"民國二十四年《雲陽縣志》卷十四《禮俗下·方言上》："抈，折也。《集韻》抈，魚厥切。《說文》：'折也。'《晉語》：'其置本也固矣，故不可抈也。'《太玄經》：'車軸折，其衡抈。'《札樸》：'手折曰抈。'上聲。"章炳麟《新方言·釋言》："《說文》：'抈，折也。'魚厥切。今人謂以手折物爲抈，開口呼之。"丁惟汾《俚語證古》卷十："抈，掎也，猗也。屈折枝條謂之抈。（讀月之平聲）抈字當作掎。（古音讀月）《詩·小雅·小弁》篇：'伐掎矣。'《說文》：'掎，偏引也。'字亦作猗。《豳風·七月》傳：'角而束之曰猗。'""抈"本義爲折，使物體彎曲或使彎曲的物體變直，如過頭則會折斷，蜀語謂"抈斷了"。羅韻希《四川方言中保留的古語》謂"抈"爲"折，即用力使條狀物彎曲或使彎曲物變直"，"又引申爲彎"①。《川方》（頁446）"抈"音yue[1]，①"改變物體形狀，使彎曲或變直"，②"蜷曲"。《成都話》（頁236）"抈"音［ye[55]］，①"用力使物體變彎曲"，②"彎曲"。《成方》（頁161）"抈"音ye陰平，①"用力改變長形物體的形狀，使直的變彎曲或使彎曲的變直"，②"蜷"。《重方》（頁398）"抈"音yue[1]，謂"使彎曲，折斷"。

或作"弲"。李劼人《大波》第二部第二章"莊稼佬抬來了好多隻盛滿白米飯的籮筐，以及放着小菜、飯碗、筷子的弲筦"原注："弲音淵，《廣韻》解爲弓勢，即是說把一種東西屈成弓的樣子。……這個字又可作爲動詞用，比如說：'把這根竹子弲成一張弓。'不過動詞的'弲'，須念爲入聲。"②《川方彙編》（頁2）"弲"音yuē，謂"用力曲物"。

《大字典》（二/4/1946）"抈"音yuè，首引《說文》。又（2/1063）"弲"（二）yuān，謂"弓勢"，引《廣韻》，未及蜀方言音義。《大詞典》（6/391）"抈"①"折斷"，引揚雄

① 《南充師範學院學報》1987年第2期。

② 《李劼人選集》第二卷，四川人民出版社，1980年2月第1版，第621頁。

《太玄》。

《方言大詞典》(頁2568)“抈”②“拗折;拗彎;扳直”,中原官話、江淮官話、西南官話、吳語、湘語;⑧“烤製竹木”,西南官話。又(頁5202)“弲”一音yuān,②“把一種東西屈成弓形”,西南官話(四川成都),“把這根竹子~成弓”,當從《川方彙編》音yuē。

凹 yue^{55} [ye^{55}]

不飽滿、外高中底等。《廣韻·洽韻》:“凹,下也。”《集韻·爻韻》:“凹,窊也。”按《說文·穴部》:“窊,污衺下也。”段玉裁注:“凡下皆得謂之窊。”民國十五年《南川縣志》卷六《土音土語》:“凹,音葉,穀豆之屬,外有殼內無實曰凹殼,腹空曰凹肚皮,山形左右高中陷亦曰凹。”民國二十二年《灌縣志》卷十六《禮俗紀·方言》:“秕,物體凹陷也。《說文》:‘秕,不成粟也。’方言引申爲用,俗謂物之不實者謂凹米子,其意正同。”又,民國十七年《長壽縣志》卷四《人事部·方言》:“苗不實曰痱。音葉。”按《字彙·疒部》盧昆切:“痱,指病。”故“痱”當爲“癟”字形譌而賦於方音。《川方》(頁433)“凹□□”音$ye^{2}pia^{3}pia^{3}$,謂“(~的)形容不飽滿、癟的樣子:花生~的,不好。|肚皮~的,早就餓了”,上兩方志音“葉”,正讀“ye^{2}”。今川北綿陽等地,穀物之類無

實或不飽滿，仍同《灌縣志》謂“凹米子”，謂四周高中間低爲“凹凹頭”，“凹”音同“曰”。

《大字典》(二/1/34)“凹”音āo（又讀wā），謂“低於周圍。與‘凸’相對”，首引《廣韻》。《大詞典》(2/471)“凹”音āo，謂“周圍高，中間低。與‘凸’相對”，首引《藝林伐山》卷十八引南朝宋盛弘之《荆州記》。

《方言大詞典》(頁1264)“凹”音āo，④“低陷的地方”，粵語；⑧“癟”，晉語、蘭銀官話、江淮官話、西南官話（湖北武漢、貴州貴陽）、湘語、粵語。又（頁1265）“凹殼”謂“穀豆等的癟子”，西南官話（四川南川），引1931年《南川縣志》：“~，…穀豆之屬，外有殼，內無實曰~。”又，“凹肚皮”謂“腹空”，西南官話（四川南川），引1931年《南川縣志》：“腹空曰~。”“凹殼”、“凹肚皮”，蜀語“凹”不讀āo，上引《南川志》“凹，音葉”，不知《方言大詞典》爲何要以“…”抹去“音葉”這一非常重要的直音信息？方言詞典引證不錄方音，或故意回避方言直音，以就字頭標注音讀，就成了非驢非馬的四不像的東西了。

Z

苴 za^{21} [tsa^{21}]

補；填塞。唐張參《五經文字》卷中《艸部》："苴……又音查，見《詩·大雅》。"按《詩·大雅·召旻》："草不潰茂，如彼栖苴。"毛傳："苴，水中浮草也。"《廣韻·麻韻》鉏加切："苴，《詩傳》云：'水中浮草也。'"與"查"同一小韻。《六書故》卷二十四《植物四》："苴，鉏加切，《詩》云：'如彼棲苴。'毛氏曰：'水中浮草。'按木曰查，草曰苴，聲義一也。"《呂氏春秋·分職》："今民衣弊不補，履決不組。"按《藝文類聚》卷五引及《新序·刺奢》"組"均作"苴"。"補"、"苴"互文見義。唐韓愈《進學解》："補苴罅漏，張皇幽眇。""補苴"謂補綴。明朱吾弼輯《皇明留臺奏議》卷十五《兵防類》黃秀華《預防倭患疏》："亡羊葺牢，中流苴漏，悔之晚矣。"李實《蜀語》（頁115）："補漏曰苴○苴音查。"

按明焦竑《俗書刊誤》卷十："苴十四音……又鉏加切，《詩傳》曰：'水中傳艸也。'水草曰苴，字一作蒩，又作𣶒。今作渣，非。"[①]"蒩"、"渣"均從"查"得聲，"苴音查"亦自有據矣。清道光二十一年《遵義府志》卷二十《風俗》、光緒二十一年《敘州府志》卷二十一《風俗》、民國十年《新修合川縣志》卷三十《風俗·方言》："補漏曰苴。音查。"唐訓方《里語徵實》卷上："補漏曰苴。《集韻》側下切，音鮓，俗讀鮓入聲。"蜀方言水中浮草謂"苴草"，"苴"音[tsa[53]]。又"補漏曰苴"之"苴音查"，讀[tsa[21]]。蜀中以板片束箍爲桶，以圓形板片爲底，周圍縫隙以鋸末填塞，謂之"紮桶"，"紮"音[tsa[21]]，亦補漏也。清Adam Grainger《西蜀方言》(頁403)："紮水桶。"即"to calk a bucket"，"calk"即"caulk"，謂"堵…的縫"。甄尚靈、張一舟先生《〈蜀語〉詞語的記錄方式與〈蜀語〉音注所反映的音類》，謂今遂寧方言"木盆或木桶因其底部有罅隙而漏水時，每用木屑或竹茹填塞修補。這樣的修補活動叫做'札tsa[2]'(李氏'苴音查'，應是姓查之查tsa[1]，而非檢查之查ts'a[2])。如'把盆底tsa[2]嚴，就不漏水了"[②]。今川北綿陽等地音義並同。

《大字典》(二/6/3400)"苴"(一)jū，⑤"補；填塞"，《大詞典》(9/336)"苴1"④釋義同，均首引漢劉向《新序》。

① 《景印文淵閣四庫全書》第228冊頁677手民誤作"木中傳艸"。《詩·大雅·召旻》："如彼歲旱，草不潰茂，如彼棲苴。"毛傳："苴，水中浮草也。"《通雅》"傳"則"浮"之音借。

② 參見《李實學術研討會文集》，語文出版社，1996年7月第1版，第43頁。

但《大字典》“苴”（三），《大詞典》“苴₂”，均據《集韻·馬韻》側下切音zhǎ，上引《五經文字》“苴”又音“查”，則蜀方言（無舌尖後音）“補漏”、“填塞”音［tsa^{21}］，亦有所本。

《方言大詞典》（頁3150）“苴”音jū，③“補漏”，西南官話、贛語、湘語。其中西南官話下引《蜀語》“補漏曰~”，未引直音，實際上蜀語補漏說［tsa^{21}］而不說jū。如果方言詞典不引方音，雖然著錄方言詞語，但本方言區的人一望而知其非，外地人則難免不受誤導，與編著方言詞典的初衷南轅北轍矣。

扱 找 za^{21}/zao^{53}［$tsa^{21}/tsau^{53}$］

斂衣；收束；捲挽。參《考釋》第787頁。《禮記·曲禮下》：“苞屨、扱衽、厭冠，不入公門。”陳澔集說：“扱衽，以深衣前衽扱之於帶也。蓋親初死時，孝子以號踊履踐爲妨，故扱之也。”明顧起元《客座贅语》卷一《辨訛》：“扱衽曰插。”李實《蜀語》（頁52）：“斂衣裳曰扱○扱音札。”黃仁壽等校注：“‘扱’既有‘收’及‘斂持’之意，則斂衣裳自可曰扱。《金瓶梅》第七十三回：‘把腰扱掔了。’今蜀中猶存此語。”按《詞話》作“扱緊”，“緊”爲“緊”俗字，作“掔”則不知所云矣。白維國《金瓶梅詞話校注》（頁2194）誤以“扱”爲“报”，注云：“报緊——抱緊、摟緊。报，引取。”非是。清道光二十一年《遵義府志》卷二十《風俗》、光緒二十一年《敘州府志》卷二十一《風俗》、民國十年《新修合川縣志》卷三十《風俗·方言》:“斂衣裳曰扱。音札。”張慎儀《蜀方言》卷上(頁305):“斂衣裳曰扱。”[①]章炳麟《新方言·釋言》:“今人謂搢裳於帶爲扱。本楚洽切。今北方音如帀,南方音如駁。”民國《息烽縣志》卷二十九《風土志·方言》:“謂斂衣裳曰扱。”民國二十一年《南溪縣志》卷四《禮俗下·方言》:“扱,音扎,斂衣於帶也。今俗凡以繩繫者皆曰扱,曰扱手、扱衣服、扱褲腳。”民國三十一年《西昌縣志》卷五《禮俗志·方言》:“束帶曰扱。札。”謂音“札”。民國三十七年《續修筠連縣志》卷七《人文志·方言》:“扱,者下切,音扎,扱衣上衽常於步也。《說文》:‘收也。’僅作紮。”民國三十七年《貴州通志·風土志·方言》:“斂衣裳曰扱。音扎。”姜亮夫《昭通方言疏證》(1221條):“今昭人謂‘扱緊腰肢’,音如閘,俗師以扎爲之。”亦記音作“扎”、“札”。前撰謂亦作“扎”,誤刊作“喒”,引清劉省三《躋春臺》卷二《吃得虧》“扎褲而過(河)”。蹇先艾《貴州道上》:“轎夫們戴起斗笠,扎着褲腳,一滑一滑地走着,沒有一個不是口裏喃喃抱怨的。”民國三十二年《沿河縣志》卷十三《風土志·方言》:“斂衣裳曰札。”

亦作“找”。前撰曾引《醒世姻緣傳》第七十一回“青綢找

① 紀國泰《〈蜀方言〉疏證補》(頁215):“‘斂衣裳’當即‘收衣裳’,是指將衣裳從晾曬處取下收藏的動作行爲。‘札衣裳’者,是指將衣裳折疊起來以便放入箱櫃存放的動作行爲。”此謬說耳。

口的合包”，“找”即“收束”義。《成都話》（頁242）“找”謂“挽：將袖子~起｜把褲脚~高點”。《川方匯釋》（頁258）“找”謂“挽、捲”。而《川方》（頁456）“扱”音zao[3]，①“收束，捆札好：~褲子｜把褲腰帶~緊點”，②“挽：把褲脚~高點。｜~起袖子洗衣裳”。《川方彙編》（頁126）“找”①“捋。例：找起褲腳下水田”。《重方》（頁411）“扱”亦音zao[3]，①“收束，捆紮”，②“挽、卷”。前撰引及《蜀語》，上引方志，證明四川方言卷、挽、收束、捆紮義，［tsa[21]］、［tsau[53]］兩讀。

《大字典》（二/4/1936）“扱”（二）chā，①“插”，首引《廣雅》。《大詞典》（6/349）“扱$_1$”①“插”，首引《儀禮》。《大字典》（二/4/1940）、《大詞典》（6/364）“找”均未及“收束”、“捆紮”義。

《方言大詞典》（頁1830）“扱”①“把衣襟撩起來”，江淮官話、吳語，引孫傳瑗《今雅》：“《說文》：‘~，收也。’《詩》：‘薄言擷之。’《毛傳》：‘~衽曰襭。’疏：‘~衣上衽于帶曰襭’。今江淮間謂~衣上帶曰~。”1915年《象山縣志》：“~衣上衽如帶。”“扱”謂收束，釋爲“把衣襟撩起來”不確；②“整一整衣裳”，西南官話，引《敘州府志》、《蜀方言》、《遵義府志》，望文生訓，其實“扱”的意思，即③“繫；紮；挽”，江淮官話、西南官話、閩語。又（頁2525）“找”⑦“挽；往上捲”，西南官話（四川成都）、吳語。

迮₁ 牐 $zɑ^{21}$ [tsa^{21}]

築堤蓄水。《說文·辵部》："迮，迮迮，起也。从辵，作省聲。"王筠句讀："迮迮，疑衍。《玉篇》、《廣韻》無之。當云乍聲。……鐘鼎文皆以乍爲作也。"唐慧琳《一切經音義》卷六十七《阿毗達磨庥異門足論第十六卷》"迫迮"引《蒼頡篇》："迮，止也。"《龍龕手鏡·辵部》："迮，隘也。""隘"猶阻也①。《陳書·吳明徹傳》："齊兵退據相國城及金城，明徹令軍中益脩治攻具，又迮肥水以灌城。"又《程靈洗傳附子文季》："文季臨事謹急，御下嚴整，前後所克城壘，率皆迮水爲堰，土木之功，動踰數萬。""迮"謂阻斷河道蓄水，借以漂邑殺人也。明李實《蜀語》(頁122)："築堤蓄水曰迮〇迮音作。"清道光二十一年《遵義府志》卷二十《風俗》、光緒二十一年《敘州府志》卷二十一《風俗》、民國十年《新修合川縣志》卷三十《風俗·方言》、民國三十七年《貴州通志·風土志·方言》："築堤蓄水曰迮。音作。"唐訓方《里語徵實》卷上："築堤蓄水曰迮。迮音作。"以上並採《蜀語》矣。民國十五年《南川縣志》卷六《土音土語》："築泥堵水曰迮。音作。"民國二十四年《雲陽縣志》卷十四《禮俗下·方言上》："遏水謂之迮。"

① 《戰國策·楚策二》："太子辭於齊王而歸，齊王隘之。"鮑彪注："隘猶阻。"吳師道補正："隘，從阨音。"

或作“牐”。《集韻·洽韻》：“牐，閉城門具。一曰以版有所蔽。”《宋史·河渠志四》：“每百里置木牐一，以限水勢。”引申指阻水。清桂馥《札樸》卷九《鄉里舊聞·名稱》：“遏水曰牐。”“牐”，《廣韻·洽韻》士洽切，今音zhá。亦記音作“紮”、“紮”。清Adam Grainger《西蜀方言》（頁403）：“紮堰。”即“to dam a river or canal”，“紮”音“ZHA5”。民國十五年《簡陽縣志》卷二十二《禮俗篇·方言》：“聚水曰關水，又曰紮水。”民國二十一年《萬源縣志》卷五《教育門·方言》：“聚水曰關水、收水、紮水。”《現漢》“閘（牐）”音zhá，②“把水截住”，義近。今蜀方言音［tsa21］，義存。

《大字典》（二/7/4078）“迮”音zé（又讀zuò），⑤“阻止”，首例書證爲《一切經音義》引《蒼頡篇》。又（4/2163）“牐”謂“同‘閘’。舊時城門的懸門。泛指以門控制通道的設施”。《大詞典》（10/759）“迮”音zé，⑤“攔阻；阻止”，首引《陳書》。又（6/1049）“牐”音zhá，謂“水閘；閘門”。兩工具書“牐”均未及動詞義。

《方言大詞典》（頁3424）“迮”①“筑堤蓄水”，西南官話、贛語。

迮₂ za213［tsa213］

以重物鎮壓。明方以智《通雅》卷六《釋詁》：“《南史·

江革傳》‘迮輕艚’，壓也。”北魏賈思勰《齊民要術》卷九《炙法》：“膞炙豘法……以竹箬著上，以板覆之，重物迮之。”石聲漢注：“‘迮’：即現在的‘榨’字（參看注解74.1.3.②）。”而74.1.3“（作魚鮓）臠訖，漉出，更於清水中淨洗，漉著盤中，以白鹽散之。盛著籠中，平板石上，迮去水”，注②“‘迮’：音‘責’，《玉篇》注解爲‘迫迮’，即‘壓迫’。也借用‘笮’字代表，後來再演變爲‘榨’字”。《梁書·江革傳》：“或謂革曰：‘船既不平，濟江甚險，當移重物，以迮輕艚。’”清桂馥《札樸》卷六《覽古·船輕載石》：“梁江革‘乘臺所給一舸，舸艚偏欹，不得安卧。或謂船既不平，濟江甚險，當移徙重物以迮輕艚。革既無物，乃於西陵岸取石十餘片以實之’。案：宣城施愚山罷官，苦船輕不能渡江，載以石灰，既登岸，賣其船，同時諸公爲作《賣船行》，與前事相似。”清胡文英《吳下方言考》卷九《迮》：“迮，音詐。《齊民要術》：‘平板石上迮去水。’案迮，壓也。吳中謂壓物去水曰迮。”今蜀方言凡以物壓鎮均謂“迮”，如《川方》（頁450）“榨（笮、軋）”①“壓：拿塊石頭把紙~倒，免得風吹跑了”；“榨稱”謂“比重大；有份量”，即通語“壓秤”。《成都話》（頁239）“榨”音［tsa²¹³］，①“壓”。《重方》（頁404）“榨”謂“壓”。

《大字典》（二/7/4078）“迮”音zé（又讀zuò），⑥“壓榨”，引方以智《通雅·釋詁·謰語》：“迮，壓也。”又引漢楊孚《異物志》：“交止所產甘蔗特醇好……斬而食之，既甘，迮取汁如飴餳。”“迮”義同“榨”；又《齊民要術》“以板覆之，重物迮之”，謂重物壓之以便成型；《本草綱目》卷七《土部·黃土》"一切傷損，從高墜下，及木石所迮"，"迮"謂壓、砸。三例中"迮"的意思稍有不同。《大詞典》(10/759)"迮"音zé，④"猶壓"，再析爲三個義項：(1)"壓榨；擠壓"，首條書證爲《齊民要術》引楊孚《異物志》；(2)"以重物鎮壓使穩固"，首引《梁書》；(3)"倒壓；砸"，首引《南史》，次引《本草綱目》。釋義處理優於《大字典》。

《方言大詞典》(頁3424)"迮"②"壓物去水"，吳語，引清光緒五年《鎮海縣志》："~音詐。《齊民要術》：平板石上~.去水。俗謂壓物去水曰~。"

咂酒　咂酒　噆酒　唼酒　咂麻酒　咂嘛酒　雜麻酒　zɑ^{21}ma^{21}jiu^{53}［tsa^{21}ma^{21}tɕiəu^{53}］

一種家釀的以通節細竹管或蘆管、麥秸、藤枝等入壜吸飲的濁酒。參《考釋》第787頁。《玉篇·口部》："咂，子合切，魚食。《風俗通》云：'入口曰咂。'"唐玄應《一切經音義》卷六《妙法蓮華經第二卷》"唼食"引《通俗文》："入口曰咂。"《龍龕手鏡·口部》"咂"爲"咂"俗字。《古今通韻·合韻》："咂，入口也。本作咂。"明景泰《雲南圖經志書》卷二《風俗》："俗尚咂酒：俗以米麥釀酒既熟，凡燕待賓親之貴重者，先具果饌，設架於庭，置酒罇其上，泡之以水，務令樽滿爲度，少頃置中通之竹筒於內，必探其底，乃與客爲揖讓禮而請咂之。別以盃酌水，候客既咂而注於罇，視水之盈縮以驗所咂之多寡。若水溢而罇不能容，則復勸咂之，以此爲愛敬之重者。遇寒月則置火于罇下，欲其熱也。雖富貴之家亦用之，盖亦有所視效歟。”莫如忠《崇蘭館集》卷十八《咂酒解》：“余昔遊關中，問酒之名，則桑落爲著。至是客有以咂酒餽余者，亦關中品也。余嘗而甘之，何論桑落，而後悔其遇之晚也。咂之義，以飲名，可無煩盃斝，獨卓管甕中，嗡而取之。”清沈壽榕《玉笙樓詩錄》卷六《威甯道中紀詠四首》之三：“客愁滋味誰深淺，野店沽來咂酒香。”自注：“苗人釀黍酒，盛以瓦缶，用竹管吸之，曰咂酒。”

又俗作“哑酒”。明弘治《貴州圖經新志》卷九《永寧州·風俗》：“食生哑酒：慕役長官司所部皆白羅羅，即古所謂白蠻也。……釀大麥、苦蕎、蕒稗爲酒，不篘縮，筒吸而飲，餘與烏蠻同。”萬曆《營山縣志》卷六《藝文志》錄唐臣《題道林寺（俗名茶坪）》之三：“一筋葫蘆甘似蔗，三杯哑酒暖如春。”李實《蜀語》（頁144）：“《華陽國志》：郫縣有一井，井邊有竹，截竹爲筩，以汲井水，水變爲酒；他竹則否，竹盡則井亦凡水矣。杜子美詩：‘酒憶郫筩不用沽。’至唐時已無，故曰憶；井水爲酒，故不用沽。今之哑酒，蓋彷彿郫筩遺意耳。”黃仁壽等校注：“《華陽國志》所記述古時郫縣之酒，俗稱‘郫筩酒’，此酒近年已恢復生產。”清乾隆十七年《大邑縣志》卷三《風俗》：“酒之家釀者，有常酒、甜酒、燒酒、哑酒、薏苡、高粱等酒。”乾隆五十年《涪州志》卷五《風土志·習俗》：“鄉居之家，每用筒酒，名曰哑酒，稻粱黍粟皆可釀。成熟時，以滚湯灌罈中，用細竹管通節，入罈內哑飲之，哑去一盃，仍以盃水添满，罈口是水，酒不上浮，至味淡乃止。考《蜀志》，郫縣有一井，井邊有竹，截竹爲筒，以吸井水，即變爲酒，杜子美有詩曰：‘酒憶郫筒不用沽。’今之咂酒，其彷彿郫筒遺意與？又傳平都山之南賓地出藤，大如指，可以吸酒，白樂天詩云：‘閑拈蕉葉題詩句，悶折藤枝引酒嘗。’後改爲竹管，義或本此。”程伯鑾《桂溪四時竹枝詞》：“聽來搭斗響連聲，咂酒盈缸香到門。”同治七年《直隸理番廳志》：“民間多製咂酒，用麥稷粱粟等入酒麯，如法拌製，貯大壜中，數日始可用，至一二年更佳。每客至，取一二升入小壜內，灌以熱水，少頃，以細竹插入壜底吸飲。”[①]同治九年《會理州志》卷十《風土志·物產》：“咂酒，用蜀黍蒸熟拌麴，貯小磁壜中，月餘乃成，入水數斗，納竹管咂而飲之。”《重方》（頁402）“咂酒”謂“同‘雜酒’”，而“雜酒”謂“指民間自己用雜糧釀造的供家人自己飲用的酒。按這種自製酒一般用高粱、糯穀或玉米混合釀成，故名。又因這種自製酒人們習慣於用麥桿直接插入酒罐中吸吮，所以亦名咂酒”。

或作“噆酒”。《說文·口部》：“噆，嗛也。从口，朁聲。”徐鍇繫傳：“《文子》曰：‘蚉䖟噆膚。’作雜反。”“作雜反”則音同“咂”。王筠句讀：“《淮南子·覽冥訓》：‘噆味含甘。’《莊子》：‘蟁䖟噆膚。’《通俗文》作呭。”則“呭”、“噆”通。《廣韻·合韻》子荅切：“噆，蚊蟲噆人。”與“呭”同一小韻。《集韻·合韻》作答切：“噆，《說文》‘嗛也’，一曰

① 此據《中國地方志民俗資料匯編·西南卷（上）》，北京圖書館出版社，1991年6月第1版，第391頁。

齧脣。”與“呞”、“唼”同一小韻。唐杜甫《送從弟亚赴安西判官》詩：“黄羊飫不羶，蘆酒多還醉。”清錢謙益箋注：“莊綽《雞肋編》：關右塞上有黄羊無角，色類麞鹿，人取其皮以爲衾褥。有虜人造嗗酒，以荻管吸于瓶中。杜詩黄羊、蘆酒，葢謂此也。”清高士奇《清吟堂集》卷七《絕塞雜紀四首》之四：“蘆酒味酸人亦醉，羌絃聲宛調含悲。”原注：“莊綽《雞肋編》：關右塞上有黄羊無角，色類麞鹿，人取其皮以爲衾褥。又造嗗酒，以荻管吸于瓶中。杜詩黄羊、蘆酒，葢謂此也。”張世進《著老書堂集》卷一《嗗酒詩序（嗗俗作咂，非）》：“嗗酒，關中釀名法，取糯米或黍麥蒸作飯，布之席上，候冷以麯和之，置瓦罌中，不半月釀熟矣。臨飲煮以重湯，投以熟水，以小竹筒嗗之，水減輒益，味盡後止。其味冽而醇，不知其爲水之速化也。飲時序齒，或二人或四人，以次而周，饒有雍容揖遜之風焉。”王昶《春融堂集》卷三十一《與李世傑按察書》：“番人嗜酒特甚，故鹽茶烟葉皆取資內地，而酒必自造，三雜谷以青稞釀之，小金川則用麥，且能製麴，加以熊膽，謂如是而酒始清。《鷄肋編》云番人嗗酒，以蘆管吸於缾中。”

又作“唼酒”。《玉篇·口部》：“唼，子合切，《楚辭》云：‘鳧鴈皆唼夫粱藻兮。’”《龍龕手鏡·口部》：“唼，古文，所甲反，今作啑。唼唻，鳧鷹食也。又俗音呞。”《集韻·合韻》作答切：“呞，啖也。或作咂、啾、啑、唼。”清宣統間修《廣安州新志》卷三十四《風俗志》：“酒釀黍而味薄，舊有入五加皮者曰文草酒，倣郫筒者曰唼酒。”

亦作“咂麻酒”。明顧起元《客座贅語》卷九《酒（三則）》：

“若四川之咂麻酒，勿飲可也。”清道光二十九年《大定府志》卷四十二《食貨略·土物》：“咂酒，按《蜀語》：‘箭酒亦曰咂麻酒，以粳米或麥粟粱黍釀成。’”《函海》本《蜀語》作“咂嘛酒”。吳景旭《歷代詩話》卷三十五《黄羊蘆酒》：“《墅談》云：秦蜀之人醖酒於缶，飲以筒，名咂麻酒，亦曰瑣里麻。《石林燕語》云：隴右人造嗃酒，以荻管吸於瓶中。以是知秦蜀去西徼爲近，故其法盛傳。”按所引今《叢書集成新編》本《墅談》、中華書局本及《四庫全書》本《石林燕語》均無，而引《燕語》云云，疑實出《雞肋編》（詳下）。

又作“咂嘛酒”。明李時珍《本草綱目》卷二十五《穀之四·酒》：“秦蜀有咂嘛酒，用稻麥黍秫藥麴，小罌封釀而成，以筒吸飲。穀氣既雜，酒不清美，並不可入藥。”郭汝霖《石泉山房文集》卷四《咂嘛酒（劉西塘集省寮出此因賦）》：“給舍華筵傍晚開，咂嘛罇酒似泉來。”李實《蜀語》（頁144）：“箭酒亦曰咂嘛酒〇以粳米或麥粟粱黍釀成，酒熟時以滚湯灌壜中，用細竹箭通節入壜内咂飲之。咂去一盃，別去一盃熱湯添之，壜口是水，酒不上浮，至味淡乃止。……考字書無嘛字，亦俗作耳。”黄仁壽等校注：“‘嘛’字古已有之。其一，佛教梵咒常用此字，如‘唵、嘛、呢、叭、咪、吽’。”清費錫璜《掣鯨堂詩集·七言古詩·賦折楊柳送黄燕思入蜀》“我彈蜀國絃，勸汝郫筒酒”自注：“即咂嘛酒。”乾隆五十一年《射洪縣志》卷一《時序志·風俗附》：“民間多製咂嘛酒，用秔米入酒麴少許，拌製貯小磁壜中，黍稷粱粟皆可用以釀酒，月餘始熟。客至待酌，取熱水滿貯，以細竹旁通竅，入壜底吸飲。……杜詩曰‘酒憶郫筒不用沽’，蓋郫人截大竹爲筒以盛酒。射之咂酒亦郫筒遺意也。香山詩‘悶取藤枝吸酒嘗’，東坡詩‘浮蛆灩金盌’，放翁詩‘滿注浮蛆甕’，皆謂此也。然此酒川中多有之，亦不獨射邑爲然。”[①]光緒九年增續重刻同治本《酆都縣志》：“邑人多製咂嘛酒，黍稷粱粟皆可入釀，貯小壜中，月餘始熟。客至，以沸水注滿，插細竹入壜底吸飲。香山詩‘悶取藤枝吸酒嘗’，東坡詩‘浮蛆艷金碗’，涪翁詩‘滿注浮浮蛆翁’，皆謂此也。”[②]光緒八年《鹽亭縣志·風俗》：“民間多製咂嘛酒，用秔米入酒麯少許，拌製貯小磁罈中。黍稷粱粟皆可用以釀酒，月餘始熟。客至待酌，取熱水滿貯，以細竹旁通竅入罈底吸飲。”光緒二十年《梁山縣志》[③]卷四《食貨志·物產》：“咂嘛酒，或用秔米或黍稷，入酒麴少許拌貯罈中，經月而熟，佳品也。”徐珂《清稗類鈔·飲食類·楊次也飲咂嘛酒》：“海寧楊次也太守守知，嘗飲咂嘛酒而甘之……次也，康熙時人。”民國十七年《大竹縣志》卷十二《物產志》：“咂嘛酒，以糯米兼黍粟釀之，貯以小罈，泥封其口，飲時入鍋煮沸，內灌開水，以筆管大竹竿空中而椶包一端，直插罈中，兩兩對坐，先後吸飲，味醇而甘，客多有設至

① 按白詩出《春至》，作“悶取藤枝引酒嘗”。陸詩出《春晚村居雜賦絕句》，作“澆書滿挹浮蛆甕”。

② 黃庭堅晚號涪翁，其《便糴王丞送碧香酒用子瞻韻戲贈鄭彥龍》詩云：“浮蛆翁翁盃底滑，坐想康成論泛盎。”陸游《春晚村居雜賦絶句》：“澆書滿挹浮蛆瓮，攤飯横眠夢蝶牀。”修志者引或有誤。

③ “梁山縣”即今重慶梁平縣。參書首“前言”。

十數罈者。清同、光間山後中下段與鄰、埜接壤，此酒盛行，近時少間矣。”

或作“雜麻酒”、“瑣力麻酒”。明何孟春《餘冬序錄》卷六：“老杜詩：‘黃羊飫不膻，蘆酒多還醉。’宋人解云：黃羊出關右塞上，無角，類麞鹿；夷人所造酒，荻管吸瓶中，故曰蘆酒也。春按：……川中人造酒，荻管吸瓶，信然。陝以西人，則高盆貯糟，飲時量多少，注水盆中，竅盆吸之，水盡酒乾，謂之瑣力麻酒，又曰雜麻酒，即蘆酒之遺制。宋人之所見者，豈未詳耶？”[①]又作“刺麻酒”。明王世貞《弇州四部稿》卷四十九：“成都刺麻酒，其法，連糟置甕中，中插一蘆管，使客遞吸之，淺則加水，至酒盡，滿甕皆水也。味不能佳，然往往令客至醉，盖眩於新奇耳。”

有關“咂酒”、“咂嘛酒”的文獻記載至爲繁夥。清蔣士銓《忠雅堂詩集》卷十九《咂酒詩爲周海山（煌）先生作》：“地爐暖深罌，酒香生座隅。緩火蒸融融，膋發看浮蛆。截竹爲留犁，露頸沒其趺。主客次第嘗，吸之嘶徐徐。中通風過簫，暗引樂出虛。注泉便作醴，仙釀逡巡如。罌面白水添，罌底醇醪儲。貫糟出沈齊，氣體成須臾。……秔稻穀粱稷，皆可麴糵俱。和以眾露香，若點塞上酥。百花歸蜂衙，五金同一爐。至味咂乃出，淺嘗得其粗。蜀有雲安春，復有郫筒酤。”李宗昉《黔記》卷一：“咂酒，一名重陽酒，以九日貯米於甕而成，他日味劣。以草塞瓶頸，臨飲，注水平口，以通節小竹插草內吸之，視水若干徵飲

① “宋人解云”當指莊綽《雞肋編》卷中語。

量。苗人富者，以多釀此爲勝。”吳振棫《黔語》卷下《咂酒》：“咂酒，苗俗也，古謂之竿兒酒。其法：蒸野稗如麫，實之罌而塗其口，卜日召客，則設罌堂中，撤塗，注水與口平，淺則復注，逡巡釀成。以細竹筒插罌腹，眾客環而咂之，以次輪轉，水味澹則酒力竭矣。”道光二十年《江油縣志》：“又有咂酒、黃酒、老酒之名。”道光二十一年《遵義府志》卷二十《風俗》：“九月九日煮蜀穄爲咂酒，謂重陽酒。”貴州大方興隆千龍灘邊咂酒詩碑，據傳爲太平天國翼王石達開與當地苗民共飲咂酒，即興所賦：“千斛明珠一甕收，君王到此也低頭。玉龍抱住擎天柱，飲盡黃河水倒流。”“咂酒”或譌作“噆媽”。清劉廷璣《在園雜志》卷三《逡巡》：“陝西有以罈盛釀酒乾料，留小穴，旋加滚水灌入，即成酒者。不識其所名二字當作何寫。詢之范侍講談一曰：‘君世家於秦，必知其解。韓湘云解造逡巡酒，此豈是耶？’侍講曰：‘是酒渭以北名曰確子，渭以南名曰罈子，又曰花罈。京師名曰噆媽，未聞有所謂逡巡者。然其名甚雅，吾當歸告鄉人，請以逡巡易之。’究竟噆媽二字，不得命名之義，終難求解。座有俗人，强作解事曰：‘吾能解之。北方小兒呼其母曰媽媽，呼其母之乳亦曰媽媽，小兒吸乳母之乳曰吃噆噆，亦曰咂媽媽。此酒用管吸之，如小兒之噆媽也。’舉坐絕倒。噆俗作咂，媽讀平聲。”又，宋莊綽《雞肋編》卷中：“關右塞上有黃羊無角，色類麞麂，人取其皮以爲衾褥。又羌人造噆酒，以荻管吸於瓶中。老杜《送從弟亞赴河西判官》詩云：‘黃羊飫不羶，蘆酒多還醉。’盖謂此也。”[1]今四川藏、羌、彝等族仍釀飲咂酒，據莊說，則“咂酒”或稱“嗜酒”[2]，即盛唐之“蘆酒”。《川方》（頁449）“雜酒”謂“一種酒。瓦罐裏裝上拌有酒麴的高粱，密封存放三、五個月，甚至十年八載，臨飲時啓封，摻上開水，用竹管吸飲”。顯然，其得名之由，是因爲通常用竹管插入罐中咂飲，宜作“咂酒”。

唐人詩已道及用藤枝引酒而嘗或入樽。白居易《春至》詩：“閑拈蕉葉題詩詠，悶取藤枝引酒嘗。”又《郡中春宴因贈諸客》詩：“薰草席鋪座，藤枝酒注尊。”此藤或爲“釣藤”，又作“弔藤”，中醫入藥。因其節間有刺曲如釣鈎，又叫“鈎藤”。《正字通·艸部》“藤”下注：“釣藤，狀如蒲萄藤，葉細長，莖有刺曲如釣鈎。俗作弔藤。”明李時珍《本草綱目》卷十八下《草之七·釣藤》：“弘景曰：出建平，亦作弔藤，療小兒，不入餘方。時珍曰：其刺曲如釣鈎，故名。或作弔，從簡耳。”清咸豐二年《臺灣府噶瑪蘭廳志》卷六《物產·藥之屬》：“雙鈎藤，《名醫別錄》：鈎藤出建平，一名弔藤，療小兒，雙鈎藤最祛風者。”因其中空，可以此盗酒。宋唐慎微《證類本草》卷十四：“鈎藤微寒，無毒，主小兒寒熱十二驚癇。陶隱居云出建平，亦作弔藤字。……《圖經》曰：釣藤，本經不載所出州土。蘇恭云出梁州，今亦興元府有之。葉細莖長，節間有刺若釣鈎，三月採。字或作弔。……《衍義》曰：釣藤中空，二經不言之。長八九尺

① 此據《四庫全書》本，中華書局標點本“羌”作“夷”。

② 《龍龕手鏡·口部》：“嗅、餹、嗜，三俗，許救反，正作齅字。”

或一二丈者，湖南北江南江西山中皆有。小人有以穴隙間致酒瓮中盜取酒，以氣吹之，酒既出，涓涓不斷。”然亦可以釣藤入樽吸酒而飲矣。

據文獻所載，知“釣藤”又作“弔藤”，“弔”音同“釣”，故“釣藤”、“釣藤酒”殆無可疑。但“鉤藤”、“鉤藤酒”載籍亦習見。除“鉤”、“釣”形近易混外，恐怕“釣藤”之莖有刺曲如“釣鉤”是其關鍵，故俗亦稱“鉤藤”。如明李時珍《本草綱目》卷十八下《草之七·釣藤》即云“狀如葡萄藤而有鉤，紫色，古方多用皮，後世多用鉤，取其力鋭爾”。“古方多用皮”，唐孫思邈《備急千金要方》、宋劉昉《幼幼新書》作“釣藤皮”，唐王燾《外臺秘要》、宋唐慎微《證類本草》等“療小兒驚癇諸湯飲皆用弔藤皮”，而《外臺秘要》“釣藤皮”、“弔藤皮”並用；“後世多用鉤”，謂之“鉤藤”，亦其自然矣。清同治九年《會理州志》卷十《風土志·物產》：“鉤藤，一作弔藤。藤長八九尺或一二丈，大如指，中空，其色紫，細葉，有刺如釣鉤。”或有不明其流變，而倒果爲因者。清吴其濬《植物名實圖考》卷二十二《鉤藤》：“雩婁農曰：鉤藤或作釣藤，以其鉤曲如釣針也。”

“釣藤酒”或“鉤藤酒”，現在所知以宋劉延世《孫公談圃》卷上記載爲最早，云：“公言昔曾得椰子酒嘗之。余因曰椰子本出伽盧國，其地熱衢，直椰子木爲蔭，剖其實中有酒能醉人。若他國所釀多不同：西域蒲萄酒，南蠻檳榔酒，扶南石榴酒，辰溪鉤藤酒，赤土國甘蔗酒。”陸游《老學庵筆記》卷四：“辰、沅、靖州蠻有犵狑，有犵獠，有犵欖，有犵貗，有山猺，俗亦土著……

飲酒以鼻，一飲至數升，名鈎縢酒，不知何物。”李劍雄等校：“《說部》本原作‘釣藤酒’，此據《津逮》本改。”[1]“釣藤”、“鈎藤”均有所本，是以不煩改也。朱輔《溪蠻叢笑·釣藤酒》：“酒以火成，不醉不篘，兩缶東西以藤吸取，名釣藤酒。”元陶宗儀《遊志續編》卷上載顧文琛淵白《西遊記》：“民俗造酒，多用杭不用秫，鈎籐取之，號鈎藤酒。”明楊慎《升菴集》卷六十九《蘆酒》：“蘆酒以蘆爲筒吸而飲之，今之咂酒也。又名鈎藤酒，見《溪蠻叢笑》。”曹學佺《蜀中廣記》卷六十五《方物記第七·酒譜》：“《方輿》云：龍渠縣東十五里，有山出藤，可以引酒，曰引藤山，出釣藤酒。”方以智《通雅》卷三十九《飲食》：“蘆酒，咂嘛酒也。謂置蘆植管于中而羣飲也。今陝西家家以此款客。洞蠻名此爲釣藤酒。”清陸次雲《峒谿纖志》卷中《咂酒》：“咂酒一名鈎籐酒，以米雜草子爲之，以火釀成，不芻不酢，以藤吸取。多有以鼻飲者，謂由鼻入喉，更有異趣。”張乃孚《小白華山人詩鈔續編》卷四《巴渝竹枝詞》：“鈎藤酒熟佐江魚，象鼻彎彎吸自如。揖遍同人方許飲，始知禮讓在山居。”原注：“鈎藤酒，即今之咂酒。”張慎儀《蜀方言》卷上（頁307）：“蘆酒曰咂酒。楊慎曰：蘆酒，以蘆爲筩，吸而飲之，今之咂酒也。又名鈎藤酒。見《溪蠻叢笑》。杜甫詩：蘆酒多還醉。即此。李實《蜀語》：咂酒，以稉米或麥粟粱黍釀酒，熟時以滚湯灌壜中，用細竹筩通節，入壜咂飲之。”

清莫友芝《郘亭遺詩》卷三《蘆酒三首》附說始末云：“杜

① 中華書局，1979年11月第1版，第56頁。

子美《送從弟亞赴河西判官》句云‘蘆酒多還醉’。宋莊綽《雞肋編》：關右塞上人造嚐酒，以筁（荻）管吸於瓶中，杜詩蘆酒蓋謂此。蔡夢弼《草堂詩箋》：大觀三年郭隨出使虜，舉蘆酒問外使時立愛，立愛曰蘆酒糜穀醞成，可醱醅，取不醉也，但力微，飲多則醉，子美之言信驗。自是言杜詩者，並謂蘆酒即今咂酒，良然。唯咂當依季裕作嚐，並子答切，即咂正字，咂又咂之俗也。此酒凡十名：又曰爐酒，曰箭酒，曰雜麻，曰釣藤，曰釣竿，曰竿兒，曰咂嘛，曰瑣力麻，而爐、蘆爲最古。……又以雜穀合釀，故謂雜麻酒。……箭酒、咂嘛、瑣力諸名，明人始及之。……李實《蜀語》：‘箭酒亦曰咂嘛酒。’引《華陽國志》郫箭事，謂彷彿其遺意。方以智《通雅》：‘蘆酒，咂嘛酒也，謂植蘆管於中而羣飲也。’……咂嘛之嘛，字書所無，相承音麻，疑穈糜等字誤麻，因咂加口耳。穈芑爲赤白粱粟，即今小米穈穄也，蓋黍之不黏者，皆此酒所恆用，故舉以名歟？或曰咂嘛，即雜麻，麻當爲穈，謂穈雜穀爲此酒也，亦通。瑣力麻當是方語，不可解，或曰瑣小也，言酒力不勁也。或曰昔之緩言也，殆亦謂宿釀已熟歟？”民國十八年《桐梓縣志》卷十七《食貨志·物産》：“鄉人好作咂酒。據《郘亭詩鈔》咂本作嚐，一作咂，咂乃俗字。古名鑪酒，又名盧酒、筒酒、雜麻酒、釣藤酒、釣竿酒、咂嘛酒、瑣力麻諸名。”

以上各詞《大詞典》均未收錄。《方言大詞典》（頁3352）“咂酒”謂“喝酒”，西南官話，引張慎儀《蜀方言》卷上：“蘆酒曰~。楊慎曰：蘆酒以蘆爲筒，吸而飲之，今之~也。”此誤讀引文，望文生訓矣。又（頁2137）“雜酒”謂“酒名。這種酒是拌有酒麯的高粱，裝在瓦罐裏，密封存放三五個月，甚至十年八載，臨飲時啟封，摻上開水，用竹管吸飲”，西南官話。又（頁3353）“咂嘛酒”謂“筒酒”，西南官話，引《蜀語》。

雜種 $za^{21}zong^{53}$［$tsa^{21}tsoŋ^{53}$］

俗駡女子與人私通所生之子爲雜種。明姜南《投甕隨筆·雜種》：“今人詈人之桀猾不循理者曰雜種。按《晉書·前燕載記》贊曰：‘蠢兹雜種，奕世彌昌。’‘雜種’二字見此。”郎瑛《七修類稿》卷二十四《辯證類·諺語始》：“今駡人曰雜種，出《晉·前燕載記》，贊曰：‘蠢兹雜種。’”謂“雜種”出《晉書》，不確。李實《蜀語》（頁159）：“駡人之醜稱曰雜種○雜種，見《漢書》。”黄仁壽等校注：“俗謂其母與野父所生之子曰‘雜種’，在封建宗法社會裏，認爲是不能容忍的醜行，引申爲一切‘駡人之醜稱’。”謂“見《漢書》”，今檢未得，應見《後漢書·西羌傳》：“滇零等自稱天子於北地，招集武都、參狼、上郡、西河諸雜種，衆遂大盛。”嘉靖四十年《吴江縣志》卷十三《典禮志三·風俗》：“詈小兒桀猾不循理者曰雜種。”又，明田藝蘅《留青日札》卷三十八《通俗古音》：“雜音錯。《公羊傳》‘雜然助之’。史雜種，今徽音錯種。”史籍所謂“雜種”，或錯雜聚居也，初無貶義。清趙翼《陔餘叢考》卷三十八《雜種畜生王八》：“俗駡人曰雜種，曰畜生，曰王八。《後漢書·西羌傳》：滇零等招集諸雜種。《晉書·燕載紀》曰：‘蠢兹雜種，奕世彌昌。’此雜種之名所由始也。”《紅樓夢》第四十八回：“平兒咬牙罵道：‘都是那賈雨村什麽風村，半路途中那裏來的餓不死的野雜種！認了不到十年，生了多少事出來！’”道光二十一年《遵義府志》卷二十《風俗》、光緒二十一年《敘州府志》卷二十一《風俗》、民國十年《新修合川縣志》卷三十《風俗·方言》、民國二十四年《蓬溪縣近志》卷七《風土篇·方言》：“罵人之醜稱曰雜種。”劉省三《躋春臺》卷二《巧姻緣》：“你這雜種！吊頸都找不到地頭，跟我滚遠些！”又卷三《假先生》：“此時師徒俱已帶酒，假先生罵曰：‘你這雜種！把老師看得這們小？誣我偷嘴去了！’這四喜氣性極横，平時從未罵過，今聽罵他雜種，便拉着先生要同去問媽，雜了那個的種。”張慎儀《蜀方言》卷上（頁272）：“詈人醜稱曰雜種。《後漢書·度尚傳》：廣募雜種諸蠻夷。《馬融傳》：雜種諸羌。《晉書·前燕載紀贊》：蠢兹雜種。沈約《樂府》：前訪昌海邑，雜種寇輪臺。”傅崇矩《成都通覽·成都之小兒女歌謠》（頁255）：“大指拇哥，二指拇弟，中三娘，王伙計，幺巴雜種不爭氣。”民國十五年《簡陽縣志》卷二十二《禮俗篇·方言》：“詈人醜稱曰雜種。”民國十八年《新修南充縣志》卷七《掌故志·風俗·方言》：“下賤曰雜種。”民國二十一年《萬源縣志》卷五《教育門·方言》：“詈人醜種曰雜種，曰龜兒，曰狗日的，曰背時的，曰日媽的。”民國二十一年《南溪縣志》卷四《禮俗下·方言》：“雜種，賤惡人之稱也。”民國二十三年《樂山縣志》卷三《方輿志·方言》：“醜詆人曰雜種，其諸夷獠語之流傳乎？”又：“罵人之醜曰雜種。”民國二十四年《雲陽縣志》卷十四《禮俗下·方言上》：“人醜曰雜種。”民國二十七年《海康縣續志》卷二《地理志·風俗》：“縣俗詛人曰雜種，蓋欲加其父母以醜名也。按《晋書·前燕載記》有曰：‘蠢茲雜種，奕世彌昌。’但謂非漢族耳，非詛人語也，音雖同而義異。國朝林琴南《畏廬瑣記》載彭雪琴宫保巡閲長江，一日易服微行，有薙髮匠對人語曰‘彭雜種且至’，蓋指彭也，公怒杖之。事之實否雖未可知，則雜種爲詆毁之詞，即國語亦屬通用。”唐樞《蜀籟》卷四（頁315）：“麥子田頭灑（撒）豌豆——雜種。”亦可帶修飾語。清劉省三《躋春臺》卷一《雙金釧》：“正泰聞懷德已死，指罵曰：‘災雜種也有今日，提不提我的面花了！’”又卷四《孝還魂》：“狗雜種，你會偷！衆人與我綁起送官！”[①]民國十三年《江津縣志》卷十一《風土志·方言》：“《方言》崽者子也，郭璞音宰。邑語小兒爲崽崽，平出之聲如哉，俗語罵人曰崽雜種。”民國二十一年《南溪縣志》卷四《禮俗下·童歌》：“前娘斷我不終老，後娘説我不成行，開口便是栽雜種，閉口就是少年亡。”“崽雜種”、“栽雜種”即《躋春臺》之“災雜種”。《川方彙編》（頁138）“雜種”謂“斥人卑劣用語”，釋不盡確。《川方匯釋》（頁252）“雜種”謂“罵人的話”。《現漢》“雜種”②“罵人的話”。何以

---

① 明郎瑛《七修類稿》卷二十五《辯證類·白犬》：“宋人杜修妻薛氏，爲白犬所姦，杜知黜妻，犬復負去山中，生子人形而有白毛，後爲盗殺。今世謂白犬成精，罵人狗種者，亦或是歟？”

爲“罵人的話”，似當更作解說也。

《大詞典》(11/878)“雜種”②“詈詞”，首引《陔餘叢考》。《方言大詞典》(頁2137)“雜兒種”謂“雜種(罵人的話)”，江淮官話、西南官話。

鐕 簪 簮 鐟 簨 撍 zɑn[55] [tsan[55]]

釘；綴。參《考釋》第792頁。本字作“鐕”。《說文·金部》：“鐕，可目綴箸物者。”《玉篇·金部》：“鐕，無蓋釘。”《廣韻·覃韻》：“鐟，無蓋釘也。”《龍龕手鏡·金部》：“鐕，正；鐟，今。子含反，無蓋釘也。”“無蓋釘”謂釘頭無蓋，今常見鐵釘則爲有蓋釘。《集韻·侵韻》：“鐕，可以綴箸物者。通作簪。”《正字通·金部》：“鐕，鐟字之譌。”《禮記·喪大記》：“君裏棺用朱綠，用雜金鐕；大夫裏棺用玄綠，用牛骨鐕；士不綠。”鄭玄注：“鐕，所以琢著裏。”陸德明釋文：“鐕，子南反，釘也。”孔穎達疏：“‘用雜金鐕’者，鐕，釘也。舊說云用金釘，又用象牙釘，雜之以琢，朱綠著棺也。”清桂馥《札樸》卷九《鄉里舊聞·名稱》：“門上橫木加四木釘曰門鐟。”以上爲名詞義。用作動詞，義爲“釘”(音dìng)，“綴(物)”。《集韻·感韻》：“鐕，綴物也。”又《覃韻》：“鐕，《說文》：‘可以綴箸物者。’一曰釘也，一曰綴衣。通作撍。”今蜀方言凡釘均可謂之“鐕”。

亦作“簪”。《説文·先部》：“先，首笄也。从人、匕，象簪形。簪，俗先。从竹，从朁。”段玉裁注：“今俗行而正廢矣。”朱駿聲通訓定聲：“先、簪，叚借爲鐕。”《儀禮·士喪禮》：“以爵弁服，簪裳于衣左。”鄭玄注：“簪，連也。”賈公彥疏：“今此招魂，取其便，故連裳於衣。”胡培翬正義：“簪裳于衣，謂連綴其裳於衣，使合爲一。”拙撰原謂劉義慶《幽明錄》“乃畫作女形，簪着壁上。簪處正刺心”，江藍生先生云“‘簪着壁上’，即釘在牆壁上”，又謂“簪”爲“鐕”字音借[1]，所言極確。其事亦見《晉書·顧愷之傳》：“嘗悦一鄰女，挑之弗從，乃圖其形於壁，以棘針釘其心，女遂患心痛。愷之因致其情，女從之，遂密去針而愈。”則“簪”、“釘”同義互用。又，唐張彥遠《歷代名畫記》卷五：“（顧愷之）又常悦一隣女，乃畫女於壁，當心釘之。女患心痛，告於長康。拔去釘，乃愈。”自注：“此一節事，亦見劉義慶，與《幽明錄》而小不同，云：‘思江陵美女，畫像簪之於壁玩之。’亦出《搜神記》也。”今《搜神記》無，汪紹楹校注本佚文第31條據以輯錄。正文作“釘”，注引作“簪”，可見“簪”即“釘”。《太平廣記》卷第二百一十《顧愷之》（出《名畫記》）：“愷之有三絕：才絕、畫絕、癡絕。又嘗悦一鄰女，乃畫女於壁，當心釘之。女患心痛，告於長康。康遂拔釘，乃愈。”蔣禮鴻《義府續貂·噆》：“《説文》：‘噆，銜也。’子答切。禮鴻案：《莊子》《天運》：‘蚊虻噆膚，則通昔不寐。’《釋文》：‘噆，子盍反；郭子答

①《魏晉南北朝小説詞語彙釋》，語文出版社，1988年5月第1版，第258頁。

反。司馬云：齧也。'又案：《說文》：'鐕，可以綴著物者。'則參切。段注曰：'《喪大記》：君裏棺用朱綠，用褓金鐕；大夫裏棺用玄綠，用牛骨鐕。注：鐕所以琢箸裏。按：今謂釘者皆是，非獨棺釘也。'嚐、鐕古音同侵部，鐕爲今之釘，則嚐即今之叮也。"① 此說是也。

又作"簮"。《玉篇·竹部》："簮，又子紺切，針簮。"《改併四聲篇海·竹部》引作"以針簮物。"《廣韻·覃韻》作含切："簮，所以綴衣。又作感切。"與"簪"、"撍"、"鐟"、"鐕"同一小韻。《集韻·勘韻》："簮，作紺切，綴也。或作鐟、撍。"《正字通·儿部》："旡，古文簮，婦人所以固髻，即今笄也。……緇岑切，方音讀徂含切，別作鐕、簮、簪、鐟。"唐李賀《李長吉歌詩》卷二《惱公》："褥縫簮雙線，鉤絡辮五騘。"王琦彙解引吳正子曰："簮，針綴物也。""針綴物"與《幽明錄》簪畫於壁同。清李道平《周易集解纂疏》卷三《豫卦》"九四：由豫，大有得。勿疑，朋盍簪"引侯果曰："若以簪簮之，固括也。"疏曰："簪，《說文》作旡，言笄也，象簪形。《釋名》：'簪，兟也，連冠于髮也。'《士喪禮》：'簪裳于衣。'鄭注云：'簪，連也，即連髮之義也。'簮，簪去聲。《篇海》云：'以針簮物也。'言一陽簮五陰，若以簪簮髮，使之固也。"桂馥《晚學集》卷四《再書廣韻後》："簮，作紺切，以針簮物。庾信詩'細綿行須簮'，即此音。"

或作"鐟"。《廣雅·釋器》："笄、艉、笳，鐟也。"王

① 中華書局，1981年8月第1版，第147頁。

念孫疏證："《說文》：'先，首笄也。'俗作簪。先、簪並與鐕同。《釋名》云：'簪，兟也，以兟連冠於髮也。'《士喪禮》注亦云：'簪，連也。'《說文》：'笄，簪也。'《釋名》云：'笄，係也，所以拘係冠使不墜也。'"《玉篇·竹部》："鐕，子含切，鐕篋也。篋，徒故切，鐕也。"唐玄應《一切經音義》卷十四《四分律第五十二卷》："若鐕，祖含反，綴也，細竹也。《通俗文》：'綴衣曰鐕。'"《集韻·侵韻》："先，緇岑切，《說文》：'首笄也。'或作簪、鐕、篸，古作兂。"《儀禮·士喪禮》"以爵弁服簪裳于衣左"鄭玄注："簪，連也。"胡培翬正義："云簪連也者，據《釋名》簪本爲連冠於髮之名，今連裳於衣亦名爲簪。又《集韻》簪或从蠶作鐕。《一切經音義》引《通俗文》：'綴衣曰鐕也。'"清馬瑞辰《毛詩傳箋通釋》卷五《君子偕老》："男子加笄，婦人易笄。《廣雅》笄、筎幷訓爲鐕（鐕與簪同）是也。"

亦作"兂"。唐慧琳《一切經音義》卷第九十九《廣弘明集卷第二十五》："簪紱，上戢森反，《韻集》云簪，笄也。或作兂，古作兂。《集》作簪，《說文》以爲俗字。"《集韻·侵韻》："先，緇岑切，《說文》：'首笄也。'或作簪、鐕、篸，古作兂。"《正字通·儿部》："先，古文簪，婦人所以固髻，卽今笄也。……緇岑切，方音讀徂含切，別作鐕、篸、兂、鐕。"又《竹部》："兂，同簪。《集韻》古作兂。按本作先，从人、止（匕），象形。兂非古文。"民國二十四年《萊陽縣志》卷三之二《禮俗·方言》："女子幼束髮曰鬏髻，亦曰鬏鬋；長挽髮曰兂，或覆以鬋亦曰兂。"

又或作“揝”。《集韻·侵韻》：“揝，疾也。通作簪。”與“鐕”、“簪”同一小韻。又《勘韻》：“篸，作紺切，綴也。或作鐕、揝。”前引《集韻·覃韻》“鐕”謂“通作揝”。《韻會舉要·覃韻》：“鐕，《説文》：‘綴著物者。’一曰釘也。《喪大記》：‘君棺用雜金鐕。’注：‘所以椓著裏，大夫用牛骨。’《集韻》：‘通作揝。’”《音韻闡微·覃韻》：“鐕，《説文》：‘可以綴箸物者。’《集韻》：‘釘也。一曰綴衣，通作揝。’”《晉書·張昌傳》：“江沔間一時猋起，豎牙旗，鳴鼓角，以應昌，旬月之間，衆至三萬，皆以絳科頭，揝之以毛。”“揝”猶“簪”，謂插、戴，綴着。

以上各詞動用，實爲zān音之分別文，以釘綴物爲“鐕”，以笄之類綴物爲“簪”、“篸”、“鐕”、“篸”，而以“揝”記綴物之事也。

《大字典》（二/8/4583）“鐕”①“綴器物的釘子”，首引《説文》；②“綴物”，首引《集韻》。又（5/3215）“簪”（一）④“通‘鐕’。連綴”，首引《説文通訓定聲》。又（5/3213）“篸”（二）zān，㊂《廣韻》作紺切，謂“綴；插”，首引《玉篇》。又（3238）“鐕”音zān，㊀“同‘簪’。古人插定髮髻或冠的長針，後專指婦女首飾”，首引《廣韻》；㊁“同‘篸’。綴”，引《集韻》。實則用簪插定髮髻或冠亦謂之“簪”，並非同“篸”纔有“綴”義。又（3187）“篸”謂“同‘簪’”，首引《集韻》。又（4/2072）“揝”（二）zān，③“同‘鐕’”，引《集韻》。

《大詞典》（11/1391）“鐕”音zān，①“釘子”，引《禮記》，未及動詞義。又（8/1242）“簪₁”②“插；戴”，首引鮑照歌詞；③“連綴”，引《儀禮》。又（8/1240）“篸₂”音zān，謂“用同‘簪’”，②“插戴”，首引唐白居易《同諸客嘲雪中馬上妓》詩。又（6/861）“撍₂”音zǎn，謂“簪，插”，引《晉書》，未及與“鐕”字關係。未收“鑽”、“簮”字。

《方言大詞典》（頁7405）“簪（簮）”④“（用鋤尖兒）擊”，中原官話（陝西商縣），例謂“地硬的鋤不下，拿鋤尖兒~哩”，義近似。川北綿陽等地，地板結或堅硬無法下鋤，亦說用鋤簪幾下。又（頁6860）“篸”音cǎn、zān，③“納（用針線綴結實）”，粵語。餘均未及。

棧 㟞 zan^{213}［tsan^{213}］

本指編木製成的木牀，使禽畜處棧上以除濕且易肥，引申指以精料棧養育肥。《莊子·馬蹄》：“連之以羈馽，編之以皁棧。”陸德明釋文：“皁，才老反，櫪也。一云槽也。崔云馬閑也。……編木作靈（櫺）似牀曰棧，以禦濕也。”成玄英疏：“棧，編木為椗，安馬腳下，以去其濕，所謂馬牀也。”《六書故》卷二十一《植物一》：“棧，士限切，編柴木為棧也。又作栫。……編木以養馬，謂之棧櫪。莊周曰：‘編之以厚棧。’徐氏曰：‘編木作櫺似牀，以禦溼也。’”按《莊子》作“皁棧”，此引作“厚棧”恐非是①。宋司馬光《資治通鑑補》卷二百七十六《後列國紀十一》:“願吳朝勿以措懷，必俟衆騎爭皁棧，然後可制也。”胡三省注：“皁，馬櫪也。棧，以竹木藉之。”明方以智《通雅》卷三十五《器用》:“棧櫪，言圍養之也。棧，編柴爲棧也。又作楠。……編木養馬曰棧櫪。《莊子》曰：‘編之以厚棧。’徐氏曰：‘編木作欞似牀，以禦濕。’”此或承《六書故》，“厚棧”當作“皁棧”。李實《蜀語》（頁82）：“養畜肥壯曰棧○曰棧豬羊，曰棧鷄鵝，皆處棧上，不使近地氣，易肥耳。”清桂馥《札樸》卷七《匡謬·跕》：“今以官路置驛馬爲跕。案：當作‘棧’。《莊子》：‘我善治馬，編之以皂棧。’司馬彪曰：‘棧若檽牀，施之溼地也。’《赭白馬賦》：‘斃於內棧。’李善曰：‘棧，櫪也。’五臣曰：‘棧，以板禦溼而承馬足也。’干寶《晉書》：‘駑馬戀棧豆。’《通俗文》：‘板閣曰棧。’《通鑑》：‘郭子儀圍鄴城，壅漳水灌之，城中井泉皆溢，搆棧而居。’”“棧”謂編木以承馬足而避濕也，亦引申指以料圈養牲畜等使易肥壯。宋陶穀《清異錄》卷下《玉尖麪》:“趙宗儒在翰林時，聞中使言：‘今日早饌玉尖麵，用消熊、棧鹿爲內餡，上甚嗜之。’問其形制，蓋人間出尖饅頭也。又問‘消’、‘棧’之說，曰：‘熊之極肥者曰消，鹿以倍料精養者曰棧。’”“棧

① 《方言》卷五：“櫪，梁宋齊楚北燕之間或謂之樎，或謂之皁。”《廣雅·釋器》：“樎、皁，櫪也。”王念孫疏證：“《呂氏春秋·權勳篇》：‘猶取之內皁而著之外皁也。’高誘注：‘皁，櫪也。’《史記·鄒陽傳》集解引《漢書音義》云：‘皁，食牛馬器，以木作，如槽。’槽與皁聲相近，今人言馬槽是也。”《大詞典》（8/249）“皂棧”謂“亦作‘皁棧’。馬廄。皂，食槽；棧，馬腳下防濕的木板”，首引《莊子》。

鹿”即下謂“以倍料精養”之鹿。《水滸傳》第二十五回：“你說沒麥稃，怎地棧得肥腌腌的？”[①]

或作“羢”。《集韻·産韻》：“羢，豢羊屋也。或从羊。”清范寅《越諺》卷下《單辭隻義》：“羢，棧，豢羊屋也。越俗卒歲羢雞、羢鵝，暗飤靜畜，本此。出《集韻》。”平步青《霞外攟屑》卷四《棧》：“越人歲晚畜鵝，以精穀餧之，極肥腯，以祀神，呼爲棧鵝。……近人《越諺》作羢雞、羢鵝，云歲將終，豫閹綫雞與鵝，暗處畜肥作牲。攷《集韻》羢音棧，或作羪，豢羊屋也。……羢字不如棧字之古也。”

又，棧豬羊、棧鷄鵝，謂以棧養豬羊鷄鵝等家畜、家禽。宋陳師道《送晁無咎出守蒲中》詩：“聖世急才常患少，棧羊篩酒待公歸。”“棧羊”謂以精料圈養的肥羊。上引《清異錄》有“棧鹿”，《越諺》有“羢雞、羢鵝”，《霞外攟屑》作“棧鵝”。清紀昀《閱微草堂筆記》卷十五《姑妄聽之一》：“棧鹿當是以棧飼養，今尚重之。”張紹誠《巴蜀方言淺說》：“四川人有‘棧肥豬’之法，長夠架子的豬再以玉米、麥麩等精料飼養，使之長膘（肥肉）待賣。這種過程叫做‘棧肥豬’，也有‘棧雞’一般是公雞和閹雞。此處閹字似當作剦［sǎn］（動詞），即割去雄

① 《金瓶梅詞話》第五回作“你說沒麥粉，怎的賺得你恁肥腤腤的”。梅節《金瓶梅詞話校讀記》：“‘粉’《水滸》第二十五回、崇本均作‘稃’，下同。‘稃’即‘麩’，‘麩子’。一般人家飼養鵝、鴨，用糠皮麩子或秕子（不結實的癟稻子麥子、浮麥），不可能用‘麥粉’。”又：“‘賺’《水滸》作‘棧’，疑均爲‘豢’之同音借代字。‘豢’，豢養。”（北京圖書館出版社，2004年10月第1版，第31頁）後說有誤。“棧”《廣韻·諫韻》音士諫切，今音zhàn；“賺”《集韻·陷韻》音直陷切，今音zhuàn。僅介音有無之別，當從《水滸》作“棧”。

雞、脚豬的睪丸，使之成爲中性禽獸。不過被閹之雞讀如現雞，而豬則讀如善豬（本字難考，暫以同音字記之）。”①

《大字典》（二/3/1317）“棧”（一）zhàn，③“（在棧内）加料精養”，首引《清異録》“鹿以倍料精養者曰棧”。《大詞典》（4/1096）“棧”⑤“在棧内加料精養”，引《清異録》“熊之極肥者曰消，鹿以倍料精養者曰棧”，“棧”、“消”前後對舉，當爲名詞，書證與釋義不侔。《大詞典》(5/1119)“消”⑪“肥大。參見‘消熊’”，而（1208）“消熊”謂“肥熊”。據上引文獻，“棧鹿”亦當爲肥鹿，故“鹿以倍料精養者曰棧”謂以倍料精養的鹿叫“棧（鹿）”。上兩辭書“棧”釋動詞義，所引書證爲名詞義。又，《大字典》（二/3/1738）“消”未及“肥腯”義。又（4/2544）“羰”音zhàn，謂“豢羊屋”，引《集韻》，未及動詞義。《大詞典》未收“羰”字。

蘸水　醬水 $zan^{213}sui^{53}$［$tsan^{213}suei^{53}$］

調配好的汁液調料。《説文·艸部新附》：“蘸，以物沒水

① 巴蜀書社，2005年5月第1版，第44頁。按“匍”未見字書收載，當從《舊五代史》作“騸”，“善豬”亦當作“騸豬”。蜀方言稱用於配種的公豬爲“脚豬”，不用作配種了固然要割去睪丸以便育肥，但更多的是將足月或40天的雄性小豬閹割以便飼養育肥，這樣的小豬稱“豭（音牙）豬”而不稱“脚豬”。“現雞”宋代文獻作“綫雞”，“綫”或“鐵”字音借。參見《考釋》(頁347)“脚豬”條，(頁710)“綫鶏　鐵鶏”條，(頁746)“豭　牙　犽”條。

也。此蓋俗語。”元陶宗儀《說郛》卷八十五下王雱《字書誤讀》：“蘸水，蘸莊陷切，以物淬水。誤醮。”明袁子讓《字學元元》卷八《世俗誤讀之謬》：“蘸水，蘸音贊，今誤作醮。”[①]姜亮夫《昭通方言疏證》（1665條）：“蘸，莊陷切，斬去聲，《說文新附》：‘以物入水也，’與上饡字同音，此字早見于魏晉間，然《說文》不錄，故徐氏補之爲新附，今昭人有‘打蘸水’之言，以作食物之用，以物入水亦曰蘸，音如贊，或以物入細末如胡椒、花椒鹽等皆可曰蘸，如蘸鹽、蘸醬之屬。”蜀中習慣將白味食物入“蘸水”蘸食，亦可將“蘸水”澆在白味食物上，如涼粉之類食物，即通常將調配好的“蘸水”澆在上面供拌和而食。考其本字，當作“饡水”或“餍水”。《說文·食部》：“饡，以羹澆飯也。”《集韻·換韻》：“饡，《說文》：‘以羹澆飯。’古作餍。”清翟灝《通俗編》卷三十六《雜字·餍》：“今俗以指引膏黏之食爲濽。又凡食物濡汁或醬醢，皆謂之濽，當屬餍訛，濽乃水汙灑，不合于此義也。再攷《說文》，有‘饡，以羹澆食也’，亦作旦切，應與餍通。”張慎儀《蜀方言》卷上（頁312）：“凡食物濡汁或醬醢皆曰餍。……通作饡。《說文》：饡，以羹澆食也。俗作濽。又通作蘸。”民國十三年《崇明縣志》卷四《地

① 作“醮”或爲“蘸”省寫。《大字典》（3598）“醮”（二）zhàn，謂“方言。沾”，引“民國十四年修《威縣志》卷十四”，“十四年”恐涉下“卷十四”而誤，出版時間實爲“民國十八年”。第二版（6/3837）刪除“十四年”，作“民國修”，但版本信息亦被抹去矣。《大詞典》（9/1442）“醮₁”音jiào，⑦“用同‘蘸’。方言。沾”，未標注“同‘蘸’”的音讀。而《現漢》“蘸”謂“在液體、粉末或糊狀的東西裏沾一下就拿出來”，未視爲方言。

理志·方言》:"餍，音蘸，以食物染醬醢俗曰餍。"民國十五年《簡陽縣志》卷二十二《禮俗篇·方言》:"以食物入醬醢中曰餍。餍一作蘸，音贊。"民國二十一年《萬源縣志》卷五《教育門·方言》:"以食物入醬醋中曰餍。音贊。"民國二十四年《蕭山縣志稿》卷二十九《瑣聞·方言謠諺》:"凡食物漬醬曰饡，作旦切。《說文》:'饡，以羹澆食也。'"民國三十二年《沿河縣志》卷十三《風土志·方言》:"以物沾水曰蘸(音站)水。"故凡食物濡汁或澆灑的汁液調料稱"蘸水"。《成都話》(頁241)"蘸水"謂"醬、醋、辣椒、味精等拌合的調料。因要用其他食物蘸着調料吃而得名"。《川方匯釋》(頁256)"蘸水"謂"醬油加油辣子、花椒面兒、芝麻油、味精等調合而成"。《成方》(頁266)"蘸蘸兒"謂"=〖蘸水〗"，即"將醬油、醋、味精、花椒、辣椒油、葱花等拌在一起，放在小碟中，供蘸豆花或白水煮的茄子等用"。《川方彙編》(頁182)"沾沾兒"謂"帶汁的佐料盛碟內蘸菜食用"。《川方匯釋》(頁256)"蘸水"謂"醬油加油辣子、花椒麵兒、芝麻油、味精等調和而成"。

《大詞典》未及。《方言大詞典》(頁7506)"蘸水"①"用醬、醋、辣椒、味精等拌合的調料，供蘸菜吃用"，西南官話。

鏨鏨 zɑn²¹³zɑn⁵⁵［tsan²¹³tsan⁵⁵］

鏨子。《說文·金部》:"鏨，鑿也。"此名動同辭。《太平御覽》卷七百六十三引《通俗文》："石鑿曰鏨。"此名詞。明趙南星《目前集·俗字》："鏨，鐫石。音暫。"此爲動詞。陳子龍輯《明經世文編》："近聞密雲一帶邊墻，俱用鏨鏨大石加工包砌。"上"鏨"名詞，下動詞。民國十五年《簡陽縣志》卷二十二《禮俗篇·方言》、民國二十一年《萬源縣志》卷五《教育門·方言》："鑿石器曰鏨子。"民國二十四年《雲陽縣志》卷十四《禮俗下·方言下》："鑿石曰鏨子。"疊言"鏨鏨"。唐樞《蜀籟》卷一（頁7）："一不費箠箠（錘錘），二不費鏨鏨。"又，民國三十三年《長壽縣志》卷四《風土·方言》："兩人性情均不平和，動生口角曰一鑽子（聲戰）一朵火。""鑽子"即"鏨子"。《川方》（頁453）"鏨鏨兒"謂"鏨子"。

《方言大詞典》（頁7228）"鏨鏨兒"謂"鏨子"，西南官話。

戰翎子　顫靈子 zɑn²¹³lin²¹zi⁵³［tsan²¹³lin²¹tsɿ⁵³］

愛出風頭好表現的人。清光緒五年《定遠廳志》卷五《地理志六·風俗》："愛粉飾曰假哥，曰戰翎子，曰假斯文。"民國二十三年《華陽縣志》卷五《禮俗·方言》："凡事好逞能曰顫靈子。"《川方》（頁453）"顫靈子"謂"同*顫花兒"，而"顫花兒"謂"愛出風頭、好表現的人"。《成都話》（頁240）"顫鈴子〔顫翎子〕"謂"同'顫花兒'"，"顫花兒"謂"愛喳呼，愛表現自已的人。又說'顫鈴子'、'顫棒'"。《成方》（頁

266）“顫”謂“愛表現自己，愛出風頭”，“顫花兒”謂“=〖顫翎子〗”，即“愛表現自己，愛出風頭的人”。按周芷穎《新成都》第四章第二節《語言》（頁51）：“跕零子：遇事驚張不穩重。”“跕”當讀“占”音，蜀方言“占”、“戰”、“顫”音同。就得名理據而言，《川方彙編》（頁76）“顫翎子”謂“本指演員表現翎子功，特指好出風頭者。例：硬是一個顫翎子，十處打鑼九處在。（亦稱‘顫’，‘顫花兒’）”。所謂演員表現翎子功，指戲劇舞臺上演員的表演。《川劇詞典》（頁155）“顫翎”謂“雙手拇指左右輕扶盔頭，中指分觸翎足，作蒙頭狀，至預定‘馬口’時，不斷快速壓、放，使翎子有節奏地顫動，用于羞辱、氣憤”。楊梅《四川方言與川劇》說：“翎子，即野雞翎子，是川劇的重要道具之一。翎子的舞臺技巧可分爲耍翎子和扳翎子兩類。耍翎子，指不借助手的操作，單以頭上的勁道來控制和支配翎子，使它產生各種花樣。扳翎子，指用手直接擺動翎子，同時配合身段等的表演。四川方言有一個‘顫’字，指愛出風頭，好表現。用‘顫翎子’指那些愛出風頭，好表現的人，真可謂神形兼備。”①

《大詞典》未收。《方言大詞典》（頁4053）“戰翎子”謂“愛粉飾”，西南官話。又“戰鈴子”謂“急躁不安、言語不實而戰戰兢兢的樣子”，西南官話，引姜亮夫《昭通方言疏證·釋人》：“昭人言急躁不安，言語過實抖亂曰~。”“抖亂”應謂亂說亂道，與“言語過實”互爲補充，非“戰戰兢兢”矣。又（頁

① 《文史雜志》1994年第5期。

7464）"顫靈子"、"顫翎子"，均謂"愛出風頭、好表現的人"，西南官話。以上並同詞異形。

甑箅　甑箄　甑箅子 zen^{213}bi^{21}zi^{53}［tsen^{213}pi^{21}tsɿ^{53}］

蒸食物等以蔽甑底的竹木製或金屬器具。《說文·竹部》："箅，所以蔽甑底。从竹，畀聲。"段玉裁注："甑者，蒸飯之器，底有七穿，必以竹席蔽之，米乃不漏。"《玉篇·竹部》："箅，甑箅也。"《廣韻·霽韻》："箅，甑箅也。《說文》：'蔽也，所以蔽甑底。'"《急就篇》"笹篅篧筥籅箅篝"顏師古注："箅，蔽甑底者也。"王應麟補注："黃氏曰：'箄音卑，取魚器。又音閉，甑箄。'"明朱光家《字學指南》卷一《辨體辨音》："箅，音秘，甑箅。"《康熙字典·竹部》："箅，《廣韻》博計切，《集韻》必計切，《正韻》必弊切，並音閉。《廣韻》'甑箅也'。"清桂馥《札樸》卷九《鄉里舊聞·器具》："甑底曰箅子。"章炳麟《嶺外三州語》："三州謂烝食所藉竹具曰箅子。"民國十五年《簡陽縣志》卷二十二《禮俗篇·方言》："所以蔽甑底者曰甑箅。"楊樹達《長沙方言考》十八《箅》："今長沙猶謂蔽甑爲底者曰甑箅子，箅讀平聲。"民國二十一年《南溪縣志》卷四《禮俗下·方言》："箅，音閉，甑底篾笆也，俗謂之甑箅子。"民國二十三年《樂山縣志》卷三《方輿志·方言》："胎甑器曰甑箅。"今蜀方言亦謂"甑箅"、"甑箅子"。

《川方匯釋》（頁254）“甑箅兒”謂“木製或竹製的飯甑子的隔”。《成方》（頁310）“甑箅兒”謂“用於甑子內隔離沸水和食物的竹編或木製用具，一般呈圓錐體形”。都興宙《西寧方言詞正字考》“甑箅子”謂《西寧方言志》132頁作“‘蒸箅子’。按：西寧方言正字當作‘甑’，音‘憎’，去聲，瓦製煮器也，亦可爲蒸食用。……西寧方言‘甑箅子’之‘甑’，由來甚古，並無‘蒸箅子’之說”①。

或作“甑箄”。《龍龕手鏡·竹部》：“箄，必計反，甑箄也。”唐孫思邈《備急千金要方》卷二十二《瘭疽》：“取三家牛棓木刮取屑，三家甑箄各一兩，皆燒成炭，合導瘡中。”宋姚寬《西溪叢語》卷上：“淋下滷水，或以他水雜之，但識其舊痕，以飯甑蓋之於中，掠去面上水，至舊處，元滷盡在，所去者皆他水。或以甑箄隔之亦可，以他物則不可分矣。”施宿等《會稽志》卷十七《鹽》：“或以甑箄隔之亦可，以他物則不可分矣。”元王禎《農書》卷十七《鼎釜門》：“箄，甑箄也。”明方以智《通雅》卷三十四《器用》：“今俗呼甑箄爲簾箄。”清江永《周禮疑義舉要》卷六：“今飯甑內作竹底，四周下而中央隆起，謂之甑箄，此正漢時輪箄之遺語，但輪之輻股微隆，不若甑箄之甚耳。”姜亮夫《昭通方言疏證》（1929條）：“甑箄，昭人謂竹編甑底曰箄。”

《大詞典》（5/296）“甑箄”謂“甑底的竹箄”，引唐訓方《里語徵實》。“甑箅”一形則未收。

① 《青海民族學院學報》1981年第2期。

《方言大詞典》（頁7298）“甑箅”謂“蒸米飯、饅頭的箅子”，中原官話、晉語、西南官話、湘語、贛語、閩語。又（頁7299）“甑箅子”謂“蒸食物用的箅子”，湘語，未及西南官話。

紫赯色　紫膅色　紫膛色　紫棠色　紫糖色　紫檀色　$zi^{53}tang^{21}se^{21}$［$ts\eta^{55}ta\eta^{21}se^{21}$］

物色或人面色發紫而稍黑，像紫檀之色也。宋趙叔向《肯綮錄·俚俗字義》：“人面色紫曰赯。音唐。”《正字通·水部》“浾”字注：“今俗曰紫赯，即古之浾色也。”明方以智《通雅》卷三十七《衣服》：“孫愐收赯字，如今人稱紫赯色。”清吳林《吳蕈譜》：“甘而紫赯色者曰餹蕈。《肯綮錄》云：‘人面色紫曰赯。’《丹鉛總錄》曰：‘紫檀色訛爲紫棠色。’”又：“餹蕈，即松蕈也。於松樹茂密處，松花飄墜著土生菌，一名珠玉蕈，赭紫色，俗所謂紫赯色是也。”

亦作“紫膅色”。《金瓶梅詞話》第三十七回：“生的長跳身材，紫膅色瓜子臉，描的水鬢長長的。”

又作“紫膛色”。明黃佐《南廱志》卷十六《儲養考·通知簿式》：“某人，年若干歲，係某處府州縣人……身材中等，或長短青白，或紫膛色，有無微鬚。”馬歡《瀛涯勝覽·天方國》：“其國人物魁偉，體貌紫膛色。”《金瓶梅詞話》第六十一回：“甚麽好老婆，一個大紫膛色黑淫婦，我不知你喜歡他那些兒。"《續金瓶梅》第四十三回："紫膛色面皮，烏騰騰，眉横殺氣，黄蠟般眼角，高突突，面帶凶光。"《醒世姻緣傳》第六十七回："那趙杏川大大法法的個身材，紫膛色，有幾個麻子，三花黑鬚，方面皮，寡言和色，看那模樣就是個忠厚人。"

或作"紫棠色"。宋趙汝适《諸蕃志》卷上《勿拔國》："勿拔國邊海有陸道可到大食，王紫棠色，纏頭衣衫，遵大食教度爲事。"王明清《揮麈錄》卷三："本朝及五代以來，吏部給初出身官付身，不惟著歲數，兼說形貌，如云長身品，紫棠色，有髭髯，大眼，面有若干痕記，或云短小無髭，眼小，面瘢痕之類，以防僞冒。"《水滸傳》第三十六回："那漢失驚道：'這囚徒莫不是黑矮肥胖的人？'那人應道：'真個不十分長大，面貌紫棠色。'"明唐順之《武編前集》卷四《二十八宿形像》："胃土雉，雉頭人身，長四尺，面紫棠色，着金花黄布袍，白金弔敦，烏油履，手執三尖刀。"清褚人穫《堅瓠首集》卷四《醬油荳腐乾》："順治初，隣近有業腐乾者之女，色黑而媚，風韵動人，人以醬油荳腐乾目之。與隣家一贅壻情好無間，人又作《黄鶯兒》曰：'愛你素中珍，紫棠容，白玉身。溫柔細膩端方正，馨香可人。聞味動心，清茶美酒常相敬。但只恨，相逢布袋，包住了卿卿。"謂紫棠色的容顏。《鄞縣通志·文獻志·方言》："紫棠色，甬稱紫而略黄者曰紫糖色……俗稱紫棠色。"

亦作"紫糖色"。宋竇漢卿《瘡瘍經驗全書·咽喉說一》："纏喉風外症，此症外面症如蛇纏頸，身發潮熱，頭目大痛，其症其腫紫糖色，依總論治之。"張洞玄《玉髓眞經》卷二十《形穴論髓》："或如雞肝紫糖色。"明繆希雍《先醒齋廣筆記》卷三《金瘡止血方》：“眞番降香：紫糖色者，眞切如豆大，炒罯焦，研再炒。”此雖指香的顏色，但用於指人面色亦無不可。如馮夢龍輯《山歌》卷六《詠物四句·麪筋》：“姐兒生來紫糖色了像麪筋，惹人囫搦惹人蒸。”

或本作“紫檀色”。宋史浩《臘梅》詩：“相看紫檀色，風摇振金錫。”此形容臘梅顏色。寇宗奭《本草衍義》卷十九：“黄蜀葵花與蜀葵别種，非爲蜀葵中黄者也。葉心下有紫檀色，摘之剔爲數處，就日乾之，不爾即浥爛。”明楊慎《丹鉛總録》卷四《燕檀》：“紫檀木出交趾，性堅，新者色紅，以水濕浸之，色能染物。又畫家合色有檀子，用銀朱淺入老黑燕脂合之，故曰燕檀，俗曰紫檀色，訛爲紫棠也。”此探尋得名之由。清唐訓方《里語徵實》卷中下：“紫面曰紫檀色。”傅崇矩《成都通覽·成都之小兒女歌謠》（頁256）：“爹亦黑，媽亦黑，引個娃娃紫檀色，丟在糊糟頭認不得。”“引”謂生養，“糊糟”即桴炭。《成都話》（頁233）“引”①“生：爹也黑，媽也黑，~個娃娃紫檀色”。

以上各詞形《大詞典》均未收録。《方言大詞典》（頁6057）“紫檀色”謂“（臉）紫色”，西南官話。其餘詞形則未及。

左 zo^{53} [tso^{53}]

❶音不純正。《文選·王融〈三月三日曲水詩序〉》：“侮食來王，左言入侍。”李善注引楊雄《蜀王本紀》曰：“蜀之先

名曰蠶叢、柏濩、魚鳧、開明，是時人民椎髻左言。”又左思《蜀都賦》“夫蜀都者，蓋兆基於上世，開國於中古”劉逵注引揚雄《蜀王本紀》曰：“蜀王之先名蠶叢、拍濩、魚鳧、蒲澤、開明，是時人萌椎髻左言，不曉文字，未有禮樂。”又《魏都賦》：“或魋髻而左言，或鏤膚而鑽髮。”劉逵注：“楊雄《蜀記》曰：蜀之先代人，椎結左語，不曉文字。”呂延濟注：“左言謂不曉文字。”宋吳曾《能改齋漫錄》卷五《辨誤·長頸高結喉》：“予按揚雄《蜀紀》曰：‘蜀之先代人，椎結左語，不曉文字。’故左思《魏都賦》斥蜀云：‘或魋髻而左言，或鏤膚而鑽髮。’古多借字，以魋爲椎，以結爲髻。”“左語”、“左言”，或指音不純正之語言。崔榮昌《四川方言與巴蜀文化》引徐中舒“《蜀王本紀》說蜀左言，當與漢語有別”，劉琳“蜀人語言與華夏族異”，蒙默“《華陽國志·蜀志》也指出與中原‘莫同書軌’，文字既殊，語言必異”，錢玉趾認爲古蜀語言“和彝語一樣，都是主語在前，謂語在後，賓語在謂語之前，形容詞、指示代詞、數詞作定語時在中心詞之後。《蜀王本紀》說‘蜀左言’，這個‘左言’指的就是這種古蜀語言”①，恐均爲無法證實的猜測之詞。《大詞典》（2/965）“左語”謂“異族語言”，引唐王維《送李判官赴江東》詩：“封章通左語，冠冕化文身。”此詩元楊士弘編《唐音》卷四收錄，張震注：“左語未詳，或謂江東爲江左，故曰左語。”“左語”或指百越族語。又（961）“左言”①“指異族語言”，引晉左思《魏都賦》：“或魋髻而左言，或

① 四川大學出版社，1996年8月第1版，第55-56頁。

鏤膚而鑽髮。”唐劉禹錫《武陵書懷》詩：“鄰里皆遷客，兒童習左言。”“遷客”謂“遭貶斥放逐之人”，劉詩所謂“左言”，顯然指“遷客”之言，與當地所習語言有別，當地人視爲“左言”或許很正常；左思“斥蜀”，也衹是髮式、左言、鏤膚與中原不同。“左言”很可能是語音差異較大，就像今天方言與普通話一樣。上兩例中“左言”謂“指異族語言”，恐並無依據。“左”本有偏邪不正義，如“旁門左道”等。《增韻·哿韻》：“人道尚右，以右爲尊，故非正之術曰左道。”《禮記·王制》：“執左道以亂政，殺。”鄭玄注：“左道，若巫蠱及俗禁。”孔穎達疏：“盧云左道謂邪道。地道尊右，右爲貴，故《漢書》云右賢左愚，右貴左賤，故正道爲右，不正道爲左。”《大字典》（二/1/541）“左”⑭、《大詞典》（2/959）“左”⑩均謂“偏邪；不正”。《現漢》“左”③“偏；邪；不正常”，“左嗓子”①“指歌唱時聲音高低不準”。竊以爲蜀人“左語”、“左言”，均指音不純正也。今四川方言謂人唱歌跑調爲“左”，謂人五音不全爲“左喉嚨”，是其比。

❷換購；調換。清傅崇矩《成都通覽·成都之詐騙》（頁217）：“忽來一人，手挾一捆線子，言說我今天買多了，還爭一吊四百錢，把你現錢左一吊四，與你幫一百利，我伙計來就還你一吊五。……他又來哀告，把你錢左一手，我把這捆線子作抵。”又（頁220）：“現在肚飢了，把你好米左兩斗，我們煮了飯吃好走。”民國十七年《長壽縣志》卷四《人事部·方言》：“交易曰左，曰掉。”《重方》（頁419）謂“調換曰左，其字本當爲‘錯’。‘錯’有彼此交互更迭之義”，“引申之，

‘錯’有相互調換之義，如重慶話也說：‘你有零錢不？錯十塊錢的零票子給我嘛！’（參見‘錯’），只是‘左’的調換範圍較‘錯’略廣些。而它們的讀音只在送氣與不送氣之分”，可備一說。《大字典》、《大詞典》“左”均未及此義。

以上兩義四川方言均常用。如《川方》（頁464）“左”謂“調換”。《川方彙編》（頁173）“左”②“聲調不和。例：唱左了”，③“交換。例：同學間不興左東西”。《成都話》（頁248）“左”①“走調”，②“換”；又“左喉嚨”謂“左嗓子”。《川方匯釋》（頁271）“左”㊀“兑換”，㊁“調換”，㊂“嗓門不好，或唱歌唱走了調”，㊃“聽話聽到一邊去了”。《成方》（頁126）“左”①“調換”，②“（唱歌）走調”。《重方》（頁419）“右”①“走調”，②“調換”。

《方言大詞典》（頁1133）“左”①“差，錯；走調”，北京官話、中原官話、江淮官話、西南官話；③“交換，兑換”，西南官話。

重錪錪　重騰騰 zong^{213}ten^{53}ten^{53} [tsoŋ^{213}t‘ən^{53}t‘ən^{53}]

沉甸甸。參《考釋》第818頁。重謂“重錪錪”，迄今所見文獻，仍以明李實《蜀語》（頁160）著錄爲最早。黃仁壽等校注：“《方言》卷六‘錪’條郭璞注：‘（錪），吐本反。’《廣雅·釋詁三》‘錪’條王念孫疏證：‘錪之言腆也。《方言》：

“腆，厚也。”厚與重同義。’按：李氏取郭璞注音，與川音合。”清道光二十一年《遵義府志》卷二十《風俗》、光緒二十一年《敘州府志》卷二十一《風俗》、民國十年《新修合川縣志》卷三十《風俗·方言》、民國三十七年《貴州通志·風土志·方言》：“重曰重錪錪。吐本反。”張慎儀《蜀方言》卷下（頁369）：“謂重曰重錪錪。《集韻》：錪，吐衮切。《廣雅》：重也。”①民國十一年《邛崍縣志》卷四《風俗志·鄉音》：“物重曰重錪錪。音等。”民國十八年《新修南充縣志》卷七《掌故志·風俗·方言》：“物量多曰重錪錪。吞上聲。”民國二十三年《華陽縣志》卷五《禮俗·方言》：“重曰重錪錪。”民國二十八年《巴縣志》卷五《禮俗·方言》：“《蜀語》謂重曰重錪錪。”②民國二十六年《犍爲縣志·居民·言語·方言》：“重曰重錪錪。音滕上聲。”民國三十一年《西昌縣志》卷五《禮俗志·方言》：“重曰重錪錪。滕上聲。”又，民國二十三年《樂山縣志》卷三《方輿志·方言》：“重曰錪錪。音滕上聲。”姜亮夫《昭通方言疏證》（259條）：“錪，音如騰聲。昭人謂重曰重錪。錪音吐本切，《方言》六：‘錪，重也。’”《川方匯釋》（頁263）“重錪錪”音zòng tèn tèn，謂“沉甸甸”，“‘重

① 紀國泰《〈蜀方言〉疏證補》（頁463）：“在蜀方言中，‘錪’既不讀‘吐衮切’，也不讀‘他典切’，而是讀若‘胎’上聲（[$t^{‘}ai^{53}$]），‘重錪錪’讀做‘重胎胎’（[$tsuŋ^{213}t^{‘}ai^{53}$ $t^{‘}ai^{53}$]）。”今蜀方言固然說“重胎胎”，但說“重錪錪”更爲普遍，“錪”正讀“吐本反”，未可囿於見聞，而妄下斷語以欺後學也。

② 《巴縣志選注》（頁326）：“今蜀語念重zhòng曰重甸甸，猶普通話的沉甸甸。巴縣語：錪，念těn。”按此說不確，蜀語不說“重甸甸”。

鈍鈍’亦作‘重妥妥’”。

亦記音作“重騰騰”。民國十五年《南川縣志》卷六《土音土語》:“重騰騰。土音上聲。”民國三十三年《長壽縣志》卷四《風土·方言》:“重曰重騰騰。讀若吞字上聲。”蜀語“騰”讀前鼻韻。唐樞《蜀籟》卷一(頁55):“包袱重盾盾,必定有金銀。”《川方彙編》(頁100)亦作“重盾盾 zǒng tèn tèn”。《川方》(頁465)“重屯屯”音$zong^4ten^3ten^3$”,謂“沉甸甸。……屯,又作盾、吞、鈍”,或作“重砣砣”。《川方匯釋》(頁263)“重鈍鈍”音〔zǒng tèn tèn〕,謂“沉甸甸”,又謂“‘重鈍鈍’亦作‘重妥妥’”。

又,周祖謨《方言校箋》:“鈍,曹憲音腆;本書卷五‘鍑北燕朝鮮洌水之間或謂之鈍’,鈍亦音腆;此作吐本反蓋誤。”按“吐本反”出自郭璞注,不誤,所校未是。華學誠《揚雄方言校釋匯證》:“舊本皆作‘吐本反’,《集韻·混韻》‘鈍’音‘吐衮切’,‘吐本’、‘吐衮’音同。‘腆’,《廣韻》‘他典反’。今仍舊本,不改作‘音腆’。”今蜀方言“鈍”音[$t^{‘}ən^{53}$],與“吐本反”相合。《集韻·混韻》“鈍”音吐衮切,今音tǔn,但今蜀方言無“tun”這個音節,而一律讀[t‘ən]。因此,古今讀音仍然相合,今讀[$t^{‘}ən^{53}$]。

又,民國十九年《嘉定縣續志》卷五《風土志·方言》:“重㞟㞟,俗狀物之重也。《集韻》‘㞟’音頂,《博雅》‘重也’,俗讀等,等與頂皆上聲迴韻。”按《廣雅·釋詁三》:“㞟,重也。”王念孫疏證:“《說文》云:‘重,厚也。’”《玉篇·尸部》:“㞟,重也。”《集韻·青韻》唐丁切:“㞟,《廣雅》:

'重也。'"《大字典》（二/1/1051）"㡰"（二）dǐng，②"重"，首引《廣雅》。據《嘉定志》"㡰"俗讀"等"，上引《邛崍縣志》"鍈"亦直音"等"。蜀方言讀"等"爲［tən⁵³］，送氣則音［t'ən⁵³］，"重㡰㡰"即蜀語"重鍈鍈"也。

《大詞典》未收。《方言大詞典》（頁4241）"重鍈鍈"謂"沉甸甸"，冀魯官話、西南官話。又（頁4240）"重屯屯"謂"沉甸甸"，西南官話。

周而　周二 $zou^{55}er^{213}$［$tsəu^{55}ər^{213}$］

屎。爲"周而復始"的歇後，"始"諧音"屎"。《大詞典》（2/815）"勢利"②"權勢和財利"，附項謂"亦指有錢有勢的人"，引明郎瑛《七修類稿·奇謔二·諺語歇後詩》："海鹽天寧寺僧明秀，都綱職也。攻詩字，奔走勢利。嘗上一達官詩，犯其所忌，被責，便下軍人。"此斷句有誤，引文不完整，致使文意含混，不知所云矣。原文見《類稿》卷四十九《奇謔類·諺語歇後詩》："海鹽天寧寺僧明秀，都綱職也，攻詩字，奔走勢利。嘗上一達官詩，犯其所忌，被責便下。軍人王茂元嘲以歇後諺語：'有個利市仙，天寧不毒不，因上七步成，打出周而復。'言雖鄙俚，因僧致戲，頗得規誡之意。"歇去的四個字爲"官"、"秃"、"詩"、"始"。"始"諧音"屎"，"打出周而復"與前"被責便下"照應，很可能明代即以"周而"

代指“屎”，而“周而復”則同前“利市仙官”等四字格詞語一樣，均歇去一字。明王可大輯《國憲家猷》卷四十七《滑稽三》即於“歇後諺”每句下分别注“官”、“秃”、“詩”、“始”。姜南《蓉塘詩話》卷十六《嘲僧歇後語》所載文字稍有不同，云：“海鹽天寧寺僧秀雪江頗警慧，自負能詩，而輕儒紳，善趨附權貴。一日，户部李主事以徵糧至海鹽，暇日，因遊寺見之。訊其能詩，稍以禮待。去，至别縣。秀往謁之，兼投以詩。李方以嚴厲自持，見其至，甚怒，痛加箠楚。委頓而歸。有好事者爲歇後語，榜其寺壁云：‘户部水府三官，天寧不毒不秃，去上七步成詩，打出周而復始。’聞者捧腹。”雖未言及“被責便下”，但“打出周而復”，也還是透露出趨附權貴者被打出屎來的信息。清傅崇矩《成都通覽·成都之呼物混名》（頁273）：“周二，屎也。”周芷穎《新成都》第四章第二節《語言》（頁63）：“周二——屎也。”《川方》（頁466）記作“周=而=”，音zou^1er^2。《川方彙編》（頁189）“周二”謂“屎的趣語”。《成方》（頁239）“周而”謂“=〖周二〗”，“大糞，諧‘周而復始’的‘始（屎）’”。《成都話》（頁250）記作“粥二”，音［$tsəu^{55}ər^{213}$］，謂“人糞”。就其構詞理據而言，詞形當作“周而”。

《大詞典》未收。《方言大詞典》（頁3541）“周而”謂“屎”，西南官話，也作“周二”。

走草　走艸 zou^{53}cɑo^{53}［tsəu^{53}ts‘au^{53}］

母狗發情。参《考釋》第819頁。《廣韻·真韻》："獜，犬走草狀。"又《線韻》："豩，獸走草。"按《大字典》（二/3/1460）"豩"（二）chuàn，①"獸發情"，引《廣韻》，以"走草"泛指動物發情。明陳士元《俚言解》卷二《豬走草馬起騍》："走草起騍，謂求牡也。"清桂馥《札樸》卷九《鄉里舊聞·雜言》："犬求子曰走草。"光緒二十一年《敘州府志》卷二十一《風俗》："雌思雄曰走草。"民國十七年《長壽縣志》卷四《人事部·方言》："狗欲交曰走草。"民國二十年《太谷縣志》卷四《禮俗略·風俗附方言》："犬相交曰走草。"民國二十四年《雲陽縣志》卷十四《禮俗下·方言下》："俗謂牝求牡爲走草。"唐樞《蜀籟》卷三（頁170）："母狗走草。"民國二十八年《巴縣志》卷五《禮俗·方言》："今俗呼犬之牝者曰草狗，其牝牡求合曰走草。"《川方》（頁467）"走草"謂"雌性家畜發情叫~"。《成方》（頁239）"走草"謂"雌性家畜發情"。上兩詞典釋義似有可商，蜀語"走草"僅指母狗發情。若母豬發情則謂"打圈"，母牛發情謂"叫草"等。

亦作"走艸"。《集韻·真韻》："犬走艸謂之獜。"元楊桓《六書統》卷十："獜，犬走艸也。从犬，从聯。"

黃仁壽等《蜀語校注》（頁44）曰："畜之雌者于產子前有

藉草爲蓐之本能，故雌畜多于通名前冠以‘草’字；因而又謂雌發情曰‘起草’或‘走草’。”可備一說。劉廷武《〈蜀語〉釋要》：“雌犬發情時則無叫聲而走於野外，雄犬見之三五成群尾隨其後，謂之‘走草’，現在四川方言中說人‘走草’，就是罵人是母狗。走，《蜀語》誤作‘起’。”[①]“起”恐非誤字，方言本有“起草”一說。參前“起草　起騍”條。

《大詞典》（9/1071）“走草”云“方言。謂狗發情”，首引《札樸》；附項謂“亦泛指動物發情”。“走艸”一形則未收錄。

《方言大詞典》（頁2477）“走草”①“偏指母狗發情；泛指家畜發情”，中原官話、晉語、西南官話。

䂇　䇢 zu^{21}［tsu^{21}］

鼻塞。參《考釋》第822頁。前撰引及《玉篇》、《蜀語》。清道光二十一年《遵義府志》卷二十《風俗》、民國十七年《長壽縣志》卷四《人事部·方言》、光緒二十一年《敘州府志》卷二十一《風俗》、民國十年《新修合川縣志》卷三十《風俗·方言》、民國二十四年《蓬溪縣近志》卷七《風土篇·方言》、民國二十四年《麻城縣志續編》卷一《疆域·方言》、民國三十七年《貴州通志·風土志·方言》：“鼻塞曰䂇。音祝。”民國十

① 參見《李實學術研討會文集》，語文出版社，1996年7月第1版，第85頁。

五年《南川縣志》卷六《土音土語》、民國十五年《簡陽縣志》卷二十二《禮俗篇·方言》、民國二十三年《華陽縣志》卷五《禮俗·方言》、民國二十三年《樂山縣志》卷三《方輿志·方言》、民國二十四年《雲陽縣志》卷十四《禮俗下·方言上》、民國三十二年《沿河縣志》卷十三《風土志·方言》："鼻塞曰𥥍。"民國《息烽縣志》卷二十九《風十志·方言》："謂鼻塞曰𥥍。"民國十八年《合江縣志》卷四《禮俗·方言》："𥥍，鼻不通也。"民國十八年《新修南充縣志》卷七《掌故志·風俗·方言》："鼻塞曰𥥍。音竹。"民國二十一年《南溪縣志》卷四《禮俗下·方言》："𥥍，音祝，《廣韻》：'塞也。'俗謂鼻不通也。"黃仁壽等《蜀語校注》（頁10）："今蜀人猶謂鼻孔阻塞、不通氣曰𥥍。"《川方》（頁415）"𥥍"①"鼻塞"。《川方匯釋》（頁264）"𥥍"謂"鼻子不通"。《成都話》（頁252）"𥥍"①"（鼻子）塞，不通氣"。《成方》（頁58）"𥥍"①"（鼻子）塞住，不通氣"。《重方》（頁425）"𥥍"謂"鼻塞"。

亦記音作"築"。清咸豐元年《安順府志》卷十五《風俗·方言》、咸豐四年《興義府志》卷四十二《風土志·方言》："鼻塞曰築。"Adam Grainger《西蜀方言》（頁391）："鼻子築了氣。"即"the nose obstructed"。民國三十七年《貴州通志·風土志·方言》："鼻塞曰築。"[①]民國三十七年稿本《興義縣志》第十一章《社會》第一節《語言·漢語方言》："鼻塞曰鼻子

① 此志有同一詞重出而用字不同者。

築。"[①]又，民國二十六年《犍爲縣志·居民·言語·方言》："鼻塞曰祝。""築"、"祝"均當爲"𡐦"音借。

《大字典》（二/1/503）"𡐦"①"塞"，首引《玉篇》。《大詞典》（2/1165）"𡐦"謂"方言。塞，不通"，首引《廣韻》。《大字典》（二/5/3198）、《大詞典》（8/1226）"築"均未及。

《方言大詞典》（頁6383）"𡐦"①"阻塞；堵塞；硬塞"，晉語、江淮官話、西南官話、吳語、湘語、贛語、客話。

抓　咋　抓子 $zu\alpha^{213}zi^{53}$ [$tsua^{213}ts\eta^{53}$]

"做啥"的合音爲"抓"，"做啥子"的合音爲"抓子"。清李光庭《鄉言解頤》卷三《言語》："中州之音爲正，而謂作何曰抓。"傅崇矩《成都通覽·成都之土語方言》（頁265）："抓子，怎樣也。"周芷穎《新成都》第四章第二節《語言》（頁49）："抓子：怎樣。""抓子"爲"做啥子"的合音。

或作"咋"。清翟灝《通俗編》卷三十三《語辭·咋》："《廣韻》咋音如詐，訓曰語聲。按杭州人凡有所急問，輒曰咋，蓋以甚讀如舍，而又以做舍二字反切爲咋也。"民國二十四年《蕭山縣志稿》卷二十九《瑣聞·方言謠諺》："問人何爲曰咋。《廣

① 纂修者云："邑人多屬明末清初衛官屯軍之後，來自江南一帶者頗多，故方言雅近江南，音輕清而語平正，此皆沿襲有自，語似俗而實典雅者也。"

韻》咋音詐，訓曰語辭。《通俗編》云：‘蓋以甚讀如舍，而又以做舍二字反切爲咋也。’按蕭音則以作何二字反切成音者。”上兩例“做舍”即“做啥”，急言爲“咋”，與《鄉言解頤》、《成都通覽》之“抓”，差別僅在有無介音矣。

按蜀方言音［tsua^{213}］，亦可緩言之。民國二十三年《樂山縣志》卷三《方輿志·方言》：“問人作何事曰做哸了。”《川方》（頁471）“□子”音zuɑ^{4}zi^{3}，谓“zuɑ^{4}，做啥（zu^{4}sɑ^{4}）的合音。~，做啥子，幹什麽”。《川方彙編》（頁68）“做啥子”音zuǎ zì，谓“幹什麽”。《成方》（頁113）亦記作“□子”，謂“‘做啥子’的合音，幹什麽”。《重方》（頁427）“咋子”音zua^{4}zi^{3}，謂“幹什麽，用於疑問”，“‘咋子’當是‘做啥子’［tsu^{4}sa^{4}tsɿ^{3}］之快讀而成的合音字。口語中也説作zua^{4}ze^{3}”。就記音準確而言，用字不及《鄉言解頤》、《成都通覽》作“抓”。

《大字典》（二/4/1945）、《大詞典》（6/386）“抓”均未及此義。《大字典》（二/2/650）“咋”（二）zhà，①“語聲”，次引《通俗編·語辭》：“杭州人凡有所急問輒曰咋。”翟灝明謂“做舍二字反切爲咋”，此未引後半部分，純屬斷章取義，書證與釋義齟齬。《大詞典》（3/263）“咋”未及。

《方言大詞典》（頁2555）“抓”⑬“幹嘛；做什麽”，北京官話、冀魯官話、吳語，未及西南官话。又（頁3357）“咋”⑥“做什麽；幹什麽；爲什麽”，冀魯官話、膠遼官話、中原官話、晉語、西南官話、吳語。

穳　鐏　鑽 zuan53 [tsuan53]

槍戟及尖鋭器具柄底鋭鐵。《廣雅·釋器》："穳謂之鋋。"①《廣韻·换韻》："穳，鋋也。本音鑽，俗爲槍穳字。"《周書·王思政傳》："思政亦作火穳，因迅風便投之土山。"《元史·輿服志二·儀仗》："穳，制如戟，鋒兩旁微起，下有鐏鋭。"以上本爲矛屬兵器，或移指兵器柄底鋭鐵。《韻會舉要·旱韻》："穳，《廣雅》：'鋋也。'一曰矛戟柄底鋭者曰穳。或作鐏。《禮記》：'進戈者前其鐏。'"明李實《蜀語》（頁80）："槍戟柄底曰穳○穳音纘，鐏同。"今蜀方言仍謂尖鋭器具爲穳。

或作"鐏"、"鑽"。《説文·金部》："鐏，柲下銅也。"桂馥義證："矛戟下曰錞，戈下曰鐏。《集韻》：'鐏，戈柄下銅。'《考工記·廬人》：'戈柲六尺有六寸。'《曲禮》：'進戈者前其鐏後其刃，進矛戟者前其鐓。'注云：'鋭底曰鐏，平底曰鐓。'馥案：矛戟下亦通偁鐏。《釋名》：'矛下頭曰鐏，鐏入地也。'……馥謂對文則分，散文則通，或通作鑽。"《禮記·曲禮上》："進戈者前其鐏。"鄭玄注："鋭底曰鐏，取其鐏也。"《增韻·緩韻》作管切："鐏，矛戟柄底鋭者曰鐏。

① 《説文·金部》："鋋，小矛也。"

《曲禮》：‘進戈者前其鐏。’”與《蜀語》音“纘”同一小韻。黃仁壽等《蜀語校注》（頁81）：“‘穳’爲矛屬，兵器之一種；而‘鐏’則爲穳器下端之鋭鐵。李氏乃混同之，欠妥。”按“穳”、“鐏”音同，可通。上引《韻會舉要》“一曰矛戟柄底鋭者曰穳”，證明李實確有所本。

《大字典》（二/5/2961）“穳”未及此義。又（8/4587）“鐏”音zūn，①“戈柄下端圓錐形的金屬套，可以插入地中。矛戟柄末的金屬套也通稱鐏”，首引《説文》。《大詞典》（11/1397）“鐏”①“戈柄末圓球形金屬套”，首引《禮記》。均未及《增韻》“作管切”一音。

《方言大詞典》（頁7505）“穳”謂“一種帶柄的鐵製的矛”，西南官話、閩語。其中西南官話引《蜀語》，釋義與書證不侔，誤解《蜀語》矣。又（頁4866）“鑽”⑬“杖下包鐵”，中原官話。

奘　壯 zuɑng^{53}［tsuaŋ^{53}］

大；粗。參《考釋》第833頁。《方言》卷一：“秦晉之間，凡人之大謂之奘，或謂之壯；燕之北鄙齊楚之郊，或曰京，或曰將，皆古今語也。”郭璞注：“語聲轉耳。”華學誠校釋匯證：“奘與壯聲同義通。《爾雅·釋詁》上：‘壯，大也。’本條下文云奘‘或謂之壯’。物體粗大謂之‘奘’，人體粗大謂之

'壯'，今語猶然。"《玉篇·大部》："奘，大也。"《廣韻·蕩韻》同。又《宕韻》："奘，《說文》曰：'駔大也。'"明姚旅《露書》卷九《風篇下》："洪洞人予與處最久，其土音有可舉者……奘，大也。"明陳士元《俗用雜字》、焦竑《俗書刊誤》卷十一："强大曰奘。徂朗切。"趙南星《目前集·俗字》："奘，大也。音壯之上聲。"清雍正詔修《山西通志》卷四十六《方言》："凡人之大謂之奘，或謂之壯。"高靜亭《正音撮要》卷二《生養》："毛孩子能有多粗多奘呢。"道光二十一年《遵義府志》卷二十《風俗》、光緒二十一年《敘州府志》卷二十一《風俗》、民國十年《新修合川縣志》卷三十《風俗·方言》、民國二十三年《華陽縣志》卷五《禮俗·方言》、民國二十四年《蓬溪縣近志》卷七《風土篇·方言》、民國三十七年《貴州通志·風土志·方言》："大曰奘（莊上聲），曰莽。"又，光緒三年《黃巖縣志》卷三十二《風土·謠諺·方言》："肥大曰胖，亦曰奘。"張慎儀《蜀方言》卷下（頁353）："謂大曰奘。揚子《方言》：奘，大也。《廣韻》：徂朗切。音莊上聲。"[①]民國十五年《朔方道志》卷三《輿地志·風俗附方言》："奘，在黨切，駔大也。俗以凡物粗大謂之奘。"民國十五年《南川縣志》卷六《動物》："山蠶粗奘倍家蠶，繭皆黃色。""粗奘"同義連文。民國十八年《新修南充縣志》卷七《掌故志·風俗·方言》："物大曰奘。莊上聲。"民國

---

① 紀國泰《〈蜀方言〉疏證補》（頁396）："以現代蜀方言論，純粹的'謂大曰奘'應當是不存在的。"有失武斷。

十九年《嘉定縣續志》卷五《風土志·方言》："奘，俗言肥碩也。"民國二十四年《蕭山縣志稿》卷二十九《瑣聞·方言謠諺》："人之肥大者曰奘。"民國二十四年《麻城縣志續編》卷一《疆域·方言》："肥碩曰奘。"民國二十四年《新城縣志》卷二十一《地俗篇·方言》："奘，粗也。……今新城人猶謂物之麤大者爲奘。"民國二十四年《雲陽縣志》卷十四《禮俗下·方言上》："奘，大也。"唐樞《蜀籟》卷四（頁212）："福大命奘。"出版者"奘"下改"壯"，實不煩改。今音義並存。《川方匯釋》（頁267）"奘"㊀"粗壯結實"。《大字典》（二/1/586）"奘"（一）zàng，①"粗大；粗"，第三例書證引《西游記》第九十五回："（大聖）見那短棍兒一頭奘，一頭細，却似舂碓臼的杵頭模樣。"又（二）zhuǎng，"方言。物體粗大。如：身高腰奘；這棵樹很奘"。《大詞典》（2/1546）"奘$_2$"音zhuǎng，謂"粗而大"，引《西游記》。可見兩工具書處理音義均有不同。既然都承認《西游記》例"奘"爲"粗大"，注音當一致。《大字典》往往於注音後加括號標注又音，此亦當如法處理，更無必要想當然地分立通語義的"粗大；粗"和方言義的"物體粗大"。其實"奘"就是"大"，如《玉篇》、《廣韻》所釋。

亦作"壯"。《爾雅·釋詁》："壯，大也。"《方言》卷一："秦晉之間，凡人之大謂之奘，或謂之壯。"《說文·士部》："壯，大也。"《西游記》第九十五回："這大聖用心力輪鐵棒，仔細迎着看時，見那短棍兒一頭壯，一頭細，却似舂碓臼的杵頭模樣。"[1]《大字典》(二/1/459)"壯"(一)①"人體高大。引申爲凡物大之稱",首引《説文》;②"盛大",首引《爾雅》。《説文》、《爾雅》所訓相同,分立兩個義項,亦覺乖謬。《大詞典》(2/1065)"壯₁"音zhuàng,⑦"肥壯;粗壯",第三例引《紅樓夢》第六回:"凴他怎樣,你老拔根寒毛比我們的腰還壯呢!"⑧"粗細的程度",引《兒女英雄傳》第七回:"末後大師傅翻箱倒籠,找出小扭指頭兒壯的一支金鐲子來。""扭"當"拇"字形譌。上兩例書證中"壯"義均爲"粗",不知何以要分屬兩個義項?

《方言大詞典》(頁5214)"奘"④"粗而大",古方言、北京官話、中原官話、晉語、蘭銀官話、江淮官話、西南官話、徽語。又(頁2224)"壯"②"粗;大",北京官話、中原官話、江淮官話。

奘棒　壯棒 zuɑng[53]bɑng[213] [tsuaŋ[53]paŋ[213]]

粗蠢之人。清咸豐四年《興義府志》卷四十二《風土志·方言》:"愚蠢曰壯棒。"光緒八年《黎平府志》卷二下《風俗·方言》:"粗惷曰奘拌,曰惷笨。""拌"與"棒"音近。Adam Grainger《西蜀方言》(頁122):"你纔是個奘棒。"意即"you

① 此據明刊本《李卓吾先生批評西遊記》。

are a great lout of a fellow"。民國十五年《南川縣志》卷六《土音土語》:"奘，與駔（莊上聲）音義皆同。馬粗大曰駔，人粗大曰奘，俗語譏人笨實曰奘棒，當用此字。"民國《普安縣志》卷十《風土志·方言》:"愚囗曰奘棒。"亦作"壯棒"。民國三十七年《貴州通志·風土志·方言》、民國三十七年稿本《興義縣志》第十一章《社會》第一節《語言·漢語方言》:"愚蠢曰壯棒。"。今蜀語亦譏人粗蠢笨拙爲"奘棒"。《川方匯釋》（頁267）"奘棒"謂"粗魯愚笨的人"。又音轉爲"啄棒"。《川方》（頁470）"啄棒"音zua²bang⁴，謂"本指杵。借指傻瓜"。

《大詞典》未收。《方言大詞典》（頁5215）"奘棒"謂"憨厚而愚笨的人"，西南官話。

主要引用文獻

說明：本書凡引用他人論著或觀點成說，均已於行文或腳注中注明出處，故不列期刊論文，衹列書證主要引用文獻；重要叢書，一般不再細列子目。

《十三經注疏》，中華書局，1980
《景印文淵閣四庫全書》，臺灣商務印書館，1986
《四庫全書存目叢書》，齊魯書社，1997
《續修四庫全書》，上海古籍出版社，2002
《四庫未收書輯刊》，北京出版社，1997
《四部叢刊》初編、續編、三編，1922、1934、1936
《叢書集成初編》，中華書局，1985
《叢書集成新編》，臺灣新文豐出版公司，1985
《叢書集成續編》，臺灣新文豐出版公司，1988
《叢書集成續編》，上海書店，1994
《叢書集成三編》，臺灣新文豐出版公司，1997
《北京圖書館古籍珍本叢刊》，書目文獻出版社，1998

《諸子集成》，上海書店，1986
《二十二子》，上海古籍出版社，1986
《史記》，中華書局，1959
《漢書》，中華書局，1962
《後漢書》，中華書局，1965
《三國志》，中華書局，1959
《晉書》，中華書局，1974
《資治通鑑》，中華書局，1956
《太平御覽》，宋李昉等編，中華書局，1963
《太平廣記》，宋李昉等編，中華書局，1961

《大正新修大藏經》，日本大正一切經刊行會
《佛藏要籍選刊》，上海古籍出版社，1994
《祖堂集》，南唐釋靜、釋筠，岳麓書社，1996
《五燈會元》，宋普濟，中華書局，1984
《古尊宿語錄》，宋頤藏主，中華書局，1994

《中國地方志集成》，上海書店出版社、江蘇古籍出版社等，1998
《中國方志叢書》，臺灣成文出版社，1966—1974
《宋元方志叢刊》，中華書局，1990
《珍稀四川地方志叢刊》，巴蜀書社，2009
《宋元珍稀地方志叢刊》，四川大學出版社，2009
《日本藏中國罕見地方志叢刊》，書目文獻出版社，1990
《日本藏中國罕見地方志叢刊續編》，北京圖書館出版社，2003

《文選》，南朝梁蕭統編，中華書局，1961
《全唐詩》，清彭定求等編，中華書局，1960

《王梵志詩校注》，項楚著，上海古籍出版社，1990
《敦煌變文集》，王重民等編，人民文學出版社，1957
《朱子語類》，宋黎靖德編，中華書局，1986
《全元散曲》，隋樹森編，中華書局，1964
《元曲選》，明臧晉叔編，中華書局，1958
《元曲選外編》，隋樹森編，中華書局，1959
《六十種曲》，明毛晉編，中華書局，1958
《明清民歌時調集》，上海古籍出版社，1987

《清平山堂話本》，明洪楩編，上海古籍出版社，1987
《容與堂本水滸傳》，明施耐庵、羅貫中，上海古籍出版社，1988
《水滸全傳》，明施耐庵，上海人民出版社，1975
《三國演義》，明羅貫中，人民文學出版社，1973
《西游記》，明吳承恩，人民文學出版社，1988
《金瓶梅詞話》，明蘭陵笑笑生，香港太平書局，1982影明萬曆本
《三寶太監西洋記通俗演義》，明羅懋登，上海古籍出版社，1985
《喻世明言》，明馮夢龍，上海古籍出版社，1992
《警世通言》，明馮夢龍，上海古籍出版社，1992
《醒世恒言》，明馮夢龍，上海古籍出版社，1992
《拍案驚奇》，明淩濛初，人民文學出版社，1991
《二刻拍案驚奇》，明淩濛初，上海古籍出版社，1983
《三刻拍案驚奇》，明夢覺道人等，北京大學出版社，1987
《儒林外史》，清吳敬梓，人民文學出版社，1977
《醒世姻緣傳》，清西周生，齊魯書社，1980；上海古籍出版社，1981
《紅樓夢》，清曹雪芹、高鶚，人民文學出版社，1982
《兒女英雄傳》，清文康，上海古籍出版社，1991
《躋春台》，清劉省三，江蘇古籍出版社，1993；群衆出版社，1999

《官場現形記》，清李寶嘉，人民文學出版社，1979
《二十年目睹之怪現狀》，清吳趼人，人民文學出版社，1978

《古本小說集成》，上海古籍出版社，1990
《筆記小說大觀》，臺灣新興書局，1962
《筆記小說大觀》，江蘇廣陵古籍刻印社，1984
《漢魏六朝筆記小說大觀》，上海古籍出版社，1999
《唐五代筆記小說大觀》，上海古籍出版社，2000
《宋元筆記小說大觀》，上海古籍出版社，20007
《明代筆記小說大觀》，上海古籍出版社，2005
《清代筆記小說大觀》，上海古籍出版社，2007
《世說新語》，南朝宋劉義慶，中華書局，1984
《齊民要術》，北魏賈思勰，中華書局，1956
《酉陽雜俎》，唐段成式，中華書局，1981
《唐國史補》，唐李肇，中華書局上編所，1957
《嶺表錄異》，唐劉恂，廣東人民出版社，1983
《北夢瑣言》，五代孫光憲，中華書局，2002
《澠水燕談錄》，宋王闢之，中華書局，1981
《青箱雜記》，宋吳處厚，中華書局，1985
《老學庵筆記》，宋陸游，中華書局，1979
《癸辛雜識》，宋周密，中華書局，1988
《鶴林玉露》，宋羅大經，中華書局，1983
《夷堅志》，宋洪邁，中華書局，1981
《事物紀原》，宋高承，中華書局，1989
《墨莊漫録》，宋張邦基，中華書局，2002
《能改齋漫錄》，宋吳曾，上海古籍出版社，1979
《東京夢華錄》，宋孟元老，中華書局，1982

《夢粱錄》，宋吳自牧，上海古典文學出版社，1956
《賓退錄》，宋趙與時，上海古籍出版社，2001
《甕牖閒評》，宋袁文，中華書局，2007
《雞肋編》，宋莊綽，中華書局，1983
《困學紀聞》，宋王應麟，遼寧教育出版社，1998
《嶺外代答》，宋周去非，《四庫全書》本
《肯綮錄》，宋趙叔向，《叢書集成初編》本
《演繁露》，宋程大昌，《四庫全書》本
《曲洧舊聞》，宋朱弁，中華書局，2002
《事林廣記》，宋陳元靚，中華書局，1963
《山居新語》，元楊瑀，中華書局，2006
《南村輟耕錄》，元陶宗儀，中華書局，1959
《菽園雜記》，明陸容，中華書局，1985
《七修類稿》，明郎瑛，中華書局，1957
《名義考》，明周祈，《四庫全書》本
《湧幢小品》，明朱國楨，中華書局，1959
《萬曆野獲編》，明沈德符，中華書局，1980
《五雜組》，明謝肇淛，上海書店出版社，2009
《客座贅語》，明顧起元，中華書局，1987
《酌中志》，明劉若愚，北京古籍出版社，1994
《陶庵夢憶》，明張岱，上海古籍出版社，1982
《徐霞客遊記》，明徐宏祖，《四庫全書》本
《閱微草堂筆記》，清紀昀，巴蜀書社，1991
《恒言錄》，清錢大昕，商務印書館，1958
《札樸》，清桂馥，中華書局，1992
《廣東新語》，清屈大均，中華書局，1985
《陔餘叢考》，清趙翼，中華書局，1963

《鄉言解頤》，清李光庭，中華書局，1982
《庸閒齋筆記》，清陳其元，中華書局，1989
《通俗編》，清翟灝，商務印書館，1958
《通俗常言疏證》，孫錦標，中華書局，2000
《原本老乞大》，朝鮮時代漢語教科書叢刊本，中華書局，2005
《朴通事諺解》，同上
《清稗類鈔》，徐珂，中華書局，1984
《中華竹枝詞》，雷夢水等編，北京古籍出版社，1997

《明清俗語辭書集成》，長澤規矩也編，上海古籍出版社，1989
《俗書刊誤》，明焦竑，《四庫全書》本
《日用俗字》，清蒲松齡，上海古籍出版社，1986
《越諺》，清范寅，侯友蘭等點注，人民出版社，2006
《新方言》，章炳麟，《章氏丛书》本
《蘄春語》，《黃侃論學雜著》，上海古籍出版社，1980
《長沙方言考》、《長沙方言續考》，楊樹達《積微居小學金石論叢》（增訂本），中華書局，1983
《俚語證古》，丁惟汾，齊魯書社，1983
《昭通方言疏證》，姜亮夫，上海古籍出版社，1988
《漢語方言大詞典》，許寶華等，中華書局，1999

《蜀語》，明李實，黃仁壽等校注本，巴蜀書社，1992
《蜀方言》（與《續方言新校》《方言別錄》合一冊），清張慎儀，四川人民出版社，1987
《西蜀方言》，清Adam Grainger，Shanghai American Presbyterian Mission Press.1900
《蜀籟》，民國唐樞，四川人民出版社，1982

《成都通覽》，清傅崇矩，成都時代出版社，2006
《新成都》，周芷穎，成都復興書局，1943
《川遊漫記》，陳友琴，正中書局，1936
《新都見聞錄》，吳濟生，光明書店，1940
《巴縣志》，民國向楚主修，重慶出版社，1989選注本
《四川方言詞典》，王文虎等，四川人民出版社，1987
《四川方言詞語彙編》，張少成等，成都市群眾藝術館，1987
《四川方言詞語匯釋》，繆樹晟，重慶出版社，1989
《成都話方言詞典》，羅韻希等，四川省社科院出版社，1987
《成都方言詞典》，梁德曼等，江蘇教育出版社，1998
《重慶方言詞解》，曾曉渝等，西南師範大學出版社，1996
《四川方言詞語考釋》，蔣宗福，巴蜀書社，2002

詞語筆畫索引

說明：本索引編入所考釋詞語的全部條目，按筆畫多少排列，相同畫數的詞語，以起筆習慣的一、丨、丿、丶、乙及部首、單音、雙音和多音節爲序。

後記

本書付梓之際，還有幾句想說的話。

前作《四川方言詞語考釋》，於2002年出版，今《續考》殺青，事隔整整十年。其間資料積累，對有些問題的思考，念兹在兹，難以釋懷。2006年申報了四川省哲學社會科學研究“十一五”規劃項目“四川方言詞語續考”，於2011年初結項，承蒙評審專家印可，鑒定爲優秀。但這兩年大部分時間仍然泡在裏面，在結項基礎上進一步充實完善和提高。自覺在研究方法、語料搜討、語源探析、古今貫通等方面，較《考釋》有了一些進步。雖爲方言詞語研究，但視野並不局限於方言。或者說，將書名改爲“古漢語詞彙源流考辨”之類，亦未嘗不可。

作這樣的研究，當然費力不討好。本來，不需要拿這個東西去博什麼虛浮的玩意兒，對許多問題多加斟酌，或者討論得更深入一些，就人文科學研究而言，未嘗不是好事。但現實需要，這樣考核，那樣評估，總是催人奮進，就不好意思再放在抽屜裏，做那種十年一劍的美夢了。儘管這個成果的研究，確實經歷了十年。

我常常告訴碩、博士生，做我們這行研究，其實方法也很簡單，市井口語講“找些話來說”，再加上“東拉西扯”足矣。能找到話說，文章就能寫出來；能找到許多話說，文章就可以寫得長些。將表面上毫不相干的材料，從音義入手加以聯繫溝通，上溯其源，下探其流，頭緒自然就清楚了。拙撰大致也是這麼做的。

需要說明的是，部分書證材料，得益於《文淵閣四庫全書》電子版、雕龍—中國日本古籍全文檢索數據庫、中國基本古籍庫、中國方志庫，這是應該表示誠摯謝意的。當然，有些書證即使大型語料庫也不能解決問題。“前言”已經說到，需要查考什麼，電腦也衹能將字符串提取出來，至於是否需要的語料，必須仔細甄別；如果不知道別的書面形式、點畫差異，或過於生僻數據庫不支持等，電腦則無能爲力；倘若連研究者自己都不清楚與什麼材料有聯繫，電腦就更是擺設了。再次申言這個意思，是想說明，不是有數據庫可用，語料獺祭一番就行了。況且有關四川方言的資料，數據庫收錄不多。因此積累資料、閱讀四川方志，就耗費許多時日，這種研究想快也快不起來。有些詞語的討論，也沾沾自衒有一得之見，本可先零售後批發，還是囿於“有頭强方心强直”，未能與時俱進，現在衹好再次批發出去了。

本研究得到教育部人文社科重點研究基地四川大學中國俗文化研究所、四川大學國家“985工程”文化遺產與文化互動創新研究基地的大力支持，對關心支持完成本研究的單位和個人付出的辛勤勞動，謹表示衷心的感謝！

蔣宗福

2013年4月15日於四川大學農林村厂盧

圖書在版編目(CIP)數據

四川方言詞語續考 / 蔣宗福著. —成都:巴蜀書社,
2013.10
ISBN 978-7-5531-0346-4

Ⅰ.①四… Ⅱ.①蔣… Ⅲ.①西南官話—研究
—四川省 Ⅳ.①H172.3

中國版本圖書館 CIP 數據核字(2013)第 233055 號

四川方言詞語續考
Sichuan Fangyan Ciyu Xukao
蔣宗福 著

責任編輯	李 蓓
出　　版	巴蜀書社 成都市槐樹街 2 號 郵編 610031 總編室電話:(028)86259397
網　　址	www.bsbook.com
發　　行	巴蜀書社 發行科電話:(028)86259422 86259423
經　　銷	新華書店
印　　刷	成都蜀通印務有限責任公司 電話:(028)86106170
版　　次	2014 年 2 月第 1 版
印　　次	2014 年 2 月第 1 次印刷
成品尺寸	203mm×140mm
印　　張	38.25
字　　數	910 千
書　　號	ISBN 978-7-5531-0346-4
定　　價	150.00 圓(上、下冊)